Konstanze Söllner, Wilfried Sühl-Strohmenger (Hrsg.)
Handbuch Hochschulbibliothekssysteme

Handbuch Hochschulbibliothekssysteme

Leistungsfähige Informationsinfrastrukturen für Wissenschaft und Studium

Herausgegeben von
Konstanze Söllner und Wilfried Sühl-Strohmenger

Unter Mitarbeit von
Martina Straub

DE GRUYTER
SAUR

ISBN 978-3-11-055932-3
e-ISBN (PDF) 978-3-11-031009-2
e-ISBN (EPUB) 978-3-11-039621-8

Library of Congress Cataloging-in-Publication Data
A CIP catalog record for this book has been applied for at the Library of Congress.

Bibliografische Information der Deutschen Nationalbibliothek
Die Deutsche Nationalbibliothek verzeichnet diese Publikation in der Deutschen Nationalbibliografie; detaillierte bibliografische Daten sind im Internet über http://dnb.dnb.de abrufbar.

© 2017 Walter de Gruyter GmbH, Berlin/Boston
Dieser Band ist text- und seitenidentisch mit der 2014 erschienenen gebundenen Ausgabe.
Satz: Michael Peschke, Berlin
Druck und Bindung: CPI books GmbH, Leck
♾ Gedruckt auf säurefreiem Papier
Printed in Germany

www.degruyter.com

Just as you feel when you look on the river and sky,
    so I felt,
Just as any of you is one of a living crowd, I was one
    of a crowd,
Just as you are refreshed by the gladness of the river
    and the bright flow, I was refreshed,
Just as you stand and lean on the rail, yet hurry with
    the swift current, I stood, yet was hurried,
Just as you look on the numberless masts of ships,
    and the thick-stemmed pipes of steamboats, I
    looked.

Walt Whitman: Crossing Brooklyn Ferry (1860).

Inhalt

Abkürzungsverzeichnis —— XIII

Konstanze Söllner, Wilfried Sühl-Strohmenger
Einführung —— 1

Hochschulpolitik, Hochschulentwicklung und Hochschulrecht – Vorgaben für die Ausgestaltung von Bibliothekssystemen

    Wilfried Sühl-Strohmenger
    Hochschulbibliothekssysteme in Deutschland – vier Jahrzehnte Strukturentwicklung —— 13

    Ulrich Naumann
    Hochschulpolitische Grundlagen von Hochschulbibliothekssystemen —— 24

    Eric Steinhauer
    Rechtsgrundlagen von Hochschulbibliothekssystemen in Deutschland —— 34

    Uwe Stadler
    Organisation und Finanzierung von Hochschulbibliothekssystemen —— 45

    Rudolf Mumenthaler
    Innovationsmanagement und Steuerung des Reformprozesses —— 59

    Ulrich Hohoff
    Zukünftige Aufgaben für Hochschulbibliotheken in Deutschland —— 72

Bibliotheksstrukturen im Spannungsfeld von Zentralität und Dezentralität

    Bettina Koeper
    Strukturvorteile durch Einschichtigkeit? —— 93

    Heiner Schnelling, Dorothea Sommer
    So viel Zentralität wie nötig, so viel Dezentralität wie möglich! —— 103

    Wilfried Lochbühler
    Dreischichtigkeit zwischen Diversifikation und Kooperation —— 112

Beate Tröger
Personalführung in großen Bibliothekssystemen —— 121

Maria Seissl, Wolfgang Nikolaus Rappert
Das Bibliothekssystem der Universität Wien —— 131

Irmgard Siebert
Entstehung und Entwicklung des integrierten Bibliothekssystems der ULB Düsseldorf —— 142

Maria Elisabeth Müller
Die Staats- und Universitätsbibliothek Bremen —— 155

Funktionswandel dezentraler Bibliotheken in der Hochschule im Lichte der Wissenschaftsdisziplinen und Fachkulturen

Ulrike Eich
Leistungsportfolio naturwissenschaftlicher Bibliotheken —— 169

Tina Hohmann, Caroline Leiß
Informationsdienste für Ingenieurwissenschaften —— 181

Jana Kieselstein
Anforderungen an die Bibliotheken der Rechtswissenschaft —— 194

Klaus Niedermair
Die Bibliothek für Sozial- und Wirtschaftswissenschaften der Universitäts- und Landesbibliothek Tirol —— 207

Martina Jantz
Das universitäre Umfeld für die Bibliotheksentwicklung in den Geschichtswissenschaften an der Johannes Gutenberg-Universität Mainz —— 219

Wilfried Sühl-Strohmenger, Susanne Röckel
Funktionen dezentraler Bibliotheken in der digital geprägten Informationsinfrastruktur der Hochschule —— 227

Beispiele lokaler Entwicklungs- und Planungskonzepte für dezentral strukturierte Bibliothekssysteme

André Schüller-Zwierlein
Der Ort der Dienstleistung —— 241

Berndt Dugall, Dagmar Gärtner
Das dezentrale Bibliothekssystem der Goethe-Universität —— 249

Veit Probst, Rike Balzuweit
Dynamische Führung zahlt sich aus! —— 261

Roland Greubel
Literatur- und Informationsversorgung an einer Hochschule für angewandte Wissenschaften mit mehreren Standorten —— 271

Martin Vorberg
Die Informationslogistik der Bucerius Law School —— 281

Peter Reuter
Strategische Planung der funktionalen Einschichtigkeit —— 290

Astrid Piscazzi, Felix Winter
Literatur- und Informationsversorgung der Universität Basel —— 299

Flexible Informationsstrukturen durch Clusterbildung und Kooperation mit Einrichtungen innerhalb und außerhalb der Hochschule

Hannsjörg Kowark
Die Württembergische Landesbibliothek und die Universitätsbibliothek Stuttgart —— 315

Andrea Zeyns, Wolfgang Zick
Zwei Bibliotheken unter einem Dach —— 324

Frank Scholze
Innovationspotential von Zusammenlegungen und Fusionen von Wissenschaftseinrichtungen am Beispiel des Karlsruher Instituts für Technologie (KIT) —— 332

Ralf Brugbauer
Hochschulbibliothekssysteme und Bibliotheksverbünde —— 339

Albert Poirot, Christophe Didier
La „politique de site", nouvelle opportunité pour la documentation universitaire en France: l'exemple de l'Alsace —— 352

Albert Poirot, Christophe Didier
Die „Standortpolitik". Eine neue Chance für das universitäre Bibliothekswesen Frankreichs – am Beispiel Elsass —— 365

Der Beitrag zentraler Koordinierungseinrichtungen für die Informationsinfarstruktuen der Hochschulen

Michael Golsch
Koordiniert lizenzieren —— 383

Heike Neuroth
Infrastrukturen für die Langzeitarchivierung digitaler Objekte —— 399

Christoph Kümmel
Sondersammelgebiete und Fachinformationsdienste —— 410

Fabian Franke
Standards und Netzwerke zur Qualitätssicherung von Informationskompetenzangeboten in der Hochschullehre —— 421

Wolfram Neubauer, Arlette Piguet
Das Wissensportal der Bibliothek der ETH Zürich —— 439

Praxisprobleme der Reform von universitären Informationsinfrastrukturen

Ulrich Naumann
Qualitätsmanagement und Ressourcenplanung in universitären Bibliothekssystemen —— 459

Bernd Vogel
Flächenplanung für Hochschulbibliotheken —— 471

Ortwin Guhling
Entwicklung von Etatbedarfsmodellen für Hochschulbibliothekssysteme —— 489

Monika Zarnitz
Integration der Bibliothek des HWWA in die ZBW 2007 und Reorganisation der ZBW 2011/2012 —— 503

Anke Berghaus-Sprengel
Standortkonzentration und Modernisierung – der Zusammenhang von Dienstleistungen und Infrastruktur —— 515

Marion Krüger
Die Campus-Bibliothek Bergheim an der Universität Heidelberg —— 524

Christian Winterhalter
Service im Wandel, Service für den Wandel —— 536

Bruno Bauer, Robert Schiller
Exzellenz und Mittelmaß —— 548

Schluss

Konstanze Söllner, Wilfried Sühl-Strohmenger
Hochschulbibliothekssysteme 2020 – Thesen und Perspektiven —— 563

Literaturverzeichnis —— 567

Empfehlungen und Strategiepapiere in Auswahl —— 591

Autorinnen und Autoren —— 596

Index —— 602

Abkürzungsverzeichnis

ABET	Accreditation Board for Engineering and Technology
ACRL	Association of College & Research Libraries
ADAM	Aleph Digital Asset Management
AGUB	Arbeitsgemeinschaft der Universitätsbibliotheken
AKMB	Arbeitsgemeinschaft der Kunst- und Museumsbibliotheken
ALA	American Library Association
APC	Article Processing Charge
ASRS	Automatic storage and retrieval system
BASE	Bielefeld Academic Search Engine
BiblO	Bibliotheksordnung
BIX	Bibliotheksindex
BLK	Bund- und-Länder-Kommission für Bildungsplanung und Forschungsförderung
BMBF	Bundesministerium für Bildung und Forschung
BNU	Bibliothèque nationale et universitaire (de Strasbourg)
BSC	Balanced Scorecard
BVB	Bibliotheksverbund Bayern
CAF	Common Assessment Framework
CATS	Center for Asian and Transcultural Studies (Heidelberg)
CC	Creative Commons
CHE	Centrum für Hochschulentwicklung
CMS	Computer- und Medienservice
CMS	Content Management-System
CRIS	Current Research Information System
CSR	Corporate Social Responsibility
DARIAH-DE	Digital Research Infrastructures for the Arts and Humanities
DBI	Deutsches Bibliotheksinstitut
DBIS	Datenbankinformationssystem
DBS	Deutsche Bibliotheksstatistik
DBV	Deutscher Bibliotheksverband
DDB	Deutsche Digitale Bibliothek
DFG	Deutsche Forschungsgemeinschaft
DINI	Deutsche Initiative für Netzwerkinformation e. V.
DIPF	Deutsches Institut für Internationale Pädagogische Forschung (Frankfurt a. M.)
DLE	Dienstleistungseinrichtung
DSBG	Departement Sport, Bewegung und Gesundheit
EFQM	European Foundation for Quality Management
EFRE	Europäischer Fonds für regionale Entwicklung
EHEA	European Higher Education Area
ERM	Electronic Ressource Management-System
ESA	Elektronischer Semesterapparat
ESSS	European Summer School of Scientometrics
ESZ	Erwin-Schrödinger-Zentrum (Berlin)
ETH	Eidgenössische Technologische Hochschule (Zürich)
EUCOR	Europäische Konföderation der oberrheinischen Universitäten
EZB	Elektronische Zeitschriftenbibliothek
FAK	Friedrich-Althoff-Konsortium
FHWS	Hochschule Würzburg-Schweinfurt

FID	Fachinformationsdienste für die Wissenschaft
FRBR	Functional Requirements for Bibliographic Records
FTE	Full Time Equivalent
GASCO	German, Austrian and Swiss Consortia Organisation
GBI	German Business Information
GBV	Gemeinsamer Bibliotheksverbund
GDZ	Göttinger Digitalisierungszentrum
GfKl	Deutsche Gesellschaft für Klassifikation
GWK	Gemeinsame Wissenschaftskonferenz des Bundes und der Länder
Hbz	Hochschulbibliothekszentrum des Landes Nordrhein-Westfalen
HdK	Hochschule der Künste (Berlin)
HeBIs	Hessischen Bibliotheksinformationssystem
HHG	Hessisches Hochschulgesetz
HMWK	Hessische Ministerium für Wissenschaft und Kunst
HRK	Hochschulrektorenkonferenz
HU	Humboldt Universität (Berlin)
HUG	Hessisches Universitätsgesetz
HWWA	Hamburgisches Welt-Wirtschafts-Archiv
IDS	Informationsverbund Deutschschweiz
IfW	Institut für Weltwirtschaft
IKA	Informations- und Kommunikationszentrum Adlershof (Berlin)
IKM	Information, Kommunikation und Medien
ILS	Integrated Library System
IMS	Integrated Library Management System
IMV	Indikatorgestützte Mittelverteilung
INSA	Institut national des scienes appliquées
IRB	Fraunhofer Informationszentrum Raum und Bau (Stuttgart)
JISC	Joint Information Systems Committee
KDH	Konferenz Deutschschweizer Hochschulbibliotheken
KIT	Karlsruher Institut für Technologie
KIZ	Kommunikations- und Informationszentrum
KMK	Ständige Konferenz der Kultusminister der Länder in der Bundesrepublik Deutschland
KNB	Kompetenznetzwerk für Bibliotheken
KOBV	Kooperativer Bibliotheksverbund Berlin-Brandenburg
LIS	Wissenschaftliche Literaturversorgungs- und Informationssysteme
LISU	Library and Information Statistics Unit
LMU	Ludwig-Maximilians-Universität (München)
MCI	Management Center Innsbruck
MDZ	Münchner Digitalisierungszentrum
MIT	Massachusetts Institute of Technology (Cambridge, MA)
MPG	Max-Planck-Gesellschaft
MPDL	Max Planck Digital Library
NBV	Norddeutscher Verbund
NEBIs	Netzwerk von Bibliotheken und Informationsstellen in der Schweiz
NTIS	National Technical Information Service
OANA	Open Access Network Austria
ÖBS	Österreichische Bibliotheksstatistik
OECD	Organisation for Economic Cooperation and Development

OPAC	Online Public Access Catalogue
OPL	One Person Library
PDA	Patron Driven Acquisition
PRES	Pôles de recherche et d'enseignement supérieur
RFID	Radio Frequency Identification
RVK	Regensburger Verbundklassifikation
SCD	Service commun de la documentation
SCONUL	Society of College, National and University Libraries
SFB	Sonderforschungsbereich
SIBIL	Système informatisé pour les bibliothèques de Lausanne
SLUB	Sächsische Landesbibliothek – Staats- und Universitätsbibliothek (Dresden)
SOA	Serviceorientierte Architektur
SOKRATES	System für Online-Katalog-Recherche, Ausleihe, Telekommunikation, Erwerbung und Katalogisierung von Schrifttum
SSG	Sondersammelgebiet
SuUB	Staats- und Universitätsbibliothek
TIB	Technische Informationsbibliothek (Hannover)
TQM	Total Quality Management
TU	Technische Universität
TUM	Technische Universität München
TV-L	Tarifvertrag der Länder
UAMR	Universitätsallianz Metropole Ruhr
UB	Universitätsbibliothek
UBam	Universitätsbibliothek, Universitätsarchiv, Musikinstrumentensammlung (Graz)
Ubifo	Forum Universitätsbibliotheken Österreichs
UdK	Universität der Künste (Berlin)
UG	Universitätsgesetz
UHA	Université de Haute-Alsace
UNESCO	United Nations Educational, Scientific and Cultural Organization
URM	Unified Ressource Management
USB	Universitäts- und Stadtbibliothek (Köln)
VO	Verwaltungsordnung
VÖB	Vereinigung Österreichischer Bibliothekarinnen und Bibliothekare
VZÄ	Vollzeitäquivalent
WGL	Leibniz-Gemeinschaft / Wissenschaftsgemeinschaft Gottfried Wilhelm Leibniz e. V.
WLB	Württembergische Landesbibliothek (Stuttgart)
WMS	World Share Management System
WR	Wissenschaftsrat
WWU	Westfälische Wilhelms-Universität (Münster)
ZAH	Zentrum für Astronomie Heidelberg
ZAK	Zentraler Alphabetischer Katalog
ZB	Zentralbibliothek (Zürich)
ZB Med	Deutsche Zentralbibliothek für Medizin (Köln, Bonn)
ZBW	Deutsche Zentralbibliothek für Wirtschaftswissenschaften (Kiel, Hamburg)
ZVDD	Zentrales Verzeichnis Digitalisierter Drucke

Konstanze Söllner, Wilfried Sühl-Strohmenger
Einführung

Hochschulweit elektronisch verfügbare Medien und Informationsressourcen sowie die steigende Bedeutung der Bibliothek als Lernort für die Studierenden begünstigen einen Funktionswandel von Hochschulbibliotheken, sowohl der Zentralbibliothek wie auch der dezentralen bibliothekarischen Einrichtungen. Gefragt ist ein hochschulweites Bibliotheks- und Informationsmanagement, das den sich wandelnden Rahmenbedingungen für die Forschung und das Studium angemessen ist.

Zugleich vollzieht sich in bestimmten dezentralen Einheiten die digitale Transformation auf dem Hintergrund der Fachbedürfnisse schneller als in zentralen Bibliotheken, ohne dass jedoch die ortsfesten Angebote und die Nähe zu den Fächern aufgegeben werden.

Das vorliegende Handbuch Hochschulbibliothekssysteme bietet im Licht der neuen Anforderungen von Studium, Forschung und Lehre wie auch des digitalen Wandels bei der Literatur- und Informationsversorgung eine Standortbestimmung sowie eine Darstellung der Zukunftsaufgaben anhand modellhafter Bibliotheksstrukturkonzepte. Es enthält darüber hinaus zahlreiche konzeptionelle und praktische Modelle flexibel gestalteter Hochschulbibliothekssysteme in ganz unterschiedlichen lokalen Konstellationen.

Anforderungen an Hochschulbibliothekssysteme im 21. Jahrhundert

Am Anfang des 21. Jahrhunderts stehen Hochschulbibliothekssysteme vor zahlreichen, teilweise völlig neuen Anforderungen:

Die digitale Revolution bedingt flexible Informationsstrukturen. Das Verhältnis von digitaler und gedruckter Information ist dynamischen Veränderungen unterworfen und hängt einerseits von der weiteren Entwicklung der Form des Publizierens, andererseits von spezifischen Fachkulturen ab.

Der teilweise zu konstatierende Funktionsverlust dezentraler Bibliotheken konzentriert sich vornehmlich auf die in der Medizin und einigen naturwissenschaftlich-technischen Disziplinen stark rückläufige Bedeutung der Bestände. Nicht mehr aktive Bestände können in das geschlossene Magazin der Zentralbibliothek oder in andere Speichermagazine ausgelagert, manche Bestände, insbesondere Zeitschriftenreihen, die durch elektronische Versionen dauerhaft ersetzt sind, können gänzlich ausgesondert werden.

Der Wandel der Wissenschaftskulturen, insbesondere der Trend zu verstärkter Interdisziplinarität, ist ebenfalls ein wesentlicher Faktor bei den Veränderungen in der hochschulweiten Informations- und Literaturversorgung.

Sodann bedingt der Wandel des Studiums, der Lehre und des Lernverhaltens Studierender die lernförderliche Gestaltung der räumlichen wie virtuellen Lehr-/ Lernumgebungen in den Bibliotheken. Aufgrund neuer Anforderungen des Lernens und Forschens ergeben sich entsprechend neue Anforderungen an Flächen und Räume für Bibliotheken. Seit mehreren Jahren drängen beispielsweise vermehrt neue Nutzerschichten aus den gymnasialen Abschlussjahrgängen in die Hochschulbibliotheken.

Aufgrund der demographischen Entwicklung und zusätzlich nach Aussetzung der Wehrpflicht stieg seit Ende der 1990er Jahre die Zahl der Studienanfänger überproportional und wird noch mehrere Jahre auf hohem Niveau bleiben. Die Länder reagierten mit intensivem Ausbau, und Flächen auf dem Campus und in Campus-Nähe werden zunehmend knapp. Zusätzliche kurzfristige Bedarfe aus Exzellenz- und anderen Förderprogrammen und quer zu den Fakultäten entstehende neue Organisationseinheiten rücken dezentrale Bibliotheksflächen stärker in den Fokus der Hochschulplaner.

Neue Anforderungen werden an innovative konvergente Dienstleistungen (converged services) der Bibliotheken und anderer Informationsinfrastrukturen in der Hochschule (bzw. der wissenschaftlichen Einrichtung) gestellt, um ein unkoordiniertes Nebeneinander zu vermeiden. Ein typisches Beispiel der letzten Zeit sind Repository-Plattformen, die in das übergreifende Informationsmanagement der Hochschule technisch und organisatorisch integriert werden müssen. Umgekehrt bieten integrierte Forschungsinformationssysteme (Current Research Information System – CRIS) mittlerweile Funktionalitäten und Workflows an, die ein paralleles Betreiben eines Repositoriums durch die Bibliothek verzichtbar machen. Da auch Forschungsdaten zunehmend als Teil des wissenschaftlichen Outputs gelten, muss auch dieser Bereitstellungs- und Archivierungsprozess integriert werden.

Literatur und Planungspapiere zum Thema Hochschulbibliothekssysteme[1]

Die Fachliteratur zu Hochschulbibliothekssystemen für den Zeitraum ab 1970 ist umfangreich. Die Auseinandersetzung zwischen Verfechtern einschichtiger und (reformierter) zweischichtiger Systeme war dabei zentral, vor allem im Zusammenhang mit den Hochschulneugründungen. Im Jahr 2008 wurden zuletzt im Kontext des von den Bibliotheksverbänden verantworteten Grundsatzpapiers „21 gute Gründe für

---

1 Siehe dazu das Gesamtliteraturverzeichnis und die Auswahl von Empfehlungen und Stretegiepapieren am Ende dieses Bandes.

gute Bibliotheken" Leistungs- und Qualitätsindikatoren für Hochschulbibliotheken erarbeitet.[2] Über die Formulierung von Mindeststandards zur Organisation und Ausstattung der Bibliotheken und zur Qualifikation des Personals ging diese Empfehlung aber nicht hinaus. Die 2011 im Auftrag der Gemeinsamen Wissenschaftskonferenz des Bundes und der Länder tätige „Kommission Zukunft der Informationsinfrastruktur" hatte Informationsinfrastrukturen auf den lokalen Ebenen der Hochschul- oder Forschungseinrichtungen, wie beispielsweise die Abteilungs-, Instituts-, Fakultäts- und Universitätsinfrastrukturen, nicht im Fokus. In ihrem Abschlussbericht sieht sie hier „für die Zukunft klaren Abstimmungsbedarf" und weist darauf hin, „dass sich die Hochschulen ebenfalls gezielt mit infrastrukturellen Themen und Aufgaben auseinandersetzen müssen".[3]

Der Wissenschaftsrat nahm das Thema in seinen „Empfehlungen zur Weiterentwicklung der wissenschaftlichen Informationsinfrastrukturen in Deutschland bis 2020"[4] in unterschiedlichen Kontexten wieder auf. So verweist der Wissenschaftsrat in diesen Empfehlungen noch darauf, dass ungeklärt sei, ob disziplinspezifische oder disziplinübergreifende Lösungen für das Management und die Langzeitverfügbarkeit von Forschungsdaten den unterschiedlichen wissenschaftlichen Anforderungen besser gerecht werden können[5], verabschiedet aber bereits Anfang 2013 Empfehlungen zu einem „Kerndatensatz Forschung". Auch wenn es in diesem Pilotprojekt zunächst vor allem um administrative Daten geht, ist damit doch eine wichtige Entscheidung zugunsten eines Prozesses der Standardisierung von Datenformaten gefallen. Bei den Standards zur Publikationserfassung soll denn auch auf die Expertise der Nationalbibliothek und anderer Bibliotheken zurückgegriffen werden.[6]

Das System der Informationsinfrastrukturen soll nach Einschätzung des Wissenschaftsrates insgesamt so ausgerichtet werden, dass Wissenschaftlerinnen und Wissenschaftlern aller Forschungsformen standortunabhängig ein rascher und einfacher Zugang zu allen erforderlichen Daten, Informationen und Wissensbeständen möglich ist. Dies soll durch eine „transparente, gut abgestimmte Arbeitsteilung zwischen den Informationsinfrastruktureinrichtungen"[7] erreicht werden, so dass die einzelne Infrastruktureinrichtung vor Ort nicht mehr alles selbst vorhalten muss. Im Prozess dieser

---

2 BID – Bibliothek & Information Deutschland (2008): Grundlagen für gute Bibliotheken. Leitlinien für Entscheider. Unter Mitarbeit von Gabriele Beger [u. a.]. Berlin: BID 2008. http://www.bideutschland.de/download /file/21%20GUTE%20GRUENDE-Anlagen_endg_16-1-09.pdf, zuletzt aktualisiert am 16.02.2009 (27.04.2013).
3 Gesamtkonzept für die Informationsinfrastruktur in Deutschland. Empfehlungen der Kommission Zukunft der Informationsinfrastruktur im Auftrag der Gemeinsamen Wissenschaftskonferenz des Bundes und der Länder, o. O., Mai 2011. S. 8.
4 Wissenschaftsrat: Empfehlungen zur Weiterentwicklung der wissenschaftlichen Informationsinfrastrukturen in Deutschland bis 2020. Berlin: Wissenschaftsrat. 13.7.2012.
5 Wissenschaftsrat, Empfehlungen zur Weiterentwicklung (wie Anm. 4), S. 56.
6 Wissenschaftsrat, Empfehlungen zur Weiterentwicklung (wie Anm. 4), S. 14.
7 Wissenschaftsrat, Empfehlungen zur Weiterentwicklung (wie Anm. 4), S. 65.

Abstimmung solle aber „ein bottom-up-Ansatz verfolgt werden, der von den lokalen bzw. disziplinären oder forschungsfeldbezogenen Einheiten ausgeht."[8] Die Entwicklung eines Gesamtsystems der Informationsinfrastrukturen setzt aus Sicht des Wissenschaftsrats somit auf der lokalen oder disziplinären Ebene an, auch wenn nicht überall alles selbst gemacht werden muss. Die disziplinären, lokalen Einheiten sind somit zugleich Kriterium und Motor des Abstimmungsprozesses.

Ähnliche Akzente setzte auch der DFG-Ausschuss für Wissenschaftliche Bibliotheken und Informationssysteme mit seinem Positionspapier „Die digitale Transformation weiter gestalten".[9] Drei wesentliche Prinzipien der DFG-Förderung im Bereich Informationsinfrastruktur werden benannt: Die Ausrichtung am Bedarf der Wissenschaft, die umfassende Nachnutzbarkeit digitaler Inhalte und die Anschlussfähigkeit an internationale Strukturen.[10] Neben der digitalen Transformation und der internationalen Vernetzung und Wettbewerbsfähigkeit stellen die Anforderungen der Wissenschaftsdisziplinen somit auch hier die Hauptzielrichtung der Förderung dar.

Die Schwerpunkte haben sich von einem bestandsorientierten Bibliothekssystem deutlich in Richtung „Funktionen" verschoben, wobei diese fachlich sehr ausdifferenziert sein können. Selbst eine so zentral angelegte Dienstleistung wie ein Publikationenfonds für das Open Access Publizieren ist sowohl mit ganz unterschiedlichen Bedürfnissen und Voraussetzungen als auch enormen Ungleichzeitigkeiten in den Fächern konfrontiert.

Die veränderten Rahmenbedingungen stellen die Frage nach der Organisation von Hochschulbibliotheken neu. Dies zeigt sich vor allem bei Fusionen großer Wissenschaftseinrichtungen. Welche Aufgaben können von zentralen Bibliothekseinheiten fachübergreifend übernommen werden? Was sind genuine Aufgaben und Funktionen dezentraler und fachlich ausgerichteter bibliothekarischer Einrichtungen? Müssen Bibliotheken in der Fläche präsent bleiben, wenn die digitale Transformation zentralisierte Etats und koordinierte Verwaltungsstrukturen erzwingt? Ist die traditionelle bibliothekarische Arbeit in dezentralen Einheiten, die weitgehend von einem gedruckten Monographienbestand geprägt sind, von unangemessen hoher Komplexität? Welche Rolle spielen Einrichtungen außerhalb der Hochschulen, die die Infrastrukturnetzwerke überregional koordinieren sollen, für das Funktionieren von Hochschulbibliothekssystemen?

---

[8] Wissenschaftsrat, Empfehlungen zur Weiterentwicklung (wie Anm. 4), S. 65.
[9] Deutsche Forschungsgemeinschaft / Ausschuss für Wissenschaftliche Bibliotheken und Informationssysteme: Die digitale Transformation weiter gestalten – der Beitrag der Deutschen Forschungsgemeinschaft zu einer innovativen Informationsinfrastruktur für die Forschung. Bonn: Deutsche Forschungsgemeinschaft, 3.7.2013.
[10] Deutsche Forschungsgemeinschaft / Ausschuss für Wissenschaftliche Bibliotheken und Informationssysteme, digitale Transformation (wie Anm. 9), S. 2f.

Neue Definition von „Hochschulbibliothekssystemen"

Daraus ergeben sich Ansatzpunkte einer neuen Definition von „Hochschulbibliothekssystemen": Wir verstehen darunter die funktionelle Gesamtheit der – arbeitsteilig mit anderen Institutionen abgestimmten – Dienste und Einrichtungen einer Bibliothek zur Unterstützung von Forschung, Lehre und Studium durch Literatur-, Informations- und Medienressourcen sowie durch weitere Supportstrukturen. Diese Dienste sind disziplinär ausgerichtet und werden lokal erbracht. Ein Hochschulbibliothekssystem ist somit der wesentlich von bibliothekarischen Einrichtungen und Dienstleistungen getragene Teil der universitären Informationsinfrastruktur. Es kann an Hochschulstandorten mit Streulage oder mit Zweigstellen in benachbarten Städten zwangsläufig stärker dezentral, in Campushochschulen dezidiert zentral-einschichtig strukturiert sein.

Zum Aufbau des Handbuchs

Dieses Handbuch ist inhaltlich analog den oben skizzierten Prämissen und Annahmen aufgebaut. Hochschulbibliothekssysteme entwickeln sich letztlich nach Maßgabe der lokalen, regionalen und überregionalen hochschulpolitischen und hochschulrechtlichen Vorgaben und Rahmenbedingungen, aber auch in Anlehnung an Empfehlungen der großen Wissenschaftsorganisationen. Dieser Teil steht deshalb ganz am Anfang des Handbuchs (Beiträge von Sühl-Strohmenger, Naumann, Steinhauer, Stadler, Mumenthaler und Hohoff).

Danach folgen Konzepte und Überlegungen zum Spannungsfeld von Zentralität und Dezentralität, in dem sich nahezu alle Bibliotheksstrukturen entwickeln müssen: Welche Leistungen können dezentrale Bibliotheken noch erbringen , wie verändert sich die Personalführung in großen Bibliothekssystemen (Tröger), wie viel Zentralität ist nötig, wie viel Dezentralität möglich (Schnelling/Sommer)? Es gibt neben ein- und zweischichtigen Bibliothekssystemen auch dreischichtige, zum Beispiel in der Schweiz (Lochbühler), sodann lösen manche großen universitären Bibliothekssysteme die angesprochenen Probleme mithilfe verteilter Serviceportfolios (Seissl / Rappert).

Die Bandbreite jüngerer Hochschulbibliothekssysteme beleuchten exemplarisch Beiträge, die sich auf die erst nach 1945 gegründeten Universitäten Bielefeld (Koeper), Düsseldorf (Siebert) und Bremen (Müller) erstrecken.

Ein weiterer Teil des Handbuchs thematisiert den Funktionswandel dezentraler Bibliotheken in der Hochschule im Lichte der Wissenschaftsdisziplinen (-kulturen), und zwar der Medizin (Röckel/Sühl-Strohmenger), der Technikwissenschaften (Leiß/Hohmann), der Naturwissenschaften (Eich), der Geschichtswissenschaft (Jantz) sowie der Rechts,- Wirtschafts- und Sozialwissenschaften (Kieselstein bzw. Niedermair).

Einen umfangreichen Teil bilden die lokalen Entwicklungs- und Planungskonzepte für dezentral strukturierte Bibliothekssysteme. Es geht vornehmlich um Reformen für dezentral organisierte Hochschulbibliotheken, wie sie im Bibliothekssystem der Ludwig-Maximilians-Universität München (Schüller-Zwierlein) oder durch die Schaffung neuer Bereichsbibliotheken auf dem Campus Westend der Universitätsbibliothek Frankfurt a. M. (Dugall/Gärtner) realisiert werden oder wurden. Dargestellt werden sodann spezifische Aspekte der Reform, zum Beispiel auf der Grundlage einer neuen Verwaltungsordnung (Probst/Balzuweit) oder im Kontext von Fachhochschulen mit komplexen Standortbedingungen (Greubel). Aber das System der Literatur- und Informationsversorgung wird auch mit Blick auf eine private Universität (Vorberg) veranschaulicht. Sodann geht es um die strategische Planung auf dem Weg zur funktionalen Einschichtigkeit (Reuter), schließlich um Ähnlichkeiten wie Unterschiede bei der Literatur- und Informationsversorgung an einer schweizerischen Universität (Piscazzi/Winter).

Die Clusterbildung und die Kooperation mit Einrichtungen außerhalb und innerhalb der Hochschule in Richtung auf flexible Informationsstrukturen, auch durch die Arbeitsteilung zwischen Informationsinfrastruktureinrichtungen sind Gegenstand im nächsten Teil des Handbuchs. Solche Organisationsformen können sich aufgrund einer Kooperation von Universitätsbibliothek und Landesbibliothek (Kowark), aufgrund des Innovationspotentials von Zusammenlegungen und Fusionen von Wissenschaftseinrichtungen (Scholze) oder auch dann ergeben, wenn die Bibliotheken von zwei verschiedenen Hochschulen unter einem Dach vereinigt sind (Zick/Zeyns). Perspektiven der Zusammenarbeit bestehen auch zwischen Bibliotheksverbünden und Hochschulbibliothekssystemen (Brugbauer) oder zwischen Universitätsbibliotheken einer Region, wie die neue „Standortpolitik" für das Elsass belegt (Poirot/Didier).

Der Beitrag zentraler Koordinierungseinrichtungen für die Informationsinfrastrukturen der Hochschulen dürfte in der digitalen Welt kaum zu unterschätzen sein, wie die Beiträge eines weiteren Handbuchteils verdeutlichen. Thematisiert werden die Koordination von Lizenzen im Rahmen regionaler und nationaler Konsortien (Golsch), das nationale Hosting und die Langzeitarchivierung (Neuroth), das an die Stelle der DFG-Sondersammelgebiete tretende System überregionaler Fachinformationsdienste (Kümmel), Netzwerke und Standards zur Qualitätssicherung von Informationskompetenzangeboten in der Hochschullehre (Franke) und die Möglichkeiten eines Wissensportals, am Beispiel der Bibliothek der ETH Zürich (Neubauer/Piquet).

Die Reform von Hochschulbibliothekssystemen und Informationsinfrastrukturen haben schließlich zahlreiche praktische Aspekte, die für eine erfolgreiche Realisierung unabdingbar sind: In diesem Teil des Handbuchs geht es um die *Qualitätssicherung und Ressourcenplanung* (Naumann), um die zukunftsorientierte *Flächenplanung* (Vogel) oder um die *Entwicklung von Etatbedarfsmodellen* (Guhling). Praktische Erkenntnisse aufgrund der Zusammenlegung mehrerer dezentraler Bibliotheken haben sich bei der Deutschen Zentralbibliothek für Wirtschaftswissenschaften (ZBW) in Kiel und in Hamburg ergeben (Zarnitz), mit Blick auf den Zusammenhang von Dienstleistungen und Infrastruktur auch bei der Standortkonzentration in der Humboldt-Universität zu Berlin (Berghaus-Sprengel). Wie neue große Teilbibliotheken durch Umnutzung bestehender Gebäudekomplexe erfolgreich geschaffen werden können, veranschaulichen zwei Beiträge aus Heidelberg (Krüger) und aus Berlin-Adlershof (Winterhalter). Bibliotheksstrukturen müssen sich schließlich Leistungsmessungen und Rankings stellen (Bauer/Schiller).

Die Herausgeber leiten jeden der genannten Teile des Handbuchs durch Impulsbeiträge ein, im Sinne kompakter Überblicksdarstellungen der Thematik. Am Schluss des Bandes möchten sie Zukunftsperspektiven für Hochschulbibliothekssysteme aufzeigen. Abgerundet wird das Handbuch durch einen Materialienanhang und durch ein umfangreiches Gesamtliteraturverzeichnis. Wenn im Text und in einzelnen Kapiteln nur die männliche Form verwendet wird, geschieht dies ausschließlich aus Gründen der sprachlichen Vereinfachung. Alle Ausführungen beziehen sich gleichermaßen auf weibliche wie auf männliche Personen.

Hochschulpolitik, Hochschulentwicklung und Hochschulrecht – Vorgaben für die Ausgestaltung von Bibliothekssystemen

Im deutschen Hochschulbibliothekswesen kommt der Frage einer effizienten Literatur- und Informationsversorgung für die Hochschulangehörigen seit jeher große Bedeutung zu. Wegweisende Empfehlungen des Wissenschaftsrats und der Deutschen Forschungsgemeinschaft, ferner der Bibliotheksplan 1973 und der Bibliotheksplan Baden-Württemberg rückten diese Problematik und die Notwendigkeit von Reformen nachdrücklich in das Bewusstsein der Bibliothekspolitik: Die neu gegründeten Hochschulen der 1960er und der 1970er Jahre erhielten überwiegend einschichtige Bibliothekssysteme, die überkommenen zweischichtigen Bibliothekssysteme der alten Universitäten waren in Richtung auf kooperative Strukturen mit Steuerungsfunktion durch die Zentralbibliotheken tiefgreifend umzugestalten. Die europäische, die nationale und die regionale Hochschulpolitik bilden dabei den übergeordneten Rahmen der Bibliotheksentwicklungspolitik. Im Zusammenhang mit der Durchsetzung der Datenverarbeitung in der Bibliotheksverwaltung und in den Servicebereichen der Bibliotheken verloren Strukturfragen der Hochschulbibliothekssysteme in den 1980er Jahren jedoch etwas an Bedeutung. Erst mit der Novellierung vieler Landeshochschulgesetze um das Jahr 2000 kam wieder Bewegung in diese Diskussion, und zwar bezogen auf die Forderung der funktionalen Einschichtigkeit, die für eine effiziente Informationsinfrastruktur innerhalb der Hochschulen als notwendig erachtet wird.

Zentrale Kriterien der funktionalen Einschichtigkeit sind: räumliche und organisatorische Zusammenfassung der Literaturversorgung, Zugänglichkeit der Literaturbestände, einheitliche fachliche Leitung der Zentralbibliothek und der dezentralen Bibliotheken, zentrale Erwerbungskoordination sowie lokaler und regionaler Gesamtnachweis. Auf der Ebene der einzelnen Hochschulen ergeben sich daraus neue Herausforderungen für die Organisation und für die Finanzierung der Hochschulbibliotheken: Diese stehen dabei in direktem Wettbewerb mit Fachbereichen und anderen Service-Einrichtungen. Um die damit verbundenen neuen Dienstleistungen realisieren zu können, bedarf es eines durchdachten Innovations- bzw. Change-Managements für die Etablierung neuer Produkte bzw. für die Entwicklung der Organisation. „Hochschulbibliothekssysteme" fungieren somit im Rahmen umfassenderer „Informationsinfrastrukturen" der Hochschulen. Die Empfehlungen und Gutachten des Wissenschaftsrats, der Deutschen Forschungsgemeinschaft und der Kommission „Zukunft der Informationsinfrastruktur", die im Auftrag der Gemeinsamen Wissenschaftskonferenz des Bundes und der Länder 2011 ein „Gesamtkonzept für die Informationsinfrastruktur in Deutschland" vorgelegt hatte, formulierten mit Blick primär auf die Forschung die Eckpunkte einer solchen Strategie. Die ortsfesten Bibliotheken mit ihren Beständen und Dienstleistungen bilden ein wichtiges Element dieser neuen Strukturen, jedoch stellt sich die Frage, wie sie angesichts der Herausbildung digitaler Bibliotheken ihre Bedeutung für die Informationsversorgung und Informationsvermittlung behaupten können.

Wilfried Sühl-Strohmenger
Hochschulbibliothekssysteme in Deutschland – vier Jahrzehnte Strukturentwicklung

Abstract: Seit Beginn der 1970er Jahre werden im deutschen Hochschulbibliothekswesen verstärkte Anstrengungen zur Reform der überkommenen zweischichtigen Bibliothekssysteme an den alten Universitäten unternommen. Impulse dazu gingen in den 1950er und in den 1960er Jahren bereits von Empfehlungen der Deutschen Forschungsgemeinschaft (1955) und des Wissenschaftsrats (1964) aus, sodann von den Hochschulneugründungen in Baden-Württemberg (Konstanz 1966), Bayern (Regensburg 1962), Hessen (Kassel 1971), Nordrhein-Westfalen (Bochum, Bielefeld, Duisburg-Essen, Paderborn, Siegen, Wuppertal), weil im Zuge dieser Neugründungen vorwiegend einschichtige Bibliothekssysteme eingerichtet wurden, mit Ausnahme von Bochum und Regensburg.

Die zweischichtigen Bibliothekssysteme der alten Universitäten blieben zwar grundsätzlich erhalten, erfuhren jedoch interne Strukturveränderungen im Hinblick auf die Zusammenlegungen von Seminar- und Institutsbibliotheken zu größeren Einheiten, auf die Schaffung einer abgestimmten Erwerbungspolitik, auf den Nachweis der Literaturbestände in einheitlichen Katalogen sowie auf die Etatisierung des Bibliothekspersonals im Stellenplan der Universitätsbibliothek. Empfehlungen der Deutschen Forschungsgemeinschaft und des Wissenschaftsrats sowie der Gesamtplan für das wissenschaftliche Bibliothekswesen in Baden-Württemberg gaben wichtige Anstöße für die Reform der Hochschulbibliothekssysteme in Deutschland.

Keywords: Deutschland, Hochschulbibliothekssystem, Zweischichtigkeit, Funktionale Einschichtigkeit, Hochschulneugründung

Zum Verhältnis von Instituts- und Hochschulbibliotheken an den alten Universitäten vor 1950

Im letzten Drittel des 19. Jahrhundert waren in den Universitäten ergänzend zu den Zentralbibliotheken Seminar- und Institutsbibliotheken entstanden, auch im Zuge der Spezialisierung in Wissenschaft und Forschung.[1] Frühe Institutsgründungen

---

[1] Vgl. dazu und zum Folgenden: Deutsche Forschungsgemeinschaft: Instituts- und Hochschulbibliotheken. Denkschrift. Bad Godesberg 1955. S. 915.

hatte es bereits am Ende des 18. Jahrhunderts gegeben, beispielsweise in Göttingen und Erlangen, vor allem in der Theologie und der Klassischen Philologie. Bibliotheken in nennenswertem Umfang hatten diese Institute jedoch noch nicht, sondern erst nach 1871 erfolgten vermehrt Hochschulinstitutsgründungen, dazu dann Institutsbibliotheken. Die Zentralbibliotheken waren nur bedingt in der Lage, aufgrund ihrer begrenzten Mittel und Kapazitäten dem Literaturwachstum wie dem Anstieg der Studierendenzahl Rechnung zu tragen.

Bis 1926/27 wuchsen die Bestände der Institutsbibliotheken im Deutschen Reich auf rund 5 Millionen Bände, gegenüber 13,5 Millionen der Universitätsbibliotheken. Friedrich Althoff reagierte mit einem preußischen Erlass 1891, in dem die Institutsbibliotheken zu Präsenzbibliotheken für die Mitglieder des Instituts, für den Lehrkörper und in einzelnen Fällen auch für andere Studierende der Hochschulen erklärt wurden. Die Bestände sollten in Katalogen erfasst werden, von denen ein Doppel an die Hochschulbibliotheken abzugeben sei. Die Zentralbibliothek konnte somit die Perspektive auf einen Gesamtkatalog der Institutsbibliotheken offenhalten. Außerdem war es möglich, längerfristig Leihgaben aus der Hochschulbibliothek an Institutsbibliotheken zu geben, jedoch nicht über das Ende des nächstfolgenden Semesters hinaus. Entbehrlich gewordene Bestände der Institutsbibliotheken seien an die Zentralbibliothek abzugeben.

In der ersten Hälfte des 20. Jahrhunderts verstärkte sich dann die Fachdiskussion über das Verhältnis zwischen Zentralbibliothek auf der einen, Institutsbibliotheken auf der anderen Seite. Man war sich nicht einig darüber, inwieweit letztere sich zu Spezialbibliotheken entwickeln konnten, ferner spielte die Frage der befristeten Leihgaben eine Rolle, denn in der Realität wurden daraus Dauerleihgaben. Einige war man sich schließlich darin, dass die Zentralbibliotheken Ausleih- und die Institutsbibliotheken Präsenzbibliotheken sein sollten, dass sie sich ergänzen, dass die Institutsbibliotheken sich ungehindert zu Fachbibliotheken entwickeln dürften. Eine abgestimmte Erwerbungspolitik war zunächst nur in Umrissen zu erkennen, und auch über die Funktion örtlicher Gesamtkataloge war man sich noch nicht einig, vor allem auch im Hinblick auf die Vermeidung unnötiger Doppelanschaffungen.

Reform der zweischichtigen Hochschulbibliothekssysteme 1953–1973

Denkschriften der Deutschen Forschungsgemeinschaft (DFG)

Die Deutsche Forschungsgemeinschaft äußerte sich 1955 und dann wieder 1970 zum Verhältnis von Instituts- und Hochschulbibliotheken. Zugrunde lag das sogenannte

"Reincke-Gutachten" aus dem Jahr 1953[2], um das die DFG den Berliner Bibliothekar Gerhard Reincke gebeten hatte und das die „persönlichen Ansichten und Feststellungen des Verfassers, der außerhalb der Gremien der Deutschen Forschungsgemeinschaft steht"[3] wiedergibt. Reincke thematisierte 1953 bereits wesentliche Aspekte der Umstrukturierung zweischichtiger Bibliothekssysteme, so auch den Einsatz bibliothekarischen Fachpersonals und die Zusammenlegung von kleineren Instituts- und Seminarbibliotheken zu einer gemeinsamen Bibliothek um damit „zur Begründung von Abteilungs- oder Fakultätsbibliotheken mit oder ohne direkte Beteiligung der Zentralbibliotheken zu kommen."[4] Und weiter: „Ist es möglich, die bisher noch nicht geglückte Zusammenarbeit zwischen Zentral- und Institutsbibliotheken dadurch erheblich zu verbessern, dass sich örtlich und fachlich benachbarte Institute zu gemeinsamen Unternehmungen zusammenfinden und hierbei organisatorisch und, soweit sinnvoll und erwünscht, auch bestandsmäßig von der Zentralbibliothek unterstützt werden?"[5]

Im Kern dieser Denkschrift steht ein Dualismus einerseits von Hochschulbibliothek, die ein universales Anschaffungsprogramm zu erfüllen habe, mit deutlich mehr Fachreferaten, mit beschleunigtem überregionalem wie örtlichem Leihverkehr, Bereitstellung von Bücherapparaten für die Seminare und mit weitgehend beratender Funktion den Institutsbibliotheken gegenüber, andererseits von eben diesen Institutsbibliotheken, die ihrerseits fachliche Beratung der Hochschulbibliothek zu leisten hätten, an Gesamtzeitschriftenverzeichnissen mitwirkten, sich bei der Beschaffung teurer Werke mit der Hochschulbibliothek abstimmten und schließlich die nicht mehr benötigten älteren Bestände („Schichten") an die Hochschulbibliothek abgeben sollten, gegen einen finanziellen oder sonstigen Ausgleich.

Insofern dominiert in dieser Denkschrift die Vorstellung der „Stärkung beider Bibliothekstypen als gleichberechtigter und gleichnotwendiger Partner"[6], noch nicht aber der Gedanke eines einheitlichen, funktionell gegliederten Bibliothekssystems in der Hochschule.

Die DFG-Empfehlungen von 1970 betonen bereits erheblich stärker die Wichtigkeit eines abgestimmten, auf Kooperation beruhenden Bibliothekssystems in den alten Universitäten. Zwei Absichten wurden verfolgt: „unter Berücksichtigung der gegenwärtigen Verhältnisse praktikable und kurzfristig zu verwirklichende Vor-

---

2 Vgl. Reincke, Gerhard: Gutachten über die Lage der Institutsbibliotheken und ihr Verhältnis zu den Universitäts- und Hochschulbibliotheken. Im Auftrage der Deutschen Forschungsgemeinschaft [...]. Bad Godesberg 1953.
3 Deutsche Forschungsgemeinschaft, Instituts- und Hochschulbibliotheken (wie Anm. 1), S. 8.
4 Reincke, Gutachten (wie Anm. 2), S. 51.
5 Reincke, Gutachten (wie Anm. 2), S. 53.
6 Deutsche Forschungsgemeinschaft, Instituts- und Hochschulbibliotheken (wie Anm. 1), S. 24.

schläge für eine effektive Zusammenarbeit zu machen, aber auch ein Modell für die Zukunft zu entwerfen"[7].

Die Empfehlungen waren bestrebt, sich an den Voraussetzungen der jeweiligen Institute zu orientieren, also der Spezialinstitute, der Institute für Massenfächer, der medizinischen Institute und der interdisziplinären Institute. Grundsätzlich seien deren Bibliotheken als Präsenzbibliotheken zu organisieren. Für philologische und historische Massenfächer empfiehlt die DFG einen Zeitschriftenpool in der Hochschulbibliothek, sofern dies räumlich sinnvoll erscheint, für die Rechtswissenschaften die Schaffung von „Law Libraries", als räumlich ausgegliederte Abteilungen der Hochschulbibliothek mit Ausleihe, für die Naturwissenschaften die Einrichtung von Fachbereichsbibliotheken unter bibliothekarischer Verwaltung der Zentralbibliothek. Die Forschungsliteratur sollte vor Ort in den Fakultäten, die Studienliteratur zentral in der Hochschulbibliothek vorgehalten werden, möglichst im Rahmen von Lehrbuchsammlungen. Für das Klinikum und die Medizin sei eine medizinische Abteilungsbibliothek sinnvoll.

Die Erwerbungen zwischen Hochschulbibliothek und Instituten seien abzustimmen, sei es durch schriftliche Richtlinien, durch Einzelabsprachen oder durch Kaufsitzungen. Die Absprache sei insbesondere bei der Beschaffung neuer Zeitschriften wie auch bei der Kündigung von Abonnements von großer Bedeutung, im Interesse eines wirtschaftlichen Mitteleinsatzes. Die Katalogisierung erfolgt in alphabetischen Gesamtkatalogen und bedürfe zusätzlichen Personal- und Mitteleinsatzes. Das gesamte Bibliothekspersonal an der Hochschule sei im Übrigen im Stellenplan der Hochschulbibliothek zu etatisieren, unabhängig davon, ob zentral oder dezentral eingesetzt werde.

Institutsbibliotheken werden als Freihandbibliotheken ohne Magazine gesehen, so dass nicht mehr benötigte Bestände an die Zentralbibliothek zur Magazinierung abzugeben seien.

Die DFG-Empfehlungen von 1970 sind also wesentlich konkreter als die Denkschrift von 1955. Der Dualismus von Hochschulbibliothek und Institutsbibliotheken weicht der Vorstellung eines koordinierten, abgestimmten Bibliothekssystems, in dem die Hochschulbibliothek deutlich die steuernde Instanz wird. Der Bibliotheksplan '73 greift diese Empfehlungen der DFG auf und stellt sie in den Kontext einer umfassenden Bibliotheksplanung für die Bundesrepublik Deutschland.[8]

---

[7] Deutsche Forschungsgemeinschaft: Empfehlungen für die Zusammenarbeit zwischen Hochschulbibliothek und Institutsbibliotheken. Bonn-Bad Godesberg 1970. S. 8f.
[8] Vgl. Deutsche Bibliothekskonferenz: Bibliotheksplan 1973. Entwurf eines umfassenden Bibliotheksnetzes für die Bundesrepublik Deutschland. Berlin: Dt. Bibliothekskonferenz 1973. S. 21f.

Wissenschaftsrat

Zwischen den beiden genannten Papieren der DFG stehen die Empfehlungen des Wissenschaftsrats von 1964 zum Ausbau der wissenschaftlichen Bibliotheken.[9] Besonderes Interesse findet darin das Verhältnis von zentraler Hochschulbibliothek und Institutsbibliotheken. Der Wissenschaftsrat fordert „mehr Verständnis für die Zielsetzung beider Bibliothekszweige und ein entscheidendes Bemühen um eine möglichst enge Zusammenarbeit"[10]. Kritisiert wird die ungleiche Mittelverteilung zugunsten der Institutsbibliotheken, sodann die mangelnde wechselseitige Abstimmung nach Maßgabe der je eigenen Aufgaben, das Fehlen von Gesamtkatalogen und Erwerbungsabsprachen.

In seinen Empfehlungen zum Magazinbedarf wissenschaftlicher Bibliotheken 1986 bekräftigte der Wissenschaftsrat seine Position von 1964 zu den örtlichen Bibliothekssystemen: „Das Bibliothekssystem einer Hochschule sollte unbeschadet der Organisation als ein- oder mehrschichtiges System eine Einheit darstellen[11]." Die Bundesvereinigung Deutscher Bibliotheksverbände griff 1994 ebenfalls die früheren Empfehlungen der Deutschen Forschungsgemeinschaft und des Wissenschaftsrats zur Reform der Hochschulbibliothekssysteme auf und forderte, diese noch stärker zu vereinheitlichen.[12]

Bibliotheksplan Baden-Württemberg

Im Jahr 1968 hatte das Kultusministerium Baden-Württemberg eine Arbeitsgruppe Bibliotheksplan Baden-Württemberg ins Leben gerufen, die nicht nur aus Bibliothekaren, sondern auch aus Universitätsprofessoren, Vertretern anderer Gruppen in der Universität sowie aus Planungsexperten bestand, und deren Bericht fünf Jahre später veröffentlicht wurde.[13]

---

9 Vgl. Wissenschaftsrat: Empfehlungen des Wissenschaftsrates zum Ausbau der wissenschaftlichen Einrichtungen. Teil II: Wissenschaftliche Bibliotheken. Tübingen: Mohr 1964.
10 Wissenschaftsrat, Empfehlungen, Teil II (wie Anm. 9), S. 32.
11 Wissenschaftsrat: Empfehlungen zum Magazinbedarf wissenschaftlicher Bibliotheken. Köln: Wissenschaftsrat 1986. S. 43.
12 Vgl. Bundesvereinigung Deutscher Bibliotheksverbände: Bibliotheken ´93. Strukturen, Aufgaben, Positionen. Berlin, Göttingen: Bundesvereinigung Dt. Bibliotheksverbände 1994. S. 42–45 (s. auch die tabellarischen Übersichten mit Kennzahlen der Universitätsbibliotheken, unter Einschluss der neuen Bundesländer S. 92–95).
13 Vgl. den Bericht: Arbeitsgruppe Bibliotheksplan Baden-Württemberg: Gesamtplan für das wissenschaftliche Bibliothekswesen. Red. Elmar Mittler. Empfehlungen. Bd. 1: Universitäten. Pullach: Verl. Dokumentation 1973.

Die wichtigsten Grundsätze hat Elmar Mittler bereits im April 1972 kompakt zusammengefasst:[14] Demnach werden die Bibliotheken in der Universität als eine Einheit aufgefasst, die als lokales Bibliothekssystem an weitere lokale sowie auch an überregionale Bibliotheks- und Informationssysteme anzuschließen ist. Ziel ist eine optimale und benutzerorientierte Literatur- und Informationsversorgung der Universität für Forschung und Lehre. Der finanzielle und der personelle Mitteleinsatz sollen nach wirtschaftlichen Grundsätzen erfolgen.

Das Bibliothekssystem ist in räumlicher, personeller, finanzieller und technischer Hinsicht aufzubauen, bei jedweden Infrastrukturmaßnahmen in der Universität solle auf Belange des Bibliothekssystems Rücksicht genommen werden.

Das Bibliothekssystem besteht aus der Zentralbibliothek als einer Dienstleistungseinrichtung für die Literatur- und Informationsversorgung der ganzen Universität, den möglichst als größere leistungsfähige Betriebseinheiten organisierten Bereichsbibliotheken für den aktuellen Bedarf in Forschung und Lehre der betreffenden Disziplinen, als frei zugängliche Präsenzbibliotheken ohne Magazine, ferner aus Handapparaten und Handbibliotheken am Arbeitsplatz einzelner Mitglieder oder Gruppen des Lehrkörpers, mit begrenztem Buchbestand und mit Nachweis in den Katalogen.

Ferner wurde empfohlen, dass es eine(n) Direktor(in) für das Bibliothekssystem – zugleich Direktor(in) der Zentralbibliothek – sowie Bibliotheksgremien auf zentraler und auf dezentraler Ebene geben solle. Wissenschaftliche Bibliothekare sollten in den Bereichsbibliotheken eingesetzt werden. Die Planstellen für das Bibliothekspersonal seien im Staatshaushaltsplan gemeinsam auszubringen, ebenso wie die Mittel für das Bibliothekssystem.

Die Bibliotheksverwaltung solle im Übrigen nach einheitlichen Richtlinien erfolgen und möglichst von bibliothekarischem Fachpersonal ausgeführt werden. In der Literaturerwerbung wird eine engere Kooperation angeregt, ohne die Freiheit von Forschung und Lehre bei der Beschaffung benötigter Werke in Zweifel zu ziehen. Erschlossen würde die angeschaffte Literatur im Rahmen alphabetischer Gesamt- und Teilkataloge.

Der Bibliotheksplan Baden-Württemberg gab – wie auch die oben skizzierten und in ähnliche Richtungen zielenden Empfehlungen der Deutschen Forschungsgemeinschaft und des Wissenschaftsrats – der Reform lokaler Bibliothekssysteme in den alten Universitäten wichtige Impulse. Modellhafte Umsetzungen der Reform gab es

---

14 Siehe Mittler, Elmar: Der Aufbau von Bibliothekssystemen an den Universitäten des Landes Baden-Württemberg. In: Vom Strukturwandel deutscher Hochschulbibliotheken. Hrsg. von Wolf Haenisch u. Clemens Köttelwesch. Frankfurt a. M.: Klostermann 1973 (Zeitschrift für Bibliothekswesen und Bibliographie: Sonderheft 14), insbes. S. 68–85.

an den Universitäten Marburg[15], Freiburg[16], Berlin (TU) u. a. Moderne Verwaltungsordnungen für das Bibliothekssystem wurden vereinzelt (Freiburg, Marburg u. a.) verabschiedet, mit der Folge, dass Bibliotheksausschüsse begründet wurden.

Bibliothekssysteme an den neu gegründeten Hochschulen in den 1960er und den 1970er Jahren

Vor allem in den 1960er Jahren kam es im Zusammenhang mehrerer Hochschulneugründungen in Deutschland zu neuen Bibliothekskonzeptionen[17] an den Universitäten: In Saarbrücken war allerdings schon 1950 die Saarländische Landes- und Universitätsbibliothek mit Medizinischer Abteilungsbibliothek in Homburg/Saar und über 40 dezentralen Bibliotheken bei den Fachbereichen gegründet worden. Zu erwähnen wären sodann die Gründungen in Mainz (1946), und in Berlin (Freie Universität 1948), mit traditionell zweigleisigen Bibliothekssystemen. Bremen folgte 1965 mit sieben von der Zentralbibliothek verwalteten Bereichsbibliotheken, Dortmund 1965 als integriertes System mit Zentralbibliothek und acht Bereichsbibliotheken, Regensburg ebenfalls 1965 mit Teilbibliotheken im Rahmen eines einschichtig-dezentralisierten Bibliothekssystems.

Die neue Universität Konstanz (1965) erhielt ein einschichtiges Bibliothekssystem ohne Zentralbibliothek (Informationszentrum, Zentralverwaltung, zwei Bestandseinheiten für Geistes-/Sozialwissenschaften bzw. für Naturwissenschaften), und auch die Universitätsbibliothek Bielefeld entstand 1970 als bauliche Integration der Bibliothek und der Universitätsgebäude (Konzept der Bibliotheksbereiche, ähnlich Konstanz).

---

15 Vgl. u. a.: Die Grundlagen des Bibliothekssystems der Philipps-Universität. Eine Textsammlung. 2., erw. u. völlig neu überarb. Aufl. Hrsg. von Hermann Günzel. Marburg: Universitätsbibliothek 1985 (Schriften der Universitätsbibliothek Marburg 18).
16 Vgl. dazu insgesamt: Sühl-Strohmenger, Wilfried: Das Bibliothekssystem der Albert-Ludwigs-Universität Freiburg im Breisgau. Bestandsaufnahme und Ausblick. Freiburg i. Br.: Universitätsbibliothek 1989 (Schriften der Universitätsbibliothek Freiburg im Breisgau 14); sowie Kehr, Wolfgang: Einheitliche Verwaltung und Benutzung in Bibliothekssystemen der „alten" Universität. In: Die Hochschulbibliothek. Beiträge und Berichte, dem Direktor der Stadt- und Universitätsbibliothek Frankfurt am Main Clemens Köttelwesch aus Anl. seines 40-jährigen Dienstjubiläums gewidmet. Hrsg. von Klaus-Dieter Lehmann. Frankfurt a. M.: Klostermann 1978 (Zeitschrift für Bibliothekswesen und Bibliographie: Sonderheft 27). S. 95–118.
17 Vgl. dazu näher: Wang, Jingjing: Das Strukturkonzept einschichtiger Bibliothekssysteme. Idee und Entwicklung neuerer wissenschaftlicher Hochschulbibliotheken in der Bundesrepublik Deutschland. München [u. a.]: Saur 1990 (Beiträge zur Bibliothekstheorie und Bibliotheksgeschichte 4); Die Neugründung wissenschaftlicher Bibliotheken in der Bundesrepublik Deutschland. Symposium [...]. Hrsg. von Hans-Joachim Koppitz. München [u. a.]: Saur 1990; siehe auch: Köttelwesch, Clemens: Das wissenschaftliche Bibliothekswesen in der Bundesrepublik Deutschland. Teil I: Die Bibliotheken. Aufgaben und Strukturen. 2., überarb. Aufl. Frankfurt a. M.: Klostermann 1980, insbes. S. 103ff.

Die Bibliothek der Universität Trier (gegründet 1970, ab 1977 Umzug auf neuen Campus) entwickelte sich ebenfalls als einschichtiges Bibliothekssystem mit Zentralbibliothek und baulich angebundenen Fachlesesälen mit ausleihbaren Freihandbeständen, angeschlossen an den Katalogisierungsverbund in Nordrhein-Westfalen. In weiteren Städten Nordrhein-Westfalens entstanden Gesamthochschulbibliotheken (Duisburg, Essen, Paderborn, Siegen, Wuppertal) mit dem Hochschulbibliothekszentrum in Köln (Bibliotheksverbundzentrale) – Ansatzpunkt einer intensiven Auseinandersetzung zwischen Gerhart Lohse, Walter Barton, ferner dem Anglisten Helmut Bonheim, Werner Krieg u. a.[18] In Hessen ist die Gründung der Universitätsbibliothek Kassel 1971/72 als einziges einschichtiges Bibliothekssystem (mit Bereichsbibliotheken) im Land hervorzuheben.[19]

Der grundlegende Unterschied zwischen diesen Neugründungen und den Bibliothekssystemen der alten Universitäten beruhte auf der Campussituation gegenüber der verbreiteten Streulage der älteren Hochschulen sowie auf dem verbreiteten Willen, grundsätzlich keine oder nur wenige Institutsbibliotheken neu zu gründen. Die Streulage der alten Universitäten ließ höchstens eine bessere Kooperation zwischen Instituts- und Zentralbibliotheken zu, außerdem die Zusammenfassung kleinerer fachlich benachbarten Einrichtungen zu Bereichsbibliotheken, jedoch keine originär einschichtige, sondern lediglich eine „funktional einschichtige" Struktur. Diese zeichnet sich im Kontext traditioneller lokaler Hochschulbibliothekssysteme erst seit einem guten Jahrzehnt deutlicher ab, nicht zuletzt wegen der mit der digitalen Wende tiefgreifend veränderten Informationsversorgung in der Fläche sowie wegen des wachsenden Raumbedarfs der Hochschulen.

Hochschulbibliothekssysteme in den neuen Bundesländern

Eine Neuordnung der universitären Bibliothekssysteme hatte in der ehemaligen DDR im Zuge der dritten Hochschulreform nach 1968 stattgefunden, so auch in Leipzig und Dresden: „Die Bereiche Medizin und Theologie blieben unberührt. Alle Bibliotheken wurden aber zu einem einheitlichen System mit Hauptbibliothek und ihren Zweig- und Außenstellen zur Universitätsbibliothek mit zentraler Verwaltung der Mittel, der Kataloge und des Personals zusammengeführt. An der Technischen Universität Dresden sind so neun Sektionsbibliotheken mit der Hauptbibliothek, in Leipzig 19 Außenstellen mit der Hauptbibliothek zu einem einschichtigen Bibliothekssystem

---

18 Siehe dazu Wang, Strukturkonzept (wie Anm. 18), S. 176–182.
19 Vgl. Halle, Axel u. Christoph Penshorn: Die Universitätsbibliothek Kassel – Reorganisation in einem einschichtigen Bibliothekssystem. In: Zeitschrift für Bibliothekswesen und Bibliographie (2002) H. 5–6. S. 278–282.

zusammengeschlossen worden, eine Regelung, die nach 1990 durch das Sächsische Hochschulerneuerungsgesetz 1991 und das Sächsische Hochschulgesetz 1993 bestätigt wurde."[20]

Die sog. „Bibliotheksverordnung" von 1968 war ein Rahmengesetz und ist in den Folgejahren durch Anweisungen, Richtlinien und Durchführungsbestimmungen ergänzt worden, zum Beispiel im Hinblick auf die Schaffung „Staatlicher Allgemeinbibliotheken" und Zentraler Fachbibliotheken, sodann bezogen auf die Einführung der funktionalen Einschichtigkeit unter Leitung der Zentralbibliothek in der Hochschule. Die angestrebte Verbesserung der Literatur- und Informationsversorgung ist aber „in vielen Teilen auf Grund unzureichender Mittel und des Verzichts auf konkrete und verbindliche Vorgaben nicht verwirklicht"[21] worden.

Nach der Wende 1990 erfuhren die Universitätsbibliotheken der damals neuen Bundesländer Organisations- und Strukturreformen, die teilweise auf den gewachsenen Systemen aufbauten, diese aber stark modifizierten in Richtung auf eine Verringerung dezentraler Standorte, auf eine tatsächlich realisierte Einschichtigkeit. Die Neugründungen in Weimar (Bauhaus-Universität 1995/96, auf der Grundlage älterer Vorgängereinrichtungen), Erfurt (Wiedergründung 1994), Frankfurt/Oder (Europa-Universität Viadrina 1991) und Cottbus (Brandenburgische Technische Universität) waren von vorherein einschichtig, und der Bibliotheksindex BIX (Stand: 2013) weist außer diesen auch Freiberg/Sachsen, Ilmenau, Magdeburg und Rostock als einschichtige Bibliothekssysteme aus, obwohl sie teilweise Bereichs- und Fachbibliotheken einschließen. Dies gilt für die älteren Universitäten in Chemnitz, Dresden, Greifswald, Halle-Wittenberg, Jena und Leipzig in besonderem Maße, denn diese hatten ursprünglich ausgeprägte zweischichtige Bibliothekssysteme, die jedoch im Zuge der noch nicht abgeschlossenen Reorganisation[22] auf dem Weg funktionaler Einschichtigkeit erhebliche Fortschritte aufzuweisen haben.

---

20 Debes, Dietmar: Bibliotheken in Sachsen. In: Handbuch der Historischen Buchbestände in Deutschland. Bd. 17: Sachsen A–K. Hrsg. von Friedhilde Krause. Hildesheim [u. a.]: Olms-Weidmann 1997. S. 47; siehe dazu auch: Marks, Erwin: Die Entwicklung des Bibliothekswesens der DDR. Leipzig: VEB Bibliographisches Institut 1985. S. 120–125; Höchsmann, Dieter: Die Entwicklung des Bibliothekswesens im zentralistischen Staat: Verordnete Strukturen und ihre Wirklichkeit. In: Geschichte des Bibliothekswesens der DDR. Hrsg. von Peter Vodosek u. Konrad Marwinski. Wiesbaden: Harrassowitz 1999 (Wolfenbütteler Schriften zur Geschichte des Buchwesens Bd. 31). S. 37–64.
21 Höchsmann, Entwicklung (wie Anm. 20), S. 45.
22 Einen guten, konzentrierten Überblick dazu für den Freistaat Sachsen bietet: Bonte, Achim: Gemeinschaft macht stark. Kooperation und Vernetzung der wissenschaftlichen Bibliotheken im Freistaat Sachsen. In: BIS. Das Magazin der Bibliotheken in Sachsen (2008) Nr. 1. S. 8–11.

Neuere Entwicklungen bis zur Jahrtausendwende

Im Zusammenhang mit den Hochschulneugründungen und der Schaffung einschichtiger Bibliothekssysteme kam es in den Folgejahren zu lebhaften Auseinandersetzungen und Diskussionen über die optimale, serviceorientierte Ausgestaltung der Literatur- und Informationsversorgung in der Hochschule. Der Bibliothekartag 1975 in Konstanz widmete sich schwerpunktmäßig den zentralen und den kooperativen Dienstleistungen im Bibliothekswesen.[23]

Mit der Novellierung der Universitäts- und Landeshochschulgesetze in den 1990er Jahren versachlichte sich die Fachdiskussion und man suchte pragmatische Lösungen der Reorganisation[24] auf dem Weg zur funktionalen Einschichtigkeit, zum Beispiel durch die Bildung von größeren Teilbibliotheken[25], auch im Rahmen entsprechender Flächennutzungsparameter[26]. In den Mittelpunkt rückten folgende Aspekte:
- Etatisierung des gesamten Bibliothekspersonals der Hochschule im Stellenplan der Universitätsbibliothek (Beispiel: UB Heidelberg)[27],
- Fach- und Dienstaufsicht der Leitung der Hochschulbibliothek über das gesamte Bibliothekspersonal in der Hochschule (Beispiel: Freiburger Bibliothekssystem),
- Finanzierung des Bibliothekssystems[28] und Zuständigkeit der Universitätsbibliothek für das Bibliotheksbudget der Zentralbibliotheken und der dezentralen bibliothekarischen Einrichtungen (Beispiel: Bibliothekssystem der Justus-Liebig-Universität Gießen)[29],

---

23 Vgl. Zentrale und kooperative Dienstleistungen im Bibliothekswesen. Vorträge, gehalten auf dem 65. Deutschen Bibliothekartag vom 20. bis 24. Mai 1975 in Konstanz. Hrsg. von Fritz Junginger u. Wilhelm Totok. Frankfurt a. M.: Klostermann 1976 (Zeitschrift für Bibliothekswesen und Bibliographie: Sonderheft 22).
24 Vgl. Campusbibliotheken in der Freien Universität Berlin? Kostensenkung durch Reorganisation – aber wie? Hrsg. von Rolf Busch. Berlin: Freie Universität 1996 (Beiträge zur bibliothekarischen Weiterbildung 9).
25 Beispielhaft dafür der Mannheimer Workshop zu dem Thema: Hansen, Michael u. André Schüller-Zwierlein: „Bildung von Teilbibliotheken als praktische Managementaufgabe – der lange Weg zur Einschichtigkeit". Zusammenfassung des Workshops am 16. Juni 2005 in Mannheim. In: Bibliotheksdienst (2005) H. 8/9. S. 1045–1054 (mit umfangreicher Literaturauswahl).
26 Siehe dazu Vogel, Bernd u. Silke Cordes: Bibliotheken an Universitäten und Fachhochschulen: Organisation und Ressourcenplanung. Hannover: HIS-GmbH 2005 (Hochschulplanung 179).
27 Siehe dazu: Bonte, Achim: Tradition ist kein Argument. Das Bibliothekssystem der Universität Heidelberg auf dem Weg zur funktionalen Einschichtigkeit. In: Zeitschrift für Bibliothekswesen und Bibliographie (2002) H. 5/6. S. 299–305.
28 Vgl. Dugall, Berndt: Organisatorische und finanzielle Aspekte der Informationsversorgung zweischichtiger universitärer Bibliothekssysteme. In: Ordnung und System. Hrsg. von Gisela Weber. Festschrift zum 60. Geburtstag von Hermann Josef Dörpinghaus. Weinheim [u. a.]: Wiley-VCH 1997. S. 204–217.
29 Reuter, Peter: Ein Bibliothekssystem im Umbruch: Die Einführung der funktionalen Einschichtigkeit an der Justus-Liebig-Universität in Gießen. In: ABI-Technik (2003) H. 1. S. 37–46.

- Verringerung der Anzahl kleiner dezentraler Bibliotheken durch Schaffung größerer Bereichs- oder Fachbibliotheken, auch im Rahmen von Neuplanungen (Beispiele: Campus Westend der Johann Wolfgang Goethe-Universität Frankfurt am Main; Bibliothek Theologie-Philosophie der Ludwig-Maximilians-Universität München; Teilbibliothekskonzept der Universitätsbibliothek Mainz)[30],
- Verringerung der Anzahl kleiner dezentraler Bibliotheken durch Integration in die Zentralbibliothek, vor allem im Rahmen von Neubauplanungen (Beispiel: Jacob-und-Wilhelm-Grimm-Zentrum der Humboldt-Universität zu Berlin)[31].

Die neuere Entwicklung bei der Reform lokaler Hochschulbibliothekssysteme wird im vorliegenden Handbuch mit Blick auf verschiedene Umsetzungsbeispiele im Einzelnen behandelt.

Zusammenfassung

Obwohl die Notwendigkeit von Strukturreformen der überkommenen Bibliothekssysteme an den deutschen Universitäten seit fast 60 Jahren deutlich erkannt wurde, wurde die geforderte engere Kooperation zwischen Instituts- und Universitätsbibliotheken zunächst nur punktuell an einzelnen Hochschulen energisch in Angriff genommen. Auch Zusammenlegungen mehrerer dezentraler Bibliotheken zu größeren leistungsfähigeren Einheiten gab es im 20. Jahrhundert eher selten. Verwirklicht wurde immerhin der zentrale Bestandsnachweis in Gesamtkatalogen und Gesamtzeitschriftenverzeichnissen, sodann nach und nach auch die Verwaltung der Seminar- und Institutsbibliotheken durch der Zentralbibliothek zugeordnetes Fachpersonal. Unter dem Eindruck der Hochschulneugründungen gerieten die traditionellen zweischichtigen Bibliothekssysteme an den alten Universitäten unter Reformdruck und entwickeln sich seitdem verstärkt in Richtung auf funktional einschichtige Systeme. Der Wissenschaftsrat und die neuere Hochschulgesetzgebung forcierten diese Tendenz. Nicht wenige Hochschulbibliothekssysteme der alten Universitäten haben – auch unter dem Eindruck der digitalen Wende – entschiedener als in früheren Zeiten die Aufgabe der Integration lokaler Bibliothekssysteme erkannt und sich zu eigen gemacht.

---

30 Vgl. Gärtner, Dagmar u. Angela Hausinger: Zwei neue Bereichsbibliotheken in Frankfurt am Main. In: ABI Technik (2012) H. 1. S. 31–45; Söllner, Konstanze: Bauliche Rahmenbedingungen bei der Zusammenlegung von Institutsbibliotheken. In: ABI-Technik (2005) H. 4. S. 260–265; Jantz, Martina: Strukturproblem Zweischichtigkeit: ein Werkstattbericht aus der Universitätsbibliothek Mainz. In: Zeitschrift für Bibliothekswesen und Bibliographie (2002) H. 5–6. S. 306–311.
31 Vgl. Berghaus-Sprengel, Anke: Standortplanung an der Universitätsbibliothek. In: Inspiration durch Raum – Servicevielfalt im Jacob-und-Wilhelm-Grimm-Zentrum. Hrsg. von Milan Bulaty. Berlin: Universitätsbibliothek der Humboldt-Universität zu Berlin 2010 (Schriftenreihe der Universitätsbibliothek der Humboldt-Universität zu Berlin 64). S. 6–12.

Ulrich Naumann
Hochschulpolitische Grundlagen von Hochschulbibliothekssystemen

Abstract: Zunächst werden die verschiedenen Ebenen der Hochschulpolitik (supranational, national, regional und lokal) in einer föderativen Verfassungsstruktur dargestellt und ihr Beziehungsgeflecht erläutert. Auf der lokalen Ebene der Hochschulpolitik wird deutlich gemacht, dass es unterschiedliche Formen gibt, wie lokale Hochschulpolitik entwickelt und durchgesetzt werden kann, welche teils antagonistischen Kräfte dabei wirken und wie die Hochschulbibliothekssysteme hier eingebunden sind, wobei es für eine einheitliche, an der Hochschulpolitik ausgerichtete Bibliotheksstrukturpolitik einen Unterschied machen kann, ob es sich um einschichtige, funktional einschichtige oder zweischichtige Bibliothekssysteme handelt. Der Beitrag berücksichtigt am Schluss auch die zunehmende Ökonomisierung der Hochschule und ihre Auswirkungen auf die Hochschulpolitik und die Bibliotheken.

Keywords: Bibliotheksstrukturpolitik, Europäische Union, Hochschulpolitik, Kulturhoheit, Ökonomisierung der Hochschule

Ebenen der Hochschulpolitik in einem föderativen Verfassungssystem

Beschäftigt man sich mit hochschulpolitischen Fragen, wird schnell deutlich, dass Hochschulpolitik auf vier verschiedenen Ebenen feststellbar ist, so dass man aufpassen muss, einzelne Beiträge immer diesen Ebenen zuzuordnen, um jeweils die politische Bedeutung zu erfassen. Wir unterscheiden deshalb im Folgenden die supranationale Ebene, die nationale Ebene, die regionale Ebene und die lokale Ebene von Hochschulpolitik und prüfen dort die Möglichkeiten hochschulpolitischen Handelns. Diese vier Ebenen sind der Tatsache geschuldet, dass hier Hochschulpolitik unter der Prämisse einer föderativen Verfassungsstruktur betrachtet wird, wie wir sie in der Bundesrepublik Deutschland vorfinden.

Supranationale Hochschulpolitik

Thomas Walter kommt in seiner Dissertation 2006[1] zur Frage einer internationalen Hochschulpolitik zum Ergebnis, dass mit der Verabschiedung der Bologna-Erklärung 1999 zwar keine gemeinsame europäische Hochschulpolitik im Sinne eines gemeinsamen politischen Handelns begründet worden ist, dass aber durch den damit angestoßenen Prozess für Europa (in der Zusammensetzung des Europa-Rats mit 47 beteiligten Staaten, also weit über die Mitgliedstaaten der Europäischen Union hinaus) der Beginn einer neuen Phase in der Hochschulpolitik begründet worden ist. Die 46 Staaten, die sich dem Bologna-Prozess verpflichtet haben, wollen in relativ kurzer Zeit (damals innerhalb von zehn Jahren) zentrale Elemente ihrer Hochschulstrukturen vereinheitlichen. Die drei wichtigsten Ziele waren die Einführung einer dreistufigen Studienstruktur (Bachelor /Master /Promotion), die Qualitätssicherung im Hochschulwesen und die bessere Vergleichbarkeit und damit leichtere Anerkennung von ausländischen Studienabschlüssen.

Zumindest für die beiden letztgenannten Ziele gab es auch schon vorher Initiativen von supranationalen Institutionen wie der OECD und der UNESCO, so dass der Bologna-Prozess als evolutionäre Weiterführung bisheriger Aktivitäten bezeichnet werden kann. Mit der Verpflichtung der teilnehmenden Staaten, diese Reformen der Hochschulstrukturen auch zügig umzusetzen, wird zwar keine gemeinsame europäische Hochschulpolitik etabliert, aber für den Zweck, eine kompatible europäischen Hochschulstruktur zu erzeugen, werden alle Akteure über einen neu geschaffenen Koordinationsmechanismus in den Prozess eingebunden. Damit hat die europäische Hochschulpolitik den Rahmen mehr oder weniger verbindlicher Absichtserklärungen verlassen. Dies kommt auch in der Definition eines Europäischen Hochschulraums (European Higher Education Area — EHEA) zum Ausdruck. Die Bologna-Erklärung folgt auch der in der zwei Jahre früher in der Lissabon-Erklärung 1997 der EU für eine gesamteuropäische Entwicklung festgelegten Strategie, Europa bis 2010 zum leistungsstärksten wissensgestützten Wirtschaftsraum der Welt zu entwickeln, um die Wettbewerbsfähigkeit des Kontinents zu sichern und europaintern die Beschäftigungsfähigkeit mit Blick auf gemeinsamen europäischen Arbeitsmarkt zu gewährleisten.

Auf der supranationalen Ebene der Europäischen Union kann trotz vieler Bemühungen der Kommission, mehr Einfluss zu gewinnen, dennoch nicht (im Gegensatz zu mancherlei wirtschaftlich begründeten gemeinsamen Aktivitäten) von einer europäischen Hochschulpolitik im Sinne einer gemeinsam verabredeten und von den EU-

---

[1] Siehe Walter, Thomas: Der Bologna-Prozess : ein Wendepunkt europäischer Hochschulpolitik? Wiesbaden: VS Verlag 2006 (Forschung Pädagogik); siehe auch die gute Zusammenfassung der Erkenntnisse bei Walter, Thomas: Der Bologna-Prozess im Kontext der europäischen Hochschulpolitik. In: die hochschule (2007) H. 2. S. 10–36. http://hsdbs.hof.uni-halle.de/documents/t1722.pdf (09.09.2013).

Gremien verantworteten Hochschulpolitik gesprochen werden. Hier sind der Vertrag von Maastricht und die ihm folgenden Anpassungen eine (bisher und wohl auch auf Dauer gesetzte) Hürde. Im Vertrag von Maastricht 1992 wurde der Widerspruch von europäischer Dimension und nationaler Souveränität in der Bildungs- und Hochschulpolitik festgeschrieben, der auch unveränderter Bestandteil späterer Revisionen des Vertragswerks geblieben ist: So lautet Art. 165 Abs. 1 des 2007 in Lissabon beschlossenen „Vertrags über die Arbeitsweise der Europäischen Union":

> (1) Die Union trägt zur Entwicklung einer qualitativ hoch stehenden Bildung dadurch bei, dass sie die Zusammenarbeit zwischen den Mitgliedstaaten fördert und die Tätigkeit der Mitgliedstaaten unter strikter Beachtung der Verantwortung der Mitgliedstaaten für die Lehrinhalte und die Gestaltung des Bildungssystems sowie der Vielfalt ihrer Kulturen und Sprachen erforderlichenfalls unterstützt und ergänzt.[2]

Die Nationalstaaten waren und sind nicht bereit, hier der EU Gestaltungsrechte auch nur im Sinn einer konkurrierenden Gesetzgebung einzuräumen. Es bleibt also bei der erheblichen, milliardenschweren finanziellen Unterstützung durch einzelne Programme (z. B. ERASMUS-Programm zur Förderung der Mobilität, Projektmittel des Europäischen Forschungsrats für die Grundlagenforschung) und einzelner Projekte und Vorhaben, ohne dass sich hieraus eine gemeinsame supranationale Politik ergibt. Allerdings ist erkennbar, dass man spätestens seit der Ausweitung der Tätigkeiten der EU in der Folge der Lissabon-Strategie und der Bologna-Erklärung von einer eigenständigen Europäischen Hochschulpolitik[3] sprechen kann, die die Hochschulpolitik in den Mitgliedstaaten ergänzt.

Die EU hat auch das Bibliothekswesen in Deutschland direkt, also ohne Einbezug der nationalen oder regionalen Ebene, mit Programmen gefördert, z. B. mit dem 7. Forschungsrahmenprogramm den Aufbau Digitaler Bibliotheken und Arbeiten zur Problemlösung für Langzeitarchivierung oder mit Programmen zur Modernisierung des Hochschul-Bibliothekswesens (Bibliotheksmanagement, Qualitätssicherung, Lehrmethoden).[4]

---

2 Vertrag über die Arbeitsweise der Europäischen Union (Abl. der EU 2010/C 83/01). http://eur-lex.europa.eu/LexUriServ/LexUriServ.do?uri=OJ:C:2010:083:FULL:DE:PDF (09.09.2013).
3 Bartsch erkennt hier ebenfalls für den Zeitraum 1945 bis 2007 eine fünfte Phase der europäischen Hochschulpolitik, die seit 2000 an Kontur gewinnt. Vgl. Bartsch, Tim-Christian: Europäische Hochschulpolitik: über die Entwicklung und Gestalt(ung) eines Politikfeldes. Baden-Baden: Nomos 2009. S. 196ff.
4 Siehe hierzu: Die Europäische Union als Förderer von Projekten. http://www.bibliotheksportal.de/themen/foerderdatenbank/eu-foerderung/profil-eu-foerderung.html (09.09.2013).

Nationale Hochschulpolitik

Art. 30 Grundgesetz regelt, dass Bildung und insbesondere die Hochschulbildung Sache der deutschen Länder sind („Kulturhoheit"). Auch für das Bundesverfassungsgericht ist die Kulturhoheit das „Kernstück der Eigenstaatlichkeit der Bundesländer" neben der eigenen Verwaltung, der Justiz und dem Bereich der inneren Sicherheit. Mit der Föderalismusreform II im Jahre 2006 ist der Einfluss des Bundes nochmals stark eingeschränkt worden, da die Länder nunmehr für die Gestaltung der Hochschulpolitik ausschließlich verantwortlich sind. Der neu gefasste Art. 91 b Grundgesetz erlaubt es dem Bund nur, bei befristeten Projekten an den Hochschulen mitzuwirken.

Ähnlich wie in der Beziehung zwischen der EU und den Nationalstaaten ist es deshalb dem Bund nicht möglich, direkt und gestaltend eine nationale Hochschulpolitik zu betreiben. Selbst die Verpflichtungen, die die Bundesrepublik als Vertragspartner mit der Bologna-Erklärung eingegangen ist, können von ihr nur auf die regionale oder lokale Ebene durchgereicht werden, ohne deren Umsetzung direkt durch gesetzgebende Maßnahmen beeinflussen zu können. Dies zeigt sich z. B. an der Entwicklung des 1976 als Ansatz einer koordinierten nationalen Hochschulpolitik verabschiedeten Hochschulrahmengesetzes, das aufgrund der Föderalismusreform seit 2007 (!) mit einem (bisher über ein Entwurfsstadium nicht hinausgekommenes) *Gesetz zur Aufhebung des Hochschulrahmengesetzes* abgeschafft werden soll.

Dennoch fehlt es ebenso wenig wie bei der EU-Kommission beim Bund an Versuchen und Instrumenten, über die finanzielle Steuerung von Aktivitäten Einfluss auf die Hochschulgestaltung zu nehmen. Hier wirkt sich die vergleichsweise finanzielle Stärke des Bundes aus. Er bedient sich zahlreicher Koordinierungsinstrumente (KMK, BLK, Bundesrat) und weiterer Institutionen außerhalb einer direkten staatlichen Einflussnahme (Wissenschaftsrat, DFG) für eine Projektförderung auf der Basis von Art. 91 b Grundgesetz. In diesen Zusammenhang müssen auch die Exzellenzinitiativen I–III eingeordnet werden, nachdem Vorstöße der Bundesministerinnen Bulmahn (SPD) und Schavan (CDU) zur Gründung von „Bundesuniversitäten" als Zeichen zentralstaatlicher Hochschulpolitik aus verfassungsrechtlichen Gründen gescheitert waren. In den Exzellenzinitiativen hat der Bund mit 75 % (ca. 3,5 Milliarden Euro) die finanzielle Hauptlast übernommen, die Entscheidung zur Förderung jedoch in einem wissenschaftsgeleiteten Auswahlverfahren den beiden Organisationen Wissenschaftsrat und DFG übertragen. Die Bibliotheken der sich um Förderung bewerbenden Hochschulen waren bei der Vorbereitung der Anträge bzw. der Verteilung der eingeworbenen Mittel jedoch nicht beteiligt, wie eine Umfrage bei den Universitäten der Exzellenzinitiative II ergab.

Neben dem Wissenschaftsrat[5] ist insbesondere die DFG in der Förderung von Bibliotheken sehr aktiv. Zu nennen sind die Unterstützung der Literaturerwerbung

---

5 Berndt Dugall nennt die Zahl von über 50 Empfehlungen und Stellungnahmen zu bibliothekarischen Fragen und Problemen seit Bestehen des Wissenschaftsrates, s. Dugall, Berndt: Der Einfluß des

der DFG-Sondersammelgebiete („SSG") und Spezialbibliotheken, die Förderung des elektronischen Publizierens im wissenschaftlichen Literatur- und Informationsangebot (Open-Access-Initiative), die Beschaffung von Nationallizenzen, das Bilden von themenorientierten Informationsnetzen, das Schaffen von Werkzeugen und Verfahren des wissenschaftlichen Informationsmanagements, die Bildung von Leistungszentren für Forschungsinformation sowie die Sicherung der kulturellen Überlieferung, auch durch Erwerbung geschlossener Nachlässe und Sammlungen. Die DFG hat aber auch durch zahlreiche Denkschriften und Positionspapiere die Entwicklung der wissenschaftlichen Bibliotheken entscheidend beeinflusst, sei es im Bereich der Bibliotheksstrukturen, der Ausstattung mit Rechentechnik oder der digitalen Informationsversorgung.

Jedoch lässt sich auch hier festhalten, dass weder durch die direkten Aktivitäten des Bundes noch die Aktivitäten der von ihm mittelbar maßgeblich gestalteten oder geförderten Einrichtungen eine nationale Hochschulpolitik im Sinne eines verantwortlichen politischen Gestaltungswillens zustande gekommen ist, weil dem das verfassungsrechtliche Hindernis der „Kulturhoheit" entgegensteht. Auch der Wissenschaftsrat hat in seiner jüngsten Veröffentlichung nur den Weg über eine Änderung des Grundgesetzes gesehen, um dem Bund mehr Kompetenzen in einer nationalen Hochschulpolitik einzuräumen.[6]

Regionale Hochschulpolitik

Mit der regionalen Hochschulpolitik der Bundesländer wird die normative Ebene erreicht.[7] Aufgrund der Kulturhoheit haben alle sechzehn Bundesländer eigene Hochschulgesetze erlassen, mit denen sie über konkrete Vorgaben die Umsetzung einer landesweiten Hochschulpolitik und die Organisation ihrer Hochschulen regeln. Ebenso müssen hier die auf der supranationalen Ebene getroffenen Vereinbarungen in eine Rechts- oder Verordnungsform gebracht werden.

Neben der direkten Gestaltung der Hochschulsysteme ist hier Hochschulpolitik auch Teil der Strukturpolitik des jeweiligen Bundeslandes. So wurden in Nordrhein-Westfalen fünf Gesamthochschulen gegründet, die später zu Universitäten umgewandelt wurden, die Universität Bielefeld wurde bewusst in einer wissenschaftlich schwach ausgeprägten ostwestfälischen Region platziert. Weitere Beispiele aus Bayern, Baden-Württemberg und anderen Bundesländern ließen sich anführen, aber auch Korrekturen an den gegebenen Strukturen mit der Zusammenlegung von

---

Wissenschaftsrates auf die Entwicklung der wissenschaftlichen Bibliotheken in der Bundesrepublik Deutschland. In: ABI-Technik (1997) H. 4. S. 337–347, hier S. 338.
6 Siehe Wissenschaftsrat: Perspektiven des deutschen Wissenschaftssystems. Braunschweig. Juli 2013 (Drs. 3228-13). S. 30. http://www.wissenschaftsrat.de/download/archiv/3228-13.pdf (07.09.2013).
7 Vgl. dazu auch den Beitrag von Eric W. Steinhauer in diesem Band.

Hochschulen (Duisburg und Essen in Nordrhein-Westfalen, Cottbus und Senftenberg in Brandenburg), Kooperationen zwischen den Hochschulen mit fachlicher Teilung (Marburg und Gießen in Hessen, wiederum Nordrhein-Westfalen mit der „Universitätsallianz Metropole Ruhr (UAMR)" der drei Nachbaruniversitäten Bochum, Dortmund und Duisburg-Essen mit einem kooperativen Lehr- und Forschungsverbund). Neben den verlautbarten wissenschaftspolitischen Zielen solcher Kooperationen ist es sicherlich auch der enge finanzielle Rahmen, der für Hochschulpolitik in den Bundesländern gegeben ist, der dazu führt, vermeintliche „Doppelangebote" abzubauen oder kostenintensive Forschungen an einem Ort zu konzentrieren.

Jedes Bundesland kann in seiner Hochschulpolitik eigenen Zielen folgen. Oftmals sind solche Ziele Allgemeinplätze, die eine Stärkung von Bildung und Wissenschaft in der jeweiligen Region betonen, auch im Hinblick auf eine Konkurrenz zu den anderen Bundesländern. Hier sollen nur einige Sätze aus den Homepages der Länder(ministerien) wiedergegeben werden:
- Berlin: „Berlin ist eine der kreativsten und innovativsten Metropolen. Wissenschaft ist für Berlin DIE große Zukunftschance. Mit dem Masterplan wird die Hauptstadt zum führenden Wissenschaftsstandort in Deutschland ausgebaut".
- Hessen: „Ziel der Hessischen Landesregierung ist es, Hessen zum Bildungsland Nummer 1 zu machen. Die Hochschulen spielen dabei eine Schlüsselrolle. Zur nachhaltigen Stärkung und Profilierung des Hochschulstandorts Hessen verfolgt die Hessische Landesregierung seit 1999 eine klare Strategie, die sich in der Umsetzung eines umfangreichen Maßnahmenpaketes manifestiert."
- Bayern: „Mit mehr Hochschulautonomie, einer verbesserten sozialen Ausgestaltung der Studienbeiträge und deutlich erweiterten Studienmöglichkeiten für beruflich besonders Qualifizierte geht Bayern neue Wege, damit wir auch weiterhin ein führender Hochschul- und Wissenschaftsstandort in Deutschland bleiben."[8]

Bereits die simple Feststellung, welche Partei oder Koalition ein Bundesland führt, lässt Hochschulpolitik zum Spielball oft kurzfristiger Interessen werden. Wenn eine zukunftsorientierte Hochschulpolitik nur reflexhaft deswegen abgelehnt wird, weil sie vom politischen „Gegner" formuliert wird, ist eine langfristig angelegte regionale Hochschulstrukturpolitik nur schwer durchzusetzen.

---

8 Quellen: Senatsverwaltung für Bildung, Jugend und Wissenschaft: Wissenschaftspolitik. http://www.berlin.de/sen /wissenschaft-und-forschung/wissenschaftspolitik/ (07.09.2013); Hessisches Ministerium für Wissenschaft und Kunst: Hochschulpolitik http://verwaltung.hessen.de/irj/HMWK_Internet?cid=561c3631e949eec4951d6261eb22cfa9 (07.09.2013); Bayerisches Staatsministerium für Wissenschaft, Forschung und Kunst: Hochschulpolitik http://www.stmwfk.bayern.de/hochschule/hochschulpolitik/ (07.09.2013).

Ähnlich wie bei den Zielen unterscheiden sich die Bundesländer auch in den Instrumenten, mit denen sie Hochschulpolitik betreiben. Allgemein ist erkennbar, dass der Grundgedanke des „Neuen Steuerungsmodells", Verantwortung für Entscheidungen und Ressourcen soweit wie möglich auf die Hochschul-Ebene zu verlagern, auch bei den Instrumenten der Hochschulpolitik zur Anwendung kommt. Die Länder verzichten auf Detailsteuerungen und konzentrieren sich auf die Vorgabe eines politischen Rahmens. Die Hochschulsteuerung ersetzt eine kleinteilige Regelungsdichte durch Qualitäts- und Ergebnisorientierung und fordert Prozessorientierung und Übernahme von Eigenverantwortung auf allen Ebenen, um der Hochschulautonomie entsprechenden Raum zu geben. Vornehmlich sind es vertragliche Vereinbarungen zwischen der Landesregierung und einzelnen Hochschulen, die die jeweilige Entwicklung vor Ort beeinflussen sollen. Neben leistungsbasierten Hochschulverträgen, die eine mittelfristige Finanzsicherheit festschreiben (Berlin), sind es vor allem in Kombination mit solchen Verträgen Zielvereinbarungen mit den einzelnen Hochschulen, in denen auch qualitative Ziele festgehalten werden (z. B. Bayern, Nordrhein-Westfalen, Schleswig-Holstein). Es werden auch Wettbewerbselemente eingeführt, wie z. B. in Berlin, wo neben der Grundausstattung ein bestimmter relativ hoher Prozentsatz der insgesamt für die Universitäten bereitgestellten Mittel nach leistungsbezogenen Kriterien verteilt wird.[9]

Es ist festzustellen, dass auf der regionalen Ebene konkrete Hochschulpolitik betrieben wird, in der Einfluss auf Strukturen und die Entwicklung der Hochschulen genommen wird. Entscheidendes Instrument ist hierbei die von der Erfüllung gemeinsam verabredeter Ziele abhängige Ausstattung mit den erforderlichen Mitteln. Die regionale Hochschulpolitik wird allerdings auch durch die Ausstattung der Region mit nicht-staatlichen Hochschulen beeinflusst, die insgesamt die Attraktivität eines Studienortes beträchtlich erhöhen können. So gilt das Berliner Hochschulgesetz nur für elf Einrichtungen wie Universitäten, die Charité, Kunsthochschulen und Fachhochschulen, tatsächlich gibt es daneben weitere 26 private Hochschulen.

Die Hochschulbibliothekssysteme werden in der Regel zwar in eigenen Paragraphen in den Hochschulgesetzen behandelt, wobei neben generell formulierten Versorgungsaufträgen auch Strukturvorgaben hinsichtlich der Gestaltung der Hochschulbibliotheken enthalten sein können. Die finanzielle Ausstattung der Hochschulbibliotheken wird aber auf die Entscheidungsebene der Hochschule verlagert.

---

9 Siehe Leistungsbasierte Hochschulfinanzierung. Online unter http://www.berlin.de/imperia/md/content/sen-wissenschaft/hochschulen/leistungsbasierte_hochschulfinanzierung.pdf?start&ts=1303389683&file=leistungsbasierte_hochschulfinanzierung.pdf (26.10.2013).

Lokale Hochschulpolitik

Auf der lokalen Ebene der Hochschulpolitik gestaltet die einzelne Hochschule als Ausdruck der Hochschulautonomie (auch auf der Basis von Art. 5 Grundgesetz) die Vorgaben in den Hochschulgesetzen. Man könnte sie als die „operative Ebene" der Hochschulpolitik bezeichnen, was allerdings die Möglichkeiten, dort Hochschulpolitik zu betreiben, nur unzureichend beschreiben würde. Denn die Universitäten sind überwiegend Gremien- bzw. Gruppenuniversitäten. In den Gremien (Präsident / Rektorat, Akademischer Senat, Senatskommissionen, Fachbereichsräte, Institutsräte, manchmal auch gewählte Kuratorien mit externen Mitgliedern) werden Leitlinien der Hochschulpolitik (hochschulpolitische Leitbilder) verabschiedet, über Schwerpunktsetzungen und Alleinstellungsoptionen diskutiert, organisatorische Strukturen (etwa auch die Vereinigung von Informationsversorgung mit der Computer- und Medientechnik) beraten und die finanzielle Ausstattung der einzelnen Einrichtungen mit Ressourcen festgelegt. Zweifellos sind auf all diesen Ebenen auch partielle, teils antagonistische Interessen mit der Formulierung der Hochschulpolitik verbunden, da den Gremien neben den verschiedenen statusübergreifenden Gruppen mit unterschiedlicher hochschulpolitischer Orientierung auch mitarbeiterorientierte Einrichtungen wie der Personalrat und die Frauenbeauftragte zugeordnet sind. Daher sind Entscheidungen dieser Gremien oftmals auf eine Konsens-Politik angelegt oder werden erst gar nicht in den Gremien beraten, weil ein Konsens nicht abzusehen ist.

Den akademischen Gremien obliegt auch eine Festlegung der Struktur ihrer bibliothekarischen Einrichtungen in einer Bibliotheksordnung. In zweischichtigen Bibliothekssystemen kommt der Bibliotheksordnung eine besondere Bedeutung zu, da außer der Universitätsbibliothek als zentraler Einrichtung die bibliothekarischen Einrichtungen in der Regel den Fachbereichen zugeordnet bleiben und insbesondere in ihrer finanziellen Ausstattung auch von Entscheidungen der Fachbereichsgremien abhängig sind.

Die lokale Hochschulpolitik muss aber auch berücksichtigen, dass neben der zu regelnden inneren Ordnung der Hochschule und ihren Abläufen Hochschulen untereinander im Wettbewerb stehen, weniger was die jeweilige wissenschaftliche Qualität anbelangt, sondern im Hinblick auf die durch externe Förderung sichtbar werdende, von außen wahrgenommene wissenschaftliche Leistungsfähigkeit. Hier waren die Exzellenzinitiative II und III ein sichtbarer Ausdruck einer solchen Außeneinschätzung, denn neben den „Gewinnern", die mit erheblicher staatlicher Förderung rechnen konnten, gab es auch „Verlierer", deren Konzepte, seien es Graduiertenschulen, Forschungscluster oder Zukunftskonzepte, in einer international orientierten wissenschaftsbasierten Prüfung erfolglos blieben. Aber auch die sog. Elite-Universitäten können die zugeteilten Mittel nicht für eine durchgreifende hochschulpolitische Neuorientierung nutzen, da zumindest für die Graduiertenschulen und Forschungscluster nur in zeitlich begrenzter Dauer überwiegend Personalmittel bereitgestellt werden.

Hochschulpolitik im Zeichen der Ökonomisierung der Hochschulen

Ist eine gruppenorientierte lokale Hochschulpolitik noch zeitgemäß, da sie die nationalen und internationalen hochschulpolitischen Verflechtungen nur ungenügend berücksichtigen kann? Deshalb ist der Ruf laut geworden, Hochschulen wie Betriebe zu führen, ihren Ertrag unter Kosten- und Leistungsgesichtspunkten zu beurteilen und auch kostenoptimierende Anpassungen vorzunehmen. Solche Entscheidungen stellen allerdings das bisherige Prinzip einer gruppen- und konsensorientierten Hochschulpolitik auf den Kopf. Der Präsident / Rektor ist mit seiner Hochschulverwaltung nicht mehr das ausführende Organ der akademischen Entscheidungen, sondern wird zum bestimmenden Faktor des Kurses, den die Hochschule verfolgt. Ein solches Verständnis von Hochschulpolitik wird zum Beispiel in der seit 2008 erfolgenden Wahl eines „Hochschulmanagers des Jahres" deutlich, der insbesondere aufgrund seiner Eigenschaften, durchsetzungsstark in den Kategorien Strategisches Management, Finanzierung, Organisation und Leitung, Personalmanagement, Internationalisierung sowie Qualitätsmanagement auch gegen die Gremien zu agieren, ausgewählt wird. Dabei bleibt die verfasste Hochschuldemokratie der Gruppenuniversität auf der Strecke, was aber im Rahmen einer solchen Auszeichnung lobend in Kauf genommen wird. Richard Münch hat in einem beachtenswerten Aufsatz die Folgen der Ökonomisierung der Hochschule in Bezug auf die Wissenschaftsfreiheit und die fachliche Gestaltung der Hochschule beschrieben.[10] Er sieht in dieser Entwicklung den Verlust der akademischen Freiheit, darüber zu entscheiden, was erforscht werden soll, und eine externe Instrumentalisierung, die letztlich in der Hochschulpolitik dazu führt, die akademische Bildung allein unter dem Gesichtspunkt zu betrachten, welche Kapitalerträge einschließlich Sponsorengelder sich erwirtschaften lassen und welche Wirkung eine solche Politik auf das Hochschulranking hat, dem sich gewollt oder ungewollt jede Hochschule ausgesetzt sieht.[11] Hochschulpolitik mutiert hier zur betriebswirtschaftlich orientierten Unternehmenspolitik, eine Veränderung, die den ursprünglichen Zielen der Hochschulpolitik nicht gerecht werden kann.

---

10 Siehe Münch, Richard: Unternehmen Universität. In: Aus Politik und Zeitgeschichte (2009) Ausg. 45. S. 10–16. http://www.bpb.de/apuz/31646/unternehmen-universitaet (07.09.2013); umfangreicher: Münch, Richard: Akademischer Kapitalismus. Über die politische Ökonomie der Hochschulreform. Berlin: Suhrkamp 2011 (edition suhrkamp 2633).
11 Vgl. Münch, Unternehmen Universität (wie Anm. 10), S. 14–15.

Fazit

Wir haben eingangs vier Ebenen der Hochschulpolitik unterschieden und kommen zum Ergebnis, dass in der föderalen Verfassung der Bundesrepublik Deutschland gestaltende Hochschulpolitik auf der regionalen und der lokalen Ebene stattfindet, wo sie aber trotz der zugesicherten Autonomie (Kulturhoheit auf der regionalen Ebene, Autonomie auf der lokalen Ebene) sich nicht den internationalen und nationalen Verflechtungen entziehen kann, die das hochschulpolitische Handeln mitbestimmen.

Eric Steinhauer
Rechtsgrundlagen von Hochschulbibliothekssystemen in Deutschland

Abstract: Gegenstand der rechtlichen Grundlagen von Hochschulbibliothekssystemen sind Regelungen, die deren Aufgaben bei der Informationsversorgung für Forschung und Lehre der sie tragenden Einrichtung, ihre hochschulinterne Organisation und die strukturierte Kooperation mit anderen, außerhalb ihrer selbst liegenden Institutionen, sowie Dienstleistungen betreffen, die sie für hochschulfremde Adressaten erbringen. Das Grundrecht der Wissenschaftsfreiheit stellt dabei eine grundlegende Systemvorgabe dar, die durch das einfache Recht in Form von Verfahren und Strukturen sowie Zuständigkeits- und Mitwirkungsbestimmungen konkretisiert wird. Die hierfür einschlägigen Vorschriften finden sich auf allen Ebenen der Rechtsordnung, schwerpunktmäßig jedoch im Recht der Hochschule selbst, das sie sich als Selbstverwaltungseinrichtung im Rahmen der Gesetze gibt. Traditionell gehören die rechtlichen Grundlagen der Hochschulbibliothekssysteme zum Verwaltungsrecht und sind damit Teil des öffentlichen Rechts. Soweit Aufgaben der Informationsversorgung aber mehr und mehr durch netzgestützte Infrastrukturen und virtuelle Services auch und gerade unter Einbeziehung kommerzieller Dienstleister erbracht werden, vollzieht sich eine Verschiebung hin zu urheber- und medienrechtlichen Regelungen.

Keywords: Wissenschaftsfreiheit, Hochschulgesetz, Bibliotheksordnung, Bibliotheksgesetz, Leihverkehrsordnung, Bibliotheksgebühren, Benutzungsordnung, Urheberrecht

Wissenschaftsfreiheit als Strukturvorgabe

Das in Art. 5 Abs. 3 S. 1 GG normierte Grundrecht der Wissenschaftsfreiheit besagt, dass Wissenschaft, Forschung und Lehre frei sind. Es ist inhaltsgleich in den meisten Landesverfassungen enthalten. Als jedermann zustehendes Grundrecht bezieht es sich auf die methodische Suche nach Wahrheit und Erkenntnis.[1] In diesem Streben ist die Wissenschaft frei, nicht nur sich selbst ihre eigenen Fragestellungen zu geben, sondern auch ihre Arbeitsweisen zu entwickeln sowie ihre kommunikativen Beziehungen, ohne die Wissenschaft gar nicht denkbar ist, zu organisieren.[2] Dabei

---

[1] Stern, Klaus: Das Staatsrecht der Bundesrepublik Deutschland Bd. 4/2. München: Beck 2011. S. 742.
[2] Stern, Staatsrecht Bd. 4/2 (wie Anm. 1), S. 745–747.

sind Bibliotheken und ihre Dienstleistungen in allen Wissenschaften von zentraler Bedeutung, um einmal publiziertes Wissen dauerhaft auffindbar und referenzierbar zu halten. Insoweit sind Bibliotheken eng mit wissenschaftlichen Arbeitsprozessen verwoben. Fragen der Bibliotheksstruktur berühren daher immer auch die Arbeitsbedingungen der Wissenschaft und betreffen damit das Grundrecht der Wissenschaftsfreiheit.[3] Dieses Grundrecht ist zwar unmittelbar geltendes, nicht aber unmittelbar anwendbares Recht. Konkrete Vorgaben etwa für die bibliothekarische Arbeit sucht man dort vergeblich. Gleichwohl ist mit der Wertentscheidung für die Selbstorganisation der Wissenschaft und damit zugleich für die Wissenschaftsadäquanz von öffentlichen Einrichtungen, die Dienstleistungen für die Wissenschaft erbringen, ein wichtiger Orientierungspunkt gegeben, den es bei der Formulierung, aber auch bei der Auslegung und Anwendung des einfachen Rechts zu berücksichtigen gilt.[4]

Im Einzelnen wäre hier zunächst ein Mindesteinfluss von Seiten der Wissenschaft auf die Arbeit und die Organisation eines Bibliothekssystems zu nennen, das insoweit keine bloße Infrastruktureinheit innerhalb der Hochschule ist wie etwa die technische Betriebszentrale. Sodann gilt es, durch die Ausgestaltung der Bibliotheksorganisation die unterschiedlichen Ausstattungs- und Nutzungswünsche einzelner Wissenschaftler an der Hochschule zu einem Ausgleich zu bringen. Das Grundrecht der Wissenschaftsfreiheit ist zwar in erster Linie ein Abwehrrecht gegen Eingriffe des Staates. Als verbindliche Wertentscheidung fordert es den Staat aber auch auf, in seinen Einrichtungen einen möglichst optimalen Freiheitsgebrauch zu ermöglichen. Hier liegt der Grund, warum etwa der Gesetzgeber oder, auf das Gesetz gestützt, die Ministerialverwaltung konkrete Strukturvorgaben für die Arbeit und die Organisation von Hochschulbibliotheken machen können.[5] Damit stehen die Selbstverwaltung der Wissenschaft sowie die wissenschaftsfreundliche Gestaltungsobliegenheit des Staates für seine eigenen Einrichtungen in einer gewissen Spannung, die mit ihren wechselnden Schwerpunktsetzungen und Entwicklungen auch in der Einrichtung und im Betrieb von Bibliotheken zutage tritt.

Abschließend sei noch erwähnt, dass das Grundrecht der Wissenschaftsfreiheit insoweit einen Leistungsaspekt enthält, als Wissenschaftler an staatlichen Einrichtungen einen Anspruch auf eine gewisse Mindestausstattung haben, damit wissenschaftliches Arbeiten überhaupt erst möglich ist.[6] Dieser Anspruch wirkt sich natürlich auch auf die Ausstattung von Bibliotheken aus, die ein bestimmtes, konkret freilich schwer zu bezifferndes Niveau nicht unterschreiten darf.

---

3 Bayerischer Verwaltungsgerichtshof (BayVGH). In: Bibliotheksforum Bayern (BFB) (1980) H. 2. S. 158f.
4 Bundesverfassungsgericht. In: Entscheidungen des Bundesverfassungsgerichts (BVerfGE) 35. S. 123f.
5 BayVGH (wie Anm. 3), S. 163.
6 Stern, Staatsrecht Bd. 4/2 (wie Anm. 1), S. 799.

Insgesamt kann gesagt werden, dass das Grundrecht der Wissenschaftsfreiheit eine Mindestbeteiligung der Wissenschaft an der Organisation eines Hochschulbibliothekssystems sichert, den Staat aber auch ermächtigt, seinerseits freiheitssichernde Grundentscheidungen zur Neutralisierung von Partikularinteressen zu treffen; zudem gewährleistet es auf bescheidenem Niveau eine gewisse Grundausstattung der Bibliotheken.

Regelungsfelder im Recht der Hochschulbibliothekssysteme

Die Regelungsgegenstände, die zum Recht der Hochschulbibliothekssysteme gehören, lassen sich zunächst in solche unterteilen, die ihre Aufgaben und ihre Binnenorganisation betreffen, und solche, die Aufgaben und Kooperationen beschreiben, welche über den Bereich der Hochschule hinausweisen. Im Binnenbereich ist zu bestimmen, wie sich die bibliothekarischen Einrichtungen gliedern, wer über Bibliotheksangelegenheiten in welchem Verfahren entscheidet, wie die Erwerbung koordiniert wird, wie die Bibliothek mit anderen Struktureinheiten, Rechen- und Medienzentren zumal, kooperiert, wie das Benutzungsverhältnis ausgestaltet wird und welche Dienstleistungen die Bibliothek anbieten soll. Regelungen, die über die bloße Versorgung der Hochschule hinausgehen, betreffen die Zugänglichkeit der Hochschulbibliothek für jedermann, die Teilnahme an einem Bibliotheksverbund, den überörtlichen Leihverkehr, die Zuweisung landesbibliothekarischer Aufgaben und teilweise auch die Aussonderung von Bibliotheksgut, wenn und soweit die Vermögensverwaltung nicht in die Autonomie der Hochschule fällt oder in besonders gelagerten Fällen das Denkmalschutzrecht tangiert ist.[7]

Mitunter können auch hochschulfremde Einrichtungen bibliothekarische Aufgaben für die Hochschule wahrnehmen. Explizit ist dies bei der Sächsischen Landesbibliothek Staats- und Universitätsbibliothek Dresden der Fall, die als Staatsbetrieb gerade nicht Teil der Technischen Universität Dresden ist, gleichwohl aber kraft gesetzlicher Anordnung die Aufgabe einer Universitätsbibliothek wahrnimmt.[8] In Bayern kommt der Bayerischen Staatsbibliothek nach dem Bayerischen Hochschulge-

---

[7] Hoffmann, Iris: Rechtsfragen des kulturellen Gedächtnisses. In: Bibliotheksgesetzgebung. Ein Handbuch für die Praxis, insbesondere im Land Baden-Württemberg. Hrsg. von Eric W. Steinhauer u. Cornelia Vonhof. Bad Honnef: Bock + Herchen 2011. S. 270–272.
[8] Gattermann, Günter: Die Anfänge der Integration zur Sächsischen Landesbibliothek – Staats- und Universitätsbibliothek Dresden. In: Bibliotheken führen und entwickeln. Festschrift für Jürgen Hering zum 65. Geburtstag. Hrsg. von Thomas Bürger u. Ekkehard Henschke. München: Saur 2002. S. 49–65. § 1 Gesetz über die Sächsische Landesbibliothek – Staats- und Universitätsbibliothek Dresden vom 17. Dezember 2013.

setz eine koordinierende Funktion für die Hochschulbibliotheken zu.[9] Dass auch die Landesbibliotheken in Baden-Württemberg vor allem im Bereich der Geisteswissenschaften das Angebot der örtlichen Universitätsbibliotheken ergänzen und insoweit Teil des Hochschulbibliothekssystems sind, lässt sich indirekt aus der Gebührenbefreiung für Studierende in der Bibliotheksgebührenverordnung erschließen.[10]

Erwähnt seien noch die von der Deutschen Forschungsgemeinschaft geförderten Sondersammelgebiete bzw. Fachinformationsdienste, die für die Versorgung mit hoch spezialisierter wissenschaftlicher Literatur zuständig sind und diese über die Hochschulbibliotheken im Wege der Fernleihe oder über personalisierte digitale Dienste zur Verfügung stellen. Im Bereich des Spitzenbedarfs gehören auch sie zum Bibliothekssystem einer Hochschule und die sie betreffenden Vorgaben und Bestimmungen zum Recht des Hochschulbibliotheksystems im weiteren Sinn.[11]

Rechtsfragen von Hochschulbibliothekssystemen werden verbindlich entweder in Rechtsvorschriften normiert oder im Rahmen dieser Rechtsvorschriften durch eine kooperative Übereinkunft zwischen den betroffenen Parteien geregelt. Hinzu treten einseitige Weisungen durch eine dafür kompetente Stelle der Verwaltung.

Rechtsvorschriften

Rechtsnormen als einseitig verbindliche, mit allgemeiner Geltungskraft ausgestattete und von den Gerichten als Gesetz zu beachtende Regelungen können in vier Ebenen unterteilt werden, die hierarchisch aufeinander bezogen sind.[12] An der Spitze der Rechtsordnung steht das Verfassungsrecht, bei dem vor allem die Grundrechte wichtig sind. Es folgen die einfachen Parlamentsgesetze, im Hochschulrecht sind hier die Länder zuständig, sowie die Rechtsverordnungen, die auf Grundlage von Parlamentsgesetzen durch ein Ministerium erlassen werden. Auf der untersten Stufe der Normenhierarchie befinden sich die Satzungen, die von den Hochschulen als autonomen Selbstverwaltungskörperschaften zur Regelung ihrer eigenen Angelegenheiten erlassen werden. Der hierarchische Aufbau der unterschiedlichen Rechtsquellen kommt darin zum Ausdruck, dass das höherrangige Recht stets Vorrang genießt; niederrangige Bestimmungen dürfen ihm nicht widersprechen. Man nennt dies auch Geltungsvorrang.[13] Was aber die konkrete Regelung eines Sachverhaltes betrifft, so

---

9 Art. 16 Abs. 1 S. 2 Bayerisches Hochschulgesetz vom 23. Mai 2006.
10 § 2 Abs. 3 Verordnung des Wissenschaftsministeriums über die Erhebung von Bibliotheksgebühren vom 15. Februar 2009.
11 Busse, Gisela von: Struktur und Organisation des wissenschaftlichen Bibliothekswesens in der Bundesrepublik Deutschland. Entwicklungen 1945 bis 1975. Wiesbaden: Harrassowitz 1977. S. 530–549.
12 Maurer, Hartmut: Allgemeines Verwaltungsrecht. 18. Aufl. München: Beck 2011. § 4 Rn. 11.
13 Schomerus, Thomas u. Yvonne Hobro: Verwaltungsrecht. 2. Aufl. Planegg: Haufe 2007. S. 16.

finden sich spezifische Bestimmungen meist auf einer niederen Rangstufe, weil die normsetzende Stelle, man denke nur an die Satzungen der Hochschule, hier sachnäher und flexibler entscheiden kann. Insoweit genießt in der Praxis das niederrangige und in der Sache meist auch speziellere Recht regelmäßig Anwendungsvorrang.[14]

Im Verfassungsrecht, vor allem im Grundgesetz, aber auch in den Verfassungen der Länder, bilden die Grundrechte die entscheidende Wertordnung für die weiteren Regelungen im Hochschulbibliotheksrecht. Neben der schon erwähnten Wissenschaftsfreiheit sind hier die Berufsfreiheit der Studierenden, die sachgerechte Rahmenbedingungen eines berufsqualifizierenden Studiums sichert, sowie vor allem für externe Nutzer die Informationsfreiheit zu nennen, die einen ungehinderten Zugang zu publizierten Inhalten gewährleistet.[15] Die genannten Grundrechte sind Abwehrrechte des Einzelnen gegen staatliche Eingriffe. Sie bilden aber auch eine Wertordnung, die es im einfachen Recht umzusetzen gilt. Dabei besteht die entscheidende Regelungsaufgabe darin, eine möglichst optimale Grundrechtsverwirklichung für alle Beteiligten zu ermöglichen. So sind etwa Sanktionen bei Leihfristüberschreitungen auch dazu da, noch anderen Personen als dem Entleiher die Möglichkeit zu geben, ein Buch für ihre wissenschaftlichen Forschungen zu nutzen; sie dienen so einer geordneten und gleichmäßigen Grundrechtsausübung.

Das Beispiel zeigt neben der Bedeutung von Grundrechten im Alltag einer Bibliothek aber auch, dass solche Detailfragen natürlich nicht in der Verfassung geregelt werden können, sondern dem einfachen und niederrangigen Recht vorbehalten sind. Manches wird ganz ohne Regelung bleiben, etwa die Erteilung von Auskünften. Man spricht hier von der so genannten gesetzesfreien Verwaltung. Einen Vorbehalt gesetzlicher Regelung kennt das Recht nur, wenn es um Eingriffe in Grundrechte oder um für die Grundrechtsverwirklichung wesentliche Fragen geht.[16] In diesen Fällen ist der demokratisch direkt legitimierte Gesetzgeber aufgerufen, die Grundentscheidungen in Form eines Parlamentsgesetzes zu treffen. Für die Hochschulbibliothekssysteme geschieht dies in den jeweiligen Hochschulgesetzen der Länder und neuerdings in Bibliotheksgesetzen. Daneben finden sich ganz vereinzelt auch in anderen Gesetzen einschlägige Bestimmungen. So werden etwa im Weiterbildungsgesetz Rheinland-Pfalz den Hochschulbibliotheken Aufgaben im Bereich der Weiterbildung zugewiesen;[17] das Pflichtexemplargesetz Nordrhein-Westfalen betraut drei Hochschulbibliotheken mit Landesbibliotheksaufgaben.[18]

---

14 Schomerus u. Hobro, Verwaltungsrecht (wie Anm. 13), S. 16.
15 Kirchner, Hildebert: Grundriß des Bibliotheks- und Dokumentationsrechts. 2. Aufl. Klostermann: Frankfurt am Main 1993 (Das Bibliothekswesen in Einzeldarstellungen). S. 9–15.
16 Maurer, Verwaltungsrecht (wie Anm. 12), § 6 Rn. 2–15.
17 § 19 Abs. 2 Weiterbildungsgesetz Rheinland-Pfalz vom 17. November 1995.
18 § 2 Abs. 1 Gesetz über die Ablieferung von Pflichtexemplaren in Nordrhein-Westfalen vom 29. Januar 2013.

In den Bibliotheksgesetzen werden nur wenige Aufgaben beschrieben, vor allem wird die Zugänglichkeit von Hochschulbibliotheken für jedermann normiert.[19] Auch können sich dort für den Bereich der Nachlässe oder der Belegexemplare, die nach der Nutzung von Sonderbeständen abzuliefern sind, die notwendigen Rechtsgrundlagen finden. Strukturentscheidungen über die Ausgestaltung von Hochschulbibliothekssystemen sind demgegenüber den Hochschulgesetzen vorbehalten.[20] Prominent sind hier eigene Bibliotheksparagraphen, die Aufgaben und Organisationsstruktur der bibliothekarischen Versorgung an der Hochschule vorgeben.[21] Dazu gehört etwa die öffentliche Zugänglichkeit der Bibliotheken oder die Verpflichtung, zusammen mit anderen Einrichtungen der Hochschule eine integrierte Informationsinfrastruktur zu schaffen. Im Rahmen dieser Vorgaben können die Hochschulen dann als Ausfluss der ihnen zustehenden Selbstverwaltung die konkreten Details festlegen. Manchmal werden im Hochschulgesetz den Bibliotheken Aufgaben, die über die Versorgung der eigenen Hochschule hinausgehen als staatliche Aufgabe zugewiesen mit der Konsequenz, dass hier das Ministerium nicht nur die Rechtmäßigkeit der Aufgabenerledigung im Sinne einer Rechtsaufsicht überwacht, sondern auch eine bibliothekarische Fachaufsicht besitzt, die durch Weisungen im Einzelfall oder durch Erlasse ausgeübt wird. Schließlich finden sich in einigen Hochschulgesetzen noch Ermächtigungen zur Regelung von einheitlichen Gebührensätzen für die Bibliotheksbenutzung durch das zuständige Ministerium. Die Regelung selbst ergeht dann als Rechtsverordnung, die als untergesetzliche, aber gleichwohl landesweit gültige Norm die dritte Ebene der Rechtsquellen bildet. In Bayern ist auch das Benutzungsrecht der wissenschaftlichen Bibliotheken mit der Allgemeinen Benützungsordnung für die Wissenschaftlichen Bibliotheken in dieser Form einheitlich normiert.[22]

Die weit überwiegende Zahl von Bestimmungen für Hochschulbibliothekssysteme findet man im autonomen Hochschulrecht als Satzungen, die die vierte Ebene der Rechtsquellen bilden. Hier ist zunächst die Grundordnung der Hochschule zu nennen, in der Bibliotheken als eigene Einrichtungen meist explizit genannt sind, ergänzt mitunter um Bestimmungen über eine Bibliothekskommission, die dem Senat zuarbeitet. In eigenen Bibliotheksordnungen kann die Binnengliederung der bibliothekarischen Einheiten bestimmt werden, was vor allem in nicht streng einschichtigen Systemen wichtig ist.[23] Zudem finden sich hier auch Vorgaben über

---

19 Steinhauer, Bibliotheksgesetzgebung (wie Anm. 7), S. 16–35.
20 Steinhauer, Eric W.: Die Aufgaben der Hochschulbibliotheken im Land Sachsen-Anhalt. Anmerkungen zur Neufassung des Hochschulgesetzes. In: Bibliotheksdienst (2005) H. 7. S. 953–963.
21 Lohse, Gerhart: Bibliothekswesen. In: Handbuch des Wissenschaftsrechts. Hrsg. von Christian Flämig [u. a.]. Berlin: Springer 1982, Bd. 2. S. 1080–1082.
22 Allgemeine Benützungsordnung der Bayerischen Staatlichen Bibliotheken vom 18. August 1993.
23 Ausführlich Böhm, Peter P. u. Günter F. Paschek: Die Bibliothek in der Hochschulgesetzgebung des Bundes und der Länder. Ein Rechtsvergleich. In: ZfBB (1982) H. 3. S. 171–183; H. 4. S. 273–288; Gödan, Jürgen Christoph: Bibliotheksordnungen deutscher Hochschulen. Hamburg: Arbeitsgemein-

Abstimmungspflichten bei der Literaturerwerbung.[24] Das Benutzungsrecht und mit ihm die Dienstleistungen der Bibliothek schließlich sind in der Benutzungsordnung enthalten. Darüber hinaus werden Bibliotheken noch in Prüfungsordnungen erwähnt, soweit sie eine Bibliographie der Abschlussarbeiten führen oder für die Verbreitung und Aufbewahrung dieser Arbeiten zuständig sind. Schließlich können der Bibliothek im Rahmen der Hochschulselbstverwaltung weitere Aufgaben übertragen werden, etwa die Erfassung wissenschaftlicher Veröffentlichungen im Rahmen einer Evaluationsordnung.

Überblickt man die genannten Rechtsquellen, so liegt ihr Schwerpunkt eindeutig im eigenen Recht der Hochschule. Diese Tendenz wurde in den letzten Jahren verstärkt. Im Zuge von Deregulierungen wurden konkrete Bestimmungen in den Hochschulgesetzen, die sich bisweilen sogar bis auf Fragen der Katalogisierung und Erwerbungsabsprachen erstreckten oder ein bestimmtes Organisationsmodell für das Hochschulbibliothekssystem vorgaben, stark zurückgenommen.

Vereinbarungen

Neben den genannten gesetzlichen Bestimmungen können auch öffentlich-rechtliche und privatrechtliche Vereinbarungen strukturbildend für ein Hochschulbibliothekssystem sein. An erster Stelle sind hier Kooperationsvereinbarungen mit außerhalb der Hochschule liegenden Einrichtungen zu nennen, aber auch Dienstvereinbarungen mit der Personalvertretung, die insbesondere im Bereich technischer Innovationen oder bei neuen Dienstleistungen von Bibliotheksseite zu beachten sind. Innerhalb der Hochschule eingesetzte Instrumente des Kontraktmanagements haben demgegenüber weniger eine rechtliche, sondern mehr eine politische Bindungskraft. Ebenfalls in den Bereich der Vereinbarungen fallen Verpflichtungen, die im Rahmen von Drittmitteln eingegangen werden. Das gilt insbesondere für Zuwendungen der Deutschen Forschungsgemeinschaft, bei denen sich die Förderungsempfänger zu bestimmten Dienstleistungen verpflichten. Für Bibliotheken ist dies vor allem bei den Sondersammelgebieten bzw. den neuen Fachinformationsdiensten relevant.

Weisungen

Während vertragliche Vereinbarungen meist freiwillig eingegangen werden, regeln Weisungen unterschiedlichster Art einen Sachverhalt einseitig. Solche Weisungen

---

schaft für juristisches Bibliotheks- und Dokumentationswesen 1993 (Arbeitshefte der Arbeitsgemeinschaft für juristisches Bibliotheks- und Dokumentationswesen 16).
24 Böhm u. Paschek, Bibliotheken (wie Anm. 23), S. 273–278.

können sowohl innerhalb der Hochschule ergehen als auch von außerhalb kommen. Je nach Adressaten der Weisung liegt entweder eine Verwaltungsvorschrift oder ein Verwaltungsakt vor. Als solche stellen Weisungen zwar keine förmliche Rechtsquelle im Sinne einer gesetzlichen Norm dar, haben aber rechtlich bindenden Charakter, soweit das Recht eine entsprechende Handlungsmöglichkeit eröffnet.

Verwaltungsvorschriften sind aufgrund einer Vorgesetzteneigenschaft ergehende Bestimmungen innerhalb der Verwaltung. In der Hochschule kommen Verwaltungsvorschriften etwa als Geschäftsgangsregeln, Katalogisierungsrichtlinien oder als sonstige Dienstanweisungen vor, die für die konkrete Zusammenarbeit innerhalb eines Bibliothekssystems strukturbildend wirken können.[25] Soweit eine Bibliotheksordnung nicht förmlich als Satzung verabschiedet wird, wodurch wegen der notwendigen Gremienbeteiligung eine größere Mitsprache und Verbindlichkeit innerhalb der Hochschule erreicht wird, ist auch sie als Verwaltungsvorschrift anzusehen. Außerhalb der Hochschule kann das zuständige Ministerium Verwaltungsvorschriften erlassen, wenn das Hochschulgesetz dies ausdrücklich vorsieht oder dem Ministerium bei den so genannten staatlichen Aufgaben ausnahmsweise die Fachaufsicht zukommt. Im Bibliotheksbereich wären hier Aussonderungserlasse, Weisungen im Zusammenhang mit Landesbibliotheksaufgaben sowie die Leihverkehrsordnung als Verwaltungsvorschriften zu nennen.

Während Verwaltungsvorschriften nur innerhalb der Verwaltung ergehen und auch nur innerhalb einer hierarchischen Dienstbeziehung zu beachten sind, kommt einem Verwaltungsakt als einseitiger öffentlich-rechtlicher Regelung eines Sachverhaltes im Rahmen und auf Grundlage gesetzlicher Vorgaben Außenwirkung zu. Für Regelungen innerhalb eines Hochschulbibliothekssystems ist ein Verwaltungsakt vor allem in Form einer Allgemeinverfügung denkbar. So kann etwa die Bibliotheksleitung eigene Bestimmungen für Sonderstandorte oder kleine Institutsbibliotheken erlassen.[26] Da die Leitung der Bibliothek keine Vorgesetztenfunktion gegenüber Hochschullehrern oder Bibliotheksbenutzern ausübt, können derartige Bestimmungen keine Verwaltungsvorschriften, sondern nur Verwaltungsakte sein. Die Befugnis zu ihrem Erlass ist meist in der Benutzungsordnung als förmlicher Satzung zu finden.

Rechtliche Verortung des Hochschulbibliothekssystems

Bibliothekarische Dienstleistungen innerhalb einer Hochschule stellen in rechtlicher Hinsicht ein ausgesprochen komplexes Geflecht unterschiedlicher Beziehun-

---

[25] Steinhauer, Eric W.: Die Bibliothek und ihre Träger. In: Handbuch Bibliothek. Geschichte, Aufgaben, Perspektiven. Hrsg. von Konrad Umlauf u. Stefan Gradmann. Stuttgart: Metzler 2012. S. 252.
[26] Maurer, Allgemeines Verwaltungsrecht (wie Anm. 12), § 9 Rn. 32.

gen dar. Die Bibliothek selbst ist verwaltungsorganisatorisch eine unselbstständige Anstalt innerhalb der öffentlich-rechtlichen Körperschaft Hochschule als juristischer Person.[27] Die hochschulinternen Aufgaben werden dann durch Satzungen oder Verwaltungsvorschriften näher ausgestaltet. Dies wird aber insoweit problematisch, als externe Nutzer nicht der Satzungsgewalt der Hochschule unterliegen.[28] Wohl aus diesem Grund wird die Benutzungsordnung teilweise im Sinne einer Anstaltsordnung etwas diffus als Sonderverordnung gedeutet,[29] eine Normkategorie, die das moderne, an Parlamentsgesetze rückgekoppelte Verwaltungsrecht nicht mehr kennt.[30] Jedenfalls für die Erhebung von Gebühren wird man auf eine saubere parlamentsgesetzliche Grundlage allerdings nicht verzichten können. Neben der Landeseinheitlichkeit liegt hier ein wichtiger Grund dafür, Gebühren in Rechtsverordnungen zu regeln.[31] Soweit man im Zuge von Deregulierungen die Gebührenerhebung ganz in die Hochschulen verlagert hat, ist dies daher nicht unproblematisch.

Das Vorhandensein externer Nutzer ist ein Indiz dafür, dass Hochschulbibliotheken üblicherweise Aufgaben wahrnehmen, die über die reine Informationsversorgung von Forschung und Lehre hinausgehen. Hier unterstehen Bibliotheken meist der Fachaufsicht des zuständigen Ministeriums, die neben die Einbindung in die Hochschule tritt. In der Leitung der Bibliothek müssen beide Sphären integriert werden, woraus sich eine relative Autonomie der Bibliothek zu der jeweils anderen Seite ergibt. Aber auch soweit es um die bibliothekarische Versorgung von Forschung und Lehre geht, kommt der Bibliothek eine gewisse Selbständigkeit weisungsfreier Aufgabenerfüllung zu.[32] Sie ergibt sich aus der Stellung als eigene Einrichtung innerhalb der Hochschule, die insoweit neben die Hochschulverwaltung und die Fakultäten tritt. Im Ergebnis erweist sich das Hochschulbibliothekssystem daher als ein Gebilde, dass in seiner Aufgabenerfüllung bei aller Weisungsunterworfenheit auch autonom handelt. Diese Gemengelage bringt es mit sich, dass Konflikte zwar rechtlich beschrieben, in der Praxis aber meist politisch bewältigt werden. In kaum einem Bereich des Bibliotheksrechts ist daher die normative Kraft des Faktischen gegenüber dem geschriebenen Recht größer als im Recht der Hochschulbibliothekssysteme.

---

27 Gattermann, Günter: Wissenschaftliche Bibliotheken. In: Handbuch des Wissenschaftsrechts. Hrsg. von Christian Flämig [u. a.]. 2. Aufl. Berlin: Springer 1996, Bd. 1. S. 905. Allgemein zum älteren Anstaltsrecht der Hochschulbibliothek Nitze, Andreas: Die Rechtsstellung der wissenschaftlichen Bibliotheken. Zugleich ein Beitrag zum Anstaltsrecht. Berlin: Duncker & Humblot 1967 (Schriften zum Öffentlichen Recht 67).
28 Petersen, Niels: Das Satzungsrecht von Körperschaften gegenüber Externen. In: Neue Zeitschrift für Verwaltungsrecht (2013)H. 13. S. 841–846.
29 Thieme, Werner: Deutsches Hochschulrecht. 3. Aufl. Köln: Heymann 2004. Rn. 98.
30 Maurer, Allgemeines Verwaltungsrecht (wie Anm. 12), § 9 Rn. 32.
31 Papenfuß, Matthias: Die personellen Grenzen der Autonomie öffentlich-rechtlicher Körperschaften. Berlin: Duncker & Humblot 1991 (Schriften zum öffentlichen Recht 596). S. 123, 191.
32 Böhm u. Paschek, Bibliotheken in der Hochschulgesetzgebung (wie Anm. 23), S. 176.

Herausforderung Internet

Alle Bestimmungen über Hochschulbibliothekssysteme beziehen sich letztlich auf eine Verwaltungsstruktur, die Personal, Finanzen und sächliche Verwaltungsmittel umfasst. Im Zuge der Hochschulreformen der siebziger und achtziger Jahre gehörte es zu den heftig diskutierten Problemen, wie das Verhältnis von Hochschulbibliothek und Institutsbibliotheken auszugestalten sei, etwa in Form einer gegliederten Zentralbibliothek, die alle bibliothekarischen Einheiten der Hochschule umfasst oder in Form eines wie auch immer koordinierten Bibliothekssystems, das eigene bibliothekarische Einheiten neben der Hochschulbibliothek bestehen lässt.[33] Fragen der bibliothekarischen Dienstaufsicht oder die Kontroll- und Weisungsbefugnisse von Bibliothekskommissionen insbesondere hinsichtlich der Literaturbeschaffung waren weitere wichtige Themen.[34] Davon ist wenig geblieben. Im Zuge der letzten Novellen der Hochschulgesetze sind bibliotheksbezogene Vorschriften meist auf ein Minimum zusammengestrichen worden. Der Gesetzgeber hat offenbar das Interesse an Strukturfragen der Literaturversorgung verloren und die Materie als reine Selbstverwaltungsaufgabe zurück in die Hochschule gegeben.[35] Aber auch dort haben sich die Dinge geändert. Einige Hochschulen haben bei der Revision ihrer Grundordnungen die Bibliothekskommission abgeschafft.[36] Offenbar ist die Verwaltung von Buchbeständen nicht mehr wichtig genug. Das mag der mittlerweile überragenden Bedeutung geschuldet sein, die das Internet für die wissenschaftliche Arbeit einnimmt. Die früher so wichtige Nähe der Buchbestände ist der Zugänglichkeit von Online-Inhalten gewichen. Vor diesem Hintergrund sind Fragen der Ein- oder Zweischichtigkeit eines Bibliothekssystems bedeutungslos. Entscheidend ist allein, dass eine zentrale Stelle die benötigten Ressourcen über das Netz bereitstellt. Und hier löst sich das Hochschulbibliothekssystem auf in eine Vielzahl höchst individueller Netzwerke, deren Akteure nur noch zu einem kleinen Teil in der Hochschule selbst sitzen und die nicht

---

33 Zur älteren Rechtslage und Diskussion Böhm u. Paschek, Bibliotheken in der Hochschulgesetzgebung (wie Anm. 23); Cremers, Hartwig: Zum Recht der Hochschulbibliotheken nach nordrhein-westfälischem Recht. In: Wissenschaftsrecht (WissR) (1982) H. 1. S. 49–58; Cremers, Hartwig: Rechtliche Grundlagen des Bibliothekswesens der wissenschaftlichen Hochschulen. In: Das Bibliothekswesen der wissenschaftlichen Hochschulen – rechtliche, organisatorische und ökonomische Aspekte. Essen: Arbeitsgruppe Fortbildung im Sprecherkreis der Hochschulkanzler 1984. S. 5–36; Tettinger, Peter J.: Zum Verhältnis von Hochschulbibliothek und Institutsbibliotheken nach nordrhein-westfälischem Recht. In: WissR (1981) H. 1. S. 59–66.
34 Gattermann, Wissenschaftliche Bibliotheken (wie Anm. 27), S. 912.
35 Typisch insoweit Gesetzesbegründung in Rheinland-Pfalz (Landtags-Drucksache 15/4175, S. 87): „Die Aufhebung des § 95 dient der Rechtsvereinfachung. Selbstverständlich kann die Hochschule intern weiterhin entsprechende Regelungen treffen. Auch die anderen Einzelheiten soll die Hochschule selbst intern regeln."
36 Steinhauer, Eric W.: Aktuelle Entwicklungen im Thüringer Bibliotheksrecht. Anmerkungen zur geplanten Novelle des Thüringer Hochschulgesetzes und zum Stand der Initiative für ein Thüringer Bibliotheksgesetz. In: Bibliotheksdienst 40 (2006), S. 883.

mehr durch das Verwaltungsrecht, sondern durch urheberrechtliche und lizenzrechtliche Bestimmungen strukturiert und koordiniert werden.[37] Am Ende dieser Entwicklung steht die Transformation der überkommenen Hochschulbibliothekssysteme zu einem Bündel von Lizenzen mit einem mäßig genutzten Speicher gedruckter Literatur, der vielleicht noch ein paar kleine und überschaubare Handapparate für dezentrale Bereiche zur Verfügung stellt.

---

[37] Eric W. Steinhauer: Das Urheberrecht als Benutzungsrecht der digitalisierten Bibliothek. In: Kodex – Jahrbuch der Internationalen Buchwissenschaftlichen Gesellschaft (2011). S. 103–113.

Uwe Stadler
Organisation und Finanzierung von Hochschulbibliothekssystemen

Abstract: Universitäts- und Hochschulbibliotheken sehen sich immer neuen Herausforderungen hinsichtlich ihrer Organisation und Finanzierung ausgesetzt. Mit der Relativierung der bisherigen Alleinstellungsmerkmale und zunehmenden Konvergenzprozessen ist eine größere Nähe zu anderen Informations- und Infrastruktureinrichtungen unausweichlich. Andererseits müssen Hochschulbibliotheken im Verlauf teils schwieriger Änderungs- und Anpassungsprozesse unter Beweis stellen, dass sie auch im digitalen Zeitalter als hybride Bibliotheken nach wie vor wertvolle und unverzichtbare Dienstleistungen erbringen. Im Zuge dieser Transformationsprozesse modernisieren sich Hochschulbibliotheken und sichern so gleichermaßen ihre Existenz.

Mit Blick auf die Finanzierung stehen Hochschulbibliotheken im direkten Wettbewerb mit den Fachbereichen und den anderen Serviceeinrichtungen. Unter gewissen rechtlichen und politischen Rahmenbedingungen hat sich die Finanzierung von Hochschulbibliotheken von einer relativ einfachen und verlässlichen Bezuschussung hin zu einer komplexen und diversifizierten Einwerbung von Mitteln entwickelt. Hierbei kann es im Vergleich der Hochschulbibliotheken zu signifikant gegenläufigen Entwicklungen kommen, wie ein Blick in die Budgets ausgewählter Bundesländer und Hochschulbibliotheken zeigt.

Keywords: Deutschland, Hochschulbibliothek, Organisation, Ausstattung, Finanzierung, Etatmodell, Etatentwicklung, Veränderungsprozess, Rationalisierung, Kooperation

Organisation von Bibliotheken als Veränderungsprozess

Die Organisation ist eines der meist beforschten betriebswirtschaftlichen, soziologischen und sozialpsychologischen Themen der letzten Jahrzehnte, auch oder vielleicht gerade weil es sich zunächst um einen recht unscharfen Begriff handelt. „Der Begriff der Organisation lässt sich nicht eindeutig definieren"[1] und es scheint

---
[1] Schewe, Gerhard: Organisation. In: Gabler Wirtschaftslexikon. 18. Aufl. Wiesbaden: Springer Gabler 2014. S. 2388.

„keine einheitliche Auffassung über den Begriff Organisation"[2] zu geben. Die Sichtung der jüngeren deutschen Literatur zu diesem Thema macht deutlich, in welcher Bandbreite sich alleine die wirtschafts- und sozialwissenschaftliche Forschung mit diesem Thema befasst.[3] Bereits Max Weber benennt eine Vielzahl unterschiedlicher Organisationsdimensionen, bringt „die Organisation" in Zusammenhang mit Macht- und Herrschaftsfragen[4] und zeichnet im Kapitel über die Bürokratie ein Bild der Verwaltungsorganisation, das auch in unserem Kontext zu spannenden Betrachtungen führen könnte.[5]

Für unsere Zwecke ist ein zu differenzierter Blick auf die Organisationstheorien und -modelle jedoch nicht zielführend. Vielmehr wollen wir uns im Sinne der zuletzt von Froese vorgelegten Untersuchung[6] den formalen, manifesten Strukturen widmen und hierbei die Effizienzbewertung sowie tiefergehende soziologische und organisationspsychologische Aspekte zurückstellen. Allerdings wird es wie bei Frankenberger und Haller[7] unabdingbar sein, sich mit speziellen Fragen und Erscheinungsformen der Organisationsentwicklung unter besonderer Berücksichtigung von Innovationsprozessen zu beschäftigen. Vielfach werden die bei Frankenberger und Haller aufgeführten Stimuli und die dort zitierten „Verteilungskämpfe" ursächlich für Innovationsprozesse und in der Folge für veränderte Organisationsstrukturen sein. Finanzprobleme und wettbewerbliche Konkurrenzsituationen in den Hochschulen werden in der Fachdiskussion immer wieder als wesentliche Faktoren für die Strukturanpassung des Systems Hochschulbibliothek genannt.[8]

Ein- wie auch zweischichtige Hochschulbibliothekssysteme[9] zeichneten sich in der Regel noch bis vor wenigen Jahren durch eine Gemeinsamkeit aus: sie waren nahezu ausschließlich für die Literatur- und Informationsversorgung der jeweiligen

---

[2] Frese, Erich [u. a.]: Grundlagen der Organisation. 10. Aufl. Wiesbaden: Gabler 2012. S. 20.
[3] Vgl. Frese [u. a.],Grundlagen der Organisation (wie Anm. 2); Kieser, Alfred und Peter Walgenbach: Organisation. 6. Aufl. Stuttgart: Schäffer-Poeschel 2010; Schreyögg, Georg: Organisation. 5. Aufl. Wiesbaden: Gabler 2008; Vahs, Dietmar: Organisation. 8. Aufl. Stuttgart: Schäffer-Poeschel 2012; Miebach, Bernhard: Organisationstheorie. 2. Aufl. Wiesbaden: Springer 2012; u. a.
[4] Weber, Max: Wirtschaft und Gesellschaft. In: Grundriss der Sozialökonomik. Tübingen: Mohr Siebeck 1922. S. 610ff.
[5] Ders., hier S. 650ff.
[6] Vgl. Froese, Anna: Organisation der Forschungsuniversität. Wiesbaden: Springer Gabler 2013.
[7] Vgl. Die moderne Bibliothek. Hrsg. von Rudolf Frankenberger u. Klaus Haller. München: Saur 2004. S. 158ff.
[8] Vgl. Bonte, Achim: Reorganisation eines zweischichtigen Bibliothekssystems. Das Beispiel Heidelberg. Vortrag am 14.09.2005. http://www.his-he.de/veranstaltung/dokumentation/Workshop_BiblioUniFH/pdf/Bonte.pdf (08.09.2013); Bonte, Achim: Zweischichtige Hochschulbibliothekssysteme am Scheideweg: Das Beispiel Heidelberg. In: Zeitschrift für Bibliothekswesen und Bibliographie 48 (2001). S. 256–263.
[9] Es wird unter Verweis auf den Beitrag von Sühl-Strohmenger in diesem Handbuch (Hochschulbibliothekssysteme in Deutschland – vier Jahrzehnte Strukturentwicklung) an dieser Stelle auf eine Definition verzichtet.

Hochschule zuständig. Hochschulbibliotheken wurden zumeist als separate, jedoch juristisch unselbstständige Einrichtung (wahlweise als *Zentrale Einrichtung, Zentrale Betriebseinheit* oder unter ähnlichen Benennungen) in den Hochschulen etabliert und betrieben. In eigenen Ordnungen, die auf der Grundlage der jeweils geltenden hochschulrechtlichen Vorgaben (in der Regel Gesetze, Verordnungen oder die Satzungen der jeweiligen Hochschule) geschaffen und von den zuständigen Organen wie Senat, Hochschulrat, Präsidium oder Ministerium verabschiedet werden, sind die Aufgaben, Strukturen und Zuständigkeiten der Hochschulbibliotheken geregelt. Zunehmend wurde in den letzten Jahren der Fokus immer mehr auf Organisationsänderungen in den Hochschulbibliotheken gelenkt, sei es aufgrund hochschulinterner Bestandsaufnahmen als auch aufgrund externer Prüfung, wie bei der Begutachtung der Universitätsbibliotheken durch den Landesrechnungshof Nordrhein-Westfalen,[10] der sich neben der Darstellung sogenannter Mustergeschäftsprozesse beispielsweise auch der „Dualität von Zentralbibliothek und Institutsbibliotheken"[11] gewidmet und diese kritisiert hat, ungeachtet der an vielen Orten bereits in Gang gesetzten Reorganisations- und Optimierungsprozesse. Prüfungen von Hochschulbibliotheken durch Landesrechnungshöfe fallen – wenn sie denn vorgenommen werden – erfahrungsgemäß recht unterschiedlich aus, wenn es zum Beispiel mit Blick auf die hochschulübergreifende Zusammenarbeit heißt: „Die Kooperation der Hochschulbibliotheken ist gut, aber noch ausbaufähig."[12]

Die historisch gewachsene Aufgabenteilung der Serviceeinrichtungen für die Infrastruktur in den einzelnen Hochschulen orientierte sich der Einfachheit halber an den technischen und sich daraus ergebenden, funktionalen Grenzen. Gedruckte Bücher fanden ihren Weg in die Regale der Bibliotheken, Bits und Bytes waren in erster Linie auf den Computern der Rechenzentren gespeichert und für *exotische* Materialien wie Schallplatten oder Videobänder gab es meist noch gesonderte Serviceeinrichtungen. Erst das Aufbrechen dieser Grenzen durch die zunehmende Digitalisierung führte automatisch zur Frage nach der Zweckmäßigkeit der bisherigen Arbeits- und Aufgabenteilung. Diese sich zwangsläufig stellenden Fragen wurden auch von den Wissenschaftsorganisationen, den Geldgebern und weiteren beratenden Gremien und Institutionen aufgegriffen. Reorganisationsempfehlungen wurden in der Folge vom Wissenschaftsrat, der Deutschen Forschungsgemeinschaft, den zuständigen Landesrechnungshöfen, der HIS GmbH und von weiteren beauftragten Gutachtern[13] gegeben. Die historisch gewachsenen, formalen Strukturen wurden hierbei zunehmend in Frage gestellt. In den Bundesländern zeigte sich eine deutlich

---

[10] Landesrechnungshof Nordrhein-Westfalen: Jahresbericht 2013. http://www.lrh.nrw.de/LRHNRW_documents/Jahresbericht/LRH_NRW_Jahresbericht_2013.pdf (08.09.2013).
[11] Landesrechnungshof Nordrhein-Westfalen, Jahresbericht 2013 (wie Anm. 10), S. 109–110.
[12] Landesrechnungshof Schleswig-Holstein: Bemerkungen 2009. S. 180. http://www.landesrechnungshof-sh.de/de/18/bemerkungen-2009.html (08.09.2013).
[13] Eine detaillierte summarische Aufzählung dieser Empfehlungen findet sich im Anhang des Handbuchs, weshalb an dieser Stelle darauf verzichtet wird.

unterschiedliche Dynamik bezüglich des Umbaus der bisherigen Strukturen, wobei die diversen hochschulrechtlichen Rahmenbedingungen hierbei eine erhebliche Rolle spielten und immer noch spielen. Neben den von Sühl-Strohmenger in diesem Handbuch beschriebenen, sozusagen nach innen gerichteten (Re-)Organisationsmodellen spielte das Zusammenwirken der verschiedenen Serviceeinrichtungen eine zunehmend größere Rolle. Spätestens mit den „Empfehlungen des Wissenschaftsrats zur digitalen Informationsversorgung durch Hochschulbibliotheken"[14] wurde das Augenmerk verstärkt auch auf die hochschulinterne Organisation des Medien- und Informationsmanagements gelenkt.

Kooperieren, Rationalisieren, Restrukturieren: Optionen der Organisationsentwicklung

Die moderne, hybride und konvergenzorientierte Hochschulbibliothek soll sich den technologischen und marktwirtschaftlichen Entwicklungen in der Konkurrenz mit anderen stellen und dies mit passenden Konzepten nach innen und außen finanzieren und organisieren. Die Bedeutung der Außenkontakte nimmt hierbei ständig zu, wobei besonders bedeutsame Kooperationspartner wie zum Beispiel Hochschulleitungen es besonders gerne sehen, wenn diese Herausforderungen mit (wegen der allgemeinen und speziellen Preissteigerung nur scheinbar) gleichbleibenden Etats bewerkstelligt werden. Dies ist häufig nur mit Hilfe von Rationalisierungs- und Restrukturierungsmaßnahmen möglich, die jedoch auch zumindest teilweise ihren Preis haben und heutzutage üblicherweise in quasi vertraglicher Form geregelt werden. Zielvereinbarungen sind ein modernes und immer häufiger genutztes Instrument, mit dem neben Leistungskatalogen und Strukturveränderungen auch Fragen der Finanzierung verknüpft werden. Nicht immer aber sind in diesem Kontext die Zusagen und Vereinbarungen auch mit einer Anhebung der Mittel verbunden.[15] In übergeordneten Zielvereinbarungen werden Bibliotheksangelegenheiten zumeist nur dann geregelt, wenn es sich um spezielle, innovative und zugleich übergeordnete Fragestellungen handelt. Zu nennen wären hier Themen wie E-Science[16], Forschungsmanagement und Chip-

---

14 Wissenschaftsrat: Empfehlungen zur digitalen Informationsversorgung durch Hochschulbibliotheken, Greifswald 13.7.2001. Drs. 4935/01. http://www.wissenschaftsrat.de/download/archiv/4935-01.pdf (08.09.2013).
15 Vgl. Zielvereinbarung 2012/2013 zwischen der Staats- und Universitätsbibliothek Bremen und der Senatorin für Bildung und Wissenschaft in Bremen vom 26.03.2013. S. 10. http://www.bildung.bremen.de/sixcms/media.php/13/Staats-%20und%20Universit%E4tsbibliothek%20Bremen%20Zielvereinbarung%202012-2013.pdf (08.09.2013).
16 Vgl. Zielvereinbarung zwischen dem Hessischen Ministerium für Wissenschaft und Kunst und der Johann Wolfgang Goethe-Universität Frankfurt am Main für den Zeitraum 2011–2015. S. 11. http://publikationen.ub.uni-frankfurt.de/files/29511/zv-2011-15.pdf (08.09.2013).

karten[17], die Weiterentwicklung einer Virtuellen Bibliothek oder Digitalen Universität[18] oder die grundsätzliche Verankerung von Optimierungsbedarfen („Optimierung der Dienstleistungsbereiche")[19] und Maßnahmen zur allgemeinen Organisationsentwicklung.[20] Gelegentlich ist es auch möglich, die Bibliothek und ihren Stellenwert bei speziellen Fragestellungen wie der Medien- und Informationskompetenz etwas prominenter zu platzieren.[21]

Im Rahmen der Erstellung und Novellierung von Grundordnungen hatte sich bereits Mitte der 1990er Jahre ein heterogenes Bild ergeben[22], eine Entwicklung, die sich bis heute fortsetzt. Konzepte zur organisatorischen Neugliederung lassen sich in den letzten Jahren zunehmend in Gestalt von modernisierten Satzungen und Ordnungen sowie anderen hochschulinternen Regelungen mit Vereinbarungscharakter finden. Ziel ist häufig, „die Konvergenz in zahlreichen Aufgabenfeldern der digitalen Dienste"[23] zu unterstützen und somit auch eine bessere Zusammenarbeit und optimierte (gemeinsame) Steuerung der Serviceeinrichtungen, häufig der zentralen Betriebseinheiten Hochschulbibliothek und Rechenzentrum, zu erreichen und abzusichern. Neue Organisationsformen wie übergeordnete oder sogar fusionierte Betriebseinheiten[24] sowie Förderlinien der DFG wie die zur Schaffung von „Leistungs-

---

17 Vgl. Zielvereinbarung zwischen der Universität Bamberg und dem Bayerischen Staatsministerium für Wissenschaft, Forschung und Kunst. S. 9 und S. 20–21. http://www.stmwfk.bayern.de/fileadmin/user_upload/PDF/Hochschule/zv09_uni_bamberg.pdf (08.09.2013).
18 Vgl. Zielvereinbarung zwischen der Universität Passau und dem Bayerischen Staatsministerium für Wissenschaft, Forschung und Kunst. S. 16. http://www.stmwfk.bayern.de/fileadmin/user_upload/PDF/Hochschule/zv09_uni_passau.pdf (08.09.2013) und Zielvereinbarung zwischen dem Hessischen Ministerium für Wissenschaft und Kunst und der Philipps-Universität Marburg für den Zeitraum 2011 bis 2015. S. 7–8. http://www.uni-marburg.de/profil/strategie/zielvereinbarungen2011.pdf (08.09.2013).
19 Ziel- und Leistungsvereinbarung des Wissenschaftsministeriums und der Universität des Saarlandes. S. 12. http://www.uni-saarland.de/verwalt/presse/Zielvereinbarung.pdf (08.09.2013).
20 Zielvereinbarung zwischen dem Hessischen Ministerium für Wissenschaft und Kunst und der Philipps-Universität Marburg für den Zeitraum 2011–2015. S. 7. http://www.uni-marburg.de/profil/strategie/zielvereinbarungen2011.pdf (08.09.2013).
21 Vogt, Renate: Vermittlung von Informationskompetenz im Rahmen der Hochschullehre. In: Die effektive Bibliothek – Roswitha Poll zum 65. Geburtstag. Hrsg. von Klaus Hilgemann u. Peter te Boekhorst. München: Saur 2004. S. 117ff.
22 Stäglich, Dieter: Der Wandel nordrhein-westfälischer Bibliothekspolitik am Beispiel des Hochschulgesetzes vom 14. März 2000. In: Die effektive Bibliothek – Roswitha Poll zum 65. Geburtstag. Hrsg. von Klaus Hilgemann u. Peter te Boekhorst. München: Saur 2004. S. 133f.
23 Vgl. hierzu z. B. § 2, Abs. 3 und § 5, Abs. 1 der Verwaltungsordnung für die Universitätsbibliothek (UB) und für das Zentrum für Informations- und Mediendienste (ZIM) der Universität Duisburg-Essen vom 23. September 2005. http://www.uni-due.de/imperia/md/content/zentralverwaltung/verkuendungsblatt_2005/vbl_2005_62.pdf (08.09.2013).
24 Vgl. hierzu u. a. die Verwaltungsordnung für das Kommunikations- und Informationszentrum (KIZ) der Universität Ulm vom 30. April 2002. http://www.uni-ulm.de/fileadmin/website_uni_ulm/zuv/zuv.dezIII.abt2u3/3-2oeffentlich/bekanntmachungen/2002/vbo-kiz.pdf (08.09.2013) und die VO des IKMZ Cottbus aus dem Jahr 2004.

zentren für Forschungsinformation" werden dabei gemeinhin als notwendig erachtet, um „den Aufbau von innovativen Leistungszentren an einzelnen Hochschulstandorten zu fördern, in denen neuartige Konzepte des integrierten Informationsmanagements umgesetzt werden."[25]

An anderer Stelle wird zu Recht auf die komplexen Probleme hingewiesen, die sich aus den in der Regel von außen angestoßenen Veränderungsprozessen ergeben. So erschwert die Wettbewerbssituation, in der sich Hochschulbibliotheken hochschulintern wie zum Teil auch extern befinden, durchaus nicht unerheblich die eigenen Reorganisations- und Strategiebildungsprozesse.[26] Neben diesen exogenen Faktoren wirken jedoch auch noch endogene Faktoren, die sich signifikant sowohl auf die Leistungs- wie auch auf die Veränderungsfähigkeit eines Systems auswirken.[27] Zudem werden in Hochschulen und deren Bibliotheken zunehmend Instrumente wie Ziel- und Leistungsvereinbarungen in Anwendung gebracht, die zusätzliche Herausforderungen an die Organisations- und Steuerungsfähigkeit von Hochschulbibliotheken stellen. Noch recht allgemein, wenn auch durchaus sinnvoll kann es sein, Vereinbarungen mit Signalwirkung zu treffen, die in der Regel bestehende Aufgaben- und Produktlinien wie zum Beispiel die Vermittlung von Informationskompetenz auch für Schülerinnen und Schüler stärken und dies als politischen Willen unter Beteiligung der Hochschulbibliotheken auch ausdrücklich so formulieren.[28] Ein anderes Beispiel wäre die in der vorletzten Welle von Ziel- und Leistungsvereinbarungen des Landes Nordrhein-Westfalen mit seinen Hochschulen noch aufgeführte, verbindliche Nutzung von Gemeinschaftseinrichtungen der Hochschulen im Land Nordrhein-Westfalen wie die des Hochschulbibliothekszentrums in Köln „im bisherigen Umfang".[29] Andere Ziel- und Leistungsvereinbarungen übergeordneter Instanzen oder der jeweiligen Hochschule mit ihren Bibliotheken haben deutlich steuernden und ggf. organisationsformenden Charakter, insbesondere wenn Ziele vereinbart werden, die direkten oder indirekten Einfluss auf die Organisationsentwicklung haben.[30] Die verbindliche und regelmäßige Fortführung von Ziel- und Leistungsvereinbarungen ist

---

25 Vogel, Bernd u. Silke Cordes: Bibliotheken an Universitäten und Fachhochschulen: Organisation und Ressourcenplanung. Hannover: HIS-GmbH 2005 (Hochschulplanung 179). S. 37.
26 Vgl. Dugall, Berndt: Bibliotheken zwischen strukturellen Veränderungen, Kosten, Benchmarking und Wettbewerb. In: ABI Technik (2013) H. 2. S. 94f.
27 Vgl. Bilo, Albert: Strategiebildung als Teil der Organisationsentwicklung. In: Bibliotheken: Tore zur Welt des Wissens. Hrsg. von Klaus-Rainer Brintzinger u. Ulrich Hohoff: Vorträge, gehalten auf dem 101. Deutschen Bibliothekartag in Hamburg 2012. Hildesheim: Georg Olms 2013.
28 Kooperationsvereinbarung „Bibliothek und Schule" vom 10.12.2012. http://www.leseforum.bayern.de/download.asp?DownloadFileID=77013e97d3fe17c8b521256f7b5cb53f (08.09.2013).
29 Ziel- und Leistungsvereinbarungen III (ZLV 2007) zwischen der Bergischen Universität Wuppertal und dem Ministerium für Innovation, Wissenschaft, Forschung und Technologie des Landes Nordrhein-Westfalen. Hier: Paragraph 11. http://www.verwaltung.uni-wuppertal.de/misc/zielvereinbarungIII.pdf (08.09.2013).
30 Vgl. hierzu z. B. die Ziel- und Leistungsvereinbarung für die Jahre 2013/14 zwischen der Freien und Hansestadt Hamburg Behörde für Wissenschaft und Forschung (BWF) und der Staats- und Universi-

an einigen Hochschulen inzwischen auch in deren Satzung geregelt, wie ein Blick in das deutschsprachige Ausland zeigt.[31] Sehr viel häufiger aber sind in Satzungen und Ordnungen immer noch die Organisations- und Abteilungsformen von Hochschulbibliotheken geregelt.

Finanzierung organisieren

Diese Entwicklungen vollziehen sich nun jedoch in einem im föderalen System höchst unterschiedlich gewachsenen Struktur- und Finanzrahmen. Während in einigen Bundesländern nach wie vor eine zentrale Vorgabe und Steuerung dominiert, haben in anderen Bundesländern die rechtlichen Vorgaben zu einem starken Auseinanderdriften der Ausstattung und Einbindung lokaler Hochschulbibliothekssysteme geführt. In Bayern werden in dem entsprechenden Einzelplan 15 des Landeshaushalts nach wie vor die wesentlichen Zuschusspositionen für Literatur- und Bibliotheksangelegenheiten aufgeführt.[32] In Nordrhein-Westfalen werden seit den 1990er Jahren in den Hochschulgesetzen die Hochschulbibliotheken weder genannt, noch deren Finanzierung im Rahmen des globalen Zuschusshaushalts landesweit in irgendeiner Form geregelt. Desto erstaunlicher erscheint es zumindest auf den ersten Blick, wenn im Kontext solcher politisch und strukturell gering definierter Umgebungen Forderungen nach einem Leitbild für die landesweite wissenschaftliche Informationsversorgung erhoben werden, unter anderem mit dem Ziel, „die Hochschulen des Landes [...] nicht als Ansammlung zufällig in NRW ansässiger Einrichtungen"[33] zu verstehen. Nach Ansicht von Görl, Puhl und Thaller sollte im Vordergrund „die Infrastruktur als Ganzes" stehen, „nicht die einzelne Hochschule"[34]. Die kreative und visionäre Auseinandersetzung mit einer abgestimmten und kooperativen Informationsversorgung sollte sich zukünftig auch den bestimmenden Rahmenbedingungen widmen und diese ggf. kritisch hinterfragen. Das Beispiel Nordrhein-Westfalen zeigt, dass sich solche Rahmenbedingungen unter anderen politischen Mehrheiten auch ändern können. Im „Entwurf eines Hochschulzukunftsgesetzes (HZG NRW)" vom 12.11.2013, der allerdings besonders kontrovers und heftig diskutiert werden dürfte, wird gefordert, dass „die Hochschulen [.] bei der [...] dauerhaften Erbringung und Fortentwicklung der

---

tätsbibliothek Hamburg (SUB). http://www.hamburg.de/contentblob/3890330/data/zlv-sub-2013-14.pdf (08.09.2013).
31 Vgl. Organisationsplan der Universität Wien, hier insbes. § 15, Abs. 4. http://www.univie.ac.at/fileadmin/uni_startseite/pdfs_downloads/Organisationsplan_2013.pdf (08.09.2013).
32 Vgl. hierzu die Positionen „Wissenschaftliches Schrifttum" und „Studentenliteratur" in den Titelgruppen 73 und 96 der einzelnen Hochschulkapitel. http://www.stmf.bayern.de/haushalt/staatshaushalt_2013/haushaltsplan/Epl15.pdf (08.09.2013).
33 Görl, Simone [u. a.]: Empfehlungen für die weitere Entwicklung der Wissenschaftlichen Informationsversorgung des Landes NRW. Epubli GmbH 2011. S. 69.
34 Görl [u. a.], Empfehlungen (wie Anm. 33).

medien-, informations- und kommunikationstechnischen Dienstleistungen [...] sowie der Medien-, Informations- und Kommunikationstechnik zusammen[wirken]" und dies „insbesondere durch die Nutzung und den Aufbau hochschulübergreifender kooperativer Strukturen" geschehen soll.[35]

Nun könnte man zunächst der Annahme folgen, dass sich das Fehlen von entsprechenden Positionen (Titelgruppen oder Titeln) zum Beispiel in Landeshaushalten negativ auf die finanzielle Ausstattung von Hochschulbibliotheken auswirken könnte. Und tatsächlich scheinen aktuelle Untersuchungen zu belegen, dass die Erwerbungsetats zumindest einzelner Bibliotheken in Bundesländern ohne zentrale Vorgabe erheblich gefährdeter sind als in anderen Regionen, auch wenn der häufig unterstellte reale Rückgang der Erwerbungsetats in der Fläche so pauschal wohl nicht bestätigt werden kann.[36] An anderer Stelle wurde nachgewiesen, dass die Erwerbungsetats an deutschen Universitätsbibliotheken von 1999 bis 2011 um etwa 37,8 % und seit 1990 sogar um 65,5 % gestiegen sind.[37] Dennoch muss beim üblicherweise hohen Zeitschriftenanteil und der weit über der normalen Inflationsrate (die sich seit Ende der 1990er Jahre im Schnitt unter 2 % bewegt) liegenden Preissteigerung bei wissenschaftlichen Zeitschriften von einem signifikanten Kaufkraftverlust mit erheblichen Auswirkungen auf die Monographienbeschaffung ausgegangen werden.[38] In diesem Kontext wird gelegentlich auf die „Zentralisation der privatwirtschaftlichen Wissenschaftsverlage"[39] und deren Marktmacht hingewiesen und im erweiterten Sinne aus berufenem Munde auch die Ökonomisierung von Wissenschaft und Universitäten kritisiert."[40]

Doch die Erwerbungsetats sind nur ein Teil der statistischen Wahrheit, gerade auch mit Blick auf die in vielen Hochschulsystemen bereits definierte und praktizierte Anwendung von Globalbudgets, die eine gegenseitige Deckungsfähigkeit von Personal- und Sachmitteln erlauben. In der Deutschen Bibliotheksstatistik (DBS) wird auch die Entwicklung der Gesamtausgaben von Hochschulbibliotheken (Personal- und Sachmittel) im an anderer Stelle gebildeten zeitlichen Referenzrahmen deutlich.

Während noch im Jahr 1999 in der Summe aller sich an der DBS beteiligenden Universitäts- und (Fach-)Hochschulbibliotheken die Gesamtausgaben bei 433,73 Mio.

---

35 Referentenentwurf zum Hochschulzukunftsgesetz. S. 110 / 355. http://www.wissenschaft.nrw. de/fileadmin/Medien/Dokumente/Hochschule/Gesetze/Referentenentwurf_Hochschulzukunftsgesetz.pdf (27.11.2013).
36 Vgl. Dugall, Bibliotheken (wie Anm. 26), S. 89f.
37 Moravetz-Kuhlmann, Monika: Die Etatentwicklung wissenschaftlicher Bibliotheken nach WK II, Vortrag am 04.03.2013, Folien 4–7. http://www.buchwissenschaft.uni-mainz.de/fileadmin/Dokumente/Moravetz-Kuhlmann.pdf (08.09.2013).
38 Moravetz-Kuhlmann, Etatentwicklung (wie Anm. 37), Folien 10 u. 15.
39 Vgl. Boni, Manfred: Analoges Geld für digitale Zeilen: der Publikationsmarkt der Wissenschaft. In: Leviathan. Berliner Zeitschrift für Sozialwissenschaft (2010) H. 3. S. 298ff.
40 Vgl. Kieser, Alfred: Unternehmen Wissenschaft? In: Leviathan. Berliner Zeitschrift für Sozialwissenschaft (2010) H. 3. S. 348ff.

EUR lagen, waren diese im Jahr 2008 bereits auf 590,71 Mio. EUR, im Jahr 2009 auf 609,09 Mio. EUR, im Jahr 2010 auf 642,80 Mio. EUR und im Jahr 2012 auf 672,51 Mio. EUR angewachsen.[41][42] Nach Bereinigung der geringfügig abweichenden Teilnehmerzahl ergibt sich in den letzten vierzehn Jahren ein Anstieg der Gesamtausgaben um etwa 55,0 % und in den letzten fünf Jahren immerhin noch um durchschnittlich etwa 15,2 %.[43] Der durchschnittliche Anteil des Bibliotheksetats an den Hochschulhaushalten lässt sich sicherlich nicht ganz präzise, aber dennoch in der Tendenz anhand des bundesweiten Vergleichs mit den Nettoausgaben der Hochschulen ermitteln, die für das Jahr 1999 mit 16,75 Mrd. EUR, für das Jahr 2008 mit 19,35 Mrd. EUR, für das Jahr 2009 mit 20,16 Mrd. EUR und für das Jahr 2010 mit 20,85 Mrd. EUR angegeben werden[44]; eine Angabe für die Folgejahre steht noch aus. Demnach nahm der Anteil der Hochschulbibliotheksmittel an den Hochschulgesamtbudgets zwischen den Jahren 1999 und 2009 von durchschnittlich 2,59 % auf 3,02 % zu; Tendenz weiter leicht steigend. Ländervergleiche sind hier insgesamt gesehen recht problematisch, doch scheint beispielsweise in Großbritannien der „durchschnittliche Anteil des Bibliotheksetats am universitären Gesamtsystem von 3,4 % (1999) auf 2,5 % (2009)" gefallen zu sein.[45] Auch aus den USA wird über massive Finanzierungsprobleme der wissenschaftlichen Bibliotheken der US-amerikanischen Universitäten berichtet, wenn es hier auch vereinzelte Sonderentwicklungen zu verzeichnen gibt. „Some states were hit harder by the financial crisis than others and library budgets at the various public universities reflect the disparity."[46]

Dem von Dugall gebildeten Fokus teilweise folgend, sollen am Beispiel der beiden Flächenstaaten Bayern und Nordrhein-Westfalen die Gesamtausgaben der dortigen Universitätsbibliotheken näher betrachtet werden. Im Referenzzeitraum stiegen diese unter ganz unterschiedlichen Rahmenbedingungen in Bayern um 5,8 %[47] und

---

[41] Quelle: Deutsche Bibliotheksstatistik (DBS). http://www.bibliotheksstatistik.de/eingabe/dynrep/index.php. Variable Auswertung am 08.09.2013 [Rundung durch den Verfasser].
[42] Zum Vergleich: die Gesamtausgaben der britischen Hochschulbibliotheken lagen im Jahr 2009 bei rund 680 Millionen Pfund, also etwa 790 Mio. EUR. Vgl. hierzu Gabel, Gernot: Zur Finanzlage der britischen Hochschulbibliotheken 1999-2009. In: Bibliotheksdienst (2011) H. 2. S. 132.
[43] Quelle: Deutsche Bibliotheksstatistik (DBS) (wie Anm. 41). Variable Auswertung am 08.09.2013 [Rundung durch den Verfasser]. Im Jahr 2008 machten 175 Universitäts- und (Fach-)Hochschulbibliotheken eine Angabe in der Kategorie 162, im Jahr 2012 waren es 173 Bibliotheken. Die durchschnittlichen Gesamtausgaben pro Hochschulbibliothek wuchsen von 3.375.511 EUR im Jahr 2008 auf 3.887.364 EUR im Jahr 2012.
[44] Quelle: Genesis Online-Datenbank des Statistischen Bundesamts. https://www-genesis.destatis.de/genesis/online. Datenabruf am 28.08.13 [Rundung durch den Verfasser].
[45] Gabel, Finanzlage (wie Anm. 42).
[46] Walker, Kaizer: Collections and Content Provision in U.S. Academic Research Libraries: Crisis and Transition 2010. In: BIBLIOTHEK Forschung und Praxis (2011) H. 1. S. 95.
[47] Quelle: Deutsche Bibliotheksstatistik (DBS) (wie Anm. 41). Variable Auswertung am 08.09.2013. Von 78.446.586 EUR auf 83.002.277 EUR (zehn Universitätsbibliotheken ohne die UB Würzburg).

in Nordrhein-Westfalen um 8,5 %[48], und dies bei zum Teil extrem unterschiedlichen lokalen Entwicklungen der Erwerbungsetats.[49] Doch lässt sich diese breite Streuung hinsichtlich der Veränderung von Erwerbungsetats nur in Nordrhein-Westfalen finden? Ein Blick auf die Entwicklung in den letzten fünf Jahren bringt zu Tage, dass dies durchaus differenziert zu betrachten ist. Unter den TOP 25 derjenigen Hochschulbibliotheken, die ihre Erwerbungsetats seit dem Jahr 2008 unter Berücksichtigung der Inflationsrate signifikant (in fünf Jahren insgesamt um mehr als 12 %) steigern konnten, befinden sich immerhin Hochschulbibliotheken aus zwölf verschiedenen Bundesländern.[50] Zugleich fällt jedoch auf, dass gerade in der Spitzengruppe auffällig viele Hochschulbibliotheken aus Nordrhein-Westfalen und Baden-Württemberg (jeweils fünf), jedoch nur eine aus Bayern (die UB Bamberg) vertreten sind. Erweitert man die Betrachtung um den Vergleich der Ausgaben insgesamt,[51] so schaffen insgesamt vier bayerische Universitätsbibliotheken, aber immerhin auch noch vier Universitätsbibliotheken aus Nordrhein-Westfalen den Sprung in das obere Drittel. Selbst ohne weitere statistische Analyse lässt sich somit konstatieren, dass unter bestimmten politischen Rahmenbedingungen wie einer Globalbudgetierung ohne ausgewiesene Bibliothekstitel sicherlich größere Streuungen und eine größere Bedeutung lokaler Besonderheiten zu erwarten und auch nachzuweisen sind; das heißt mit anderen Worten: die Chancen und Risiken steigen. Andererseits ist es womöglich kein Zufall, dass sich sieben von zehn bayerischen Universitätsbibliotheken im mittleren Drittel dieser Statistiken finden.

Die tendenziell nivellierte (oder positiv formuliert: verlässliche) Finanzsituation der bayerischen Universitätsbibliotheken könnte, so die Vermutung, auch daher resultieren, dass man sich in Bayern seit langer Zeit mit besonderer Akribie dem Literaturbedarf und der professionellen Ermittlung des diesbezüglichen Mittelbedarfs widmet. Mit Begriffen wie *Soll-Erwerbung* und *Büchergrundbestandsmodell* wurde in den 1980er Jahren ein bundesweit beachtetes Modell entwickelt, das im Jahr 2001 erheblich modernisiert und um den Mittelbedarf für elektronische Medien ergänzt

---

48 Quelle: Deutsche Bibliotheksstatistik (DBS) (wie Anm. 40). Variable Auswertung am 08.09.2013. Von 98.209.973 EUR auf 106.553.260 EUR (dreizehn Universitätsbibliotheken ohne die UB Dortmund).
49 Dugall, Bibliotheken (wie Anm. 26), S. 89.
50 Quelle: Deutsche Bibliotheksstatistik (DBS) (wie Anm. 41). Variable Auswertung am 08.09.2013. Universitätsbibliotheken nach den Erwerbungsausgaben (Kat. 149) der Jahre 2008 u. 2012 (die UB Marburg wurde im Ranking nicht berücksichtigt). Je fünf Bibliotheken aus Baden-Württemberg und Nordrhein-Westfalen, je zwei aus Berlin, Hamburg, Niedersachsen, Schleswig-Holstein, und Thüringen sowie je eine aus Bayern, Brandenburg, Mecklenburg-Vorpommern, Sachsen und Sachsen-Anhalt [Rundung durch den Verfasser].
51 Quelle: Deutsche Bibliotheksstatistik (DBS) (wie Anm. 41). Variable Auswertung am 08.09.2013. Universitätsbibliotheken nach den Gesamtausgaben (Kat. 162) der Jahre 2008 und 2012. Bei dieser Betrachtung wurden die Universitätsbibliotheken Berlin (Humboldt), Leipzig und Marburg aufgrund von Sonderbewegungen in den Jahren von 2008–2012 nicht berücksichtigt [Rundung durch den Verfasser].

wurde,⁵² der im Jahr 2010 im Zuge der zuletzt durchgeführten Modellanpassung von 8 % auf 24 % erhöht wurde⁵³, was jedoch aus heutiger Sicht und somit nur kurze Zeit später schon als nicht mehr ausreichend gelten muss. Im Zuge der bayerischen Etatbedarfsermittlung wurde im Übrigen stets der Vergleich mit Nordrhein-Westfalen herangezogen, der sich aufgrund der relativ großen Fallzahl auch anbietet.⁵⁴ Doch auch und gerade am bayerischen Beispiel zeigt sich die Kluft zwischen dem modellhaft errechneten Etatbedarf einerseits und der empirischen Etatwirklichkeit auf der anderen Seite.⁵⁵ So gilt am Ende die Binsenweisheit, dass nur das zählt, was sich als Etatansatz politisch durchsetzen und an tatsächlichen Finanzmitteln auch einwerben lässt.

Hochschulbibliotheksfinanzen im Kontext

Die Methoden und Wege der Mittelzuweisung und Etatbildung unterscheiden sich von Bundesland zu Bundesland teils erheblich. Wie bereits geschildert, umfasst in Bayern der Einzelplan 15 des Landeshaushalts in den jeweiligen Hochschulkapiteln nach wie vor die speziellen Bibliothekstitel „Wissenschaftliches Schrifttum". Bis zuletzt waren hier in der Titelgruppe 96 auch noch die pro Hochschule für sog. *Studentenliteratur* zu verausgabenden Studienbeitragsmittel in Eurobeträgen ausgewiesen. Auch in Sachsen-Anhalt werden den Universitäten und Hochschulen jeweils in eigenen Titeln dezidiert Bibliotheksmittel für „Bücher und Zeitschriften" sowie „Einzel- und Fortsetzungswerke" mit teilweise detaillierten Erläuterungen zugewiesen.⁵⁶ Bereits etwas weniger differenziert stellt sich die Situation in Baden-Württemberg dar. Die für die Hochschulbibliotheken vorgesehenen Sachmittel finden sich hier in einem Sammeltitel „Sächliche Verwaltungsausgaben" und sind unter anderem gemeinsam mit den Mitteln für „Lehre und Forschung", „Informationstechnik" und „Rechenzentrum" in

---

52 Vgl. Griebel, Rolf: Etatbedarf universitärer Bibliothekssysteme. Frankfurt am Main: Vittorio Klostermann 2002. S. 127ff.
53 Moravetz-Kuhlmann, Monika: Das bayerische Etatmodell 2010. In: Zeitschrift für Bibliothekswesen und Bibliographie (2010). S. 253ff.
54 Vgl. Griebel, Etatbedarf (wie Anm. 52), S. 47ff.
55 Moravetz-Kuhlmann, Etatentwicklung (wie Anm. 37), Folie 25. http://www.buchwissenschaft. uni-mainz.de/fileadmin/Dokumente/Moravetz-Kuhlmann.pdf (08.09.2013).
56 Vgl. Haushaltsplan für die Haushaltsjahre 2012 und 2013, Einzelplan 06, Titel 52301 in den Hochschulkapiteln, aber auch Erläuterungen zu den Sachausgaben, in denen zum Beispiel empfohlen wird, „die Einführung von E-Books [zu] forcieren" (S. 130). http://www.sachsen-anhalt.de/fileadmin/ Elementbibliothek/Bibliothek_Politik_und_Verwaltung/Bibliothek_Ministerium_der_Finanzen/ Dokumente/HP_2012_2013/H2012-13_Epl_06.Wissenschaft_u._Wirtschaft_-_Wissenschaft_....pdf (08.09.2013).

einer Position ausgewiesen.⁵⁷ In Nordrhein-Westfalen wurde im Jahr 1998 letztmals innerhalb der Titelgruppe 94 (Ausgaben für Lehre und Forschung) auch ein eigener Titel (523 94) „Sachausgaben der Hochschulbibliothek und wissenschaftliche Literatur" aus- und zugewiesen.⁵⁸ Seit dem Haushaltsjahr 1999 wurde ein Sammeltitel „Sonstige sächliche Ausgaben" (547 94) gebildet, in dem die Bibliothekssachmittel aufgingen, seit dem Jahr 2006 schließlich werden in Nordrhein-Westfalen den Hochschulen im Zuge des Globalhaushalts nur noch pauschale „Zuschüsse für den laufenden Betrieb"⁵⁹ gewährt, die im Prinzip alle Sachmittelpositionen der Hochschulen umfassen und dann im Sinne der Finanzautonomie der Hochschulen intern weiter zu verteilen sind. Hier treten dann neben den letztendlich zuständigen Rektoraten oder Präsidien weitere zuständige und Empfehlungen aussprechende Gremien wie Finanz-, Haushalts- und Planungskommissionen, Bibliothekskommissionen oder Fachbereichsgremien in Erscheinung. Die Chancen und Risiken eines hochschulinternen Verteilungswettbewerbs wurden an verschiedenen Stellen beschrieben und von Lohnert zusammengefasst.⁶⁰

Nach wie vor ist jedoch auch hier zwischen regulären Haushaltsmitteln, Zentralmitteln, Drittmitteln, Studienbeitrags- oder Qualitätsverbesserungsmitteln und Mitteln aus Bund-Länder-Programmen zu unterscheiden. Immer wieder gab und gibt es landes- oder bundespolitische Sondersituationen, aufgrund derer besondere Mittel auch für Hochschulbibliotheken zur Verfügung gestellt wurden und werden. Die Mittel für den Aufbau von Büchergrundbeständen an den Universitäten der neuen Bundesländer (1991–2002) und die Ausbaumittel im Zuge der Neugründung von Gesamthochschulen in Nordrhein-Westfalen (1973–1995) zum Beispiel kamen den Universitäts- und Hochschulbibliotheken direkt zu Gute. Mittel aus dem Hochschulpakt 2020 oder auch aus den allerdings zwischenzeitlich wieder fast überall abgeschafften Studienbeiträgen wurden und werden regional und örtlich sehr unterschiedlich an Hochschulbibliotheken weitergegeben. Während zum Beispiel in Bayern im Wintersemester 2011/12 etwa 10,6 % der Studienbeitragsmittel für „Bibliothek, Literatur, Medien" ausgegeben wurden,⁶¹ wurden in Nordrhein-Westfalen direkt nach Einführung der Studienbeiträge *nur* 8,9 % und im Zeitraum Sommerse-

---

57 Vgl. Staatshaushaltsplan für 2013/2014, Einzelplan 14, insbes. Titel 547 01 in den einzelnen Kapiteln der Universitäten und Hochschulen. http://www.statistik-bw.de/shp/2013-14/pages/Epl14/epl_14.pdf (08.09.2013).
58 Vgl. die umfassende Darstellung dieser Entwicklung bei: Stäglich, Dieter: Globalhaushalt – Pro und Kontra aus Sicht der Hochschulbibliotheken. In: Verwaltungsreform: Bibliotheken stellen sich der Herausforderung. Hrsg. von Ulla Wimmer. Berlin: Deutsches Bibliotheksinstitut 1995, S. 155ff.
59 Haushaltsplan Nordrhein-Westfalen 2013, EP 06, Titel 685 10 bei den jeweiligen Hochschulkapiteln.
60 Lohnert, Peter: Hochschulbibliotheken und der Globalhaushalt an Hochschulen. Ein Erfahrungsbericht über Modellversuchbibliotheken in NRW nach einem Jahr. 2006, insbes. S. 41f. und S. 63.
61 Bericht über die Erhebung und Verwendung der Studienbeiträge an den staatlichen Hochschulen in Bayern im Studienjahr 2011 und zum Stand der Studienbeiträge zum Ende des Sommersemesters 2012. Hrsg. vom Bayerischen Staatsministerium für Wissenschaft, Forschung und Kunst, 2012. S. 33

mester 2008 bis Sommersemester 2009 ebenfalls *nur* 9,3 % der Mittel für die „Ausdehnung der Öffnungszeiten und bessere Ausstattung der Bibliothek"[62] verwendet. In Niedersachsen, das die Studienbeiträge erst mit Wirkung zum Wintersemester 2014/15 abschaffen möchte, scheinen zumindest im Jahr 2009 immerhin 13,5 % der Studienbeiträge für die Verbesserung der Bibliotheksservices ausgegeben worden zu sein, auch wenn die (neben der Verlängerung der Öffnungszeiten aufgeführte) Kategorie „Beschaffung von Lehr- und Lernmitteln" nicht ausschließlich für Bibliotheken gelten dürfte.[63] Immer wieder aber wird auch auf die Unwägbarkeiten und Risiken für einen kontinuierlichen Bestandsaufbau hingewiesen, die sich aus den beschriebenen, volatilen Etatsituationen der Hochschulbibliotheken ergeben.[64]

(Medien-)Konvergenz organisieren – Finanzierung sichern: ein Fazit

Unter Berücksichtigung der zuvor dargelegten Fakten und der sowohl chancen- wie auch risikobehafteten Trends fällt eine Bewertung der aktuellen Finanzierungs- und Organisationssituation der Universitäts- und Hochschulbibliotheken nicht leicht. Von wesentlicher Bedeutung – dies konnte aufgezeigt werden – sind die regionalen und örtlichen Gegebenheiten, die sich aus unterschiedlichen Trägerschaften und politischen Rahmenbedingungen ergeben. Dennoch spielt die Leistungsfähigkeit, Kreativität und Überzeugungsfähigkeit vor Ort eine nicht unerhebliche Rolle.

Mehr noch als in der Vergangenheit wird es darauf ankommen, flexibel auf die Ansprüche der Umwelt zu reagieren und in diesem Sinne sowohl bedarfskonforme wie auch profilierte, eigene Konzepte zu entwickeln und voranzutreiben. Angesichts der nicht immer deckungsgleichen Interessen und Ansprüche unterschiedlicher Zielgruppen (Studierende, Lehrende, Forscher in der jeweils vorzufindenden Fächervielfalt) handelt es sich hierbei um eine recht ambitionierte Zielsetzung. Zudem wird

---

und S. 36. http://www.stmwfk.bayern.de/fileadmin/user_upload/PDF/Hochschule/bericht_studienbeitraege_2011.pdf (08.09.2013).
62 Die Verwendung von Studienbeiträgen an Hochschulen in Nordrhein-Westfalen – vom Sommersemester 2008 bis zum Sommersemester 2009: Gemeinsamer Bericht des Deutschen Studentenwerks und des Stifterverbandes für die Deutsche Wissenschaft für das Ministerium für Innovation, Wissenschaft, Forschung und Technologie des Landes Nordrhein-Westfalen, Berlin/Essen. 2009. S. 121. http://www.studentenwerke.de/pdf/Bericht_Studienbeitraege_2009.pdf (08.09.2013).
63 Evaluation der Studienbeiträge gemäß § 72 Abs. 7 NHG. Niedersächsisches Ministerium für Wissenschaft und Kultur (Hrsg.). 2010. S. 218. http://www.mwk.niedersachsen.de/download/50449/Bericht_Evaluation_Studienbeitraege_Landtagsdrucksache_16-2660.pdf (08.09.2013).
64 Bibliothekssystem Sachsen: Struktur- und Entwicklungsplan für die wissenschaftliche Literatur- und Informationsversorgung im Freistaat Sachsen. Bearbeitet von Achim Bonte u. Joachim Linek. S. 25–29. http://www.qucosa.de/fileadmin/data/qucosa/documents/169/1233064882461-0127.pdf (30.10.2013).

auch weiterhin die Frage nach der grundsätzlichen und optimalen Organisation und betrieblichen Ausgestaltung einer Universitätsbibliothek – Stichworte sind hier unter anderem „Ein- und Zweischichtigkeit" und „Funktionale Einschichtigkeit" – eine Rolle spielen und im Einzelfall auf den Prüfstand gestellt werden. Bibliotheksleitungen werden zukünftig aber auch daran gemessen werden, ob sie in der Lage sind, in Abhängigkeit von den jeweiligen Vorgaben mit anderen Infrastruktureinrichtungen partnerschaftliche und leistungsfähige Kooperationen einzugehen.

Doch wie erfolgreich Hochschulbibliothekssysteme entwickelt und die stetig steigenden Mittelbedarfe eingeworben werden können, hängt neben dem eigenen Geschick und der *Betriebsform* natürlich in erster Linie von der jeweiligen gesamten Systemumgebung, also der konkreten politischen und gesellschaftlichen Umwelt ab. Stehen zusätzliche Gelder zur Verfügung, oder muss im *Gesamtsystem* und damit auch in der Hochschulbibliothek unter allen Umständen eingespart werden? Werden Organisationsveränderungen und Kooperationen mit anderen Einrichtungen unterstützt, oder verhindern strukturelle und personelle Schwierigkeiten die erforderlichen Modernisierungen? Wird die Hochschulbibliothek als wichtiger Partner oder als ungeliebtes, notwendiges Übel gesehen? Von den Antworten auf diese Fragen wird vieles abhängen. Den Hochschulbibliotheken selbst bleibt die anspruchsvolle Aufgabe, sich immer wieder selbst neu zu erfinden, die Bedarfe, Erwartungen und Nutzerinteressen frühzeitig zu erkennen, die eigenen Dienste und Angebote so kundenorientiert wie nur möglich auszurichten und sich auf dieser Grundlage selbstbewusst der Mitteleinwerbung stellen. Hochschulbibliotheken mit einer sich aus den Beständen ergebenden Bedeutung für das regionale oder nationale kulturelle Gedächtnis werden hinsichtlich ihrer Organisation und Finanzierung in besonderer Weise auf die Vereinbarkeit der unterschiedlichen Aufgaben und Interessen zu achten haben. Allen Universitäts- und Hochschulbibliotheken gemeinsam ist jedoch die nach wie vor außergewöhnliche Bedeutung für das Bildungs- und Kultursystem unseres Landes insgesamt, und zwar sowohl in den konventionellen wie auch in den digitalen Bestands- und Handlungsfeldern.

Rudolf Mumenthaler
Innovationsmanagement und Steuerung des Reformprozesses

Abstract: Die dynamischen Entwicklungen im Umfeld von Informationsvermittlung betreffen nicht nur einzelne Hochschulbibliotheken, sondern auch Bibliothekssysteme. Um die sich verändernden Nutzeranforderungen zu erfüllen, müssen neue Dienstleistungen entwickelt und dafür die interne Organisation angepasst werden. Innovationsmanagement (mit dem Fokus auf neue Produkte) und Change Management (für die Entwicklung der Organisation) spielen dabei eine wichtige Rolle. Im Artikel werden grundsätzliche Aspekte dargestellt und die Bedeutung für Bibliothekssysteme diskutiert.

Keywords: Innovation, Change Management, Innovationsmanagement

Ausgangslage

Hochschulbibliotheken stehen unter einem zunehmenden Druck durch Trägerschaft, Politik und die Nutzenden, ihre Dienstleistungen den Anforderungen der digitalen Wissensgesellschaft anzupassen. Die Nutzenden erwarten, dass die Services der Bibliothek dem State of the Art entsprechen: Sie wünschen Suchmöglichkeiten so einfach und intelligent wie bei Google, Empfehlungen und Mehrwertdienste wie bei Amazon – und dies möglichst auch mobilfreundlich für die Nutzung auf Smartphones und Tablets. Die Trägerschaft der Bibliotheken ihrerseits fordert ein professionelles Management, das vorausschauend strategisch plant und flexibel auf neue Aufgaben oder auf Budgetkürzungen reagieren kann. Sie will sichergestellt haben, dass die hohen Investitionen auch entsprechenden Mehrwert für die Studierenden, Forschenden und Dozierenden der Hochschule erzeugen. Die bis vor wenigen Jahren oder Jahrzehnten noch recht beschauliche Bibliothekswelt sieht sich mittlerweile in einem äußerst dynamischen Umfeld. Einige der wichtigsten technologischen Entwicklungen der letzten Zeit wirken sich direkt auf die wissenschaftliche Kommunikation, die Nutzung von Informationsressourcen und somit auf Bibliotheken und ihre Dienstleistungen aus. Apel definiert den Wandlungsbedarf an Bibliotheken mit allgemeinen Kriterien (Innovationssprünge in der Informatik und Telekommunikation, dramatische Steigerung der Komplexität, Verknappung der Ressource Zeit, Verknappung der Ressource Geld) sowie mit bibliotheksspezifischen Faktoren (Veränderungen im Nutzerverhalten, rechtliche und politische Rahmenbedingungen).[1]

Wie können Bibliotheken diesen Anforderungen gerecht werden? Und welche Bedeutung haben Innovations- und Change Management in Hochschulbibliothekssystemen? Es muss vorausgeschickt werden, dass sich die bisher durchgeführten Studien nicht explizit mit der Frage befasst haben, ob ein- oder zweischichtige Bibliothekssysteme bessere Voraussetzungen für erfolgreiches Innovations- und Change Management bieten.

Die Verbindung zwischen Innovationsmanagement und Change Management besteht darin, dass durch die geeignete interne Organisation und durch optimierte Abläufe erfolgreiche Dienstleistungen oder Produkte effizient entwickelt und betrieben werden können. In einem an die Nutzerbedürfnisse ausgerichteten Dienstleistungsbetrieb hat die Organisationsstruktur das Ziel, die Bereitstellung kundenfreundlicher Dienstleistungen optimal zu unterstützen. Inputs aus dem Innovationsmanagement dienen entsprechend oft als Anlass, um die innere Organisation zu überdenken und allenfalls anzupassen oder grundlegend zu verändern.

Innovation und Change in Bibliothekssystemen an Hochschulen

Hochschulbibliotheken können nicht losgelöst von ihrem Umfeld betrachtet werden. Die Universitäten bilden den Rahmen für die Aktivitäten, für die Organisation und für die Finanzierung der Bibliotheken.[2] Diese sind in der Regel in die Struktur der Universität eingebunden, und es ist letztlich die Leitung der Hochschule, die sich für das Bibliothekssystem entscheidet, wobei der Versuch gewachsene Strukturen grundsätzlich zu verändern (sprich: zu zentralisieren), oft auf beharrlichen Widerstand stößt. Der Handlungsspielraum der Hochschulleitung ist entsprechend eingeschränkt. Bei der operativen Steuerung sind die Bibliotheken im Rahmen des gewährten Budgets und eines allfälligen Leistungsauftrags meistens relativ unabhängig, wobei sie sich an den Wünschen und Bedarfen ihrer wichtigsten Zielgruppen – den Forschenden, Dozierenden und Studierenden ihrer Hochschule – orientieren. Lange Zeit waren Bibliotheken konkurrenzlos der wichtigste Anbieter von Information für diese Kundengruppen, doch mit der zunehmenden Bedeutung von Online-Ressourcen sind sie hier unter Druck geraten. Universitätsangehörige sind oft nicht mehr von der Literatur-

---

1 Apel, Jochen: Change Management an Bibliotheken. In: Perspektive Bibliothek (2012) H. 1. S. 169–195.
2 Doeckel, Berndt : Zentralisierung im zweischichtigen Bibliothekssystem der Universität Hamburg. Berlin: Institut für Bibliothekswissenschaft der Humboldt-Universität zu Berlin 2004 (Berliner Handreichungen zur Bibliotheks- und Informationswissenschaft 155). S. 56.

versorgung durch die Universitätsbibliothek abhängig – oder sie nehmen nicht wahr, dass die von ihnen genutzten elektronischen Ressourcen von der Bibliothek lizenziert und bereitgestellt werden. Durch veränderte Erwartungen und Verhaltensweisen ihrer Zielgruppen entsteht ein Veränderungsdruck auf die Bibliotheken. Zudem stellen auch die Trägerschaften oft neue Anforderungen oder nehmen über Evaluierungen und/oder Budgetkürzungen Einfluss auf die Bibliotheksgeschäfte.

Im Kontext von Bibliothekssystemen stellt sich die Grundsatzfrage, welche Form offener für Innovation und Change ist – das ein- oder das zweischichtige System? Diese Frage soll im Folgenden mitbeantwortet werden.

Steuerung des Reformprozesses: Change Management

Change Management ist in der Betriebswirtschaftslehre und auch in der Praxis zu einem zentralen Thema geworden. Der große Veränderungs- und Anpassungsdruck auf Organisationen führt zunächst oft zu hektischen Aktivitäten. Bald wird klar, dass die Kräfte gebündelt werden müssen und der Veränderungsprozess zielgerichtet gesteuert werden soll. Dabei ist das Change Management im Business-Bereich längst etabliert, und Nonprofit-Organisationen wie Bibliotheken können hier von einem reichen Erfahrungsschatz profitieren.

> Change Management ist die Vorbereitung, Analyse, Planung, Realisierung, Evaluierung und laufende Weiterentwicklung von ganzheitlichen Veränderungsmaßnahmen mit dem Ziel, ein Unternehmen von einem bestimmten IST-Zustand zu einem erwünschten SOLL-Zustand weiterzuentwickeln und so die Effizienz und die Effektivität aller Unternehmensaktivitäten nachhaltig zu steigern.[3]

Was hier für Unternehmen gesagt wird, gilt entsprechend auch für Nonprofit-Organisationen.

Wenn zentrale Steuerung gefragt ist, sind zentral organisierte Einheiten im Vorteil. Somit dürfte Change Management leichter in einem einschichtigen System umsetzbar sein als in einem zweischichtigen. Meist kommt der Anstoß für einen Veränderungsprozess von oben (im Rahmen einer Reorganisation der Hochschule, im Anschluss an eine Evaluation oder als Folge von Budgetkürzungen). In einem einschichtigen System kann die Leitung direkt in die Pflicht genommen werden und ein Veränderungsprozess verordnet werden. In zweischichtigen Systemen sind unterschiedliche Stakeholder in Fakultäten, Departementen oder Instituten beizuziehen, die alle überzeugt werden müssen. Es ist hier mit divergierenden Interessen, ver-

---

[3] Vahs, Dietmar und Achim Weiand: Workbook Change Management: Methoden und Techniken. Stuttgart: Schäffer-Poeschel Verlag 2010. S.7.

stärkten Ängsten und erhöhtem Widerstand zu rechnen. Bei der Reorganisation der ETH-Bibliothek, die aus eigenem Antrieb initialisiert und umgesetzt wurde, waren Bibliotheken, die nicht zum System Hauptbibliothek gehören, nicht Gegenstand der Maßnahmen.[4] Größere Veränderungen hat es im Bibliothekssystem der ETH Zürich in den letzten Jahren durchaus gegeben. So wurden mit der Zusammenlegung mehrerer Einheiten zum „Grünen" Departement Umweltwissenschaften auch mehrere kleinere Bibliotheken zur neuen „Grünen Bibliothek" zusammengelegt, die in die Organisation der Hauptbibliothek integriert wurde.[5] Ähnlich erfolgte in Zusammenarbeit mit den betroffenen Departementen auch die Gründung der Bibliothek Erdwissenschaften. Diese großen Veränderungen waren nur möglich, weil durch die Kooperation ein offensichtlicher Mehrwert für die Departemente entstand, der nicht zuletzt in attraktiven neuen Räumlichkeiten, erweitertem Medienangebot und verstärktem Ressourceneinsatz durch die Hauptbibliothek bestand. Diese eindeutige Verbesserung der Informationsversorgung war die Voraussetzung für die Kooperationsbereitschaft.[6] Dies dürfte typisch sein für eine Hochschule mit dezentralen Strukturen und relativ autonomen Departementen.

Voraussetzungen des Change Managements

Apel unterscheidet Wandlungsbedarf, Wandlungsbereitschaft und Wandlungsfähigkeit. Der Wandlungsbedarf in Bibliotheken wurde eingangs diskutiert. Beim Thema Wandlungsbereitschaft kann man zwischen der Ebene Bibliotheksleitung und der Ebene Mitarbeitende unterscheiden. Die Rolle der Bibliotheksleitung beim Erkennen von Bedarf, beim Entscheid zur Einleitung sowie bei der Durchführung eines Veränderungsprozesses wird besonders in der amerikanischen Fachliteratur oft besprochen.[7] Bei der Wandlungsfähigkeit geht es schließlich um die Frage, ob das Know-how und die Kompetenzen in der Organisation insgesamt und bei den Mitarbeitenden vorhanden sind. Apel verweist auf den Zusammenhang mit der Organisationsstruktur: Stark hierarchisch gegliederte Organisationen seien häufig weniger flexibel und für

---

[4] Littau, Lisa und Rudolf Mumenthaler: Reorganisation der ETH-Bibliothek 2010: Abschlussbericht. Zürich: Eidgenössische Technische Hochschule Zürich 2011.
[5] Bissegger, Judith: Bibliothekszusammenlegungen – eine vielschichtige Herausforderung: dargestellt am Beispiel der Grünen Bibliothek der ETH Zürich. Berlin 2006 (Berliner Handreichungen zur Bibliotheks- und Informationswissenschaft 180). S.69.
[6] Vgl. dazu auch Doeckel, Zentralisierung (wie Anm. 2), S.18.
[7] Jantz, Ronald C.: Innovation in Academic Libraries: An Analysis of University Librarians' Perspectives. In: Library & Information Science Research (2012) H. 34. S. 3–12; Roberts, Sue and Jennifer E. Rowley: Leadership: The Challenge for the Information Profession. London: Facet Publishing 2008; Dewey, Barbara I.: In Transition: The Special Nature of Leadership Change. In: Journal of Library Administration (2012) H. 52. S. 133–144; Singh, Jagtar: Leadership Competencies for Change Management in Libraries: Challenges and Opportunities. In: Harvard Business Review (2009). S. 310–313.

Veränderungen offen als solche mit flexibleren Strukturen und flachen Hierarchien.[8] Dem kann entgegen gehalten werden, dass eine veränderungsbereite Bibliotheksleitung ihren Veränderungswillen in einer straffen Organisationsstruktur wohl leichter durchsetzen kann.

Arten von Change

Die Unterscheidung zwischen graduell und radikal kennt man sowohl beim Innovations- wie beim Change Management. Bei letzterem unterscheiden Vahs und Weiand zwischen Wandel 1. Ordnung (gradual change) und Wandel 2. Ordnung (radical change).[9] Dabei bedeutet Wandel 1. Ordnung evolutionären Wandel. Es erfolgt lediglich eine Modifikation der Arbeitsweise einer Organisation. Es findet keine grundlegende Umgestaltung der Unternehmenswerte oder der strategischen Ausrichtung statt, sondern vielmehr kontinuierliche Anpassungen (evolutionär). Die Intensität und die Komplexität des Wandels sind überschaubar.[10] Der Wandel 2. Ordnung bedeutet radikalen Wandel. Er umfasst eine „einschneidende, paradigmatische Veränderung der Arbeitsweise einer Organisation insgesamt, und zwar mit einer Änderung des Bezugsrahmens".[11] Der Wandel ist grundlegender, komplexer und vor allem qualitativer Natur. Er umfasst die gesamte Organisation mit allen ihren Ebenen und erfolgt diskontinuierlich, revolutionär.

Bei radikalem Wandel ist mit verstärkten Ängsten der Betroffenen sowie größerem Widerstand zu rechnen. Entsprechend ist die Kommunikation mit den Mitarbeitenden von großer Bedeutung. Wobei im Bibliotheksbereich viele Erfahrungsberichte zeigen, dass auch bei Veränderungsprozessen mit eher evolutionärem Charakter die Partizipation der Mitarbeiter und die transparente Kommunikation als wesentlich für das Gelingen nachhaltiger Veränderungen erachtet wird.[12]

Ganzheitlich betrachtet, umfasst das Change Management alle wesentlichen Aspekte des Managements: Strategie, Kultur, Organisation, Technologie und Produkte.

---

[8] Apel, Change Management (wie Anm. 1), S. 174.
[9] Vahs [u. a.], Workbook (wie Anm. 3), S. 3.
[10] Vahs [u. a.], Workbook (wie Anm. 3), S. 3.
[11] Staehle, Wolfgang H. [u. a.]: Management. Eine verhaltenswissenschaftliche Perspektive. 8., überarbeitete Auflage. München: Vahlen 1999. S. 900.
[12] Apel, Change Management (wie Anm. 1), S. 175.

Abbildung 1: Dimensionen des Change Managements (eigene Darstellung nach Vahs und Weiand (2010), die um die Dimension der Produkte erweitert wurde).

Das Reorganisationsprojekt

Eine größere Reorganisation wird am besten als Projekt geplant und umgesetzt. Für eine zeitlich befristete Übergangsphase müssen Verantwortlichkeiten definiert und neue Rollen besetzt werden. Meist erfolgt die Reorganisation parallel zum Routinebetrieb mit dem bestehenden Personal. Die Verpflichtung einer Projektassistenz zur Unterstützung der internen Projektleitung hat sich in verschiedenen Reorganisationsprojekten sehr bewährt. Zudem hilft eine externe Beratung mit entsprechender Methodenkompetenz dabei, sich nicht zu sehr in den Details zu verlieren und das Ziel nicht aus den Augen zu verlieren.

Zu Beginn des Prozesses werden die Ziele der Reorganisation festgelegt. Verbindliche Ziele dienen während des gesamten Projekts immer wieder als Maßstab, an dem Entscheidungen und die getroffenen Maßnahmen gemessen werden. Bei der Abweichung von den festgelegten Zielen muss jeweils wieder nachjustiert werden.[13] Idea-

---

13 Apel, Change Management (wie Anm. 1), S. 177.

lerweise orientieren sich diese Projektziele an der Strategie der Bibliothek. Allerdings ist es noch nicht der Regelfall, dass eine Bibliothek über eine ausformulierte Strategie verfügt: Eine Untersuchung bei Schweizer Hochschulbibliotheken hat gezeigt, dass dies nur in Einzelfällen der Fall ist.[14]

Als nächster Schritt gilt es, den IST-Zustand zu analysieren, um den Handlungsbedarf zu ermitteln. Die Durchführung einer SWOT-Analyse ist in dieser Phase ein probates Mittel. Allenfalls sind auch tiefergehende Untersuchungen (eigentliche Marktstudien) nötig, um die Differenz zwischen dem IST- und dem SOLL-Zustand zu ermitteln.

Abbildung 2: Modellhafter Ablauf von Reorganisationsprojekten (eigene Darstellung).

Die Vorgehensweise im Reorganisationsprojekt der ETH-Bibliothek 2010 folgte dem im Diagramm dargestellten Ablauf: nach der Zielsetzung und SWOT-Analyse wurden die Produkte analysiert und dann neu definiert.[15] Damit sollte sichergestellt werden, dass die richtigen Dienstleistungen (Produkte) erbracht werden. Aus diesem Arbeitspaket ist dann das Produktmanagement für die Bibliothek entstanden. Ausgehend vom Output (nämlich den Produkten) wurden dann die zu diesen führenden Arbeitsprozesse analysiert. Daraus ist dann wiederum im Routinebetrieb das Prozessmanagement hervorgegangen. Schließlich bildeten die Produkte und die Prozesse die Grundlage für den Entscheid für eine neue Organisationsstruktur.

Wie schon oben angesprochen, ist die Frage bedeutsam, ob der Veränderungsprozess bottom-up oder top-down angegangen wird. Dabei sind die Entscheidungen, ob und wie der Change Prozess angegangen wird und wer welche Rolle einnimmt, zweifellos in der Verantwortung des Managements. Wichtig ist dabei jedoch eine transparente Information der Mitarbeitenden über die Ziele und Hintergründe der Veränderung. Mitarbeitende können und sollten in jeder Phase eines Reorganisationsprojekts mit einbezogen werden. Neben der kontinuierlichen Information sind eine aktive Beteiligung bei der Formulierung von Strategie und Zielen, bei Analysen, bei der Definition von neuen Prozessen und bei der Erarbeitung von Lösungsvarianten denkbar und sinnvoll. Die Beteiligung der Mitarbeitenden schließt ein effizientes Projektmanagement nicht aus. Dafür erleichtert sie die Umsetzung der beschlossenen Maßnahmen, wenn die Betroffenen bei der Lösungsfindung involviert waren. Zu bedenken ist auch, dass Konflikte, die in einer frühen Phase nicht thematisiert und

---

14 Stöckli, Jonas: Strategien von Schweizer Hochschulbibliotheken. Unveröffentlichte Bachelor-Thesis. Chur: HTW Chur 2012.
15 Littau [u. a.], Reorganisation (wie Anm. 4), S. 15.

gelöst wurden, im späteren Verlauf des Projekts oder bei der Umsetzung mit Sicherheit auftauchen und dann zu ernsthaften Störungen führen können. Deshalb ist es sinnvoll, wenn zu Beginn bei der Strategieentwicklung ein Konsens erreicht wird und die notwendigen Diskussionen geführt werden. Die Erfahrung zeigt auch, dass viele Mitarbeitende miteinbezogen werden wollen und gerne bereit sind, an der Entwicklung von Lösungen mitzuwirken.

Der kontinuierliche Verbesserungsprozess (KVP)

Nach der großen Anstrengung eines Reorganisationsprojekts verlangen Mitarbeitende und Bibliotheksleitung meist nach einer ruhigeren Phase. Aber die Außenwelt nimmt darauf keine Rücksicht und bewegt sich weiter. Mit einer einmaligen Reorganisation ist es deshalb nicht getan. Im Projekt sollten deshalb Methoden und Verfahren entwickelt und eingeführt werden, die dafür sorgen, dass sich die Bibliothek im Routinebetrieb weiterentwickeln und verbessern kann. Das Stichwort ist hier Qualitätsmanagement, das verschiedene Methoden vereint. Dazu gehören Prozess-, Produkt-, Projekt- und Innovationsmanagement. Während beim Produktmanagement die Frage im Vordergrund steht, was getan wird (do the right things),[16] ist es beim Prozessmanagement die Frage, wie etwas getan wird (do things right).[17]

Wichtig ist auch die transparente Dokumentation, die für die Verbindlichkeit und Nachhaltigkeit der im Projekt getroffenen Entscheidungen führt. Klare Verantwortlichkeiten und transparente Funktionen- und Aufgabenbeschreibungen sind weitere wichtige Elemente eines KVP. Jährliche Planungs- und Controllingzyklen gehören ebenfalls dazu, die in eine Zielhierarchie eingebunden sind. Management by Objectives (Führen mit Zielvereinbarungen) ist ein weiteres Element eines modernen Managements. Es liegt aber auf der Hand, dass nicht all diese Methoden und Verfahren auf einmal eingeführt werden können, sondern dass dies schrittweise erfolgen muss.

Innovationsmanagement an Hochschulbibliotheken

Innovationsmanagement kann als Teil des generellen Change Managements betrachtet werden. Wobei sich Change Management häufig mit einmaligen Reorganisations-

---

[16] Mumenthaler, Rudolf: Produkt- und Innovationsmanagement. Praxisbeispiel aus der ETH-Bibliothek Zürich. In: Prozessorientierte Hochschule. Allgemeine Aspekte und Praxisbeispiele. Hrsg. von Andreas Degkwitz u. Franz Klapper. Bad Honnef: Bock + Herchen 2011. S. 167–180.
[17] Kirstein, Andreas und Lisa Littau: Einführung eines Prozessmanagements an der ETH-Bibliothek Zürich. In: Prozessorientierte Hochschule. S. 155–166.

vorhaben beschäftigt, und das Innovationsmanagement eine ständige Aufgabe in einer Organisation darstellt. Das „Innovationsmanagement übernimmt alle strategischen und operativen Aufgaben zur Planung, Organisation und Kontrolle von Innovationsprozessen und zur Schaffung von dazu erforderlichen Rahmenbedingungen in Unternehmen".[18]

Innovation in Unternehmen oder Organisationen kann verschiedene Aspekte umfassen. Entsprechend kann Innovation unterschiedlich definiert werden. Man unterscheidet beim Inhalt grob zwischen Produkt- und Prozessinnovation. Franken & Franken nennen zusätzlich auch soziale Innovation und organisatorische Innovation.[19]

Bei der Prozessinnovation steht die Veränderung von innerbetrieblichen Arbeitsabläufen im Vordergrund. Im Fokus des Interesses steht jedoch meist eher die Produktinnovation, bei der es darum geht, neue Dienstleistungen und Produkte zu entwickeln und auf den Markt zu bringen.[20] Zusätzlich können Innovationen auch anhand des Innovationsgrads unterschieden werden, wobei zwischen radikaler und inkrementaler Innovation, Basisinnovation, Verbesserungsinnovation, Imitation und Scheininnovation differenziert wird.[21]

In der Bibliothekspraxis ist besonders die Intensitätsdimension relevant: handelt es sich um eine radikale Innovation, bei der komplett neue Produkte oder Geschäftsmodelle entwickelt werden? Oder handelt es sich eher um inkrementale Innovation, bei der die Verbesserung und Weiterentwicklung bestehender Produkte im Vordergrund steht? Beides hat seine Berechtigung, je nach den Zielsetzungen der Organisation.[22] Da sich Bibliotheken noch immer meist an einer sehr lokal ausgerichteten Kundschaft orientieren – bei Hochschulbibliotheken sind dies in der Regel die Angehörigen der eigenen Hochschule – besteht kaum der Anspruch und Bedarf nach radikalen Innovationen, die weltweit erstmalig sind. Selbst innovative Bibliotheken sind selten Erfinder von neuen Produkten oder von Geschäftsmodellen, sondern eher frühe Anwender neuer Technologien (sogenannte early adopters). Sehr häufig orientieren sich Bibliotheken bei ihren Neuerungen denn auch an anderen Bibliotheken. Neuere Untersuchungen in Deutschland und in der Schweiz haben gezeigt, dass sich die Bibliotheken selbst als überdurchschnittlich innovativ bezeichnen.[23] Wenn aber

---

18 Franken, Rolf u. Swetlana Franken. Integriertes Wissens- und Innovationsmanagement. Wiesbaden: Gabler 2011. S. 225.
19 Franken u. Franken, Wissens- und Innovationsmanagement (wie Anm. 18), S. 193–195.
20 Georgy, Ursula u. Rudolf Mumenthaler: Praxis Innovationsmanagement. In: Praxishandbuch Bibliotheks- und Informationsmarketing. Hrsg. von Ursula Georgy u. Frauke Schade. München: De Gruyter 2012. S. 319–340.
21 Franken u. Franken, Wissens- und Innovationsmanagement (wie Anm. 18), S. 204–206.
22 Hennecke, Joachim: Innovationsmanagement in Bibliotheken. Bericht über eine Fortbildungsveranstaltung. In: Bibliothekforum Bayern (2011) H. 5. S. 82–86.
23 Georgy, Ursula: Erfolg durch Innovation: Strategisches Innovationsmanagement in Bibliotheken und Öffentlichen Informationseinrichtungen. Wiesbaden: Dinges & Frick 2010; Habermacher, Barba-

die Maßstäbe anderer Branchen angewandt werden, lässt sich diese Selbsteinschätzung nicht bestätigen. Jantz hat verschiedene Innovationen in sechs amerikanischen Hochschulbibliotheken verglichen und kommt zum Schluss, dass die meisten neuen Produkte und Dienstleistungen keine radikalen Innovationen darstellen, sondern eher dem State of the Art entsprechen.[24]

Der Innovationsprozess

Die Gestaltung des Innovationsprozesses ist eine der wichtigsten Aufgaben des Innovationsmanagements. Dabei geht es darum, die Rollen und die Verantwortlichkeiten sowie den Prozess von der Ideenfindung bis zur Markteinführung eines neuen Produkts zu definieren. Um das Risiko zu vermindern, aufwändige Produktentwicklungen durchzuführen für Produkte, die dann am Markt scheitern, hat sich ein mehrstufiges Verfahren etabliert. Im Trichtermodell (bekannt als Stage-Gate-Modell nach Cooper)[25] werden zunächst möglichst viele Ideen gesammelt. Diese werden dann in einem weiteren Schritt nach transparenten Kriterien bewertet und auf ihre weitere Verfolgung geprüft. Vielversprechende Ideen werden in der Regel in einer Machbarkeitsstudie oder einem Vorprojekt auf ihre Umsetzungsmöglichkeit geprüft. Hier kann auch ein Prototyp entwickelt werden, auf dessen Grundlage entschieden wird, ob die Idee weiterverfolgt wird. Nach einer positiven Entscheidung wird die Entwicklung des Produkts in Form eines Projekts in Auftrag gegeben. Vorausgesetzt werden ein Projektmanagement und ein Projektcontrolling, das den Fortschritt und den Ressourceneinsatz prüft und allfällige Korrekturen vornehmen kann. Schließlich wird das Projektergebnis abgenommen, und bei einem positiven Befund kann das Produkt in den Betrieb übergeben bzw. auf den Markt gebracht werden.[26]

Die Idee hinter diesem Trichtermodell besteht darin, dass gerade die Entwicklung eines marktreifen Produkts sehr hoher Investitionen bedarf. Indem schon die Ideen gefiltert und nur die vielversprechenden weiterverfolgt werden, später noch Prototypen entwickelt oder Machbarkeitsstudien durchgeführt werden, gelingt es schließlich nur die wirklich aussichtsreichen Produktideen umzusetzen.

Bezüglich der Verantwortlichkeiten und Rollen kann hier definiert werden, wer oder welches Gremium die Entscheidungen trifft. Dies dürfte im Regelfall das Füh-

---

ra: Innovationsmanagement an Schweizer Hochschulbibliotheken. Unveröffentlichte Master-Thesis (MAS). Chur: HTW Chur 2013.
24 Jantz, Innovation (wie Anm. 7), S. 9.
25 Cooper, Robert G.: Top oder Flop in der Produktentwicklung: Erfolgsstrategien: Von der Idee zum Launch. Weinheim: Wiley-VCH 2002.
26 Mumenthaler, Rudolf: Innovationsmanagement an Hochschulbibliotheken am Beispiel der ETH-Bibliothek Zürich. In: Ein neuer Blick auf Bibliotheken. 98. Deutscher Bibliothekartag in Erfurt 2009. Hrsg. von Ulrich Hohoff u. Christiane Schmiedeknecht. Hildesheim: Olms 2010. S. 134–148.

rungsgremium sein. Mit den Entscheidungen werden auch die Weichen für den Ressourceneinsatz gestellt, weshalb es Sinn macht, wenn die Leitungspersonen der Abteilungen/Bereiche in diese involviert werden.

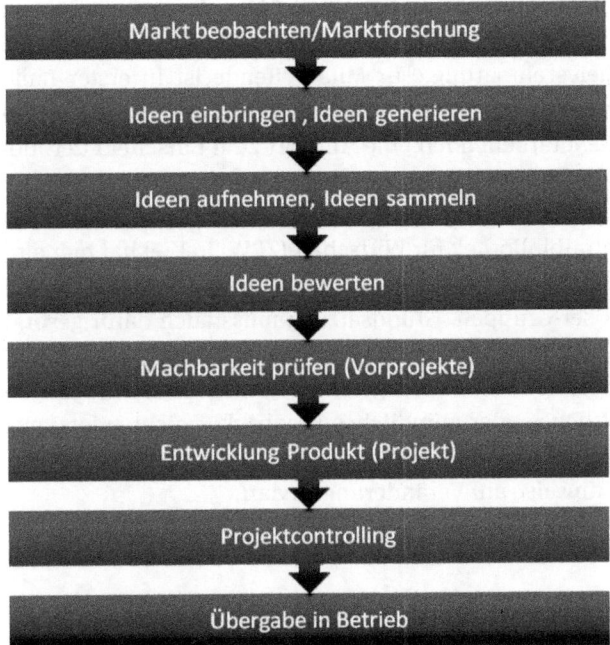

Abbildung 3: Innovationsprozess in einer Bibliothek
(eigene Darstellung).

Die Aufgabe eines Innovationsmanagers, einer Innovationsmanagerin wird darin bestehen, die Entscheidungen vorzubereiten und das Controlling zu übernehmen. Grundsätzlich ist der Innovationsmanager für den Prozess Innovationsmanagement verantwortlich. Er sorgt für die regelmäßige Besprechung der Ideen und für die Kommunikation mit den Ideengebern und Stakeholdern. Zudem wird er/sie aktiv Ideen einsammeln, Mitarbeitende motivieren (beispielsweise mit Workshops) oder Kunden im Rahmen von Open Innovation miteinbeziehen.

Die Frage, wie das Innovationsmanagement in die Organisation integriert wird, lässt sich nicht allgemein beantworten. Denkbar sind unterschiedliche Formen: In der Praxis finden sich Beispiele für die Schaffung einer Organisationseinheit (als Querschnittsbereich und allenfalls kombiniert mit anderen Aufgaben wie Produktmanagement), die Einrichtung einer Stabstelle oder als zusätzlicher Auftrag an eine bestehende Stelle in der Linienorganisation.

Ideengenerierung

Wie oben dargestellt, geht das Trichtermodell davon aus, dass möglichst viele Ideen in die Bibliothek eingehen.[27] Wichtigste Quellen hierfür sind Mitarbeitende sowie Kunden. Mitarbeitenden müssen niederschwellige Möglichkeiten zur Eingabe von Ideen zur Verfügung gestellt werden. Denkbar sind Anreize wie Ideenwettbewerbe oder die Aufnahme in die Zielvereinbarung. Für Mitarbeitende ist in erster Linie wichtig, dass ihre Anliegen ernst genommen werden. Das bedeutet, dass für jede Eingabe gedankt wird und die Mitarbeitenden eine Antwort zum Entscheid der Ideenprüfung erhalten. Unter dem Stichwort Open Innovation werden Kunden bei der Ideenfindung einbezogen. Bewährt haben sich hier vor allem gezielte Aktivitäten mit konkretem Bezug. Die Zentralbibliothek für Wirtschaft (ZBW) in Kiel hat hier einschlägige Erfahrungen gemacht.[28] Anklang finden Wettbewerbe zu konkreten Fragen oder der Einbezug von Lead-User-Gruppen. Grundsätzlich muss auch dafür gesorgt werden, dass jeglicher Input von Nutzerinnen und Nutzern von der Bibliothek aufgenommen wird. Dabei kann es sich um die Ergebnisse von Kundenbefragungen handeln, aber auch um schriftliches oder mündliches Feedback – nicht zuletzt aus dem Beschwerdemanagement. Auch hier gilt: für Input soll gedankt werden, denn er gibt der Bibliothek nützliche Hinweise auf Veränderungsbedarf.

Innovationsfähigkeit von Bibliothekssystemen

Die Frage, ob größere oder kleinere Organisationen innovativer seien, wurde bereits öfters untersucht, jedoch ohne eindeutige Antwort.[29] Größere Organisationen haben den Vorteil, dass sie über mehr Ressourcen verfügen, die sie eventuell leichter in neue Bereiche umwidmen können. Dafür neigen große Organisationen eher zu bürokratischen Leerläufen, die innovationshemmend wirken. Es gibt Beispiele für sehr agile, innovationsfreudige kleine Bibliotheken, die sich mit einfachen Mitteln an den Bedürfnissen ihrer Nutzenden ausrichten und pfiffige Ideen umsetzen. Es gibt aber auch Belege für Großbibliotheken, die es schaffen, ihr Potential bei der Entwicklung neuer Produkte auszuschöpfen. Denkbar ist, dass große Bibliotheken dank der möglichen Bündelung von Ressourcen eher in der Lage sind, radikale Innovationen umzusetzen, wie es zum Beispiel dem Verständnis der Bayerischen Staatsbibliothek entspricht.[30]

---

27 Brodbeck, Harald u. Beat Birkenmeier: Wunderwaffe Innovation. Zürich: Orell Fuessli 2010.
28 Köck, Anna Maria [u. a.]: Open Innovation in Bibliotheken. In: Wissenschaftsmanagement. 2011. S. 20–26.
29 Jantz, Innovation (wie Anm. 7), S. 4.
30 Hennecke, Innovationsmanagement (wie Anm. 22), S. 84.

Entsprechend lässt sich auch keine eindeutige Aussage machen, ob ein- oder zweischichtige Bibliothekssysteme innovationsfreudiger seien. In zweischichtigen Bibliothekssystemen mag es eine gesunde Konkurrenz geben, in der die kleineren Instituts- oder Fakultätsbibliotheken sehr kundennah innovative Lösungen entwickeln und der eher schwerfälligen großen Hauptbibliothek als Vorbild dienen können. Andererseits gibt es auch Beispiele für innovationsfreudige Hauptbibliotheken, die ihre umfassenderen Ressourcen gezielt einsetzen, um erfolgreich neue Produkte zu entwickeln, für die den kleineren Institutsbibliotheken das Potential fehlt. Beim Innovationsmanagement gilt es, die spezifischen Stärken eines bestimmten Systems (beispielsweise die Kundennähe der dezentralen Einheiten) auszunutzen, um innovative Dienstleistungen zu entwickeln.

Oft werden mangelnde Ressourcen als wichtigste innovationshemmende Faktoren genannt.[31] Doch mit finanziellen Mitteln allein ist es nicht getan: Wichtige Faktoren sind die Kultur und das Know-how der Mitarbeitenden. Auch für diese Faktoren gilt, dass sie unabhängig von der Größe oder Komplexität der Organisation sind. Zudem kann festgestellt werden, dass gerade Budgetkürzungen Anlass zu einer Bündelung der Kräfte und zu tiefgreifenden Veränderungen und Innovationen sein können.[32]

Zusammenfassung

Bei der Innovationsfähigkeit lässt sich kein Unterschied zwischen ein- oder zweischichtigen Bibliothekssystemen feststellen. Die entscheidenden Faktoren für erfolgreiche Innovation sind unabhängig von Größe und Komplexität der Organisation. Eine dynamische, kleine Bibliothek kann unter Umständen besser kundennahe Produkte entwickeln und einführen. Die im Bibliotheksbereich seltenen radikalen Innovationen sind dagegen nur in großen Institutionen möglich, die über die notwendigen Ressourcen zu deren Entwicklung verfügen.

Beim Change Management sind einschichtige Systeme im Vorteil, da hier die zentrale Steuerung eines Reform- oder Reorganisationsprozesses einfacher möglich ist. In zweischichtigen Systemen sind viele Stakeholder mit unterschiedlichen Interessen einzubeziehen. Hier einen Konsens herbeizuführen und anschließend einen stringenten Veränderungsprozess durchzuführen dürfte deutlich schwieriger sein.

---

31 Vgl. dazu die Studien von Georgy, Erfolg (wie Anm. 23), und Habermacher, Innovationsmanagement (wie Anm. 23).
32 Jantz, Innovation (wie Anm. 7), S. 8.

Ulrich Hohoff
Zukünftige Aufgaben für Hochschulbibliotheken in Deutschland

Empfehlungen aus bundesweiter Perspektive – Schwerpunkt Forschung

Abstract: Die Beratungsgremien der Wissenschaftspolitik und die Selbstverwaltungsorganisationen der Wissenschaft in Deutschland haben seit 2008 das Thema „Informationsinfrastrukturen für die Wissenschaft" bearbeitet und dabei die Rolle der wissenschaftlichen Bibliotheken aus bundesweiter Perspektive berücksichtigt. Der Beitrag gibt einen Überblick über die in den Jahren 2011–2013 vorgelegten Empfehlungen und Planungspapiere; der Schwerpunkt liegt auf der Unterstützung der Forschung.

Keywords: Bundesrepublik Deutschland, Hochschulbibliothek, Zukunft, Aufgabenplanung, Empfehlungen, Wissenschaftsrat, Deutsche Forschungsgemeinschaft, Kommission „Zukunft der Informationsinfrastruktur", Allianz der deutschen Wissenschaftsorganisationen, Bundesministerium für Bildung und Forschung

Grundlagen der Wissenschaftspolitik im föderalistischen System

Nach dem Grundgesetz nehmen die Bundesländer die Verantwortung für die Hochschulen wahr. Seit einer Grundgesetzänderung im Jahr 2006 sind sie sogar allein dafür zuständig. Bundesländer können durch Vereinbarungen zusammenwirken; Beispiele dafür sind die regionalen Verbundsysteme und der Leihverkehr. Bund und Länder dürfen in Hochschulfragen nur in definierten Fällen zusammenwirken. Das ist laut GG Art. 91b bei Vorhaben in Wissenschaft und Forschung von überregionaler Bedeutung möglich, außerdem bei Forschungsbauten (einschließlich Großgeräten, z. B. Bibliotheksinformationssystemen) und bei Leistungsvergleichen im Bildungswesen.

Trotzdem sind laufend Fragen der Hochschulpolitik, der Hochschulplanung und der Hochschulverwaltung bundesweit zu diskutieren und zu klären. Dafür haben sich Gremien und Strukturen herausgebildet. So regelt die Gemeinsame Wissenschaftskonferenz (GWK) der Länder und des Bundes zum großen Teil die überregionalen Planungs- und Verwaltungsfragen. In Fragen der Hochschulpolitik, der Hochschulplanung und der Hochschulorganisation sind der Wissenschaftsrat (WR) und die Hochschulrektorenkonferenz (HRK) die wichtigsten Berater der Wissenschaftspolitik. In der Spitzenforschung spielt die Deutsche Forschungsgemeinschaft (DFG), die größte Organisation zur Forschungsförderung in Europa, für Hochschulbibliotheken eine entscheidende Rolle. Dort wirken Bibliothekare auch mit. Überhaupt ist die starke Rolle von Selbstverwaltungsorganisationen der Wissenschaft wie HRK und DFG ein Merkmal der deutschen Wissenschaftspolitik.

Die Beratungsgremien der Wissenschaftspolitik und die Selbstverwaltungsorganisationen haben seit 2008 das Thema „Informationsinfrastrukturen für die Wissenschaft" bearbeitet und in den Jahren 2011–2013 eine Reihe von Empfehlungen und Planungspapieren dazu vorgelegt. Dieser Beitrag schließt chronologisch an jenen von Wilfried Sühl-Strohmenger im vorliegenden Band an. Er gibt einen Überblick vor allem über aktuelle Empfehlungen des WR, der Kommission „Zukunft der Informationsinfrastruktur" (KII) im Auftrag der GWK, der DFG sowie der Allianz der großen Wissenschaftsorganisationen. Dabei liegt die Betonung auf Fragen, welche auch die Zukunft der Hochschulbibliotheken und das Umfeld für deren Dienstleistungen berühren. Der Beitrag berücksichtigt auch Reaktionen der Bibliothekswelt zu den Planungen.

Die Hochschulbibliothek als Baustein einer nationalen Informationsinfrastruktur für die Wissenschaft

Die bundesweiten Gremien verwenden in ihren aktuellen Empfehlungen eine neue Terminologie in einem neuen Zusammenhang. Sie sehen die Hochschulbibliothek nicht nur, wie bisher, als eine Forschung und Lehre unterstützende Einrichtung an, sondern als eine Infrastruktur für die Wissenschaft. Die WR-Empfehlungen zur Weiterentwicklung der Informationsinfrastrukturen vom Juli 2012 definieren diese so:

> [...] diejenigen teilweise einzigartigen Einrichtungen, Ressourcen und Dienstleistungen in öffentlicher oder privater Trägerschaft [...], die speziell für wissenschaftliche Zwecke errichtet, mittelfristig bis tendenziell permanent bereitgestellt werden und für deren sachgerechte Errichtung, Betrieb und Nutzung spezifische fachwissenschaftliche oder interdisziplinäre (Methoden-)Kompetenzen erforderlich sind. Ihre Funktion ist es, Forschung, Lehre und Nachwuchsförderung zu ermöglichen oder zu erleichtern.[1]

---

[1] Wissenschaftsrat: Empfehlungen zur Weiterentwicklung der wissenschaftlichen Informationsinfrastrukturen in Deutschland bis 2020. Berlin 13.7.2012 (Drs. 2359-12), S. 15–16. http://www.wissenschaftsrat.de/download/archiv/2359-12.pdf (4.10.21013). So auch schon im Vorgänger-Papier: Wissenschaftsrat: Übergreifende Stellungnahme zu Informationsinfrastrukturen (2011). In: Wissenschaftsrat: Empfehlungen zu Informationsinfrastrukturen. Bonn: Wissenschaftsrat 2011. S. 23.

Die Betrachtung blendet weitere Funktionen der Hochschulbibliothek für Dozenten, für Studierende und für die wissenschaftliche Weiterbildung aus. Zumindest die Lehre wird etwas später aber noch genannt, wo der WR die Informationsinfrastruktur näher als Infrastruktur für die Forschung definiert. „Informationsinfrastrukturen sind Forschungsinfrastrukturen, die für Forschung und Lehre relevante Träger von Daten, Informationen und Wissen unter systematischen Gesichtspunkten sammeln, pflegen sowie für eine wissenschaftliche Nutzung bereitstellen und zugänglich machen."[2] Der WR führt auch jene Infrastrukturen auf, welche die Kriterien erfüllen:

> Demzufolge gehören insbesondere a) wissenschaftliche Datenerhebungen, Datensammlungen und (Bild-)Datenbanken einschließlich Forschungsdaten- und Datenservicezentren, b) Archive, Bibliotheken, objektbezogene Sammlungen und Fachinformationszentren samt der auf a) und b) bezogenen Forschung sowie c) Simulationsdaten und -datenbanken zu den Informationsinfrastrukturen. Diese erfüllen heute verschiedene Funktionen für alle Felder der Wissenschaft.[3]

Im Hinblick auf ihre Forschungsfunktion steht für den WR die Hochschulbibliothek mit einer größeren Datensammlung oder einer musealen Sammlung an der Hochschule auf einer Stufe. Das sollte kein Grund sein, die Empfehlungen enttäuscht zur Seite zu legen. Denn bei den Zukunftsaufgaben, welche konkret analysiert sind, stehen einige Themen aus der Bibliothekswelt im Mittelpunkt.

In den Empfehlungen plädiert der WR auch für eine Aufwertung von Informationsinfrastrukturen. Sie seien ein „unverzichtbarer und gleichwertiger Bestandteil des Wissenschaftssystems". Die bisher mangelnde Anerkennung dieser Einrichtungen und ihrer Leistungen sei eine Ursache dafür, dass sie heute nicht überall in der Lage seien, Leistungen auf dem Stand der Wissenschaft zu erbringen.[4]

Die Empfehlungen des Wissenschaftsrats für neue Strukturen der regionalen Verbundsysteme

Nahezu zeitgleich legten zunächst Anfang 2011 der WR umfangreiche „Empfehlungen zur Zukunft des Bibliothekarischen Verbundsystems in Deutschland"[5] und der Ausschuss für wissenschaftliche Bibliotheken und Informationssysteme der DFG (AWBI) ein kürzeres „Positionspapier zur Weiterentwicklung der Bibliotheksverbünde als

---

2 Wissenschaftsrat, Empfehlungen zur Weiterentwicklung (wie Anm. 1).
3 Wissenschaftsrat, Empfehlungen zur Weiterentwicklung (wie Anm. 1), S. 17–18.
4 Wissenschaftsrat, Empfehlungen zur Weiterentwicklung (wie Anm. 1), S. 67.
5 Wissenschaftsrat: Empfehlungen zur Zukunft des bibliothekarischen Verbundsystems in Deutschland (2011). In: Wissenschaftsrat: Empfehlungen zu Informationsinfrastrukturen. Bonn: Wissenschaftsrat 2011. S. 283–364.

Teil einer überregionalen Informationsinfrastruktur"[6] vor. Eine gemeinsame Erklärung von WR und DFG „zur Zukunft der Bibliotheksverbünde" erschien wenige Tage später und fasste Vorstellungen zusammen, die beiden Gremien gemeinsam sind.[7]

Die Analysen des WR und des DFG-Ausschusses fallen kritisch aus und geben ihnen Anlass, einschneidende Reformen vorzuschlagen. Dabei ist es wichtig zu sehen, dass die sechs regionalen Verbundsysteme hier aus bundesweiter Sicht beurteilt werden. Die Bundesländer hatten das Nebeneinander von sechs separaten, regionalen, historisch gewachsenen, miteinander kooperierenden Verbünden mit ziemlich ähnlichen Aufgaben nicht als Problem angesehen. Das Modell von WR und DFG hätte Folgen für die Hochschulbibliothekssysteme, da sie sowohl die Mehrzahl der Daten für die Verbünde zuliefern als auch Nutzer und Abnehmer der Dienstleistungen der bisher regional organisierten Verbundzentralen sind. Die „wissenschaftlichen Universalbibliotheken" in der Sektion 4 des Deutschen Bibliotheksverbands (DBV) baten in ihrer öffentlichen Stellungnahme zu den WR-Empfehlungen darum, zunächst einmal drei Punkte zu klären: ob die Forderung nach einem bundesweit einheitlichen Nachweissystem technisch und funktional sinnvoll und umsetzbar sei, welcher Bedarf an Diensten in den Bibliotheken tatsächlich bestehe, sowie, welche Dienste weiterhin regional und welche bundesweit anzubieten seien.[8] Aus fachlicher Sicht gab es auch noch weitere Einwände: Eingriffe in Länderangelegenheiten wie die regionalen Verbünde seien rechtlich problematisch, die Definition der Basis- und Spezialdienste und deren Verhältnis sei unscharf und die Reduktion der Erschließung kurzsichtig. Auch die vorgeschlagene Steuerung ‚des Verbundsystems' durch ein nationales Gremium könne die bestehenden rechtlichen und strukturellen Probleme nicht lösen.[9]

---

6 DFG, Ausschuss für Wissenschaftliche Bibliotheken und Informationssysteme: Positionspapier zur Weiterentwicklung der Bibliotheksverbünde als Teil einer überregionalen Informationsinfrastruktur. Bonn 2011. http://www.dfg.de/download/pdf/foerderung/programme/lis/positionspapier_bibliotheksverbuende.pdf (4.10.2013).
7 Wissenschaftsrat, Deutsche Forschungsgemeinschaft: Zur Zukunft der Bibliotheksverbünde als Teil einer überregionalen Informationsinfrastruktur in Deutschland. In: Wissenschaftsrat: Empfehlungen zu Informationsinfrastrukturen. Bonn: Wissenschaftsrat, 3.2.2011. S. 365–368.
8 DBV, Sektion 4: „Zukunft der Verbundsysteme – Stellungnahme zu den Empfehlungen der Deutschen Forschungsgemeinschaft und des Wissenschaftsrates, 22.11.2011, S. 2. http://www.bibliotheksverband.de/fileadmin/user_upload/Sektionen/sektion4/Publikationen/2012_05_30_Stellungnahme_HSB_zuKII_finale_Version.pdf (4.10.2013).
9 Vgl. die Diskussionsbeiträge: Hohoff, Ulrich: Weniger Bibliotheksverbünde, mehr neue Dienste! Der Wissenschaftsrat empfiehlt radikale Reformen. In: Verein Deutscher Bibliothekare: VDB-Mitteilungen (2011) H. 1. S. 8–12; Haubfleisch, Dietmar: Die aktuellen Empfehlungen der Deutschen Forschungsgemeinschaft und des Wissenschaftsrates zur Zukunft der Bibliotheksverbünde aus Sicht einer Universitätsbibliothek. In: Bibliotheksdienst (2011) H.10. S. 843–867; Wiesenmüller, Heidrun: Die Zukunft der Bibliotheksverbünde. Ein kritischer Blick auf die Empfehlungen des Wissenschaftsrates und der Deutschen Forschungsgemeinschaft. In: BuB – Forum Bibliothek und Information (2011) H.11/12. S. 790–796.

Die Empfehlungen der Kommission „Zukunft der Informationsinfrastruktur" – KII (2011)

Anfang 2011 hatte der WR in seinen Empfehlungen zum bundesweiten Verbundsystem bereits vorgeschlagen, überregionale Verbunddienste zu drei Aufgabenfeldern ins Leben zu rufen. Bei dem ersten Aufgabenfeld (elektronische Publikationen) geht es um Zusatzdienste in der Lizenz- und Endnutzerverwaltung, beim Hosting, bei Open Access, bei Repositorien an den Hochschulen, bei Digitalisierung und Langzeitarchivierung. Beim zweiten Aufgabenfeld (virtuelle Lehr- und Forschungsumgebungen) sah der WR deren Betriebsunterstützung als notwendig an, außerdem die Erschließung von Forschungsdaten und den Zugang zu ihnen. Als drittes Aufgabenfeld ist die Unterstützung der wissenschaftlichen Nutzer genannt. Hier mahnte der WR Rechercheportale für verteilte Informationsquellen an, außerdem die Nutzung des Semantic Web und des Social Web.[10]

Bald darauf, im April 2011, legte die Kommission „Zukunft der Informationsinfrastruktur" (KII) ihr „Gesamtkonzept für die Informationsinfrastruktur in Deutschland" vor.[11] Die Gemeinsame Wissenschaftskonferenz des Bundes und der Länder (GWK) hatte 2009 die Leibniz-Gemeinschaft (WGL) gebeten, die Erarbeitung dieser Empfehlungen zu koordinieren, und diese wählte dann Vertreter der wissenschaftlichen Einrichtungen und der wissenschaftlichen Nutzer für die Kommission aus. Die KII identifizierte in ihrem Konzeptpapier acht übergreifende Handlungsfelder für neue bundesweit koordinierte Dienstleistungen.[12] Fünf dieser Handlungsfelder hatte die Schwerpunktinitiative "Digitale Information" der Allianz der großen Wissenschaftsorganisationen bereits in Angriff genommen, nämlich die nationale Lizenzierung, das Hosting, Open Access, Forschungsdaten und virtuelle Forschungsumgebungen. Die Initiative sieht diese Felder als Schwerpunkte für die Jahre 2013 bis 2017 an.[13]

Die Kommission KII ergänzte das Feld Hosting um die Langzeitarchivierung und fügte drei weitere Handlungsfelder hinzu: Nichttextuelle Materialien (gemeint sind etwa Audio-, Video- und CAD-Materialien), Retrodigitalisierung/kulturelles Erbe und Informationskompetenz/Ausbildung. Zu den vom WR 2011 empfohlenen nutzerbezogenen Portalen äußerte sich KII nicht. Einige der durch KII hinzugefügten Handlungsfelder (nämlich Forschungsdaten, Langzeitarchivierung, Retrodigitalisierung

---

10 Wissenschaftsrat, Empfehlungen zur Weiterentwicklung (wie Anm. 1), S. 294.
11 Kommission Zukunft der Informationsinfrastruktur: Gesamtkonzept für die Informationsinfrastruktur in Deutschland. Empfehlungen der Kommission […] im Auftrag der Gemeinsamen Wissenschaftskonferenz des Bundes und der Länder. Bonn: GWK, April 2011. http://www.allianzinitiative.de/fileadmin/user_upload/KII_Gesamtkonzept.pdf (4.10.2013).
12 Vgl. Kommission Zukunft der Informationsinfrastruktur, Gesamtkonzept (wie Anm. 11).
13 Nähere Ausführungen enthält das Leitbild: Schwerpunktinitiative „Digitale Information" und Allianz der deutschen Wissenschaftsorganisationen: Fortsetzung der Zusammenarbeit in den Jahren 2013 bis 2017 (München, 26. Juni 2012). http://www.allianzinitiative.de/fileadmin/user_upload/Schwerpunktinitiative_2013-2017.pdf (23.10.2013).

und kulturelle Überlieferung) hatte der WR bereits in seinem zweiten Papier von 2011, den „Empfehlungen zu Forschungsinfrastrukturen in den Geistes- und Sozialwissenschaften", als wesentlich benannt.[14] Diese WR-Empfehlungen lenken zugleich den Blick über die nationale Betrachtungsweise hinaus auf die Anschlussfähigkeit deutscher Initiativen zu Forschungsinfrastrukturen in Konzepte der Europäischen Union. Dort ist das EU-Vorhaben „European Strategy Forum on Research Infrastructures" (ESFRI) entscheidend.[15]

An Vorschlägen für zusätzliche bundesweite Dienstleistungen mangelt es also nicht. Die Hochschulbibliotheken sehen die Mehrzahl als hilfreich an, wenn auch die Details der Umsetzung abzuwarten sind. Auf einigen Arbeitsfeldern können kleinere und mittelgroße Hochschulbibliothekssysteme künftig Beratung vor Ort anbieten, größere an einer auf die jeweilige Fachcommunity abgestimmten bundesweiten Dienstleistung mitarbeiten, z. B. an zitierbaren Rohdaten als Bestandteil von wissenschaftlichen Publikationen.

Zu den KII-Empfehlungen bleibt kritisch anzumerken, dass die Planung aus einem Gremium kommt, in dem Hochschulbibliotheken und ihre wissenschaftlichen Nutzer zu wenig mitwirken konnten. Auch weist die KII darauf hin, dass der Bedarf in und die Planung für lokale Hochschul- und Forschungseinrichtungen nicht ihr Auftrag waren.[16] Für Hochschulbibliothekssysteme birgt diese Einschränkung die Gefahr, dass der Sachverstand der Bibliothekare und die Anforderungen der Wissenschaftler an Hochschulen kaum berücksichtigt werden, obwohl letztere die Hauptnutzer der künftigen Dienste sind. Daraus können Fehlentwicklungen entstehen.[17] Im Gegensatz dazu hat der WR 2011/2012 mehrfach betont, dass in Zukunft Forschungsinfrastrukturen, zu denen er die Informationsinfrastrukturen zählt, häufiger an Hochschulen angesiedelt werden sollten.

Die Stellungnahme der Hochschulbibliotheken zum KII-Konzept legt Wert auf diese Punkte.[18] Sie zeigen auch an Beispielen, dass zentrale Strukturen nur sinnvoll

---

14 Wissenschaftsrat: Empfehlungen zu Forschungsinfrastrukturen in den Geistes- und Sozialwissenschaften (2011). In: Wissenschaftsrat: Empfehlungen zu Informationsinfrastrukturen. Bonn: Wissenschaftsrat 2011, S. 71–156 (und die Anhänge S. 157–207).
15 Website: http://ec.europa.eu/research/infrastructures/index_en.cfm?pg=esfri (09.03.2014). Zu den Details für Bibliotheken in diesen WR-Empfehlungen vgl. Hohoff, Ulrich: Bessere Infrastrukturen für die geistes- und sozialwissenschaftliche Forschung. Der Wissenschaftsrat zieht Bilanz und fordert mehr Aufbauarbeit. In: ABI Technik (2011) H.1. S. 2–10.
16 Kommission Zukunft der Informationsinfrastruktur, Gesamtkonzept (wie Anm. 11), S. 8.
17 Als Beispiele hierfür kann man die Fachinformationsprogramme früherer Bundesregierungen, die bundesweit fachliche Informationszentren abseits von Hochschulen förderten, und das gescheiterte Verbundprojekt VASCODA ansehen.
18 Zum Folgenden vgl. DBV, Sektion 4: Die Hochschulbibliotheken und die Entwicklung der Informationsinfrastrukturen in Deutschland. Stellungnahme [...] zu den Empfehlungen der Kommission ‚Zukunft der Informationsinfrastruktur' (Gesamtkonzept der KII), 29.5.2012. http://www.bibliotheksverband.de/fileadmin/user_upload/Sektionen/sektion4/Publikationen/2011_Sekt_4_DBV_Stellungnahme_Verbundsystem.pdf (4.10.2013).

sind, wenn sie auf lokalen Strukturen aufbauen oder diese unterstützen können. Die Hochschulbibliotheken schlagen vor, ihr Know-how und ihre Praxiserfahrung in die neuen Konzeptionen einzubringen. Des Weiteren erwähnen die KII-Empfehlungen übrigens auch die Bibliotheksverbände nicht. All diese Partner könnten wertvolle Expertise aus der Praxis der Hochschulbibliotheken – und der Kenntnis der wissenschaftlichen Nutzer – zur Planung von Informationsinfrastrukturen beitragen.

Die Empfehlungen des Wissenschaftsrats zur Weiterentwicklung der wissenschaftlichen Informationsinfrastrukturen in Deutschland (2012)

Für die Jahre bis 2020 spricht der WR in seinem zusammenfassenden Papier „zur Weiterentwicklung der wissenschaftlichen Informationsinfrastrukturen in Deutschland" Empfehlungen an die Förderorganisationen, an die Wissenschaft selbst und an deren Träger aus.[19]

Die drei übergeordneten Empfehlungen rufen zunächst den Bund und die Bundesländer auf, die Grundfinanzierung ihrer Einrichtungen („insbesondere an Hochschulen") unbedingt sicherzustellen und in Zukunft hierfür „in relevantem Umfang" zusätzliche Mittel bereitzustellen. Des Weiteren wird empfohlen, rasch einen „Rat für Informationsinfrastrukturen" als bundesweites Strategiegremium für die anstehenden Entscheidungen ins Leben zu rufen. Drittens plädiert der WR dafür, strukturbildende bundesweite Koordinationsaufgaben durch ein wettbewerbliches Verfahren mit Ausschreibung zu ermitteln, anstatt, wie von KII vorgeschlagen, auf Bundesebene tätige Institutionen direkt zu beauftragen.

Bund und Länder sollen sich in dem „Rat" über Neugründungen, Schließungen und Zusammenführungen bei Informationsinfrastrukturen abstimmen. Allerdings sind dessen Kompetenzen nicht genauer definiert: Er wird daher auf das Wohlwollen aller Beteiligten angewiesen sein.[20] Diese sollen laut WR außerdem den Aufbau von Zentren für (vor allem qualitative) Forschungsdaten und Datenservices unterstützen.

An die Informationsinfrastrukturen selbst richtet sich u. a. die Empfehlung, das Spartendenken aufzugeben und Angebote stärker funktional zu planen. Folglich sind bessere Abstimmungen, mehr Kooperation und die Bereitschaft zur Arbeitstei-

---

19 Zum Folgenden vgl. Wissenschaftsrat, Empfehlungen zur Weiterentwicklung (wie. Anm. 1), S. 8–14. Eine kritische Analyse grundlegender Aspekte der Empfehlungen nimmt vor Thiessen, Peter: Die Empfehlungen des Wissenschaftsrates „zur Weiterentwicklung der wissenschaftlichen Informationsstrukturen in Deutschland bis 2020". Inhalt und kritische Bewertung im Hinblick auf das wissenschaftliche Bibliothekswesen. In: Perspektive Bibliothek (2013) H. 1. S. 59–92. http://archiv.ub.uni-heidelberg.de/ojs/index.php/bibliothek/article/view/10346 (17.11.2013).
20 Hierzu kritisch Thiessen, Empfehlungen (wie Anm. 19), S. 77–78.

lung erforderlich. Die Forschungsförderer sollen als wissenschaftsrelevante Akteure durch Projekte Anreize zu Verbesserungen geben und vor allem ihre Förderkriterien für (Forschungs-)Infrastrukturleistungen öffnen. Die DFG, die in diesem Punkt schon lange aktiv ist, soll „in die Lage versetzt werden, die für die Digitale Transformation bereit gestellten Fördermittel für weitere zehn Jahre aufzustocken" sowie ihre gültigen Digitalisierungsstandards weiterzuentwickeln. Des Weiteren wendet der WR sich an Hochschulen und nichtuniversitäre Forschungseinrichtungen. Sie sollen in der wissenschaftsnahen Vermittlung von Medienkompetenzen aktiv werden, auch für wissenschaftlich vorgebildete Berufstätige, sowie Angebote für das Studium und die Fortbildung der Mitarbeiter in Informationsinfrastrukturen machen.

Die künftigen Handlungsfelder für Informationsinfrastrukturen legt der WR teilweise anders fest als KII. Bei den Querschnittsaufgaben Hosting und virtuelle Forschungsumgebungen folgt er KII, bei den Handlungsfeldern Lizenzierung, Open Access und Informationskompetenz nimmt er leichte Modifikationen vor. Ergänzungen zum KII-Konzept finden sich bei den Handlungsfeldern digitale Transformation, Forschungsdaten und Langzeitarchivierung im WR-Papier. Als weiteres zentrales Handlungsfeld der Zukunft fügt der WR – über den Auftrag von KII hinaus – die nichtdigitalen Medien und Objekte hinzu.

Wie zu erwarten, bettet der WR die portionierten Handlungsfelder des KII-Papiers in das System der Wissenschaft ein. Er lehnt ein kleinteiliges Vorgehen nach Disziplinen ebenso ab wie die geläufige Segmentierung der Wissenschaft in Fächergruppen (Geistes-, Sozial-, Natur-, Lebens- und Technikwissenschaften). Um Synergien zu finden und Insellösungen zu vermeiden, entwickelt der WR stattdessen einen neuen Ansatz, um Informationsinfrastrukturen einzuteilen.[21] Eine Konsequenz daraus ist die Empfehlung des WR, fächerübergreifende Plattformen aufzubauen.[22]

Das Handlungsfeld Informationskompetenz sieht der WR wie KII als entscheidend für eine qualifizierte Nutzung netzbasierter Materialien in der Wissenschaft an und spricht Empfehlungen dazu aus.[23] Als neue, grundlegende Kulturtechnik solle sie bereits in der Schule gelehrt und später in allen grundständigen Studiengängen vertieft werden. Informations- und Medienkompetenz sei für Schulen und Hochschulen „eine disziplin- und fächerübergreifende Aufgabe, deren gesellschaftliche Bedeutung erheblich ist, und für die entsprechende personelle Ressourcen bereitgestellt werden müssen". Dies deutliche Votum belegt auch, dass die langjährige Arbeit der Hochschulbibliotheken bei den Akteuren der Wissenschaftspolitik auf Bundesebene inzwischen anerkannt wird. Der WR sieht Informationskompetenz als eine unverzichtbare Grundlage für jede Ausbildung in der Wissenschaft an. Seine Empfehlung,

---

21 Vgl. dazu Wissenschaftsrat, Empfehlungen zur Weiterentwicklung (wie Anm. 1), S. 35–39.
22 Wissenschaftsrat, Empfehlungen zur Weiterentwicklung (wie Anm. 1), S. 39–40.
23 Zu diesem Thema: Wissenschaftsrat, Empfehlungen zur Weiterentwicklung (wie Anm. 1), S. 41–42.

an den Hochschulen dafür zusätzliche Stellen einzurichten, ist auch ein wichtiger Baustein für den Ausbau der Bibliotheksarbeit auf diesem Gebiet.

Zum Thema Informationskompetenz hatte die Hochschulrektorenkonferenz (HRK) 2010 eine eigene Arbeitsgruppe eingerichtet, deren Arbeitsergebnis seit Ende 2012 vorliegt[24]. Sie empfiehlt u. a., die Aktivitäten auszuweiten (jedoch ohne Verpflichtung auf mehr Personal) und einen zentralen Ansprechpartner für Informationskompetenz in der Hochschule einzuführen. Festzuhalten bleibt, dass es den Hochschulbibliotheken gelungen ist, die hohe Relevanz von Informationskompetenz in der bundesweiten Planung zu Infrastrukturen für die Wissenschaft zu verankern.

Der WR beschäftigt sich außerdem mit vier weiteren zentralen Aufgabenfeldern einer forschungsorientierten Wissenschaftsplanung. Das erste Feld umfasst Analysen und Empfehlungen zur „Sammlung, Bewahrung und Zugänglichkeit nicht-digitaler Medien und Objekte". Sie gehen über den Auftrag von KII hinaus und greifen auf die Empfehlungen des WR zu Infrastrukturen für die Geistes- und Sozialwissenschaften (2011) zurück[25]; der WR verweist darauf und ergänzt sie. Eine kurze Analyse des Sachstands eingangs stellt fest, Deutschland verfüge auf diesem Gebiet über ungewöhnlich reiche Schätze. Sie seien teilweise unikal, vielfach selten und „für die Wissenschaft und andere gesellschaftliche Bereiche von nicht zu überschätzender Bedeutung"[26]. Trotz neuer Forschungsmöglichkeiten anhand erstellter Digitalisate bleibe das vorhandene Sammelgut „auch künftig von Bedeutung für die Forschungskommunikation"; daher müsse seine „Nutzbarkeit und Nutzung [...] in bestmöglicher Qualität auf Dauer gewährleistet werden"[27]. Leider schlägt die Hochschätzung des wissenschaftlichen Wertes dieser Materialien kaum auf die Empfehlungen durch. Sie beschränken sich auf die Forderungen, die Infrastruktureinrichten sollten strategische Kooperationsvereinbarungen schließen und die Länder müssten vor allem bei jenen Beständen an Hochschulen, die „für das Wissenschaftssystem funktional sind"[28], für eine ausreichende Grundfinanzierung sorgen. Diese Empfehlung könnte einen Ansatz bieten für den Versuch der Hochschulen, etwa zur Finanzierung landesbibliothekarischer Aufgaben oder bundesweit bedeutsamer Sammlungen das eigene Bundesland in die Pflicht zu nehmen. Bei den Themen Konservierung und Restaurierung empfiehlt der WR, das Programm der Kulturstiftungen des Bundes und der Länder fortzusetzen, und die Fördereinrichtungen sollen Projekte zur anwendungsbezogenen Forschung, unterstützen[29].

---

24 Hochschulrektorenkonferenz: Hochschule im digitalen Zeitalter: Informationskompetenz neu begreifen – Prozesse anders steuern. Empfehlung der 13. Mitgliederversammlung vom 20.11.2012. http://www.hrk.de/mitglieder/service/empfehlung-informationskompetenz/ (31.10.2013).
25 Vgl. Wissenschaftsrat, Empfehlungen zu Forschungsinfrastrukturen (wie Anm. 14).
26 Wissenschaftsrat, Empfehlungen zur Weiterentwicklung (wie Anm. 1), S. 45.
27 Wissenschaftsrat, Empfehlungen zur Weiterentwicklung (wie Anm. 1), S. 46.
28 Wissenschaftsrat, Empfehlungen zur Weiterentwicklung (wie Anm. 1), S. 48.
29 Wissenschaftsrat, Empfehlungen zur Weiterentwicklung (wie Anm. 1), S. 49–50.

Beim Aufgabenfeld „Digitale Transformation" geht es ausschließlich um die Retro-Digitalisierung. Eine kurze Analyse erwähnt eingangs die Deutsche Digitale Bibliothek (DDB) als künftigen nationalen Aggregator für dieses Material. Dann stellt sie zwei Ziele vor: „einerseits die laufenden Prozesse zu beschleunigen und zu verstärken und andererseits die richtigen Prioritäten [...] zu bestimmen"[30]. Betreiber von Forschungsprojekten müssten stärker mit Infrastruktureinrichtungen zusammenarbeiten, damit Materialien aus Projekten breit und dauerhaft zugänglich würden. Das ist ein Thema, zu dem die Hochschulbibliothek beitragen kann. Auch Urheberrechtsprobleme sind erwähnt. Dann folgen fünf Empfehlungen. Erstens solle die DFG ihre Förderung für weitere 10 Jahre fortsetzen. Zweitens müssten die Infrastruktureinrichtungen sich „medienformübergreifend" auf Priorisierungskriterien für Projekte einigen. Der WR erörtert die Kriterien sogar im Detail. So „könnten schwer erschließbare Bestände höher priorisiert werden als bereits edierte"[31]. Hochschulbibliotheken könnten dies als Argument zur Digitalisierung ihrer Sondersammlungen nützen. Drittens seien technische und inhaltliche Mindeststandards nach dem Muster der DFG-Praxisregeln für alle Objekte von Retrodigitalisierung zu entwickeln. Viertens empfiehlt der WR, alle Digitalisierungsprojekte (ob beim Forscher oder in der Bibliothek) müssten in Zukunft vorab die Organisation des langfristigen Zugangs zu den Digitalisaten nachweisen; dies gelte besonders an Hochschulen. Fünftens plädiert auch der WR für eine rechtliche Absicherung, um noch durch Urheberrecht geschütztes Material zu digitalisieren. Diese Absicherung ist infolge der Änderung des Urheberechtsgesetzes vom September 2012 gegeben. Man kann daher resümieren: Beim Thema Retro-Digitalisierung wird viel stärker deutlich, dass der WR die Vorschläge der Bibliothekare im Vorfeld kannte, sie für sinnvoll hält und ihre Realisierung anstoßen möchte.

Bei dem Zukunftsthema „Forschungsdaten" tritt der WR „für maximale Publizität digitaler Forschungsdaten" ein.[32] Seine Analyse konstatiert erhebliche Mängel der Wissenschaft im Umgang mit Forschungsdaten, die laut WR auch qualitative Daten, etwa aus Befragungen, mit einschließen. Zunächst sei Transparenz über die Herkunft der Daten herzustellen. Sie müsse in Zukunft aus den Metadaten ersichtlich werden – eine wichtige Voraussetzung für eine Kontrolle der Zuverlässigkeit der Daten. Außerdem seien insbesondere sozial- und verhaltenswissenschaftliche Daten der Wissenschaft noch weitgehend unzugänglich. In vielen Forschungsbereichen gebe es nicht einmal Konventionen für Metadaten. Außerdem verfügten nur wenige Disziplinen über ein Datenrepositorium. Dieses sei leider für nicht an der Erstellung beteiligte Wissenschaftler häufig nicht zugänglich. Auch sei ungeklärt, ob man das Management und die langfristige Archivierung von Forschungsdaten besser disziplin-

---

30 Wissenschaftsrat, Empfehlungen zur Weiterentwicklung (wie Anm. 1), S. 49.
31 Wissenschaftsrat, Empfehlungen zur Weiterentwicklung (wie Anm. 1), S. 52.
32 Zum Folgenden vgl. Wissenschaftsrat, Empfehlungen zur Weiterentwicklung (wie Anm. 1), S. 53–58, das Zitat ist auf S. 53.

spezifisch oder zentral und übergreifend (z. B. durch ausgebildete Data Librarians) organisieren solle.

Als Konsequenz seiner schonungslosen Analyse formuliert der WR drei Empfehlungen: Erstens sollten die Wissenschaftsfächer und die interdisziplinären Akteure miteinander Qualitätskriterien zur Erzeugung und zum Datenmanagement von Forschungsdaten entwickeln. Stichpunkte hier sind Konventionen für Metadaten, rechtliche und ethische Kriterien, Korrekturverfahren bei fehlerhaften Daten, die Publikation von Forschungsdaten (auch im Open Access), die Zitierfähigkeit, die Verlinkung zwischen der Publikation der Ergebnisse und der Publikation zugehöriger Daten sowie das Zitieren der Daten. Der WR sieht darin zugleich Schritte zu dem Ziel, die Reputation jener Wissenschaftler zu verbessern, die Forschungsdaten generieren. Das Thema der Datenfälschung, das außerhalb der Wissenschaft große Beachtung findet, wird dagegen nur kurz gestreift.[33]

Die zweite Empfehlung zu Forschungsdaten beschäftigt sich mit deren Aufbereitung und Speicherung: Forschungsprojekte sollen künftig zusätzlich zentrale Ressourcen erhalten, um Daten aufzubereiten und zu dokumentieren.[34] Solche Ressourcen können auch für jene Hochschulbibliotheken nutzbar werden, die sich als Ansprechpartner bei Projekten mit Forschungsdaten etablieren möchten. Außerdem sei das Netz der Datenzentren und Datenservicezentren bundesweit (und in Absprache mit internationalen Initiativen) auszubauen. Die Forschungsförderung soll Projekte zu noch ungelösten Fragen der Langzeitverfügbarkeit ermöglichen. Eine dritte Empfehlung des WR vereinigt mehrere Punkte: Replikationsstudien sollten als eigenständige Forschungsbeiträge möglich sein, eine bessere Integration von quantitativen und qualitativen Methoden in Projekten sei zu fördern. Außerdem sollen Wissenschaftler gemeinsam mit den Infrastruktureinrichtungen Standards und Methoden zum langfristigen Zugriff auf Forschungsdaten entwickeln.

Das vierte Aufgabenfeld zur Informationsinfrastruktur des WR betrifft die „Langzeitarchivierung und Langzeitverfügbarkeit" digitaler Medien für die Wissenschaft[35]. Der WR teilt hier die Analyse von KII und würdigt seinerseits die spartenübergreifende Koordinierung durch das Netzwerk *nestor*. Leider wirkt sich bei diesem Handlungsfeld die Analyse nur teilweise auf die Empfehlungen aus. Erstens ruft der WR die Wissenschaftsdisziplinen dazu auf, mit den Infrastruktureinrichtungen zur Langzeitarchivierung intensiver zusammenzuarbeiten. Gemeinsam sollen sie disziplinübergreifende Entscheidungskriterien zu sechs Forschungsformen entwickeln, denen ggf. jeweils eine Informationsinfrastruktur entsprechen kann. Eine Aufgabe der

---

[33] Zu den Pflichten der Wissenschaftler insgesamt vgl. jetzt z. B. die überarbeitete Denkschrift der DFG „Sicherung guter wissenschaftlicher Praxis / Safeguarding Good Scientific Practice" vom Juli 2013. http://www.dfg.de/sites/flipbook/gwp/#/1/ (31.10.2013).
[34] Bereits 2009 hatte die DFG Anforderungen formuliert: „Empfehlungen zur gesicherten Aufbewahrung und Bereitstellung digitaler Forschungsprimärdaten". http://www.dfg.de/download/pdf/foerderung/programme/lis/ua_inf_empfehlungen_200901.pdf (31.10.2013).
[35] Wissenschaftsrat, Empfehlungen zur Weiterentwicklung (wie Anm. 1), S. 58–61.

Hochschulbibliothek ist hierbei nicht erkennbar. Die zweite Empfehlung hingegen ist grundlegend: Jeder Projektantrag soll künftig die Frage der Langzeitarchivierung berücksichtigen. Hier könnten Hochschulbibliotheken in Zukunft Projekte beraten und ggf. mitarbeiten – vor allem, wenn ein Forschungsprojekt hierfür Finanzmittel erhält. Die dritte Empfehlung bezieht sich auf E-journals als Publikationen von Verlagen und Fachgesellschaften. Hier bleibe zu klären, wie die Informationsinfrastruktur den Zugang zu Inhalten der Forschung langfristig sichern kann.

Die DFG und die Allianz der Wissenschaftsorganisationen (2012)

Wenige Tage vor der Publikation der WR-Empfehlungen hatte die DFG im Juli 2012 bereits eigene Planungen zur Zukunft der Forschungsinfrastrukturen publiziert.[36] Stärker als jene setzt die DFG auf Kontinuität und auf das Arbeiten im gewohnten DFG-Umfeld, in dem Wissenschaftler und Bibliothekare bereits seit langer Zeit kooperieren. Nach ihrer Auffassung soll ein abgestimmtes System von Informations-Infrastrukturen der Forschung drei Prinzipien befolgen[37]: „eine strikte Ausrichtung an den Interessen der Wissenschaftlerinnen und Wissenschaftler" (in deren Rolle als Forscher), ein umfassender Zugang zu bereitgestellten Informationen für eine umfassende Nachnutzung sowie durchgängig die Koordinierung mit internationalen Strukturen. Die DFG verfolgt drei Aktionslinien, um den Aufbau der Forschungs-Infrastruktur zu unterstützen: Gespräche zwischen Wissenschaft (im Sinne von Forschung) und Informationsinfrastruktur, die Projektförderung von Innovationen sowie wissenschaftspolitische Aktivitäten mit dem Ziel, die Informationsversorgung der Forschung in die nationale und internationale Forschungspolitik zu integrieren.

Für Hochschulbibliothekssysteme sind an den DFG-Vorhaben zur Literaturversorgung zwei Punkte entscheidend: Die bundesweit ausgehandelten Allianz-Lizenzen für elektronische Produkte sollen als ein Förderschwerpunkt etabliert werden. Die Sondersammelgebiete, an denen eine Reihe von Universitätsbibliotheken betei-

---

36 DFG, Ausschuss für Wissenschaftliche Bibliotheken und Informationssysteme: „Die digitale Transformation weiter gestalten – der Beitrag der Deutschen Forschungsgemeinschaft zu einer innovativen Informationsinfrastruktur für die Forschung", Bonn, 3.7.2012. Online-Publikation: http://www.dfg.de/download/pdf/foerderung/programme/lis/positionspapier_digitale_transformation.pdf (20.10.2013). Zu den durch die DFG bereits erfolgten Aktivitäten in Richtung auf eine bundesweite Informationsinfrastruktur vgl. die Beiträge des Themenhefts der Zeitschrift für Bibliothekswesen und Bibliographie „Den Wandel gestalten – Informations-Infrastrukturen im digitalen Zeitalter". Hrsg. von Rolf Griebel [u. a.]. In: Zeitschrift für Bibliothekswesen und Bibliographie (2011) H. 3–4. S. 116–199.
37 DFG, Transformation (wie Anm. 36), S. 2–3.

ligt ist, sollen als Ergebnis externer Evaluierung[38] und interner Beratungen zu „Fachinformationsdiensten für die Wissenschaft" weiterentwickelt werden. Diese könnten flexibler auf den Bedarf ihrer Zielgruppen zugeschnitten sein; sie sollen je einen wissenschaftlichen Beirat erhalten. Die Abkehr von einer einheitlichen Vorgehensweise für alle Wissenschaftsfächer dürfte in mehreren Disziplinen allerdings zur Folge haben, dass ausländische Fachliteratur in Deutschland nicht mehr dauerhaft vollständig zugänglich sein wird.

Bei der Digitalisierung wird die DFG die Forschungsförderung – in Kooperation mit Verlagen – auf urheberrechtlich geschütztes Material ausweiten sowie neue Materialgruppen ins Auge fassen (historische Zeitungen, Archivalien, Objektsammlungen). Zudem sollen Standards für die Beschreibung von Sammlungen (collection level descriptions) erarbeitet werden.

Zum Arbeitsfeld „Elektronische Publikationen" weist die DFG auf Finanzierungsdefizite hin, die bei der Umstellung vom Subskriptionsmodell auf Publikationsgebühren drohen: „Es wird Umschichtungen geben, indem Mittel aus dem Etat zum Erwerb von wissenschaftlicher Literatur und Fachinformation in den Aufbau eines Publikationsfonds münden."[39] Das bedeutet für die Praxis, dass die Anhebung des regulären Etats notwendig ist, um negative Effekte für die Literaturversorgung der Hochschulen zu vermeiden.

Auf ihrem Arbeitsfeld „Informationsmanagement" betont die DFG die enge Wechselwirkung zwischen Wissenschaft und Infrastruktur. Sie bedingten einander gegenseitig; dies zeige sich an den virtuellen Forschungsumgebungen, bei der Sicherung von Forschungsdaten und bei den überregionalen Informationsservices, für deren Neuausrichtung die DFG seit 2012 Fördermittel ausschütten kann. 2013 gingen diese Mittel an drei übergreifende Projekte, welche die „Optimierung der Bibliotheksdateninfrastruktur" (gemeint sind die Bibliotheksverbünde), erste Schritte zu einem bundesweiten Electronic Resource Management sowie den Aufbau eines bundesweiten Forschungsdatenzentrums zum Ziel haben. Außerdem soll ein bundesweites Angebot zur Langzeitarchivierung wissenschaftlicher Informationen gefördert werden. Bei den virtuellen Forschungsumgebungen, die ein stärker vernetztes Forschen erlauben, wird die DFG mehr Wert auf Standards und auf eine modulare, übergreifende Architektur legen, um Materialien stärker über die Fachgrenzen hinaus zur Verfügung zu stellen und im Projekt entwickelte Komponenten nachträglich nutzbar zu machen.

Über das Gesagte hinaus ist die DFG auch ein gewichtiger Partner in der Schwerpunktinitiative „Digitale Information", welche die deutschen Wissenschaftsorganisa-

---

[38] Evaluierung des DFG-geförderten Systems der Sondersammelgebiete. Bonn: DFG, Abt. Informationsmanagement 2011. Prognos-AG (Michael Astor, Georg Klose, Susanne Heinzelmann, Daniel Rosenberg). Bonn: DFG, Abt. Informationsmanagement 2011. http://www.dfg.de/download/pdf/dfg_im_profil/geschaeftsstelle/publikationen/evaluierung_ssg.pdf (4.10.2013); zu den Ergebnissen vgl. die Rezension von Ulrich Hohoff. In: ABI Technik (2013) H.1. S. 60–63; siehe auch den Beitrag von Christoph Kümmel in diesem Band.

[39] DFG, Transformation (wie Anm. 36), S. 14.

tionen 2008 gemeinsam ins Leben gerufen hatten. Diese Initiative publizierte Mitte 2012 ein Planungspapier, das die „Fortsetzung der Zusammenarbeit in den Jahren 2013 bis 2017" näher ausführt.[40]

Die Allianz betreibt wichtige Vorhaben im Handlungsfeld Lizenzierung. Das Ziel ist, von angebotsorientierten Lizenzpaketen wegzukommen und Lizenzen nachfrageorientiert zu verhandeln. Neue wissenschaftsfreundliche Geschäftsmodelle könnten die bisherige Bezugsgröße „gedruckter Bestand" bei Verhandlungen ersetzen. Wenn das gelingt, könnte auch die faktische Subventionierung der Verlage durch den Staat (über Umsatzgarantien für Lizenzpakete) vermindert und im Erwerbungsetat der Hochschulbibliothek ein gewisses Potenzial für Neuinvestitionen frei werden.

Die Initiative wird auf dem Handlungsfeld Open Access, für das sie bisher vor allem Öffentlichkeitsarbeit betrieben hatte, die Finanzierung des „Goldenen Wegs" der Online-Erstpublikation im Verlag vorantreiben. Sie ergänzt damit die Linie der DFG. Hierzu werden Empfehlungen und Handreichungen zur Verfügung erarbeitet. Weitere Vorhaben sind die Definition von Kriterien zur Übernahme von Verlagskosten (Publikationsgebühren) durch die Institution des Wissenschaftlers und die Erweiterung der Inhalte von Repositorien.

Das Handlungsfeld „Hosting-Strategie" ist durch ein DFG-finanziertes bundesweites Projekt geprägt. Es soll einen „doppelten Boden" für lizenzierte und freie Verlagsinhalte einziehen, damit diese den Nutzern dauerhaft zugänglich werden. Dieses Vorhaben ist ein gutes Beispiel dafür, wie eng die Linien der künftigen Informations-Infrastruktur der Forschung miteinander verknüpft sind. Es wird nur erfolgreich sein, wenn der Datenfluss zu den weiteren Strukturbausteinen (Lizenzierung, Open Access, Forschungsdaten, virtuelle Forschungsumgebungen, Langzeitarchivierung) laufend gewährleistet wird.

Die DFG und die Allianz-Initiative verfolgen auch bei den Forschungsdaten dieselbe Linie. Beide konzentrieren sich auf den Bedarf der Fächer (hierzu wird die Initiative Checklisten erarbeiten und Beispiele von best practice dokumentieren) und plädieren für den Anschluss an internationale Strukturen. Dies gilt auch für Forschungsdatenzentren, deren Aufbau verstärkt im Fokus der Initiative steht; hier harren u. a. zahlreiche rechtliche Probleme einer Lösung. Zu den virtuellen Forschungsumgebungen kündigt die Initiative an, das Strukturproblem zu lösen: Sie wird die Überleitung von der Projektfinanzierung in einen dauerhaften Betrieb unterstützen, indem sie dafür Empfehlungen entwickelt und den Austausch von Erfahrungen der Akteure stärker fördert. Hochschulbibliotheken, die an einer Forschungsumgebung beteiligt sind, dürften davon profitieren.

---

40 Schwerpunktinitiative „Digitale Information" der Allianz der deutschen Wissenschaftsorganisationen: Fortsetzung der Zusammenarbeit in den Jahren 2013 bis 2017, München 26. Juni 2012. http://www.allianzinitiative.de/fileadmin/user_upload/Schwerpunktinitiative_2013-2017.pdf (21.11.2013).

Das Papier des Bundesministeriums für Bildung und Forschung zu Forschungsinfrastrukturen für die Geistes- und Sozialwissenschaften (2013)

Im Januar 2013 gab das Bundesministerium für Bildung und Forschung (BMBF) in der Broschüre „Forschungsinfrastrukturen für die Geistes- und Sozialwissenschaften" einen umfangreichen Überblick über die vom BMBF (mit-)geförderten Einrichtungen und Projekte.[41] Der Leser findet dort Porträts von fünf Infrastrukturen. An zwei von ihnen sind wissenschaftliche Bibliotheken beteiligt: am Institut gesis für die Sozialwissenschaften und am Projekt textgrid für elektronische Editionen. Ministerin Johanna Wanka betont, dass die beiden großen Fächergruppen das bisher bevorzugt geförderte naturwissenschaftliche Methodenspektrum entscheidend ergänzen. Alle fünf Infrastrukturen sind übrigens auch international über das „European Strategy Forum on Research Infrastructures" (ESFRI) der EU vernetzt. Am Ende der Broschüre gibt das Ministerium einen kurzen Ausblick[42], weist auf Gespräche zwischen Bund und Ländern über den vom WR empfohlenen „Rat für Informations-Infrastrukturen" hin und spricht auch das Problem der dauerhaften Finanzierung dieser Strukturen kurz an.

Im April 2013 stellte das BMBF seine „roadmap" für Forschungsinfrastrukturen vor.[43] Sie enthält Porträt von 24 (mit)geförderten Infrastrukturen aus der Grundlagenforschung; drei weitere sind beschlossen und sollen sie in Kürze ergänzen. Die meisten Vorhaben finden in den Naturwissenschaften statt und alle sind international vernetzt.

Am 22.11.2013 beschloss die GWK, den „Rat für Informationsinfrastrukturen" für zunächst vier Jahre ins Leben zu rufen.[44] Es soll vor allem strategische Fragen behandeln, Doppelungen vermeiden helfen sowie Kooperationen anregen und prüfen. Der Rat soll aus 24 Personen bestehen; die Nutzer und die Betreiber der wissenschaftlichen Informations-Infrastrukturen werden sie entsenden.

---

[41] Bundesministerium für Bildung und Forschung: Forschungsinfrastrukturen für die Geistes- und Sozialwissenschaften. Bonn, Januar 2013. http://www.bmbf.de/pub/forschungsinfrastrukturen_geistes_und_sozialwissenschaften.pdf (20.11.2013).
[42] Bundesministerium für Bildung und Forschung, Forschungsinfrastrukturen (wie Anm. 41), S. 40.
[43] Bundesministerium für Bildung und Forschung: Roadmap für Forschungsinfrastrukturen. Pilotprojekt des BMBF. Bonn, April 2013. http://www.bmbf.de/pub/roadmap_forschungsinfrastrukturen.pdf (20.11.2013).
[44] Pressemitteilung 16/2013: Ergebnisse der Sitzung der Gemeinsamen Wissenschaftskonferenz (GWK) am 22. November 2013, S. 2. http://www.gwk-bonn.de/fileadmin/Pressemitteilungen/pm2013-16.pdf (25.11.2013).

Resümee

Das Ziel der Initiativen ist es, Einrichtungen und Dienstleistungen, welche „Informationsinfrastrukturen" für die Forschung bereitstellen, in Zukunft bundesweit zu koordinieren. Jene Infrastrukturen, welche die Wissenschaft nur einmal braucht, sollen nur an einer Stelle bzw. von einem Dienstleister, aber eben für sämtliche wissenschaftliche Nutzer in Deutschland angeboten werden. Die bisherige Vielfalt der Angebote soll gestrafft werden. Erreicht wurde bisher, dass relevante bundesweite Einrichtungen der Wissenschaftsberatung und die Förderorganisationen sich mit den anstehenden Themen beschäftigt und Arbeitsfelder für eine Koordinierung benannt haben. Dies sind wesentliche erste Schritte, um den Weg zu einer stärker koordinierten Informationsinfrastruktur in Deutschland, auf dem sich zahlreiche Probleme stellen, zu beschreiten. Der „Rat für Informationsinfrastrukturen" soll nun bundesweite Konzeptionen entwickeln. Dies kann nur bei gutem Willen zu Arbeitsteilung und zu enger Abstimmung gelingen, denn der neue „Rat" wird wenig durchsetzen können. Es droht die Gefahr, dass Vorhaben im Dickicht der verknäuelten Bildungsstruktur von Bund und Ländern hängenbleiben. Vor allem müssten Bund und Länder den Konzepten des „Rates" folgen, eine geeignete Kostenaufteilung für den Aufbau neuer dauerhafter Strukturen finden und diese auch auf Dauer finanzieren. Noch ist offen, ob dieser Kraftakt zu bewältigen ist. Es liegt keine Schätzung der Mehrkosten vor, auch keine Schätzung jenes Kostenanteils, der sich durch bundesweite Informations-Infrastrukturen einsparen ließe. Das finanzielle Minimum zum Aufbau neuer Strukturen wäre erreicht, wenn wenigstens die eingesparten Mittel reinvestiert würden.

Die Benutzer der Hochschulbibliotheken werden zugleich die größte Nutzergruppe der neuen Infrastrukturdienste für die Forschung sein. Die Hochschulbibliotheken konnten sich mit einigen ihrer Anliegen in den bundesweiten Papieren Gehör verschaffen (Open Access, Informationskompetenz). Bei anderen Anliegen fehlen noch Konzepte auf Landesebene (z. B. Digitalisierung, Langzeitarchivierung) als Unterbau, um darauf bundesweite Angebote aufzubauen. In einigen Fällen existiert ein bundesweites Konzept, doch kann es wegen geringer Finanzierung keine Durchschlagskraft entfalten; das deutlichste Beispiel dafür ist die Deutsche Digitale Bibliothek. Nach wie vor werden auch übergreifende Aufgaben im Bibliothekswesen nur in Projektform finanziert (z. B. die Fachinformationsdienste und die virtuellen Fachbibliotheken). Wenn für sie dauerhaft Nachfrage besteht, sollten ihre Träger den Willen zu Nachhaltigkeit und Institutionalisierung nachweisen, indem sie sie dauerhaft finanzieren.

Die Kernforderung des WR, bundesweit wichtige Infrastrukturen für die Forschung durch bessere Kooperation von Bund und Ländern zu erreichen, wird sich wegen der Aufgabenverteilung in Bildungsfragen laut Grundgesetz wohl kaum wie vorgeschlagen realisieren lassen. Eine andere Kernforderung des WR, Informationsinfrastrukturen der Forschung verstärkt an Hochschulen anzusiedeln, wurde noch gar nicht einmal aufgegriffen und breiter diskutiert. Die Hochschulen und ihre Bibliotheken sollten dies anstoßen. Sie würden damit zur Nutzerperspektive der neuen Dienste beitragen und helfen, Fehlinvestitionen zu vermeiden. Denn die bei weitem meisten Nutzer neuer Dienste werden die Wissenschaftler der Hochschulen sein – und deren Informationsbedarf kennen die Hochschulbibliotheken genau.

Bibliotheksstrukturen im Spannungsfeld von
Zentralität und Dezentralität

Die Hochschulbibliothekssysteme des 21. Jahrhunderts stehen vor einschneidenden Herausforderungen, vor allem infolge des digitalen Wandels, des damit verbundenen Funktionsverlusts gedruckter Publikationen sowie des Managements bei der Lizenzierung von E-Journals. Die gedruckten Fachzeitschriften bildeten über lange Zeit das Rückgrat von medizinischen und naturwissenschaftlichen Instituts- und Seminarbibliotheken und werden nunmehr weitgehend überflüssig. Die Weiterentwicklung eines Bibliothekssystems kann nur gelingen, wenn das Bibliothekspersonal auf dem Weg mitgenommen wird und aktiv an der Umgestaltung von Strukturen und Diensten mitwirkt. Die Personalführung in einem großen Bibliothekssystem muss also bei der Personalentwicklung vor allem das Ziel der Integration verfolgen. Bei ausgeprägter räumlicher Zersplitterung des Bibliothekssystems kann durch Schaffung einer überschaubaren Zahl großer Zweigbibliotheken sowie durch eine koordinierte Mittelbewirtschaftung strukturell eine funktionale Einschichtigkeit bei gleichzeitig dezentraler Organisation des Bibliothekssystems realisiert werden, wie das Beispiel Halle-Wittenberg belegt. Aufgrund historischer Weichenstellungen können Universitätstraditionen vor Ort eine kooperativ angelegte „Dreischichtigkeit" in der Bibliotheksversorgung nach sich ziehen, so zum Beispiel in Zürich, wo die Hauptbibliothek der Universität, die Zentralbibliothek sowie die Bibliothek der ETH ein komplexes dezentrales Modell bilden. Mit welchen Strategien und Maßnahmen das Bibliothekssystem einer Großuniversität mit Streulage dennoch funktional einschichtig strukturiert werden kann, zeigt das Beispiel der Universität Wien, wo zentrale Services und neue, forschungsunterstützende Services nach innen und nach außen die Heterogenität in deutlichen Grenzen halten. Im krassen Gegenteil dazu wurde an der Ende der 1960er Jahre geplanten Universität Bielefeld eine einheitliche und gleichzeitig interfakultativ nutzbare Bibliothek mit einem räumlich gut durchdachten System von Fachbibliotheken realisiert. Eine Mischform zwischen dezentraler und einschichtiger Struktur war in den 1960er und 1970er Jahren an der Universität Düsseldorf entstanden, im Rahmen eines nach und nach sich entwickelnden, aus starker Zentralbibliothek und leistungsfähigen Fachbibliotheken bestehenden Bibliothekssystems, das Tradition und Zukunft zu verbinden suchte. Auf dieser Grundlage entsteht ein integriertes System, das die Vorzüge einer gewachsenen Zentralbibliothek mit den Vorteilen dezentraler Bibliotheksstandorte verbindet. Wie durch Kooperation zwischen den Bibliotheken mehrerer Fachhochschulen und der Staats- und Universitätsbibliothek eine funktionierende landesweite Informationsversorgung realisiert werden kann, zeigt das Beispiel Bremen.

Bettina Koeper
Strukturvorteile durch Einschichtigkeit?
Die Entwicklung der Universitätsbibliothek Bielefeld – eine Wegbeschreibung

Abstract: Die Universitätsbibliothek Bielefeld wurde schon mit Beginn der Planungen für die neue Hochschule in den 1960er Jahren als einschichtiges System konzipiert und sowohl organisatorisch wie auch baulich äußerst stringent nach diesem Prinzip ausgerichtet. Das für die Räumlichkeiten realisierte Bibliothekskontinuum brachte dies unmittelbar zum Ausdruck, zugleich war es eine wesentliche Voraussetzung für die effiziente Gestaltung des umfangreichen Dienstleistungsspektrums der Bielefelder Bibliothek. Die Wege, die von der Universitätsbibliothek im Laufe ihrer Entwicklung beschritten wurden, verfügten damit gewissermaßen über eine gute Pflasterung und konnten zielgerichtet immer weiter ausgebaut werden. Geänderte Anforderungen durch die jüngsten Entwicklungen in Forschung und Lehre, exemplarisch durch die beiden Begriffe E-Science und E-Learning umrissen, haben jedoch mittlerweile deutlich gemacht, dass die Bibliothek ihren Weg nicht mehr wie gewohnt weiterverfolgen kann. Der Ausbau ihrer Serviceangebote ist mittlerweile stark gekennzeichnet durch neue Formen von universitärer Interaktion und Kooperation; neben die bibliothekarischen Informationsdienste treten vermehrt nun auch solche, die inhaltlich treffender als Wissensdienste zu bezeichnen sind. Dies hat unter anderem auch zur Folge, dass der Weg der Bibliothek an den Randbereichen zunehmend unschärfer wird — was wiederum die Möglichkeit mit sich bringt, den an manchen Stellen vielleicht eingefahrenen Weg zu verlassen und neue vielversprechende Seitenpfade zu betreten.

Keywords: Universitätsbibliothek Bielefeld, einschichtiges Bibliothekssystem, Strukturmerkmale, Dienstleistungsentwicklung, E-Science, Wissensdienste

Am Anfang des Weges: Die Bibliothek in der Grundsatzplanung für die Universität

Bereits bei den ersten Strukturüberlegungen für die in Bielefeld neu zu errichtende Universität wurden für die Bibliotheksorganisation entscheidende Festlegungen getroffen. So schlug der vom damaligen Kultusministerium Nordrhein-Westfalen mit der Erstellung eines Planungskonzepts beauftragte Soziologe Helmut Schelsky in seinen 1965 vorlegten Grundzügen einer neuen Universität als konstitutives Gestaltungselement für die Bibliothek vor: „Keine Trennung in Zentralbibliothek und Institutsbibliotheken, sondern Aufbau einer gegliederten Gesamtbibliothek, in der die Bibliotheken der Institute die dezentralisierten Abteilungen der Universitätsbibliothek darstellen, die weiterhin aus einer zentralen Anschaffungs-, Katalog-, Ausleih- und Informationsabteilung besteht und ein Magazin für wenig benutzte Bestände besitzt."[1]

An sich war dieses Modell nicht gänzlich neu, Schelsky knüpfte damit an Vorstellungen an, wie sie sich beispielsweise schon 1961 in der Planung Hans Werner Rothes zum Aufbau der Universität Bremen andeuteten.[2] Ebenso wurden in Konstanz, Regensburg und Dortmund bereits einschichtige Bibliothekssysteme realisiert. Auf der anderen Seite ergab sich dieses Modell aber auch zwangläufig aus der von Schelsky geforderten Neuordnung von Forschung und Lehre. Im Sinne einer Reformuniversität sollte diese vor allem bestimmt sein von einer interdisziplinären Ausrichtung durch festgelegte universitätsweit geltende Themen mit flankierenden Forschungsprojekten, einer Neuordnung in der Relation von forschenden und lehrenden Tätigkeiten sowie einer gestärkten Interaktion zwischen Professoren und Studierenden. Ergänzend dazu forderte Schelsky ein umfassendes, gemeinschaftliches Zusammenwirken aller Gruppen bei der Selbstverwaltung der Hochschule.[3] Übertragen auf die Bibliothek verband sich mit diesen Vorstellungen implizit ein Anspruch auf Durchlässigkeit zwischen den einzelnen fachlichen Beständen und auf gleichberechtigte Nutzung durch alle Universitätsangehörigen, dem eine Trennung zwischen zentraler Universitätsbibliothek und unabhängigen Institutsbibliotheken auch auf inhaltlicher Ebene widersprach.

---

[1] Mikat, Paul u. Helmut Schelsky: Gründzüge einer neuen Universität: Zur Planung einer Hochschulgründung in Ostwestfalen. Gütersloh: Bertelsmann 1966. S. 64. Die Denkschrift Schelskys datiert vom August 1965 und beruht auf der Ausarbeitung eines Gesprächskonzepts vom Februar jenes Jahres, siehe die dortigen einleitenden Erläuterungen auf S. 7–10.
[2] Siehe Rothe, Hans Werner: Über die Gründung einer Universität zu Bremen. Denkschrift, vorgelegt der Universitätskommission des Senats der Freien Hansestadt Bremen. Bremen: Schünemann 1961. Insbes. S. 73–83. Die Planungen Rothes gehen noch von einem zweischichtigen System aus, setzen aber in der Organisation einen eindeutigen Schwerpunkt auf die Universitätsbibliothek und sehen für diese eine zentrale Lage innerhalb des Universitätsgeländes sowie eine Freihandaufstellung des aktiv genutzten Bestandes vor.
[3] Mikat u. Schelsky, Gründzüge (wie Anm. 1), S. 38–64. Zur Gründung der Universität Bielefeld und der Bedeutung Schelskys siehe auch die Materialien der Internetausstellung: Universitätsarchiv Bielefeld: „Wie gründet man Universitäten?" Helmut Schelskys Konzept und der gelungene Start der Universität Bielefeld. http://www.uni-bielefeld.de/Universitaet/Einrichtungen/Weitere%20Einrichtungen/Universitaetsarchiv/ausstellungen.html (2.12.2013).

Wegmarkierungen: Die weitergehenden Festlegungen im Rahmen der Bauplanung

Auf Basis der von Schelsky entwickelten Planungsprinzipien definierten der im November 1965 einberufene Gründungsausschuss der Universität Bielefeld und der Wissenschaftliche Beirat innerhalb von knapp vier Monaten eine Reihe von Strukturmerkmalen, die am 24. Juli 1967 als Empfehlungen für den weiteren Aufbau von der Universität beschlossen wurden. Genau drei Monate darauf wurden diese Empfehlungen von der Landesregierung als solche bestätigt und zusammen mit einem pauschalierten Flächenprogramm für die Universität und einigen weiteren Dokumenten als Grundlage für den 1968 ausgeschriebenen Bauwettbewerb verwendet. Hierbei wurde nun die Konzeption der Bibliothek als einschichtiges System mit zentraler Verwaltung und dezentraler Aufstellung der fachlich gegliederten Bestände in größtmöglicher Nähe zum Arbeitsplatz von Lehrenden und Lernenden ausdrücklich festgeschrieben.[4]

Zum Bauwettbewerb gingen bis Fristende 1969 insgesamt 90 Entwürfe ein. Ein Preisgericht, dem auch der im Jahr zuvor zum Bibliotheksdirektor ernannte Harro Heim angehörte, prämierte mehrere Arbeiten und vergab hierbei den ersten Platz an den Entwurf der Architektengemeinschaft Köpke, Kulka, Töpper, Siepmann und Herzog aus Berlin. Da dieses Ergebnis jedoch umstritten war und insbesondere auch vom Land Nordrhein-Westfalen als Bau- und letztendlichem Entscheidungsträger nicht unmittelbar mitgetragen wurde, erarbeitete die im Juli 1969 eingesetzte Baukommission auf der Grundlage der Strukturmerkmale ein umfangreiches Konzept zur Beurteilung der sechs in die engere Wahl gezogenen Wettbewerbsentwürfe. Die Tatsache, dass die Bibliotheksorganisation in diesem bereits knapp drei Monate später verabschiedeten Beurteilungskonzept einen von insgesamt fünf Anforderungsbereichen für die bauliche Umsetzung der Strukturmerkmale darstellte, zeigt sehr deutlich die prominente Stellung der Bibliotheksplanung in gesamten Aufbauprozess der Universität. In dem Beurteilungskonzept fiel dann auch mit dem Begriff des *Bibliothekskontinuums* dasjenige Schlagwort, das die geforderte Kombination von zentraler Bibliotheksorganisation und dezentraler Bestandsaufstellung in den Fachbibliotheken mit der daraus resultierenden Notwendigkeit einer räumlich engen Verknüpfung zwischen den einzelnen Teilen wohl am besten illustriert und in der Folgezeit dann auch zum Signet der Bielefelder Universitätsbibliothek wurde.[5]

Anhand eines auf dem Beurteilungskonzept fußenden Kriterienkatalogs wurden alle sechs Baumodelle noch einmal systematisch auf die Erfüllung der Anforderungen überprüft, danach sprach sich auch die Baukommission für das Modell von

---

4 Lehre, Studium, Strukturmerkmale. Bielefeld 1969 (Schriften zum Aufbau einer Universität / Universität Bielefeld 1). S. 106–107.
5 Bauplanung der Universität Bielefeld. Bielefeld: Universität Bielefeld 1974 (Schriften zum Aufbau einer Universitätsbibliothek / Universität Bielefeld 7). S. 48f.

Köpke, Kulka, Töpper, Siepmann und Herzog aus. Die Universität Bielefeld bestätigte dieses Votum mit ihrem Beschluss vom 16. Oktober 1969 und hob dabei insbesondere die räumliche Lösung für die Universitätsbibliothek hervor: „Die horizontale und vertikale Anordnung der verschiedenen Nutzflächen (Zonierung) ist hier in Hinblick auf die Funktionen von Forschung und Lehre unvergleichlich gut gelöst. Dies zeigt sich besonders deutlich an der Bibliothekslösung."[6]

Schließlich konnten dann die Bauarbeiten für die Universität beginnen und waren am 3. September 1976 mit der Übergabe des letzten Bauabschnitts des Universitätshauptgebäudes beendet. Acht Jahre nach Beginn ihrer Aufbauarbeit im April 1968 und einer zwischenzeitlichen Verteilung auf zahlreiche Standorte, inklusive einer provisorischen Unterbringung im Schloss Rheda, bezog dann auch die Bibliothek ihre neuen Räumlichkeiten.

Etappenziel: Die architektonische Lösung für die Universitätsbibliothek

Die von Schelsky skizzierte und in den Strukturmerkmalen präzisierte Vorstellung einer einheitlichen und gleichzeitig hochgradig interfakultativ nutzbaren Bibliothek wurde von der Berliner Architektengemeinschaft baulich kongenial umgesetzt: So erstreckt sich die Universitätsbibliothek auf zwei durchgehenden Gebäudeschienen über die gesamte erste Ebene des Universitätsgebäudes. Die Fachbibliotheken sind über eigene Eingänge erreichbar, aber auf der sogenannten Nord- wie auf der Südschiene jeweils auch untereinander verbunden; drei Fachbibliotheken nehmen zudem zusätzlich die darunter liegende Etage ein. In der Vertikalen sind die Fachbibliotheken den fachlich entsprechenden Fakultäten zugeordnet. Die internen Bereiche, insbesondere die gesamte Medienbearbeitung, sind in unmittelbarer Nähe in einem benachbarten Bauteil untergebracht. Die Bestände der Fachbibliotheken sind zu 95 % in Freihand aufgestellt, für die vergleichsweise geringe Anzahl zu separierender Bücher wurde ein Magazin und für die wertvollen Bestände ein Rara-Magazin eingerichtet.

---

6 Bauplanung der Universität Bielefeld (wie Anm. 5), S. 90. Zur Bewertung der einzelnen Modelle siehe S. 73–89.

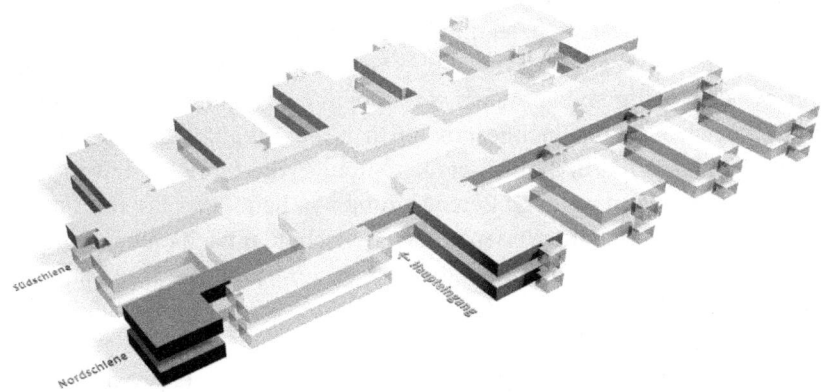

Abbildung 1: Universität Bielefeld, Lageplan der Bibliothek im Hauptgebäude (Grafik: deteringdesign, Bielefeld).

Diese Raumdisposition erlaubt die Nutzung der Bibliothek als durchgehendes Kontinuum ihrer Bereiche bei gleichzeitiger enger Verknüpfung der Fachbibliotheken mit den einzelnen Fakultäten und ermöglicht zudem außerordentlich kurze Wege für alle internen Geschäftsprozesse. Die Raumanordnung ist sicherlich ein bis in die heutige Zeit hinein prägender Faktor für die Entwicklung der Universitätsbibliothek und den Ausbau ihrer Serviceangebote gewesen.

Nächste Wegstrecke: Die Bibliothek als Informationsdienstleister

Mit der Baustruktur und der Organisation als einschichtiges System waren und sind für die Universitätsbibliothek Bielefeld wesentliche strategische Vorteile verbunden:
- Die Bibliothek kann ihre Angebote für die Literatur- und Informationsversorgung einheitlich gestalten und dadurch auch Ausbau und Weiterentwicklung der Dienste stringent fortführen.
- Durch diese Homogenität in den bereitgestellten Informationsdiensten und das bauliche Kontinuum wird die Bibliothek tatsächlich auch als ein Ganzes wahrgenommen und innerhalb der Hochschule als ein wichtiger Player im Bereich Information, Kommunikation und Medien (IKM) akzeptiert.

Das vielleicht offensichtlichste Beispiel für die einheitliche Servicegestaltung sind die langen Öffnungszeiten der Bibliothek bis 01.00 Uhr nachts, die von Beginn an und mit vergleichsweise einfachen Mitteln zu realisieren waren: So können alle Eingänge bis auf einen auf jeder Schiene geschlossen werden, so dass sich der Personaleinsatz auf die zwei Haupteingänge reduziert, während gleichzeitig sämtliche Fachbibliotheken mit ihren Arbeitsplätzen und ihren Beständen nutzbar bleiben. Trotz der so gewährleisteten Verfügbarkeit der Bibliothek äußerten verschiedene, doch eher dem Konzept der Institutsbibliotheken verbundene Fachbereiche im Laufe der Zeit den Wunsch nach eigenen Buchbeständen in ihren Fakultätsräumen. Mit diesen Bereichen vereinbarte die Bibliothek als Kompromiss die Einrichtung von Handapparaten, um so dem Wunsch nach Bereitstellung von benötigter Literatur direkt am Arbeitsplatz der Wissenschaftlerinnen und Wissenschaftler nachkommen zu können. Allerdings unterliegen auch die Handapparate fakultätsübergreifend einheitlichen Regelungen, die insbesondere die Zugänglichkeit der dort aufgestellten Bücher für alle anderen Nutzer gewährleisten.

Die im einschichtigen System gegebenen Möglichkeiten für eine einheitliche und konsequente Serviceentwicklung und für die entsprechende Steuerung von Finanz- und Personalressourcen waren ebenso von herausragender Bedeutung für die Ausgestaltung des Bereichs elektronischer Dienstleistungen. So bildeten Anwendung und Ausbau der elektronischen Datenverarbeitung von Beginn an den Schwerpunkt in der Arbeit der Universitätsbibliothek.[7] Mittlerweile verfügt sie über ein breit gefächertes Spektrum an elektronischen Dienstleistungen, die wichtigsten Entwicklungsfelder der letzten Jahre sind hierbei

- die Nutzung von Suchmaschinentechnologie, z. B. für die Entwicklung der wissenschaftlichen Suchmaschine *Bielefeld Academic Search Engine* BASE und als technische Plattform für den Bibliothekskatalog;
- der Einsatz von RFID-Technologie, für die Buchsicherung, für die Selbstverbuchung zur Ausleihe bzw. Rückgabe von Medien und für die Revision des gesamten Freihandbestandes;
- der Aufbau von Publikationsdienstleistungen, mit Dokumentenservern für die wissenschaftlichen Veröffentlichungen aus der Universität, einem Publikationsdatenservice zur Verwaltung persönlicher Publikationslisten und der Unterstützung von Open-Access-Aktivitäten, z. B. durch einen von der Bibliothek verwalteten Publikationsfonds;
- die Unterstützung des Forschungsinformationssystems der Universität durch Projektarbeiten im Bereich Forschungsdatenmanagement.

Die Universitätsbibliothek war bei ihren früheren Entwicklungsarbeiten gewissermaßen autonom in dem Sinne, dass sie sich im Wesentlichen auf die eigenständige und

---

[7] Für eine zusammenfassende Darstellung der Gründungs- und Aufbauzeit inklusive einer umfassenden Bibliographie siehe: Heim, Harro: Die Gründung der Universität Bielefeld und die Konsolidierung eines neuen Bibliothekstyps. In: Die Neugründung wissenschaftlicher Bibliotheken in der Bundesrepublik Deutschland. Symposion, veranstaltet vom Institut für Buchwesen der Johannes Gutenberg-Universität Mainz vom 23. bis 25. Februar 1988 mit Unterstützung der Fritz Thyssen Stiftung. Hrsg. von Hans-Joachim Koppitz. München: Saur 1990 (Beiträge zur Bibliothekstheorie und Bibliotheksgeschichte 5). S. 229–256.

frühzeitige Adaption innovativer Tendenzen bei den Informationstechnologien für ihr Serviceangebot konzentrieren konnte. Dabei war es hilfreich, aber auch unerlässlich, dass sie durch die traditionell enge Verbindung mit den Fakultäten die Bedürfnisse von Forschung und Lehre bezüglich Informationsdiensten schneller als andere antizipierte. Als allein Verantwortliche für die Literatur- und Informationsversorgung wuchs ihr damit fast automatisch eine Vorreiterrolle im Bereich elektronischer Dienstleistungen zu, sie resultierte unausgesprochen aus den Ansprüchen der Fakultäten an die Bibliothek und prägte von Beginn an ihr Selbstverständnis. Mittlerweile zeichnet sich jedoch immer deutlicher ab, dass die Bibliothek diese Arbeitsweise nicht mehr beibehalten kann, sondern durch eine stärkere Einbindung in das universitäre Gefüge neu ausrichten muss.

Neue Wegschneisen: Kooperative Wissensdienste für die Universität

Die Entwicklungen im Bereich E-Learning und E-Science haben die Arbeitsweisen von Forschenden, Lehrenden und Lernenden an der Universität nachhaltig verändert und erfordern von der Bibliothek eine neue Art von Serviceangeboten, die sich nur durch universitäre Kooperationen realisieren lassen. Als Beispiel für ein solches nahtloses Zusammenwirken kann die Verschmelzung von Bibliotheksservices mit Angeboten der Studienberatung genannt werden. So wurde im November 2011 im Informationszentrum der Bibliothek ein besonderer Lernort eingerichtet, der mit bequemen Möbeln und eigenem technischem Equipment ausgestattet ist und sowohl für das individuelle Lernen von Studierenden wie auch für die Arbeit in Gruppen zur Verfügung steht. Diese an sich ebenfalls in vielen anderen Bibliotheken vorhandene Form von Gruppenarbeitsplätzen ist in Bielefeld zusätzlich mit einer Beratung durch qualifizierte Tutorinnen und Tutoren der Schreibberatung script.um und der MitLern-Zentrale verbunden, beides Einrichtungen des universitären Servicebereichs SL_K5 für Beratungsangebote zum Lernen und Lehren an der Hochschule. Bibliothekarische Dienste (die Bereitstellung der Arbeitsumgebung sowie die Unterstützung bei Literaturrecherchen) und Peer-Learning-Angebote (die Beratung bei der Erstellung von Texten sowie bei Präsentationsprojekten) verbinden sich damit zu einem einheitlich wahrgenommen Serviceangebot.

Weitergehend verlangt diese Form von kooperativen Dienstleistungen, die sich im Spannungsverhältnis zwischen Informationsinfrastruktur, Lehre und Wissenschaft bewegen, auch die Option einer flexiblen Integration in andere Umgebungen. Dies kann mitunter sogar dazu führen, dass die Bibliothek als Anbieter eines Dienstes im Hintergrund bleibt und als solcher an manchen Stellen gar nicht mehr explizit in Erscheinung tritt. Dies zeigt das Beispiel der Publikationsdienstleistungen, die vor mehreren Jahren zunächst als konventionelle Serviceangebote z. B. für die

Veröffentlichung von wissenschaftlichen Dokumenten auf einem eigenen Publikationsserver gestartet wurden und mit ihrer Weiterentwicklung eine neue Ausrichtung erfuhren. Eine maßgebliche Rolle spielten dabei die Open-Access-Aktivitäten der Bibliothek, die 2005 durch eine Resolution des Rektorats zur Unterstützung von Open Access auf eine hochschulweite Ebene gehoben wurden und mittlerweile durch einen von der Deutschen Forschungsgemeinschaft (DFG) geförderten Publikationsfonds ergänzt werden.[8] Der Bibliothek obliegt die Verwaltung dieses Fonds, aus dem Wissenschaftlerinnen und Wissenschaftler der Universität die Übernahme von Artikelbearbeitungsgebühren in Open-Access-Zeitschriften beantragen können. Daneben betreibt sie eine technische Plattform auf Basis der Software Open Journal System zur Publikation von Open-Access-Zeitschriften, auf der in Zusammenarbeit beispielsweise mit der Fakultät für Soziologie oder der Bielefeld Graduate School in History and Sociology mehrere Zeitschriften veröffentlicht wurden. Parallel zu diesen Aktivitäten verfolgt die Bibliothek für ihre Repositorien eine Integrationsstrategie, deren Hauptmerkmal die Erstellung persönlicher Publikationslisten der Wissenschaftlerinnen und Wissenschaftler an der Universität Bielefeld bildet. Dieser Dienst ist so anpassungsfähig, dass die daraus generierten Publikationslisten an verschiedenen Stellen wie beispielsweise den Publikationsseiten der Universität, der Fakultäten, von Fachgruppen oder den eigenen Websites der Autorinnen und Autoren eingebunden werden können; anders hätte dieser Dienst auch vermutlich keine Akzeptanz bei den Wissenschaftlerinnen und Wissenschaftlern gefunden. Folgerichtig präsentiert sich der gesamte Komplex auch weniger als infrastrukturelle Dienstleistung der Bibliothek, sondern vielmehr als umfassendes Angebot der *Universität*, mit dem sich die Wissenschaftler als Einzelne wie auch die Hochschule als Ganzes mit den erbrachten Forschungsleistungen nach außen präsentieren können.

Dies wird umso bedeutsamer, je mehr die Bibliothek mit der Weiterentwicklung ihrer Dienste die Grenzen der Literatur- und Informationsversorgung überschreitet, besser gesagt: je mehr sich Bibliothek und Fakultäten dabei aufeinander zu bewegen. Da für die weitergehende wissenschaftliche Beschäftigung mit einer Veröffentlichung der Rückgriff auf die zu Grunde liegenden Daten ein unverzichtbares Desiderat darstellt, ist die Einbeziehung solcher Forschungsdaten der nächste konsequente Schritt bei der weiteren Ausgestaltung der Publikationsdienste, der allerdings ohne ein grundlegendes Zusammenwirken im bereits genannten Sinne nicht realisierbar ist. So ist die Universitätsbibliothek bereits seit längerem an einschlägigen Verbundprojekten beteiligt: In einem Teilprojekt des Sonderforschungsbereichs 882 *Von Heterogenitäten zu Ungleichheiten* entwickelt sie eine virtuelle Forschungsumgebung für den sozialwissenschaftlichen Bereich; im Rahmen des von der Europäischen Union geförderten Projekts *OpenAIREplus* beteiligt sie sich an

---

8 Für die Resolution siehe: Universität Bielefeld. Resolution zur Unterstützung von Open Access, 7. Juni 2005. http://oa.uni-bielefeld.de/resolution.html (2.12.2013).

dem Aufbau einer Open-Access-Pilotinfrastruktur für die Europäische Kommission.[9] Das Rektorat der Bielefelder Universität hat zur Unterstützung dieser Aktivitäten im November 2013 eine eigene Resolution für den freien Zugang zu Forschungsdaten verabschiedet. Damit werden analog zu den Aktivitäten im Bereich Open Access die Beiträge der Universitätsbibliothek, d.h. die Bereitstellung der Infrastruktur zur Veröffentlichung der Daten und der Betrieb einer Kontaktstelle für die Beratung von Wissenschaftlerinnen und Wissenschaftlern bei der Erstellung von Data-Management-Plänen, nun auch auf universitärer Ebene verankert.

Quo vadis, Bibliothek? Ein Ausblick auf künftige Herausforderungen

Für die Universitätsbibliothek Bielefeld haben die letzten Jahre sehr deutlich gezeigt, dass aufgrund der zunehmenden Komplexität der benötigten Serviceangebote neben die gewohnten und genuin bibliothekarisch ausprägten eigenen Dienstleistungen nun zusätzlich solche treten, die nur in Interaktion mit Lehre und Forschung realisiert werden können und auch nur so allgemeine Anerkennung finden. Es wird vermutlich in der Zukunft immer notwendiger werden, dass die Bibliothek ihre etablierte und festgefügte Dienstleistungsstruktur zugunsten einer durchlässigeren und kooperativeren Form für die Fakultäten und Einrichtungen noch weiter öffnet. Für eine einschichtige Bibliothek wie Bielefeld mag dies aufgrund ihrer engen Vernetzung innerhalb der Hochschule weniger risikoreich sein als für andere. Letztlich erweist sich die Einschichtigkeit aber auch für die Universität als vorteilhaft, da sie mit der Bibliothek einen dezidierten Ansprechpartner hat und sich dadurch hochschulübergreifende Entwicklungen leichter initialisieren lassen als beispielweise in zweischichtigen Systemen, wo gegebenenfalls noch weitere Partikularinteressen berücksichtigt werden müssen.

Doch für die Bielefelder Universitätsbibliothek werden sich wegen der bevorstehenden Modernisierung des Universitätshauptgebäudes, die sich in sechs Bauabschnitten über insgesamt 18 Jahre erstrecken wird, außerdem noch gleichsam handfeste Veränderungen in baulicher Hinsicht ergeben. Um die Unterbringung der von der ersten Modernisierungsphase betroffenen Fakultäten und Einrichtungen zu gewährleisten und um gleichzeitig eine Verbindung zum neu bebauten Campus Nord zu schaffen, wurde gegenüber dem Hauptgebäude mit dem Ersatzneubau Universitätsstraße (ENUS) ein eigenständiger Gebäudekomplex geschaffen. Nach der endgültigen Fertigstellung im Frühjahr 2014 werden dort die Fakultät für Geschichtswissenschaft, Philosophie und Theologie, die Fakultät für Soziologie und einige weitere Forschungseinrichtungen einziehen; auch die zugehörigen und gleichfalls im ersten

---
9 OpenAIRE. Open Access Infrastructure for Research in Europe. http://www.openaire.eu (2.12.2013).

Bauabschnitt liegenden Fachbibliotheken werden im ENUS untergebracht. Allerdings werden die Fachbibliotheken nach Beendigung der ersten Modernisierungsphase nicht wieder in das Hauptgebäude zurückziehen, sondern in den Räumlichkeiten des ENUS verbleiben und mit ihren knapp 600.000 Bänden der Geschichtswissenschaft, Philosophie, Theologie, Soziologie, Kunst, Geographie und Frauenforschung einen dauerhaften zweiten Standort der Universitätsbibliothek bilden. Damit wird nun auch das Konzept des kompakten Bibliothekskontinuums aufgebrochen, auch wenn das einschichtige System an sich unangetastet bleibt. Es wird sich jedoch zeigen müssen, ob sich die bauliche Aufhebung des Bibliothekskontinuums in einer geänderten Wahrnehmung der Bibliothek auch als inhaltlich nicht mehr zusammenhängende Einheit niederschlagen wird oder ob die Trennung der Standorte, parallel zu den skizzierten Entwicklungstendenzen im Dienstleistungsbereich, im Sinne eines Aufbrechens gewohnter Strukturen auch neue Wechselbeziehungen innerhalb der Universität ermöglichen wird. Spannende Momente auf ihrem weiteren Weg sind für die Universitätsbibliothek Bielefeld auf alle Fälle schon heute gesichert.

Heiner Schnelling, Dorothea Sommer
So viel Zentralität wie nötig, so viel Dezentralität wie möglich!

Das Konzept der Universitäts- und Landesbibliothek Sachsen-Anhalt an der Martin-Luther-Universität Halle-Wittenberg

Abstract: Die Universitäts- und Landesbibliothek Sachsen-Anhalt (ULB) in Halle (Saale) ist ein einschichtig strukturiertes, dezentral organisiertes Bibliothekssystem. Prägende Faktoren sind zunächst die Etatisierung sämtlichen Bibliothekspersonals bei der ULB, sodann aber auch die Bewirtschaftung sowohl der Literatur- als auch der bibliotheksrelevanten Sachmittel durch die ULB. Die einschlägigen Rechtsgrundlagen werden ebenso dargestellt wie die ihnen folgende Praxis des Verwaltungshandelns. Die Entwicklung der ULB in den letzten knapp 20 Jahren ist gekennzeichnet durch einen außergewöhnlichen Prozess der räumlichen Konzentration einer Vielzahl von bibliothekarischen Standorten.

Keywords: Halle, ULB Sachsen-Anhalt, Bibliothekssystem, Einschichtigkeit, Streulage, Zweigbibliothek, Hochschulgesetz, Literaturerwerbung, Bibliothekspersonal

Die ULB Halle

Die Universitäts- und Landesbibliothek Sachsen-Anhalt (im folgenden ULB) in Halle (Saale) ist eine zentrale Betriebseinheit der Martin-Luther-Universität Halle-Wittenberg:

> Die Universität Halle versteht sich als forschungsorientierte mittelgroße Universität mit einem breiten, historisch gewachsenen Fächerspektrum in den Geistes-, Sozial- und Naturwissenschaften sowie der Medizin. Sie ist die größte und älteste Hochschule des Landes. In ihren neun Fakultäten waren im Wintersemester 2012/13 insgesamt 19.636 Studierende eingeschrieben.[1]

---

[1] Wissenschaftsrat: Empfehlungen zur Weiterentwicklung des Hochschulsystems des Landes Sachsen-Anhalt. Köln 2013. S. 25f.

Strukturelle Voraussetzungen

Bibliothek der Universität Halle ist die ULB seit 1696, Bibliothek des Landes Sachsen-Anhalt erst seit 1948. Dieser Status hat jenen der zentralen Betriebseinheit der Universität nie berührt. Die ULB ist ein einschichtig strukturiertes, dezentral organisiertes Bibliothekssystem.[2] Sie erfüllt alle die Grundsätze, die für die Schaffung und den Betrieb einschichtig strukturierter Bibliothekssysteme maßgeblich sind:
- die Etatisierung sämtlichen Bibliothekspersonals bei der ULB,
- die Bewirtschaftung sowohl der Literatur- als auch der bibliotheksrelevanten Sachmittel durch die ULB,
- die Festlegung, welche Dienstleistung an welcher Stelle des Bibliothekssystems erbracht wird.[3]

Die Entwicklung der ULB in den letzten knapp 20 Jahren ist gekennzeichnet durch einen außergewöhnlichen Prozess der räumlichen Konzentration einer Vielzahl von bibliothekarischen Standorten.

Räumliche Situation

Um gleich mit dem räumlichen Bild zu beginnen: Die ULB stellt sich dieser Tage – im Sommer 2013 – so dar: Ihre Orte umfassen eine Zentrale (in zwei Gebäuden des späten 19. Jahrhunderts samt kleineren Nebengebäuden), zwei Außenmagazine sowie 19 Zweigbibliotheken. An dieser räumlichen Struktur wird sich in den kommenden ein bis zwei Jahren noch folgendes ändern: Zum einen wird die Zahl der Zweigbibliotheken abermals reduziert werden können auf dann 13, zum anderen wird aus zwei Außenmagazinen eins werden. Für die mittelfristige Perspektive, also einen Zeitraum von zehn bis etwa 15 Jahren, wird sich an diesem Bild planmäßig nichts mehr ändern.

Dieses Bild freilich ist das Ergebnis eines längeren Prozesses, der seinerseits knapp 20 Jahre in Anspruch genommen hat. Mitte des Jahres 1996 verfügte die ULB noch über nicht weniger als 96 Zweigbibliotheken der unterschiedlichsten Größe an immerhin etwa 110 Standorten. Wie in Bibliothekssystemen älterer Universitäten durchaus erwartbar, erstreckten sich die Standorte quer über das Stadtgebiet von Halle und reichten teilweise darüber hinaus bis nach Merseburg.[4] Prägend für

---

[2] Schnelling, Heiner u. Dorothea Sommer: Die Universitäts- und Landesbibliothek SachsenAnhalt in Halle: ein einschichtig organisiertes dezentrales Bibliothekssystem. In: Zeitschrift für Bibliothekswesen und Bibliographie (ZfBB) (2002) H. 5–6. S. 271–277.
[3] Dugall, Berndt: Organisatorische und finanzielle Aspekte der Informationsversorgung zweischichtiger universitärer Bibliothekssysteme. In: Ordnung und System: Festschrift zum 60. Geburtstag von H. J. Dörpinghaus. Hrsg. von Gisela Weber. Weinheim: Wiley VCH 1997. S. 204–217.
[4] Schnelling, Heiner: Historische Bausubstanz, Provisorium, Rekonstruktion, Neubau – Aspekte der baulichen Entwicklung der Universitäts- und Landesbibliothek Sachsen-Anhalt in Halle nach

die räumliche Struktur der ULB – wie der gesamten Universität – waren neben Verstreuung und Zersplitterung auch die Unsicherheiten in der Nutzungsmöglichkeit der Bibliotheksquartiere selbst, begründet durch wechselnde Anmietungen, marode Bausubstanz, ungeklärte Eigentumsfragen und dergleichen. Um dies an einem Beispiel zu verdeutlichen: Zwischen 1990 und 2002 hatte die ULB mehr als 130 Umzugsmaßnahmen zu bewältigen. Im Ergebnis trug die Vielzahl der Umzüge keineswegs zur räumlichen Konzentration bei, vielmehr lief sie ihr teilweise durchaus zuwider.

Den Prozess der räumlichen Konzentration bestimmt und in wünschenswerter Weise beschleunigt hat hingegen ein ganz anderes Instrument: Der Landesrechnungshof des Bundeslandes Sachsen-Anhalt unterzog die ULB in den Jahren 1997/98 einer ausführlichen Organisations- und Wirtschaftlichkeitsprüfung. Das in diesem Zusammenhang wichtigste Ergebnis war die radikale Forderung, die Zahl der Zweigbibliotheken von damals 96 in einem Zeitraum von etwa zehn Jahren auf nicht mehr als sieben zu reduzieren! Diese Forderung richtete sich nicht primär an die ULB, sondern vielmehr an deren Unterhaltsträger, alsbald und in geeigneter Weise neue Quartiere bereitzustellen oder zu schaffen für die Unterbringung von wenigen, großen und leistungsfähigen Zweigbibliotheken.[5]

Wie die Entwicklung gezeigt hat, blieben diese Hinweise des Landesrechnungshofs nicht ohne Wirkung. Daran ändert auch der Hinweis nichts, dass die 2014 zu erreichende Zahl von 13 Zweigbibliotheken der ULB so etwas wie die Endausbaustufe des Bibliothekssystems der Universität Halle darstellen wird. Bestimmte Zweigbibliotheken ließen sich nur dann von ihren gegenwärtigen Standorten lösen, wenn man bereit wäre, jede Bindung an die fachlich interessierte Nutzerschaft preiszugeben. Am sinnfälligsten wird das vielleicht bei der Zweigbibliothek Geobotanik, deren unmittelbare Nachbarschaft zum Botanischen Garten sich durchaus bewährt hat. Ähnliches ließe sich sagen zur Zweigbibliothek Musik, die in einem Gebäudekomplex zusammen mit der Musikbibliothek der Stadt, der evangelischen Kirchenmusikschule und der Bibliothek des Händel-Hauses untergebracht ist.

Einschichtige Tradition der ULB

Nun mag die räumliche Konzentration dezentraler Standorte zugunsten der Schaffung größerer, mehrere Fächer umfassende Zweigbibliotheken die Ausbildung einschich-

---

der Wende. In: ABI-Technik (2001) H. 1. S. 12–25; Sommer, Dorothea: Change processes at the State and University Library Saxony-Anhalt since 1990. In: Organisational change – challenge or headache for managers? A case study of a former East-German university library from a senior management perspective. In: Management of library and information services at the University and State Library Saxony-Anhalt. Halle (Saale): Universitäts- und Landesbibliothek 2000 (Schriften zum Bibliotheks- und Büchereiwesen in Sachsen-Anhalt 80). S. 192–204.

5 Landesrechnungshof Sachsen-Anhalt: Prüfung der Organisation und Wirtschaftlichkeit der Universitäts- und Landesbibliothek Sachsen-Anhalt in Halle. Dessau 1998.

tiger Systemstrukturen begünstigen; zwingende Voraussetzung ist sie indes nicht, denn die primäre dienstrechtliche Zuständigkeit von Fachbereichen, Fakultäten oder anderen universitären Einrichtungen für Zweigbibliotheken oder gar Teilen davon könnte unverdrossen behauptet werden. Und so war es auch in Halle: Für die Durchsetzung einschichtiger Systemstrukturen war die räumliche Konzentration hilfreich. Denn einzelnen, widerstrebenden Tendenzen zum Trotz waren die rechtlichen Rahmenbedingungen eines einschichtigen Bibliothekssystems in Halle vorhanden – wie an den anderen Hochschulstandorten in den fünf neuen Bundesländern auch. Hintergrund dafür ist die dritte Hochschulreform Ende der 60er, Anfang der 70er Jahre, die im Ergebnis die Instituts- oder Fakultätsbibliotheken der fachlichen, vor allem aber der dienstlichen Aufsicht der Leitung der zentralen Universitätsbibliothek unterstellte.[6]

Aktuelle rechtliche Grundlagen der Einschichtigkeit

An diesem Grundsatz wurde in Halle auch nach der Wende festgehalten. Und zwar sowohl von den Beschäftigten des Bibliothekssystems als auch von der Universitätsleitung. Insofern war bedauerlich, dass die ersten, nach der Wende verabschiedeten Hochschulgesetze des Landes Sachsen-Anhalt lediglich eine fachliche Aufsicht der Leitung der zentralen Universitätsbibliothek über die dezentralen Bibliotheken des Bibliothekssystems vorsahen.[7] Die Praxis der Einschichtigkeit an der ULB war dem Hochschulgesetz jener Zeit jedenfalls deutlich voraus. Aktuell sieht die Gesetzeslage wie folgt aus. Im Hochschulgesetz des Landes Sachsen-Anhalt von 2011 sind die Paragraphen 99–103 den zentralen Einrichtungen der Hochschulen gewidmet; den Bibliotheken ist kein eigener Paragraph gewidmet, sie werden aber in § 100 erwähnt. Dieser lautet:[8]

> Wissenschaftliche Information und Medien
> (1) Die Hochschulen gewährleisten ein koordiniertes Leistungsangebot zur elektronischen Kommunikation und Informationsverarbeitung, zur wissenschaftlichen Information und zum Einsatz von Medien in Lehre, Forschung und Studium. Sie stellen dafür die institutionelle und organisatorische Infrastruktur bereit.

---

6 Dietze, Joachim: Das Bibliotheksnetz der Martin-Luther-Universität Halle-Wittenberg in der 3. Hochschulreform: ein Erfahrungsbericht. In: Zentralblatt für Bibliothekswesen (1971) H. 12. S. 705–717.
7 Vgl. Hochschulgesetz des Landes Sachsen-Anhalt in den Fassungen der 90er und frühen 2000er Jahre. Siehe dazu: Schnelling, Heiner: Strukturfragen einschichtiger Bibliothekssysteme: das Beispiel der Universitäts- und Landesbibliothek Sachsen-Anhalt in Halle (Saale). In: Geschichte, Gegenwart und Zukunft der Bibliothek: Festschrift für Konrad Marwinski zum 65. Geburtstag. Hrsg. von Dorothee Reißmann. München: Saur 2000. S. 167–178.
8 Hochschulgesetz des Landes Sachsen-Anhalt (HSG LSA) in der Fassung der Bekanntmachung vom 14. Dezember 2010, letzte Fassung 2011 (ohne Änderungen in § 100). Siehe dazu: Schnelling, Heiner: Neues Landeshochschulgesetz Sachsen-Anhalt: zur Rolle der wissenschaftlichen Bibliotheken. In: Mitteilungsblatt der Bibliotheken in Niedersachsen und Sachsen-Anhalt (2004) Nr. 129. S. 17–19.

(2) Die Hochschulbibliotheken ermöglichen den öffentlichen Zugang zu wissenschaftlicher Information und sichern die Versorgung mit Literatur und anderen Medien durch ein koordiniertes Bibliotheks- und Informationsmanagement. Sie umfassen jeweils alle bibliothekarischen Einrichtungen der Hochschule und erfüllen für ihren Bereich die Verpflichtung des Landes Sachsen-Anhalt zum Gemeinsamen Bibliotheksverbund.
(3) Die Universitätsbibliothek der Martin-Luther-Universität Halle-Wittenberg nimmt für das Land Sachsen-Anhalt auch die Aufgaben einer Landesbibliothek wahr. Sie führt den Namen „Universitäts- und Landesbibliothek Sachsen-Anhalt".

Genau genommen gibt einzig der Absatz 2 Anhaltspunkte für das hier zur Debatte stehende Thema. Denn Absatz 1 weist die Aufgabe der Bereitstellung eines ‚koordinierten Leistungsangebots' primär den Hochschulen zu. Dabei wird durchaus offengelassen, wie und mit welchen Einrichtungen eine Hochschule diesem Auftrag nachkommen will.

Bibliotheken hingegen werden erst in Absatz 2 eigens erwähnt. Fünf Aspekte werden immerhin bestimmt:
- Sicherung der Öffentlichkeit,
- Sicherung der Informationsversorgung,
- Koordinierung des Bibliotheks- und Informationsmanagements,
- Umfassende Ausprägung des Bibliothekssystems,
- Erfüllung der Aufgaben im Rahmen der Mitarbeit im Gemeinsamen Bibliotheksverbund.

Interessant für unseren Zusammenhang ist wiederum nur eine Bestimmung, nämlich die dritte. Hier lässt sich wenigstens das Bestreben erkennen, das mehr oder weniger unverbundene Nebeneinander von Zentralbibliothek auf der einen sowie Fakultäts- oder Institutsbibliotheken auf der anderen Seite in traditionell zweischichtigen Bibliothekssystemen durch koordiniertes Handeln zu ersetzen. Nun gleicht diese allgemeine Formulierung eher einem Appell als einer belastbaren Grundlage des Verwaltungshandelns. Auch bleibt unklar, wer die Koordinierungsaufgabe zu übernehmen hat.

Man wird dem Gesetzgeber zugute halten können, dass gesetzliche Bestimmungen kaum detaillierter sein können und die Hochschulen einen Spielraum in der Ausgestaltung des gesetzlichen Rahmens nicht nur begrüßen werden, sondern auch geltend machen können. Es kommt daher auf die konkrete Umsetzung der – offenbar notwendigen – allgemeinen Rahmenbedingungen auf die konkrete Situation einer Hochschule an. In Halle geschah dies mit der ‚Ordnung der ULB'. Nach längerer Diskussion in der Bibliothekskommission des Senats und im Senat selbst wurde die Ordnung der ULB im August 2000 vom Akademischen Senat der Universität verabschiedet.[9] Sie ist bis heute unverändert in Kraft.

In drei Abschnitten mit insgesamt acht Paragraphen bestimmt die Ordnung

---
9 http://wcms.uzi.uni-halle.de/download.php?down=6079&elem=1624840 (09.12.2013)

- Stellung und Aufgaben der ULB innerhalb und außerhalb der Martin-Luther-Universität,[10]
- Struktur und Leitung der ULB,
- die Aufgaben der Bibliothekskommissionen des Senats sowie der Fakultäten.

Vergewissern wir uns für unseren thematischen Zusammenhang kurz der wesentlichen Festlegungen der ‚Ordnung der ULB'.[11] Als zentrale Betriebseinheit umfasst sie im Sinne eines einschichtigen Bibliothekssystems alle bibliothekarischen Einrichtungen der Martin-Luther-Universität (§ 1, Abs. 2). Weiterhin ist bestimmt, dass die Beschaffung von Literatur und anderen Informationsträgern in der Martin-Luther-Universität durch die ULB erfolgt (§ 2, Abs. 3). Ähnlich umfassend geregelt ist die Zuständigkeit für das Personal: „Der Bibliotheksdirektor bzw. die Bibliotheksdirektorin führt die dienstliche und fachliche Aufsicht über alle bibliothekarischen Einrichtungen und Kräfte." (§ 6, Abs. 5) Das betrifft natürlich auch Personalentscheidungen im dezentralen Bereich, denn bei der Leitung der ULB liegen auch die Entscheidungen über die Leitungen der Zweigbibliotheken, die lediglich „im Benehmen" mit der für die Zweigbibliothek zuständigen Bibliothekskommission getroffen wird (§ 6, Abs. 6).

Konsequenzen für den Literaturerwerb und das Personal

Wenn eben gesagt wurde, die Beschaffungen von Literatur habe über die ULB zu erfolgen, ist das in einem rein administrativen Sinn zu verstehen. Das betrifft nicht die Erwerbungskompetenz der Fakultäten, die überwiegend über die Auswahl der Bücher, Zeitschriften und anderer Medien entscheiden. Es schließt auch nicht aus, dass der Erwerbungsetat der ULB aus Mitteln der Fakultäten verstärkt wird, zum Bespiel für die Beschaffung von Lehrbüchern. ‚Beschaffung durch die ULB' heißt jedoch Abwicklung der Erwerbung durch die Bibliothek, also unter Beachtung der von der Bibliothek ausgewählten Lieferanten und Bezugskonditionen, der Inventarisierungsvorschriften der Landeshaushaltsordnung und ihrer Ausführungsbestimmungen sowie schließlich des Nachweises im OPAC der ULB sowie im GBV. In der Zentrale der ULB werden die Lieferanten ausgewählt und die Lieferkonditionen vereinbart; bestellt wird in den Zweigbibliotheken und geliefert wird seit Ende der 90er Jahre direkt dorthin, wo auch die Bearbeitung stattfindet.

Um beim Literaturerwerb durch die ULB zu bleiben: Die Aufgaben der Zentrale und der Zweigbibliotheken der ULB sind klar definiert. Der Erwerb aktueller monographischer und periodischer Literatur findet fast ausschließlich in den Zweigbiblio-

---

10 Vgl. insbesondere § 100, Abs. 3 HG LSA zu den landesbibliothekarischen Aufgaben der ULB.
11 Schnelling, Heiner: Die Ordnung der Universitäts- und Landesbibliothek Sachsen-Anhalt in Halle (Saale). In: Mitteilungsblatt der Bibliotheken in Niedersachsen und Sachsen-Anhalt (2000) Nr. 115/116. S. 23–29.

theken statt und nicht mehr in der Zentrale der ULB, denn die dortige Magazinkapazität ist nahezu erschöpft. Im Übrigen sollte aktuelle Literatur ‚vor Ort' verfügbar sein, also in den Zweigbibliotheken, wo sich der allergrößte Teil des Benutzungsgeschehens abspielt. Hier ist natürlich von Literatur in konventionell gedruckter Form die Rede, nicht von Literatur in elektronischer Form, die universitätsweit verfügbar ist und, je nach Lizenzbedingungen, auch darüber hinaus.

Wenn also die administrative Seite der Erwerbung in der ULB geregelt ist – wie steht es um die inhaltliche? Wo liegt die Erwerbungsentscheidung? Bei den Fakultäten oder bei den Fachreferenten/innen der ULB? Formal liegt die Entscheidung eher bei den Fakultäten als bei den Fachreferenten/innen. Allerdings setzt das voraus, dass die Fakultäten ihre Kompetenz auch nutzen; wie die Erfahrungen der letzten Jahre zeigen, ist dies nicht durchgängig und konsequent der Fall. Unnötig zu erwähnen, dass das Zusammenspiel von Vertretern/innen der Fakultäten und den Fachreferenten/innen der ULB durchaus unterschiedlich gut funktioniert (hat).

Das neben den Erwerbungsmitteln für ein einschichtiges Bibliothekssystem mindestens ebenso prägende Moment ist die Zuständigkeit für das Bibliothekspersonal. An der Martin-Luther-Universität gibt es kein Bibliothekspersonal außerhalb des Stellenplans der ULB. Das gilt für planmäßiges Personal wie für außerplanmäßiges, insbesondere die studentischen Aushilfskräfte. Die aus zweischichtigen Bibliothekssystemen bekannte Trennung zwischen dienstlicher Aufsicht (bei den Fakultäten) und fachlicher (bei der zentralen Bibliothek) existiert in der ULB nicht. Zuweisungen der Fakultäten für studentische Aushilfskräfte sind willkommen, aber die entsprechenden Verträge schließt die ULB.[12]

Eingangs war die Rede davon, dass charakteristisch für einschichtige Bibliothekssysteme neben der Zentralisierung von Personal und Erwerbungsmitteln die Entscheidung darüber sei, an welcher Stelle im Bibliothekssystem eine bestimmte Aufgabe erfüllt oder eine Dienstleistung erbracht werde. An einem Detail, der Festlegung der Lieferanten, wurde die Aufgabenverteilung von zentraler Bibliothek und Zweigbibliothek bereits gezeigt. Ähnlich verhält es sich mit Benutzungsfragen. Die Benutzungsordnung der ULB wird zwar nicht von der ULB festgelegt, sondern auf ihren Vorschlag durch den Senat der Universität verabschiedet; sie gilt aber für das gesamte Bibliothekssystem.[13] Die Benutzungsordnung eröffnet im Übrigen der Leitung der ULB die Möglichkeit, Ausführungsbestimmungen zu erlassen, um einzelne Fragen der Bibliotheksbenutzung zu regeln.[14] Die seither erlassenen Ausführungsbestimmungen

---

12 Ein bewährtes Beispiel sind die Zuweisungen der Medizinischen Fakultät zur Absicherung der Öffnungszeiten in den beiden medizinischen Zweigbibliotheken.
13 Benutzungsordnung der ULB. In: Amtsblatt der Martin-Luther-Universität Halle-Wittenberg. Jg. 22 (2) v. 17.4.2012, S. 15. s. a. http://wcms.uzi.uni-halle.de/download.php?down=6088&elem=2574179 (09.12.2013).
14 Siehe § 27, Abs. 1 der Benutzungsordnung: „Die Leitung der ULB erlässt Ausführungsbestimmungen zu dieser Benutzungsordnung. Die jeweils aktuelle Fassung der Ausführungsbestimmungen ist auf der Homepage der ULB einzusehen und wird durch Aushang bekannt gegeben."

beziehen sich auf die Einrichtung von Handapparaten, die Ausleihe von Karten, die Benutzung von Tages- und Wochenzeitungen oder die Benutzung von Einzelarbeitsräumen (Carrels).[15]

In der Gegenüberstellung von Zentrale der ULB und ihren Zweigbibliotheken soll deutlich werden, dass im zentralen Bereich Dienstleistungen für das gesamte Bibliothekssystem erbracht werden. Hier befinden sich die Abteilungen:

- Sondersammlungen (Handschriften, Inkunabeln, weitere historische Bestände, Karten, Zeitungen usw.),
- Integrierte Buchbearbeitung und insbesondere -kontrolle für Erwerbung und Katalogisierung im Bibliothekssystem,
- Digitale Dienste (Inhouse-Digitalisierung im Kundenauftrag wie für Drittmittelprojekte[16], Fotostelle usw.),
- Datenverarbeitung (PICA-GBV, Hardware, Netze, Sicherung usw.),
- zentrale Auskunft,
- Verwaltung,
- Restaurierung und Buchbinderei.

Ausblick

Die ‚Ordnung der ULB' hat sich in den Jahren seit 2000 bewährt; sie bietet auch eine belastbare Grundlage für die künftige Arbeit der ULB. Keine Fakultät beansprucht gegenwärtig die Zuständigkeit für die sie fachlich betreffende Zweigbibliothek, und dergleichen ist auch nicht absehbar. Ein solches Vorhaben würde auch durch den Zuschnitt der meisten Zweigbibliotheken der ULB erschwert, da zum Beispiel jetzt schon drei naturwissenschaftliche Fakultäten sowie das Ingenieurwissenschaftliche Zentrum durch eine Zweigbibliothek versorgt werden. Oder die Geistes- und Sozialwissenschaften: Hier wird ab 2015 das Geistes- und Sozialwissenschaftliche Zentrum zwei Fakultäten betreuen. Oder die beiden Fakultäten Theologie und Erziehungswissenschaften, für die wiederum eine Zweigbibliothek zuständig ist.

---

15 Universitäts- und Landesbibliothek Sachsen-Anhalt: Ordnungen und Entgelte. http://bibliothek.uni-halle.de/benutz/ordnungen/ (09.12.2013).
16 Die ULB hat sich, wie manche andere Bibliothek in Deutschland auch, etwa seit dem Jahr 2000 mit der Digitalisierung ihrer Bestände befasst, zunächst mit der Digitalisierung einzelner, besonders wertvoller Bestände im Wege der sogenannten ‚Boutique'-Digitalisierung. Seit 2007 ist die ULB, wie nur noch wenige Bibliotheken in Deutschland, eingebunden in Massendigitalisierungsprojekte, insbesondere zur Retrodigitalisierung historischer Drucke, die – von der DFG gefördert – dafür sorgen sollen, dass bis 2020 die deutsche kulturelle Überlieferung in digitaler Form vorliegt. Mit aktuell über 62.000 Netzpublikationen (Stand Ende Okt. 2013) belegt die ULB den zweiten Platz in Deutschland nach der BSB München. Siehe dazu: Schnelling, Heiner u. Dorothea Sommer: Innovation und Kooperation: Digitalisierung in der Universitäts- und Landesbibliothek Sachsen-Anhalt, Halle (Saale). In: Digitalisierung in Regionalbibliotheken. Hrsg. von Irmgard Siebert. Frankfurt: Klostermann 2011. S. 117–134.

Weiterhin tragen die Erwerbungsstrukturen im Bereich elektronischer Medien dazu bei, die Bewirtschaftung des Erwerbungsetats in einer Hand zu belassen, nämlich jener der Bibliothek. In Halle werden aktuell mehr als zwei Drittel der Erwerbungsmittel für Zeitschriften ausgegeben, Tendenz steigend; der weitaus größte Teil davon wird gebunden durch die Teilnahme an Konsortien für elektronische Zeitschriften und Datenbanken. Denn die Zuordnung von Titeln einzelner Zeitschriften aus den Zeitschriftenpaketen großer Verlage mit den dafür erforderlichen finanziellen Mitteln auf bestimmte Fakultäten ist bei vielen Tausend subskribierter Zeitschriften nur mit unverhältnismäßig großem Aufwand – und wohl ohne Aussicht auf dauerhaften Konsens – realisierbar.

Zusammenfassend lässt sich feststellen, dass die für die ULB bereits 2002 gelieferte Beschreibung als „einschichtig strukturiertes, dezentrales Bibliothekssystem" nichts von ihrer Gültigkeit verloren hat. Eine Veränderung indessen ist aber absehbar: Das seit 1999 erträumte Geistes- und Sozialwissenschaftliche Zentrum wird aller Voraussicht Anfang 2015 bezugsfertig.[17]

Die Struktur der Universitäts- und Landesbibliothek wird sich somit ab 2015 wie folgt gliedern:
- Zentrale Bibliothek in den Häusern August-Bebel-Straße 13 und 50 plus ein Ausweichmagazin;
- Bibliothek des Geistes- und Sozialwissenschaftlichen Zentrums (mit Medienbeständen der Germanistik, Anglistik, Romanistik, Slavistik, Fremdsprachen, Sprechwissenschaften und Phonetik, Indogermanistik, Südasienwissenschaften, Japanologie, Sozialwissenschaften, Philosophie, Geschichte, Kunstgeschichte, Prähistorische Archäologie, Orientarchäologie, Psychologie);
- Zweigbibliothek Vorderer Orient/ Ethnologie mit dem Sondersammelgebiet;
- Zweigbibliothek Heide-Süd (mit Medienbeständen der Biochemie/ Biotechnologie, Biologiedidaktik, Chemie, Genetik, Informatik, Landwirtschaft, Pflanzenphysiologie, Mathematik, Pharmazie, Physik, Sport, Technik, Zoologie);
- Zweigbibliothek Altklinikum und Klinikum Kröllwitz;
- Zweigbibliothek Geobotanik;
- Zweigbibliothek Erziehungswissenschaften/Theologie; Medien- und Kommunikationswissenschaften, Jüdische Studien;
- Zweigbibliothek Rechtswissenschaft;
- Zweigbibliothek Geowissenschaften;
- Zweigbibliothek Klassische Altertumswissenschaften;
- Zweigbibliothek Wirtschaftswissenschaften;
- Zweigbibliothek Musik;
- Zweigbibliothek des Interdisziplinären Zentrums zur Erforschung der Europäischen Aufklärung.

---

[17] Die annähernd sechzehnjährige Genese des Geistes- und Sozialwissenschaftlichen Zentrums erfordert einen eigenen Beitrag.

Wilfried Lochbühler
Dreischichtigkeit zwischen Diversifikation und Kooperation

Das Bibliothekssystem der Universität Zürich

Abstract: Das Bibliothekssystem der Universität Zürich ist dreischichtig organisiert. Neben der Zentralbibliothek Zürich als zentraler Universitätsbibliothek nimmt die Hauptbibliothek der Universität zentrale Koordinationsaufgaben wahr. Daneben ist ein Netz von rund 60 weitgehend eigenständigen Institutsbibliotheken an verschiedenen Standorten für die Literaturversorgung zuständig. Es bestehen zudem Kooperationen mit der Bibliothek der Eidgenössischen Technologischen Hochschule (ETH Zürich) und weiteren Serviceeinrichtungen in einem komplexen, dezentralen Modell. Der Beitrag versucht einen Überblick über diese organisatorischen Zusammenhänge zu geben.[1]

Keywords: Schweiz, Hochschulbibliothekssystem, Dreischichtigkeit, Universität Zürich, Hauptbibliothek der Universität Zürich, Zentralbibliothek Zürich, ETH-Bibliothek Zürich

Historische Entwicklung

Die Universität Zürich ist heute mit rund 26.000 Studierenden die größte Universität der Schweiz. Ihr dreischichtiges Bibliothekssystem ist eine Besonderheit: Neben der Zentralbibliothek Zürich nimmt auch die Hauptbibliothek der Universität zentrale Koordinationsaufgaben wahr und rund 60 weitgehend eigenständige Institutsbibliotheken erbringen Dienstleistungen an verschiedenen Standorten. Es bestehen zudem Kooperationen mit der Bibliothek der Eidgenössischen Technischen Hochschule (ETH Zürich) und weiteren Serviceeinrichtungen in einem komplexen, dezentralen Modell.

Historische Weichenstellungen haben die Entwicklung dieses heutigen Bibliothekssystems gekennzeichnet.

– *Stadtbibliothek*: Seit 1629 bestand in Zürich die öffentliche Bürgerbibliothek (seit dem 18. Jahrhundert als Stadtbibliothek bezeichnet) mit geisteswissenschaftlichem Schwerpunkt, deren Benutzung allerdings den Stadtbürgern vorbehalten

---

[1] Der Verfasser dankt Susanna Bliggenstorfer, Direktorin der Zentralbibliothek Zürich und Brigitte Schubnell, Leiterin der Hauptbibliothek – Naturwissenschaften an der Universität Zürich für die Durchsicht des Beitrags und wichtige Hinweise.

blieb. Zusätzlich waren daher bereits im 18. Jahrhundert, im Zuge der Aufklärung, unabhängig von der Stadtbibliothek mehrere Bibliotheken wissenschaftlicher Gesellschaften[2] entstanden.
– *Kantonsbibliothek*: Nach der Gründung der Universität Zürich 1833 wurde die Bibliothek des ehemaligen Chorherren-Stifts in der ersten Hälfte des 19. Jahrhunderts zur Bibliothek der Cantonal-Lehranstalten (Kantonsbibliothek) weiterentwickelt, indem sie die Gymnasiumsbibliothek und die Bestände der Universität integrierte. Damit war zugleich der funktionale Kern einer späteren Universitätsbibliothek gelegt.

Diese Phase der Diversifikation und Parallelentwicklung im wissenschaftlichen Bibliothekswesen Zürichs endete zunächst, als es 1914 nach längerer politischer Diskussion gelang, Stadtbibliothek und Kantonsbibliothek zur *Zentralbibliothek Zürich* (ZB) zu fusionieren.[3] Am Standort der Kantonsbibliothek im Zentrum am Zähringerplatz, mit einem Neubau und in günstiger Lage zur Universität konnte sich die Zentralbibliothek als „Hauptbibliothek des universitären Bibliothekssystems für die Geisteswissenschaften"[4] positionieren. Aus der Stadtbibliothek übernahm sie zentrale Elemente der historischen Sammlungen, die bis heute einen zentralen Stellenwert an der ZB einnehmen. Diese Fusion unterschiedlicher Trägerschaften ist auch der Hintergrund für die bis heute gültige Rechtsform der ZB als einer von Stadt und Kanton getragenen Stiftung. Sie entwickelte sich dynamisch zu einer der größten Bibliotheken der Schweiz weiter und wurde 1995 um einen großen Erweiterungsbau im Magazin- und im Publikumsbereich am gleichen Standort erheblich vergrößert.[5] Mit geistes- und sozialwissenschaftlichem Schwerpunkt stellt die ZB heute die zentrale Einheit der Literaturversorgung für die Universität Zürich dar.

Die zweite große wissenschaftliche Bibliothek in Zürich entstand rasch nach der Gründung der heutigen Eidgenössisch Technischen Hochschule Zürich (ETH Zürich) 1854.[6] Deren *Hauptbibliothek* ist bis heute im 1863 eröffneten Hauptgebäude der ETH

---

2 Damals entstanden z. B. die Bibliothek der naturforschenden Gesellschaft oder die medizinisch-chirurgische Bibliotheksgesellschaft, vgl.: Mathys, Roland: 1629 Stadtbibliothek – Zentralbibliothek 1979. Zürich 1979, S. 40.
3 Erster Direktor wurde der bisherige Direktor der Stadtbibliothek, Hermann Escher. Er war auch Initiator des Vereins Schweizerischer Bibliothekare VSB, des heutigen BIS – Verband Bibliothek Information Schweiz, vgl. http://www.bis.info (15.12.2013); vgl. ferner: German, Martin: Escher, Hermann (vom Glas). In: Historisches Lexikon der Schweiz. Bd. 4. S. 301f; Bodmer, Jean-Pierre: Theodor Vetter und Ferdinand Rudio – Professoren als Mitbegründer der Zentralbibliothek Zürich. In: Bodmer, Jean-Pierre: Aus Zürichs Bibliotheksgeschichte. Beiträge von 1964 bis 2007. Zürich 2007. S. 232–281.
4 Mathys, 1629 Stadtbibliothek (wie Anm. 2), S. 12.
5 Vgl.: Die Zentralbibliothek baut. Texte und Bilder. Hrsg. von der Zentralbibliothek Zürich. Schriftleitung Roland Mathys. Zürich 1996.
6 Die Gründung einer eigenständigen „Bibliothek für die technischen Wissenschaften" erwies sich rasch als notwendig, auch wenn zu Beginn versucht wurde, sich primär auf die Literatur der Stadtbibliothek und der Bibliothek der naturforschenden Gesellschaft abzustützen. Zur Frühgeschichte der

Zürich integriert. Parallel dazu hatten sich bereits früh (1860) erste Buchsammlungen in den einzelnen Teilschulen gebildet, die sich – ähnlich wie an der Universität Zürich – rasch zu diversifizierten, eigenständigen Teilbibliotheken der Fachbereiche (Chemie, Architektur, Geologie etc.) entwickelten. Vage Pläne für ein gemeinsames Bibliotheksgebäude der Zentralbibliothek und der ETH-Bibliothek blieben zu Beginn des 20. Jahrhunderts ebenso unerfüllt, wie die Planungen für ein neues Bibliotheksgebäude der ETH Zürich als Lernzentrum in den 1990er Jahren. Hingegen wurde im Rahmen des neuen ETH Campus auf dem Hönggerberg 1985 eine Depotbibliothek eröffnet und Teilbibliotheken verschiedener Fachbereiche zusammengeführt. Die ETH-Bibliothek, die zugleich seit 1970 offiziell die Funktion eines schweizerischen Zentrums für naturwissenschaftliche und technische Literatur erfüllt[7] und zahlreiche wichtige fachbezogene Spezialsammlungen[8] beherbergt, erfuhr insbesondere seit den 1960er Jahren des 20. Jahrhunderts und seit der Einführung der Bibliotheksverbünde in den 1980er Jahren ein rasantes Wachstum bezüglich Bestand und Mitarbeitenden. Auch im technologischen Bereich war die ETH-Bibliothek, begünstigt durch eine eher überdurchschnittliche Ressourcenausstattung, in zentralen Bereichen wie Bibliotheksautomatisierung führend. Die direkte räumliche Nachbarschaft der ETH Zürich und der Universität Zürich führten nicht nur zu Kooperationen der Institutionen[9], sondern auch zu Kooperationen der beiden benachbarten Bibliotheken.

Bereits seit der Gründung der *Universität Zürich* 1833 hatte der Aufbau von wissenschaftlich orientierten Beständen an verschiedenen Standorten begonnen. Nach einer ersten Wachstumsphase[10] konnte die Universität 1914 ein neues Gebäude (Rämistraße) beziehen, in dem auch mehrere Institutsbibliotheken eingebunden waren. Damit begann wie an anderen Hochschulstandorten die Entwicklung eines klassischen zweischichtigen Bibliothekssystems mit dem Aufbau verschiedener Instituts- und Seminarbibliotheken neben der seit 1914 als Universitätsbibliothek fungie-

---

Bibliothek der „Eidgenössischen Polytechnischen Schule" (später ETH Zürich), vgl.: Glaus, Beat: Die ersten Jahrzehnte der ETH-Bibliothek. Zürich 1994. S. 3ff.

7 Die ETH Bibliothek fungiert praktisch als ‚technische Landesbibliothek', vgl.: Mumenthaler, Rudolf u. Yvonne Voegeli: Ohne Bibliothek keine Wissenschaft. Zur Geschichte der ETH-Bibliothek. In: Blättern & Browsen. 150 Jahre ETH-Bibliothek. Hrsg. von der ETH-Bibliothek. Zürich 2005. S. 11–68, hier S. 37f.

8 Hierzu gehört z. B. die umfangreichste Kartensammlung der Schweiz (Bestand: 335.000 Einheiten). Die Sammlungen sind heute in drei Abteilungen organisiert (Alte Drucke, Archive und Nachlässe, Bildarchiv), vgl.: ETH-Bibliothek, Blättern (wie Anm. 7), S. 23–26.

9 Seit 1975 bestehen Doppelprofessuren und seit 2001 ein offizieller Kooperationsvertrag zwischen UZH und ETH Zürich (vgl.: Stucki, Hans Peter u. Michael Ganz: Meilensteine der Universitätsgeschichte. In: Rückblenden, Einsichten, Ausblicke. Wissen teilen. 175 Jahre Universität Zürich. Hrsg. von der Universitätsleitung der Universität Zürich. Zürich 2008. S. 127–134, hier S. 130 u. 134).

10 Bereits 1859 wurde die philosophische Fakultät in eine geisteswissenschaftliche und eine naturwissenschaftliche Richtung aufgeteilt, 1901 kann es zur Gründung der Vetsuisse Fakultät, vgl.: Brändli, Sebastian: Universität Zürich. In: Historisches Lexikon der Schweiz. Bd. 12. S. 626f.

renden Zentralbibliothek. An der Universität wie an der ETH Zürich zeigen sich somit deutliche Parallelen zu den Entwicklungen im übrigen deutschsprachigen Raum: Zweischichtige Bibliotheksmodelle mit zentraler Hauptbibliothek und unabhängigen Institutsbibliotheken wurden rasch dominierend.

Durch das Wachstum der Wissenschaften und der Studierendenzahlen insbesondere seit den 1960er Jahren entstanden zunehmend externe Bibliotheksstandorte mit entsprechenden Teilbibliotheken. 1978 begann die Universität Zürich am Stadtrand mit dem Bau des Campus Irchel für die Naturwissenschaften. Zur Koordination der Literaturversorgung auf dem Campus und als Lernzentrum wurde 1974 die Hauptbibliothek Universität Zürich-Irchel gegründet.[11] Zusätzlich übernahm sie parallel zur Zentralbibliothek Zürich mit der Leitung des Informationsverbundes und der Bibliotheksautomatisierung gesamtuniversitäre Aufgaben, wie die Leitung der Bibliotheksautomatisierung und des Informationsverbundes der Universität. In jüngster Zeit kamen die zentrale Bewirtschaftung elektronischer Medien und Zeitschriftenabonnemente sowie die Organisation von Open Access hinzu. Nach der organisatorischen Angliederung der Medizinbibliothek Careum 2004 als zweitem Hauptstandort wurde sie zur *Hauptbibliothek der Universität Zürich* erweitert.

Für die Kooperation der Bibliotheken auf dem Platz Zürich spielt bis heute die Bibliotheksautomatisierung und die Entwicklung der Bibliotheksverwaltungssysteme eine zentrale Rolle. Während an der Hauptbibliothek bereits ab 1980 DOBIS/LIBIS als Bibliotheksverwaltungssystem eingesetzt wurde[12], wurde an der ETH-Bibliothek 1983, nach verschiedenen Vorsystemen, das selbst entwickelte System ETHICS eingeführt und fortlaufend weiterentwickelt.[13] Ab 1992 schlossen sich verschiedene Bibliotheken dem ETHICS-Verbund an, 1994 auch die Zentralbibliothek Zürich. Allerdings verlief die Fusion nicht problemlos und es waren größere Nachbereinigungsarbeiten nötig. 1999 wurde das Bibliothekssystem ALEPH 500 an allen Universitätsbibliotheken der Deutschschweiz eingeführt. Vor dem Hintergrund der Erfahrungen mit Katalogfusionen wurde allerdings auf die Schaffung eines Union Catalogue verzichtet, sodass lokal gehostete Bibliothekskataloge in den Bibliotheken erhalten blieben. Für die Universität Zürich entstand dadurch eine eigenartige Situation: Obwohl überall

---

[11] Nach der Aufgabe von Plänen für eine Großbibliothek auf dem Campus Irchel wurde die damalige Hauptbibliothek Universität Zürich-Irchel 1980 im renovierten Gebäude der ehemaligen landwirtschaftlichen Schule „Strickhof" untergebracht. 1995 wurde auf dem Campus zusätzlich eine Forschungsbibliothek insbesondere für Zeitschriftenliteratur eingerichtet; Vgl. Dickenmann, Heinz: 10 Jahre HBI. In: Informationsblatt der Universität Zürich 5/90, S. 27–29, ferner Stucki u. Ganz, Meilensteine (wie Anm. 9), S. 130f. Im Rahmen einer Reorganisation 2014 wurde die Forschungsbibliothek in Hauptbibliothek – Naturwissenschaften umbenannt; im ehemaligen Strickhof sind heute das Hauptbibliothek – Lernzentrum und die Verwaltung untergebracht.
[12] Dobis/Libis wurde als Bibliothekssystem 1980 auf dem Irchel Campus und 1989 als universitätsweite Einrichtung eingeführt, vgl.: Dickenmann, 10 Jahre (wie Anm. 11), S. 28.
[13] Vgl.: Barth, Robert: Primaballerina oder corps de ballet? Die ETH-Bibliothek im Kontext der Schweizer Bibliotheksentwicklung 1980–2005. In: ETH-Bibliothek, Blättern (wie Anm. 7), S. 95–106, hier S. 97f.

ALEPH 500 genutzt wurde, waren die Bestände der Zentralbibliothek und einzelner ihr angeschlossenen Institutsbibliotheken der Universität im von der ETH-Bibliothek betriebenen NEBIS-Verbundkatalog[14] verzeichnet, die Bestände der Hauptbibliothek und der Mehrzahl der universitären Institutsbibliotheken hingegen im Katalog „IDS Zürich Universität". Im Jahr 2013 konnte schließlich eine Fusion der Kataloge und eine Integration der Daten der Universität Zürich in den NEBIS-Verbund realisiert werden.

Kooperation und Aufgabenteilung in einem dreischichtigen Bibliothekssystem

Viele der bestehenden dreischichtigen Strukturen des Bibliothekssystems an der Universität Zürich sind somit Folgen einer historischen Entwicklung.

Die *Zentralbibliothek Zürich* hat einerseits ein starkes Standbein als Stadt- und Kantonsbibliothek. Sie verfügt über wichtige historische Sammlungen und Spezialsammlungen und versorgt die Kantons- und Stadtbevölkerung mit allgemeiner, wissenschaftlich orientierter Literatur aus allen Fachgebieten. Andererseits ist sie als Universitätsbibliothek universal ausgerichtet, mit einem Schwerpunkt bei den Geistes- und Sozialwissenschaften. Mit einem Erwerbungsbudget von CHF 7.9 Mio. und knapp 200 Mitarbeitenden ist die Zentralbibliothek die größte Einrichtung für die Literaturversorgung der Universität und bildet zudem mit rund 700 Leseplätzen ein zentrales Lern- und Studienzentrum.

Die *Hauptbibliothek der Universität Zürich* (Erwerbungsbudget CHF 5.8 Mio., rund 50 Mitarbeitende) hat ihren fachlichen Schwerpunkt hingegen im naturwissenschaftlichen und medizinischen Bereich. Neben der Leitung der beiden Informations- und Lernzentren auf dem Campus Irchel und Careum (mit total rund 900 Leseplätzen) nimmt sie eine zentrale Schlüsselfunktion für die Gesamtuniversität in den Bereichen elektronische Medien, zentrale Zeitschriftenverwaltung, Open Access und anderen Forschungsdienstleistungen wahr. Sie betreut zudem die Bibliotheken der Universität und externer Partner systembibliothekarisch in Kooperation mit dem NEBIS-Verbund.

Die eigenständig geführten *Instituts-, Seminar- und Fakultätsbibliotheken* der Universität bilden mit ihrer besonderen Nähe zu Dozierenden und Studierenden ein zentrales Element für die Identität der Institute und fungieren als Literaturversorgungs- und Lernzentren vor Ort. Sie sind im Blick auf Literaturverwaltung und Benutzungsmanagement organisatorisch selbständig und unterstehen den jeweiligen Instituts- oder Fakultätsleitungen. Mindestkriterien und standards werden vom NEBIS-Verbund festgelegt. Die hohe Zahl der Bibliotheksstandorte ist auch durch die zahlreichen Standorte der Institute der Universität und des Universitätsspitals im

---

[14] „Netzwerk von Bibliotheken und Informationsstellen in der Schweiz" (NEBIS) erbringt Dienstleistungen für rund 140 Bibliotheken in der ganzen Schweiz, vgl. http//www.nebis.ch (15.12.2013).

Zentrum von Zürich bedingt. Darunter finden sich große Fachbereichsbibliotheken, wie z. B. diejenigen des Rechtswissenschaftlichen Instituts, des Deutschen Seminars, des Englischen Seminars oder des Historischen Seminars. Sie versorgen jeweils über 2.000 Studierende und Forschende und bieten zahlreiche Leseplätze, Kurse im Bereich Informationskompetenz und instituts- oder fakultätsspezifische, rasch verfügbare neue Literatur vor Ort an. Die Seminare verfügen meist zusätzlich noch über kleinere Bibliotheken an Außenstandorten.[15]

Das Bibliothekssystem der Universität Zürich hat eine offene organisatorische Struktur mit zahlreichen Kooperationen. Die *Zentralbibliothek* als Stiftung wird über eine Bibliothekskommission (Stiftungsrat) gesteuert, in der auch die Universität Einsitz hat. Mit den Instituts- und Seminarbibliotheken, insbesondere der Geisteswissenschaften, besteht eine enge Kooperation bei Erwerbung und Aufbau der Printbestände, mit der Hauptbibliothek Universität Zürich schwerpunktmäßig im Bereich der elektronischen Medien.

Die *Hauptbibliothek* sowie die *Instituts- und Fakultätsbibliotheken* sind organisatorisch in die Universität Zürich integriert, wobei die Hauptbibliothek dem Prorektorat Rechts- und Wirtschaftswissenschaften unterstellt ist. Die Bibliothekskommission der Universität ist für die strategische Gesamtsteuerung der Bibliotheken und die Bibliothekskoordination für die Zusammenarbeit der Hauptbibliothek mit den Institutsbibliotheken und weiteren Partnern zuständig.

Auf Campus- oder Seminarebene sind darüber hinaus innovative Kooperations- und Steuerungsmodelle realisiert worden. So wurde mit der *Hauptbibliothek Medizin Careum* 2004 ein Kompetenzzentrum der umfassenden Informationsversorgung für Medizin und Gesundheit eingerichtet. Unter der Leitung der Hauptbibliothek erbringt sie für die medizinische Fakultät der Universität, für das Universitätsspital Zürich sowie für Bildungsinstitutionen im Bereich Gesundheitsberufe – das Careum Bildungszentrum und die Fachhochschule Kalaidos – zentrale Dienstleistungen an einem Ort.[16] Sie betreut zudem die dezentralen Klinikbibliotheken des Universitätsspitals, die jedoch zunehmend aufgelöst und in die Hauptbibliothek – Medizin Careum integriert werden. Die Kooperation mit den verschiedenen Institutionen ist durch Leistungsauftrag und gemeinsame Finanzierung gesichert.

Im Bereich Rechtswissenschaften wurden 2003 Lehrstühle und Bibliotheken von bisher acht Standorten in einem neuen Gebäude zusammengelegt und mit der *Bibliothek des Rechtswissenschaftlichen Instituts* eine innovative große Fakultätsbibliothek eingerichtet, die als Präsenzbibliothek eng mit der Zentralbibliothek als Ausleihbi-

---

15 So führt das Rechtswissenschaftliche Institut drei, das historische und das theologische Seminar jeweils zwei Bibliotheken an Nebenstandorten (vgl.: http://www.uzh.ch, die Seiten der jeweiligen Institute und Seminare). Einen Überblick zum Bibliotheksnetz der UZH bieten auch die detaillierten Zahlen der Schweizerischen Bibliotheksstatistik: http://www.bfs.admin.ch (Rubrik: Kultur, Medien, Informationsgesellschaft, Sport) (15.12.2013).
16 Vgl.: http://www.careum.ch bzw. http://www.kalaidos-fh.ch/Departement-Gesundheit (15.12.2013).

bliothek zusammenarbeitet.[17] Die Beispiele zeigen, dass mit innovativen Ansätzen erhebliche Synergien bei Personal und Bestand genutzt und zugleich die Qualität der Literaturversorgung optimiert werden kann.[18] Die Weiterentwicklung, aber auch der Abbau und die Integration dezentraler Fach- oder Klinikbibliotheken bedürfen einer entsprechenden Koordination.

Bei der Entwicklung der Bibliotheksstandorte spielt der Grad der Digitalisierung der Literaturversorgung eine zentrale Rolle, die im naturwissenschaftlichen und medizinischen Bereich deutlich schneller voranschreitet als in den Geisteswissenschaften. Entsprechend hat auf dem naturwissenschaftlich geprägten Campus Irchel bereits seit den 1990er Jahren eine Konzentrationsbewegung eingesetzt, mit der die gedruckten Bestände der Bibliotheken der Irchel-Institute nach und nach in die Hauptbibliothek – Naturwissenschaften integriert und damit in deren zentrales Management überführt wurden.[19] In den Geistes- und Sozialwissenschaften ist hingegen die Diversifikation in verschiedene Fachbibliotheken und Teilstandorte erhalten geblieben, insbesondere in den philosophischen Fachbereichen, die über zahlreiche Standorte verteilt sind. Hier stehen weiterhin große, professionell geführte Bibliotheken mit einem beachtlichen Nutzerkreis zahlreichen kleineren Standorten gegenüber.

Das dreischichtige Bibliothekssystem an der Universität Zürich ist gegenüber zentralistischen Modellen flexibler, dezentraler und stärker auf die individuellen Bedürfnisse vor Ort ausgerichtet als einschichtige Modelle und verzichtet auf entsprechende Aufbaustrukturen. Hauptbibliothek und Institutsbibliotheken erreichen durch die dezentrale Struktur eine große Nähe zu den Forschenden und Studierenden. Dies spielt auch bei neueren Themen wie Informationskompetenz, Open Access oder Forschungsdaten eine wichtige Rolle. Eine Gesamtsteuerung der drei Ebenen nach New Public Management Kriterien, z. B. in Gestalt koordinierter Leistungsaufträge, fehlt jedoch. Hieraus ergeben sich Nachteile, wie z. T. Unklarheiten der Aufgabenverteilung, die Gefahr von Doppelspurigkeiten und mangelnder Koordination. Im Projekt „Zusammenarbeit Bibliotheken" werden derzeit Modelle für eine bessere Koordination und Kooperation zwischen der Hauptbibliothek und der Zentralbibliothek Zürich, aber auch mit den Instituts- und Fakultätsbibliotheken der Universität Zürich erarbeitet.

---

[17] Die Bibliothek des Rechtswissenschaftlichen Instituts umfasst rund 560 Leseplätze und 240.000 Bände.
[18] Vgl.: Schlosser, Anna: Universitätsspital-Bibliothek Zürich (USZB). Kostenanalyse der dezentralen Klinikbibliotheken. Projektarbeit. Zürich 1999. S. 28–30.
[19] Seit der Integration der Bibliothek des Instituts für Mathematik im Jahr 2013 sind nur noch die Bibliotheken des Geographischen Instituts sowie des Anthropologischen Instituts und Museums auf dem Campus Irchel unter eigener Leitung und in eigenen Räumen untergebracht.

Zukunft des Zürcher Hochschulbibliothekssystems: Offenes Feld im Sog technologischer Entwicklungen

Die aktuellen technologischen Entwicklungen im Bereich Medien- und Literaturversorgung führen zunehmend zu neuen, institutionsübergreifenden Aufgabenverteilungen. 2013 wurde durch die oben erwähnte Integration des Katalogs des IDS Zürich Universität der NEBIS-Verbund erheblich erweitert, der nun die Bestände der ETH Zürich, der Zentralbibliothek Zürich, der Hauptbibliothek und der Institutsbibliotheken der Universität Zürich sowie zahlreicher weiterer Bibliotheken in der Schweiz umfasst. Der NEBIS-Verbund ist organisatorisch der ETH-Bibliothek angegliedert, wird aber seit 2013 von einer gemeinsamen Steuerungsgruppe geleitet. Hierdurch sind ETH-Bibliothek, Zentralbibliothek Zürich sowie die Hauptbibliothek der Universität Zürich, die dort zugleich die Institutsbibliotheken vertritt, deutlich näher zusammengerückt. Weitere Kooperationsprojekte, wie ein gemeinsames Zürcher Portal oder ein gemeinsamer Kurierdienst zwischen den Standorten, sind geplant.

Im Bereich der elektronischen Medien beschaffen und verwalten die Zentralbibliothek und die Hauptbibliothek gemeinsam für die gesamte Universität Zürich in gegenseitiger Absprache, aber mit getrennten Budgets. Sie arbeiten zudem eng mit dem Konsortium der Schweizer Hochschulbibliotheken zusammen, das in Angliederung an die ETH-Bibliothek, Dienstleistungen für die Hochschulen der Schweiz insgesamt erbringt.[20] Die Hauptbibliothek Universität Zürich organisiert zusätzlich die Abonnementpakete der großen Verlage für die gesamte Universität im Rahmen einer zentralen Bewirtschaftung.[21]

Zusammen mit vier weiteren Bibliotheken aus verschiedenen Kantonen sind die Zentralbibliothek Zürich und die Universität Zürich an einer kooperativen Speicherbibliothek beteiligt, die Ende 2015 eröffnet wird. Zentral in Büron (Kanton Luzern) gelegen, wird sie in einem automatisierten Hochregallager rund 3,1 Mio. Bände aufnehmen und bei Bedarf von dort per Kurier an die teilnehmenden Bibliotheken versenden. Ein von den beteiligten Bibliotheken getragener Betriebsverein organisiert den Betrieb und mietet das Gebäude von einer Aktiengesellschaft (nach schweizerischem Recht), die eigens für die Kapitalbeschaffung gegründet wurde. Auch weitere aktuelle Herausforderungen, wie Forschungsdaten oder Langzeitarchivierung verweisen auf die Notwendigkeit vermehrt kooperativer und ggf. auch institutionsübergreifender Lösungen.

Diese Beispiele verdeutlichen, dass die rasche technologische Entwicklung auf organisatorischer Ebene einen Sog zur Zentralisierung von Aufgaben erzeugt, der auf drei Ebenen angesiedelt ist:

---

[20] Das Konsortium der Schweizer Hochschulbibliotheken lizenziert elektronische Informationsprodukte (elektronische Zeitschriften, Datenbanken, E-Books) für Hochschulbibliotheken schweizweit, vgl.: http://www.lib.consortium.ch (15.12.2013).
[21] Vgl.: http://www.hbz.uzh.ch; http://www.zb.uzh.ch (15.12.2013).

- Erstens können Institutsbibliotheken innerhalb der Universitäten bestimmte Aufgaben nicht mehr allein sicherstellen, sondern beziehen sie vermehrt von übergeordneten zentralen Einheiten.
- Zweitens werden Kooperationen zwischen den großen Bibliotheken zunehmen, indem auf der Basis von Dienstleistungsverträgen spezialisierte Leistungen gezielt eingekauft werden.
- Drittens wird sich der Trend verstärken, dass zukunftsweisende Aufgaben durch externe bibliothekarische Servicecentren erbracht werden.

Diese Servicezentren erbringen Dienstleistungen für mehrere Bibliotheken regional oder zunehmend auch überregional bzw. schweizweit. In Zukunft werden sie vermehrt als Gesellschaft in eigener Rechtsträgerschaft, z. B. als Verein, kooperativ geführt. Die kooperative Führung durch die Bibliotheken bzw. deren Träger entspricht auch der subsidiären Struktur der Schweizerischen Universitäten, die mit Ausnahme der technischen Hochschulen, von den Kantonen getragen werden. Damit entsteht eine neue Form von Mehrschichtigkeit in der Organisation der Bibliothekssysteme, die zugleich neue Ansätze im Bibliotheksmanagement notwendig macht. Die Leitungen an Universitätsbibliotheken werden in Zukunft vermehrt mit Organisation und Mitwirkung im Rahmen solcher Serviceeinrichtungen befasst sein.

Beate Tröger
Personalführung in großen Bibliothekssystemen

Integration als Thema der Personalentwicklung an der Universität Münster

Abstract: „Die optimale Versorgung mit wissenschaftlicher Information ist eine Grundvoraussetzung für die zukunftsfähige Forschung und Lehre an den Hochschulen [...]. Der Erfolg wissenschaftlicher Einrichtungen im nationalen und internationalen Wettbewerb hängt wesentlich von einer leistungsfähigen Informationsinfrastruktur ab – bei Spitzenforschung und Exzellenzförderung ebenso wie bei der Verbesserung der Lehre."

Dies sind die ersten Sätze eines Papiers eines Experten-Kreises zu den Bibliotheksstrukturen der Westfälischen Wilhelms-Universität Münster (WWU) – Sätze, denen sich vermutlich jede moderne Hochschule anschließen würde. Doch die Realisierung dieser Sätze ist nicht trivial und hat eine entscheidende Stellschraube, die es zu berücksichtigen gilt: nämlich die Mitarbeiterinnen und Mitarbeiter, die die genannte „leistungsfähige Informationsinfrastruktur" erst ermöglichen. Sie motivational wie wissensbezogen mitzunehmen bei der kontinuierlichen Weiterentwicklung der Informationsinfrastrukturen, ist eine zentrale Aufgabe modernen Bibliotheksmanagements.

Dies gilt für alle Hochschulen und entsprechend auch für die Universität Münster. Deren Bibliotheksstrukturen aber sind als altes gewachsenes zweischichtiges System sehr komplex und bergen gerade auch im Blick auf das Personalmanagement deutliche Herausforderungen.

Keywords: Personalentwicklung, Funktionale Einschichtigkeit, Personalgespräch, Führungskräfte-Entwicklung, Mentoring, Flexible Arbeitszeit, Telearbeit, Fortbildung, Mitarbeiter-Partizipation, Coaching, Job-Rotation, Hospitation, Gesundheitsmanagement

Der Ausgangspunkt: Heterogene Personalstrukturen

Die Universität Münster hatte im Jahr 2013 eine Zentralbibliothek, die Universitäts- und Landesbibliothek Münster (ULB), mit rund 170 Mitarbeiterinnen und Mitarbeitern. Gleichzeitig gab es gut 130 Institutsbibliotheken mit ca. 70 Mitarbeitern, die bibliothekarisch eingruppiert waren, sowie mit einer großen Zahl von nicht-bibliothekarischem Personal – Hilfskräften, Sekretärinnen und Sekretären mit einem gewissen Stundenanteil, wissenschaftlichen Mitarbeitern mit einem gewissen Stundenanteil und weiterem Personal. Das Personalkosten-Volumen dieser nicht-bibliothekarischen Personengruppen überschritt sogar leicht das des bibliothekarisch eingruppierten Personals. Beide Personal-Gruppen, die bibliothekarisch Eingruppierten wie die anderen Mitarbeiter, unterstanden der Leitung des Instituts oder des Fachbereichs.

Im Blick auf die eingangs zitierten Sätze einer modernen Informationsinfrastruktur ist eine solche höchst heterogene Personal-Situation natürlich nicht ideal, bedingt sie doch große Probleme etwa hinsichtlich der kontinuierlich nötigen Weiterqualifizierung der Mitarbeiter. Gerade neue Aufgaben, wie beispielsweise der Umgang mit Forschungsdaten, oder neue Anforderungen, wie die Einführung von RDA, bewirken entsprechend massive Realisierungsschwierigkeiten. Eine eigentlich nötige laufende Personalentwicklung findet seitens der Fachbereiche und Institute nicht statt.

Aber auch bezogen auf die persönliche Weiterentwicklung der Mitarbeiter in Beförderungskontexten ist diese Ausgangslage sehr problematisch, haben die Fachbereiche doch meist keine Beförderungsmöglichkeiten oder nutzen ihre finanziellen Mittel für andere Dinge. Der missliche Tarifvertrag der Länder (TV-L) tut an dieser Stelle sein Übriges, den fast durchgehend nicht-beamteten Mitarbeiterinnen und Mitarbeitern in den Institutsbibliotheken kaum eine finanzielle Perspektive zu bieten, verfügen die Fachbereiche doch in der Regel in den Bibliotheken nicht über Beamtenstellen als Ausweichstruktur.

Nicht zuletzt vor diesem Hintergrund kam eine Experten-AG der Universität Münster, die sich mit den Bibliotheksstrukturen an der WWU insgesamt auseinandersetzte, zu einer sehr pointierten Empfehlung: der „Poolbildung des bibliothekarisch geschulten Personals und Organisations- und Weisungsrecht durch die ULB".

Poolbildung, Verwaltungsverbünde, flächendeckendes Erwerbungssystem, Retrokatalogisierung, flexible Öffnungszeiten

Diese Empfehlung der Experten-AG ist eingebettet in einen Gesamtprozess, der durch das Rektorat der Universität angestoßen wurde. Angesichts einer schwierigen Haushaltslage sollten viele Strukturen der WWU kritisch hinterfragt und hinsichtlich ihrer Effizienz und Effektivität reflektiert werden. Es wurden deshalb sieben Experten-AGs gebildet – eine auch zu den Bibliotheksstrukturen der Universität. Neben der zuständigen Prorektorin und der ULB-Direktion wurden seitens der Dekane drei Professoren benannt, die als Vertreter der Fachbereiche an der AG teilnehmen sollten. Außerdem fanden sich zwei UB-Direktoren als externe Berater der AG.

In etlichen Sitzungen kam die AG zu insgesamt acht Empfehlungen. Fünf dieser Empfehlungen hatten deutliche personalrelevante Konsequenzen – die ausgeprägtesten hatte natürlich die vorgeschlagene „Poolbildung" aller bibliothekarisch eingruppierten Mitarbeiterinnen und Mitarbeiter bei der ULB. Diese Empfehlung bedeutet eine massive Umsteuerung bisheriger Strukturen, unterstehen die Mitarbeiter doch künftig sowohl der fachlichen als auch der dienstlichen Aufsicht und Weisung der ULB-Direktion.

Doch auch andere Empfehlungen haben Konsequenzen für die Mitarbeiter in den Institutsbibliotheken. So wird etwa die flächendeckende Einführung des Erwerbungssystems der ULB in allen Institutsbibliotheken empfohlen. Die Klein- und Kleinstbibliotheken an der WWU sind damit sicher überfordert, es müssen also „Verwaltungsverbünde" geschaffen werden, in denen große Institutsbibliotheken in der Medienbearbeitung kleinere quasi huckepack nehmen – gerade bei Bibliotheken, die nur mit studentischen Hilfskräften u. ä. geführt werden, eine unabdingbare Voraussetzung für einen flächendeckenden Einsatz des Erwerbungssystems. Doch erst mit dessen Einsatz wird es möglich, die große Zahl von Dubletten bei der Erwerbung kritisch zu hinterfragen, denn erst ein gemeinsames Erwerbungssystem macht mögliche Dubletten ja transparent. Die parallel erfolgende Einführung von SAP an der Universität tut ein Übriges, solche Arbeitsstrukturen zu verlangen.

Dieses Erwerbungssystem aber erfordert eine umfassende inhaltliche Einarbeitung – man landet also hier sofort wieder beim Thema der Weiterqualifizierung. Und auch die Organisation von Verwaltungsverbünden mündet schnell im Thema Personalmanagement.

Ähnliches gilt für eine weitere Empfehlung der Experten-AG, die Retrokatalogisierung der noch nicht elektronisch erfassten Bestände der Institutsbibliotheken – hier stellt sich ebenfalls die Frage nach Kapazitäten und Kompetenzen.

Die Empfehlungen zur Koordinierung von Öffnungszeiten im Sinne „intelligenter Öffnungszeiten" („nicht überall bis 22 Uhr, sondern nur bis 20 Uhr und Ressourcen bündeln an einer Stelle und dort fachübergreifend für alle Nutzer die ganze Nacht öffnen") haben Auswirkungen auf das Personalmanagement der universitären Bibliotheken ebenso wie die Empfehlung zu einer Zusammenlegung dezentraler Standorte.

Kommunikation und Transparenz der Umsetzungspläne

Die Veröffentlichung der AG-Empfehlungen löste bei den Betroffenen ebenso wie bei den Fachbereichen und Instituten Fragen und zum Teil auch Sorgen aus. Waren das für die Institute vor allem organisationsbezogenen Fragen etwa nach Etatberechnungen im Blick auf die Personalstellen sowie nach Arbeitsabläufen („Bleibt die Servicequalität, die ich jetzt habe, dann auch erhalten?"), so waren die Mitarbeiterinnen und Mitarbeiter verunsichert hinsichtlich ihrer künftigen Arbeitsautonomie, ihrer inhaltlichen Rechtfertigungsstrukturen („Wer sagt mir künftig, was und wie viel ich tun soll, der Dekan oder die ULB?") und zum Teil auch hinsichtlich ihrer Arbeitsplatz- und Eingruppierungssicherheit. So stellten sich einige Mitarbeiter die bange Frage, ob sie möglicherweise tariflich herabgestuft werden könnten.

In einer Teilpersonalversammlung, zu der der Personalrat die Mitarbeiter der Institutsbibliotheken und der ULB ebenso einlud wie den Kanzler und die zuständige Prorektorin der Universität, konnten die letztgenannten Sorgen genommen werden – eine tarifliche Herabstufung oder eine Kündigung eines laufenden Vertrages gibt es selbstverständlich nicht. Auch andere, organisatorische Fragen wurden zum Teil beantwortet – allerdings wirklich nur zum Teil, sind doch viele Aspekte der Umsetzung gerade auch der „Poolungs"-Empfehlung noch offen.

Im Sinne eines guten Change Management Prozesses ist es umso wichtiger, die einzelnen Schritte so transparent wie möglich zu gestalten und Informationen stets sehr frühzeitig als tatsächliche Prozess-Informationen weiter zu geben. Jede Verzögerung solcher Informationsweitergabe führt nahezu unvermeidlich zu Spekulationen, zu Missverständnissen, zu immer größer werdenden Verunsicherungen und Ängsten.

Organisatorische Neuausrichtung und Personalintegration

Mit der Umsetzung der im engeren Sinne personal-relevanten AG-Empfehlungen stellen sich aus Sicht eines Personalmanagements zwei große Aufgabenblöcke: Zum einen muss die neue Struktur organisatorisch adäquat abgebildet werden, zum anderen müssen die Mitarbeiterinnen und Mitarbeiter in die bestehende Personalstruktur integriert werden. Beides hat entscheidende Auswirkungen auf die zitierte zukunftsfähige Informationsinfrastruktur der Universität und beides ist in der Sache eine große Herausforderung – nicht nur für die Personen in den Institutsbibliotheken, sondern durchaus auch für die Mitarbeiterinnen und Mitarbeiter der Zentralbibliothek.

Die organisatorische Frage zeigt den letztgenannten Aspekt besonders deutlich. Die bestehende Struktur muss erweitert werden um die organisatorische Einbindung einer Personenzahl, die deutlich größer ist als ein Drittel der bisherigen Mitarbeiterschaft. Alle müssen quasi „zusammenrücken", um Platz zu schaffen für die neuen Kolleginnen und Kollegen – etwa im Blick auf Vorgesetzte und Führungspersonen: Mitarbeiter mit entsprechenden Qualifikationen müssen gefunden oder rasch ausgebildet werden. Jede Vorgesetztenfunktion erfordert inhaltliche Fähigkeiten („Wie führe ich ein Konfliktgespräch?"), aber vor allem vielfältige Softskills – beides muss man erproben, beides braucht für diese Erprobung und Einübung Zeit, und genau diese Zeit wird im laufenden Prozess der Integration zum Nadelöhr eines geglückten Verlaufs.

Auch die Bereitschaft und Motivation der Mitarbeiterinnen und Mitarbeiter zu einem Prozess, an dessen Ende eine große und von allen als Einheit wahrgenommene bibliothekarische Infrastruktur der Universität steht, gilt es zu befördern und zu pflegen. Hier spielt nicht zuletzt der Kommunikations- und Informationsfaktor eine entscheidende Rolle. Ist er problematisch, bildet sich sehr schnell ein „Wir" und „Die" wechselseitig bei allen Beteiligten. Begriffe wie „feindliche Übernahme" sind hier aus anderen Hochschulen ebenso zu hören wie ein verbittertes: „Die kommen und nehmen uns unsere Beförderungsstellen weg".

Personalführung und Personalentwicklung werden deshalb entscheidende Faktoren bei einem so großen Umsteuerungsprozess, wie ihn die Universität Münster angeht – in der Zentralbibliothek, aber ebenso auch in den dezentralen Bibliotheken. Deren Mitarbeiterinnen und Mitarbeiter müssen auf dem Weg mitgenommen werden, den die ULB im Bereich des Personalmanagements seit längerer Zeit bereits beschreitet.

Personalentwicklung in der ULB – nun für alle Bibliotheksmitarbeiter der Universität

Die Zentralbibliothek hat in einem alle Arbeitsbereiche einbeziehenden Prozess den Status Quo der Personalentwicklung in der ULB mit ihren Instrumenten und Handlungsfeldern ausgelotet und, in einem kondensierten Papier im Intranet, allen Mitarbeitern im Sinne verlässlicher und einforderbarer Elemente zur Verfügung gestellt.

Der Detailbeschreibung dieser 14 Instrumente und der drei Handlungsfelder sind einige Leitsätze vorgeschaltet, die die Eckpunkte markieren: Die Personalentwicklung an der ULB, so ist dort zu lesen, betrifft alle Mitarbeiterinnen und Mitarbeiter, sie wird von der Leitung gesteuert und unterstützt, ist Führungsaufgabe aller Vorgesetzten, ist bedarfsorientiert, zielgerichtet und systematisch und fördert durch systematische Weiterqualifizierung die persönlichen Entwicklungschancen Aller, setzt aber auch die Bereitschaft aller Mitarbeiterinnen und Mitarbeiter zu lebenslangem Lernen als eigenverantwortlicher Verpflichtung voraus. Sie verstärkt das Bestreben, die ULB als Einheit zu begreifen, ist geprägt von einer sich in allen Arbeitsbereichen manifestierenden Anerkennungskultur und, last but not least, ist sie einem ständigen Weiterentwicklungsprozess unterworfen.

Es folgen verschiedene Aspekte der Personalentwicklung – von A wie Anforderungsprofile bis T wie Telearbeit. Ihre Gültigkeit künftig eben auch für die Mitarbeiterinnen und Mitarbeiter der Institutsbibliotheken ist eine der zentralen Forderungen an die Personalführung eines heterogenen großen Bibliothekssystems wie in Münster.

Instrumente und Handlungsfelder der zukünftigen Personalentwicklung

Anforderungsprofile

Insgesamt beinhalten die Empfehlungen 14 Instrumente der Personalentwicklung – das erste betrachtet den Bereich der Anforderungsprofile. Diese Profile geben Auskunft über die Fähigkeiten, Kenntnisse und persönlichen Kompetenzen, die an den einzelnen Arbeitsplätzen erforderlich sind – für Besetzungsverfahren besonders wichtig im Sinne objektivierbarer Kriterien – und sie helfen, einen Qualifizierungsbedarf zu ermitteln. Alle Besetzungsverfahren im Bibliothekssystem der WWU werden mit solchen Anforderungsprofilen unterfüttert, hier ist das Instrument lange etabliert. Nun aber muss auch für die bestehenden Stellen der Qualifizierungsbedarf ausgelotet werden – auch dies im Sinne objektivierbarer Eckdaten. Aufwand der Realisierung und Ängste der Betroffenen sind hier zwei entscheidende Faktoren, die berücksichtigt werden müssen.

Personalgespräche

Mindestens im Blick auf die Ängste dienen Mitarbeiter-Vorgesetzten-Gespräche, das zweite Instrument der Personalentwicklung, als Möglichkeit, Sorgen zu nehmen. Zeitlich allerdings sind diese Gespräche eher ein hinzu kommendes Schwergewicht in der Arbeitsbelastung der Vorgesetzten. Gleichwohl müssen sie einmal jährlich geführt werden, alle Rückmeldungen der Mitarbeiter zeigen ihre große Bedeutung für das Arbeitsklima. Die Realisierung dieser MVGs auch für die Mitarbeiterinnen und Mitarbeiter in den dezentralen Bibliotheken ist ein entscheidender Faktor bei der Integration der „Neuen" in bestehende Strukturen.

Personalbeurteilung

Weniger relevant für die Mitarbeiter der Institutsbibliotheken ist die Beurteilung, die regelmäßig für die Beamten im Bibliotheksdienst durchgeführt werden muss, stehen doch wie berichtet keine Beamtenstellen in den Instituten zur Verfügung. Die Teilhabe an Beförderungsmöglichkeiten aber verlangt, solange der bestehende Tarifvertrag der sog. Beschäftigten nicht geändert wird, eine Integration potentieller Personen in die Überlegungen zu Verbeamtungen von Mitarbeitern. Hier sieht man die Problematik des genannten „Zusammenrückens" besonders deutlich: Es stehen dem Bibliothekssystem der Universität nicht mehr Beamtenstellen als bisher in der ULB vorhanden zur Verfügung, aber es gibt deutlich mehr daran Interessierte. Klare und transparente Verfahren sind die einzige Möglichkeit, hier dem Gerechtigkeitswunsch so weit wie möglich Genüge zu tun.

Bedeutung der Führungskräfte und Mentoring

Auch an dieser Stelle wird die besondere Bedeutung der Rolle der Führungskräfte offensichtlich, sind sie es doch, die diese Transparenz der Verfahren und die zugleich nötige angemessene Kommunikation realisieren müssen. Ihrer Orientierung ebenso wie derjenigen der Mitarbeiter dienen die – in einem großen und alle Bereiche der ULB beteiligenden Verfahren erstellten – Führungsgrundsätze, das vierte Instrument der Personalentwicklung. Führungskräfte, so heißt es dort, setzen sich kontinuierlich im Rahmen spezieller Fortbildungen mit ihrer aktuellen oder zukünftigen Rolle und den sich hieraus ergebenden Aufgaben und Herausforderungen auseinander. Führungskräfte sind für die Personalentwicklung ihrer Mitarbeiter verantwortlich. Daher kommt ihnen in diesem Bereich eine Schlüsselrolle zu.

Diesem Verständnis einer Schlüsselrolle dient auch das Mentoring für Führungskräfte. Gerade das beschriebene Erfordernis vieler neuer Führungskräfte im Rahmen der organisatorischen Integration vieler neuer Mitarbeiterinnen und Mitarbeiter macht eine intensive Betreuung und Begleitung der „Neulinge" unter den Vorgesetzten unabdingbar. Im Rahmen der Führungskräfteentwicklung wird neuen Führungskräften entsprechend eine Mentorin bzw. ein Mentor zur Seite gestellt, um die neue Führungskraft bei der persönlichen und beruflichen Entwicklung für eine bestimmte Zeit zu unterstützen. Diese Tandem-Beziehung ist grundsätzlich hierarchiefrei, hier können informelles Wissen transportiert und potentielle Fähigkeiten und Kompetenzen entdeckt und weiterentwickelt werden. Gerade die Mitarbeiterinnen und Mitarbeiter des gehobenen Dienstes schätzen diese Unterstützung, wurde ihre Rolle als Vorgesetzte doch bislang vielfach als die einer gehobenen Sacharbeit wahrgenommen – Vorgesetztenfunktionen müssen entsprechend erst neu erprobt werden.

Ein Mentoring-Verfahren gibt es neben dem für Führungskräfte auch für neue Mitarbeiter: Einarbeitung und fachliche Integration – nach einheitlichen Regeln – helfen den neuen Kollegen, sich in ihrem Arbeitsbereich schnell zurechtzufinden, es dient einer hohen Identifikation mit dem Arbeitsplatz sowie mit den Zielen der ULB. Und auch hier wird die Herausforderung eines Gesamt-Bibliothekssystems der Universität deutlich: Viele Institutsbibliotheken sind One Person Libraries, sind OPLs, ein Mentoring für neue Mitarbeiter ist also umso wichtiger, aber in der praktischen Umsetzung herausfordernd im Blick auf Inhalte und Zeitaufwand.

Flexible Arbeitszeit und Telearbeit

Der Begriff „Zeit" liefert das nächste Stichwort, es betrifft das siebte und das achte Instrument der Personalentwicklung: flexible Arbeitszeit und Telearbeit. Beides an der Zentralbibliothek lange realisiert und von etlichen Mitarbeitern der Institutsbibliotheken als Wunsch artikuliert, sind beide Aspekte in den Institutsbibliotheken gerade bei OPLs wesentlich schwerer umsetzbar. Ein Wechsel des Arbeitsplatzes in die Zentralbibliothek wird für etliche der Mitarbeiter die einzige Möglichkeit sein, in den Genuss der zeitlichen und räumlichen Flexibilisierung zu kommen.

Fortbildung

Die Problematik einer OPL beeinträchtigt auch das neunte Instrument, die Fortbildung – gerade auch an ihr entlang rankte sich ja in der Vergangenheit die Problematik mangelnder oder veralteter Qualifikationen mancher Mitarbeiter: Sie kamen schlicht nicht weg aus ihrer Institutsbibliothek. Eine angemessene Qualifizierung aber ist essentieller Baustein moderner Informationsinfrastrukturen der Universität. Umso wichtiger sind hausinterne Fortbildungen, die eine Teilnahme auch für OPL-Mitarbeiter ermöglichen, wenn für kurze Zeit etwa Hilfskräfte vor Ort sind. Und auch die Vertretung durch Kollegen spielt in diesem Zusammenhang eine wichtige Rolle – gerade auch letzteres ist nur realisierbar in einem großen System.

Partizipation der Mitarbeiter

Neben den Fortbildungen als Qualifizierungen im engeren Sinne – etwa bei der beschriebenen flächendeckenden Einführung des Erwerbungssystems oder bei RDA – kommt hier einem weiteren Faktor eine zunehmend wichtige Bedeutung zu: Die Mitarbeiterinnen und Mitarbeiter müssen deutlich einbezogen werden in die strategischen Fragen einer modernen Informationsinfrastruktur, nur so können sie mittel- und langfristig Teil haben an den immer schneller getakteten Entwicklungen und nur so bleibt die Identifikation mit ihrem Arbeitsplatz und dem Gesamtsystem „Bibliothek" erhalten. Die ULB lädt deshalb alle Mitarbeiter regelmäßig zu Vorträgen ein, die die aktuellen Themen des Bibliothekswesens betreffen – von der Cloud-Problematik über Urheberrechtsfragen bis hin zu der Diskussion strategischer Papiere des Wissenschaftsrats oder der DFG im Kontext der sog. Verbünde-Projekte. Die Rückmeldung der Mitarbeiter aus der Zentralbibliothek zu dieser Einbeziehung ist sehr positiv und bestätigt den eingeschlagenen Weg eindeutig. Hier auch die Mitarbeiter aus den Institutsbibliotheken mitzunehmen, ist eine Aufgabe für die nächste Zeit, sind doch gerade sie bislang oft abgeschnitten von strategischen Fragestellungen.

Coaching, Rotation, Hospitation

Weitere Elemente einer „Fortbildung" sind die Instrumente elf, zwölf und dreizehn: Coaching, Rotation und Hospitation. Dient das erstgenannte den Führungskräften in der Feinjustierung ihres Tuns als Vorgesetzte, betreffen die beiden letztgenannten alle Mitarbeiter.

Hospitation meint dabei das zeitlich befristete Kennenlernen anderer Tätigkeitsbereiche – universitätsintern, aber auch -extern und durchaus auch im Ausland –, mit dem Ziel, komplexe Arbeitsprozesse und interne Kundenbeziehungen zwischen verschiedenen Organisationseinheiten besser zu verstehen. Auch hier geht es also um Wahrnehmung und damit letztlich um Identifikation mit einem bibliothekarischen Gesamtsystem in seiner Komplexität. Dieses Verfahren ist besonders für die Mitarbeiter in den Institutsbibliotheken interessant, löst es ihren Blick doch oft mit kleinem Aufwand aus ihrer Insel-Situation.

Einen deutlichen Schritt weiter auf diesem Weg geht die Rotation, der regelmäßige Arbeitsplatzwechsel. Durch die Rotation bleiben Breite und Flexibilität des Fachwissens und seiner Anwendung erhalten bzw. werden wiederbelebt. Dies setzt allerdings die Bereitschaft voraus, nach einer bestimmten Zeit vertraute Tätigkeiten aufzugeben und sich in neue Sachgebiete einzuarbeiten. Gerade diesem Instrument der Personalentwicklung kommt bei der Integration der Mitarbeiterinnen und Mitarbeiter aus den Institutsbibliotheken hohe Bedeutung zu. Die Verbreiterung des Einsatzspektrums durch Rotation verbessert für die Mitarbeiter die Aufstiegsmöglichkeiten, während die Bibliothek von der bedarfsorientierten Flexibilisierung des Personaleinsatzes profitiert.

Gesundheitsmanagement

An nummerisch, aber keineswegs an inhaltlich letzter Stelle der Auflistung der Instrumente der Personalentwicklung im Münsteraner Bibliothekssystem steht das Gesundheitsmanagement. Die ULB hat eine betriebliche Gesundheitsberaterin ausbilden lassen und verfolgt das Thema engagiert, führt doch die Kombination von haushaltsbedingten Stellenkürzungen mit Demographie-bedingten Jahresringen der Mitarbeiterschaft zu erheblichen Anforderungen im Gesundheitsfürsorgebereich. Entsprechend breit sind die Themen des Bereichs: von gesunder Ernährung bis zu Lach-Yoga, von After Work Tanzen bis zu Micro-Pausen und zu Feldenkrais-Übungen. Diese Veranstaltungen stehen allen Mitarbeitern zur Verfügung und werden gerne genutzt – und dienen neben der gesundheitlichen Stärkung der Beteiligten ganz nebenbei auch der Integration der Mitarbeiter aus den Institutsbibliotheken in die Zentralbibliothek: Wer gemeinsame Übungen im Lach-Yoga praktiziert hat, kennt sich einfach besser.

Neben diesen 14 Instrumenten der Personalentwicklung gibt es drei Handlungsfelder, die im Kontext relevant sind: die Gleichstellungsbemühungen sowie die Dienstvereinbarungen mit den Personalräten zur Integration schwerbehinderter Menschen und zum Umgang mit Suchtproblemen am Arbeitsplatz.

Dieses Bündel von Maßnahmen und Methoden, von Instrumenten und Handlungsfeldern dient der Etablierung und Weiterführung eines modernen Informationsmanagements wie von der Experten-AG der Universität Münster gefordert – es dient aber vor allem auch den Mitarbeiterinnen und Mitarbeitern bei dem anspruchsvollen Prozess einer Integration vieler neuer Kolleginnen und Kollegen in Arbeitsabläufe, in Strukturen und nicht zuletzt in die je eigenen Wahrnehmungen.

Maria Seissl, Wolfgang Nikolaus Rappert
Das Bibliothekssystem der Universität Wien

Abstract: In einem ersten Teil wird die Entwicklung des Bibliothekssystems an der Universität Wien grob skizziert, das bereits von Anfang an im Spannungsfeld Hauptbibliothek versus Büchersammlungen an den Fakultäten stand. Anhand der wichtigsten Reorganisationsmaßnahmen des 18. und 19. Jahrhunderts wird gezeigt, wie das Bibliothekssystem unter der Obsorge des Staates professionellere Züge annahm. Die organisatorischen Maßnahmen des ausgehenden 20. Jahrhunderts übertrugen der selbständig werdenden Universität die Verantwortung für das Bibliothekswesen.

Der zweite Teil zeigt die heutige Organisationsstruktur, berichtet von der strategischen Ausrichtung im Rahmen eines breiten Prozesses, zeigt neue Arbeitsbereiche und Handlungsfelder auf und resümiert abschließend noch einmal das Thema des zwei- oder einschichtigen Bibliothekssystems.

Keywords: Österreich, Hochschulbibliothekssystem, Funktionale Einschichtigkeit, Universität Wien, Universitätsbibliothek Wien

Die Entwicklung des Bibliothekswesens an der Universität Wien – ein Rückblick

Herzog Rudolf IV. von Österreich (1358–1365) gründete die Universität Wien im Jahr 1365, zunächst mit einer Artistenfakultät, einer juristischen und einer medizinischen Fakultät. 1384 erhielt sein Nachfolger Herzog Albrecht III. (1365–1395) die päpstliche Erlaubnis, auch eine theologische Fakultät einzurichten. Bereits die Stiftsbriefe von 1365 und 1384 lassen auf Fragen der Bibliotheksorganisation schließen: Während Herzog Rudolf IV. verfügte, der Rektor möge „die nachgelassenen Bücher von verstorbenen Mitgliedern der Hohen Schule, wenn sich kein Erbe findet, ‚der egenanten Universitet und hoher Schůle in ir gemaine půchkamer und Libreye' geben"[1], regelt Herzog Albrecht III. in seinem 19 Jahre jüngeren Stiftsbrief denselben Sachverhalt dahingehend, dass die Bücher erblos verstorbener Professoren der „libraria sue Facultatis" einzufügen sind. Er skizziert damit, was in den ersten Jahren der jungen Universität gewachsen war, nämlich ein sich in Fakultäts-, Kollegien- und Bursenbibliotheken entfaltendes Bibliothekssystem. Um einer wachsenden Institution Raum zu schaffen, errichtete Albrecht III. das Collegium ducale, das ab Weihnachten 1384 die Theologen und Artisten sowie einen eigenen Raum mit zwei Armarien (Bücher-

---
[1] Pongratz, Walter: Geschichte der Universitätsbibliothek Wien. Wien: Böhlau 1977. S. 1.

schränken) beherbergte. Im Dunkel der Geschichte bleibt, ob die im Herzogskolleg aufbewahrte Büchersammlung Funktionen einer „Universitätsbibliothek" übernahm, ob man die Büchersammlung der Artistenfakultät von ihrer Bedeutsamkeit her mit dem Begriff „Hauptbibliothek" bezeichnen kann – immerhin war das Studium an dieser Fakultät die Grundlage für alle weiteren Studien an den anderen Fakultäten – und welches Verhältnis die einzelnen Bibliotheken zueinander im Detail hatten. Historisch festzumachen ist jedenfalls, dass es an der Universität Wien von Anfang an Büchersammlungen gab, manche eine herausragendere Bedeutung hatten und es insbesondere für die artistische Fakultätsbibliothek seit 1415 nachweislich einen aus dem Kreis der Fakultätsangehörigen jährlich gewählten *librarius* gab, der gemeinsam mit dem Dekan für die Verwaltung und die Erstellung eines Katalogs verantwortlich war.[2]

In der ersten Hälfte des 17. Jahrhunderts wurde das Universitätsviertel umgestaltet und die Bibliothek der Artisten mit der Büchersammlung des Herzogskollegs vereinigt. Nichtsdestotrotz ging die Bedeutung der Universitätsbibliothek stetig zurück, da die Jesuiten in dieser Zeit ihre Kollegienbibliothek aufbauten. Die hier aktuellen, gut verwalteten und sorgsam gepflegten Bestände ließen die Büchersammlung der Universitätsbibliothek bald alt ausschauen.[3] Als im Auftrag Kaiserin Maria Theresias (1740–1780) Mitte des 18. Jahrhunderts die neue Aula der Alten Universität[4] gebaut wurde, gab es unterschiedliche Vorschläge, wie mit der Universitätsbibliothek zu verfahren sei: Dem Vorschlag des damaligen Kanzlers der allgemeinen Studien entsprechend hätten die Bücher auf die Fakultäten verteilt und in den jeweiligen Hörsälen aufgestellt werden sollen. Rektor und Konsistorium wünschten sich hingegen eine räumlich eigenständige Aufstellung. Trotz allerhöchster Unterstützung dieses Vorschlags durch die Kaiserin kam es zu keiner Einigung der verschiedenen Verantwortungsträger, so dass die Universität Wien 1756 den Beschluss fasste, „die gesamte Bibliothek der kaiserlichen Majestät ‚zur allerhöchsten freyen Disposition überlassen zu wollen [...]'"[5] Dies bedeutete die faktische Auflösung der Universitätsbibliothek Wien, wenngleich Aktennotizen belegen, dass an den Fakultäten lokale Büchersammlungen erhalten blieben.[6] Den Buchbestand verleibte der kaiserliche Leibarzt Gerard van Swieten der Hofbibliothek in seiner Funktion als Präfekt derselben ein. Die Zeit der Schließung währte aber nur kurz:

> Sowie Maria Theresia die Schöpferin des staatlichen Unterrichtswesens in Österreich ist, indem sie den Unterricht der Kirche und deren Organen entzog und ihn als politicum unter die Obsorge des Staates stellte, so ist sie auch die Gründerin des Staatsbibliothekswesens in Österreich, indem sie öffentliche Bibliotheken stiftete, an einigen Universitäten die getheilten Büchersammlungen der

---

2 Pongratz, Geschichte (wie Anm. 1), S. 2–4.
3 Pongratz, Geschichte (wie Anm. 1), S. 18f.
4 Das von Hofarchitekt Jean Nicolas Jadot de Ville-Issy 1753 bis 1756 errichtete Gebäude beherbergt heute die Österreichische Akademie der Wissenschaften.
5 Pongratz, Geschichte (wie Anm. 1), S. 22.
6 Pongratz, Geschichte (wie Anm. 1), S. 23.

einzelnen Facultäten vereinigte, die Büchersammlungen des im Jahre 1773 aufgehobenen Jesuitenordens den Universität -und Lycealbibliotheken zum öffentlichen Gebrauche zuwies [...], diese organisierte und unter die unmittelbare Verwaltung des Staates stellte.⁷

Für die Universität Wien bedeutete dies, ab 1775 wieder eine eigene Bibliothek zu haben. Der Grundbestand speiste sich aus den aufgehobenen Jesuitenkollegien von Wien, Wiener Neustadt und Krems und Dublettenbeständen der Hofbibliothek. Organisatorisch wurde die Bibliothek nicht nur der Universität, sondern und in erster Linie der Studienhofkommission unterstellt, die 1849 zum Ministerium für Kultus und Unterricht wurde bzw. nach Auflösung der Monarchie in wechselnden Bezeichnungen und Funktionen zum Bundesministerium für Unterricht (Kunst und Kultur) bzw. zum Bundesministerium für Wissenschaft und Forschung.⁸ Erstmals regelten Bibliotheksinstruktionen die betrieblichen Abläufe, erstmals wurde Personal eigens für bibliothekarische Arbeiten systemisiert, die Bibliotheksorganisation also professionalisiert, erstmals wurde klar ein öffentlicher Auftrag definiert. Um in Zukunft einen kontinuierlichen Bestandsaufbau sicherzustellen, wurde den Bibliotheken damals das Pflichtexemplarrecht eingeräumt.

Die erste Hälfte des 19. Jahrhunderts stand für die Universitätsbibliothek Wien im Zeichen einer räumlichen Erweiterung. Erstmals wurden die Räume deutlich in drei Bereiche gegliedert, nämlich in Bereiche für Benützer, für Bestände und für Personal. Die Bibliotheksleitung folgte damit der Empfehlung Leopoldo Della Santas, der in seinem 1816 in Florenz erschienenen Buch⁹ als Erster diese Trichotomie der Räume vorgeschlagen hatte.

In der zweiten Hälfte des 19. Jahrhunderts übersiedelte die Universität Wien und mit ihr die Bibliothek an die neue Wiener Ringstraße. Die Übersiedlung war für den ersten Direktor des neuen Standortes Dr. Ferdinand Grassauer (1884–1903) Anlass, die Bibliothek insgesamt neu zu organisieren: Die rund 300.000 Bücher wurden am neuen Standort nicht mehr systematisch, sondern nach Formaten geordnet nach numerus currens aufgestellt. Das machte gleichzeitig die Anfertigung eines neuen Katalogs erforderlich. Für diese Formalerschließung wurden genauere Regeln als bisher definiert.¹⁰ Gleichzeitig wurde ein Referentensystem eingeführt, so dass die an der Universität vertretenen Fächer in der Bibliothek erstmals einzelnen Mitarbeitern zugeordnet wurden, die insbesondere für die Literaturauswahl in ihrem Fachgebiet verantwortlich waren. Die Bibliotheksorganisation folgte damit der Entwicklung der

---

7 Grassauer, Ferdinand: Handbuch für Universitäts- und Studien-Bibliotheken sowie für Volks-, Mittelschul- und Bezirks-Lehrerbibliotheken Österreichs. Wien: Graser 1899. S. 30.
8 Pongratz, Geschichte (wie Anm. 1), S. 26.
9 Della Santa, Leopoldo: Della costruzione e del regolamente di una pubblicca universale biblioteca. Firenze: Ricci da S. Trinita 1816.
10 *„Das ‚System Grassauer' blieb bis zur Einführung der ‚Preußischen Instruktion' und der damit im Zusammenhang geschaffenen zentralen Katalogisierung in der Katalogisierungsabteilung im Jahre 1932 fast unverändert bestehen."* (Pongratz, Geschichte (wie Anm. 1), S. 101.)

Organisation des Wissens mit ihrer zunehmenden Spezialisierung. Eine weitere Neuerung unter Grassauer war die Herausgabe eines Zentralkataloges aller periodischen Druckschriften an österreichischen Bibliotheken.[11]

Das 20. Jahrhundert: Auf dem Weg zur funktionalen Einschichtigkeit

Der neue Standort erwies sich bald als räumlich zu knapp bemessen, sodass es bereits vor dem Ersten Weltkrieg Pläne gab, der Universitätsbibliothek Wien ein eigenes Gebäude zu errichten. Kriegsbedingt kam keiner dieser Pläne zur Umsetzung. Auch die Zwischenkriegszeit legte neue Pläne auf den Tisch, erweitert um eine intensiv geführte Diskussion, ob die Universitätsbibliothek mit der ehemaligen Hofbibliothek (seit 1920 „Nationalbibliothek" genannt) zusammengelegt werden solle. In dieser Frage setzten sich diejenigen durch, die für die Eigenständigkeit der beiden Anstalten eintraten, unter ihnen mit besonderem Nachdruck der damalige Direktor der Universitätsbibliothek Dr. Salomon Frankfurter (1919–1923). 1932 wurde die Preußische Instruktion als Regelwerk für die Katalogisierung auch an der Universitätsbibliothek Wien eingeführt und ein neuer Katalog in Zettelform begonnen, der den handgeschriebenen Bandkatalog ablöste.[12]

Nachdem der Zweite Weltkrieg den Bibliotheksbetrieb weitgehend zum Erliegen gebracht hatte, versuchte man in der Zeit des Wiederaufbaus erneut, einen eigenen Bibliotheksbau zu erhalten. Ein bereits zugesagter Bibliotheksneubau wurde Mitte der 1950er Jahre aber kurzfristig umgewidmet und als Institutsgebäude errichtet. Immerhin wurden die bestehenden Räume der Universitätsbibliothek in der Nachkriegszeit adaptiert. Die seit jeher bestehenden oder im Lauf der Zeit eingerichteten Instituts- und Seminarbibliotheken wurden durch das Hochschulorganisationsgesetz 1955 enger an die Universitätsbibliothek herangeführt: Der Bibliotheksdirektion wurde die Aufgabe zugesprochen, „für die ordnungsgemäße Katalogisierung" der dort befindlichen Literatur Sorge zu tragen.[13]

Der immer zentraler werdenden Bedeutung von Informationsversorgung für Forschung, Lehre und Studium Rechnung tragend, berief das Wissenschaftsministerium 1971 einen Arbeitskreis für Bibliotheksreform ein, um an den österreichischen Universitäten und Hochschulen tragfähige Strukturen für eine zukunftsorientierte Literaturversorgung zu schaffen. Die allgemein formulierten Empfehlungen wurden an den einzelnen Bibliotheken praktisch konkretisiert. An der Universität Wien wurden fachverwandte Instituts- und Seminarbibliotheken zu Fakultätsbibliotheken zusam-

---

11 Pongratz, Geschichte (wie Anm. 1), S. 100.
12 Pongratz, Geschichte (wie Anm. 1), S. 125–135.
13 Pongratz, Geschichte (wie Anm. 1), S. 158–160.

mengelegt, 1972 an der Hauptbibliothek eine zentrale Katalogisierung der Institute eingerichtet und die organisatorische Gliederung der Universitätsbibliothek in Hauptbibliothek, Fakultätsbibliotheken, Fachbibliotheken und Institutsaufstellungen gesetzlich im Universitätsorganisationsgesetz (UOG) 1975 festgeschrieben. 1980 wurde an der Universitätsbibliothek Wien eine Informationsvermittlungsstelle für maschinelle Literatursuche eingerichtet, 1986 eine Lehrbuchsammlung errichtet, 1989 die Teilnahme am automationsgestützten Bibliothekenverbund der wissenschaftlichen Bibliotheken Österreichs begonnen. Im selben Jahr wurde an der Hauptbibliothek (und in den Folgejahren ebenfalls an den Fakultäts- und Fachbibliotheken) der Zettelkatalog zugunsten des neuen Online-Katalogs abgebrochen.[14]

Die 1975 gesetzlich geregelte Organisationsstruktur war einer der wichtigsten Schritte hin zur Einführung eines funktional einschichtigen Bibliothekssystems. Denn das UOG 1975 begann das aufzubrechen, was 200 Jahre zuvor verfügt wurde, nämlich dass die Bibliotheksdirektoren direkt und ausschließlich dem Ministerium (damals der Studienhofkommission als staatliche Stelle) zugeordnet waren. Bis 1975 war das ein großes Problem, denn

> die Stellung der BibliotheksdirektorInnen außerhalb des Hochschulverbandes und nur dem Ministerium verantwortlich, brachte es mit sich, daß diese die vom Gesetz übertragene Verantwortung für das gesamte Bibliothekswesen der Universität nicht ausreichend wahrnehmen konnten. Es fehlten die erforderlichen Kontakte mit den zuständigen akademischen Behörden und den einzelnen Institutsvorständen, vor allem aber war das bibliothekarische Fachpersonal für die Institutsbibliotheken nicht vorhanden.[15]

Was das UOG 1955 zwar schon als Aufgabe der Universitätsbibliothek identifizierte, nämlich die Zuständigkeit für ein ordnungsgemäßes Katalogisieren auch der Bestände der Seminar- und Institutsbibliotheken, stieß mangels gesetzlicher Definition organisatorischer Bande zwischen Universitätsbibliothek und Universität an praktische Grenzen. § 72 des UOG 1975 bringt hier die wichtige Neuerung, dass der Bibliotheksdirektor erstmals auch einer akademischen Behörde angehört, nämlich dem akademischen Senat, und zwar „mit beratender Stimme und Antragsrecht, wenn jedoch die Universitätsbibliothek betreffende Angelegenheiten behandelt werden, mit vollem Stimmrecht".[16] Das Universitätsorganisationsgesetz 1993 entlässt die Universitäten schließlich in die Teilrechtsfähigkeit. Für die Universitätsbibliotheken heißt das direkte Zuordnung unter die Rektorate, sodass die Universitätsbibliotheken in vollem Umfang Teil der jeweiligen Universität werden. Das Universitätsgesetz 2002 bedeutet für die Universitätsbibliothek Wien die Umwandlung in eine Dienstleistungseinrichtung „Bibliotheks- und Archivwesen", also den organisatorischen Zusammenschluss

---

14 Pongratz, Geschichte (wie Anm. 1), S.173–179; Die Universitätsbibliothek Wien. Aufgaben, Organisation, Benützung. Hrsg. von der Universitätsbibliothek Wien. Wien 1995. S. 37.
15 Pongratz, Geschichte (wie Anm. 1), S. 177.
16 Universitäts-Organisationsgesetz, BGBl. 258/1975, § 72.

von Universitätsbibliothek und Archiv der Universität sowie die Eingliederung der bis dahin unabhängigen Österreichischen Zentralbibliothek für Physik.

Ausrichtung für die Zukunft: Organisationsstruktur und Aufgaben der einzelnen Bereiche

Die Dienstleistungseinrichtung (DLE) Bibliotheks- und Archivwesen ist eine Organisationseinheit der Universität Wien und zeichnet sich (mit Stand Ende 2013) in ihrer Binnengliederung als fünfteilige Aufbauorganisation aus:
- Hauptbibliothek
- 37 Fachbereichsbibliotheken, die den Organisationsbereich dezentrale Bibliotheken bilden
- Archiv der Universität Wien
- 14 Zentrale Services
- 8 Neue und Forschungsunterstützende Services

Die unter den Punkten 1–3 genannten Bereiche sind „echte" Subeinheiten im Sinn der Organisationsstruktur der Universität, d. h. unter anderem haben sie je eigene Kostenstellen. Die Zentralen sowie die Neuen und Forschungsunterstützenden Services folgen einer von der Leitung der Dienstleistungseinrichtung nach den aktuellen Erfordernissen frei gewählten Gliederung, die sich bei Bedarf unbürokratisch anpassen lässt. Im Detail sind den einzelnen Bereichen folgende Aufgaben zugeordnet:

Die *Hauptbibliothek* mit rund 2,7 Millionen Bänden (Stand 2012) sammelt Literatur zu allen Fachgebieten, insbesondere allgemein gehaltene und einführende Werke. Ebenfalls an der Hauptbibliothek angesiedelt ist die Lehrbuchsammlung für eine Mehrzahl der an der Universität Wien vertretenen Fächer. Einige ausgewählte Fachbereichsbibliotheken haben die Raum- und Personalressourcen, um die Lehrbuchsammlung ihres Faches eigenständig und vor Ort zu verwalten (z. B. Rechtswissenschaften, Wirtschaftswissenschaften). Die an der Hauptbibliothek vorhandenen (nach 1910 erschienenen) Bücher können mit wenigen Ausnahmen entlehnt werden. Der Altbestand ist in einem eigenen Lesesaal vor Ort zu benützen. Eine Zeitschriftenabteilung und eine Fernleiheabteilung runden das Angebot der Hauptbibliothek ab.

Die Fachbereichsbibliotheken (FB) mit insgesamt mehr als 4,3 Millionen Bänden (Stand 2012) sammeln die spezifischere Fachliteratur. Die überwiegende Zahl der Fachbereichsbibliotheken sind Entlehnbibliotheken, einige wenige lassen mit Ausnahme einer Wochenendentlehnung ausschließlich eine Präsenzbenützung zu. Die an den Fachbereichsbibliotheken Beschäftigten gehören zum Personalstand der DLE Bibliotheks- und Archivwesen. Ganz wenige dieser Bibliotheken werden bei der Aufrechterhaltung der Öffnungszeiten nach wie vor vom Institutspersonal unterstützt und erinnern so an die Ära der Seminar- und Institutsbibliotheken. Um kurzfristig eintretende Personalengpässe an den dezentralen Bibliotheken abzufangen, hat die Direktion im Jahr 2011 einen Springerdienst institutionalisiert, der im Bedarfsfall von der Direktionsassistenz kurzfristig organisiert wird. Die Fachbereichsbibliotheken pflegen engen Kontakt zu den Instituts- und Fakultätsangehörigen und unterstützen die universitäre Lehre in Fragen des wissenschaftlichen Arbeitens mit lokalen Bibliotheksführungen und fachspezifischen Datenbankschulungen.

Dem Universitätsarchiv obliegt die Erhaltung, Erschließung und Bereitstellung der historischen Überlieferung der Universität Wien und der universitätsgeschichtlichen Sammlungen für Zwecke der Universitätsverwaltung, der wissenschaftlichen Forschung und Lehre sowie zur Wahrnehmung berechtigter persönlicher Belange.[17]

Die *Zentralen Services* richten sich weitgehend nach innen und unterstützen die bibliothekarischen Subeinheiten bei der Erfüllung ihrer Aufgaben: Das *Direktionsbüro* stellt Verbrauchsmittel bereit und plant mit den und für die Subeinheiten größere Investitionen. Es ist zugleich die Stelle, bei der der bibliothekarische Geschäftsgang in Sachen Rechnungsbearbeitung für alle dezentralen Bibliotheken zusammenläuft. Hier ist auch die Budgetassistenz der Leitung angesiedelt. Die *Direktionsassistenz* zeichnet für Personalagenden wie Abwesenheitsverwaltung, Personaleinsatzplanung und Personalanträge verantwortlich und stellt die Schnittstelle zur universitären Personalabteilung dar. Die *Öffentlichkeitsarbeit* koordiniert Veranstaltungen, stellt Drucksorten bereit, redigiert den internen Newsletter und kommuniziert die Leistungen der Bibliothek nach innen und außen. Die *Webredaktion* verwaltet das Content Management System, mit dem der externe Webauftritt der Universitätsbibliothek sowie das bibliothekseigene Intranet inhaltlich in dezentraler Verantwortung befüllt wird. Das *EDV-Team* stellt den MitarbeiterInnen in enger Zusammenarbeit mit dem Zentralen Informatikdienst der Universität die EDV-Infrastruktur zur Verfügung. Ein Team koordiniert den *Bestandsaufbau und -abbau* bibliotheksweit, insbesondere im Zeitschriftenbereich und im Bereich der elektronischen Ressourcen, die ausschließlich zentral angeschafft werden. Das *Team Bibliothekssysteme* serviciert die zum Einsatz kommende Bibliotheksverwaltungssoftware (derzeit Aleph 500) und konfiguriert das System den lokalen Bedürfnissen entsprechend. Das *Team Integrierte Medienbearbeitung Fachbereichsbibliotheken* (bestellt und) katalogisiert die im dezentralen Bereich erworbenen Medien, eine *Clearingstelle für Konsortien* kümmert sich für alle Bibliotheksbereiche um konsortiale Erwerbungen und kommuniziert mit der zentralen Konsortienstelle Kooperation E-Medien Österreich. Die innerbetriebliche Fortbildung sowie die bibliothekarische Ausbildung, insbesondere das sogenannte Program Management für den Universitätslehrgang Library and Information Studies, ist Angelegenheit des *Teams Aus- und Fortbildung*. Das *Team Sacherschlie-*

---

17 DLE Bibliotheks- und Archivwesen: Aufgaben des Archivs. http://bibliothek.univie.ac.at/archiv/aufgaben.html (16.11.2013).

ßung betreut die FachreferentInnen und FB-LeiterInnen bei Fragen der inhaltlichen Erschließung. Ein *Team NS-Provenienzforschung* untersucht alle Bestände auf in der NS-Zeit unrechtmäßig akquirierte Bücher, ermittelt die rechtmäßigen Besitzer oder Erben und organisiert Restitutionen. Die *Stabsstelle ubw:innovation* ist für Innovationsmanagement, Trendbeobachtung und -analyse, Projektportfoliomanagement und innerbetriebliches Vorschlagswesen verantwortlich.

Die *Neuen und Forschungsunterstützenden Services* wirken nach außen und sollen die BibliotheksbenützerInnen und insbesondere die an der Universität Wien Forschenden und Lehrenden bei ihrer Arbeit unterstützen. Das *Team u:cris* ist universitätsweit für die Forschungsdokumentation zuständig und betreibt das „Current Research Information System". Die Daten für die von den Universitäten dem Wissenschaftsministerium jährlich vorzulegenden Wissensbilanzen werden an der Universität Wien von diesem Team erhoben und aufbereitet. Das *Team PHAIDRA* (Permanent Hosting, Archiving and Indexing of Digital Resources and Assets) betreut das an der Universität Wien eingerichtete Langzeitrepositorium für digitale Objekte und konnte in den letzten Jahren in ganz Europa mehrere Partnerinstitutionen finden, bei denen das an der Universitätsbibliothek Wien entwickelte System nun ebenfalls zum Einsatz kommt. Auch das *Institutional Repository u:scholar*, das technisch gesehen auf PHAIDRA aufsetzt, befindet sich im Serviceportfolio der DLE Bibliotheks- und Archivwesen. Das *Team Bibliometrie* unterstützt die an der Universität Wien Forschenden sowie die Universitätsleitung bei der bibliometrischen und szientometrischen Auswertung wissenschaftlichen Outputs und ist Mitorganisatorin der ESSS (European Summer School of Scientometrics). Das *Team Open Access* sensibilisiert im Themenbereich wissenschaftliches Publikationsverhalten und entwickelt gemeinsam mit der Universitätsleitung Strategien: Die Universität Wien verfügt auf diese Weise über eine eigene Open Access Policy. Das Service *ubw:helpdesk und User Training* bietet laufend Schulungen im Bereich E-Ressourcen an und unterstützt Studierende und Forschende auf Anfrage bei ihren Recherchearbeiten in Einzelbetreuung. Eine an der Universitätsbibliothek Wien verankerte Stelle *Sammlungen an der Universität Wien* ist „für die systematische Erfassung und Präsentation aller Sammlungen und Einrichtungen [verantwortlich], die zu Lehr- und Forschungszwecken an den verschiedenen Instituten und Departments der Universität Wien untergebracht sind, um diese sowohl den MitarbeiterInnen und Studierenden der Universität Wien, als auch der interessierten Öffentlichkeit bekannt zu machen."[18] In einem Kooperationsprojekt mit dem Unterrichtsministerium werden *AV Medien im Unterricht* erstellt.

---

[18] DLE Bibliotheks- und Archivwesen: Sammlungen. http://bibliothek.univie.ac.at/sammlungen.html (16.11.2013).

Die Bewertung funktionaler Einschichtigkeit im Strategieentwicklungsprozess 2009–2011

Die DLE Bibliotheks-und Archivwesen hat von März 2009 bis August 2011 einen Strategieentwicklungsprozess durchgemacht, der im Jahr 2010 durch eine Peer-Evaluation zusätzliche Impulse bekam.[19] Der Strategieentwicklungsprozess wurde auf eine breite Basis gestellt: Eine 14-köpfige Steuerungsgruppe bereitete Themen und Handlungsfelder vor, die an drei Großgruppentagen von der gesamten Belegschaft in Workshops und im Plenum diskutiert wurden. Ein Ergebnis des Prozesses war die Gründung der Stabsstelle ubw:innovation mit einer im Intranet der Bibliothek eingerichteten Ideendatenbank. Dort können alle Mitarbeiterinnen und Mitarbeiter der Bibliothek und des Archivs neue Ideen und Verbesserungsvorschläge einbringen, die dann in einem systematischen Workflow abgearbeitet werden. Ebenfalls dem Strategieentwicklungsprozess entwachsen ist die permanente Arbeitsgruppe CSR (Corporate Social Responsibility). Mit vielfältigen Initiativen versucht diese, für das Thema der sozialen, ökonomischen und ökologischen Verantwortung zu sensibilisieren und zu nachhaltigem Handeln zu motivieren.

Eine dringende Empfehlung der Peers war die Standortreduktion zugunsten größerer bibliothekarischer Einheiten. An der Umsetzung dieser Empfehlung arbeitete und arbeitet die DLE Bibliotheks- und Archivwesen gemeinsam mit der Universitätsleitung und der Dienstleistungseinrichtung Raum-und Ressourcenmanagement seit einigen Jahren systematisch. „Mit der Zusammenlegung der theologischen Bibliotheken (evangelisch und katholisch) im Jahr 2007, der Eröffnung eines neuen Standortes für Bildungswissenschaft, Sprachwissenschaft und Vergleichende Literaturwissenschaft (2010), der Zusammenführung von Publizistik- und Kommunikationswissenschaft und Informatik (2012)",[20] der räumlichen Zusammenlegung der Zentralbibliothek für Physik und der Fachbereichsbibliothek Chemie (2012), der im Herbst 2013 realisierten Zusammenführung der Wirtschaftswissenschaften und der Mathematik und der ebenfalls 2013 erfolgten Zusammenlegung der benachbarten Bibliotheksstandorte Osteuropäische Geschichte und Slawistik konnten in den vergangenen sechs Jahren aus 21 betroffenen Standorten fünf gemacht werden, was die

---

19 Als Peers fungierten Prof. Sheila Corrall, damals an der University of Sheffield, jetzt Vorstand des Programms Bibliotheks- und Informationswissenschaft der Universität Pittsburgh, Michael Cotta-Schønberg, stellvertretender Generaldirektor der Royal Library (Nationalbibliothek Dänemark und Universitätsbibliothek Kopenhagen) und zugleich Direktor der Universitätsbibliothek Kopenhagen sowie Prof. Ulrich Johannes Schneider, Direktor der Universitätsbibliothek Leipzig.
20 Seissl, Maria u. Wolfgang Nikolaus Rappert: Universität Wien, Dienstleistungseinrichtung Bibliotheks-und Archivwesen. In: Universitätsbibliotheken im Fokus. Aufgaben und Perspektiven der Universitätsbibliotheken an öffentlichen Universitäten in Österreich. Hrsg. von Bruno Bauer [u. a.]. Graz-Feldkirch: Neugebauer 2013, S. 352–357, hier S. 353.

Bilanz der Gesamtzahl an Bibliotheksstandorten im Sinn der Empfehlungen der Peer-Evaluation deutlich verbessert.

Bei aller strategischen Intention, die Anzahl der Bibliotheksstandorte zu verringern und größere bibliothekarische Einheiten zu schaffen, erscheint es der Universitätsbibliothek Wien nicht möglich, einfach eine einzige Zentralbibliothek zu schaffen. Denn an der großen Mehrzahl der Universitätsinstitute besteht der Wunsch, die eigene Fachbibliothek in unmittelbarer Reichweite zu haben. Die DLE Bibliotheks- und Archivwesen trägt diesem Wunsch der wichtigen Zielgruppe Fakultäts- und Institutsangehörige des wissenschaftlichen Personals Rechnung und verfolgt daher den pragmatischen Ansatz, Bibliotheken dort zu lokalisieren, wo Forschende, Lehrende und Studierende sind. Die genannten Zusammenlegungen der Jahre 2007–2013 konnten nur deshalb realisiert werden, weil sich bei den betroffenen Universitätsstandorten auch für die Institute und Fakultäten die entsprechenden Standortänderungen ergeben haben. Und selbst dann galt und gilt es, mit Umsicht vorzugehen, um die Konturen der Bestandsprofile nicht zu verwischen: Von den Reorganisationsmaßnahmen in keiner Weise betroffen ist daher das verantwortungsvolle Aufgabenspektrum der/des akademischen Fachbibliothekars/in hinsichtlich des kontinuierlichen und umfassenden Bestandsaufbaus der zu betreuenden Fachgebiete. Bibliothekszusammenlegungen und Reorganisationsmaßnahmen dienen also nicht dem Zweck, Bestände zu vermischen, sondern verfolgen ausschließlich das Ziel, den vom fachkundigen akademischen Bibliothekspersonal verantworteten Bestand noch besser zugänglich zu machen. Die Zusammenlegung unterschiedlicher Fachbereichsbibliotheken heißt also anders ausgedrückt nicht, auch hinsichtlich des Bestandsaufbaus Fächer zusammen zu legen, sondern die Bestände mehrerer Fachbereiche über einen gemeinsamen Öffnungspunkt zugänglich zu machen. Der große Vorteil größerer bibliothekarischer Einheiten liegt darin, bei gleichbleibenden Personalressourcen attraktivere Services anbieten zu können, insbesondere was die Öffnungszeiten anbelangt.

Zusammenfassung

Die Universitätsbibliothek Wien in ihrer heutigen Gestalt geht auf ein in Maria-Theresianischer Zeit entwickeltes und im 19. Jahrhundert noch klarer konturiertes Selbstverständnis dessen zurück, was eine Universitätsbibliothek sein und die dort Beschäftigten tun und leisten sollen. Einige die Universitätsbibliotheken auch heute noch beschäftigende Fragen wie die Einschichtigkeit oder die Zweischichtigkeit eines Bibliothekssystems lassen sich aber bereits für die frühe Zeit der Universitätsbibliothek Wien festmachen und wurden in jüngster Zeit hier zugunsten einer funktionalen Einschichtigkeit gelöst, so dass man heute sagen kann: Trotz einer noch immer großen Zahl an Standorten ist das Bibliothekssystem an der Universität Wien funktional einschichtig. Oder umgekehrt formuliert: Trotz funktionaler Einschichtigkeit des Bibliothekssystems ist die DLE Bibliotheks- und Archivwesen auf eine größere Zahl an Standorten verteilt. Dies wird ermöglicht durch die fünfgliedrige Organisationsstruktur mit den nach innen wirkenden Zentralen Services und den nach außen wirkenden Neuen und Forschungsunterstützenden Services, die die eigentlichen Bibliotheken bei der Erfüllung ihrer Aufgaben zentral koordiniert unterstützen.

Über dieses Kerngeschäft hinaus engagiert sich die Universitätsbibliothek Wien intensiv in Bereichen, die die Zukunft der Informationsvermittlungsbranche in akademischem Umfeld wesentlich prägen werden: Strategien zur elektronischen Langzeitarchivierung für Forschungsergebnisse und Forschungsprimärdaten, bibliometrische und szientometrische Auswertung von Forschungsoutput, Bemühungen im Bereich Open Access, Konzepte für eine zeitgemäße Vermittlung von Informationskompetenz für Studierende und SchülerInnen ab der 10. Schulstufe. Mit Maßnahmen wie der Einführung eines Kassenautomaten (Hauptbibliothek Frühjahr 2013) oder der Implementierung eines RFID- Systems (Fachbereichsbibliothek Wirtschaftswissenschaften und Mathematik Herbst 2013) möchte sich die DLE Bibliotheks- und Archivwesen aber auch in ihrem Kerngeschäft als innovative Bibliothek positionieren.

Irmgard Siebert
Entstehung und Entwicklung des integrierten Bibliothekssystems der ULB Düsseldorf

Prof. Dr. Günter Gattermann zum 85. Geburtstag

Abstract: Das Bibliothekssystem der Heinrich-Heine-Universität Düsseldorf entstand nicht auf der Basis eines Konzepts wie die meisten anderen Neugründungen der 1960er und 1970er Jahre. Vielmehr wirkten kaum beeinflussbare Gegebenheiten unterschiedlicher Art und eine behutsame Steuerung durch die Bibliotheksleitung zusammen und formten eine sehr individuelle Struktur, die weder den einschichtigen noch den zweischichtigen Systemen zugeordnet werden kann. Der Beitrag beschreibt die spannende Gründungszeit sowie die nachfolgenden Jahrzehnte des Aufbaus und der Konsolidierung.

Keywords: Düsseldorf, Fachbibliotheken, integriertes Bibliothekssystem, O.A.S.E., Zentralbibliothek

Die „schleichende" Gründung der Universität Düsseldorf

Die Universität Düsseldorf wurde offiziell am 16. November 1965 als Drei-Fakultäten-Universität[1] gegründet. Sie entstand nach Bochum (1961) und Dortmund (1962), etwa gleichzeitig mit Bielefeld und vor den Gesamthochschulen in Duisburg, Essen, Paderborn, Siegen und Wuppertal (1972). Im Gegensatz zu den genannten Neugründungen gab es für Düsseldorf weder ein Konzept noch einen Gründungsausschuss oder einen konkreten Stufenplan für den bald als wünschenswert erachteten Ausbau zu einer Volluniversität. Anders als die Gründung der fünf Gesamthochschulen war Düsseldorf nicht in regionale Strukturüberlegungen eingebettet[2], beruhte nicht auf einem breiten politischen Konsens und war auch am Standort selbst nicht unumstritten, der seit 1907 eine medizinische Ausbildungsstätte ohne vorklinische Fächer beher-

---

[1] Fakultät Medizin, Fakultät Naturwissenschaften, Philosophische Fakultät.
[2] Zum Auf- und Ausbau des wissenschaftlichen Bibliothekswesens in Nordrhein-Westfalen zwischen 1970 und 1995 siehe z. B. Siebert, Irmgard: Zur Geschichte der Arbeitsgemeinschaft der Universitätsbibliotheken (AGUB) in Nordrhein-Westfalen. In: Der Bibliothekar im 21. Jahrhundert – ein traditionsbewusster Manager. Festschrift für Wolfgang Schmitz zum 60. Geburtstag. Hrsg. von Rolf Thiele. Köln: Universitäts- und Stadtbibliothek 2009. S. 255–278, hier S. 257–259.

bergte. Letztlich war die Entstehung dem geschickten Agieren des seit 1962 amtierenden nordrhein-westfälischen Kultusministers Paul Mikat zu verdanken. Er setzte sich in einer „delikaten hochschulpolitischen Situation"[3] und „im Windschatten der Neugründung in Ostwestfalen"[4] trotz der Vorbehalte einer Konkurrenz empfindenden Medizinischen Akademie durch. Paul Mikat hat seine „Operation Düsseldorf" als schleichende Universitätsgründung bezeichnet, Johannes Rau sprach sogar „von der Umwandlung der Medizinischen Akademie zur Universität ‚im Vorübergehen'"[5].

Prägende Faktoren des Bibliothekssystems

Art und Umstände der Gründung der späteren Heinrich-Heine-Universität hatten großen Einfluss auf die Entwicklung und Formung des Düsseldorfer Bibliothekssystems. Aufgrund der langen Tradition der medizinischen Ausbildung in der Stadt existierte bei Universitätsgründung eine große Medizinbibliothek, die sich schon während der ersten Planungsschritte zu Beginn der 1960er Jahre als medizinisch-naturwissenschaftliche Zentralbibliothek zu etablieren versuchte. Nur zwei Monate nach der offiziellen Umwandlung der Medizinischen Akademie in eine Medizinische Fakultät, die zusammen mit zwei weiteren Fakultäten die Universität bildete, nannte sich diese Bibliothek bereits Universitätsbibliothek.[6] Die Expansionsabsichten wurden durch den Bezug eines Neubaus im Jahr 1966 und die Inbetriebnahme eines großen Magazins zwei Jahre später untermauert. Der Direktor dieser medizinischen Bibliothek, Werner Lichtner, vertrat das sich bildende Düsseldorfer Bibliothekssystem bei den Konferenzen der nordrhein-westfälischen Bibliotheksdirektoren, vermochte es aber nicht, dezentrale Aktivitäten zu koordinieren und zu steuern: Insbesondere im Bereich der Philosophischen Fakultät entstanden Büchersammlungen von beachtlicher Größe, die drohten, sich zu Seminar- und Institutsbibliotheken zu verdichten und zu verselbstständigen.

Dieser Trend zur Zweischichtigkeit wurde durch die Bauzeitplanung des Staatshochbauamtes noch unterstützt: Auf die spezifischen Umstände der sukzessiven Entstehung der Universität rekurrierend, wurden die Fakultätsgebäude mit den vorgesehenen dezentralen Bibliotheken viele Jahre vor der erst 1970 in Angriff genommenen

---

3 Gattermann, Günter: Paul Mikat, Gründervater der Universität Düsseldorf. In: Der Gründervater. Prof. Dr. Dr. h.c. mult. Paul Mikat zum 75. Geburtstag. Düsseldorfer Uni-Mosaik 2000 (Schriftenreihe der Heinrich-Heine-Universität 10). S. 15–24, hier S. 19.
4 Vgl. Gattermann, Mikat (wie Anm. 3), S. 19.
5 Vgl. Gattermann, Mikat (wie Anm. 3), S. 23.
6 Lichtner, Werner: Von der Zentralbibliothek der Medizinischen Akademie zur Universitätsbibliothek Düsseldorf (Düsseldorfer Arbeiten zur Geschichte der Medizin 25). Düsseldorf: Michael Triltsch Verlag 1967. S. 1; Bracht, Gerd: Medizinische Abteilung der Universitäts- und Landesbibliothek. In: 100 Jahre Hochschulmedizin in Düsseldorf 1907–2007. Hrsg. von Thorsten Halling u. Jörg Vögele. Düsseldorf: düsseldorf university press 2007. S. 503–505.

Planung für den Neubau der Zentralbibliothek erstellt. Der damals zuständige Leiter des Staatshochbauamtes schreibt im Rückblick:

> Für eine Universitätsneubauentwicklung ist es folgerichtig, den Aufbau einer zentralen Bibliothekseinrichtung vom Mittelpunkt des Universitätsgeländes her mit der Zentrale zu beginnen, um mit günstigen Verkehrsbezügen ein geschlossenes System aufbauen zu können. Bei der Entwicklung der Universität Düsseldorf war dieses nicht möglich, da diese aus den Anfängen einer Medizinischen Akademie auch baulich in Einzelstufen gewachsen ist, so daß gleichsam die Zentralbibliothek, die im Jahre 1979 fertiggestellt ist, den Endpunkt der baulichen Entwicklung des Bibliothekssystems darstellt.[7]

Andererseits gab es in Düsseldorf mehrere starke, die Zentralisierung fördernde Komponenten. Der im deutschen Bibliothekswesen infolge der Empfehlungen der Deutschen Forschungsgemeinschaft und des Wissenschaftsrats in den 1960er Jahren ausbrechende Systemstreit zwischen ein- und zweischichtigen Bibliotheken war in Düsseldorf gewissermaßen avant la lettre schon in den 1930er bis 1950er Jahren im Kontext der Literaturversorgung der Akademie für praktische Medizin sowie der 1923 gegründeten Medizinischen Akademie geführt und zugunsten eines zentralen Systems entschieden worden. Die seit 1907 existierende Akademie für praktische Medizin verfügte anfangs über eine zentrale Bibliothek, deren Bestände bei Gründung der Medizinischen Akademie 1923 auf die einzelnen Kliniken und Institute aufgeteilt wurden. Die Mängel dieses dezentralen Systems führten bereits wenige Jahre später zu Rezentralisierungsbemühungen, die Anfang der 1950er Jahre in Form einer Zentralbibliothek Medizin erfolgreich waren.[8]

Das Wissen über die Motive dieser Entscheidung für eine zentral verwaltete medizinische Bibliothek war auch in den 1960er Jahren noch sehr lebendig, sodass sich der Senat der Universität auf Anregung des Geschäftsführenden Vorsitzenden der Bibliothekskommission Hans Schadewaldt am 24.07.1967 einstimmig für ein einschichtig zu organisierendes Bibliothekssystem der Universität aussprach.[9] Unterstützt wurde die Entscheidung durch das nordrhein-westfälische Hochschulgesetz vom 07.04.1970. Es legte in § 38 unter anderem Folgendes fest: „Alle bibliothekarischen Einrichtungen innerhalb der Hochschule bilden eine zentrale Einrichtung. Dem Leiter der Hoch-

---

[7] Sieben, Friedhelm: Bauliche Gesamtplanung der Bibliothekseinrichtungen der Universität. In: Universitätsbibliothek. Beiträge zur feierlichen Übergabe des Neubaus am 26. November 1979. Düsseldorfer Uni-Mosaik 1980 (Schriftenreihe der Universität Düsseldorf 2). S. 97–104, hier S. 97f.
[8] Vgl. dazu Hiller von Gaertringen, Julia: Stadt und Bibliothek. Die Landes- und Stadtbibliothek Düsseldorf in den Jahren 1904 bis 1970. Düsseldorf: Grupello-Verlag 1997. S. 216.
[9] Gattermann, Günter: Die Universitätsbibliothek. Rückschau und Ausblick. In: Universitätsbibliothek. Beiträge zur feierlichen Übergabe des Neubaus am 26. November 1979. Düsseldorfer Uni-Mosaik 1980 (Schriftenreihe der Universität Düsseldorf 2). S. 35–60, hier S. 37.

schulbibliothek obliegt die ‚bibliotheksfachliche Aufsicht sowie die Koordinierung der Beschaffung'."[10]

Durchaus vorhandene Ideen zum Bau einer neuen Zentralbibliothek im Herzen des neuen Campus wurden beflügelt durch die periphere Lage der medizinischen Zentralbibliothek im Nordwesten des geplanten Campus und die starke Expansion der Philosophischen Fakultät, deren Literaturversorgung nicht mehr von dieser medizinisch-naturwissenschaftlich ausgerichteten Zentralbibliothek organisiert werden konnte. Hinzu kam die Übernahme der Landes- und Stadtbibliothek der Stadt Düsseldorf im Jahr 1970 mit einem 500.000 Bände umfassenden, stark geisteswissenschaftlich geprägten, sehr wertvollen Bestand. Zum 30.09.1970 wurde Günter Gattermann als Direktor der Universitätsbibliothek berufen, zugleich blieb der Leiter der medizinischen Zentralbibliothek im Amt.

Die zügig durchgeführte Ausgestaltung und Formung des Bibliothekssystems durch Günter Gattermann und sein Team in den Jahren nach seiner Berufung und nach dem Bezug des Neubaus der Zentralbibliothek im Jahr 1979 war eine Herkulesarbeit. Denn die Position des Bibliotheksdirektors war spät, erst fünf Jahre nach der offiziellen Gründung der Universität, besetzt worden. Die Professorinnen und Professoren der geisteswissenschaftlichen Fakultät, die ihre Arbeit ebenfalls vor Fertigstellung des Campus in provisorischen Unterkünften der Stadt aufgenommen hatten, erwarben und verwalteten die von ihnen benötigten Bücher sowie größere Sammlungen für die Grundausstattung in Eigenregie. Der Umzug und die Zusammenführung dieser zerstreuten Büchersammlungen erfolgten unglücklicherweise in die Fachbibliotheken, da die Zentralbibliothek noch nicht gebaut war. Dies gab den dezentralen Bibliotheken zunächst ein stärkeres, nicht geplantes Gewicht.[11] Darüber hinaus hatten die Existenz der großen Medizinbibliothek als Rückgrat der Literaturversorgung der neuen Universität ebenso wie die Gabe der Stadt zwar eine stabilisierende Wirkung für das junge Bibliothekssystem, aber durch die dauerhaft neben der neuen Universitätsbibliothek bestehende Medizinbibliothek war entschieden, „daß es in Düsseldorf neben einer Zentralbibliothek auch dezentrale bibliothekarische Einrichtungen geben würde."[12]

---

[10] Gesetz über die wissenschaftlichen Hochschulen des Landes Nordrhein-Westfalen (Hochschulgesetz) vom 07.04.1970. In Teilen abgedruckt in Mbl. 20 (1970). S. 387–389, hier S. 389.

[11] Darüber hinaus wurden auch Teile des Bestands der ehemaligen Landes- und Stadtbibliothek in die Fachbibliotheken transferiert, einerseits, weil sie gebraucht wurden, andererseits, weil der bauliche Zustand der Landes- und Stadtbibliothek am Grabbeplatz dies gebot. Siehe Gattermann, Universitätsbibliothek (wie Anm. 9), S. 39.

[12] Vgl. Gattermann, Universitätsbibliothek (wie Anm. 9), S. 37.

Dezentrale Fach- und Verbundbibliotheken

Zahl, Größe, Organisation und Funktion der dezentralen Einheiten des Düsseldorfer Bibliothekssystems wurden durch die gesetzlichen Vorgaben, den Beschluss des Senats, knappe personelle und finanzielle Ressourcen[13] und die Planungen des Staatshochbauamtes beeinflusst. Unter der Prämisse, dass ein einheitlich strukturiertes und zentral verwaltetes Bibliothekssystem einzuführen sei, war die Einrichtung von selbstständigen Seminar-, Instituts-, Fachbereichs- oder Fakultätsbibliotheken jedoch ausgeschlossen. Der für die Teilbibliotheken der Universitätsbibliothek gewählte Name Fachbibliothek sollte genau dies zum Ausdruck bringen. Die dezentrale Bibliothekseinheit war nicht Teil einer wissenschaftlichen Einrichtung, sondern Teil der zentralen Betriebseinheit Universitätsbibliothek, in deren Hand die Bewirtschaftung der Haushaltsmittel und des Stellenplans für die an allen Bibliotheksstandorten tätigen Mitarbeiterinnen und Mitarbeiter gebündelt war. Dass die Zahl der geschaffenen Fachbibliotheken nicht die an klassischen zwei- und mehrschichtigen Bibliothekssystemen übliche Zahl erreichte, verdankt sich nach Gattermann auch den Plänen des Staatshochbauamtes. Sie sahen vor, beim Bau der Fakultäten jeweils eine Etage für die dezentralen Bibliotheken vorzuhalten. Es entstand also nicht eine räumlich abgeschlossene Bibliothek pro Fach, sondern wenige Bibliothekskontinuen, die einer wirtschaftlichen Verwaltung förderlich sein sollten.

Bei Bezug des Neubaus der Universitätsbibliothek im Jahr 1979 umfasste das Bibliothekssystem neben der Zentrale fünf fakultätsnahe Bibliotheksstandorte mit elf Fachbibliotheken, die sogenannte Medizinische Abteilung für den Literaturbedarf der klinischen Fächer[14] sowie drei als Handapparat bezeichnete Büchersammlungen für das Rechenzentrum, das Institut für Geschichte der Medizin und ein nachträglich gegründetes Institut für Leibesübungen. Die seinerzeit vorgenommene Zählung ist missverständlich: Während die sieben baulich zusammenhängend untergebrachten geisteswissenschaftlichen Fachbibliotheken als sieben Fachbibliotheken zu Buche schlagen, wird bei den ebenfalls als Kontinuum realisierten naturwissenschaftlichen Fachbibliotheken nicht wirklich das Fach als Einheit zugrunde gelegt, sondern der Standort, unabhängig davon, ob er mehrere Fächer umfasst.[15]

---

13 Vgl. Gattermann, Universitätsbibliothek (wie Anm. 9), S. 37.
14 Deren Literaturbeschaffungsmittel wurden gesondert im Kapitel der Medizinischen Einrichtung ausgewiesen.
15 Siehe Schwalbe, Ingeborg: Die Fachbibliotheken der Universitätsbibliothek. In: Universitätsbibliothek. Beiträge zur feierlichen Übergabe des Neubaus am 26. November 1979. Düsseldorfer Uni-Mosaik (Schriftenreihe der Universität Düsseldorf 2). S. 63–68. Der Handapparat für das Fach Sport wurde im Kontext der Einstellung dieses Faches im Jahr 2005 aufgelöst. Die Bestände des Instituts für Geschichte der Medizin glaubte man allmählich in das Bibliothekssystem integrieren zu können (vgl. Schwalbe, Fachbibliotheken (wie Anm. 15), S. 65). Dies ist bis heute nicht gelungen und wurde auch nicht ernstlich verfolgt. Zum Stand Anfang der 1990er Jahre und zu Beginn des 21. Jahrhunderts siehe Nilges, Annemarie: Nomen est omen. Oder: kleine Anmerkungen zum Begriff Fachbibliotheken

Sieht man davon ab, dass die Bauplanung für die Universität nicht den „Wunschvorstellungen des Bibliothekars entsprach"[16], der sich „die große Zentralbibliothek als Hauptstützpunkt der Literaturversorgung an zentraler Stelle" und als „erstes Gebäude"[17] gewünscht hätte, haben sowohl das Raumprogramm für den Neubau der Zentralbibliothek, das Gattermann kurz nach seinem Amtsantritt zusammen mit dem Staatshochbauamt und der Universität vornahm, als auch die bauliche Konzeption insbesondere der Fachbibliotheken in Form weniger zusammenhängender Bibliothekskontinuen anstelle verstreuter Kleinbibliotheken die vorhandene Idee eines zentral verwalteten und koordinierten Bibliothekssystems nicht nur unterstützt, sondern maßgeblich zu deren Umsetzung beigetragen.[18]

Verbindung von Tradition und Moderne

Dass das Bibliothekssystem der Universität Düsseldorf bis heute weder als ein- noch als zweischichtig bezeichnet werden kann, hat wesentlich mit dem skizzierten komplexen Entstehungsprozess der Universität und ihrer zentralen Bibliothek zu tun. Gattermann, der von Oktober 1971 bis Juni 1972 an der ministeriellen Arbeitsgruppe „Bibliothekswesen im Hochschulbereich Nordrhein-Westfalen" und damit an den „Empfehlungen für das Bibliothekswesen an den fünf Gesamthochschulen des Landes Nordrhein-Westfalen" mitwirkte,[19] war mit den Prinzipien einschichtiger Bibliothekssysteme bestens vertraut und hat deren wichtigste Komponenten in die Gestaltung des Düsseldorfer Bibliothekssystems eingebracht. Gleichwohl war es ihm wichtig, sich an dem Streit der Bibliotheken über einschichtige oder zweischichtige Systeme nicht zu beteiligen und darauf zu verzichten, die eigene Vorgehensweise an dem einen oder anderen Modell zu orientieren.[20] Vermeiden wollte er die unöko-

---

im System der Universitäts- und Landesbibliothek Düsseldorf. In: Bücher für die Wissenschaft. Bibliotheken zwischen Tradition und Fortschritt. Festschrift für Günter Gattermann zum 65. Geburtstag. Hrsg. von Gert Kaiser. München [u. a.]: K. G. Saur 1994. S. 431–441; Siebert, Irmgard: Die Universitäts- und Landesbibliothek – Aufgaben, Leistungen, Struktur und Ziele. In: Jahrbuch der Heinrich-Heine-Universität 2001. Düsseldorf 2001. S. 361–372, hier S. 368f.
16 Vgl. Gattermann, Universitätsbibliothek (wie Anm. 9), S. 38f.
17 Vgl. Gattermann, Universitätsbibliothek (wie Anm. 9), S. 39.
18 Vgl. Gattermann, Universitätsbibliothek (wie Anm. 9), S. 39ff.
19 Zum Prozess der Gründung der Gesamthochschulen in NRW siehe Haubfleisch, Dietmar: Universitätsbibliothek Paderborn: 40 Jahre – Von der Planung der Gesamthochschulbibliotheken zur Universitätsbibliothek Paderborn 2012. In: 40 Jahre Universität Paderborn. Hrsg. von Peter Freese. Paderborn: Universität Paderborn 2012. S. 324–340.
20 Vgl. Gattermann, Universitätsbibliothek (wie Anm. 9), S. 38. Zu der insbesondere in Nordrhein-Westfalen heftig geführten Debatte siehe z. B.: Lohse, Gerhart: Bielefeld und die Folgen. In: Bibliotheksarbeit heute. Beiträge zur Theorie und Praxis. Festschrift für Werner Krieg zum 65. Geburtstag am 13. Juni 1973. Hrsg. von Gerhart Lohse u. Günter Pflug. Frankfurt: Klostermann 1973 (Zeitschrift für Bibliothekswesen und Bibliographie: Sonderheft 16). S. 199–208. Lohse, Gerhart: Die Universitäts-

nomische Mehrschichtigkeit bzw. Vielschichtigkeit der ab etwa 1970 als traditionell bezeichneten Bibliothekssysteme, was definitiv gelungen ist.

Wesentlicher war Gattermann offensichtlich eine starke Zentralbibliothek, die trotz der Existenz der dezentralen Fachbibliotheken als Magazin- und Ausleihbibliothek für alle Fächer, als attraktiver Ort für Lernen und Forschen, als Erwerbungs-, Katalogisierungs- und Verwaltungszentrale einen unverzichtbaren Faktor in der Literaturversorgung aller Universitätsangehörigen darstellte. Das Zwei-Standort-Prinzip für jedes Fach, wodurch sich Düsseldorf wohl am meisten von den einschichtigen Konstruktionen abgrenzt, war für Gattermann als Bedingung und Voraussetzung einer solchen Zentrale unverzichtbar. Mit dem Bestand der Landes- und Stadtbibliothek kam ihm und der Universitätsbibliothek zudem einer der größten und attraktivsten Altbestände Nordrhein-Westfalens in die Hand. Durch dieses wertvolle kulturelle Erbe unterschied sich Düsseldorf von Anfang an von den anderen Neugründungen innerhalb und außerhalb Nordrhein-Westfalens. Für das Düsseldorfer Bibliothekssystem konnte und durfte es folglich keine Entscheidung zwischen Tradition und Fortschritt[21] geben, im Gegenteil, Credo der Universitätsbibliothek war und blieb es, Tradition und Moderne zu verbinden.

Die heute gegenüber der Gründungszeit zu verzeichnenden Änderungen der Bibliotheksstruktur stellen Anpassungen an das geänderte Fächerprofil der Universität und an bauliche Rahmenbedingungen dar. Systematisch wurden der Wandel der Medienformen[22] sowie technische und IT-Innovationen[23] für eine Weiterentwicklung des Bibliothekssystems genutzt. Der von der Universität zu Beginn des 21. Jahrhunderts vorgegebene Stellenabbau im Umfang von 20 % erzwang eine Reduktion von Informations- und Aufsichtsstellen im gesamten Bibliothekssystem und eine Verminderung der dezentralen Standorte. Parallel dazu wurden die Öffnungszeiten auf

---

bibliotheken und das Problem der akademischen Freiheit. In: Zeitschrift für Bibliothekswesen und Bibliographie (1973). S. 1–13.

21 Siehe dazu z. B. Stoltzenburg, Joachim: Bibliothek zwischen Tradition und Fortschritt. In: Verband der Bibliotheken des Landes Nordrhein-Westfalen. Mitteilungsblatt N.F. (1984). S. 433–456.

22 Siehe dazu Siebert, Irmgard: Elektronische Medien in der Informationsversorgung der Universitäts- und Landesbibliothek Düsseldorf. In: Jahrbuch der Heinrich-Heine-Universität 2007/2008. Düsseldorf: düsseldorf university press 2008. S. 639–649.

23 Siebert, Irmgard: Die Entwicklung der Universitäts- und Landesbibliothek 2011–2015. http://docserv.uni-duesseldorf.de/servlets/DerivateServlet/Derivate-20008/Entwicklung_ULB_201103.pdf (12.09.2013); Siebert, Irmgard u. Klaus Peerenboom: Prozessoptimierung am Beispiel der Nutzung der Selbstausleihe. Ein Projekt der Universitäts- und Landesbibliothek Düsseldorf in Zusammenarbeit mit der 3M Deutschland GmbH. In: Bibliotheksdienst (2005) H. 4. S. 487–495; Siebert, Irmgard u. Dietmar Haubfleisch: Catalogue Enrichment in Nordrhein-Westfalen. Geschichte, Ergebnisse, Perspektiven. In: Bibliotheksdienst (2008) H. 4. S. 384–391; Reymer, Martin: Einführung eines RFID-basierten Selbstabholbereichs für Fernleihbestände an der ULB Düsseldorf. In: MALIS-Praxisprojekte 2013. Projektberichte aus dem berufsbegleitenden Masterstudiengang Bibliotheks- und Informationswissenschaft der Fachhochschule Köln. Hrsg. von Achim Oßwald [u. a.]. Wiesbaden: Dinges & Frick 2013 (B.I.T. online – Innovativ 44). S. 121–136.

der Basis eines eingesetzten Wachdienstes erheblich erweitert, wodurch im Zusammenhang mit der Einführung automatisierter Services eine als sehr positiv erlebte vermehrte Dienstleistung bewirkt wurde. Nicht zuletzt haben die verschiedenen Anforderungen der Fächer an eine optimale Literaturversorgung diese Ausformung mitgeprägt. Es ist daher sinnvoll, die erfolgten Änderungen für die Bereiche Medizin, Geisteswissenschaften, Naturwissenschaften sowie Rechtswissenschaft getrennt darzustellen.

Rechtswissenschaft und Wirtschaftswissenschaften

Anfang der 1990er Jahre gelang durch Angliederung einer Wirtschaftswissenschaftlichen und einer Juristischen Fakultät der Ausbau zur Volluniversität. Die Literaturversorgung für diese Fächer wurde sehr unterschiedlich geregelt. Die Wirtschaftswissenschaften verzichteten auf eine Fachbibliothek und vertrauten auf eine zufriedenstellende Versorgung ausschließlich durch die Zentralbibliothek. Dieses Modell bewährte sich so sehr, dass auch bei den Planungen für den 2010 bezogenen Neubau der gewachsenen Fakultät das Thema Fachbibliothek keine Rolle spielte.

Bei der Gründung der Juristischen Fakultät im Jahr 1993 wurde eine bescheiden dimensionierte Fachbibliothek geplant und umgesetzt. Gemäß dem Zwei-Standort-Prinzip wurde ein juristischer Grund- und Ausleihbestand in der nahe gelegenen Zentralbibliothek aufgebaut. Die übliche Trennung zwischen einem Präsenzbestand für die Forschung in der Fachbibliothek und einem Ausleih- und Grundbestand in der Zentrale erwies sich für das Fach als besonders schwierig. Im Kontext von baulichen Erweiterungsplänen der expandierten Juristischen Fakultät entschied die Bibliothek im Interesse einer transparenten und komfortablen Bestandspräsentation, einer effizienten Verausgabung des Fachetats und zur Unterstützung der sehr buchaffinen Arbeitsweise der Juristinnen und Juristen, das Zwei-Standort-Prinzip aufzugeben und die Bestände der alten Fachbibliothek und der Zentralbibliothek am neuen, größeren und dezentralen Standort zusammenzuführen.[24] Die sehr gute Annahme der großzügig dimensionierten Bibliotheksrotunde, deren Öffnungszeiten an die der Zentrale angepasst wurden, ist als Erfolg des Konzepts zu werten.[25]

---

[24] Nicht oder selten genutzte Literatur wird weiterhin in das Magazin der Zentralbibliothek transferiert.
[25] Zu Bau und Organisation der Fachbibliothek Rechtswissenschaft siehe Brunenberg, Ulrike u. Gabriele Dreis: Kühle Funktionalität von System und Bau. Die neue Fachbibliothek Rechtswissenschaft der Universitäts- und Landesbibliothek Düsseldorf. In: ABI-Technik (2011) H. 3. S. 190–203.

Naturwissenschaften

Die Räumlichkeiten für die Naturwissenschaftliche Fakultät verteilten sich auf zwei durch eine breite Fußgängerzone getrennte Baukörper sowie einen weiteren Standort für das Fach Psychologie. Dies machte – nach damaligen Vorstellungen – drei dezentrale Standorte für die Literaturversorgung erforderlich. So entstanden eine Fach- bzw. Verbundbibliothek für die Fächer Geographie, Physik und Mathematik, eine zweite für die Fächer Biologie, Chemie und Pharmazie und eine dritte für die Psychologie und das Fach Erziehungswissenschaft. Im Freihandbereich der Zentralbibliothek wurde für jedes Fach ein Grund- und Ausleihbestand vorgehalten, wenig oder selten genutzte Literatur der genannten Fächer im geschlossenen Magazin aufgestellt.

Die Einstellung des Faches Geographie im Wintersemester 2002/2003 ermöglichte in Verbindung mit der systematisch betriebenen Umstellung der Zeitschriftenabonnements auf E-only eine Konzentration der dezentralen Standorte, die auch unter dem Aspekt eines wirtschaftlichen Personaleinsatzes zwingend war. Anfang 2008 wurden zwei der drei naturwissenschaftlichen Verbundbibliotheken in den Räumlichkeiten der Verbundbibliothek Geographie, Physik, Mathematik zusammengeführt.[26] In der frei gezogenen Fläche entstand in den Jahren 2010 bis 2012 ein Selbstlernzentrum mit 140 Einzel- und Gruppenarbeitsplätzen sowie ein Magazin für selten genutzte naturwissenschaftliche Zeitschriftenliteratur.[27] Im Rückblick kann festgestellt werden, dass sich dieser Schritt sowohl unter wirtschaftlichen Gesichtspunkten als auch unter dem Aspekt Benutzerkomfort gelohnt hat. Obgleich dieser neue naturwissenschaftliche Standort im Vergleich zu allen anderen Einrichtungen der Bibliothek eher wenig genutzt wird, wurden die Öffnungszeiten sukzessive, zuletzt durch Einsatz eines Wachdienstes in den Abendstunden, bis auf 22 Uhr erhöht. Erwerbung und Katalogisierung erfolgen durch die Zentrale, für die Beratung steht vor Ort eine Diplombibliothekarin zur Verfügung.

Der dritte dezentrale naturwissenschaftliche Standort (Psychologie und Erziehungswissenschaft) wurde 2006 aufgelöst. Anlass für entsprechende Überlegungen war die Einstellung des Faches Erziehungswissenschaft. Die Vertreter des Faches Psychologie erklärten sich bereit, auf eine Fachbibliothek zu verzichten und den gesamten Bestand in die Zentralbibliothek zu überführen, wo er wegen der wesentlich längeren Öffnungszeiten besser genutzt werden konnte als in der Fachbibliothek.

---

26 Jahresbericht der Universitäts- und Landesbibliothek Düsseldorf 2007. Hrsg. von Irmgard Siebert. Düsseldorf: Universitäts- und Landesbibliothek Düsseldorf 2008. S. 16. http://docserv.uni-duesseldorf.de/servlets/DerivateServlet/Derivate-7918/Jahresbericht_2007.pdf (20.11.2013); Jahresbericht der Universitäts- und Landesbibliothek Düsseldorf 2008. Hrsg. von Irmgard Siebert. Düsseldorf: Universitäts- und Landesbibliothek Düsseldorf 2009. S. 17. http://docserv.uni-duesseldorf.de/servlets/DerivateServlet/Derivate-11960/Jahresbericht08_Internet.pdf (20.11.2013).
27 Siehe Jahresbericht der Universitäts- und Landesbibliothek Düsseldorf 2011. Hrsg. von Irmgard Siebert. Düsseldorf: Universitäts- und Landesbibliothek Düsseldorf 2012. S. 18. http://docserv.uni-duesseldorf.de/servlets/DerivateServlet/Derivate-24468/ULB_JB11_WEB.pdf (20.11.2013).

Zusätzlich verpflichtete sich die Bibliothek, für die noch nicht elektronisch verfügbaren Zeitschriften einen Komfort-Lieferdienst einzurichten, d. h. von Wissenschaftlern online bestellte Zeitschriftenartikel innerhalb von zwei Stunden an deren Arbeitsplatz zu liefern.[28] Die Herausforderung konnte zur Zufriedenheit aller Beteiligten gemeistert werden. Des Weiteren unterstützte die Bibliothek die aus den Fachetats nicht vollständig finanzierbare Umstellung auf E-only und reduzierte damit weiter die Abhängigkeit von einem institutsnahen Bibliotheksstandort. Die freien Räume wurden für den expandierenden Platzbedarf des der Bibliothek unterstellten Universitätsarchivs genutzt, was zu einer kurzfristigen Entlastung der angespannten Stellplatzsituation in der Zentralbibliothek führte und darüber hinaus die Einrichtung eines Digitalisierungszentrums ermöglichte.

Geisteswissenschaften

Die Fachbibliotheken für Anglistik, Germanistik, Geschichte und Sozialwissenschaften, Klassische Philologie, Philosophie und Romanistik konnten 1977 in neuen Institutsgebäuden auf einer Ebene in einem Bibliothekskontinuum untergebracht werden, was einen wirtschaftlichen Betrieb erleichterte. Die Eingangskontrolle erfolgte an zwei Stellen gemeinsam für alle Fachbibliotheken, für die Kommunikation mit den Instituten und qualifizierte Auskunftserteilung war pro Fach ein Diplombibliothekar zuständig. Infolge des drastischen Stellenverlusts der Bibliothek ab 2003 musste auch für diesen Bereich eine Reorganisation in Angriff genommen werden. Die beiden Aufsichtsplätze wurden 2007 zu einem modern und funktional gestalteten Eingangsbereich zusammengeführt, der von einer Person betreut werden konnte. Die über das gesamte Bibliothekskontinuum verteilten Diensträume der Fachbibliothekarinnen und Fachbibliothekare wurden ebenfalls in einem zentralen, technisch aufgerüsteten Informations- und Servicebereich konzentriert. Darüber hinaus wurde die Aufenthaltsqualität für die Studierenden durch die Vermehrung der Einzel- und Gruppenarbeitsplätze sowie eine Erneuerung des Mobiliars verbessert,[29] Leitsystem, Informationsbroschüren und Flyer an das Corporate Design der Universitätsbibliothek angepasst.

Die theoretisch denkbare räumliche Komprimierung des aktuell etwa 400.000 Bände umfassenden Bestands der Fachbibliotheken durch Transferierung selten genutzter oder inaktuell gewordener Literatur ins Magazin scheiterte bisher vor allem am Fehlen entsprechender Flächen. Obgleich die geisteswissenschaftliche Literaturversorgung in wesentlich geringerem Umfang auf elektronisch zugänglichen Medien

---

28 Ausführlicher: Jahresbericht der Universitäts- und Landesbibliothek 2006. Hrsg. von Irmgard Siebert. Düsseldorf: Universitäts- und Landesbibliothek Düsseldorf 2007. S. 13–15. http://docserv.uni-duesseldorf.de/servlets/DerivateServlet/Derivate-4630/ULB_JB06_Internet.pdf (20.11.2013).
29 Vgl. Siebert, Jahresbericht 2007 (wie Anm. 26), S. 15f.

beruht, ist die Bereitschaft der Wissenschaftlerinnen und Wissenschaftler, auf diesen institutsnahen Standort zu verzichten und alle Medien in der Zentralbibliothek zu konzentrieren, aufgrund der hervorragenden Services der Zentralbibliothek durchaus vorhanden.[30]

Medizin

Für die medizinische Literaturversorgung standen bei Eröffnung des Neubaus der Zentralbibliothek im Jahr 1979 drei Einrichtungen zur Verfügung: die Medizinische Abteilungsbibliothek auf dem Klinikgelände, die als einzige dezentrale Einrichtung über ein eigenes Magazin verfügte, eine neu errichtete Fachbibliothek Theoretische Medizin auf dem Universitätscampus und ein Handapparat für die Geschichte der Medizin. Im Unterschied zu allen anderen Fächern war das Fach Medizin in der Zentrale der Universitätsbibliothek weder im Freihandbereich noch im geschlossenen Magazin vertreten. Da die Literaturbeschaffungsmittel gesondert im Kapitel der Medizinischen Einrichtungen ausgewiesen wurden, lag die Literaturversorgung für das Fach mehr oder weniger in den Händen der Fakultät und des Klinikums. Konsequenterweise wurde die alte und neue medizinische Zentralbibliothek nicht als Fachbibliothek, sondern als Medizinische Abteilung geführt.

Die Sonderrolle der Medizinischen Abteilung konnte sukzessive zurückgebaut, aber nicht vollständig aufgehoben werden. Einschnitte bildeten das Ende der Amtszeit ihres ersten Direktors im Jahr 1989, die von der Zentralbibliothek gesteuerte zunehmende informationstechnologische Fundierung bibliothekarischer Geschäftsgänge, die Einführung des integrierten Bibliothekssystems Aleph im Jahr 2002 und die sehr konsequent betriebene Umstellung der Zeitschriftenabonnements auf E-only. Den letzten Ausschlag gab die Baufälligkeit des noch 1966 als modernes, multifunktionales Mehrzweckgebäude gefeierten Standorts, der im Mai 2008 für die Nutzung geschlossen wurde.

Um die Literaturversorgung für die Studierenden sicherzustellen, wurden die wichtigsten und aktuellsten Bestände vorübergehend in die Zentralbibliothek verlegt. Als Ersatz sollte, insbesondere auf Wunsch des Studierendendekanats der Medizinischen Fakultät, ein Lern- und Kommunikationszentrum mit Beratungs- und Veranstaltungsräumen entstehen. Das Projekt, das unter dem Label O.A.S.E., Ort des Austauschs, des Studiums und der Entwicklung, rasch an Fahrt aufnahm und stärker als die neue juristische Fachbibliothek von den inzwischen publizierten und verbreiteten Lernortkonzepten geprägt wurde, konnte auf der Basis einer unkonventionellen

---

30 Das weitere Schicksal dieser Verbundbibliothek ist zurzeit wegen Belastung eines Teils der Räume und Bücher mit PCB nicht absehbar. Um eine Durchmischung von belasteten und nicht belasteten Büchern zu verhindern, werden seit Sommer 2013 keine neuen Bücher in diesen Bereich mehr eingestellt.

Planungsphase und von glücklichen Umständen bei der Finanzierung rasch umgesetzt werden. Im September 2011 wurde die Fachbibliothek Medizin in den oberen fünf Stockwerken der O.A.S.E. neu eröffnet.

Wie bei der 2005 wiedereröffneten Fachbibliothek Rechtswissenschaft wurde die Chance des Neubaus für eine den aktuellen Bedürfnissen von Forschung, Studium und Lehre entsprechende Neukonzeptionierung genutzt. Diese beinhaltete eine signifikante Vermehrung von Arbeitsplätzen, ergänzt um Loungezonen, die Zusammenführung der Bestände von zwei dezentralen Standorten, der ehemaligen Fachbibliothek Theoretische Medizin und der Medizinischen Abteilungsbibliothek für die klinischen Fächer, an einem Ort sowie – im Unterschied zur juristischen Fachbibliothek – eine starke Verminderung des Freihandbestands. Der grundsätzlich geringe Bedarf der Medizin an Monographien und die weit fortgeschrittene Umstellung der benötigten periodischen Literatur auf E-only führten dazu, dass nur auf drei der fünf Bibliotheksgeschosse Regalflächen für die Lehrbuchsammlung sowie ausgewählte aktuelle Monographien und Zeitschriften vorgesehen wurden.[31] Die an der Planung der O.A.S.E. beteiligten Studierenden wünschten zwar, „zwischen Büchern" zu lernen, ausschlaggebend für dieses Begehren war jedoch weniger das Interesse an deren Inhalt, sondern die mit gefüllten Bücherregalen verbundene Assoziation eines lernfördernden Ortes der Konzentration. In diesem Sinne kann sich das Modell O.A.S.E. zu einer Belastung für die Zukunft von Bibliotheken entwickeln: als Synonym für die Vertreibung der Bücher aus der Bibliothek.

Die Neugestaltung der medizinischen Literaturversorgung hatte für die Zentralbibliothek Vor- und Nachteile. Möglich wurden eine weitere Rationalisierung des Personaleinsatzes und die verstärkte Konsistenz und Integration des Bibliothekssystems. Aufgrund des Planungsschwerpunktes Lernort wurde die von der Bibliothek immer wieder angemahnte Umsetzung eines Magazinneubaus vernachlässigt, was unter anderem zur Folge hatte, dass die medizinischen Altbestände seit Eröffnung der O.A.S.E. auf verschiedene, für Buchaufbewahrung nicht geeignete Teilmagazine verteilt wurden. Die von der Bibliothek begrüßte und geförderte Verminderung der Bibliotheksstandorte wurde somit durch die fast zeitgleich erfolgende Vermehrung von Magazinstandorten konterkariert. Die bis heute nicht verbindlich geregelte Kooperation zwischen Bibliothek, Universitätsklinikum, Universität und Medizinischer Fakultät führt nach wie vor zu schwierigen Situationen und ungeklärten Zuständigkeitsfragen.

Die Fachbibliothek Medizin in der O.A.S.E. ist bei den Studierenden auf positive Resonanz gestoßen, in der Fachliteratur wird sie als vorbildlicher Lernort gewürdigt. Bei einer eher konservativen Betrachtung fallen die für eine Fachbibliothek erhebliche Zahl an Stockwerken, die nicht üppige Nutzfläche pro Geschoss und die alle Geschosse durchziehenden, flächenmäßig recht großen und die Übersichtlichkeit

---

[31] Ausführlicher: Brunenberg-Piel, Ulrike u. Klaus Ulrich Werner: Die neue Fachbibliothek Medizin der Universitäts- und Landesbibliothek Düsseldorf in der O.A.S.E. In: ABI-Technik (2012) H. 1. S. 2–13.

beeinträchtigenden Versorgungskerne für Aufzug, Treppenhaus und Technik negativ ins Gewicht.

Resümee

Das Düsseldorfer Bibliothekssystem ist Resultat des Zusammenwirkens verschiedener, nur wenig zu beeinflussender Gegebenheiten und einer aktiven Steuerung durch die jeweiligen Bibliotheksdirektorinnen und -direktoren. Im Ergebnis ist ein leistungsstarkes und effizient arbeitendes Bibliothekssystem entstanden, das seit vielen Jahren beim nationalen Bibliotheksranking (BIX) vordere Plätze erreicht und auch auf dem Campus eine hohe Akzeptanz und Wertschätzung erfährt. Die starke Position der Zentralbibliothek konnte im 21. Jahrhundert durch ein breites Angebot an innovativen und automatisierten Services, die zügige Umstellung auf elektronische Medienformen, das Übernehmen betriebswirtschaftlicher Methoden, die Anwendung professioneller Managementmethoden sowie eine sehr wirkungsvolle Öffentlichkeitsarbeit stabilisiert und ausgebaut werden. Zentrale und dezentrale Einrichtungen arbeiten zum Wohle der Nutzerinnen und Nutzer zusammen.

Maria Elisabeth Müller
Die Staats- und Universitätsbibliothek Bremen

Landesweite wissenschaftliche Literaturversorgung für
Fachhochschulen und Universität aus einer Hand

Abstract: Das Konzept der landesweiten wissenschaftlichen Literatur- und Informationsversorgung für die Universität Bremen und die drei Fachhochschulen in Bremen und Bremerhaven durch *eine* Einrichtung ist einzigartig in Deutschland. Die einschichtig organisierte Staats- und Universitätsbibliothek Bremen (SuUB) ist an neun Standorten präsent. Auf dem Campus der Universität mit der Zentralbibliothek und drei Bereichsbibliotheken und an fünf Standorten für die Fachhochschulen in Bremen und Bremerhaven. Das einschichtige Bibliothekssystem mit dezentralen Standorten ist in der Selbstständigkeit der Standorte eine Mischform aus Elementen von einheitlichen und kooperierenden Systemen. Das Bremer Modell vereint beispielhaft Vorteile der zentralisierten mit denen der dezentralisierten Organisationsstruktur.

Die Einschichtigkeit ist im Hochschulgesetz verankert. Danach ist die SuUB eine gemeinsame zentrale Betriebseinheit der staatlichen Bremischen Hochschulen und als solche eine Organisationseinheit der Universität. Daraus erwächst eine weitgehende wirtschaftliche und rechtliche Selbstständigkeit. Zugleich bewegt sich die SuUB damit in einem Dreieck von Institutionen: der Wissenschaftsverwaltung, dem Rektor bzw. dem Kanzler der Universität und der Gemeinsamen Bibliothekskommission.

Keywords: Staats- und Universitätsbibliothek Bremen, Teilbibliothek, Bereichsbibliothek, Funktionale Einschichtigkeit, Bibliothekskommission

Von der Staatsbibliothek zur Universitätsbibliothek Bremen

Die heutige Staats- und Universitätsbibliothek Bremen (SuUB) ist die größte und zugleich älteste wissenschaftliche Bibliothek im Bundesland Bremen. Die 1971 gegründete Bremer Universität kann auf die Unterstützung einer Bibliothek mit einer mehr als 350-jährigen Geschichte bauen. Ihre Wurzeln reichen zurück auf die im Jahr 1660 als Bibliotheca Bremensis am „Gymnasium Illustre" begründete wissenschaftliche Bibliothek im damaligen Katharinenkloster.

Der Bestand der Bibliotheca Bremensis ist weitgehend erhalten, so dass die SuUB über einen beachtenswerten historischen Altbestand verfügt. Dazu gehören wertvolle Handschriften, Inkunabeln, Alte Drucke, Autographen und Nachlässe, Bremensien und Landkarten. Zu den ältesten Quellen zählt auch eine kleine, aber herausragende Sammlung von Papyri aus dem 2. Jahrhundert.

Mit Gründung der Universität Bremen im Jahr 1971 erweiterte sich der Auftrag der damaligen Staatsbibliothek um die Funktion der Universitätsbibliothek. Die bibliothekarische Versorgung der Universität sollte – so ist in der schon 1961 veröffentlichten Denkschrift über die Gründung einer Universität zu Bremen nachzulesen – als einschichtig organisiertes Bibliothekssystem „den an anderen Universitäten üblichen kräftezehrenden ständigen Kleinkrieg zwischen Universitätsbibliothek sowie Seminar- und Institutsbibliotheken verhindern und den für die Sicherstellung der Bücherversorgung benötigten großen Mitteln den denkbar größten Nutzeffekt sichern."[1] Die Zentralbibliothek auf dem Campus konnte 1975 in Betrieb genommen werden.[2] Charakteristisches Kennzeichen dieses Neubaus war die Programmatik der Freihandbibliothek. Nach dem amerikanischem Vorbild der Public Library entstand eine große wissenschaftliche Ausleihbibliothek mit systematischer Freihandaufstellung. Mit dieser Idee setzte der damalige Bibliotheksdirektor Rolf Kluth ein Zeichen, indem er den Nutzern „ein Naturrecht auf Autopsie" einräumte und die bewusste Abkehr von der für wissenschaftliche Bibliotheken geltenden Magazinaufstellung vollzog.[3] Gleichzeitig übertrug man der neuen Universitätsbibliothek als einschichtig organisiertem Bibliothekssystem die landesbibliothekarischen Aufgaben inklusive des Pflichtexemplarrechts.

Eine weitere umfangreiche Reform der Bremer Hochschullandschaft führte im Jahre 1982 zur Fusion von vier bis dahin eigenständigen Fachhochschulen zur Hochschule Bremen. Betroffen waren die Hochschule für Technik, Hochschule für Wirtschaft, Hochschule für Sozialpädagogik und Sozialökonomie sowie die Hochschule für Nautik. Darüber hinaus wurde aus der Hochschule für Bildende Künste und Musik die Hochschule für Künste Bremen, und schließlich bestätigte man die Hochschule Bremerhaven. In diesem Rahmen erfolgte durch die bremische Wissenschaftsbehörde auch eine Neuordnung der Hochschulbibliothekslandschaft: Die Bibliothe-

---

1 Vgl. Rothe, Hans Werner: Über die Gründung einer Universität zu Bremen. Bremen: Schünemann 1961. S. 83.
2 Dass die Bibliothek in ihrer Architektur das Konzept/die Struktur der Einschichtigkeit aufgenommen hat, war durchaus umstritten. Jürgen Babendreier verweist in seinem Beitrag über die Gründerjahre der Universität und ihres Bibliothekars Rolf Kluth darauf, dass es ein generelles Misstrauen der Benutzer gegen das Funktionieren einer Zentralbibliothek gab. Vgl. Babendreier, Jürgen: Gründerjahre – Das Herz der Universität Bremen und ihr Bibliothekar. In: Vom Katharinen-Kloster zum Hochschulcampus: Bremens wissenschaftliche Literaturversorgung seit 1660. Hrsg. von Thomas Elsmann [u. a.]. Bremen 2010. (Schriften der Staats- und Universitätsbibliothek Bremen 7). S. 95–122, hier S. 111.
3 Vgl. Kluth, Rolf: Die Freihandbibliothek. In: Zeitschrift für Bibliothekswesen und Bibliographie (1960) H. 2. S. 97–110, hier S. 98.

ken der nunmehr drei Hochschulen an den Standorten in Bremen und Bremerhaven wurden organisatorisch als Teilbibliotheken mit der Staats- und Universitätsbibliothek zusammengelegt. Damit wurde die Staats- und Universitätsbibliothek Bremen zu einer selbstständigen, gemeinsamen zentralen Betriebseinheit der Hochschulen im Land Bremen.

Das Bremer Bibliothekssystem

Heute ist die SuUB eine moderne und leistungsfähige wissenschaftliche Bibliothek für über 30.000 Studierende, Wissenschaftler und ca. 10.000 externe Nutzer mit jährlich 1,46 Mio. Besuchern vor Ort.

Bundesweit einzigartig ist das Konzept der zentralen Literatur- und Informationsversorgung für die Universität und die Fachhochschulen durch *eine* Bibliothek. Die einschichtig organisierte Bibliothek ist an neun Standorten präsent. Neben der Zentrale und drei Bereichsbibliotheken der Universität (16.924 Studierende) zählen dazu fünf Standorte an den drei Fachhochschulen: Hochschule Bremen (8.652 Studierende), Hochschule Bremerhaven (2.912 Studierende), Hochschule für Künste Bremen (833 Studierende).[4]

Das hierdurch entstandene organisatorisch einschichtig geführte System mit dezentralen Standorten ist in der Selbstständigkeit der Standorte – die teilweise Merkmale von Fachbibliotheken eines zweischichtigen Systems aufweisen – eine einzigartige Mischform aus Elementen von einheitlichen und kooperierenden Systemen. Das Bremer Modell vereint beispielhaft Vorteile der zentralisierten mit denen der dezentralisierten Organisationsstruktur. In den drei Bereichsbibliotheken der Universität: Wirtschaft, Physik/Elektrotechnik und Rechtswissenschaften betreuen die jeweiligen Fachreferenten der Zentralbibliothek den Bestandsaufbau und die Erschließung. Auch die Erwerbung bzw. Lizenzierung und Katalogisierung der Neuerwerbungen erfolgt in der Zentrale. Die Bereichsbibliothek Rechtswissenschaften (Juridicum) bildet insofern eine Ausnahme, als dass der gesamte Geschäftsgang von der Bestellung über die Inventarisierung bis hin zur formalen und sachlichen Erschließung vor Ort geleistet wird. Diese weitgehende Autonomie trifft ebenso für die Teilbibliotheken an den Hochschulen zu.

Dieses Konzept ermöglicht bei vergleichsweise geringen personellen Ressourcen an allen Standorten an den Fachhochschulen in Bremen und Bremerhaven und in der Universität ein qualitativ und quantitativ hochwertiges Literaturangebot. Den Nutzern steht ein Angebot von mehr als 3,5 Mio. Bänden physischer Bestand zur Ver-

---

4 Die Zahlen entstammen der Erhebung des Wissenschaftsrates zur Evaluation der Hochschulen im Land Bremen aus dem Jahr 2012 (WS 2011/12). Vgl. Wissenschaftsrat: Empfehlungen zur Weiterentwicklung des Hochschulsystems des Landes Bremen. Mainz 2013. (Drs 3456–13). S. 17–18. http://www.wissenschaftsrat.de/download/archiv/3456-13.pdf (31.10.2013).

fügung: Bücher, Zeitschriften, Zeitungen, Karten, CDs, DVDs, Mikrofilme. Über das Discovery-System der Bremer E-LIB bietet die SuUB darüber hinaus Zugriff auf über 60 Mio. elektronische Dokumente: E-Books, Aufsätze aus kostenpflichtigen und kostenfreien internationalen Fachzeitschriften, retrodigitalisierte historische Buch- und Zeitschriftenbestände sowie mehr als 30 Mio. weltweit nachgewiesene Open Access Dokumente. Von einer solch großen Breite und qualitativen Vielfalt der wissenschaftlichen Literatur- und Fachinformation profitieren die größeren und kleineren Hochschulen des Landes ebenso wie die Universität mit ihren durch die Exzellenzinitiative ausgewiesenen Forschungseinrichtungen.

Einschichtigkeit per Hochschulgesetz

Die Zielsetzung der Einschichtigkeit des Bibliothekssystems ist für die SuUB im Bremischen Hochschulgesetz verankert. Darin heißt es: „die bibliothekarischen Einrichtungen für die Universität und die anderen Hochschulen bilden [...] als einheitliches Bibliothekssystem die Staats- und Universitätsbibliothek Bremen. Die Staats- und Universitätsbibliothek ist eine gemeinsame zentrale Betriebseinheit der staatlichen Bremischen Hochschulen und als solche eine Organisationseinheit der Universität."[5] Alle weitergehenden Regelungen zur Aufgabenwahrnehmung und -organisation der SuUB sind mit der Novellierung des Bremischen Hochschulgesetzes im Jahr 2007 in eine Satzung überführt.[6]

Was in der Rechtskonstruktion etwas kompliziert klingt, ist in der praktischen Umsetzung mit weitgehender wirtschaftlicher und rechtlicher Selbstständigkeit verbunden. So verwaltet die Bibliothek ihren eigenen Haushalt, ernennt Beamte und sorgt für Einstellung von Angestellten sowie sonstigen Bibliotheksbeschäftigten. Die Mittelzuweisungen erfolgen unabhängig von den staatlichen Hochschulen direkt durch die Senatorin für Bildung und Wissenschaft. Dazu werden regelmäßig Ziel- und Leistungsvereinbarungen mit zweijähriger Laufzeit abgeschlossen. Die Etatzuweisung erfolgt im Haushalt der Freien Hansestadt Bremen als globaler Zuschuss zu den Personal- und Sachkosten und Investitionen, wobei die gegenseitige Deckungsfähigkeit von Personal- und Sachkosten gewährleistet ist. Darüber hinaus ist die SuUB verpflichtet, einen jährlichen Wirtschafts- und Produktplan aufzustellen. Analog zu den Hochschulen und der Universität unterliegt die Wirtschaftsführung seit Einfüh-

---

[5] Vgl. Kapitel 5: Staats- und Universitätsbibliothek, §§96a–d, in: Bremisches Hochschulgesetz 2010. Hrsg. von der Senatorin für Bildung und Wissenschaft. Bremen 2010. S. 56–58. http://www.bildung.bremen.de/sixcms/media.php/13/Bremisches%20Hochschulgesetz.pdf (31.10.13).
[6] Vgl. Satzung über die Aufgabenwahrnehmung und -organisation der Staats- und Universitätsbibliothek Bremen vom 19.12.2007. Bremen 2008. http://www.rechtsstelle.uni-bremen.de/9.2.8.%20SuUB%20Satzung%20%2826.2.08%29.pdf (31.10.13).

rung der kaufmännischen Buchführung einer jährlich durchgeführten Prüfung durch einen Wirtschaftsprüfer.

Organisations- und Gremienstrukturen

Um die wissenschaftliche Literaturversorgung für das gesamte landesweite Hochschulsystem zu gewährleisten, braucht es tragfähige Personal- und Organisationsstrukturen sowie eine transparente Etatsteuerung. Die zentralen bibliothekarischen Aufgaben werden in vier Dezernaten wahrgenommen: Allgemeine Verwaltung, Integrierte Medienbearbeitung, Benutzung und Digitale Dienste. Im Organigramm sind zwei Fachabteilungen gleichgestellt mit den Dezernaten, in deren Verantwortungsbereich auch die Bereichsbibliotheken fallen. Die Teilbibliotheken der Hochschulen werden als Stabsstelle geführt und sind der Direktorin zugeordnet.

Rolle der Gemeinsamen Bibliothekskommission

Unter Berücksichtigung des Versorgungsauftrages des Landes ist eine Gemeinsame Bibliothekskommission[7] mit Vertretern aller Hochschulen unter Vorsitz des Rektors der Universität für die strategische Ausrichtung der Bibliothek verantwortlich. Seit der Hochschulgesetznovelle des Jahres 2007 entscheidet die Gemeinsame Bibliothekskommission in allen wesentlichen Angelegenheiten und relevanten Entwicklungslinien der SuUB. Die der Kommission übertragenen Aufgaben sind weitreichend. Im Unterschied zu klassischen Bibliothekskommissionen, die in der Regel beratende Funktionen einnehmen, wird der gemeinsamen Bibliothekskommission der SuUB ein zentrales Mandat der Beschlussfassung übertragen. Sie erhält damit in Analogie zum Akademischen Senat eine starke, einflussnehmende Position. So beschließt die gemeinsame Bibliothekskommission u. a. die Grundsätze der Mittelbewirtschaftung, die Grundsätze der Aufteilung der Mittel für das wissenschaftliche Schrifttum unter Berücksichtigung der jeweiligen Bedürfnisse der einzelnen Hochschulen (Grundverteilungsrelationen Universität:Hochschulen), das angewandte Etatverteilungsmodell und den Bibliotheksentwicklungsplan. Für eine Verteilungsgerechtigkeit sorgt ein ausgehandelter Verteilungsschlüssel, der die Höhe der Neuerwerbungsmittel zwi-

---

7 Unter Leitung des Rektors der Universität rekrutiert sich dieses Gremium aus sieben Professoren der Universität und sechs Professoren der Hochschulen, die jeweils durch die akademischen Senate der Hochschulen gewählt werden. Die Direktorin der SuUB nimmt an den Sitzungen mit beratender Stimme teil. Vgl. Satzung über die Aufgabenwahrnehmung (wie Anm. 6).

schen Universität und Hochschulen bestimmt.[8] Als Einrichtung aller Hochschulen des Landes und zugleich als Organisationseinheit der Universität bewegt sich die SuUB damit „realpolitisch in einem Dreieck von Institutionen: Der Wissenschaftsverwaltung, dem Rektor bzw. dem Kanzler der Universität sowie der Gemeinsamen Bibliothekskommission mit Vertreterinnen aller Hochschulen des Landes."[9] Dass diese Strukturen durchaus fragil sein können, zeigt sich z. B. in der von unterschiedlichen Interessen geleiteten Diskussion um die Ausgestaltung der hybriden Bibliothek und der damit verbundenen strategischen Zielsetzung zunehmender digitaler Bereitstellung von wissenschaftlicher Literatur und Fachinformation.

Zentrale Aspekte des einschichtigen Bibliothekssystems

Bibliotheksfachlich und organisatorisch wird das System aller bibliothekarischen Einrichtungen, die zur SuUB zählen, durch einen Direktor/eine Direktorin geleitet. Er bzw. sie nimmt die dienstrechtlichen Weisungsbefugnisse gegenüber allen Bibliotheksmitarbeitern wahr und ist für die zentralen strategischen Entscheidungen verantwortlich. Die Mittelzuweisung erfolgt über einen gemeinsamen Personal- und Sachmitteletat. Die Ergebnisse des Benchmarking W-BIX in den vergangenen Jahren haben gezeigt, dass der Betrieb des gesamten Systems mit vergleichsweise geringem Personalaufwand und hoher Effizienz gelingt.

Zu weiteren Kernaspekten des einschichtigen Bremer Bibliothekssystems gehört ein gemeinsamer Katalog, in dem die Bestände aller Standorte erschlossen und verzeichnet sind. Über den Gemeinsamen Bibliotheksverbund (GBV) setzt die SuUB in allen Standorten das integrierte Bibliothekssystem PICA als Zentral- wie auch als Lokalsystem ein, das zudem für ein gemeinsames Ausleihsystem mit einheitlichen Nutzungsbestimmungen sorgt. Alle Bestände, ob print oder digital, ob lizenziert oder kostenfrei, sind unabhängig vom Standort über ein zentrales Suchinterface im Discovery-System der E-LIB nachgewiesen, so dass die Nutzer auf das verteilte Literaturangebot der SuUB jederzeit uneingeschränkten Zugriff haben.

Zu den wichtigsten Erfolgsfaktoren des einschichtigen Systems zählt sicherlich eine verlässliche Mittelausstattung, die die Bedürfnisse der Universität und der Hochschulen gleichermaßen absichert. Eine zentrale Koordinierung der Erwerbung erfolgt

---

8 Seit vielen Jahren ist diese Verteilungsrelation unverändert akzeptiert: Die Universität Bremen erhält 83,7 % der jährlichen Mittel für das wissenschaftliche Schrifttum, auf die drei Hochschulen in Bremen und Bremerhaven entfällt ein Anteil von 16,3 %. Die Neuerwerbungsmittel für die Fächerversorgung der Universität werden nach einem Etatverteilungsmodell verteilt. Die Zuweisung der Neuerwerbungsmittel an die Hochschulen erfolgt ohne weitere fächersystematische Differenzierung.
9 Vgl. Müller, Staats- und Universitätsbibliothek Bremen (wie Anm. 2), S. 15–29, hier S.27.

bei der Zeitschriftenakquisition und bei der Lizenzierung von E-Journals, Online-Datenbanken und E-Books, so dass die Breite und Qualität der angebotenen Informationsressourcen an allen Standorten, insbesondere bei den Fachhochschulen ein universitäres Niveau erreichen. Doppelbeschaffungen können weitgehend vermieden werden, die einzelnen Standorte profitieren gerade bei hochpreisigen Zeitschriften und Datenbanken von der Kaufkraft des Gesamtsystems.

Synergien ergeben sich insbesondere durch die einheitliche Inhouse-IT-Infrastruktur aller Standorte; die Bibliotheksbenutzer finden an allen Standorten die gleiche Ausstattung und gleichen IT-Dienste vor. Die Umsetzung einer einheitlichen Infrastruktur für alle Hochschulen wird allerdings zuweilen dadurch behindert, dass die Universität und die Hochschulen jeweils eigene Rechenzentren betreiben.

Das einschichtig organisierte Bibliothekssystem der SuUB wurde zuletzt im Rahmen der Evaluation des Wissenschaftsrats für das Hochschulsystem Bremen ausdrücklich positiv bewertet. Es gibt aber auch Schattenseiten, die nicht verschwiegen werden sollen. So birgt die Heterogenität der Nutzergruppen und die Priorisierung ihrer Anforderungen im Gesamtsystem auch Konfliktpotential: Regelmäßig kommt es zu Konflikten zwischen den Anforderungen von Forschung und Lehre, zumal wenn die zentrale Mittelausstattung rückläufig ist bzw. Haushaltskürzungen auf der Tagesordnung stehen. Eine weitere Problematik besteht in der unsichtbaren Zweischichtigkeit. Ohne das Zutun und ohne Beteiligung der SuUB sind in der Universität die unterschiedlichsten Formen von Bibliothekssammlungen entstanden, die die Größe von Handapparaten bis hin zu kleineren Spezialbibliotheken haben. Diese faktisch als Institutsbibliotheken zu bezeichnenden bibliothekarischen Einrichtungen dienen vorwiegend dem speziellen Forschungsbedarf und werden zumeist aus Drittmittelprojekten und Berufungsmitteln finanziert. Die personelle Betreuung wird in der Regel durch die Sekretariate oder Hilfskräfte geleistet; bibliothekarisch qualifiziertes Fachpersonal bildet die Ausnahme, ein nachhaltiger Betrieb kann in den meisten Fällen nicht dauerhaft erfolgen.

Ausgründungen von drittmittelstarken Forschungsbereichen in wirtschaftlich unabhängige An-Institute führen immer wieder zu der paradoxen Situation, dass deren Mitarbeiter zwar noch den Standortvorteil der physischen Bibliothek auf dem Campus nutzen können, aber nicht mehr die Lizenzen für elektronische Medien: Die durch die SuUB geschlossenen vertragsrechtlichen Lizenzierungen gelten für die staatlichen Hochschulen im Land Bremen, nicht aber für die privatwirtschaftlich organisierten wissenschaftlichen Einrichtungen.

Ausgestaltung der Einschichtigkeit in den dezentralen Standorten am Beispiel der Teilbibliotheken an den Hochschulen

Auch wenn die Teilbibliotheken an den (Fach-)Hochschulen als Stabsstelle unmittelbar der Direktorin der SuUB zugeordnet und damit in die einschichtige Organisationsstruktur eingebunden sind, können sie im operativen Geschäft, aber auch im strategischen Bereich weitgehend autonom handeln, wie es in anderen einschichtigen Systemen so nicht üblich ist. Die Leitung jeder Teilbibliothek wird in der Regel von Bibliothekaren des gehobenen Dienstes wahrgenommen, die in den jeweiligen Standorten verortet sind. Eine koordinierende und steuernde Rolle für alle Teilbibliotheken übernimmt die Leiterin aller Teilbibliotheken. Sie hält in enger Abstimmung mit der Leitung der SuUB direkten Kontakt mit den Rektoren und Studiendekanen der Hochschulen in Bremen und Bremerhaven und stimmt mit ihnen die wichtigsten strategischen Entwicklungen ab. Aufgabenprofil und Dienstleistungsspektrum der Teilbibliotheken sind direkt auf den jeweiligen Hochschulstandort zugeschnitten, so dass die SuUB einen wesentlichen Beitrag zur Professionalisierung der Hochschulen leisten kann. Die weitgehende Selbstständigkeit zeigt sich dabei vor allem in der Bewirtschaftung des Erwerbungsetats, der Organisation des Geschäftsganges und der Entwicklung von Schulungsangeboten im Rahmen der Teaching Library.

Das den Teilbibliotheken durch das Etatverteilungsmodell der SuUB zugewiesene Neuerwerbungsbudget ermöglicht einen Bestandsaufbau, der sich sowohl an den konkreten Erwerbungsanforderungen der Fakultäten und Fachbereiche der jeweiligen Hochschulen orientiert, als auch von den strategischen Entwicklungszielen der Hochschulen leiten lässt. Durch den einschichtigen Charakter der SuUB werden elektronische Medien stets für das *gesamte* Bibliothekssystem einschließlich der Hochschulstandorte lizenziert; daher können die Teilbibliotheken auf das breite universitäre Angebot von elektronischen Zeitschriften, E-Books und Datenbanken aufbauen. Für die Fachhochschulen ist der Erwerbungsgrundsatz „electronic first" formuliert, so dass die Lizenzierung von relevanten E-Books oder E-Journals im Gesamtsystem der SuUB vielfach von den Teilbibliotheken angestoßen wird; durch die anteilige Finanzierung von hochpreisigen Produkten profitieren Universität und Hochschulen gleichermaßen.

Ihre operativen Geschäftsprozesse sind abweichend von den Geschäftsgängen der Universitätsstandorte an die personelle Ausstattung angepasst. In der Regel arbeiten in den dezentralen Standorten nur vier bis max. fünf bibliothekarische Fachkräfte des mittleren und gehobenen Dienstes, so dass z. B. für die effiziente Abwicklung von Bestellprozessen für Zeitschriften und Bücher Serviceangebote des Buchhandels anstelle des Erwerbungsmoduls des integrierten Bibliothekssystems PICA verwendet werden. Die Arbeitsorganisation ist wie in der Zentralbibliothek funktionsübergreifend in Teams organisiert.

Zur Vermittlung von Informationskompetenz konzipieren die Teilbibliotheken vielfältige, direkt auf die primäre Zielgruppe und mit Blick auf die spezifischen Curricula der Studiengänge zugeschnittene Schulungen und Veranstaltungen. Frühzeitig werden dabei auch Literaturverwaltungsprogramme in die Schulungen einbezogen. Spezielle Seminare für Tutoren werden in Zusammenarbeit mit der Koordinierungsstelle für Fort- und Weiterbildung an der Hochschule Bremen angeboten.

In der Rolle eines übersichtlichen, kontrollierbaren Abbildes fungieren die Teilbibliotheken regelmäßig als Testfeld des Gesamtsystems. Beispielsweise führten sie bereits in den 1990er Jahren größere Retrokatalogisierungsprojekte durch, sorgten frühzeitig für die Einführung von Selbstverbuchungssystemen mit den Funktionen von Ausleihe und Rückgabe und entwickelten Konzepte für elektronische Semesterapparate und eine progressive Bestandspflege.

Ausblick

Die Berücksichtigung der Belange der Teilbibliotheken, Bereichsbibliotheken und der Zentrale bei Planungen und Entscheidungen bleibt eine Herausforderung. Die permanente Reflexion und konstruktive Diskussion dieser Aspekte im Gesamtsystem der SuUB sollten jedoch zu erfolgversprechenden, für alle Standorte gewinnbringenden Lösungen beitragen.

Letztlich erfordert die Struktur der Staats- und Universitätsbibliothek Bremen kontinuierlich die Arbeit an Kooperationen, Vernetzungen und internen Abstimmungen. Das in Deutschland einzigartige Modell einer landesweiten wissenschaftlichen Literaturversorgung aller staatlichen Hochschulen aus einer Hand bietet die Möglichkeit, kostenbewusst und ressourcenoptimiert die spezifischen Bedarfe abzusichern. Insofern würdigt auch der Wissenschaftsrat die hochschulübergreifende Einschichtigkeit und spricht von einem zukunftsweisenden Konzept für den Hochschulstandort Bremen.[10]

---

10 Vgl. Wissenschaftsrat, Empfehlungen zur Weiterentwicklung des Hochschulsystems (wie Anm. 4), S. 81.

Funktionswandel dezentraler Bibliotheken in der Hochschule im Lichte der Wissenschaftsdisziplinen und Fachkulturen

In dezentralen Bibliothekseinheiten, die räumlich und organisatorisch eng mit den Fächern oder Fachbereichen verflochten sind, können Veränderungen in den wissenschaftlichen Fachkulturen schneller und eindeutiger wahrgenommen werden, als in zentralen Bibliotheken, in denen sich solche Effekte nicht immer differenzieren lassen bzw. sogar gegenseitig aufheben. Dezentrale, disziplinär ausgerichtete Infrastruktureinrichtungen agieren außerdem in einem Umfeld, das durch neue, häufig quer zu den Fachbereichs- und Fakultätsstrukturen entstehende Organisationsformen von Forschung und Lehre gekennzeichnet ist. Häufig sind in diese neuen Organisationsformen externe Partner eingebunden. Bibliotheksstrukturen im dezentralen Bereich stehen angesichts des Strukturwandels der Hochschulen und der voranschreitenden bzw. schon weitgehend erfolgten Digitalisierung der Information unter einem besonderen zeitlichen und organisatorischen Druck, den Funktionswandel zu gestalten. Die Anforderungen der Fächer spielen dabei eine besondere Rolle, sind aber auch von großen Unterschieden und Ungleichzeitigkeiten geprägt.

Die Orientierung an den Fachkulturen vollzieht sich aber nicht nur bei der Strukturbildung im Bibliothekssystem oder in Fragen der räumlichen Ausstattung dezentraler Einheiten. Die Entwicklung spezifischer Informationsdienste, die sich an den Bedürfnissen und Arbeitsweisen der Fachcommunities ausrichten, begleitet den Funktionswandel der dezentralen Bibliotheken. Ein dezentrales, fachspezifisches Vorgehen kann Freiräume beim Vorantreiben von Innovationen eröffnen, weil kein „one fits all"-Konzept entwickelt werden muss, das lange Entscheidungswege und Planungszeiträume voraussetzt. Entsprechend lassen sich dezentral ausgerichtete Konzepte zwar niemals direkt auf eine andere Hochschule übertragen, zeigen aber exemplarische Lösungsmöglichkeiten auf, wie bei der Umstrukturierung der Bibliothekssysteme dem Wandel in den Fachkulturen entsprochen werden kann.

Die rasche Entwicklung der Informationsdienste und die Konkurrenz der Anbieter führen dazu, dass die Aufgaben der Bibliotheken in vielen Disziplinen nur noch kurzfristig definierbar sind. Bibliotheken reagieren darauf, indem sie kleinformatige und flexible Angebotsformen entwickeln. Bibliotheksneubauten oder umfangreiche Umstrukturierungen erfordern mittel- und langfristige Planungen und stehen deshalb durchaus in einem Spannungsverhältnis zum raschen Wandel. Einrichtungen, die in Räumlichkeiten untergebracht sind, die den Strukturwandel nicht ausreichend unterstützen, setzen folglich auf Organisations- und Personalentwicklungsprozesse, um beweglicher zu werden.

Ulrike Eich
Leistungsportfolio naturwissenschaftlicher Bibliotheken

Abstract: Bibliotheken mit einem naturwissenschaftlichen Versorgungsauftrag unterliegen spätestens seit der Jahrtausendwende tiefgreifenden Veränderungen, Herausforderungen und auch Risiken. Verändert haben sich Medienbedarf und -angebote. Die Informationsversorgung in den Naturwissenschaften ist weitgehend digital und e-only. Herausgefordert werden die Bibliotheken durch radikal neue Aufgabenstellungen. Gleichzeitig werden sie bedrängt von der Macht und Leistungsfähigkeit großer kommerzieller Anbieter. Umso wichtiger ist es gerade für Hochschulbibliotheken, dass sie spezifische Aufgaben erkennen und fokussiert erfüllen.

Keywords: Deutschland, Hochschulbibliotheken, Naturwissenschaften, elektronische Medien

Bedarfsanalyse und Anforderungen

Regelmäßig und auch in jüngster Zeit hat es Analysen und Umfragen zum Informationsverhalten von Wissenschaftlern und zu ihren Erwartungen an Bibliotheken gegeben.[1,2,3,4,5,6,7] Sie stammen überwiegend aus dem angloamerikanischen Raum, sind aber bezüglich der Naturwissenschaften sicher auf Deutschland übertragbar.

---

[1] Vakkari, Perti: Perceived influence of the use of electronic information resources on scholarly work and publication productivity. In: Journal of the American Society for Information Science and Technology (2006) H. 4. S. 602–612.
[2] JISC: Libraries of the future. 2009. http://www.jisc.ac.uk/media/documents/publications/lotbrochure.pdf (19.03.2013).
[3] JISC: Researchers of tomorrow: the research behaviour of generation Y doctoral students. 2012. http://www.jisc.ac.uk/publications/reports/2012/researchers-of-tomorrow.aspx (26.07.2013).
[4] Ross Housewright, Roger C. u. Kate Wulfson Schonfeld: UK survey of academics 2012. Ithaka S+R, JISC, RLUK 2013. http://www.sr.ithaka.org/research-publications/us-faculty-survey-2012 (16.06.2013).
[5] Ross Housewright, Roger C. u. Kate Wulfson Schonfeld: US faculty survey 2012. Ithaka S+R 2013. http://www.sr.ithaka.org/research-publications/us-faculty-survey-2012 (16.06.2013).
[6] Long, Matthew P. u. Roger C. Schonfeld: Supporting the changing research practices of chemists. Research support project: Chemistry project. Ithaka S+R 2013. http://www.sr.ithaka.org/research-publications/supporting-changing-research-practices-chemists (16.06.2013).
[7] Niu, Xi und Bradley Hemminger: A study of factors that affect the information seeking behaviour of academic scientists. In: Journal of the American Society for Information Science and Technology (2012) H. 2. S. 336–353.

Die Forschungsumgebungen und wesentliche Arbeitsprinzipien der Informationsbeschaffung in den Naturwissenschaften stimmen überein und sind klar definiert. Recherchiert, publiziert und kommuniziert wird mehr oder weniger nur noch elektronisch; e-only als Standard der Beschaffung und Bereitstellung der Bibliothek ist akzeptiert.[8] Als forschungsrelevante Dokumentarten werden regelmäßig benötigt: 1. Zeitschriftenaufsätze (peer reviewed), 2. Preprints, 3. Kongressberichte.[9] Da alle Informationen elektronisch verfügbar sind oder sein sollen, recherchieren die Wissenschaftler an ihrem Arbeitsplatz und jedenfalls so gut wie nicht mehr in der Bibliothek. Dass die bedeutendsten Fachzeitschriften von den Bibliotheken zu hohen Kosten für die eigene Einrichtung lizenziert und bereitgestellt werden, wird gewürdigt und anerkannt.[10] Nicht selten wird die Bibliothek aber auch schon auf diese Rolle reduziert, als „journal provider with a big check-book"[11]. Artikel, die auf diesem Weg über eine Campuslizenz nicht verfügbar sind, werden als frei zugängliche Variante im Netz gesucht oder direkt von den Fachkollegen erbeten; Fernleihe oder Dokumentlieferung über die Bibliothek spielen mittlerweile eine untergeordnete Rolle.[12] Ähnliches gilt dann konsequenterweise auch für den OPAC der Bibliothek: Als Rechercheinstrument steht er an letzter Stelle hinter allgemeinen und spezifischen Suchmaschinen.[13] Genutzt und direkt angesprochen werden Fachdatenbanken, Preprint-Server und Discovery-Systeme:

> Publishers, technology providers, scholarly societies, and other entities have created a variety of tools to serve the information needs of chemists. With libraries playing a smaller role, these tools are now the major source of innovation in how chemists locate data, literature, and other information.[14]

---

8 Ross Housewright u. Wulfson Schonfeld, UK survey of academics 2012 (wie Anm. 4), S. 6; Ross Housewright u. Wulfson Schonfeld, US faculty survey 2012 (wie Anm. 5), S. 26.
9 Ross Housewright u. Wulfson Schonfeld, UK survey of academics 2012 (wie Anm. 4), S. 15; Ross Housewright u. Wulfson Schonfeld,US faculty survey 2012 (wie Anm. 5), S. 13;. Long u. Schonfeld, Supporting the changing research practices (wie Anm. 6), S. 23.
10 Ross Housewright u. Wulfson Schonfeld, UK survey of academics 2012 (wie Anm. 4), S. 80; Ross Housewright u. Wulfson Schonfeld, US faculty survey 2012 (wie Anm. 5), S. 68; Long u. Schonfeld, Supporting the changing research practices (wie Anm. 6), S. 11; Howard, Jennifer: Scholars increasingly use online resources, survey finds, but they value traditional formats too. In: The chronicle of higher education (April 2013). http://chronicle.com/article/Scholars-Increasingly-use/138407 (29.05.2013).
11 Wilson, Lizabeth A.: Local to global. The emerging research library. In: The emerging research library. Our role in the digital future. Ed. Sul H. Lee. London: Routledge 2010 (pb 2013). S. 1–13, hier S. 4.
12 Ross Housewright u. Wulfson Schonfeld, UK survey of academics 2012 (wie Anm. 4), S. 22; Ross Housewright u. Wulfson Schonfeld, US faculty survey 2012 (wie Anm. 5), S. 20, 41.
13 Ross Housewright u. Wulfson Schonfeld, UK survey of academics 2012 (wie Anm. 4), S. 22; Ross Housewright u. Wulfson Schonfeld, US faculty survey 2012 (wie Anm. 5), S. 22.
14 Long u. Schonfeld, Supporting the changing research practices (wie Anm. 6), S. 21.; vgl. ACRL Research Planning and Review Committee: 2012 top trends in academic libraries. A review of the trends and issues affecting academic libraries in higher education. In: College and research libraries (2012)

Der Bedarf der Studierenden ist ähnlich, mit dem Unterschied, dass sie die Bibliothek noch aufsuchen, vorwiegend aber in der Absicht, dort alleine oder gemeinsam zu lernen.[15] Für Deutschland lässt sich diese Tendenz mit der Deutschen Bibliotheksstatistik veranschaulichen:

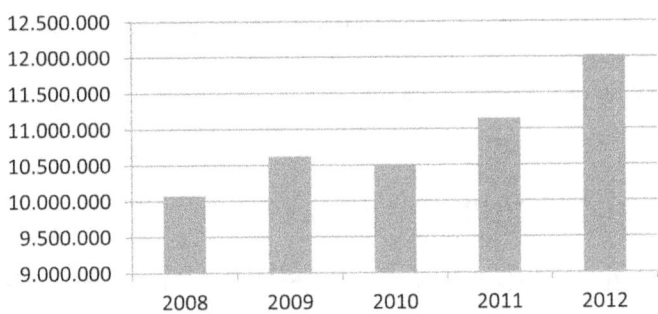

Abbildung 1: Quelle: DBS[16] (Aachen BTH — Berlin UBTU — Braunschweig UBTU — Chemnitz UB — Clausthal-Z. UB — Cottbus TU — Dortmund UB — Freiberg TU BA — Hamburg TU — Hannover UB — Kaiserslautern UB — Karlsruhe KIT-Bib — München UBTU — Stuttgart UB).

Die Besuche in naturwissenschaftlich ausgerichteten Bibliotheken ohne regionale Funktionen, die ihre Daten regelmäßig gemeldet haben, sind von 2008–2012 um knapp 20 % gestiegen. Die Studierenden brauchen noch Lehrbücher oder textbooks, auch in gedruckter Form, obwohl das veranstaltungsrelevante Material heute in Lehr- und Lernplattformen bereitgestellt wird. Gesucht werden konventionelle Lehrmaterialien aber von allen Orten aus, die Informationen müssen also auch über Mobilgeräte abrufbar sein.[17] Die fachspezifische Informations- und Literaturrecherche ist in den Lehr- und Lernprozess und in die praktische Ausbildung in Labors und Werkstätten integriert. Die Wissenschaftler und Lehrenden halten die Nachweis- und Recherchesysteme für selbsterklärend[18] und sehen deren Vermittlung und die Anleitung weit mehr in der Verantwortung ihrer eigenen wissenschaftlichen Mitarbeiter als bei dem

---

H. 6. S. 311–320, hier S. 316; vgl. The student experience and the future of libraries. In: JISC Inform (2013). http://www.jisc.ac.uk/inform/inform36/Libraries OfTheFuture.html (08.04.2013).
15 Wilson, Local to global (wie Anm. 11), S. 6; Jacubs, Deborah: Out of the gray times. Leading libraries in the digital futures. In: The emerging research library. Ed. Sul H. Lee. London: Routledge 2010 (pb 2013). S. 105–118, hier S. 107.
16 Hochschulbibliothekszentrum des Landes Nordrhein-Westfalen (hbz): Deutsche Bibliotheksstatistik. http://www.bibliotheksstatistik.de, Nr. 176 (11.9.2013).
17 Crump, Michele J. u. LeiLani S. Freund: Meeting the needs of student users in academic libraries. Reaching across the great divide. Oxford: Chandos 2012. S. 4.
18 Long, u. Schonfeld, Supporting the changing research practices (wie Anm. 6), S. 21–22.

Personal der Bibliothek.[19] Doch beanstanden die Wissenschaftler die Vielfalt, mangelnde Koordinierung und Unübersichtlichkeit der Nachweis- und Recherchesysteme und sind „frustriert", wenn sie beim Zugriff auf elektronische Zeitschriften abgewiesen werden, weil die Lizenz zeitliche Lücken hat.[20]

Die Bibliothek wird also auch von den Protagonisten der digitalen Nutzung noch gebraucht, mindestens für die Finanzierung, Lizenzierung und komfortable Bereitstellung elektronischer Ressourcen, als Gebäude mit attraktiven Arbeits- und Aufenthaltsmöglichkeiten oder „Ort der Kommunikation"[21]. In der bibliothekarischen Diskussion werden als weitere Aufgabenfelder: Informationskompetenz, Management von Forschungs- und Publikationsdaten einschließlich bibliometrischer Analysen und Unterstützung im Publikationsprozess genannt.

Angebote von Bibliotheken

Die jüngere Entwicklung naturwissenschaftlicher Bibliotheken an deutschen Universitäten dominieren drei Tendenzen:
- Einrichtung von Fachbibliotheken,
- fachspezifische Angebote,
- Kooperation und Nutzung zentraler Dienste.

Fachbibliotheken

Die Einrichtung von Fachbibliotheken geht meist einher mit der Verlagerung von natur- und oft auch ingenieurwissenschaftlichen Instituten aus innerstädtischen Kerngebieten in neue universitäre Ansiedlungen, oft in räumliche Nähe zu außeruniversitären Forschungseinrichtungen oder zur Industrie. Prominente Beispiele finden sich an der Humboldt-Universität Berlin (Zentrum Adlershof mit dem Schrödinger-

---

19 Ross Housewright u. Wulfson Schonfeld, UK survey of academics 2012 (wie Anm. 4), S. 51; Ross Housewright u. Wulfson Schonfeld, US faculty survey 2012 (wie Anm. 5), S. 53; vgl. Felscher, Reinhold: Naturwissenschaften, Technik und Datenverarbeitung. Das Südgebäude der Universität Erlangen-Nürnberg aus bibliothekarischer Sicht. In: Bibliotheksforum Bayern (1996) H. 1. S. 62–76, hier S. 74.
20 Ross Housewright u. Wulfson Schonfeld, US faculty survey 2012 (wie Anm. 5), S. 35; vgl. Wilson, Local to global (wie Anm. 11), S. 7; Howard, Scholars increasingly use online resources (wie Anm. 10).
21 Lankes, R. David: The atlas of new librarianship. Cambridge, Mass.: MIT Press 2011. S. 104; vgl. Bonte, Achim u. Klaus Ceynowa: Bibliothek und Internet. Die Identitätskrise einer Institution im digitalen Informationszeitalter. In: Lettre international (2013). S. 115–117.

Zentrum)[22], in Erlangen-Nürnberg (Südgelände)[23], Frankfurt am Main (Campus Riedberg)[24] und Heidelberg (Neuenheimer Feld)[25] sowie an der LMU München (High-Tech Campus in Planegg-Martinsried)[26].

Wo neu geplant und gebaut werden kann, wird die Bibliothek als Arbeits-, Aufenthalts- und Kommunikationsort der Studierenden gestaltet, mit hochwertiger technischer Infrastruktur (schnelle Internetzugänge, Kopierer, Scanner, Drucker[27]), komfortablen Arbeitsplätzen, unterschiedlichen Gruppenarbeitsräumen und großzügigen Öffnungszeiten; dafür steht insbesondere das KIT Karlsruhe mit seiner „Bibliothek, die nicht mehr schließt"[28].

Fachspezifische Angebote

Für die Forscher und Lehrenden ist in der Regel „nur noch" die digitale Versorgung am Arbeitsplatz relevant. Eine große Übereinstimmung zeigen naturwissenschaftlich bestimmte Bibliotheken in ihrer Angebotsstruktur. Sehr hohe Priorität hat der fachspezifische Zugang zu den jeweils relevanten Ressourcen: Fachportale und zentrale disziplinspezifische Fachdatenbanken sowie Fachzeitschriften; für Studierende werden auch Lehrmaterialien aufgeführt. Bei diesen spielt auch die traditionelle Lehrbuchsammlung noch eine Rolle, dominant sind aber eindeutig die elektronischen Ressourcen. Fast modellhaft findet sich diese Struktur im Angebot der MIT Libraries:

---

22 Bulaty, Milan: Universitätsbibliothek der Humboldt-Universität zu Berlin – Zentralbibliothek Naturwissenschaften. In: Bibliothek. Forschung und Praxis (2003) H. 1/2. S. 59–60.
23 Felscher, Naturwissenschaften (wie Anm. 19).
24 Dugall, Berndt: Die Restrukturierung der Goethe-Universität und ihre Auswirkungen auf die Informationsversorgung. Teil 2. In: ABI-Technik (2008) H. 3. S. 168–178.
25 Mauthe, Sybille: Filiale im Feld – Die Zweigstelle für Medizin und Naturwissenschaften der Universitätsbibliothek Heidelberg. In: GMS Medizin Bibliothek Information (2009) H. 2/3. DOI: 10.3205/mbi000162.
26 Trapp, Nikola: Die Universitätsbibliothek München fusioniert ihre biowissenschaftlichen Institutsbibliotheken: Zur Neueröffnung der Bibliothek des Biozentrums. In: Bibliotheksdienst (2008) H. 11. S. 1172–1178.
27 24 Stunden sind eine Bibliothek. Lernen. Forschen. Kooperieren. Die innovative Bibliothek. Hrsg. von Frank Scholze u. Regine Tobias. 2. Aufl. Karlsruhe: KIT Scientific Publ. 2013. http://dx.doi.org/10.5445/KSP/1000026825 (26.10.2013). S. 16.
28 Scholze u. Tobias, 24 Stunden (wie Anm. 27), S. 19.

„Research Guides — Databases by Subject/Science"[29], der Zugang „Ressourcen nach Fachgebieten" der ETH Zürich[30] oder die „Fachspezifische Suche" der TIB Hannover[31].

Gedruckte Fachsammlungen werden ergänzend genannt, wenn sie besonderen Wert oder unikale Bedeutung haben. Wissenschaftlich wertvolle Altbestände haben vor allem Landes- und Spezialbibliotheken, die in doppelter Funktion auch Hochschulbibliotheken sind, zum Beispiel Dresden, Göttingen, Darmstadt. Doch auch die junge Bibliothek des KIT Karlsruhe hat aus der Fusion der TU mit dem Forschungszentrum Karlsruhe dessen „bundesweit einzigartigen energie- und kerntechnischen Spezialbestand"[32] erhalten.

Die Homogenität der naturwissenschaftlichen Angebote entspricht dem fachwissenschaftlichen Bedarf; sie wird gerade in Deutschland unterstützt und verstärkt durch zentrale Dienste, die traditionell kooperativ betrieben oder als nationale Aufgabe wahrgenommen werden.

Kooperative Bibliotheksdienste

Kooperative Dienste sind die Nachweis- und Erschließungssysteme für elektronische Medien, *Datenbankinformationssystem* (*DBIS*) und die *Elektronische Zeitschriftenbibliothek* (*EZB*), auch wenn diese zugunsten von Discovery-Systemen für die Nutzeranwendung in den Hintergrund treten. Die Homogenisierung greift aber auch bei den Inhalten, wenn die Bibliotheken sich zu Konsortien zusammenschließen und dieselben Produkte lizenzieren. Dazu kommt, dass elektronische Zeitschriften und EBooks von den großen Wissenschaftsverlagen, die den Informationsmarkt für Naturwissenschaften bestimmen, zunehmend paketweise bezogen werden müssen. Für den eindeutig wissenschaftsrelevanten Kernbestand ist das unproblematisch. Mit einem identischen ‚Beiwerk' aber werden die Bibliotheken nivelliert und könnten ihren Anspruch, als kundige Partner und Dienstleister der Wissenschaft wahrgenommen zu werden, gefährden. Dies gilt umso mehr, als mit dem Kauf solcher Pakete Finanzmittel gebunden werden, die dann für die Bereitstellung des spezialisierten Forschungsbedarfs fehlen.

---

[29] MIT Libraries: Research Guides – Databases by Subject. http://libraries.mit.edu/multi/research-guides.html (07.08.2013).
[30] ETH-Bibliothek: Ressourcen nach Fachgebieten. http://www.library.ethz.ch/de/Ressourcen/Ressourcen-nach-Fachgebieten (07.08.2013).
[31] Technische Informationsbibliothek und Universitätsbibliothek Hannover (TIB/UB): Fachspezifisch suchen. http://www.tib.uni-hannover.de/?id=23 (07.08.2013).
[32] Scholze u. Tobias, 24 Stunden (wie Anm. 27), S. 16.

Zentrale Dienste

Dieser Bedarf wurde als nationale Aufgabe lange Zeit von den sog. *Sondersammelgebietsbibliotheken* bedient; dies waren oder sind Bibliotheken mit fachwissenschaftlich relevanten Sammlungen, die für den überregionalen Zweck von der Deutschen Forschungsgemeinschaft gefördert werden, sowie die Zentralen Fachbibliotheken. Die Naturwissenschaften werden mit wenigen Bibliotheken konzentriert versorgt, vor allem von der TIB Hannover (Angewandte Mathematik, Chemie, Informatik, Physik), der SUB Göttingen (Reine Mathematik, Astrophysik, Geophysik, Geowissenschaften zusammen mit der Bergakademie Freiberg) sowie UB Frankfurt am Main (Biologie).

Die Angebote dieser Bibliotheken gehen schon weit über konventionelle Dienste wie Fernleihe und Dokumentlieferung hinaus. Mit den *Virtuellen Fachbibliotheken* haben sie disziplinspezifische und vor allem endnutzerorientierte Dienste geschaffen. Diese Entwicklung wird sich mit der Umwandlung der klassischen *Sondersammelgebiete* in *Fachinformationsdienste*[33] noch eindeutiger fortsetzen. Richtung weisend bleibt sicher die TIB, die mit *GetInfo*[34] ein zentrales Recherche- und Bestellsystem für die Natur- (und Ingenieurwissenschaften) aufgebaut hat. Sie widmet sich jetzt neuen Aufgaben und Bedarfen der Wissenschaft, die lokal kaum zu bewältigen sein werden:[35] neuen Medientypen und Objekten sowie den Forschungsdaten, für deren Verzeichnung sie bereits die Rolle einer DOI-Registrierungsagentur übernommen hat.[36]

Neue Dienstleistungen

Die Hochschulbibliotheken mit naturwissenschaftlichen Schwerpunkten sind zweckgerecht organisiert und in eine leistungsfähige Informationsinfrastruktur eingebunden. Sie bedienen die Kernforderungen der Studierenden und Wissenschaftler; so prägnant und fokussiert definiert sich tatsächlich die UB der TU Hamburg-Harburg als „Informations- und Kommunikationsstätte", die „zentral Bücher und Zeitschrif-

---

[33] Deutsche Forschungsgemeinschaft: Überführung der Sondersammelgebiete in das Förderprogramm „Fachinformationsdienste für die Wissenschaft". http://www.dfg.de/foerderung/programme/infrastruktur/lis/lis_foerderangebote/fachinformationsdienste_wissenschaft/ueberfuehrung_sondersammelgebiete/index.html (09.08.2013).
[34] Vgl. https://getinfo.de/app (07.08.2013).
[35] Siehe dazu den neuen Leibniz-Forschungsverbund science 2.0. http://www.leibniz-science20.de/ (20.08.2013)
[36] Sens, Irina: [GetInfo] Relaunch und Perspektiven. In: Password (2009). S. 14. http://www.wiso-net.de/webcgi?START=A60&DOKV_DB=ZECO&DOKV_NO=PASS090910019&DOKV_HS=0&PP=1 (16.08.2013).

ten sowie den Zugang zu Datenbanken für Studium, Lehre, Forschung und Berufspraxis [finanziert]".[37]

Damit sind die Aufgaben einer und auch dieser UB nicht erschöpft.

Schneller Zugriff

Die Dominanz der eMedien in den Naturwissenschaften ist der entscheidende Faktor. Diese Medien so leicht wie möglich nutzbar zu machen, ist eine wesentliche lokale Aufgabe. Die Frage nach der Bereitstellung von Information muss aber neu gestellt werden,[38] denn das Sammeln und Vermitteln haben mit den Discovery-Systemen weitgehend schon andere Anbieter übernommen. Dasselbe gilt für die *P(atron) D(riven) A(cquisition)*-Portale, in denen zusätzlich die Nutzer (vor)entscheiden, was für einen dauerhaften Zugriff beschafft wird.

Der Bibliothek bleibt die Aufgabe, die Inhalte dieser Portalangebote zu analysieren, das für die eigene Einrichtung fachlich am besten Passende auszuwählen und in die eigene Rechercheumgebung zu integrieren.[39] Der lokale Katalog wird mit dem Übergang auf cloud-basierte Systeme (z. B. *WMS* von OCLC[40] oder *ALMA* von ExLibris[41]) obsolet. Nur die Bibliothek kann jedoch ihren Wissenschaftlern den direkten und schnellsten Weg zum gewünschten Dokument oder Objekt bieten.[42] Zur Vernetzung der Nachweissysteme mit den Zielsystemen verwendet sie *link resolver*. Diese müssen ausgewählt und beschafft sowie kontinuierlich gepflegt werden. Lizenzierte Produkte werden nur berechtigten Nutzergruppen zugänglich gemacht. Die Bibliothek muss diese nach den Vorgaben ihrer Einrichtung definieren und dafür sorgen, dass diese geeignete Authentifizierungs- und Autorisierungssysteme einsetzt. Die Konstrukte zwischen Einrichtungen, Verlagen und Softwareproduzenten sind fehleranfällig, so dass die Bibliothek eine Clearingstelle einrichten sollte, um Zugriffsprobleme schnell beheben zu können. Ärgerlich für den Wissenschaftler sind auch Lücken im Versorgungssystem, die leicht entstehen können, wenn unterschiedliche Lizenzverträge für ein Produkt oder einen Titel (bilateraler Vertrag, Konsortialvertrag, DFG-geförderte

---

[37] Universitätsbibliothek TU Hamburg-Harburg: Über uns. http://www.tub.tu-harburg.de/home/ueber-uns/ (08.08.2013).
[38] Vgl. Dugall, Berndt: Bibliotheken zwischen strukturellen Veränderungen, Kosten, Benchmarking und Wettbewerb. In: ABI Technik (2013) H. 2. S. 86–95, hier S. 94f.
[39] Vgl. Bastian, Stefan: Vorfahrt für die elektronischen Medien. In: B.I.T. online (2013) Sonderheft BIX. S. 37–40, hier S. 39; Lewis, David W.: From stacks to the web. The transformation of academic library collecting. In: College and research libraries (2013) H. 3. S. 159–176.
[40] OCLC Online Computer Library Center: OCLC WorldShare™ Management Services. http://www.oclc.org/worldshare-management-services.en.html (12.08.2013).
[41] Ex Libris: Ex Libris Alma. http://www.exlibrisgroup.com/category/AlmaOverview (12.08.2013).
[42] Vgl. ACRL Research Planning and Review Committee, 2012 top trends in academic libraries (wie Anm. 14), S. 316.

National- oder Allianzlizenz, Zugang über Aggregatordatenbanken) nicht genau aufeinander abgestimmt sind. Zumindest die für eine Einrichtung wichtigsten Produkte müssen garantiert zugänglich sein. Sie sollten über Bedarfserhebungen und Nutzungsanalysen ermittelt werden. Wissenschaftler benötigen und erwarten von ihren Servicebetrieben verlässliche Dienste und müssen kein Verständnis für deren Probleme mit ihren Geschäftspartnern haben. In den meisten Fällen kennen und nutzen sie alternative Beschaffungswege, oft über die Netzwerke ihrer Fachcommunities.

Studierende unterstützen

Diese unmittelbare Art der Informationsbeschaffung lernen auch die Studierenden. Eigenständige Angebote zur Vermittlung von Informationskompetenz, die nicht in die Disziplin oder das Curriculum eingebunden sind, werden eher verhalten genutzt, mit Ausnahme von Schulungen zu Literaturverwaltungsprogrammen, die oft nachgefragt werden. Ein komplettes Bibliotheksangebot wird die Beschaffung und Lizenzverwaltung solcher Programme einschließen. Eingeschränkt sind auch die Dienstleistungen von Bibliotheken für die Lehr- und Lernplattformen, die mittlerweile in die universitären Infrastrukturen integriert, aber nur für die jeweils kursspezifisch zugelassenen Personen nutzbar sind. Die Bibliothek kann strukturell daran mitwirken, dass Schnittstellen zu den wissenschaftlichen Informationssystemen eingerichtet werden. Für den Routinebetrieb wird sie Dokumente digitalisieren und bereitstellen sowie urheberrechtliche Fragen klären.

Wissenschaftliches Publizieren

Für die Wissenschaftler und Forscher sind neue Angebote in der Diskussion, Entwicklung und Erprobung. Zum Grundangebot von Hochschulbibliotheken gehören inzwischen Publikationsdatenbanken, die oft aus ehemals gedruckten Universitätsbibliografien hervorgegangen sind. Deren Zweck, die Forschungsleistung der Hochschule zu dokumentieren, wird heute um weitere Aspekte ergänzt, die eine Bibliothek beachten wird.

Für die Bewertung von Aufsätzen, dem dominanten Publikationsmedium der Naturwissenschaften, sind Qualität und Bedeutung einer Zeitschrift ausschlaggebend; verbreitete und immer noch akzeptierte Kriterien sind *peer review* und *impact factor*.

Die Bibliothek kann diese Daten kontinuierlich ermitteln und in der Datenbank ergänzen.

Über Zugriffsstatistiken kann sie analysieren, wen die Hochschule bzw. der Wissenschaftler erreicht. Dies dient auch der Selbstversicherung oder gibt Anlass zur Reflexion der Aufgaben, wenn sich herausstellt, dass die Forschungsergebnisse doch ganz überwiegend innerhalb einer engeren Fachcommunity ausgetauscht und genutzt werden.

Dem entspricht das Desiderat der Wissenschaftler, ihre eigene Forschungsleistung über das persönliche Webangebot sichtbar zu machen. Um dies zu unterstützen, muss die Bibliothek dafür sorgen, dass die Metadaten aus der Publikationsdatenbank ohne Aufwand in die lokalen Webangebote übernommen werden können. Umgekehrt muss eine Publikationsdatenbank Metadaten aus fachspezifischen Plattformen und Systemen, welche die Wissenschaftler primär nutzen und bedienen, importieren können. Auch für eine individuelle Bewertung gibt es Zusatzkriterien wie z. B. den *H-Index*, zu deren Ermittlung und Verzeichnis die Bibliothek beitragen kann. Die Publikationsdatenbank ist aber nicht nur Präsentations-, sondern auch Verwaltungssystem. Nur wenn die bibliografischen Daten an einem Ort zusammengeführt sind, können sie so aufbereitet werden, dass sie optimal verwendbar und an neue Anwendungen und Systeme anzupassen sind. Ein wichtiges Beispiel ist die Individualisierung der Autorennamen als Voraussetzung der korrekten Verknüpfung zwischen einem Autor und seinen Werken. Dies geschieht mittels der *Gemeinsamen Normdatei* (*GND*) und in Kürze auch über das neue Regelwerk *RDA* (*Resource Description and Access*), das auf spartenübergreifende Anwendung hin konzipiert ist. Allerdings gibt es schon alternative Konzepte kommerzieller Informationsanbieter. Thomson Reuters hat für das *Web of Knowledge* die *ResearcherID* eingerichtet, die gerade bei Naturwissenschaftlern bekannt und verbreitet ist. Darüber hinaus haben diese Firmen auch mächtige Recherche- und Auswertungsinstrumente für ihre Datenbanken entwickelt (Thomson Reuters: *Data Citation Index*[43]; Elsevier: *Scirus*[44]). Die Bibliothek hat hier kein Alleinstellungsmerkmal mehr, sie kann aber dem Wissenschaftler diese Arbeiten abnehmen oder auch komplexere bibliometrische Analysen anbieten.

Nicht nur bei den Metadaten kann die Bibliothek den Wissenschaftler unterstützen, sondern auch schon im Publikationsprozess.[45] Aus der Archivierungspflicht für die Dissertationen sind im digitalen Bereich die Hochschulschriftenserver oder Institutionellen Repositorien entstanden. Gestützt auf das bewährte Prinzip der Kooperation hat das DINI-Netzwerk ein Zertifikat[46] geschaffen, das Verlässlichkeit und Nachhaltigkeit garantiert. Diese Repositorien haben mit den open-access-Initi-

---

43 Thomson Reuters: The Data Citation Index. http://wokinfo.com//products_tools/multidisciplinary/dci/about/ (12.08.2013).
44 Elsevier: Scirus. http://www.scirus.com/ (12.08.2013).
45 Vgl. Foster, Nancy Fried u. Susan Gibbons: Understanding faculty to improve content recruitment for institutional repositories. In: D-Lib Magazine (2005) H. 1. http://www.dlib.org/january05/foster/01/foster.html (16.08.2013).
46 Deutsche Initiative für Netzwerkinformation (DINI): DINI-Zertifikat 2010 für Dokumenten- und Publikationsservices. http://www.dini.de/dini-zertifikat/ (16.8.2013).

ativen — zuletzt noch einmal forciert aus der Deutschen Forschungsgemeinschaft[47] — auch politisch an Bedeutung gewonnen. Sie werden vor allem im sog. *Grünen Weg* für Sekundärpublikationen zu Veröffentlichungen in kommerziellen Zeitschriften genutzt, stehen dabei aber in Konkurrenz zu großen und etablierten Fachrepositories, insbesondere der Preprint-Server, oder den eigenen Servern der Wissenschaftler oder ihrer Institute, denn Naturwissenschaftler können sich technisch meistens selbst versorgen. Attraktiv wird ein Archivierungsangebot der Bibliothek jedoch in Verbindung mit der Finanzierung von Publikationskosten.[48] Um sich auf dem Publikationsmarkt orientieren und angemessen verhalten zu können, ist es geboten, dass die Bibliothek die Kosten für konventionelle und elektronische Publikationen in Verbindung mit den Kosten für klassische Subskriptionen und neue Artikelgebühren für *open access*-Zeitschriften zentral verwalten kann. Eine Clearingstelle ist sinnvoll und notwendig, für den Autor, weil er nur so seine gesetzlich garantierte Wahlfreiheit ausüben kann, für die Institution, weil sie nur so allen Angehörigen vergleichbare Bedingungen bieten kann. Die Regeln und Kriterien für die Vergabe festzulegen ist Sache der Universität.

Forschungsumgebungen

Noch am Anfang der Entwicklung zu einer Dienstleistung oder einem Angebot sind Virtuelle Forschungsumgebungen und das Management von Forschungsdaten. Der Bereich findet große Aufmerksamkeit und Unterstützung auch von Seiten der Forschungsförderung.[49]

Die Aufgaben sind komplex und kritisch.[50] Forschung ist international. Forschungsdaten sind sehr disziplinspezifisch. In den Naturwissenschaften geht es um große Datenmengen, zu denen die Forscher selbst schon Kooperations- und Kommunikationsplattformen aufgebaut haben und die nachhaltig zu sichern lokal gar nicht mehr möglich ist. Und nicht zuletzt ist es auch hier die starke Konkurrenz der großen internationalen Zeitschriftenverlage, die zu jedem Artikel, den sie zur Publikation annehmen, die dazu gehörigen Forschungsdaten als *supplementary information*

---

47 Deutsche Forschungsgemeinschaft: Die digitale Transformation weiter gestalten – der Beitrag der Deutschen Forschungsgemeinschaft zu einer innovativen Informationsinfrastruktur für die Forschung. Bonn 2012. S. 13. http://www.dfg.de/download/pdf/foerderung/programme/lis/positionspapier_digitale_transformation.pdf (01.08.2013).
48 Vgl. Scholze u. Tobias, 24 Stunden (wie Anm. 27), S. 85. Scholze, Frank: Die Open Access-Strategie des KIT. In: B.I.T. online (2010) H. 4. S. 379–383.
49 Deutsche Forschungsgemeinschaft, digitale Transformation (wie Anm. 47), S. 16; Knowledge Exchange: The value of research data. Metrics for datasets from a cultural and technical point of view. 2013.
50 Carusi, Annamaria u. Torsten Reimer: Virtual research environment. Collaborative landscape study. A JISC funded project. 2010. http://www.jisc.ac.uk/media/documents/publications/vrelandscapereport.pdf (13.08.2013).

einfordern. Am Aufbau einer Infrastruktur für Forschungsdaten mitwirken können werden wohl eher Spezialbibliotheken an außeruniversitären Forschungseinrichtungen.[51] Diese Struktur und vor allem das Entstehen von Fachrepositorien zu vermitteln kann und sollte die Aufgabe einer Hochschulbibliothek sein.[52] Sie kann aber auch ihre spezifische Kompetenz im Erfassen, Verbinden und Austauschen von Metadaten auf Forschungsdaten ausdehnen und den Wissenschaftlern etablierte Standards wie z. B. Fachthesauri nahebringen. Die neuen internationalen Regelwerke *FRBR (Functional Requirements for Bibliographic Records)* und *RDA* beziehen die Vernetzung von Metadaten zu Dokumenten und digitalen Objekten schon ein. Als Mindestmaß wird es darum gehen, dem Wissenschaftler zukunftsoffene Verfahren und Instrumente nahe zu bringen. Voraussetzung ist, dass der Bibliothekar als wissenschaftskundig akzeptiert wird. Es wird sich zeigen, ob diese Aufgaben eines *data curator* eine neue Qualifikation des Bibliothekars oder von Wissenschaftlern ohne bibliotheksspezifische Ausbildung wahrgenommen werden wird.

Fazit

Angesichts der dynamischen Entwicklung im Bereich der naturwissenschaftlich relevanten Informationsdienste und der Konkurrenz der Akteure[53] sind die Aufgaben und Angebote von Bibliotheken nur noch kurzfristig definierbar. Formulieren lässt sich aber das Prinzip, aus dem sie abzuleiten sein werden: Die Bibliothek kann Studierende und Wissenschaftler entlasten und ihnen direkt oder indirekt helfen, dass die Dinge, die nicht zu ihrem Kerngeschäft gehören, etwas schneller gehen.[54]

---

51 Vgl. Scholze u. Tobias, 24 Stunden (wie Anm. 27), S. 44. http://www.forschungsdaten.org (19.08.2013).
52 Brown, Cecilia u. June M. Abbas: Institutional digital repositories for science and technology: a view from the laboratory. In: Emerging practices in science and technology librarianship. Hrsg. von. Amy L. Besnoy. New York: Chapman & Hall 2011. S. 3–37, hier S. 8.
53 Vgl. Bonte u. Ceynowa, Bibliothek und Internet (wie Anm. 21); Dugall, Bibliotheken (wie Anm. 38).
54 Vgl. Lankes, atlas of new librarianship (wie Anm. 21), S. 104.

Tina Hohmann, Caroline Leiß
Informationsdienste für Ingenieurwissenschaften

Abstract: Welche Anforderungen haben Studierende der Ingenieurwissenschaften im Bereich der Informationskompetenz? Welche Kenntnisse im Bereich der Informationsrecherche und -verarbeitung benötigen berufstätige Ingenieure? Wie können Bibliotheken ein passgenaues Angebot im Bereich ihrer Schulungen und Informationsdienstleistungen entwickeln?

Der vorliegende Aufsatz untersucht zunächst Lern- und Arbeitsverhalten von Studierenden von Ingenieurwissenschaften und von Ingenieuren in Forschung und Beruf. Charakteristisch sind die hohe Anwendungsorientierung, Verzahnung von Theorie und Praxis, selbstständige, häufig bibliotheksferne Arbeitsweisen und eine Vielzahl von benötigten Medienformen und -formaten. Informationsdienstleistungen von Bibliotheken können diese Besonderheiten berücksichtigen, indem sie kleinteilige und flexible Angebotsformen entwickeln, Schulungsinhalte an den Erfordernissen ingenieurwissenschaftlichen Arbeitens orientieren und durch gezielte Werbung ihre Angebote bekannt machen.

Sind Informationsdienstleistungen für Ingenieurwissenschaften in der entsprechenden Vielfalt und Flexibilität realisiert, stellen sie eine substantielle Erweiterung und Verbesserung des Informationskompetenz-Angebots einer Bibliothek dar.

Keywords: Informationskompetenz, Ingenieurwissenschaften, E-Learning, Schulungsprogramm

Die Entwicklung fachspezifischer Informationsangebote für Ingenieurwissenschaftler

Benötigt ein Ingenieur eine andere Informationskompetenz als ein Germanist? Unterscheiden sich Lern- und Arbeitsformen von Ingenieuren so grundlegend von anderen Wissenschaftsbereichen, dass tatsächlich von „Informationsdiensten für Ingenieurwissenschaften" gesprochen werden kann? Und falls ja – wie können Bibliotheken diese Besonderheiten in ihrem Schulungsangebot berücksichtigen?

Der folgende Aufsatz geht diesen Fragen nach und wirft einen genauen Blick auf Lern- und Arbeitsmethoden der Ingenieurwissenschaften in Studium, Forschung und Beruf, auf fachlich relevante Strategien der Informationsrecherche und -verarbeitung und auf die dafür notwendigen Kenntnisse und Fähigkeiten im Bereich der Informationskompetenz. Er wird zeigen, dass Studierende der Ingenieurwissenschaften eigene Schwerpunkte setzen und besondere Anforderungen haben. Diese Anforderungen werden auch im beruflichen Alltag von Ingenieuren sichtbar, für den im Studium die nötigen Kenntnisse und Fähigkeiten im Bereich Informationskompetenz erworben werden sollen.

Daher lautet die These dieses Aufsatzes: Ja, Studierende der Ingenieurwissenschaften benötigen ein spezielles, passgenaues Informationskompetenz-Angebot, das sowohl bei den Inhalten wie auch bei den Vermittlungs- und Lehrmethoden spezifisch auf den Kontext ingenieurwissenschaftlichen Arbeitens ausgerichtet ist. Eine gezielte fachspezifische Ausrichtung der Bibliotheksangebote bietet Chancen auch für die Bibliotheken. Sie erhöht die Attraktivität des Angebots bei Studierenden der Ingenieurwissenschaften und erreicht damit eine Kundengruppe, die häufig eher bibliotheksfern ist. Sie verlangt grundsätzlich eine Weiterentwicklung der Dienstleistungen zu kundenorientierten Angebotsformen, die auch über die Ingenieurwissenschaften hinaus ein Gewinn sein können.

Was bedeutet Informationskompetenz für Ingenieurwissenschaften?

Eine theoretische Auseinandersetzung mit den spezifischen Anforderungen für den ingenieurwissenschaftlichen Bereich findet sich in der deutschsprachigen Literatur nicht, ebenso wenig Erfahrungsberichte oder Best Practice. Die „Standards der Informationskompetenz für Studierende" des DBV[1] verweisen darauf, dass für die „konkrete Bewältigung von Informationsproblemen" unter anderem „fachliche Anforderungen"[2] eine Rolle spielen, verzichten aber auf eine Spezifizierung und verweisen auf die Notwendigkeit einer konkreten Ausgestaltung im jeweiligen Einsatzkontext.

Manche Universitäts- und Hochschulbibliotheken, die ingenieur- und technikwissenschaftliche Fakultäten betreuen, bieten fachspezifische Informationskompetenz-Veranstaltungen an. Im Vergleich mit geistes- und sozialwissenschaftlichen Fächern scheint das Thema Informationskompetenz in diesen Studiengängen jedoch eher marginale Bedeutung zu haben. Dieser Eindruck wird verstärkt, wenn man sich die Positionen der Berufsverbände im deutschsprachigen Raum ansieht, in denen

---

1 Dienstleistungskommission des DBV (Hrsg.): Standards der Informationskompetenz für Studierende (2009). Online unter http://www.bibliotheksverband.de/fileadmin/user_upload/Kommissionen/Kom_Dienstleistung/Publikationen/Standards_Infokompetenz_03.07.2009_endg.pdf (12.01.2014).
2 Ders., hier S. 2.

sich kaum Hinweise auf die Relevanz von Informationskompetenz in Studium oder Berufsalltag eines Ingenieurs finden lassen.[3]

Der Blick ins Ausland zeigt ein anderes Bild. Insbesondere im angloamerikanischen Bibliothekswesen ist die Relevanz und Spezifik von Informationskompetenz für Technik- und Ingenieurwissenschaften unumstritten, wie die Fülle von Publikationen zum Thema zeigt.[4] Theoretische Auseinandersetzungen stehen neben zahlreichen Erfahrungsberichten und Best Practice.[5]

In den USA erfolgt die Ausgestaltung von Standards durch die American Library Association (ALA). Die Association of College & Research Libraries (ACRL), eine Untergruppe der ALA, hatte im Jahr 2000 die fachübergreifend und allgemein angelegten *Information Literacy Competency Standards for Higher Education*[6] veröffentlicht. Diese wurden im Jahr 2006 durch die Science & Technology Section (STS) der ALA bezogen auf Natur- und Ingenieurwissenschaften erweitert.

Der Einleitungstext zu den Standards lässt keinen Zweifel daran, dass diese Fächer über Besonderheiten verfügen, die in der Informationskompetenz-Vermittlung berücksichtigt werden müssen. Die fünf Standards werden durch insgesamt 25 sogenannte *Performance Indicators* für *Science & Technology* konkretisiert. Als Beispiele werden Publikationsverhalten, spezifische Medientypen, ausgeprägte Interdisziplinarität und eine Fülle von (digitalen) Formaten und Software-Umgebungen genannt. Auch die stark anwendungsbezogenen und praktischen Lern- und Arbeitsweisen der ingenieurwissenschaftlichen Fächer werden angeführt.

Die im anglo-amerikanischen Bereich allgemein höher gewichtete Relevanz der Informationskompetenz zeigt sich auch in den Kompetenzprofilen der entsprechenden Berufsverbände. Informationskompetenz wird als Bedingung für lebenslanges Lernen angesehen. Dieses wiederum gilt angesichts der raschen Entwicklungen in

---

3 Vgl. Stellungnahme des Vereins Deutscher Ingenieur (VDI): Chancen für Bologna nutzen. Ingenieurinnen und Ingenieure für die Zukunft ausbilden. http://www.vdi.de/46839.0.html (18.10.2013). Im Hinblick auf die Berufsqualifizierung angehender Ingenieure ist die Hauptforderung des VDI der weiter zu stärkende Praxisbezug des Studiums. Schlüsselkompetenzen werden zwar generell als wichtig bezeichnet, inhaltlich jedoch nicht spezifiziert. S. 6 und 7.
4 Beispielhaft seien genannt: Rodrigues, Ronald: Industry expectations for the New Engineer. In: Science & Technology Libraries 19 (2001) S. 179–188. Stitz, Tammy: Learning from Personal Experience. What's needed in Information Literacy Outreach: An Engineering Student returns to her Alma Mater as an Engineering Librarian. In: Science & Technology Libraries 29 (2010) H. 3. S. 189–199. Waters, Natalie [u. a.]: Partnership between Engineering Libraries: Identifying Information Literacy Skills for a successful transition from student to professional. In: Science & Technology Libraries 31 (2012) H. 1. S. 124–132. Fosmire, Michael: Information Literacy and Engineering Design: Developing an Integrated Conceptual Model. In: IFLA Journal 38 (2012) H. 1. S. 47–52.
5 Vgl. dazu O'Clair, Katherine: The busy librarian's guide to information literacy in science and engineering. Chicago, Ill.: Association of College and Research Libraries 2012.
6 Association of College & Research Libraries (ACRL) (Hrsg.): Information Literacy Competency Standards for Higher Education. Online unter http://www.ala.org/acrl/standards/informationliteracycompetency (12.01.2014).

Technik und Ingenieurwissenschaften als unerlässliche Voraussetzung für professionelle Weiterentwicklung. So hatte beispielsweise die fachlich zuständige Akkreditierungs-Institution (Accreditation Board for Engineering and Technology, ABET) ihre Richtlinien im Jahr 2000 überarbeitet und als Lernziele verstärkt Inhalte gefordert, die Bestandteile der Informationskompetenz sind.[7]

Im Folgenden werden wir auf zwei Punkte genauer eingehen: Was ist spezifisch für das Lern- und Arbeitsverhalten von Ingenieuren? Welche Folgen ergeben sich daraus für ein passgenaues Angebot im Bereich der Informationskompetenz?

Informationskompetenz im Lern- und Arbeitsverhalten von Ingenieuren

Zusammengefasst lassen sich die folgenden Punkte benennen:
- Im Arbeitsprozess spielt Informationsrecherche durchgehend eine wichtige Rolle.
- Praxis und Theorie sind verzahnt, die Arbeitsmethoden sind anwendungsorientiert.
- Ingenieure arbeiten selbstständig, oft bibliotheksfern und häufig unter hohem Zeitdruck.
- Publikationen und Informationen liegen in vielen Formaten und Medienformen vor.
- Englisch ist sowohl in den Studiengängen wie auch im beruflichen Alltag die Regel.

Wie eng ingenieurwissenschaftliches Arbeiten mit der Informationsrecherche verzahnt ist, zeigt beispielhaft Michael Fosmire in seinem Aufsatz „Information Literacy and Engineering Design: Developing an Integrated Conceptual Model"[8]. In Fosmires Worten: "Engineers [...] design a solution to a problem faced by an individual, group or society at large. Engineering is always situated in a societal context, and engineers are always solving someone´s problems"[9]. Ingenieure versuchen Lösungen für bestehende Probleme zu finden: Sie untersuchen eine Problemstellung, entwickeln alternative Lösungsmethoden und erarbeiten schließlich eine prototypische Lösung, die in einem iterativen Prozess getestet und weiter verbessert wird.[10] Dieser Vorgang

---

[7] Vgl. Oxnam, Maliaca: The Informed Engineer: 33rd. ASEE/IEEE Frontiers in Education Conference FIE 5-8. Boulder, CO 2003. Eine Gegenüberstellung und vergleichende Analyse der ACRL-Standards und der Science & Technology Standards findet sich in O'Clair, busy librarian's guide (wie Anm. 5).
[8] Fosmire, Information Literacy (wie Anm. 4).
[9] Fosmire, Information Literacy (wie Anm. 4), S. 47. S. auch die Beschreibung der Problemlösungsverfahren bei Stitz, Learning from Personal Experience (wie Anm. 4).
[10] Vgl. auch Stellungnahme des Vereins Deutscher Ingenieur (VDI), Chancen für Bologna (wie Anm. 3), S. 5.

wird als Designprozess beschrieben. Design umfasst in diesem Sinne alle Bereiche der Entwicklung einer Lösung, sei es technischer, konstruktiver, planerischer oder künstlerischer Natur.

Informationskompetenz spielt in allen Stadien des Designprozesses eine Rolle und muss als integraler Bestandteil betrachtet werden. Fosmire erläutert, was parallel zu den Designprozessen im Bereich der Informationsrecherche und -verarbeitung geschieht.

Tabelle 1: Vergleich von Designprozess und Informationsrecherche nach Fosmire.

Designprozess	**Informationsrecherche**
Problem definieren und untersuchen	Hintergrundinformationen zum Thema und Beispiel-Lösungen zur Problemstellung recherchieren
Lösungsansätze finden, Umsetzungen konkretisieren, favorisierte Lösung festlegen	Technische Informationen, Normen, Materialeigenschaften, Produkte recherchieren und bewerten
Prototyperstellung, Test, Evaluierung der favorisierten Lösung: Sind Verbesserungen möglich?	Alternativen bezüglich Materialien, Konstruktion und Design recherchieren, alternative Lösungsansätze prüfen

Fosmire lässt keinen Zweifel daran, dass ingenieurwissenschaftliche Problemlösung ohne Informationskompetenz kaum möglich ist: „Information gathering activities do have a place throughout the engineering design process"[11].

Verzahnung von Theorie und Praxis, Anwendungsorientierung und Arbeitsweisen

Die Anwendungsorientierung der Ingenieurwissenschaften spielt bereits im Studium eine große Rolle. Die Berufsqualifizierung (*Employability*)[12] wird von den Berufsverbänden als sehr wichtig angesehen. Der Aufbau der Studiengänge spiegelt die enge Verzahnung von Theorie und Praxis wider: Angehende Agraringenieure und Geologen führen in großer Zahl Experimente und Feldversuche durch, Bauingenieure und Umweltingenieure befassen sich mit Qualitätsprüfungen von Wasser oder Baumaterialien, Maschinenbauingenieure untersuchen Werkstoffeigenschaften, Chemie-Inge-

---

11 Fosmire, Information Literacy (wie Anm. 4), S. 50.
12 Das Stichwort Employability, das im angloamerikanischen Bereich die Kompetenz bezeichnet, auf die Anforderungen des Berufslebens vorbereitet zu sein, und als Studienziel in den Studienordnungen verankert ist, hat keine passende deutsche Entsprechung: Berufsfähigkeit bzw. Berufsqualifizierung trifft es nur teilweise.

nieure führen Laborversuche durch. Ein ausgeprägter Praxisbezug wird als Wettbewerbsvorteil im internationalen Vergleich angesehen.[13] Dementsprechend bestehen Studienleistungen nicht nur aus schriftlichen Arbeiten, sondern häufig aus Berechnungen, Zeichnungen, Modellen, Entwürfen und Konstruktionen. Architekturstudenten bearbeiten von Anfang an Entwürfe und Projekte, erstellen Modellierungen und Simulationen, ebenso wie Elektrotechniker, Bauphysiker und Maschinenbauer. Auch Prüfungen und Abschlussarbeiten enthalten meist praktische Anteile.

Praktische Arbeiten im Studium erfolgen oft in Projektform und nach engen Zeitplänen. Der hohe Zeitdruck schlägt sich in der Art und Weise nieder, wie Ingenieurstudenten lernen. In der angloamerikanischen Literatur werden sie als „independent learners"[14] beschrieben, die sich effektiv organisieren müssen und Lerninhalte pragmatisch auf ihre unmittelbare Anwendbarkeit und Relevanz prüfen. Auch die dichten Stundenpläne der weitgehend verschulten Studienabläufe erzeugen hohen Zeitdruck und erlauben wenig Spielraum. Das Bestreben, selbstständig möglichst schnell und effektiv Informationen zu finden, entspricht der Arbeitsweise eines Ingenieurs: „Practical minded engineers want to find the necessary information in the least amount of time possible".[15] In der Regel nutzen Studierende der Ingenieurwissenschaften die Informationsressourcen der Bibliothek eher selten. In den Grundlagenfächern werden Lerninhalte zum größten Teil über Skripten vermittelt, im weiteren Studium überwiegt die praktische Arbeit in Feldversuch oder Projekt, die – oft in Arbeitsgruppen – campus- und bibliotheksfern erfolgt.[16]

Die Vielfalt der Medientypen und -formate

Ingenieurwissenschaften sind schnelllebig, die Entwicklungen in der Forschung und im technischen Fortschritt rapide. Zugleich müssen in der Praxis die jeweils neuesten Informationen recherchiert und berücksichtigt werden, um Sicherheitsanforderungen, Gewährleistungsansprüchen oder rechtlichen Anforderungen zu genügen. Forscher und berufstätige Ingenieure müssen in der Lage sein, sich über neueste Entwicklungen und Forschungsergebnisse auf dem Laufenden halten zu können.[17] Das Publikationsverhalten spiegelt die Schnelligkeit der Entwicklung wider. Zeitschriften

---

13 Stellungnahme des Vereins Deutscher Ingenieur (VDI), Chancen (wie Anm. 3), S. 6.
14 Stitz, Learning from Personal Experience (wie Anm. 4), S. 193.
15 Stitz, Learning from Personal Experience (wie Anm. 4).
16 Vgl. als Beispiel: Stitz, Learning from Personal Experience (wie Anm. 4), S. 191.
17 Vgl. Association of College & Research Libraries (ACRL), Information Literacy Competency Standards (wie Anm. 6): "*These disciplines are rapidly changing and it is vital to the practicing scientist and engineer that they know how to keep up with new developments and new sources of experimental/ research data.*"

und Konferenzbeiträge, zumeist in elektronischer Form, sind wesentlich wichtiger als Monographien.

Benötigte Informationen sind wegen der breiten inhaltlichen Ausfächerung sehr spezifisch. Ingenieure arbeiten oft interdisziplinär und müssen in mehr als einem Gebiet Informationsressourcen kennen bzw. finden können.[18] Bibliotheken können in der Regel keinen umfassenden, prospektiven Bestandsaufbau gewährleisten, der den Informationsbedarf auch bei spezielleren Fragen abdeckt. Neue Erkenntnisse werden oft in Zeitschriften mit Peer Review veröffentlicht, die aufgrund der hohen Lizenzpreise nicht überall verfügbar sind.

Ingenieure beschaffen sich die erforderlichen Informationen häufig über kommerzielle Dokumentlieferdienste, die in den Ingenieurwissenschaften überproportional genutzt werden. Auch für frei verfügbare Internetquellen ist eine differenzierte Suchkompetenz erforderlich. Im Hinblick auf die Berufsqualifikation ist der freien Internetrecherche besondere Bedeutung beizumessen, da viele Ingenieure im Berufsleben keinen direkten Zugriff mehr auf Bibliotheksbestände haben.

In manchen Gebieten der Ingenieurwissenschaften ist das Publikationsaufkommen sehr hoch. Tagungsbände spielen insbesondere in der Informatik und im Maschinenbau eine große Rolle. Elektronisches Publizieren ist weit verbreitet und akzeptiert. Aufgrund der hohen Interdisziplinarität sind Veröffentlichungen mit mehreren oder auch sehr vielen Autoren nicht unüblich.

Statistische Messungen der wissenschaftlichen Wertigkeit sind im ingenieurwissenschaftlichen Forschungsbereich von großer Bedeutung. Für angehende Ingenieurwissenschaftler ist es relevant, Methoden der Zitationsanalyse und der Bibliometrie zu kennen und das eigene Publikationsverhalten entsprechend auszurichten. Die Errechnung der Wertigkeit mit bibliometrischen Methoden ist jedoch angesichts der Publikationsformen im Ingenieurwissenschaftsbereich schwierig, selbst wenn neben den gängigen Werten wie Impact-Faktor und hIndex auch die Methoden der Altmetrics einbezogen werden. Nicht nur erscheinen viele Publikationen im Bereich der grauen Literatur, sondern es gibt eine Vielfalt von Publikationsformen, die in klassischen Zitationsanalysen nicht erfasst werden. Forschungs- und Arbeitsarbeiten erscheinen z. B. als Datensammlung oder grafische Werke (Zeichnung, Bildmaterial, Grafik) oder als realisierte Objekte in Form eines Bauwerks, eine technische Entwicklung oder Konstruktion. Diese Daten oder Arbeiten sind meist weder über Metadaten erschlossen noch katalogisiert oder archiviert. In der Regel sind sie über wissen-

---

18 Association of College & Research Libraries (ACRL), Information Literacy Competency Standards (wie Anm. 6). In diesem Sinne auch Conkling/Musser, die in "Engineering Libraries: Building Collections and Delivering Services" die Spezifika der ingenieurwissenschaftlichen Bibliotheken beschreiben und auch auf das Thema Informationskompetenz eingehen (1): *"Engineers, researchers, and engineering students present a challenging user group because of their diverse and often interdisciplinary information needs."*

schaftliche Datenbanken oder Bibliothekskataloge nicht auffindbar und entziehen sich der bibliometrischen Analyse.

Neben den klassischen Bibliotheksangeboten wie Büchern und Zeitschriften in elektronischer und gedruckter Form sowie Datenbanken benötigen Ingenieurwissenschaftler zahlreiche weitere Informationen. Wichtige Quellen sind Normen, technische Regelwerke, Gutachten und Patente. Formelsammlungen liefern Berechnungsgrundlagen. Faktendatenbanken, Tabellenwerke oder Produktkataloge enthalten Daten aus der Praxis, die für Berechnungen und Konstruktionen eingesetzt werden. Beispiele hierfür sind *Scifinder* für Substanzen und Sequenzen, Werke zu Bautabellen oder Maschinenelemente. Besonders im geowissenschaftlichen Bereich gilt dies auch für Karten, Klima- und GIS-Daten. In vielen Fachgebieten werden zusätzlich Grafiken und Bilder verwendet, die Sachverhalte veranschaulichen oder selbst Untersuchungsthema sind.[19] Selbst erstellte Daten etwa aus Feldforschung, Experiment oder Labor müssen gespeichert, aufbereitet und ausgewertet werden, was die Kenntnis von Datenmanagement (Primärdatenablage und -verwaltung) erfordert.[20]

Die Vielfalt von Medientypen, die weit über Textformate hinausgeht, kann als eine spezifische Besonderheit der ingenieurwissenschaftlichen Fächer angesehen werden. Entsprechend vielfältig sind sowohl die Formate, in denen Daten vorliegen und verarbeitet werden müssen, wie auch die benötigten Recherchemethoden[21]. *Transliteracy* als Kompetenz, über die Grenzen von Formaten und Medienformen hinweg Informationen zu recherchieren, zu speichern und zu verarbeiten, ist in hohem Maß erforderlich.[22]

Nicht zuletzt sei noch erwähnt, dass in der deutschen Hochschullandschaft englischsprachige Bachelor- und Masterstudiengänge inzwischen weit verbreitet sind und dass die Zahl der ausländischen Studierenden in den Ingenieurwissenschaften besonders hoch ist. Projektarbeiten werden häufig in englischer Sprache verfasst, ebenso wie Prüfungen und Abschlussarbeiten. Auch der Arbeitsalltag der Ingenieure spielt sich häufig in englischer Sprache ab.

---

19 Waters [u. a.], Partnership (wie Anm. 4), S. 130; Association of College & Research Libraries (ACRL), Information Literacy Competency Standards (wie Anm. 6), Standard 1.2.c.
20 Association of College & Research Libraries (ACRL), Information Literacy Competency Standards (wie Anm. 6), Standard 1.2f und 2.5b.
21 Association of College & Research Libraries (ACRL), Information Literacy Competency Standards (wie Anm. 6), Standard 1.2.c: *„Identifies the value and differences of potential resources in a variety of formats (e. g., multimedia, database, website, data set, patent, Geographic Information Systems, 3-D technology, open file report, audio/visual, book, graph, map)."*
22 Vgl. zum Begriff Transliteracy und der Abgrenzung gegenüber Informationskompetenz Ipri, Tom: Introducing transliteracy. In: College & Research Libraries News 71 (2010) H. 10. S. 532–567.

Informationsdienste für Ingenieurwissenschaftler

Wie können nun Bibliotheken in ihrem Informationskompetenz-Angebot auf die fachspezifischen Besonderheiten reagieren? Wie können sie ihre Angebote organisatorisch optimal anpassen, und welche Lerninhalte sind relevant?

Die Universitätsbibliothek der TUM sei als Beispiel dafür genommen, wie eine große technische Universitätsbibliothek ihr Informationskompetenz-Angebot gezielt auf die Anforderungen der ingenieur- und technikwissenschaftlichen Studiengänge ausrichtet.

Konzeptionell geht die Universitätsbibliothek der TUM von den oben beschriebenen fachspezifischen Anforderungen an Inhalt und Lehrmethoden aus und orientiert sich in ihrem Angebot an fünf Forderungen:
- Modulares, kleinteiliges Schulungsprogramm
- Flexible Angebotsformen
- Berücksichtigung der fachlich relevanten Formen- und Medienvielfalt
- Zweisprachigkeit des kompletten Angebots
- Zielgruppenspezifische Werbung

Modulares, kleinteiliges Schulungsprogramm

Um den Studierenden und Wissenschaftlern der TUM zu ermöglichen, dass sie in möglichst kurzer Zeit die Inhalte erlernen können, die sie zu einem gegebenen Moment benötigen, hat die Universitätsbibliothek der TUM ein modulares Schulungsprogramm entwickelt, das die Themengebiete Literaturrecherche, Literaturbeschaffung, Literaturverwaltung sowie elektronische Publizieren, Open Access, Bibliometrie und Internetpräsenz abdeckt.

Das modulare Angebot umfasst aufeinander aufbauende, zwei- bis maximal vierstündige Veranstaltungen. Vermittelt wird in erster Linie Methodenkompetenz, geübt wird an Schulungsnotebooks[23]:
- Fit für das Studium: Basiskurs Bibliothek (Literaturlisten verstehen, Literatur recherchieren, elektronische Medien nutzen, freie Internetsuche, Fernleihe)
- Fit für die Abschlussarbeit: Aufbaukurs Bibliothek (Suchstrategien in Datenbanken, thematische Literatursuche, Literaturbeschaffung, korrekt zitieren)
- Fit für die Doktorarbeit: Intensivkurs Bibliothek (fachspezifische Recherchestrategien entwickeln, elektronische Veröffentlichung der Dissertation, korrekt zitieren)
- Verbessern Sie Ihre Präsenz im Internet (Bibliometrie inkl. Altmetrics, Academic Networking, Current Awareness)

---

23 Kursprogramm der Universitätsbibliothek unter http://www.ub.tum.de/workshops.

Außerdem werden Kurse zu den Literaturverwaltungsprogrammen angeboten, die am Campus lizenziert sind (Citavi Basiskurs, Citavi Aufbaukurs, EndNote Basiskurs).

Um der Tatsache Rechnung zu tragen, dass Studierende und Wissenschaftler sich häufig nicht am Campus bzw. in der Nähe einer Bibliothek aufhalten, wurden flexible Angebotsformen entwickelt.

Alle Standardkurse werden auch als Webinare angeboten. Die Nachfrage ist hoch. Der Wegfall der Anreisezeit erhöht die Akzeptanz bei potentiellen Teilnehmern. Andererseits kann die Bibliothek Kurse bündeln, bei denen vor Ort nur mit wenigen Teilnehmern zu rechnen wäre. Die Kurse finden im virtuellen Seminarraum statt. Per Chat können Teilnehmer aktiv am Seminargeschehen teilnehmen, Fragen stellen oder parallel zur Veranstaltung diskutieren. Abstimmungstools ermöglichen eine kontinuierliche Rückkopplung mit den Wünschen der Teilnehmer.

Für alle, die selbstständig lernen wollen, sind Informationskompetenz-Kurse als sogenannte eKurse im Internet verfügbar. Die eKurse bilden die Inhalte der Standardkurse in kleinteiligen E-Learning-Materialien ab. Diese umfassen E-Tutorials, Walkthroughs, Infohäppchen, Online-Tests und das jeweilige Skript zum Kurs.[24] Teilnehmer, die einen Abschlusstest in Moodle absolvieren, können eine Teilnahmebestätigung erhalten.[25] Die E-Learning-Materialien sind außerdem thematisch auf der Webseite der Universitätsbibliothek eingebunden und stehen überall dort zur Verfügung, wo Informationsbedarf entsteht.[26]

Neben dem Standard-Kursprogramm bietet die Universitätsbibliothek individuell vereinbarte Schulungen an (*Kurse nach Maß*), die – ggf. integriert in Lehrveranstaltungen – fachspezifisch in Zusammenarbeit mit Fakultätsdozenten vorbereitet werden.

Individueller Beratungsbedarf im Bereich der Literaturverwaltung wird durch eine Literaturverwaltungs-Sprechstunde aufgefangen, die wöchentlich angeboten wird und auch als Webinar vereinbart werden kann.

Für Fragen, bei denen die individuelle Beratung durch einen Informationsspezialisten gewünscht wird, stehen die virtuellen Auskunftsdienste der Universitätsbibliothek zur Verfügung. Diese sind sowohl auf der Webseite der Universitätsbibliothek (Chat und Videotelefonie) als auch über andere Kanäle (Telefon, SMS, E-Mail) erreichbar. Das Auskunftsangebot der Bibliothek ist gezielt so angelegt, dass es sich

---

[24] Walkthroughs zeigen in Form eines kurzen Films effektive Strategien, um bestimmte Inhalte schnell zu finden, Infohäppchen sind Kurzinformationen über einzelne Dienstleistungen der Universitätsbibliothek. E-Learning-Programm der Universitätsbibliothek unter http://www.ub.tum.de/elearning.

[25] Die Kurse werden teilweise von den Fakultäten im Rahmen der überfachlichen Qualifikation anerkannt und mit ECTS-Punkten versehen, teilweise werden die Bibliothekskurse als obligatorischer Bestandteil in Studienveranstaltungen integriert.

[26] E-Learning wird von ingenieurwissenschaftlichen Studierenden ausdrücklich gewünscht, vgl. Stitz, Learning from Personal Experience (wie Anm. 4), S. 194.

möglichst ohne Medienbrüche in das Arbeits- und Kommunikationsverhalten der Benutzer integriert.[27]

Vor dem Hintergrund der fachlich relevanten Formen- und Medienvielfalt im Bereich Ingenieurwissenschaften wird auf die folgenden Punkte besonders Wert gelegt:
- Vermittlung von Methodenwissen (*transferable skills*) statt Schulung von einzelnen Suchinstrumenten
- Berücksichtigung von Recherche- und Nutzungsszenarien für Sondermaterialien
- Berücksichtigung der unterschiedlichen Softwareumgebungen, in denen Studierende und Wissenschaftler arbeiten

Studierende der Ingenieurwissenschaften müssen in erster Linie Methodenwissen im Recherchebereich erwerben, da angesichts der hohen Interdisziplinarität und fachlichen Breite unterschiedliche Suchoberflächen verwendet werden. *Die* ingenieurwissenschaftliche Datenbank gibt es nicht. Vielmehr ist wichtig zu wissen, wie man für ein bestimmtes Thema die passende Datenbank findet. Für angehende Ingenieure, deren Studiengang unmittelbar auf eine Berufstätigkeit vorbereitet, ist das Schreiben einer wissenschaftlichen (Abschluss-)Arbeit meist der erste Anlass für den Besuch einer Informationskompetenz-Schulung. Ziel der Schulung muss aber sein, Methoden zu vermitteln, die in der späteren Berufstätigkeit anwendbar sind.[28]

Die Kurse sind daher soweit möglich bestandsunabhängig ausgerichtet. Im Basiskurs wird u. a. die effektive Recherche im Internet behandelt. Im Aufbaukurs wird eine strukturierte Recherchestrategie vermittelt, die unabhängig von bestimmten Suchoberflächen funktioniert. Am Beispiel einer bestimmten Datenbank werden wichtige Funktionen exemplarisch erläutert. Besondere Bedeutung wird der Recherche und Nutzung von Sondermaterialien zugemessen, wie z. B. Bildmaterial, Grafiken, Tabellen oder Karten. Ergänzend wird je nach Fachgebiet in den Kursen die Creative Commons (CC) Lizenz erklärt und die Recherche nach CC-lizenzierten Inhalten erläutert. Ebenso wird das richtige Zitieren von Grafiken, Karten und Bildern diskutiert. Neben den Dokumentlieferdiensten, die vor Ort genutzt werden können, wird auf kommerzielle Anbieter hingewiesen, die auch im Berufsleben zur Verfügung stehen. Aufgrund der überwiegend oder rein elektronischen Erscheinungsform gesuchter Informationen stehen Recherche und Zugriff auf E-Books und E-Journals im Mittelpunkt. Im Kurs für Doktoranden wird explizit das Thema elektronisches Publizieren behandelt, insbesondere das Publizieren der eigenen Dissertation auf dem Medienserver der TUM (mediaTUM).

---

[27] Zur virtuellen Auskunft an der Universitätsbibliothek der TUM vgl. Leiß, Caroline: Videotelefonieren Sie mit uns! Virtuelle Auskunftsdienste an der Universitätsbibliothek der Technischen Universität München. In: Bibliotheksforum Bayern 07 (2013). S. 103–107.
[28] Vgl. dazu Waters [u. a], Partnership (wie Anm. 4), S. 125.

Die Vielfalt der verwendeten Programme spielt besonders bei den Veranstaltungen zur Literaturverwaltung eine Rolle. Oft tauchen Fragen zur Nutzung in anderen Betriebssystemen (z. B. Mac OS) oder Programmen (LaTeX, Adobe InDesign) auf. In der wöchentlich angebotenen Literaturverwaltungssprechstunde werden außerdem individuelle Anfragen zu anderen Programmen wie Zotero, Mendeley oder BibTeX beantwortet.

Zweisprachigkeit und zielgruppenspezifische Werbung

Das komplette Programm der Universitätsbibliothek wird sowohl in englischer als auch in deutscher Sprache angeboten. Für alle Bibliothekar/innen, die im Bereich der Informationsdienste tätig sind, werden intern verschiedene Englischkurse angeboten, die mit dem Sprachenzentrum der TUM organisiert sind. Für schriftliche Unterlagen erhält die Bibliothek Unterstützung durch ein Übersetzungsbüro.

Die Akzeptanz des Informationskompetenz-Angebots steht und fällt gerade in den ingenieurwissenschaftlichen Fächern mit den Marketing-Maßnahmen und der Intensität der Kontakte zwischen Bibliothek und Fakultäten. Die Universitätsbibliothek der TUM arbeitet seit einigen Jahren systematisch an ihrer Präsenz in der Hochschulöffentlichkeit und kümmert sich intensiv um die hochschulinterne Netzwerkpflege und Kooperationen mit anderen Hochschul-Einrichtungen, die Lehr- und Lernunterstützung anbieten. Die Universitätsbibliothek ist mit Beiträgen in Campus-Publikationen und in Newslettern für Studierende und Mitarbeiter ebenso vertreten wie auch auf Veranstaltungen der TUM[29] und auf Facebook.

Fazit

Ingenieure, Ingenieurwissenschaftler und Studierende dieser Fächer lernen und arbeiten auf eine spezifische Art und Weise, und die Informationskompetenzangebote einer Bibliothek können und sollten auf diese Spezifika hin ausgerichtet sein.

Die wichtigsten Besonderheiten im Lern- und Arbeitsverhalten sind die große Anwendungsbezogenheit und die Verzahnung von Theorie und Praxis, eine selbstständige, oft bibliotheksferne Arbeitsweise unter hohem Zeitdruck, die Vielzahl an unterschiedlichen Medientypen und -formaten, bei denen die Monographie eher die Ausnahme als die Regel ist, und die verbreitet englischsprachige Kommunikation.

---

29 Genannt seien beispielhaft: Tag der offenen Tür, Tag des Lernens, Tag der Lehre, Auftaktseminare der TUM Graduate School oder Begrüßungsveranstaltungen für neuberufene Professor/innen.

Bibliotheken können diese speziellen Anforderungen aufgreifen. Ein möglichst flexibles Angebot an Möglichkeiten, Informationskompetenz zu erwerben, ist von Vorteil. Neben dem Angebot an Präsenzkursen (auch in Form von Webinaren) sollten Studierende sich möglichst jederzeit und von überall (*just in time and just in place*) Unterstützung in ihrem Studium beschaffen und auf E-Learning-Materialien und virtuelle Auskunftsdienste zugreifen können. Lehrinhalte sollten sich nicht auf die Angebote der Bibliothek beschränken, sondern auf anderweitige Ressourcen hinweisen und deren Nutzung erläutern, und die Vielfalt von Medientypen und -formaten muss in Bezug auf Recherche und Verarbeitung von Informationen berücksichtigt werden. Ein durchgängig zweisprachiges Angebot ist anzustreben, und angesichts der eher bibliotheksfernen Klientel ist eine zielgruppenspezifische Öffentlichkeitsarbeit und gezielte Werbung unerlässlich.

Informationsdienste für Ingenieurwissenschaften sind sicherlich eine Herausforderung für Bibliotheken, sowohl in organisatorischer, inhaltlicher wie auch sprachlicher Hinsicht. Sind sie in der entsprechenden Vielfalt und Flexibilität realisiert, stellen sie eine substantielle Erweiterung und Verbesserung des Informationskompetenz-Angebots einer Bibliothek dar. Denn die hier beschriebenen Spezifika der ingenieurwissenschaftlichen Studiensituation sind in vieler Hinsicht auch für andere fachliche Richtungen relevant. Arbeitsphasen fernab des Campus (Praktika, Feldversuche) sind in vielen Studiengängen regulär integriert. Die im Zuge der Bologna-Reform durchgeführte Verdichtung der Studienpläne setzt viele Studierende unter hohen Zeitdruck. Kleinteilige, modulare und webbasierte Lernformate können ein Ansatz sein, um auch außerhalb der Technikwissenschaften passgenaue und zeitgemäße Informationskompetenz-Angebote zu entwickeln.

Jana Kieselstein
Anforderungen an die Bibliotheken der Rechtswissenschaft

Abstract: Juristen haben eine große Affinität zu ihren Bibliotheken. Die Universitätsbibliothek ist ihnen Arbeits- und Lernort. Die Arbeitsplätze sollten geräumig und für den Einsatz von mobilen Endgeräten technisch ausgerüstet sein. In ihrer Arbeitsweise gelten die Juristen jedoch als konservativ. Ein Arbeitsstil, der immer noch stark durch das Medium Papier geprägt wird. Allerdings findet auch hier ein Wandel statt. Elektronische Angebote gewinnen an Bedeutung und gehören vor allem im Bereich der Legislative als auch der Judikative zu den gängigsten Recherchemitteln. Für die juristischen Bibliotheken bringen die neuen Medien neue Herausforderungen. Die Heterogenität der Informationsressourcen, die Vielfalt an Verlagsangeboten macht es schwierig, standardisierte Erwerbungsabläufe zu entwickeln. Zusätzlich stellen sich Fragen der Finanzierung, Sichtbarkeit und Archivierung der elektronischen Angebote. Diese Entwicklungen gehen mit einer stärkeren Profilbildung der juristischen Fakultäten, neuen Ausbildungsinhalten sowie einer grundsätzlichen Verschiebung der Rechtsgebiete einher. In Abstimmung mit den Fakultäten haben die Bibliotheken den Veränderungen Rechnung zu tragen.

Keywords: Rechtswissenschaft, Juristische Bibliothek, Erwerbung, neue Medien, Informationskompetenz

Einführung

Losgelöst von der Frage, welches System – einschichtig oder zweischichtig – welche Vorteile bietet, die Beziehung der Juristen zu ihren Bibliotheken ist eine innige. Studierende des ersten Semesters lachen, wenn sie in Einführungsveranstaltungen hören, mancher Kommilitone habe in der Bibliothek sein zweites Zuhause gefunden. Spätestens während der ersten Hausarbeit stellen sie jedoch fest, dies könnte der Realität entsprechen. Die juristische Bibliothek einer Universität, sei es in Form von Instituts- oder Fachbereichsbibliotheken, als eigene juristische Teil-, Seminar- oder Zweigbibliothek[1], als Teilbibliothek Rechts- und Wirtschaftswissenschaften oder integriert in eine Teilbibliothek Sozialwissenschaften, ist für die (angehenden) Juristen unumgängliche Arbeitsumgebung.

---

1 Weitere Beispiele sowie grundsätzlich zu den Bibliotheksstrukturen juristischer Bibliotheken s. Vogel, Ivo: Erfolgreich recherchieren – Jura. Berlin, Boston: de Gruyter Saur 2012. S. 8–13.

Der Besuch von Universitätsbibliotheken sollte für den Jurastudenten gleich zu Beginn seines Studiums zu einer Selbstverständlichkeit werden. [...]. Auch nach Abschluss des Studiums und des Referendariats ist es unabdingbar, sich mit der neuesten Literatur und Rechtsprechung zu beschäftigen.[2]

Doch was braucht die Bibliothek, um den Juristen ein zweites Zuhause zu sein? Welche Rahmenbedingungen prägen die Arbeit der Bibliothekare in den Rechtsbibliotheken? Der Medienwandel einhergehend mit einer vielschichtigen Anbietervielfalt verändert die Komplexität der Erwerbung. Neue Informations- und Recherchemöglichkeiten wandeln das Nutzerverhalten. Die Spezialisierung der Rechtsgebiete führt zu neuen Anforderungen bei der Literaturauswahl. Im Folgenden soll versucht werden, diese Punkte zu konkretisieren und die eingangs gestellten Fragen zu beantworten.

Der Arbeitsplatz eines Juristen

Die juristische Arbeitsweise führt zu besonderem Platzbedarf in der Bibliothek, da das Studium stark literaturgeprägt und weithin printbestimmt ist. Oftmals wird zum selben Thema in vergleichender Form in mehreren Werken parallel gearbeitet. Viele Informationen mögen elektronisch verfügbar sein, der „Tischplatz mit Bücherberg" aber hat weiterhin Bestand. Diesem Arbeitsstil folgend sind großzügig bemessene Tischplätze unumgänglich. Die Verkabelung der Tische zum Einsatz von Notebook und anderen mobilen Endgeräten gilt trotz der konservativen Arbeitsweise als selbstverständlich. Strom- und Netzzugänge werden vorausgesetzt. Gruppenarbeitsräume, die sich großer Beliebtheit erfreuen, sollten vorhanden sein, jedoch separiert von den sonstigen Arbeitsplätzen, um die ruhige Arbeitsatmosphäre nicht zu beeinträchtigen. Für Examenskandidaten und Promovenden gehören eigens reservierte Tischplätze, für letztere sogar Einzelkabinen zum *best practice* einer juristischen Bibliothek.[3]

Neben dem optimal gestalteten Arbeitsplatz stellen die Öffnungszeiten der juristischen Bibliotheken ein wichtiges Kriterium für die Nutzerfreundlichkeit dar. Um diesen Ansprüchen gerecht zu werden, hat die Juristische Teilbibliothek nicht selten länger als die übrigen Teilbibliotheken, partiell sogar länger als die Zentralbibliothek[4], geöffnet. Gehören verlängerte Öffnungszeiten zum Standard, erscheint es nicht notwendig, dass die Mitglieder der Fakultät darüber hinaus Zugang zu den

---

[2] Möllers, Thomas M. J.: Juristische Arbeitstechnik und wissenschaftliches Arbeiten. 6., neubearb. Aufl. München: Vahlen 2012. S. 57f.
[3] Vertiefend vgl. Vorberg, Martin: Arbeitsplätze für Juristen. Die Hengeler Mueller-Bibliothek der Bucerius Law School. Reprint aus: Bibliotheken heute! Best Practice in Planung, Bau und Ausstattung. Hrsg. von Petra Hauke u. Klaus Ulrich Werner. Bad Honnef: Bock + Herchen 2011. http://edoc.hu-berlin.de/miscellanies/bibliothekenheute-37588/228/PDF/228.pdf (08.10.2013).
[4] Beispielsweise die Teilbibliothek Sozialwissenschaften an der Universität Augsburg.

Beständen der Bibliothek erhalten. Öffnungszeiten bis Mitternacht[5] geben auch dem wissenschaftlichen Personal ausreichend Spielraum, die benötige Literatur einzusehen und die Gefahr nicht verbuchter Bücher in den Dienstzimmern der Fakultät wird ohne separate Schlüsselausgabe vermieden.[6]

Der Bestand einer juristischen Universitätsbibliothek

Umfangreiche Literaturbestände sind des Juristen Lebenselixier. Nicht von ungefähr wird die Rechtswissenschaft als „Buchwissenschaft" bezeichnet; als eine Wissenschaft, in der der Literaturproduktion und -rezeption eine besondere Relevanz zukommt.[7]

Die Bestände der rechtswissenschaftlichen Bibliotheken sind jedoch im Wandel begriffen. Das betrifft zum einen den Medientyp. Das Bild vom konservativen Nutzungsverhalten der Juristen kann sicher nicht als vollständig korrigiert gelten, doch gehört heutzutage ohne Zweifel neben dem Print- auch das elektronische Werk zu den gängigen Arbeitsinstrumenten. Die juristischen Bibliotheken selbst entwickeln sich zu Hybrid-Bibliotheken. Zum anderen verändern sich die Themengebiete; einhergehend mit veränderten Inhalten der Fakultäten verschieben sich die Schwerpunkte des Literaturerwerbs.

Der Bestand einer klassischen juristischen Bibliothek spiegelt traditionell die Einteilung des Deutschen Rechts in Privatrecht, Strafrecht und Öffentliches Recht sowie das internationale Recht wider, ergänzt von thematisch übergreifender Literatur.[8] In den letzten Jahren jedoch verschwimmen diese Grenzen. Neue Rechtsgebiete wie beispielsweise das Medizinrecht mit dem Biorecht, dem Recht des Gesundheitswesens, dem Arzneimittel- und Medizinprodukterecht, dem Medizinstrafrecht sowie dem Apothekenrecht lassen sich in der althergebrachten Vierteilung nicht mehr ohne weiteres zuordnen. Die thematischen Schnittmengen werden größer und tangieren alle Rechtsbereiche. Ausländische Rechtsordnungen gehören nicht mehr zu den exotischen Rechtsgebieten, sondern sind, verstärkt durch die europarechtlichen Entwicklungen, grundsätzlicher Teil des Studiums. Die rechtsvergleichende Literatur

---

5 U. a. die Universitätsbibliotheken Regensburg und Augsburg.
6 Schließlich sollte auch der Aspekt der Betriebssicherheit nicht unbeachtet bleiben. So muss im Fall eines Brandes klar sein, ob sich im Gebäude Personen aufhalten könnten. Ein geschlossener Lesesaal vermittelt diesen Eindruck gerade nicht.
7 Pohl, Angela: Der Aufbau eines fachlichen Repositoriums für die Rechtswissenschaft im Rahmen der Virtuellen Fachbibliothek Recht unter besonderer Berücksichtigung des Publikationsverhaltens der Rechtswissenschaftler, 2010. S. 9. http://edoc.hu-berlin.de/series/berliner-handreichungen/2010-281/PDF/281.pdf (08.10.2013).
8 Vergleiche beispielsweise für das Juristische Seminar in Freiburg 1991, Paschek, Günter Franz: Die Bibliothek für Rechtswissenschaft. In: Tradition – Organisation – Innovation. Bd. 2. Hrsg. von Albert Raffelt. Freiburg i. Br.: Univ.-Bibliothek 1991. S. 92f.

gewinnt an Bedeutung.[9] Hinzu kommen grundlegende Veränderungen in der Struktur der juristischen Ausbildung. Neben das Studium des Volljuristen sind verschiedenste Bachelor- und Masterprogramme getreten, die stark interdisziplinär ausgerichtet sein können[10] und damit einen interdisziplinären Literaturerwerb erfordern. Die Volljuristenausbildung selbst wurde reformiert und führt seither zu einer verstärkten Ausdifferenzierung der Profile juristischer Fakultäten. Bis zur Reform der Juristenausbildung im Jahr 2002[11] gab es wenig Spielraum für eine individuelle Profilierung des rechtswissenschaftlichen Studiengangs einer Universität. Zwar gehörten die sogenannten Wahlfächer zum Ausbildungsprogramm, jedoch wurde deren Kanon nicht von den Fakultäten, sondern von den Justizprüfungsämtern der Bundesländer bestimmt. Für die Bibliotheken hatte das zur Folge, dass im Bereich der Studien- und Seminarliteratur vergleichsweise ähnliche Literatur angeschafft wurde. Mit der Reform wurden die Wahlfächer obsolet. An ihre Stelle traten die sogenannten Schwerpunktbereiche. Nunmehr obliegt es den Fakultäten, die neu geschaffenen Schwerpunkte formell und vor allem thematisch auszugestalten. Orientierten sich die Wahlfächer in der Regel am Programm der Pflicht- und Grundlagenfächer[12], eröffnen die Schwerpunkte eine große Bandbreite an Themen von den „Grundlagen des Rechts" bis zum „Recht der Informationsgesellschaft", von „Einwanderung und sozialer Integration" bis zum „Recht der Politik", um einige Beispiele zu nennen.[13] Diese Vielfalt wiederum spiegelt sich in dem anzuschaffenden Schrifttum. Unabhängig von den weiterhin notwendigen und in allen Bibliotheken vertretenen Klassikern der Lehrbuch- und Kommentarliteratur werden die Bestände der einzelnen Bibliotheken individueller.

Allerdings hat die Fülle an Schwerpunkten auch ihre Schattenseiten. Anders als Wahlfächer unterliegen sie fortwährenden Anpassungen. In ihrer Ausgestaltung sind sie stark von den Lehrstuhlinhabern und deren Forschungsgebieten abhängig. So kann es vorkommen, dass ein Schwerpunktbereich verloren geht, weil der Lehrstuhl-Nachfolger ein anderes Forschungsprofil aufweist und daher einen anderen Schwer-

---

9 Wissenschaftsrat: Perspektiven der Rechtswissenschaft in Deutschland. Situation, Analysen, Empfehlungen. Köln: Wissenschaftsrat 2012. S. 22.
10 Überblick über die neuen Ausbildungsmodelle bei Bergmans, Bernhard: Überblick über die derzeitigen Ausbildungsmodelle zum Bachelor- und Master-Juristen. In: Berufs- und Arbeitsmarktperspektiven von Bachelor- und Master-Juristen 2013. Hrsg. von Bernhard Bergmans. Stuttgart: Boorberg 2013. S. 14–19.
11 Gesetz zur Reform der Juristenausbildung vom 11. Juli 2002, welches zum 01. Juli 2003 in Kraft trat, Bundesgesetzblatt Teil I S. 2592.
12 Als Beispiel kann §1 der Juristischen Ausbildungs- und Prüfungsordnung Rheinland-Pfalz in der Fassung vom 29. Dezember 1993 dienen, Gesetz- und Verordnungsblatt für das Land Rheinland-Pfalz 1994, S. 37.
13 Schöbel, Heino: Das Gesetz zur Reform der Juristenausbildung – Ein Zwischenbericht. In: Juristische Schulung 44 (2004) S. 848; Rolfs, Christian u. Sara Rossi-Wilberg: Die Ausbildung im Schwerpunktbereich und die erste Prüfung an den juristischen Fakultäten in Deutschland. In: Juristische Schulung (2007) H. 4. S. 300–307.

punkt favorisiert.[14] Die Bibliothek hat die Veränderungen im Auge zu behalten und ihre Erwerbung darauf auszurichten. Langfristige Erwerbungsprofile sind zu überdenken und im Zweifel nicht mehr praktikabel. Drittmittelprojekte, fakultätsübergreifende sowie zunehmend auch internationale Projekte der Wissenschaftler verstärken diese Entwicklungen. Um das breite Spektrum an Forschungs- und Schwerpunktliteratur in der notwendigen Tiefe abzudecken, ist daher eine enge Zusammenarbeit mit dem Fachbereich, über den Bibliotheksbeauftragten bzw. die Bibliothekskommission, unabdingbar. Erwerbungsabsprachen sind notwendig, um die unterschiedlichen Interessen der Disziplinen in Einklang zu bringen.

Eine „gute" juristische Bibliothek beurteilt sich nicht allein über die Qualität, sondern ebenso über die Quantität ihres literarischen Angebots. Aus der Sicht der Wissenschaftler sind es die Handapparate und Handbibliotheken, denen eine große Bedeutung beigemessen wird: Handapparate, die Doktoranden für ihre wissenschaftliche Forschung unmittelbar im Lesesaal über reservierte Arbeitsplätze, in Carrels oder Doktorandenwägen einrichten, sowie die Handbibliotheken[15] der Lehrstühle. Die Erfahrungen zeigen, dass der „Verlust" einer Institutsbibliothek in einem einschichtigen System für die meisten Professoren weniger gravierend erscheint, wenn sie langfristig auf einen eigenen Bürobestand an Literatur zurückgreifen können. Dementsprechend spielen Bibliotheksmittel in den Berufungsverhandlungen eine nicht zu unterschätzende Rolle. Es erweist sich als hilfreich, wenn die Bibliothek von Anfang an bei den sie betreffenden Punkten in die Berufungsverhandlungen einbezogen wird; entweder durch die Fakultät oder über die Zentralverwaltung der Universität, indem beispielsweise der Kanzler die Forderungen des Professors vorab zur Begutachtung an den Fachreferenten weitergibt. Ein frühzeitiges Einbeziehen verhindert „Überraschungen" nach Rufzusagen (wie etwa die Garantie eines Zeitschriftenumlaufs, kostspielige Loseblatttitel, die Erlaubnis für eine großzügige Entnahme von Literatur aus dem Präsenzbestand oder langfristige Finanzierungsmodelle für die Handbibliothek über den Normaletat) und stärkt die Verhandlungsposition der Bibliothek im Hinblick auf spätere Forderungen der Lehrstuhlinhaber.

Für die Studierenden sind die im Lesesaal befindlichen Monografien und Zeitschriften, Lehrbücher und Kommentare, der zur Verfügung stehende Präsenzbestand der Bibliothek, wichtig. Mehrfachexemplare der gängigsten Kommentare und Lehrbuchtitel sind zwingend notwendig, kann es doch während der Hausarbeitszeiten vorkommen, dass nahezu ein ganzer Studienjahrgang mit ein und derselben Fallfrage beschäftigt ist und folglich ein und dieselben Titel benötigt. Unter anderem dieser Besonderheit des juristischen Studiums ist wohl auch der hohe Bücherschwund in juristischen Bibliotheken geschuldet, sei es durch Verlust oder durch Bücherverste-

---

14 Rolfs u. Rossi-Wilberg: Ausbildung im Schwerpunktbereich (wie Anm. 13), S. 297.
15 Je nach Benutzerordnung werden die Handbibliotheken der Lehrstühle auch Handapparate genannt.

cke außerhalb der systematischen Aufstellung.[16] Nicht wenige Rechtsbibliotheken versuchen daher über Sonderstandorte und Sonderausleihbedingungen (beispielsweise Ausgabe des Exemplars nur gegen Studierendenausweis), besonders gefährdete Werke in Sicherungsverwahrung[17] zu nehmen und dem Zugriff aller zu erhalten.

Ebenso wertvoll wie ein gut ausgestatteter Lesesaal ist für angehende Juristen eine gut bestückte Lehrbuchsammlung. Diese kann sich je nach baulicher Tradition in der Teilbibliothek oder integriert in einen fächerübergreifenden Standort in der Zentralbibliothek befinden. Sie sollte nicht allein die Klassiker der Lehrbücher und Fallsammlungen, sondern zusätzlich eine Auswahl an Standard- bzw. Studienkommentaren enthalten.[18] Nicht eindeutig zu beantworten ist die Frage nach den Skripten kommerzieller Repetitoren in der Lehrbuchsammlung. Da deren wissenschaftliche Qualität als gering erachtet wird und außeruniversitäre Wissensvermittler[19] keine zusätzliche Unterstützung erfahren sollen, können sich Diskrepanzen zwischen den Wünschen der Studierenden und den der Lehrenden in der Fakultät in Bezug auf die Bibliotheksausstattung ergeben. Konkret kann das bedeuten, dass Gelder der Fakultät für die Anschaffung von Skripten nicht zur Verfügung stehen, wie mancherorts im Rahmen der Vergabe der Studienbeiträge geschehen.

Das elektronische Angebot

Wurde eingangs von der traditionellen Arbeitsweise der Juristen gesprochen, so ist dabei zwischen den Primärquellen und den Sekundärquellen[20] zu unterscheiden. Auf dem Gebiet der juristischen Primärquellen, den Quellen der Judikative, Legislative und Exekutive, erfahren elektronische Formate eine hohe Akzeptanz und sind nicht mehr wegzudenken.[21] Sie stehen nicht nur in den großen deutschsprachigen Lizenz-

---

16 Dazu Müller-Heidelberg, Anna: Bücher-Entführer an der Uni: Kleptomanische Juristen, eifersüchtige Theologen. http://www.spiegel.de/unispiegel/studium/buecher-entfuehrer-an-der-uni-kleptomanische-juristen-eifersuechtige-theologen-a-792521.html (08.10.2013).
17 Siehe schon Duda-Witzeck, Brigitte: Die Teilbibliothek Recht der Universitätsbibliothek Regensburg: Juristische Bibliothek in einem „integrierten System". In: Mitteilungen der Arbeitsgemeinschaft für Juristisches Bibliotheks- und Dokumentationswesen 8 (1978). S. 64.
18 Zu den verschiedenen Arten von Kommentaren vgl. Kreutz, Peter: Propädeutik Rechtswissenschaften Kurzanleitung zur Erstellung juristischer Seminararbeiten. Berlin; Münster: LIT 2011. S. 18–20.
19 Zu dieser Eigentümlichkeit des juristischen Universitätsstudiums s. Braun, Johann: Nicht für das Leben, für die Prüfung paukt der Rep. In: Zeitschrift für Rechtspolitik 33 (2000) S. 241–243 und Pieroth, Bodo: Juristische Staatsexamina und Repetitoren im literarischen Zeugnis. In: Neue Juristische Wochenschrift 65 (2012) S. 725.
20 Nach Kuth, Martina: Zwischen Buch und Datenbank: Die optimale Informationsversorgung in der Firmenbibliothek einer Wirtschaftskanzlei. Interview Beyreuther, Angelika u. Erwin König. In: fachbuch journal 5 (2013) S. 5.
21 Allerdings ist durch die stärkere Nutzung der neuen Medien eine Veränderung der juristischen Kommunikation zu beobachten. Das betrifft vor allem den Aspekt Rechtsprechung und die Recher-

datenbanken wie Beck Online und Juris zur Verfügung, sondern werden zunehmend frei zugänglich über die Homepages der Gerichte und Parlamente angeboten.[22] Letztere sind anders als die Angebote kommerzieller Anbieter in ihrem Zugang nicht durch restriktive Lizenzvereinbarungen beschränkt, sondern stehen den Nutzern jeder Zeit auch außerhalb der Bibliothek kostenfrei zur Verfügung. Für die Bibliothekare stellt sich die Frage, inwiefern neben diesen Online-Angeboten die zum Teil parallel erscheinenden und Kosten verursachenden Printausgaben gehalten werden müssen. Hier zeigen sich bereits die ersten Tücken elektronischer Werke in der Rechtswissenschaft. Trotz Parallelität des Inhalts hat der konventionelle Titel Vorrang, wenn ausschließlich dem Papier der Status einer amtlichen Fassung eines Gesetzes oder einer Rechtsverordnung zukommt.[23] Ähnliches gilt im Bereich der Judikative. Trotz Internetpräsenz der obersten deutschen Gerichte ist es für eine juristische Bibliothek unabdingbar, die sogenannten amtlichen Entscheidungssammlungen[24] in gedruckter Form bereitzustellen. Mögen diese die gerichtlichen Verfügungen im Vergleich zum elektronischen Zugang eins zu eins wiedergeben, für das Zitat erfahren immer noch die Entscheidungssammlungen als die wohl gängigste Zitiermethode bundesgerichtlicher Entscheidungen im rechtswissenschaftlichen Schrifttum die höhere Gewichtung.[25]

Noch diffuser ist das Bild, wenn man die Angebote im Bereich der Sekundärquellen, der juristischen Literatur, näher betrachtet. Die zögerliche Akzeptanz elektroni-

---

che dieser über das Internet. Vertiefend dazu Strauch, Hans-Joachim: Wandel des Rechts durch juristische Datenbanken? In: Deutsches Verwaltungsblatt 122 (2007) S. 1000–1007; Walker, Reinhard: Veränderungen der juristischen Kommunikation durch die elektronischen Medien. In: Festschrift für Gerhard Käfer. Hrsg. von Helmut Rüßmann. Saarbrücken: Juris GmbH 2009. S. 435–455 sowie der Wissenschaftsrat, Perspektiven der Rechtswissenschaft (wie Anm. 9), S. 37f.

22 Vertiefend Vogel, Erfolgreich recherchieren – Jura (wie Anm. 1). Für die Gesetze S. 29–38; für die Rechtsprechung S. 49f.

23 So für das Bundesrecht: Die amtliche Fassung eines Gesetzes oder einer Rechtsverordnung enthält nur die Papierausgabe des Bundesgesetzblattes (Art. 82 Abs. 1 Satz 1 Grundgesetz). Rechtsvorschriften der Europäischen Union sind seit dem 01. Juli 2013 in der elektronischen Fassung als rechtsverbindlich anerkannt (Art. 1 Abs. 2 Verordnung (EU) Nr. 216/2013 des Rates vom 7. März 2013), Amtsblatt L 69 vom 13. März 2013, S. 1.

24 Diesen Entscheidungssammlungen wurde zu keiner Zeit ein offizieller Charakter von Staats wegen zugesprochen. Sie werden stattdessen durch einzelne Mitglieder der Bundesgerichte herausgegeben und durch private Verlage vertrieben. (Übersicht über die Entscheidungssammlungen mit den veröffentlichenden Verlagen bei Möllers, Juristische Arbeitstechnik (wie Anm. 2), S. 69). Die Rechtsliteratur bezeichnet die Entscheidungssammlungen jedoch teils ohne erklärenden Zusatz als amtlich (so Kreutz, Propädeutik Rechtswissenschaften (wie Anm. 18), S. 37). Echte amtliche Entscheidungssammlungen stellen lediglich das Bundesgesetzblatt, in dem gem. § 31 Gesetz über das Bundesverfassungsgericht die Entscheidungen des Bundesverfassungsgerichts veröffentlicht werden, sowie das Bundessteuerblatt für die Entscheidungen des Bundesfinanzhofes, dar.

25 Möllers, Juristische Arbeitstechnik (wie Anm. 2), S. 147f. So empfiehlt ein Großteil der Studienliteratur weiterhin die Entscheidungssammlungen als wichtigste Quelle für das Zitat: Kreutz, Propädeutik Rechtswissenschaften (wie Anm. 18), S. 37; Putzke, Holm: Juristische Arbeiten erfolgreich schreiben. 4. Aufl. München: C. H. Beck 2012. S. 57; Schimmel, Roland: Juristische Klausuren und Hausarbeiten richtig formulieren. 10. Aufl. München: Vahlen 2012. S. 242.

scher Inhalte ist dabei nicht allein den Arbeits- und Lesegewohnheiten der Juristen geschuldet. Die von Verlagsseite geschaffene Heterogenität der Inhalte erschwert den virtuellen Zugang. Die Zersplitterung der juristischen Informationsressourcen scheint weiterhin im Ansteigen[26] und die Orientierung hierin ein entsprechend komplexer Vorgang. Einige Titel erscheinen ausschließlich in der konventionellen Papiervariante, andere können in Kombinationsprodukten und wenige dann doch „nur" elektronisch erworben werden. Teils haben die Verlage allein den Einzelnutzer im Blick[27], eine Lizenzierung durch Bibliotheken ist folglich gar nicht vorgesehen, oder sie schließen die Bibliotheken für besonders beliebte Titel bewusst von der elektronischen Ausgabe aus.[28] Individuelle Zugänge können in diesen Fällen maximal für einzelne Wissenschaftler oder Lehrstühle eingerichtet werden und erhöhen letztlich den administrativen Aufwand im Verhältnis zum Anwendungsumfang. Es gibt E-Medien, die die Bibliothek dauerhaft mit Archivrechten oder nur kurzfristig, temporär, lizenzieren kann. Teilweise kann die Bibliothek allen Nutzern Zugriffsmöglichkeiten von außen anbieten, teilweise nur ausgewählten Nutzergruppen. Je nach Vertrag handelt es sich um Campus- oder reine Fakultätslizenzen.

Die von Verlag zu Verlag unterschiedlichen Erwerbungskonditionen machen es den Bibliotheken schwer, einen standardisierten Umgang mit E-Medien zu entwickeln. Dies gilt umso mehr, wenn die Titel ausschließlich im Paket ohne Möglichkeit der Einzelauswahl oder in reinen Datenbankformaten angeboten werden. Letztere sind besonders schwierig zu bewirtschaften. Als quasi unselbständige Werke der Datenbank sind sie in keinem Buchhandelsverzeichnis zu finden. Damit bleibt das Ob und das Wann des elektronischen Erscheinens dieser Titel oftmals offen. Die Bibliothek kann ihren Nutzern nicht garantieren, dass die elektronische Version der Datenbank tatsächlich der aktuellsten Auflage des Werks entspricht. In Zweifelsfällen benötigt der Nutzer die vergleichende Papierausgabe. Selbst bei den so arbeitsintensiven Loseblattsammlungen, die unter großem Zeitaufwand durch händisches Nachlegen aktualisiert werden, steht die Printversion nicht selten früher als die elektronische Parallelpublikation zur Verfügung.[29]

Allerdings kann es in Bezug auf die Loseblattausgaben unter dem Gesichtspunkt der Wirtschaftlichkeit trotz allem Sinn machen, auf e-only umzustellen. Zum einen erfordert das Einlegen der Nachlieferungen einen hohen Personal- und Zeitaufwand. Das Nachlegen selbst ist fehleranfällig, Blätter werden falsch entnommen und einsortiert. Gleiches gilt für Kopier- und Scanvorgänge seitens der Nutzer. Zum anderen

---

[26] So schon Müller, Harald: Was erwarten juristische Bibliotheken von einer Bibliothekswissenschaft? In: Bibliothekswissenschaft – quo vadis? Hrsg. von Petra Hauke. München: Saur 2005. S. 258.
[27] Beispielsweise die temporäre Einzellizenzierung der jbooks bei Jurion.
[28] Beispielsweise die Ausbildungszeitschrift des C. H. Beck Verlages „Juristische Schulung" (ISSN 0022-6939).
[29] Vertiefend dazu die Untersuchung von Kuth, Martina: In dubio pro Print! Aspekte des Bestandsaufbaus von Sekundärliteratur in einer juristischen Firmenbibliothek im Spannungsfeld von lokaler und virtueller Bibliothek. In: ABI Technik 33 (2013), hier S. 10–12.

handelt es sich bei den Loseblatttiteln in der Regel um reine Austauschprodukte. In den seltensten Fällen werden die aussortierten Blätter langfristig aufbewahrt. Eine Langzeitarchivierung ist somit nicht intendiert. Anders bei einzelnen „gebundenen" Literaturgattungen: Hier sollten zwingend die Vorauflagen zur Verfügung stehen. Das klassische Beispiel dafür ist der Kommentar. Der Kommentar gilt als das typische juristische Buch schlechthin.[30] Um sämtliche Änderungen in Literatur, Gesetz und Rechtsprechung überblicken zu können, sind die älteren Auflagen zu archivieren.[31] Stehen die Inhalte einer Datenbank jedoch nur temporär und ohne dauerhaftes Archivierungsrecht zur Verfügung, muss im Zweifel das Papier als Sicherheit erworben werden, um den Anforderungen der Nutzer gerecht zu werden. Ein Umstieg auf e-only ist für diese Titel letztlich ausgeschlossen.[32]

Abschließend lässt sich festhalten, dass die Juristen weiterhin den Wunsch nach dem gedruckten Buch vorbringen. Mag die direkte Verlinkung weiterer Quellen und der punktuelle Zugriff aus einem Online-Kommentar auf die zitierte Rechtsprechung ein wesentlicher Vorteil der Datenbanken sein, so ist das parallele Lesen unter den heutigen Bedingungen in Papierform oftmals entspannter als ein gleichzeitiges Aufrufen der Inhalte am Bildschirm.[33] Mag sich zukünftig die technische Seite des virtuellen Lesens verbessern, so nützt den Digital Natives ein E-Lehrbuch wenig, wenn ein Zugriff außerhalb des Campus für die Bibliotheken schlicht und einfach nicht zu finanzieren ist.[34]

Aspekte der Finanzierung

Langfristig kann die geschilderte Heterogenität der Informationsquellen zu einem grundlegenden Finanzierungsproblem juristischer Bibliotheken führen.[35] Die Bibliotheken werden vor die Wahl gestellt, Bestände aus Gründen der Archivierung sowohl

---

30 Wissenschaftsrat, Perspektiven der Rechtswissenschaft (wie Anm. 9), S. 51, 67f.
31 Diese aus Sicht der Juristen gegebene Archivierungspflicht der Bibliotheken kann zuweilen im Rahmen der Aussonderung zu Schwierigkeiten führen und bedarf gegenüber der Fakultät ein entsprechendes Argumentieren (u. a. Anforderungen an den Platzbedarf; Möglichkeit der Fernleihe für Altauflagen).
32 Siehe zu der gesamten Materie der elektronischen Angebote und ihrer Erwerbung Kuth, In dubio pro Print! (wie Anm. 29), S. 7–18.
33 Vgl. Matschkai, Leo: E-Books – Elektronische Bücher: Nutzung und Akzeptanz Umfrage an bayerischen wissenschaftlichen Bibliotheken. http://www.b-i-t-online.de/archiv/2009-04/fach3.htm#8 (08.10.2013).
34 Beispielsweise die E-Bibliothek der Datenbank Beck-online. http://ebibliothek.beck.de/ (08.10.2013).
35 Ebenso Obert, Marcus: Medienentwicklung und Verantwortung der Bibliotheken der Höchstgerichtsbarkeit. In: Festschrift für Dietrich Pannier zum 65. Geburtstag am 24. Juni 2010. Hrsg. von Detlev Fischer u. Marcus Obert. Köln: Heymann 2010, hier S. 327.

elektronisch als auch analog zu halten oder sich dauerhaft an die Datenbankanbieter[36] zu binden und damit einen Großteil ihres Etats vorab zu verplanen.[37]

Zusätzlich verstärkt die stetig steigende Produktion an juristischer Fachliteratur[38] die Problematik der Finanzierung. In der Zeitschriftenlandschaft ist eine Tendenz zur Gründung hoch spezialisierter Titel erkennbar, die die Bibliothek je nach Schwerpunktprofil der Fakultät abonniert, selbst wenn nur ein kleiner Kreis von Wissenschaftlern und Studierenden als Leser in Betracht kommt. Dies gilt umso mehr, wenn noch keine aussagekräftigen Monografien für den Schwerpunktbereich zur Verfügung stehen, da aktuelle Entwicklungen zunächst in Aufsatzform thematisiert werden.[39] Open Access Formate führen in dem Zusammenhang zu keinen Kostenersparnissen. Zwar existieren einige, vielversprechende Projekte[40], doch können diese weder die klassischen Titel ersetzen, noch ist generell mit einer Abkehr von traditionellen Publikationsweisen zu rechnen.[41]

Für die Finanzierung bleiben der Austausch und die Zusammenarbeit zwischen Fakultät und juristischer Bibliothek, unabhängig von der Bibliotheksstruktur und dem zugrundeliegenden Etatverteilungsmodell, von großer Wichtigkeit. Die Fakultäten zeigen in der Regel ein gesteigertes Interesse an ihrer Bibliothek, wie Spendenaktionen der Fachschaften Jura, Finanzierungsübernahmen durch Alumni-Vereine oder gar die Gründung eines Vereins zur Förderung der Teilbibliothek Recht[42] belegen. Besonders deutlich kam dies in der Vergangenheit, im Rahmen der Zuteilung von Studienbeiträgen zum Ausdruck. Im Vergleich zu anderen literaturintensiven Fächern

---

36 S. a. Strauch: Deutsches Verwaltungsblatt 122 (2007) S. 1002f. zu der Frage der Monopolstellung der Datenbankanbieter und deren Auswirkungen.
37 Dazu vertiefend Kuth, In dubio pro Print! (wie Anm. 29), S. 9f., 14; Der Wissenschaftsrat betont, dass der Zugang zu Datenbanken, zumindest für das nationale Recht, unverzichtbar und flächendeckend zu gewährleisten ist. Ähnliches gilt für die wichtigsten internationalen Datenbanken. Er empfiehlt diesbezüglich eine Absprache zwischen den Hochschulen, den Ländern und ggf. dem Bund. Um rechtswissenschaftliche Forschung auf hohem Niveau halten zu können ist seiner Ansicht nach eine sehr gute Ausstattung der Fachbibliotheken unabdingbar. Wissenschaftsrat, Perspektiven der Rechtswissenschaft (wie Anm. 9), S. 51f.
38 In 2001 betrug die Titelproduktion (Erstauflagen) in der Sachgruppe Recht 3.501 Titel. Zehn Jahre später, im Jahr 2011, waren es 4.096 Titel (Erstauflagen). Buch und Handel in Zahlen 2002, S. 70 bzw. Buch und Handel in Zahlen 2012, S. 75.
39 Kritisch zu dieser Entwicklung Wissenschaftsrat, Perspektiven der Rechtswissenschaft (wie Anm. 9), S. 66f., 69.
40 Beispielsweise Onlinezeitschrift für Höchstrichterliche Rechtsprechung im Strafrecht (ISSN 1865-6277); Zeitschrift für das Juristische Studium (ISSN 1865-6331); Zeitschrift für Internationale Strafrechtsdogmatik (ISSN 1863-6470).
41 Das zeigen auch die in den letzten Jahren ausgehend von der Tradition der angelsächsischen „Law Journals" an deutschen Universitäten gegründeten Zeitschriften, die überwiegend nur in Papier erscheinen (u. a. Bonner Rechtsjournal (ISSN 1866-0606); AD LEGENDUM (ISSN 1614-614X); HAMBURGER RECHTSNOTIZEN (ISSN 2191-6543)).
42 So beispielsweise an der Universität Augsburg der „Verein zur Förderung der Teilbibliothek Recht an der Universität Augsburg e. V.".

förderten die Fakultäten die Rechtsbibliotheken teilweise überproportional, so dass diese ihre Grundetats mitunter verdoppeln konnten.[43]

Eine weitere Überlegung zu den Fragen der Finanzierung stellt die Fernleihe dar. Der bibliotheksübergreifende Leihverkehr ermöglicht es den Bibliotheken, ihr Literaturangebot nahezu kostenneutral zu erweitern und wird sowohl von den Wissenschaftlern als auch von den Studierenden geschätzt. Allerdings hat die juristische Fernleihe Grenzen. Um die dauerhafte Nutzung vor Ort zu gewährleisten, gehen die neuesten Auflagen der Kommentare und Lehrbücher grundsätzlich nicht in den überregionalen Leihverkehr. Ähnliches kann zeitweise für Schwerpunktliteratur gelten, wenn sie an der eigenen Fakultät für entsprechende Seminare benötigt wird. Zudem erweist es sich nicht nur für juristische Bibliotheken als problematisch, dass E-Books nach der gegenwärtigen Gesetzeslage nicht andernorts verliehen werden können.[44]

Vermittlung von Informationskompetenz

Nicht allein die Bestandspflege ist Aufgabe der Bibliotheken. Ebenso wichtig ist es, den Nutzern den erworbenen Bestand zu vermitteln und ihnen die Möglichkeiten der Informationsvielfalt näherzubringen. In der zerklüfteten Welt der Informationsressourcen genügt es nicht mehr, die Regale aufzusuchen, den bekannten Kommentar zu entnehmen und am systematisch geordneten Fach rechts und links nach weiteren Titeln Ausschau zu halten.

Anders als eine Vielzahl von Fächern kann die Rechtswissenschaft auf dem Feld der Informationskompetenz nicht von den Auswirkungen des Bologna-Prozesses und den damit einhergehenden Veränderungen der Studiengänge profitieren.[45] Die klassische Juristenausbildung hat sich dem Bologna-Prozess gerade nicht angeschlossen.[46]

---

[43] Vergleiche beispielsweise für das Fach Recht der Universitätsbibliothek Augsburg: Universitätsbibliothek Augsburg: Jahresbericht 2010. S. 44. urn:nbn:de:bvb:384-opus4-12673 (08.10.2013), Jahresbericht 2011. S. 45. urn:nbn:de:bvb:384-opus4-21865 (08.10.2013) sowie die zugewiesenen Beträge der Juristischen Fakultät an die Universitätsbibliothek Würzburg im Jahr 2011: Universitätsbibliothek Würzburg: Jahresbericht 2011. S. 26. urn:nbn:de:bvb:20-opus-74502 (08.10.2013).

[44] Vertiefend Hutzler, Evelinde u. Berthold Gillitzer: Überall verfügbar und dann doch nicht zu haben? Oder warum Bits und Bytes so schwer zu verleihen sind: Elektronische Medien im Leihverkehr, 2012. http://www.bib-bvb.de/web/online-fernleihe/vortraege-und-protokolle (08.10.2013).

[45] Vgl. Sühl-Strohmenger, Wilfried: Vermittlung der Schlüsselqualifikationen Informations- und Medienkompetenz in den neuen Studiengängen. Ziele, Anforderungen, Konzepte, Strategien – am Beispiel ausgewählter Hochschulbibliotheken. In: B.I.T.online (2007), hier S. 197. http://www.b-i-t-online.de/heft /2007-03/fach1.htm (08.10.2013).

[46] Nach der 82. Justizministerkonferenz 2011 wird es derzeit keine Übernahme der Bachelor-Master-Struktur in der juristischen Ausbildung geben. Justizministerium Baden-Württemberg: Der Bologna-Prozess und seine Auswirkungen auf die Juristenausbildung. http://www.jum.baden-wuerttemberg.de/pb/,Lde/Der+Bologna_Prozess+und+seine+Auswirkungen+auf+die+Juristenausbildung (08.10.2013).

Ausnahmen finden sich allein in den neu geschaffenen Bachelor- und Masterstudiengängen, die allerdings nicht zum Abschluss „Volljurist" führen.[47]

Die Novelle des Deutschen Richtergesetzes im Jahr 2002 brachte neben der Einführung der Schwerpunktbereiche weitere Neuerungen. Unter anderem wurden die sogenannten Schlüsselqualifikationen Teil des rechtswissenschaftlichen Ausbildungskataloges. Zwar benennt § 5a Abs. 3 DRiG die Informationskompetenz nicht ausdrücklich als Beispielqualifikation, doch gehört sie nach der allgemeinen Rechtsliteratur als Teil der juristische Lern- und Arbeitstechnik zu den maßgeblichen Kompetenzen.[48] Einzelne Juristenausbildungsgesetze bzw. -ordnungen der Bundesländer sowie die darauf aufbauenden Studienordnungen bestätigen dies durch entsprechende Formulierungen in den Normtexten.[49] Obwohl es den Anschein hat, als sei damit der Zugang juristischer Bibliotheken zur Vermittlung von Informationskompetenz eröffnet, gestaltet sich die praktische Umsetzung vor Ort schwierig. Selten finden sich in der Ausbildungsliteratur Hinweise, dass gerade die Bibliothek für Schulung der Informationskompetenz prädestiniert und der Besuch der über sie angebotenen Veranstaltungen daher zu empfehlen sei.[50] Ebenso selten ist es gelungen, eine Veranstaltung der Bibliothek als echte, prüfungsrelevante Schlüsselqualifikation in den Studienordnungen der Fakultäten zu etablieren.[51]

Die Erfahrungen lehren, dass von den Lehrangeboten der Fakultät losgelöste Veranstaltungen der Bibliothek geringe Resonanz erfahren.[52] Umso wichtiger ist es, auch in

---

47 Dazu Bergmans, Überblick (wie Anm. 10), S. 17f.
48 Lange, Barbara: Jurastudium erfolgreich: Planung, Lernstrategie, Zeitmanagement. 7. Aufl. München: Vahlen 2012, hier S. 386.
49 Vertiefend mit entsprechenden Nachweisen Steinhauer, Eric W.: Juristische Informationskompetenz. In: Handbuch Informationskompetenz. Hrsg. von Wilfried Sühl-Strohmenger. Berlin: deGruyter Saur 2012, hier S. 367f.
50 Beispielsweise bei Möllers, Juristische Arbeitstechnik (wie Anm. 2), S. 59. Siehe aber auch Tettinger, Peter J. u. Thomas Mann: Einführung in die juristische Arbeitstechnik. 4. Aufl. München: C. H. Beck 2009, hier S. 8, 12., die ausdrücklich auf die Defizite der Studierenden in der Bibliotheksnutzung und Recherche hinweisen, dann jedoch die Fakultäten als Vermittler der Informationskompetenz betrachten und allein auf die Bibliothekseinführungen für Erstsemester verweisen.
51 Beispielsweise Bibliothek Rechtswissenschaft der Freien Universität Berlin, Lehrveranstaltung Schlüsselqualifikation Internetrecherche für das Studium der Rechtswissenschaft. http://www.jura.fu-berlin.de/bibliothek/Veranstaltungen/Webrecherche/Lehrveranstaltung/index.html (08.10.2013). Jedoch ist zu beachten, dass der Arbeitsaufwand für die Konzeption einer solchen Veranstaltung ggf. mit abschließenden Prüfungen nicht unbeachtlich ist und sich die Frage stellt, in wie fern die Bibliothek ihn zu leisten vermag.
52 Selbst die von anderen Studiengängen gut angenommenen Veranstaltungen zur Literaturverwaltung werden von den Studierenden der Rechtswissenschaft oftmals nur spärlich besucht. Grund hierfür ist nicht allein das konservative Nutzerverhalten sondern auch die zögerliche Öffnung der Datenbankanbieter für die Literaturverwaltungsprogramme. Schnittstellen für den Import der Daten sind bei den großen Anbietern derzeit nicht vorhanden. So müssen beispielsweise die Gerichtsentscheidungen händisch übertragen werden, was den Mehrwert dieser Programme aus juristischer Nutzer-Sicht relativiert.

diesem Punkt mit der Fakultät in Kontakt zu stehen und an die Dozenten heranzutreten. Propädeutische Seminare, die der Vorbereitung auf das Schwerpunkt-Seminar dienen, bieten dafür gute Einstiegsmöglichkeiten. Gleiches gilt für grundlegende Veranstaltungen zur juristischen Arbeitstechnik, zum Seminar- oder Hausarbeitentraining.

Die Vermittlung von Recherchekenntnissen sollte gleichzeitig dem Sichtbarmachen digitaler Angebote der Bibliothek dienen. Anders als die Primärquellen (Gesetze, Verordnungen, Urteile, etc.) wird juristische Literatur nicht zwingend elektronisch recherchiert. Der alteingesessene Grundsatz – kennt der Jurist die richtigen Kommentare, hat er alle relevanten Informationen, um das juristische Problem bearbeiten zu können – gilt auch in der Generation der Digital Natives. Der Studierende kennt die relevanten Werke. Stehen sie nicht im Bibliotheksregal bereit, so sind sie aus seiner Sicht nicht zu haben. Eine über das Regal hinausgehende Recherche wird er im Zweifel unterlassen. Informationsvermittlung setzt daher nicht erst in Schulungen und Rechercheübungen, sondern bereits an den Auskunfts- und Informationstheken an. Für die Mitarbeiter der Bibliothek ist es deshalb wichtig, die einschlägigen Literaturgattungen der Juristen zu kennen und ein Verständnis für deren Bedeutung zu entwickeln.[53]

Ausblick

In den Zeiten einer Hausarbeit, der Anfertigung einer Seminararbeit oder der intensiven Examensvorbereitung wird die juristische Bibliothek für den Studierenden zum zweiten Wohnsitz. Als Lern- und Arbeitsort wird sie geschätzt.[54] Für die Wissenschaftler ist sie Dienstleister, deren Qualität und Quantität die rechtswissenschaftliche Lehre und Forschung rahmt. Den papierlosen juristischen Arbeitsplatz wird es in naher Zukunft nicht geben und doch wird die Akzeptanz elektronischer Inhalte weiter steigen. Die Bibliothek wird ihr virtuelles Angebot ausbauen und muss doch weiterhin auch in gedruckter Form erwerben.

In enger Zusammenarbeit mit der Fakultät, sowohl den Wissenschaftlern als auch den Studierenden, werden sich die Bestände wandeln, werden sich bibliothekarische Dienstleistungen ändern und Schulungsangebote ausgebaut. Damit verbindet sich die Hoffnung, dass die (angehenden) Juristen auch in Zukunft zufrieden in „ihre" Bibliothek gehen werden.

---

53 Vgl. generell zu der Thematik Beratungskompetenz des Bibliothekspersonals Falkenstein-Feldhoff, Katrin: Beratung an Informationstheken in Universitätsbibliotheken: Evaluation der Einführung einer Online-Plattform zur Umsetzung einheitlicher Beratungsstandards 2011. http://duepublico. uni-duisburg-essen.de/servlets/DerivateServlet/Derivate-30758/Masterarbeit_FaFe_DuePublico.pdf (08.10.2013). Ggf. sollte auch über ein Sichtbarmachen der elektronischen Angebote durch Stellvertreter, QR-Codes oder Aushänge nachgedacht werden. Vertiefend dazu Taubert, Janin: Absentia in Praesentia? Wiesbaden: Dinges & Frick 2013.
54 So auch Vorberg, Arbeitsplätze für Juristen (wie Anm. 3), S. 236f.

Klaus Niedermair
Die Bibliothek für Sozial- und Wirtschaftswissenschaften der Universitäts- und Landesbibliothek Tirol

Abstract: In den österreichischen Universitätsbibliotheken vollzog sich seit den 1970er Jahren ein Strukturwandel von bislang zweischichtigen zu funktional einschichtigen Systemen, im Zuge dessen zahlreiche Institutsbibliotheken in neu gegründete Fach- und Fakultätsbibliotheken integriert wurden. Die SOWI-Bibliothek der Universitäts- und Landesbibliothek Tirol wurde vergleichsweise spät errichtet (Eröffnung 1999). Die SOWI-Bibliothek ist als universitäre Bibliothek zuständig für die sozial- und wirtschaftswissenschaftlichen Fakultäten der Universität Innsbruck und kooperiert als unternehmerische Bibliothek mit außeruniversitären Institutionen (Management Center Innsbruck, Wirtschaftskammer Tirol). Ein strategisches Prinzip der SOWI-Bibliothek ist es, über die bibliothekarischen Standard-Dienstleistungen hinausgehend klientenzentrierte Services anzubieten, entsprechend den spezifischen Wissenschaftsdisziplinen und Studienfächern der von ihr betreuten Forschenden, Lehrenden und Studierenden.

Keywords: Bibliothek für Sozial- und Wirtschaftswissenschaften der Universitäts- und Landesbibliothek Tirol, SOWI-Bibliothek, Bibliotheksreform in Österreich, Spezielle Dienstleistungen einer dezentralen Fachbibliothek

Der Strukturwandel der Universitätsbibliotheken in Österreich und die Geschichte der SOWI-Bibliothek

Die Bibliothek für Sozial- und Wirtschaftswissenschaften (SOWI-Bibliothek) ist eine *Teilbibliothek* der Universitäts- und Landesbibliothek Tirol (ULB Tirol). Die ULB Tirol ist eine Dienstleistungseinrichtung der Leopold-Franzens-Universität Innsbruck, sie ist auch für die Medizinische Universität Innsbruck zuständig und ist seit 2007 Landesbibliothek für Tirol. Die ULB Tirol ist ein *funktional einschichtiges* Bibliothekssystem, sie besteht aus einer Hauptbibliothek und sechs Fach- bzw. Fakultätsbibliotheken. Neben der Fakultätsbibliothek für Theologie, dem Bibliothekszentrum West (Naturwissenschaften, Architektur, Bauingenieurwesen), der Bibliothekarischen Zentralverwaltung der Rechtswissenschaftlichen Fakultät, der Medizinisch-Biologischen Fachbibliothek (Medizinische Universität Innsbruck), der Fachbibliothek für

Altertumswissenschaften ist die SOWI-Bibliothek die größte der Teilbibliotheken – und gleichzeitig eine ihrer jüngsten.

In Österreich erfolgte der Strukturwandel der Universitätsbibliotheken von der *zweischichtigen* zu einer *funktional einschichtigen* Organisation mit ähnlichen Ausgangsbedingungen und Zielsetzungen wie in Deutschland, allerdings etwas zeitverzögert. Der Startschuss war das Inkrafttreten eines neuen Universitäts-Organisationsgesetzes (UOG 1975).[1] Neben tiefgreifenden Reformen für die Universitäten waren in diesem Bundesgesetz auch die Universitätsbibliotheken Gegenstand einer differenzierten Regulierung. Alle Bücher, Zeitschriften und sonstigen Medien an einer Universität sollten nunmehr den Bestand der Universitätsbibliothek bilden, und alle bislang in dezentralen Institutsbibliotheken vorgehaltenen Bestände sollten innerhalb von fünf Jahren in neu zu errichtende Fach- und Fakultätsbibliotheken überführt werden, um eine standardisierte und kosteneffiziente Verwaltung zu ermöglichen.[2]

An der Universität Innsbruck konnte schon 1972 die *Baufakultätsbibliothek* in Betrieb genommen werden, die als erste dezentrale bibliothekarische Einrichtung zukunftsweisend und beispielgebend für das UOG 1975[3] wurde. Die SOWI-Bibliothek wurde erst 1999 eröffnet, ein halbes Jahr vor dem Ende des UOG 1975 und der anschließenden Implementierung des UOG 1993[4]. Konkret wurde eine Bibliothek der Fakultät für Sozial- und Wirtschaftswissenschaften (SOWI-Fakultät)[5] erst mit dem Projektvorhaben eines Fakultätsgebäudes. Schon 1989 gab es einen Architektenwettbewerb, 1996 wurde dann mit den Bauarbeiten begonnen. In diesem auf Transparenz und Offenheit konzipierten Gebäude ist die Bibliothek zentral untergebracht und

---

1 UOG 1975: BGBl. Nr. 258/1975: Bundesgesetz über die Organisation der Universitäten (Universitäts-Organisationsgesetz - UOG). http://www.ris.bka.gv.at/Dokumente/BgblPdf/1975_258_0/1975_258_0.pdf (14.12.2013). Bildungspolitisch war das UOG 1975 der Demokratisierung der Universitäten verpflichtet.
2 UOG 1975 (wie Anm. 1), § 84
3 Vgl. Unteregger, Peter: 25 Jahre Baufakultätsbibliothek. Rückblick, Bestandsaufnahme, Ausblick. In: Die wissenschaftliche Bibliothek. Traditionen, Realitäten, Perspektiven. Festschrift für Oswald Stranzinger zum 65. Geburtstag. Hrsg. von Heinz Hauffe [u. a.].Innsbruck [u. a.]: Tyrolia 1990. S. 203–226.
4 UOG 1993: BGBl. Nr. 805/1993: Bundesgesetz über die Organisation der Universitäten (UOG 1993). http://www.ris.bka.gv.at/GeltendeFassung.wxe?Abfrage=Bundesnormen&Gesetzesnummer=10009909&FassungVom=1994-10-01 (14.12.2013). Das UOG 1993 brachte erneut erhebliche Veränderungen sowohl für die Universitäten (im Besonderen ihre Teilrechtsfähigkeit) als auch für die Universitätsbibliotheken, die bis jetzt als eigene Dienststelle direkt dem Ministerium unterstellt waren und nunmehr den einzelnen Universitäten organisatorisch als Dienstleistungseinrichtungen eingegliedert wurden.
5 Ab 2003 wurde die Fakultät für Sozial- und Wirtschaftswissenschaften in drei Fakultäten unterschieden: Fakultät für Betriebswirtschaft, Fakultät für Volkswirtschaft, Fakultät für Politikwissenschaft und Soziologie. Die SOWI-Bibliothek bleibt eine verbindende Klammer für die – immer noch so bezeichneten – SOWI-Fakultäten.

zweifellos ein architektonisches Highlight mit der sich über zwei Stockwerke ziehenden geschwungenen Glasfassade.[6]

Der Strukturwandel von einem zweischichtigen zu einem einschichtigen Bibliothekssystem und die Integration von Institutsbibliotheken in Fach- oder Fakultätsbibliotheken ist eine große Herausforderung für die Forschenden und Lehrenden: Die „eigenen" Bücher und Zeitschriften müssen aufgegeben werden, aber auch althergebrachte Privilegien (Entscheidungshoheit im Hinblick auf Erwerbung, uneingeschränkter Zugang zur Bibliothek, großzügige Ausleihbedingungen), und es gilt, mit einer Bibliothek leben zu lernen, in der für alle mehr oder weniger gleiche Regeln gelten. Die Zusammenführung der Institutsbibliotheken der SOWI-Fakultät in die gemeinsame Bibliothek erfolgte weitgehend konfliktfrei, die Lehrenden und Forschenden konnten sich frühzeitig mit dem Projekt einer gemeinsamen Fakultätsbibliothek identifizieren. Positiv ausgewirkt hat sich dabei das UOG 1975, das eine Bibliothekskommission vorgesehen hatte, sowohl auf der Ebene der Universität als auch auf der Ebene der einzelnen Fakultäten. In diesem paritätisch besetzten Kollegialorgan hatten Professoren, Vertreter des Mittelbaues und Studierende ein Mitsprache- und Entscheidungsrecht, insbesondere im Hinblick auf: Antragstellung und Entscheidung über die Aufteilung der Mittel für Literatur, Antragstellung und Stellungnahme zur Errichtung von Fachbibliotheken, Zustimmung zum Antrag des Bibliotheksdirektors auf Bestellung des Leiters einer Fachbibliothek, Zustimmung hinsichtlich der Benützung der Bestände durch Universitätsangehörige und hinsichtlich der Öffnungszeiten, Stellungnahme zur Bestellung des Bibliotheksdirektors und zur Bibliotheksordnung.

In der Bibliothekskommission der SOWI-Fakultät wurde die Struktur der Bibliothek entschieden (zentrales Bestandsmanagement, Freihand- und Magazinsaufstellung), die Entlehnbedingungen, der Personalbedarf bis hin zur Auswahl der Mitarbeiter und des Leiters. Zudem wurde eine neue Aufstellungssystematik für den Freihandbereich konzipiert unter Beteiligung der Bibliotheksbeauftragten aller Institute, wobei auch die Notationsvergabe in Kooperation mit den Bibliotheksbeauftragten durchgeführt wurde: Das Ergebnis ist ein Abbild der lokalen Schwerpunkte von Forschung und Lehre. Die Kooperation mit Forschenden und Lehrenden auf gleicher Augenhöhe ist weiterhin ein strategisches Prinzip der SOWI-Bibliothek.

Großes Überzeugungspotential für die gemeinsame Bibliothek hatte auch ein Retrokatalogisierungsprojekt aus der Gründerzeit der SOWI-Bibliothek, das mit Spenden- und Sponsoring-Mitteln finanziert werden konnte. Die mit der Formalerschließung der ca. 60.000 Exemplare betrauten Mitarbeiter/innen wurden über den eigens gegründeten „Verein zur Förderung der SOWI-Bibliothek" angestellt. Bereits damals wurden die Weichen gestellt für die *unternehmerische* SOWI-Bibliothek.

---

6 Zur Geschichte der SOWI-Bibliothek vgl. auch: Niedermair, Klaus: Die neue Fakultätsbibliothek für Sozial- und Wirtschaftswissenschaften an der Universität Innsbruck. In: Mitteilungen der Vereinigung Österreichischer Bibliothekarinnen & Bibliothekare (1999) H. 2. S. 64–73.

Während Bibliotheken teilweise die Medienbearbeitung outsourcen, ist es das Ziel der SOWI-Bibliothek, nicht nur ihren repräsentativen Bestand – die SOWI-Bibliothek ist die größte sozial- und wirtschaftswissenschaftliche Bibliothek im Westen Österreichs –, sondern auch genuin bibliothekarische Kompetenzen und Dienstleistungen anderen Institutionen anzubieten.

Bereits 1999 wurde mit dem *MCI Management Center Innsbruck* eine Kooperation vereinbart. Das MCI wurde 1996 von der Universität Innsbruck, dem Land Tirol, der Landeshauptstadt Innsbruck und den Tiroler Sozialpartnern als Weiterbildungsinstitution gegründet und bietet mittlerweile, international anerkannt und etabliert, neben berufsbegleitenden Lehrgängen auch als Fachhochschule breitgefächerte Studienmöglichkeiten für mehr als 3.000 Studierende an. Aufgrund der Nachbarschaft am städtebaulich neu gestalteten SOWI-Campus lag die Nutzung von Synergieeffekten vor allem im Hinblick auf bibliothekarische Infrastrukturen nahe. Die SOWI-Bibliothek ist auch MCI-Bibliothek: Angehörige und Studierende des MCI werden bei der Bibliotheksbenützung und Literaturrecherche betreut; die Bibliothek hat zudem alle Agenden des Medienmanagements für das MCI übernommen. Mit der vereinbarten jährlichen finanziellen Zuwendung durch das MCI wird eine Qualitätssteigerung im Serviceangebot für alle Nutzer der SOWI-Bibliothek erzielt: mehr Vielfalt im Bibliotheksbestand, aber vor allem die für die damalige Zeit im österreichischen Vergleich großzügigen Öffnungszeiten werktags 8 bis 22 Uhr sowie samstags und sonntags 9 bis 17 Uhr.

Mit der *Wirtschaftskammer Tirol* wurde 2011 ein Kooperationsvertrag unterzeichnet; Ziel war es, den Transfer von Know-how zwischen Universität und Wirtschaft zu forcieren. Die Bibliothek der Wirtschaftskammer wurde aufgelöst, ihre Buch- und Zeitschriftenbestände wurden in die SOWI-Bibliothek integriert, darunter einige ältere Klassiker als wertvolle Ergänzung unseres eher neueren Bestandes. Auch für die Wirtschaftskammer werden seitdem – ähnlich wie beim MCI mit der Zusage eines jährlichen Förderungsbeitrags – die Neuzugänge bestellt sowie formal- und inhaltlich erschlossen. Die Mitarbeiter/innen der Wirtschaftskammer verfügen über erweiterte Nutzungsmöglichkeiten im Hinblick auf Entlehnung, Beratung in der Literaturrecherche und Dokumentenlieferdienst.

Die Standard-Dienstleistungen der SOWI-Bibliothek

Die SOWI-Bibliothek verfügt über eine Nutzfläche von 2.700 m^2, verteilt auf drei Ebenen. In Ebene 1 befinden sich ein Freihandbereich mit 60.000 Monografien und 5.500 Lehrbüchern, die Infotheke, 2 Selbstverbuchungsanlagen, Buchscanner und Kassenautomat, 8 Mitarbeiterbüros, 2 Gruppenarbeitsräume, 1 Schulungsraum. In Ebene 2 befinden sich ein weiterer Freihandbereich für 6.000 Zeitschriftenbände und die Heftablage. Insgesamt verfügt die Bibliothek über 280 Leseplätze und 50 EDV-Arbeitsplätze. Im Untergeschoss sind 150.000 bestellbare Bände archiviert.

Die SOWI-Bibliothek ist zuständig für 8.914 Studierende und ca. 350 Mitarbeiter/innen der SOWI-Fakultäten, des Management Center Innsbruck und der Wirtschaftskammer Tirol. In ihrem Bereich ist die SOWI-Bibliothek zuständig erstens für das *Bestandsmanagement*, d. h. Auswahl und Beschaffung von Literatur in Koordination mit den Instituten, Formal- und Inhaltserschließung, Aufstellung, Ausscheiden älterer Bestände; und zweitens für das *Servicemanagement*, d. h. Unterstützung der Benutzer/innen in der Nutzung der Bestände, individuelle Beratung im Hinblick auf Literatursuche, Entlehnung, Nutzung des Shuttle-Dienstes[7], sowie Führungen und Schulungen.[8]

Dies sind die Dienstleistungen der ULB Tirol, die gemäß ihrem funktional einschichtigen System für die Hauptbibliothek und für alle Teilbibliotheken im Wesentlichen als Standard vorgegeben sind. Zentralisierung ist hier erforderlich, um Arbeitsabläufe einheitlich und effizient durchführen und den Benutzer/innen an allen Standorten die gleichen Spielregeln und Usancen anbieten zu können. Eine Teilbibliothek kann aber, über das Standard-Portfolio hinausgehend, *klientenorientiert* Dienstleistungen erbringen, nämlich für Forschende *spezifischer* Wissenschaftsdisziplinen und für Studierende *spezifischer* Studienfächer: dies ist ein weiteres strategisches Prinzip der SOWI-Bibliothek, das allerdings ein gewisses Maß an Dezentralisierung erfordert. Im Folgenden werden die spezifischen Services der SOWI-Bibliothek näher beschrieben.

Kommunikation und Kooperation mit dem wissenschaftlichen Personal

Die Kooperation mit den wissenschaftlichen Mitarbeiter/innen der Universität ist ein wichtiges Ziel der Bibliotheksarbeit. Voraussetzung dafür ist formelle und informelle Kommunikation, die von Bibliothekar/innen aktiv gesucht und gepflegt werden soll: Nur so können sie informiert sein über Veränderungen im Lehrangebot, über Forschungsschwerpunkte und Forschungsinteressen, über neue Publikationsprojekte, als kompetente Ansprechpartner fungieren und indirekt an einer positiven Imagepflege ihres Berufsstandes mitwirken.

---

7 Das Shuttle-Service zwischen den Teilbibliotheken der ULB Tirol ermöglicht die standortübergreifende Nutzung von Beständen.
8 Weitere Kennzahlen (in Klammern ULB Tirol gesamt): Bestand Bücher und Zeitschriftenbände: 245.000 (3.500.000); Lizenzierte E-Journals: (18.725); Ausgaben Literatur ohne Lizenzen: 301.584 EUR (2.030.467 EUR); Ausgaben Lizenzen für Datenbanken, E-Journals, E-Books: (3.706.991 EUR); Personal (VZÄ ohne studentische Hilfskräfte): 11,5 (124,33); Studierende: 8.914 (27.699); Entlehnungen: 222.847 (761.576); Teilnehmer/innen an Kursen: 2.296 (7.013). Die Kennzahlen beziehen sich auf das Jahr 2012.

Bereits im *Bestandsaufbau* ist Kommunikation zwischen den beteiligten Stakeholdern (Forschenden und Lehrenden, Bibliothekaren, Buchhändlern) eine Bedingung dafür, dass das Entscheidungs- und Prozessmanagement in der Erwerbung effizient und transparent erfolgen kann – gerade Wirtschaftswissenschaftler/innen sind im Hinblick auf Dienstleistungsqualität anspruchsvoll. Üblicherweise reichen Forschende und Lehrende Bestellvorschlage über Email oder Verlagsprospekte ein, können sich jedoch keinen Überblick darüber verschaffen, ob die Bestellung durchgeführt, das Buch lieferbar und wann es in der Bibliothek verfügbar ist. An der SOWI-Bibliothek wurde deshalb vor 15 Jahren eine elektronische Bestellkartei konzipiert und als erstes Modul des SOWI-Bibliotheksinformationssystems *sowibis*[9] implementiert. Damit können die Mitarbeiter/innen unserer Fakultäten, des MCI und der Wirtschaftskammer selbst Bestellvorschläge eingeben, wobei ein Bibliotheksbeauftragter des Instituts eine erste Genehmigung erteilt; die Bibliothek prüft die Bestellmöglichkeit, genehmigt die Bestellung oder begründet, warum nicht bestellt werden kann, informiert, wo ggf. ein Exemplar vorhanden ist, und führt die Bestellung durch; der Buchhändler schließlich informiert über die Liefermöglichkeit bzw. -verzögerung. Da so für alle Beteiligten ein Monitoring und Backtracking der Bestellung möglich ist, wird Transparenz und Objektivierung geschaffen, auch im Hinblick auf Etats und verausgabte Mittel. Von Vorteil ist zudem, dass die Forschenden und Lehrenden, sobald das Buch verfügbar ist, über Email verständigt werden – ein mittlerweile für die wissenschaftliche Klientel der SOWI-Bibliothek unverzichtbares Service mit positivem Effekt für den Nutzungsgrad der Bestände.

Ein weiteres konkretes Projekt in diesem Zusammenhang ist die kooperative Dokumentation der wissenschaftlichen Publikationen an den SOWI-Fakultäten. Bis 2003 gab es an den österreichischen Universitäten keine gesetzlich vorgesehene Dokumentation, erst das UG 2002[10] verpflichtete sie, im Rahmen der Ziel- und Leistungsvereinbarungen eine „Wissensbilanz" zu erstellen, wobei auch Forschungsleistungen nachzuweisen sind. An der SOWI-Bibliothek wurde schon 1999 mit der Dokumentation begonnen. Für die Datenerhebung kam ein Melde- bzw. Rückmeldesystem im *sowibis* zur Anwendung: Die Wissenschaftler/innen konnten ihre Publikationen selbst erfassen, von Bibliothekar/innen wurden die Datensätze nach formalen Standards redigiert, recherchiert und mit zusätzlichen Angaben wie Abstracts, (Links zu) Volltexten usw. versehen, abschließend wurde von den Wissenschaftler/innen noch

---

9 *sowibis* basiert auf einer MySQL-Datenbank und ist programmiert in Perl, die Datenpflege erfolgt in einem anmeldepflichtigen Intranet, die Daten werden täglich mit unserem Bibliothekssystem Aleph abgeglichen.

10 UG 2002: BGBl. I Nr. 120/2002): Bundesgesetz über die Organisation der Universitäten und ihre Studien (Universitätsgesetz 2002). http://www.ris.bka.gv.at/Dokumente/BgblPdf/2002_120_1/2002_120_1.pdf (14.12.2013).

eine Endredaktion durchgeführt. Erschienen ist diese Dokumentation auch in Printform anlässlich des 10-Jahres-Jubiläums des SOWI-Fakultätsgebäudes.[11]

Das Intranetsystem *sowibis* ist mittlerweile ein unverzichtbares Medium nicht nur für zielgruppenspezifische Information und Kommunikation mit Mitarbeiter/innen der SOWI-Fakultäten, des MCI und der Wirtschaftskammer, sondern auch für das interne Bibliotheksmanagement, für die Fach- und Dienstaufsicht. Es erhöht die Verbindlichkeit von Vereinbarungen (Zuständigkeiten der Mitarbeiter/innen, Dienstpläne[12], Protokolle von Dienstbesprechungen, punktuelle Neuerungen), mit positiven Auswirkungen auf das Arbeitsklima; es sichert die Effizienz und Qualität unserer Dienstleistung (standardisierte Arbeitsabläufe, Drucksorten, Kursverwaltung, Fehlerlisten) und ist nebenbei ein Medium für informelles Lernen – so gibt es unter anderem ein Modul „English for Librarians" mit der Möglichkeit, selbst eigene Kenntnisse zu testen und zu erweitern.[13]

Erwerbungspolitik als Mix von Pull-Strategie und Push-Strategie

Was das *Bestandsmarketing* betrifft, sollte eine Bibliothek offensive Maßnahmen setzen. Das beginnt schon bei der Erwerbungspolitik. Es reicht nicht, wenn Medien nachfrageorientiert erworben werden, d. h. auf Wunsch von Benutzer/innen oder auf der Basis von ausgewerteten Bestandsnutzungszahlen. Sinnvoll ist ein Mix zwischen Pull-Strategie und Push-Strategie, Medien sollten nicht ausschließlich im Hinblick auf *faktische* Nachfrage gekauft werden, sondern auch im Hinblick auf Repräsentativität des Bestandes bzw. auf *mögliche* Nachfrage hin.

Wichtig ist auch eine angemessene *Informationspolitik* über Neuerwerbungen: Es genügt nicht, dass Bücher, E-Books, E-Journals angekauft werden, welche die Benutzer/innen dann selbst im Katalog zufällig finden. Online-Kataloge, Discovery Tools, Referenz- und Volltextdatenbanken fungieren in der Regel primär als Pull-Medien, der Benutzer steuert selbst via Sucheingabe, welche Metainformationen bzw. Informationen er bekommt, er muss sich selbst darum kümmern, ein bestimmtes Dokument

---

[11] Niedermair, Klaus u. Johannes Humer: Publikationen an den SoWi-Fakultäten der Universität Innsbruck 1999–2008: Fakultät für Betriebswirtschaft, Fakultät für Politikwissenschaft und Soziologie, Fakultät für Volkswirtschaft und Statistik. Innsbruck: Studia-Univ.-Verl. 2009.
[12] Besonders für unseren studentischen Dienst: An der SOWI-Bibliothek sind in den Randzeiten 13 Studierende im Einsatz (nicht ein Wachdienst wie sonst an der ULB Tirol), was Vorteile auf allen Seiten bedeutet: bessere Services, Jobs für Studierende. Die Terminkoordination wäre auf herkömmlichem Weg schwierig: Unsere Studierenden buchen im sowibis zu Beginn eines Semesters alle Termine und können anschließend ad libitum im System Termine tauschen.
[13] Vgl. Keim, Christian: Intranet und Lernen im Prozess der bibliothekarischen Arbeit. Eine empirische Analyse des Intranetsystems *sowibis*. Master-Arb., Innsbruck 2009.

zu finden. Informationsanbieter am Markt verwenden hingegen zum Teil raffinierte Push-Strategien, um potentielle Kunden auf ihre Produkte aufmerksam zu machen (z. B. das Alert-Service von Zeitschriftenverlagen). Ähnlich sollte die unidirektionale Information der bibliothekarischen Informationssysteme durch Push-Medien ergänzt werden, damit Benutzer/innen zielgerichtet über die Bestände informiert werden – wobei nicht alles, was sich am Informationsmarkt bewährt, ungefragt zu übernehmen ist (man denke z. B. an das Direct Marketing von Amazon, wo Käufer eines Buches direkt oder über Email über ähnliche Bücher informiert werden).

Benutzer/innen wollen Informationen finden, die sie bewusst gesucht haben, das gehört zum Standardangebot einer Bibliothek: Mehr Servicequalität hat eine Bibliothek, wenn Benutzer/innen Informationen finden, die sie benötigen *und* von denen sie vorher nicht wussten, dass sie danach gesucht haben. Um das Finden von Informationen im Mitnahmeeffekt möglich zu machen, wird gegenwärtig auf Suchmaschinentechnologie gesetzt, die für Suchszenarien wie die Einstiegssuche zweifellos hilfreich ist. Bibliothekarische Suchwerkzeuge sollten allerdings als Hybridsysteme organisiert werden: Neben dem *best-matching* der Suchmaschine sollte immer noch das *exact-matching* des herkömmlichen OPAC möglich sein, Benutzer/innen sollten genau das finden können, wonach sie gesucht haben. Darüber hinaus könnten im Sinne des Push-Prinzips Informationsstrategien forciert werden, mit denen eine qualifizierte Auswahl des Bestandes direkt bestimmten Zielgruppen angeboten wird, zum Beispiel Semesterhandapparate oder Neuerwerbungslisten. Um das Marketing der neuerworbenen Bücher (auch E-Books) zu optimieren, werden an der SOWI-Bibliothek Titelanzeigen mit Buchcover und Inhaltsangabe von buchhandel.de angereichert und auf der Homepage prominent präsentiert.

Von der technikorientierten Informationsversorgung zur klientenzentrierten Informationsvermittlung

Um die Nutzung des Bestandes zu erhöhen, sind primär Bibliothekar/innen mit Kompetenzen in der *Beratung* gefragt und gefordert. In dieses anspruchsvolle Ziel muss serviceorientiertes Bibliotheksmanagement Ressourcen und Innovationen investieren, mehr als bisher, vor allem auch weil Bibliothekar/innen in den letzten Jahren tendenziell weniger als Ansprechpartner für Fragen und Anliegen der Literaturrecherche konsultiert werden. Dafür gibt es mehrere Gründe. Einmal die neuen Bachelor-Studien, deren Leistungsnachweis vorwiegend auf Wissensreproduktion, weniger auf selbständiges Recherchieren und Arbeiten mit Literatur orientiert ist (auch bei Abschlussarbeiten), wobei Studierende zunehmend in Learning-Management-Systemen mit Texten versorgt werden. Ein zweiter Grund ist, dass Studierende primär mit Suchmaschinen wie Google suchen, da diese den bibliothekarischen Suchwerkzeugen im Hinblick auf Attraktivität und Usability überlegen sind, nicht nur dem herkömmlichen OPAC, sondern auch jenen Discovery Tools, die, um die studentische Klientel zurückzugewinnen, zunehmend der Suchmaschinentechnologie angepasst werden. Drittens sind dafür die Entwicklungen am Informationsmarkt verantwortlich: Informationsanbieter wenden sich direkt an die Benutzer/innen, diese sehen sich als ausreichend informationskompetent, Recherchen in Referenz- und Volltextdatenbanken selbst durchführen zu können. Nicht zuletzt unterstützen die Bibliotheken selbst diese Entwicklungen, wenn sie einerseits ihre Aufgabe vorwiegend darin sehen, technische Infrastrukturen der Informations*versorgung* bereit zu stellen, und andererseits voraussetzen, dass sich die Benutzer/innen mit einer vermeintlich selbsterklärenden Benutzeroberfläche selbst zurecht finden können – was nebenbei zur Folge hat, dass auch die professionelle Informationskompetenz der Bibliothekar/innen schleichend abnimmt.

In den Bibliotheken sollte deshalb bewusst der Paradigmenwechsel von einer technikorientierten Informations*versorgung* zu einer klientenzentrierten Informations*vermittlung* vollzogen werden: Technische Infrastrukturen sind mittlerweile selbstverständliche Voraussetzungen, die Bibliothek muss die global verfügbaren Informationen re-lokalisiert, zielgruppenorientiert, personalisiert, selektiert vermitteln. Auch hier findet eine dezentrale bibliothekarische Einrichtung mit ihrer Zuständigkeit für spezifische Fakultäten, Wissenschaftsdisziplinen und Studienfächer einen herausfordernden und produktiven Gestaltungsraum. Nur eine Fachbereichsbibliothek kann dicht am Benutzer gezielt ihr Angebot machen, es ist nicht zielführend, die Informationsvermittlung nach einem einheitlichen Zuschnitt für eine ganze Universität zu verordnen und damit unterschiedliche Nachfragestrukturen über einen Kamm zu scheren.

Benutzerberatung und Teaching Library

Ein Angebot der SOWI-Bibliothek in diesem Bereich ist das *Informationsberatungsservice*: Studierende können nach vorheriger Anmeldung mit Angabe ihres Anliegens eine Sprechstunde mit einem erfahrenen Bibliothekar buchen. Alle Anfragen laufen über das *sowibis* und werden dokumentiert: das Anliegen des Studierenden, gefundene Lösungen und offene Fragen. Die Bibliotheksleitung kann sich so einen Überblick über die Professionalität der Mitarbeiter/innen verschaffen, Tipps und Hinweise geben, zum Austausch von Erfahrungen und Know how anregen, wobei gerade eine unbeantwortete Frage – abgesehen davon, dass sie eine Kultur des Nach- und Rückfragens einfordert – Anreize für Lernprozesse bietet. Zudem erwächst so nebenbei reichhaltiges Datenmaterial für eine nachträgliche qualitative Auswertung im Hinblick auf eine Typologie der Benutzeranfragen.¹⁴

Als *Teaching Library* bietet die SOWI-Bibliothek zielgruppenspezifische Schulungen und Kurse an, als Kurse der Bibliothek mit freiwilliger Anmeldung oder als Kurseinheit eingebunden in Lehrveranstaltungen oder als eigene Lehrveranstaltungen.¹⁵

- In Kursen für Erstsemestrige wird erklärt: die Suchmaschine Primo für die Suche von Print- und E-Medien im Bestand der ULB Tirol; Bestellen, Vormerken, Entlehnen, Verlängern von Büchern; Referenz- und Volltextdatenbanken; Beschaffung von Artikeln über die Elektronische Zeitschriftenbibliothek und Fernleihe; abschließend folgt ein Rundgang durch die Bibliothek.
- Für Erstsemestrige in den Bachelorstudien Betriebswirtschaft und Internationale Wirtschaftswissenschaften ist die Einheit *Schreiben im Studium* (Recherchieren, Dokumentieren, Zitieren, Plagiat) im Rahmen der Lehrveranstaltung „Grundfragen der Betriebswirtschaft" vorgesehen.
- Ähnlich gestaltet ist der Workshop „Arbeiten mit wissenschaftlicher Literatur" im Rahmen des Kursprogrammes der Österreichischen Hochschülerschaft für Studierenden aller Studienfächer, er besteht aus drei Einheiten: Recherchieren, Dokumentieren, Zitat und Plagiat.
- Spezielle Ansprüche erfüllt der Kurs über Literaturrecherche für Studierende, die an einer *Abschlussarbeit* schreiben. Bewährt hat sich, dass neben der Nutzung von Informationsressourcen auch die strategische Planung einer Literaturrecherche vermittelt wird, ausgehend von den Suchszenarien im wissenschaftlichen Arbeiten.
- Der Kurs *Dokumentieren mit Citavi* vermittelt Kenntnisse der Literaturverwaltung im Kontext des wissenschaftlichen Arbeitens (als formales und inhaltliches Dokumentieren).

Ausblick: Plädoyer für Dezentralisierung von Bibliothekssystemen

Mit dem UG 2002 ist für die Universitätsbibliotheken Österreichs eine neue Situation entstanden. Der Staat hat sich aus der gesetzlichen Regulierung des Bibliothekswesens zurückgezogen, und es obliegt nunmehr der einzelnen, autonomen, voll rechts-

---

14 Unterscheiden lassen sich: IT-Infrastruktur (z. B. VPN-Zugang), Bibliotheksbenutzung (z. B. Ausleihe, Fernleihe), Beschaffungsrecherche (z. B. Zeitschriftenartikel), thematische Literaturrecherche (z. B. „Background Music und Marketing"), Schreiben (z. B. Zitierregeln, Plagiat), Publizieren (z. B. Ranking von wissenschaftlichen Zeitschriften), Spezialdatenbanken (z. B. statistische Datenbanken, Unternehmensprofile usw.).
15 Auf Erfahrungen in Kursen beruht auch das Lehrbuch: Niedermair, Klaus: Recherchieren und Dokumentieren. Der richtige Umgang mit Literatur im Studium. 1. Aufl. Konstanz: UVK 2010.

und geschäftsfähigen Universität, zu entscheiden und in Satzungen festzulegen, ob sie eine Bibliothek einrichtet, auflöst oder mit anderen Dienstleistungseinrichtungen (bspw. dem Zentralen Informatikdienst) fusioniert.[16] Insgesamt eine für die Universitätsbibliothek prekäre Gesetzeslage mit geradezu marktwirtschaftlichem Zuschnitt, da die Bibliothek als *Dienstleistungseinrichtung* der Universität ihre Qualität anhand von Kennzahlen insbesondere der Kundenzufriedenheit unter Beweis stellen muss.

Obwohl dies für die Universitätsbibliotheken noch nicht zu gravierenden Änderungen der herkömmlichen Organisationsformen geführt hat, sollten sie sich proaktiv mit der Frage beschäftigen, wie eine in diesem Kontext wettbewerbsfähige und vitale Bibliothek aussehen könnte, um sich in der Öffentlichkeit, vor allem in der universitären, effektiver positionieren zu können. Ein entscheidender Punkt dabei ist, ob für die Bibliothek einer Voll- bzw. einer größeren Universität Zentralisierung oder Dezentralisierung der bibliothekarischen Dienstleistungen die bessere Option darstellt.

Die Zentralisierung hat viele Vorteile, wenn es um die Effizienz der Bibliotheksarbeit geht (also wie Ziele optimal und kostengünstig umzusetzen sind): Koordination im Bestandsaufbau ist Bedingung für die optimale Verwendung der verfügbaren Literaturmittel, auch die Erwerbung von E-Medien und Datenbanken durch eine zentrale Clearingstelle; Standardisierung der Arbeitsabläufe erhöht die Effizienz der Personalressourcen, dazu gehört die zentrale Koordinierung der Schulungen der Mitarbeiter/innen, die in den Bereichen Formal- und Inhaltserschließung tätig sind.

Doch eine effiziente Bibliothek ist nicht zwangsläufig effektiv. Wenn es um Effektivität geht, also um die Frage, ob die „richtigen" Ziele effizient umgesetzt werden, ist Zentralisierung, vor allem im Servicebereich, nicht immer die beste Option: Je nach Größe des Bibliothekssystems sollten auch dezentrale Teilbibliotheken den Spielraum haben, ihre spezifischen Schwerpunkte wahrzunehmen. Ein größeres Bibliothekssystem ist effektiv und wettbewerbsfähig, wenn es der real existierenden Diversität von Wissenschaftsdisziplinen und -kulturen, Studienfächern und spezifischen curriculären Gegebenheiten gerecht wird.

Wenn Serviceorientierung ein primäres Ziel der Bibliotheksarbeit ist, kann das zentralisierte Management eines größeren Bibliothekssystems schwer alle spezifischen Nachfragestrukturen nach einem Rezept bedienen. Es ist kontraproduktiv, die Aufgaben der dezentralen bibliothekarischen Einrichtungen auf basale Services herunterzufahren, im Extremfall beispielsweise so, dass dezentral nur mehr Arbeitsplätze für Studierende und Entlehnmöglichkeit im Selfservicebetrieb angeboten werden. Denn die zentrale Einrichtung kann unmöglich allein Ansprechpartner sein

---

16 Vgl.: Bauer, Bruno: Universitätsbibliotheken in Österreich 2004–2006. In: Bibliotheksdienst (2007) H. 5. S. 269–286; Schiller, Robert: Das Universitätsgesetz 2002 und seine organisationsrechtlichen Auswirkungen auf die Universitätsbibliotheken Österreichs. In: Universitätsbibliotheken im Fokus. Aufgaben und Perspektiven der Universitätsbibliotheken an öffentlichen Universitäten in Österreich. Hrsg. von Bruno Bauer. Graz: Neugebauer 2013 (Schriften der Vereinigung Österreichischer Bibliothekarinnen und Bibliothekare (VÖB) 13). S. 23–32.

für alle wissenschaftlichen Mitarbeiter/innen und Studierende, da sie systembedingt auf Standardisierung und Vereinheitlichung orientiert ist. Auf diese Weise entfernt sich eine Bibliothek von ihren Benutzer/innen, die erwarten, dass diese ihren individuellen Informationsbedürfnissen entgegen kommt.

Diversität ist die Zukunft der Bibliothek. Diversity Service Management schafft Win-Win-Szenarien für die Stakeholder der Bibliothek. Für die Forschenden, Lehrenden und Studierenden, wenn ihnen klientenzentriert und personalisiert Informationsvermittlung angeboten wird. Für die Mitarbeiter/innen der Bibliothek, die in einem Arbeitsfeld mit klaren Zuständigkeiten und Zielen auch mit ihrer Diversität und Vielfalt, orientiert auf die Diversität der Benutzer/innen, zur Optimierung der Kundenorientierung und Kundenzufriedenheit beitragen und daraus persönliche Motivation und Arbeitszufriedenheit gewinnen. Und es fördert die Unternehmenskultur einer Bibliothek, wenn Mitarbeiter/innen ihren Standpunkt vertreten und mit dem Bibliotheksmanagement konstruktiv diskutieren können. Diversity Service Management – in dem die Diversität aller Akteure als konstruktives Prinzip gilt – ist in einem größeren universitären Bibliothekssystem möglich, wenn zentrale und dezentrale Abteilungen funktional differenziert zusammenspielen. Was die zentrale Einrichtung leistet, muss die dezentrale Einrichtung nicht tun können – und umgekehrt. So viel Zentralisierung wie nötig, so viel Dezentralität wie möglich.

Martina Jantz
Das universitäre Umfeld für die Bibliotheksentwicklung in den Geschichtswissenschaften an der Johannes Gutenberg-Universität Mainz

Abstract: Dieser Erfahrungsbericht aus Mainz beschreibt den Aufbau und die Fortführung fachlicher Dienstleistungen für die Geschichtswissenschaft vor dem Hintergrund des universitären Umfelds sowie der weiteren Mainzer Wissenschaftslandschaft. Besonders berücksichtigt werden dabei die Rahmenbedingungen der gleichzeitigen Organisationsentwicklung von einer klassischen Zweischichtigkeit in Richtung einer funktionalen Einschichtigkeit in Form einer Bereichsbibliothek für die Geisteswissenschaften.

Keywords: Bereichsbibliothek, Bestandsaufbau, Funktionale Einschichtigkeit, Geschichtswissenschaften, Informationsvermittlung, Johannes Gutenberg-Universität Mainz

Zur Situation der Mainzer Geschichtswissenschaften

Die Johannes Gutenberg-Universität Mainz ist eine Volluniversität mit 4.150 WissenschaftlerInnen[1] und etwa 36.500 Studierenden[2]. Von diesen haben sich derzeit gut 1.300 Studierende für einen Studiengang in den Geschichtswissenschaften eingeschrieben. Die Mainzer Geschichtswissenschaften stellen ihnen ein umfängliches und attraktives Studienangebot zur Verfügung, das das Fach von der Vor- und Frühgeschichte[3] bis zur Zeitgeschichte[4] in seiner gesamten Breite abdeckt. Bereichert wurde diese fachliche Breite durch die Etablierung der Vergleichenden Landesgeschichte, der Byzantinistik und der Osteuropäischen Geschichte.[5]

---

[1] Stand 01.12.2011. http://www.uni-mainz.de/universitaet/index.php (25.09.2013).
[2] Studierende im A-Fach, Stand 25.01.2013. http://www.puc.verwaltung.uni-mainz.de/105.php (25.09.2013).
[3] Die Vor- und Frühgeschichte gehört organisatorisch seit dem 01.10.2013 dem altertumswissenschaftlichen Institut an. http://www.blogs.uni-mainz.de/fb07/instituteabteilungen/ und http://www.vfg-mz.de/?cat=6 (21.10.2013).
[4] Vgl. http://www.geschichte.uni-mainz.de/100.php (21.10.2013).
[5] Etabliert im Jahr 1946. http://www.osteuropa.geschichte.uni-mainz.de/327.php (05.10.2013). Zur Geschichte des Historischen Seminars insgesamt vgl. http://www.geschichte.uni-mainz.de/52.php (21.10.2013).

Auf diesem Profil aufbauend sind die Mainzer Geschichtswissenschaften inneruniversitäre Kooperationen eingegangen, die der Bündelung der Ressourcen und der Vernetzung dienen. Zudem wurde mit der Gründung des altertumswissenschaftlichen Instituts im Jahr 2013 eine Konzentration erreicht, zu der die Ägyptologie und die Altorientalistik, die Klassische Archäologie und die Klassische Philologie beitragen und an der die Geschichtswissenschaften mit der Vor- und Frühgeschichte beteiligt sind.[6] Ergänzend dazu gibt es den Forschungsschwerpunkt Historische Kulturwissenschaften, der von den historisch-kulturwissenschaftlichen Fächern der Universität getragen wird.[7] Die Kombination aus einer breiten fachlichen Ausrichtung, einer spezifischen Schwerpunktbildung und einer guten Vernetzung mit den übrigen geisteswissenschaftlichen Fächern bietet den WissenschaftlerInnen und den postgradualen Studierenden vielfältige Möglichkeiten.

Die weitere Mainzer Wissenschaftslandschaft hat den Geschichtswissenschaften auch unter den universitätsnahen und außeruniversitären Einrichtungen zahlreiche attraktive Kooperationspartner zu bieten. Zu nennen sind besonders das Institut für geschichtliche Landeskunde[8], bei dem es sich um ein „An-Institut" der Johannes Gutenberg-Universität handelt, das Römisch-Germanische Zentralmuseum[9] und das Institut für Europäische Geschichte[10], die beide Mitglieder der Leibniz-Gemeinschaft sind, und die Mainzer Akademie der Wissenschaften und der Literatur[11]. In der Summe entfalten sie ein breites Spektrum an Forschungsaktivitäten und stellen für die universitäre Geschichtswissenschaft ein anregendes Umfeld dar. Schließlich findet die historische Forschung in der Stadt Mainz mit dem Universitätsarchiv, dem Stadtarchiv, dem Archiv des Rheinlandpfälzischen Landtags und dem Dom- und Diözesanarchiv des Bistums Mainz eine leistungsfähige Archivlandschaft mit interessanten historischen Beständen vor.

Die Rahmenbedingungen der Bereichsbibliothek Philosophicum

Das Bibliothekssystem der Johannes Gutenberg-Universität ist ein ursprünglich zweischichtiges, das aus einer Zentralbibliothek und einer Vielzahl von dezentralen Bibliotheken besteht und seit etwa 15 Jahren den Weg hin zu einem funktional einschich-

---

[6] Die Alte Geschichte ist hingegen im Historischen Seminar verblieben. Vgl. http://www.blogs.uni-mainz.de/fb07/instituteabteilungen/ und http://www.geschichte.uni-mainz.de/52.php (21.10.2013).
[7] Näheres siehe http://www.historische.kulturwissenschaften.uni-mainz.de/114.php (30.09.2013).
[8] Vgl. http://www.igl.uni-mainz.de/institut/institut.html (03.10.2013).
[9] Vgl. http://web.rgzm.de/ (03.10.2013).
[10] Vgl. http://www.ieg-mainz.de/likecms/index.php?site=site.htm&dir=&ieg2sess=iofrkiepmb714vr054r2molas3&nav=129 (03.10.2013).
[11] Vgl. http://www.adwmainz.de/index.php?id=278 (03.10.2013).

tigen Bibliothekssystem beschreitet. Ein wesentliches Instrument, diese Entwicklung voranzutreiben, war die Gründung von Bereichsbibliotheken als übergreifende Bibliothekseinheiten. Im Jahr 2000 ist dies mit der Gründung der Bereichsbibliothek Physik, Mathematik, Chemie zum ersten Mal gelungen, im Januar 2008 kam die Bereichsbibliothek Philosophicum hinzu. Sie ist die derzeit größte Bereichsbibliothek der Universität. Es handelt sich um eine Präsenzbibliothek, die aus dem Zusammenschluss von 15 ehemaligen Institutsbibliotheken des Fachbereichs 05 *Philosophie und Philologie* und des Fachbereichs 07 *Geschichts- und Kulturwissenschaften* entstanden ist.[12] Die Bibliothek verfügt über 619 Leseplätze, 100 Computerarbeitsplätze, WLAN und einen EDV-Schulungsraum. Der Bestand der Bibliothek umfasst gegenwärtig etwa 669.500 Bände und knapp 1.100 laufend gehaltene gedruckte Zeitschriften. Darüber hinaus können die BenutzerInnen über das Campusnetz auf den Bestand der Universitätsbibliothek an E-Books, Datenbanken und elektronischen Zeitschriften zugreifen.[13]

Die Personalkapazität der Bereichsbibliothek Philosophicum besteht aus 23 MitarbeiterInnen mit 17 Vollzeitäquivalenten,[14] die mehrheitlich aus den früheren Institutsbibliotheken stammen. Die übrigen Stellen der neugegründeten Bereichsbibliothek wurden von der Zentralbibliothek eingebracht, darunter eine Stelle des höheren Dienstes, deren Inhaberin die Funktion der Geschäftsführerin übernahm. Ein Blick auf die Qualifikationen der MitarbeiterInnen zeigt, dass 16 von 23 MitarbeiterInnen über einen Hochschulabschluss verfügen, jedoch nur zwölf von 23 MitarbeiterInnen eine bibliothekarische Ausbildung oder ein entsprechendes Studium absolviert haben.

Die Bereichsbibliothek Philosophicum befindet sich in unmittelbarer Nachbarschaft zur Präsenzbibliothek für die Sozialwissenschaften in der Bereichsbibliothek Georg Forster-Gebäude und in räumlicher Nähe zur Fachbibliothek für Recht und Wirtschaft mit überwiegendem Präsenzbestand sowie zur Zentralbibliothek mit

---

[12] Seither sind zwei weitere Standorte hinzugekommen, so dass die Bibliothek zum gegenwärtigen Zeitpunkt für die Versorgung der Fächer Allgemeine und Vergleichende Literaturwissenschaft, Allgemeine und Vergleichende Sprachwissenschaft, Alte Geschichte, Anglistik/Amerikanistik, Buchwissenschaft, Byzantinistik, Germanistik, Historische Kulturwissenschaften, Klassische Archäologie, Klassische Philologie, Kulturanthropologie/Volkskunde, Mittlere und Neuere Geschichte, Osteuropäische Geschichte, Philosophie, Romanistik, Slavistik und Theaterwissenschaft mit Spezialliteratur und bibliothekarischen Dienstleistungen verantwortlich ist. Zur Vorgeschichte vgl. Jantz, Martina: Strukturproblem Zweischichtigkeit. Ein Werkstattbericht aus der Universitätsbibliothek Mainz. In: ZfBB (2002) H. 5–6. S. 306–311; Jantz, Martina: Projektmanagement als strategisches Instrument im Gründungsprozess einer Bereichsbibliothek. Das Retrokonversionsprojekt Philosophicum der UB Mainz. In: ABI-Technik (2005) H. 3. S. 2004–2012.
[13] Nähere Informationen unter http://www.ub.uni-mainz.de/bereichsbibliothek-philosophicum/ (10.12.2013).
[14] Einfacher Dienst: vier MitarbeiterInnen = 3,5 Vollzeitäquivalente (VZÄ); mittlerer Dienst: zehn MitarbeiterInnen = 7,25 VZÄ; gehobener Dienst: acht MitarbeiterInnen = 5,25 VZÄ; höherer Dienst: eine Mitarbeiterin = 1 VZÄ.

ihrem Ausleihbestand.[15] Für die Mainzer Geschichtswissenschaften ergeben sich durch diese räumliche Konzentration gute Möglichkeiten, die historisch interessanten Bestände der Nachbarwissenschaften zu benutzen.[16]

Aufbau fachlicher Dienstleistungen als Fachreferentin in einem zweischichtigen Bibliothekssystem

Seit November 1998 ist die Verfasserin an der Johannes Gutenberg-Universität als Fachreferentin in der Zentralbibliothek beschäftigt und dort unter anderem für das Fach Geschichte verantwortlich. Das Profil für den Bestandsaufbau der Zentralbibliothek ist an der Arbeitsteilung in einem zweischichtigen Bibliothekssystem ausgerichtet und stellt deshalb die Versorgung mit Grundlagenliteratur und Literatur zu modernen, interdisziplinären Fragestellungen in den Vordergrund. Als Messlatte dafür dienen die Bedürfnisse der StudienanfängerInnen und der Studierenden im (damaligen) Grundstudium. Folglich wurde über mehrere Jahre hinweg ein hoher Anteil des Etats in die Aktualisierung des Präsenzbestandes im Lesesaal investiert und der Bestand der Lehrbuchsammlung kontinuierlich ausgebaut. In diesem Zusammenhang wurde eine Auslegung des Kriteriums *Lehrbuch* angewandt, die sich an der Literaturproduktion und an der Prüfungspraxis des Faches orientiert: Lehrbuchsammlungsrelevant ist demnach jegliche Literatur und alle Themen, die regelmäßig in Veranstaltungen des Grundstudiums bzw. des Bachelor-Studiums behandelt und in Prüfungen berücksichtigt wird bzw. werden. Auch beim Bestandsaufbau des Ausleihbestands waren die Arbeitsgebiete der einzelnen WissenschaftlerInnen und die Themen ihrer Lehrveranstaltungen ein Schwerpunkt. Um die Grundversorgung der Studierenden sicherzustellen, wurde gleichzeitig dafür gesorgt, dass die wichtigen Werke zu Themen und Fragestellungen, die von den Mainzer HistorikerInnen weniger oder gar nicht berücksichtigt werden, im Bestand der Zentralbibliothek vertreten sind.

Die aufkommenden elektronischen Medien und das Internet boten die Chance, den BenutzerInnen zeitgemäße Produkte und Dienstleistungen zur Verfügung zu stellen. Der Bereich der Bibliografien und Zeitschriften war dafür prädestiniert, weil die Nachweissituation in einigen Teilgebieten der Geschichtswissenschaften unbefriedigend und das Auffinden von Aufsatzliteratur von jeher mühsam war. Dank der Weiterentwicklung zu bibliografischen Fachdatenbanken und elektronischen

---

15 Vgl. http://www.ub.uni-mainz.de/lageplan/ (10.12.2013).
16 Eine Ausnahme stellen lediglich zwei Bibliotheken des altertumswissenschaftlichen Instituts dar, die sich nicht auf dem Campus der Universität befinden. http://www.vfg-mz.de/?cat=9 und http://www.aegyptologie-altorientalistik.uni-mainz.de/52.php (21.10.2013).

Zeitschriften können nun andere Fragestellungen als zuvor möglich bedient, neue Recherchestrategien eingesetzt und die Literaturrecherche insgesamt effizienter gestaltet werden. Der Umstieg von Print-Bibliografien und -Zeitschriften auf die entsprechenden elektronischen Versionen[17] ergab sich somit als Option, wann immer dies möglich und finanzierbar war und die zunächst noch parallel gehaltenen Printversionen konsequent abbestellt werden konnten.

Im Bereich der Informationsvermittlung standen die Bedürfnisse der StudienanfängerInnen im Vordergrund, begleitet von dem Versuch, ihnen Hilfe zur Selbsthilfe zu geben. Um die Orientierung am Regal zu erleichtern, wurde der Lesesaalbestand der Zentralbibliothek durch Aushang der Systematik an den Regalen erschlossen. Im Rahmen der Webseiten der Universitätsbibliothek gibt es für die Altertumswissenschaften und das Fach Geschichte jetzt Fachinformationsseiten[18], die jeweils von den Systematiken des Lesesaalbestands und der Lehrbuchsammlung bis zu den umfänglichen Sammlungen altertumswissenschaftlicher bzw. historischer Internetquellen eine umfassende Darstellung der fachspezifischen Angebote bieten. Sie werden regelmäßig überprüft und bei Bedarf aktualisiert.

Die neuen Recherchemöglichkeiten haben die Anforderungen an die Benutzerberatung verändert, und die Nachfrage nach Schulungsangeboten hat spürbar zugenommen. Das Aufkommen der elektronischen Angebote hat im Informationssektor die auch aus anderen Fachrichtungen bekannten neuen Probleme mit der Informationsflut entstehen lassen; hinzu kommt, dass die wenigsten Produkte und Benutzeroberflächen selbsterklärend sind. Eine individuelle Rechercheberatung nehmen hauptsächlich ExamenskandidatInnen und Promovierende in Anspruch, mit denen bei Bedarf ein gesonderter Termin vereinbart wurde. Für StudienanfängerInnen führte man sukzessive ein nach Teilgebieten der Geschichtswissenschaft differenziertes Schulungsangebot ein, das bei den jeweils zentralen bibliografischen Datenbanken ansetzte.[19] Die Erfahrungen in den Schulungen und bei der Informationsvermittlung führten dazu, es zu einem umfassenden Schulungskonzept auszubauen. Dieses setzt bei der Webseite der Universitätsbibliothek Mainz ein, enthält zwei Theorieblöcke zu Suchstrategien, stellt die sachliche Recherche im Online-Katalog vor und vertieft schließlich die sachliche Recherche in den beiden wichtigsten Fachdaten-

---

17 Zum Mainzer Angebot für das Fach Geschichte an Fachdatenbanken vgl. rzblx10.uni-regensburg.de/dbinfo/dbliste.php?bib_id=ub_mz&colors=7&ocolors=40&lett=f&gebiete=26 (06.10.2013), zu den elektronischen Zeitschriften vgl. rzblx1.uni-regensburg.de/ezeit/fl.phtml?bibid=UBMZ&colors=7&lang=de&notation=N (06.10.2013).
18 Für die Altertumswissenschaften vgl. http://www.ub.uni-mainz.de/fachinformation-altertumswissenschaften/ (10.12.2013), für die Geschichte vgl. http://www.ub.uni-mainz.de/fachinformation-geschichte/ (10.12.2013).
19 Für die Alte Geschichte wurden ausgewählt: L'Année Philologique und Bibliotheca Teubneriana Latina; für das Mittelalter: International Medieval Bibliography/Bibliographie de Civilisation Médiévale und Jahresberichte für Deutsche Geschichte; für die Neuzeit: Historical Abstracts/America: History and Life und Jahresberichte für Deutsche Geschichte.

banken des jeweiligen Teilgebiets. Durch Übungsaufgaben wird der Schulungserfolg der TeilnehmerInnen unterstützt. Dieses Schulungskonzept fand bei DozentInnen, TutorInnen und StudienanfängerInnen eine erfreuliche Resonanz. Die Schulungen fanden in der Regel während der jeweils regulären Veranstaltungszeit statt und große Gruppen hatten grundsätzlich zwei Termine zur Auswahl, mit der Folge, dass dieses Schulungsangebot über mehrere Jahre hinweg sehr erfolgreich war.

Fortführung fachlicher Dienstleistungen in einer übergreifenden Bibliothekseinheit — die Doppelrolle als Fachreferentin und Geschäftsführerin.

Seit die Bereichsbibliothek Philosophicum Anfang 2008 den Betrieb aufnahm, steht die Verfasserin zum einen vor der Aufgabe, die in den Jahren zuvor in der Zentralbibliothek aufgebauten Dienstleistungen fortzuführen. Um dafür Kapazitäten zu gewinnen, musste das Schulungsangebot für StudienanfängerInnen eingestellt werden, weil es selbst mit der zeitweisen Unterstützung durch eine Kollegin in der Zentralbibliothek zeitlich nicht mehr zu bewältigen war. Als Ersatz gibt es seither jeweils zu Semesterbeginn Schulungen für TutorInnen, die dem bewährten, laufend fortentwickelten Konzept folgen und ebenfalls gut angenommen werden. Neu ist, dass sie jetzt vor Ort im neuen und bequem erreichbaren EDV-Schulungsraum der Bereichsbibliothek stattfinden. Die TutorInnen werden in ihrer Funktion als MultiplikatorInnen unterstützt, indem ihnen die existierenden Schulungsunterlagen zur Verfügung gestellt werden und ihnen überdies empfohlen wird, die Unterlagen ihrerseits als Übungsmaterial an die TeilnehmerInnen ihrer Tutorien weiterzugeben.

Ein anderes Ziel besteht darin, in der Bereichsbibliothek Dienstleistungen aufzubauen, die es bis dahin nicht gegeben hatte. Es geht dabei insbesondere darum, Dienstleistungen, die vorher in der Zentralbibliothek zur Verfügung standen und die sich dort bewährt hatten, auch für die ehemaligen Institutsbibliotheken, die sich auf den Weg zur funktionalen Einschichtigkeit begeben haben, bereitzustellen. Zudem geht es darum, angesichts der in vielerlei Hinsicht unübersichtlichen Verhältnisse in der Bibliothek Prozesse zu vereinheitlichen, wo dies sinnvoll und mit vertretbarem Aufwand möglich ist, und dadurch die Benutzungsfreundlichkeit der Bibliothek und ihrer Bestände zu verbessern. Dabei werden die MitarbeiterInnen nach Möglichkeit einbezogen, und auch dafür bilden die Bedürfnisse der StudienanfängerInnen den Maßstab.

Namentlich im Bereich der Informationsvermittlung gab es einen Nachholbedarf. Das Konzept für die Webseite der Bereichsbibliothek haben die MitarbeiterInnen des gehobenen Dienstes gemeinsam mit der Geschäftsführerin erarbeitet und entwickeln

es bedarfsgerecht weiter. Unter anderem informieren sie auf diesem Weg detailliert über die Fächer bzw. Standorte der Bibliothek.[20] Sie
- beschreiben die Lage der Standorte im Gebäude und verdeutlichen sie durch Lagepläne;
- erläutern die komplexeren unter den verschiedenen vorhandenen Signaturenstrukturen;
- geben Kurzübersichten über die jeweilige Systematik und stellen die ausführliche Systematik, die den Weg bis zum entsprechenden Regal aufzeigt, zur Verfügung;
- nennen die jeweiligen AnsprechpartnerInnen samt ihrer Kontaktdaten.
- Parallel zur Webseite stehen diese Informationen auch auf Informationswänden in den Eingangsbereichen der einzelnen Standorte. Um das Browsen zu erleichtern, ist jedes Regal mit dem regalspezifischen Ausschnitt der jeweiligen Systematik versehen.
- Die dritte Säule stellt das Angebot an Flyern zu ausgewählten Themen dar.

Die Besucherzahlen der Bereichsbibliothek haben sich seit ihrer Eröffnung kontinuierlich nach oben entwickelt. Dies ist nicht allein auf den Zuwachs an Studierenden, die längeren Öffnungszeiten und den leichteren Zugang zu den Beständen zurückzuführen, sondern die Verbesserung der Dienstleistungen spielt ebenfalls eine Rolle. So sind die MitarbeiterInnen des gehobenen Dienstes im Umgang mit den wichtigen bibliografischen Fachdatenbanken für die Geschichtswissenschaften geschult worden, damit sie diese Kompetenz in die Benutzerberatung an der Information der Bereichsbibliothek einfließen lassen können. Gemeinsam hat das Team ein Konzept für Führungen entwickelt, das zeitgemäße didaktische Methoden einsetzt und das Kennenlernen des unübersichtlichen Gebäudes, der verschiedenen Hilfestellungen und der Dienstleistungen erleichtert. Den MitarbeiterInnen der Bibliothek gibt dieses Angebot Gelegenheit, den TutorInnen gegenüber als kompetente AnsprechpartnerInnen für die von ihnen betreuten Fächer aufzutreten. Zur Unterstützung der TutorInnen erhalten diese die vom Bibliotheksteam erstellten Unterlagen für deren eigene Veranstaltungen.

Fazit

Die Zentralbibliothek liegt nur wenige Meter vom Philosophicum entfernt. Sie ist also gut zu erreichen und hat zudem gute Öffnungszeiten. Gleichwohl hat die Tatsache, dass die Geschäftsführerin der Bereichsbibliothek Philosophicum vor Ort ein Büro hat, dass man spontan an ihre Tür anklopfen und ihr im Flur begegnen kann, den Kontakt zur fachspezifischen Klientel enger und intensiver werden lassen. Es sind

---

20 Vgl. http://www.ub.uni-mainz.de/faecher/ (10.12.2013).

aber weniger die großen Themen, an denen dieser Erfolg sichtbar wird, eher sind es viele, teils geringere Anlässe.[21] Im Grunde genommen sind es auch nicht elementar völlig neue Dinge, die mit der Bereichsbibliothek ins Philosophicum gebracht worden sind. Es ging und geht vielmehr um die Optimierung und Einheitlichkeit der Bedingungen für die BenutzerInnen mit dem Ziel, deren Bedürfnissen unter den vorgegebenen Rahmenbedingungen bestmöglich entgegen zu kommen. Optimaler ließe sich dieses durch einen Bibliotheksneubau erreichen. Dennoch lässt sich durch bibliothekarische Präsenz vor Ort und die veränderte räumliche Präsentation der Bibliothek eine bessere Akzeptanz, eine größere Wirksamkeit und Sichtbarkeit erreichen.

In Mainz hat man sich beim Aufbau der Bereichsbibliothek Philosophicum bewusst gegen eine rein organisatorische Lösung entschieden, weil man davon ausging, dass die zu erwartenden Probleme damit nur in die Zukunft verlagert werden. Stattdessen entschloss man sich, sich auf einen evolutionären Prozess einzulassen und die geplanten organisatorischen Veränderungen im Sinne einer Organisationsentwicklung herbeizuführen. Als breit angelegter, systemischer und ganzheitlicher Prozess, der Teamentwicklung und Personalentwicklung miteinander verbindet, hat man den gerade am Anfang aufwendigeren und strapaziöseren Weg gewählt. Ob die Wahl auf den zielorientierten, direktiven Weg fällt oder der prozessorientierte, partizipative Weg eingeschlagen wird, ist letztlich auch eine Frage des Menschenbildes und des Führungsverständnisses.

---

21 Beispielsweise wurde die Verfasserin wiederholt eingeladen, bei Veranstaltungen zu den beruflichen Möglichkeiten für HistorikerInnen die bibliothekarischen Ausbildungswege und Karrieremöglichkeiten vorzustellen.

Wilfried Sühl-Strohmenger, Susanne Röckel
Funktionen dezentraler Bibliotheken in der digital geprägten Informationsinfrastruktur der Hochschule

Am Beispiel der Medizin an der Albert-Ludwigs-Universität Freiburg

Abstract: Der Beitrag bietet Überlegungen zur Rolle dezentraler Bibliotheken und ihrer Zukunft unter den Bedingungen innovationsgeprägter digitaler Informationsinfrastrukturen in Hochschulbibliothekssystemen, am Beispiel des Freiburger Bibliothekssystems, das bereits eine längere Reformgeschichte seit 1970 aufweist. Zunächst wird die Reform dezentraler Bibliotheken im letzten Drittel des 20. Jahrhunderts am Beispiel des Freiburger Bibliothekssystems aufgezeigt, sodann werden neue Herausforderungen seit dem Jahr 2000 infolge der Herausbildung digital geprägter Informationsinfrastrukturen umrissen. Schließlich geht es um die aktuellen Aufgaben dezentraler Fachbibliotheken im Licht verschiedener Fachkulturen und um Ansätze zum Strukturwandel dezentraler Bibliotheken in der Universität. Der Fokus wird dabei auf die Informationsversorgung der Universitätsmedizin und die damit zusammenhängende Gründung einer „Task Force Bibliothek" gelegt. Schließlich zeigt der Beitrag Zukunftsperspektiven dezentraler Bibliotheken in der Universität Freiburg auf.

Keywords: Universität Freiburg, dezentrale Bibliothek, Fakultätsbibliothek, Institutsbibliothek, Seminarbibliothek, Fachbibliothek, digitale Informationsinfrastruktur, Medizin, Klinikum, Zeitschriftenerwerbung

Die Reform dezentraler Bibliotheken ab 1970 am Beispiel des Freiburger Bibliothekssystems

Das Freiburger Bibliothekssystem ist seit den 1970er Jahren durch gemeinsame Anstrengungen von Bibliotheksleitung, Universitätsverwaltung (Kanzler) und Einrichtungen von Forschung und Lehre in Richtung auf ein kooperatives Miteinander großer leistungsfähiger Fakultäts-, Verbund- und Bereichsbibliotheken, mittlerer Seminar- und Institutsbibliotheken sowie zunehmend weniger kleinerer dezentraler Einrichtungen entwickelt worden.[1]

---
1 Vgl. dazu insgesamt: Sühl-Strohmenger, Wilfried: Das Bibliothekssystem der Albert-Ludwigs-Universität Freiburg im Breisgau. Bestandsaufnahme und Ausblick. Freiburg i. Br.: Universitätsbibliothek

Mit dem Bezug des damaligen Neubaus im Jahr 1978 verzeichnete die Zentralbibliothek einen starken und nachhaltigen Zuwachs an Ausleihen und an Nutzungen der großen Lesesäle. Ihre Hauptaufgabe gemäß dem Bibliotheksplan Baden-Württemberg und der Verwaltungsordnung für das Freiburger Bibliothekssystem aus dem Jahr 1977 wurde darin gesehen, als Archiv- und als Ausleihbibliothek die übergreifende wissenschaftliche Forschungsliteratur, die aktuellen Lehrbücher, ferner Nicht-Buch-Medien und elektronische Ressourcen zur Verfügung zu stellen, während die dezentralen Einrichtungen als Präsenzbibliotheken für die speziellere forschungs- und studiennahe Literatur des Fachs zuständig sein sollten. Entbehrliche, aktuell nicht mehr benötigte Bestände sollten in die Zentralbibliothek abgegeben werden. Alle Bibliotheken werden durch im Stellenplan der UB etatisiertes Fachpersonal betreut.

Die Realisierung größerer leistungsfähiger Verwaltungseinheiten auf dezentraler Ebene war ein Kernanliegen auf dem Weg zur Schaffung eines den sich wandelnden Anforderungen in der Universität angemessenen Bibliothekssystems, das mit der Verabschiedung des neuen Universitätsgesetzes im Jahr 2000 zukünftig als funktional einschichtiges Bibliothekssystem fungieren soll. Entsprechend große Einheiten waren bereits ab 1970 in den naturwissenschaftlichen Fakultäten (Chemie/Pharmazie, Physik, Biologie) realisiert worden, danach dann in der Mathematik, in der Forstwissenschaft, der Theologie, der Rechtswissenschaft, der Geographie und Völkerkunde, der Philosophie und Erziehungswissenschaft, den Altertumswissenschaften (Verwaltungseinheit), den Geowissenschaften, der Geschichte, Politik, Soziologie, Anglistik (Verbundbibliothek). Das Freiburger Bibliothekssystem besteht im Wesentlichen aus
- 9 großen Fakultätsbibliotheken
- 3 Fachbereichsbibliotheken (Geographie/Ethnologie, Philosophie/Pädagogik, Geologie/Mineralogie/Geochemie)
- 1 Verbundbibliothek (Anglistik, Geschichte, Politik, Soziologie)
- 1 Verwaltungseinheit Altertumswissenschaften (5 Fächer)
- 2 Campusbibliotheken (Sport und Psychologie)
- 12 großen Seminar- und Institutsbibliotheken vorwiegend der Geisteswissenschaften.

Daneben gibt es im Klinikum und in der Medizinischen Fakultät weiterhin rund 30 zum Teil kleine Bibliotheken. Die Planung einer medizinischen Zentralbibliothek führte in der Vergangenheit nicht zum Erfolg, steht aber nun – im Zusammenhang mit umfassenden, längerfristigen Bauplanungen im Klinikum – erneut auf der Agenda.

1989 (Schriften der Universitätsbibliothek Freiburg im Breisgau 14); Sühl-Strohmenger, Wilfried: Das Bibliothekssystem der Albert-Ludwigs-Universität Freiburg im Breisgau. In: Tradition – Organisation – Innovation. 25 Jahre Bibliotheksarbeit in Freiburg. Wolfgang Kehr zum 60. Geburtstag. Hrsg. von Albert Raffelt. Freiburg i. Br.: Universitätsbibliothek 1991 (Bibliothekssystem der Albert-Ludwigs-Universität Freiburg i. Br. Informationen: Sonderheft 2). S. 7–22; Schubel, Bärbel: Das Bibliothekssystem der Universität Freiburg. In: Campusbibliotheken in der Freien Universität Berlin? Hrsg. von Rolf Busch. Berlin 1996 (Beiträge zur bibliothekarischen Weiterbildung 9). S. 105–115.

Das Freiburger Bibliothekssystem zeichnet sich durch eine Streulage aus, mit einem Universitätszentrum, einem medizinisch-naturwissenschaftlichen Institutsviertel, dem Klinikum sowie drei weiteren Außenstandorten.² Organisatorisch ist es dem Dezernat Bibliothekssystem (BS) bei der Zentralbibliothek zugeordnet und gliedert sich in zwei Abteilungen mit jeweiligem Schwerpunkt auf den dezentralen Bibliotheken der Naturwissenschaften sowie der Medizin, und der Geistes- und Sozialwissenschaften. Die Fachreferentinnen und Fachreferenten sind wichtige Bindeglieder zwischen Zentralbibliothek und Fächern – teilweise auch in Leitungsfunktion für dezentrale Bibliotheken –, insbesondere im Rahmen von Erwerbungsabsprachen auf der Grundlage ausgearbeiteter Erwerbungsprofile, sodann mit Kursen zur Förderung von Informationskompetenz und mit ihren sonstigen Fachinformationsservices, die sie auch im Kontext der dezentralen Bibliotheken erbringen.

Einige Daten zum Freiburger Bibliothekssystem (Deutsche Bibliotheksstatistik, Berichtsjahr 2012) veranschaulichen die Größenordnungen im dezentralen Bereich:
- Gesamtbestand unter 10.000 Bänden: 37 Einheiten (vorwiegend Medizin)
- Gesamtbestand von 10.000 bis 50.000 Bänden: 18 Einheiten
- Gesamtbestand von 50.000 bis 100.000 Bänden: 5 Einheiten
- Gesamtbestand mit über 100.000 Bänden: 6 Einheiten

Der Gesamtbestand aller dezentralen Bibliotheken belief sich am 31.12.2012 auf 2.060.588 Medieneinheiten, die Ausgaben für Erwerbung im dezentralen Bereich mit Stand 31.12.2012 auf insgesamt 3.164.321 Euro.

Mehrere Aspekte der „funktionalen Einschichtigkeit" sind also in Freiburg bereits vor einigen Jahrzehnten realisiert worden. Somit hat sich das Freiburger Bibliothekssystem teilweise anderen Herausforderungen zu stellen als ein traditionelles zweischichtiges Bibliothekssystem, das vielleicht erst seit kurzer Zeit ähnliche Reformen angehen kann, die in Freiburg bereits früher verwirklicht werden konnten.

Neue Herausforderungen seit dem Jahr 2000

Die Bedeutung der Printzeitschriften ist in der Medizin und in den Naturwissenschaften sukzessive zurückgegangen. Diese Journale waren ehemals ein Rückgrat der naturwissenschaftlichen Institutsbibliotheken. Teilweise ist die Bedeutung der Printmedien in den Geistes- und Sozialwissenschaften ebenfalls rückläufig, dennoch überdauern sie vielfach in den Beständen der Instituts- und Seminarbibliotheken,

---

2 Siehe dazu auch: Sühl-Strohmenger, Wilfried: Literatur- und Informationsversorgung im dezentralen, funktional-einschichtigen Bibliothekssystem der Albert-Ludwigs-Universität Freiburg. Freiburg i. Br.: Universitätsbibliothek 2006. http://www.freidok.uni-freiburg.de/volltexte/2515 (05.09.2013).

nicht zuletzt wegen ihres in den historischen Disziplinen fortwirkenden Stellenwerts als Quellen.

Der zentrale Einkauf von Lizenzen für elektronische Informationsressourcen und Medien verändert fundamental die herkömmlichen Beschaffungswege in den dezentralen Einrichtungen. Die Arbeits- und Forschungstechniken in Studium und Forschung sind fast durchgehend elektronisch gestützt, allerdings haben wir es vor allem in der Forschung der Geistes-, Kultur- und Sozialwissenschaften mit einer hybriden Wissensumgebung zu tun, beim studentischen Lernen ebenfalls, das sich vielfach dezentral vollzieht.

Die Nachfrage der Forschung nach Datenbanken, Fachinformationsdiensten, E-Journals, digitalen Daten- und Quellensammlungen nimmt stark zu und bedarf wegen der hohen Kosten einer zentralen Koordinierung. Die Verfügbarkeit der E-Ressourcen ist ortsunabhängig, insofern nicht zwingend an die Existenz dezentraler Bibliotheken gebunden. Die Rolle der Fachreferenten wandelt sich in der Richtung, dass sie die Studierenden und den Wissenschaftler(innen) beim wissenschaftlichen Publizieren, neuerdings auch per Open Access, und dessen Finanzierung, beim elektronischen Informationsmanagement, beim Aufbau von virtuellen Forschungsumgebungen und teilweise auch schon beim Forschungsdatenmanagement beraten und unterstützen.

Die Universitäten benötigen in erheblichem Ausmaß Räume und Flächen für den im Zuge der Drittmitteleinwerbung sowie diverser Projektinitiativen laufend steigenden Bedarf an Personal- und Sachkapazitäten. Dezentrale Bibliotheken geraten zunehmend in den Fokus des universitären Gebäude- und Flächenmanagements und sind zu einem bedarfsgerechten, wirtschaftlichen Umgang mit den ihnen zur Verfügung stehenden Flächen aufgefordert. Die Studierenden benötigen in enorm steigendem Umfang Arbeitsplätze zum individuellen, konzentrierten Lernen, zum Lernen in Gruppen und zum Kommunizieren. Der Personaleinsatz, insbesondere bei den Aufsichtskräften, kann im Rahmen größerer Einheiten zurückgeführt werden.

Weitere Innovationen im Freiburger Bibliothekssystem waren zudem:
- Verpflichtungserklärungen der Institutsleitungen stellen bei der Lizenzierung von E-Journals Dauerhaftigkeit und Verlässlichkeit der campusweiten Verfügbarkeit von E-Journals sicher.
- Fachportale verknüpfen Angebote der Zentralbibliothek mit Angeboten dezentraler Bibliotheken.
- Kursangebote der Teaching Library werden kooperativ durchgeführt.[3]
- Ein zentraler, von der UB verwalteter Publikationsfonds, fördert in der Hochschule Veröffentlichungen per Open Access.

---

[3] Siehe dazu u. a.: Sühl-Strohmenger, Wilfried: Die UB Freiburg auf dem Weg zur Teaching Library. In: Bibliotheksdienst (2007) H. 3. S. 331–346 [auch erschienen in der Reihe der UB „Bibliotheks- und Medienpraxis". http://www.freidok.uni-freiburg.de/volltexte/3521/ (18.02.2014)].

Nutzerbefragungen in einigen dezentralen Bibliotheken der Universität Freiburg im Jahr 2005[4] hatten erbracht, dass vor allem der Lernarbeitsplatz die Attraktivität einer dezentralen Bibliothek ausmacht (zwischen 50 und 75 % der Befragten in geisteswissenschaftlichen Instituten des Universitätszentrums, sogar 82 % der Befragten in den Fächern Chemie/Pharmazie), sodann die günstigen Bedingungen für das Anfertigen von Haus- oder Seminararbeiten. Geschätzt werden generell auch die häufig eng mit der dezentralen Bibliothek verbundenen PC-Pools, die sich trotz hoher Laptopnutzung in manchen Fächern weiterhin großer Attraktivität erfreuen, da sie spezielle Software enthalten, die nur für das betreffende Fach relevant ist.

Die Freiburger Universitätsmedizin: „Task Force Bibliothek" in einer heterogenen Bibliothekslandschaft

Durch die in Streulage vorhandenen Klinik- und medizinischen Institutsbibliotheken und in Ermangelung einer medizinischen Fakultätsbibliothek haben sich im Jahr 2004 die Medizinische Fakultät und die Abteilung Bibliothekssystem (Schwerpunkt: Medizin/Naturwissenschaften) der Universitätsbibliothek Freiburg zum Ziel gesetzt, die zur Verfügung stehenden Mittel für die Medizinbibliotheken zu optimieren und die Literaturversorgung zu verbessern.

Im Jahr 2002 kam es für Freiburg aufgrund einer Initiative und der Vorfinanzierung eines Tests bezüglich der Zeitschrift „Nature" aus dem Kreis der Klinikbibliotheken erstmals zum Kauf eines Zeitschriftenpakets innerhalb eines bundesweiten Konsortiums zu vorteilhaften Konditionen. Die beteiligten Bibliotheken bestritten die Kosten zunächst aus den durch Abbestellungen der betroffenen Printabonnements frei werdenden Mitteln. Die Abteilung Bibliothekssystem übernahm die Koordinierung und den Vertragsabschluss mit dem Konsortium. Weitere elektronische Angebote der Verlage zunächst im Datenbank- und später im Zeitschriftenbereich gaben Anlass, ein Finanzierungskonzept auszuarbeiten.

Nach einem Vorstoß der Universitätsbibliothek wurde in einer Fakultätsratssitzung der Medizinischen Fakultät die Arbeitsgruppe „Task Force Bibliothek" gebildet. Die Arbeitsgruppe besteht aus vier Fachvertretern/Ärzten, der Geschäftsführung der Fakultät, zwei BS-Vertreterinnen, einem/einer Studierenden sowie der/dem Vorsitzenden.

---

4 Siehe: Sühl-Strohmenger, Wilfried: Nutzerbefragungen im Freiburger Bibliothekssystem. In: Expressum. Informationen aus dem Freiburger Bibliothekssystem (2006) H.2. S. 31–34. http://www.ub.uni-freiburg.de/fileadmin/ub/expressum/2006-02.pdf (11.09.2013).

Zuerst wurde der Ist-Zustand der Bibliotheken in der Medizin erfasst und eine sehr heterogene Bibliothekslandschaft festgestellt. Es gab keine Zentralbibliothek Medizin, dafür aber mehr als 30 kleine Bibliotheken in verschiedenen Räumen unterschiedlicher Größe auf dem gesamten Campus verteilt. Auch die finanziellen Mittel waren auf die kleinen Einheiten verteilt. Trotz der zur Verfügung stehenden Bibliotheksmittel standen nur wenige Online-Zeitschriften zur Verfügung. Insgesamt gab es nur zwei Diplombibliothekarinnen, eine für die Bibliotheken der Medizinischen Klinik und des Neurozentrums und eine für die Bibliotheken der Chirurgischen und Anästhesiologischen Universitätsklinik. Alle anderen Klinik- und Institutsbibliotheken wurden von Sekretärinnen betreut.

Zielsetzungen der Task Force

Um die heterogene Bibliothekslandschaft zu organisieren und den Ausbau der Online-Zeitschriften zu koordinieren, wurden von der Arbeitsgruppe kurz-, mittel- und langfristige Ziele definiert:

Als kurzfristiges Ziel ist der weitere Ausbau der Online-Abonnements zu nennen. Bis 2006 sollten die wichtigsten High-Impact-Zeitschriften im vorklinischen, medizintheoretischen und klinischen Bereich auf dem gesamten Campus angeboten werden können.

Mittelfristige Ziele sind die Effizienzsteigerung und Kostenoptimierung der Bibliotheken durch sinnvolle Zentralisierung, unterstützt durch den Ausbau der Online-Verfügbarkeit.

Hinzu kommt die koordinierte Personalstruktur durch die vorhandenen professionellen Fachkräfte mit erweiterter Zuständigkeit für alle Bereiche in Zusammenarbeit mit der zuständigen Abteilung Bibliothekssystem der Universitätsbibliothek Freiburg. Ferner soll das Schulungskonzept für Studierende und Wissenschaftler verbessert werden.

Langfristiges Ziel ist die Schaffung von Räumlichkeiten für ein zentrales Informations- und Kompetenzzentrum Medizin, mit Arbeitsplätzen und Fachkompetenz vor Ort, für die Studierenden der Medizin.

Für die kurz- und mittelfristigen Ziele wurde sofort ein Konzept ausgearbeitet und mit dem Fakultätsvorstand abgesprochen. Das langfristige Ziel ist bis heute wegen des großen Raummangels und anderer anstehender Bauprojekte am schwierigsten umzusetzen und bis heute noch nicht erreicht. Ein ausgearbeiteter Entwurf für ein Lern- und Kompetenzzentrum Medizin liegt der Fakultät vor. Das kurzfristige Ziel konnte durch Abbestellungen von doppelten Abonnements und Printexemplaren zugunsten der Onlineausgabe relativ schnell erreicht werden.

Die Auswertung einer Umfrage am Klinikum zur Wichtigkeit der vorhandenen Zeitschriftentitel hatte eine klare Einteilung der Zeitschriften nach A-Kategorie und

B-Kategorie ergeben. Die durch Abbestellung der Printausgaben freigewordenen Mittel wurden auf eine neue Kostenstelle umgebucht und für die Lizenzierung der Online-Ausgaben der A-Kategorie und teilweise auch für die B-Kategorie benutzt.

Durch die enge Zusammenarbeit mit der Universitätsbibliothek konnten die Titel über bundesweite Einkaufsgemeinschaften, Konsortien, Nationallizenzen und Allianzen kostengünstig erworben werden. Aus diesen zentralen Mitteln werden mittlerweile über 300 elektronische Fachzeitschriften finanziert, und nur noch hochspezielle Fachzeitschriften in den einzelnen Kliniken oder Abteilungen online abonniert.

Die mittelfristigen Ziele, nämlich die Optimierung und Koordinierung der Finanzen, der Schulungen und der Vermittlungsstelle zwischen Klinikum, Medizinischer Fakultät und der Universitätsbibliothek konnten nur durch eine zusätzliche Stelle erreicht werden. Zunächst wurden Mittel für eine auf zwei Jahre befristete Stelle einer Diplom-Fachkraft beantragt und genehmigt. Im Zusammenhang damit kam es zur Gründung der "Medizinischen Literatur- und Informationsstelle", die beim Dekanat bzw. Studiendekanat der Medizinischen Fakultät angesiedelt ist. So konnte sich bald die neue Fachkraft um die Koordination der Task Force Medizin kümmern sowie Schulungen für Ärzte und für Studierende der Medizin anbieten.

Ergänzend zu dem optimierten elektronischen Angebot wurde ein „Zentraler Dokumentlieferdienst für die Fakultät und das Klinikum" eingerichtet. Über ein auf der Webseite der „Virtuellen Medizinbibliothek" eingerichtetes Formular kann das gesamte wissenschaftliche Personal der Klinik und der Fakultät ein nicht in Freiburg vorgefundenes Dokument bestellen. Die gewünschten Aufsätze werden dann als Datei oder Printkopien an die Beschäftigten weitergeleitet. Um Einzelabrechnungen und Bargeld zu vermeiden, wurden, ebenfalls über die Kostenstelle der Task Force Medizin, Mittel für den Dokumentlieferdienst freigestellt. Heute steht für die Betreuung der Medizinischen Literatur- und Informationsstelle eine unbefristete Personalstelle im Stellenplan der Medizinischen Fakultät zur Verfügung. Dadurch hat sich im Lauf der Jahre eine stabile Verbindung zwischen Universitätsbibliothek und der medizinischen Informationsversorgung im Klinikum entwickelt.

Kundenorientierung und Schulungen

Um dem Informationsbedürfnis des medizinischen Personals und der Studierenden entgegen zu kommen, wurde in den letzten Jahren der Teamgedanke des vorhandenen Bibliothekspersonals weiter vorangetrieben. Das bibliothekarische Team geht innerhalb des Klinikums und den medizin-theoretischen Instituten dorthin, wo es gebraucht wird. Das Motto ist: „Die Bibliothek kommt zum Kunden". Dazu wird das bibliothekarische Fachpersonal an manchen Tagen durch wissenschaftliche Hilfskräfte abgelöst, um direkt am Arbeitsplatz dem Arzt oder wissenschaftlichen Mitarbeiter bei der Recherche oder im Umgang mit dem Angebot der elektronischen Ressourcen zu helfen.

Beliebt sind auch Kurzschulungen (ca. 15 Minuten) bei den Frühbesprechungen in den Kliniken. Eine Einführung in ein neu erworbenes Produkt um 7 Uhr morgens oder in der Mittagspause, dann mit kleinem Snackbuffet, ist nicht unüblich.

Aufgebaut werden ebenfalls die Schulungen für die Medizinstudierenden, von der Erstsemesterschulung bis zur Schulung für höhere Semester. Ganz wichtig sind die Erstsemesterschulungen zur Einführung in die grundlegenden Strukturen des Bibliothekssystems vor Ort sowie in die Katalogrecherche, um die ersten Lehrbücher und Grundlagenliteratur – print oder elektronisch – zu finden sowie in die technischen Voraussetzungen im Umgang mit Notebooks, mobilen Datenträgern, WLAN, VPN.

Zu bestimmten medizinischen Vorlesungen wird das bibliothekarische Fachpersonal eingeladen, um in die Recherche medizinischer Datenbanken, Zeitschriften, Nachschlagewerde und anderer medizinischer Quellen einzuführen. In der Universitätsbibliothek werden außerdem regelmäßig Einzel- und Gruppenschulungen durch den Fachreferenten der Medizin angeboten.

Die Besonderheit der Informationsvermittlung im Bereich der Medizin liegt sicher darin, dass aufgrund der knappen Zeit im Klinikbetrieb, der Bibliothek oder dem Team der Medizinbibliothekare und bibliothekarinnen keine kreativen Grenzen gesetzt sind, um dem Arzt oder der Ärztin, dem medizinischen Wissenschaftler, dem Pflegepersonal oder dem Medizinstudierenden schnell und unkompliziert zur gewünschten Information bzw. Literatur zu verhelfen. Um neue Produkte zu zeigen und zu schulen, müssen neue Formen gefunden werden. Eine Betreuung bei der Literaturrecherche ist deshalb in diesem Fachbereich sicher intensiver als in anderen Fachbereichen.

Da eine physische Medizinbibliothek fehlt, kamen die Mitarbeiter und Mitarbeiterinnen aus den medizinischen Bibliotheken, der Abteilung Bibliothekssystem und der zuständige Fachreferent für Medizin der UB Freiburg 2004 auf die Idee, eine „Virtuelle Medizinbibliothek" (VirLib) einzurichten. Die „VirLib" hatte sich Folgendes auf ihre Fahnen geschrieben: Vorgestellt werden die Kontaktpersonen aus den fachlich betreuten Medizinbibliotheken, der Medizinischen Literatur- und Informationsstelle, der Abteilung Bibliothekssystem sowie das Fachreferat Medizin. Serviceangebote, Datenbanken, Kataloge, Such- und Nachweisinstrumente für das Fachgebiet Medizin sowie das Webformular zur Bestellung von nicht in Freiburg vorhandener Literatur wurden auf der Seite verankert. Diese Homepage ermöglicht es, über Tests und neue Angebote, Neuerwerbungen, Veranstaltungen des Bibliotheks-Teams und interessante medizinische Themen zu informieren.[5] Mittlerweile ist die Virtuelle Medizin-

---

5 Vgl. dazu näher: Reimers, Frank: Die elektronischen Angebote der Virtuellen Medizinbibliothek Freiburg. In: GMS Medizin – Bibliothek – Information (2009) H. 2–3. http://www.egms.de/static/en/journals/mbi/2009-9/mbi000155.shtml (19.09.2013).

bibliothek durch eine neu gestaltete Homepage für das gesamte bibliothekarische Angebot in der Freiburger Universitätsmedizin ersetzt worden.

Weitere Ansätze zum Strukturwandel dezentraler Bibliotheken

Als Kriterien einer zukunftsorientierten Struktur dezentraler Bibliotheken haben sich die Fachnähe, ihre Gestaltung als Orte des Lernens und des sozialen Austausches für die Studierenden, ihre Funktion als direktes Bindeglied zu den Fachvertretern und als kompetente Servicestelle auf dem Campus herauskristallisiert.

In dem Papier zur Evaluierung des von der Deutschen Forschungsgemeinschaft geförderten Systems der Sondersammelgebiete vom 9. März 2011 wird u. a. die Beachtung aktueller Nutzerbedürfnisse als Prinzip besonders hervorgehoben. Auch diese Empfehlung legt – wenn auch vor allem für die an der überregionalen Literaturversorgung beteiligten Bibliotheken – eine enge Anbindung an die Fächer und an die Fachcommunities nahe. Im Kontext einer dezentralen Bibliothek ist dies gut zu realisieren.

Bei der Open Access-Strategie der Universität, der UB, ist die Fachnähe ebenfalls besonders dringlich. Über leistungsfähige dezentrale Bibliotheken könnte dies nachhaltig unterstützt werden. Auch in den Geistes- und Kulturwissenschaften, die über größere Fachbibliotheken verfügen, gewinnt Open Access an Bedeutung.[6]

In diesem Zusammenhang wäre zu überlegen, inwieweit dezentrale Fachbibliotheken zu attraktiven Orten auch für die Forschung umstrukturiert werden können, zum Beispiel durch Schaffung entsprechend gut geschützter, großzügig bemessener Arbeitsinfrastruktur. Für die Freiburger Rechtswissenschaft wird die studentische Literatur- und Arbeitsplatzversorgung künftig im Sanierungsneubau der UB[7] stattfinden, während den spezifischen Bedürfnissen der Forschung in einer voraussichtlich ab 2018 verfügbaren gemeinsamen dezentralen Forschungsbibliothek aller juristischen Seminare und Institute entsprochen werden soll. Somit sind vor dem Hintergrund der funktionalen Einschichtigkeit sowie im Hinblick auf die Reorganisation der universitären Nutzflächen weitere strukturelle Veränderungen im Bibliothekssystem eingeleitet worden: die Integration dezentraler Bibliotheken (Rechtswissenschaft, Geographie und Ethnologie) in den Sanierungsneubau der Zentralbibliothek und die Auflösung kleinerer dezentralen Bibliotheken.

---

6 Vgl. Schäffler, Hildegard: Open Access – Ansätze und Perspektiven in den Geistes- und Kulturwissenschaften. In: Bibliothek. Forschung und Praxis (2012) H. 3. S. 305–311.
7 Siehe dazu insgesamt: Kellersohn, Antje: Alle sollen mitreden! Die Einbeziehung von Nutzern, Beschäftigten und der Öffentlichkeit bei der Neubausanierung der Universitätsbibliothek Freiburg. In: Zeitschrift für Bibliothekswesen und Bibliographie (2013) H. 3–4. S. 131–139.

Die Auflösung dezentraler Bibliotheken wird teilweise in der Medizin, sodann in naturwissenschaftlich-technischen Fachbereichen erwogen. Nicht selten spielen räumliche Engpässe die ausschlaggebende Rolle, aber auch die Frage nach dem Stellenwert von präsent aufgestellter Fachliteratur, angesichts steigender elektronischer Verfügbarkeit der Fachressourcen. In den Geistes-, Kultur- und Sozialwissenschaften können die dezentralen Bibliotheken sich weiterhin behaupten, leiden sogar nicht selten unter Engpässen bei den Stellflächen, zumal in den Fächern, die bislang noch nicht auf nennenswerte elektronische Ressourcen zurückgreifen können.

Schlussfolgerungen

Wichtige Funktionen dezentraler Bibliotheken bleiben auch in einem innovativen, digital geprägten Umfeld wertvoll: Bibliothekarisches Fachpersonal bietet Service vor Ort, ein fachnahes Raumangebot bietet gute Möglichkeiten zum Lernen, Forschen und Kommunizieren, die Fachkultur und die Institutsidentität werden gefestigt. Somit können die neue Zentralbibliothek und die modernisierten dezentralen Bibliotheken zu Garanten einer zukunftsfähigen Informationsinfrastruktur in der Universität werden. Insbesondere spielt das bibliothekarische Fachpersonal vor Ort mit seinen Fach- und Ressourcenkenntnissen eine wesentliche Rolle. Diese von den Wissenschaftlern und Studierenden gleichermaßen hochgeschätzten Kompetenzen sowie der steigende Bedarf an Räumen zum Lernen und Kommunizieren wären durch Umstrukturierungen oder bei erfolgreicher Zusammenlegung zu größeren Bereichsbibliotheken noch besser und gebündelter zur Geltung zu bringen. Allerdings sind – wie am Beispiel der Freiburger Universitätsmedizin veranschaulicht wurde – dabei die unterschiedlichen Anforderungen von Studierenden bzw. von Wissenschaftlerinnen und Wissenschaftlern im Hinblick auf die Gestaltung der physischen wie virtuellen Literatur- und Informationsräume zu berücksichtigen. Das sich wandelnde Lernverhalten der Medizinstudierenden, das sich ebenfalls stark verändernde Forschungsverhalten der Medizinerinnen und Mediziner erfordern entsprechend differenzierte Versorgungs- und Vermittlungskonzepte bei der weiteren Bibliotheksentwicklungsplanung.

Beispiele lokaler Entwicklungs- und Planungskonzepte für dezentral strukturierte Bibliothekssysteme

Die Veränderungen von Hochschulbibliothekssystemen manifestieren sich nicht nur in Form von übergeordneten gesetzlichen und hochschulpolitischen Festlegungen, sondern vor allem im lokalen Rahmen auf der Ebene einzelner Universitäten und Hochschulen. Unabhängig von den gesetzlichen und hochschulpolitischen Vorgaben sind in vielen Bundesländern und auch im benachbarten Ausland Strukturveränderungen auf den Weg gebracht worden, die vielfach als Best Practice-Modelle Vorbildwirkungen auch für andere Hochschulbibliothekssysteme entfalten konnten. Die Entwicklungsschritte bei der Umstrukturierung eines gewachsenen ehemals zweischichtigen Bibliothekssystems lassen sich anschaulich am Beispiel der Ludwig-Maximilians-Universität München studieren. Ein sehr nützliches Führungsinstrument bei der Reform eines großen Bibliothekssystems sind Zielvereinbarungen im Hinblick auf die Quantität und die Qualität von Dienstleistungen. Dieses Instrument wurde bei der Bildung von neuen großen Zweigbibliotheken auf dem Campus Westend der Goethe-Universität Frankfurt a. M. erfolgreich eingesetzt. Aber Effizienzgewinne bei der Reorganisation ehemals zweischichtiger Bibliothekssysteme können auch auf anderen Wegen erzielt werden, wie das Modell Heidelberg belegt. Einheitliche Geschäftsgänge und organisatorische Zusammenführungen bewirkten, dass aus ehemals 104 bibliothekarischen Standorten in der Ruprecht-Karls-Universität nur noch 64 wurden, von denen 35 in 8 Verwaltungsverbünden zusammengefasst werden konnten. Nicht einfach ist eine effiziente Bibliotheksversorgung, wenn die Hochschule über mehrere Standorte verfügt. Am Beispiel der Hochschule für angewandte Wissenschaften Würzburg-Schweinfurt mit insgesamt vier Bibliothekseinrichtungen wird die Leistungsfähigkeit eines gemeinsamen IT-Systems für die Literaturversorgung veranschaulicht. Um auch den Bereich der nichtstaatlichen Hochschulen einzubeziehen, wird in einem weiteren Artikel die Informationslogistik im Kontext einer Privathochschule, der renommierten Bucerius Law School Hamburg, dargestellt. Im Zuge einer strategisch geplanten administrativen und einer räumlichen Reorganisation gelang es, ein stark zersplittertes, ineffizientes Bibliothekssystem, wie es sich an der Justus-Liebig-Universität Gießen über Jahrzehnte hinweg hatte ausbreiten können, nach den Prinzipien funktionaler Einschichtigkeit zu reformieren (s. Beitrag Reuter). Der Blick über die Grenze zur Schweiz hin zeigt, dass sich auch dort die überkommenden Bibliothekssysteme stark verändern. Die Literatur- und Informationsversorgung an der Universität Basel wird zunehmend durch einen Verbund von größeren Bereichsbibliotheken, die analog zu universitären Departementsbildungen entstanden, im fließenden Zusammenspiel mit der Hauptbibliothek und ihren zentralen Funktionen bei den elektronischen Medien, bei der Bibliotheksplanung, bei der Förderung von Informationskompetenz und bei der Unterstützung des Open Access-Publizierens getragen.

André Schüller-Zwierlein
Der Ort der Dienstleistung

Die Entwicklung vom Bibliothekswesen zum Bibliothekssystem an der Ludwig-Maximilians-Universität (LMU) München

Abstract: Viele Hochschulen präsentieren auf ihren Homepages ihr ‚Bibliothekssystem' – nicht immer leuchtet jedoch ein, was der Begriff meint oder was dies für Nutzer/innen bedeutet. Die Entwicklung weg von Institutsbibliotheken hin zu großen Fachzentren mit umfassendem Service und langen Öffnungszeiten ist an deutschen Hochschulen seit 40 Jahren aktuell. Angesichts der existierenden Variantenvielfalt muss sich jedoch jede Hochschulbibliothek fragen: Welche Leistungen und Services soll heute ein Bibliothekssystem für seine Nutzer/innen erbringen? Die Universitätsbibliothek der LMU hat in den letzten Jahren ihr System mit der klaren Zielrichtung weiterentwickelt, bessere Orientierung und bessere Dienstleistungen für ihre Nutzer/innen zu schaffen. Der Beitrag schildert, wie hier Schritt für Schritt ein Systemcharakter erarbeitet wird, der den Nutzer/innen einen hohen Mehrwert bringt und eine hohe Servicequalität sichert.

Keywords: Deutschland, Hochschulbibliothekssystem, Zweischichtigkeit, Funktionale Einschichtigkeit, Interaktion, Vereinheitlichung, Geschäftsgänge, Benutzungsordnung, Bestands- und Serviceprofil, München, Universitätsbibliothek der Ludwig-Maximilians-Universität

Das Bibliothekswesen der LMU München

Das Bibliothekswesen der LMU ist traditionell zweischichtig geprägt: Neben der Zentralbibliothek hatten sich über Jahrzehnte hinweg hunderte von Instituts- und Lehrstuhlbibliotheken gebildet.[1] Ihre räumlich über das ganze Stadtgebiet verstreute Lage sowie die oft geringen Öffnungszeiten und beengten Raumverhältnisse machten die Literaturversorgung für die wachsende Universität zunehmend problematisch.[2] Seit Ende der 1970er leiteten Ministerium und Universitätsleitung deshalb die Entwick-

---

[1] Vgl. zur Geschichte der Bibliothek u. a. Kuttner, Sven u. Günter Heischmann: „'Kaltwasserdusche': Kritische Anmerkungen zu einer bibliothekshistorischen Streitschrift". In: Bibliotheksdienst (2006) H. 11. S. 1251–1258.
[2] Vgl. z. B. Kuttner, Sven: „'Die größte Sorge der Bibliothek aber ist die furchtbare Raumnot ...': Die Gebäudeentwicklung der Universitätsbibliothek München im 19. und 20. Jahrhundert". In: Bibliotheksdienst (2011) H. 5. S. 442–452.

lung in Richtung der Bildung von größeren Fachbibliotheken ein. Die Universitätsbibliothek rief daraufhin im Jahre 1980 die Kontaktstelle für Institutsbibliotheken ins Leben, um einen engeren Zusammenschluss schrittweise herbeizuführen.

Im Wintersemester 1985/86 konnte dann die gemeinsam mit den Fakultätsräumlichkeiten neu errichtete Fachbibliothek Psychologie und Pädagogik eröffnet werden. In der Folge wurde die Struktur des Bibliothekswesens maßgeblich durch große Bauprojekte weiterentwickelt. So erfolgte etwa 1993 der Zusammenschluss der zwei Hauptbibliotheken der Fakultät für Betriebswirtschaft und des Volkswirtschaftlichen Instituts zur Bibliothek Wirtschaftswissenschaften. Im Jahre 1999 wurden die Fachbibliothek Chemie/Pharmazie in Großhadern sowie die Fachbibliothek Historicum in der Maxvorstadt eingeweiht. Die Vereinigung der Institutsbibliotheken der evangelischen und katholischen Theologie zur Fachbibliothek Theologie-Philosophie kam 2004 im sanierten Adalberttrakt des Universitätshauptgebäudes zum Abschluss.[3] Im Jahre 2008 schließlich wurde die Bibliothek des Biozentrums im Vorort Martinsried als bislang letzte von 12 Fachbibliotheken eröffnet. In allen diesen Bauten ist die direkte Anbindung der Fakultäten an die jeweilige Fachbibliothek optimal realisiert worden. Daneben konnte auch die ursprünglich vom Studentenwerk betriebene Studentenbibliothek in die Universitätsbibliothek integriert und zur Zentralen Lehrbuchsammlung umgestaltet werden.[4]

Jenseits der baulichen Strukturen konnten weitere grundlegende Zusammenführungen erreicht werden. So ist, von wenigen Ausnahmen abgesehen, das gesamte bibliothekarische Fachpersonal der Universität bei der Universitätsbibliothek etatisiert. Der weitaus überwiegende Teil der Bestände ist im OPAC der Universitätsbibliothek recherchierbar. Alle Zeitschriftenbestände der Universität sind zentral erfasst, die Universitätsbibliothek koordiniert die Konsortialteilnahmen. Auch die Verwaltung und Lizenzierung von E-Medien für alle Bereiche der Universität ist bei der Universitätsbibliothek zentral angesiedelt. Nicht erreicht werden konnte bislang eine zentrale Zusammenführung der Medien- und Sachmitteletats aller Bibliotheken der Universität. Zudem existieren neben den Fachbibliotheken weiterhin ca. 90 Klein- und Kleinstbibliotheken.

Angesichts dieser Leistungen sowie im Hinblick auf veränderte Lern- und Arbeitsgewohnheiten der Nutzer/innen stellte sich Ende der 2000er Jahre die Frage, wie die verteilten Einzelstandorte zu einem gleichzeitig bibliothekarisch effizienten und optimal auf die Nutzerbedürfnisse ausgerichteten Bibliothekssystem weiterentwickelt werden könnten. In umfassenden strategischen Beratungen stellte man sich zualler-

---

[3] Vgl. Söllner, Konstanze: „Die neue Teilbibliothek Theologie – Philosophie an der Universitätsbibliothek München". In: Bibliotheksforum Bayern (2004) H. 3. S. 207–219. Online 2006: http://fiz1.fh-potsdam.de/volltext/bfb/06086.pdf (27.11.2013).
[4] Kuttner, Sven [u. a.]: Neue Wege in der studentischen Literatur- und Informationsversorgung: Die Studentenbibliothek wird eine Teilbibliothek der Universitätsbibliothek München. In: Bibliotheksdienst (2008) H. 5. S. 542–549.

erst die grundlegende Frage, was den Mehrwert eines solchen Systems ausmachen sollte. Diese Überlegungen und die daraus abgeleiteten Strategien und Maßnahmen sollen im Folgenden vorgestellt werden.

Grundsätze des Bibliothekssystems der LMU

Viele Hochschulbibliotheken verwenden den Begriff Bibliothekssystem, um eine gewisse Zuständigkeit und Zusammengehörigkeit zu signalisieren. In den meisten Fällen ist jedoch nicht klar, was eigentlich den Systemcharakter des Ensembles ausmacht und was der spezifische Mehrwert dieses Systems ist. Auch wenn die Entwicklung in Richtung Einschichtigkeit, weg von Institutsbibliotheken und hin zu großen Fachzentren mit umfassendem Service und langen Öffnungszeiten, an deutschen Hochschulen seit über 30 Jahren aktuell ist, gibt es jenseits der Zentralisierung der personellen und finanziellen Ressourcen in vielen Bibliotheken kein explizites Zielsystem. Angesichts der Vielfalt der existierenden Strukturvarianten ist daher zu fragen: Was macht den Systemcharakter einer Bibliothek innerhalb einer Hochschule aus und was ist sein Mehrwert? Welche Leistungen und Services soll heutzutage ein Bibliothekssystem erbringen? Welche Vereinheitlichungen und Zentralisierungen haben sich als effizient herausgestellt? Und welche Effekte hat dies für Nutzer/innen und Mitarbeiter/innen?

Bei der Betrachtung dieser Fragen ist es hilfreich, erst einmal von einer konkreten, wenn auch groben, Vorstellung des Begriffs System auszugehen. Mindestkriterien könnten hier lauten:
- Ein System besteht aus mehreren definierten Elementen.
- Diese Elemente sind in definierten Hinsichten einheitlich.
- Die Elemente interagieren miteinander.
- Die Funktion jedes Elementes im Gesamtsystem ist definiert, oder umgekehrt: der Ort jeder Funktion ist im Gesamtsystem definiert. Nur so ist das System als Ganzes verständlich und überschaubar.

Die Universitätsbibliothek der LMU München richtet die Weiterentwicklung ihres Bibliothekssystems nach diesen Mindestkriterien aus. Sie hat zunächst die Elemente ihres Bibliothekssystems definiert: Hierzu gehören die Zentralbibliothek, 12 Fachbibliotheken sowie die Zentrale Lehrbuchsammlung. In einer Übergangszeit kommen dazu noch Institutsbibliotheken, die bereits für eine Zusammenlegung vorgesehen sind oder die feste Öffnungszeiten von mindestens 20 Wochenstunden sowie einen Medienbestand von mindestens 5000 Bänden aufweisen. Weitere Bestände sollen nicht mehr im OPAC verzeichnet werden, da sie für die Nutzer/innen nicht in akzeptablem Maße zugänglich sind.

Einheitlichkeit strebt die Universitätsbibliothek in mehreren definierten Hinsichten an: Die Bibliotheken des Systems müssen eine gewisse Mindestgröße haben und sollten über ein einheitliches Serviceprofil verfügen (z. B. Buchscanner, Öffnungszeiten, Präsenzbestand). Sie sollten im Rahmen einer gemeinsamen Benutzungsordnung zu einheitlichen Bedingungen benutzbar sein. Die Medienbearbeitungsprozesse sollten, soweit dadurch Effizienzgewinne möglich sind, standortübergreifend gebündelt werden, Geschäftsgänge sowie Lieferanten- und Buchbinderwesen sind weitestgehend zu vereinheitlichen. Alle in den Bibliotheken des Systems vorhandenen Medien müssen benutzbar und im OPAC verzeichnet und damit auch überregional sichtbar sein. Beschaffungswesen und Sachetats sind bereits vereinheitlicht und zentralisiert worden, durch eine Neuausschreibung wird das Kopier- und Scanwesen im Jahre 2014 ebenfalls vereinheitlicht (s. u.). Auch in den Bereichen E-Medien-Verwaltung (z. B. Freischaltung, Lizenzierung) und IT-Betreuung (Versorgung und Service) ist ein hoher Einheitlichkeitsgrad bereits erreicht.

Im IT-Bereich konnten in den letzten Jahren durch die Konsolidierung von Schnittstellen vor allem im Bereich Identitätsmanagement isolierte Datensilos zusammengeführt und vereinheitlicht werden. Ein Produkt dieser Vereinheitlichung ist der gemeinsame Bibliotheksausweis mit der Bayerischen Staatsbibliothek. Durch die starke Orientierung an den Best Practices der IT Infrastructure Library (ITIL) und die Umsetzung des Governance Frameworks CobIT rückten zudem die Dienstleistungsqualität und das koordinierte Servicemanagement systemweit ins Zentrum des IT-Betriebs. Dadurch ist die IT nicht mehr ein notwendiger Fremdkörper in der Bibliothek, sondern wirkt aktiv an der Umsetzung der strategischen Ziele mit.

Im Altbestandsbereich liegen seit 2010 bibliothekssystemweit gültige Richtlinien Standards für die Aufbewahrung, Benutzung und Erwerbung historischer Buchbestände fest. Der Vereinheitlichungsprozess in den Bereichen Öffentlichkeitsarbeit (z. B. Corporate Design, einheitliche Bezeichnungen) und Informationskompetenz (z. B. übergreifendes Schulungskonzept mit Schwerpunkt auf digitalen Leistungen) ist in den letzten Jahren weit fortgeschritten, ebenso in den Gebieten Interne Kommunikationsprozesse (z. B. feste Ansprechpartner) und Controlling/Statistik (2013ff. Etablierung eines einheitlichen Berichtswesens). Größerer Vereinheitlichungsbedarf besteht noch beim Medienetat, insbesondere bei der Finanzierung der E-Medien – dies betrifft vor allem die STM-Fächer.

Auch den Punkt Interaktion – der mindestens eine zentrale Koordination voraussetzt, idealiter jedoch Interaktion zwischen allen Elementen – interpretiert die Universitätsbibliothek in verschiedenen Hinsichten: Sie strebt die Möglichkeit der gegenseitigen Vertretung durch die Schaffung einheitlicher Geschäftsgänge an. Sie arbeitet daran, die Medienbestände und Serviceangebote der verschiedenen Standorte stringent aufeinander abzustimmen. Sie geht erste Schritte in Richtung einer Dynamisierung des Systems – zum einen durch die Etablierung eines digitalen Campus-Lieferdienstes, über den die Bestände der großen Standorte übergreifend zugänglich sind,[5] zum anderen, indem sie einen ersten physischen Zweigstellen-/Lieferverkehr zwischen Standorten vorbereitet. Zudem etabliert sie Mechanismen, die den Wissensaustausch unter den Mitarbeitern fördern, z. B. ein umfassendes Intranet auf Sharepoint-Basis und systemweite Best Practice Workshops.

Schließlich legt die Universitätsbibliothek derzeit einen Schwerpunkt auf die Definition der Funktionen der einzelnen Elemente des Systems. Dies geschieht durch bauliche Konzentrationen, Aussonderungen und Bestandsverlagerungen, die Bündelung von Medienbearbeitungsprozessen, die Festlegung von Verantwortlichkeiten (z. B. Buchbindewesen, Beschaffung, Öffentlichkeitsarbeit, Buchungen) und örtlichen Services (z. B. Öffnungszeiten, Buchscanner, Ausweiserstellung).

Strategische Folgerungen und konkrete Maßnahmen an der Universitätsbibliothek der LMU München

Einheitliche Benutzung, verlässliche Erfüllung von Serviceerwartungen, maximierte Öffnung, gepflegten Bestand, gute Orientierung – all dies können Nutzer/innen mit Recht von einer modernen Hochschulbibliothek erwarten. Nur in einem koordinierten System mit einer überschaubaren Anzahl an Standorten und einer klaren Struktur ist dieser Auftrag zu erfüllen. Um diesem Ideal näher zu kommen, hat die Universitätsbibliothek ein ambitioniertes Arbeitsprogramm entwickelt, das in den kommenden Jahren Schritt für Schritt umgesetzt wird. Hauptzielrichtung ist es hierbei, die Struktur des Bibliothekssystems besser zu definieren, insbesondere das Verhältnis von Zentralbibliothek und dezentralen Bibliotheken.

Bestands- und Serviceprofil

Erstes konkretes Ziel ist die Klärung und Anpassung des Bestands- und Serviceprofils der Bibliotheken des Systems. Hierzu werden eine Reihe konkreter Maßnahmen durchgeführt. So wird zum Zwecke der Analyse und Diagnose eine Abfrage der laufenden Zeitschriften und deren Kosten im Gesamtsystem durchgeführt. Gleichzeitig wird angesichts der disparaten Datenlage in der Zeitschriftendatenbank damit begonnen, einen Mechanismus für die systemweite Analyse von Zeitschriftenbeständen zu erarbeiten – erst wenn eine geeignete Übersicht vorhanden ist, die auch quantitative Daten enthält, kann eine systemweite Aussonderung und Umstellung auf e-only

---

5 Vgl. Schüller-Zwierlein, André: „Ins Cockpit des Nutzers: Bausteine der digitalen Bibliothek an der Universitätsbibliothek München". In: Bibliotheken für die Zukunft – Zukunft für die Bibliotheken. 100. Deutscher Bibliothekartag in Berlin 2011. Hrsg. v. Hohoff, Ulrich u. Daniela Lülfing. Hildesheim: Olms 2012. S. 379–384.

durchgeführt werden. Zu diesem Zweck ist eine zentrale Beauftragte für die systemweite Aussonderungsplanung benannt worden. Auf der Basis der resultierenden Kenntnisse ist ein erstes Konzept für die systemweite Bestands- und Serviceprofilierung zu erarbeiten; dieses beinhaltet ein konkretes Abstimmungs-/Aussonderungskonzept für die verschiedenen Medientypen, ein Erwerbungsprofil (Erwerbungstiefe nach Standort; Umstellung auf e-only) sowie ein Ausleih-/Serviceprofil für die Standorte. Schließlich gehört hierzu auch noch die Entwicklung eines neuen Konzepts zum Umgang mit dem Pflichtexemplar, insbesondere hinsichtlich des Neuzugangs. Darüber hinaus sind bereits intern erarbeitete Ausschlusskriterien für Institutsbibliotheken abschließend zu verabschieden, die die Grenzen des Systems enger setzen und dieses handhabbarer machen.

Basierend auf dem Bestands- und Serviceprofil sollen eine umfassende Magazinbedarfsplanung und ein Raumkonzept für das Gesamtsystem erstellt werden, die den Entwicklungs- und Raumbedarf der Bibliotheken deutlich herausarbeiten. Gleichzeitig ist das Bestands- und Serviceprofil Grundlage für die Planung der bislang größten Fachbibliothek der LMU, des Philologicums, das alle Bibliotheken der sprach- und literaturwissenschaftlichen Fakultät in einem architektonisch neu gestalteten historischen Gebäude im Stadtzentrum vereinen und modernste Arbeitsmöglichkeiten mit einer Vielzahl von Leseplätze bieten wird. Das Philologicum soll in verschiedenen Hinsichten als Pilotprojekt für das Gesamtsystem dienen: So wird ein Teil des philologischen Bestandes in ein zentrales Magazin ausgelagert, der Bestand soll jedoch über einen Lieferservice im Philologicum zugänglich gemacht werden; über den gleichen Lieferservice soll im Philologicum der gesamte Ausleihbestand der Zentralbibliothek verfügbar sein. Dementsprechend werden die Bestände aufeinander abgestimmt. Gleichzeitig wird der philologische Bestand der Zentralen Lehrbuchsammlung in die Fachbibliothek verlegt. Damit wird die Fachbibliothek zu einem Fachzentrum, zum einzigen Anlaufpunkt der Studierenden und Lehrenden der Fakultät. Vor Ort wird so neben dem eigenen Bestand von über 400.000 Bänden ein umfassender Ausleihbestand von über 2 Mio. Bänden nutzbar sein. Hierzu werden alle betreffenden Bände mit RFID-Etiketten ausgestattet, die eine einfache Ausleihe und Rückgabe sowie einen geordneten Transport ermöglichen sollen. Die Grenzen des Einzelstandorts werden damit aufgelöst, das System wird dynamisiert. Eine Ausweitung des Lieferverkehrs ist mittelfristig angestrebt.

Medienbearbeitungsprozesse

Zweites konkretes Ziel ist die Optimierung und Vereinheitlichung der Medienbearbeitungsprozesse mit Blick auf Wirtschaftlichkeit und Effizienzgewinne ebenso wie auf die Möglichkeit gegenseitiger Vertretung im System. Hierzu sind in den nächsten Jahren ebenfalls eine Reihe konkreter Maßnahmen durchzuführen. Dazu zählt die verpflichtende Einführung von Mustergeschäftsgängen im Gesamtsystem. Um dies zu erreichen, werden im Jahre 2014 Best-Practice-Workshops veranstaltet, in denen jeder Standort seine Spezifika einbringen kann. Gleichzeitig werden die technischen Möglichkeiten des Lokalsystems, die derzeit noch nicht an allen Standorten in gleichem Maße ausgenutzt werden, noch einmal verstärkt vermittelt; eine Arbeitsgemeinschaft ‚Vereinheitlichung Lokalsystem' wurde 2013 eingesetzt. Darüber hinaus wird seit 2013 eine umfassende Lieferantenevaluation durchgeführt, u. a. mittels einer betriebsweiten Umfrage, die schließlich zu einer gültigen Lieferantenpositivliste für das Gesamtsystem führen und die Gesamtlieferantenzahl verringern soll. Zudem werden zentrale Preisverhandlungen im Buchbinderbereich geführt, die dezentrale Finanzierung von E-Medien geklärt, OPAC-relevante Formulierungen im Geschäftsgang vereinheitlicht, eine Lösung für den Umgang mit laufenden Konsortialzeitschriften bei der Auflösung von Bibliotheken erarbeitet, bereits umgesetzte Umstrukturierungen im Geschäftsgang unter Mitwirkung der Beteiligten evaluiert und ein übergreifendes einheitliches Controlling/Berichtswesen eingeführt.

Neben der Vereinheitlichung der Geschäftsgänge sind auch konkrete Bündelungen im Bereich der Medienbearbeitung in Arbeit befindlich, die wiederum vom Konzept eines interaktiven Systems ausgehen. So werden systemweit Zentralisierungen von Zeitschriftenbearbeitungsprozessen angestrebt, die Umsetzung in den Naturwissenschaften wird ab 2014 erfolgen. Danach sollen – wo sinnvoll – weitere Fachbereiche folgen. Zudem ist auch in dieser Hinsicht das Philologicum ein Pilotprojekt: Die Medienbearbeitung (im Sinne der Erwerbung und Katalogisierung neuer Medien) soll weitgehend ausgelagert werden und am in der direkten Nachbarschaft gelegenen Standort Zentralbibliothek stattfinden; die Medien werden mit dem gleichen Lieferverkehr ins Haus gebracht, der auch von den Nutzern bestellte Bücher zum Standort bringt.

Benutzung

Ein drittes konkretes Ziel schließlich ist die Vereinheitlichung und Optimierung der Benutzungsregelungen im System. Hierzu werden ebenfalls eine Reihe konkreter Maßnahmen durchgeführt. Die wichtigste Maßnahme neben der bereits erfolgten Vereinheitlichung der Öffnungszeiten ist die Erarbeitung und Einführung einer gemeinsamen Benutzungsordnung. Sie soll nicht nur einheitliche Bedingungen schaffen, sondern auch im Sinne der Interaktion alle Standorte für alle Nutzer/innen nutzbar machen, damit das Bibliothekssystem den steigenden Studierendenzahlen und den u. a. durch den Bologna-Prozess verstärkten Tendenzen zur Nutzung der Bibliothek als Lernort gewachsen ist.⁶ Ein erster Entwurf der Ordnung ist in einer Arbeitsgemeinschaft, an der neben den zuständigen Abteilungsleitern alle Bibliotheksleiter sowie die Geschäftsführenden Mitarbeiter aller Standorte beteiligt waren, bereits erarbeitet worden. Er ist noch in verschiedenen Details auf das Bestands- und Serviceprofil abzustimmen und soll dann beschlossen und veröffentlicht werden. Ein zweiter wichtiger Schritt ist die Einführung der elektronischen Ausleihe in den vier Standorten, die bislang noch mit konventioneller Ausleihe arbeiten; die Arbeiten hieran haben bereits begonnen. Gleichzeitig wird in den nächsten Jahren hinsichtlich vieler Detailfragen schrittweise eine gemeinsame Benutzungspraxis eingeführt. Und schließlich wird derzeit im Rahmen einer Neuausschreibung das gesamte Kopierwesen einheitlich geregelt: Die Universitätsbibliothek plant, ihren Nutzern an allen großen Standorten eine innovative Cloud-Printing-Lösung in Kombination mit Buchscannern und Multifunktionsgeräten anzubieten.

Über die Vereinheitlichung hinaus ist es von besonderer Bedeutung, auch die Orientierung der Nutzer und deren Verständnis für das Gesamtsystem und seine Services zu verbessern. Neben einer grundsätzlichen Überarbeitung der Website, die die Orientierung zwischen den Standorten und das Finden der Standorte ermöglicht, ist hier vor allem geplant, ein elektronisches Orientierungssystem anzubieten, das die Orientierung innerhalb der einzelnen Standorte erleichtert. Auch hier soll das Philologicum als Pilotbibliothek dienen.

Fazit

Ein umfassender, strukturierter Strategieprozess hat der Universitätsbibliothek der LMU zu einem klaren Fahrplan für die nächsten Jahre verholfen. Der Weg zu einem dynamischen Bibliothekssystem, das ähnlich ergonomisch wie ein elektronisches Software-System funktioniert, ist jedoch noch lang. Er kann nur durch systematische Planung und kollegiale Beratung nachhaltig beschritten werden.

---

6 Vgl. Schüller-Zwierlein, André: „Organisations- und Personalentwicklung in der Praxis: Der Bologna-Prozess an Deutschlands größter Universität als strategische und logistische Herausforderung". In: Information und Ethik. Dritter Leipziger Kongress für Information und Bibliothek. Leipzig, 19. bis 22. März 2007. Tagungsband. Hrsg. v. Barbara Lison. Wiesbaden: Dinges & Frick 2008. S. 509–517.

Berndt Dugall, Dagmar Gärtner
Das dezentrale Bibliothekssystem der Goethe-Universität

Zielvereinbarungen als Führungsinstrument in Bereichsbibliotheken

Abstract: Das Bibliothekssystem der Goethe-Universität in Frankfurt am Main wurde in den Jahren 2003 bis 2008 komplett umstrukturiert. Während es vorher eine fast lupenreine Mehrschichtigkeit aufwies, ist es nun funktional einschichtig aufgebaut und organisiert. Aufgezeigt werden neben den Grundprinzipien der Entstehung die Prozesse, die diese Entwicklung ausgelöst haben, wobei einmal die Veränderungen im Zusammenhang mit der Errichtung neuer Gebäude sowie die Einführung des Instruments von Zielvereinbarungen zwischen den Fachbereichen und der Bibliotheksleitung besonders berücksichtigt werden.

Keywords: Universitätsbibliothek Johann Christian Senckenberg, Bibliothekssystem der Goethe-Universität, funktionale Einschichtigkeit, dezentrale Bereichsbibliotheken, Zielvereinbarung

Die historische Entwicklung des Bibliothekssystems der Goethe-Universität

Die Universitätsbibliothek Johann Christian Senckenberg ist mit ihren verschiedenen Wurzeln wesentlich älter als die 1914 gegründete Goethe-Universität. Ihr ältester Teil hat seinen Ursprung in der seit 1484 existierenden Ratsbibliothek der Stadt Frankfurt[1]. Deren Bestände reichen, hauptsächlich bedingt durch die im Rahmen der Säkularisation übernommenen Sammlungen der Frankfurter Klöster, bis ins 9. Jahrhundert zurück. Unabhängig davon entstanden 1763 die Senckenbergische Bibliothek[2] sowie die Rothschild-Bibliothek (gegründet 1888), wobei Letztere 1928 mit

---

[1] Zu den Details der Entstehung s. Bibliotheca Publica Francofurtensis. Fünfhundert Jahre Stadt- und Universitätsbibliothek Frankfurt am Main. Hrsg. von Klaus Dieter Lehmann. Textband. Frankfurt a. M. 1984.
[2] Hierzu: Burkhardt, Helmut: Die Senckenbergische Bibliothek. In: 225 Jahre Dr. Senckenbergische Stiftung 1763–1988. Hrsg. von Horst Naujoks u. Gert Preiser. Hildesheim: Olms 1991. S. 50–57.

der Stadtbibliothek vereinigt wurde[3]. Daneben existierten weitere Bibliotheken, unter denen die Hauptbibliothek der Städtischen Kliniken eine später ebenfalls wichtige Rolle einnahm. Stiftungen, Schenkungen, aber auch gelegentliche spektakuläre Ankäufe (z. B. 2008 die Erwerbung wesentlicher Teile der „Herrenhäuser Gartenbibliothek") taten ein Übriges, den Bestand nicht nur zahlenmäßig, sondern auch qualitativ zu vermehren. Bei der Gründung der Universität im Jahre 1914 (eine städtische Gründung mit Hilfe einer Gruppe finanzkräftiger und mäzenatisch gesinnter Bürger) entschieden sich die Verantwortlichen dafür, keine eigene Universitätsbibliothek aufzubauen, sondern den bereits vorhandenen wissenschaftlichen Bibliotheken in der Stadt gemeinsam diese Aufgabe zuzuweisen. Für die weitere Entwicklung des Bibliothekssystems sind nun zunächst folgende Sachverhalte als wesentlich anzusehen:

Aufgrund erheblicher Verluste an Beständen während des Zweiten Weltkriegs wurden die verbliebenen Einrichtungen organisatorisch zur „Stadt- und Universitätsbibliothek" zusammengelegt. Von dieser Regelung ausgenommen blieb jedoch die Senckenbergische Bibliothek, weil das Testament des Stifters eine Integration der von ihm gegründeten Einrichtungen in die Zuständigkeit der Stadt Frankfurt am Main für alle Zeiten ausgeschlossen hatte.

1967 wurde die Universität von der bis dato geltenden Trägerschaft der Stadt Frankfurt am Main in diejenige des Landes Hessen überführt, wobei die Stadt- und Universitätsbibliothek jedoch ausgenommen blieb.

1970 verabschiedete das Land Hessen ein „neues Universitätsgesetz", in welchem die traditionellen Fakultäten zugunsten von Fachbereichen aufgelöst wurden.

1972 wurde die Senckenbergische Bibliothek endgültig eine unselbstständige Einrichtung der Goethe-Universität (GU), gleichzeitig wurde jedoch vertraglich vereinbart, dass der Direktor der Stadt und Universitätsbibliothek auch Direktor dieser Bibliothek ist und beide über gemeinsam betriebene Benutzungseinrichtungen unter der Verantwortung der Stadt verfügen. Sie bildeten somit ab diesem Zeitpunkt gemeinsam die Zentralbibliothek der Universität.

Die wesentlichen Weichenstellungen hinsichtlich der Struktur eines universitären Bibliothekssystems waren somit zum einen durch diese durchaus ungewöhnlichen Rahmenbedingungen bestimmt, zum anderen unterlagen sie aber auch den gleichen Entwicklungen wie an allen anderen Hochschulen aus der Zeit vor 1960. In der Folge führte dies zu einer ständigen Vermehrung von Instituts-, Seminar- und Lehrstuhlbibliotheken, wie man das auch von vielen anderen Orten her kannte. Mit der Gesetzesreform von 1970 und aufgrund der enorm wachsenden Studierendenzahl (1964 hatte die GU 15.000 Studierende, 1986 ca. 30.000) wurden in den Massenfächern (Jura, Wirtschaft, Erziehungswissenschaften) sozusagen als weitere Ebene Fachbereichsbibliotheken eingeführt. Diese sollten die Versorgung der Studierenden sicherstellen, wohingegen die Institutsbibliotheken primär der Forschung dienen sollten.

---

[3] Die Rothschild'sche Bibliothek in Frankfurt am Main. Hrsg. von der Gesellschaft der Freunde der Stadt- und Universitätsbibliothek. Frankfurt: Klostermann 1988 (Frankfurter Bibliotheksschriften 2).

Im Ergebnis stellte sich die Situation um 1990 dann so dar, dass es eine Zentralbibliothek in städtischer Trägerschaft (Stadt- und Universitätsbibliothek) gab, der als Außenstelle die „medizinische Hauptbibliothek" finanziell, personell und organisatorisch zugeordnet war. Gleichzeitig bildete diese Zentralbibliothek mit der Senckenbergischen Bibliothek eine Einheit, wobei letztere jedoch finanziell und personell Teil der Universität war. Zur Senckenbergischen Bibliothek gehörte wiederum eine ihr personell und organisatorisch eingegliederte Fachbereichsbibliothek (Chemie). Dann gab es in sechs von insgesamt sechzehn Fachbereichen eine Fachbereichsbibliothek unter Leitung der jeweiligen Dekane und darunter oder daneben noch etwa 160 Lehrstuhlbibliotheken unterschiedlichster Größe und Prägung. Mehr oder weniger minimale Klammern bildeten ein nie vollendeter Frankfurter Gesamtkatalog und ein Frankfurter Zeitschriftenverzeichnis. Selbst sachlich gut begründete Rationalisierungsmaßnahmen wie etwa die Einführung einer gemeinsamen IT-Infrastruktur auf den verschiedenen Ebenen ließen sich Anfang der 1990er Jahre nicht durchsetzen.

Bewegung in dieses Konglomerat aus dezentralen und zentralen Bibliothekselementen, die einerseits miteinander verwoben und auch teilweise voneinander abhängig waren, andererseits aber schon fast eifersüchtig auf ihre jeweilige Eigenständigkeit pochten, kam dann um die Jahrtausendwende, ausgelöst durch drei voneinander völlig unabhängige Prozesse. Erstens wurden durch die fortschreitende Automatisierung der bibliothekarischen Arbeitsabläufe neue Kooperationsformen möglich und sogar sinnvoll, zweitens verabschiedete das Land Hessen im Jahr 2000 ein neues Hochschulgesetz[4], in welchem – bezogen auf die Informationsversorgung – die „funktionale Einschichtigkeit" als Strukturelement vorgegeben wurde und drittens war es die politische Entscheidung von Stadt Frankfurt am Main und Land Hessen, den größeren, zentralen Teil des Bibliothekssystems (die Stadt-und Universitätsbibliothek) mit Beginn des Jahres 2005 ebenfalls in die Goethe-Universität einzugliedern[5].

Diese Entscheidung war Anlass, zwei weitere wesentliche Integrationsprozesse anzustoßen und umzusetzen. Einmal war es die organisatorische Zusammenlegung von Stadt- und Universitätsbibliothek und Senckenbergischer Bibliothek zu einer wirklichen Einheit unter dem Namen „Universitätsbibliothek Johann Christian Senckenberg" und zum Zweiten die Integration aller dezentralen Bibliotheken in die „neue" Einrichtung. Auf die damit verbundenen, vielfältigen Probleme, die es zu lösen galt, soll hier im Einzelnen nicht eingegangen werden. Zu erwähnen ist lediglich, dass insbesondere die Zusammenführung zweier Mitarbeitergruppen, die bis dato nicht nur unterschiedliche Arbeitgeber hatten, sondern auch sehr unterschiedlichen Tarifstrukturen unterlagen, besondere Anforderungen stellte. Da die genannten

---

4 Hessisches Hochschulgesetz in der Fassung vom 31. Juli 2000. In: Gesetz- und Verordnungsblatt für das Land Hessen 2000. S. 374–404.
5 Vertrag vom 26. März 1999 zwischen dem Land Hessen und der Stadt Frankfurt am Main zur Ergänzung und Änderung des Universitätsübernahmevertrages vom 20. Juni 1967, zuletzt geändert durch Vertrag vom 1. Januar 1971.

Prozesse, die im Übrigen innerhalb weniger Jahre (2003–2006) so gut wie vollständig vollzogen wurden, in eine Phase der völligen Standortneuordnung der Universität insgesamt fielen, lag es nahe, auch im dezentralen Bereich nicht nur organisatorisch, sondern auch räumlich im Kontext geplanter Neubauten wirkliche Neuerungen durchzusetzen, die es zudem erlaubten, den inzwischen gewandelten Anforderungen auf der Nutzerseite weitgehend Rechnung zu tragen.

Chancen für die Reform des Bibliothekssystems durch Neubauten

Die Zusammenführung, man könnte auch sagen, die Konzentration oder „Verschlankung" gewachsener Hochschulbibliothekssysteme, ist nicht nur eine anspruchsvolle, sondern auch eine immer wieder von Rückschlägen geprägte Aufgabe. Letztlich geht es, um im Fachjargon zu bleiben, darum, aus einer „Mehrschichtigkeit" organisatorisch eine „Einschichtigkeit" zu formen. Es ist unbestritten, dass dies im Kontext zu errichtender Neubauten in der Regel leichter fällt. Während nun dieser Faktor eines oder mehrerer Neubauten hinsichtlich der Integration der zentralen Bibliothekskomponenten keine Rolle spielte, waren die Gegebenheiten im dezentralen Bereich völlig anders gelagert. Zunächst einmal muss darauf hingewiesen werden, dass Mitte der 1990er Jahre die Planungen für einen Neubau zur Unterbringung der Geisteswissenschaften vollkommen abgeschlossen waren. Ziel war es, die über viele, meist kleinere Gebäude in Bockenheim verstreut untergebrachten, geisteswissenschaftlichen Institute in einem Baukörper zu konzentrieren und hier auch eine einzige Bereichsbibliothek zu schaffen. Hierzu hatte der Wissenschaftsrat konkrete Empfehlungen abgegeben[6]. Kurz vor dem geplanten Baubeginn erfolgte dann jedoch auf höchster Ebene eine Kehrtwende. Mit dem Abzug der amerikanischen Streitkräfte war mitten in Frankfurt das von diesen seit 1945 genutzte und weitgehend abgeschottete frühere Areal der I. G. Farben frei geworden. Nachdem der dafür zunächst vorgesehene Nutzer, die Europäische Zentralbank, in das Gebäude nicht einziehen wollte, entschied die Landesregierung, dieses der Universität zur Verfügung zu stellen und dort anstelle des geplanten Neubaus die Geisteswissenschaften unterzubringen[7]. Da das hierfür zu nutzende ehemalige Verwaltungsgebäude der I. G. Farben sofort unter Denkmalschutz gestellt wurde, bedurfte es umfangreicher Renovierungs- und Modernisierungsmaßnahmen, die gleichzeitig erheblichen Restriktionen unterlagen, um das Gebäude für diesen Zweck herzurichten. Letztlich ließ sich auf diese Weise jedoch 2001 das „Bibliothekszentrum Geisteswissenschaften (BZG)" als Zusammenschluss

---

6 Zu Einzelheiten siehe Dugall, Berndt: Die Restrukturierung der Goethe-Universität und ihre Auswirkungen auf die Informationsversorgung. Teil 1. In: ABI Technik (2008) H. 2. S. 84–96.
7 Dugall, Restrukturierung (wie Anm. 6), S. 86–89.

von bis dahin 27 Institutsbibliotheken realisieren. Es wurde zunächst eine zentrale Einrichtung der Universität und nicht der Leitung der Zentralbibliothek unterstellt, war aber auch nicht mehr den Fachbereichen zugeordnet. Im Rahmen der weiteren Überlegungen fiel dann die Entscheidung, den „angestammten" zentralen Universitätsstandort Bockenheim völlig aufzugeben und alle geistes- und sozialwissenschaftlichen Teile unter Einschluss der Fachbereiche Rechtswissenschaft und Wirtschaftswissenschaften auf den neuen Campus Westend zu verlagern. Damit einher ging dann die Ausarbeitung eines Bibliothekskonzeptes, welches von dem Präsidenten der Goethe-Universität und dem Direktor der Stadt- und Universitätsbibliothek 2001 dem zuständigen Ministerium vorgelegt wurde. Dieses sah vor, die funktionale Einschichtigkeit sukzessive umzusetzen und dabei die Möglichkeiten der zu errichtenden Neubauten voll zu nutzen. Im Endausbau sollte das Bibliothekssystem dann aus einer Zentralbibliothek und insgesamt sechs Bereichsbibliotheken bestehen (Recht und Wirtschaft, Sozialwissenschaften und Psychologie, Geisteswissenschaften, Naturwissenschaften, Medizin, „kleine Fächer"). Davon sollten sich vier gemeinsam mit dem Neubau einer Zentralbibliothek auf dem neuen Campus Westend wiederfinden. Die Geisteswissenschaften waren schon realisiert, die drei anderen sollten im Rahmen von Neubauten Wirklichkeit werden.

Dezentrale Bereichsbibliotheken

Wer die Entwicklung der Hochschulbibliothekssysteme in der alten Bundesrepublik kennt, weiß, dass Einschichtigkeit in den meisten Fällen auch mit starker räumlicher Zentralisierung der Bibliotheksstruktur(en) verbunden war (z. B. Konstanz, Bielefeld, Gesamthochschulbibliotheken NRW, Bremen). Eine solche Form der Einschichtigkeit ist in einer Universität mit unterschiedlichen Standorten (Campi) nicht realisierbar oder zumindest weltfremd. Aber auch die Variante einer Bereichsbibliothek pro Standort (dies wären in Frankfurt im Endausbau drei) wurde als nicht lösungsorientiert verworfen. Als wesentliche Gründe sind dafür zu nennen:
- Alle nicht naturwissenschaftlichen und technischen Fächer haben noch einen starken Bezug zur Bibliothek als Arbeits- und Forschungsinstrument.
- Die Unterbringung einer zentralisierten (Fach-) Bereichsbibliothek in einem Gebäude gemeinsam mit den Instituten erhöht deutlich die Akzeptanz und lässt gleichzeitig Raum zur Ausprägung unterschiedlicher Fächerkulturen.
- Wesentliche Elemente einer funktionalen Einschichtigkeit wie etwa einheitliche Leitung, Zusammenführung des gesamten Bibliothekspersonals, durchgängig einheitliche IT-Infrastruktur, einheitliche Systematik lassen sich auch bei räumlicher Dezentralität umsetzen.
- Die Identifikation der Fachbereiche mit „ihrer" Bibliothek bleibt eher erhalten, als in einer völlig zentralen Struktur, wobei dieser Aspekt in den Naturwissen-

schaften und der Medizin zumindest aus Sicht der Wissenschaftler(innen) heute keine Rolle mehr spielt.
- Für die Nutzer(innen) ergeben sich deutlich kürzere Wege, zumal wenn alle fachlich zusammengehörenden Bestände einschließlich Lehrbuchsammlungen dann wirklich an einer Stelle zusammengeführt werden.

Letzteres erklärt auch, warum es für die gesamten Naturwissenschaften nur eine Bereichsbibliothek gibt (auf dem Campus Riedberg), die 2011 ihren Betrieb in einem gemeinsam mit den Hörsälen und der Mensa zentral und verkehrsgünstig gelegenen Neubau aufnahm[8]. Für die Fachgebiete Recht und Wirtschaft sowie Sozialwissenschaften und Psychologie[9] wurde hingegen die Bereichsbibliothek jeweils voll in den Baukörper der Fachbereiche integriert. Eine Zusammenführung bei gleichzeitiger maßvoller Dezentralisierung erfordert u. a. eine Verlagerung erheblicher Mengen an Beständen, gepaart mit einem hohen Volumen an Aussonderungen. So wurde bereits in der Planungsphase jeweils festgelegt, dass eine gewisse Quote an Bestand in den Institutsbibliotheken auszusondern sei. Dabei schwankten die Vorgaben je nach Fach zwischen 15 % und 35 %. Dieser Wert wurde in den Naturwissenschaften teilweise noch übertroffen. Organisatorisch wurde in Frankfurt zudem festgelegt, dass auch die Beschaffung und die Bearbeitung des gedruckten Bestandes in den Bereichsbibliotheken vorgenommen werden. Diese sind auch für die Budgetverwaltung im Rahmen der ihnen zugewiesenen Mittel zuständig. Auf diese Weise ist es einfacher, die Beschaffung von Materialien für Handapparate ebenfalls vollständig über die Bereichsbibliothek abzuwickeln. Für elektronische Ressourcen gilt hingegen ausnahmslos die Regel der vollständigen Bearbeitung in der Zentralbibliothek.

In Frankfurt hat man sich zudem bewusst nicht für eine Vereinheitlichung um jeden Preis entschieden. So sind z. B. die Öffnungszeiten der Bereichsbibliotheken nicht identisch. Während Recht und Wirtschaft und Medizin ebenso wie die Zentralbibliothek an 7 Tagen in der Woche zugänglich sind, haben die anderen Bereichsbibliotheken sonntags geschlossen. Eine besondere Regelung war erforderlich, um die Zugänglichkeit und Nutzungsmodalitäten für Nicht-Universitätsangehörige zu regeln. Hier kam es zu erheblichen Diskussionen mit einzelnen Fachbereichen, die teilweise den Zugang von „sonstigen Nutzern" gänzlich unterbinden wollten. Tatsächlich ist es aber so, dass die Präsenznutzung allen Personen ab 16 Jahren offen steht und auch die Ausleihe für Inhaber eines Bibliotheksausweises an allen Standorten grundsätzlich möglich ist.

---

8 Zu den konzeptionellen Überlegungen siehe im Einzelnen Dugall, Berndt: Die Restrukturierung der Goethe-Universität und ihre Auswirkung auf die Informationsversorgung. Teil 2. In: ABI Technik (2008) H. 3. S. 168–178; die Realisierung ist im Einzelnen beschrieben in: Gärtner, Dagmar u. Angela Hausinger: Zwei neue Bereichsbibliotheken in Frankfurt am Main. In: ABI Technik (2012) H. 1. S 31–45.
9 Vgl. Voigt, Rolf: Die neue Bibliothek Sozialwissenschaften und Psychologie auf dem Campus Westend der Goethe-Universität. In: ABI Technik (2013) H. 3. S. 133–138.

Das Führungsinstrument Zielvereinbarung

Um die funktionale Einschichtigkeit organisatorisch umzusetzen, wurden u. a. Zielvereinbarungen als Steuerungsmittel eingesetzt. Zielvereinbarungen sind in ein Portfolio von Managementtools eingebettet, die zur Modernisierung der öffentlichen Verwaltung dienen. Führen durch Ziele – Management by Objectives – ist ein zentrales Managementtool. Zielvereinbarungen werden in vielerlei Hinsicht eingesetzt, unabhängig von der Unternehmensform[10].

Zielvereinbarungen unterscheiden sich auf drei Ebenen. Auf der obersten Ebene finden sich die Visionen oder Leitbilder, in denen Sinn und Zweck der Unternehmung festgehalten werden. Sie bilden den Rahmen für jegliches unternehmerisches Handeln, die Unternehmenspolitik und die daraus abgeleiteten strategischen, d. h. langfristigen Unternehmensziele. Diese sind bspw. im privatwirtschaftlichen Unternehmen die Erhöhung der Rentabilität sowie die Gewinnmaximierung. Auf der operativen Ebene erfolgt die Umsetzung der strategischen Ziele in konkrete Arbeitsvorgaben. Indem in Zielvereinbarungen Sollgrößen vorgeben werden, kann jederzeit mit der Erhebung des Ist-Zustands der aktuelle Entwicklungsstand festgestellt werden.

Qualitative oder quantitative Ziele auf operativer Ebene werden zwischen Mitarbeitern und Managementebene in Gesprächen gemeinsam erarbeitet und partnerschaftlich sowie einvernehmlich festgelegt. Die vereinbarten Ziele zeigen den Mitarbeitern, wohin es geht, schaffen aber auch Freiräume zum eigenbestimmten und eigenverantwortlichen Arbeiten. So können Zielvereinbarungen motivierend und Effizienz steigernd wirken. Idealerweise nutzen sie die besonderen Kenntnisse und Fähigkeiten des Mitarbeiters.[11]

Das New Public Management[12] setzt zur Modernisierung der öffentlichen Verwaltung betriebswirtschaftliche Steuerungsinstrumente ein. Stichworte sind Kunden-, Leistungs- und Ergebnis-Orientierung sowie Qualitäts- und Personalmanagement. Mit dem Managementtool Führen durch Ziele soll im öffentlichen Sektor einerseits die Autonomie nachgeordneter Einrichtungen gestärkt werden, andererseits das Geleistete messbar und damit vergleichbar gemacht werden. Wie im privatwirtschaftlichen Bereich werden in Leitbildern die übergeordnete Ziele und Visionen der öffentlichen Einrichtung formuliert. In Zielvereinbarungen[13] zwischen Politik und Einrichtung,

---

10 Vgl. Watzka, Klaus: Zielvereinbarungen in Unternehmen. Grundlagen, Umsetzung, Rechtsfragen. Wiesbaden: Gabler 2011.
11 Vgl. Mentzel, Wolfgang u. Matthias Nöllke: Managementwissen. Freiburg: Haufe-Lexware 2012. S. 6077. http://www.wiso-net.de/webcgi?START=A60&DOKV_DB=HAUF&DOKV_NO=9783648028865251&DOKV_HS=0&PP=1 (14.5.2013).
12 S. Gabler Wirtschaftslexikon, Stichwort: New Public Management (NPM). Hrsg. vom Springer Gabler Verlag. http://wirtschaftslexikon.gabler.de/Archiv/54721/new-public-management-npm-v10.html (14.5.2013).
13 Häufig auch „Kontraktmanagement", vgl. Irmer, Andreas T.: Kontraktmanagement als staatswirtschaftliches Steuerungsinstrument. http://elib.tu-darmstadt.de/diss/000181 (14.5. 2013).

zwischen Einrichtungen oder innerhalb einer Einrichtung zwischen Abteilungen werden konkret erreichbare Ergebnisse ausgehandelt und vereinbart.

Die Ideen des New Public Management fanden Eingang in die Verwaltungsreform in Deutschland in den neunziger Jahren. Das Neue Steuerungsmodell[14] zielt auf kommunaler Ebene auf die Modernisierung der Verwaltung hin zur Dienstleistungseinrichtung. Das Neue Steuerungsmodell findet auch Anwendung für Reformen der Landes- und Bundeseinrichtungen. Jedoch existiert weder auf kommunaler noch auf Landes- oder Bundesebene ein einheitlicher Reformprozess. Vielmehr werden einzelne Elemente umgesetzt bzw. einzelne Bereiche der Verwaltung modernisiert. So sieht bspw. das Haushaltsgrundsätzemodernisierungsgesetz (HGrGMoG vom 31.7.2009) die Wahlmöglichkeit zwischen der kameralistischen oder der doppelten Buchführung (Doppik) vor.

Im Bereich der Hochschulen zwingen knappe Hochschuletats, verbunden mit notwendiger Effizienzsteigerung, zum Umdenken und Reformieren. Zielvereinbarungen als Steuerungsmittel werden zur Stärkung der Autonomie nicht nur zwischen den jeweiligen Ministerien eines Bundeslandes und der Hochschulleitung notwendig, sondern auch innerhalb der Hochschule.[15]

In Hessen stand, um die Kosten- und Vermögenstransparenz zu erhöhen, die Reform des Haushalts im Mittelpunkt.[16] Die Hochschulen als Pilotanwender sind gehalten, die Kosten- und Leistungsrechnung sowie ganzheitliches Controlling verwaltungsintern umzusetzen. Das Hessische Hochschulgesetz (2009) regelt in § 7, dass die Hochschulen einen Entwicklungsplan aufstellen. Die Ziele des Entwicklungsplanes werden in mehrjährigen Zielvereinbarungen zwischen Landesregierung und jeweiliger Hochschule festgeschrieben. Die Inhalte des Entwicklungsplanes werden in einzelnen Zielvereinbarungen mit den Fachbereichen konkretisiert.[17] Somit sind Zielvereinbarungen als Steuerungselement in hessischen Hochschulen per Hochschulgesetz vorgeschrieben.

In der Goethe-Universität Frankfurt wurden die doppelte Buchführung und das Kostencontrolling eingeführt. Mit der Software SAP werden die Kosten seit dem Jahr 2000 erfasst. 2003 wurden die ersten Zielvereinbarungen zwischen der Universitätsleitung und den Fachbereichen abgeschlossen.[18] 2005 folgten die ersten Zielverein-

---

[14] Für Deutschland: s. Kommunale Gemeinschaftsstelle für Verwaltungsvereinfachung: Bericht 5/1993: Das Neue Steuerungsmodell. http://www.tvoed.info/kgst_nsm_1993.pdf (14.5.20013).
[15] Vgl. http://www.che.de/downloads/CHE_zielvereinbarungen.pdf (26.01.2014).
[16] „[...]Die Landesregierung hat sich das Ziel gesetzt, in einem in sich geschlossenen Gesamtkonzept bis zum Jahre 2004 die Doppik und bis zum Jahre 2008 die Neue Verwaltungssteuerung mit der Standardsoftware SAP R/3 flächendeckend in der gesamten Landesverwaltung einzuführen ..." aus V 1 – 3 v 20 55 60: Übersicht über den Stand der Umsetzung der Verwaltungsreform in Hessen(Stand: 21. 3. 2003), Abschnitt 4.
[17] §7, Hessisches Hochschulgesetz, 14. Dezember 2009, GVBl. I 2009, 666.
[18] S. Goethe-Universität Frankfurt a. M.: UniReport vom 2. Juli 2003. S. 3 (Interview mit Präsident Prof. Rudolf Steinberg).

barungen zwischen Forschungs- bzw. Bereichsbibliotheken und den entsprechenden Fachbereichen. Gezielt wird die Autonomie dezentraler, universitärer Einrichtungen gestärkt. Die Universitätsbibliothek hat als Pilotanwender gleich in mehreren Bereichen Managementelemente umgesetzt. Neben Zielvereinbarungen mit den Fachbereichen wurden im Bereich Personal Personalentwicklungsgespräche institutionalisiert sowie der Hochschulbibliotheksetat seit 2005 als Globalhaushalt (Personal- und Sachmittel ohne Gebäudebezogene Kosten) zugewiesen und verwaltet. Seit 2013 wird das Prinzip des Globalhaushalts und damit die unbegrenzte Deckungsfähigkeit und volle Übertragbarkeit der Mittel auch auf die Fachbereiche übertragen.

Zielvereinbarungen zwischen Hochschulbibliothek und Fachbereichen

Im Bibliotheksbereich dienen Zielvereinbarungen der Stabilität und Planungssicherheit der Informationsversorgung. Universitätsbibliotheken sind ein Dienstleistungsbereich in wissenschaftlichen Einrichtungen. Sie stehen einer Reihe unterschiedlichster Kunden gegenüber. Entsprechend variieren die Ansprüche und Bedürfnisse dieser Kunden hinsichtlich der Information. Insbesondere kennt die Informationsnachfrage keine zeitliche Begrenzung. Studierende arbeiten im Semesterrhythmus. Je nach Fachbereich ist die Kurve der Informationsnutzung innerhalb des Semesters oder in den Semesterferien besonders hoch. Lehrende bereiten ihre Vorlesung ebenfalls semesterorientiert vor. Forschende müssen sich an den Projektlaufzeiten orientieren. Die Bibliotheken wirtschaften i. d. R. mit jährlichen Zuweisungen, müssen jedoch gedruckte wie auch digitale Informationen unterjährig finanzieren. Bei digitalen Quellen kommt hinzu, dass die Verlage oder Provider den Kunden längerfristig binden möchten. Dementsprechend gibt es Angebote von Datenbanken bspw. über drei Jahre, in denen die Preissteigerung gegenüber Verträgen mit jährlicher Laufzeit deutlich moderater ausfällt. Zielvereinbarungen können hier Abhilfe schaffen, in dem sie für mehrere Jahre abgeschlossen, die Partner an Absprachen binden und Verlässlichkeit hinsichtlich der Verfügbarkeit von Informationsquellen schaffen.

Indem in Zielvereinbarungen Quantität und/oder Qualität von Dienstleistungen vereinbart werden, werden einerseits Personalressourcen über die Laufzeit der Vereinbarung gebunden, bspw. um Öffnungszeiten umzusetzen oder Leistungen im Bereich Medienbearbeitung auch für die Fachbereiche (z. B. Handapparate) zu erbringen. Andererseits schafft die Verbindlichkeit genügend Freiraum zum selbständigen und eigenverantwortlichen Arbeiten. Es kommt hinzu, dass die finanzielle Beteiligung von Fachbereichen an den Bibliotheksetats auch dazu beiträgt, das Interesse an dem guten „Funktionieren" der Bibliothek wachzuhalten.

Die Zielvereinbarungen Rechtswissenschaften und Wirtschaftswissenschaften an der Goethe-Universität

Die Bibliotheksstruktur an der Universität Frankfurt wurde jahrelang durch Mehrschichtigkeit geprägt. Neben der Zentralbibliothek mit öffentlichen als auch wissenschaftlichen Zielsetzungen gab es Fachbereichsbibliotheken, die nur von Universitätsangehörigen genutzt werden konnten, sowie zahlreiche Schwerpunkt- oder Abteilungsbibliotheken. Letztere entstanden aus den Literatursammlungen der Professuren, wurden bei entsprechender Größe sogar mit eigenem Personal betrieben und standen in der Regel nur dem Fachbereich zur Verfügung. Das Nebeneinander zeigte sich u. a. in verschiedenen EDV-Systemen, unterschiedlich guter technischer Unterstützung, unterschiedlich intensiver bibliothekarischer Betreuung und auch unterschiedlich intensiver Einbeziehung in die Fachbereichs- bzw. Zentralbibliotheksverwaltung. Diesem drei-schichtigen System steht nun einerseits die Verwaltungsreform andererseits das bauliche Bestreben der Universität Frankfurt, eine vollkommen neue Campus Struktur durch Neubauten auf dem Areal im Westend und in Niederursel zu schaffen, gegenüber. Für das Bibliothekssystem der Universität Frankfurt ergab sich dadurch die Möglichkeit, in drei Bauabschnitten eine effiziente Struktur zu entwickeln, die die Räumlichkeiten bereitstellte, um die Bestände der Fachbereichsbibliotheken und der weiteren, in den Fachbereichen vorhandenen Literatursammlungen aufzunehmen. Ziel war es, durch die Errichtung von Bereichsbibliotheken ein Bibliothekssystem der funktionalen Einschichtigkeit zu schaffen. Dieser Prozess konnte nur gelingen, in dem den Fachbereichen Zugang und Versorgung mit Informationen zugesichert wird und Etatfragen verbindlich festgelegt werden. Im Bibliothekssystem Frankfurt wurden daher mit allen Fachbereichen Zielvereinbarungen abgeschlossen. Verhandlungspartner sind die jeweiligen Dekane und der Direktor des Bibliothekssystems, wobei die Leitungen der Bereichsbibliotheken gemeinsam mit den Verantwortlichen in den Dekanaten die konkrete Ausarbeitung leisten. In der Praxis sieht dies so aus, dass zunächst zwischen dem Direktor des Bibliothekssystems und der Leitung der Bereichsbibliothek sowie dem Dekan ein Grundsatzgespräch geführt wird, indem die Eckpunkte einer Zielvereinbarung festgelegt werden. Danach werden auf Arbeitsebene die Details verhandelt und am Ende noch offene Punkte erneut in einem gemeinsamen Gespräch zwischen Dekan und Bibliotheksdirektor geklärt.

Die Zielvereinbarungen zwischen der Universitätsbibliothek sowie den Fachbereichen Rechtswissenschaft bzw. Wirtschaftswissenschaften – die hier beispielhaft für andere betrachtet werden – wurden erstmals 2005 abgeschlossen. Sie laufen jeweils drei Jahre. Da beide Fachbereichsbibliotheken einschließlich aller Institutsbibliotheken 2008 in der Bibliothek Recht und Wirtschaft zusammengeführt wurden, sind die Zielvereinbarungen nahezu gleich aufgebaut. Zunächst werden unter „Allgemeines" die Ziele der Vereinbarung, die Zielgruppen sowie die Aufgabe der Bibliothek festgehalten, in den folgenden Punkten dann der Zugang zur Bibliothek, Öffnungszeiten, Nutzung der Bibliotheksräume durch die Fachbereiche bzw. weitere universitäre und nicht universitäre Nutzer, die Mittelverwaltung, die Literaturversorgung im weiteren und engeren Sinn, bspw. die Zusammen- und Bereitstellung von Semester- oder Handapparaten und die Ausleihe geregelt. Die Bereitstellung von Zeitschriften, E-Medien und deren Verwaltung, insbesondere die Bindung von Abonnements an konsortiale Absprachen, bilden einen weiteren Abschnitt. Gesondert aufgeführt sind zudem die Dienstleistungen der Bibliothek hinsichtlich der Förderung von Informationskompetenz, der literaturbezogenen Tätigkeiten und der Verwaltung der bibliothekarischen Räumlichkeiten. Die dazu notwendige Personalausstattung wird vonseiten des Bibliothekssystems garantiert.

Abschließend werden der jährliche Mittelbedarf, grob untergliedert zwischen Monographien, Zeitschriften, E-Medien und studentischen Hilfskräften, sowie die Verteilung auf die Partner festgehalten. Dadurch ist geklärt, welchen Teil der Fachbereich und welchen Teil die Zentrale des Bibliothekssystems übernimmt. Ein wesentlicher Unterschied zwischen den Zielvereinbarungen beider Fachbereiche betrifft die Ausformulierungen im Bereich des Mittelbedarfs. Beide Fachbereiche unterscheiden sich deutlich im Nutzungsverhalten. Während der Fachbereich Rechtswissenschaften seinen Schwerpunkt auf gedruckte Medien legt, zieht der Fachbereich Wirtschaftswissenschaften die Nutzung digitaler Medien vor. Entsprechend unterschiedlich sind die jeweiligen Mittelansätze. Ergänzend zum Mitteldarf E-Medien sind die von den jeweiligen Fachbereichen gewünschten Datenbanken Teil der Vereinbarung, deren unterschiedlichsten Finanzierungsmodelle und Verlängerungsoptionen. Weiter können Zeitschriftenlisten Bestandteil der Zielvereinbarung sein.

Fazit: Vor- und Nachteile des dezentralen Bibliothekssystems der Goethe-Universität

Zunächst haben die dezentralen Bereichsbibliotheken die Effizienz erhöht, indem viele kleinere Einheiten zusammengefasst und gemeinsam verwaltet werden. Zur Bearbeitung und Bereitstellung von Informationen und Vermittlung von Informationskompetenz vor Ort brauchen die Bereichsbibliotheken jedoch entsprechend gut ausgebildetes Personal. Der Prozess hin zu einem System funktionaler Einschichtigkeit bedarf Umsicht in der Personalführung. Alle Beteiligten sowohl vor Ort in den dezentralen Bibliotheken als auch in der Zentrale müssen umdenken. Die Aufgabengebiete zwischen der zentralen Einrichtung und den Bereichsbibliotheken müssen neu definiert, Arbeitsabläufe neu generiert werden. Die internen Kommunikationsstrukturen müssen angepasst werden.

Das dezentrale Bibliothekssystem der Goethe-Universität holt die Nutzer dort ab, wo sie studieren. Die Studierenden finden die für ihr Studium notwendigen Informationen auf dem Campus in ihren Bereichsbibliotheken. Die Versorgung ist umfassend. Sie reicht von gedruckten Lehrbüchern in der Lehrbuchsammlung über digitale Bücher, über Zeitschriften in gedruckter und digitaler Form bis hin zu Spezialliteratur entsprechend den jeweiligen Schwerpunkten in den Fachbereichen. Synergien ergeben sich, in dem Fächercluster gebildet werden. Die Kommunikation mit den Fachbereichen ist direkt, man befindet sich im gleichen Haus, die Wege sind kurz. Die Ausstattung der dezentralen Bereichsbibliotheken mit Freihandbeständen, großzügigen Arbeitsplätzen und Gruppenarbeitsräumen entspricht den Anforderungen der Studierenden, die die Bibliothek nicht nur als Ort der Information ansehen, sondern zunehmend als Lernort nutzen.

Es darf aber auch nicht verkannt werden, dass die gewählte Form weniger wirtschaftlich ist als zum Beispiel eine vollständige Zentralisierung. Das Offenhalten einer Zentralbibliothek und mehrerer Bereichsbibliotheken erfordert z. B. deutlich mehr Personal. Auch ist das Risiko zur Ausbildung spezieller Eigenheiten im Vergleich zu einem vollständig zentralisierten Modell deutlich höher, wird jedoch durch den Einsatz einer in sich völlig homogenen IT-Infrastruktur reduziert. Letzteres ist in Frankfurt ab 2005 innerhalb von 2 Jahren vollständig gelungen.

Veit Probst, Rike Balzuweit
Dynamische Führung zahlt sich aus!
Effizienzgewinne bei der Reorganisation des Heidelberger Bibliothekssystems

Abstract: Der neuen Direktion der Universitätsbibliothek Heidelberg gelang 2003 der entscheidende Strukturschritt zur Reformierung des Bibliothekssystems: Die Überführung aller fachbibliothekarischen Stellen an die Universitätsbibliothek. Die auf 104 Standorte zersplitterte Bibliothekslandschaft wurde durch Integrationsmaßnahmen deutlich konzentriert. 35 der heute noch 64 dezentralen Standorte sind in acht Verwaltungsverbünden organisatorisch zusammengefasst. Die UB führte die wirtschafts- und sozialwissenschaftlichen Bibliotheken 2009 in der Campusbibliothek Bergheim auch baulich zusammen. Die Integration der theologischen Bibliotheken im sanierten Wissenschaftlich-Theologischen Seminar folgte 2012. Zwei Neubauprojekte, das Asienzentrum CATS und das Mathematikon, befördern weitere Konsolidierungsprozesse in den nächsten fünf Jahren.

Dass 40 Standorte aufgelöst und universitäre Raumressourcen im Umfang von 1.700 m² im Zuge von Bestandsbereinigungen freigestellt werden konnten, dokumentiert die Effizienz der Führung des Heidelberger Bibliothekssystems aus einer Hand. Die Vereinheitlichung der Geschäftsprozesse erzielte vergleichbare Erfolge beim Personaleinsatz. Trotz Aufgabenzuwachses werden dezentral nur noch 48 Stellen benötigt, elf der vor der Überführung eingesetzten 59 Stellen konnte die UB-Direktion zum Aufbau neuer zentraler Dienstleistungen nutzen, von denen auch die Institute stark profitieren, etwa für die E-Journals-Redaktion und das Digitalisierungszentrum. Auf diese Weise tragen die Effizienzgewinne des Heidelberger Bibliothekssystems den Medienwandel aktiv mit.

Durch den dynamischen Heidelberger Führungsstil mit bewusst regem Personalaustausch zwischen der Universitätsbibliothek und den dezentralen Bibliotheken ist es gelungen, die einstige Kluft zwischen zentral und dezentral eingesetzten Bibliothekaren zu überbrücken und eine neue Kultur der gegenseitigen Anerkennung zu schaffen.

Keywords: Bereichsbibliothek, Lokalsystem, Medizinbibliotheken, Personalführung, Personalaustausch, Qualifizierung, Regensburger Verbundklassifikation/RVK, Reorganisation, Verwaltungsordnung, Verwaltungsverbund, Zusammenlegung

Dezentrales Bibliothekspersonal im Stellenplan der UB

Im Jahr 2003 gelang der neuen Direktion der Universitätsbibliothek Heidelberg der Durchbruch:

Auf ihre Anregung hin beschlossen Rektorat und Senat der Ruprecht-Karls-Universität zum 1. April 2003 die Überführung aller fachbibliothekarischen Stellen der Universität in den Stellenplan der Universitätsbibliothek. Mit diesem Schritt wurde dem UB-Direktor neben der Fachaufsicht auch die Dienstaufsicht über die dezentral tätigen Bibliothekare übertragen. Die damit einhergehende Weisungsbefugnis ermöglichte erstmals den Durchgriff auf das gesamte fachbibliothekarische Personal der Universität und ist als Startschuss für die Reformierung des Heidelberger Bibliothekssystems zu werten.

Diesem entscheidenden Strukturschritt vorangegangen waren jahrelange Verhandlungen. Im Jahr 2000 novellierte das Ministerium für Wissenschaft, Forschung und Kunst Baden-Württemberg das bis dato geltende Universitätsgesetz (UG). Die Neufassung des UG[1] zum 1. Februar 2000 schuf für die universitären Bibliotheken des Landes eine Rechtsgrundlage mit drei wesentlichen Neuerungen. In § 30 UG Bibliothekswesen wurde vorgeschlagen, den Direktor der Universitätsbibliothek zum „Vorgesetzte[n] aller Mitarbeiter des Bibliothekssystems" zu ernennen. Eine Kann-Regelung sah die Bildung eines Ausschusses für das Bibliothekssystem vor. Zum dritten war „für das Bibliothekssystem [...] eine Verwaltungsordnung zu erlassen".

Personaldisposition schafft Handlungsspielräume

Um die angestrebte Reform des Heidelberger Bibliothekssystems operativ umzusetzen, entwickelte die Universitätsbibliothek eine neue Verwaltungsordnung (VO)[2], die vom Senat ein Jahr nach der Stellenüberführung, am 23. März 2004, erlassen wurde. Diese Verwaltungsordnung löste die fast drei Jahrzehnte alte Vorgängerordnung vom 8. Juli 1976 ab und formulierte den § 30 UG für die Heidelberger Verhältnisse aus. Der aus Reformgesichtspunkten wichtigste Passus regelt den Personaleinsatz. In § 4 VO wird festgelegt, dass „die dezentralen Fachbibliotheken [...] insbesondere hinsichtlich des Personaleinsatzes und der Praxis der Medienbearbeitung (Medienbeschaffung und -erschließung) dem Organisations- und Weisungsrecht des Direktors des Biblio-

---

[1] Gesetz über die Universitäten im Lande Baden-Württemberg (Universitätsgesetz – UG) in der Fassung vom 1. Februar 2000. (01. 02 2000). http://beck-online.beck.de/default.aspx?bcid=Y-100-G-BWUG (22. 10.2013).
[2] Verwaltungsordnung für das Bibliothekssystem der Universität Heidelberg. (23.03.2004). http://www.ub.uni-heidelberg.de/allg/profil/jurbasics/Verwaltungsordnung_2003.pdf (22. 10.2013).

thekssystems" unterstehen. Die feste Zuordnung von Personalstellen zu einzelnen Instituten wird aufgehoben, um den ungleichmäßigen Personaleinsatz innerhalb des Systems ausgleichen zu können. Auf die Überführung des festen Aufsichtspersonals wie der wissenschaftlichen Hilfskräfte verzichtete die UB angesichts der damals 104 Standorte. Zur organisatorischen Eingliederung gründete die Universitätsbibliothek eine Abteilung „Dezentrale Bibliotheken". Deren Leitung wurde bei der stellvertretenden Direktion angesiedelt, um den Reformprozess mit hoher Priorität voranzutreiben.

Eines hat die Universitätsbibliothek bewusst nicht getan: Sie hat kein zentrales Konzept erstellt, kein Grundsatzpapier, das im großen Wurf die Ziele der Reorganisation beschreibt. Große Konzeptpapiere skizzieren gebündelt große Veränderungsschritte und bergen die Gefahr, dass sich auf breiter Front Widerstand formiert. Daher ist das Heidelberger Modell ein Modell der kleinen Schritte, des proaktiven Handelns, des pragmatischen Einspringens bei Versorgungslücken in der bibliothekarischen Versorgung – und einer dynamischen Personalführung.

Personalabbau trotz Aufgabenzuwachs

Die Dispositionsfreiheit ermöglichte einen dynamischen und effizienten Personaleinsatz, der das Heidelberger Bibliothekssystem bis heute auszeichnet. Waren 2002, vor der Stellenüberführung, noch 59 Stellen an 104 Standorten dezentral gebunden, so sind es heute[3] – die zentralen Managementaufgaben einschließlich der Abteilungsleitung mit 2,10 Stellen eingerechnet – nur noch knapp 48 Stellen an 64 Standorten.[4] Die UB schmolz elf Stellen oder fast 20 % des dezentralen Personalpools systematisch ab und nutzte die freigesetzten Kapazitäten zum Aufbau neuer Dienstleistungen, etwa für die zentrale E-Journals-Redaktion und das Digitalisierungszentrum. Auf diese Weise trägt die Reformierung des Heidelberger Bibliothekssystems den Medienwandel aktiv mit. Auch die Institute profitieren von der Reorganisationsleistung der Universitätsbibliothek. 2001 waren rund 19 Vollzeitäquivalente (VZÄ) an wissenschaftlichen Hilfskräften dezentral zur Aufsichtsführung und für einfache bibliothekarische Arbeiten nach Anweisung eingesetzt, heute sind es elf VZÄ, dies entspricht einer Einsparung von 42 %.

Die Rationalisierungseffekte sind umso bemerkenswerter, als die UB sukzessive neue Aufgaben übernommen hat. So versorgt sie seit 2007 die Exzellenzeinrichtungen der Universität, insbesondere den Cluster „Asia and Europe in a Global Context".

---

3 Alle Zahlen mit Stand 31.12.2012.
4 Eingerechnet sind hier die 2,25 Stellen des Serviceteams Medizin, das 2011 aus der Abteilung Dezentrale Bibliotheken ausgegliedert und die an naturwissenschaftliche Zweigstelle der Universitätsbibliothek angegliedert wurde. Nicht eingerechnet sind 2,25 Projekt-Stellen der Bereichsbibliothek Ostasienwissenschaften, die von der Abteilung im Rahmen der DFG-Förderlinie „Herausragende Forschungsbibliotheken" eingeworben wurden und 2014 auslaufen.

Auch das 2005 gegründete „Zentrum für Astronomie Heidelberg (ZAH)" und der 2011 eingeworbene DFG-Sonderforschungsbereich 933 „Materiale Textkulturen" werden fachbibliothekarisch betreut.

Reorganisation der medizinischen Bibliotheken

Ihre größte Herausforderung im Bereich der dezentralen Bibliotheken stellte sich die UB 2005 mit der Übernahme der medizinischen Bibliotheken. Unter den 104 Bibliotheksstandorten 2002 waren allein 36 Instituts- und Klinikbibliotheken der Medizinischen Fakultät Heidelberg. Anlässlich einer Stellenausschreibung der Fakultät 2004 bot die UB der Fakultät die Übernahme sämtlicher fachbibliothekarischer Aufgaben an. Die Fakultät konnte davon überzeugt werden, zum Aufbau eines zentralen Serviceteams Medizin 4,5 Stellen an die UB abzugeben. Eine Evaluierung der zumeist nebenamtlich durch Assistenzärzte und Sekretariate betreuten Bibliotheken brachte desolate Strukturen zum Vorschein: Museal anmutende Räumlichkeiten, fehlende EDV-Ausstattung, unzulängliche Arbeitsplätze, stapelweise originalverpackte Zeitschriftenhefte. Nach Abschluss der Reorganisation sind von 36 Bibliotheken noch 24 Standorte verblieben, die ganz überwiegend nur noch Handapparatecharakter haben. Das Serviceteam Medizin wurde 2011 aus der Abteilung Dezentrale Bibliotheken ausgegliedert und an die naturwissenschaftliche Zweigstelle der Universitätsbibliothek angeschlossen, die inmitten der medizinischen Institute und Kliniken liegt, und damit für die schnelle Literaturversorgung der medizinischen Einrichtungen bestens gerüstet ist.

Gegenseitige Anerkennung durch Aufgabenwechsel und Qualifizierung

Durchschnittlich 22 Personalbewegungen vollzieht die Abteilungsleitung im Jahr. Ist eine Institutsstelle vakant, wird diese nur bei einem sehr speziellen Anforderungsprofil (z. B. Beherrschung asiatischer Sprachen) mit einem/einer neu eingestellten BibliothekarIn besetzt. Üblich ist vielmehr, dass ein erfahrener Mitarbeiter, der bereits an der UB oder im Bibliothekssystem tätig war, diese Stelle einnimmt: Geschult in den EDV-Systemen (SWB-PICA als Verbundsystem, SISIS-Sunrise als Lokalsystem), routiniert in den standardisierten Geschäftsgängen, vor allem aber vernetzt im Kollegium und geprägt vom Arbeitsethos der UB Heidelberg. Wünscht ein/eine UB-BibliothekarIn eine neue berufliche Herausforderung, wechselt sie häufig ins Bibliothekssystem und vice versa.

Nicht immer ist der Wechsel an ein Institut oder von einem Institut an die UB willkommen, die betroffene BibliothekarIn kommt im Nachhinein aber fast immer zu einer positiven Bewertung der neuen Anforderungen. Dies belegt den wichtigsten Effekt der dynamischen Personalführung[5], die Einübung des Perspektivenwechsels. Er zeichnet sich durch die Fähigkeit aus, Distanz zu eigenen vertrauten Aufgabenfeldern zu gewinnen, verbunden mit der Bereitschaft, offen auf neue unbekannte Aufgaben zuzugehen. Ergänzt wird das Heidelberger Führungsprinzip durch weit gefasste Vertretungsregelungen. Nicht nur Mitarbeiter der internen Abteilungen, sondern auch Mitarbeiter der Institute leisten Vertretungsdienste in den Benutzungsabteilungen der Universitätsbibliothek.

Gab es vor der Zusammenführung der fachbibliothekarischen Stellen gewisse Vorbehalte[6], so bewerten die Bibliothekare die Anforderungsprofile der verschiedenen Einsatzorte inzwischen differenzierter. Die Linientätigkeit in einer UB-Abteilung erfordert vertiefte Fachkenntnisse, der Einsatz an einer Schlüsselstelle der UB verlangt eine hohe Spezialkompetenz. Zur Führung einer Institutsbibliothek ist ein breites Fachwissen erforderlich, beim Umgang mit den Institutsvertretern diplomatisches Geschick unverzichtbar. Besonders bewährt haben sich geteilte Stellen zwischen einer Institutsbibliothek und dem Haupthaus. In solchen Konstellationen treten Loyalitätskonflikte wesentlich seltener auf. Die tägliche Anbindung an die UB erleichtert die Abstimmung von Institutsangelegenheiten mit den Usancen der Universitätsbibliothek.

Gibt es Qualifizierungsbedarf einzelner Bibliothekare, fehlt etwa die RVK-Kompetenz oder ist eine Auffrischung der Kenntnisse in der Monografienerwerbung nötig, schaltet sich die Hauptsachbearbeitung der Abteilung „Dezentrale Bibliotheken" ein. Sie ist die zentrale Schnittstelle zwischen den Dezentralen Bibliotheken und der Universitätsbibliothek. Idealerweise besitzt sie selbst vertiefte Kenntnisse in allen fachbibliothekarischen Fragen und greift nur bei Spezialfragen auf die Expertise der UB-Abteilungen zurück. Bei Übernahme der dezentralen Bibliotheken wurden alle Fachfragen zunächst innerhalb der Abteilung geklärt. Ein eigens zusammengestelltes Expertenteam – für die Katalogisierung, bei Erwerbungsfragen, für Probleme bei der Zeitschriftenverwaltung sowie eine IT-Hotline – stand für Auskünfte zur Verfügung.[7] Zunächst speiste jede UB-Fachabteilung mit einem kleinen Stellenanteil die Abtei-

---

5 Zum Konzept der dynamischen Führung siehe z. B. Aldinger, Lothar u. Rainer Kämpf: Führung in dynamischem Umfeld: Ansätze für ein robustes Management. Stuttgart: Kohlhammer 2011; Unternehmensführung: State of the art und Entwicklungsperspektiven. Hrsg. von Katharina Anna Kaltenbrunner u. Sabine Umik. München: Oldenbourg 2012.
6 Vgl. Boeckh, Dorothee: Change Management: Die Novellierung des baden-württembergischen Universitätsgesetzes verändert die Bibliothekssysteme: Strukturwandel im Bibliothekssystem der Universität Heidelberg. Masterarbeit. Heidelberg 2003. http://opus.bsz-bw.de/hdms/volltexte/2004/351/ (22. 10 2013).
7 Siehe dazu: Bonte, Achim: Zweischichtige Hochschulbibliothekssysteme am Scheideweg: Das Beispiel Heidelberg. Zeitschrift für Bibliothekswesen und Bibliographie (2001) H. 5. S. 256–263.

lung Dezentrale Bibliotheken. Diese Organisationsstruktur ist inzwischen aufgelöst. Es ist selbstverständlich geworden, dass alle UB-Abteilungen die dezentral tätigen Bibliothekare beraten und unterstützen.

Transparente Strukturen durch einheitliche Geschäftsgänge

Ein zweiter zentraler Passus der Verwaltungsordnung erklärt die UB zum „Kompetenz- und Steuerungszentrum für alle bibliothekarischen Geschäftsprozesse in der Universität". Auf der Basis dieses Auftrages vollzog die UB drei wesentliche Strukturschritte.

Erstens füllt jede Institutsbibliothek einen jährlichen Statistikbogen aus. Die Einzelbögen geben dem Bibliothekar vor Ort wie der Abteilungsleitung einen Überblick über das Arbeitsaufkommen und die Ressourcenlage einer Bibliothek. Darüber hinaus sind sie hilfreich bei Strategiefragen zur Bau- und Entwicklungsplanung. In der Gesamtbetrachtung bilden die Bögen die Basis für den alljährlichen Statistik-Workshop, bei dem die Abteilung auf das Vorjahr zurückblickt und die gemeinsamen Ziele für das neue Jahr festlegt. Die Daten zeigen auch Entwicklungstendenzen an den dezentralen Standorten, die neue Aufgabenfelder eröffnen. So dokumentiert der Rückgang des Print-Erwerbungsgeschäftes um 20.000 Bände seit 2009, dies entspricht einem Drittel des dezentralen Volumens, freie Kapazitäten. Diese konnten für den Aufbau der neuen Universitätsbibliographie HeiBIB genutzt werden, die in anderthalb Jahren mit rund 22.000 Publikationseinträgen bestückt wurde.[8]

Der zweite wichtige Schritt war die Einführung eines einheitlichen Erwerbungssystems. Nach der Startphase 2003 mit zunächst vier Pilotanwendern war SISIS-Sunrise 2007 fast flächendeckend eingeführt. Und mit der Unicode-Fähigkeit des Systems ab Version 4.0 gliederte die UB 2011 schlussendlich auch die Geschäftsgänge der Ostasienbibliotheken mit ihren nicht-lateinischen Schriftzeichen in die bibliothekarischen Standardstrukturen ein. Das Erwerbungssystem erlaubte erstmals eine transparente Etatbewirtschaftung. Die EDV-gestützte Haushaltsüberwachung ermöglicht regelmäßige Etatberichte an einzelne Institutsverantwortliche ebenso wie die Beobachtung der allgemeinen Tendenz dezentraler Investitionen in die Literatur- und Sachmittelbeschaffung.

Der dritte Pfeiler bei der Durchdringung der dezentralen Strukturen ist ein campusweites Retrokonversionsprojekt, bei dem die Abteilung bis zu 45 Projekte auf dem Campus zeitgleich steuerte. Schon in der Planungsphase entwickelten sich gute Kontakte zu den Institutsvertretern, die für die Finanzierung der wissenschaftlichen

---

[8] Heidelberger Universitätsbibliographie. (kein Datum). http://www.ub.uni-heidelberg.de/helios/kataloge/heibib/ (23.10.2013).

Hilfskräfte zu gewinnen waren. Ergänzend zum Hilfskrafteinsatz für die einfache Retrokonversion in Form von Lokalansigelungen sorgt die UB für die Koordination und die Nacharbeitung bei komplizierteren Katalogisaten. Heute sind die Bestände von 45 Bibliotheken vollständig nachgewiesen, insgesamt 1,2 Mio., also 120.000 Retrokatalogisate pro Jahr, wurden seit Projektbeginn 2003 erfasst.

Regelmäßige Berichte an die Institute über den Projektverlauf haben zu einem regen Austausch zwischen den Institutsvertretern und der UB geführt. An die Retroprojekte anknüpfend wird die Expertise der UB auch bei anderen fachbibliothekarischen Fragen hinzugezogen, etwa bei Bauvorhaben, Erneuerung der Ausstattung oder bei Interesse an der Vermittlung von Informationskompetenz.

Bereichsbibliotheken – virtuelle Verbünde und bauliche Integration

In § 1 VO bekennt sich die Universität zur „funktionalen Einschichtigkeit", insbesondere um die „ausgeprägte Zersplitterung der universitären Bibliothekslandschaft" zu überwinden. Der hohe Raumdruck der Universität soll gemindert werden, indem „dezentrale Fachbibliotheken organisatorisch und verwaltungstechnisch zu dezentralen Fachbereichsbibliotheken zusammengefasst sowie nach Möglichkeit auch räumlich integriert" werden.

Bereits 2001 hatte die UB die heutige Zentrumsstruktur der Heidelberger Altertumswissenschaften mit der Gründung eines virtuellen Verwaltungsverbunds der vier fachverwandten Bibliotheken vorweggenommen. Die altertumswissenschaftlichen Bibliotheken verfügten damals über keinerlei fachbibliothekarische Versorgung. In Vorleistung stellte die UB eine Diplomstelle bereit und schuf mit dieser Initiative ein Exempel für die künftige Entwicklung des Bibliothekssystems.[9] Heute sind 35 Institutsbibliotheken in acht Bereichsbibliotheken zusammengefasst. [„Integriert" suggeriert räumliche Integration, diese liegt aber nicht in allen Fällen vor.]

Bei zwei Neugründungen gelang auch die bauliche Zusammenführung. Die drei Institutsbibliotheken der Wirtschafts- und Sozialwissenschaften wurden 2009 im Campus Bergheim in einem ehemaligen Klinikgebäude zusammengelegt.[10] Die vier Bibliotheken der Theologischen Fakultät führte die UB 2012 unter Einbeziehung einer Tiefgarage im Gebäude des Wissenschaftlich-Theologischen Seminars zusammen. Eine dritte Bereichsbibliothek ragt aus der Riege der Neugründungen heraus: Für die Reorganisation der ostasienwissenschaftlichen Bibliotheken warb die UB 2011 ein

---
9 Vgl. Bonte, Achim: Tradition ist kein Argument: Das Bibliothekssystem der Universität Heidelberg auf dem Weg zur funktionalen Einschichtigkeit. In: Zeitschrift für Bibliothekswesen und Bibliographie (2002) H. 5/6. S. 299–305.
10 Vgl. dazu den Beitrag von Marion Krüger in diesem Band.

DFG-Projekt der Förderlinie „Herausragende Forschungsbibliotheken" ein. Hier ist die auf neun Nachweisinstrumente verteilte Kataloglandschaft in die bibliothekarischen Standardstrukturen zu überführen. Die Umstellung auf das einheitliche Signaturensystem der Library of Congress Classification bereitet die geplante Integration der Asienbibliotheken im „Center for Asian and Transcultural Studies (CATS)"[11] vor, das als Forschungsbau nach Art. 91b Grundgesetz (GG) im Heidelberger Stadtteil Bergheim konzipiert ist. Mit der Planung des Mathematikon[12], für das die Universität die Klaus Tschira Stiftung als Mäzen gewonnen hat, wird eine weitere bauliche Integration vorbereitet. Die gegenwärtig auf vier Gebäude verteilte Bereichsbibliothek Mathematik und Informatik soll in den Neubau überführt werden.

Durch diese Konzentrationsprozesse reduzierte die UB die ehemals 104 Bibliotheken (2002) binnen zehn Jahren um fast 40 % auf 64 Standorte. Begleitend bereinigte die Abteilung den dezentralen Bestand. Rund 307.000 entbehrliche und dublette Bände konnten ausgesondert werden, bei 3,03 Mio. Bänden dezentralem Gesamtbestand sind dies gut 10 %. Geht man von einem Flächenbedarf von 5,4 m² pro 1.000 Bände[13] aus, stellte die UB allein durch Bestandsbereinigungen universitäre Raumressourcen im Volumen von fast 1.700 m² frei.

Einheitlichkeit schafft Gemeinsamkeit

Veraltete proprietäre Signaturensysteme führten bei den ersten Bestandsrevisionen nach den großen Retrokonversionsprojekten zu Problemen. Mehrdeutigkeiten und Doppelvergaben von Signaturen, Sonderzeichen, hochgestellte Zahlen etc. sind Merkmale der mangelnden Tauglichkeit dieser Systeme, maschinell erzeugte Revisionslisten mussten aufwändig manuell nachbereitet werden, der Einsatz von Normierungsprogrammen scheiterte. Daher entschied die UB, bei massiven Unzulänglichkeiten von Signaturensystemen, aber auch bei allen anstehenden großen Umstrukturierungen, Integrations- und Bauprojekten, die Regensburger Verbundklassifikation (RVK) als Standardsystem einzuführen. Heute gibt es 23 RVK-Bibliotheken auf dem Heidelberger Campus, 428.000 Bände sind mit einer RVK-Signatur versehen, dies entspricht 14 % des dezentralen Gesamtbestands.

Im Bereich der Buchbindearbeiten arbeiteten die dezentralen Bibliotheken in der Vergangenheit völlig unkoordiniert mit über 50 verschiedenen Buchbindern und Kopierdienstleistern zusammen, die verabredeten Preise wichen bis zu 100 % vonein-

---

[11] Neues Centre for Asian and Transcultural Studies an der Universität Heidelberg. Pressemitteilung Nr. 148/2013, 2013.
[12] Ein neues Haus für die Mathematik und Informatik. Pressemitteilung, 2012.
[13] Flächenfaktoren nach: Vogel, Bernd u. Silke Cordes: Bibliotheken an Universitäten und Fachhochschulen: Organisation und Ressourcenplanung. Hannover: HIS Hochschul-Informations-System 2005 (Hochschulplanung 179). http://www.his.de/pdf/pub_hp/hp179.pdf (28.10.2013).

ander ab. Die Unwirtschaftlichkeit dieser Geschäftsbeziehungen wurde auch von der Universitätsverwaltung bemängelt. So entschloss sich die UB zu einer campusweiten Buchbinderausschreibung, die ab 2005 zunächst nur für das Bindegut der Zeitschriften erprobt wurde. Im dritten Vergabeverfahren 2010 wurden die Monografien als Bindegut einbezogen, die allerdings maßgeblich bei der UB und weniger in den Instituten anfallen. Trotz nicht unerheblicher Kostensteigerungen stellte die UB bei diesem Rahmenvertrag auch auf den ausschließlichen Einsatz alterungsbeständiger Materialien und Hilfsstoffe um.

Zur Deregulierung der Verwaltung regte der Senat 2008 an, eine campusweit einheitliche Rahmenbenutzungsordnung[14] zu verfassen, die am 15.9.2009 in Kraft trat. Individuelle Ausführungsbestimmungen geben den Instituten einen gewissen Spielraum, um Besonderheiten bei Zugänglichkeit und Ausleihe zu regeln.

Diese drei Strukturschritte – Einführung der RVK, campusweite Buchbindeausschreibung und Rahmenbenutzungsordnung – führten zu einer noch besseren Durchdringung der dezentralen Geschäftsprozesse und beförderten das Prinzip der dynamischen Führung: Personalwechsel und Vertretungen sind wesentlich einfacher zu organisieren in einem System, das nach solchen Standards funktioniert.

Die Verbesserung der Dienstleistungsqualität zeigt sich besonders deutlich auch im Schulungsbetrieb. Gab es vor der Übernahme der Stellen durch die UB nur an wenigen Standorten ein Angebot an Bibliotheksführungen, findet man heute unter der Leitung des UB-Referates für Schulungs- und Informationskompetenz (RSI) ein modular aufgebautes Schulungssystem, das mit einer Kombination aus virtuellen und Präsenzangeboten alle Lernwilligen ansprechen will, ob sie sich zu Hause am Bildschirm oder vor Ort informieren wollen. Unterstützt von UB-Bibliothekaren finden an den Instituten rund 200 Schulungen pro Jahr mit über 4.000 Teilnehmern statt. Dies ist die wichtigste Investition in die Zukunft der dezentralen Standorte.

Stark in die Zukunft – mit Aufenthaltsqualität und Informationskompetenz

Haben dezentrale Bibliotheken eine Zukunft? Als Bücherhort hat die Bibliothek in den Lebenswissenschaften bereits ausgedient, auch andere angewandte Wissenschaften tendieren in diese Richtung. Je höher die Affinität des potentiellen Bibliotheksbenutzers zum E-Medium, desto entbehrlicher ist die Bibliothek als Ort. Und je knapper die universitären Raumressourcen, desto kritischer beäugen die Baustrategen potentielle Büroflächen, die durch Zeitschriftenbände belegt sind, deren elektronische Variante längst als DFG-Nationallizenz mit gesicherten Archivrechten zur Verfügung steht.

---

14 Benutzungsordnung des Bibliothekssystems der Universität Heidelberg. (15.12 2009). http://www.ub.uni-heidelberg.de/allg/profil/jurbasics/ordnung.html (22.10.2013).

In der Fakultät für Biowissenschaften der Universität Heidelberg gibt es praktisch keine öffentlich zugängliche Bibliothek mehr, nur einige Handapparate. Die neue wirtschafts- und sozialwissenschaftliche Bereichsbibliothek des Campus Bergheim ist dagegen ständig überfüllt. In ihren schönen neuen Räumlichkeiten lernen und arbeiten nicht nur Geistes- und Sozialwissenschaftler, sondern auch Studierende der Medizin und Naturwissenschaften.

Zwei Komponenten sichern die Zukunft einer Bibliothek: Eine hohe Aufenthaltsqualität und ein attraktives Dienstleistungsangebot. Die Universität braucht Orte, an denen gute Arbeitsbedingungen herrschen und an denen Bibliothekare die sich wandelnden Informationsbedürfnisse von Wissenschaftlern und Studierenden erkennen und erfüllen. Eine dynamische Personalführung, die die Bibliothekare in ihrer persönlichen wie fachlichen Entwicklung fördert, aber auch fordert, trägt maßgeblich dazu bei, solche Orte zu schaffen.

Roland Greubel
Literatur- und Informationsversorgung an einer Hochschule für angewandte Wissenschaften mit mehreren Standorten

Das Beispiel Würzburg-Schweinfurt

Abstract: Der Beitrag befasst sich mit der Literatur- und Informationsversorgung in einem örtlich weit verzweigten Hochschul- und Bibliothekssystem. Die Bibliothek der Hochschule Würzburg-Schweinfurt (FHWS) bedient ihre Studierenden und Lehrenden an zwei ca. 40 km auseinanderliegenden Standorten in zwei Zentralbibliotheken und drei Teilbibliotheken. Das Informationssystem InfoGuide (SISIS) umfasst darüber hinaus die Bestände und Lizenzdaten der Hochschulbibliotheken in Aschaffenburg und Coburg, sowie der staatlichen Hofbibliothek in Aschaffenburg. Für diese insgesamt vier Einrichtungen sind fünf Zweigstellen im IT-System konfiguriert. Durch die wechselseitige Bestellmöglichkeit sind eine optimale Nutzung der Bestände und eine für alle Nutzer möglichst gute Versorgung gewährleistet. Darüber hinaus nutzt die FHWS-Bibliothek für den Austausch und die Übermittlung von Informationen zunehmend moderne elektronische Kommunikationskanäle, insbesondere Social-Media-Dienste.

Keywords: Bayern, Hochschule Würzburg-Schweinfurt, FHWS, Literaturversorgung, Informationsversorgung, Aschaffenburg, Hofbibliothek Coburg, InfoGuide, Web 2.0

Historischer Abriss

Die Hochschule Würzburg-Schweinfurt (FHWS) ist aus mehreren Vorläufereinrichtungen entstanden, deren Ursprünge bis in das Jahr 1833 zurückreichen.[1] Das Balthasar-Neumann-Polytechnikum des Bezirks Unterfranken, das im Jahre 1963 auf die Standorte Würzburg und Schweinfurt aufgeteilt wurde, die Städtische Höhere Wirtschaftsfachschule und die Werkkunstschule der Stadt Würzburg wurden 1971 per Gesetz[2] zur Fachhochschule Würzburg-Schweinfurt zusammengefasst. An beiden Standorten wurden zur Literaturversorgung Bibliotheken eingerichtet, die zunächst

---
[1] S. a. Greubel, Roland: Die Fachhochschulbibliothek Würzburg-Schweinfurt. In: Bibliotheksforum Bayern (1991) H. 2. S. 187–201.
[2] Bayerisches Fachhochschulgesetz (FHG) vom 27.10.1970. BayGVBl (1970). S. 481–494.

nebenamtlich von Professoren geleitet wurden. Erst im Jahre 1977 wurde Bibliothekspersonal eingestellt, und es konnte mit der Erwerbung, Erschließung und Nutzung nach bibliothekarischen Gesichtspunkten begonnen werden.

Im Zuge der Neugründungen von weiteren Fachhochschulen in Bayern wurde am 1. Mai 1994 eine weitere Abteilung der Fachhochschule in Aschaffenburg gegründet.[3] Die bestehenden Bibliotheken in Würzburg und Schweinfurt leisteten wertvolle Aufbauarbeit, so dass die ersten Studierenden schon bei Aufnahme ihres Studiums einen Grundbestand an Grundlagen- und Einführungsliteratur in einem Bibliotheks-Provisorium vorfanden. Die Bibliothek der Abteilung Aschaffenburg wurde in der Folgezeit nach den damals gültigen Richtlinien, insbesondere des DIN-Fachberichts 13[4], in einem sanierten Gebäude einer ehemaligen Kaserne geplant und verwirklicht. Nach knapp sieben Jahren, von 1994 bis 2000, in denen die Hochschule den Namen „Fachhochschule Würzburg-Schweinfurt-Aschaffenburg" trug, wurde am 1. Oktober 2000 die Abteilung Aschaffenburg selbstständige Hochschule. Die Bibliotheken pflegen seit dieser Zeit eine enge Zusammenarbeit, hauptsächlich im Bereich des lokalen Bibliotheks-IT-Systems.

Das lokale Bibliotheks-IT-System Würzburg-Schweinfurt-Aschaffenburg-Coburg (WÜ-SW-AB-CO)

Auf der Grundlage eines Rahmenplanes[5] wurde Ende der 1980er Jahre in Bayern das Projekt SOKRATES (System für Online-Katalog-Recherche, Ausleihe, Telekommunikation, Erwerbung und Katalogisierung von Schrifttum) aus der Taufe gehoben. Alle Hochschulbibliotheken erhielten in den Folgejahren lokale Bibliothekssysteme, die den gesamten Bestand nachweisen sollten. Sukzessive wurden die Bestände der Hochschulbibliothek in Würzburg und Schweinfurt online erfasst und über das neue Bibliothekssystem recherchierbar und zugänglich gemacht. Die erworbenen Medien der neuen Abteilung Aschaffenburg wurden sofort in das IT-System eingepflegt.

So entstand entsprechend den drei Standorten der Hochschule das erste lokale Bibliothekssystem in Bayern mit voller Zweigstellenfunktionalität. Zu dem Zweck sind im Laufe der Zeit viele Parameter gesetzt worden, damit Erwerbungs- und Nutzungsfunktionalitäten des Online-Systems zweigstellenabhängig möglich sind. Das

---

[3] Gesetz über die Errichtung der Fachhochschulen Amberg-Weiden, Deggendorf, Hof und Ingolstadt sowie der Abteilungen Aschaffenburg der Fachhochschule Würzburg-Schweinfurt und Neu-Ulm der Fachhochschule Kempten vom 28.04.1994. BayGVBl (1994). S. 292–293.

[4] Fuhlrott, Rolf: Bau- und Nutzungsplanung von wissenschaftlichen Bibliotheken. Berlin 1988. (DIN-Fachbericht 13).

[5] Rahmenplan für den künftigen Einsatz der Datenverarbeitung im Bereich der staatlichen Bibliotheken. München, 1987.

System ist daher bis heute sehr komplex, und bei jeder Änderung eines Parameters müssen die Auswirkungen berücksichtigt werden.

Auch nachdem die Abteilung Aschaffenburg selbstständige Hochschule wurde, entwickelte sich die Zusammenarbeit im Bibliotheksbereich weiter. Das gemeinsame IT-System wurde weitergeführt und – nach Ausgliederung aus dem Siemens-Konzern – nach der neu gegründeten Firma SISIS genannt.

In Aschaffenburg gibt es eine weitere wissenschaftliche Bibliothek – die staatliche Hofbibliothek. Es lag nahe, die Bestände der wissenschaftlichen Bibliotheken Aschaffenburgs in einem einzigen System nachzuweisen, und so wurden die Daten der Hofbibliothek in das lokale Bibliothekssystem WÜ-SW-AB-CO eingespielt. Im Jahre 2000 begab sich die Bibliothek der Hochschule Coburg auf die Suche nach einem Kooperationspartner. Da die Hochschulbibliothek Würzburg-Schweinfurt-Aschaffenburg inzwischen viel Erfahrung mit ihrem Zweigstellensystem gesammelt hatte, hat sich die Hochschule Coburg für einen Beitritt entschieden. Die Daten der Hochschulbibliothek wurden ebenso eingespielt, so dass heute das lokale System aus insgesamt fünf Zweigstellen an vier Orten besteht. Die Kooperation WÜ-SW-AB-CO wurde durch ein Abkommen, das die jeweiligen Hochschulleitungen und die Bayerische Staatsbibliothek unterzeichnet haben, untermauert.

Literatur- und Informationsversorgung im System Würzburg-Schweinfurt-Aschaffenburg-Coburg

Im Online-Katalog des gemeinsamen IT-Systems, der zwischenzeitlich in „InfoGuide" umbenannt wurde, sind alle gedruckten und alle OnlineRessourcen, die sich im Bestand der beteiligten Bibliotheken befinden bzw. die von ihnen lizenziert wurden, nachgewiesen. Für jeden Nutzer ist ersichtlich, an welchem Standort die Literatur vorhanden ist.

Gedruckte Literatur und sonstige physisch vorhandene Medien auf Datenträgern können mittels Zweigstellenbestellung vom Nutzer direkt bei einer anderen Zweigstelle bestellt werden. Falls Medien gerade ausgeliehen sind, sind auch zweigstellenübergreifende Vormerkungen möglich. Dies ist als systeminterne Fernleihe anzusehen und verfälscht die eigentliche Fernleihstatistik, da ein großer Anteil der Nutzerwünsche systemintern erledigt werden kann. So werden die Bestände im System WÜ-SW-AB-CO stark genutzt, zumal sie sich aufgrund gleicher oder ähnlicher Studiengänge optimal ergänzen. Die Zweigstellenbestellmöglichkeit hat zudem weitere Vorteile für die Nutzer. Wenn am eigenen Standort ein Werk zwar vorhanden, aber ausgeliehen ist, kann trotzdem eine Zweigstellenbestellung ausgelöst werden. Der Nutzer muss nicht per Vormerkung auf sein Exemplar vor Ort warten. Die bestellten Medien werden täglich mit Postcontainern zwischen den Zweigstellen verschickt. So kommen die Nutzer einfach und schnell an die gewünschte Literatur. Das erhebliche Volumen spiegelt die eifrige Nutzung wider. Die Anzahl der Bestell- und Liefervorgänge des Jahres 2012 sind in der folgenden Tabelle dargestellt:

Tabelle 1: Lieferungen zwischen den Zweigstellen im Jahr 2012.

von	nach	Anzahl Medien	Von	nach	Anzahl Medien	von	nach	Anzahl Medien
WÜ	SW	2.886	WÜ	AB	3.571	WÜ	CO	7.360
SW	WÜ	3.569	SW	AB	1.599	SW	CO	1.783
AB	WÜ	5.981	AB	SW	2.825	AB	CO	2.628
CO	WÜ	5.651	CO	SW	1.714	CO	AB	1.691

Bei den elektronischen Publikationen (elektronischen Zeitschriften und EBooks) gestaltete sich die Benutzerführung im gemeinsamen Online-Katalog schwieriger. Hierzu gibt es keine Mediendatensätze, die den Standort angeben könnten, wie dies bei den jeweils physisch vorhandenen Werken möglich ist. Die Lizenzinformation ist zunächst nur dem gemeinsamen Verbundkatalog B3Kat der Bibliotheksverbünde Bayern und Berlin-Brandenburg (BVB+KOBV) durch die Verknüpfung mit den Bibliothekskennzeichen bekannt. Die IT-Experten der FHWS-Bibliothek haben eine Funktionalität programmiert, die diese Lizenzinformation im bibliographischen Teil des Datensatzes für jeden Nutzer im Online-Katalog sichtbar macht. So erkennt der Nutzer an der Wendung „Zugriff vom Campus der HS Aschaffenburg" (Beispiel), welche Hochschule die elektronische Publikation lizenziert hat. Den Nutzern der jeweils anderen Hochschulen, die keine Lizenz erworben haben, wird der Zugriff verweigert.

Alle Funktionalitäten des Online-Kataloges sind für alle Nutzer auch über Mobile Devices nutzbar. Das eigene Entleihkonto kann eingesehen oder Medien können verlängert werden. Alle Datensätze sind mit QR-Codes versehen, so dass durch Abscannen Literaturangaben aus dem Online-Katalog direkt auf mobile Endgeräte übertragen werden können.

Versorgung der Hochschule Würzburg-Schweinfurt (FHWS) mit konventioneller Literatur

Das Bibliothekssystem der FHWS ist trotz Dislozierung funktional einschichtig. Es besteht aus den zwei Zentralbibliotheken an den beiden Abteilungen in Würzburg und Schweinfurt und drei Teilbibliotheken. Zwei davon befinden sich in Würzburg, die Teilbibliothek Röntgenring für die Studiengänge Architektur, Bauingenieurwesen, Kunststofftechnik, Vermessung und Geoinformatik, und die Teilbibliothek Sanderheinrichsleitenweg (SHL) für die Studiengänge Kommunikationsdesign, Informatik, Wirtschaftsinformatik und eCommerce. An der Abteilung Schweinfurt gibt es eine Teilbibliothek für den Studiengang Logistik. Sowohl in Würzburg als auch in Schweinfurt wurden in den letzten Jahren umfangreiche Lehrbuchsammlungen aufgebaut. Ein Großteil der dort aufgestellten Mehrfachexemplare wurde aus den Studienbeiträgen finanziert.

Insgesamt stehen den Studierenden und Lehrenden knapp 140.000 Medien, die meisten davon ausleihbar, und rund 300 Abonnements gedruckter Zeitschriften und Zeitungen zur Verfügung. Alle hauptamtlich tätigen Lehrpersonen können einen Handapparat mit besonderen Konditionen einrichten lassen, dessen Medien aber bei Vormerkwünschen anderer Nutzer zurückgegeben werden sollten. Der Bestand ist hochaktuell, nicht zuletzt deshalb, weil die Bibliothek in ganz erheblichem Maße von den bis zum Sommersemester 2012 erhobenen Studienbeiträgen profitiert hat. Die Bestandszahlen erhöhen sich dennoch nur moderat, weil ältere nicht mehr genutzte Werke, z. B. Altauflagen oder veraltete Literatur der technischen oder rechtlichen Fachgebiete, konsequent ausgesondert werden. Dies ist insbesondere am räumlich sehr beengten Standort in Würzburg aus Platzgründen geboten. Weitere Literatur steht den Nutzern über Zweigstellenbestellung aus dem System WÜ-SW-AB-CO und über die Fernleihe zur Verfügung.

Versorgung der Hochschule Würzburg-Schweinfurt mit elektronischen Ressourcen

Die für die Nutzer zur Verfügung stehenden elektronischen Ressourcen machen inzwischen einen erheblichen Anteil aus. Knapp 36.000 E-Books und 2.800 lizenzierte E-Journals können im Hochschulnetz genutzt werden. Daneben sind die einschlägigen Datenbanken für die an der FHWS gelehrten Fachgebiete lizenziert. Vor allem WiSo (GBI), TEMA (WTI), Beck Online, IEEE Xplore und die DIN-Normen sind hier als wesentliche Säulen zu nennen. Mit STATISTA steht ein Portal, das statistische Daten bündelt und aufbereitet, zur Verfügung. Auf der Plattform Video2Brain können sich die Nutzer auf dem Wege des E-Learning Lernvideos für viele Fachgebiete, insbesondere der Informationstechnik per Streaming anschauen. Für die Versorgung mit elektronischen Medien wird inzwischen mehr als 40 % des Literaturetats der FHWS ausgegeben. Auch hier wurde bisher ein erheblicher Teil aus den Studienbeiträgen finanziert. Die Tendenz hin zu elektronischen Inhalten wird sich in den nächsten Jahren weiter verfestigen.

Alle elektronischen Ressourcen der Bibliothek der FHWS und der Kooperationspartner in Aschaffenburg und Coburg sind im Online-Katalog verzeichnet und können dort recherchiert und aufgerufen werden. Alle zugänglichen Datenbanken sind im Datenbankinformationssystem (DBIS)[6] und alle elektronischen Zeitschriften in der elektronischen Zeitschriftenbibliothek (EZB)[7] abrufbar. Für beide Systeme, die bei der Universitätsbibliothek Regensburg gehostet werden, wurden lokale Sichten im Corporate Design der FHWS eingerichtet.

Elektronische Semesterapparate – ein besonderer Service der FHWS-Bibliothek

Elektronische Semesterapparate bietet die FHWS-Bibliothek seit der Novellierung des Urheberrechtsgesetzes im Jahre 2008 an. Grundlage dafür ist der §52a UrhG.[8] Dabei bedient sich die Bibliothek der von der Hochschule für die Einrichtung von Online-Kursen angebotenen E-Learning-Plattform auf der Basis des Programms Moodle.[9] Jeder Dozent, der auf dieser Plattform Kurse anbietet, kann einen elektronischen Semesterapparat (ESA) anlegen lassen. Die für ESA gewünschte Literatur kann der Dozent der Bibliothek mittels eines Online-Formulars oder per E-Mail übermitteln.[10] Die Bibliothek scannt die Literaturstellen, soweit urheberrechtlich zulässig, und lädt die Dokumente in die jeweiligen E-Learning-Kurse hoch. Bei elektronisch vorliegenden Dokumenten wird die entsprechende URL übermittelt. Alle für den jeweiligen Kurs angemeldeten Studierenden haben Zugriff auf den dazugehörigen elektronischen Semesterapparat. Diese Möglichkeit der gezielten, fachspezifischen Informationsversorgung nehmen immer mehr Dozenten in Anspruch und auch die Menge der Dokumente in den einzelnen Kursen wächst von Semester zu Semester.

Externer Zugang für Hochschulangehörige

In allen Gebäuden und Räumen der Hochschule können sich die Hochschulangehörigen mit eigenen Endgeräten (Laptop, Netbook, Tablet, Smartphone) mittels WLAN-Zugangskennung in das Hochschulnetz einwählen und alle Services der Bibliothek nutzen.

---

6 Hochschule Würzburg-Schweinfurt: Datenbank-Infosystem (DBIS). rzblx10.uni-regensburg.de/dbinfo/fachliste.php?bib_id=fhb_ws (30.8.2013).
7 Hochschule Würzburg-Schweinfurt: Elektronische Zeitschriftenbibliothek (EZB). ezb.uni-regensburg.de/fl.phtml?bibid=FHBWS&colors=3&lang=de (30.8.2013).
8 Bundesministerium der Justiz; JURIS: Gesetz über Urheberrecht und verwandte Schutzrechte, (hier § 52a) http://www.gesetze-im-internet.de/urhg/_52a.html (30.8.2013).
9 Hochschule Würzburg-Schweinfurt: ELEARNING@FHWS. elearning.fhws.de (30.8.2013).
10 Hochschule Würzburg-Schweinfurt: Elektronische Semesterapparate. bibliothek.fhws.de/service/esa_elektronische_semesterapparate.html (30.8.2013).

Auch von außerhalb des Hochschulnetzes, z. B. von zuhause aus, können die Hochschulangehörigen auf lizenzierte elektronische Ressourcen zugreifen. Hierzu wurde ein Proxy-Server aufgesetzt, bei dem sich die Nutzer als Hochschulangehörige authentifizieren müssen. Um die Verschlüsselung der Anfrage zu gewährleisten, erfolgt am Proxy-Server lediglich eine Anmeldung. Der Proxy-Server verschickt, nachdem er durch die Anfrage einen berechtigen Hochschulangehörigen identifizieren konnte, ein einmaliges verschlüsseltes Passwort per E-Mail an den Nutzer. Nur mit Hilfe dieses Passwortes kann er ein lizenziertes Produkt nutzen. Vergisst er es, muss er ein neues anfordern. Durch diese Konfiguration ist ein komfortabler Zugang von außen bei gleichzeitig hoher Sicherheitsstufe möglich.[11]

Weitere Bibliotheken als Informationsversorger

Insbesondere mit der Universitätsbibliothek (UB) gibt es in Würzburg einen weiteren wichtigen Informations- und Literaturversorger für die Angehörigen der FHWS. Mit der elektronischen Campus-Karte können die Studierenden und Lehrenden der FHWS die Bestände und Services der UB in vollem Umfang nutzen. Genauso verhält es sich umgekehrt. Speziell bei Überlappungen von Fachgebieten, beispielsweise bei den Wirtschafts- und Sozialwissenschaften, ist dies für die Nutzer von großem Vorteil. Mit der Bibliothek der Musikhochschule in Würzburg verhält es sich ebenso. Auch hier können die Nutzer wechselseitig die Services nutzen, selbst wenn sich die fachlichen Gemeinsamkeiten nur auf den an der FHWS angebotenen Schwerpunkt Musiktherapie beziehen.

Für die Nutzung aller weiteren Bibliotheken und öffentlichen Büchereien in Würzburg und Schweinfurt müssen sich die Nutzer gesondert anmelden.

Elektronische Kommunikation

Der Bereich der elektronischen Kommunikation erstreckt sich zum einem auf den Informationsaustausch unter den Kolleginnen und Kollegen und zum anderen auf die Kommunikation mit und die Information für den Nutzer.

---

11 Hochschule Würzburg-Schweinfurt: Externer Zugang zu lizenzierten Bibliotheksmaterialien. http://www.bibliothek.fhws.de/externer-zugang (30.8.2013).

Kommunikation und Information unter den Mitarbeitern

Die Bibliothekare nutzen neben der klassischen E-Mail zur Informationsgewinnung und zum Informationsaustausch zunehmend virtuelle Inhouse-Cloud-Dienste wie virtuelle Laufwerke und ein internes Wiki. Die Cloud-Laufwerke sind auf einem zentralen Server der Hochschule installiert. Die dort abgelegten Dateien werden über ein Zugriffssystem mit Berechtigungsstufen aufgerufen. Es gibt persönliche Laufwerke für jeden einzelnen Kollegen, Mitarbeiterlaufwerke auf dessen Ordner jeder Kollege Zugriff hat, ein separates Laufwerk, das der Bibliotheksleitung und dem Sekretariat vorbehalten ist, und ein Laufwerk auf dem Software für bestimmte Anwendungen zum Download bereitsteht. Ein zentrales Sicherheitsmanagement sorgt für die Datensicherheit.

Für weitergehende Informationen und das Bearbeiten von Projekten wurde ein internes Wiki aufgesetzt. Jeder Kollege der FHWS-Bibliothek und der Kooperation WÜ-SW-AB-CO kann hier alle Informationen einsehen. Für die Kooperation sind hier z. B. alle InfoGuide-Parameter des lokalen SISIS-Systems, verschiedene Benutzungs- und Katalogisierungsrichtlinien und Ansprechpartner bei IT-Problemen einsehbar. Der Wiki-Bereich für die FHWS beinhaltet beispielsweise Thekendienstpläne, Schemata zur Aufgabenverteilung, Geschäftsgänge und Nutzungsstatistiken von E-Ressourcen, die Statistik (DBS) der FHWS und Protokolle von Dienstbesprechungen. So können sich alle Kolleginnen und Kollegen umfassend und transparent informieren.

Kommunikation mit den Nutzern und Information für die Nutzer

Für die Kommunikation mit den Nutzern und deren Information wird ebenso der klassische E-Mail-Verkehr genutzt. Das zentrale Kommunikations- und Informationsinstrument ist indes die Website der Bibliothek.[12] Jede Art der Kontaktaufnahme kann darüber erfolgen. Im Jahr 2013 wurde der Webauftritt einem gründlichen Relaunch unterzogen und an das neue CI-Design der Hochschule angepasst. Dabei wurde besonderer Wert auf Transparenz und eine stringente Nutzerführung gelegt. Im Bereich der E-Ressourcen wurden konsequent die Möglichkeiten des DBIS genutzt und zum Beispiel eine „Sammlung: elektronische Bücher" angelegt. Bereits auf der zweiten Stufe des Web-Auftrittes werden die Nutzer zum DBIS und zur EZB gelotst, sofern sie nicht primär im Online-Katalog recherchieren.

---

12 Hochschule Würzburg-Schweinfurt: Bibliothek, Startseite. http://www.bibliothek.fhws.de (30.8. 2013).

Im Web 2.0 ist die Bibliothek der FHWS seit geraumer Zeit ebenfalls mit den Nutzern in Kontakt. Dies dient vor allem zur Übermittlung von Neuigkeiten und weiteren interessanten Informationen aus dem Bereich Bücher und Bibliothek. Neue Angebote der Bibliothek werden in einem Weblog[13] veröffentlicht, wobei die Kopfzeilen der Einträge auf der Homepage der Bibliothek als aktuelle Meldungen angezeigt werden. Das Weblog kann per RSS-Feed abonniert und die einzelnen Beiträge kommentiert werden. News werden außerdem über die Social-Media-Kanäle Facebook[14] und Twitter[15] verbreitet.

Nutzung der Bibliotheksressourcen

Rund 10.500 Nutzer der FHWS waren im Bibliothekssystem im Jahr 2012 registriert. Der Großteil entfällt auf die mehr als 9.000 Studierenden der eigenen Hochschule. Es wurden 114.000 Entleihungen vorgenommen, 6.400 Fernleihbestellungen und 22.600 Zweigstellenbestellungen im Bibliothekssystem WÜ-SW-AB-CO von den Nutzern der FHWS angestoßen.

Die Nutzung der elektronischen Ressourcen übersteigt die Nutzung der konventionellen Medien inzwischen bei Weitem. Die Anzahl der Dokument-Downloads ist seit dem Jahr 2011 höher als die konventionelle Medien-Ausleihe. Obwohl beides nicht direkt miteinander verglichen werden kann, ist es doch ein eindeutiges Indiz für die zunehmende Akzeptanz und Attraktivität des Angebotes an elektronischen Medien.

An den im Jahr 2012 durchgeführten 124 Schulungsveranstaltungen zur Informationskompetenz haben fast 1.500 Nutzer teilgenommen. Das Angebot erstreckt sich von der Bibliothekseinführung über Veranstaltungen zu speziellen Datenbanken bis hin zu Schulungen zum Literaturverwaltungsprogramm Citavi. Auch hier wurde versucht, die Informationen über das Schulungsangebot für die Nutzer über Web-Services besser in den Fokus zu rücken. So wurde ein Kurskalender entwickelt, bei dem sich die Nutzer für bestimmte Veranstaltungen anmelden können[16]. Für individuelle Termine gibt es ein Online-Anmeldeformular[17].

---

[13] Hochschule Würzburg-Schweinfurt: Blog der Bibliothek. http://www.bibliothek.fhws.de/blog (30.8.2013).
[14] Hochschule Würzburg-Schweinfurt: Hochschulbibliothek Würzburg-Schweinfurt ist bei Facebook. http://www.bibliothek.fhws.de/facebook (30.8.2013).
[15] Hochschule Würzburg-Schweinfurt: FHWS_Bibliothek@FHWS-Bib. http://www.bibliothek.fhws.de/twitter (30.8.2013).
[16] Hochschule Würzburg-Schweinfurt: Anmeldung zur Schulung. http://www.bibliothek.fhws.de/anmeldung-zur-schulung (30.8.2013).
[17] Hochschule Würzburg-Schweinfurt: Web-Anmeldeformular für Fachschulungen/-beratungen. http://www.bibliothek.fhws.de/recherche-support (30.8.2013).

Ausblick

Strategisch wird die Bibliothek der FHWS den eingeschlagenen Weg hin zu elektronischen Ressourcen weiter gehen, zugleich die Versorgung mit konventionellen Medien nicht aus den Augen verlieren, so lange dies geboten erscheint. Durch laufende Verbesserung und Erweiterung des Schulungsprogramms wird die Nutzung der Ressourcen optimiert. Für die Information und Kommunikation mit den Nutzern werden zunehmend Webdienste eingesetzt. Die Bibliothek wird sich ihrer Aufgabe als Informations- und Literaturversorger der Hochschule auch künftig in zeitgemäßer Weise stellen.

Martin Vorberg
Die Informationslogistik der Bucerius Law School

Rechtswissenschaftliche Informationen für Studium, Forschung, Lehre und Weiterbildung

Abstract: Gegenstand der Betrachtung ist die Informationslogistik einer privaten rechtswissenschaftlichen Hochschule als weitestgehend autarkes und überwiegend koordiniertes Bibliothekssystem mit gelegentlicher informationeller Inanspruchnahme lokaler Bibliotheken und überregional aktiver Lieferdienste. Dargestellt werden pragmatische und ökonomische Möglichkeiten der Bewältigung kontroverser Mediennutzung bei zunehmender Hybridität bibliothekarischer Bestände und Ressourcen mittels einer Hauptbibliothek sowie zahlreicher Teilbibliotheken.

Keywords: Informationslogistik, Koordiniertes Bibliothekssystem, Private Hochschule, Medienwandel, Hauptbibliothek, Teilbibliotheken, Ressourcenverteilung, Bucerius Law School

Die Bucerius Law School, ihr Kundenspektrum und die Rolle der digitalen Medien

Die Bucerius Law School wurde im Jahr 2000 als erste private rechtswissenschaftliche Hochschule Deutschlands gegründet – mit dem Ziel, die juristische Ausbildung in Deutschland grundlegend zu reformieren. Die Hochschule finanziert sich ausschließlich aus Mitteln der „ZEIT-Stiftung Ebelin und Gerd Bucerius", den Studiengebühren der Studierenden sowie aus finanziellen Zuwendungen zahlreicher Sponsoren. Die Hochschule wurde vom Wissenschaftsrat akkreditiert und verfügt über das Promotions- und Habilitationsrecht. Angeboten werden das Studium der Rechtswissenschaft bis zur Ersten Prüfung und zum Abschluss als Bachelor of Laws (LL.B.), der Graduiertenstudiengang zum „Master of Law and Business" (MLB), ein International Exchange Program sowie diverse „Summer Programs".

Die Informationslogistik des Campus unterstützt 1.000 potentielle Kunden, die ausnahmslos der Hochschule angehören. Primärzielgruppe ist die Gesamtheit aller Jahrgänge der so genannten „LL.B."-Studierenden (circa 650, fast ausnahmslos deutscher Herkunft, Alter zwischen 17 und 22 Jahren). Weitere Stakeholder der Bibliothek(en) sind 55 „MLB"-Studierende internationaler Herkunft, 28 Professoren,

80 wissenschaftliche Mitarbeiter, 300 Doktoranden, 110 Studierende des International Exchange Program sowie eine wechselnde Zahl von Gastforschern, Gastdozenten und nicht-wissenschaftlichen Mitarbeitern – insgesamt eine sehr heterogene und anspruchsvolle Kundschaft.[1]

Als Resultat jahrelanger Beobachtung, unregelmäßiger Evaluationen und ergänzender Auswertung von Nutzungsstatistiken der Provider/Aggregatoren kann festgestellt werden, dass alle Benutzergruppen mit Ausnahme der Professoren das Internet nutzen und sich der Inhalte der lizenzierten Online- und käuflich erworbenen Offline-Datenbanken bedienen, gleichfalls werden die Informationen kostenfreier Nationallizenzen ausgewertet. Separat lizenzierte E-Books werden – hier vor allem von den Gaststudierenden aus überseeischen Kulturkreisen – vorbehaltlos genutzt und auch in ihren Abschlussarbeiten zitiert.

Für den Kreis der Professoren (Altersspanne 35 bis 75 Jahre) ist durchgängig festzuhalten, dass der das Internet nur für private Zwecke nutzt. Fachlich erforderliche Recherche in Online- und Offline-Datenbanken wird überwiegend wissenschaftlichem Personal überlassen, die Bedeutung der Nationallizenzen ist unbekannt. Die Verwendung weiterer elektronischer Ressourcen wie E-Books, E-Journals und E-Paper wird als ephemer und unzuverlässig abgelehnt.

Retrospektive: Der Aufbau der Bibliothek

Der Bestandsaufbau der Bibliothek begann wenige Tage nach Hochschulgründung auf traditionelle Weise und beschränkte sich zunächst auf die Erwerbung der für eine solide informationelle Grundausstattung erforderlichen Literaturmassen. Ursprünglich war lediglich eine Hauptbibliothek vorgesehen sowie die zusätzliche Ausstattung der Lehrstühle mit Handapparaten. Ein einseitiges Nutzungsabkommen mit der nahe gelegenen Zentralbibliothek Recht der Universität Hamburg wurde schnell und kostspielig vereinbart. Der erste Lizenzvertrag mit dem namhaftesten deutschen Provider für juristische Datenbanken wurde bereits ein Jahr nach Hochschulgründung unterzeichnet.

---

1 Die ausgesprochen hohe Anspruchshaltung unserer Kunden resultiert aus dem absolvierten strengen Auswahlverfahren (aus 600 Bewerbungen verbleiben letztlich 115 Studienanfänger), den zu leistenden Studiengebühren (48.000 Euro für 13 Studientrimester), den beiden avisierten Studienabschlüssen (Erstes Juristisches Staatsexamen und akademischer Grad des LL. B.), den angestrebten überdurchschnittlichen Abschlussnoten (circa 10,12 Punkte gegenüber 7,68 Punkten der Absolventen der Universität Hamburg), den unterdurchschnittlichen Studienzeiten (circa 4,9 Jahre gegenüber 6,0 Jahren bei Absolventen der Universität Hamburg) sowie dem dadurch möglichen Aufstieg in die dünne Schicht der Spitzenverdiener innerhalb der Berufsgruppe der Juristen.

Status quo: Die Informationsräume

Die Hauptbibliothek[2] mit über 540 Arbeitsplätzen, maßgeschneiderten bibliothekarischen Dienstleistungen[3] und inzwischen mehr als 110.000 gedruckten Medien gilt als Lern- und Arbeitsort und Zentrum juristischer Informationen. Hier wird der Informationsbedarf der erwähnten Primärzielgruppe während des gesamten dreizehntrimestrigen Studiums vollumfänglich gedeckt, hier entstehen – kundenorientiert unterstützt – die ersten Hausarbeiten, hier werden an reservierten Arbeitsplätzen und mit privilegierten Services die Karriere entscheidenden Bachelorarbeiten angefertigt. Da mindestens 60 % eines Studierendenjahrgangs auch an der Hochschule promoviert, arbeiten Studierende von Beginn ihres Propädeutikums an mindestens acht Jahre, anfangs gelegentlich, später durchschnittlich sechs Stunden pro Tag in der Hauptbibliothek. Sie ist daher permanent[4] geöffnet und dient primär als Ort der Information, nicht der Kommunikation.

Die Gründung der ersten Lehrstuhlbibliotheken basierte auf überschaubaren Handapparaten, die sich die ersten Lehrstuhlinhaber der Hochschule aus eigenen Budgets und in eigenen Räumlichkeiten, aber von der Erwerbung über die Inventarisierung sowie der inhaltlichen und formalen Erschließung komplett vom Bibliotheksteam abgewickelt, zulegen durften. Sie entwickelten – Forschung, Lehre und Weiterbildung des Lehrstuhlinhabers dienend – einen großen Umfang und einen so hohen Spezialisierungsgrad, dass trotz der relativ geringen Größe des Campus für diese Kollektionen nicht nur die Bezeichnung „Lehrstuhlbibliothek" eingeführt wurde: das Professorium durfte auch den Part der Erwerbung gedruckter Medien für seine Bibliotheken selbst übernehmen; fortan erwarben die Lehrstuhlinhaber ihre Literatur spontan an selbst gewählten Orten und bei diversen Lieferanten, und es wuchs auch der Anteil der ökonomisch unvertretbaren Dubletten.

Sämtliche gedruckte Medien an sämtlichen Standorten der Hochschule werden jedoch weiterhin vom Bibliotheksteam zentral erfasst – also inventarisiert, katalogi-

---

2 Sie ist benannt nach der sie mit einem Betrag von über 100.000 EUR p. a. hauptsächlich sponsernden renommierten Großkanzlei „Hengeler Mueller" mit Büros in Düsseldorf, Frankfurt/Main, Berlin, Brüssel und London.
3 Einführung in effiziente Bibliotheksnutzung schon während des Propädeutikums, Führungen und Schulungen für Gruppen und Einzelinteressenten, individuelle Ausstattung einzelner Arbeitsplätze mit Zusatzmonitoren, leihweise Ausgabe sog. „Doktorandenwagen", Recherchen und Dokumentbestellungen für Studierende in der Phase der Anfertigung ihrer Hausarbeit, Einführungen in die Nutzung juristischer und bibliothekarischer Datenbanken, individuelle Schulungsangebote zum Gebrauch elektronischer Medien, täglich aktiver Rückstelldienst, etc.
4 Gefordert wurde von Hochschulgründung an die Möglichkeit, informationelle Bestände und Ressourcen der Hochschule ständig nutzen zu können. Im Resultat wurde die Bibliothek dergestalt organisiert, dass ihre Kunden rund um die Uhr (i. e. 24-Stunden-Öffnung) weitestgehend uneingeschränkt von ihr profitieren. Sie funktioniert damit aber auch an Samstagen, Sonntagen und Feiertagen völlig ohne Personal.

siert, inhaltlich und formal erschlossen, technisch bearbeitet und im Online-Katalog (OPAC) als zentralem␣Rechercheinstrument nachgewiesen.

Die Bestände der Lehrstuhlbibliotheken umfassen, abhängig vom Alter und Einstellungsdatum ihrer Lehrstuhlinhaber, zwischen 500 und 5.000 Bänden. Prinzipiell ist allen 1.000 potentiellen Kunden des Campus die Nutzung aller gedruckten Medien, unabhängig von ihren Standorten, möglich. Seltene Situationen von Nutzungskonflikten sind hierbei leider unvermeidlich.

Die Entstehung der Institutsbibliotheken

Im Laufe der letzten etwa fünf Jahre entstanden unter der Ägide hochschuleigener Professoren auf dem Campus fünf kleine Institute mit inzwischen großem Renommee. Ihr informationeller Spezialisierungsgrad und Informationsbedarf ist so hoch, dass er dauerhaft aus dem Bibliotheksbudget nicht bedient werden könnte. Teilweise wurden daher den Institutsleitern eigene Literaturbudgets zur Verfügung gestellt, teilweise wurden ganze Bibliotheken durch externe Sponsoren finanziert. Auch die Nutzung dieser Institutsbibliotheken ist allgemein möglich, wenngleich selten erforderlich.

Die Nutzung elektronischer Ressourcen auf dem gesamten Campus

Seit der Hochschulgründung lag das gesamte Verfahren der Auswahl, Erprobung, Preisverhandlung, Vertragsgestaltung, Lizenzierung, Implementierung, Werbemaßnahmen und Schulungsangebote für Datenbankprodukte ausschließlich bei der Bibliotheksdirektion. Sie trägt auch aus ihrem Budget die Kosten und die Verantwortung für die anfangs nur für ein Jahr, heute bis zu fünf Jahre abgeschlossenen Lizenzverträge mit zahlreichen Providern, Verlagen, Aggregatoren und sonstigen Anbietern. War die Nutzung juristischer Online-Datenbanken in der Gründungsphase der Hochschule auf wenige Einzelplätze in der Bibliothek am damaligen Standort begrenzt, lernte der Kunde im Vergleich mit den Usancen anderer Bibliotheken auch schnell die unschätzbaren Vorteile wesentlich teurerer Campuslizenzen kennen. Darüber hinaus dürfen Professoren und deren wissenschaftlichen Mitarbeiter auch die zusätzlich technische Dienstleistung des Fernzugriffs auf Datenbankinhalte („Remote Access") in Anspruch nehmen.

Gedruckte Informationsbestände der Bibliothek

Ziel des Bestandsaufbaus und damit Hauptaufgabe der Bibliotheksdirektion ist die Schaffung optimaler organisatorischer und infrastruktureller Voraussetzungen für eine langfristig stabile informationelle Grundversorgung der Primärzielgruppe. Dieses größte Segment der Kundschaft kann in der Hauptbibliothek – auch unter Berücksichtigung absolvierter Transfers von Studiengebühren in beträchtlicher Höhe – eine überobligationsgemäße Informationsausstattung erwarten.

Das Spektrum erworbener Literatur deckt den gesamten Informationsbedarf zukünftiger Spitzenjuristen ab: stets aktuelle Gesetzestexte, kleine und große, renommierte Kommentare, Entscheidungssammlungen, Festschriften, Dissertationen, Habilitationen, Tagungsbände, Konferenzberichte. Durch zahlreiche, bei einem einzigen Buchlieferanten eingerichtete Standing Orders wurde das Auswahl-, Erwerbungs- und Belieferungsverfahren an die mögliche Arbeitsleistung eines kleinen Bibliotheksteams angepasst. Auch durch diese Maßnahme war es möglich, seit Hochschulgründung im Jahre 2000 mehr als 100.000 Medieneinheiten allein in die Hauptbibliothek einzuarbeiten und vollumfänglich zur Nutzung bereit zu stellen. Selbstverständlich dient allein dieses Informationssegment nicht nur den LL.B.- Studierenden: sämtliche Kunden profitieren von dieser Sammlung, die monatlich um circa 400 Exemplare wächst und in einer permanent geöffneten Präsenzbibliothek uneingeschränkt nutzbar ist.

In ihrer Aufbauphase hatte sich die Bibliothek zu viele Zeitschriftenabonnements in gedruckter Form aufgebürdet. Zu tief saß die Illusion, aus eigenen Mitteln einen autarken Informationsbestand aufbauen zu können – unter kompletter Vernachlässigung der Tatsache, dass sich zahlreiche Bibliotheken mit historisch gewachsenen Beständen nur unweit der eigenen befinden. Die Bibliothek leistet sich inzwischen noch 150 gedruckte Abonnements der gängigsten Titel, die mittelfristig unverzichtbar erscheinen und den Bedarf für Studium, Forschung, Lehre und Weiterbildung abdecken. Die Sammlung wird regelmäßig durch Professorium und Bibliotheksdirektion hinsichtlich ihrer Aktualität und Relevanz überprüft, erste gedruckte Abonnements lizenzierter elektronischer Parallelausgaben wurden gekündigt.

Die Bibliothek abonniert noch immer mehr als 150 Loseblatt-Sammlungen; ihre Aktualisierung und Vervollständigung ist arbeitsintensiv und kostspielig. Orientiert an den Nutzungsgewohnheiten und Bedürfnissen unserer Kunden aller Benutzergruppen werden Kündigungen der Abonnements von Ergänzungslieferungen jedoch nur bei denjenigen Titeln rigoros durchgeführt, die inhaltsidentisch und embargofrei durch Online-Datenbanken ersetzt werden können. Auch beim Angebot dieses Informationsträgers wird im dreizehnten Jahr nach Hochschulgründung das gedruckte Medium konsequent durch elektronische Versionen ersetzt.

In enger Absprache der Bibliotheksdirektion mit den Lehrenden wurde ein umfangreiches Spektrum für das LL.B.-Studium unverzichtbarer Lehrbuchtitel zusammengestellt und in eine Standing Order für den Buchhandel umgewandelt.

Pro Titel und Auflage werden maximal drei Exemplare erworben. Auf den kostenverschlingenden Aufbau einer traditionellen Lehrbuchsammlung wurde im Konsens mit der Studierendenvertretung verzichtet – von Studienbeginn an empfohlen wird die gelegentliche private Erwerbung weniger Lehrbücher zum ausschließlichen Eigenkonsum. Dieses ungewöhnliche „bilaterale Erwerbungsmodell" wird von unseren Studierenden inzwischen weitestgehend akzeptiert, selbst nach vergleichendem Blick auf die Usancen anderer Bibliotheken.

Der Digitale Medienbestand

Aus dem Budget der Hauptbibliothek[5] werden die jährlichen Lizenzgebühren für elf deutsche und ausländische juristische und statistische Datenbanken finanziert. Es handelt sich um einen im Konsens aller Nutzergruppen zusammengestellten Kernbestand an Datenbanken, die – soweit von Providerseite möglich – durch zusätzliche Lizenzierung weiterer relevanter Einzelmodule ausgebaut werden. Der Zugriff auf die Datenbanken erfolgt durch Hyperlinks von deren Metadatensätzen im OPAC aus und ist begrenzt auf die IP-Bereiche des gesamten Campus. Nutzungsstatistiken der Provider dokumentieren immensen und stark zunehmenden Gebrauch besonders außerhalb der Bibliothek.

Circa 250 CD-ROM sind auf einem Einzelplatz (Pool-Lösung) im Eingangsbereich der Hauptbibliothek installiert. Da teilweise inhaltlich mit gedruckten Werken verknüpft, ist ihre Nutzung und Auswertung an diesen Ort gebunden. Insgesamt scheint die Attraktivität dieses Mediums angesichts grandioser Möglichkeiten konkurrierender Online-Datenbanken deutlich nachzulassen.

Neben den in Online-Datenbanken eingebetteten E-Books (wie juristischen Kommentaren) erwirbt die Bibliotheksdirektion aus dem Informationsspektrum „Law & Business" separat über einen amerikanischen Aggregator E-Books, deren Anzahl inzwischen auf 6.500 angewachsen ist und die sich hoher Akzeptanz erfreuen. Das anfänglich erprobte PDA-Erwerbungsmodell erwies sich in der Praxis als zu kostengenerierend und wurde durch das relativ preisgünstige STL-Modell abgelöst. Offensichtlich bevorzugen vor allem die MLB-Studierenden, ausländischen Gäste sowie Doktoranden vorbehaltlos diesen digitalen Informationsträger, der im Erwerbungsprofil nicht mehr additiv, sondern ausnahmslos alternativ auftritt. Das Ausmaß von Akzeptanz und Nutzung, aber auch die technische Zuverlässigkeit des Anbieters, ist so vielversprechend, dass „Law & Business" fortan nur noch per E-Book bedient wird.

---

5 Der Bibliotheksdirektion steht ein Budget in Höhe von 500.000 EUR p.a. zur Verfügung. Allein für Erwerbungen werden hieraus 350.000 EUR bereitgestellt, mehr als ein Drittel davon für die Lizenzierung elektronischer Medien investiert. Die Höhe des Bibliotheksbudgets ist seit vier Jahren unverändert.

Nach entsprechender Implementierung durch die Hauptbibliothek haben Kunden und Personal der Hochschule Zugriffsmöglichkeit auf mehr als 2.500 Zeitschriftentitel in elektronischer Form. Verfügbar ist in der Regel der komplette Titel vom ersten Heft an bis zur aktuellen Ausgabe. Aufgrund interner „Philosophien" liefern wenige Verlagshäuser in stetig abnehmender Zahl ihre neuesten Zeitschriftenausgaben noch immer mit zeitlicher Verzögerung („Embargo") an die Provider zur Veröffentlichung aus. Es ist besonders dieser beabsichtigte Störfaktor, der umfassende Ablösung der gedruckten Parallelausgaben erschwert.

Einseitige Nutzungsabkommen mit Hamburger Bibliotheken

Studierende und Wissenschaftler der Hochschule mit fortgeschrittenen Informationsbedürfnissen dürfen sich auf der Grundlage eines zehn Jahre alten, einmalig finanzierten und unbegrenzt gültigen „einseitigen Nutzungsabkommens" der circa 500.000 Medien bevorratenden, 1926 gegründeten Bibliothek des Max-Planck-Instituts für ausländisches und internationales Privatrecht bedienen. Aufgrund seiner räumlichen Nähe zum Campus werden gelegentliche Besuche dort eher als Bereicherung denn als Belastung wahrgenommen – im Ergebnis sind sie immer fruchtbar.

Auch zu der 1919 gegründeten Zentralbibliothek Recht der Juristischen Fakultät und ihrem historisch gewachsenen Literaturbestand aus mehr als 500.000 Bänden besteht seit zwölf Jahren ein einmalig finanziertes, unbegrenzt gültiges und außerordentlich robustes einseitiges Nutzungsabkommen. Nicht nur Studierende, sondern auch Teile der Doktorandenschar verlassen gelegentlich ihr „Basislager", um Informationsdefizite der eigenen Bibliothek ausgleichen oder für wenige Tage dem gewohnten „Biotop" entfliehen zu können. Auch diese Bibliothek befindet sich im 1,5-Kilometer-Radius zum eigenen Campus.

Die Commerzbibliothek der Handelskammer Hamburg wurde 1735 gegründet und bevorratet neben rechtswissenschaftlicher Literatur auch historisch gewachsene Bestände zu Wirtschafts- und Sozialwissenschaften. Gerade die nahe Verfügbarkeit dieses Informationsspektrums, das in den Bibliotheken des Campus der Bucerius Law School auch in ferner Zukunft nicht abgebildet werden könnte, erfreut sich bei den Kunden großer Akzeptanz und wird von der Handelskammer auf der Grundlage eines Gentlemen's Agreement pro bono offeriert.

Nutzung und Rolle des Dokumentlieferdienstes „SUBITO"

Aufgrund ihres nach außen abgeschotteten Charakters ist die Bibliothek der Bucerius Law School für den regulären Leihverkehr nicht zugelassen. Als besondere bibliothekarische Dienstleistung wird daher privilegierten Nutzergruppen wie Professoren, Doktoranden und Studierenden während ihrer Bachelor-Arbeit der für die Hochschule kostenpflichtige Dokumentlieferdienst „SUBITO" angeboten: So lassen sich innerhalb eines Tages Aufsatzkopien als PDF, innerhalb dreier Werktage auch Monographien besorgen und reduzieren so erheblich den Arbeitsaufwand der wissenschaftlich Arbeitenden.

Entwicklungsperspektiven und Ausblick

Die informationellen Bestände und Ressourcen der Hauptbibliothek der Bucerius Law School werden weiterhin – inhaltlich streng orientiert an den Grundbedürfnissen ihrer Primärzielgruppe – im Rahmen sich reduzierender Möglichkeiten eines gedeckelten Budgets ausgebaut. Wo immer eine Verlagsproduktion dies zulässt, wird hierbei das elektronische Medium bevorzugt. Sukzessive werden laufende gedruckte Zeitschriftenabonnements durch datenbankbasierte Angebote ersetzt; ausgenommen sind hiervon vorerst mit Rücksichtnahme auf die Nutzergruppe des Professoriums die in deren Zeitschriftenumlauf enthaltenen Titel.

Angesichts hoher Akzeptanz und Verlässlichkeit wird das Angebot an E-Books spürbar ausgebaut, auch deutlich über den inhaltlichen Rahmen von „Law & Business" hinaus. Sämtliche Maßnahmen zusätzlicher Implementierung elektronischer Ressourcen werden mit intensiver Produktwerbung und Schulungsangeboten in virtueller und realer Form unterstützt, um verständliche Unsicherheiten zu reduzieren und das Vertrauen in diesen Informationsträger zu verstärken. Ferner werden Dubletten aus der Zeit parallelen Bestandsaufbaus zu Gunsten des Digitalisats abgebaut, Abonnements und Standing Orders entsprechend bereinigt.

Aufgrund immanenter Ablehnung elektronischer Ressourcen durch unser Professorium hat sich die Bibliotheksdirektion von der Vision eines mit dieser Nutzergruppe koordinierbaren Bestandsaufbaus verabschiedet und überlässt den Lehrstuhlinhabern den Aufbau eigener Bibliotheken mit vertrauten traditionellen Informationsträgern. Letztlich entsteht durch ausnahmslos analoge Medien dort und zunehmend digitale Medien in der Hauptbibliothek bei umfassender Katalogisierung und uneingeschränkter Nutzbarkeit eine langfristig tragfähige, hybride Informationsversorgung.[6] Dauerhaft wird diese auch vom physischen Lernort Bibliothek trennbar und fördert ubiquitär nutzbaren Einsatz, z. B. durch portable Endgeräte.

Der Primärzielgruppe der juristischen Bibliothek ist ein hybrider Bestand mit Tendenz zur Ausweitung elektronischer Angebote ohne weiteres zuzumuten. Sämtliche juristischen Verlage Deutschlands bieten inzwischen elektronische Produkte oder webbasierte Plattformen an, die leicht implementierbar sind, beworben werden sollten und entweder weitestgehend selbsterklärend sind oder mittels einführender Schulungen begleitet werden. Dieses Spektrum zumeist paketartiger Angebote sollte durch präzise parametrisierte E-Book-Sammlungen (aus bestimmten Verlagshäusern, zu bestimmten Themen, für bestimmte Nutzergruppen) ergänzt werden. In der unbestritten schwierigen Phase des Medienwandels ist wenigen Zweiflern und Zauderern innerhalb einer Institution verständnisvoll und unterstützend zu begegnen; ein pragmatischer Aufbau kunden- und zukunftsorientierter digitaler Informationsbestände darf jedoch durch sie nicht verzögert werden. Gleichzeitig ist es die Pflicht bibliothekarischen Leitungspersonals, umfassende „Digitale Projekte" couragiert anzustoßen – die Zeit ist hierfür längst reif und der Impetus hierfür kann nur aus der Bibliothek kommen.

---

6 Das Beispiel entspricht den „Empfehlungen zur digitalen Informationsversorgung durch Hochschulbibliotheken" des Wissenschaftsrats von 2001. Greifswald 2001 (Drs. / WR; 4935/01). http://www.wissenschaftsrat.de/download/archiv/4935-01.pdf (28.12.2013).

Peter Reuter
Strategische Planung der funktionalen Einschichtigkeit

Das Konzept der Universitätsbibliothek Gießen

Abstract: An der Justus-Liebig-Universität wurde 2002 eine Reorganisation der bibliothekarischen Infrastruktur nach der gesetzlichen Vorgabe der „funktionalen Einschichtigkeit" eingeleitet und in den Folgejahren mit bemerkenswerter Konsequenz umgesetzt. Die Gründe für diese erfolgreiche und breit akzeptierte Entwicklung sind nicht nur in der Überzeugungskraft der Argumente, die aus rein bibliothekarischer Sicht für die Einschichtigkeit sprechen, zu sehen. Vor allem ist es ein Zusammenspiel von heterogenen Faktoren unterschiedlicher Provenienz gewesen, das eine nachhaltige Kongruenz in der strategischen Zielplanung auf präsidialer und bibliothekarischer Ebene begründet hat.

Keywords: Deutschland, Hochschulbibliothekssystem, Zweischichtigkeit, Funktionale Einschichtigkeit

Ausgangslage

Wie an vielen anderen, traditionell zweischichtig strukturierten universitären Bibliotheken, wurde auch an der Justus-Liebig-Universität in Gießen bis weit in die 1990er Jahre hinein die Diskussion um die adäquate bibliothekarische Organisationsform mit schöner Regelmäßigkeit und mit den seit Jahrzehnten bekannten Argumenten ausgefochten, ohne dass wesentliche Fortschritte zu verzeichnen gewesen waren – was der Schärfe der teils erbittert geführten Diskussionen aber keinen Abbruch getan hatte.

Anfang der 2000er Jahre bestand an der Justus-Liebig-Universität ein florierendes, aber weitgehend unverbundenes Nebeneinander von zahlreichen Fachbereichs- und Institutsbibliotheken und zentraler Universitätsbibliothek, wie dies bereits in der Weimarer Zeit, ja sogar weit länger schon der Fall gewesen war. Wie in zweischichtigen Systemen üblich, wurde in den dezentralen Bibliotheken in der Summe mehr Geld für Literatur verausgabt als in der zentralen Universitätsbibliothek, ohne dass effektive Möglichkeiten zum kontrollierten und abgestimmten Bestandsaufbau zur Verfügung gestanden hätten.

Auch das Hessische Universitätsgesetz (HUG) vom 12. Mai 1970 hielt, in Übereinstimmung mit den einschlägigen Empfehlungen des Wissenschaftsrates von 1964[1] und der Deutschen Forschungsgemeinschaft von 1970[2], am Organisationsmodell des zweischichtigen Bibliothekssystems fest: Neben der Universitätsbibliothek als zentraler, direkt dem Präsidium der Universität unterstellter Einrichtung existierten zahlreiche Bibliotheken in der Verantwortung der Fachbereiche oder wissenschaftlichen Zentren. Eine zentrale Administration der bibliothekarischen Ressourcen – also von Etat, Personal und Räumen – mit Ergebnisverantwortung auf Leitungsebene für den bibliothekarischen Gesamtbereich war im HUG nicht vorgesehen, lediglich die Fachaufsicht über die bibliothekarischen Einrichtungen und Kräfte war dem Direktor der Universitätsbibliothek übertragen worden (§ 38 Abs. 3), der außerdem noch ex officio Mitglied im Ständigen Ausschuss für das Bibliothekswesen mit beratender Stimme war und in den anderen Ständigen Ausschüssen der Universität bei bibliothekarischen Fragen ein Anhörungsrecht besaß (§ 18 Abs. 4; § 38 Abs. 3). Im Übrigen waren die Fachbereiche für ihre Einrichtungen verantwortlich, worunter namentlich auch die Bibliotheken aufgeführt wurden (§ 20 Abs. 4), die über ein autonomes Anschaffungsrecht verfügten und ihre Erwerbungen lediglich mit der Universitätsbibliothek abzustimmen hatten (§ 38 Abs. 1). Dass die Bibliotheken in den Universitäten „einheitliche Systeme" bilden, wie es im HUG statuiert wurde (§ 38 Abs. 1), blieb daher weitgehend eine inhaltsleere Floskel, was auch für die Gießener Universität galt.

Die funktionale Einschichtigkeit als gesetzliche Forderung

Das Hessische Hochschulgesetz (HHG) in der Fassung vom 31. Juli 2000 brachte für den Bibliotheksbereich gravierende Veränderungen. Denn der § 56 des HHG enthält neue und klare Vorgaben für die Gestaltung der universitären Bibliothekssysteme, die nach den Grundsätzen der „funktionalen Einschichtigkeit" erfolgen soll. Dies bedeutet insbesondere, dass ausnahmslos alle bibliothekarischen Einrichtungen der Universität zu einer neuen, zentralen Organisationseinheit, deren Leitung dem Präsidium der Universität direkt untersteht, zusammengeführt werden sollen. Außerdem ist im Gesetz explizit gefordert: die Zusammenführung des Bibliothekspersonals; die Beschaffung, Erschließung und Verfügbarmachung der für Forschung, Lehre und Studium angeforderten Literatur und anderer Informationsträger und -quellen nach

---

1 Empfehlungen des Wissenschaftsrates zur Ausbau der wissenschaftlichen Einrichtungen. Teil II: Wissenschaftliche Bibliotheken. Vorgelegt im Januar 1964.
2 Deutsche Forschungsgemeinschaft: Empfehlungen für die Zusammenarbeit zwischen Hochschulbibliothek und Institutsbibliotheken. Bonn-Bad Godesberg 1970.

einheitlichen Grundsätzen; die zentrale Bewirtschaftung der dem Bibliothekswesen zugewiesenen Mittel.[3]

Seit dem Inkrafttreten des Hochschulgesetzes hat es an den hessischen Universitäten einschneidende Veränderungen gegeben. Vorreiter war die Justus-Liebig-Universität in Gießen, wo im Jahr 2002 vom Präsidium der Universität eine Bibliotheksordnung (BiblO) sowie daran anknüpfende bibliotheksspezifische Regelungen (Benutzungsordnung, Regelungen für die Bibliotheksverwaltung, Regelungen für die Literaturerwerbung und die Nutzung der EDV-Arbeitsplätze im Bibliothekssystem) erlassen wurden, die das gesamte Bibliothekssystem konsequent nach den Vorgaben der „funktionalen Einschichtigkeit" reorganisiert.[4]

Die Reform wurde gegen starken inneruniversitären Widerstand und massive Bedenken und Befürchtungen auf Seiten der Professorenschaft durchgesetzt. Die meiste Kritik, die gegen die beabsichtigte Bibliotheksreform erhoben wurde, bezog sich der Sache nach auf den Gesetzestext selber, insbesondere auf die umstrittene, aber gesetzlich geforderte Einrichtung eines zentralen Bibliotheksbudgets. Die frühzeitig angekündigte, zwei Jahre nach Beginn der Reform erfolgte Evaluierung zeigte dann allerdings schon eine fast vollständige Akzeptanz bei allen am Prozess Beteiligten, einschließlich der Wissenschaftler. Dabei war insbesondere von Bedeutung, dass sich die befürchtete „Entmachtung" der Professoren und des wissenschaftlichen Personals bei der Literatur- bzw. Medienauswahl nicht eingestellt hat, da den Wissenschaftlern in der Bibliotheksordnung ein exklusives Vorschlagsrecht bei der Literaturauswahl eingeräumt wird (BiblO § 11 Abs. 1).

Kernelemente der Bibliotheksreform an der Justus-Liebig-Universität: Administrative und räumliche Reorganisation

Im Rahmen der administrativen Reorganisation wurden zunächst die bislang über 130 dezentralen Bibliotheken in 15 neugegründete dezentrale Fachbibliotheken überführt. Ziel der Reorganisation war eine weitgehend autonome Verwaltung mit

---

[3] Die funktionale Einschichtigkeit war bereits im Hessischen Hochschulgesetz vom 3. November 1998 als Organisationsprinzip für die Hochschulbibliotheken verankert (§ 53), allerdings blieb den Fachbereichen in Organisations- und Etatfragen noch eine weitgehende Autonomie zugesichert. In der aktuellen Fassung des HHG (§ 49) sind die Bestimmungen zum Informationsmanagement stark komprimiert worden.

[4] Ordnung für das Bibliothekssystem der Justus-Liebig-Universität Gießen vom 20. Februar 2002. In: Staatsanzeiger für das Land Hessen, 6. Mai 2002, S. 1676; Zu Details und einzelnen Schritten in der Frühphase der Reform s. Reuter, Peter: Ein Bibliothekssystem im Umbruch: Die Einführung der funktionalen Einschichtigkeit an der Justus-Liebig-Universität in Gießen. In: ABI-Technik (2003) H. 23. S. 37–46.

stark dezentralisierter Buchbearbeitung in den Zweigbibliotheken und dezentralen Fachbibliotheken. Der Unterschied zwischen Zweigbibliothek und dezentraler Fachbibliothek ist in den spezifischen Funktionszuordnungen zu sehen: hier integrierter Buchbestand in einer Ausleihbibliothek mit EDV-gestütztem Ausleihsystem und Teilnahme am Leihverkehr, dort Präsenzbibliothek mit hochspezialisierter Fachliteratur in Freihandaufstellung (BiblO §§ 2, 6). Archivfunktion und interdisziplinäre bzw. fachübergreifende Aufgaben sowie Leitung und Planung auf Gesamtebene liegen bei der Zentralbibliothek (UB). Alle Bibliotheken stehen unter hauptamtlicher, bibliotheksfachlicher Leitung, für die dezentralen Fachbibliotheken ist die Befähigung zum gehobenen Bibliotheksdienst als Mindestqualifikation erforderlich (BiblO § 7).

Bereits im ersten Jahr der Reform konnten mehrere dezentrale Bibliotheken aufgelöst und die Anzahl der Fachbibliotheken auf 11 reduziert werden. Mitte 2004 umfasste das Bibliothekssystem einen Bestand von 3,7 Millionen Bänden, wovon rund 80 % an 12 Standorten konzentriert waren. In den Folgejahren wurde damit begonnen, die kleinen Standorte nach Vorgabe eines detaillierten räumlichen Entwicklungskonzepts entweder sukzessive zusammenzuführen oder auf Handapparate (Bestand i. d. R. maximal 300 Bände, eindeutiger Katalognachweis) zu reduzieren. Bis Ende 2012 konnten auf diese Weise ohne größere Baumaßnahmen (maximal 350.000 Euro) 37 % der Standorte aufgelöst werden, so dass heute über 90 % des Bestandes an 9 Standorten aufgestellt sind. Parallel zur räumlichen Konzentration wurden die Lese-/Arbeitsplätze in der UB und den Zweigbibliotheken umfassend modernisiert, meist aus eingeworbenen Sondermitteln; die rund 1.000 Arbeitsplätze wurden größtenteils neu möbliert und durchgängig mit WLAN und Stromversorgung ausgestattet.

Tabelle 1: Erfolgsindikatoren der Bibliotheksentwicklung.

2002	2012
45 % aller Bestände per EDV entleihbar	82 % aller Bestände per EDV entleihbar
nur 50 % der Bestände stehen in Bibliotheken, die länger als zu büroüblichen Zeiten geöffnet sind	noch 18 % der Bestände stehen in Bibliotheken, die maximal zu büroüblichen Zeiten geöffnet sind
520.000 Bände in Freihandbereichen direkt zugänglich und elektronisch ausleihbar	1,3 Mio. Bände in Freihandbereichen direkt zugänglich und elektronisch ausleihbar

Ein bemerkenswerter Nebeneffekt war, dass durch die Aussonderung von Dubletten und eine komprimierte, professionelle Aufstellung rund 2.200 m² ehemalige Bibliotheksflächen (netto) für andere Zwecke umgewidmet werden konnten, was bei der Raumknappheit der Universität eine willkommene Gabe und der Akzeptanz der Bibliotheksreform zweifellos zuträglich war.

Bibliotheksreform und Personalentwicklung

Mit der Umsetzung der neuen Bibliotheksordnung ist die Dienst- und Fachaufsicht über alle hauptamtlichen Bibliotheksbediensteten der Universität auf die Bibliotheksleitung übertragen worden. Die Integration des bisher den Fachbereichen und Zentren zugehörigen, hauptamtlich[5] tätigen bibliothekarischen Personals (62 Mitarbeiter/innen auf 40 Planstellen) konnte im Sommer 2002 weitestgehend konfliktfrei abgeschlossen werden. Die zumeist veralteten Tätigkeitsbeschreibungen wurden sukzessive aktualisiert, außerdem wurden umfangreiche Schulungs- und Fortbildungsmaßnahmen initiiert. Allein im ersten Jahr lag der Schulungsumfang bei deutlich mehr als 700 Stunden; ohne diese Qualifikationsoffensive wäre die Einführung flächendeckend gleicher Qualifikationsstandards auf dem erforderlichen Niveau gescheitert. Von Beginn an wurden die neuen Mitarbeiter/innen auch in die Gremien und Sitzungen eingebunden. Von besonderer Bedeutung war, dass Beförderungspotentiale ausgeschöpft wurden, die auf Grund der Vorgaben des BAT in den dezentralen Bibliotheken bisher nicht zur Anwendung kommen konnten – ein weiterer strukturbedingter Nachteil des alten zweischichtigen Systems. Die für die Entwicklung des Bibliotheksangebots erforderliche Personalentwicklung – wozu auch die Mobilität und das Splitting von Arbeitsplätzen (zentral/dezentral; Benutzung/Bearbeitung) zu zählen ist – wäre ohne die Bibliotheksreform nicht möglich gewesen.

Durch Umstrukturierungen bei der Bucherwerbung und Buchbearbeitung sind zahlreiche Tätigkeiten vom Personal der Fachbereiche und wissenschaftlichen Einrichtungen der Justus-Liebig-Universität auf das Fachpersonal des Bibliothekssystems übergegangen. Die Medienbearbeitung wurde bis auf die zentral verwalteten elektronischen Periodika vollständig dezentralisiert und erfolgt seitdem in einem Arbeitsgang und nur noch durch Fachpersonal vor Ort. Durch Personalumsetzungen konnten weitere deutliche Verbesserungen im Dienstleistungsangebot der Bibliotheken erreicht werden, beispielsweise verlängerte Öffnungszeiten.

Die Bibliotheksordnung verpflichtete die Fachbereiche und Zentren dazu, dem Bibliothekssystem die erforderlichen Ressourcen, soweit sie nicht schon zentral zugewiesen wurden (nebenamtliches Personal, Räume, Sachmittel), im bisherigen Umfang zur Verfügung zu stellen; Ziel war die Verrechnung zugunsten einer entsprechenden Verstärkung des Bibliotheksbudgets (BiblO § 13 Abs. 2). Entsprechend wurden in den ersten Jahren der Reform in mehreren Fällen die bibliotheksspezifischen Anteile von freigewordenen Stellen in das Bibliothekssystem transferiert. Die geplante vollständige Integration des nebenamtlichen Personals ist jedoch nur in relativ geringem Umfang erfolgt und scheiterte meist daran, dass für eine Kapitalisierung von Stellenanteilen die erforderlichen haushaltstechnischen Grundlagen und Instrumente fehlten. Lediglich die Mittel für die studentischen Hilfskräfte wurden bereits 2003

---

5 Das sind diejenigen, die gemäß der Tätigkeitsbeschreibung zu mehr als 50 % regelmäßig bibliothekarische Aufgaben wahrnehmen.

zum weitaus größten Teil in das Bibliotheksbudget umgesetzt. In der Folge der räumlichen Konzentration der Standorte, zahlreicher organisatorischer Maßnahmen und neuer EDV-gestützter Dienste ist die Überführung der nebenamtlichen Stellenanteile jedoch mittlerweile in großen Teilen entbehrlich geworden.

Die Entwicklung des Bibliotheksbudgets

Seit dem Haushaltsjahr 2001 werden an der Justus-Liebig-Universität die Literaturerwerbungsmittel separat bewirtschaftet, seit 2002 mit einer verbindlichen Zweckbindung und seit 2003 vollständig und ausschließlich vom Bibliothekssystem. Dies bedeutet u. a., dass das Bibliotheksbudget ausschließlich auf Kostenstellen des Bibliothekssystems durch bibliothekarisches Fachpersonal bebucht wird. Das zentrale Bibliotheksbudget umfasst alle für die Grundfinanzierung des Bibliothekssystems erforderlichen Mittel, also Erwerbungs-, Personal- und Sachmittel und wird dem Bibliothekssystem zentral von der Hochschulleitung auf Basis eines jährlich von der Bibliotheksleitung erstellten Entwurfs außerhalb der IMV (Indikatorgestützte Mittelverteilung) im Vorwegabzug zugewiesen (BiblO § 9). Das Bibliotheksbudget ist fachlich nach Lehreinheiten sowie nach Bibliotheksstandorten gegliedert und enthält zudem für bestimmte Aufgaben funktionelle Zweckbindungen (z. B. Zentralmittel für elektronische Fachinformation). Seit 2005 fließen die Veränderungen in der IMV bei den Lehreinheiten als dynamischer Teil-Faktor ein. Das Bibliotheksbudget kann (und soll) durch die den Fachbereichen und Zentren zur Verfügung stehenden Mittel jederzeit aufgestockt werden, außerdem enthält es keine Berufungs- und Drittmittel. Diese das Bibliotheksbudget verstärkenden Mittel werden seit dem Jahr 2002 separat bewirtschaftet, unterliegen aber denselben Erwerbungsgrundsätzen wie die Grundfinanzierungsmittel und werden innerhalb des Bibliothekssystems verwaltet.

Durch die Einrichtung und zentrale Bewirtschaftung des Bibliotheksbudgets sowie durch die Zusammenführung des Personals wurden wichtige Grundlagen für eine erheblich verbesserte Erwerbungskooperation im Bibliothekssystem, für eine wirksame Budgetkontrolle und für eine Rationalisierung der Katalogisierungsarbeiten geschaffen. Die Nachweissituation über laufende Abonnements und den Monographienkauf konnte ganz erheblich verbessert werden, für die Haushaltsplanung konnte auch in den Bereichen ohne nennenswerte bibliothekarische Infrastruktur erstmals eine gesicherte Datenbasis geschaffen werden. Die Effektivität des Mitteleinsatzes konnte erheblich gesteigert werden, nicht nur durch die Reduktion von Dublettenkäufen, sondern auch dadurch, dass bisher nicht genutzte Onlinezugänge zu Zeitschriften, wo immer dies rechtlich möglich ist, campusweit eingerichtet wurden. Auch das Einkaufsmanagement konnte deutlich effizienter gestaltet werden, z. B. durch den Wechsel zu leistungsfähigen und preisgünstigeren Lieferanten und Anbietern.

Gründe und Erfolgsfaktoren der Bibliotheksreform

Fragt man danach, warum an der Gießener Universität die gesetzliche Verpflichtung zur Einführung der „funktionalen Einschichtigkeit" auch im Vergleich zu den anderen hessischen Universitätsstandorten so früh und konsequent umgesetzt wurde, so können bei näherer Betrachtung eine Reihe von durchaus unterschiedlichen Gründen ausgemacht werden.

So wurde der unmittelbare Veränderungsdruck, den die konkreten Vorgaben des neuen Hochschulgesetzes mit sich brachten, durch eine teilweise massive Kritik des Landesrechnungshofes noch verstärkt. In seiner vergleichenden Begutachtung der Bibliothekssysteme an den hessischen Universitäten in Darmstadt, Frankfurt, Gießen und Marburg hatte der Landesrechnungshof insbesondere die Vielzahl kleiner und kleinster Bibliotheken mit ungenügender Ausrüstung und unakzeptablen Öffnungszeiten gerügt und die Einführung der funktionalen Einschichtigkeit angemahnt.[6]

Ein Nebenergebnis der Analyse des Landesrechnungshofes war die am Beispiel der Literaturausgaben nachdrücklich belegte Erkenntnis, dass die finanzielle Infrastruktur der Universität bei weitem nicht den Ansprüchen an Transparenz und Nachvollziehbarkeit entsprach, die im Zuge der seit 1998 landesweit schrittweise umgesetzten, umfassenden Verwaltungsreform gefordert war. Die Ablösung des kameralistischen Systems durch finanz- und leistungswirtschaftliche Steuerungssysteme und die weitergehenden Forderungen nach Deregulierung, Autonomie und Eigenverantwortung erhöhten den Reformdruck auf das Organisationsmodell der bibliothekarischen Infrastruktur.

Ein weiterer Grund, der die Bibliotheksreform sicher begünstigt hat, war der in den 1990er Jahren einsetzende Medienumbruch in der wissenschaftlichen Literatur, dessen Tragweite erstmals vor dem Hintergrund der „Zeitschriftenkrise" in Umrissen zu erkennen war. In den 80er und 90er Jahren ist es an den Universitätsbibliotheken in Hessen auf Grund der völlig unzureichenden Mittelausstattung mehrfach zu folgenschweren Einbrüchen bei der Buch- und Medienanschaffung, insbesondere zu umfangreichen Abbestellaktionen wissenschaftlicher Zeitschriften gekommen. An der Universitätsbibliothek in Gießen mussten in der ersten Hälfte der 1990er Jahre rund 1.500 Zeitschriften abbestellt werden, was ungefähr einem Drittel der abonnierten (Kauf-)Zeitschriften entsprach. Die Literaturmisere an den hessischen Universitäten führte in Gießen zu größeren studentischen Protestaktionen (sog. Lucky strike 1997), was einer der konkreten Anlässe für das Hochschulbibliotheksprogramm des Bundes und der Länder in den Jahren 1998/1999 war. Aus diesem Bibliothekssonderprogramm wurden seit 1998 in großem Umfang Lizenzen für elektronische Pro-

---

6 Hessischer Rechnungshof: Mitteilung an die Technische Universität Darmstadt, die Johann Wolfgang Goethe-Universität Frankfurt, die Justus-Liebig-Universität Gießen, die Universität-Gesamthochschule Kassel und die Philipps-Universität Marburg über die Prüfung des Bibliothekssystems der hessischen Universitäten vom 23. Januar 2002; Die Erhebung erfolgte in den Jahren 1999/2000.

dukte, vor allem Zeitschriften(pakete), konsortial erworben. Die damalige Universitätsleitung konnte überzeugt werden, dass die Verwaltung dieser Lizenzen in einem zweischichtigen System wegen der viel zu großen Anzahl an Entscheidungsträgern mit Partikularinteressen und indiskutabel hohen Transaktionskosten kaum gelingen konnte und daher die Interessen der Universität Gefahr liefen, nicht gewahrt werden zu können – hier ist daran zu erinnern, dass die Justus-Liebig-Universität mit ihren lebens- und naturwissenschaftlichen Schwerpunkten von der „Zeitschriftenkrise" in besonderem Ausmaß betroffen war. Schon 1998 wurde der Universitätsbibliothek die zentrale Abonnements- und Rechnungsverwaltung aller Zeitschriften, die Gegenstand von Konsortialverträgen sind, übertragen, womit de facto und ohne gesetzlichen Zwang bereits der Einstieg in die funktionale Einschichtigkeit vollzogen war. Mit der durch die Bibliotheksreform geschaffenen zentralen Bewirtschaftung ist die vollständige Einhaltung der konsortialen Vertragsbedingungen sichergestellt. Im Übrigen ist die Einhaltung der Konsortialverträge wegen der gesamtuniversitären Relevanz in der Bibliotheksordnung eigens hervorgehoben (BiblO § 11).

Am letztgenannten Beispiel lässt sich ein weiterer Faktor, der die Bibliotheksreform erleichtert hat, erkennen. Denn das neue Hochschulgesetz geht, wie dies auch in entsprechenden Gesetzen anderer Bundesländer festzustellen ist, mit einer Stärkung der Präsidialverfassung einher. Die organisatorische Ausgestaltung des Bibliothekssystems, dessen Ausstattung und Finanzierung, gehört nicht mehr zu den Grundsatzangelegenheiten, die vom Senat der Hochschule zu beraten oder gar zu beschließen sind. Auch der alte Ausschuss für das Bibliothekswesen, der oft genug ausgesprochen innovationsfeindlich gewirkt hatte, war mit dem neuen Hochschulgesetz Geschichte geworden.

Bilanz und Ausblick

Mit der Bibliotheksreform wurden strukturelle Nachteile der alten Organisationsform beseitigt, insbesondere konnte der strukturbedingt sehr hohe Ressourcenverbrauch in allen Kernbereichen erheblich vermindert werden. Durch die zentrale Ressourcenverantwortung und die hohe Transparenz bei der Mittelverausgabung sind ein rationeller Mitteleinsatz und ein nachhaltiger und bedarfsorientierter Medienerwerb möglich geworden.

Die Abschöpfung der Konzentrationspotentiale und eine dadurch mögliche Effektivitätssteigerung ist ein zentrales Erfolgskriterium, in dem die Interessen und Ziele von Bibliotheks- und Hochschulleitung konvergieren. Aus Sicht der Bibliothek konnten durch die Reform strukturbedingte Nachteile egalisiert werden, die den Anschluss an nationale Standards bzw. das Niveau vergleichbarer Bibliotheken verhindert hätten. Beispiel dafür ist vor allem die durch die Einführung des zentralen Budgets garantierte Absicherung der Grundversorgung im Medienerwerb, was auch eine deutlich erhöhte Planungssicherheit für die Bibliothek bedeutet. Trotz starker anfänglicher Kritik an dem im deregulierten Umfeld systemfremden Charakter eines „Vorwegabzugs" hat sich das Modell bis heute halten können. Nicht unerwähnt bleiben soll aber auch, dass das zusätzliche, über die Grundversorgung hinausgehende finanzielle Engagement der Fachbereiche geringer als erwartet bzw. erhofft ausgefallen ist.

Auch die vielen zusätzlichen Aufgaben, die in der letzten Dekade das Dienstleistungsportfolio der Bibliothek erweitert haben und vermutlich künftig auch weiter verändern werden (Ausbau des Hochschulrepositoriums, Open Access-Aktivitäten, Digitalisierungsmaßnahmen etc.), hätten ohne zentrale, bedarfsorientierte Personalentwicklungs- und Personallenkungsmaßnahmen kaum realisiert werden können. Nicht anders verhält es sich beim Ausbau des elektronischen Angebots, das ohne die Bündelung der Ressourcen bei gleichzeitiger zentraler Planung und Administration nicht den heutigen, vergleichsweise guten Ausbaustand erreicht hätte.

Allerdings ist auch längerfristig noch mit hohen Folgekosten der Zweischichtigkeit zu rechnen. Solche Belastungen, die nicht ohne beträchtliche weitere Investitionen aufgefangen werden können, entstehen insbesondere durch den Unterhalt unrationeller Standorte, bedingt durch die auch weiterhin beträchtliche Streulage der Bibliotheksstandorte sowie durch „Altlasten", also alte, umfangreiche Dublettenbestände, ungenaue bzw. falsche Katalogeinträge, die bereinigt werden müssen, durch unprofessionelle und stark diversifizierte Signaturen, und nicht zuletzt durch die mangelnde Bestandspflege. Ob die zur Behebung erforderliche Ausgleichsfinanzierung erfolgen wird, muss angesichts der Überlast der Universität und des enormen Konkurrenzdrucks fraglich bleiben. In der Folge resultiert daraus für die Bibliothek ein geringeres Potential für neue Projekte, insbesondere im Vergleich mit den genuin einschichtigen universitären Bibliothekssystemen.

Astrid Piscazzi, Felix Winter
Literatur- und Informationsversorgung der Universität Basel

Entwicklung des Bibliotheksverbunds und Rolle der
Universitätsbibliothek Basel

Abstract: Die Entwicklung des Bibliotheksverbunds an der Universität Basel ist zu Beginn der 1980er Jahre geprägt von der Ablösung der Zettelkataloge mit dem elektronischen Verbundkatalog, der Rekatalogisierung der gesamtuniversitären Bestände und der Einführung aller Funktionen eines Bibliotheksverwaltungssystems. Darauf folgt die Phase der Reorganisation der Institutsbibliotheken, der Professionalisierung der Bibliotheksleitung und des Dienstleistungsangebots. Das Wachstum der Universität führt zur Departementsbildung. Entlang diesen Verwaltungsstrukturen werden Bibliotheken räumlich und organisatorisch zusammengelegt. Dieser Wandel bietet Gelegenheit, Lernräume für veränderte Bedürfnisse einzurichten. Gleichzeitig werden die Grenzen zwischen den zentralen UB-Standorten und universitären Verbundbibliotheken fließend. Elektronische Medien sind im Universitätsbereich überall verfügbar, Printmedien werden an den Ort der bevorzugten Nutzung verlegt und der lokale Kurierdienst beliefert vor Ort fehlende Literatur. Universitäre Verbundbibliotheken arbeiten enger mit der Hauptbibliothek zusammen und werden zu deren Außenstellen. Umgekehrt übernimmt die Hauptbibliothek zunehmend zentrale Funktionen bei elektronischen Medien, Bibliotheksplanung, Informationskompetenz und Open Access.

Keywords: Basel (Schweiz), Hochschulbibliothekssystem, Universitätsbibliothek, Verbundkoordination, Zweischichtigkeit, Funktionale Einschichtigkeit, Fachbereichsbibliotheken, Hochschulorganisation

Entwicklung des Bibliotheksverbunds[1]

Im Raum Basel haben wissenschaftliche Bibliotheken der Universität und forschungsnahe Bibliotheken von Kliniken, Museen und privaten Institutionen seit ihrer Gründung, um 1900 und später, eng zusammengearbeitet. Gemäß dem klassi-

---

1 Vgl. Winter, Felix: Vom Hochschulbibliothekskonzept zum Informationsverbund: die Verbundkoordination auf der UB Basel. In: Für alle(s) offen: Bibliotheken auf neuen Wegen. Festschrift für Dr. Fredy Gröbli, Direktor der Öffentlichen Bibliothek der Universität Basel. Basel: Öffentliche Bibliothek der Universität Basel 1995. S. 327–340.

schen zweischichtigen Literaturversorgungssystem sicherten Erwerbungsabsprachen eine breite und kostenbewusste Literaturversorgung an der Universität. Die UB Basel archivierte die seit der Universitätsgründung im Jahr 1460 erworbene Literatur wie auch die Sondersammlungen und war für die Grundversorgung mit Literatur für alle an der Universität gelehrten Fachgebiete verantwortlich, während die universitären Instituts- und Fakultätsbibliotheken sich auf aktuelle Speziallliteratur konzentrierten. Als Katalogform war die Führung von Zettelkatalogen üblich. Instituts- und Fakultätsbibliotheken wie auch nicht-universitäre Institutionen in Basel lieferten von jeder Neuanschaffung einen Katalogzettel für den alphabetischen Zentralkatalog an der UB Basel. Diese Dienstleistung ermöglichte Forschenden und Studierenden Literaturrecherchen an *einem* Ort.

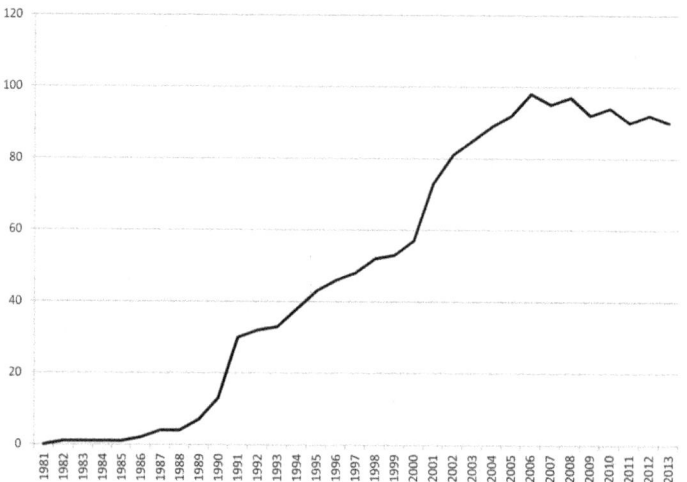

Abbildung 1: Anzahl Bibliotheken im Verbund Basel seit der Einführung eines Bibliotheksverwaltungssystems (universitäre Bibliotheken und nicht-universitäre Verbundpartner).

Mit der Einführung des als Verbundkatalog konzipierten elektronischen Bibliotheksverwaltungssystems SIBIL[2] im Jahr 1981 erfolgte eine schrittweise Ablösung der Zettelkataloge und damit auch des Zentralkatalogs. Instituts- und Fakultätsbibliotheken (nachfolgend *universitäre Verbundbibliotheken*) stiegen ebenfalls auf die elektronisch unterstützte Katalogisierung um. Als erste Bibliothek wagte die Juristische Fakultät im Jahr 1982 den Umstieg und damit den Anschluss an den Verbund Basel. Nach einer

---

2 SIBIL (Système informatisé pour les bibliothèques de Lausanne) ist ein Bibliotheksverwaltungssystem, das 1971–1997 an der Bibliothèque cantonale et universitaire de Lausanne entwickelt wurde und u. a. in der ganzen Westschweiz verwendet wurde. Es war an den UB Basel (ab 1981) und Bern (ab 1989) das Vorgängersystem von Aleph. Vgl. Wessendorf, Bert: 7564: ein guter Ratschlag. In: Für alle(s) offen: Bibliotheken auf neuen Wegen. Festschrift für Dr. Fredy Gröbli, Direktor der Öffentlichen Bibliothek der Universität Basel. (wie Anm. 1). S. 317–325.

zögerlichen Anfangsphase, in der die Installation eines Computers in der Bibliothek und die Vernetzung zum zentralen Rechner die Haupthindernisse darstellten, war in den Jahren 1990 und 1991 ein kontinuierlich starker Zuwachs von Verbundanschlüssen zu verzeichnen. Mit dem Zusammenschluss der Universitäten Bern und Basel 1989 zu einem Bibliotheksverbund gewann der Beitritt zum Verbund an Attraktivität wegen der zu erwartenden Synergien. Hingegen wurden Literaturrecherchen in der Umstellungsphase umständlicher, da für die Neuerwerbungen der elektronische Katalog und für die älteren Bestände die Zettelkataloge zu konsultieren waren. Daher wurden ab 2002 die Bestände der universitären Verbundbibliotheken durch ein Team von studentischen Hilfskräften unter der Leitung der Verbundkoordination vollständig rekatalogisiert.

Ein Rückgang an Verbundbibliotheken war nach dem Höhepunkt mit 97 Bibliotheken im Jahr 2006 zu verzeichnen. Der Hauptgrund dafür waren Institutsauflösungen, Übertritt der Bibliotheken der Pädagogischen Hochschule der Fachhochschule Nordwestschweiz zu einem anderen Bibliotheksverbund und Zusammenschlüsse von Bibliotheken. Letzteres wird sich fortsetzen.

Stärkung der Führungsrolle der Universitätsbibliothek Basel

Die oben geschilderte Entstehung des Bibliotheksverbunds Basel wurde durch weitere Faktoren begünstigt. Als Öffentliche Bibliothek der Universität Basel – so die offizielle Bezeichnung der UB Basel – ist sie auch für die Versorgung der Einwohner des Kantons Basel-Stadt mit wissenschaftlicher Literatur zuständig. Sie war bis 1996 in der Verwaltung des sie finanzierenden Kantons Basel-Stadt integriert. Per 1. Januar 1997 wurde die UB Basel – wie die Universität Basel zwei Jahre davor – als öffentlich-rechtliche Einrichtung aus der kantonalen Verwaltung des Kantons Basel-Stadt ausgegliedert und in die Universität integriert. Diese wird seither – nebst Bundes- und Drittmitteln – zur Hälfte von zwei Trägerkantonen, Baselland und Basel-Stadt, gemeinsam finanziert. Die Basis dazu schaffte das Universitätsgesetz des Kantons. In einer separaten Leistungsvereinbarung wurde der Auftrag, als Kantonsbibliothek Schriften zum Kanton Basel-Stadt (Basiliensia) zu sammeln, festgehalten. Zur Klärung der Aufgaben innerhalb der Universität erarbeitete eine Arbeitsgruppe aus Vertretern der UB Basel und einer universitären „Arbeitsgruppe Bibliotheken" zuhanden der Planungskommission der Universität die *Kompetenz- und Koordinationsregelung zum Bibliothekswesen der Universität Basel*[3]. In diesen Regelungen wurden der

---

[3] Universität Basel: Kompetenz- und Koordinationsregelung zum Bibliothekswesen der Universität Basel vom 10. April 2000. http://www.ub.unibas.ch/bibliotheksnetz/verbund-basel/verbundkoordination/rechtliche-grundlagen/ (30.10.2013).

Ist-Zustand und die künftigen Kooperationsmöglichkeiten dargestellt. Es resultierte ein Konzept, das die Zweischichtigkeit bestätigte, aber eine Einschichtigkeit – unter Umständen an räumlich getrennten Orten – anstrebt. Als Vorbild für die einschichtige Informationsversorgung galten die Medizinbibliothek und Wirtschaftswissenschaftliche Bibliothek mit dem Schweizerischen Wirtschaftsarchiv (heute UB Wirtschaft - SWA und UB Medizin), in denen die Bestände der UB Basel integriert und die ihr seit Mitte 1970er resp. 1980er Jahre als Filialbibliotheken administrativ unterstellt sind.

Die Kompetenzregelung stärkte die Rolle der Verbundkoordination. Ihre fachliche Führungsrolle gegenüber universitären Verbundbibliotheken wurde bestätigt. Die Universitätsleitung bewilligte im Jahr 2000 wegen der chronischen Unterdotierung in den Verbundbibliotheken zusätzliche Personalmittel, die für den Einsatz von Störbibliothekar/innen in universitären Bibliotheken ohne bibliothekarisches Personal eingesetzt wurden. Parallel dazu wurden Teilzeitstellen in Stellenpools zusammengefasst und die Vermittlung von Personal bei längeren Krankheitsabsenzen oder Vakanzen sichergestellt. Somit konnten alle Bibliotheken zur Teilnahme am Verbund verpflichtet werden.

Als weiterer zentraler Punkt der *Kompetenz- und Koordinationsregelung* ist die noch stärkere Verpflichtung aller universitären Verbundbibliotheken zur Erwerbungskoordination untereinander und mit der UB Basel zu nennen. Die Zeitschriften-Clearingstelle, welche alle Neu- und Abbestellungen von Print- und elektronischen Zeitschriften der UB Basel, aus deren Filialen und den universitären Verbundbibliotheken bisher nachwies, erhielt den Auftrag, frühzeitig zwischen den Bibliotheken koordinierend und verbindlich einzugreifen. Dadurch konnten nicht nur wie bisher doppelte Zeitschriftenabonnements vermieden, sondern die aus Konsortialverträgen und Zeitschriftenpaketen resultierenden Verpflichtungen gewährleistet werden. Daraus entwickelte sich ein E-Medienkompetenzzentrum, in dem alle Erwerbungs- und Verwaltungsarbeiten mit E-Medien gebündelt und die Erschließung wie Vermittlung in der Pilotphase geprüft werden. Aktuell bietet es gesamtuniversitär Unterstützung bei der Umstellung auf das E-Only-Primat bei Zeitschriften.

Aufgrund der technologischen Entwicklungen und den erhöhten Ansprüchen an ein Bibliotheksverwaltungssystem schlossen sich 1996 einige Universitätsbibliotheken zur Konferenz Deutschschweizer Hochschulbibliotheken (KDH) zusammen, mit dem Ziel, gemeinsam ein neues Bibliotheksverwaltungssystem zu evaluieren. Ab 1999 wurde in allen Bibliotheken des Informationsverbunds Deutschschweiz (IDS) das Bibliotheksverwaltungssystem Aleph 500 eingeführt. Es entstanden IDS-Teilverbünde, darunter der IDS Basel Bern. Die ursprünglich geplante Zusammenführung der verschiedenen IDS-Kataloge in *einer* Datenbank wurde bisher nicht realisiert.

Mit dem Wechsel zu Aleph 500 konnte den Benutzer/innen ein neuer, webbasierter Katalog angeboten werden. Die Recherchemöglichkeiten wurden erweitert und gleichzeitig vereinfacht. Durch die Integration aller Bibliotheken und die Rekatalogisierung aller universitären und nicht-universitären Bestände wurde die Funktion des früheren Zentralkatalogs – die gesamten Bestände der Universität Basel sind über *einen* Zugangspunkt recherchierbar – inzwischen nicht nur wieder erreicht. Dank der Anreicherung mit Inhaltsverzeichnissen, Zeitschrifteninhalten und E-Books und dem Rechercheportal *swissbib Basel Bern* steht eine umfangreiche orts- und zeitunabhängige Informationsplattform zur Verfügung.

Medienausgaben an der Universität Basel

Seit dem Jahr 2000, also mit Inkrafttreten der *Kompetenz- und Koordinationsregelung*, werden die effektiv getätigten Ausgaben für alle Medien von der Verbundkoordination zusammengetragen und sowohl dem Fachreferat der UB Basel als auch der Bibliothekskommission der Universität Basel vorgelegt. Damit ist ein Instrument zur Beobachtung der Entwicklung von Medienausgaben der einzelnen Fächer entstanden und das Ausgabenverhältnis zwischen den universitären Verbundbibliotheken und der UB Basel kann verfolgt werden. Verzichtet ein Fachbereich beispielsweise auf Medienausgaben und überlässt die Literaturversorgung für dieses Fach ohne Absprache der UB Basel, kann interveniert werden.

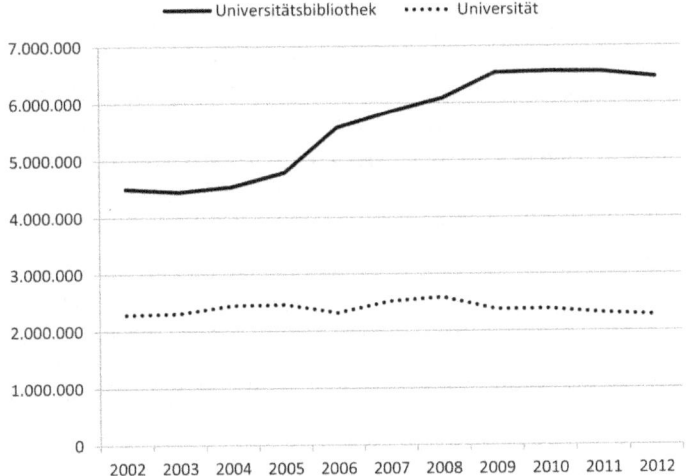

Abbildung 2: Entwicklung der letzten zehn Jahre der effektiv getätigten (nicht der budgetierten) Medienausgaben an der Universität Basel, aufgeteilt nach UB Hauptbibliothek mit UB Medizin und Wirtschaft (durchzogene Linie) und universitären Verbundbibliotheken (punktierte Linie).

2002 gaben die UB Basel und ihre Filialen mit rund 4,5 Mio. CHF rund doppelt so viel für Medien – Monografien, Serien/Fortsetzungen, Zeitschriften, elektronische Medien und alte Drucke – aus wie die restlichen universitären Verbundbibliotheken (rund 2,3

Mio. CHF). Ab dem Jahr 2005 war bei den Ausgaben der UB Basel ein Anstieg bis im Jahr 2012 auf rund 6,5 Mio. CHF zu verzeichnen, so dass deren Medienausgaben zwei Drittel im Verhältnis zu den stabilen rund 2,3 Mio. CHF der universitären Verbundbibliotheken betrug. Die Erklärung hierfür ist bei den Käufen von E-Medien-Paketen zu suchen, deren Aufpreise zu den Printmedien die UB Basel vollständig trägt.

Neue Campus-Standorte und Schaffung von Fachbereichsbibliotheken

2007 verabschiedete die Universität Basel eine Strategie[4], in der u. a. die Campus-Bildung innerhalb der Stadt Basel an den drei Standorten Petersplatz, Schällemätteli und Brückenkopf Volta festgelegt und bestätigt wurde. Einzelne Standorte außerhalb dieses Campus-Gefüges, wie z. B. Sport und Sportwissenschaften, sollten beibehalten oder im angrenzenden Kanton Baselland angesiedelt werden. Für die Juristische und Wirtschaftswissenschaftliche Fakultäten wurde eine Zwischenlösung beim Basler Bahnhof SBB gefunden.

Auf dem Campus Petersplatz wurden und werden sukzessive Reorganisationen und Bibliothekszusammenführungen im Bereich der Geistes-, Kultur- und Sozialwissenschaften in bestehenden, meist historischen Gebäuden umgesetzt. Auf dem Campus Schällemätteli, einem Schwerpunkt für Life Sciences und Naturwissenschaften, entsteht seit 2013 in der Nähe der Universitätsspitäler ein 73 m hoher Laborneubau, in dem das Biozentrum untergebracht wird[5]. Weitere Um- und Neubauten folgen auf diesem Gelände. Hingegen wurde die Planung für den Campus Brückenkopf Volta sistiert und der Campus Rosental für die Departemente Umweltwissenschaften und Zahnmedizin neu aufgenommen.[6]

Die Bildung von Campus-Standorten innerhalb und möglicherweise außerhalb der Stadtgrenzen sind auf dem Hintergrund der allgemeinen Entwicklung der Universität Basel zu betrachten. Sie hatte sich mit der Strategie 2007 das Ziel gesetzt, im Jahr 2020 eine Universität für 13.000 Studierende zu werden.[7] Dafür werden die ent-

---

[4] Universität Basel: Strategie 2007. S. 29. http://www.unibas.ch/doc/doc_download.cfm?uuid=3F 26A5493005C8DEA370F832BA853B42&&IRACER_AUTOLINK&& oder: http://tinyurl.com/qhlesbv (16.12.2013).

[5] Basel-Stadt: Biozentrum Universität Basel, Neubau. http://www.hochbauamt.bs.ch/projekt-466 (30.10.2013).

[6] Universität Basel: Strategie 2014. S. 20. http://www.unibas.ch/doc/doc_download.cfm?uuid=2C E06714A35C311AFBDD83874C52530C&&IRACER_AUTOLINK&& oder: http://tinyurl.com/ndm9ruo (16.12.2013).

[7] 2013 ist diese Zahl Studierender nahezu erreicht. Auf die aus dem unerwartet hohen Wachstum resultierenden aktuellen Raum- und Ressourcen-Probleme wird an dieser Stelle nicht eingegangen.

sprechenden Verwaltungsstrukturen (Stichwort Departementsbildung) errichtet, und an diesen orientiert sich die strategische Immobilienplanung der Universität Basel.

2010 wurde an der Philosophisch-Historischen Fakultät das Departement Altertumswissenschaften gebildet und die Fachbereiche Alte Geschichte, Klassische Archäologie, Ur- und Frühgeschichtliche und Provinzialrömische Archäologie, Ägyptologie, Historisch-vergleichende Sprachwissenschaft, Latinistik und Gräzistik in *einem* Gebäude, im Rosshof, vereint. Deren Bibliotheksbestände, die altertumswissenschaftlichen Bestände der Universitätsbibliothek und der Gesellschaft Archäologie Schweiz, wurden in der neuen (Fachbereichs)Bibliothek Altertumswissenschaften der Universität Basel (BAW) zusammengeführt.

Die Zielkonflikte bei der Konzeption einer Fachbereichsbibliothek sind gegeben. Der Wunsch nach einer Präsenzbibliothek für umfassendes Arbeiten vor Ort widerspricht der Gepflogenheit einer der Ausleihe verpflichteten UB. Der Anspruch von Forschenden und Studierenden nach einer während 24 Stunden an 7 Tagen zugänglichen Bibliothek mit persönlichen Arbeitsplätzen macht bei beschränkten Personalressourcen eine lückenlose Kontrolle des ausgehenden Bestands unmöglich. Die übersichtlich gruppierten Bestände und vertrauten fachspezifischen Aufstellungssystematiken werden nicht aufgegeben zugunsten einer gröberen, weniger individualisierten Systematik.

In anderen Fällen erschweren die räumlichen Rahmenbedingungen die Bildung von Fachbereichsbibliotheken mit UB-Beständen. Beispielsweise haben die Romanistischen Seminare zusammen mit dem Orientalischen Seminar ein Gebäude bezogen, das die Einrichtung einer Fachbibliothek pro Stockwerk erlaubte. Ein gemeinsamer Zugang mit Informationstheke und Bibliotheksverwaltungsbüro verbindet die einzelnen Fachbibliotheken. Die Literaturversorgung wird weiterhin zweischichtig geführt, da die Romanistikbestände der UB aufgrund der räumlichen Gegebenheiten nicht integriert werden konnten. Im Gegenteil: Geprüft wird bei solchen Gelegenheiten auch die Verschiebung von Beständen an die UB Hauptbibliothek, zu deren Pflichten auch die zentrale Archivierung gehört. Mit dieser Verpflichtung wird sichergestellt, dass keine Dubletten archiviert und keine kostspieligen dezentralen (Kleinst-)Magazine gebaut und bewirtschaftet werden müssen.

Die Bildung der Campus-Standorte und deren bauliche Entwicklung erfordern aufwändige Vorarbeiten und lange Vorlaufzeiten für Architekturwettbewerbe, Planung und Realisierung. Die Verbundkoordination verantwortet die bibliotheksspezifischen Seiten der Planung. Genügend Raum ist einzuplanen, um sowohl die benötigten Medien unterzubringen als auch den Benutzer/innen eine angenehme und adäquate Lernumgebung zu bieten. Letztere soll in ruhigen Räumen stilles Arbeiten und in Gruppenräumen Diskussionen ermöglichen. Die Raumbedürfnisse zu definieren, ist mit Unsicherheiten verbunden. Erfahrungsgemäß ändert sich die Zusammensetzung der künftigen Fachbereiche – mit Auswirkungen auf die ursprüngliche Schätzung bezüglich zu erwartenden Beständen, Studierendenzahlen, Nutzeraufkommen und -verhalten. Die Nutzung hängt sehr von der Lage des geplanten Standorts resp. der

Distanz zu anderen Universitätsstandorten ab. Ebenso spielt der Zeitfaktor eine zentrale Rolle: Bauprojekte mit langer Planungsdauer sind mit hoher Planungsunsicherheit behaftet, bei jenen mit kurzer Planungsdauer entsteht ein hoher Arbeitsdruck bei kaum zu verändernden Rahmenbedingungen.

Die knappen Raumreserven machen Zwischennutzungen erforderlich. Sobald ein neuer definitiver Standort für ein Departement oder einen Fachbereich festgelegt wurde, starten die Planungen für die Nach- oder Zwischennutzung. Genügend Rochadeflächen sind in dieser Phase sehr wichtig.[8] Beispielsweise werden in einer Häuserreihe in der Altstadt am Nadelberg 4–8 aufgrund des Auszugs von zwei Seminaren ein Stockwerk und ein Hausteil frei. Nun gilt es für die verbliebenen Fachbereiche der Sprach- und Literaturwissenschaften, die verwinkelten und auf mehrere Häuser verteilten Räumlichkeiten neu zu belegen. Aus bibliothekarischer und Nutzersicht wäre ein Zusammenzug der Bibliotheken der Fachbereiche Germanistik, Nordistik, Anglistik und Slawistik eine ideale Gelegenheit, um das Dienstleistungsangebot zu verbessern. Es könnten einheitliche und durchgehende Öffnungszeiten, mit Fachauskünften, geregelter Ausleihe etc. angeboten werden.

Organisationsanpassungen als Folgemaßnahmen

Die UB Basel wird seit den 1970er Jahren nach betriebswirtschaftlichen Kriterien geführt, während die Universität – im Rahmen der kantonalen Verwaltung und Vorgaben – eine hohe Autonomie genoss. Dieses Selbstverständnis beeinflusst zuweilen noch heute die Reorganisationsvorhaben. Wie die UB Basel vor 30 Jahren als Betrieb und Trägerin des Bibliotheksverwaltungssystems dazu prädestiniert war, dieses in Verbundbibliotheken einzuführen und den Bibliotheksverbund aufzubauen, ist sie es heute bei den organisatorischen und baulichen Restrukturierungsmaßnahmen. Welchen Schwierigkeiten die Verbundkoordination dabei begegnet resp. in den kommenden Jahren begegnen wird, sei an folgenden Beispielen illustriert.

Anders als bei der UB Wirtschaft - SWA und UB Medizin wurde die Bibliothek Altertumswissenschaften der Universität Basel (BAW) nicht als Filialbibliothek konzipiert. Das bedeutet, sie wurde administrativ nicht in die UB Basel integriert, sondern es wurde für sie ein neues Kooperationsmodell entwickelt. Die Verbundkoordinatorin steht dem Bibliotheksteam der BAW vor, welches für das operative Geschäft von einem verantwortlichen Bibliothekar geführt wird. Das Team wird vom Departement und der UB Basel finanziert. Eine Bibliothekskommission mit Vertreter/innen der beteiligten Institutionen trifft die strategischen Entscheidungen. Am Beispiel der Position des Fachreferats lässt sich der Unterschied verdeutlichen: Beim Konzept Fili-

---

[8] Tschumi, Christoph: Bauen am Erfolg der Universität. In: Uniintern, Magazin für die Mitarbeitenden der Universität Basel (2011) H. 04. S. 11–12.

albibliotheken führt ein Fachteam der UB Basel die Filiale nahe der Fachnutzer und das Fachreferat der UB ist für den Gesamtbestand zuständig und nimmt alle Funktionen eines Fachreferats wahr. Bei der BAW hingegen ist der Fachreferent der UB ausschließlich für die UB-Bestände und Assistierende für jene der beteiligten Institutionen zuständig.

Beim Departement Sport, Bewegung und Gesundheit (DSBG) dagegen wird, explizit auf Wunsch der Geschäftsführung hin, für einen Neubau die Einrichtung einer Filialbibliothek geplant. Das Fachreferat ist zusammen mit der Verbundkoordination eingebunden in die Vorbereitung, von der Bauplanung über den Bestandsaufbau bis zur Konzeption des künftigen Dienstleistungsangebots.

Elektronische Literaturversorgung

Während die stete Zunahme an physischen Beständen Probleme beim Raumbedarf aufwarf entstehen mit der Anschaffung von elektronischen Medien Fragen bezüglich deren Bearbeitung und Vermittlung. Die für Print-Bestände vorgesehenen Arbeitsabläufe und die Recherche für die Benutzer/innen müssen angepasst werden. Die UB Basel verfolgte bisher die Politik, alle elektronischen Medien der Universität im Verbundkatalog nachzuweisen und parallel dazu auf der Homepage über die Virtuelle Bibliothek den Zugriff via Fachgebiete und eine A–Z-Liste auf Zeitschriften und Datenbanken anzubieten. Hilfsmittel wie der SFX-Link vom Verbundkatalog zur elektronischen Zeitschrift erleichtern die Recherche und ein Electronic Ressource Management-System (ERM) die Verwaltung von elektronischen Medien. Mit der mengenmäßigen Zunahme und den umfangreichen Zeitschriftenpaketen mit ständig wechselnden Zusammensetzungen von geführten Titeln konnte das Ziel, alle E-Medien vollständig im Verbundkatalog zu verzeichnen, nicht mehr bewältigt werden, trotz Metadatenlieferung zum Import in das Bibliotheksverwaltungssystem. Die Importe von Datensätzen lizenzierter E-Books wurden sistiert.

Der einfache und sichere Zugriff auf elektronische Medien wird umso bedeutender mit dem Wechsel zu E-Only, den einige Verlage und Anbieter vollzogen haben und dem die Bibliotheken an der Universität Basel gezwungenermaßen nun folgen müssen.[9] Die Benutzer/innen haben dann keine Wahl zwischen den Print- und elektronischen Versionen. Welche Konsequenzen dieser Wechsel auf die Verwaltung von Verbundbibliotheken hat, ist im Moment noch nicht absehbar. Die Tendenz geht jedoch Richtung Verschiebung von dezentralen Arbeiten der Verbundbibliotheken zur UB Hauptbibliothek, Verschiebung von physischen Beständen, insbesondere

---

[9] Die Universitätsbibliothek stellt ab 2014 die Erwerbung bei Zeitschriften konsequent auf E-Only um und verzichtet auf gedruckte Ausgaben. Gründe für das Beibehalten von gedruckten Ausgaben, verbunden mit zusätzlichen Kosten, sind in einer abschließenden Liste festgehalten.

Zeitschriften, zur Archivierung in die Magazine der UB Hauptbibliothek, idealerweise verbunden mit der Erhaltung der dezentral vorhandenen Stellenprozente.

Mit dem Rechercheportal swissbib Basel Bern wird eine Lösung zur übergreifenden Suche von gedruckten und elektronischen Medien angeboten. In diesem Prozess zeigte sich jedoch, dass Bibliotheken mit Spezialgebieten wie z. B. Musik oder alte Drucke spezifische Recherchebedürfnisse haben, die bei der Entwicklung des Rechercheportals u. a. durch die Verbundkoordination einzubringen sind.

Open Access

Zur Umsetzung von Open Access an der Universität Basel richtete die UB Basel einen Dokumentenserver edoc ein. Die Metadaten werden in Kooperation mit der Forschungsdatenbank der Universität Basel, in welcher gesamtuniversitär alle wissenschaftlichen Mitarbeiter/innen ihre Projekte und Publikationen erfassen, abgeholt. Da diese Metadaten den Qualitätsansprüchen nicht genügen, werden die Datensätze in das Bibliotheksverwaltungssystem transferiert und nach den üblichen Katalogisierungsregeln (KIDS[10]) überarbeitet. Die Forschungsdatenbank profitiert von dieser Bereinigungsarbeit mittels Rückimporten. Der Transfer der elektronisch vorhandenen Dokumente erfolgt von der Forschungsdatenbank auf den Dokumentenserver edoc. Parallel dazu hat das Projektteam weitere Strategien zur Förderung von Open Access verfolgt und eine entsprechende Policy erarbeitet. Mit dem Erlass dieser Policy durch das Rektorat im Frühjahr 2013 hat die Universität Basel ihre positive Haltung bestärkt und Open Access als Grundsatz für die Veröffentlichung von Forschungsergebnissen deklariert. Verfolgt wird zurzeit der sogenannte Grüne Weg zu Open Access, d. h., es wird eine Zweitveröffentlichung deponiert. Noch haben erst wenige elektronische Dokumente den Weg nach edoc gefunden, doch mit der Unterstützung des Projektteams, vor allem bezüglich den rechtlichen Bestimmungen, findet die nötige Sensibilisierung bei den Forschenden statt. Dieses Projektteam ist an der Verbundkoordination angesiedelt, da es mit den Bibliothekar/innen in den Verbundbibliotheken zusammenarbeitet und diese nach Etablierung des Verfahrens vor Ort erste Ansprechstellen für Forschende sein werden.[11]

---

10 KIDS: Katalogisierungsregeln im Informationsverbund Deutschschweiz basierend auf den AACR2.
11 Sartori, Nicolas: Forschungsergebnisse der Universität Basel – für alle offen. In: Momentaufnahmen 2013/14. S. 30–33.

Fazit

Die Universität Basel steht mit ihren Bibliotheken an einem Wendepunkt, der beeinflusst ist von der Reorganisation der Verwaltungsstrukturen (Departementsbildung), der Raumreallokation (Campusbildung) und einer zweiten Phase der Bildung von professionell geführten Fachbereichsbibliotheken. Letzteres steigert die Erwartungen an das Dienstleistungsangebot in Fachbereichsbibliotheken bezüglich des Informationsangebots und der Informationsvermittlung, der Öffnungszeiten und der Bereitstellung von bedarfsgerechten Lernräumen. Die Ansprüche orientieren sich am Angebot der UB-Standorte. Mit der Verlagerung von aktueller Literatur aus der UB Hauptbibliothek in die Fachbereiche wird eine engere Zusammenarbeit des Fachreferats mit den Fachbereichen unumgänglich und bindet sie in deren Tagesgeschäfte ein.

Ebenso kommt es zu Veränderungen bei der UB Hauptbibliothek. Das Grundangebot an gedruckter Literatur wird zugunsten der Fachbereiche reduziert und bei Bedarf wird benötigte Literatur per Kurier geliefert. Die universitätsweite Verfügbarkeit von E-Medien führt dazu, dass an allen Informationsstellen um Beratung nachgesucht wird. Daher ist deren Personal stärker in die Abläufe und Strukturen der UB Basel wie auch Weiterbildungsangebote einzubeziehen. Schulungen und zeitaufwändige Kurse für Informationskompetenz können gemeinsam konzipiert und durchgeführt werden. Die Spezial- und gesamtuniversitären Aufgaben werden an der UB Basel erweitert. Neben der etablierten Pflege und Bereitstellung von Sondersammlungen und alten Drucken in Sonderlesesälen wird die Erschließung und Digitalisierung dieser Bestände zur Präsentation im Web über Jahre Ressourcen binden. Zur Aufgabe der Langzeitarchivierung einer zunehmenden Menge gedruckter Medien, u. a. aus universitären Verbundbibliotheken, kommt das Sorgen für die elektronische Langzeitarchivierung von elektronischen Medien. Letzteres wie die Erfahrung mit dem Aufbau des Dokumentenservers edoc und die hohe Fachkompetenz in Metadaten prädestiniert die UB Basel für eine aktive Mitarbeit bei der Archivierung von Forschungsprimärdaten.

In dieser Phase braucht es die Offenheit der UB-Mitarbeitenden, ihr Fachwissen mit den Kolleg/innen in den Fachbereichsbibliotheken zu teilen. Die UB Basel will in Kooperation mit den universitären Bibliotheken ihre Vision „Wir verbinden Menschen und Informationen" erfüllen und heute und morgen sicherstellen, „dass unsere Benutzer die richtige Information zum richtigen Zeitpunkt am richtigen Ort erhalten". So hat sie es in ihren strategischen Zielen 2014 formuliert.

Flexible Informationsstrukturen durch Clusterbildung und Kooperation mit Einrichtungen innerhalb und außerhalb der Hochschule

Die Weiterentwicklung von Hochschulbibliothekssystemen geschieht nicht nur auf der Ebene einer einzelnen Hochschule, sondern kann auch durch Zusammenschluss mehrerer ehemals eigenständiger Einrichtungen im Sinne einer Clusterbildung oder durch kooperative Strategien voran getrieben werden. So existiert bereits seit vielen Jahrzehnten in Stuttgart eine enge Zusammenarbeit zwischen der Württembergischen Landesbibliothek mit ihren geistes- und sozialwissenschaftlichen Bestandsschwerpunkten und der Universitätsbibliothek mit ihrem technisch-naturwissenschaftlichem Profil, die das System der wissenschaftlichen Literaturversorgung für die Universität Stuttgart trägt. Bemerkenswert ist dabei, dass eine vertragliche Bindung bis heute nicht besteht, sondern dass die Kooperation nur auf Absprachen beruht. Zwei Bibliotheken unter einem Dach gibt es in Berlin, wo die Universitätsbibliotheken der Technischen Universität bzw. der Universität der Künste im gemeinsamen Bibliotheksgebäude bei Wahrung der organisatorischen Eigenständigkeit dennoch eng miteinander kooperieren. So gaben sich beide Bibliotheken zum Beispiel eine gemeinsame Gebühren- und Benutzungsordnung, führen eine gemeinsame Benutzerdatenverwaltung und setzen in einigen Bibliotheksbereichen das Personal gemeinsam ein.

In Karlsruhe erbrachte die Fusion des Forschungszentrums Karlsruhe in der Helmholtz-Gemeinschaft mit der Universität Karlsruhe ein erhebliches Innovationspotential. Aufgrund der unterschiedlichen Trägerschaften (Bund bzw. Land Baden-Württemberg) bedurfte es eines eigenen Gesetzes zur rechtlichen Absicherung der Fusionierung. Die im Rahmen dieses Zusammenschlusses entstandene KIT-Bibliothek stand vor erheblichen Herausforderungen bei der Herausbildung eines gemeinsamen Selbstverständnisses von Universitätsbibliothek und Literaturversorgung eines Großforschungsbereichs. Ohne die regionalen Bibliotheksverbünde und ihre jeweiligen Verbundzentralen in Deutschland wären lokale Hochschulbibliothekssysteme kaum funktionsfähig. Deshalb kommt auch in einer zukünftigen neuen Verbundstruktur der Zusammenarbeit zwischen beiden Einrichtungen ein hoher Stellenwert zu. Und auch hier lohnt sich wieder ein Blick über die Grenzen, dieses Mal nach Frankreich und in das Elsass hinein. Die Reform des wissenschaftlichen Bibliothekswesens ist dort eng verwoben mit der Hochschulreform seit 1968, die zu einer relativ ausgeprägten Autonomie der Hochschulen geführt hatte. Eine neue „Standortpolitik" auf der Grundlage einer systematischen Bestandsaufnahme (carte documentaire) für die elsässischen Hochschulbibliotheken sowie für die Straßburger Nationalbibliothek soll die wissenschaftliche Literaturversorgung in Zukunft deutlich verbessern.

Hannsjörg Kowark
Die Württembergische Landesbibliothek und die Universitätsbibliothek Stuttgart

Beispiel einer Kooperation

Abstract: 60 Jahre enge Zusammenarbeit zwischen der Württembergischen Landesbibliothek und der Universitätsbibliothek Stuttgart. Von Anfang an standen Erwerbungsabsprachen und abgestimmter Bestandsaufbau im Vordergrund, die nach dem Ausbau der Technischen Hochschule Stuttgart zur Volluniversität Grundlage einer langjährigen Kooperation zwischen beiden Bibliotheken wurden. Auf diese Weise konnte die Universität Stuttgart im Laufe der Jahre Millionen von Euro einsparen und weiterhin ihren Schwerpunkt auf die Naturwissenschaften und Technik setzen. Ohne vertragliche Bindung gelten die getroffenen Absprachen bis heute. Die Württembergische Landesbibliothek hat somit für die Universität Stuttgart die Funktion der Universitätsbibliothek für die Geistes- und Sozialwissenschaften übernommen. In diesem Zusammenhang ist auch eine Fusion beider Bibliotheken geprüft worden. Weitere Kooperationen bestehen im IT-Bereich und in der Benutzung. Das „Stuttgarter Modell" gilt als Erfolgsmodell.

Keywords: Stuttgart, Landesbibliothek, Universitätsbibliothek, Bestandsaufbau, Fusion, Kooperation

Geschichtlicher Abriss der Württembergischen Landesbibliothek

Die Württembergische Landesbibliothek (WLB) ist eine der wenigen großen Regionalbibliotheken mit klar definierter regionalbibliothekarischer Ausrichtung, die gleichzeitig die Rolle einer großen Universitätsbibliothek einnimmt.

1765 von Herzog Karl Eugen als „Herzoglich-Öffentliche" Bibliothek gegründet, nahm sie durch kontinuierliche Förderung einen schnellen Aufschwung und zählte bereits seit Mitte des 19. Jahrhunderts zu den fünf größten Bibliotheken in Deutschland nach Berlin, Dresden, Göttingen und München mit reichen Beständen mittelalterlicher Handschriften, Inkunabeln und Bibeln. Säkularisierung und das Pflichtexemplargesetz seit 1817 hatten zu einem Anwachsen der Bestände geführt, so dass die Württembergische Landesbibliothek am Vorabend des Zweiten Weltkrieges über einen Bestand von 1,25 Mio. Bänden verfügte[1]. Den größten Rückschlag in ihrer Geschichte erfuhr die Württembergische Landesbibliothek im Zweiten Weltkrieg, als durch einen Bombenangriff mehr als die Hälfte des damaligen Buchbestandes zerstört wurde. Durch rechtzeitige Auslagerung konnte der gesamte Altbestand, die Bibelsammlung sowie die Hölderlinhandschriften vor der Vernichtung bewahrt werden[2].

Die Nachkriegszeit war geprägt von der Wiederbeschaffung der verbrannten Bibliotheksbestände unter schwierigen räumlichen und finanziellen Bedingungen. Diese Phase fand letztlich erst mit dem Bezug des Neubaus im Sommer 1970 ihren Abschluss. Trotz der Kriegsverluste war die Landesbibliothek auch nach dem Zweiten Weltkrieg die größte wissenschaftliche Bibliothek in Baden-Württemberg geblieben.

Profil der WLB

Die WLB ist eine wissenschaftliche Universalbibliothek mit geistes- und sozialwissenschaftlichem Schwerpunkt. Als Archivbibliothek seit 1817 für das württembergische bzw. seit 1964 für das baden-württembergische Pflichtexemplar archiviert die Landesbibliothek in Kooperation mit der Badischen Landesbibliothek alle in Baden-Württemberg veröffentlichten Medien. Seit Januar 2007 wurde das Pflichtexemplargesetz auf das Sammeln und Archivieren elektronischer Publikationen erweitert.

Unter den regionalen Dienstleistungen ist an erster Stelle die Dokumentation der Literatur über Baden-Württemberg zu nennen. Die Verzeichnung erfolgt seit 1973 gemeinsam mit der Badischen Landesbibliothek in der Landesbibliographie Baden-Württemberg.

In gleicher Weise ist die Landesbibliothek Dokumentationsstelle für die gesamte Hölderlinrezeption. Das Hölderlinarchiv betreut die Internationale Hölderlinbibliographie, die ebenfalls als Datenbank über das Internet angeboten wird.

Die Landesbibliothek betrachtet es als zentrale Aufgabe Wissenschaftler, Studierende und Bürger mit Informationen und Literatur zu versorgen und bietet kompetente Unterstützung bei der Nutzung von Fachdatenbanken, Internet sowie sonstiger elektronischer Quellen. Aufgrund der guten Medienbestände und der Bedeutung der historischen Sammlungen – Handschriften, Inkunabeln, Bibeln, Musik, Hölderlin- und George-Archiv und Bibliothek für Zeitgeschichte – sind für die WLB vier Kernaufgaben zu nennen:
- Literatur- und Informationsversorgung der Hochschulregion Stuttgart

---

[1] Vgl. Löffler, Karl: Geschichte der Württembergischen Landesbibliothek. Leipzig 1923. 262 S. (Beiheft zum Zentralblatt für Bibliothekswesen 50).
[2] Sieber, Ulrich: Verknappung, Verlagerung, Vernichtung. Die Württembergische Landesbibliothek in schwerer Zeit zwischen 1933 und 1945. In: Bücher, Menschen und Kulturen. Festschrift für Hans-Peter Geh zum 65. Geburtstag. Hrsg. von Birgit Schneider [u. a.]. München 1999. S. 14–28.

- Archivbibliothek seit 1817 für das württembergische bzw. seit 1964 für das baden-württembergische Pflichtexemplar
- Forschungsbibliothek
- Kultureinrichtung mit einem umfangreichen Ausstellungs- und Vortragsprogramm

Angesichts stagnierender Bibliotheksetats bei den Universitätsbibliotheken mit rückläufigen Monographienerwerbungen zugunsten von Datenbanken, E-Books und elektronischen Zeitschriften hat die Landesbibliothek für die universitäre Literaturversorgung schon immer eine Komplementärfunktion übernommen.

Die Württembergische Landesbibliothek und die universitäre Literatur- und Informationsversorgung

Bereits im 19. Jahrhundert zählte die Württembergische Landesbibliothek zu den großen wissenschaftlichen Bibliotheken in Deutschland, die aufgrund ihrer reichen Literaturbestände und Sammlungen in und außerhalb Württembergs einen festen Platz in der universitären Literaturversorgung eingenommen hat:

> Die Standardliteratur und grundlegende Forschungsliteratur der LB wird von ihren bisherigen Benutzern aus Stuttgart und Baden-Württemberg [...] intensiv entliehen [...]. Dabei muss besonders berücksichtigt werden, dass die LB schon bisher in großem Umfang von Studenten aller Hochschulen des Landes als zusätzliche UB benutzt wird und so alle Universitätsbibliotheken des Landes ergänzt[3].

Allerdings teilten sich in Württemberg die beiden einzigen wissenschaftlichen Bibliotheken des Landes – die UB Tübingen und die WLB – zunächst die universitäre Literaturversorgung.

Studierende aus Tübingen benutzen auch heute noch die Landesbibliothek in Stuttgart, so dass die enge Kooperation zwischen beiden Bibliotheken bis auf den heutigen Tag erhalten geblieben ist. Unterstützt wurde die enge Kooperation zwischen beiden Bibliotheken auch dadurch, dass der Direktor der WLB, Wilhelm Hoffmann, von 1948 bis 1952 die WLB und UB Tübingen in Personalunion geführt hat. Die Kooperation mit anderen Hochschulen vor allem in Stuttgart ist vor allem in der zweiten Hälfte des letzten Jahrhunderts weiter ausgebaut worden.

---

3 Universität Stuttgart, Senatsausschuss für die Zusammenarbeit zwischen der WLB und der UB Stuttgart: Empfehlungen vom 30.9.1971. WLB, Zentralakten.

Kooperation mit der Universitätsbibliothek Stuttgart

Eine enge Kooperation zwischen der Württembergischen Landesbibliothek und der Universitätsbibliothek Stuttgart entstand nach dem Zweiten Weltkrieg, als durch die Kriegseinwirkungen beide Bibliotheken große Verluste erlitten hatten und man die vorhandenen bibliothekarischen Ressourcen zu bündeln suchte. 1954 hat sich der Landtag von Baden-Württemberg mit einer „rationelleren Gestaltung des Bibliothekswesens in Baden-Württemberg" auseinandergesetzt und entsprechende Empfehlungen ausgearbeitet[4]. Im Rahmen dieser Untersuchung wurde die Zusammenlegung der Württembergischen Landesbibliothek und der Bibliothek der Technischen Hochschule geprüft. Da beide Bibliotheken im Zweiten Weltkrieg schwere Schäden erlitten hatten, sah man im gemeinsamen Wiederaufbau beider Bibliotheken wesentliche Vorteile:

> In einem Magazin [...] wären die weit über 100.000 Bände der Bibliothek der Technischen Hochschule leicht unterzubringen, so dass die Kosten für einen eigenen Magazinbau der Bibliothek der Technischen Hochschule eingespart werden könnten. Auch bei dem laufenden Aufbau des Bücherbestandes könnten sich [...] erhebliche Rationalisierungen erreichen lassen, wenn die beiden Institute in einem Haus vereinigt wären. Verständigung über Erwerbungen, Zugänglichkeit beider Kataloge an einem Ort, gleichzeitige Benutzung der Bibliographie würden in gleicher Weise auch dem Benützer dienen können.[5]

Rektor und Senat der Technischen Hochschule sahen durchaus die Vorteile einer Zusammenlegung beider Bibliotheken vor allem auch deshalb, da die Angehörigen der Technischen Hochschule auf die Benutzung der Württembergischen Landesbibliothek angewiesen seien. Allerdings vertrat die Leitung der Technischen Hochschule die Auffassung, dass eine Zusammenlegung nur auf dem Hochschulgelände erfolgen könne[6]. Aufgrund der nicht zu klärenden Standortfrage, wurde die Zusammenlegung beider Bibliotheken letztlich nicht weiter verfolgt, obwohl das grundsätzliche Interesse an einer engen Zusammenarbeit vor allem im Interesse der Studierenden uneingeschränkt vorhanden war.

In den 1960er Jahren erhielten beide Bibliotheken an ihren alten Standorten Neubauten, so dass bis Ende der 1990er Jahre die Diskussion um eine räumliche Zusammenlegung zunächst aufgegeben wurde.

---

4 Landtag von Baden-Württemberg, Beilage 1400. Stuttgart 1955. S. 2159.
5 Landtag von Baden-Württemberg (wie Anm. 4), S. 2169.
6 Landtag von Baden-Württemberg (wie Anm. 4), S. 2170.

Kooperation 1967–1999

Eine völlig neue Entwicklung trat Ende der sechziger Jahre ein mit dem Ausbau der Technischen Hochschule Stuttgart zur Voll-Universität. Dies betraf vor allem die literaturwissenschaftlichen Fächer Geschichte sowie Wirtschafts- und Sozialwissenschaften.

Da die Literaturversorgung für die neuen Lehrangebote von der Bibliothek der Technischen Hochschule nicht geleistet werden konnte, wurde vom Großen Senat der Universität Stuttgart ein Ausschuss einberufen, der sich aus Vertretern der Universität, der UB und der WLB zusammensetzte mit dem Ziel, eine künftig noch engere Zusammenarbeit zwischen beiden Bibliotheken zu untersuchen.

Dieser Senatsausschuss hat unter Berücksichtigung aller Aspekte geprüft, welche Voraussetzungen in den Bereichen Bestandsaufbau, Erwerbung und Benutzung geschaffen werden müssten, um in enger Kooperation die Literatur-Versorgung der neuen Fachbereiche der Universität effizient und vor allem wirtschaftlich sicherstellen zu können.

Die WLB erhielt in diesem Zusammenhang den Auftrag, mögliche Kooperationsmodelle zu erstellen.

Folgende drei Modelle wurden dem Ausschuss vorgestellt:
- Modell 1: Verbesserung des status quo durch eine engere Kooperation
- Modell 2: gemeinsame Leitung von UB und WLB verbunden mit Strukturverbesserungen beider Bibliotheken
- Modell 3: Zusammenlegung von UB und WLB zu einer Staats- und Universitätsbibliothek

Nach mehreren Sitzungen und intensiver Diskussion hat sich der Senatsausschuss für Modell 2 – WLB und UB unter gemeinsamer Leitung – ausgesprochen. Der damalige Direktor der Württembergischen Landesbibliothek, Hans-Peter Geh, wurde in diesem Zusammenhang befragt, ob er bereit wäre, die gemeinsame Leitung zu übernehmen. Dieser knüpfte seine Zustimmung an die Bedingung, dass beide Bibliotheken dem Ministerium direkt unterstellt würden.

Bei der sich anschließenden Abstimmung im Senat scheiterte Modell 2 an dieser Bedingung mit 14 zu 12 Stimmen. Bei einer direkten Unterstellung unter das damalige Kultusministerium fürchtete die Universität um ihren Einfluss auf die UB. Hinzu kam die Unsicherheit, „ob die anderen Universitäten des Landes einer direkten Unterstellung auch der Universitätsbibliothek unter das damalige Kultusministerium zustimmen würden"[7].

---

7 Geh, Hans-Peter: Die Württembergische Landesbibliothek in Kooperation mit der Universitätsbibliothek Stuttgart. Das Stuttgarter Modell. In: Die Landesbibliotheken an der Schwelle zum nächsten

Modell 3 wurde ebenfalls nicht weiterverfolgt, da ein gemeinsamer Bau bzw. eine völlig neue Bibliotheksstruktur in absehbarer Zeit, nicht realisierbar schien.

Man zog sich deshalb auf die einzige noch übrig gebliebene Option zurück, die aus damaliger Sicht sofort umgesetzt werden konnte: eine noch engere Kooperation in den Bereichen Bestandsaufbau und Erwerbung, um möglichst schnell die Literaturversorgung in den Geistes- und Sozialwissenschaften für die Universität sicherstellen zu können.

Der Senatsausschuss für die Zusammenarbeit zwischen der Württembergischen Landesbibliothek und der Universitätsbibliothek Stuttgart hat deshalb einen Unterausschuss Bestandsaufbau und Erwerbung einberufen, um die künftigen Kooperationsmöglichkeiten zu erarbeiten.

Im Unterschied zur Landesbibliothek verfügte die UB Stuttgart nur über geringe Literaturbestände in den geisteswissenschaftlichen Fächern. Die Landesbibliothek hatte zwischen 1946 und 1970 die durch Kriegsverluste entstandenen Lücken durch systematischen Bestandsaufbau weitgehend schließen können, so dass sie in den genannten Fachgebieten wieder über Bestände verfügte, die durchaus mit Freiburg, Heidelberg und Tübingen vergleichbar waren. Für eine Erweiterung dieser Literaturbestände hätte es in der UB Stuttgart erheblicher finanzieller Mittel bedurft, die damals nicht zur Verfügung standen. Der Unterausschuss sprach sich deshalb dafür aus, dass „der vorhandene Bestand der LB bei den weiteren Erwerbungen in der Weise vermehrt werden muss, dass neben den Aufgaben einer Staatsbibliothek die besonderen Bedürfnisse der Universität ausreichende Berücksichtigung finden können"[8].

Für die UB Stuttgart wurde empfohlen, in den Geisteswissenschaften nur Standardwerke und Studienliteratur zu erwerben. Die Landesbibliothek sollte auf der Grundlage der bereits vorhandenen Bestände Forschungs- und Spezialliteratur erwerben. Bei der Literatur in den naturwissenschaftlichen und technischen Fachgebieten sollte die Landesbibliothek hingegen Zurückhaltung üben. Diese pauschalen Absprachen wurden umgesetzt und sind in den Folgejahren teilweise noch enger gefasst worden.

In einer Stellungnahme schrieb der Direktor der Universitätsbibliothek 1975 an das Kultusministerium: die Landesbibliothek hat „besondere Aufgaben der Bücherversorgung der Universität auf dem Gebiet der Geisteswissenschaften übernommen. Es muss noch einmal hervorgehoben werden, dass beide Bibliotheken – insbesondere bei der Abstimmung der Erwerbung – in ständigem Kontakt stehen"[9].

Einige Zahlen aus dem Jahre 1997 mögen diese Entwicklung verdeutlichen:

Jahrtausend. Symposium am 9. u. 10. Sept. 1993 in der Sächsischen Landesbibliothek zu Dresden. Dresden: Ges. d. Freunde u. Förderer d. Sächsischen Landesbibl. 1993. S. 58.

8 Universität Stuttgart. Senatsausschuß für die Zusammenarbeit zwischen der Württembergischen Landesbibliothek und der Universitätsbibliothek Stuttgart, Unterausschuß Bestandsaufbau und Erwerbung: Empfehlungen. S. 3. WLB, Zentralakten.

9 Schreiben des Direktors der Universitätsbibliothek Stuttgart an das Kultusministerium Baden-Württemberg. 15.9.1975. WLB, Zentralakten.

Während die UB Stuttgart mit steigender Tendenz 83,45 % des Erwerbungsetats für Naturwissenschaften und Technik, 6,95 % für Geistes- sowie 5,47 % für Sozialwissenschaften ausgibt, beträgt der Anteil der Geisteswissenschaften in der WLB 51,06 %, der Sozialwissenschaften 18,88 % sowie der Anteil für Naturwissenschaften und Technik 10,05 %[10].

Wie aus der Etatverteilung der beiden Bibliotheken erkennbar, hat die Landesbibliothek die Literaturversorgung in den geistes- und sozialwissenschaftlichen Fächern übernommen und deshalb auch für die Universität Stuttgart die Funktion einer geisteswissenschaftlichen Universitätsbibliothek. Letzteres wird auch durch die Ausleihzahlen der Universitätsbibliothek Stuttgart auf geisteswissenschaftliche Literatur bestätigt, die 1992 nur 5,5 % betragen haben[11].

Kooperation 1999–2013

Eingeleitet wurde diese Phase mit dem Vorschlag der Leitung der Universitätsbibliothek Stuttgart in einem Gespräch mit dem damaligen Wissenschaftsminister, Universitäts- und Landesbibliothek zusammenzulegen. Dieser Vorschlag war von der Universitätsbibliothek in einem mehrseitigen Grundsatzpapier ausgearbeitet worden[12]. Darin hieß es:

> Es wird vorgeschlagen, eine Projektgruppe zu installieren, die eine Aufbauorganisation zur Kooperation (bzw. der Vereinigung) der Württembergischen Landesbibliothek und der UB Stuttgart vorschlägt, die benutzerorientiert, kostengünstig und leistungsfördernd ist. Diese Struktur soll die Leistungsfähigkeit der Bibliotheken weiterhin sichern.[13]

Enthalten waren in dem Projektplan bereits sehr konkrete Vorschläge zur Aufteilung des Pflichtexemplars, Konzentration der Fachreferate, einer zentralen Erwerbsabteilung sowie der Zusammenlegung der Fernleihe. Bis Ende Oktober 1998 sollte von der Projektgruppe dem Ministerium für Wissenschaft, Forschung und Kunst ein entsprechender Projektvorschlag zur Entscheidung vorgelegt werden.

In Anbetracht der damaligen Haushaltslage sind diese Vorschläge im Ministerium zunächst auf offene Ohren gestoßen. Ein Gespräch zu diesem Thema hat mit beiden Bibliotheken am 30. April 1998 im Ministerium für Wissenschaft, Forschung

---

10 Schreiben WLB an MWK vom 18.8. 1997. WLB, Zentralakten.
11 Vgl. Geh, Württembergische Landesbibliothek (wie Anm. 7), S. 62.
12 Vorschläge für ein Stuttgarter Bibliothekskonzept. Kooperationsorganisation, Aufbauorganisation WLB/UB Stuttgart. 1998. 5 S. WLB, Zentralakten
13 Vorschläge (wie Anm. 12), S. 1.

und Kunst stattgefunden, um die Vor- und Nachteile einer Fusion bzw. engeren Kooperation zu erörtern.[14]

Die Folge war, dass die Zusammenlegung beider Bibliotheken unter wirtschaftlichen Gesichtspunkten seitens des Ministeriums einer genauen Prüfung unterzogen worden ist.

Da die bereits vorhandenen Kooperationen im Erwerbungsbereich nur durch eine Integration der fünf verschiedenen Standorte beider Bibliotheken im Rahmen eines Bibliotheksneubaus nennenswerte Einsparungen erbracht hätten, hat das Ministerium von diesem Projekt Abstand genommen und eine weitere Optimierung der bestehenden Kooperation empfohlen.

Auf dem Gebiet der Erwerbungskooperation hat die WLB 1999 in den naturwissenschaftlichen Fächern mit Ausnahme der Medizin den Kauf bis auf wichtige Nachschlagewerke zugunsten der Geisteswissenschaften eingestellt. Nur noch 4 % des Erwerbungsetats entfallen auf die Naturwissenschaften. Diese klare Schwerpunktbildung zwischen Universitäts- und Landesbibliothek hat sich äußerst vorteilhaft auf die Literaturversorgung der Region Stuttgart ausgewirkt. Trotz Kürzungen im Haushalt vor allem in den Jahren 1999 bis 2003 konnte ein immer noch breites Literaturangebot vorgehalten werden, was sich nach wie vor in steigenden Ausleihzahlen spiegelt. Insgesamt werden jährlich ca. 1,3 Millionen Bände von 32.000 Benutzern ausgeliehen. Allein 52 % dieser Benutzer sind Studierende.

Obwohl keine vertragliche Vereinbarung zwischen den Bibliotheken bestehen, treffen sich die EDV-Leiter in regelmäßigen Abständen. Das Ministerium hat diese Kooperation im IT-Bereich immer wieder mit Projektmitteln unterstützt, so dass zum Beispiel 2004 eine gemeinsame Portallösung umgesetzt werden konnte.

Die Frage einer organisatorischen Zusammenlegung der WLB mit der UB Stuttgart ist im Rahmen der Prüfung beider Landesbibliotheken durch den Landesrechnungshof 2005 erneut diskutiert worden. Die Universität Stuttgart hat jedoch an einer Fusion kein Interesse gezeigt, da sie sich in den kommenden Jahren auf ihre Kernaufgaben konzentrieren wollte. Die Geisteswissenschaften wurden sukzessive abgebaut und man war nicht bereit, die zusätzlichen Aufgaben einer Regionalbibliothek zu übernehmen.

Aus Sicht der Landesbibliothek wäre es unabhängig davon unverantwortlich, die historischen Sammlungen sowie die regionalbibliothekarischen Aufgaben wie Pflichtexemplar und Landesbibliographie in die Hände einer technisch ausgerichteten Universität zu legen, die dafür keinerlei Interesse zeigt. Mein Vorgänger im Amt hat bereits im Jahr 1971 große Weitsicht bewiesen und aus diesem Grunde bei dem damaligen Modell eine direkte Unterstellung der Universitätsbibliothek unter das Ministerium gefordert.

---

14 MWK Aktenvermerk vom 22.4.1998, Württembergische Landesbibliothek und UB Stuttgart: Überlegungen zu einer engeren Kooperation oder Fusion beider Bibliotheken. WLB, Zentralakten.

Letzteres ist 30 Jahre später an anderer Stelle im so genannten „Dresdner Modell" realisiert worden.

Die 2004 seitens der Landesregierung in Baden-Württemberg überlegte Zusammenlegung beider Landesbibliotheken hätte in diesem Zusammenhang schon eher zur Stärkung und Sicherung der Aufgabenstellung beider Landesbibliotheken beitragen können.

Fazit

Die 60-jährige Kooperation zwischen der Württembergischen Landesbibliothek und der Universitätsbibliothek Stuttgart ohne jegliche vertragliche Regelung hat sich bis heute als sehr vorteilhaft erwiesen. Denn beide Bibliotheken haben sich an die 1970 getroffenen Absprachen mit den jeweiligen Anschaffungsschwerpunkten gehalten. Die Mittelaufteilung in beiden Bibliotheken mit den Schwerpunkten Geistes- und Sozialwissenschaften in der WLB und Naturwissenschaften und Technik in der Universitätsbibliothek haben zu einem effizienten und wirtschaftlichen Bestandsaufbau in beiden Bibliotheken geführt und garantieren bis heute eine nutzerorientierte Literatur- und Informationsversorgung[15].

Dies wird auch künftig eine der zentralen Aufgaben sein, um die Literatur- und Informationsversorgung noch weiter auszubauen. Dies gilt vor allem für die Erweiterung des elektronischen Angebotes.

Der Funktion als geisteswissenschaftliche Universitätsbibliothek der Universität Stuttgart wird auch in Zukunft eine besondere Bedeutung zukommen. Abgesehen davon hat sich auch die langjährige gute Zusammenarbeit der beiden IT-Abteilungen sehr bewährt. Hinzu kommt die stets gute Zusammenarbeit zwischen den jeweiligen Bibliotheksleitungen, die zum Erfolg dieser Kooperation beigetragen hat. Ein großer Vorteil war, dass der Direktor der Württembergischen Landesbibliothek als Gast an den Sitzungen des Ausschusses für das Bibliothekssystem teilnehmen konnte.

Darüber hinaus wird für die Württembergische Landesbibliothek als Universalbibliothek mit geisteswissenschaftlichem Schwerpunkt der systematische und nicht nur nutzungsorientierte Bestandsaufbau weiterhin im Vordergrund stehen, um die universitäre Literaturversorgung in Baden-Württemberg komplementär unterstützen zu können. Dies war und ist unabhängig von der Kooperation mit der Universitätsbibliothek Stuttgart eine der Kernaufgaben der Württembergischen Landesbibliothek.

---

15 Laut DBS hat die UB Stuttgart 2011 79.586 € (2,49 %) für Sozialwissenschaften und 168.071 € 5,27 %) für die Geisteswissenschaften und 3.186.873 € (85 %) für Naturwissenschaften und Technik ausgegeben. Hingegen hat die WLB: 356.413 € (20,82 %) für Sozialwissenschaften und 1.496.618 € (87,43 %) für Geisteswissenschaften sowie 102.436 € (5,4 %) für Naturwissenschaften ohne Medizin ausgegeben. Die Zahlen belegen eindeutig, dass sich die UB Stuttgart und die WLB auf ideale Weise ergänzen, was für den Hochschulstandort Stuttgart sehr vorteilhaft ist.

Andrea Zeyns, Wolfgang Zick
Zwei Bibliotheken unter einem Dach
Die Universitätsbibliotheken der Technischen Universität und der Universität der Künste Berlin

Abstract: Die Universitätsbibliotheken von Technischer Universität und Universität der Künste Berlin präsentieren sich im gemeinsamen Bibliotheksgebäude („Volkswagen-Haus") als ein Dienstleistungsunternehmen, das auf enger Kooperation bei gleichzeitiger organisatorischer Eigenständigkeit der beteiligten Einrichtungen beruht. Dabei können beide Institutionen auf eine traditionsreiche Vergangenheit zurückblicken: Die Geschichte der Bibliothek der Universität der Künste reicht bis zur Gründung der Akademie der Künste 1696 zurück, die Bibliothek der Technischen Universität wurde 1884 ins Leben gerufen. Zum Angebot beider Bibliotheken gehören mehr als 3 Millionen Bücher und Zeitschriften, E-Ressourcen, multimediale und digitale Medien, DIN- und ISO-Normen sowie ein umfangreicher und historisch bedeutsamer Bestand an Notendrucken.

Bei stetigem Personalabbau, real sinkenden Etats und wachsenden Aufgaben muss die Kooperation beider Bibliotheken als Chance begriffen werden. Zugleich ist es eine Herausforderung für zwei Bibliotheken mit ihren jeweils unterschiedlichen Zielgruppen – eine Bibliothek vor allem für die technischen Wissenschaften, eine Spezialbibliothek für alle Künste – ihre Benutzerinnen und Benutzer mit der Weiterentwicklung kundenorientierter Dienstleistungsangebote in einem anregenden Arbeitsumfeld zu überzeugen.

Keywords: Deutschland, Wissenschaftliche Bibliothek, Spezialbibliothek, Technik und Kunst, Kooperation, Sponsoring

Raumprobleme

Raumprobleme hatten die Bibliotheken der Universität der Künste Berlin (UdK) und der Technischen Universität Berlin und ihre Vorgängereinrichtungen schon lange. Bereits 1931 wurde in der TU darüber geklagt, und man sprach über Neubaupläne in der Hardenbergstraße neben der Kunsthochschule. Aber es dauerte dann bis 1966, bis das erste Raumprogramm erstellt wurde.

Wenig später kam die Idee einer Gesamthochschule Nord in die Diskussion. So wurde im 1975 veröffentlichten 5. Rahmenplan für den Hochschulbau eine Bibliothek aufgenommen, die auf 25.000 m² neben der TU auch der im selben Jahr durch die

Vereinigung von Kunst- und Musikhochschule gebildeten Hochschule der Künste (HdK) dienen sollte. Es wurde eine erste gemeinsame Arbeitsgruppe zur Aufstellung eines gemeinsamen Raumprogramms gebildet, und die Bibliothek fand Eingang in die Investitionsplanung Berlins für die Jahre 1978–1982. Aber auch 1984 waren die Beratungen des Wissenschaftsrats in seiner Arbeitsgruppe Bibliotheken zum Thema „Neubau in Berlin" nicht abgeschlossen. Die Gesamtnutzfläche sollte auf 19.000 m² gekürzt, die Bibliothek der Hochschule der Künste als „Fachbereichsbibliothek" eingegliedert werden, obwohl 1983 der Akademische Senat der HdK der Beteiligung am geplanten TU-Neubau nur unter der Voraussetzung zugestimmt hatte, dass die Bibliothek organisatorisch selbständig und der HdK zugeordnet bleiben würde. Da außerdem die bibliothekarische Versorgung in engem räumlichen Zusammenhang zum Lehrbetrieb erfolgen sollte, dachte man bei der Integration zunächst nur an die dicht an der TU gelegenen Abteilungen für Kunst und Musik. Am dezentralen Bibliothekssystem wollte man in der HdK grundsätzlich festhalten.

Dies galt lange Zeit auch für die TU mit ihrem klassischen zweischichtigen Bibliothekssystem, bestehend aus der „Universitätsbibliothek" mit Hauptbibliothek und Abteilungsbibliotheken und den davon unabhängigen Instituts-, Fachbereichs- und Fakultätsbibliotheken. Erst bei der Neuausschreibung der Leitungsstelle der Universitätsbibliothek im Sommer 2013 wurde erstmals nicht nur die Leitung der Universitätsbibliothek, sondern zusätzlich die Leitung des Bibliothekssystems der Technischen Universität ausgeschrieben.

Wettbewerb

1988 wurde für den heutigen Standort des Bibliotheksgebäudes zwischen dem Südcampus der TU und dem Bahnhof Zoo, nur wenige hundert Meter von den Hauptgebäuden der beiden Hochschulen entfernt, ein Wettbewerb ausgeschrieben, den der Architekt Lothar Jeromin für sich entschied. Der für das Folgejahr geplante Baubeginn kam dann allerdings nicht zustande, da sich die politische Großwetterlage entscheidend geändert hatte: die Wiedervereinigung Deutschlands machte andere Bauprojekte im zusammenwachsenden Berlin dringlicher. Der Bibliotheksneubau wurde erst einmal verschoben.

Finanzierung

Im Jahr 1997 ergriff der damalige Präsident der TU, Prof. Hans-Jürgen Ewers, die Initiative und gab ein „Gutachten zum Bibliothekskonzept und zur Planung des Neubaus der Hauptbibliothek der TU Berlin" in Auftrag. Die Gutachter, zwei renommierte, in Bauangelegenheiten erfahrene Bibliotheks- und ein Rechenzentrumsleiter, kamen zu der Empfehlung, „unter Berücksichtigung neuer und zukünftiger Entwicklungen das dringend benötigte Literatur-, Kommunikations- und Informationszentrum der Technischen Universität Berlin durch einen Neubau der Hauptbibliothek unverzüglich zu schaffen." Dabei wurde stets der Verbund mit der Bibliothek der Universität der Künste (damals noch „Hochschule der Künste") mit berücksichtigt, indem z. B. Lesesaalzonen für Bildende Kunst und Musik eingeplant wurden.

Bau

Damit war die Notwendigkeit für den Bau des gemeinsamen TU/UdK-Bibliotheksgebäudes wieder in dem Bewusstsein der Hochschulen angekommen, aber natürlich die Frage der Finanzierung nicht gelöst. Da die übliche Kofinanzierung aus Landes- und Bundesmitteln wegen der schlechten Haushaltslage des Landes Berlin nicht möglich war, entwickelte Ewers zusammen mit der Gesellschaft von Freunden der TU ein alternatives Finanzierungsmodell. Neben Umschichtungen im Liegenschaftshaushalt der TU (Entmietung von Flächen für TU-Einrichtungen, die anschließend die bisher von der Bibliothek genutzten Räumlichkeiten nutzen sollten) gehörte dazu als letztlich Ausschlag gebender Faktor ein Sponsoring durch die Volkswagen AG in Höhe von 10 Millionen DM (also ca. 5 Millionen Euro). Dieser Betrag machte zwar nur ca. 10 % der Bausumme aus, war aber der entscheidende Schlussstein, der dieser Konstruktion Stabilität verlieh. Als Gegenleistung für den von VW erbrachten Betrag verpflichtete sich die TU, dem zu errichtenden Bibliotheksgebäude auf unbestimmte Zeit den Namen

VOLKSWAGEN
Universitätsbibliothek
Technische Universität und Universität der Künste Berlin[1]

zu geben und diesen Namen außen auf dem Gebäude anzubringen. Weiter heißt es im Sponsoring-Vertrag: „Als geographische Bezeichnung, insbesondere im postalischen Verkehr, wird der Bezeichnung der Universität der Zusatz ‚im VOLKSWAGEN-Haus' beigefügt." Deswegen hat sich in den vergangenen Jahren die Bezeichnung ‚Universitätsbibliothek(en) im VOLKSWAGEN-Haus' eingebürgert.

Die Finanzierungszusage durch VW erfolgte im Frühjahr 1999, Baubeginn war dann aber doch erst der Sommer 2002, da die Kostenobergrenze von 1989 eingehalten werden musste und deswegen erhebliche Einsparungen erforderlich wurden. Diese erfolgten unter Federführung des Architekten Walter A. Noebel, der radikale Vereinfachungen unter Beibehaltung der wesentlichen Parameter des Gebäudes durchführte.

---

1 Im Originaltext heißt es „*Technische Universität und Hochschule der Künste Berlin*".

Abbildung 1: Außenansicht mit *Lichtstelen*, Raoul Hesse (Stahl, Glas, dimmbare Hinterleuchtung mit RGB-Farben, 2004–2005, Fa. Lichtvision) ©TU Berlin/UB/Siebrand Rehberg.

Im Spätsommer des Jahres 2004 fand der Umzug der Hauptbibliotheken von TU und UdK sowie von über 20 Teil- und Bereichsbibliotheken in das neue Gebäude statt.[2] Am 13.10.2004 wurde eine bibliotheksinterne Eröffnungsfeier durchgeführt und der Neubau im Testbetrieb für die Benutzung zum Wintersemester freigegeben. Am 9. Dezember schließlich fand im Rahmen eines öffentlichen Bibliotheksfestes die offizielle Eröffnung der „VOLKSWAGEN Universitätsbibliothek" durch den Regierenden Bürgermeister von Berlin, Klaus Wowereit, statt. Die Einweihungsfeier wurde durch eine Tombola begleitet, für die die Volkswagen AG als ersten Preis einen VW Polo ausgelobt hatte.

TU-UdK-Vereinbarung

Die Zusammenarbeit beider Bibliotheken im Neubau konnte auf Vorhandenem aufbauen. Die lokalen integrierten Bibliothekssysteme von TU und UdK werden bereits seit vielen Jahren zwar mit getrennten Datenbanken, aber auf einem Rechner betrieben, der von der EDV-Abteilung der TU-Bibliothek administriert wird. Als Ausgleich

---

2 Heute organisiert sich die Universitätsbibliothek der TU in die Zentralbibliothek und nur noch zwei Fachbibliotheken. Daneben gibt es im Bibliothekssystem der TU noch eine Fakultäts-, zwei Fachgebiets- und 65 Institutsbibliotheken, letztere allerdings mit stark abnehmender Tendenz. Die UdK hat alle dezentralen Standorte mit Ausnahme der Instrumente und des Orchestermaterials und dem Außenmagazin in den Neubau gezogen.

dafür erhält die TU von der UdK finanzielle Mittel für die Bereitstellung der entsprechenden Personalkapazität. Eine weitere Zusammenarbeit, lange vor Einzug in das gemeinsame Gebäude, findet im Bereich der Fernleihe statt. Für die Zusammenarbeit der Bibliotheken im Neubau wurde zwischen der TU und der UdK auf Kanzlerebene eine Vereinbarung geschlossen. Darin ist das Ziel definiert, im „Neubau der ‚VOLKSWAGEN Universitätsbibliothek' eine dienstleistungs- und benutzungsorientierte Bibliothek auf hohem technischen Niveau bei Wahrung der organisatorischen Eigenständigkeit beider Einrichtungen ... einzurichten und zu betreiben." Insbesondere ist vorgesehen, gegenüber den Kundinnen und Kunden einheitlich aufzutreten und benutzungsorientierte Öffnungszeiten einzurichten. Dabei gilt der Grundsatz, dass man in Bezug auf die Nutzung möglichst wenig davon merken sollte, dass sich im Gebäude zwei Bibliotheken befinden.

Zusammenarbeit – gegenwärtiger Stand

Die Zusammenarbeit der beiden Bibliotheken erstreckt sich auf folgende Bereiche:
- Benutzungs- und Gebührenordnung: diese wurden gemeinsam von den Bibliotheken erarbeitet, sind wortgleich und wurden von den zuständigen Gremien verabschiedet. Dies war ein Prozess mit vielen Beteiligten, von den Bibliotheksmitarbeiterinnen und -mitarbeitern, die die Vorschriften gegenüber den Kundinnen und Kunden vertreten müssen bis hin zur Senatsverwaltung für Wissenschaft, Forschung und Kultur.
- Gemeinsame Benutzerdatenverwaltung: die Benutzerkonten von TU und UdK werden gemeinsam in einer Datenbank verwaltet. D.h. die Benutzerinnen und Benutzer haben *einen* Bibliotheksausweis und ggf. Medien aus beiden Institutionen auf ihrem Konto verbucht. Getrennt bleibt die Bearbeitung der Mahnungen bis hin zum Leistungsbescheid und zur Zwangsvollstreckung. Die Gebühren werden exemplarspezifisch der jeweiligen Institution zugeordnet. Diese gezielte Datenfusion im Sinne der TU-UdK-Vereinbarung ist in einem integrierten Bibliothekssystem kein triviales Unterfangen. Die Katalog- und Erwerbungsdaten wurden nicht zusammengespielt, um die Eigenständigkeit der beiden Institutionen zu wahren. Diese Konstruktion hat sich in den vergangenen Jahren bewährt und soll auch in Zukunft so beibehalten werden.
- Audiovisuelle Medien: die Mediathek der UdK für audio-visuelle Medien und Rara steht allen Kundinnen und Kunden der Bibliotheken offen und kann auch für die Benutzung von AV-Medien der TU in Anspruch genommen werden. Nur bei den Ausleihberechtigungen muss nach Zugehörigkeit und Medienart differenziert werden.
- EDV-Infrastruktur im Benutzungsbereich: die TU betreibt das Datennetz im Benutzungsbereich (WLAN und Festnetz) und stellt Benutzerterminals (ThinCli-

ents) zur Verfügung. Dies gilt nicht nur für die TU-Etagen, sondern auch für den Bereich der UdK.
- Presse- und Öffentlichkeitsarbeit: hier stimmen sich die Bibliotheken ab und betreiben diese anlassbezogen auch gemeinsam, beispielhaft seien die Events „Lange Nacht der Wissenschaften", „Lange Nacht der Bibliotheken" oder „Treffpunkt Bibliothek" genannt. Für aktuelle Mitteilungen und Flyer beider Einrichtungen wurde ein Layout entwickelt, dass die jeweiligen Gestaltungsmerkmale unter einem Logo optisch zusammenfasst. Auch Veröffentlichungen wie „Kunst in der Bibliothek"[3] oder „Volkswagen-Universitätsbibliothek"[4] werden gemeinsam konzipiert.
- Personaleinsatz: entsprechend dem Verhältnis der Personalstärke und der fast identischen Relation bei der Grundflächennutzung von 4 (TU) zu 1 (UdK) wird in verschiedenen Bereichen der Personaleinsatz gemeinsam geleistet. Dazu gehören die Leihstelle und das Magazin sowie die Dienstaufsicht im Abend- und Sonnabenddienst.

Abbildung 2: Innenansicht mit Kunst am Bau: *Realität in den Regalen: Fussnote, Vermerk, Widmung*, Elsbeth Arlt (Schriftinstallation in den drei Lichthöfen, 2005) ©TU Berlin/PR/Jacek Ruta.

---

[3] S. Kunst in der Bibliothek. Hrsg. von Andrea Zeyns u. Wolfgang Zick. Berlin: Univ. der Künste Berlin 2010.
[4] S. Volkswagen Universitätsbibliothek, Technische Universität und Universität der Künste Berlin. Die Neuen Architekturführer Nr. 183. Berlin: Stadtwandel-Verl. 2013.

- Ausbildung: die TU bildet Fachangestellte für Medien- und Informationsdienste sowie Referendare für den höheren Bibliotheksdienst aus. Aufgrund der speziellen Kenntnisse im Bereich der Nicht-Buch-Materialien sowie der Noten ist die Universitätsbibliothek der UdK in die Ausbildung einbezogen.

Natürlich lief und läuft die Zusammenarbeit der beiden ja auf vielen Gebieten selbstständig operierenden Bibliotheken nicht immer ganz reibungslos. Die technisch und an größeren Medien- und Benutzerzahlen orientierte Welt der TU und die eher künstlerisch und an kleinere Verhältnisse gewöhnte der UdK sind nicht immer auf Anhieb kompatibel. Gelegentlich müssen Kompromisse gefunden werden, um gemeinsam handeln zu können. Inzwischen jedoch haben sich beide Bibliotheken einander angenähert und arbeiten gut und vertrauensvoll zusammen.

Neuere Entwicklungen bei der Zusammenarbeit

Aktuell wurde ein neues „Copy Center" eingerichtet – ein Projekt, das unter großem Zeitdruck die unterschiedlichsten Wünsche der Nutzerschaft mit verschiedenen technischen Zugängen unter hochkonzentriertem Einsatz des Personals von TU und UdK, durchgeführt wurde. Dieses Projekt vereinigt Druck-, Kopier- und Scandienstleistungen zu einem einheitlichen Dienstleistungsangebot und wurde in enger Zusammenarbeit mit dem Rechenzentrum der TU realisiert. Bemerkenswert ist, dass es sich dabei um einen Prozess des „In-Sourcing" handelt: beim Bezug des Neubaus der Bibliotheken im Jahr 2004 wurde dieser Service-Bereich an einen externen Dienstleister „outgesourct". Dieser sah sich aber inzwischen nicht mehr in der Lage, den gestiegenen Anforderungen (leistungsfähige (Farb)-Scanner, Einbeziehung der Dropbox, komfortable Abrechnung über die Mensa-Karte) bei sinkendem Kopieraufkommen gerecht zu werden, so dass eine neue, eigenständige Lösung gefunden werden musste.

Tendenzen der Zusammenarbeit

Die beiden Bibliotheken bereichern sich nicht nur gegenseitig, sondern vor allem profitieren die Kundinnen und Kunden von diesem gemeinsamen Medienangebot. Erklärtes Ziel ist, auch zukünftig noch viele dienstleistungs- und benutzerorientierte Angebote gemeinsam zu konzipieren und zu realisieren.

Bei der Aufteilung der Medienbestände der beiden Bibliotheken auf die vier Obergeschosse des Bibliotheksgebäudes (1.–3. OG: TU, 4. OG: UdK) ließ es sich nicht vermeiden, dass Literatur zu denselben Fachgebieten auf unterschiedlichen Etagen untergebracht wurde (vor allem aus den Fachgebieten Erziehungswissenschaften und Kunst), je nach dem, ob es sich um TU- oder UdK-Besitz handelt. Ein titelbezogener Abgleich der Bestände hat (noch) nicht stattgefunden. Bei einer Katalogrecherche im gemeinsamen Bestand wird natürlich auf die unterschiedlichen Standorte hingewiesen, beim Browsen am Regal erschließt es sich aber nicht unmittelbar, dass in der Etage darüber oder darunter noch mehr zu diesem Thema zu finden ist. Da diese seit Jahrzehnten bewährte Suchmethode wegen der Zunahme der elektronischen Medien aber mehr und mehr an Bedeutung verliert, relativiert sich dieses Manko immer mehr. Ein weiteres Problem für die Benutzung soll hier ebenfalls nicht verschwiegen werden: Die TU-Bestände wurden beim Bezug des Neubaus nach RVK neu klassifiziert und aufgestellt, während die teilweise sehr speziellen UdK-Bestände eigenen Systematiken folgen. Aber auch hier ist es so, dass die inzwischen weit überwiegend praktizierte wortbasierte „google-like"-Suche, bei der auch zwischen Schlag- und Stichworten nicht unterschieden wird, diesen Nachteil erheblich relativiert.

Durch intensivere Schulungen, verbesserte Darstellungen im Online-Katalog, Querverweisen an den Regalen usw. kann man die benannten Orientierungs- und Finde-Probleme zwar nicht vollständig beheben, aber zumindest abmildern; daneben gibt es aber auch strukturelle Entscheidungen, die beim Bezug des Bibliotheksbaus getroffen wurden, de facto irreversibel sind, eine noch engeren Kooperation der Bibliotheken aber erschweren bzw. verhindern: die Teilbibliothek der TU, die für die Zusammenarbeit der Bibliotheken den größten Synergieeffekt gebracht hätte, ist in den Neubau nicht nur nicht eingezogen, dies war auch nie geplant. Es handelt sich dabei um die Bereichsbibliothek Architektur und Kunstwissenschaft, mit 137.000 Medieneinheiten und 240 laufend gehaltenen Zeitschriften eine nicht unbedeutende Bibliothek, die zwei Fachgebiete umfasst, die auch Kerngebiete der UdK sind und diese Bestände sehr gut ergänzen (könnten). Es würde zu weit gehen, die Gründe hierfür zu erläutern, zumal jedem, der Hochschulstrukturen kennt, klar ist, dass gelegentlich nicht nur Sachargumente, sondern auch gremienpolitische Aspekte und Besitzstände eine große Rolle bei derartigen Entscheidungen spielen und bibliothekarische Erwägungen hochschulpolitisch im Zweifelsfall einen eher nachrangigen Stellenwert haben.

Dies wird die Leitungen der UdK- und der TU-Bibliothek aber nicht daran hindern, sich auch in Zukunft für die gemeinsamen Belange ihrer Kundinnen und Kunden einzusetzen. Eine Rückschau aus größerem zeitlichen Abstand, wie der im Herbst 2014 bevorstehende 10-Jahres-Vergleich, wird zeigen, wie viel erreicht wurde, aber auch hier ist Stillstand Rückschritt, und es gibt in den nächsten Jahren viel zu tun: nach 15jährigem gemeinsamen Betrieb des Bibliothekssystems Aleph500 zeichnet sich der Wechsel zu einem neuen System ab – aber das ist ein neues, ganz anderes Thema.

Frank Scholze

Innovationspotential von Zusammenlegungen und Fusionen von Wissenschaftseinrichtungen am Beispiel des Karlsruher Instituts für Technologie (KIT)

Impulse für das Bibliothekssystem

Abstract: Das Karlsruher Institut für Technologie (KIT) ist am 01.10.2009 aus dem Zusammenschluss des Forschungszentrums Karlsruhe in der Helmholtz-Gemeinschaft und der Universität Karlsruhe hervorgegangen. Während sich an der Universität ein zweischichtiges Bibliothekssystem entwickelt hatte, das sich im Wandel zur funktionalen Einschichtigkeit befand, war am Forschungszentrum Karlsruhe von Anfang an ein einschichtiges Bibliothekssystem nach dem Vorbild einer Werksbibliothek eingeführt worden. Die Fusion zum KIT wirkte als Katalysator für ein pragmatisches Modell der Einschichtigkeit, bei dem Servicequalität und Effizienz der Informationsversorgung im Vordergrund stehen.

Keywords: Universität Karlsruhe, Forschungszentrum Karlsruhe, Helmholtzgemeinschaft, Fusion, Hochschulbibliothekssystem, Funktionale Einschichtigkeit

Das Karlsruher Institut für Technologie (KIT) und seine Vorgängereinrichtungen

Das Karlsruher Institut für Technologie (KIT) ist am 01.10.2009 aus dem Zusammenschluss des Forschungszentrums Karlsruhe in der Helmholtz-Gemeinschaft und der Universität Karlsruhe hervorgegangen. Die Helmholtz-Gemeinschaft ist die größte Wissenschaftsorganisation Deutschlands. In ihren 17 naturwissenschaftlich-technischen und biologisch-medizinischen Forschungszentren arbeiten insgesamt 31.000 Beschäftigte. Das jährliche Budget der Gemeinschaft beträgt mehr als 3,3 Mrd. Euro. Die Universität Karlsruhe war eine forschungsstarke Universität mit naturwissenschaftlich-technischem Schwerpunkt. Mit dem Zusammenschluss entstand eine der weltweit größten Forschungs- und Lehreinrichtungen mit knapp 9.000 Beschäftigten und einem jährlichen Budget von 730 Mio. Euro, mit dem Potenzial und dem Anspruch, in Gebieten wie der Energieforschung oder der Nanotechnologie eine Spitzenposition einzunehmen. Universität und Forschungszentrum hatten sich mit diesem Konzept bereits in der ersten Runde der Exzellenzinitiative, einem zur Förderung von Wissenschaft und Forschung an deutschen Hochschulen ausgelobten Förderprogramm, durchgesetzt. Das KIT war im Oktober 2006 eines von nur drei Zukunftskonzepten, die von Wissenschaftsrat und Deutscher Forschungsgemeinschaft (DFG) gefördert wurden.

Damit begann ein einzigartiges Experiment in der Wissenschaftsgeschichte der Bundesrepublik Deutschland. Denn die Universität gehört dem Land Baden-Württemberg und das Forschungszentrum dem Bund. Und für beide gilt eigentlich ein striktes, im Grundgesetz verankertes Kooperationsverbot. Daher bedurfte es auch eines eigenen Gesetzes, um die Zusammenführung beider Einrichtungen rechtlich abzusichern. Hat auch die Euphorie durch das Ausscheiden in der zweiten Runde der Exzellenzinitiative einen Dämpfer erhalten, so richtet sich nach wie vor beträchtliche nationale und internationale Aufmerksamkeit auf die Entwicklung am KIT, da sie weiterhin einer der vielversprechendsten Ansätze für Spitzenforschung im technisch-naturwissenschaftlichen Bereich ist.

Bibliothekssystem der Universität Karlsruhe

Die Universität Karlsruhe wurde 1825 als die erste Polytechnische Schule in Deutschland gegründet. Als Vorbild diente die École Polytechnique in Paris. Eine zentrale Bibliothek entstand erst 1840. Neben ihr bildeten sich zahlreiche in Verwaltung und Literaturauswahl eigenständige Instituts- und Lehrstuhlbibliotheken mit teilweise recht großen und gut sortierten Beständen. Diese Bestände wurden nur intern erschlossen und standen in der Regel ausschließlich den Mitarbeitern der jeweiligen Einrichtung zur Verfügung.[1]

Ende der 1960er Jahre wurde nach der Errichtung eines zentralen Bibliotheksgebäudes an der Universität Karlsruhe damit begonnen, schrittweise ein Bibliothekssystem aufzubauen, wobei man sich an den Empfehlungen des Wissenschaftsrates und der Deutschen Forschungsgemeinschaft zur Zusammenarbeit zwischen den Hochschulbibliotheken und den Institutsbibliotheken orientierte.[2]

Beim Aufbau des Bibliothekssystems mussten aufgrund der Ressourcenknappheit Schwerpunkte gesetzt werden, die für die bibliothekarische Zusammenarbeit in der Universität und auch im Lande besonders wichtig waren und den größten Nutzeffekt versprachen. Diese waren insbesondere die Einrichtung eines Zeitschriftengesamtkataloges der Universität, Beratung und Hilfestellung für Institutsbibliotheken sowie die Schaffung größerer Bibliothekseinheiten. Hier sind die Fakultätsbibliothe-

---

[1] Eckl, Liselotte u. Michael Mönnich: Das Bibliothekssystem der Universität Karlsruhe. In: EUCOR-Bibliotheksinformationen 3 (1993). S. 44–50. http://www.ub.uni-freiburg.de/fileadmin/ub/eucor_infos/3-1993/09.html (26.10.2013).
[2] Vgl. den Beitrag von Wilfried Sühl-Strohmenger in diesem Band.

ken Architektur, Mathematik, Physik, Chemie, Informatik und Wirtschaftswissenschaften zu nennen. Bestanden Ende der 1990er Jahren daneben rund 140 weitere Instituts- und Lehrstuhlbibliotheken[3], so waren es zur Fusion der Universität mit dem Forschungszentrum Karlsruhe noch rund 80.

Ein wichtiger Faktor bei der Reduzierung war sicherlich der 2006 eingeweihte Neubau der 24-Stunden-Bibliothek. Hier wurden acht größere Bibliotheken der Fakultät Geistes- und Sozialwissenschaften räumlich zusammengeführt. Argumente dafür waren die effizientere Organisation und der deutlich erweiterte Nutzungskomfort rund um die Uhr.[4] Daneben war und ist die Digitalisierung der wissenschaftlichen Informationen und Publikationen vor allem im Bereich der Forschung der Hauptkatalysator des Wandels hin zu einer stärkeren räumlichen und organisatorischen Integration bzw. Auflösung dezentraler Bibliotheken. In Karlsruhe gelang es – vielleicht schneller als an anderen Standorten – seit Beginn des Internetzeitalters, die Vorteile einer zentralen Verwaltung und Finanzierung elektronischer Datenbanken, Zeitschriften und Monographien deutlich zu machen. Dies führte in den vergangenen 20 Jahren zu einer Konzentration der Personal- und Sachmittel zunächst bei der Universitätsbibliothek und später bei der KIT-Bibliothek. Um dies zu begründen, stand und steht immer die messbare hohe Servicequalität und Effizienz im Bereich Informationsversorgung im Mittelpunkt.[5]

Schwieriger als bei den elektronischen Ressourcen gestaltete sich der Weg zur Einschichtigkeit im Bereich der dezentralen Versorgung mit gedruckten Monographien. Diese spielt in den einzelnen Wissenschaftsfächern historisch und aktuell eine sehr unterschiedliche Rolle. Wie viele Monographien als Forschungs-, Lehrstuhl- bzw. Institutsbibliothek vorhanden sein müssen und wie diese zu verwalten sind, wurde zudem häufig vom Selbstverständnis einzelner Forscherpersönlichkeiten geprägt. Im Zuge der oben beschriebenen räumlichen Konzentration in der 24-Stunden-Bibliothek und unter dem Eindruck der raschen Digitalisierung versuchte man, ein System der zentral organisierten Handapparate zu implementieren. Dieses sah vor, die Monographienbearbeitung und die Finanzierung an den Lehrstühlen durch die Universitätsbibliothek zu übernehmen, wenn im Gegenzug bestehende Institutsbibliotheken aufgelöst würden. Um dieses System finanziell nicht vollkommen unberechenbar zu gestalten, wurde eine Obergrenze von 100 Bänden für einen solchen Handapparat festgelegt. In der Praxis zeigte sich, dass trotz dieses Anreizsystems zahlreiche Lehrstühle nicht bereit waren, auf ihre dezentrale Literaturautonomie

---

[3] 110 davon mit Beständen unter 5.000 Bänden.
[4] Kristen, Herbert [u. a.]: Offen ohne Ende: Die neue 24-Stunden-Bibliothek der Universität Karlsruhe. In: BIT online (2006) H. 4. S. 313–320. http://www.b-i-t-online.de/archiv/2006-04/nach1.htm (25.09.2013).
[5] Vgl. die sehr guten Ergebnisse in der BIX-Dimension Effizienz zusammenfassend dargestellt in: 24 Stunden sind eine Bibliothek. Lernen. Forschen. Kooperieren. Die innovative Bibliothek. Hrsg. von Frank Scholze. 2., überarb. Aufl. Karlsruhe: KIT Scientific Publishing 2013. S. 130. http://dx.doi.org/10.5445/KSP/1000034272 (25.09.2013).

zu verzichten. Trotzdem wurden vor allem im Zuge von Neuberufungen zahlreiche konstruktive Gespräche geführt und bis zur Fusion mit dem Forschungszentrum 118 Handapparate realisiert.

Bibliothekssystem des Forschungszentrums Karlsruhe

Das Forschungszentrum wurde 1956 durch den Bundesminister für Atomfragen als „Kernreaktor Bau- und Betriebsgesellschaft" gegründet. Bereits bei der Gründung wurde eine „Literaturabteilung" geschaffen, um Funktionen einer Fachbibliothek und eines Dokumentationszentrums zu übernehmen. Zwar wurden auch im Forschungszentrum dezentrale Bibliotheken (Abteilungsbüchereien) vorgesehen, Personal und Organisation waren jedoch von Anfang an zentralisiert. Dies bedeutete, dass Medienerwerbung und Medienbearbeitung grundsätzlich von der Zentralbibliothek durchgeführt wurden – eine funktionale Einschichtigkeit avant la lettre, die an Universitäten erst im Zuge der Neugründungen der 1960er und 1970er Jahre realisiert wurde (z. B. Bielefeld, Konstanz). Bezeichnenderweise wurde für die Bibliothek des Forschungszentrums im Aufbauvermerk von 1957 das Leitbild einer „technischen Werkbücherei eines Industrieunternehmens" formuliert. Es war daher selbstverständlich, dass Servicestrukturen und Dienste zentral bereitgestellt wurden, wobei diese jedoch fortlaufend an die Wünsche der Wissenschaftler angepasst wurden. Dieses System, bei dem die Erwerbungsmittel weitgehend, jedoch nicht vollständig, zentralisiert waren, wurde mit geringen Modifikationen bis zur Fusion des Forschungszentrums mit der Universität beibehalten. Aufgrund der engen Serviceverflechtungen entwickelten nur wenige dezentrale Bibliotheken überhaupt nennenswerte Bestandsgrößen.

Bibliothekssystem des KIT

Die Bibliotheken des Universitäts- und des Großforschungsbereichs stellten bereits zu einem frühen Zeitpunkt des Fusionsprozesses zum KIT konkrete Überlegungen hinsichtlich gemeinsamer Dienstleistungen und einer gemeinsamen Organisationsstruktur an. Schwerpunkte waren hierbei die Schaffung eines gemeinsamen Lizenzraumes für elektronische Ressourcen und Koordination der Zeitschriftenerwerbung.

Für die beiden „Wurzeln" der KIT-Bibliothek wurde deutlich, dass der ehemalige Universitätsteil sein Selbstverständnis aus einem hohen technischen Automatisierungs- und Innovationsgrad bezog (u. a. als erste 24-Stunden-Bibliothek mit vollautomatischer Ausleihe und Rückgabeverbuchung in Deutschland). Gleichzeitig prägten die Versorgung der Studierenden und damit der effiziente Massenbetrieb die Arbeitsvorstellung.

Der Großforschungsbereich stellte als Forschungs- und Spezialbibliothek die individuelle Versorgung der Wissenschaftler in den Mittelpunkt. Zudem verstand man sich als kleine hochflexible Dienstleistungseinrichtung mit flachen Hierarchien, die trotzdem eng in ein größeres Ganzes der allgemeinen Forschungsverwaltung eingebettet ist. Im Gegensatz dazu war der Aspekt einer Zentralverwaltung im Universitätsbereich schwächer ausgeprägt.

Erst nach der Entwicklung einer gemeinsamen Leitstrategie und eines gemeinsamen Dienstleistungsverständnisses wurde eine neue, campusübergreifende Organisationsstruktur verwirklicht, die von breiter Akzeptanz getragen war.[6]

Wichtig für die gegenseitige Wahrnehmung als Voraussetzung zur Schaffung eines neuen gemeinsamen Selbstverständnisses und einer neuen Struktur war das Benennen und Akzeptieren unterschiedlicher Rahmenbedingungen, die nicht oder nicht unmittelbar von der Bibliothek beeinflusst werden können. Hierzu zählen u. a. die finanzielle und räumliche Ausstattung, Dienstvereinbarungen und Tarifverträge, unterschiedliche externe Nutzer und andere Einrichtungen der Informationsversorgung. Möglichkeiten der Gestaltung hingegen eröffneten sich bei Zugangsmöglichkeiten und Dienstleistungsangebot sowie internen Prozessen und Policies an beiden Standorten. Hierauf wurde im weiteren Verlauf das Hauptaugenmerk gerichtet.

Das Gruppieren von Diensten und Bereichen wurde in diesem Zusammenhang mehrheitlich als sinnvolle Konsequenz gesehen, um das operative Geschäft bestmöglich zu unterstützen. Die gruppierten Bereiche wurden schließlich in vier Abteilungen strukturiert: Medienbearbeitung, Benutzung, Publikations- und Mediendienste und Forschungsdienste. In dieser neuen Struktur wurden alle Zuständigkeiten für dezentrale Bibliotheken und Handapparate innerhalb der Abteilung Benutzung der KIT-Bibliothek zusammengeführt.

Erleichtert wurde die Zusammenführung sicher auch dadurch, dass im Großforschungsbereich aufgrund der starken Zentralisierung kein Bibliothekspersonal außerhalb der Hauptbibliothek eingesetzt wurde. So konnte sich ein vergleichsweise kleiner campusübergreifender Bereich als Serviceschnittstelle für alle Belange der dezentralen Bibliotheken etablieren, der entsprechend mit den Fachreferaten und der Medienbearbeitung verzahnt ist. Die in den Fakultäts- und Fachbibliotheken des Universitätsteils Beschäftigten sind fachlich und disziplinarisch in die KIT-Bibliothek eingebunden und Teil des neuen Bereiches.

Die einzelnen Disziplinen oder Fächer spielen in diesem Zusammenhang eine (noch) untergeordnete Rolle. Die Programmorientierte Forschung des Helmholtzbe-

---

6 Scholze, Frank u. Maja Bailer: Aus dem Schützengraben nach Schätzen graben und nach den Sternen greifen – Der Fusions- und Entwicklungsprozess der KIT-Bibliothek. In: Like It Lead It Change It: Führung im Veränderungsprozess. Hrsg. von Daniela Eberhardt. Heidelberg: Springer 2012. S. 75–84. http://dx.doi.org/10.1007/978-3-642-25623-3_2 (24.09.2013).

reiches und die freie Forschung des Universitätsbereiches wurden erst in Teilen zu einer neuen Art von Schwerpunktforschung angenähert bzw. neu strukturiert (Materialforschung, Mobilität, Energieforschung). Auch in Zukunft werden Programmforschung, freie Forschung und Schwerpunktforschung nebeneinander existieren, ihre konstitutiven Grundelemente, die Lehrstühle und Institute werden jedoch in neuen KIT-Bereichen gegliedert, die dann auch die akademischen Aufgaben der bisherigen Fakultäten mit umfassen. Eine entsprechende Satzung wurde bereits vom Senat des KIT verabschiedet und muss nun noch durch den Aufsichtsrat bestätigt werden.

Auch wenn die neue Forschungs- und Fächerstruktur des KIT sich noch in einem dynamischen Entwicklungsprozess befindet, ist doch die dezentrale Informationsversorgung innerhalb der Benutzung gut aufgestellt. Hier wird ein intensiver Austausch über operative und strategische Fragen der Informationsversorgung zwischen Zentralbibliothek und dezentralen Einheiten gepflegt.

Campusübergreifendes Konzept der Informationsversorgung

Für die Literaturversorgung der dezentralen Einrichtungen wurde ein campusübergreifendes Konzept in Anlehnung an das bisherige Modell des Großforschungsbereiches entwickelt, das der gemeinsame Ausschuss von Senat und Präsidium für die Dienste zur Informationsversorgung (A-IVS) verabschiedete. Die Beschaffung und Verwaltung von gedruckten Monographien in Handbibliotheken wird danach zentral von der KIT-Bibliothek durchgeführt, erfolgt jedoch mit dezentraler Finanzierung durch die Institute bzw. Lehrstühle. Mit diesem neuen Konzept der Handbibliotheken ist ein einheitlicher, wirtschaftlicher und effizienter Beschaffungs- und Lieferservice für Forschungs- und Büroliteratur für alle Mitarbeiter des KIT etabliert worden. Wissenschaftler können dabei direkt über ein Webformular die gewünschten Monographien bestellen und bekommen diese an den Arbeitsplatz geliefert. Alle elektronischen Ressourcen (Zeitschriften, Datenbanken, Bücher), wissenschaftliche Printzeitschriften sowie Lehrbücher werden weiterhin zentral von der KIT-Bibliothek beschafft und verwaltet. Hier war, wie oben beschrieben, bereits bei den Vorgängereinrichtungen des KIT eine weitgehende Konvergenz der Modelle vorhanden.

Traditionelle Institutsbibliotheken im Universitätsbereich sind nach diesem Konzept ein Auslaufmodell, ohne dass sie jedoch mit unnötig hohem Aufwand im Einzelfall aufgelöst würden. Digitalisierung, Effizienz und Serviceangebot der KIT-Bibliothek sprechen für sich und führen zu einer durchgängigen und pragmatischen Informationsversorgung, die auf die Bedürfnisse der Forschenden und Studierenden ausgerichtet ist.

In diesem Sinne wurde im September 2013 von Präsidium und Senat des KIT eine neue „Ordnung für die Informationsversorgung und das Bibliothekssystem des Karlsruher Instituts für Technologie (KIT)" verabschiedet.⁷ Diese schreibt die funktionale Einschichtigkeit im Bibliotheksbereich als Teil des Systems der integrierten Informationsversorgung und Informationsverarbeitung mit einer zentralisierten Verwaltung der Personal- und Sachmittel fest. Zur weiteren Entwicklung heißt es in Paragraph 5 explizit: „Die bestehenden dezentralen Fachbibliotheken werden, wo immer dies angebracht ist, organisatorisch und verwaltungstechnisch zu größeren Einheiten zusammengefasst und nach Möglichkeit auch räumlich integriert."

Zusammenfassung und Ausblick

Während sich das System der kleinen und kleinsten Institutsbibliotheken im Universitätsbereich des KIT organisatorisch und räumlich immer weiter konsolidiert, stellt sich die Frage nach den noch bestehenden größeren Fakultäts- und Bereichsbibliotheken innerhalb dieses Systems. Nach allen bisherigen Erfahrungen und möglichen Prognosen zukünftiger Entwicklungen erscheint es sinnvoll, diese Bereiche zu funktionalen Lern- und Kommunikationsräumen weiter zu entwickeln und die gedruckten Bestände dabei weiter zu verdichten und räumlich zu konzentrieren. Derzeit werden konkrete Überlegungen angestellt, dies in einem zweiten Bauabschnitt der 24-Stunden-Bibliothek umzusetzen. Sowohl der Umfang der Konzentration, als auch der Realisierungszeitraum sind derzeit noch nicht endgültig festgelegt, die Konzepte orientieren sich jedoch am aktuellen Stand der Diskussion zukünftiger Bibliotheksbauten.⁸

---

7 http://www.kit.edu/downloads/AmtlicheBekanntmachungen/2013_AB_033.pdf (26.10.2013).
8 Education Advisory Board: Redefining the Academic Library: Managing the Migration to Digital Information Services. Report to University Provosts. 2011. http://www.eab.com/Research-and-Insights/Academic-Affairs-Forum/Studies/2011/Redefining-the-Academic-Library (26.10.2013). Vgl. auch Feldsien-Sudhaus, Inken: Transforming the Library: Bibliotheksbau für die Zukunft. In: Zeitschrift für Bibliothekswesen und Bibliographie (ZfBB) 60 (2013) H. 3–4. S. 112–122.

Ralf Brugbauer
Hochschulbibliothekssysteme und Bibliotheksverbünde

Perspektiven der Zusammenarbeit

Abstract: Der Wandel von mehrschichtigen Bibliotheksstrukturen an den Universitäten hin zu modernen (funktional) einschichtigen Hochschulbibliothekssystemen wurde durch die hochschulpolitischen Rahmenbedingungen, aber auch durch die zentralen Angebote und Dienstleistungen der Bibliotheksverbünde beeinflusst. Mit den Empfehlungen von WR und DFG zur Neuausrichtung überregionaler Informationsservices werden nun neue Pläne die Katalogisierungspraxis und damit die zukünftige Verbundstruktur in Deutschland betreffend entworfen. Im vorliegenden Beitrag soll auf die Hintergründe und verschiedenen Handlungsoptionen eingegangen werden, die sich daraus für die künftige Zusammenarbeit von Hochschulbibliothekssystemen und Bibliotheksverbünden ergeben.

Keywords: Hochschulbibliothekssysteme, Bibliotheksverbünde, Integrated Library System, Unified Resource Management, Serviceorientierte Architektur (SOA), Cloud Computing, Web Services

Hochschulbibliothekssysteme und ihre Entwicklung

Die politischen Rahmenbedingungen auf dem Weg zur Einschichtigkeit werden von Wilfried Sühl-Strohmenger im Beitrag *Hochschulbibliothekssysteme in Deutschland – vier Jahrzehnte Strukturentwicklung* im vorliegenden Band beschrieben.[1] Hierzu zählen die *Empfehlungen des Wissenschaftsrates zum Ausbau der wissenschaftlichen Einrichtungen* von 1964[2], insbesondere aber die Empfehlungen der Deutschen Forschungsgemeinschaft (DFG) für die Zusammenarbeit zwischen Hochschulbibliotheken und Institutsbibliotheken aus dem Jahr 1970, in denen Reformen angemahnt wurden. Für die Praxis wurde seinerzeit angeregt, die Erwerbungen zwischen

---

[1] Siehe dazu Kapitel „Hochschulpolitik, Hochschulentwicklung und Hochschulrecht – Vorgaben für die Ausgestaltung von Bibliothekssystemen".
[2] Vgl. Wissenschaftsrat: Empfehlungen des Wissenschaftsrates zum Ausbau der wissenschaftlichen Einrichtungen. Teil II: Wissenschaftliche Bibliotheken. Tübingen: Mohr 1964.

Hochschulbibliothek und Institut abzustimmen, sei es durch schriftliche Richtlinien, durch Einzelabsprachen oder durch Kaufsitzungen.³

In den darauf folgenden Jahren gerieten viele Universitäten unter hohen Druck, denn für den Literaturerwerb standen bei gleichzeitig hohen Preissteigerungen insbesondere bei den medizinischen und naturwissenschaftlichen Zeitschriften deutlich weniger Mittel zur Verfügung als zuvor. Das Nebeneinander, d.h. die Sammlung und Bereitstellung der dringend benötigten wissenschaftlichen Literatur sowohl in der Universitätsbibliothek als auch in den Fachbereichs- bzw. Institutsbibliotheken, war nicht mehr finanzierbar. Insofern lag es nahe, die vorhandenen Literaturmittel der ehemals „konkurrierenden" Einrichtungen in gemeinsam betriebenen Bibliotheken zusammenzuführen und im Konsens zu verausgaben, um das Literaturangebot – in den Naturwissenschaften natürlich in erster Linie den Zeitschriftenbestand – zu erweitern.⁴ Rolf Griebel und Ulrike Tscharntke formulierten seinerzeit, dass „die stagnierenden oder rückläufigen Etats zweifellos auch die Abstimmungsprozesse zwischen der Zentralbibliothek und dem dezentralen Bereich forciert, mancherorts womöglich auch erst in Gang gesetzt [haben]".⁵

Als ein wichtiger technischer Baustein hierfür muss der Nachweis der Bestände in einem gemeinsamen elektronischen Bestandskatalog angesehen werden, der eine derartige Abstimmungsarbeit überhaupt erst ermöglichte. Unter dem Motto „Integration durch Automation" konnte die „integrative Kraft der Datenverarbeitung" auch in den „alten" Universitäten genutzt werden. In einem Beitrag für die *Zeitschrift für Bibliothekswesen und Bibliographie* aus dem Jahr 1997 führte Dirk Barth am Beispiel der Philipps-Universität Marburg aus, dass dort erst seit der Migration zu PICA im Oktober 1995 sämtliche Neuerwerbungen aller bibliothekarischen Einrichtungen direkt in die Verbunddatenbank in Frankfurt katalogisiert werden konnten. Mittels dieser Neuerung stand – so Barth – ein OPAC zur Verfügung, der wie der vorherige Zentrale Alphabetische Katalog (ZAK) einen komfortablen Zugriff auf den universitären Gesamtbestand ermöglichte.⁶ Darüber hinaus versprach sich die Marburger Universitätsbibliothek von der Einführung des Erwerbungsmoduls „[e]inen starken Integrationsimpuls, der insbesondere die Erwerbungsabstimmung optimieren soll", denn mittels einer „frühzeitige[n] universitätsweite[n] Information über Buchbestellungen [können] einerseits unnötige Doppelerwerbungen vermieden und anderseits

---

3 Vgl. Deutsche Forschungsgemeinschaft: Empfehlungen für die Zusammenarbeit zwischen Hochschulbibliothek und Institutsbibliotheken. Bonn-Bad Godesberg 1970. S. 23f.

4 Vgl. Brugbauer, Ralf u. Dirk Barth: Abgrenzung oder Partnerschaft? Anmerkungen aus der Praxis zur Erwerbungskooperation in universitären Bibliothekssystemen. In: Bibliotheksdienst (1998) H. 8. S. 1348–1352.

5 Griebel, Rolf u. Ulrike Tscharntke: Etatsituation der wissenschaftlichen Bibliotheken in den alten und neuen Bundesländern 1996. In: Zeitschrift für Bibliothekswesen und Bibliographie (ZfBB) (1996). S. 524–577, hier S. 554.

6 Vgl. Barth, Dirk: Vom zweischichtigen Bibliothekssystem zur kooperativen Einschichtigkeit. In: ZfBB (1997). S. 495–522, hier S. 516.

für OPAC-Nutzer zusätzliche Informationen bereitgestellt werden".[7] Mit dieser Prognose sollte Barth recht behalten, wie sich anhand der *Ordnung für die Universitätsbibliothek der Philipps-Universität Marburg vom 23.12.2008* auch noch im Nachhinein nachweisen lässt.[8]

Bibliotheksverbünde

Ohne starke Partner im Bibliothekswesen wäre allerdings diese bedeutende Zäsur kaum möglich gewesen. Im Zuge der kooperativen Katalogisierung erfolgte bereits in den 1970er Jahren der Zusammenschluss von Bibliotheken einer Region oder eines Staates zu einem Katalogisierungsverbund. Die ersten Verbundsysteme in Deutschland wurden in München und Köln eingerichtet, um zunächst die neu gegründeten Universitäten bzw. Gesamthochschulen in Bayern und Nordrhein-Westfalen sowie ihre Bibliotheken zu unterstützen.[9]

Aus heutiger Sicht ist es bemerkenswert, dass Karl Wilhelm Neubauer und Volker Tölle im Jahr 1980 mit ihrer Replik auf die DFG-*Empfehlungen zum Aufbau regionaler Verbundsysteme und zur Einrichtung regionaler Bibliothekszentren*[10] die Bibliothekswelt geradezu provozierten. Ein nationaler Katalogisierungsverbund, so formulierten sie seinerzeit, ist technisch und organisatorisch umsetzbar, und sie versprachen sich davon „erhebliche Einsparungen bei Personalausgaben und Sachinvestitionen".[11] Andere Stimmen hielten wenig später die „allmähliche und realistische Entwicklung zu einem nationalen Verbundsystem" für „aktuell nicht realisierbar", auch unter Hinweis auf die „Unmöglichkeit einer Vereinheitlichung der Zentralkataloge".[12] Zudem, so fasste Reinhard Altenhöner in einem 2006 auf dem Bibliothekartag in Dresden gehaltenen Vortrag die damalige Diskussion zusammen, wurde „die mangelnde Akzeptanz eines fernen nationalen Bibliothekszentrums im regionalen

---

7 Vgl. Barth, Bibliothekssystem (wie Anm. 7), S. 517.
8 Vgl. Philipps-Universität Marburg: Ordnung für die Universitätsbibliothek der Philipps-Universität Marburg vom 23.12.2008. http://www.uni-marburg.de/administration/amtlich/02_2009 (17.11.2013).
9 Vgl. Kronenberg, Hermann u. Karl Wilhelm Neubauer: Informationsinfrastruktur für Deutschland. Eine notwendige Neupositionierung der Verbundsysteme? In: B.I.T. online (2012) H. 2. S. 101–114.
10 Deutsche Forschungsgemeinschaft. Bibliotheksausschuss. Unterausschuss für Datenverarbeitung: Empfehlungen zum Aufbau regionaler Verbundsysteme und zur Einrichtung regionaler Bibliothekszentren. In: ZfBB (1980). S. 189–204.
11 Neubauer, Karl Wilhelm u. Volker Tölle: Katalogisierungsverbund regional oder national? Zu den Empfehlungen für den Aufbau regionaler Verbundsysteme. In: Verband der Bibliotheken des Landes Nordrhein-Westfalen. Mitteilungsblatt (1980). S. 165–197, hier S. 195f.
12 Gattermann, Günter: Katalogisierungsverbund regional oder national? Zu dem Beitrag von K. W. Neubauer und V. Tölle. In: Verband der Bibliotheken des Landes Nordrhein-Westfalen. Mitteilungsblatt (1981). S. 141–147, hier S. 144, 147.

Kontext und de[s] erforderlichen Aufwand[es] für die Koordination der Arbeiten in einem Groß-Verbund" – Stichwort gemeinsame Datenverwaltung – vorhergesehen.[13]

Mit großem Interesse wurde dementsprechend das 1983 gestartete Projekt des Deutschen Bibliotheksinstituts (DBI) in Berlin verfolgt: der DBI-Verbundkatalog (DBI-VK). Ziel war es, die Bestände aller bedeutenden Bibliotheken Deutschlands in einem gemeinsamen Verbundkatalog mit maschinenlesbaren Katalogdaten zusammenzuführen. Allerdings wurden die Entwicklungsarbeiten im Jahr 1997 eingestellt, weil die Finanzierung des DBI über die „Blaue Liste" der von Bund und Ländern gemeinsam geförderten Forschungseinrichtungen überregionaler Bedeutung nicht fortgeführt wurde.[14]

Zunächst also galt für deutsche Bibliotheksverbünde, wie Hermann Leskien im Jahr 2001 am Beispiel des Bibliotheksverbundsystems BVB-KAT ausführte, dass sie geradezu einen „monolithischen Block" bildeten. Dies hatte seiner Meinung nach zur Folge, dass „[d]ie angeschlossenen lokalen Bibliothekssysteme [...] zwar für sich gesehen autonom [sind], [...] aber hinsichtlich der Belieferung mit den substantiellen Katalogdaten völlig vom Verbundsystem ab[hängen]".[15] Eine neue Perspektive versprach seinerzeit das Konzept eines virtuellen Verbundes: Dieses Konzept wurde in den 1990er Jahren entwickelt und favorisierte in puncto Datenhaltung die Vorstellung eines additiven Zusammenwirkens der einzelnen Lokalsysteme – ohne die Existenz eines Verbundsystems als realer Komponente.[16]

In Bayern entschied man sich jedoch, wie Leskien in seinem Beitrag erläuterte, für ein „vermittelndes Konzept", welches danach strebte, die Vorzüge des alten Systems mit denen der neuen Architektur zu verbinden.[17] Auch der Gemeinsame Bibliotheksverbund (GBV) entschloss sich zu einer schrittweisen Migration bei PICA, verfolgte aber durch den 1996 erfolgen Zusammenschluss des Bibliotheksverbundes Niedersachsen – Sachsen-Anhalt – Thüringen mit dem Norddeutschen Verbund (NBV) zum GBV, welchem im Jahr 1999 noch die Staatsbibliothek zu Berlin beitrat, einen organisatorischen Neuansatz.[18]

---

13 Altenhöner, Reinhard: Auf dem Weg zu einer homogenen Informations- und Arbeitsinfrastruktur für Bibliotheken: Gemeinsame Aktivitäten der Verbundsysteme. 95. Deutscher Bibliothekartag, Dresden. Vortrag gehalten am 22.3.2006. http://www.opus-bayern.de/bib-info/volltexte/2007/229/pdf/altenhoener_verbundsysteme.pdf (17.11.2013).
14 Vgl. Bauer, Bruno: Art. „Bibliotheksverbund". In: Lexikon der Bibliotheks- und Informationswissenschaft (LBI). Hrsg. von Konrad Umlauf u. Stefan Gradmann. Bd. 1: A–J. Stuttgart: Hiersemann 2011. S. 107.
15 Leskien, Hermann: Der lange Weg des Bibliotheksverbunds Bayern zu einem Ablösesystem für BVB-KAT. In: Bibliothek: Forschung und Praxis (BFP) (2001) H. 1. S. 35–38, hier S. 36.
16 Vgl. Leskien, Weg (wie Anm. 15), S. 36f.
17 Vgl. Leskien, Weg (wie Anm. 15), S. 37.
18 Vgl. Mittler, Elmar: Editorial. Bibliothekarische Verbundsysteme – eine Zwischenbilanz. In: BFP (2001) H.1. S. 11f.; Diedrichs, Reiner u. Ute Sandholzer: Der Gemeinsame Bibliotheksverbund GBV. In: BFP (2001) H. 1. S. 39–48.

Im Kooperativen Bibliotheksverbund Berlin-Brandenburg (KOBV) wurde die Idee des virtuellen Bibliotheksverbundes im Rahmen eines wissenschaftlichen Projektes in den Jahren 1997 bis 2000 weiterverfolgt. Eine Suchmaschine bildete den informationstechnischen Kern und sollte die verschiedenen Lokalsysteme miteinander verbinden.[19] Allerdings konnte sich diese auch als „Internetphilosophie" bezeichnete Strategie zu diesem Zeitpunkt (noch) nicht durchsetzen.[20] Vielmehr fand, wie Reinhard Altenhöner es in seinem Vortrag auf dem Dresdener Bibliothekartag bezeichnete, eine „Konsolidierung der Verbundstrukturen" statt, wobei „Großrechner-basierte Onlinedienste" im Vordergrund standen. Meilensteine dieser Entwicklung waren, so Altenhöner weiter, etwa die ersten Schritte auf dem Weg zur Automatisierung der Fernleihe (zunächst innerhalb der Grenzen des Verbundsystems) oder die Erweiterung der Dienste zur Unterstützung lokaler Anwendungen. „Das Zusammenspiel der Systeme", kommentierte Altenhöner abschließend, „funktionierte im Rahmen der abgesteckten Grenzen, das Spektrum national gemeinsam erbrachter Dienste blieb aber überschaubar."[21]

Zusammenfassend konstatierte Altenhöner – ausgehend vom Stand der Entwicklung zum Zeitpunkt seines Vortrages im Jahr 2006 –, dass heute in einem zunehmenden Maße nicht länger spezifische technische Systeme und Lösungen für Angebotspalette und Profilierung von Bibliotheken und Verbünden bedeutsam sind, sondern vielmehr das Angebot konkreter Dienste. Und er prognostizierte, dass man sich allmählich einem Entwicklungsstand annähern wird, der sich dadurch auszeichnet, dass eine Bibliothek die Leistungen oder Dienste gleich mehrerer Verbundsysteme parallel in Anspruch nimmt.[22]

Verbundsysteme – Lokale Bibliothekssysteme – Hochschulbibliothekssysteme

Um zu beurteilen, ob bzw. inwiefern Hochschulbibliothekssysteme überhaupt Leistungen und Dienste von unterschiedlichen Verbundsystemen in Anspruch nehmen können, sind die Lokalsysteme einer genaueren Betrachtung zu unterziehen. Im Gegensatz zu den Verbundkatalogen mit ihren zentralen Katalogisierungsdaten verfügen die Lokalsysteme der einzelnen Bibliotheken über Erwerbungs- und Ausleihkomponenten sowie – je nach Ausprägung des Verbundsystems – auch über (lokale) Bestandsinformationen und (lokale) Metadaten. Diese integrierten Softwarepakete,

---

19 Grötschel, Martin [u. a.]: Kooperativer Bibliotheksverbund Berlin-Brandenburg (KOBV). In: BFP (2001) H. 1. S. 55–65.
20 Grötschel [u. a.], Bibliotheksverbund (wie Anm. 19), S. 55.
21 Altenhöner, Arbeitsinfrastruktur (wie Anm. 13).
22 Altenhöner, Arbeitsinfrastruktur (wie Anm. 13).

auch Module genannt, werden üblicherweise unter der Bezeichnung „Integriertes Bibliothekssystem" (Integrated Library System, ILS) oder „Integrated Library Management System" (IMS) zusammengefasst. Das ILS besteht meistens aus einer relationalen Datenbank, Software zur Interaktion mit der Datenbank sowie unterschiedlichen graphischen Benutzeroberflächen für Nutzer und Bibliotheksangehörige.[23] In diesem Sinne haben sich Lokal- und Zentralsysteme gut aufeinander eingespielt und in den vergangenen Jahrzehnten kontinuierlich weiterentwickelt.[24]

In Hinblick auf die zukünftige Entwicklung von Bibliothekssoftware unterscheidet Marshall Breeding drei verschiedene Typen: die evolutionären, die revolutionären und die alternativen Systeme.[25] Die Klasse der evolutionären Systeme strebe – entsprechend dem Web-2.0-Gedanken – eine Erneuerung ihrer Benutzeroberflächen an und konzentriere sich dabei auf den Nachweis des lokalen Bestandes. Die traditionellen mittelständischen Unternehmen, deren ILS-Produkte nach wie vor den deutschen Markt beherrschen, sind für Breeding typische Vertreter eines solchen evolutionären Systems. Im Gegensatz dazu versuchen revolutionäre Systeme, „ihre Softwarearchitektur hin zu XML-Technologien, Web Services und Service-Oriented Architecture zu verändern bzw. gänzlich neu aufzubauen".[26] Nach Breeding schafft erst eine derartige Neuausrichtung die Möglichkeit, moderne Konzepte wie Cloud Computing zu verfolgen. Alternative Systeme dagegen würden die Vorstellung eines integrierten Softwaresystems, also die Automatisierung in sämtlichen Bereichen des bibliothekarischen Geschäfts, überwinden. Laut Breeding zielen sie auf die Verwaltung aller Arten von bibliographischen Daten, Volltext-Ressourcen oder anderen Objekten ab und setzen dabei massiv auf den Einsatz von *Application Programming Interfaces (API)* – also auf Schnittstellen, welche der Erweiterbarkeit und Interoperabilität mit externen Systemen dienen.

Karl Wilhelm Neubauer bezeichnet in einem im Jahr 2010 erschienenen Beitrag zur Zukunft des lokalen Bibliotheksystems den gegenwärtigen Markt der ILS als „gesättigt" und die Ausstattung der ILS selbst als „relativ konservativ".[27] Dieser Umstand führt seiner Ansicht nach dazu, dass die Bibliotheken seit Jahren zum Zukauf anderer Systemteile, sogenannter Add-ons gezwungen sind. Derartige Add-ons kommen laut

---

[23] Vgl. den in diesem Fall hilfreichen Hinweis in Wikipedia: Art. „Integriertes Bibliothekssystem". http:// http://de.wikipedia.org/w/index.php?title=Integriertes_Bibliothekssystem&oldid=125257255 (23.11.2013).

[24] Vgl. hierzu auch die Berichte der einzelnen Verbünde, eingestellt auf der Homepage der Deutschen Nationalbibliothek (DNB): Deutsche Nationalbibliothek: Arbeitsgemeinschaft der Verbundsysteme. http://www.dnb.de/DE/Wir/Kooperation/AGVerbundsysteme/agverbund_node.html;jsessionid=35B1DCBA36DEC5DDE4CAED3B205F9EAE.prod-worker3 (27.11.2013).

[25] Vgl. zum Folgenden: Mittelbach, Jens: Zur Zukunft von Bibliothekssoftware. Workshop mit Marshall Breeding an der UB Leipzig. In: BIS – Das Magazin der Bibliotheken in Sachsen (2011) H. 1. S. 26f.

[26] Mittelbach, Zukunft (wie Anm. 25), S. 26.

[27] Neubauer, Karl Wilhelm: Integrated Library Systems (ILS) und Unified Ressource Management (URM). Die Zukunft der lokalen Bibliothekssysteme. In: B.I.T. online (2010) H. 2. S. 119–128, hier S. 119f.

Neubauer beispielsweise bei den inzwischen von verschiedenen Herstellern angebotenen Discovery Services, aber auch beim Electronic Resource Management (ERM) zum Einsatz.[28]

Auch in einer gemeinsamen Studie des britischen *Joint Information Systems Committee* (JISC) und der Society of College, National and University Libraries (SCONUL) wird festgestellt, dass das Entwicklungspotential des klassischen ILS begrenzt ist. Eine bessere Perspektive bietet nach Auffassung der Autoren hingegen ein sogenanntes „Unified Ressource Management" (URM).[29] Karl Wilhelm Neubauer sieht seitens der Bibliotheken ebenfalls den Bedarf nach grundlegenden Änderungen der Datenstrukturen sowie der Strukturen der Datenbanksysteme und vertritt die Auffassung, dass „Datenbereiche, wie z. B. die Metadaten, entkoppelt sein [müssen], um flexibel für die verschiedenen Services zur Verfügung zu stehen". „Ferner" sei es, so Neubauer weiter, „notwendig, die sogenannten Unified Interfaces, die einheitliche Oberfläche für alle Arten von Ressourcen für den Kunden vorzuhalten."[30] Derartige Unified Interfaces ließen sich in der Software durchkomponiert jedoch nur durch Serviceorientierte Architektur (SOA) bewerkstelligen.[31] Nach Ingo Melzer steht im Zentrum von SOA das Anbieten, Suchen und Nutzen von Diensten über ein Netzwerk, wobei auf die betreffenden Dienste plattformübergreifend von Applikationen und anderen Diensten Zugriff genommen wird. Als einen wesentlichen Vorteil einer SOA sieht Melzer die Unabhängigkeit von der jeweiligen Implementierung, die eine funktionale Zerlegung der Anwendungen ermöglicht und eine prozessorientierte Betrachtungsweise erleichtert.[32] „Der mit Abstand vielversprechendste Ansatz", resümiert Melzer, „sind derzeit die Web Services."[33]

Die von Melzer angeführten Web Services sind wiederum Bestandteil des Cloud Computing, wobei sich verschiedene Arten von Cloud Computing unterscheiden lassen. Üblicherweise geschieht diese Unterscheidung mit Hilfe der drei Schichten oder Ebenen, die beim Cloud Computing zum Einsatz kommen: der Infrastruktur-Ebene, auch als „Infrastructure-as a Service" (IaaS) bezeichnet, der Plattform-Ebene, auch „Platform-as-a-Service" (PaaS) genannt und der Anwendungsschicht, für welche die Bezeichnung „Software-as-a-Service" (SaaS) gebräuchlich ist.[34]

---

28 Vgl. Neubauer, Library (wie Anm. 27), S. 120.
29 Vgl. JISC & SCONUL: Library Management Study. An Evaluation and horizon scan of the current library management systems and related systems landscape for UK higher education. March 2008. http://www.jisc.ac.uk/media/documents/programmes/resourcediscovery/lmsstudy.pdf (23.11.2013).
30 Neubauer, Library (wie Anm. 27), S. 123f.
31 Neubauer, Library (wie Anm. 27), S. 124.
32 Vgl. Melzer, Ingo [u. a.]: Service-orientierte Architekturen mit Web Services. Konzepte – Standards – Praxis. 4. Aufl. Heidelberg: Spektrum 2010. S. 9. Siehe auch S. 83–114.
33 Melzer, Architekturen (wie Anm. 32), S. VII.
34 Vgl. Charrington, Sam: The Cloud „Pyramid". Application, Platform, Infrastructur. http://de.slideshare.net/sam_at_appistry/cloud-taxonomy-platform-vs-infrastructure-presentation (23.11.2013); Diedrichs, Reiner u. Kirstin Kemner-Heek: Lokalsysteme in der Cloud. Architektur der

Neubauer geht davon aus, dass Cloud Computing den Bibliotheken eine ganz neue Form von Teilhabe an beliebigen, für die jeweilige Funktionalität interessanten Daten aus der ganzen Welt eröffnet.[35] Reiner Diedrichs und Kirstin Kemner-Heek sprechen in einem kürzlich erschienenen Beitrag zum Thema *Lokalsysteme in der Cloud* von einem „cloudbasierten Bibliothekssystem" und definieren dieses als ein „vollständig mandantenfähiges, zentral betriebenes System mit browserbasiertem Nutzer- und Administrationszugang".[36] Die Bibliothekssysteme der nächsten Generation – die Autoren führen als Beispiele das von OCLC entwickelte World Share Management System (WMS) sowie ExLibris Alma an – werden, davon sind Diedrichs und Kemner-Heek überzeugt, auf der einen Seite die bisherige Anwendungssoftware vollständig durch browserbasierte Zugänge (SaaS) ersetzen und auf der anderen Seite die reine Bereitstellung der Software zudem um die Möglichkeit der Entwicklung eigener PaaS-Anwendungen ergänzen.[37]

In Anbetracht der technischen Möglichkeiten verwundert es nicht, dass das Festhalten an eher traditionellen Verbundstrukturen zunehmend zum Gegenstand der Kritik wurde. So bemängelte etwa der Wissenschaftsrat (WR) in seinen Anfang 2011 ausgesprochenen *Empfehlungen zur Zukunft des bibliothekarischen Verbundsystems in Deutschland*, dass „[a]ufgrund der historisch gewachsenen regionalen Aufteilung des Verbundsystems in Deutschland und der spezifischen Organisationsform der Verbünde und ihrer Zentralen [...] sich insbesondere bei der Entwicklung und dem Angebot innovativer Dienstleistungen für eine leistungsfähige Informationsinfrastruktur gravierende Schwächen [ergeben]", wohingegen die DFG im gleichen Jahr in einem Positionspapier den Abbau der „überholten regionalen Multiplizierung identischer Basisdienste" einforderte.[38]

---

nächsten Generation auf dem Prüfstand. In: BuB – Forum Bibliothek und Information (2013) H. 1. S. 54-58, hier S. 54f.
35 Vgl. Neubauer, Library (wie Anm. 27), S. 124.
36 Diedrichs u. Kemner-Heek, Lokalsysteme (wie Anm. 34), S. 55f.
37 Vgl. Diedrichs u. Kemner-Heek, Lokalsysteme (wie Anm. 34), S. 56.
38 Wissenschaftsrat: Empfehlungen zur Zukunft des bibliothekarischen Verbundsystems in Deutschland. http://www.wissenschaftsrat.de/download/archiv/10463-11.pdf (23.11.2013), hier S. 39; Deutsche Forschungsgemeinschaft. Ausschuss für wissenschaftliche Bibliotheken und Informationssysteme: Positionspapier zur Weiterentwicklung der Bibliotheksverbünde als Teil einer überregionalen Informationsinfrastruktur. http://www.dfg.de/download/pdf/foerderung/programme/lis/positionspapier_bibliotheksverbuende.pdf (23.11.2013), hier S. 13.

Neue Konzepte des Wissenschaftsrats und der Deutschen Forschungsgemeinschaft und die Neuausrichtung überregionaler Informationsservices

Ausgelöst durch die oben genannten Empfehlungen des WR und der DFG steht gegenwärtig die zukünftige Struktur der Bibliotheksverbünde in Deutschland zur Diskussion. Entscheidend vorangetrieben wurde das Thema schließlich durch ein Förderprogramm der DFG zur *Neuausrichtung überregionaler Informationsservices*, das im Oktober 2012 veröffentlicht wurde. Explizit ist hier von „neu zu etablierende[n] Dienste[n]" die Rede, die „in einem offenen System verteilter Backend-Infrastrukturen und lokaler oder auch regionaler Endnutzer-Interfaces gestaltet und vollständig in das WEB integriert sein [sollen]".[39]

Kronenberg und Neubauer beantworten die Frage, wie es mit den Verbünden weitergehen soll, wie folgt:

> [Es wird sehr schwierig sein, v]on den gegenwärtig zersplitterten Strukturen (drei nationale Verbünde, sechs regionale Verbundsysteme, Metadaten elektronischer Dokumente verstreut zwischen Verbünden und lokalen Systemen, rudimentäre ERM der nationalen Lizenzen usw.) wegzukommen [...], zumal diese Situation durch den Föderalismus mit seinen unterschiedlichen Zuständigkeiten gestützt wird.[40]

Deshalb lautet die eindeutige Forderung der beiden Autoren: „Die in der Ausschreibung gewünschte nationale Struktur, das ‚offene System' und die den jeweiligen Anforderungen entsprechenden innovativen Dienste müssen eingerichtet und die Parallelarbeit beendet werden." Kronenberg und Neubauer wünschen sich von der DFG, im Bewilligungsverfahren „keine faulen Kompromisse" einzugehen.[41]

Im Prüfungsverfahren der DFG überzeugte die Gutachter im Themenfeld 1 „Bibliotheksdateninfrastruktur und Lokale Systeme" schließlich der vom Hessischen Bibliotheksinformationssystem (HeBIS), vom Bibliotheksverbund Bayern (BVB) und vom Kooperativen Bibliotheksverbund Berlin-Brandenburg (KOBV) gemeinsam vorgetragene Projektantrag mit dem Titel *Cloudbasierte Infrastruktur für Bibliotheksdaten (CIB)*. Ziel von CIB soll sein, eine cloudbasierte Infrastruktur zu entwickeln, die eine verstärkte Anpassung und Einbindung bereits bestehender Dienste in internationale Nachweissysteme ermöglicht. Ein besonderes Augenmerk liegt dabei auf der künfti-

---

39 Deutsche Forschungsgemeinschaft: Informationsmanagement. Ausschreibung „Neuausrichtung überregionaler Informationsservices" (15.10.2012). http://www.dfg.de/download/pdf/foerderung/programme/lis/ausschreibung_ueberregionale_informationsservices_121015.pdf (23.11.2013), hier S. 1.
40 Kronenberg u. Neubauer, Informationsinfrastruktur (wie Anm. 9), S. 116.
41 Kronenberg u. Neubauer, Informationsinfrastruktur (wie Anm. 9), S. 116.

gen Integration sowohl von Verbund- als auch von Lokalsystemen in internationalen, webbasierten Bibliothekssystemplattformen.[42]

Auswirkungen neuer Verbundstrukturen auf die Hochschulbibliothekssysteme

Derzeit ist nicht davon auszugehen, dass sich die Neustrukturierung der Informationsinfrastruktur in Deutschland unmittelbar auf die Hochschulbibliotheken und ihre Bibliothekssysteme auswirken wird. Dafür gibt es verschiedene Gründe:

Zunächst einmal ist zu erwarten, dass – bedingt durch die komplexen technischen Anforderungen – noch (Entwicklungs-)Zeit benötigt wird, bis Hochschulbibliotheken ihr Lokalsystem aus der Cloud auswählen und einsetzen können. Das CIB-Projekt könnte hierzu einen wichtigen Beitrag leisten, insbesondere, wenn es um eine Flexibilisierung im Miteinander unterschiedlicher Systemanbieter durch eine Synchronisierung der Daten geht. Allerdings sind noch schwierige Anforderungen, wie etwa die Integration von Normdateien, vor allem aber der Schutz von Personendaten,[43] auch und gerade vor dem Hintergrund der aktuellen politischen Debatte zu bewältigen.

Abgesehen von den technischen Fragen sind auch die finanziellen Rahmenbedingungen der Universitäts- und Hochschulbibliotheken zu berücksichtigen. Eine enge Bindung der Hochschulbibliotheken an „ihre" Verbünde ist vor allem dann gegeben, wenn Landesmittel für Verbunddienstleistungen und Verbundzentralen zentral bereitgestellt werden. Eine zwingende Voraussetzung auf dem Weg zu einer Neustrukturierung der Informationsinfrastruktur in Deutschland wäre somit, wie von WR und DFG bereits empfohlen, eine leistungsgerechte Verrechnung von Dienstleistungen auch über die föderalen Grenzen hinweg zu etablieren.

Darüber hinaus und fernab der finanziellen Präliminarien ist zu beachten, dass auch die Verbünde daran interessiert sind, möglichst viele (wissenschaftliche) Bibliotheken unter einem gemeinsamen Dach zusammenzuführen, um damit ihre Durchsetzungskraft gegenüber den politisch verantwortlichen Entscheidungsträgern zu stärken. So wurde beispielsweise im Freistaat Bayern im Jahr 2000 das Konzept eines Kooperativen Leistungsverbundes im Ausschuss für Hochschule, Forschung und Kultur des Bayerischen Landtags vorgestellt. Daraufhin fasste der Landtag im Juni 2001 einstimmig sechs Beschlüsse zum wissenschaftlichen Bibliothekswesen, die sich mit der „Zukunftsinitiative für die wissenschaftliche Literaturversorgung in Bayern" sowie der „Modernisierung der wissenschaftlichen Bibliotheken" thema-

---

42 Vgl. Kooperativer Bibliotheksverbund Berlin-Brandenburg: Cloudbasierte Infrastruktur für Bibliotheksdaten (CIB). http://www.kobv.de/aktuelles/information/datum/2013/04/10/dfg-projekt-cloud-basierte-infrastruktur-fuer-bibliotheksdaten-cib (23.11.2013).
43 Vgl. hierzu Diedrichs u. Kemner-Heek, Lokalsysteme (wie Anm. 34), S. 56, 58.

tisch auf zentrale Komponenten des Leistungsverbundes beziehen.[44] Aus der Sicht einer Universitätsbibliothek führte Rafael Ball, Direktor der UB Regensburg, in einem 2009 gegebenen Interview diesbezüglich aus, dass der Kooperative Leistungsverbund Bayern die Kräfte der Universitäts- und Hochschulbibliotheken des Freistaates mit Unterstützung der Bayerischen Staatsbibliothek bündelt und somit eine Vielzahl von Synergieeffekten erreicht werden, die in anderen Bundesländern in dieser Form nicht oder nicht mehr existieren. Ball verwies außerdem darauf, dass auch die UB Regensburg eine ganze Reihe von Dienstleistungen in den bayerischen Kooperativen Leistungsverbund mit einbringe.[45]

Ebenfalls blieben zahlreiche Fragen, die der WR an die Verbundzentralen der bibliothekarischen Verbundsysteme zur Vorbereitung seiner zuvor genannten Empfehlungen stellte, nicht ohne Auswirkungen. Sie führten innerhalb der Verbünde vielfach zu internen Diskussionen, aber auch zur Festlegung von Aufgaben und Zielen.[46]

Ein weiteres Beispiel ist der HeBIS-Verbundrat, der am 4. Dezember 2008 das Hessische Ministerium für Wissenschaft und Kunst (HMWK) bat, eine Arbeitsgruppe einzusetzen, die Konzepte für die Weiterentwicklung des Verbundes ausarbeiten sollte.[47] Daraufhin wurde im September 2009 die Untersuchung der aktuellen Situation sowie zukünftiger Herausforderungen mittels einer SWOT-Analyse, also einer Analyse der Stärken, Schwächen, Chancen und Risiken, des HeBIS-Systemumfeldes hinsichtlich der Dienste und der Organisation (IST und SOLL) durch einen externen Dienstleister veranlasst.[48]

Insgesamt ist festzustellen, dass tatsächlich bereits zum jetzigen Zeitpunkt die meisten Verbünde überregionale Dienstleistungen auf den Gebieten Hostingservices,

---

44 Vgl. Beschlüsse des Plenums des Bayerischen Landtags vom 26.06.2001: „Zukunftsinitiative für die wissenschaftlichen Bibliotheken in Bayern" (Drucksache Nr. 14/6982, 14/6983, 14/6984) bzw. „Modernisierung der wissenschaftlichen Bibliotheken" (Drucksache Nr. 14/6998, 14/6999, 14/7000); Vgl. auch Kaltwasser, Franz Georg: Bayerische Staatsbibliothek. Wechselndes Rollenverständnis im Lauf der Jahrhunderte. Wiesbaden: Harrassowitz Verlag 2006 (Beiträge zum Buch- und Bibliothekswesen 49). S. 136; Kunz, Jürgen u. Matthias Groß: Kooperativer Dienstleistungsverbund – Strategien im bayerischen Verbund zum Aufbau digitaler Bibliotheken. In: Bibliotheken gestalten Zukunft. Kooperative Wege zur digitalen Bibliothek. Hrsg. von Evelinde Hutzler, Albert Schröder u. Gabriele Schweikl. Dr. Friedrich Geißelmann zum 65. Geburtstag. Göttingen: Universitätsverlag Göttingen 2008. S. 67–80.
45 Vgl. Schütte, Christoph-Hubert: Die ersten 100 Tage. Dr. Rafael Ball, der neue Direktor der UB Regensburg, im Gespräch mit B.I.T. online. In: B.I.T online (2009) H. 1. S. 82f, hier S. 83.
46 Im Zuge der Evaluierung richtete der WR zahlreiche Fragen an die Verbundzentralen der bibliothekarischen Verbundsysteme. Die Antworten der Verbünde wurden dann vom WR ausgewertet und im Anhang der Empfehlungen zur Zukunft des bibliothekarischen Verbundsystems in Deutschland (vgl. Anm. 39) wiedergegeben.
47 Vgl. Behrens-Neumann, Renate: Aus der 58. Sitzung der Arbeitsgemeinschaft der Verbundsysteme am 21. und 22. April 2010 in Zürich. http://www.dnb.de/SharedDocs/Downloads/DE/DNB/wir/ag-VerbundSitzungsbericht58.pdf;jsessionid=5A71077B4A694D9E47982D67301E540E.prod-worker2?__blob=publicationFile (27.11.2013), hier S. 22.
48 Zur SWOT-Analyse liegt dem Autor ein ausführlicher Abschlussbericht vor, der allerdings (noch) nicht veröffentlicht wurde [Stand: November 2013].

Betreuung und Bereitstellung lokaler Bibliothekssysteme, Metadaten, Archivierungsdienste (Rosetta) etc. anbieten. Und in der Strategischen Allianz von BVB und KOBV wurde sogar verbundübergreifend der „Auf- und Ausbau kontinuierlich optimierter Serviceleistungen für die Benutzerinnen und Benutzer, bei gleichzeitiger Effizienzsteigerung für die insgesamt 360 Verbundbibliotheken" als gemeinsames Ziel verabredet.[49]

Dennoch ist auf mittlere Sicht eine Reduzierung der Anzahl der Katalogisierungsverbünde in Deutschland zu erwarten. Auf dem Weg dahin könnte die Arbeitsgruppe der Kultusministerkonferenz, die bereits die DFG-Ausschreibung begleitet hat und nun beim Aufbau gemeinsamer Informationsinfrastrukturen und damit der Öffnung föderal geprägter Strukturen einbezogen wird, eine zentrale Rolle spielen. Ob und inwiefern sich dadurch das von WR und DFG gemeinsam formulierte Ziel, nämlich die Wissenschaft bei der Versorgung mit Publikationen und weiteren Informationen zu unterstützen und insbesondere die Nutzung der Informations- und Kommunikationstechnologien bei der Entwicklung neuer Bibliotheksdienste voranzutreiben, erreichen lässt, bleibt zunächst abzuwarten. Voraussetzung hierfür ist allerdings, dass die Universitäts- und Hochschulbibliotheken ihre Anforderungen und Wünsche auf diesem Gebiet – sofern diese nicht ohnehin integraler Bestandteil einer abgestimmten Verbundstrategie sind – zukünftig deutlicher artikulieren und an die Verbundzentralen als Dienstleister herantragen. In der Vergangenheit war der Wunsch nach zentralen (überregionalen) Angeboten für die Bibliotheken, wie etwa die Bereitstellung von Plattformen für Forschungsdatenmanagement, Hochschulbibliographien, Repositorien etc., eher zurückhaltend formuliert worden.

Auf der anderen Seite wird die Bereitstellung neuer Informations- und Kommunikationstechnologien für die Entwicklung zukünftiger Bibliotheksdienste auch davon abhängen, ob und wie die Verbundzentralen auf die neuen Anforderungen reagieren und entsprechende Angebote bereitstellen können. Davon, dass in den Verbundzentralen durch die Neuorganisation der Informationsinfrastruktur zeitnah genügend freie Kapazitäten zur Verfügung stehen, ist jedenfalls nicht auszugehen – zu umfassend sind die notwendigen Anpassungsarbeiten, die innerhalb der bestehenden Verbünde durchzuführen sind.

Wünschenswert wäre in jedem Fall eine stärkere verbundübergreifende Abstimmung bezüglich der bereits verfügbaren Dienstleistungen sowie der Bereitstellung zusätzlicher Angebote, wie es auch bei einer Veranstaltung der Gemeinsamen Managementkommission von dbv und VDB am 5. und 6. Juni 2013 in Dortmund angesprochen wurde. Dort wurde konstatiert, dass in Zeiten der Hochschulautonomie und in einer Situation, in der das Verhalten der Bibliotheken durch das Spannungsfeld von Kooperation und Konkurrenz bestimmt werde, radikal neue Kooperationsformen zwischen den innerdeutschen Bibliotheken vonnöten seien. Zu diesem Zweck könnte

---

49 Vgl. Kooperativer Bibliotheksverbund Berlin-Brandenburg: Strategische Allianz von BVB und KOBV. http://www.kobv.de/ueber_den_kobv/strategische_allianz_mit_dem_bvb/ (23.11.2013).

beispielsweise ein Kataster verfügbarer Dienste zusammengetragen werden, aus dem dann ein Verzeichnis möglicher Kooperationsangebote entstehen könnte.[50]

Kehrt man abschließend zur Frage nach den Perspektiven der Zusammenarbeit von Bibliotheksverbünden und Hochschulbibliothekssystemen zurück, ist davon auszugehen, dass auch zukünftig regionale Verbundstrukturen für die Universitäts- und Hochschulbibliotheken von großer Bedeutung sein werden. Allerdings wären Angebote nach dem Baukastenprinzip gemäß dem jeweiligen individuellen Bedarf auch über föderale Grenzen hinweg gut vorstellbar. Der Hochschulbibliothek als der zentralen Einheit in einem einschichtigen Bibliothekssystem käme eine solche Entwicklung zugute, könnte sie sich doch auf diesem Wege als prominenter Anbieter auf dem Gebiet der Informationsdienstleistungen weiter profilieren.

---

[50] Vgl. Berghaus-Sprengel, Anke: „Die Situation erfordert radikal neue Kooperationsformen unter den Bibliotheken in Deutschland." Bibliotheken zwischen Kooperation und Konkurrenz in Zeiten der Hochschulautonomie. Veranstaltung der Gemeinsamen Managementkommission von dbv und VDB, 5. und 6. Juni/Dortmund. In: B.I.T. online (2013) H. 4. S. 336–339.

Albert Poirot, Christophe Didier
La „politique de site", nouvelle opportunité pour la documentation universitaire en France: l'exemple de l'Alsace

Abstract/Resumé: L'évolution de la politique de l'enseignement supérieur en France a conduit à une valorisation de plus en plus grande de la notion de site, en encourageant les fusions ou associations d'établissements universitaires d'une même région. L'Alsace a joué un rôle pilote dans ce processus, qui s'est concrétisé par la signature d'un „contrat de site" et la mise en place d'un „schéma directeur pour la documentation universitaire". Il doit en ressortir une clarification des rôles de chaque institution concernée et partant, une meilleure visibilité de l'offre documentaire, au niveau national comme au sein de la compétition internationale.

Keywords: Politique de site, carte documentaire, charte documentaire, valorisation documentaire, autonomie des universités, Bibliothèque nationale et universitaire de Strasbourg, schéma directeur de la documentation, services communs de documentation

De la loi Faure à la loi Fioraso : près de 50 ans de politique nationale de l'enseignement supérieur en France

Pour qui considère l'évolution du paysage français de l'enseignement supérieur au cours des cinquante dernières années, on ne peut qu'être frappé par les deux mouvements contradictoires qui se sont succédé.

Après 1968, un mot d'ordre : la dispersion

Les événements sociaux et étudiants de mai 1968 avaient montré les excès du centralisme français, hérité du colbertisme royal et du jacobinisme révolutionnaire. La loi du 12 novembre 1968, dite „loi Faure"[1] du nom du ministre qui l'avait portée dans

---

[1] De 1968 à 2013, cinq lois s'attacheront principalement à structurer l'enseignement supérieur et la recherche en France, en favorisant de plus en plus l'autonomie universitaire: Loi n° 68-978 du 12 no-

un contexte difficile, avait fondé un certain nombre de principes décentralisateurs appliqués à l'enseignement supérieur, en même temps que s'amorçait une politique générale de décentralisation politico-administrative.

La loi Faure attribuait notamment aux universités une autonomie qui se manifestait par l'élection d'un président, enlevant au recteur d'académie, représentant du ministre, la maîtrise des débats au sein des instances de délibération de ces institutions. De plus, les universités gagnaient la liberté de s'organiser comme elles l'entendaient, arrêtant le périmètre de leur action.

C'est ainsi que dans le climat d'après 1968, la France connut un mouvement d'éclatement des universités, en principe sur une base disciplinaire, mais d'abord sur une base idéologique[2]. Paris s'organisa en treize universités (dont cinq extra-muros). En province, rares furent les villes qui gardèrent une université unique (ce fut le cas de Nantes). Ailleurs, dans des ambiances tendues, naquirent sur chaque site deux (par exemple à Clermont-Ferrand), trois (par exemple à Strasbourg) ou quatre (par exemple à Bordeaux) universités.

Cette disposition statutaire s'accompagna d'une dispersion des moyens, à un moment où la fin de la grande période économique des trente glorieuses annonçait des difficultés budgétaires lourdes de conséquences pour de jeunes institutions prises par le vertige – et en partie par le leurre – de l'autonomie.

Ces universités durent de plus faire face à l'explosion démographique de la population étudiante, celle-ci passant de 850.000 en 1970 à 1.717.000 en 1990. On le sait, en France, les frais d'inscription à l'université sont traditionnellement faibles[3] ; la marge de manœuvre des responsables universitaires était donc très étroite et l'on entendit

---

vembre 1968, dite loi Faure, d'orientation de l'enseignement supérieur
- Loi n° 84-52 du 26 janvier 1984, dite loi Savary, sur l'enseignement supérieur
- Loi de programme n° 2006-450 du 18 avril 2006 pour la recherche
- Loi n° 2007-1199 du 10 août 2007, dite loi LRU, relative aux libertés et responsabilités des universités
- Loi n° 2013-660 du 22 juillet 2013, dite loi ESR ou loi Fioraso, relative à l'enseignement supérieur et à la recherche

Pour ce qui est de la documentation et de la Bibliothèque nationale et universitaire, on citera ici trois décrets :
- Décret n° 85-694 du 4 juillet 1985, modifié par le décret n° 91-320 du 27 mars 1991, sur les services de la documentation des établissements d'enseignement supérieur relevant du ministère de l'Education nationale
- Décret n° 92-45 du 15 janvier 1992 portant organisation de la Bibliothèque nationale et universitaire de Strasbourg, modifié par le décret n° 2010-1069 du 8 septembre 2010
- Décret n° 2011-996 du 23 août 2011 relatif aux bibliothèques et autres structures de documentation des établissements d'enseignement supérieur créées sous forme de services communs

Ces textes officiels sont consultables sur le site : http://www.legifrance.gouv.fr (14.01.2014).

2 Les clivages politiques gauche-droite au sein des communautés universitaires ont souvent été à l'origine des scissions des anciennes universités.

3 Ce constat reste valable : le dernier arrêté ministériel en date du 20 août 2013 fixant les droits d'inscription dans les universités établit à 183 € le montant des droits pour les études de licence.

très vite parler de la paupérisation des universités. Enfin, aux effets pervers de cet éparpillement s'ajoutait la faiblesse de la visibilité internationale de chaque institution.

Le système universitaire s'évertua alors à gérer l'afflux des étudiants en se structurant différemment et en s'appuyant sur les collectivités locales qui cherchaient elles-mêmes à renforcer l'attractivité de leur territoire dans un contexte de décentralisation. On vit ainsi naître des antennes universitaires dans les villes moyennes, ou bien des universités de plein exercice dans des villes un peu plus grandes. Ce fut le cas à Mulhouse où, en 1975, fut érigée l'Université de Haute-Alsace.

Le mouvement de balkanisation de l'enseignement supérieur français, naturellement renforcé par l'existence d'écoles diverses, notamment d'ingénieurs, par le système spécifique des grandes écoles, par la concurrence possible entre universités et organismes de recherche (CNRS, INSERM...) s'étendit des années 1970 au début des années 2000. A part lors du vote de la loi Savary de 1984[4], l'autonomie réelle des universités était plus un thème de colloque qu'une réalité.

Cette dispersion ne fut pas spécialement favorable à la question documentaire. Un décret du 4 juillet 1985[5] chercha à favoriser la structuration du puzzle, à fédérer les ressources documentaires des facultés et des instituts, en créant des services communs de la documentation (SCD), dont beaucoup dans l'institution universitaire avaient du mal à cerner le rôle exact.

Au tournant du millénaire, un nouveau mot d'ordre : le regroupement

Cependant la quête de l'autonomie se faisait de plus en plus pressante. Un léger ralentissement de la pression démographique[6] poussa à moins réfléchir au qualitatif (d'abord immobilier) et à davantage se soucier du quantitatif. La crise économique invita aussi à rationaliser un système épuisé, arrivé au bout de ses capacités à (mal) répondre à la demande sociale et scientifique. Il s'agissait aussi pour l'État de constater son inaptitude à répondre à toutes les demandes de l'ensemble des organismes présents sur chaque site universitaire, de donner de la cohérence aux différentes politiques locales, d'adopter une posture d'„État stratège", selon l'expression consacrée, plutôt que celle d'un État central gestionnaire, avec une importance accrue donnée à la fonction d'évaluation. On ajoutera que l'amoindrissement des idéologies et les alternances politiques favorisèrent des convergences de points de vue au sein des classes dirigeantes, au-delà des prises de parole publiques.

---

4 Voir note n° 1.
5 Idem.
6 2.160.000 étudiants en 2000 ; 2.230.000 en 2007 ; 2.350.000 en 2012.

C'est ainsi qu'en 2006, une loi de programme pour la recherche[7] créa des Pôles de recherche et d'enseignement supérieur (PRES), dont la fonction visait sur chaque site à structurer l'offre. Ces pôles eurent un effet limité. Il convient, en effet, de dire que les établissements répondirent sans conviction à cette innovation de l'État, craignant pour leur spécificité et leur autonomie d'action. On transféra aux PRES quelques services pour lesquels la menace était considérée comme moindre. Ainsi certains prirent en charge tout ou partie de la fonction documentaire (comme à Toulouse, Clermont-Ferrand, Lyon...). Mais ils furent d'abord le passage obligé retenu par l'Etat pour mettre en place certains financements importants (opération Campus, initiatives d'excellence...) dont les établissements avaient besoin et qui furent autant d'incitations à rejoindre ces nouvelles structures.

Le véritable changement date de la présidence de Nicolas Sarkozy qui, le 10 août 2007, en accord avec la Conférence des présidents d'université, fit aboutir la loi relative aux libertés et responsabilités des universités (LRU)[8]. Cette loi renforça considérablement l'autonomie universitaire et notamment les pouvoirs des présidents, dans le cadre de la rationalisation générale des politiques publiques (mesure connue en France sous l'acronyme RGPP). La loi du 22 juillet 2013, due au gouvernement socialiste et qui porte le nom de la ministre Geneviève Fioraso[9], s'inscrit dans ce même mouvement, insistant sur les politiques de site et cherchant à faire émerger trente grands ensembles sur tout le territoire autour d'un établissement coordinateur. Cette loi de 2013 laisse trois possibilités : la fusion entre établissements, la création d'une communauté d'universités (c'est-à-dire d'un établissement public propre qui regroupe des institutions sous la forme d'une confédération), une structuration autour d'une procédure d'association qui suppose la signature d'une convention. Ces trois approches peuvent se coupler en fonction de l'histoire de chaque site. Ainsi en Alsace, après la fusion entre les trois universités strasbourgeoises, réunies en une seule depuis 2009, le paysage de l'enseignement supérieur se structure sur la base de conventions d'association à passer entre la Bibliothèque nationale et universitaire, l'Université de Haute-Alsace, l'Institut national des sciences appliquées (INSA) et l'Université de Strasbourg.

Un autre aspect de la relation entre l'État central et les institutions de l'enseignement supérieur met en jeu le processus de la contractualisation. A partir d'une évaluation analytique dénommée Strater (= Stratégie territoriale)[10], l'„État stratège" ne renonce pas en effet à orienter les choix des universités lors de négociations cycliques qui se traduisent par la signature de contrats qui, quadriennaux à l'origine, viennent de passer à un rythme quinquennal. Par ce processus, l'État et les institutions uni-

---

7 Voir note n° 1.
8 Idem.
9 Idem.
10 Par exemple, pour l'enseignement supérieur en Alsace, voir : http://cache.media.enseignement-sup-recherche.gouv.fr/file/Strategie_territoriale/63/0/STRATER_ALSACE_176630.pdf (15.01.2014).

versitaires cherchent à définir ensemble des objectifs et à identifier les moyens pour y arriver. Il faut aujourd'hui reconnaître que l'État, qui ne dispose d'une très faible marge de manœuvre financière, éprouve des difficultés à fixer des objectifs nouveaux aux universités prises elles-mêmes dans des difficultés budgétaires notables. Les mesures nouvelles préconisées visent en général à rationaliser les organisations locales, à mieux structurer l'offre, à dégager de petites marges de manœuvre à partir d'économies préconisées site par site. Les exhortations prennent donc souvent la place qu'avaient autrefois les projets.

Mais il est une autre disposition de la loi de juillet 2013 sur laquelle il convient aussi d'insister. En France, de façon traditionnelle, l'État central est l'échelon politique compétent pour les questions de recherche et d'enseignement supérieur. Naturellement, il accepte volontiers d'être aidé par les collectivités territoriales quand il s'agit de construire des logements pour les étudiants, des bâtiments pour l'enseignement, des bibliothèques... En revanche, les régions sont tenues à l'écart quand il s'agit de définir la politique de recherche ou de formation. Un sentiment de crainte s'empare des esprits universitaires quand on imagine que les régions auraient leur mot à dire sur les objectifs de la recherche : on redoute en effet que la recherche fondamentale en pâtisse et que la priorité soit donnée aux aspects les plus immédiatement productifs de la démarche scientifique. Or la loi de juillet 2013 évoque la place des régions et des collectivités locales dans les stratégies de territoire au moment de l'élaboration des contrats de site universitaires. Et il y a fort à parier que la pénurie budgétaire pousse, étape après étape, de non-dit en non-dit, l'État à associer de plus en plus étroitement les collectivités à la politique de l'enseignement supérieur et à sa définition même, au grand dam des chercheurs qui pensent que la recherche est prioritairement universelle et internationale et qu'elle n'a que faire de contingences locales paralysantes.

Ce passage de l'éclatement et de la dissémination à la concentration et au regroupement, d'un système centralisé à une logique de territoire peut naturellement être illustré par l'évolution de la documentation universitaire. Et le cas particulier de l'Alsace peut aider à le comprendre, d'autant que notre région passe pour exemplaire au plan de la structuration du site et de la place qu'y prennent les bibliothèques.

L'Alsace, une région singulière

Le schéma général qui vaut pour l'ensemble des régions françaises doit être nuancé pour l'Alsace, qui a hérité de son passé allemand, et notamment de la période allant de 1870 à 1918, une situation documentaire inédite avec la fondation, en 1871, de la Kaiserliche Universitäts- und Landesbibliothek, établissement créé notamment pour appuyer l'université sur le plan documentaire, mais autonome et doté de la personnalité juridique – donc indépendant de l'université, à laquelle pourtant ses missions le lient étroitement[11]. Devenue Bibliothèque nationale et universitaire après 1918 (et seconde bibliothèque du pays, après la Bibliothèque nationale de France, pour l'importance de ses collections), elle a gardé jusqu'à aujourd'hui son autonomie[12]. Parallèlement, en application du décret du 4 juillet 1985 cité plus haut, on créa à Strasbourg trois services communs de la documentation (SCD) au sein de chacune des universités apparues à Strasbourg dans le sillon de la loi Faure de 1968. Enfin, alors que l'Alsace n'avait pendant longtemps eu qu'une seule université, on a vu que fut créée en 1975 l'Université de Haute-Alsace (UHA) à Mulhouse, elle-même disposant de son propre service commun de documentation.

Les effets en Alsace de la loi relative aux libertés et responsabilités des universités (2007)

Il est incontestable que la présence, dans une petite région comme l'Alsace, de quatre SCD et de la BNU pouvait être de nature à rendre l'offre documentaire peu lisible pour l'usager : chacun disposait – et dispose encore – de son propre OPAC ; la concertation autour des acquisitions existe, elle a même donné lieu en 2009 à l'élaboration d'une carte documentaire, mais elle n'a pas jusqu'à présent abouti à une carte claire des compétences de chacun, assorties des moyens budgétaires correspondants ; enfin, la multiplicité des interlocuteurs pouvait être vue comme un frein à une véritable politique concertée de l'enseignement supérieur. Dans une époque marquée par la raréfaction de l'argent public, on comprend combien la multiplication des instances pouvait être pointée par l'Etat comme une source de dépenses appelées à être rationalisées.

C'est dans le contexte de la mise en place de la loi LRU de 2007 que s'est opérée en 2009 la fusion, fortement souhaitée par l'Etat, des trois universités strasbourgeoises[13]. Leurs SCD avaient même anticipé le mouvement en se regroupant sous une direction unique dès 2008. L'Alsace était alors vue comme exemplaire au niveau national et son expérience a servi par la suite à la mise en place d'autres fusions, comme en Lorraine ou à Aix-Marseille. Et c'est sur la lancée de ce mouvement qu'a été pensée la nouvelle

---

11 Ce schéma, assez difficile à appréhender pour un Français, est par contre relativement répandu en Allemagne (voir les exemples de la Staats- und Universitätsbibliothek Göttingen, ou encore de la Sächsische Landes- und Universitätsbibliothek de Dresden...).
12 Voir la référence du décret en note n° 1. Pour plus d'informations sur l'histoire de la KULB, devenue BNU après 1918, voir notamment Dubled, Henri : Histoire de la Bibliothèque nationale et universitaire de Strasbourg. Strasbourg, 1964.
13 L'Université Marc Bloch, regroupant les disciplines des sciences humaines, l'Université Robert Schuman, axée sur les sciences juridiques et l'Université Louis Pasteur, regroupant les disciplines scientifiques et médicales.

loi sur l'enseignement supérieur et la recherche, adoptée par le Parlement en juillet dernier.

Celle-ci prévoit que le ministère de l'Enseignement supérieur et de la Recherche (dont dépendent en Alsace les universités comme la BNU) signe désormais un seul contrat pluriannuel[14] avec les établissements du site, alors qu'auparavant, il existait un contrat par établissement[15]. Autre nouveauté, les „contrats de site" ainsi mis en œuvre comprennent un volet commun et des volets spécifiques à chaque établissement. Enfin, sur le site est désigné un établissement qui assure la coordination territoriale (en Alsace, l'Université de Strasbourg récemment rebaptisée Unistra), et auquel les autres ont vocation soit à être fusionnés, soit à être associés[16]. Nous reviendrons sur les conséquences qu'ont eues ces évolutions sur la politique de site ; mais pour bien les comprendre, un retour en arrière est ici nécessaire.

Carte documentaire et schéma directeur

Cette politique globale visant à une meilleure coordination régionale avait déjà été anticipée, en Alsace, par des entreprises émanant des structures documentaires (BNU et SCD des universités de Strasbourg notamment) elles-mêmes. La présence atypique de la BNU était considérée, après la création des SCD, certes comme un atout complémentaire, mais aussi comme un risque de voir s'opérer, en sciences humaines et sociales notamment, un redoublement des collections qui pouvait être considéré par l'Etat comme peu justifiable financièrement. Aussi, dès le début des années 1990, avaient été mises en place par la BNU des commissions régulières d'acquisitions, composées de bibliothécaires et d'universitaires et chargées de définir, domaine par domaine, les grandes lignes de la politique d'acquisitions de la bibliothèque en essayant autant que possible de les harmoniser avec celles des autres établissements universitaires. Celles-ci se sont tenues jusqu'au début des années 2000, mais leurs recommandations restaient indicatives et surtout, ayant été suscitées par un seul établissement, elles ne bénéficiaient pas d'un consensus suffisamment fort pour voir leurs conclusions s'appliquer dans les faits.

Le ministère de son côté poursuivait sa réflexion sur l'harmonisation et la meilleure coordination de l'utilisation des moyens alloués aux bibliothèques de son

---

14 „*Un seul contrat pluriannuel d'établissement [...] est conclu entre le ministre chargé de l'enseignement supérieur et les établissements regroupés relevant de sa seule tutelle*" (loi n° 2013-660 du 22 juillet 2013, article L. 718-5).
15 Le contrat signé entre l'établissement et le ministère définit, sur la base d'un projet d'établissement approuvé par ce dernier et assorti d'objectifs précis, l'appui budgétaire que l'Etat s'engage à mettre en œuvre pour la réalisation de ces objectifs.
16 „*La coordination territoriale est organisée par un seul établissement d'enseignement supérieur pour un territoire donné*", ibidem, article L. 718-3.

ressort. Dans cette optique, il décida en 2005 de mettre en place une „carte documentaire" alsacienne destinée à donner une photographie précise de l'état des lieux de la documentation dans la région[17]. La base de travail en était un comptage systématique des acquisitions, onéreuses et gratuites, par les établissements partie prenante pendant une année. Les résultats devaient mettre en valeur non seulement les forces et faiblesses de chaque institution, mais aussi, de façon plus générale, les forces et faiblesses du site, et permettre de donner des orientations politiques pour renforcer les premières et combler les secondes. Cette carte a été réalisée et ses résultats ont été rendus publics au début de 2009[18].

Il s'agissait là d'une avancée significative dans la construction d'une véritable politique de site. Pour la première fois dans une région française[19], un document élaboré en commun et reconnu par tous faisait un état des lieux de la situation documentaire et permettait d'entrevoir des perspectives d'actions communes pour une meilleure clarification des missions de chacun. De fait, les contrats quadriennaux 2009–2012 que le ministère a signés avec chaque établissement d'enseignement supérieur alsacien (Université de Strasbourg, Université de Haute-Alsace, BNU, Institut national des sciences appliquées de Strasbourg) reconnaissaient cette amorce d'action commune et concertée, par l'ajout d'une annexe commune intitulée „Une coopération documentaire renforcée sur le site alsacien". Celle-ci, tirant les conclusions notamment du travail établi avec la carte documentaire, mais aussi des actions de coopération menées depuis déjà plusieurs années[20], identifiait non seulement des actions communes, mais aussi des chefs de file clairement reconnus et à l'expertise desquels les autres établissements pouvaient recourir. Etaient ainsi distinguées la conservation et la valorisation du patrimoine, la numérisation et la rétroconversion des fonds anciens (avec comme chef de file la BNU), la documentation électronique (avec comme chef de file l'Unistra), la formation des utilisateurs (avec comme chef de file l'UHA), la valorisation de la recherche (avec comme chefs de file l'Unistra et l'UHA), et enfin la *Bibliographie alsacienne* élaborée en réseau (avec comme chef de file la BNU). L'importance d'autres actions communes entreprises et à poursuivre était aussi soulignée

---

17 La carte documentaire a associé, sous l'égide du rectorat de l'académie de Strasbourg, la BNU aux quatre SCD alsaciens et à l'Institut national des sciences appliquées (INSA). Il était prévu que dans un second temps, elle s'élargisse aux grands établissements de lecture publique (bibliothèques municipales des grandes villes), puis aux établissements similaires du Rhin supérieur. Pour le moment, seule la première étape a été réalisée.

18 Une présentation détaillée du projet et ses résultats sont visibles sur le site de la BNU : http://www.bnu.fr/collections/la-carte-documentaire (15.01.2014).

19 L'idée de carte documentaire avait certes été lancée auparavant à Lyon et à Paris (avec l'ambitieux projet, pour ce dernier site, de réaliser une carte du „Quartier latin") et des études avaient été lancées dans ce sens. Mais leur réalisation n'a jusqu'ici jamais abouti.

20 Parmi celles-ci, citons par exemple la mutualisation de certains achats de ressources électroniques, le CADIST partagé entre BNU et Université Marc Bloch pour les sciences religieuses, des projets de rétroconversion et de numérisation communs, une action commune en direction de la formation des personnels…

dans cette annexe, sans chefs de file identifiés toutefois : politique documentaire, exploitant les résultats de la carte documentaire qui venait d'être achevée, préfiguration d'un SIGB[21] unique sur le site, amélioration des services aux usagers, conservation partagée, communication commune. L'annexe préconisait enfin la mise en place d'une structure fédérative de concertation pour „permettre d'approfondir la collaboration documentaire dans tous ses aspects".

Le Schéma directeur de la documentation universitaire en Alsace

Les jalons pour une „politique de site" étaient désormais posés, l'expression apparaissant d'ailleurs dans ces contrats signés dès 2009. De plus, la création de l'Université de Strasbourg, assurant la coordination territoriale de la politique de l'enseignement supérieur, eut pour conséquence une modification des statuts des autres établissements, qui lui furent officiellement associés[22]. Pour les établissements documentaires, qui avaient en quelque sorte, comme on vient de le voir, anticipé la politique de site, cette nouvelle donne et les convergences qu'elle promettait étaient l'occasion de formaliser davantage les pistes à explorer pour une véritable politique commune de la documentation. C'est alors que fut élaboré, par les quatre établissements alsaciens relevant du ministère de l'Enseignement supérieur et de la Recherche, un Schéma directeur de la documentation universitaire pour le site alsacien.

Celui-ci identifiait cinq objectifs principaux :
- renforcement de l'excellence documentaire en Alsace ;
- renforcement des logiques de cohérence de l'offre documentaire, visant une excellence pluridisciplinaire sur le site ;
- renforcement de l'exemplarité, du rayonnement et de l'attractivité du site aux plans local, national et international ;
- intégration plus grande des bibliothèques aux processus scientifiques et de recherche ;
- intégration plus grande des bibliothèques dans la formation universitaire et l'aide à l'insertion professionnelle.

---

21 Système intégré de gestion de bibliothèque, en allemand Integriertes Bibliothekssystem, en anglais Integrated Library System.
22 La loi de 2013 avait prévu au départ un „rattachement" des autres établissements d'enseignement supérieur à l'Université de Strasbourg, terme qui pouvait paraître en contradiction avec l'autonomie de ces établissements, qui elle n'avait pas été remise en cause. Pour cette raison, le législateur a finalement préféré le terme d'„association" (loi n° 2013-660 du 22 juillet 2013, article L. 718-16).

Chacun de ces objectifs stratégiques était lui-même subdivisé en actions, à mener sous la conduite d'un chef de file mais impliquant naturellement tous les établissements. Il en ressortait un ensemble ambitieux, allant de la création d'une bibliothèque numérique de site au développement de partenariats internationaux actifs, en passant par la création d'archives ouvertes, les actions de soutien à la pédagogie ou encore la création de nouveaux services pour les étudiants, les enseignants et les chercheurs. La finalisation de ce schéma directeur a correspondu au début des discussions avec le ministère concernant le nouveau contrat, quinquennal cette fois (2013–2017), qu'il s'apprêtait à signer avec les établissements alsaciens d'enseignement supérieur relevant de sa tutelle.

Conformément à la situation née de la fusion des universités strasbourgeoises et de l'association que l'Unistra devait conclure avec les autres entités, le ministère souhaitait signer un seul contrat, dit „contrat du site alsacien", ce qui, comme on l'a déjà dit, constituait une innovation majeure dans l'organisation de l'enseignement supérieur en France. Or de ce point de vue, la documentation constituait un secteur particulièrement en pointe, car ayant anticipé une réflexion commune sur ses missions et ses services ; c'est pourquoi le ministère prêta une attention soutenue à l'élaboration du schéma directeur de la documentation et en fit un des éléments structurants du contrat quinquennal 2013–2017.

Le contrat du site alsacien pour la période 2013–2017

On a déjà évoqué ici l'aspect stratégique de ce contrat, appelé aux yeux du ministère à prendre valeur d'exemple pour la France dans son ensemble[23]. Dans le même esprit, le contrat donne aux quatre établissements signataires un rôle incitatif qui doit permettre d'étendre cette politique bien au-delà des seuls établissements placés sous la tutelle du ministère. Il s'agit en fait „de favoriser l'émergence, en France, de sites dont les stratégies et les activités sont mieux coordonnées"[24] pour répondre à la nécessité d'une plus grande attractivité, nationale et internationale, par le biais d'une politique scientifique consolidée et d'une offre de formation cohérente et complémentaire. Parmi les enjeux majeurs, on ne s'étonnera donc pas de voir figurer la nécessité de „faire aboutir la démarche structurante d'un schéma directeur de la documentation universitaire".

---

23 A l'avenir, selon la ministre, une trentaine de sites devraient être signataires pour leur territoire d'un pareil contrat.
24 Le texte complet du contrat de site, signé le 4 juin 2013, est visible à l'adresse : http://www.bnu.fr/organisation-de-la-bnu/les-textes/contrat-pluriannuel-2013-2017 (15.01.2014).

De fait, le contrat retient, dans sa partie commune[25], la nécessité d'„une politique documentaire concertée à partir d'un schéma directeur". Sur les six chapitres du texte commun, le troisième, intitulé „Une politique de la documentation en faveur de l'excellence de la recherche et de la formation", demande aux établissements signataires de viser quatre objectifs principaux :
- définir des politiques concertées afin d'optimiser les moyens du site ;
- mettre les structures documentaires au service des activités d'enseignement et de recherche ;
- développer des services à forte valeur ajoutée ;
- faire du site un pôle documentaire de référence sur l'Europe.

Il stipule également que „le pilotage de la réflexion sur ce schéma incombe à la BNU, sous la responsabilité d'un comité de pilotage qui validera les axes stratégiques du schéma directeur, leur mise en œuvre et le suivi du plan d'action". On retrouve ici l'idée des „chefs de file" initiée par le contrat quadriennal 2009–2012 déjà cité, étendue cette fois à l'ensemble de la politique de site[26].

Chaque objectif est lui-même organisé en actions, qui bénéficient d'un financement exceptionnel et spécifique à la politique de site, à hauteur de 2,5 M € pour la durée du contrat. Les actions sont les suivantes :

Axe 1 : Définir des politiques concertées afin d'optimiser les moyens du site
- Financer une étude de faisabilité pour une solution de conservation partagée à l'échelle de l'Alsace (silo documentaire par exemple) (chef de file : BNU)
- Développer la mutualisation des ressources électroniques payantes en élaborant un modèle unique de financement, de gestion et d'accès à cette documentation (chef de file : Unistra)
- Améliorer la visibilité de la recherche produite sur le site alsacien (développer la bibliométrie et la qualité du référencement des publications, créer des archives ouvertes, favoriser le dépôt dans des archives ouvertes, sensibiliser la communauté scientifique à l'open access, etc.) (chefs de file : Unistra/UHA)

---

[25] Le contrat est organisé en cinq parties : une première partie commune, propre au site dans son ensemble, et quatre parties pour chacun des établissements signataires.
[26] Le contrat identifie en effet le rôle coordonnateur, „en mode projet", des quatre établissements : pour l'Unistra, le domaine de la recherche ; pour l'UHA, les domaines du transfrontalier, des relations avec le milieu socio-économique et de l'apprentissage ; pour l'INSA, le domaine de l'ingénierie ; pour la BNU, le domaine documentaire.

Axe 2 : Mettre les structures documentaires au service des activités d'enseignement et de recherche
- Faire en sorte que l'ensemble des étudiants bénéficient de formations à la recherche documentaire et mettre en place des dispositifs pédagogiques innovants (chefs de file : UHA-INSA)
- Développer une bibliothèque numérique de site patrimoniale (chef de file : BNU)
- Développer une bibliothèque numérique dont le portail permettra d'interroger l'ensemble des ressources du site (avec outil de découverte) (chef de file : Unistra)

Axe 3 : Développer des services à forte valeur ajoutée
- Mettre en place des services innovants communs (renseignements à distance, prêts-retours souples, carte unique, etc.) (chef de file : BNU)

Axe 4 : Faire du site un pôle de référence documentaire sur l'Europe (chef de file : BNU)

Une application concrète du schéma directeur

Ces actions sont directement issues du schéma directeur, dont le ministère a retenu quelques axes, prioritaires à ses yeux, et justifiant ce financement exceptionnel. Comme indiqué ci-dessus, les établissements ont alors désigné pour chaque action un chef de file, chargé d'organiser, pour l'action qu'il doit piloter, la réflexion commune et l'utilisation des crédits alloués ad hoc. La politique documentaire de site, longtemps souhaitée, mais trop souvent restée au stade de l'idée et des intentions, trouve ainsi des applications concrètes qui, favorisant des solutions communes, font avancer aussi d'autres idées par le biais de ce qu'on pourrait appeler un „mécanisme vertueux" : ainsi, il a été décidé d'aller au bout de la réflexion sur la carte documentaire en faisant aboutir, si possible à l'horizon 2014, de véritables chartes documentaires permettant de définir une politique d'acquisitions concertées. Cet objectif, annoncé certes dans le contrat, mais ne bénéficiant, lui, d'aucun financement particulier, a été malgré tout reconnu comme prioritaire par les quatre établissements. On mesure le chemin parcouru depuis les commissions d'acquisitions des années 1990.

Les groupes de travail ont commencé à se mettre en place à l'automne 2013 ; il est donc trop tôt pour tirer quelque bilan que ce soit de leur action. Nous voudrions ici, en guise de conclusion, faire ressortir quelques idées force émanant du concept même de „politique de site" et dont l'Alsace pourrait être un exemple intéressant.
- Le périmètre d'action n'est pas figé ; bien au contraire, il est amené à évoluer, à partir des quatre établissements de départ, selon au moins trois cercles concentriques : les établissements d'enseignement supérieur et de recherche

alsaciens dépendant d'autres ministères[27] et d'ores et déjà associés à l'Université de Strasbourg ; les organismes de recherche et autres établissements post-baccalauréat[28] ; les établissements d'enseignement supérieur du réseau EUCOR[29] et de la région du Rhin supérieur.
- La visibilité de la politique documentaire ne peut que ressortir accrue d'une action concertée, à condition bien entendu que celle-ci ne s'accompagne pas d'une baisse des moyens qui remettrait en cause les fondements de l'„excellence" prévue par le contrat. La mise en place du schéma directeur s'accompagne en effet d'une politique de communication commune basée sur l'identité du site, qui doit renforcer la communication propre de chaque établissement.
- L'adjonction des forces du site n'est pas un vain mot. L'Université de Strasbourg, forte de trois prix Nobel en activité et fer de lance de la recherche pour la région, l'Université de Haute-Alsace et son expérience transfrontalière, l'INSA appartenant à un réseau national, la BNU en passe de réintégrer un bâtiment totalement rénové, en termes d'architecture et de services : on trouve là un potentiel d'actions d'autant plus intéressant que les établissements apparaissent comme complémentaires.

Naturellement, et on peut le dire en guise de conclusion, ce qui n'est pas à perdre de vue, c'est le service aux lecteurs. Et il faut bien en convenir : ceux-ci ne perçoivent pas toujours exactement les enjeux de ces réflexions et restructurations, eux dont la préoccupation est d'abord et quasi uniquement de progresser dans la connaissance et sa diffusion, au-delà des processus technocratiques qui se mettent en place. Et cela, les responsables universitaires et les responsables de la documentation ne doivent absolument pas l'oublier dans leurs priorités.

---

27 A Strasbourg, par exemple, l'ENSAS (Ecole nationale supérieure d'architecture de Strasbourg) et l'ENGEES (Ecole nationale du génie de l'eau et de l'environnement de Strasbourg).
28 Par exemple, la Haute école des arts du Rhin, l'Ecole nationale d'administration (ENA), l'INET (Institut national des études territoriales), le Théâtre national de Strasbourg pour sa formation supérieure...
29 EUCOR : Europäische Konföderation der oberrheinischen Universitäten.

Albert Poirot, Christophe Didier

Die „Standortpolitik". Eine neue Chance für das universitäre Bibliothekswesen Frankreichs – am Beispiel Elsass

Übersetzung: Isolde Teufel

Abstract: Im Zuge der hochschulpolitischen Entwicklung Frankreichs wurde der Begriff des Standorts immer wichtiger, da innerhalb der jeweiligen Regionen Fusionen oder Assoziationen universitärer Einrichtungen gefördert wurden. Das Elsass übernahm in diesem Prozess eine Führungsrolle – ein „Standortvertrag" wurde geschlossen und ein „Rahmenplan für die universitäre Literaturversorgung" eingeführt. Beides soll dazu beitragen, das Rollenverständnis jeder betroffenen Einrichtung zu klären und somit die Sichtbarkeit des bibliothekarischen Angebots erhöhen, sowohl auf nationaler Ebene, als auch im internationalen Wettbewerb.

Keywords: Standortpolitik, Bestandsübersicht, bibliothekarisches Leitbild, Aufwertung der Literaturversorgung, Autonomie der Universitäten, *Bibliothèque nationale et universitaire* Straßburg, Entwicklungsplan für die universitäre Literaturversorgung, „Services communs de la documentation" – gemeinsame Bibliothekszentren

Von der „Loi Faure" zur „Loi Fioraso": fast 50 Jahre Bildungspolitik für die Hochschulen Frankreichs

Wenn man betrachtet, wie sich die Hochschullandschaft Frankreichs in den letzten 50 Jahren entwickelte, fallen zwei gegensätzliche, aufeinanderfolgende Bewegungen ins Auge, die hier im Einzelnen dargestellt werden sollen.

Die Direktive nach 1968: Die Zersplitterung

Die gesellschaftlichen und studentischen Aufruhrbewegungen im Mai 1968 ließen die Fehlentwicklungen des französischen Zentralismus zutage treten, die auf den monarchistischen Colbertismus und den revolutionären Jakobinismus zurückgehen. Das

Gesetz vom 12. November 1968, die sog. „Loi Faure"[1], trägt den Namen des Ministers, der es in diesen schwierigen Kontext eingebracht hatte, und benannte Prinzipien, die den zentralistischen Strukturen im Hochschulbereich entgegenwirkten. Zur gleichen Zeit zeichnete sich auch gesamtpolitisch eine allgemeine Dezentralisierung der Verwaltung ab.

Die „Loi Faure" gab besonders den Universitäten eine Autonomie, die ihnen zugestand, einen Universitätspräsidenten zu wählen. Dieser konnte gegenüber den Vertretern des Bildungsministeriums die Themen bestimmen, über die innerhalb der hochschulpolitischen Entscheidungsgremien diskutiert wurde. Außerdem gewannen die Universitäten die Freiheit, sich so zu organisieren, wie sie es für angemessen hielten, während der Handlungsspielraum der einzelnen Einrichtungen begrenzt wurde.

So entstanden in der Zeit nach 1968 in Frankreich schlagartig viele Universitäten, prinzipiell auf fachlicher Basis, aber zuvorderst aus ideologischen Gründen[2]. Die ehemalige Universität Paris wurde in 13 unabhängige Einzeluniversitäten aufgespalten (wovon fünf außerhalb der Stadt liegen). In der Provinz begnügten sich nur wenige Städte mit nur einer Universität (z. B. Nantes). Anderswo entstanden unter gespannten Verhältnissen an jedem Ort zwei (z. B. in Clermont-Ferrand), drei (z. B. in Straßburg) oder gar vier Universitäten (z. B. in Bordeaux).

Diese statuarische Bestimmung war begleitet von einer unkoordinierten Verteilung der Mittel – zu einem Zeitpunkt, als die goldenen dreißig Jahre (ca. 1950–1980,

---

[1] Seit 1968 bis heute (2013) sind fünf Gesetze darum bemüht, die französische Hochschulbildung und -lehre grundlegend (neu) zu strukturieren, indem sie die universitäte Autonomie stetig ausbauen:
- Das Gesetz Nr. 68-978 vom 12.09.1968, die sog. „Loi Faure", ein Rahmengesetz zur Hochschulbildung.
- Das Gesetz Nr. 84-52 vom 26.01.1984, die sog. „Loi Savary" zur Hochschulbildung.
- Das Gesetz zum Programm Nr. 2006-450 vom 18.04.2006 zur Forschung.
- Das Gesetz Nr. 2007-1199 vom 10.08.2007, die sog. „Loi LRU", die sich auf die Freiheiten und Verantwortlichkeiten der Universitäten bezieht.
- Das Gesetz Nr. 2013-660 vom 22.07.2013, die sog. „Loi ESR" oder „Loi Fioraso", die sich auf die Hochschulbildung und die Forschung bezieht.

In Bezug auf die Informationsversorgung durch die Nationalbibliothek und die Universitätsbibliotheken seien hier drei Verordnungen genannt:
- Verordnung Nr. 85-694 vom 04.07.1985, modifiziert durch die Verordnung Nr. 91-320 vom 27.03.1991, über die *Services de la documentation* der Hochschuleinrichtungen, in Kraft gesetzt vom nationalen Bildungsministerium.
- Verordnung Nr. 92-45 vom 15.01.1992 bezüglich der Organisation des nationalen und universitären Bibliothekswesens in Straßburg, modifiziert durch die Verordnung Nr. 2010-1069 vom 08.09.2010.
- Verordnung Nr. 2011-996 vom 23.08.2011 bezüglich der Bibliotheken und weiterer Dokumentationsstrukturen der Hochschuleinrichtungen, die als „Services communs" eingerichtet wurden.

Im Wortlaut sind diese amtlichen Texte auf der Seite http://www.legifrance.gouv.fr nachlesbar (14.01.2014).

[2] Die politischen Gräben zwischen der Linken und Rechten inmitten der Hochschulgemeinschaft bedingten häufig Spaltungen der alten Universitäten.

Anm. d. Übers.) des wirtschaftlichen Wohlstands zu Ende waren und schwierige Haushaltskrisen folgten, die für die jungen Institutionen, welche von Freiheitstaumel und teilweise einer Freiheitsillusion erfasst wurden, folgenreich war.

Die Universitäten mussten sich überdies einem explosionsartigen Anstieg der Studierendenzahlen von 850.000 (1970) auf 1.717.000 im Jahre 1990 stellen. Wie allgemein bekannt, sind in Frankreich die Immatrikulationsgebühren traditionell niedrig[3]; der Handlungsspielraum der Universitätsverwaltung war also sehr eng – und man sprach sehr schnell von einer Verarmung der Universitäten. Zu den ungünstigen Folgen dieser Zersplitterung trat schließlich ein weiteres Problem – die universitären Einrichtungen waren international kaum sichtbar.

Also unternahm man Anstrengungen, um den Zustrom an Studierenden zu regulieren, zum einen durch strukturelle Veränderungen des Universitätssystems, zum anderen, indem man sich auf die Regionen stützte. Diese ließen es sich angelegen sein, im Kontext der Dezentralisierung die Attraktivität ihrer Gebiete zu erhöhen. So entstanden in Mittelstädten universitäre Außenstellen, oder auch Volluniversitäten in etwas größeren Städten. Das war in Mulhouse der Fall, wo 1975 die *Université de Haute-Alsace* (Universität des Oberelsass) gegründet wurde.

Die Zersplitterung der französischen Hochschulen fand zwischen den 1970er Jahren bis zum Anfang der 2000er Jahre statt. Sie wurde natürlich verstärkt durch die Vielzahl diverser Hochschulen, besonders ingenieurwissenschaftlicher Hochschulen, durch das besondere System der *Grandes Écoles* (Elitehochschulen) sowie durch die mögliche Konkurrenz zwischen Universitäten und Forschungseinrichtungen (CNRS, INSERM ...). Abgesehen von der Verabschiedung der „Loi Savary" von 1984[4] war eine wirkliche Autonomie der Universitäten mehr ein Diskussionsthema denn eine Realität.

Diese disperse Situation war dem Bibliothekswesen nicht gerade förderlich. Eine Verordnung vom 4.7.1985[5] versuchte, das Puzzle zu strukturieren, die Bestände der Fakultäten und der Institute zu vereinen, indem „services communs de la documentation" (SCD) (etwa 'gemeinsame Bibliothekszentren', Anm. d. Übers.) geschaffen wurden, von denen aber viele ihre Rolle in der universitären Institution nicht genau verorten konnten.

---

[3] Dieser Befund bleibt gültig: die neueste Verordnung des Ministeriums vom 20.08.2013 über das Immatrikulationsrecht in Universitäten legt für licence-Studiengänge eine Gebühr von 183,00 € fest. (Abschluss nach sechs Semestern, entspricht dem Bachelor; Anm. d. Übers.).
[4] S. Fußnote 1.
[5] S. Fußnote 1.

Eine neue Direktive zur Jahrtausendwende: Die Neugruppierung

Das Streben nach Autonomie wurde jedoch immer drängender. Als sich der demographische Druck[6] leicht verringerte, ging man dazu über, mehr an quantitative Aspekte zu denken, als an Qualität (zunächst vor allem die Gebäude betreffend). Die wirtschaftliche Krise regte zusätzlich dazu an, ein erschöpftes System zu rationalisieren, das am Ende seiner Kapazitäten angekommen war und die soziale und wissenschaftliche Nachfrage nur noch schlecht bedienen konnte. Der Staat musste außerdem konstatieren, dass er unfähig war, die Bedürfnisse aller universitären Einrichtungen zu erfüllen, die sich an jedem Hochschulstandort stellten. Auch gelang es dem Staat nicht, den verschiedenen lokalpolitischen Strategien eine kohärente Richtung zu geben, die Haltung eines, wie es hieß, „strategisch operierenden Staats" anzunehmen – statt der eines zentralen Verwaltungsstaates, der gesteigerten Wert auf Evaluierungen legt. Geschwächte Ideologien und mehrere Regierungswechsel führten zudem in den Führungsebenen der Politik dazu, jenseits aller öffentlichen Äußerungen wichtige Einigungen zu erzielen.

So schuf 2006 ein Gesetz zur Forschungsunterstützung[7] sog. „Pôles de recherche et d'enseignement supérieur" (PRES), Forschungs- und Hochschulzentren, die an jedem Standort das Angebot strukturieren sollten. Diese Zentren hatten nur eine begrenzte Wirkung. Man muss tatsächlich sagen, dass die Einrichtungen auf diese staatliche Neuerung nur halbherzig eingingen, weil sie um ihre Eigentümlichkeit und ihren Handlungsspielraum fürchteten. Man übertrug den PRES einige Dienststellen, um die man weniger besorgt war. So übernahmen einige die Aufgabe der Informationsversorgung ganz oder teilweise (wie in Toulouse, Clermont-Ferrand, Lyon, ...). Aber sie waren zunächst eine unerlässliche Voraussetzung, die der Staat ausgewählt hatte, um einige wichtige Finanzierungsmodelle einzusetzen („opération Campus", Exzellenzinitiativen, ...), derer die Einrichtungen bedurften und die genauso beispielhaft vorführten, wie diese neuen Strukturen zusammenwuchsen.

Eine echte Veränderung kam mit der Präsidentschaft Nicolas Sarkozys, der am 10. August 2007 in Abstimmung mit der Hochschulrektorenkonferenz das Rahmengesetz über die Freiheiten und Verantwortlichkeiten der Universitäten (LRU)[8] erfolgreich auf den Weg brachte. Dieses Gesetz stärkte die Autonomie der Universitäten deutlich, besonders aber die Macht der Universitätspräsidenten – im Rahmen der allgemeinen Rationalisierung der öffentlichen Politik (eine Maßnahme, die in Frankreich unter dem Akronym RGPP bekannt ist). Das Gesetz vom 22. Juli 2013, das auf die sozialis-

---

6 Im Jahr 2000 zählte man 2.160.000 Studierende; im Jahr 2007 waren es 2.230.000; 2.350.000 im Jahr 2012.
7 S. Fußnote 1.
8 S. Fußnote 1.

tische Regierung zurückgeht und nach der Ministerin Geneviève Fioraso[9] benannt ist, setzt diese Entwicklung fort, indem es die Standortpolitik unterstützt und versucht, die Entstehung von dreißig großen Einheiten anzuregen, die sich auf das ganze Gebiet verteilen und einer koordinierenden Einrichtung zugeordnet sind. Dieses Gesetz von 2013 sieht drei Möglichkeiten vor: Erstens Fusionen zwischen Einrichtungen, zweitens die Bildung eines Universitätsverbands (d. h. einer echten öffentlichen Einrichtung, die Institutionen föderativ zusammenschließt), oder drittens eine Strukturierung durch ein Assoziierungsverfahren, für das eine Vereinbarung unterzeichnet werden muss. Diese drei Ansätze können miteinander kombiniert werden, um der Geschichte jedes Standorts Rechnung zu tragen. So wurden im Elsass die drei Straßburger Universitäten 2009 zu einer einzigen zusammengefasst, und die heutige Struktur der Hochschullandschaft ruht auf gemeinsamen Vereinbarungen, die zwischen der *Bibliothèque nationale et universitaire*, der *Université de Haute-Alsace*, dem *Institut national des sciences appliquées* (INSA) und der *Université de Strasbourg* geschlossen wurden.

Vertragliche Vereinbarungen regeln auch das Zusammenspiel zwischen dem Zentralstaat und den Hochschulen. Auf der Grundlage einer analytischen Evaluation namens „Strater" (territoriale Strategie)[10] richtet der „Strategiestaat" die Entscheidungen der Universitäten auf die Verhandlungen aus, die alle fünf (vormals alle vier) Jahre stattfinden. Die Ergebnisse werden in Verträgen festgehalten, die beide Seiten unterzeichnen. Durch dieses Verfahren versuchen der Staat und die universitären Einrichtungen, Entwicklungsziele zu definieren und die Mittel zu benennen, um sie zu erreichen. Wie man heute sieht, ist es für den Staat, der nur über einen sehr kleinen Finanzrahmen verfügt, nicht leicht, für die Universitäten, die ihrerseits spürbar in budgetären Schwierigkeiten stecken, neue Ziele festzulegen. Die empfohlenen neuen Maßnahmen zielen im Allgemeinen darauf ab, die lokalen Organisationsstrukturen zu rationalisieren, das Angebot besser zu strukturieren und an den jeweiligen Standorten durch Einsparmaßnahmen kleine Handlungsspielräume herauszuarbeiten. Die Empfehlungen nehmen also oft den Platz ein, den früher die Konzepte hatten.

Aber es gibt noch eine weitere Bestimmung des Gesetzes vom Juli 2013, die ebenfalls hervorgehoben sei. In Frankreich ist traditionellerweise der Zentralstaat für Forschungs- und Hochschulbildungsfragen zuständig. Natürlich akzeptiert er gerne Unterstützung von den Gebietskörperschaften, wenn es darum geht, Studentenunterkünfte, Universitätsgebäude, Bibliotheken usw. zu bauen. Umgekehrt werden die Regionen herausgehalten, wenn es um forschungs- oder ausbildungspolitische Fragen geht. Ein Gefühl der Furcht bemächtigt sich der universitären Vertreter, wenn sie sich vorstellen, dass die Regionen ein Mitspracherecht hinsichtlich der Forschungsziele hätten: Man befürchtet tatsächlich, dass die Grundlagenforschung dar-

---
9 S. Fußnote 1.
10 S. z. B. bezüglich der Hochschulen im Elsass hier: http://cache.media.enseignementsup-recherche.gouv.fr/file/Strategie_territoriale/63/0/STRATER_ALSACE_176630.pdf (19.01.2014).

unter leidet und dass nur den unmittelbar produktiven Aspekten der wissenschaftlichen Forschung die höchste Priorität beigemessen wird. Denn das Gesetz vom Juli 2013 spricht die Stellung der regionalen und lokalen Gebietskörperschaften an, die sie bei den Verhandlungen über die territorialen Strategien haben sollen, wenn die Verträge der Universitätsstandorte ausgearbeitet werden. Und es ist so gut wie sicher, dass die Mittelknappheit den Staat Schritt für Schritt und unmerklich dazu bringt, die Gebietskörperschaften immer enger mit der Hochschulpolitik und selbst mit seinem eigenen (staatlichen) Selbstverständnis zu verbinden – zum großen Missfallen der Forscher, die davon ausgehen, dass die Forschung vorrangig allumfassend und international ist und sich nicht mit lähmenden lokalen Umständen abzugeben habe.

Dieser Übergang von der Zersplitterung und der Zerstreuung hin zu Konzentration und Neugruppierung, von einem zentralisierten System zu einem territorialen Ansatz kann selbstverständlich anhand der Entwicklung der universitären Literaturversorgung veranschaulicht werden. Und der Sonderfall des Elsasses kann entsprechend deutlich machen, dass unsere Region hinsichtlich der Strukturierung des Standorts und der Stellung, die die Bibliotheken dort einnehmen, als beispielhaft gilt.

Das Elsass, eine einzigartige Region

Das Grundmuster, das für alle französischen Regionen gilt, muss für das Elsass etwas differenziert werden. Das Elsass erbte von seiner deutschen Vergangenheit, und besonders aus der Zeit zwischen 1870 und 1918, eine ganz eigentümliche bibliothekarische Situation, als 1871 die *Kaiserliche Universitäts- und Landesbibliothek* gegründet wurde – eine Einrichtung, die eigens geschaffen wurde, um die Universität hinsichtlich der Informationsversorgung zu unterstützen, und zwar als selbständige Institution bzw. juristische Person, also unabhängig von der Universität, der sie durch ihre Aufgaben jedoch eng verbunden war[11]. Als sie nach 1918 zur *Bibliothèque nationale et universitaire* wurde (und bezogen auf die Bestandsgröße nach der Französischen Nationalbibliothek die zweitgrößte Bibliothek des Landes), behielt sie ihre Autonomie bei[12] – bis heute. Parallel dazu schuf man auf der Grundlage der Verordnung vom 4. Juli 1985 (zitiert weiter oben) in Straßburg drei „services communs de la documentation (SCD)" in jeder der (neuen) Straßburger Universitäten, die im Zuge der „Loi Faure" von 1968 entstanden. Schließlich wurde 1975, nachdem es im Elsass lange Zeit nur eine einzige Universität gab, die *Université de Haute-Alsace* (UHA) in Mulhouse

---

[11] Diese Organisationsform, die Franzosen ziemlich fremd erscheint, ist in Deutschland hingegen relativ verbreitet (siehe z. B. die Staats- und Universitätsbibliothek Göttingen, oder auch die Sächsische Landes- und Universitätsbibliothek Dresden ...).
[12] S. den Nachweis der Verordnung in Fußnote 1. Für weitere Informationen zur Geschichte der KULB, die nach 1918 zur BNU wurde, siehe besonders Dubled, Henri: Histoire de la Bibliothèque nationale et universitaire de Strasbourg. Straßburg 1964.

gegründet, die selbst über ihren eigenen „service commun de documentation" verfügte.

Das Rahmengesetz über Freiheit und Verantwortung der Universitäten (2007) und seine Auswirkungen im Elsass

Wenn in einer kleinen Region wie dem Elsass gleich vier SCD und die BNU bereitstehen, kann es für einen Benutzer durchaus schwierig sein, das bibliothekarische Angebot zu überblicken: jede Bibliothek verfügte – und tut es noch – über ihren eigenen OPAC. Zwar gibt es Erwerbungsabstimmungen und seit 2009 sogar ein ausgearbeitetes Erwerbungsprofil, bis jetzt fehlen aber klare Aufgabenbereiche, die für jeden SCD, den jeweiligen Haushaltmitteln entsprechend, definiert werden sollten. Die Vielzahl an Ansprechpartnern schließlich wirkte bei der Entwicklung hochschulpolitischer Konzepte bisweilen hinderlich. In einer Zeit, in der öffentliche Gelder immer knapper bemessen sind, wird auch deutlich, wie der Staat in angehäuften Instanzen Einsparpotentiale entdecken kann.

Im Kontext der Einführung des LRU-Gesetzes von 2007 wurden 2009 die drei Straßburger Universitäten[13] fusioniert, wie es der Staat angestrebt hatte. Ihre SCD hatten die Entwicklung sogar antizipiert, weil sie sich bereits 2008 unter eine gemeinsame Direktion stellten. So wurde das Elsass als beispielhaft gesehen, sowohl auf nationaler Ebene, als auch, weil die dort gemachten Erfahrungen andere Fusionen auf den Weg brachten – wie in Lothringen und in Aix-Marseille. Und mit dem Schwung dieser Bewegung konzipierte man das neue Gesetz zur Hochschul- und Forschungsförderung, das im Juli letzten Jahres vom Parlament verabschiedet wurde.

Dieses sieht vor, dass das Ministerium für Hochschulbildung und Forschung (dem im Elsass die Universitäten wie die BNU unterstehen) von nun an nur mehr einen einzigen Mehrjahres-Vertrag[14] mit den Einrichtungen des Standortes schließt, während früher mit jeder Einrichtung ein eigener Vertrag vereinbart wurde[15]. Weiterhin ist neu, dass die nun eingesetzten „Standortverträge" neben einem allgemeinen Abschnitt einen für jede Einrichtung spezifischen Teil enthalten. Schließlich wird an jedem Standort eine Einrichtung benannt, die die territoriale Koordination übernimmt (im

---

13 Es waren dies die Université Marc Bloch, die die geisteswissenschaftlichen Fachdisziplinen umfasste, die Université Robert Schuman, die auf die Rechtswissenschaften ausgerichtet war, und die Université Louis Pasteur, wo die naturwissenschaftlichen und medizinischen Disziplinen angesiedelt waren.
14 „*Ein einziger Mehrjahresvertrag der Einrichtung (...) wird zwischen dem für Hochschulbildung zuständigen Minister und den umgruppierten Einrichtungen geschlossen, die unter seiner alleinigen Amtsvormundschaft stehen*" (Gesetz Nr. 2013-660 vom 22.07.2013, Artikel L. 718-5).
15 Der zwischen der Einrichtung und dem Ministerium geschlossene Vertrag legt die Haushaltmittel fest, die der Staat einsetzen muss, um Projekte mit klar definierten Zielsetzungen zu realisieren, die die Einrichtung per Antrag eingereicht und das Ministerium bewilligt hat.

Elsass ist es die Universität Straßburg, die kürzlich in „Unistra" umbenannt wurde) und der sich die anderen entweder durch Fusion oder Zusammenschluss anschließen sollen[16]. Wir werden auf die Folgen, die diese Entwicklungen für die Standortpolitik mit sich brachten, noch zurück kommen; aber um sie zu verstehen, ist es wichtig, einen Blick zurück zu werfen.

Bestandsübersicht und Entwicklungsplan

Mehrere Initiativen aus dem elsässischen Bibliotheksbereich (besonders die BNU und die SCD der Straßburger Universitäten) hatten diese Globalpolitik, die auf eine bessere regionale Koordination abzielte, bereits vorweggenommen. Die „untypische" BNU wurde, nachdem man die SCD geschaffen hatte, sicherlich als ein zusätzlicher Trumpf betrachtet, aber auch als Risiko gesehen, weil sich durch sie besonders in den Geistes- und Sozialwissenschaften viele Dublettbestände ergaben, die finanziell kaum zu rechtfertigen waren. Außerdem hatte die BNU von Beginn der 1990er Jahre an regelmäßige Erwerbungskommissionen einberufen, die sich aus Bibliothekaren und universitären Vertretern zusammensetzten und die beauftragt waren, für jedes Fach die Grundzüge des Bestandsaufbaus festzulegen. Man versuchte, diese so weit wie möglich mit denen der übrigen universitären Einrichtungen abzustimmen. Diese Erwerbungsprofile hielten sich bis zum Beginn der 2000er-Jahre, aber ihre Empfehlungen blieben unverbindlich und waren kaum konsensfähig, da sie von nur einer Einrichtung formuliert worden waren. Letztlich wurden sie nicht flächendeckend umgesetzt.

Das Ministerium dachte weiter über einen harmonisierten und bestmöglich koordinierten Einsatz der Mittel nach, die den Bibliotheken seines Ressorts zuzuweisen waren. In diesem Bestreben entschied es 2005, eine elsässische „carte documentaire" zu erstellen, die eine präzise Bestandsaufnahme der Bibliotheken der Region bieten sollte[17]. Die Arbeitsgrundlage dafür war eine systematische Erhebung der jährlichen Erwerbungszahlen (Kauf und Geschenk) aller dazugehörigen Einrichtungen. Die Ergebnisse sollten nicht nur die Stärken und Schwächen jeder Einrichtung zeigen, sondern auch allgemeiner die Stärken und Schwächen des Standortes – und außerdem politisch richtungsweisend sein, um erstere zu bekräftigen und letztere auszu-

---

16 „*Die territoriale Koordination übernimmt eine einzelne Einrichtung der Hochschule für ein gegebenes Gebiet.*". Artikel L. 718-3 (wie Anm. 14).
17 Die Übersicht stellte – unter der Ägide des Rektorats der Académie de Strasbourg – die BNU, die vier elsässischen SCD und den Institut national des sciences appliquées (INSA) zusammen. Es war vorgesehen, dass sie in einer zweiten Phase erweitert werden sollte, um auch die großen öffentlichen Bibliotheken aufzunehmen (Stadtbibliotheken der Großstädte), dann auch ähnliche Einrichtungen des Oberrheins. Bisher ist nur die erste Etappe realisiert worden.

gleichen. Man erstellte diese Übersicht und veröffentlichte ihre Ergebnisse Anfang 2009[18].

Es handelte sich hierbei um einen signifikanten Vorstoß zur Entwicklung einer veritablen Standortpolitik. Zum ersten Mal wurde in einer Region Frankreichs[19] ein gemeinsames und von allen anerkanntes Dokument erstellt, das ein umfassendes Bestandsbild darstellte und erlaubte, gemeinsame Handlungsperspektiven zu entwickeln sowie die Aufgabenbereiche jeder einzelnen Bibliothek klar zu definieren. Tatsächlich stellten die Vierjahresverträge 2009–2012, die das Ministerium mit jeder Einrichtung des elsässischen Hochschulwesens vereinbarte (Universität Straßburg, *Université de Haute-Alsace*, BNU, *Institut national des sciences appliquées de Strasbourg*), den Auftakt einer gemeinsamen und konzertierten Aktion heraus – wie der gemeinsame Anhang mit dem Titel „Une coopération documentaire renforcée sur le site alsacien" zeigt. Dieser Anhang fußt vor allem auf den Erkenntnissen, die aus der „carte documentaire" gewonnen, aber auch auf den Kooperationen, die bereits seit mehreren Jahren praktiziert wurden[20] – wobei nicht nur die gemeinsamen Zielvorgaben, sondern auch die führend Verantwortlichen genannt werden, auf deren Expertise die anderen Einrichtungen aufbauen können. Im Einzelnen sind dies die Erhaltung und Aufwertung des kulturellen Erbes, die Digitalisierung und die Retrokonversion des Altbestands (unter Federführung der BNU), die elektronischen Bestände (unter Federführung der Unistra), die Benutzerschulung (unter Federführung der UHA), die Forschungsunterstützung (unter Federführung der Unistra und der UHA) und schließlich die elsässische Bibliographie, die (unter Federführung der BNU) kollaborativ erarbeitet wird. Weitere wichtige gemeinsame Aufgabenfelder, die erreicht oder avisiert sind, werden in diesem Anhang ebenfalls hervorgehoben, allerdings noch ohne benannte Zuständigkeiten: die Bibliothekspolitik vor dem Hintergrund der definierten Zielvorstellungen, die in der „carte documentaire" formuliert wurden, ein vorweggenommenes integriertes, gemeinsames Bibliothekssystem[21] für den Standort, verbesserte Benutzungsservices, ein gemeinsames Konzept zu Bestandsaufbau bzw. -erhaltung, eine gemeinsame Öffentlichkeitsarbeit. Der Anhang sah außerdem vor,

---

18 Eine detaillierte Darstellung des Projekts und seiner Ergebnisse sind auf der Homepage der BNU einzusehen: http://www.bnu.fr/collections/la-carte-documentaire (15.01.2014).
19 Die Idee einer „carte documentaire" war sicherlich schon zuvor in Lyon und Paris entwickelt worden (in Paris gab es das ambitionierte Vorhaben, eine Bestandsübersicht des „Quartier latin" zu realisieren), und es wurden Studien gefördert, die in diese Richtung gingen. Diese wurden jedoch bis heute nicht fertiggestellt.
20 Darunter ist z. B. der zentrale Kauf bestimmter elektronischer Medien zu nennen, das CADIST-System (centres d'acquisition et de diffusion de l'information scientifique et technique, vergleichbar den deutschen SSG-Bibliotheken), das sich für die religionswissenschaftlichen Erwerbungen die BNU und die Université Marc Bloch teilen, gemeinsame Retrokonversions-und Digitalisierungsprojekte, die gemeinsame Organisation von Personalfortbildungen etc.
21 SIGB – sytème intégré de gestion de bibliothèque, auf Deutsch „Integriertes Bibliothekssystem", auf Englisch „Integrated Library System".

eine föderative Abstimmungsstruktur zu schaffen, um „die bibliothekarische Zusammenarbeit in allen ihren Aspekten zu vertiefen".

Der Entwicklungsplan für die universitäre Literaturversorgung im Elsass

Die Weichen für eine „Standortpolitik" waren von nun an gestellt – ein Ausdruck übrigens, der in diesen ab 2009 unterzeichneten Verträgen auftaucht. Überdies hatte die Neugründung der Universität Straßburg, die die territoriale Koordination der Hochschulpolitik sicherstellen sollte, zur Folge, dass die Statuten der anderen Einrichtungen, die ihr offiziell angeschlossen waren[22], (ebenfalls) modifiziert wurden. Für die Bibliotheken, die die Standortpolitik, wie wir gesehen haben, irgendwie antizipiert hatten, waren diese Neuerung und die Synergien, die sie versprach, ein Anlass, die zu erkundenden Ansätze mehr zu systematisieren, um eine wirklich gemeinsame Literaturversorgungspolitik zu entwickeln. So erarbeiteten die vier elsässischen Einrichtungen, die dem Ministerium für Hochschulbildung und -forschung zugeordnet sind, einen Entwicklungsplan zur universitären Literaturversorgung für den Standort Elsass.

Dieser Entwicklungsplan sah fünf Hauptziele vor:
- Ausbau der exzellenten Literaturversorgung im Elsass
- Stärkung eines kohärenten Bestandsaufbaus, der für jedes Fach eine exzellente Literaturversorgung am Standort anstrebt
- Ausbau der beispielhaften Attraktivität jedes Standorts auf lokaler, nationaler und internationaler Ebene
- bessere Integration der Bibliotheken in wissenschaftliche Forschungsprozesse
- bessere Integration der Bibliotheken in die universitäre Ausbildung und in Programme, die den Einstieg ins Berufsleben erleichtern

Jedem dieser strategischen Ziele waren Maßnahmen zugeordnet, die unter der Leitung eines Federführenden realisiert werden sollten, in die aber selbstverständlich alle Einrichtungen einbezogen waren. Daraus ergab sich eine Menge ehrgeiziger Projekte. Sie reichten von der digitalen Bibliothek des Standorts, offenen Repositorien, unterstützenden (bibliotheks-)pädagogischen Maßnahmen oder neuen Dienst-

---

22 Das Gesetz von 2013 sah anfangs eine „Angliederung" der anderen Hochschuleinrichtungen an die Universität Straßburg vor – ein Ausdruck, der als Widerspruch zur Autonomie dieser Einrichtungen erscheinen könnte, der aber nicht in Frage gestellt wurde. Aus diesem Grund bevorzugte der Gesetzgeber schließlich den Ausdruck einer „Assoziation" (Gesetz Nr. 2013-660 vom 22.07.2013, Artikel L. 718-16).

leistungen für Studierende, Lehrende und Forschende bis hin zur Förderung aktiver internationaler Partnerschaften. Der fertige Entwicklungsplan nahm die Diskussionen auf, die anfangs mit dem Ministerium angelegentlich des neuen Rahmenvertrags geführt wurden. Diesen Rahmenvertrag, der diesmal auf fünf Jahre (2013–2017) ausgelegt war, schloss das Ministerium mit den elsässischen Hochschulinstitutionen, die unter seiner Schirmherrschaft stehen.

Nachdem durch die Fusion der Straßburger Universitäten und die Vereinigung der Unistra mit den weiteren Einrichtungen eine neue Situation entstanden war, wollte das Ministerium nunmehr einen einzigen Vertrag unterzeichnen, einen sogenannten „Standortvertrag des Elsass" („contrat du site alsacien") – was, wie schon erwähnt, für die französischen Hochschulen eine wichtige Strukturinnovation bedeutete. Der Bereich der Informationsversorgung war in diesem Kontext besonders impulsgebend, da man schon im Vorfeld gemeinsam über seine Aufgaben und Dienstleistungen reflektiert hatte. Bei der Ausarbeitung des Entwicklungsplans berücksichtigte das Ministerium diese Anregungen entsprechend und brachte das Bibliothekswesen als eines der Strukturelemente in den Fünfjahresvertrag 2013–2017 ein.

Der Vertrag des elsässischen Standorts für den Zeitabschnitt 2013–2017

Wir haben hier die strategischen Hintergründe dieses Vertrags bereits erwähnt, der in den Augen des Ministeriums für ganz Frankreich beispielhaft sein soll[23]. In diesem Geist schreibt der Vertrag den vier unterzeichnenden Einrichtungen eine Führungsrolle zu, die diese Politik weit über die einzelnen dem Ministerium unterstehenden Einrichtungen hinaus spürbar machen soll. Es geht tatsächlich darum, „in Frankreich die Bildung von Standort-Einheiten zu fördern, deren Strategien und Aktivitäten besser koordiniert sind"[24], um – über eine fundierte Wissenschaftspolitik und kohärent-komplementäre (Weiter)Bildungsangebote – national wie international die Attraktivität der Hochschulen zu erhöhen. Eine der wichtigsten Herausforderungen ist also, „die strukturierenden Schritte bis hin zu einem Entwicklungsplan für die universitäre Literaturversorgung erfolgreich abzuschließen".

In der Tat formuliert der Vertrag in seinem gemeinsamen Abschnitt[25] die Notwendigkeit „einer konzertierten Politik der Informationsversorgung auf Grundlage eines

---

23 Gemäß dem Minister sollen in Zukunft ca. 30 Standorte für ihr Gebiet einen ähnlichen Vertrag unterzeichnen.
24 Der vollständige Text des Standortvertrags, der am 04.06.2013 unterzeichnet wurde, ist unter dieser Adresse nachzulesen: http://www.bnu.fr/organisation-de-la-bnu/les-textes/contrat-pluriannuel-2013-2017 (15.01.2014).
25 Der Vertrag enthält fünf Abschnitte: Einen ersten gemeinsamen Abschnitt, der dem Standort als Ganzes gewidmet ist, und vier weitere Abschnitte für jede der unterzeichnenden Einrichtungen.

Entwicklungsplans". Von den sechs Abschnitten des gemeinsamen Textes nennt der dritte mit dem Titel „Eine Politik der Informationsversorgung zur Förderung der Exzellenz in Forschung und Bildung" vier Hauptziele, die die Unterzeichnenden anzustreben haben:
- Definition einer abgestimmten Politik, um die Stärken des Standorts zu optimieren
- Einführen bibliothekarischer Strukturen, die Lehre und Forschung unterstützen
- Entwicklung von Dienstleistungen mit deutlichem Mehrwert
- Entwicklung des Standorts zu einem europaweit anerkannten Zentrum der Literaturversorgung

Der Vertrag legt ebenfalls fest, dass „der BNU bei der Konzeption des Maßnahmenkatalogs, seiner Umsetzung und Steuerung die Führungsrolle zukommt – unter der Verantwortung eines Leitungskomités, das die strategischen Eckpunkte des Entwicklungsplans überwacht". Hier findet sich der Gedanke einer Leitung wieder, der in dem schon zitierten Vierjahresvertrag 2009–2012 erstmals vorkommt, hier jedoch um die Idee einer umfassenden Standortpolitik erweitert ist[26].

Jedes dieser Ziele ist in verschiedene Teilbereiche unterteilt. Für die Standortpolitik wurden, bezogen auf die Vertragsdauer, Sondermittel in Höhe von 2,5 Mio. EUR bereitgestellt. Folgende Schwerpunkte wurden festgelegt:

Schwerpunkt 1: Definition einer abgestimmten Politik, um die Stärken des Standorts zu optimieren
- Finanzierung einer Machbarkeitsstudie, um eine verteilte Bestandslagerung im Elsass zu realisieren (z. B. in Datensilos) (Leitung: BNU)
- Entwicklung eines zentralen Instruments, das die Bezahlung, Verwaltung und den Zugang zu lizenzpflichtigen elektronischen Ressourcen steuert (Leitung: Unistra)
- Verbesserung der Sichtbarkeit elsässischer Forschungsergebnisse (bibliometrische Verfahren weiterentwickeln, die Qualität der bibliographischen Nachweise verbessern, offene Archive schaffen und bewerben, in denen diese Publikationen abgelegt werden sollen, die wissenschaftliche Community für Open Access sensibilisieren, usw.) (Leitung: Unistra, UHA)

---

[26] Der Vertrag legt nämlich „im Projektmodus" eine koordinierende Rolle für jede der vier Einrichtungen fest: die Unistra ist für den Bereich der Forschung zuständig; die UHA für die grenzüberschreitenden Bereiche, den Bereich der Beziehungen zur Arbeitswelt und die Ausbildung; die INSA koordiniert den Bereich des Ingenieurwesens; die BNU den Bereich der Informationsversorgung.

Schwerpunkt 2: Einführen bibliothekarischer Strukturen, die Lehre und Forschung unterstützen
- Einsatz innovativer lernpädagogischer Methoden zur Schulung von Informationskompetenz, die flächendeckend für alle Studierenden angeboten werden sollen (Leitung: UHA-INSA)
- Entwicklung einer digitalen Bibliothek des elsässischen Kulturguts (Leitung: BNU)
- Entwicklung einer digitalen Bibliothek mit Portalstruktur, die erlaubt, zentral alle Bestände des Standorts dort zu recherchieren (mit Suchinstrumenten) (Leitung: Unistra)

Schwerpunkt 3: Entwicklung von Dienstleistungen mit deutlichem Mehrwert
- Bereitstellen innovativer gemeinsamer Services (elektronische Auskunft, flexible Ausleihe- und Rückgabeverfahren, Multifunktionskarte usw.) (Leitung: BNU)

Schwerpunkt 4: Entwicklung des Standorts zu einem europaweit anerkannten Zentrum der Literaturversorgung (Leitung: BNU)

Ausblick: Zur konkreten Anwendung des Entwicklungsplans

Diese Maßnahmen sind direkt aus dem Entwicklungsplan hervorgegangen, von dem das Ministerium einige Schwerpunkte berücksichtigt hat, die in seinen Augen vorrangig sind und Sondermittelzuweisungen verdienen. Wie oben gezeigt, haben die Einrichtungen daraufhin für jede der Maßnahmen einen Leiter benannt, dem es obliegt, die gemeinsame Diskussion und die Verwendung der jeweils zugewiesenen Mittel zu organisieren. Die Politik der standortbezogenen Informationsversorgung, die lange gewünscht wurde, aber zu oft im Stadium der Idee und bloßen Absichten verblieb, findet in dieser Weise ihre konkrete Anwendung. Indem sie gemeinsame Lösungen anstrebt und „positive Mechanismen" diese zusätzlich unterstützen, bringt sie auch weitere Ideen voran. So wurde entschieden, die aus der Bestandsübersicht entwickelten Ideen konsequent umzusetzen. Möglichst noch im Jahre 2014 sollen daraus echte bibliothekarische Leitbilder formuliert werden, die eine abgestimmte Erwerbungspolitik definieren. Dieses Ziel, das in dem Vertrag zwar erwähnt wurde, dem man aber keine besondere Finanzierung zubilligte, wurde trotz allem von den vier Einrichtungen als vorrangig anerkannt. Man beachte den Weg, der seit den Erwerbungskommissionen der 1990er Jahren zurückgelegt wurde ...

Die Arbeitsgruppen fingen im Herbst 2013 an, sich zu treffen. Es ist folglich zu früh, schon eine etwaige Bilanz ihrer Arbeit zu ziehen. Wir möchten hier gern als eine Art Konklusion einige Grundgedanken herausgreifen, die sich direkt aus dem

Konzept der „Standortpolitik" herleiten lassen und bei denen das Elsass ein interessantes Beispiel abgeben könnte.

- Das Einzugsgebiet ist nicht starr; im Gegenteil, es muss sich weiterentwickeln, und zwar – ausgehend von den vier Einrichtungen des Anfangs – in mindestens drei konzentrischen Kreisen: die Hochschul- und Forschungseinrichtungen im Elsass, die bisher anderen Ministerien[27] unterstellt waren und von nun an der Universität Straßburg angegliedert sind, die Forschungsinstitutionen und anderen weiterführenden Schulen[28] sowie die Hochschulen des EUCOR-Netzes[29] und der Oberrhein-Region.
- Die Sichtbarkeit der Literaturversorgungspolitik kann durch ein gemeinsames Vorgehen nur erhöht werden – natürlich unter der Bedingung, dass die zur Verfügung gestellten Haushaltsmittel nicht sinken, was die Grundlagen der „Exzellenz", die der Vertrag vorsieht, in Frage stellen würde. Selbstverständlich lässt sich der Entwicklungsplan nur umsetzen, wenn eine intensive Kommunikationskultur etabliert wird. Diese soll den Standort in den Blick nehmen, aber auch die hauseigene Kommunikation jeder Einrichtung stärken.
- Die sich gegenseitig beflügelnden Stärken des Standorts sind keine leere Floskel. Die Universität Straßburg kann derzeit drei in der Forschung aktive Nobelpreisträger vorweisen und ist Speerspitze der Forschung in der Region. Die Université de Haute-Alsace in Mulhouse verfügt über reiche grenzüberschreitende Erfahrungen, das Nationale Institut für angewandte Wissenschaften in Straßburg (INSA) ist republikweit vernetzt. Die BNU wird bald in ein komplett renoviertes Gebäude zurückkehren, das sowohl architektonisch wie in Bezug auf seine Dienstleistungen neue Maßstäbe setzt. Kurz, man findet hier im Elsass ein Entwicklungspotential, das umso interessanter ist, als die verschiedenen Einrichtungen vielfältig-komplementäre Angebote aufweisen.

Zusammenfassend ist zu betonen, dass man den Service für die Leser selbstverständlich nicht aus dem Auge verlieren darf. Die geschilderten Überlegungen und Restrukturierungen können diese nicht immer im Detail wahrnehmen. Jenseits aller technokratischen Prozesse ist es die erste und quasi einzige Sorge der Studierenden, ihr Wissen zu erweitern und zu verbreiten. Das dürfen die Verantwortlichen der Universitäten und der Bibliotheken auf keinen Fall vergessen.

---

[27] In Straßburg sind das z. B. die ENSAS (Ecole nationale supérieure d'architecture de Strasbourg) und die ENGEES (Ecole nationale du génie de l'eau et de l'environnement de Strasbourg).
[28] Z. B. die Hochschule der Künste (Haute école des arts du Rhin), die Verwaltungshochschule (Ecole nationale d'administration ENA), das Nationalinstitut für Territorialstudien (Institut national des études territoriales INET), das Nationaltheater Straßburg (Théâtre national de Strasbourg) wegen seiner Hochschulausbildung ...
[29] EUCOR: Europäische Konföderation der oberrheinischen Universitäten.

Der Beitrag zentraler Koordinierungseinrichtungen für die Informationsinfrastrukturen der Hochschulen

Ein koordiniertes Vorgehen gehört für Hochschulbibliotheken in vielen Arbeitsbereichen zum Alltag. Dies beginnt bei der Verwendung einheitlicher Regelwerke für die Erschließung, geht über die Datenhaltung in Verbünden, Masterpläne für die kooperative Digitalisierung bis hin zu Erwerbungskonsortien, zur deutschlandweiten Abstimmung von Sammelprofilen oder zu Standards für die Informationskompetenzlehre.

Im digitalen Zeitalter können grundlegende infrastrukturelle Entscheidungen nicht mehr aus Hochschul- oder Ländersicht getroffen werden, sondern müssen einer nationalen Perspektive folgen, immer häufiger sogar einer internationalen Perspektive. In Deutschland sind Hindernisse, die durch die föderale Struktur bestehen, zu überwinden, indem Finanzierungsmodelle entwickelt werden, die den Betrieb der gewandelten Infrastrukturen über Ländergrenzen hinaus ermöglichen.

Die großen deutschen Wissenschaftsorganisationen veröffentlichen nicht nur in regelmäßigen Abständen Stellungnahmen zu diesem wissenschaftspolitischen Themenkomplex, sondern treiben den Innovationsprozess in den Infrastruktureinrichtungen auch selbst aktiv voran. Der künftige Bund-Länder-finanzierte „Rat für Informationsinfrastrukturen", wie ihn die Gemeinsame Wissenschaftskonferenz (GWK) einrichten will, soll sich denn auch auf der Systemebene den strategischen Zukunftsfragen widmen, die Selbstorganisationsprozesse in der Wissenschaft stärken und Möglichkeiten zur Kooperation von Einrichtungen und Initiativen ausloten.

Die Deutsche Forschungsgemeinschaft fördert seit vielen Jahren kooperative Informationsinfrastrukturen. Die Umstellung des DFG-geförderten Systems der überregionalen Literaturversorgung kann als Prototyp für eine koordinierte Neuausrichtung von Informationsinfrastruktureinrichtungen in der digitalen Welt gelten. Funktionale Vollständigkeit ist nicht mehr Ziel dieser aufgabenteiligen Informationsstruktur. Koordinierte Infrastrukturentwicklung dient der Bündelung von Kräften, um in einem dynamischen Umfeld bestehen zu können. Gewinne und Verluste sind die Folge. Wenn Aufgaben auf zentrale Koordinierungseinrichtungen verlagert werden, bedeutet dies immer auch einen Verlust an Autonomie nicht nur für die einzelne Hochschule oder Hochschulbibliothek, sondern auch für die Fachstrukturen vor Ort. Gleichzeitig ist die Herausforderung an die zentralen oder überregional arbeitenden Einrichtungen, die als Impulsgeber für das Gesamtsystem wirken sollen, sehr groß, weil sie von den lokalen Communities abgekoppelt agieren müssen. Zudem steht der Anspruch, ein kohärentes Gesamtsystem von Informationsinfrastrukturen zu schaffen, in einem immer größeren Widerspruch zur Kostenentwicklung bei digitalem Content.

Michael Golsch
Koordiniert lizenzieren

Der Beitrag der Bibliothekskonsortien zur Informationsversorgung der Hochschulen

Abstract: Bibliothekskonsortien haben sich als Instrumente der Erwerbungskoordinierung zur Informationsversorgung der Hochschulen erfolgreich etabliert. Den Hochschulbibliotheken eröffnen sie Möglichkeiten, ihre Nachfragemacht in einem schwierigen Marktumfeld zu bündeln, um elektronischen Contents kosteneffizient zu lizenzieren. Ausgehend von einer Marktanalyse beschreibt der Beitrag die bisherige Entwicklung und diskutiert Anreize sowie Gewinne und Verluste dieser Form der Erwerbungskoordinierung.

Thesen zur Zukunft konsortialer Bestandsentwicklung für Hochschulbibliotheken geben einen Ausblick auf die künftige Entwicklung.

Keywords: Bibliothekskonsortien, Erwerbungskoordinierung, E-Content, Zeitschriften, Datenbanken, E-Books, Big Deals

Der Lizenzmarkt: Elektronischer Content und Marktakteure

Hochschulbibliotheken sind essentielle Bestandteile der Wertschöpfungskette in Lehre und Forschung. Sie stellen Content bereit, indem sie Zugriff auf relevante Angebote eröffnen, diese bündeln, erschließen und sie möglichst unter einer integrierten Suchoberfläche präsentieren. Den Schwerpunkt bilden dabei inzwischen Publikationen in elektronischer Form, die sich dank ihrer medienspezifischen Mehrwerte weitgehend durchgesetzt und etabliert haben. Mit der Möglichkeit zur Volltextsuche wie auch zur Abbildung unterschiedlichster Sachverhalte durch beliebige, effiziente Kombination in virtuellen „multiplen Regalen"[1] erweisen sich elektronische publizierte Texte den analogen Veröffentlichungen als deutlich überlegen. Insbesondere in den natur- und ingenieurwissenschaftlichen Fächern wie auch in der Medizin ist der elektronische Medienwandel bereits weitgehend vollzogen.

---

[1] Passig, Kathrin: Die Zukunft des Papierverleihs. http://www.zeit.de/digital/internet/2013-11/passig-bibliotheken-internet (06.11.2013). Der Verfasser dankt Jenny Hartung und Dagmar Wohlfarth (beide SLUB Dresden) für die umfangreiche Unterstützung bei der Informationsrecherche für diesen Beitrag.

Bibliotheken beziehen elektronischen Content von entsprechenden Providern, zu denen Verlage[2] ebenso gehören wie Wissenschaftsinstitutionen[3] oder kommerzielle Datenbank-Hosts[4]. Sie agieren dabei im Segment der kostenpflichtigen Informationen[5] auf einem geschlossenen, inhaltlich stark segmentierten Verkäufermarkt[6].

---

[2] Als derzeit weltweit führende Wissenschaftsverlage gelten Elsevier, Thomson Reuters, Springer und Wiley. In Deutschland sind nach Angaben des Börsenvereins des Deutschen Buchhandels derzeit rd. 600 Wissenschaftsverlage aktiv: http://www.boersenverein.de/de/293243 (04.11.2013). Der Medienkonzern Reed Elsevier, hervorgegangen aus dem 1880 in Rotterdam von Jacobus George Robbers gegründeten Verlag Elsevier, versteht sich als „world leading provider of professionell information solutions" und weist für 2012 einen Gesamtumsatz von rd. 7,5 Mrd. Euro aus (2011: rd. 6,9 Mrd. Euro). Der operative Gewinn (EBITDA) betrug 2012 rd. 1,67 Mrd. Euro (2011: rd. 1,37 Mrd. Euro). Alle Angaben siehe http://reporting.reedelsevier.com/media/174016/reed_elsevier_ar_2012.pdf (04.11.2013). Die Thomson Reuters Corporation entstand 2008 mit Übernahme der britischen Nachrichtenagentur Reuters durch die kanadische Thomson Corporation. Der Konzern bietet neben Informationsdienstleistungen im großen Stil auch Finanz- und Wirtschaftsdaten an. 2012 betrug der Umsatz rd. 9,5 Mrd. Euro (2011: rd. 12,5 Mrd. Euro); der operative Gewinn (EBITDA) lag 2012 bei rd. 2,6 Mrd. Euro (2011: rd. 1,5 Mrd. Euro). Alle Angaben siehe http://ar.thomsonreuters.com/_files/pdf/2012-Annual-Report-Regulatory-Filing.pdf (04.11.2013). Bezogen auf ihren Content (2.200 Zeitschriften und rd. 8.000 Monografien-Novitäten p.a.) gilt die Springer Science + Business Media S.A. mit Sitz in Luxemburg nach Elsevier als der weltweit zweitgrößte Verlagskonzern im STM-Segment. 1842 von Julius Springer in Berlin als Buchhandlung gegründet, umfasst der Konzern heute über 50 Verlage mit rd. 7.000 Beschäftigten (davon rd. 1.700 in Deutschland). Der Umsatz belief sich in 2012 auf rd. 981 Mio. Euro (2011: rd. 950 Mio. Euro); der operative Gewinn (EBITDA) wird für 2012 mit rd. 343 Mio. Euro ausgewiesen (2011: 326 Mio. Euro). Alle Angaben siehe http://static.springer.com/sgw/documents/1412702/application/pdf/Annual_Report_2012_01.pdf (04.11.2013). Der 1807 in New York gegründete Verlag John Wiley & Sons firmiert seit der Übernahme von Blackwell Publishing (2007) unter Wiley-Blackwell. Das Zeitschriftenportfolio umfasst rd. 1.700 Titel; jährlich erscheinen rd. 1.500 Monografientitel neu. 2011 betrug der Umsatz rd.1,28 Mrd. Euro (2010: rd. 1,25 Mrd. Euro); der operative Gewinn (EBITDA) lag 2011 bei rd. 190 Mio. Euro (2010: ebenfalls rd. 190 Mio. Euro). Alle Angaben siehe http://www.wiley.com/legacy/annual_reports/ar_2011/financial.html (06.11.2013).

[3] Ein Beispiel ist das Fraunhofer Informationszentrum Raum und Bau (IRB) in Stuttgart als Teil der Fraunhofer-Gesellschaft zur Förderung der angewandten Forschung e.V. Das IRB produziert und vertreibt eigene Volltext- und Faktendatenbanken und ist außerdem verlegerisch tätig. Weitere Informationen siehe http://www.irb.fraunhofer.de/ (04.11.2013).

[4] Beispielsweise die GBI-Genios Deutsche Wirtschaftsdatenbank GmbH, gegründet 2005 durch die Fusion von German Business Information (GBI, seit 1978) und Genios (seit 1985). GBI-Genios ist zu jeweils 50 % eine Tochtergesellschaft der FAZ- und der Handelsblatt-Gruppe. Zum Geschäftsprofil siehe http://www.genios.de/info/ueber_genios#startStaticContent (04.11.2013).

[5] Die kostenlosen Angebote zu betrachten, würde leider den für diesen Beitrag vorgegebenen Rahmen sprengen. Nachstehende Zahlen verdeutlichen jedoch die Relationen und den Wachstumspfad: Von den derzeit in der Elektronischen Zeitschriftenbibliothek (EZB) gelisteten rd. 73.000 Titeln sind derzeit rd. 43.000 (59 %) online frei zugänglich. http://rzblx1.uni-regensburg.de/ezeit/ (18.11.2013). 2005 lag die Quote bei 39 % des damaligen Gesamtbestandes der EZB. Vgl. dazu Keller, Alice: Elektronische Zeitschriften. Grundlagen und Perspektiven. Wiesbaden: Harrassowitz 2005. S. 202.

[6] In dieser Marktsituation, befindet sich der Verkäufer dem Käufer gegenüber in der verhandlungstaktisch stärkeren Position – beispielsweise wenn Anbietermonopole den Markt dominieren.

Abgeleitet von den aus der analogen Welt bekannten Medienarten unterscheiden bibliothekarische Diskurse auch für die elektronischen Medien noch immer zwischen E-Journals und E-Books. Datenbanken kommen als dritte Kategorie hinzu. Für den Volltextinformationen nachfragenden *wissenschaftlichen Endverbraucher* ist diese Unterscheidung allerdings weitgehend bedeutungslos, da sowohl E-Journals als auch E-Books und Databases gleichermaßen elektronische Volltexte anbieten. Daneben behaupten sich Fakten- und bibliografische Datenbanken (im Folgenden dokumentorientierte Datenbanken) ebenfalls am Markt[7].

Bibliografische Datenbanken hatten sich in den 1960er Jahren herausgebildet, um die rasch anwachsende Zahl wissenschaftlicher Veröffentlichungen effizient zu managen. 1972 brachte der Anbieter Dialog mit dem *Dialog Information Retrieval Service* die erste kommerzielle Datenbank auf den Markt.

Mit dem Aufkommen neuer computergestützter Informationstechnologien und deren rascher Verbreitung in den 1980er Jahren gewannen auch Modelle zur Publikation elektronischer Volltexte an Bedeutung. Bereits 1976 hatte John Senders seine konzeptionellen Überlegungen zu elektronischen Zeitschriften veröffentlicht und dabei langfristig das Verschwinden der Printversionen unterstellt.[8] Als erstes E-Journal im heutigen Sinne gilt die biomedizinische Zeitschrift *IRCS On-line* (Elsevier), die ab 1983 in gedruckter und in elektronischer Form erschien.[9] Fast zeitgleich begann die Weiterentwicklung der bereits bekannten bibliografischen und Faktendatenbanken zu elektronischen Volltextdatenbanken.[10] Parallel dazu erschien 1988 mit dem Roman *Mona Lisa Overdrive* von William Gibson auf Floppy-Disk das erste E-Book.[11]

In der Anfangsphase beeinträchtigten technische Schwierigkeiten und Mängel in der Usability der Computersysteme die Akzeptanz elektronischer Volltexte. Die Anbieter suchten dem mit einer Doppelstrategie zu begegnen: Um Expertise beim Hosting und bei der Präsentation großer Datenmengen aufzubauen, kooperierten namhafte Wissenschaftsverlage frühzeitig mit kommerziellen Datenbankanbietern.[12]

---

[7] Prominente Beispiele aus der Medizin sind Medline und Biosis. Für die Ingenieurwissenschaften siehe die von der WTI e.G. Frankfurt produzierten und unter dem Label TEMA® vertriebenen Produkte.
[8] Senders, John: The Scientific Journal of the Future. In: The American Sciologist (1976) H. 11. S. 160–164. http://www.utsc.utoronto.ca/~elpub2008/Senders,%20Scientific%20Journals.pdf (05.11.2013).
[9] Siehe dazu Keller, Elektronische Zeitschriften (wie Anm. 5), S. 20. Einen guten Überblick bieten außerdem: Norek, Sabine: Die elektronische wissenschaftliche Fachzeitschrift. In: Nachrichten für den Dokumentar (1997) H. 3. S. 137–149 sowie Lazarus, Jens: E-only. Elektronische Zeitschriften in der Universitätsbibliothek Leipzig. In: BIS. Das Magazin der Bibliotheken in Sachsen (2010) H. 1. S. 20–24.
[10] Siehe dazu Tenopier, Carol: Online Databases: Searching Full-Text Databases. In: Library Journal (1988) H. 8. S. 60–61.
[11] Schrape, Jan-Felix: Der Wandel des Buchhandels durch Digitalisierung und Internet. Stuttgart: Institut für Sozialwissenschaften, Organisations- und Innovationssoziologie 2011. S. 31. http://www.uni-stuttgart.de/soz/oi/publikationen/SCHRAPE2011_Wandel_des_Buchhandels.pdf (110.11.2013).
[12] So Elsevier und die American Chemical Society ab 1983 mit dem Datenbankanbieter Bibliographic Retrieval Services (BRS), der zu dieser Zeit mit Medline und Biosis Previews bereits über wichtige Datenbankprodukte verfügte.

Außerdem wurden elektronische Zeitschriften als Parallelausgaben der jeweiligen Print-Versionen gelauncht. Für die Distribution nutzte man bis zur Mitte der 1990er Jahre die CD-ROM und akademische Netzwerke.[13] Den Durchbruch brachte das Internet, das die erforderliche technische Infrastruktur mit leistungsfähigen Browsern verknüpfte, deren grafische Oberflächen den Bedienkomfort schlagartig erhöhten.

Festzuhalten bleibt an dieser Stelle: Bibliotheken erwerben für ihre Nutzercommunity Zugang zu elektronischem Content in Form von Volltexten und/oder dokumentenorientierten Datenbanken. Die Zugriffsberechtigungen und weitere Konditionen[14] werden über entsprechende Lizenzmodelle definiert.

Die Angebotsseite präsentiert sich als Vielfalt von Content-Monopolen, die den Markt unter sich aufgeteilt haben. Im Ergebnis fachlicher Spezialisierungen verfügen die einzelnen Provider über singuläre, stark nachgefragte Inhalte, für die im Regelfall keine Substitute existieren.[15] Auf dieser Basis diktieren die Anbieter den Bibliotheken Preise und Bezugskonditionen. Für die jährlichen Preissteigerungsraten können als Erfahrungswert durchschnittlich 5 % p. a. angenommen werden. Sie liegen damit deutlich über der Inflationsrate (2012: 2 %).[16]

Die häufig anzutreffende Bindung großer Volltext-Datenbanken an Abnahmemengen von Zeitschriftenabonnements stärkt als vertragliche Umsatzgarantie die Marktmacht der Anbieter zusätzlich.

Im Ergebnis einer weltweit zu beobachtenden Verlagskonzentration haben sich mit Elsevier, Thomson Reuters, Springer und Wiley unter den Wissenschaftsverlagen vier Marktführer etabliert, die als internationale Medienkonzerne operieren.[17] Damit hat sich die Zahl der eigenständigen Anbieter verringert, auch wenn Verlags- oder Produktlabel aus Marketingerwägungen häufig beibehalten worden sind.

Die Zahl der Nachfrager ist weitgehend stabil: Unter dem Lemma *Wissenschaftliche Universal- und Hochschulbibliotheken* weist die Deutsche Bibliotheksstatistik für die Bundesrepublik regelmäßig zwischen 240 und 250 Institutionen unterschiedlicher Größe und Profile aus. Deren Budget (Kauf, alle Medienarten) ist in den zurückliegenden fünf Jahren nur leicht von 278 Mio. Euro (2008) auf 285 Mio. Euro (2012)

---

13 Als wichtiger Vorläufer des Internets gilt in diesem Zusammenhang das am Massachusetts Institut of Technologie ab 1962 ursprünglich für das Pentagon entwickelte Advanced Research Projects Agency Network.
14 Dazu zählen die Laufzeit, der Zugriff auf Archivdaten (Backfiles), Remote Access für die Community-Mitglieder oder die Lieferung von Meta-Daten zum Einspielen in den Bibliothekskatalog.
15 Als eine Ausnahme gelten die Online-Zitationsdatenbanken Scopus (Elsevier) und Web of Science (Thomson Reuters), deren Schnittmengen im fachlichen Diskurs jedoch unterschiedlich beurteilt werden. Siehe dazu Kulkarni, Abhaya V. [u. a.]: Comparisions of Citations in Web of Science, Scopus and Google Scholar for Articles Published in General Medical Journals. http://jama.jamanetwork.com/article.aspx?articleid=184519#CONCLUSIONS (25.11.2013). Eine aktuelle Gegenüberstellung (August 2013) bietet: http://hlwiki.slais.ubc.ca/index.php/Scopus_vs._Web_of_Science (25.11.2013).
16 http://de.statista.com/statistik/daten/studie/1046/umfrage/inflationsrate-veraenderung-des-verbraucherpreisindexes-zum-vorjahr/ (10.11.2013).
17 Siehe Anm. 2.

gestiegen (+2,5 %)[18] und bleibt damit hinter der deutschen Inflationsrate für denselben Zeitraum deutlich zurück (+5,5 %).[19] Erst recht gilt das für die anbieterseitigen Preissteigerungen von durchschnittlich 5 % p. a. Für die Bibliotheken ergibt sich damit das Dilemma geringer Preiselastizität der Nachfrage bei stagnierenden bzw. zum Teil sogar rückläufigen Budgets: Auch wenn die Anbieter ihre Lizenzpreise jährlich signifikant erhöhen, sind die Bibliotheken zum Kauf gezwungen – sofern und solange es sich um für die jeweilige Hochschule unverzichtbare Kernprodukte handelt.

Das System der Big Deals

Auf der Suche nach den Ursachen für die insgesamt schwache Marktposition der Nachfrager stößt man rasch auf die Verknüpfung elektronischer Angebote mit den von den Bibliotheken gehaltenen Zeitschriftenkollektionen. Anders ausgedrückt: Beim Übergang in das digitale Zeitalter haben viele Provider die Regeln der analogen (Zeitschriften-)Welt einfach fortgeschrieben und den Zugriff auf elektronischen Content als *add-on* mit einer Bestandsgarantie für die von der jeweiligen Bibliothek abonnierten (Print-)Zeitschriften verknüpft. Das hatte durchaus seine Berechtigung, solange die elektronische Version lediglich die Sekundärpublikation einer Print-Zeitschrift bildete. Allerdings ist diese Praxis auch dann fortgeführt worden, als mit Aufkommen ausschließlich elektronisch publizierter Zeitschriften der Bezug zur analogen Welt rasch verloren ging.

Die eingangs skizzierten medienspezifischen Mehrwerte führten über die Akzeptanz rasch zur Unverzichtbarkeit elektronischer Volltexte für die Hochschul-Community. Vielerorts waren damit allerdings die Zeitschriften-Holdings der Bibliotheken zementiert, da Abbestellungen Volltext-Verluste bedeutet hätten.

Die ab der Jahrtausendwende vorrangig konsortial abgeschlossenen sogenannten *Big Deals* haben diese Entwicklung noch verstärkt. Dabei handelt es sich um Zeitschriften-Paketverträge, deren Volumen die Zahl der vom einzelnen Konsortialteilnehmer subskribierten Titel zum Teil deutlich übersteigt. Der Zugriff auf die insgesamt elektronisch verfügbaren Titel kann als *Cross Access* oder *Additional Access* ausgestaltet sein. Vom *Cross Access* auf einen elektronischen Zeitschriftentitel spricht man, wenn innerhalb eines Konsortiums mindestens eine Teilnehmerbibliothek den Titel abonniert hat. Beim *Additional Access* entfällt diese Nebenbedingung. Verfügbar ist dann das gesamte Portfolio des Anbieters, auch wenn einzelne Titel im Konsortium überhaupt nicht abonniert sind. Beide Zugriffsformen sind kostenpflichtig und

---

[18] Alle Angaben siehe Deutsche Bibliotheksstatistik http://www.hbz-nrw.de/angebote/dbs/auswertung/ (10.11.2013).
[19] Siehe Anm. 16.

weitestgehend mit Bestandsgarantien[20] für die Zeitschriftenkollektionen der Konsortialbibliotheken verknüpft. Die Mehrwerte eines erweiterten elektronischen Angebots (und die damit verbundenen Gewöhnungseffekte der Endnutzer-Community) fordern damit unter Umständen einen sehr hohen Preis – zumal sowohl die Zeitschriftenabonnements als auch die Zugriffsmöglichkeiten im *Cross* bzw. *Additional Access* in der Regel signifikanten jährlichen Preissteigerungen unterliegen. Folgerichtig bindet der *Big Deal* immer größere Teile der chronisch knappen, vielfach rückläufigen Erwerbungsetats der Bibliotheken. Das geht zu Lasten anderer Medienarten.

Big Deals sind Anreizsysteme. Die Anbieter offerieren Content-Mehrwerte und setzen dabei auf die Gewöhnungseffekte der Hochschul-Communities, deren Mitglieder die eingeführten Zugriffsmöglichkeiten als hochkomfortabel und maximal kennen- und schätzen gelernt haben. Auf die damit verbundenen Bequemlichkeiten wollen sie nicht mehr verzichten, selbst wenn andere Nutzungsformen[21] preiswerter wären.

Dass sich diese Strategie bislang als erfolgreich erwiesen hat, kann man den Providern nicht vorwerfen. Kommerzielle Wissenschaftsverlage und Hosts handeln gewinnmaximierend und richten ihre Geschäftsmodelle danach aus. Bibliothekarinnen und Bibliothekare haben diesen Grundsatz in der Vergangenheit nicht ausreichend im Blick gehabt und auch die Gewöhnungseffekte der *Big Deals* zu wenig antizipiert bzw. unterschätzt. Der in den ersten Jahren auch in der GASCO[22] verbreitete „pragmatische Ansatz"[23], wonach das Big Deal-Angebot eines Verlages schon deshalb behandelt werden müsse, weil es das einzige Angebot dieses Verlages sei, scheint aus heutiger Sicht zu passiv. Die längst auch bei den Providern festzustellenden Gewöhnungseffekte erschweren den Bibliotheken heute die überfälligen Wechsel in den Geschäftsmodellen.

Innerhalb der Gesamt-Budgetrestriktion der Bibliotheken (Erwerbungsmittel) verfügt der Markt für Content-Lizenzen derzeit noch über Wachstumspotential. Das gilt für die Angebots- wie für die Nachfrageseite. Während die Anbieter von entsprechenden Etatumschichtungen der Bibliotheken profitieren, können diese beispielsweise mit dem Umstieg auf ausschließlich elektronischen Zeitschriftenbezug (e-only) ihre internen Kosten senken.

---

20 Nach Erfahrungen des Verfassers sind in den Verhandlungen derzeit lediglich Abbestellquoten im unteren einstelligen Prozentbereich erreichbar.
21 Beispielsweise als Document Delievery oder Pay per Use bzw. Pay per View. Auch diese Modelle sind kostenpflichtig, weisen aber gegenüber den Big Deals den Vorteil auf, dass sie die reale Nutzung widerspiegeln und insofern bessere Anreize setzen. Nicht zuletzt sind auf dieser Basis auch Verrechnungen zur Kostenbeteiligung innerhalb einer Hochschule leichter möglich.
22 German, Austrian and Swiss Consortia Organisation, am 24. Januar 2000 als Arbeitsgemeinschaft der Konsortien gegründet.
23 Diese Argumentation findet sich in mehreren Publikationen zum Rückblick auf das erste Jahrfünft der GASCO. So beispielsweise: Reinhardt, Werner [u. a.]: 5 Jahre GASCO. Konsortien in Deutschland, Österreich und der Schweiz. In: Zeitschrift für Bibliothekswesen und Bibliografie (2005) H. 5. S. 249.

Im Jahr 2003 gaben die Wissenschaftlichen Universal- und Hochschulbibliotheken rd. 10 % ihres Budgets für E-Ressourcen aus. 2008 waren es bereits 20 %, 2012 rd. 34 %.[24] Diese Umverteilungen gehen zu Lasten analoger Medien. Sie sind damit per se begrenzt, da Bibliotheken zumindest für die Geistes- und Sozialwissenschaften in nächster Zukunft auf den Kauf gedruckter Publikationen nicht werden verzichten können.[25] Die *Big Deals* werden damit in absehbarer Zeit aus rein fiskalischen Gründen an ihr Ende gelangen.

Die bei der Umstellung der Zeitschriftenkollektionen auf e-only Bezug realisierbaren Kosteneinsparungen beziehen sich auf die Arbeitskosten der Bibliotheken und hängen von den Institutionsspezifika ab.[26] Dasselbe gilt für die Frage, ob und ggf. in welchem Umfang diese Ersparnisse kapitalisiert und dem Erwerbungsetat zugeführt werden können. Mit Blick auf das gesamte Aufgabenportfolio einer Hochschulbibliothek sind diese Substitutionsmöglichkeiten allerdings ebenfalls eng begrenzt.

Exkurs: Open Access

Um die skizzierten wissenschaftsfeindlichen Marktstrukturen dauerhaft zu überwinden, bedarf es eines grundlegend neuen Ansatzes. Die vor mehr als zehn Jahren von renommierten Wissenschaftlern[27] begründete Open Access-Initiative könnte hierfür den richtigen Weg weisen. Mit der am 22. Oktober 2003 veröffentlichten *Berliner Erklärung über offenen Zugang zu wissenschaftlichem Wissen*[28] bekannten sich führende Wissenschaftsinstitutionen erstmals prinzipiell zum freien Zugang auf Forschungsliteratur[29]. Ähnliche Initiativen entstanden zeitgleich und weltweit.[30]

---

24 Alle Angaben siehe Deutsche Bibliotheksstatistik http://www.hbz-nrw.de/angebote/dbs/auswertung/ (02.11.2013).
25 Eine exemplarische Schilderung aus bibliothekspraktischer Sicht bietet der Tätigkeitsbericht der Universitätsbibliothek Leipzig 2012, S. 4–5. http://www.ub.uni-leipzig.de/fileadmin/bin/pdf/die_ubl/zahlen_und_fakten/UBL_Taetigkeitsbericht_2012.pdf (24.11.2013).
26 Die Sächsische Landesbibliothek – Staats- und Universitätsbibliothek Dresden (SLUB) hat für die Pflege eines elektronischen Zeitschriftentitels in 2012 durchschnittlich 4,30 Euro p. a. ermittelt (Vollkosten-Näherung auf kameraler Basis). Die Kosten für ein einzelnes Zeitschriftenheft beliefen sich im selben Zeitraum auf 3,80 EUR. Im Print-Portfolio der Bibliothek kann man je Titel von jährlich 6 Heften ausgehen. Alle Angaben: Neues Steuerungsmodell der SLUB und Hauptproduktkatalog der SLUB, Stand 31.12.2012. Im Intranet der SLUB: https://intranet.slub-dresden.de:8443/display/NSM/2012%2C+4.+Quartal (18.11.2013).
27 Darunter die beiden Nobelpreisträger für Medizin Harold Varmus (1984) und James Watson (1962).
28 http://openaccess.mpg.de/3515/Berliner_Erklaerung (18.11.2013).
29 Zu den Erstunterzeichnern gehörten u. a. die Deutsche Forschungsgemeinschaft, die Max-Planck-Gesellschaft, die Fraunhofer-Gesellschaft, die Wissenschaftsgemeinschaft Gottfried Wilhelm Leibniz e. V., die Helmholtz-Gemeinschaft Deutscher Forschungszentren und der Deutsche Bibliotheksverband.
30 Die 2002 von der Soros Foundation unterstützte Budapester Open Access Initiative führte die Akteure erstmalig zusammen und gilt deshalb als Start der weltweiten Kampagne. In dieselbe Richtung

Kernforderungen der *Berliner Erklärung* sind die Abkehr von der bisherigen Publikationspraxis, die Umkehr des Zahlungsmodells für Zeitschriftenpublikationen und die Verbesserung der Autorenrechte. Kommerzielle wissenschaftliche Zeitschriften sollen durch frei zugängliche Repositories ersetzt werden, auf denen die Autoren publizieren können. Die Finanzierung erfolgt nicht länger über den Verkauf von Zeitschriftenabonnements, sondern über Veröffentlichungsgebühren, die von den Autoren bzw. deren Wissenschaftsorganisationen getragen werden. Die Autoren erhalten das Recht zur Mehrfachveröffentlichung ihrer Beiträge.[31]

Fiskalischer Dreh- und Angelpunkt des Open Access ist die Einführung des Verursacherprinzips für wissenschaftliche Publikationen. Beseitigen lässt sich damit die nicht nur dem Steuerzahler schwer vermittelbare Konstellation, dass beispielsweise Universitäten den Zugriff auf die mit öffentlichen Geldern finanzierten Forschungsergebnisse ihrer Wissenschaftler über einschlägige Zeitschriftenabonnements de facto zurückkaufen müssen (ebenfalls mit öffentlichen Mitteln).

In den zurückliegenden Jahren hat Open Access deutlich an Akzeptanz gewonnen. So weist das von der Universität Lund betriebene *Directory of Open Access Journals* (DOAJ)[32] inzwischen rd. 10.000 Titel mit über 1,5 Mio. Aufsätzen nach. 2003 zählte das DOAJ, das ausschließlich qualitätszertifizierte Zeitschriften führt, 500 Einträge; 2008 waren es 3.500.

Ob und inwieweit Open Access allerdings die Kosten für wissenschaftlichen Content reduzieren oder deren Progression zumindest dämpfen kann, bleibt jedoch abzuwarten. Der Erfolg wird wesentlich davon abhängen, wer die für wissenschaftliche Autoren attraktiven (weil peer reviewed) Repositories betreibt. Mit gemeinnützigen Wissenschaftsinstitutionen als Provider sollten signifikante Einsparungen realisierbar sein.[33] Bereits jetzt ist jedoch festzustellen, dass die großen Wissenschaftsverlage mit hoher Dynamik in eigene Open Access-Plattformen investieren, um „ihre" Autoren an sich zu binden.[34] Setzen sie sich damit durch, dürfte die erhoffte Wende ausbleiben.

---

weist das im April 2003 in Bethseda (Maryland) veröffentliche Bethseda Statement of Open Access Publishing.

31 Auf die mit Grünem, mit Goldenem und zum Teil auch mit Grauem Weg bezeichneten verschiedenen Open Access-Strategien kann an dieser Stelle leider nicht näher eingegangen werden.

32 http://www.doaj.org/ (19.11.2013).

33 Die Entwicklung des SCOAP3-Konsortiums verdeutlicht allerdings den zeitraubenden Abstimmungsaufwand, eines solchen Projektes. SOCAP3 steht für Sponsoring Consortium for Open Access Publishing in Particle Physics. Als internationaler Zusammenschluss von Wissenschaftsinstitutionen und Bibliotheken verfolgt SCOAP3 das Ziel, durch Peer Reviewing qualitätsgeprüfte Publikationen zur Hochenergiephysik weltweit frei zugänglich zu machen. Die Technische Informationsbibliothek (TIB, Hannover) koordiniert die deutschen Aktivitäten. http://www.scoap3.de/ und http://scoap3.org/ (05.12.2013).

34 Bereits 2005 hatte der Springer Verlag mit seinem Open Choice Modell für Autoren auf die neue Entwicklung reagiert. Im Juni 2010 ging der Verlag dem Open Access Membership Program (gemeinsam mit BioMed Central und mit Chemnistry Central) und mit der Plattform Springer Open weiter in

Erwerbungskoordinierung durch Bibliothekskonsortien

Zusammenschlüsse eröffnen Marktteilnehmern die Möglichkeit, ihre Positionen durch Angebots- oder Nachfragesynergien zu verbessern. Auf einem Käufermarkt wird vor allem die schwächere Nachfrageseite daran ein Interesse haben und versuchen, entsprechende Einkaufskonsortien zu initiieren.

Juristisch gesehen sind Konsortien nach deutschem Recht Gesellschaften bürgerlichen Rechts, deren Mitglieder wirtschaftlich und rechtlich selbstständig sowie untereinander gleichberechtigt sind. Die Ausgestaltung ist in den §§ 705ff. des Bürgerlichen Gesetzbuches geregelt.

Konsortien können als Außen- oder Innenkonsortien organisiert sein. Ein Außenkonsortium tritt Geschäftspartnern gegenüber als Zusammenschluss auf, wobei der Konsortialführer mit Vertretungsmacht für das Konsortium handelt. Wie bei jeder Gesellschaft bürgerlichen Rechts haften auch im Außenkonsortium die Teilnehmer grundsätzlich gesamtschuldnerisch für alle Verbindlichkeiten des Konsortiums.[35]

Demgegenüber agieren Innenkonsortien nicht im Rechtsverkehr, sondern beziehen sich lediglich auf das Binnenverhältnis der Teilnehmer. Im Binnenkonsortium getroffene Regressregelungen entfalten beispielsweise im Außenverhältnis keine schuldbefreiende Wirkung.

Konsortien dienen der Umsetzung gemeinschaftlicher geschäftlicher Ziele und sind daher in der Volkswirtschaft in vielfältiger Form anzutreffen, beispielsweise bei großen Investitionen, die hohes Anfangskapital erfordern. Zwar folgen die Zusammenschlüsse von Bibliotheken mit der Lizenzierung von elektronischem Content einem gemeinsamen geschäftlichen Zweck. An einem Gesellschaftervertrag nach §705 BGB dürfte es jedoch in der Regel ebenso fehlen wie an verbindlichen Regelungen für die Ausgestaltung des Binnenverhältnisses,[36] So gesehen sind die Einkaufszusammenschlüsse von Bibliotheken streng genommen keine Konsortien, sondern lediglich lose, rechtlich nicht ausreichend geregelte Zweckgemeinschaften. Der Begriff Konsortium hat sich jedoch etabliert und wird daher im Folgenden auch verwendet.

Als Reaktion auf die zum Teil exorbitanten Preissteigerungen für wissenschaftlichen Content (*Zeitschriftenkrise*) hatte die Hochschulrektorenkonferenz im Februar 2001 die Profilierung bzw. den Aufbau von Bibliothekskonsortien mit dem Ziel emp-

---

die Offensive. http://www.springeropen.com/ (19.11.2013). Auch Wiley (http://www.wileyopenaccess.com/view/index.html) und Elsevier (http://www.elsevier.com/about/universal-access) haben ähnliche Open Access-Initiativen gestartet.
35 Vgl. dazu Kliebisch, René: Die Haftungsverfassung der Gesellschaft bürgerlichen Rechts. Eine Fallstudie. In: Zeitschrift für das Juristische Studium (2011) H. 6. S. 445–455.
36 Infrage käme ein Geschäftsbesorgungsvertrag im Sinne von § 675 BGB für den Konsortialführer.

fohlen, Nachfragemacht zu bündeln.[37] Zu diesem Zeitpunkt waren in Deutschland bereits Konsortien aktiv. Bereits 1997 hatten nordrhein-westfälische Bibliotheken einen Konsortialvertrag mit Elsevier geschlossen,[38] dessen Auswirkungen allerdings bis heute umstritten sind.[39] 1999 fanden sich die Hochschulbibliotheken Baden-Württembergs im Datenbank-Konsortium ReDI zusammen.[40] Zeitgleich datieren erste Initiativen zur länderübergreifenden Koordinierung der Konsortialarbeit.[41] Die *Arbeitsgemeinschaft Konsortien* – ab 2001 *German, Austrian and Swiss Consortia Organisation (GASCO)* – wurde am 24. Januar 2000 in der Bayerischen Staatsbibliothek München gegründet.[42] Beteiligt waren alle deutschen Bibliothekskonsortien, die Max-Planck-Gesellschaft, die Deutsche Forschungsgemeinschaft (DFG) und die Bibliothek der ETH Zürich für die Schweizer Hochschulbibliotheken. Inzwischen sind auch die Fraunhofer-Gesellschaft, die Helmholtz-Gemeinschaft Deutscher Forschungszentren und Österreich vertreten. Luxemburg und die Niederlande genießen Gast-Status.[43]

Die deutschen Bibliothekskonsortien sind auf Landes- bzw. Verbundebene organisiert und bilden damit die föderale Verfasstheit der Bundesrepublik ab. Der regelmäßige Informationsaustausch als Voraussetzung für gemeinsame Konsortialstrategien ist daher von besonderer Bedeutung. Die GASCO hat sich hierbei bleibende Verdienste erworben. Produktbezogen haben sich inzwischen auch länderübergreifende Kooperationen erfolgreich etabliert.[44]

---

37 http://www.hrk.de/positionen/beschluesse-nach-thema/convention/reduzierung-der-etatkrise-wissenschaftlicher-bibliotheken-durch-konsortialvertraege/ (19.11.2013).
38 Beteiligt waren die Universitätsbibliotheken in Bielefeld, Düsseldorf, Duisburg, Essen, Hagen, Münster, Siegen und Wuppertal. Siehe dazu Niggemann, Elisabeth u. Werner Reinhardt: 1000 Zeitschriften im Volltext elektronisch verfügbar. In: Bibliotheksdienst (1997) H. 11. S. 2147–2150. http://www.hrk.de/positionen/beschluesse-nach-thema/convention/reduzierung-der-etatkrise-wissenschaftlicher-bibliotheken-durch-konsortialvertraege/ (19.11.2013).
39 So weist Monika Cremer ausdrücklich darauf hin, dass dieser Abschluss mit Bundesmitteln zustande gekommen sei, was eine spätere bundesweite Konsortialinitiative torpediert hätte. https://www.gbv.de/cls-download/fag-erschliessung-und-informationsvermittlung/uag-zss/vortraege/konsortien.pdf (19.11.2013). Hingegen sprechen Elisabeth Niggemann und Werner Reinhardt lediglich und ausdrücklich von durch das Ministerium für Wissenschaft und Forschung in NRW bereitgestellten Fördermitteln.
40 Vgl.: Kirchgäßner, Adalbert: Datenbankkonsortium für ReDI. In: Bibliothek Forschung und Praxis (1999) H. 2. S. 153–156.
41 Ein erstes Treffen der Konsortialführer fand im Mai 1998 in Hannover statt. Vgl. dazu: Cremer, Monika: Konsortien in Deutschland – ein Überblick. http://www.gbv.de/cls-download/fag-erschliessung-und-informationsvermittlung/uag-zss/vortraege/konsortien.pdf (19.11.2013).
42 Ausführlich siehe Griebel, Rolf u. Werner Reinhardt: Gründung der Arbeitsgemeinschaft Konsortien. In: Bibliotheksdienst (2000) H. 5. S. 799–803. http://deposit.ddb.de/ep/netpub/89/96/96/967969689/_data_stat/www.dbi-berlin.de/dbi_pub/bd_art/bd_2000/00_05_08.htm (19.11.2013).
43 Die vollständige Teilnehmerliste siehe http://www.hbz-nrw.de/angebote/digitale_inhalte/gasco/mitglieder (19.11.2013).
44 Beispielsweise das bundesweite Konsortium die juristische Datenbank Beck-Online unter Führung des HBZ, die vom FAK verhandelten Produkte PsycInfo und PsycArticles oder das gemeinsame Sachsen+Thüringen-Konsortium für vom Beuth-Verlag vertriebene Normen.

Der föderalen Struktur folgend sind Größe, Budgetorganisation und personelle Ausstattung der deutschen Bibliothekskonsortien sehr unterschiedlich ausgeprägt. Lediglich das Friedrich-Althoff-Konsortium (FAK) verfügt als eingetragener gemeinnütziger Verein über eine eigene Rechtspersönlichkeit. Zentrale Geschäftsstellen mit gewidmetem Personal weisen außerdem das Hessen-Konsortium und das Niedersachsen-Konsortium auf. In Bayern (Bayerische Staatsbibliothek), Nordrhein-Westfalen (Hochschulbibliothekszentrum NRW) und Sachsen (SLUB Dresden) übernehmen zentrale Institutionen die geschäftsführenden Aufgaben. In Baden-Württemberg ist die kooperative Organisation (einschließlich Verhandlungsführung) besonders stark ausgeprägt. Dass sich dieser Ansatz durchaus mit administrativen Synergieeffekten verbinden lässt, zeigt die beabsichtigte Einrichtung einer Konsortialgeschäftsstelle für Baden-Württemberg.[45]

Eine aktuelle Übersicht zu den fachlichen Schwerpunkten, zur Organisation und zu den Mitgliedern deutscher und internationaler Bibliothekskonsortien bietet die Website des Sachsenkonsortiums[46], auf die an dieser Stelle verwiesen werden kann.

Gewinne und Verluste in der konsortialen Zusammenarbeit

Über die Bündelung von Nachfragemacht können bibliothekarische Einkaufskonsortien in begrenztem Maße ein Gegengewicht zur marktbeherrschenden Position der Anbieter aufbauen und zugleich die Informationsversorgung durch erweiterte Content-Angebote verbessern. Das zeigt die bisherige insgesamt erfolgreiche Entwicklung der deutschen Bibliothekskonsortien.

Konsortialgewinne sind Effizienzgewinne in je nach Zielstellung unterschiedlicher Ausprägung. Für Bibliothekskonsortien ergeben sich dabei folgende Konstellationen:
- (1) Maximaler Content: Jeweils für alle Teilnehmer wird mit einem gegebenen Budget ein maximaler Zugriff auf relevanten elektronischen Content erreicht.
- (2) Minimales Budget: Jeweils für alle Bibliotheken wird benötigter Content mit minimalem Budget gekauft.
- (3) Maximale Verhandlungsexpertise: Die im Teilnehmerkreis verfügbare Expertise wird gebündelt und für das gesamte Konsortium maximiert.

---

45 Die zugehörige Stellenausschreibung vom Frühjahr 2014 wandte sich vorzugsweise an JuristInnen mit Laufbahnprüfung für den höheren Bibliotheksdienst und mit sehr guten IT-Kenntnissen, insbesondere im Management von Datenbanksystemen.
46 Hartung, Jenny: Bibliothekskonsortien. Mitglieder, Organisation, Schwerpunkte. Arbeitspapier für das Sachsenkonsortium. Dresden: SLUB 2013. http://www.bibag-sachsen.de/ag-erwerbungskoordinierung-konsortialvertraege/links/ (19.11.2013).

- (4) Minimaler Verhandlungsaufwand: Der gegebene Verhandlungsaufwand wird geteilt und für die einzelne Konsortialbibliothek minimiert.
- (5) Maximale Transparenz: Das verfügbare Produkt- und Vertragswissen des gesamten Konsortiums wird gebündelt und für alle Teilnehmer maximiert.
- (6) Minimaler Nachweis- und Marketingaufwand: Der Aufwand für die Informationsvermittlung lizenzierter Produkte wird geteilt und für die einzelne Konsortialbibliothek minimiert.

Die ersten beiden Optionen schließen einander aus. Zur Lösung des Optimierungsproblems bedarf hier es einer Entscheidung, welche der beiden Variablen – Budget oder Content – konstant gesetzt werden soll. Die unter (3) bis (6) aufgeführten Gewinnoptionen lassen sich grundsätzlich alle in Kombination mit (1) oder (2) realisieren.

Welche Zielstellung mit welcher Ausprägung der konsortialen Zusammenarbeit zugrunde gelegt wird, hängt von den Präferenzen wie von den institutionellen Gegebenheiten der Teilnehmerbibliotheken ab und lässt sich daher nicht generell beantworten. Dass sich heutige Bibliothekskonsortien in erster Linie darauf konzentrieren müssen, das lizenzierte Produktportfolio mit minimalem Budget zu halten, darf angesichts stagnierender Budgets unterstellt werden.[47] Konsortialrabatte oder erweiterte Abbestellquoten bei Zeitschriftenabonnements bieten dafür Ansätze. Der Erfolg solcher Bestrebungen ist inzwischen durch Beispiele vielfach belegt.[48]

Damit lassen sich die finanziellen Belastungen der *Big Deals* zum Teil deutlich abmildern. Deren Grundproblem trägt jedoch systemischen Charakter und bleibt weiter ungelöst.

Allerdings verlangt die Einbindung in konsortiale Strukturen der einzelnen Bibliothek auch Zugeständnisse ab. Diese betreffen in erster Linie die Dispositionsfrei-

---

[47] Der Verfasser stützt sich hierbei auf seine Erfahrungen als Konsortialführer des Sachsenkonsortiums (seit 2009). Insofern ist aus heutiger Sicht Alice Kellers Auffassung von 2002 zu widersprechen, wonach Sinn und Zweck von Bibliothekskonsortien nicht in der Realisierung von Sparpotentialen, sondern in der Erweiterung des Informationsangebotes bestünden. Siehe Keller, Alice: Zeitschriftenkonsortien: Sinn oder Unsinn? In: Wissenschaftliche Zeitschrift und Digitale Bibliothek. Hrsg. Von Heinrich Parthey u. Walther Umstätter. Berlin: Gesellschaft für Wissenschaftsforschung 2002. S. 127.
[48] Für die sächsischen Hochschulbibliotheken hat Jens Lazarus die mit Cross Access verbundenen Vorteile anhand von Zeitschriften des Springer-Verlages dargestellt. Durch konsequente Ausnutzung des Cross Access – bislang mehrfach lizenzierte Titel wurden koordiniert abbestellt – wurde das Gesamt-Portfolio der Springer-Zeitschriften im Konsortium kostenneutral um über 40 % und damit signifikant erhöht. Siehe dazu Lazarus, E-only (wie Anm. 9). Berndt Dugall konstatiert für die vom HEBIS-Konsortium für die gesamte Bundesrepublik verhandelte Datenbank Juris und für Zeitschriften der Association of Research Libraries (USA) für die zurückliegenden fünf Jahre stagnierende bzw. sogar fallende Stückkosten. Vgl. dazu: Dugall, Berndt: Bibliotheken zwischen strukturellen Veränderungen, Kosten, Benchmarking und Wettbewerb. In: ABI Technik (2013) H. 2. S. 86–95. Die Erweiterung des sächsischen Beuth-Konsortiums auf die Thüringer Hochschulbibliotheken auf der Basis eines neuen, auf die reale Volltext-Nutzung fokussierenden Geschäftsmodells (ab 2012) hat für das Gesamt-Konsortium zu Ersparnissen im unteren sechsstelligen Bereich geführt.

heit über das inhaltliche Profil der eigenen Bibliotheksangebote und vor allem über den verfügbaren Etat. Ursache sind die bereits erläuterten Big Deals, die nicht selten große Teile des Budgets binden. Sofern die über *Cross* und/oder *Additional Access* lizenzierten Inhalte keine ausreichende Nutzung erfahren, sind die Ausgaben dafür nur schwer zu rechtfertigen. Auch ist bei Paketverträgen die Problematik des unerwünschten „Beifangs"[49] nicht zu übersehen: Unter Umständen enthalten die Pakete Titel, die einzeln nie lizenziert worden wären, weil für sie in der Hochschulcommunity keine Nachfrage besteht.

Nicht zu vernachlässigen sind zudem der Verhandlungs- und der Abstimmungsaufwand, den die für einen Vertrag federführenden Konsortialbibliotheken zu tragen haben. Letzterer entsteht im konsortialen Binnenverhältnis etwa bei der Verteilung der Lizenzkosten.[50] Gerade für große Konsortien mit vielen Teilnehmern ist daher die Forderung berechtigt, Leistungen des Konsortialführers zumindest kostendeckend zu vergüten[51].

Konsortiale Effizienz benötigt geeignete finanzielle und organisatorische Anreize. Das gilt im Außen- wie im Innenkonsortium. Gute Vertragsabschlüsse setzen ein in seiner Höhe ausreichendes, stabiles und zugleich flexibel einsetzbares Finanzvolumen voraus. Es bildet konkrete Produktbedarfe der im Konsortium repräsentierten Hochschulen ab und spiegelt deren Schwerpunkte in Forschung und Lehre wider. Die Hochschulen tragen daher auch die Finanzierung der Konsortiallizenzen. Aus hochschulpolitischen Erwägungen fördern einzelne Bundesländer die konsortiale Bestandsentwicklung, indem sie beispielsweise die Kosten für *Cross*- und/oder *Additional Access* übernehmen.[52]

Generell ist die bisherige Finanzierungspraxis noch weitgehend von der Praxis der *Big Deals* geprägt. Sie bildet damit tendenziell vorrangig den prospektiven Content-Bedarf und weniger dessen tatsächliche Nutzung ab. Ein Paradigmenwechsel hin zum nachgewiesenen Bedarf (Searches und/oder Volltext-Downloads) käme der Abkehr vom *Big Deal* gleich und müsste gegen die Interessen der Provider durchgesetzt werden. Die Anreize für eine effiziente Finanzallokation würden damit jedoch gestärkt.

Die notwendige Budgetflexibilität hängt maßgeblich von den rechtlichen und organisatorischen Rahmenbedingungen ab, unter denen die Träger handeln. Das

---

[49] Junkes-Kirchen, Klaus: Bibliothekskonsortien, Nationallizenzen, Allianzlizenzen, Pay-per-use / view. Weitere „Geschäftsmodelle" für das Angebot von E-Medien. Vortrag im Rahmen einer Fortbildungsveranstaltung in der UB Bonn, 13. September 2013. http://www.initiativefortbildung.de/pdf/schlaglichter_wandel_4_2_2013/Junkes_Kirchen_Geschaeftsmodelle_2013.pdf (19.11.2013).
[50] Mit „Herding Cats" hat Mike Johnson, seinerzeit Geschäftsführer des britischen CHEST-Konsortiums, diese Phänomen bereits 1998 beschrieben. http://docs.lib.purdue.edu/iatul/1998/papers/15.
[51] Solche Absprachen dürften allerdings zuvor den Abschluss eines förmlichen Gesellschaftervertrages nach § 705 BGB voraussetzen.
[52] So das Land Niedersachen im Zeitraum von 2002 bis 2013. http://nds-konsortium.sub.uni-goettingen.de/ (25.11.2013).

lange Zeit maßgebende kamerale Jährlichkeitsprinzip[53] stand langfristigen, konditionell günstigeren Verträgen per se entgegen. Demgegenüber eröffnen die Globaletats der Hochschulen grundsätzlich bessere Möglichkeiten zur Vertragsgestaltung.

Hochschulpolitisch motivierte Förderungen der Informationsinfrastruktur können als Anschubfinanzierungen wirksame fiskalische Anreize zur Erwerbungskoordinierung setzen. Die Finanzierung konsortialer Grundaufgaben durch temporäre Sondermittel begünstigt allerdings sogenannte *Drehtür-Effekte*, die einer langfristig orientierten Erwerbungspolitik entgegenwirken.

Im Fokus binnenkonsortialer Auseinandersetzungen steht die Verteilung der Lizenzkosten auf die jeweiligen Bibliotheken. Die Verteilungsschlüssel werden von den institutionellen Präferenzen und Gegebenheiten des Konsortiums determiniert, so dass sich dafür generelle Aussagen nur eingeschränkt treffen lassen. Unter Anreizgesichtspunkten bietet sich jedoch die tatsächliche Nutzung je Institution als Verteilungsbasis an.

Quersubventionen innerhalb eines Konsortiums stimulieren *Mitnahme-Effekte* und setzen damit falsche Anreize. Ordnungspolitisch weniger bedenklich ist die Ausübung strukturpolitischer Optionen des Landes auf der Basis eines eigenen finanziellen Beitrags zur konsortialen Bestandsentwicklung.[54]

Nationale Initiativen im Überblick

Regionale Bibliothekskonsortien haben sich als Instrumente der Erwerbungskoordinierung bei der Informationsversorgung der Hochschulen erfolgreich etabliert. Den Hochschulbibliotheken eröffnen sie wichtige Möglichkeiten, ihre Nachfragemacht in einem schwierigen Marktumfeld zu bündeln, um elektronischen Content kosteneffizient zu lizenzieren. Gegenüber anderen Formen der kooperativen Bestandsentwicklung[55] weisen sie einen deutlich höheren Grad an Verbindlichkeit auf.

Zugleich sind die Einkaufskonsortien der Hochschulbibliotheken Teil des Gesamtsystems koordinierter Informationsversorgung in Deutschland, zu dem die bestehenden Verbundstrukturen ebenso zählen wie das bisherige SSG-Programm (jetzt

---

53 Beginnend mit dem 2006 verabschiedeten Hochschulfreiheitsgesetz des Landes Nordrhein-Westfalen hat sich die Hochschulpolitik der Länder in jüngster Vergangenheit klar zur Budgetierung der Hochschulen bekannt. Auf dieser Basis sollten kamerale Restriktionen (soweit sie noch bestehen) sukzessive überwunden werden können.
54 Die bei der SLUB Dresden etatisierten Landesmittel des Sachsenkonsortiums unterliegen einer vom Wissenschaftsministerium vorgegebenen Quotierung: 79 % entfallen auf die Universitätsbibliotheken (einschließlich SLUB Dresden), 20 % auf die Bibliotheken der Fachhochschulen und 1 % auf die Bibliotheken der Kunst- und Musikhochschulen.
55 Erwerbungsabsprachen für einzelne hochpreisige Zeitschriften oder Datenbanken tragen nach den bisherigen Erfahrungen des Verfassers in der Praxis eher den Charakter von Bemühenszusagen als von verbindlichen Vereinbarungen.

Fachinformationsdienste für die Wissenschaft – FID)[56] der Deutschen Forschungsgemeinschaft (DFG) oder die zentralen Fachbibliotheken[57].

Bereits im Jahr 2001 hatte die DFG mit ihrem Projekt *Perspektiven für den Bezug elektronischer Informationsressourcen in der Bundesrepublik Deutschland* eine Initiative zur Bestandsaufnahme und zur Entwicklung nationaler Lizenzierungsmodelle für elektronischen Content gestartet.[58] 2004–2010 folgte das Programm der Nationallizenzen, mit dem die DFG die retrospektive Lizenzierung bereits abgeschlossener Datenbanken förderte.[59] Über die Initiative *Digitale Information* der *Allianz deutscher Wissenschaftsorganisationen* wurden die Nationallizenzen ab 2011 als *Allianz-Lizenzen* in ein bundesweites Konsortialmodell überführt, bei dem sich die Teilnehmerinstitutionen in der Regel zu 75 % an den Lizenzkosten beteiligen. Im Unterschied zu den Nationallizenzen beinhalten die *Allianz-Lizenzen* dynamischen elektronischen Content (Zeitschriften, Datenbanken und E-Books).[60] Dazu zählen allerdings die unter den *Big Deals* zu subsumierenden Produkte bislang nicht. Bemühungen, das Konzept der nationalen Lizenzierung vorrangig auf die Produkte der großen Wissenschaftsverlage Elsevier, Wiley und Springer auszudehnen, sind daher folgerichtig.[61]

Seit August 2013 fördert die DFG zudem den Aufbau eines nationalen Kompetenzzentrums zur Lizenzierung elektronischer Ressourcen als Gemeinschaftsprojekt der Niedersächsischen Staats- und Universitätsbibliothek Göttingen, der Staatsbibliothek zu Berlin – Preußischer Kulturbesitz und der Verbundzentrale des Gemeinsamen Bibliotheksverbunds GBV.[62]

Ob die regionalen Bibliothekskonsortien vor diesem Hintergrund – wie bereits 2001 von Werner Reinhardt und Peter te Boekhorst prognostiziert[63] – langfristig tat-

---

[56] Das von der Deutschen Forschungsgemeinschaft (DFG) geförderte System der Sondersammelgebiete (SSG) besteht seit 1949 und befindet sich derzeit im Kontext mit dem elektronischen Medienwandel im Umbruch. Vorausgegangen war eine im Jahr 2010 von der DFG initiierte Evaluation der Sondersammelgebiete. Zum Einstieg siehe Lipp, Anne: Auf dem Prüfstand. Das DFG-geförderte System der Sondersammelgebiete wird evaluiert. In: Zeitschrift für Bibliothekswesen und Bibliografie (2010) H. 5. S. 235–244 sowie Kümmel, Christoph: Nach den Sondersammelgebieten. Fachinformationen als forschungsnaher Service. In: Zeitschrift für Bibliothekswesen und Bibliografie (2013) H. 1. S. 5–15.
[57] Deutsche Zentralbibliothek für Medizin (ZB Med, Köln/Bonn), Deutsche Zentralbibliothek für Wirtschaftswissenschaften (ZBW, Kiel/Hamburg) und Technische Informationsbibliothek (TIB, Hannover).
[58] Siehe dazu Reinhardt [u. a.], 5 Jahre GASCO (wie Anm. 23), S. 246f.
[59] http://www.nationallizenzen.de/ (25.11.2013) und Wiesner, Margot: Fachdatenbanken im deutschlandweiten Zugriff. Die Umsetzung eines Nationallizenzmodells. http://www.opus-bayern.de/bib-info/volltexte//2006/237/pdf/Netzwerk_Wiesner_NL.pdf (25.11.2013).
[60] http://www.nationallizenzen.de/ueber-nationallizenzen/allianz-lizenzen-2011-ff. (25.11.2013).
[61] Beispielsweise durch die Initiative der Leipziger Universitätsrektorin Beate Schücking in der Hochschulrektorenkonferenz. Siehe dazu http://www.tagesspiegel.de/wissen/teure-fachzeitschriften-nationallizenzen-fuer-uni-bibliotheken-gefordert/8624114.html (25.11.2013).
[62] http://www.dfg.de/foerderung/info_wissenschaft/info_wissenschaft_13_49/ (25.11.2013).
[63] Reinhardt, Werner u. Peter te Boekhorst: Library Consortia in Germany. In: Liber quarterly (2001). S. 77.

sächlich nur als Übergangslösungen anzusehen sind, bleibt angesichts der eingangs skizzierten komplexen Marktstrukturen und der föderalen Hochschul- und Wissenschaftspolitik allerdings abzuwarten. Zumindest kurz- und mittelfristig dürfte ihre Schlüsselstellung in der kooperativen Informationsversorgung der deutschen Hochschulen mit aktuellem elektronischen Content nicht in Frage gestellt sein.

Thesen zur künftigen Bestandsentwicklung in Hochschulbibliotheken

Aus der bisherigen Entwicklung lassen sich bei mittelfristiger Betrachtung folgende Thesen ableiten:
- Wissenschaftlicher Content wird im STM-Segment ausschließlich und für die übrigen Fächer vorrangig elektronisch als Zugriff auf Volltexte und Fakten angeboten und nachgefragt. Basis sind entsprechende Lizenzen.
- Damit verschwindet die bisherige Unterscheidung in elektronische Zeitschriften, Datenbanken und E-Books.
- Hochschulbibliotheken verstehen sich als Gebrauchsbibliotheken. Sie richten ihre Bestandsentwicklung konsequent nach dem aktuellen Bedarf aus und lizenzieren dementsprechend elektronischen Content.
- Prospektiver Bedarf verliert weiter an Bedeutung. Dasselbe gilt für die Verfügbarkeit von Archivrechten bei Fächern mit einer geringen Halbwertszeit des Wissens.
- Soweit nicht *Open Access* verfügbar, wird wissenschaftlicher Content konsortial lizenziert, vorzugsweise auf nationaler Ebene.
- Die Lizenzverträge orientieren sich an der tatsächlichen Nutzung zurückliegender Perioden. *Pay per View* bzw. *Pay per Use* setzen sich durch.
- Die Erwerbungsetats der Bibliotheken halten mit der Preisentwicklung auch weiterhin nicht Schritt. Institutionelle Budgetrestriktionen zwingen die Bibliotheken zu koordinierter Lizenzierung.
- Unter aktiver Mitwirkung kommerzieller Provider gewinnt *Open Access* weiter an Bedeutung. Ein Preisverfall ist jedoch nicht zu erwarten.

Damit dürften die *Big Deals* an ihr Ende gelangen. Wissenschaftlicher Content wird aber weiterhin in Form hochpreisiger komplexer Produkte auf einem dynamischen Markt mit rasch wechselnden Nutzerpräferenzen gehandelt werden. Die damit für die Bibliotheken wie für die Wissenschaftscommunity verbundenen Herausforderungen lassen sich auch in Zukunft am besten über ein kooperatives Bestands- und Wissensmanagement bewältigen. Mit ihren Konsortialstrukturen haben die deutschen Hochschulbibliotheken dafür bereits wichtige Voraussetzungen geschaffen.

Heike Neuroth
Infrastrukturen für die Langzeitarchivierung digitaler Objekte

Abstract: Der rasante Zuwachs an digitalen Objekten in fast allen Bereichen der Wissenschaft verändert auch die Kultur des Forschens in den wissenschaftlichen Fachdisziplinen. Hinzu kommen der rasche Wandel von Informationstechnologien und der vermehrte Einsatz dieser Technologien in Forschung und Lehre. Beides trägt zu einem schnellen Anwachsen unterschiedlicher digitaler Daten bei, mit denen wissenschaftliche Bibliotheken (und Rechenzentren) heutzutage und besonders in Zukunft umzugehen haben. Beispiele für digitale Sammlungen sind E-Books/E-Journals, wissenschaftliche Universitätssammlungen, institutionelle Dokumentenserver, Web-Archivierung, (Retro-)Digitalisate oder Forschungsdaten. Diese digitalen Objekte müssen so aufbereitet und archiviert werden, dass sie auffindbar und nachnutzbar sind, also dem wissenschaftlichen Forschungskreislauf wieder zur Verfügung stehen sowie in der Lehre eingesetzt werden können.

Der Artikel liefert eine Einführung in den Wandel des wissenschaftlichen Systems durch den Einsatz von Informationstechnologien, das daraus resultierende rasante Anwachsen an digitalen Daten, gibt einen Überblick über die potenziell unterschiedlichen digitalen Objekt-Sammlungen mit denen Bibliotheken umzugehen lernen müssen, und zeigt einige erfolgversprechende Wege auf, wie die Langzeitarchivierung der digitalen Objekte in einem koordiniertem Vorgehen bewältigt werden kann.

Keywords: Langzeitarchivierung, Forschungsdaten, Infrastrukturen, digitale Daten, digitale Objekte

Einführung

Wissenschaftliche Bibliotheken haben seit ihren Anfängen die Aufgabe, die Forschung und später auch die Lehre mit adäquaten Informationen zu versorgen und den Forschungsprozess und damit wissenschaftlichen Erkenntnisgewinn optimal zu unterstützen. Die Begriffe Forschung und Bibliothek sind spätestens seit der Gründung des Museion in Alexandria zu Beginn des dritten Jahrhunderts v. Chr. miteinander verknüpft. Bibliotheken haben somit eine lange Tradition, Infrastrukturen für die Wissenschaft bereit zu stellen. Mit dem Einzug der Informationstechnologien als Unterstützung der Forschungsprozesse in die verschiedenen Wissenschaftsdisziplinen verändern sich diese Infrastrukturen: Während in vergangenen Zeiten der Nutzer in die Bibliothek gekommen ist und vor Ort relevante Informationen erforscht hat, ist es heutzutage vor allem in den natur- und lebenswissenschaftlichen Disziplinen mehr und mehr üblich, dass die digitale Information zum Nutzer kommt. Der Wissenschaftler ruft von jedem Ort und zu jeder Zeit für ihn relevante Informationen ab, sei es in E-Journals, in Forschungsdaten-Portalen, im Internet oder in lizensierten Verlagsprodukten. Viele Wissenschaftler forschen heutzutage in größeren Projektverbünden, erstellen und analysieren gemeinsam digitale Daten, publizieren in größerer Autorenschaft zum Teil nur noch digital und produzieren umfangreiche digitale Forschungsdaten. Auch die dabei verwendeten Methoden sind zunehmend digital und beruhen auf (fach)spezifischen Werkzeugen und Diensten. Kollaborative Arbeits- und Forschungsumgebungen entstehen – manchmal nur für die Beantwortung einer Forschungsfrage – und die Kommunikation und Arbeitsweise der Wissenschaftler verlagert sich zunehmend vom analogen in den digitalen Bereich. Um teure und aufwändig entwickelte Großgeräte herum gruppieren sich in einigen Wissenschaftsdisziplinen Zehntausende von Forschern aus über 100 verschiedenen Ländern, die sich beispielsweise Messzeit teilen, ihre Forschungsergebnisse untereinander austauschen und zur Verfügung stellen. Ihre Ergebnisse veröffentlichen sie *open access* und die Zahl der Autoren kann hier ebenfalls die Hundert erreichen. Beispiele hierfür finden sich in der Teilchenphysik, Klimaforschung oder Astronomie. Spezifische Programmförderungen werden nach wie vor unter Schlagworten wie eScience, eResearch, Digital Humanities, Virtuelle Forschungsumgebungen oder Forschungsinfrastrukturen (z. B. ESFRI[1]) durchgeführt. Das neue 8. EU-Rahmenprogramm Horizon 2020[2] hat sich die Konzeption, Entwicklung und Bereitstellung von Forschungsinfrastrukturen für Wissenschaftsdisziplinen und übergeordnete Forschungsfragen auf die Fahnen geschrieben. All diesen Initiativen und Entwicklungen liegt der Gedanke zugrunde, dass sich in der heutigen Zeit durch die zunehmende „Digitalisierung" der Wissenschaft und Gesellschaft die Kultur des Forschens gewandelt hat: Mehr und mehr digitale Daten und Informationen stehen zur Verfügung, fließen wieder in den wissenschaftlichen Kreislauf zurück und bilden die Grundlage für neuen Erkenntnisgewinn. Alte Forschungsfragen können durch die digitalen Methoden und Dienste neu beantwortet werden, neue Forschungsfragen können zum ersten Mal überhaupt gestellt werden, z. B. durch den Einsatz von quantitativen Methoden in den Geistes- und Sozialwissenschaften. 2011 wurde geschätzt, dass sich die Anzahl der digitalen Datenmenge alle 1,5 Jahre verdoppelt[3]. Der Umfang digital prozessierter Daten wächst in allen Wissenschaftsdisziplinen rapide an. Dies hat zur Folge, dass sich die Infrastrukturen im gleichen Maße ändern und anpassen müssen. Heute genügt es nicht mehr, wenn einzelne wissenschaftliche Bibliotheken ihr Angebotsspektrum erweitern. Sie müssen vielmehr sinnvolle Kooperationen mit verschiedenen Partnern eingehen, um den

---

1 Vgl. European Strategy Forum on Research Infrastructures. http://ec.europa.eu/research/infrastructures/index_en.cfm?pg=esfri (09.01.2014).
2 European Commission: Horizon 2020. http://ec.europa.eu/programmes/horizon2020/ (09.01.2014).
3 Z. B. Science Mag: http://www.sciencemag.org/site/special/data/ (09.01.2014).

neuen Anforderungen der digitalen Forschung gerecht werden zu können. Es geht nicht mehr nur darum, digitale Objekte verfügbar zu machen, sondern diese so vorzuhalten, dass sie auch in späteren Jahren oder Jahrzehnten gefunden und intellektuell nachgenutzt werden können.

Langzeitarchivierung digitaler Objekte

Die High Level Expert Group on Scientific Data, eine Expertengruppe der Europäischen Kommission, hat im Oktober 2010 als Vision für Daten in 2030 formuliert:

> Our vision is a scientific e-infrastructure that supports seamless access, use, re-use, and trust of data. In a sense, the physical and technical infrastructure becomes invisible and the data themselves become the infrastructure – a valuable asset, on which science, technology, the economy and society can advance.[4]

Ziel ist also, dass digitale Daten bzw. digitale Objekte selber die Infrastruktur bilden, während die dafür nötige technische, rechtliche und organisatorische Infrastruktur in den Hintergrund tritt. Diese Vision versucht die Europäische Kommission konsequent umzusetzen und hat am 16. Dezember 2013 Richtlinien[5] für den Umgang mit Open Access für wissenschaftliche Publikationen und Forschungsdaten in Horizon 2020 veröffentlicht und zugleich den Start des Piloten für *Open Research Data* angekündigt. Um diese Daten und Objekte auch in Zukunft verfügbar zu machen (access), nutzen (use), nachnutzen (re-use) und ihnen vertrauen (trust) zu können, bedarf es der digitalen Langzeitarchivierung. Doch was genau wird darunter verstanden? In Deutschland gibt es keine allgemeingültige Definition von Langzeitarchivierung. Das Kompetenznetzwerk für digitale Langzeitarchivierung nestor[6] bietet zwar ebenfalls keine Definition an, dennoch sei hier auf die Einführung des nestor Handbuches verwiesen:

> Langzeitarchivierung meint in diesem Zusammenhang mehr als die Erfüllung gesetzlicher Vorgaben über Zeitspannen, während der steuerlich relevante tabellarisch strukturierte Daten verfügbar gehalten werden müssen. ‚Langzeit' ist die Umschreibung eines nicht näher fixierten Zeitraumes, währenddessen wesentliche, nicht vorhersehbare technologische und sozio-kulturelle Veränderungen eintreten; Veränderungen, die sowohl die Gestalt als auch die Nutzungssituation digitaler Ressourcen in rasanten Entwicklungszyklen vollständig umwälzen können. Es gilt also, jeweils geeignete Strategien für bestimmte digitale Sammlungen zu entwickeln, die je nach Bedarf und

---

[4] High Level Expert Group on Scientific Data: Riding the Wave. S.4. http://cordis.europa.eu/fp7/ict/e-infrastructure/docs/hlg-sdi-report.pdf (09.01.2014).
[5] Vgl. Guidelines on Open Access to Scientific Publications and Research Data in Horizon 2020, Version 1.0. http://ec.europa.eu/research/participants/data/ref/h2020/grants_manual/hi/oa_pilot/h2020-hi-oa-pilot-guide_en.pdf (09.01.2014)
[6] Nestor. http://www.langzeitarchivierung.de (09.01.2013).

zukünftigem Nutzungsszenarium die langfristige Verfügbarkeit und Nachnutzung der digitalen Objekte sicherstellen. ‚Langzeit' bedeutet für die Bestandserhaltung digitaler Ressourcen nicht die Abgabe einer Garantieerklärung über fünf oder fünfzig Jahre, sondern die verantwortliche Entwicklung von Strategien, die den beständigen, vom Informationsmarkt verursachten Wandel bewältigen können.[7]

Das Buch aus dem Jahr 2012 *Langzeitarchivierung von Forschungsdaten – Eine Bestandsaufnahme*[8] zeigt eindrucksvoll, welche Anstrengungen elf Fachdisziplinen bereits unternommen haben, um ihre digitalen Daten und Objekte für nachfolgende Forschergenerationen zu erhalten und nachnutzbar zu machen. Dabei hat sich gezeigt, dass die digitale Langzeitarchivierung nur in Kooperation mit anderen (wissenschaftlichen) Einrichtungen zu bewältigen ist. Je nach Ausgangslage und Grad der Vernetzung innerhalb der wissenschaftlichen Fachdisziplin können dies nationale und internationale Kooperationen sein. Allerdings ist die Rolle von wissenschaftlichen Bibliotheken im Kontext der Langzeitarchivierung digitaler Objekte und des dafür benötigten Aufbaus und der Bereitstellung von Infrastrukturen noch längst nicht für alle Aspekte und Typen an digitalen Objekten bzw. deren Sammlungen geklärt.

Typen von digitalen Objekten

Im Folgenden wird ein kurzer Überblick über die unterschiedlichen Typen von digitalen Objekten gegeben sowie eine Einschätzung, wie sich die Entwicklung und Bereitstellung der nötigen Infrastrukturen für die Langzeitarchivierung für die jeweiligen Typen von digitalen Objekten gestaltet. Dieser Überblick ist weder vollständig noch detailliert genug. Er erlaubt allerdings eine Einschätzung darüber, welche weiteren gemeinsamen Anstrengungen und kooperative Strukturen in Deutschland und darüber hinaus noch benötigt werden, um adäquate Infrastrukturen für die Langzeitarchivierung von digitalen Objekten anbieten zu können und damit einen entscheidenden Beitrag zu leisten, dass wissenschaftlich relevante, digitale Informationen jetzt und in Zukunft zugänglich und nachnutzbar sind.
- *E-Books/E-Journals*: Zahlreiche wissenschaftliche Bibliotheken bieten zum Teil eine große Anzahl und fachdisziplinäre Bandbreite an elektronischen Lehrbüchern an, die mittels einer Campuslizenz zugänglich sind. Als Beispiel sei hier die Bibliothek des *Karlsruher Institute of Technology* (KIT) genannt, die über die an dieser Universität angesiedelten Fakultäten, umfangreiche Sammlungen an

---

[7] Vgl. die gedruckte Ausgabe 2.0 des nestor Handbuchs von 2009 sowie die aktuelle Online-Version 2.3. http://nestor.sub.uni-goettingen.de/handbuch/nestor-handbuch_23.pdf (09.01.2014).
[8] Nestor: Langzeitarchivierung von Forschungsdaten. Eine Bestandsaufnahme. http://nestor.sub.uni-goettingen.de/bestandsaufnahme/ (09.01.2014).

E-Books anbietet und damit konsequent auf digitale Infrastrukturen setzt. Es ist nicht bekannt, dass es in Deutschland kooperative Strukturen gibt, sei es auf der Ebene einzelner Bundesländer oder gar auf Bundesebene, die für den Erwerb und die nachhaltige Bereitstellung von elektronischen (Lehr)Büchern sorgen. Es kann allerdings davon ausgegangen werden, dass sich die Verlage als Anbieter dieser E-Books nicht in der Verantwortung sehen, geeignete Infrastrukturen für die digitale Langzeitarchivierung vorzuhalten. Es steht natürlich auch die Frage im Raum, für wen und für welchen Zweck diese E-Books erhalten werden müssen. Zahlreiche E-Books werden bundesweit allen wissenschaftlichen Einrichtungen auch über das von der DFG initiierte Programm *Nationallizenzen*[9] angeboten. Seit 2004 finanziert die DFG den Erwerb und die Bereitstellung von elektronischen Ressourcen. Darunter fällt der für Wissenschaftler und Studierende kostenlose Zugang zu Datenbanken, digitalen Textsammlungen und elektronischen Zeitschriften. Das DFG-Programm wurde vom Modell der Allianz-Lizenzen abgelöst[10]. Vorteil dieser Allianz-Lizenzen ist es, dass ihnen nationale Konsortialverträge zugrunde liegen, die weitergehende Nutzungsrechte erlauben sollen wie zum Beispiel das Einlesen (ingest) von lizenzierten Volltexten in eine Virtuelle Forschungsumgebung zur weiteren Bearbeitung und Prozessierung dieser digitalen Daten. Im Jahr 2012 veröffentlichte die DFG die Ausschreibung *Nationales Hosting elektronischer Ressourcen*[11] mit dem Ziel, eine dauerhafte nationale Infrastruktur für die Langzeitarchivierung und damit kontinuierliche wissenschaftlichen Nachnutzung der lizenzierten Materialien aufzubauen und bereit zu stellen. Dezidiert im Fokus der Ausschreibung standen auch organisatorisch-strukturell-finanzielle, (lizenz)rechtliche und technische Fragestellungen, die in einem nationalen Hostingkonzept zu berücksichtigen sind. Damit gab es für den Bereich der Langzeitarchivierung digitaler Objekte zum ersten Mal eine Förderinitiative, die sich über Bundeslandgrenzen und Fachdisziplinen hinweg einrichtungsübergreifend dem nationalen Aufbau einer Langzeitarchivierungsinfrastruktur verschrieben hat.
- *Wissenschaftliche Universitätssammlungen*: Der Wissenschaftsrat hat im Jahr 2011 *Empfehlungen zu wissenschaftlichen Sammlungen als Forschungsinfrastrukturen*[12] veröffentlicht, aus denen zahlreiche Initiativen hervorgingen, beispielsweise Förderprogramme der DFG und des BMBF. Ziel ist es, die universitären Sammlungen

---

9 DFG Nationallizenzen: http://www.nationallizenzen.de/ (09.01.2014).
10 Schwerpunktinitiative „Digitale Information" der Allianz der deutschen Wissenschaftsorganisationen: Nationale Lizensierung. http://www.allianzinitiative.de/de/start/handlungsfelder/nationale_lizenzierung/ (09.01.2014).
11 Deutsche Forschungsgemeinschaft: Förderprogramm „Elektronische Publikationen". http://www.dfg.de/download/pdf/foerderung/programme/lis/ausschreibung_elektronische_publikationen_120430.pdf (09.01.2014).
12 Wissenschaftsrat: Empfehlungen zu wissenschaftlichen Sammlungen als Forschungsinfrastruktur. http://wissenschaftliche-sammlungen.de/files/9213/7474/4488/10464-11-1.pdf (09.01.2014).

und relevante Sammlungen anderer Forschungseinrichtungen für die Forschung und Lehre nachhaltig zur Verfügung zu stellen. Dazu gehören Maßnahmen zur Digitalisierung (auch Objekt-Digitalisierung wie 3D-Modelle), die Verständigung über geeignete (fach)spezifische Standards, der Aufbau von Nachweisportalen und Langzeitarchivierungsstrategien. Eine vom BMBF geförderte *Koordinierungsstelle für wissenschaftliche Universitätssammlungen*[13] steht dafür beratend und unterstützend zur Verfügung. Zahlreiche wissenschaftliche Bibliotheken und Forschungsbibliotheken engagieren sich in diesem Bereich und es bleibt zu hoffen, dass es dieser recht jungen Initiative über geeignete Vernetzung und Kooperationen gelingt, nachhaltige Infrastrukturen aufzubauen, die dauerhaft die digitalen Objekte archivieren und für die Nachnutzung in Forschung und Lehre anbieten.
- *Institutionelle Dokumentenserver*: In Deutschland gibt es eine jahrelange Tradition, institutionelle Dokumentenserver anzubieten, in denen relevante Hochschulschriften wie zum Beispiel digitale Dissertationen für die Nachnutzung bereitgestellt werden. Die *Deutsche Initiative für Netzwerkinformation e.V.* (DINI[14]) hat entscheidend dazu beigetragen, indem sie bundesweit einheitliche Standards für Metadaten, Technologien und Schnittstellen empfohlen hat und anbietet, die Dokumentenserver nach standardisierten, transparenten und fachlich fundierten Kriterien zu zertifizieren. Mittlerweile weist DINI fast 200 zertifizierte institutionelle und fachspezifische Dokumentenserver nach[15], einige Repositorien bereits mit einem Zertifikat von 2004. DINI hat frühzeitig Wert darauf gelegt, sich mit ähnlichen Initiativen in Europa[16] und weltweit[17] zu vernetzen, so dass bezüglich dieser elektronischen Ressourcen von ausgesprochen stabilen, kooperativen und wegweisenden Strukturen im Bereich der Infrastruktur gesprochen werden kann. Das frühzeitige Engagement von DINI und die Einbettung bzw. Berücksichtigung internationaler Initiativen und Standards hat dafür gesorgt, dass es in Deutschland einen fast flächendeckenden digitalen Nachweis von Hochschulschriften gibt. Darüber hinaus werden diese elektronischen Dokumente weltweit in anderen Repositorien nachgewiesen und so zur Nachnutzung angeboten.
- *Web-Archivierung*: Internetseiten werden über spezifische Suchmaschinen geharvestet. International ist das Internet Archive[18] die älteste und bekannteste Initiative mit über 350 Milliarden Seiten, die seit 1996 Internetseiten via sogenanntem *snap shot* langzeitarchiviert. In Europa gibt es seit 2010 die *Internet Memory Foundation* (ehemals European Archive), die sich der Langzeitarchivierung von

---

13 Koordinierungsstelle für wissenschaftliche Universitätssammlungen in Deutschland. http://wissenschaftliche-sammlungen.de/de/ (09.01.2014).
14 Deutsche Initiative für Netzwerkinformationen e.V. http://dini.de/ (09.01.2014).
15 Deutsche Initiative für Netzwerkinformationen e.V. : DINI Zertifikat. http://dini.de/dini-zertifikat/liste-der-repositorien/ (09.01.2014).
16 Z. B. OpenAIRE: https://www.openaire.eu/ (09.01.2014).
17 Z. B. Open Journal Systems: http://pkp.sfu.ca/ojs/ (09.01.2014).
18 Internet Archive. https://archive.org/web/ (09.01.2014).

Webressourcen angenommen hat. Einzelne Länder wie Österreich oder Schweden haben ebenfalls Anstrengungen unternommen, den nationalen Web-Inhalt zu archivieren. All diese Initiativen gründen auf eine digitale Infrastruktur, deren Technologien zumeist in internationalen Kooperationen (weiter)entwickelt werden. Allerdings beruhen diese Initiativen zumeist auf dem Engagement vereinzelter Einrichtungen, eine dauerhafte und zuverlässige Langzeitarchivierung scheint nur in den wenigsten Fällen gesichert.

- *(Retro-)Digitalisate*: In Deutschland gibt es eine lange Tradition, analoge Ressourcen wie zum Beispiel Zeitschriften zu digitalisieren. Das Göttinger Digitalisierungszentrum (GDZ[19]) wurde bereits 1997 gegründet und weist heute über 10 Millionen digitalisierte Seiten nach. Das Münchner Digitalisierungszentrum (MDZ[20]) hat durch eine *Public-private Partnership* mit Google eine groß angelegte Massendigitalisierungsinitiative gestartet und die Verantwortung für die Langzeitarchivierung dieser elektronischen Ressourcen übernommen. Im März 2013 soll die Anzahl der zu archivierenden Dateien bereits die Milliardengrenze überschritten haben. Mit dem *Zentralen Verzeichnis Digitalisierter Drucke* (ZVDD[21]) gibt es in Deutschland ein zentrales Nachweisinstrument aller digitalisierten Drucke seit dem 15. Jahrhundert bis heute. Dem ZVDD liegt ein zentraler Metadatenindex zugrunde. Über die Langzeitarchivierung der einzelnen digitalen Sammlungen, die verteilt über ganz Deutschland bei den Einrichtungen liegen, wird nichts gesagt. Insgesamt scheint es in diesem Bereich vereinzelte, zum geringen Teil einigermaßen nachhaltige Infrastrukturen zu geben. Von stabilen, bundesweiten und kooperativen Strukturen für den Nachweis und die Langzeitarchivierung aller Digitalisate scheint Deutschland allerdings noch ein Stück entfernt zu sein.
- *Forschungsdaten*: Die Langzeitarchivierung von Forschungsdaten (im Englischen *data curation* genannt) verläuft in Deutschland hauptsächlich entlang einzelner Wissenschaftsdisziplinen. Es gibt bereits zahlreiche Forschungsdatenarchive, die mehr oder weniger koordiniert die digitalen Forschungsdaten nachweisen und dauerhaft zur Verfügung stellen. Eine der ältesten Initiativen ist Pangaea[22], welche Forschungsdaten für den Bereich Erd- und Umweltwissenschaften sammelt. Auch wenn beispielsweise die DFG ein eigenes Förderprogramm zu *Informationsinfrastrukturen für Forschungsdaten*[23] aufgelegt hat, scheint es in

---

[19] Niedersächsische Staats- und Universitätsbibliothek Göttingen: Göttinger Digitalisierungszentrum. http://www.sub.uni-goettingen.de/kopieren-digitalisieren/goettinger-digitalisierungszentrum/ (09.01.2014).
[20] Münchener DigitalisierungsZentrum. Digitale Bibliothek. http://www.digitale-sammlungen.de/ (09.01.2014).
[21] Zentrales Verzeichnis Digitalisierter Drucke. http://www.zvdd.de/ (09.01.2014).
[22] Pangaea: Data Publisher for Earth & Environmental Science. http://www.pangaea.de (09.01.2014).
[23] Deutsche Forschungsgemeinschaft: Wissenschaftliche Literaturversorgungs- und Informationssysteme (LIS). http://www.dfg.de/foerderung/programme/infrastruktur/lis/lis_foerderangebote/forschungsdaten/ (09.01.2014).

Deutschland ein insgesamt wenig koordiniertes Vorgehen zu geben[24]. Mit dem Förderinstrument *Informationsmanagement und Informationsinfrastruktur in Sonderforschungsbereichen*[25] können die Sonderforschungsbereiche (SFB) nun ein eigenes Teilprojekt INF beantragen, welches dann für die Dauer dieser Großvorhaben – in der Regel 12 Jahre – „primär dem systematischen und auf Nachhaltigkeit angelegten Management der im Rahmen des Sonderforschungsbereichs gewonnenen Daten dienen (Service-Projekt)" soll. Damit gibt es zum ersten Mal die Chance, die digitalen Forschungsdaten in einem Projekt systematisch und dauerhaft nachzuweisen und der Nachnutzung durch andere Forschergruppen zuzuführen. Allerdings stehen hierfür längst nicht an allen deutschen Universitäten geeignete Infrastrukturen bereit. Obwohl wissenschaftliche Bibliotheken und Rechenzentren explizit aufgefordert sind, sich in diesen INF-Projekten zu engagieren, haben diese Gelegenheit bisher nur wenige Einrichtungen wahrgenommen. In den Präsidien der Hochschulen ist das Bewusstsein, dass sie sich dieser Verantwortung durch die Entwicklung und Bereitstellung geeigneter Forschungsdateninfrastrukturen stellen müssen, nur sehr vereinzelt verbreitet. Im November 2013 veröffentlichte die Universität Bielefeld als eine der ersten Hochschulen eine Resolution zu Forschungsdaten[26], andere Hochschulen wie die Universität Göttingen stehen kurz davor. Allerdings ist kaum zu erwarten, dass jede Universität für sich umfangreiche Beratungs- und Unterstützungsangebote mit Hilfe der Bibliotheken aufbauen sowie geeignete technische, rechtliche und organisatorische Infrastrukturen vorhalten kann. Eine Zusammenarbeit und Koordination sowohl über einzelne Universitätsgrenzen hinweg als auch eine enge Vernetzung und Kooperation mit bereits existierenden Forschungsdatenarchiven wären nötig, um einzelne Standorte nicht zu überfordern. Hier könnten wissenschaftliche Bibliotheken eine bedeutende Rolle spielen, wenn sie sich dieser Verantwortung bewusst wären. Im anglo-amerikanischen Raum ist in den letzten Jahren zu beobachten, dass immer mehr Bibliotheken einen sogenannten *data librarian*, *data scientist* oder ähnliches als neues Stellenprofil suchen. In Deutschland gibt es trotz KII-Report[27], verschiedener Veröffentlichungen von relevanten Arbeitsgrup-

---

24 Vgl. dazu auch das nestor Buch „Langzeitarchivierung von Forschungsdaten – Eine Bestandsaufnahme". http://nestor.sub.uni-goettingen.de/bestandsaufnahme/ (09.01.2014).
25 Deutsche Forschungsgemeinschaft : Sonderforschungsbereiche. http://www.dfg.de/foerderung/programme/koordinierte_programme/sfb/antragsteller/programmelement_inf/ (09.01.2014).
26 Universität Bielefeld. Forschungsdatenmanagement an der Universität Bielefeld: Resolution zu Forschungsdatenmanagement. http://data.uni-bielefeld.de/de/resolution (09.01.2014).
27 Leibniz Gemeinschaft: Informationsinfrastruktur – KII Gesamtbericht. http://www.leibniz-gemeinschaft.de/fileadmin/user_upload/downloads/Infrastruktur/KII_Gesamtkonzept.pdf (09.01.2014).

pen[28] und verschiedener Förderprogramme (noch) kein koordiniertes Vorgehen für den Bereich Langzeitarchivierung von digitalen Forschungsdaten.

Zusammenfassung und Ausblick

Die oben aufgeführten Beispiele zeigen deutlich, dass die Landschaft der Infrastrukturen für die Langzeitarchivierung digitaler Objekte sehr heterogen und zum Teil unübersichtlich ist. Dort, wo von Beginn an klare Strukturen, Kooperationen und Vernetzungen, Standards und Best Practice-Guidelines Bedeutung hatten, ist es gelungen, dauerhafte und verlässliche Infrastrukturen aufzubauen. Als Erfolgsmodell kann sicherlich die DINI-Initiative mit der Zertifizierung von Dokumentenservern dienen. Hier haben die (wissenschaftlichen) Bibliotheken eine verantwortliche Rolle eingenommen und sind Betreiber und innovative Entwickler. Es ist zu hoffen, dass dies auch mit der nationalen Hosting-Initiative glückt und dass der Aufbau und die Bereitstellung einer nachhaltigen Infrastruktur für die Langzeitarchivierung von lizensierten Materialien gelingen. Sicherlich dürfte dies auch davon abhängen, inwieweit es gelingt, die maßgeblichen Content-Anbieter – und dies sind in der Regel hauptsächlich die größeren wissenschaftlichen Bibliotheken – einzubeziehen und damit verlässliche kooperative Strukturen aufzubauen. Das gerade bewilligte DFG-Projekt *Kompetenzzentrum Lizensierung*, welches von Januar 2014 an für drei Jahre federführend an der SUB Göttingen betreut wird, sollte ebenfalls in die nationalen Hosting-Überlegungen einbezogen werden. Die Archivierung von Webseiten in Deutschland kann als gescheitert betrachtet werden. Weder gab, noch gibt es dazu nationale Überlegungen, ein abgestimmtes Konzept oder ein Kooperationsnetzwerk. In Anbetracht alternativer europäischer und internationaler Angebote darf über den Sinn einer eigenständigen deutschen Initiative kritisch diskutiert werden. Interessant könnte hier allerdings ein Ansatz sein, den die Library of Congress schon vor ein paar Jahren gewählt hat, indem sie themenspezifische Webseiten zu bestimmten Ereignissen wie Wahlen, 9/11 oder den Science Blog archiviert[29]. Bis auf das nationale Angebot *zentrales Verzeichnis digitalisierter Drucke* (ZVDD, s.o.) ist die Situation bei den (Retro-)Digitalisaten für den Nutzer recht unübersichtlich und uneinheitlich gelöst. Eine nationale Infrastruktur für diese Art der digitalen Objekte ist nicht erkennbar, auch die Deutsche Digitale Bibliothek (DDB)[30] genügt nicht den wissenschaftlichen Ansprüchen und geht über ein simples Nachweissystem mit unklaren Zugängen zu den Digitalisaten nicht hinaus. Vielversprechender könnte sich hier der Ansatz im

---

28 Z. B. AG Forschungsdaten der Schwerpunktinitiative „Digitale Information" der Allianz der deutschen Wissenschaftsorganisationen. „Grundsätze zum Umgang mit Forschungsdaten". http://www.allianzinitiative.de/de/handlungsfelder/forschungsdaten/grundsaetze/ (09.01.2014).
29 Web Archiving (Library of Congress). http://www.loc.gov/webarchiving/ (10.01.2014).
30 Deutsche Digitale Bibliothek. http://www.deutsche-digitale-bibliothek.de/ (10.01.2014).

Rahmen der wissenschaftlichen (Universitäts-)Sammlungen mit der Errichtung der nationalen Koordinierungsstelle erweisen. Aber diese Initiative ist noch zu jung, um verlässliche Prognosen zu machen. Zurzeit unklar ist auch die Situation bei der Langzeitarchivierung digitaler Forschungsdaten. Hier kommt verstärkt das Problem hinzu, dass die Verantwortungsbereiche nicht festgelegt sind. Fragen der Zuständigkeit und dauerhaften Finanzierung sind bisher noch ungelöst. Sicherlich ist es nicht ausreichend, einige fachspezifische Forschungsdatenzentren vorzuhalten, bei denen auch noch die Frage offen ist, ob universitäre Forschungsdatensammlungen im großen Stil aufgenommen werden dürfen[31]. Die Universitäten und die Service-Infrastruktureinrichtungen wie Bibliotheken und Rechenzentren lösen die Langzeitarchivierung auch auf der technischen Ebene (bitstream preservation) bisher völlig uneinheitlich, Kooperationen oder Absprachen – zumindest über einige Universitäten hinweg gibt es nicht.

Insgesamt ist die Situation beim Aufbau und der Bereitstellung von Infrastrukturen für die Langzeitarchivierung digitaler Objekte unübersichtlich und heterogen. Dort, wo frühzeitig auf Vernetzung und (internationale) Standardisierung gesetzt wurde, sind Erfolge sichtbar. Rollen und Verantwortungsbereiche der wissenschaftlichen Bibliotheken scheinen in einigen Bereichen dabei unklar. Dies hat sicherlich mehrere Gründe: Zum einen fehlen flächendeckende Förderprogramme für den Aufbau nationaler Infrastrukturen, im Rahmen derer wissenschaftliche Bibliotheken dezidiert aufgefordert werden, sich zu engagieren. Zum anderen scheinen sich viele Bibliotheken über ihren Verantwortungsbereich nicht im Klaren zu sein bzw. diesen nicht zu sehen. Vielleicht wären eine Diskussion und der Start einer Konzeptbildung im Rahmen der Sektion 4 (Wissenschaftliche Universalbibliotheken)[32] des Deutschen Bibliotheksverbandes der geeignete Ort, um sich gemeinsam über koordinierte Schritte zu verständigen. Relevante förder- und wissenschaftspolitische Diskussionspapiere liegen vor und sollen hier abschließend noch einmal aufgezählt werden:
- Deutsche Forschungsgemeinschaft (2012): Die digitale Transformation weiter gestalten – Der Beitrag der Deutschen Forschungsgemeinschaft zu einer innovativen Informationsinfrastruktur für die Forschung.[33]

---

[31] Fast alle Forschungsdatenzentren werden von außeruniversitären Forschungseinrichtungen betrieben, Kooperationen mit den Universitäten gibt es wenige, diese sind auch nicht formalisiert.
[32] Deutscher Bibliotheksverband. Sektion 4. http://www.bibliotheksverband.de/fachgruppen/sektionen/sektion-4.html (10.01.2014).
[33] Deutsche Forschungsgemeinschaft: Die digitale Transformation weiter gestalten – Der Beitrag der Deutschen Forschungsgemeinschaft zu einer innovativen Informationsinfrastruktur für die Forschung. http://www.dfg.de/download/pdf/foerderung/programme/lis/positionspapier_digitale_transformation.pdf (10.01.2014).

- Deutsche Forschungsgemeinschaft (2010): Informationsverarbeitung an Hochschulen – Organisation, Dienste und Systeme. Empfehlungen der Kommission für IT-Infrastruktur für 2011–2015.[34]
- Deutscher Bundestag Enquete-Kommission Internet und digitale Gesellschaft (2012): Projektgruppe Bildung und Forschung, Handlungsempfehlungen.[35]
- Hochschulrektorenkonferenz (2012): Hochschule im digitalen Zeitalter. Informationskompetenz neu begreifen – Prozesse anders steuern.[36]
- Leibniz Gemeinschaft (2011): Zukunft der Informationsinfrastruktur – Gesamtkonzept für die Informationsinfrastruktur in Deutschland. KII Gesamtbericht.[37]
- Neuroth, Heike [u. a.] (Hrsg.) (2013): Evolution der Informationsinfrastruktur – Kooperation zwischen Bibliothek und Wissenschaft. Universitätsverlag Göttingen und Hülsbusch Verlag.
- Wissenschaftsrat (2012): Empfehlungen zur Weiterentwicklung der wissenschaftlichen Informationsinfrastrukturen in Deutschland bis 2020.[38]
- Wissenschaftsrat (2011): Empfehlungen zu wissenschaftlichen Sammlungen als Forschungsinfrastrukturen.[39]
- Wissenschaftsrat (2011): Übergreifende Empfehlungen zu Informationsinfrastrukturen.[40]
- Wissenschaftsrat (2011): Empfehlungen zur Zukunft des Bibliothekarischen Verbundsystems in Deutschland (Drs10462-11).[41]

---

34 Deutsche Forschungsgemeinschaft : Empfehlungen der Kommission für IT-Infrastruktur für 2011–2015. Informationsverarbeitung an Hochschulen – Organisation, Dienste und Systeme. http://www.dfg.de/download/pdf/foerderung/programme/wgi/empfehlungen_kfr_2011_2015.pdf (10.01.2014).
35 Deutscher Bundestag: Enquete-Kommission Internet und digitale Gesellschaft. Projektgruppe Bildung und Forschung. Handlungsempfehlungen. http://www.bundestag.de/internetenquete/dokumentation/Sitzungen/20120625/A-Drs_17_24_052_-_PG_Bildung_und_Forschung_Handlungsempfehlungen.pdf (10.01.2014).
36 Hochschulrektorenkonferenz: Hochschule im digitalen Zeitalter: Informationskompetenz neu begreifen – Prozesse anders steuern. http://www.hrk.de/uploads/media/Entschliessung_Informationskompetenz_20112012.pdf (10.01.2014).
37 Leibniz Gesellschaft: Kommission Zukunft der Informationsinfrastruktur. Gesamtkonzept für die Informationsinfrastruktur in Deutschland. http://www.leibniz-gemeinschaft.de/fileadmin/user_upload/downloads/Infrastruktur/KII_Gesamtkonzept.pdf (10.01.2014).
38 Wissenschaftsrat: Empfehlungen zur Weiterentwicklung der wissenschaftlichen Informationsinfrastrukturen in Deutschland bis 2020. http://www.wissenschaftsrat.de/download/archiv/2359-12.pdf (10.01.2014).
39 Wissenschaftsrat: Empfehlungen zu wissenschaftlichen Sammlungen als Forschungsinfrastrukturen. http://www.wissenschaftsrat.de/download/archiv/10464-11.pdf (10.01.2014).
40 Wissenschaftsrat: Übergreifende Empfehlungen zu Informationsinfrastrukturen. http://www.wissenschaftsrat.de/download/archiv/10466-11.pdf (10.01.2014).
41 Wissenschaftsrat: Empfehlungen zur Zukunft des bibliothekarischen Verbundsystems in Deutschland. http://www.wissenschaftsrat.de/download/archiv/10463-11.pdf (10.01.2014).

Christoph Kümmel
Sondersammelgebiete und Fachinformationsdienste

Abstract: Mit dem System der Sondersammelgebiete an wissenschaftlichen Bibliotheken in Deutschland hat die Deutsche Forschungsgemeinschaft (DFG) seit 1949 ein bundesweites, kooperatives Erwerbungssystem durch Fördermittel unterstützt, dessen Aufgabe es war, möglichst jede forschungsrelevante Veröffentlichung in wenigstens einem Exemplar zu erwerben, zu erschließen und langfristig verfügbar zu halten. Das System wurde wesentlich auch von Hochschulbibliotheken mitgetragen, die für einzelne oder mehrere Sondersammelgebiete zuständig waren. Nach einer intensiven Programmevaluierung in den Jahren 2010–2011 hat die DFG die Förderung neu ausgerichtet. Im Nachfolgeprogramm „Fachinformationsdienste für die Wissenschaft" erhalten Bibliotheken eine Förderung zur Entwicklung von Informationsdienstleistungen für einzelne Disziplinen. Der Anspruch und die Aufgabenstellung der Fachinformationsdienste unterscheiden sich von den Sondersammelgebieten. Es steht nicht mehr vorrangig die Beschaffung und Archivierung der Veröffentlichungen aus dem Ausland nach einheitlichen Richtlinien im Vordergrund, sondern die Angebote sollen verstärkt auf individuelle Fachinteressen zugeschnitten sein und sich von der Grundversorgung deutlicher abheben. Der Beitrag stellt die Grundzüge beider Förderansätze vereinfacht dar, geht auf wesentliche konzeptionelle Unterschiede ein und fasst abschließend vor allem die bibliothekarischen Herausforderungen der Überführung der Sondersammelgebiete in Fachinformationsdienste zusammen.

Keywords: Sondersammelgebiete, Fachinformationsdienste, Forschung, überregionale Literaturversorgung, überregionale Lizenzierung, Deutsche Forschungsgemeinschaft

Förderung der überregionalen Literaturversorgung durch die Deutsche Forschungsgemeinschaft (DFG)

Als zentrale Selbstverwaltungsorganisation der Wissenschaft in Deutschland hat die DFG laut ihrer Satzung den Auftrag, „der Wissenschaft in allen ihren Zweigen zu dienen", indem Sie eine finanzielle Unterstützung zu Forschungsaufgaben gewährt.[1] Im Rahmen dieser Zweckbestimmung werden im Förderbereich „Wissenschaftliche Literaturversorgungs- und Informationssysteme" vor allem Projekte an Service- und Informationseinrichtungen – darunter einer großen Zahl von Hochschulbibliotheken

---

[1] http://www.dfg.de/dfg_profil/satzung (13.12.2013).

– unterstützt, die unter überregionalen Gesichtspunkten den Aufbau leistungsfähiger Informationssysteme zum Ziel haben.[2]

Inhaltlich ist die Förderung in längerfristigen Programmen und zeitlich befristeten Ausschreibungen organisiert. Die geförderten Vorhaben lassen sich grob in zwei Typen einteilen, je nachdem ob sie einen Beitrag zu einer abgestimmten langfristig geplanten Struktur leisten oder ob es sich um Pilot- und Entwicklungsprojekte handelt, die innovative Ansätze zum Aufbau und zur Optimierung der Informationsinfrastruktur verfolgen und erproben.

Sowohl die seit 60 Jahren finanziell durch die DFG unterstützten Sondersammelgebiete an wissenschaftlichen Bibliotheken in Deutschland, als auch das Nachfolgeprogramm „Fachinformationsdienste für die Wissenschaft" gehören eindeutig zu den Vorhaben des zuerst genannten Typs. Die DFG-Förderung ist in diesen Fällen grundsätzlich darauf ausgerichtet, ein koordiniertes System der Informationsversorgung aufzubauen und zum Nutzen für die Grundlagenforschung weiterzuentwickeln.

Beide Angebote gehören zum Förderbereich „Überregionale Literaturversorgung", dessen Programme[3] im weitesten Sinn das Ziel verfolgen, Wissenschaftlerinnen und Wissenschaftlern aller Fachrichtungen unabhängig vom Standort ihrer Forschungseinrichtung einen möglichst schnellen und umfassenden Zugriff auf die jeweils relevanten Veröffentlichungen zu ermöglichen. Prinzipiell konzentriert die Förderung sich dabei auf Aspekte, die nicht zu den Grundaufgaben der lokalen Informationsinfrastrukturen gehören. Auch wenn die Sondersammelgebiete bedingt durch ihre lange Tradition als feststehende Institution des deutschen Bibliothekswesens aufgefasst werden,[4] verband die DFG von Beginn an mit der Förderung das Verständnis, ausdrücklich einen initiierenden und ergänzenden Beitrag zu leisten. Tatsächlich wurden die finanziellen Mittel für Personal- und Erwerbungsausgaben in diesem koordinierten Systems zu großen Teilen durch die beteiligten Bibliotheken selbst – d. h. aus den Haushalten der Unterhaltsträger – aufgebracht.

Der DFG-geförderte Teil des Systems der Sondersammelgebiete wurde in den Jahren 2010–2011 einer intensiven Programmevaluierung unterzogen, die im Jahr 2012 zur Verabschiedung eines neu ausgerichteten Nachfolgeprogramms – Fachinformationsdienste für die Wissenschaft – führte. Als Folge dieser Neuausrichtung steht einem Teil des wissenschaftlichen Bibliothekswesens in Deutschland in den

---

2 http://www.dfg.de/lis (13.12.2013).
3 Als weiteres Förderangebot sind die seit 2005 im Rahmen von jährlichen Ausschreibungen geförderten Allianzlizenzen bzw. Nationallizenzen zu nennen, die hier nicht im Fokus stehen. Einführend hierzu s. http://www.dfg.de/foerderung/programme/infrastruktur/lis/lis_foerderangebote/ueberregionale_lizenzierung (13.12.2013) sowie http://www.nationallizenzen.de/ueber-nationallizenzen (13.12.2013).
4 Exemplarisch s. Umlauf, Konrad: Medien in Bibliotheken. In: Handbuch Bibliothek. Geschichte, Aufgaben, Perspektiven. Hrsg. von Konrad Umlauf u. Stefan Gradmann. Stuttgart/Weimar: Verlag J. B. Metzler 2012. S. 118.

kommenden Jahren eine größere Umstrukturierung bevor.[5] Einem Handbuch angemessen sollen im Folgenden nicht die Details der Förderung und ihrer Evaluierung dargestellt werden, sondern der Schwerpunkt liegt auf den Zielen und idealtypischen Umsetzungen der bisherigen und künftigen Förderung. Es liegt auf der Hand, dass sich insbesondere die Erläuterung der künftigen Förderung eher wie die Darlegung eines Bauplans liest. Und ähnlich wie bei einer größeren Umbaumaßnahme ist es selbstverständlich, dass aus dem momentanen Zustand der Baustelle nicht immer die beabsichtigten Konturen offen erkennbar sind. Auf die Herausforderungen des Umbaus soll daher abschließend besonders eingegangen werden.

Sondersammelgebiete

Bei den Sondersammelgebieten handelt es sich um ein bundesweites System des kooperativen Bestandsaufbaus, das im Jahr 1949 von der Notgemeinschaft der deutschen Wissenschaft (später Deutsche Forschungsgemeinschaft) eingerichtet wurde, um die verheerenden Defizite der Versorgung mit ausländischer Forschungsliteratur nach dem Zweiten Weltkrieg möglichst rasch auszugleichen.[6] Nach einem sowohl fachlich als auch regional aufgegliederten Sammelplan[7] waren die Aufträge zur systematischen Erwerbung von Neuerscheinungen auf eine Vielzahl von Universal- und Spezialbibliotheken verteilt worden – jede der Bibliotheken war für ein oder mehrere Sammelgebiete zuständig. Diese Struktur sollte gewährleisten, dass möglichst jedes wissenschaftlich relevante Werk wenigstens einmal in Deutschland vorhanden ist, erschlossen wird und langfristig über den Leihverkehr überregional verfügbar ist. Dieser vorsorgende und auf Vollständigkeit abzielende Bestandsaufbau erfüllte ausdrücklich die Funktion eines Reservoirs.

In den Richtlinien der Förderung wurden zwar detaillierte Vorgaben zur Abgrenzung der Sammelaufträge festgeschrieben, für die Tiefe und den Umfang des Bestandsaufbaus galten jedoch nur allgemeine und exemplarische Regeln, so dass die Verantwortung zur angemessenen Umsetzung bei den beteiligten Bibliotheken

---

5 Kümmel, Christoph: Nach den Sondersammelgebieten – Fachinformationen als forschungsnaher Service. In: Zeitschrift für Bibliothekswesen und Bibliographie (ZfBB) (2013) H. 1. S. 5–15.
6 Hierzu ausführlicher mit weiterführender Literatur: Lipp, Anne: Auf dem Prüfstand – Das DFG-geförderte System der Sondersammelgebiete wird evaluiert. In: ZfBB (2010) H. 5. S. 236–237.
7 Zu Vorläufern dieses Sammelplans und der pragmatischen Begründung der verteilten Erwerbungsstrategie s. Notgemeinschaft der deutschen Wissenschaft: Bericht der Notgemeinschaft der Deutschen Wissenschaft über ihre Tätigkeit vom 1. März 1949 bis zum 31. März 1950. Bad Godesberg 1950. S. 88–89. Zur bis zum Jahr 2013 gültigen Ausgestaltung des Sammelplans s. Deutsche Forschungsgemeinschaft: Richtlinien zur überregionalen Literaturversorgung der Sondersammelgebiete und Virtuellen Fachbibliotheken (Vordruck 12.109, März 2013). http://www.dfg.de/formulare/12_109/12_109_de.pdf (13.12.2013). S. 207–6 u. S. 81.

lag.⁸ Unzweideutig betraf der Auftrag im Kern den sogenannten Spezial- oder Spitzenbedarf der Forschungsliteratur, der in pragmatischer Weise mit der im Ausland erscheinenden Literatur gleichgesetzt wurde. Der Förderanteil der DFG wurde in ebenso pragmatischer Weise auf 75 % der Erwerbungsausgaben für ausländische Veröffentlichungen festgelegt, da eine trennscharfe Abgrenzung von Spezial- und Standardliteratur nicht sinnvoll erschien. Alle übrigen Kosten – Erwerbungskosten und beispielsweise die Kosten des Personalaufwands für die Erschließung – trugen die Bibliotheken selbst. Eine Bevorzugung aktueller Forschungsinteressen oder Nutzerbedürfnisse war ausdrücklich nicht vorgesehen, und die jährlich einzureichenden Anträge der Bibliotheken wurden nur aus bibliothekarischer Perspektive begutachtet.

Die Zielsetzung und Aufgabenteilung des Systems sind über mehr als 60 Jahre prinzipiell unverändert geblieben, sieht man von der Ausgliederung der naturwissenschaftlichen, medizinischen und ingenieurwissenschaftlichen Sammelgebiete in den Aufgabenbereich der Zentralen Fachbibliotheken (1959–1970) und weiteren programminternen Anpassungen ab.⁹ Im Jahr 2013 umfasste der DFG-geförderte Teil des Systems 82 Sondersammelgebiete, die durch die DFG mit 12,4 Millionen Euro unterstützt wurden.

Erste Überlegungen zur Revision und Neuausrichtung des Förderansatzes wurden bereits bald nach Einrichtung der Förderung geäußert, da eine Kompensation des Versorgungsdefizits durch das schnelle Erstarken des deutschen Wissenschaftssystems bald erreicht schien. Eine Fortsetzung der Förderung sollte vorrangig gewährleisten, der Fülle an Neuerscheinungen in koordinierter Weise gerecht zu werden und die Kontinuität des begonnenen Reservoirs abzusichern.¹⁰

Mit der schnellen Zunahme digitaler Veröffentlichungen stand das System seit den 1990er Jahren vor der bis zuletzt nicht zufriedenstellend gelösten Aufgabe, auch diese Quellen in den vorsorgenden Bestandsaufbau einzubeziehen. In einer langjährigen begleitenden Fördermaßnahme wurden von der DFG seit 1997 umfangreiche Mittel zum Aufbau „Virtueller Fachbibliotheken" zur Verfügung gestellt. Als fachlich oder regional fokussierte Informationsportale sollten sie zum einen als Nachweisinstrumente des Gesamtbestandes der Sondersammelgebiete dienen, vor allem aber die Bereitstellung sogenannter freier Internetressourcen gewährleisten, die in den Sammelauftrag einbezogen wurden.¹¹ Für die kontinuierliche Weiterentwicklung der Portale waren keine Fördermittel vorgesehen.

---

8 Zu den Förderbedingungen s. Deutsche Forschungsgemeinschaft, Richtlinien (wie Anm. 7), S. 6–16, zur Abgrenzung der Sammelgebiete S. 20–76.
9 Hierzu und zu weiteren Änderungen vgl. Lipp, Prüfstand (wie Anm. 6), S. 238.
10 Bibliotheksausschuss der Deutschen Forschungsgemeinschaft: Überregionale Literaturversorgung von Wissenschaft und Forschung in der Bundesrepublik Deutschland. Denkschrift. Boppard: Boldt 1975. S. 14; Lipp, Prüfstand (wie Anm. 6), S. 236–237.
11 Prägnanter Überblick bei Hohlfeld, Michael [u. a.]: Bibliotheksverbünde, Virtuelle Fachbibliotheken. In: Handbuch Bibliothek (wie Anm. 4), S. 133–136. Die Bemühungen zur Integration digitaler Medien in das System der Sondersammelgebiete führten noch im Jahr 2013 zu dem eher ernüchtern-

Evaluierungen

Aus den diversen bis in die 2000er Jahre durchgeführten Evaluierungsuntersuchungen – darunter die 2006 veröffentlichte Analyse der Fernleihnutzung der Bestände – folgten im Rückblick betrachtet kaum richtungsweisende Änderungen der Förderung oder der inhaltlichen Vorgaben.[12] Dies sollte erst mit der aufwändigen Programmevaluierung in den Jahren 2010–2011 anders werden. Aus Perspektive der DFG war es spätestens zu diesem Zeitpunkt unumgänglich geworden, die langjährige Förderpraxis neu zu bewerten, um möglichst zukunftsweisende Wege zur Weiterentwicklung der Literaturversorgung beschreiten zu können und den Beitrag der DFG-Förderung entsprechend neu zu bestimmen. Ein Hauptziel der Evaluierung bestand darin, zu umsetzbaren Empfehlungen für die Integration digitaler Medien im Bereich der forschungsrelevanten Spezialliteratur zu kommen.

Die beauftragte Studie[13], die von einer durch die DFG eingesetzten Expertenkommission begleitet wurde, verband eine retrospektive Innensicht (der Bibliotheken) auf das System mit einer prospektiven Außensicht (der wissenschaftlichen Nutzerinnen und Nutzer) und bildete schließlich die Grundlage für die Neuausrichtung der Förderung.[14]

Im Rahmen der Untersuchung konnten viele wertvolle Einzelerkenntnisse gewonnen werden, die beispielsweise die bisherige Praxis der Annäherung an das Ideal des „vollständigen" Bestandsaufbaus und der Integration digitaler Medien betrafen. Diese Beobachtungen bestätigten die schon aus der jährlichen Begutachtung bekannten großen Unterschiede zwischen der Betreuung einzelner Sondersammelgebiete, die sowohl mit Beschaffungsmethoden (von approval plans bis hin zu Erwerbungsreisen) als auch mit Personalkapazitäten der einzelnen Bibliotheken und anderen Aspekten zu verbinden waren. Kritisch bewerteten die Bibliotheken die Möglichkeiten zur stetigen Ausweitung des Aufgabenspektrums – darunter auch die steigenden Ansprüche zur Integration digitaler Medien.

Ernüchternd war nach den Ergebnissen der Studie der größtenteils geringe Bekanntheitsgrad der Sondersammelgebiete – insbesondere aber der Virtuellen Fachbibliotheken – bei den Wissenschaftlerinnen und Wissenschaftlern.[15] Dennoch konnte die

---

den Ergebnis, dass nur etwa 5 % der Fördersumme für die Erwerbung oder Erschließung digitaler Ressourcen aufgewendet wurden.

12 Zu den verschiedenen Evaluierungsansätzen und ihrer Auswertung s. Astor, Michael [u. a.]: Evaluierung des DFG-geförderten Systems der Sondersammelgebiete. Deutsche Forschungsgemeinschaft 2011. http://www.dfg.de/download/pdf/dfg_im_profil/evaluation_statistik/programm_evaluation/studie_evaluation_sondersammelgebiete.pdf (13.12.2013). S. 19–25.

13 Astor, Evaluierung (wie Anm. 12).

14 Ausführlich zum Ablauf und zu den Ergebnissen der Evaluierungsstudie s. Kümmel, Sondersammelgebiete (wie Anm. 5), S. 5–10.

15 Zur Bilanzierung der Förderung der Virtuellen Fachbibliotheken s. auch Depping, Ralf: „Zukunft und (Neu)Definition der Virtuellen Fachbibliotheken: Fachspezifischer One-Stop-Shop oder ... ?" – DFG-Workshop am 26 . und 27. November 2012 in der TIB Hannover. In: ZFBB (2013) H. 2. S. 82–85.

Studie feststellen, dass die Befragten größtenteils zufrieden mit der Literaturversorgung waren. An diesem Gesamtbild haben auch die Sondersammelgebiete einen Anteil, auch wenn es aus methodischen Gründen kaum möglich ist, ihren Beitrag präzise zu gewichten.[16] Sehr deutlich und keineswegs überraschend traten zwar einerseits die großen Unterschiede der Informationsbedürfnisse der wissenschaftlichen Disziplinen zu Tage. Andererseits waren sich die Befragten einig, dass künftig digitale Veröffentlichungen eine wesentlich größere Rolle spielen und es in diesem Bereich noch großen Verbesserungsbedarf gibt, um den direkten Zugriff auf Informationen zu optimieren.

Aus den Ergebnissen der Studie folgerte die begleitende Expertenkommission, dass ein DFG-gefördertes System zur überregionalen Literaturversorgung nur dann zukunftsfähig ist, wenn es den Erwartungen der Wissenschaft, auf Informationen schnell und direkt zugreifen zu können, besser gerecht wird, indem es sowohl die Integration digitaler Medien als wesentliche Aufgabe versteht als auch den unterschiedlichen Bedürfnissen der wissenschaftlichen Disziplinen Rechnung trägt.[17] Diesen Anforderungen konnte die bestehende Struktur der Sondersammelgebiete mit einheitlichen Erwerbungsvorgaben und der Konzentration auf gedruckte Veröffentlichungen nur eingeschränkt entsprechen.

Zur Neuausrichtung der Förderung wurden daher wenige grundlegende Empfehlungen formuliert, die von der Bündelung technisch-organisatorischer Aufgaben im System über die Auflösung einheitlicher Vorgaben für den Bestandsaufbau und eine Revision des Sammelplans bis hin zu einer Flexibilisierung der Fördermodalitäten reichten. Bei der Verabschiedung des neuen Förderprogramms Fachinformationsdienste für die Wissenschaft im Juli 2012 wurden diese Empfehlungen weitgehend berücksichtigt.[18]

Fachinformationsdienste

Mit der Einführung des neuen Programms hat die DFG versucht, gezielt auf die Schwächen der Sondersammelgebiete zu reagieren, die Förderung ausdrücklich auf die Bedürfnisse der Forschung auszurichten und bibliothekarische Interessen dieser hauptsächlichen Stoßrichtung unterzuordnen.

Nach den Förderrichtlinien besteht die zentrale Aufgabe der Fachinformationsdienste in der qualifizierten Informationsversorgung einer Fachcommunity durch die

---

16 Hierzu Kümmel, Sondersammelgebiete (wie Anm. 5), S. 6.
17 Deutsche Forschungsgemeinschaft: Evaluierung des von der Deutschen Forschungsgemeinschaft geförderten Systems der Sondersammelgebiete. Empfehlungen der Expertenkommission SSG-Evaluation auf Grundlage der Ergebnisse der Evaluierungsuntersuchung der Prognos AG. http://www.dfg.de/download/pdf/dfg_im_profil/evaluation_statistik/programm_evaluation/studie_evaluierung_sondersammelgebiete_empfehlungen.pdf (13.12.2013).
18 Kümmel, Sondersammelgebiete (wie Anm. 5), S. 10–14.

überregionale Bereitstellung forschungsrelevanter Medien und Fachinformationen aller Art, durch den Aufbau und die Betreuung von Nachweis- und Recherchesystemen, die technisch auf dem neuesten Stand sind, sowie durch vorausschauendes Engagement in der Entwicklung neuartiger, insbesondere fachspezifischer Informationsdienstleistungen.[19]

An Stelle detaillierter und einheitlicher Vorgaben zur Umsetzung sind für die Förderung lediglich zwei wesentliche Grundsätze formuliert worden. Zum einen sollen bei der Gestaltung der Angebote eines Fachinformationsdienstes die Forschungsinteressen der Fächer im Mittelpunkt stehen. Ausdrücklich sind damit nicht die individuellen Interessen Einzelner, sondern die längerfristigen disziplinären Interessen gemeint. Zum anderen müssen sich die Leistungen von den Grundaufgaben wissenschaftlicher Bibliotheken abgrenzen und einen Mehrwert gegenüber bereits existierenden Angeboten darstellen.

Aus diesen Grundsätzen folgt, dass die zielführende Betreuung eines Fachinformationsdienstes nur unter kontinuierlicher fachlicher Begleitung möglich ist und zur Umsetzung der Aufgaben von den Bibliotheken Maßnahmen für eine enge Rückkopplung mit der Wissenschaft zu etablieren sind. Um das Angebot komplementär zur Grundversorgung eines Faches zu gestalten, müssen sich die Fachinformationsdienste gleichzeitig bei der Entwicklung von Dienstleistungen auf Bereiche konzentrieren, die weder zu den Pflichtaufgaben anderer Einrichtungen (z. B. Pflichtexemplarbibliotheken, Archive) gehören noch durch andere Anbieter ausreichend abgedeckt sind.

Die Beachtung dieser Grundsätze wird unausweichlich zur starken Profilierung der Fachinformationsdienste führen. Beispielsweise ist es möglich, dass in einem Fachgebiet den Interessen der Fachcommunity entsprechend weiterhin umfassend Forschungsliteratur beschafft und auch archiviert werden kann – etwa Spezialmaterialien, die nicht an anderer Stelle zugänglich sind –, in einem anderen Fach jedoch nur bestimmte Datenbanken für den überregionalen Zugriff lizenziert werden, da nur dieses spezielle Angebot von der Fachcommunity als Desiderat betrachtet wird.[20] Ebenso unterschiedlich könnte die Umsetzung eines fachspezifischen Rechercheangebots ausfallen – vom selbständig aufgebauten Portal bis zur kooperativen Einbindung von Metadaten in andere, bereits bestehende Systeme.

Da sich die Verteilung der Aufgaben auf eine Vielzahl leistungsfähiger Einrichtungen bewährt hat, wird sie unter der neu ausgerichteten Förderung grundsätzlich beibehalten. Mit dem Umstieg geht zunächst keine Neuaufteilung von Fachgebieten

---

19 Hierzu und auch zu den folgenden Erläuterungen s. Deutsche Forschungsgemeinschaft: Richtlinien Fachinformationsdienste für die Wissenschaft (Vordruck 12.102, März 2013). http://www.dfg.de/formulare/12_102/12_102_de.pdf (13.12.2013).
20 S. hierzu grundsätzlich: Kümmel, Christoph u. Peter Strohschneider: Ende der Sammlung? Die Umstrukturierung der Sondersammelgebiete der Deutschen Forschungsgemeinschaft. In: ZFBB (2014) H. 3. S. 133–136.

einher. Vielmehr setzt die DFG darauf, dass die Bibliotheken notwendige oder wünschenswerte Korrekturen der Abgrenzung und Ausrichtung von Fachgebieten bei der Konzeption der Vorhaben berücksichtigen und im Antrag eigene Vorschläge unterbreiten, die im Dialog mit der Wissenschaft erarbeitet wurden.

Für technisch-organisatorische Aufgaben, die alle Fachgebiete gleichermaßen betreffen, ist der Aufbau von Querschnittsbereichen geplant, die zentrale Dienste anbieten. Zunächst soll für die Verhandlung von Lizenzen für kostenpflichtige digitale Ressourcen und die Abwicklung zugehöriger technischer Prozesse der Nutzerregistrierung, Freischaltung und Betreuung von Zugriffsplattformen ein Kompetenzzentrum entstehen, für das zusätzliche Fördermittel bereitgestellt werden.[21] Durch diese Aufgabenbündelung sollen Synergien genutzt und gleichartige Standards für die überregionale Lizenzierung von Inhalten für eingeschränkte, fachlich definierte Nutzerkreise etabliert werden.

Zum gleichen Zweck wurden Erwerbungs- und Lizenzierungsgrundsätze definiert, die zwar in inhaltlicher Hinsicht kaum Einschränkungen für die Fachinformationsdienste festlegen – beispielsweise Medientypen betreffend –, jedoch für die Beschaffung digitaler Medien technische Qualitätsstandards formulieren.[22] Wesentlich ist ferner die Formulierung einer „e-only-policy". Diese besagt, dass der elektronischen Ausgabe einer Veröffentlichung – sofern vorhanden – der Vorzug bei der Beschaffung und Bereitstellung gegeben werden sollte, wenn weder aus fachlicher noch praktischer Perspektive etwas dagegen spricht.

Um eine fachlich sinnvolle, individuelle Ausgestaltung der Fachinformationsdienste umsetzen zu können, wurden die Fördermodalitäten stark flexibilisiert, indem längere Förderzeiträume (drei Jahre) eingeführt und weitere Mittelarten (Personalmittel) bei der Antragstellung zugelassen wurden. Weiterhin ist eine festgelegte Quote als Eigenleistung zu den beantragten Erwerbungsmitteln vorgesehen (ein Drittel der Gesamtkosten), und alle Tätigkeiten, die dem normalen Geschäftsgang einer Bibliothek entsprechen, sind ebenfalls selbst zu finanzieren.

Konzeptionelle Unterschiede

Welche konkreten Unterschiede sich im Einzelfall aus der Überführung eines Sondersammelgebiets in einen Fachinformationsdienst ergeben, ist noch nicht zu bewerten, da zum Zeitpunkt der Abfassung dieses Beitrag (Dezember 2013) gerade die ersten

---

[21] Informationen zum im Aufbau befindlichen Kompetenzzentrum finden sich auf http://www.fid-lizenzen.de (13.12.2013).
[22] Beispielsweise für die Gewährung von Archivierungsrechten, die hohe Verfügbarkeit, Metadaten-Schnittstellen u. v. a. m.: Deutsche Forschungsgemeinschaft: Grundsätze für den Erwerb von Publikationen im DFG-geförderten System der Fachinformationsdienste für die Wissenschaft (Vordruck 12.101, Dezember 2012). http://www.dfg.de/formulare/12_101/12_101_de.pdf (13.12.2013).

Förderentscheidungen der DFG im neuen Programm gefallen sind. Auf konzeptioneller Ebene unterscheiden sich die Systeme grundlegender, als es die ähnlich lautenden Förderziele beider Programme erahnen lassen. Zwar geht es in beiden Fällen darum, die Informationsversorgung der Wissenschaft in Deutschland unter überregionalen Gesichtspunkten zu optimieren. Den Fachinformationsdiensten liegt jedoch ein weniger stark vordefiniertes Verständnis von Versorgung und von hierfür notwendigen Umsetzungsmethoden zu Grunde.

Bei der Förderung der Sondersammelgebiete war der Weg zum Ziel durch die Verpflichtung zum umfassenden Bestandsaufbau festgelegt. Erfolg wurde demnach vor allem am Umfang des Reservoirs an Literatur gemessen. Welche Teile des Bestandes eine Nutzung erfuhren, war nicht erfolgsentscheidend, weil die Sammlung auch auf zukünftige Nutzung ausgerichtet war.[23] Auch wenn dieser Ansatz aus traditioneller bibliothekarischer Sicht überzeugen mag, hatte er doch die Mängel, dass die Qualität des Reservoirs nicht nur schwer zu beurteilen war, sondern die Umsetzung der Sammelaufträge auch nicht aus Nutzungsperspektive bewertet wurde. Auf diese Weise waren vor allem Lücken im Informationsangebot, die nicht im Hauptblickfeld des Systems lagen, kaum zu ermitteln – darunter nicht zuletzt die steigende Vielfalt digitaler Angebote, die wohl niemals „vollständig" hätten archiviert werden können. In der Praxis war es somit dem Können und dem Engagement der zuständigen Bibliotheken überlassen, die angestrebte „Vollständigkeit" nicht nur zu erreichen, sondern auch zu definieren.

Bei den Fachinformationsdiensten wird der Begriff der Versorgung weniger inhaltlich vordefiniert, sondern ergibt sich kontextspezifisch aus den Informationsdefiziten der jeweils adressierten Fachcommunities. Um deren Bedürfnisse zu bedienen, sind die Fachinformationsdienste nicht verpflichtet, vorsorglich jedes fachlich passende Werk zu archivieren, sondern im Dialog mit den Nutzerinnen und Nutzern wesentliche Lücken im Informationsangebot zu ermitteln und die eigenen Angebote – gleichgültig zu welchem Medientyp – darauf auszurichten.[24] Teil der Dienstleistun-

---

[23] Zur Problematik bisheriger Nutzungsanalysen s. die Zusammenfassung bei ULB Münster und infas GmbH: Nutzungsanalyse des Systems der Sondersammelgebiete unter den Bedingungen der Online-Fernleihe. Projektbericht März 2006. http://www.dfg.de/download/pdf/foerderung/programme/lis/nutzungsanalyse_ssg_fernleihe.pdf (13.12.2013). S. 9–13. Es ist bedauerlich, dass bisher keine weiteren empirischen Untersuchungen zur Bedeutung und Nutzung einzelner Sondersammelgebiete unternommen wurden. Zur Problematik der Bewertung eines Reservoirs sei noch hinzugefügt, dass in der Begutachtung zwar die Erledigung der Fernleihanfragen als allgemeiner Hinweis für die Qualität des Bestandes herangezogen wurde (die konkreten Probleme dieses Vorgehens können hier nicht behandelt werden), nicht aber die tatsächliche Bedeutung des Alleinbesitzes.

[24] Prinzipiell entspricht dies einem eher „konsumtiven" Dienstleistungsverständnis – gegenüber dem eher „investivem" Ansatz der Sondersammelgebiete (zur Unterscheidung s. Rösch, Hermann: Die Bibliothek und ihre Dienstleistungen. In: Handbuch Bibliothek (wie Anm. 4), S. 93–107). Dennoch sind die Fachinformationsdienste keineswegs auf aktuelle Bedürfnisse der Wissenschaft beschränkt. Die Aufgabe besteht vielmehr darin, die Bereiche zu identifizieren, in denen eigenständige investive Dienstleistungen wie der Bestandsaufbau einen besonderen Mehrwert darstellen.

gen kann es beispielsweise auch sein, als Koordinierungsstelle für den Zugriff auf andernorts vorhandene Informationen zu agieren. Selbst wenn sich weiterhin ein größerer Bestandsaufbau als wesentlich herausstellen sollte, bemisst sich der Erfolg nicht aus dem Umfang selbst, sondern – über kurz oder lang – aus der Nutzung, die wiederum je nach Bedürfnis und Charakter der Fachcommunity sehr unterschiedlich bewertet werden muss. Konsequenterweise erfolgt daher künftig auch die Begutachtung sowohl aus fachlicher als auch bibliothekarisch-technischer Perspektive. Hierdurch steigt der Rechtfertigungsdruck bei der Antragstellung erheblich.[25]

Bei den Fachinformationsdiensten lassen sich Erfolgskriterien somit grundsätzlich nur fachspezifisch festlegen, und die erfolgreiche Umsetzung setzt sowohl große Nähe zur Forschung als auch hohe Flexibilität voraus. Die Qualität der Dienstleistungen wird in noch stärkerem Maß vom Engagement und Können der beteiligten Bibliotheken abhängen, da die Eigenverantwortung erheblich steigt und sich das Aufgabenspektrum über traditionelle Bibliotheksaufgaben hinaus weiterentwickeln muss.

Offene Fragen und Herausforderungen

In den Jahren 2013–2015 läuft die Förderung der Sondersammelgebiete schrittweise aus und die Bibliotheken können Anträge zur Einrichtung von Fachinformationsdiensten stellen. Auch wenn zunächst die bisher beteiligten Einrichtungen Anträge einreichen, wird das Förderprogramm grundsätzlich allen Bibliotheken offenstehen, die für ein bisher nicht bedachtes Fach einen Informationsdienst aufbauen möchten.

Eine der wesentlichen offenen Fragen ist, ob und wie der Umstieg vom alten in das neue System gelingen wird. Für die DFG ist es eindeutig, dass diese Frage aus Sicht der wissenschaftlichen Communities beantwortet werden sollte. Bis dahin stehen den Bibliotheken und den Nutzerinnen und Nutzern jedoch noch einige „Baustellenjahre" mit zahlreichen Herausforderungen bevor. Diese dürften zunächst mit den beiden hauptsächlichen Fördergrundsätzen der Fachinformationsdienste – der Forschungsnähe und der komplementären Funktion – zusammenhängen.

Grundsätzlich ist es beispielsweise nicht selbstverständlich, dass bei einer wesentlichen Änderung des Anspruchs und der Aufgabenstellung die bisher am System beteiligten Bibliotheken weiterhin die am besten geeigneten Akteure sind. Neue Qualifikationen sind gefragt, und unter Umständen sind neue Partner, die näher an der Forschung agieren, einzubeziehen, um insbesondere die Anforderungen eines engen Austauschs mit der Wissenschaft erfüllen zu können.[26] Da nicht jede „Fachcommunity" auf einfache Weise angesprochen und in einen Dialog einbezo-

---

25 Hierzu: Kümmel u. Strohschneider, Sammlung (wie Anm. 20), S. 133–134.
26 Vgl. hierzu die Zukunftsperspektive der Bibliothek als „funktionalem Partner der Wissenschaft" bei Gradmann, Stefan: Vision für eine Forschungsbibliothek der Zukunft. In: Handbuch Bibliothek (wie Anm. 4), S. 396.

gen werden kann, gibt es für diese Aufgabe auch kaum Standardverfahren. Da eine Vielzahl von Sondersammelgebieten nicht fachlich, sondern allein regional definiert waren, stellt sich in diesen Fällen in besonderer Weise die Frage, welche Communities zu adressieren sind und inwiefern die bisherige inhaltliche Abgrenzung weiterhin sinnvoll bleibt.

In einigen Fällen dürfte es auch schwer fallen, in der komplexen Landschaft der Informationsinfrastruktur das Alleinstellungsmerkmal eines Fachinformationsdienstes zu ermitteln. Um tatsächlich komplementäre Dienstleistungen anbieten zu können, werden auch neue und intensivere Formen der spartenübergreifenden und internationalen Zusammenarbeit zu entwickeln sein.

Aus bibliothekarischer Sicht ist vor allem entscheidend, in welchem Umfang die neue Form der überregionalen Lizenzierung digitaler Ressourcen für fachlich definierte Nutzerkreise praktisch umgesetzt werden kann und – damit eng zusammenhängend – ob die Dienstleistungen der Fachinformationsdienste sichtbarer werden als das Literaturreservoir der Sondersammelgebiete.

Es gibt noch wenigstens zwei größere Herausforderungen, die das neue System vom alten geerbt hat und für die sich noch kein Durchbruch abzeichnet: Zum einen müssen Wege gefunden werden, technische Lösungen – z. B. für Rechercheportale – nicht mehr im Alleingang, sondern systemweit in Kooperation zu realisieren. Zum anderen müssen auch die Fachinformationsdienste darauf hoffen, dass für die langfristige Gewährleistung der Informationsangebote eine Lösung für die Langzeitarchivierung digitaler Inhalte nicht nur erprobt und entwickelt, sondern möglichst bundesweit implementiert wird.

Schließlich ist eine letzte entscheidende Voraussetzung für das Gelingen des Umstiegs zu nennen: Sollen Fachinformationsdienste als bundesweit koordiniertes System funktionieren, ist weiterhin ein erhebliches finanzielles Engagement der Unterhaltsträger der Bibliotheken notwendig. Hierin besteht in Zeiten des verstärkten Wettkampfs um öffentliche Mittel eine besonders große Herausforderung.

Fabian Franke
Standards und Netzwerke zur Qualitätssicherung von Informationskompetenzangeboten in der Hochschullehre

Abstract: Der Beitrag geht zunächst der Frage nach, wann eine bibliothekarische Aufgabe eine Kernaufgabe ist. Er identifiziert dafür vier Merkmale: die Akzeptanz von Unterhaltsträger und Wissenschaft, einen signifikanten quantitativen Umfang, die Anwendung von Standards und die bibliothekarische Zusammenarbeit in Netzwerken. Auf die beiden Kriterien Standards und Netzwerke bei der Vermittlung von Informationskompetenz geht er dann ausführlich ein. Der Beitrag stellt die maßgeblichen zielgruppenorientierten und organisatorischen Standards der Informationskompetenz vor und diskutiert ihre Umsetzung. Er analysiert die Aufgaben und Ergebnisse der regionalen Arbeitsgruppen und Netzwerke Informationskompetenz und der gemeinsamen Kommission Informationskompetenz des Deutschen Bibliotheksverbands und des Vereins Deutscher Bibliothekare und untersucht Ziele und Defizite des Portals www.informationskompetenz.de. Dabei kommt er zu dem Schluss, dass die Standards der Informationskompetenz noch nicht flächendeckend akzeptiert sind und die Arbeit in den Netzwerken noch nicht zu einem durchgehend geschlossenen und effektiven Vorgehen geführt hat.

Keywords: Informationskompetenz, Kernaufgabe, Qualitätssicherung, Standard, Netzwerk

Vermittlung von Informationskompetenz als Kernaufgabe von Hochschulbibliotheken

Viele Hochschulbibliotheken geben an, die Vermittlung und Förderung von Informationskompetenz als eine ihrer Kernaufgaben zu betrachten.[1] In Anlehnung an

---

[1] Siehe Sühl-Strohmenger, Wilfried: Teaching Library. Förderung von Informationskompetenz durch Hochschulbibliotheken. Berlin, Boston: de Gruyter 2012 (Bibliothek: Monographien zu Forschung und Praxis 1); Teaching Library – eine Kernaufgabe für Bibliotheken. Hrsg. von Ute Krauß-Leichert. Frankfurt a. M.: Lang 2007; Lux, Claudia u. Wilfried Sühl-Strohmenger: Teaching Library in Deutschland. Vermittlung von Informations- und Medienkompetenz als Kernaufgabe für Öffentliche und Wissenschaftliche Bibliotheken. Wiesbaden: Dinges & Frick 2004 (B.I.T.online Innovativ 9).

die Definition der American Library Association ist mit Informationskompetenz die Fähigkeit gemeint, den Informationsbedarf zu erkennen und die benötigten Informationen zu finden, zu bewerten und effektiv, legal und verantwortungsvoll zu nutzen.[2]

Doch wann ist eine von einer Bibliothek erbrachte Leistung eine bibliothekarische Kernaufgabe? Hier seien vier Bedingungen definiert, damit man von einer Kernaufgabe sprechen kann:
- Die Leistung muss in einem erheblichen Umfang erbracht und statistisch erfasst werden.
- Die Leistung muss vom Unterhaltsträger gefordert und von Wissenschaft, Gesellschaft und Politik akzeptiert sein.
- Es existieren allgemein anerkannte Standards für diese Leistung, die Qualität und Vergleichbarkeit garantieren.
- Bibliotheken bilden Netzwerke, um diese Standards weiterzuentwickeln, ihre Leistung zu koordinieren und Erfahrungen auszutauschen.

Es ist offensichtlich, dass diese Bedingungen für unumstrittene bibliothekarische Kernaufgaben wie die Erwerbung und Katalogisierung oder die Bereitstellung und Ausleihe von Medien erfüllt sind. In diesem Beitrag soll nun untersucht werden, inwieweit dies auch für die Vermittlung von Informationskompetenz an Hochschulbibliotheken zutrifft. Dabei liegt der Schwerpunkt auf der Darstellung der Standards und der bibliothekarischen Netzwerke.

Quantitative Daten zur Vermittlung von Informationskompetenz

In der Deutschen Bibliotheksstatistik (DBS) 2012 geben 216 von 247 wissenschaftlichen Universal- und Hochschulbibliotheken an, Benutzerschulungen durchzuführen. Die Zahl der Kursstunden stieg von 33.784 im Jahr 2003 um 44 % auf 48.747 im Jahr 2012, die Zahl der Teilnehmenden von 317.053 im Jahr 2007 (dem ersten Jahr, in dem diese Zahl der in der DBS erhoben wurde) sogar um 68 % auf 532.963 im Jahr 2012.

Eine genauere Übersicht über die Kursangebote der Hochschulbibliotheken gibt die gemeinsame Veranstaltungsstatistik auf dem Portal „www.informationskompetenz.de", die später in diesem Beitrag vorgestellt wird.

---

2 http://www.ala.org/acrl/standards/informationliteracycompetency (01.02.2014).

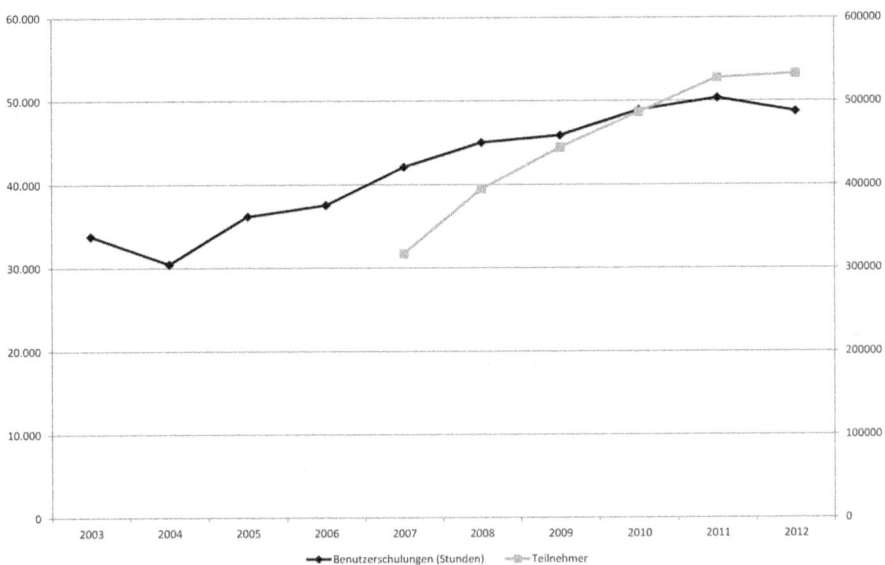

Abbildung 1: Deutsche Bibliothekstatistik 2003–2012. Anzahl der wissenschaftlichen Universal- und Hochschulbibliotheken mit Einträgen in Feld 177 „Benutzerschulungen (Stunden), Daten aus Feld 177 „Benutzerschulungen (Stunden)" und in Feld 178 „Teilnehmer an Benutzerschulungen" (seit 2007 erhoben).

Anforderungen aus der Wissenschaft

Die Hochschulbibliotheken sind also sehr aktiv bei der Vermittlung von Informationskompetenz – und sie reagieren damit auf die unmissverständlichen Anforderungen der Wissenschaftsgremien. „Der Verbesserung der Nutzerkompetenz (information literacy) muss die Bibliothek in Kooperation mit anderen Einrichtungen der Hochschule durch das aktive Angebot geeigneter Benutzerschulungen verstärkt Rechnung tragen", fordert der Wissenschaftsrat bereits 2001.[3] Klarer kann man es nicht ausdrücken. Die Gemeinsame Wissenschaftskonferenz (GWK) schließt 2011 an diese Forderung an und erweitert sie explizit in Bezug auf die Wissenschaftlerinnen und Wissenschaftler: „Die Universitätsbibliotheken sind in ihrer Aufgabe zu unterstützen, die Grundversorgung an Informationskompetenzvermittlung in allen grundständigen

---

[3] Wissenschaftsrat: Empfehlungen zur digitalen Informationsversorgung durch Hochschulbibliotheken. Bonn: Wissenschaftsrat 2001. http://www.wissenschaftsrat.de/download/archiv/4935-01.pdf (05.02.2014).

und weiterführenden Studiengängen, aber auch für das wissenschaftliche Personal zu leisten".[4]

Die bisher umfassendsten und wichtigsten Empfehlungen zur Förderung von Informationskompetenz hat die Mitgliederversammlung der Hochschulrektorenkonferenz (HRK) im November 2012 verabschiedet.[5] Sie bezieht sich sowohl auf die akademische Informationskompetenz in Lehre und Forschung als auch auf die von der HRK so genannte organisationsbezogene Informationskompetenz in allen hochschulinternen Abläufen. Die Hochschulrektorenkonferenz und damit die Hochschulleitungen setzen sich zum Ziel,

- die Informationskompetenz der Studierenden zu stärken, indem Lehrangebote zur Vermittlung von Informationskompetenz stärker als bisher curricular verankert und möglichst flächendeckend angeboten werden sollen;
- die Informationskompetenz der Lehrenden zu sichern, indem sie entsprechende Fortbildungs- und Trainingsangebote im Bereich der Informationskompetenz stärker wahrnehmen;
- die Informationskompetenz in der Forschung ausbauen, indem Wissenschaftlerinnen und Wissenschaftler entsprechende Qualifizierungsangebote annehmen, um ihre forschungsbezogene Informationskompetenz weiter zu stärken;
- Dienstleistungen für die Forschung optimieren, indem die Mitarbeiterinnen und Mitarbeiter der Hochschulbibliotheken und Rechenzentren ihre Kompetenzen in Richtung auf das Profil des „Data Librarian" bzw. des „Data Curator" erweitern, um speziell das Management von Forschungsdaten zu verbessern.

Schließlich ruft die Hochschulrektorenkonferenz die Politik in Bund und Ländern dazu auf, ihren Anteil am Aufbau solcher Strukturen zu leisten und entsprechende Maßnahmen finanziell zu unterstützen.

Die Behauptung, die Hochschulbibliotheken würden sich in der Vermittlung von Informationskompetenz eine neue Spielwiese suchen, weil traditionelle Aufgaben durch die fortschreitende Digitalisierung wegfielen[6], entbehrt also jeder Grundlage. Wie die Stellungnahmen zur Entschließung der Hochschulrektorenkonferenz des Deutschen Bibliotheksverbands[7], von den nordrhein-westfälischen Universitätsbib-

---

[4] Kommission Zukunft der Informationsinfrastruktur: Gesamtkonzept für die Informationsinfrastruktur in Deutschland. Empfehlungen der Kommission Zukunft der Informationsinfrastruktur im Auftrag der Gemeinsamen Wissenschaftskonferenz des Bundes und der Länder. Bonn: GWK 2011. http://www.allianzinitiative.de/fileadmin/user_upload/KII_Gesamtkonzept.pdf (05.02.2014).
[5] Hochschulrektorenkonferenz: Hochschulen im digitalen Zeitalter: Informationskompetenz neu begreifen – Prozesse anders steuern. Bonn: HRK 2012. http://www.hrk.de/fileadmin/redaktion/hrk/02-Dokumente/02-10-Publikationsdatenbank/Beitr-2013-01_Informationskompetenz.pdf (05.02.2014).
[6] Sühl-Strohmenger, Teaching Library (wie Anm.1), S. 171.
[7] Deutscher Bibliotheksverband: Stellungnahme des Deutschen Bibliotheksverbandes (dbv) zur Entschließung der 13. Mitgliederversammlung der Hochschulrektorenkonferenz "Hochschule im digitalen Zeitalter: Informationskompetenz neu begreifen – Prozesse anders steuern". 14.10.2013. Berlin: dv 2013.

liotheken⁸ und vom Netzwerk Informationskompetenz Baden-Württemberg⁹ zeigen, nehmen die Hochschulbibliotheken ihre neue Rolle an. Sie stellen ihre Leistungen dar und bieten der Hochschulrektorenkonferenz ihre Zusammenarbeit bei der Umsetzung der Empfehlungen an. Dabei weisen sie aber auch sehr deutlich darauf hin, dass für eine wirksame und nachhaltige Förderung von Informationskompetenz die notwendigen personellen und finanziellen Ressourcen bereitgestellt werden müssen.

Standards der Vermittlung von Informationskompetenz

Bibliothekarische Standards dienen dazu, den Bibliotheken Regeln und Orientierung für ihr Angebot zu geben. Sie bilden das Raster, mit dem Bibliotheken ihre Leistungen vergleichen und ihre Qualität stets überprüfen können. Die Umsetzung der Standards stellt also eine Form des Best Practice dar. Im Bereich der Vermittlung von Informationskompetenz gibt es zwei Arten von Standards:

Die zielgruppenorientierten Standards beschreiben die Fähigkeiten, die die Mitglieder dieser Zielgruppe durch die Kurse der Bibliothek erwerben können. Sie geben also die Lernziele vor. Nach dem Bibliothekskurs kann dann überprüft werden, ob die Teilnehmenden diese Fähigkeiten besitzen und ob damit die Lehrveranstaltung erfolgreich und von guter Qualität war.

Die organisatorischen Standards beschreiben die Rahmenbedingungen in der Bibliothek, die notwendig sind, um Informationskompetenz auf hohem Niveau zu fördern. Anhand dieser Standards lässt sich daher die Qualität der Bibliothek bewerten. Zudem geben sie darüber hinaus Anhaltspunkte, an welcher Stelle und in welcher Form die Bibliothek ihre Strukturen ändern können, um sich zu verbessern.

---

http://www.bibliotheksverband.de/fileadmin/user_upload/DBV/positionen/2013_10_14_Stellungnahme_Informationskompetenz_endg.pdf (05.02.2014).
8 Verband der Bibliotheken des Landes Nordrhein-Westfalen/Arbeitsgemeinschaft der Universitätsbibliotheken (AGUB): Stellungnahme der AGUB zur Entschließung der 13. Mitgliederversammlung der Hochschulrektorenkonferenz: "Hochschule im digitalen Zeitalter: Informationskompetenz neu begreifen – Prozesse anders steuern". 16.07.2013.vbnw-Drucksache 2013/18. http://www.informationskompetenz.de/fileadmin/DAM/documents/Stellungnahme%20der%20no_3506.pdf (05.02.2014).
9 Netzwerk Informationskompetenz Baden-Württemberg: Förderung von Informationskompetenz in Baden-Württemberg – Potenziale der Wissenschaftlichen Bibliotheken des Landes. Stellungnahme [...]. http://www.informationskompetenz.de/fileadmin/DAM/documents/NIK-BW_Stellungnahme_Foerderung_IK.pdf (05.02.2014).

Zielgruppenorientierte Standards

Studierende in Bachelorstudiengängen sind die größte Teilnehmergruppe an den Lehrveranstaltungen der Hochschulbibliotheken, gefolgt von Schülerinnen und Schülern. Für diese beiden Zielgruppen existieren zielgruppenorientierte Standards, die hier dargestellt werden.

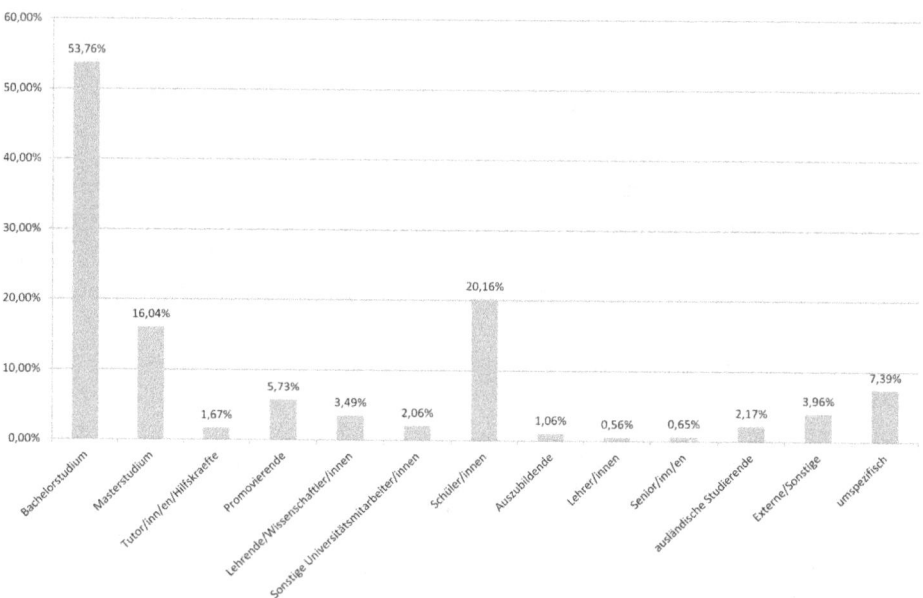

Abbildung 2: IK-Statistik 2012 auf www.informationskompetenz.de: Zielgruppe der Bibliothekskurse (Mehrfachnennungen erlaubt).

Standards für Studierende

Die in Deutschland allgemein anerkannten Standards für Studierende wurden 2010 vom Deutschen Bibliotheksverband erarbeitet.[10] Sie beruhen auf den Standards der American College & Research Libraries (ACRL)[11] und auf Vorarbeiten des Netzwerks

---

10 Deutscher Bibliotheksverband / Dienstleistungskommission: Standards der Informationskompetenz für Studierende (05.02.2014). http://www.bibliotheksverband.de/fileadmin/user_upload/Kommissionen/Kom_Dienstleistung/Publikationen/Standards_Infokompetenz_03.07.2009_endg.pdf(05.02.2014).
11 Association of College & Research Libraries (ACRL): Information Literacy Competency Standards for Higher Education. http://www.ala.org/acrl/standards/informationliteracycompetency (05.02.2014).

Informationskompetenz Baden-Württemberg[12]. Die fünf Standards entsprechen ziemlich genau den fünf Fähigkeiten von Informationskompetenz:
- Informationsbedarf erkennen,
- Informationen finden,
- Informationen bewerten,
- Informationen verarbeiten,
- Informationen nutzen und weitergeben.

Jeder dieser Standards wird konkretisiert durch je zwei bis vier Indikatoren. Die Ziele dieser Standards sind:
- Präzisierung der anzustrebenden Schulungsinhalte,
- Orientierung für die Studierenden bei ihren Lernaktivitäten,
- Evaluierbarkeit des Schulungskonzepts und einzelner Schulungsveranstaltungen,
- Transparenz des Schulungsangebots gegenüber den Lehrenden der einzelnen Fächer,
- Koordination des Schulungsangebots mit der Lehre in den Studienfächern,
- Kooperation mit den Lehrenden der Studienfächer im Rahmen eines Curriculums.

Der Vergleich mit den in der Veranstaltungsstatistik auf „www.informationskompetenz.de" erfassten Lerninhalten lässt Rückschlüsse zu, inwieweit diese Standards an den Hochschulbibliotheken umgesetzt sind.
- Bibliotheksbenutzung: Die Fähigkeit, eine Bibliothek zu benutzen, kann keinem Standard zugeordnet werden. Sie kann bestenfalls als eine Vorstufe zum Erwerb von Informationskompetenz gesehen werden.
- Einzelne Kataloge und Datenbanken: Der Umgang mit einzelnen Katalogen und Datenbanken kann zum Teil einen Indikator des zweiten Standards („Die informationskompetenten Studierenden entwickeln effektive Suchstrategien") abdecken, zumindest in Bezug auf die dabei behandelten Datenbanken und Kataloge.
- Suchstrategien und Suchtechniken: Wird dieses Thema umfassend behandelt, deckt es den 2. Standard ab und kann auch den ersten und dritten Standard miteinbeziehen.
- Fernleihe und Dokumentlieferung: Falls in diesen Kursen auch die Frage, wann eine Fernleihe sinnvoll ist und welche Kosten mit ihr intern verbunden sind, behandelt wird, können sie dem ersten und zweiten Standard zugeordnet werden.
- Internetrecherche: Hier können die Indikatoren der drei ersten Standards abgedeckt werden, wenn alle Schritte eine Internetrecherche berücksichtigt werden,

---

[12] Standards der Informationskompetenz für Studierende. Hrsg. vom Netzwerk Informationskompetenz Baden-Württemberg (NIK-BW). http://www.informationskompetenz.de/fileadmin/user_upload/Standards_der_Inform_88.pdf (0502.2014).

nämlich was im Internet zu finden sind, wie es zu finden ist und wie die Ergebnisse zu bewerten sind.
- Informationsverarbeitung/-verwaltung: Meist werden in diesen Kursen konkrete lizenzierte oder frei zugängliche Literaturverwaltungs- und Wissensmanagementsystems behandelt. Sie sind dem vierten Standard zuzuordnen.
- Rechtliche, ökonomische und ethische Fragen: Hier geht es, ebenso wie bei Kursen zum elektronischen Publizieren, um Fähigkeiten, die dem fünften Standard entsprechen.

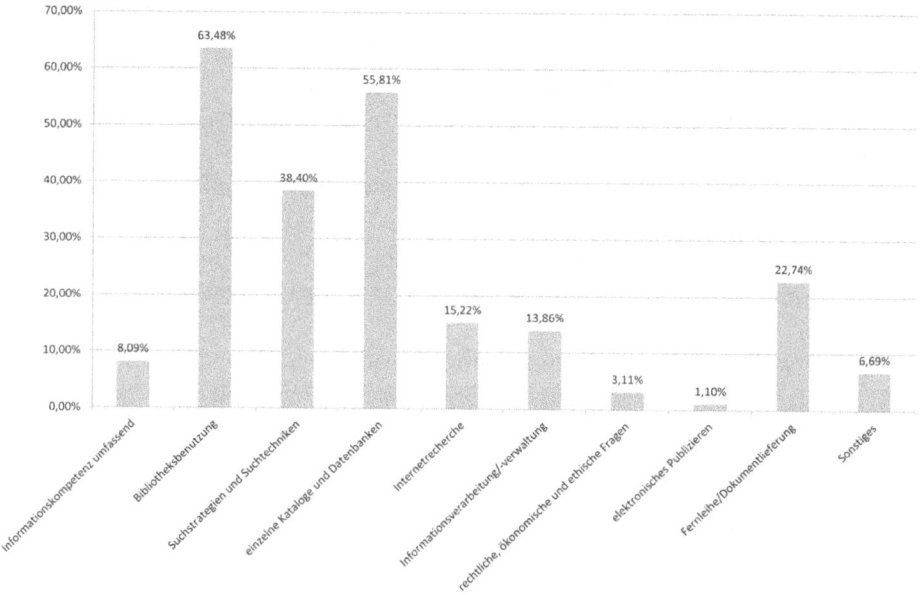

Abbildung 3: IK-Statistik 2012 auf „www.informationskompetenz.de": Inhaltliche Schwerpunkte der Bibliothekskurse (Mehrfachnennungen erlaubt).

Referenzrahmen Informationskompetenz

Zu den derzeit ambitioniertesten Projekten zählt die Erarbeitung eines Referenzrahmens Informationskompetenz für alle Bildungsebenen, analog zum gemeinsamen europäischen Referenzrahmen für Sprachen.[13] Eine erste Fassung eines Referenzrah-

---

13 Gemeinsamer Europäischer Referenzrahmen für Sprachen (GER). http://www.europaeischer-referenzrahmen.de/ (05.02.2014).

mens Informationskompetenz wurde von der Kommission Bibliothek und Schule des Deutschen Bibliotheksverbands erarbeitet.[14]

Dabei wird Informationskompetenz in die Teilschritte „Suchen", „Prüfen", „Wissen", „Darstellen" eingeteilt, die sich in den sechs Niveaustufen
- A1 und A2: Elementare Informationskompetenz,
- B1 und B2: Selbstständige Informationskompetenz,
- C1 und C2: Nachhaltige Informationskompetenz,

beschreiben lassen. Hier ist ein Beispiel für die mit den Niveaustufen verbundenen Fähigkeiten für die Teilkompetenz „Quellen finden":[15]

Tabelle 1: Niveaustufen der Teilkompetenz „Quellen finden".

Quellen finden	
A1	Altersgemäße Medien am Standort in der Bibliothek finden
A2	Altersgemäße Medien mit Hilfe von Suchbegriffen im Katalog finden
B1	Gezielt nach Medien suchen, die sehr wahrscheinlich weiterführende Informationen enthalten
B2	Gezielt nach unterschiedlichen Medien suchen, die sicher weiterführende Informationen enthalten
C1	Selbständig auch in unbekannten Informationseinrichtungen Medien finden
C2	Selbständig nützliche Informationseinrichtungen ermitteln und gezielt auch in unbekannten Recherchesystemen suchen

Im Vergleich zu den Standards der Informationskompetenz für Studierende fehlt in der derzeitigen Fassung des Referenzrahmens Informationskompetenz eine zum fünften Standard korrespondierende Teilkompetenz, dem Bewusstsein für eine verantwortlichen Informationsnutzung und -weitergabe. Die gemeinsame Kommission Informationskompetenz des Deutschen Bibliotheksverbands und des Vereins Deutscher Bibliothekare erarbeitet derzeit eine entsprechende Erweiterung des Referenzrahmens.[16]

---

[14] Deutscher Bibliotheksverband/Kommission Bibliothek und Schule: Referenzrahmen Informationskompetenz. http://www.schulmediothek.de/index.php?id=1077 (05.02.2014).
[15] Aus: Klingenberg, Andreas: Der Referenzrahmen Informationskompetenz für die Praxis: Starthilfe für die gemeinsame Vermittlung dieser Schlüsselqualifikation. Vortrag auf dem 101. Deutschen Bibliothekartag Hamburg 2012. urn:nbn:de:0290-opus-12251 (05.02.2014).
[16] Siehe: Gemeinsame Kommission Informationskompetenz von VDB und dbv: Protokoll der 5. Sitzung am 2./3. Dezember 2013 in der Hochschule für Musik Detmold. http://www.bibliotheksverband.de/fileadmin/user_upload/Kommissionen/2014-01-15_IK-Kommission-Protokoll_20131202_final.pdf (05.02.2014).

Organisatorische Standards

Komplementär zu den inhaltlichen Standards richten die organisatorischen Standards den Blick auf die Hochschulbibliothek. Sie beschreiben, in welcher Form die inhaltlichen Kompetenzen vermittelt werden sollen und welche Voraussetzungen und Rahmenbedingungen dafür sinnvoll sind. Erste organisatorische Standards wurden 2003 auf einem Workshop der Arbeitsgruppe Informationskompetenz der Arbeitsgemeinsaft der Universitätsbibliotheken in Nordrhein-Westfalen entwickelt.[17]
Sie gliedern sich in die Bereiche
- Schulungskonzept,
- Persönliche Fähigkeiten des Dozenten / der Dozentin,
- Schulungsräume,
- Ausstattung,
- Vorbereitung der Veranstaltung,
- Marketing,

und geben dafür jeweils Indikatoren an, z. B.:

Die Dozentin/der Dozent
- verfügt über umfassende und immer aktuelle Kenntnisse auf dem Gebiet der Informationssuche, -beschaffung und -bewertung,
- ist fachlich kompetent und wird von den Wissenschaftlern als Partner akzeptiert,
- beschäftigt sich mit methodisch-didaktischen Fragestellungen und verbessert seine Kompetenz durch entsprechende Fortbildungen,
- tritt rhetorisch sicher vor einer Gruppe auf,
- plant und organisiert Schulungsveranstaltungen sorgfältig unter Berücksichtigung der räumlichen und technischen Gegebenheiten,
- geht flexibel auf Fragen und Wünsche ein und behält dabei das Ziel und die zur Verfügung stehende Zeit der Schulung im Blick,
- geht konstruktiv mit Kritik von Studierenden und Kollegen um,
- verfügt über persönliche Fähigkeiten wie Belastbarkeit, Improvisationstalent, die Fähigkeit zur Präsentation und hat Spaß an der Aufgabe,
- ...,

oder:

Die Schulungsräume
- befinden sich im Idealfall in der Bibliothek, oder sie stehen der Bibliothek regelmäßig für Schulungsveranstaltungen zur Verfügung,

---

[17] Nilges, Annemarie [u. a.]: Standards für die Vermittlung von Informationskompetenz an der Hochschule. In: Bibliotheksdienst (2003) H. 4. S. 463–465.

- erfüllen die unterschiedlichen Anforderungen für
  - Einzel- oder Kleingruppenberatung,
  - multimediale Schulungen für Gruppen bis zu 20 Personen,
  - für Präsentationen bzw. Vorträge für Gruppen von 20 bis 100 Personen,
- verfügen über eine Ausstattung nach den Maßstäben der Technology for Training (TFT),
- ....

Diese Standards dienen dazu, die Rahmenbedingungen innerhalb der Bibliothek zu überprüfen, sie nachhaltig zu garantieren und sie gegebenenfalls auch gegenüber der Bibliotheks- und Hochschulleitung einzufordern.

Leitlinien für die Vermittlung von Informationskompetenz

Eine andere Aufgabe haben die Leitlinien für die Durchführung von Veranstaltungen zum Erwerb von Informationskompetenz an den bayerischen Universitäts- und Hochschulbibliotheken, die von den Direktoren der Universitätsbibliotheken und den Leitern der Hochschulbibliotheken im Bibliotheksverbund Bayern verabschiedet wurden.[18] Sie richten sich nicht nur an die Bibliotheken selber, sondern vor allem an die Entscheidungsträger im Hochschulbereich und sollen dazu beitragen, die Akzeptanz der Aktivitäten zur Vermittlung von Informationskompetenz zu stärken. Dabei stellen sie sowohl Anforderungen an die Hochschule und die Fakultäten und Fachbereiche (z. B. durch eine curriculare Einbindung sicherzustellen, dass alle Studierenden an Veranstaltungen zum Erwerb von Informationskompetenz teilnehmen), als auch an die Bibliotheken (z. B. die Verwendung moderner didaktischer Methoden und eine kontinuierliche Fortbildung der Bibliothekarinnen und Bibliothekare zu garantieren). Einzelne Leitlinien wie die Berechtigung zur Abnahme von Prüfungsleistungen durch Bibliothekspersonal und die Beteiligung von Bibliothekarinnen und Bibliothekaren aller Laufbahngruppen werden dabei durchaus kontrovers gesehen.

Die zehn Leitlinien des Bibliotheksverbunds Bayern lauten:
- Informationskompetenz ist eine für Studium und Beruf unverzichtbare Schlüsselqualifikation.
- Alle Studierenden nehmen im Verlauf ihres Studiums an Veranstaltungen zum Erwerb von Informationskompetenz teil.

---

18 Franke, Fabian: Mit Informationskompetenz zum (Studien-)Erfolg. Die bayerischen Universitäts- und Hochschulbibliotheken beschließen Standards für die Durchführung von Informationskompetenz-Veranstaltungen. In: Bibliotheksdienst (2009) H. 7. S. 758–763. Siehe auch: http://www.informationskompetenz.de/fileadmin/user_upload/Leitlinien_f%C3%BCr_die__2799.pdf (05.02.2014).

- Die Bibliotheken bieten hierzu eigenständige Module oder speziell konzipierte Veranstaltungen in enger Kooperation mit einzelnen Fächern bzw. Fakultäten an.
- Die Vermittlung von Informationskompetenz ist eine Kernaufgabe der Bibliotheken und gehört zu den Dienstaufgaben der Bibliothekarinnen und Bibliothekare.
- Lehrveranstaltungen zur Vermittlung von Informationskompetenz werden von Bibliothekarinnen und Bibliothekaren aller Laufbahnen durchgeführt.
- Die Veranstaltungen werden von den Bibliotheken in enger Abstimmung mit den Fachvertretern konzipiert.
- Die Fach- und Praxisnähe der Veranstaltungen werden auch durch die Verwendung adäquater didaktischer Methoden gewährleistet. Die Veranstaltungen orientieren sich am aktuellen Stand der Hochschuldidaktik und werden kontinuierlich evaluiert.
- Die Bibliotheken sind in Zusammenarbeit mit den Fakultäten/Fachbereichen und der Hochschulverwaltung zur Abnahme der entsprechenden Prüfungsleistungen berechtigt.
- Regelmäßige Fortbildungen der Bibliothekarinnen und Bibliothekare dienen der Qualitätssicherung.
- Die Bibliotheken arbeiten in allen technischen und organisatorischen Fragen mit der Hochschulverwaltung und den Fakultäten/Fachbereichen zusammen.

Standards für die Zusammenarbeit mit Schulen

Speziell für die Zusammenarbeit mit Schulen hat die AG Informationskompetenz im Bibliotheksverbund Bayern didaktische und organisatorische Standards der Vermittlung von Informationskompetenz für Schülerinnen und Schüler in wissenschaftlichen Bibliotheken erarbeitet.[19] Sie sollen den Maßstab darstellen, an dem sich Bibliotheken und Schulen orientieren können, um ihre Leistungen und ihre Zusammenarbeit zu optimieren. Diese Standards legen die Rahmenbedingungen fest für
- Lehr- und Lernformen,
- Modularisiertes Angebot,
- Organisation,
- Kooperationen.

Dabei stellen diese Standards durchaus hohe Anforderungen sowohl an Bibliotheken als auch an Schulen. Diese umfassen u. a.

---

19 Franke, Fabian: Didaktische und organisatorische Standards. Vermittlung von Informationskompetenz für Schülerinnen und Schüler in wissenschaftlichen Bibliotheken. In: Bibliotheksforum Bayern (2012) H. 4. S. 261–263.

bei den Lehr- und Lernformen
- Schüler- und Themenorientierung,
- Übertragbarkeit der Lerninhalte,
- Didaktische Reduktion,
- Methodenwechsel,

bei der Organisation
- transparentes Anmeldeverfahren,
- frühzeitige Terminvereinbarung,
- Klärung des Erwartungshorizonts,
- definierte Gruppengröße,
- Präsenz der Lehrkräfte,
- Vor- und Nachbereitung im Unterricht,
- regelmäßige Evaluation,

bei der Kooperation
- Zusammenarbeit mit Ministerien und Schulbehörden,
- Angebot von Lehrerfortbildungen.

Die Einhaltung dieser Standards ist eine wichtige Voraussetzung, damit Bibliothekskurse für Schülerinnen und Schüler zum Erreichen der Lernziele und zu einem nachhaltigen Lernerfolg führen.

Regionale Arbeitsgruppen und Netzwerke Informationskompetenz

Seit 2002 haben sich inzwischen flächendeckend regionale Arbeitsgruppen und Netzwerke Informationskompetenz in den Bundesländern und Bibliotheksverbünden konstituiert:
- 2002: Arbeitsgruppe Informationskompetenz der Arbeitsgemeinschaften der Universitätsbibliotheken und der Fachhochschulbibliotheken in Nordrhein-Westfalen (AGIK NRW), 7 Mitglieder, 28 teilnehmende Hochschulbibliotheken und Multiplikatoren;
- 2002: Arbeitsgruppe Benutzerschulung Thüringen, ab 2009 AG Informationskompetenz der Direktorenkonferenz Wissenschaftlicher Bibliotheken Thüringens, 9 Mitglieder;
- 2005: Netzwerk Informationskompetenz Baden-Württemberg (NIK-BW), 15 Mitglieder aus Universitäts- und Hochschulbibliotheken sowie der Badischen Landesbibliothek;

- 2006: Arbeitsgruppe Informationskompetenz im Bibliotheksverbund Bayern (AGIK BAY), 12 Teilnehmer aus Universitäts- und Hochschulbibliotheken sowie der Bayerischen Staatsbibliothek;
- 2006: Arbeitsgemeinschaft Informationskompetenz im Gemeinsamen Bibliotheksverbund (AGIK GBV), offene Struktur;
- 2007: Netzwerk Informationskompetenz Sachsen (NIK Sachsen), 10 Mitglieder aus 9 Universitäts- und Hochschulbibliotheken;
- 2007: Netzwerk Informationskompetenz Hessen (NIK Hessen), 23 Mitglieder aus 9 Universitäts- und Hochschulbibliotheken, der Hessischen Landesbibliothek und der Stadtbücherei Frankfurt;
- 2008: AG Informationskompetenz Rheinland-Pfalz und Saarland, 24 Mitglieder aus 11 Universitäts- und Hochschulbibliotheken, dem Landesbibliothekszentrum Rheinland-Pfalz und den Stadtbibliotheken Trier und Mainz;
- 2010: Netzwerk Informationskompetenz Berlin/Brandenburg, 11 Mitglieder aus den Universitäts- und Hochschulbibliotheken.

Das gemeinsame Portal „www.informationskompetenz.de"

Die zentrale bibliothekarische Kommunikations- und Informationsplattform für Vermittlung von Informationskompetenz ist das Portal „http://www.informationskompetenz.de/". Es entstand 2002 als Linksammlung an der Universitäts- und Landesbibliothek Bonn, wurde 2006 von der Universitätsbibliothek München übernommen und auf Basis des Content-Management-Systems Typo 3 neu strukturiert. 2010 erfolgte die Migration zum Deutschen Bibliotheksverband, der das Portal bis heute betreut. Die inhaltliche Arbeit wird von einem Redaktionsteam mit Bibliothekarinnen und Bibliothekaren aus den Arbeitsgruppen und Netzwerken geleistet.

Das Herzstück des Portals sollte die Materialiendatenbank sein, in der Kursmaterialien, Unterrichtskonzepte, Präsentationen, Aufsätze und Dokumente aller Art zur Informationskompetenz eingestellt werden können und dann allgemein zur Verfügung stehen. Die Datenbank umfasst über 1.000 Dokumente, ist aber derzeit überwiegend veraltet und bedarf einer grundlegenden Neustrukturierung.

Ein wichtiges Instrument ist die Veranstaltungsstatistik, die detailliert Angaben zu den Informationskompetenzveranstaltungen erhebt und auswertet. Während in der Deutschen Bibliotheksstatistik nur die Schulungsstunden und -teilnehmenden erfasst werden, enthält die Veranstaltungsstatistik Daten zu
- organisatorischer Form,
- didaktischer Form,
- Integration in das Lehrangebot der Hochschule,
- fachlicher Ausrichtung,
- Dozent/Dozentin,

- Zielgruppe,
- inhaltlichen Schwerpunkten.

2012 haben sich 84 Bibliotheken an der Veranstaltungsstatistik beteiligt. Mit ihren Angaben ist es möglich, die Aktivitäten der Bibliotheken zur Förderung von Informationskompetenz umfassend darzustellen und zu bewerten.

Des Weiteren sind im Portal Standards und Konzepte, Positionspapiere und Erklärungen sowie Protokolle und Arbeitsergebnisse der regionalen Netzwerke und Arbeitsgruppen veröffentlicht.

Gemeinsame Kommission Informationskompetenz des Deutschen Bibliotheksverbands und des Vereins Deutscher Bibliothekare

Im Herbst 2012 wurde die gemeinsame Kommission Informationskompetenz des Deutschen Bibliotheksverbands und des Vereins Deutscher Bibliothekare ins Leben gerufen, die bundesweit die bibliothekarischen Aktivitäten der Vermittlung von Informationskompetenz koordinieren soll.

Die sechs Kommissionsmitglieder kommen derzeit aus Universitäts- und Hochschulbibliotheken. Die Aufgaben der Kommission sind:
- Monitoring der Aktivitäten zur Vermittlung von Informationskompetenz an deutschen Schulen und (Fach)Hochschulen,
- Zentraler Ansprechpartner z. B. für HRK, wissenschaftliche Fachgesellschaften, bibliothekarische Ausbildungsstätten, Vertreter der Bildungspolitik,
- Anregung von Förderprogrammen und Einwerbung von Drittmitteln für Projekte zur Erprobung und Evaluierung von Maßnahmen,
- Einwerbung von Ressourcen zur kontinuierlichen Pflege und Weiterentwicklung des Portals www.informationskompetenz.de,
- Planung und Durchführung von Tagungen zu aktuellen Fragestellungen,
- Entwicklung von Angeboten für Lehrende, Forschende sowie Nachwuchswissenschaftler,
- Verankerung von Informationskompetenz in den Curricula möglichst aller Bildungsebenen,
- Definition von fachspezifischen Anforderungen in Zusammenarbeit mit Fachwissenschaftlern,
- Einbeziehung von rechtlichen, organisatorischen und politischen Aspekten der Verwertung von Information und speziell des Publikationswesens,
- Erarbeitung eines Referenzrahmens zur Informationskompetenz,
- Initiierung von Publikationen,

- Zusammenarbeit mit anderen Kommissionen von dbv, BIB und VDB sowie anderen Fachgremien des Bibliothekswesens.

Zu den ersten Arbeitsergebnissen der Kommission gehören die Erarbeitung der Stellungnahme des Deutschen Bibliotheksverbands zur Entschließung der 13. Mitgliederversammlung der Hochschulrektorenkonferenz „Hochschule im digitalen Zeitalter: Informationskompetenz neu begreifen – Prozesse anders steuern"[20], die Initiierung eines Best-Practice-Wettbewerb zum Thema „Vermittlung von Informationskompetenz an fortgeschrittene Studierende, Promovierende, Wissenschaftlerinnen und Wissenschaftler"[21], die Organisation eines Round Table mit den bibliothekarischen Aus- und Fortbildungseinrichtungen sowie die Erarbeitung eines Konzepts zur Neustrukturierung des Portals „www.informationskompetenz.de".

Das Fachreferat als Zentrum der hochschulinternen Kooperation bei der Vermittlung von Informationskompetenz

Neben der Zusammenarbeit in bibliothekarischen Arbeitsgruppen und Netzwerken ist auch die hochschulinterne Kooperation der Hochschulbibliotheken mit den Fakultäten, Fachbereichen und Lehrstühlen, mit anderen zentralen Einrichtungen wie Rechen- und Medienzentrum, mit wissenschaftlichen Einrichtungen wie Graduiertenschulen und mit zentralen Dezernaten wie Forschungsförderung eine wichtige Voraussetzungen für die erfolgreiche Einrichtung nachhaltiger Strukturen zur Förderung von Informationskompetenz. Hier sind es – wie auch bei der Abstimmung vom Erwerbungsprofilen und -richtlinien – vor allem die Fachreferate, die die dafür notwendigen Kontakte aufbauen, Informationen weitergeben, die Kommunikation führen und die Konzepte mit den Partnern entwickeln. Im amerikanischen und angelsächsischen Raum spricht man vom „embedded librarian" oder auch „liaison librarian"[22], also von Bibliothekaren und Bibliothekarinnen, die sich nicht in ihre Bibliothek zurückziehen, sondern in der Hochschule wirken, indem sie
- mit Fachwissenschaftlerinnen und Fachwissenschaftler gemeinsam Kurse durchführen und Informationskompetenz vermitteln,

---

20 http://www.bibliotheksverband.de/fileadmin/user_upload/DBV/positionen/2013_10_14_Stellungnahme_Informationskompetenz_endg.pdf (05.02.2014).
21 http://www.bibliotheksverband.de/fachgruppen/kommissionen/informationskompetenz/best-practice-wettbewerb.html (05.02.2014).
22 Siehe z. B. Shumaker, David: The embedded librarian. Innovative strategies for taking knowledge where it's needed. Medford, NJ: Information today 2012.

- mit Spezialistinnen und Spezialisten aus Rechen- und Medienzentren Konzepte zur Förderung von Informationskompetenz im umfassenden Sinne erarbeiten und durchführen,
- mit den Mitarbeiterinnen und Mitarbeitern von Graduiertenschulen und Dezernaten zur Forschungsförderung Promovierende und Wissenschaftlerinnen und Wissenschaftlern beim Umgang mit Informationen in allen Phasen von Forschen und Publizieren unterstützen.

Die dafür notwendigen Fähigkeiten und Kompetenzen bringen die Fachreferentinnen und Fachreferenten aufgrund der Verbindung ihres Fachstudiums mit informationswissenschaftlichen Spezialkenntnissen mit.

Fazit

Dieser Beitrag geht von vier Voraussetzungen aus, die erfüllt sein müssen, damit eine bibliothekarische Aufgabe eine Kernaufgabe ist. Auf dieser Basis wird gezeigt, dass die Vermittlung von Informationskompetenz durch die deutschen Hochschulbibliotheken eine Kernaufgabe ist:
- In der Deutschen Bibliotheksstatistik und in der Veranstaltungsstatistik auf „www.informationskompetenz.de" sind eine signifikante Anzahl von Kursen und Schulungen nachgewiesen.
- Aktuelle Empfehlungen und Papiere der Hochschulrektorenkonferenz und des Wissenschaftsrats fordern verstärkte Anstrengungen zur Förderung von Informationskompetenz an den Hochschulen.
- Die bibliothekarischen Verbände und Gremien haben dezidierte zielgruppenorientierte und organisationsbezogene Standards der Informationskompetenz entwickelt.
- Bibliothekarinnen und Bibliothekare arbeiten in regionalen und überregionalen Arbeitsgruppen zusammen, um ihre Arbeit zu koordinieren und die Standards weiterzuentwickeln und umzusetzen.

Der Beitrag macht aber auch deutlich, dass verstärkte Anstrengungen notwendig sind, um die Vermittlung von Informationskompetenz nachhaltig an den Hochschulen und Hochschulbibliotheken zu etablieren.
- Viele Kurse und Schulungen vermitteln einzelne Techniken, fördern aber nicht Informationskompetenz in einem umfassenden Sinne.
- Die Empfehlungen und Papiere der Wissenschaftsorganisationen sind noch nicht vollständig an den Hochschulen umgesetzt.
- Die Standards der Informationskompetenz sind noch nicht flächendeckend akzeptiert.

– Die Arbeit in den regionalen Arbeitsgruppen und Netzwerken beschränkt sich oft auf einen informellen Informationsaustausch und hat noch nicht zu einem durchgehend geschlossenen und effektiven Vorgehen geführt.

Die Vermittlung von Informationskompetenz ist eine bibliothekarische Kernaufgabe, bei der die Hochschulbibliotheken zusammenarbeiten und sich an Standards orientieren, dabei aber unterschiedliche Schwerpunkte setzen. Eine wichtige Rolle bei der Förderung von Informationskompetenz an den Hochschulen spielen die Fachreferate an der Schnittstelle zwischen Hochschulbibliotheken, den Fachwissenschaften, zentralen und wissenschaftlichen Einrichtungen.

Wolfram Neubauer, Arlette Piguet
Das Wissensportal der Bibliothek der ETH Zürich

Ein Beispiel für vernetztes Wissen online

Abstract: Das sich in den letzten 10–12 Jahren rasant entwickelnde Angebot an digital vorhandener Information wurde durch eine Vielzahl von wissenschaftlichen Bibliotheken dazu genutzt, mehr oder weniger umfassende elektronische Service-Angebote und Produkte zu entwickeln und diese ihren Nutzern anzubieten. Im Falle der ETH Zürich stellte sich dann aber nach relativ kurzer Zeit heraus, dass einmal der Umfang des Angebotsportfolios und darüber hinaus auch die inhaltliche und technische Heterogenität dieser Angebote einen raschen und einigermaßen unkomplizierten Zugriff deutlich erschweren.

Somit war es für die Bibliothek der ETH Zürich nur naheliegend, sich verstärkt mit der Frage zu befassen, mit welchen Methoden, Techniken und Verfahren die Nutzerinteressen im Sinne eines leichteren Zugriffs auf die Informationen verbessert werden könnten.

Um dieses Ziel zu erreichen, wurde mit dem *Wissensportal der ETH Zürich* auf Basis eines kommerziellen Softwareproduktes eine komplexe Applikation entwickelt, dessen primäres Ziel es war, für jede Informationsrecherche an der Universität einen zentralen Einstiegspunkt anzubieten. Das Wissensportal bietet also einmal für die lokale, sehr heterogene Informationslandschaft einen einfachen und gut strukturierten „single-point-of-access" und präsentiert hierzu parallel die Informationen in einer Form, die man heute von einer übersichtlich gestalteten Bibliothekswebseite erwarten kann.

Keywords: Discovery-Tool, Informationsressourcen, Integration, Single-Point-of-Access, Wissensportal, Nutzerorientierung, Mobile Web-App

Vorbemerkung

Die Durchdringung von Forschung und Lehre mit den unterschiedlichsten Internet-Applikationen und die damit einhergehende, mehr oder weniger komplette Veränderung des Kommunikationsverhaltens in den Wissenschaften hat naturgemäß auch beträchtliche Auswirkungen auf die wissenschaftlichen Bibliotheken. Dies betrifft auch und vor allem die an die Bibliotheken gerichtete Erwartungshaltung von Seiten der Bibliotheksnutzerinnen und -nutzer hinsichtlich der technischen und/oder kundenfokussierten Ausgestaltung der jeweiligen Bibliotheksdienstleistungen.

Diese Feststellung gilt vor allem für den Zeitraum nach dem Jahr 2000, der in besonderer Weise geprägt war und immer noch geprägt ist von einer rasanten Zunahme an digital vorhandener Information. Hieraus haben die wissenschaftlichen Bibliotheken dann umfassende Angebote an elektronischen Dienstleistungen und Produkten entwickelt und ihren jeweiligen Kunden angeboten. Problematisch waren hierbei einmal das quantitative Angebot, dann die komplexen, häufig von Quelle zu Quelle unterschiedlichen Zugriffswege und -prozeduren und schließlich die nicht selten unbefriedigende Präsentation der Inhalte auf dem Bildschirm.

Vor diesen Problemen stand naturgemäß auch die ETH-Bibliothek: Je mehr Informationsdienstleistungen die Bibliothek ihren Nutzerinnen und Nutzern bereitstellte, desto mehr unterschiedliche Wege also zur einzelnen Information vorhanden waren, umso schwieriger wurde es für den jeweiligen Bibliothekskunden, das zu finden, was in einer spezifischen Situation gebraucht wurde[1]. Hierzu parallel war und ist eine Entwicklung zu beobachten, die die konventionellen OPACs der wissenschaftlichen Bibliotheken in ihren Funktionalitäten zunehmend kritisch betrachtet – maßgeblich beeinflusst natürlich vor allem durch die Allzeitverfügbarkeit der kommerziellen Suchmaschinen. Dies wiederum geschieht selbst auf die Gefahr hin, dass die mit Google und ähnlichen Instrumenten erzielten Rechercheergebnisse unter professionellen Gesichtspunkten nicht optimal sind, jedoch offensichtlich den Ansprüchen genügen.

Discovery Services wissenschaftlicher Bibliotheken: eine Modeerscheinung oder eine unverzichtbare Dienstleistung?

Wie angesprochen, stellt sich seit einigen Jahren in allen wissenschaftlichen Bibliotheken die grundsätzliche Frage, wie die jeweils präsentierten (und digital vorliegenden) Informationsangebote möglichst kundengerecht bereitgestellt werden können und sollen. Obwohl zur Lösung dieser Frage eine Abklärung der Kundeninteressen und -erwartungen nach wie vor ein Mittel der Wahl ist, dürfte eine „einfache" Befragung einer mehr oder weniger großen und/oder relevanten Kundengruppe nicht

---

[1] Die konkrete Situation vor Ort wurde durch eine intensive Befragung ausgewählter Nutzerinnen und Nutzer abgeklärt. Zu vergleichbaren Befragungen an anderen wissenschaftlichen Einrichtungen existiert eine umfangreiche Literatur. Beispielhaft sei auf folgende Arbeit verwiesen: Ramminger, Eva u. Nicole Graf: Informationsmanagement an der ETH Zürich. Ergebnisse einer qualitativen Expertenbefragung der ETH-Bibliothek zum Umgang mit Literatur und Informationsressourcen in Forschung und Lehre. Zürich: ETH-Bibliothek 2007. http://dx.doi.org/10.3929/ethz-a-005472952 (14.01.2014).

mehr dem aktuellen Forschungsstand entsprechen. So ist die Befragung von großen Gruppen immer mit dem Problem verbunden, dass sie einmal logistisch und organisatorisch sehr aufwendig ist und dass darüber hinaus in solchen Fällen nur relativ allgemein gehaltene Fragen sinnvolle Ergebnisse liefern. Befragt man andererseits (etwa in Form von Interviews) kleine Gruppen, zeigt sich vor allem im akademischen Kontext das Problem, dass die jeweilige fachliche Ausrichtung der Befragten das Befragungsergebnis wesentlich beeinflusst und somit nicht ohne Interpretation auf generelle Lösungen übertragen werden kann. Darüber hinaus zeigen Erfahrungen aus dem eigenen universitären Umfeld, dass sich die Vorstellungen der Befragten in relativ kurzen Zeitintervallen nicht unwesentlich ändern können, was bei der zeitintensiven und gleichzeitig möglichst kundenfokussierten Realisierung von Portalprojekten nicht gerade hilfreich ist.

Somit bedürfen die subjektiven Evaluationsmethoden, die mehr oder weniger unmittelbar auf die Beurteilung durch die Nutzerinnen und Nutzer abheben, einer Ergänzung durch möglichst objektive Evaluationsverfahren, die dann auf die Erfassung quantitativer Daten abheben.

Bevor man sich jedoch intensiver auf den Aspekt „user-centered design"[2] konzentriert, ist es hilfreich die bibliothekarische Diskussion hinsichtlich der grundsätzlichen Anforderungen an die Ausgestaltung von Informationsportalen im wissenschaftlichen Kontext zu rezipieren. Diesen Ansatz verfolgte auch die ETH-Bibliothek bei den ersten Schritten zur Realisierung des Wissensportals.

Die Diskussion über Bibliotheksportale geht zurück an den Beginn des neuen Jahrhunderts. Zu diesem Zeitpunkt wurde die perspektivische Bedeutung des WWW für die wissenschaftliche Kommunikation zunehmend deutlich, wobei Webportale als eine der möglichen sinnvollen Anwendungen des WWW erkannt wurden. Bibliotheksportale wiederum wurden als Teilapplikationen für die Bedienung spezifischer Informationsinteressen der akademischen Welt definiert[3].

Wenn wir also davon ausgehen, dass eine Universität bzw. deren Bibliothek sich mit der Entwicklung eines Bibliotheksportals im Sinne eines „Single-point-of-access" befasst, stellt sich die primäre Frage, welche primären Features eine solche Applikation umfassen muss/soll? Welche inhaltlichen Kriterien müssen in jedem Falle erfüllt sein, um von einem „next generation catalog"[4] sprechen zu können?

---

2 Für eine der wesentlichen Veröffentlichungen zur Einbindung von Kundenbedürfnissen in das Design und die intuitive und einfache Ausgestaltung der Schnittstelle Mensch-Maschine vgl.: Gould, John D. u. Clayton Lewis.: Designing for usability: Key principles and what designers think. In: Communications of the ACM (1985) H. 3. S. 300–311.
3 Vgl. hierzu: Sadeh, Tamar u. Jenny Walker: Library portals. Toward the semantic Web. In: New Library World (2003) H. 1/2. S. 12.
4 Der Begriff „next generation catalog" (NGC) wird hier dem Begriff Bibliotheksportal mehr oder weniger gleichgesetzt. Vgl. hierzu: Yang, Sharon Q. u. Melissa A. Hofmann: Next generation or current generation? A study of the OPACs of 260 academic libraries in the USA and Canada. In: Library High Tech (2011) H. 2. S. 266–300.

Basierend auf einer Reihe älterer Arbeiten haben Yang und Wagner hierzu einen Kriterienkatalog zusammengestellt, der die wesentlichen Anforderungen an Bibliotheksportale definiert[5]. Die Zusammenstellung umfasst 12 inhaltliche Kriterien (vgl. hierzu Abbildung 1), die idealerweise erfüllt sein müssen, wenn man von einem Katalog der nächsten Generation im eigentlichen Sinne sprechen möchte.

- Single-point-of-access (for all library ressources)
- State-of-the-art web interface
- Enriched content
- Faceted navigation
- Simple keyword search box (with a link to advanced search on every page)
- Relevancy ranking (with increased precision)
- «Did you mean...» spell checking
- Recommendation/related materials («customers also bought...»)
- User contribution (for adding data to records)
- RSS feeds (user briefing about updated content)
- Integration of the library catalog with social networking sites
- Persistent links for records

Abbildung 1: Checkliste der 12 wichtigsten Aspekte für die Entwicklung eines Bibliotheksportals.

Im Falle des Wissensportals der ETH Zürich wurden bei der Applikationsentwicklung soweit technisch und organisatorisch möglich alle drei oben genannten Aspekte berücksichtigt: Einmal wurden durch eine Umfrage in Form von Einzel- und Gruppeninterviews die Erwartungen der Nutzerinnen und Nutzer ermittelt, dann wurde ein systematischer Prozess für die Entwicklung eines „user-centered design"-Konzeptes durchgeführt und schließlich wurden bei der Definition eines konkreten Anforde-

---

5 Vgl. hierzu: Yang, Sharon Q. u. Kurt Wagner: Evaluating and comparing discovery tools. How close are we towards next generation catalog? In: Library High Tech (2010) H. 4. S. 690–709, insbes. S. 694f.

rungsprofils die in Abbildung 1 skizzierten von grundsätzlichen Systemanforderungen soweit möglich als Basisvorgaben berücksichtigt.

„User-centered-design" als Erfolgsfaktor für das Wissensportal der ETH Zürich[6]

Für das Verfahren, eine Webapplikation, also eine Mensch-Maschine-Schnittstelle systematisch zu evaluieren gibt es mehrere, auch in der Praxis erprobte Verfahren. Im vorliegenden Fall folgte der Evaluationsprozess primär den Ausführungen der ISO 13407[7], wobei der nutzerorientierte Gestaltungsprozess den in Abbildung 2 skizzierten Schritten folgte[8].

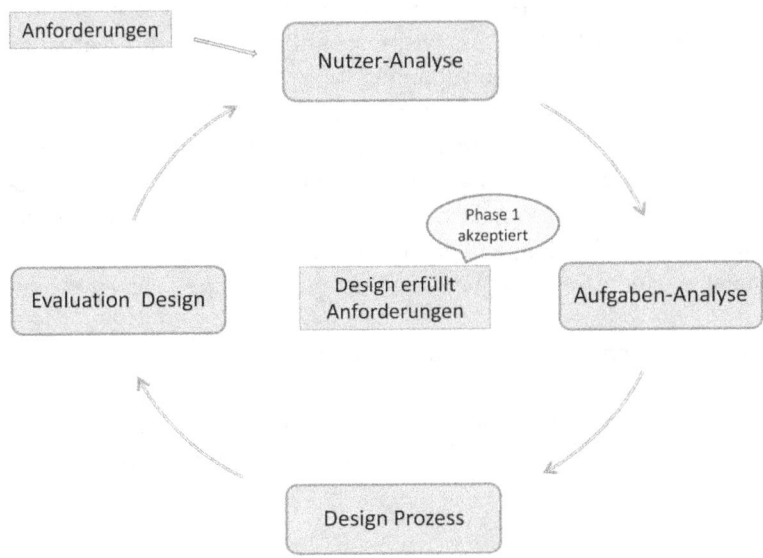

Abbildung 2: Der „User-centered-design-Prozess" nach ISO 13407.

---

[6] Details für das an der ETH-Bibliothek eingesetzte Verfahren für die Durchführung eines „user-centered design"-Prozesses finden sich bei: Piguet, Arlette: Das Wissensportal der ETH-Bibliothek, ein Fallbeispiel für User-Centered Design. In: Benutzerorientierte Bibliotheken im Web. Usability-Methoden, Umsetzung und Trends. Hrsg. von Bernard Bekavac [u. a.]. Berlin: De Gruyter Saur 2011. S. 119–138.
[7] Deutsche Fassung: EN_ISO_13407: 1999.
[8] Die Darstellung in Abbildung 2 folgt einer Präsentation von Hauri, Ergonomie und Coaching GmbH; (http://www.chauri.ch/).

Hierbei nahm die konkrete Arbeit an diesem Prozess etwa 3–4 Monate in Anspruch. Hierzu wurden zwei Arbeitsgruppen gebildet, von denen sich eine mit der Gestaltung der Webseite und die andere mit den dort präsentierten Inhalten befasst. Hinsichtlich des professionellen Know-hows waren alle Bereiche der Bibliothek inhaltlich eingebunden. Die konkrete Prozessabwicklung erfolgte nach einem an der Bibliothek bekannten, standardisierten Projektverfahren[9], mit dem bereits eine Reihe von Bibliotheksprojekten erfolgreich realisiert werden konnten. Unterstützt wurden die bibliotheksinternen Spezialistinnen und Spezialisten von einem externen Experten sowie einem auf das Design von Webseiten ausgerichteten Beratungsunternehmen.

Bereits in der Frühphase des Projektes wurde die Entscheidung für den Einsatz eines kommerziellen Produktes getroffen, da die (damals noch weitverbreitete) Fokussierung auf Eigenentwicklungen auf Basis von Open Access-Produkten als zu ressourcenaufwendig verworfen wurde.

Nach einer intensiven Evaluationsphase wurde entschieden, für die Recherchefunktionalitäten das Softwaretool Primo der Firma ExLibris einzusetzen. Für den Zugriff auf die Metadaten von Artikeln aus wissenschaftlichen Zeitschriften wurde darüber hinaus die Datenbank DADS[10] eingebunden.

Um die Inhalte der Webseiten sinnvoll in das Portal einzubinden, war es darüber hinaus notwendig, mit dem Tool eZ Publish ein eigenes Content-Management-System zu implementieren, da die an der ETH Zürich zum damaligen Zeitpunkt eingesetzte Applikation nicht den im Projekt definierten Ansprüchen gerecht wurde. Der eigentliche Designprozess[11] erfolgte in einer Reihe von einzelnen Prozessschritten, bei denen immer wieder reale und potentielle Nutzerinnen und Nutzer eingebunden waren.

Vom Ergebnis her betrachtet lässt sich rückblickend festhalten, das die Integration von Nutzermeinungen zu einem sehr frühen Zeitpunkt in wesentlichem Maße dazu beigetragen hat, dass das Endprodukt, das Wissensportal der ETH Zürich, von den primären Zielgruppen breit akzeptiert und durch diese intensiv genutzt wird.

---

9 Hierbei handelt es sich um eine adaptierte Version der Projektmanagementmethode Hermes, das die im öffentlichen Bereich der Schweiz weit verbreitet und spezifisch auf Projekte der Informations- und Kommunikationstechnik ausgerichtet ist. Vgl. hierzu: http://www.hermes.admin.ch/ (14.01.2014).
10 Die Artikeldatenbank DADS (Digital Article Database Service) ist ein halbkommerzielles Produkt der Bibliothek der Technischen Universität Dänemark (DTU) in Kopenhagen.
11 Der gesamten Prozess und eine Reihe von Details lassen sich bei Piguet, Wissensportal (wie Anm. 6), S. 124ff., nachverfolgen.

Das Wissensportal der ETH Zürich – Portalentwicklung und bibliothekarischer Kontext

Die Realisierung eines komplexen und in hohem Masse ressourcenträchtigen Projektes wie der Aufbau eines Bibliotheksportals hängt (wie erwähnt) einmal in erheblichem Maße von den Interessen, Meinungen und Anforderungen der primären Nutzergruppen einer Universität ab, also in erster Linie von den Wissenschaftlerinnen und Wissenschaftler sowie den Studierenden. Darüber hinaus ist ein Portal für jede wissenschaftliche Bibliothek das (alleinige?) Interface zum Benutzer und reicht somit in seiner Bedeutung weit über die eines traditionellen Bibliothekskataloges hinaus.

Die Präsentation bibliothekarischer Informationen mittels eines Single-point-of-access hat in den letzten 5–7 Jahren auch deshalb an Bedeutung gewonnen, als nahezu alle wissenschaftlichen Bibliotheken ihr Angebot an digital vorhandener Information drastisch ausgebaut haben. Der Schritt von der traditionellen, papierorientierten Bibliothek hin zu einer hybriden Informationseinrichtung gilt für die überwiegende Zahl wissenschaftlicher Bibliotheken als abgeschlossen, und die einzelnen Einrichtungen haben sich in ihrem Angebot zu einem Konglomerat unterschiedlichster elektronischer Quellen und Serviceangebote entwickelt. Hinsichtlich des Zugriffs auf diese Informationen bedeutet dies wiederum, dass zumindest für nicht-routinierte und/oder weniger häufige Nutzerinnen und Nutzer eine zielorientierte Recherche höchst unbefriedigend und unerfreulich sein kann. Das quantitative Angebot ist fast unerschöpflich, doch fällt es einem beträchtlichen Anteil der Informationssuchenden immer schwerer, die für sie und ihre wissenschaftliche Arbeit relevanten Informationen in endlicher Zeit und mit akzeptablem Aufwand zu recherchieren.

Die Ergebnisse aus den Umfragen aus den Jahren bis 2005 belegen dieses latente Unbehagen bei einer Vielzahl der Bibliotheksnutzerinnen und -nutzer. Dies ist dann selbstverständlich auch eines der Erfolgskriterien der Suchmaschinen, da hier durch eine einfache Fragestellung ein vermeintlich aussagekräftiges und relevantes Rechercheergebnis erzielt werden kann. Diese Aussage lässt sich an zahlreichen Beispielen belegen, bei denen jeweils Google oder eine vergleichbare Suchmaschine als der erste Einstieg in eine Informationssuche angegeben wird. Die wissenschaftlichen Bibliotheken haben sich rückblickend viel zu lange darauf verlassen, dass Informationsrecherchen in Bibliothekskatalogen sehr viel relevantere Ergebnisse liefern, als dies mit Suchmaschinen im Regelfall gegeben ist. Die Erkenntnis, dass diese Haltung vielleicht richtig ist, dass die Nutzerinnen und Nutzer dies jedoch durch ihr tägliches Handeln konterkarieren und offensichtlich mit ihren „schlechteren" Ergebnissen zufrieden sind, ist eines der wesentlichen Argumente dafür, dass sich die ETH-Bibliothek mit einer Verbesserung der Recherchesituation befasst hat.

Die ETH-Bibliothek ist die zentrale Informationseinrichtung für die ETH Zürich, die größte Bibliothek der Schweiz und gleichzeitig eine der bedeutenden naturwissenschaftlich-technischen Informationseinrichtungen in Europa[12]. Neben den Aufgaben einer Universitätsbibliothek fungiert die Bibliothek auch als nationales Zentrum für naturwissenschaftliche und technische Information. Forschungsschwerpunkte der ETH Zürich sind Ingenieurwissenschaften, systemorientierte Wissenschaften, Architektur sowie Mathematik und Naturwissenschaften. Im Kontext Bibliothek sind auch eine ganze Reihe von „bibliotheksnahen" Sammlungen und Beständen zu erwähnen, die organisatorisch ebenfalls durch die ETH-Bibliothek betreut werden. Zu nennen sind hier das Hochschularchiv, mehrere Literaturarchive, umfangreiche Sammlungen an Grafik und darstellender Kunst sowie naturhistorische Objektsammlungen.

In all den genannten Sammlungsbereichen werden in großem Umfang Digitalisierungen von Printmaterial und physischen Objekten durchgeführt, um auf diese Weise, neben den Born-digital-Materialien, zumindest wesentliche Teilbestände der traditionellen Sammlungen auch in digitalisierter Form anbieten zu können. Dies ist das mittel- bis langfristige Ziel all dieser Anstrengungen.

Das Wissensportal der ETH-Bibliothek – das Projekt

Somit ist es naheliegend, dass die ETH-Bibliothek in hohem Maße daran interessiert war, für diese äußerst heterogenen Serviceangebote ein einfaches und möglichst intuitives Recherchetool zu bekommen, um auf diese Weise den Nutzerinnen und Nutzern eine Möglichkeit zu bieten, sinnvoll und unkompliziert vom immensen Angebot an potentiell relevanten Informationen zu profitieren. Wie bereits erwähnt, war dies der wesentliche Ansatz zur Entwicklung einer Portalapplikation[13].

Obwohl der erfolgreiche Abschluss der Implementierung des Wissensportals der ETH Zürich mittlerweile etwa drei Jahre zurückliegt, sind die damaligen Herausforderungen allen Beteiligten nach wie vor sehr präsent; immerhin handelte es sich um das bis dahin größte Bibliotheksprojekt der letzten 20 Jahre, in das eine große Zahl von Bibliotheksmitarbeiterinnen und -mitarbeitern involviert war.

Wie oben angesprochen, war die Evaluierung eines brauchbaren Software-Tools eine erwartungsgemäß komplexe Aufgabe, wobei letztlich die für die Software Primo sprechenden Argumente[14] alle Stakeholder überzeugten.

---

12 Aktuelle Angaben zu Beständen, zu den Nutzungszahlen und zum generellen Dienstleistungsangebot finden sich unter: http://www.library.ethz.ch/de/Ueber-uns/Funktion-Sammelgebiete-Kennzahlen (14.01.2014).
13 Der Portalzugriff erfolgt über: http://www.library.ethz.ch/de/ (14.01.2014).
14 Folgende Punkte waren wesentliche Entscheidungskriterien: Der zum damaligen Zeitpunkt gegebene, relativ hohe Entwicklungsstand; die Möglichkeiten einer einigermaßen nahtlosen Integration in die vorhandene IT-Umgebung innerhalb der ETH-Bibliothek; die Skalierbarkeit des Produktes; das

Das konkrete Entwicklungs- bzw. Implementierungsprojekt gliederte sich in zwei Hauptphasen. In einem ersten Schritt ging es primär um die Installation der damals relevanten Version 2.1 von Primo (ExLibris), deren Konfigurierung im Kontext der Bibliothekssituation vor Ort sowie um die Integration erster Informationsquellen. Die zweite Phase war geprägt vom Aufbau und der Implementierung des notwendigen Content Management-Systems (CMS) eZ Publish und von der Konzeption und Realisierung des gemeinsam mit einer externen Beratungsfirma entwickelten Designs. Hierbei wurde besonderer Wert auf die nahtlose Einbindung der Primo-Templates in die Präsentationsoberfläche gelegt. Ziel war es, möglichst nicht die Standardoberfläche von Primo zu realisieren, sondern mit einer geschickten Integration der Templates in das ausgewählte CMS ein neues *Corporate Design für die ETH-Bibliothek* zu schaffen.

Diese wenigen Sätze machen bereits deutlich, dass die Ausgangslage für die Darstellung des sehr heterogenen Contents, also letztlich für das Design der gesamten Applikation, nicht einfach war, da ganz unterschiedliche Faktoren zu berücksichtigen waren[15]:
– Recherchefunktionen für lokale und externe Metadaten sowie für Inhalte der Webseite
– Darstellung der Rechercheergebnisse mit entsprechenden Funktionen für zusätzliche Einschränkungen
– Funktionalitäten für den Zugriff auf recherchierte Inhalte
– Präsentation von Informationen zum gesamten Dienstleistungsportfolio der ETH-Bibliothek
– Navigationsmöglichkeiten über alle Inhalte der Webseite

So erfolgreich die oben skizzierte (gegenseitige) Integration im Ergebnis auch sein mag, so hat diese Entscheidung dann jedoch auch die Konsequenz, dass notwendige Versions- und/oder Releasewechsel von Primo immer relative aufwändige Design- und HTML-Adaptionen erforderlich machen.

Ein entscheidendes Element jeder Portallösung ist die Recherche in heterogenen Datenpools, die allerdings einen Export dieser Daten aus unterschiedlichen Quellsystemen und ihre Indexierung in Primo voraussetzen. Hierbei müssen diese Quelldaten mit festgelegten Regeln in das Primo zugrundeliegende PNX-Format (Primo Normalized XML) gebracht werden. Diese Normalisierungsregeln wiederum definieren für die einzelnen Primärquellen die Recherche, die Anzeige oder etwa die Facettierung; gleiches gilt für die Verlinkungen und die FRBR-Regeln. Obwohl von der Firma ExLibris für die gängigen Katalogformate entsprechende Muster-Templates zur Verfügung gestellt wurden, stellte sich vor allem die Transformation der komplexen Katalogda-

---

Deep-Search-Konzept für die Integration externer Quellen; die Möglichkeit mit dem Hersteller des Produktes eine Entwicklungskooperation bilden zu können.
15 Vgl. hierzu: Piguet, Wissensportal (wie Anm. 6), S. 124.

ten in ein einfacheres Format als ein zeitintensiver und aus bibliothekarischer Sicht nicht immer unproblematischer Prozess heraus. Der Grund lag in erster Linie darin, dass durch den Transformationsprozess relativ häufig bisher als wichtig und notwendig erachtete Katalogisierungsdetails verloren gingen.

Darüber hinaus sind für die Konfiguration der Normalisierungsprozesse über ein Webinterface zwar keine vertieften IT-Kenntnisse notwendig, so dass diese Aufgabe grundsätzlich von bibliothekarisch vorgebildeten Spezialistinnen und Spezialisten erledigt werden kann. Andererseits müssen diese Personen einen qualifizierten Blick für das Gesamtsystem und vertiefte Kenntnisse im Bereich Katalog- und Metadaten haben. Diese Voraussetzungen treffen im Allgemeinen nur auf eine sehr beschränkte Anzahl Mitarbeitender zu. Im Laufe des Projektes hat sich hinsichtlich des Importrhythmus der Quelldaten empirisch ergeben, dass für die Übernahme von Katalogdaten aus Aleph eine tägliche Aktualisierung die sinnvollste Variante ist; für alle anderen Quellen genügt ein wöchentlicher oder noch längerer Rhythmus.

Die für die Science Community der ETH Zürich besonders relevante Datenbank DADS stellt insofern eine Besonderheit dar, als einmal eine im Verhältnis zu den anderen Quellen sehr viel größere Datenmenge vorliegt und darüber hinaus auch andere Suchstrategien angewandt werden. Somit war es nur naheliegend, die Rechercheergebnisse in einer separierten Anzeige zu präsentieren. Darüber hinaus werden die Suchresultate nicht nach Relevanz angezeigt, sondern nach dem Erscheinungsdatum, wobei die Facettierung lediglich Einschränkungen nach Urheber, Erscheinungsdaten und Zeitschriftentitel ermöglicht.

Das Wissensportal der ETH Zürich

Wie erwähnt, erfolgt der Zugriff auf die inhaltlichen Informationen[16] gegenwärtig über das in die Webseite integrierte Softwaretool Primo der Firma Ex Libris. Das zentrale Suchfeld ermöglicht die Nutzung von Monographien aus dem Bibliotheksverbund NEBIS[17], von Volltexten aus dem Dokumentenserver ETH E-Collection, von digitalisierten Zeitschriften auf der Plattform retro.seals.ch[18] sowie von digitalisierten Autographen, Handschriften und Alten Drucken aus den entsprechenden Datenban-

---

16 Gegenwärtig (Dezember 2013) sind über das Wissensportal der ETH Zürich etwa 78 Mio. Dokumente recherchierbar.
17 Im Netzwerk von Bibliotheken und Informationsstellen in der Schweiz (NEBIS) sind die Bestände von etwa 140 bibliothekarischen Einrichtungen innerhalb der Schweiz nachgewiesen. Hierzu gehören u. a. die Bestände der Universität Zürich, der Zentralbibliothek Zürich, der ETH Lausanne, einer Reihe von Schweizer Fachhochschulen usw.
18 Auf dieser von der ETH-Bibliothek betriebenen Plattform sind die Volltexte von gegenwärtig (Januar 2014) 231 Schweizer Zeitschriftentiteln abgelegt. http://retro.seals.ch/ (14.01.2014).

ken[19]. Ergänzt werden diese Sammlungen durch umfangreiches Bildmaterial aus dem Bildarchiv Online[20] oder durch Videos aus dem Multimediaportal der ETH Zürich[21]. Darüber hinaus kann auch in Beständen der Archivdatenbank[22] der ETH-Bibliothek recherchiert werden.

Abbildung 3: Über das Wissensportal recherchierbare Informationsressourcen.

Naturgemäß ist es vor allen aus Sicht der Wissenschaftlerinnen und Wissenschaftler vollkommen unzureichend, sich nur auf ETH-interne Quellen zu verlassen. Somit lag es nahe, auch den integrierten Zugriff auf externe Volltexte zu sichern, was im Falle des Wissensportals über die DADS-Datenbank (vgl. Fußnote 10) realisiert wird. Innerhalb des IP-Range der ETH Zürich ist über das Portal der Zugriff auf deutlich mehr als 60 Mio. Volltextdokumente möglich. Ebenfalls in DADS integriert sind die Datenbank *Web of Science* sowie die Reportnachweise von NTIS[23].

Wie bereits angesprochen, sind im Kontext des Wissensportals neben den Katalogdaten der ETH-Bibliothek die Daten einer Reihe weiterer wissenschaftlicher Bibliotheken nachgewiesen. Die Präsentation der Katalogdaten der ETH-Bibliothek über eine Portalapplikation führte dann bei den anderen Bibliotheken naheliegender Weise zur Idee, über die Implementierung eigener sog. „Views" nachzudenken, da

---

19 Beide Datenbanken werden von der ETH-Bibliothek betrieben und weisen Bestände mehrerer Schweizer Bibliotheken nach: http://www.e-rara.ch/, http://www.e-manuscripta.ch/ (14.01.2014).
20 Die ETH-Bibliothek verfügt über einen umfangreichen und historisch wertvollen Bildbestand. Ausgewählte Fotografien werden digitalisiert und über die Plattform „Bildarchiv Online" zugänglich gemacht: http://ba.e-pics.ethz.ch/ (14.01.2014).
21 Multimediaportal der ETH Zürich: http://www.multimedia.ethz.ch/ (14.01.2014).
22 Die Archivdatenbank des Archiv- und Nachlassbereiches der ETH-Bibliothek umfasst Nachlassverzeichnisse, Volltexte von Findbüchern, Protokolle universitärer Gremien etc. http://archivdatenbank-online.ethz.ch/ (14.01.2014).
23 Der National Technical Information Service (NTIS) bietet die Volltexte von etwa 3 Mio. Publikationen an. Die Metadaten dieser Dokumente sind über DADS recherchierbar, müssen dann allerdings am gedruckten Bestand der ETH-Bibliothek abgeglichen werden.

das Wissensportal natürlich primär als Applikation der ETH Zürich wahrgenommen wird. So war es nicht verwunderlich, dass bereits zwei Monate nach Aufschaltung des ETH-Portals mit dem Rechercheportal der Zentralbibliothek Zürich ein zweiter View in Betrieb genommen wurde. Die „NEBIS Recherche" für den gesamten (restlichen) NEBIS-Verbund wurde dann im Herbst 2010 in Betrieb genommen. Mit der Integration der Katalogdaten der Universität Zürich in NEBIS ist dann Mitte des letzten Jahres eine weitere View dazugekommen. Die später entwickelten Views[24] orientieren sich viel deutlicher als dies beim Wissensportal der Fall ist, am Standard-Layout des Software-Tools Primo, wurden also nicht nahtlos in die jeweils eigene Webseite integriert. Zu erwähnen ist in diesem Kontext, dass nicht alle Primärquellen gleichermaßen in allen Views recherchierbar sind, was aus rechtlichen und bibliothekarischen Gründen nachvollziehbar ist. Aus Sicht der Nutzerinnen und Nutzer ist diese differenzierte Verfügbarkeit der einzelnen Quellen allerdings eher unbefriedigend und intransparent.

Bereits während der Implementierungsphase wurde deutlich, dass ein Wechsel von der Basisversion Primo 2.1 zu Primo 3 nicht lange würde auf sich warten lassen. Diese Situation stellte insofern eine Herausforderung dar, als sich dieser Versionswechsel unmittelbar an die eigentliche Implementierungsphase anschloss und darüber hinaus natürlich bei laufenden Systemen zu erfolgen hatte. Obwohl der Wechsel letztlich erfolgreich realisiert werden konnte, machten die zahlreichen Funktionsänderungen innerhalb der Version 3 von Primo teilweise größere Eingriffe in das Design des Wissensportals notwendig, da nicht alle mit Einführung der Version 2.1 vorgenommenen Änderungen des Originallayouts von Primo in die nun neue Version übernommen werden konnten.

Diese Situation führte nun innerhalb der Bibliothek zu einem gewissen Perspektivwechsel, da ja zu erwarten war, dass bei sehr wahrscheinlichen, zukünftigen Primoversionen die Umstellungsprobleme wieder auftreten würden. Die Entscheidung fiel dann dahingehend, dass wieder eine gewisse Annäherung an das originale Primo-Layout vorgenommen wurde, die jetzt einen gewissen Kompromiss aus Wunsch und Wirklichkeit darstellt. Nichtsdestotrotz war auch diese Umstellung wiederum mit erheblichem Aufwand verbunden.

Weitere Entwicklungsmöglichkeiten des ETH-Wissensportals

Es ist selbstverständlich, dass eine bibliothekarische Applikation wie das Wissensportal der ETH Zürich nur dann für Nutzerinnen und Nutzer attraktiv bleibt, wenn es gelingt, grundlegende technische Entwicklungen in das laufende System zu integrie-

---

24 Die genannten Views wurden und werden sinnvoller Weise jeweils in enger Abstimmung zwischen der jeweiligen Mutterorganisation und dem Betreiber (ETH-Bibliothek) konfiguriert.

ren. Zusätzlich hierzu müssen natürlich sowohl neue Inhalte, als auch die Funktionalitäten kontinuierlich optimiert und erweitert werden. Hier wurde ja mit der Implementierung der Version 3 ein erster großer Schritt getan.

Bereits jetzt zeichnet sich darüber hinaus am Horizont die neue Version Primo 4 ab, die wiederum neue und erweiterte nutzerorientierte Funktionen bringen wird. So wird es beispielsweise möglich sein, gleichzeitig mehrere Facetten auszuwählen, Suchergebnisse durch die Integration persönlicher Profile wesentlich zu verbessern und die Datenübernahme im RIS-Format in Litertaturverwaltungssysteme zu vereinfachen.

Die Kurzlebigkeit technischer Entwicklungen und die damit verbundene Notwendigkeit permanenter Anpassungen verdeutlicht einmal mehr das gerade angelaufene Projekt „Refreshing Homepage". Aus neuesten Befragungen und anderweitigen Rückmeldungen wurde deutlich, dass hinsichtlich der Usability des Wissensportals sowie beim Design erneuter Handlungsbedarf besteht. Obwohl es sich hier nicht um grundsätzliche Weiterentwicklungen handelt, muss sich ein kleines Team in den nächsten Monaten mit der Bearbeitung dieser Fragen befassen.

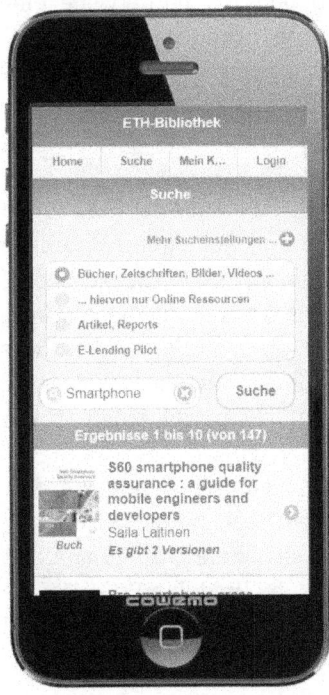

Abbildung 4: Mobile Web-App für den Zugriff auf das Wissensportal.

Mit der Einführung des Wissensportals hat die ETH-Bibliothek auch das Thema „Mobilität" bzw. „Zugriff von mobilen Geräten" aufgegriffen. Ein Ergebnis dieser Bemühungen ist die Entwicklung einer Web-App, die mittlerweile in einer deutschsprachigen Version aufgeschaltet werden konnte; eine englischsprachige Version folgt im Laufe des Jahres 2014. Der Zugriff auf diese App erfolgt von einem mobilen Gerät aus direkt über www.library.ethz.ch. Die Umschaltung auf die mobile Seite erfolgt automatisch.

Über diese mobile Web-App sind etwa die Recherche und das Bestellen von Monographien möglich, das jeweilige Bibliothekskonto kann abgefragt und die Leihfristen können verlängert werden. Des Weiteren sind natürlich auch die wichtigsten Informationen über die Bibliothek selbst recherchierbar. Darüber hinaus gibt es Links zu ausgewählten, von der ETH-Bibliothek lizenzierten E-Ressourcen mit der mobilen Website[25]. Ohne auf die technischen Aspekte im Detail einzugehen, lässt sich an dieser Stelle festhalten, dass die Web-App soweit irgend möglich an die Nutzerinteressen angepasst wurde. Hierzu gehören beispielsweis die Anpassung der recherchierbaren Seiten an die Bildschirmgröße, die Größe und Gestaltung der Schaltflächen, oder die Möglichkeit direkt aus der App heraus zu telefonieren. Ergänzend zur Web-App für das gesamte Portalangebot, steht mittlerweile auch eine App für die spezifische Katalogrecherche in NEBIS zur Verfügung.

Eine sich noch im Realisierungsstadium befindliche Weiterentwicklung ist die Indexierung der über das Softwaremodul ADAM[26] recherchierbaren Scans von Inhaltsverzeichnissen und sonstigen Verlagsinformationen. Da mittlerweile eine große Menge an digitalisierten Objekten vorhanden ist, ist ihre Integration in die Recherche für eine Präzisierung der Rechercheergebnisse nicht uninteressant. Andererseits dürfte dies nicht unerhebliche Konsequenzen auf das Ranking der Ergebnislisten in Primo haben, womit von einem erheblichen Aufwand für die Testphase der neuen Funktion zu rechnen ist.

Das sog. Single Sign-on für die Personen innerhalb des IP-Range der ETH Zürich ist mittlerweile realisiert und stellt für alle Nutzerinnen und Nutzer eine deutliche Verbesserung dar: Als Zugriffs-ID für das Wissensportal genügt jetzt *ein* Zugangscode, im Regelfall die allgemeine Mitarbeiteridentifikation. Eine Ausweitung dieser Applikation auch auf ETH-externe Nutzerinnen und Nutzer ist gegenwärtig in Arbeit, was für eine öffentlich zugängliche Bibliothek nicht unerheblich ist. Darüber hinaus wird dieser Ansatz dann noch weiter an Bedeutung gewinnen, wenn der Anteil an nur noch in digitaler Form vorliegender Information[27] weiter ansteigt.

Obwohl selbstverständlich die im weitesten Sinne technischen Aspekte eine wichtige Rolle spielen, sind natürlich auch die über das Wissensportal recherchierbaren Inhalte ein wesentliches Erfolgskriterium, so dass sich hieraus eine Daueraufgabe ergeben hat. Gegenwärtig haben in erster Linie solche Produkte Priorität, die in Kooperation mit anderen Einrichtungen (gegebenenfalls auch innerhalb der ETH

---

25 Zu nennen sind hier beispielsweise Web of Knowledge, JSTOR oder die Zeitschrift Science.
26 ADAM (Aleph Digital Asset Management) ist ein Software-Tool der Fa. Ex Libris, das zur integrierten Verwaltung von digitalen Objekten und den damit verbundenen Metadaten im Einsatz ist.
27 Dies wird vor allem dann relevant werden, wenn der Zugang an monographischer Literatur in digitaler Form die traditionellen Versionen massiv überflügelt. Eine Entwicklung in diese Richtung ist, zumindest an der Bibliothek der ETH Zürich, klar erkennbar.

Zürich) aufgesetzt wurden. Zur Diskussion steht augenblicklich die kooperativ betriebene Online-Datenbank „Material Archiv"[28]. Diese Datenquelle bietet Informationen zu Baumaterialien, die in unterschiedlichen Materialsammlungen der Schweiz vor allem auch in physischer Form vorhanden sind. Analog zu den in den Ergebnislisten nach der Recherche dargestellten Buchcovers, soll diese Form der Präsentation auch für die Objekte der Materialsammlungen realisiert werden. Vergleichbare Projektideen ließen sich mit Sicherheit auch für andere Objektsammlungen[29] realisieren.

Erfahrungen und Blick in die Zukunft

Als allgemeine Erfahrung lässt sich an dieser Stelle eindeutig feststellen, dass durch die Implementierung des Wissensportals die Suche im heterogenen Informationsportfolio der ETH-Bibliothek für alle Nutzerinnen und Nutzer sehr viel einfacher geworden ist. Die Erfahrung zeigt auch, dass sich vor allem jüngere Personen mit allen angebotenen Funktionalitäten im Wissensportal gut zurechtfinden. Das zentrale Suchfeld ist vertraut und darüber hinaus führen viele Wege ans Ziel. Andererseits müssen die Bibliotheken zur Kenntnis nehmen, dass traditionellen Bibliothekskatalogen einerseits und der Portalsuche auf der anderen Seite sehr unterschiedliche Konzepte zugrunde liegen. Insofern liegt es nahe, dass für den sinnvollen Umgang mit dem Wissensportal ein gewisses Umdenken der Nutzerinnen und Nutzer erforderlich ist. Das Nachvollziehen dieses Paradigmenwechsels ist vor allem für langjährige Katalognutzer nicht immer einfach[30] und benötigt eine gewisse „Einarbeitungszeit". Des Weiteren hat eine Umfrage aus dem Jahr 2012 gezeigt, dass die in das Wissensportal integrierte Katalogfunktion nicht immer im ausreichenden Maße als der Bibliothekskatalog wahrgenommen wird, und darüber hinaus, dass nicht jede Funktionalität als solche erkannt wird. Diese Feststellungen machen deutlich, dass bei der Realisierung von Bibliotheksportalen immer die Frage im Raum steht, wie weit man das Maß an Integration der einzelnen Funktionalitäten treiben möchte. In diesem Kontext ist dann der in den Umfragen geäußerte Wunsch nach zusätzlichen Funktionen im Bereich „personalisierter Zugang" und „intelligente Recherche" nicht wirklich überraschend.

Um den Kenntnisstand über die Spezifika des Wissensportals zu verbessern, ist es selbstverständlich ein integraler Teil bei den regulären Einführungsveranstaltungen in das Dienstleistungsangebot der Bibliothek, so dass es nicht nötig war, hierfür eigene Veranstaltungen aufzusetzen. Darüber hinaus gibt es natürlich entsprechendes Informationsmaterial in gedruckter Form.

---

28 http://www.materialarchiv.ch (14.01.2014).
29 In Frage kommen hier prinzipiell Mineralien und Gesteine, Objekte aus der Architektur etc.
30 Eine exemplarische Aussage für diese individuelle Situation ist das folgende Statement eines Nutzers kurz nach Einführung: „Bei der Suche im Wissensportal finde ich weniger Relevantes als früher in NEBIS".

Ganz grundsätzlich lässt sich als Ergebnis der Einführung des Wissensportals der ETH Zürich konstatieren, dass sich das zeit- und ressourcenintensive Projekt gelohnt hat: Dies gilt einmal für die Bibliotheksnutzerinnen und -nutzer, die jetzt in einem weit größeren Datenpool nach für sie relevanten Informationen recherchieren können. Dies betrifft also den quantitativen Aspekt. Darüber hinaus besteht für eine große Zahl der Rechercheergebnisse die Möglichkeit des sofortigen Onlinezugriffs auf das jeweilige Dokument[31], was eine bisher nicht vorhandene Qualität darstellt.

Die Akzeptanz einer Applikation wie ein Bibliotheksportal bei den unterschiedlichen Nutzergruppen darf jedoch nicht darüber vergessen machen, dass für die Attraktivität eines Portals laufend neue Informationsquellen und zusätzliche Funktionalitäten integriert werden müssen und dass die Schnittstelle Portal-Nutzer kontinuierlicher Beobachtung bedarf. Diese komplexen Aufgaben werden auch in Zukunft beträchtliche Ressourcen erfordern.

---

[31] Selbstverständlich gilt diese Aussage nicht für alle Medientypen. Im Gegensatz zum Onlinezugriff bei den wissenschaftlichen Zeitschriften, dürfte der flächendeckende Zugang zu den Volltexten monographischer Literatur noch etwas auf sich warten lassen. Die ETH-Bibliothek geht für die für sie relevanten Fächer jedoch davon aus, dass sich dies in den nächsten fünf Jahren soweit ändern wird, dass man vor Ort von einer mehr oder weniger kompletten Onlineversorgung sprechen kann.

**Praxisprobleme der Reform von universitären
Informationsinfrastrukturen**

Die Reform der Informationsinfrastrukturen der Hochschulen bringt eine große Bandbreite von Praxisproblemen hervor, die vor Ort gelöst werden müssen. Leistungsmessung und Zertifizierung von Bibliotheken spielen bei der Gestaltung des Reformprozesses eine immer größere Rolle, auch wenn der Aufbau eigener Qualitätsmanagementsysteme an den Hochschulen noch nicht verpflichtend ist, und nur sehr wenige Bibliotheken über ein Qualitätsmanagement verfügen. Methodisch ist – trotz vorliegender Gesamtkonzepte – auch noch immer weitgehend ungeklärt, welche konkreten Leistungen hochwertige Informationsinfrastrukturen jeweils disziplin- und bereichsspezifisch auszeichnen.

Die Ressourcenplanung in den Hochschulbibliothekssystemen arbeitet demzufolge mit einer Reihe von Unbekannten. Eine entwickelte Methodik gibt es bereits bei der Ermittlung von Etatbedarf und Etatverteilung im Bibliothekssystem sowie bei der Bestimmung der Flächenbedarfe von Bibliotheken unterschiedlicher Funktionen und Disziplinen. Auch die Integration disziplinärer Einheiten in einen größeren Funktionszusammenhang und die Standortkonzentration führen zur Modernisierung von Bibliothekssystemen, ebenso wie die gemeinsame Erbringung von Bibliotheks- und Rechenzentrumsdienstleistungen in einem Informations- und Kommunikationszentrum.

Insgesamt ist zu beobachten, dass sich der Wandel in den letzten Jahren in vielen Bibliothekssystemen in ähnlicher Form vollzieht, und sich zuletzt auch noch einmal beschleunigt hat. Insbesondere an den großen Universitäten mit traditionell zweischichtigen Bibliothekssystemen finden umfangreiche Reformprozesse statt, ohne dass die Organisationsform zugunsten einschichtiger Modelle aufgegeben wird. Ob die räumlich-organisatorische Zusammenführung ohne gleichzeitige Konzentration der Etats in einer digitalen Bibliothekswelt langfristig trägt, bleibt abzuwarten. Bibliothekskonzeptionen, die heute für die Zukunft erstellt werden, müssen die rasche Digitalisierung der Information berücksichtigen und befinden sich somit auch unter einem Rechtfertigungsdruck, was die Flächenrelevanz der Planungen betrifft. Überzeugende Nutzungsszenarien, die über eine großzügige Zahl von Arbeitsplätzen und ein für hohe Bandbreiten und große Mengen an Endgeräten ausgelegtes W-LAN hinausgehen, müssen entwickelt werden. Auch die Frage, ob umfangreiche, heterogen aufgestellte und teilweise redundante Bibliotheksbestände noch mit hohem Aufwand in eine einheitliche Aufstellungssystematik überführt werden müssen, und wie andernfalls mit den Mehrfachexemplaren verfahren werden soll, ist wieder offen. Neue automatische Lager- und Bereitstellungssysteme, die in der Massenproduktion Anwendung finden (automatic storage and retrieval system; ASRS), und in denen Medien mit höchster Dichte gelagert werden können, sind derzeit noch Zukunftsmusik. Die Flächenrelevanz umfangreicher dezentraler Bestände bleibt daher auch weiterhin ein wichtiger Faktor bei der Reform universitärer Bibliothekssysteme.

Ulrich Naumann
Qualitätsmanagement und Ressourcenplanung in universitären Bibliothekssystemen

Abstract: Zunächst wird der Frage nachgegangen, warum nur so wenige Bibliotheken und insbesondere die universitären Bibliothekssysteme ein systematisches ganzheitliches Qualitätsmanagement betreiben. Es folgt eine kurze Diskussion des Qualitätsbegriffs und der grundsätzlichen Ansätze ISO 9001 und EFQM zur Einführung eines systematischen Qualitätsmanagements. Die unterschiedlichen Möglichkeiten des betriebs- und des nutzerorientierten Qualitätsmanagements für die Arbeit in der Bibliothek werden dargestellt und die Verbindung zum Ressourcenmanagement, insbesondere der Personalressource, gezogen. Zum Abschluss werden Probleme des Qualitätsmanagements in Abhängigkeit von der Bibliotheksstruktur (einschichtig oder mehrschichtig) erläutert.

Keywords: Common Assessment Framework (CAF, EFQM (European Foundation for Quality Management), ISO 9000-Normen, Qualitätsmanagement, Ressourcenplanung

Einleitung

Würde man bei den etwa 12.000 deutschen Bibliotheken mit hauptamtlicher Leitung eine Umfrage durchführen, bei der nach der Selbsteinschätzung der Arbeitsqualität gefragt würde, käme sicherlich in der weit überwiegenden Zahl der Antworten zum Ausdruck, dass man unter den gegebenen Bedingungen (zu denen insbesondere die Ressourcenknappheit in allen Arbeitsgebieten gezählt würde) eine qualitativ hochwertige Arbeit leiste. Würde man weiter fragen, welche Form des Qualitätsmanagements praktiziert wird, würde man sicherlich wesentlich weniger Antworten erhalten. Und hakt man bei dieser Antwort nach, ob denn jemand „von außen" die Qualität der verrichteten Arbeiten beurteilt, z. B. durch Auditing und Zertifikate, könnten letztlich nur etwa 2-3 % aller deutschen Bibliotheken auf solche Zertifizierungen verweisen. Unter den wissenschaftlichen Bibliotheken wird allein das universitäre Bibliothekssystem der Technischen Universität München positiv antworten können, dass es seit 2007 als erstes (und bislang einziges) deutsches Universitätsbibliothekssystem über ein nach DIN EN ISO 9001 zertifiziertes Qualitätsmanagementsystem verfügt, das 2010 nach einer Überprüfung um weitere drei Jahre verlängert wurde.[1]

---

[1] Die Zahl der weltweit vergebenen ISO 9001-Zertifikate hat inzwischen die Millionengrenze überschritten. S. http://www.iso.org/iso/home/standards/management-standards/iso_9000.htm. Die Zahl der Bi-

Gründe für die geringe Anwendung von Qualitätsmanagementsystemen in wissenschaftlichen Bibliotheken

Worin kann aber die Enthaltsamkeit in der Frage des Qualitätsmanagements insbesondere bei den wissenschaftlichen Bibliotheken liegen? Einmal ist unverkennbar, dass bei universitären Bibliothekssystemen kein Konkurrenzdruck durch eine Marktnebenseite (andere Bibliotheken oder andere Informationsanbieter) herrscht.[2] Damit entfällt ein wesentlicher Anreiz, zur Sicherung von Wettbewerbsvorteilen immer besser zu sein als die anderen Anbieter.[3] Die universitären Bibliothekssysteme sind in eine Institution eingebunden, die auf Literaturversorgung nicht verzichten kann, so dass sie mit Recht zu den „Säulen" eines universitären Lehr- und Forschungsbetriebs gezählt werden können.[4] Zudem bewegen sich diese Systeme trotz aller teils unreflektierten Hinweise auf die Bedrohung der eigenen Position durch digitale Informationsanbieter oder Medienlieferanten (die sie in ihre Prozesse einbinden) auf einem „Verkäufermarkt", der nicht unbedingt Innovationen zur Verbesserung der Produktionsprozesse oder der Produktqualität zugunsten der Benutzer herausfordert. Sie haben innerhalb ihrer Institution eine Regelungshoheit, die sich an internen betrieblichen Belangen, nicht aber unbedingt an den Wünschen der Benutzer ausrichten muss (z. B. in der Frage der Öffnungszeiten, der Leihfristen oder der Zugänglichkeit zu bestimmten Medienangeboten wie einer Lehrbuchsammlung). Dennoch wollen diese Bibliotheken nach ihrem eigenen Selbstverständnis qualitativ hochwertige Dienstleistungen anbieten. Ohne dass dabei in Kategorien des Qualitätsmanagements gedacht wird, sind durch Maßnahmen, die eine hohe Prozessqualität sichern sollen, Regelwerke für die formale und sachliche Beschreibung von Medien entstanden, und zwar sogar mit dem Ziel eines gemeinsamen Standards, der die Verbindung dieser

---

bliotheken, die in akademischen Einrichtungen nach ISO 9001 zertifiziert sind, wird für 2006 auf 121 Bibliotheken in 34 Ländern geschätzt. S. hierzu den informativen Überblick über die Verbreitung der Zertifizierung bei Balagué, Núria u. Jarmo Saarti: Managing your library and its quality: The ISO 9001 way. Oxford: Chandos Publ. 2011. (Chandos information professional series). S. 33ff. (Tabelle 4.1 auf S. 42).

2 S. dazu Naumann, Ulrich: Serviceportfolios von Bibliotheken im Umbruch: Herausforderungen an Management und Organisation. Ein Überblick zur Thematik aus betriebswirtschaftlicher Sicht. In: Personal- und Organisationsentwicklung in Bibliotheken. Hrsg. von Andreas Degkwitz. Berlin [u. a.]: de Gruyter 2013. S. 17f.

3 Im Gegenteil: Bibliotheken kooperieren auf dem Gebiet der Zugangsbearbeitung in sehr großem Umfang miteinander, sei es über gemeinsam betriebene Verbundkataloge oder die Beschaffung digitaler Medien durch Konsortien.

4 Ähnlich argumentiert auch Cornelia Vonhof, s. Vonhof, Cornelia: Die Bibliothek als Betrieb. In: Handbuch Bibliothek: Geschichte, Aufgaben, Perspektiven. Hrsg. von Konrad Umlauf u. Stefan Gradmann. Stuttgart, Weimar: Metzler 2012. S. 270. Die Öffentlichen Bibliotheken zählen trotz aller gesetzlichen Bemühungen weiterhin zu den „freiwilligen sozialen Leistungen" und sind daher weit mehr in ihrer Position gefährdet.

Leistungen zu übergeordneten Nachweisinstrumenten ermöglichen soll.[5] Man denke hier nur an die „Preußischen Instruktionen" von 1891 und dem auf sie aufbauenden Gesamtkatalog, mit denen bereits am Ausgang des 19. Jahrhunderts eine Grundforderung des Qualitätsmanagements realisiert wird, nämlich eine definierte Qualität zu gewährleisten. Unter dem Kostendruck wird auch über effiziente Betriebsprozesse nachgedacht.

Qualität und Management

Um ein zielgerichtetes Qualitätsmanagement betreiben zu können, muss zumindest die Frage beantwortet werden, was unter „Qualität" verstanden wird. Hier wird man schnell erkennen, dass zwar eine betriebsinterne Prozessqualität gestaltet und gesichert werden kann (etwa durch Geschäftsgangsregeln, die den effizienten Ablauf von Prozessen beschreiben und deren Einhaltung und Ergebnisse auch kontrolliert werden können), dass aber an den Schnittstellen zwischen bibliothekarischer Dienstleistung und Benutzer eine Individualisierung des Qualitätsverständnisses durch den Benutzer einsetzt.[6] Dieses Phänomen ist in der Literatur zum Qualitätsmanagement für Dienstleistungseinrichtungen oft beschrieben worden, gilt aber gleichermaßen für das produzierende Gewerbe.[7] Zwar fehlt es nicht Möglichkeiten, das Benutzerempfinden für die Qualität der angebotenen Dienstleistungen zu ermitteln (beispielsweise durch Umfragen[8], ein strukturiertes Feedbackmanagement[9], Analyse der Blogs

---

5 S. hierzu Sommerstange, Marcus: Ein Vergleich der DIN EN ISO 9001:2008, des EFQM-Modells für Excellence und der AKMB-Standards unter Berücksichtigung ihrer praktischen Anwendung in drei Beispielbibliotheken. In: Bibliotheksdienst (2011) H. 45. S. 26.
6 So kann eine inhaltlich mit derselben inhaltlichen Qualität gegebene Auskunft von einem Benutzer als zu umfassend, von einem zweiten als genau die Fragestellung treffend und von einem dritten als zu dürftig empfunden werden. Für das Qualitätsmanagement würde sich hieraus als Forderung ergeben, den Prozess der Auskunftserteilung noch weiter um die Nachfrage zu erweitern, was denn genau der Benutzer mit der Auskunft anfangen will.
7 Zum Begriff „Dienstleistungsqualität" und den individuell empfundenen Merkmalsausprägungen vgl. Bruhn, Manfred: Qualitätsmanagement für Dienstleistungen: Grundlagen – Konzepte – Methoden. 8. Aufl. Heidelberg: Springer 2011. S. 33ff.
8 S. hierzu z. B. Mühlenkamp, Holger: Zur Ermittlung der Qualität von Bibliotheksdienstleistungen: Konzept und Ergebnisse einer 2003 durchgeführten Benutzerumfrage. Wiesbaden: Dinges & Frick 2004 (BIT online : Innovativ 8).
9 S. hierzu Schlüter, Ute: Implementierung einer Qualitätsstrategie im Feedbackmanagement: am Beispiel einer Universitätsbibliothek. Berlin: Institut für Bibliotheks- und Informationswissenschaft der Humboldt-Universität zu Berlin 2012 (Berliner Handreichungen zur Bibliotheks- und Informationswissenschaft 323). http://edoc.hu-berlin.de/series/berliner-handreichungen/2012-323/PDF/323.pdf (12.9.2013).

in sozialen Netzwerken (Blog-Monitoring[10])). Die Nutzungsmessung der Inanspruchnahme der angebotenen Medien ist ein wichtiges Instrument der Qualitätskontrolle, die insbesondere im Bereich der Zeitschriftenversorgung und des Angebots an digitalen Ressourcen eingesetzt werden kann, um die Struktur des lokalen Bedarfs zu analysieren und das Angebot besser an die Nachfrage anzupassen.[11] Auch die Ansätze zur Leistungsmessung in Bibliotheken lassen sich hier subsumieren[12]. Im Ergebnis wird es sich immer um aggregierte statistische Werte handeln, die die Qualitätsvorstellungen des einzelnen Benutzers zu einer bestimmten Dienstleistung anonymisieren.

Modelle für ein systematisches Qualitätsmanagement

Management lässt sich mit der Abfolge Planen – Entscheiden – Realisierung veranlassen – Kontrollieren beschreiben. Hierbei handelt es sich um ein Regelkreisprinzip, da mit der Kontrolle Ansatzpunkte gewonnen werden, entweder die Planung zu überdenken, die Entscheidung zu korrigieren oder die Realisierung zu optimieren. An welcher Stelle eine Korrektur erfolgt, hängt vom Ergebnis der Abweichungsanalyse aus dem Kontrollschritt ab. Dieses allgemeine Managementprinzip lässt sich auf das Qualitätsmanagement übertragen.

Entscheidend ist der Dominanzanspruch für das Management-Handeln. Hier nähert sich das Qualitätsmanagement dem Marketing-Management an: Beide Ansätze fordern, das betriebliche Geschehen aus der Kundenperspektive zu sehen, alle Aktivitäten auf den Kunden auszurichten. Letztlich kommt hierin übergeordnet der philosophische Ansatz des Total Quality Management (TQM) zur Geltung. TQM selbst ist keine „Methode" im Rahmen eines qualitätsorientierten Ansatzes, sondern eine Grundeinstellung für das Handeln eines Betriebs gegenüber seinen Kunden.[13]

---

10 Beispielsweise mit der Suchmaschine technorati. http://technorati.com/search/?return=posts&q=web%202.0 (12.9.2013).
11 S. hier z. B. Tappenbeck, Inka: Zeitschriften-Nutzungsanalysen als Instrument des Qualitätsmanagements an wissenschaftlichen Bibliotheken. In: Bibliothek (2001) H. 25. S. 317–329.
12 S. hierzu das Standardwerk: Poll, Roswitha u. Peter te Boekhorst: Measuring quality: performance measurement in libraries. 2. rev. ed. München: Saur 2007 (IFLA Publications 127). http://dx.doi.org/10.1515/9783598440281 (12.9.2013). Zu speziellen Modellen und Messinstrumenten wie SERVQUAL und in der bibliotheksbezogenen Version LibQUAL+™, mit denen die Dienstleistungsqualität aus der Nutzerperspektive ermittelt werden kann, s. Inden, Ivonne: Die Entwicklung von Qualitätsstandards in Bibliotheken und ihr Einsatz im Benchmarking. Berlin: Institut für Bibliotheks- und Informationswissenschaft der Humboldt-Universität zu Berlin 2008 (Berliner Handreichungen zur Bibliotheks- und Informationswissenschaft 229). S. 47–58. http://www.ib.hu-berlin.de/~kumlau/handreichungen/h229/h229.pdf (12.9.2013).
13 Vgl. hierzu Bruhn, Qualitätsmanagement (wie Anm. 7), S. 69–82.

Insofern kann der Gedanke des TQM auf das benutzerorientierte Handeln von Bibliotheken angewendet werden.[14]

Dieser Dominanzanspruch wird von den beiden Grundmodellen[15] betont, die für ein systematisches Qualitätsmanagement herangezogen werden können: die EN ISO-9000-Normenfamilie und EFQM (European Foundation for Quality Management in Verbindung mit dem Common Assessment Framework (CAF). Hier ist nicht der Raum und für unsere Darlegungen nicht die Notwendigkeit, eine weitere Darstellung zu den Grundlagen von ISO-9001:2008 bzw. EFQM zu geben.[16] Es soll aber auf die Unterschiede in den Ansätzen hingewiesen werden:

Die ISO-Norm schafft durch die intensive und dokumentierte Prozessanalyse (u. a. mit einem Qualitätsmanagement-Handbuch) die Voraussetzungen für eine externe Zertifizierung. Durch die befristete Vergabe des Zertifikats wird zumindest die Qualitätssicherung der zertifizierten Qualität gefordert.[17] Bei einer erneuten Zertifizierung wird die Anwendung der neuesten Norm gefordert, selbst wenn die erste Zertifizierung nach einer vorangegangenen Norm erfolgt ist. Im Mittelpunkt stehen also die Betriebsprozesse, auch wenn ISO 9001:2008 eine Berücksichtigung der Kundenwünsche vorsieht.

Deutlich wird dies in der nachfolgend dargestellten Abbildung an den Seitenzahlen für die einzelnen Gliederungspunkte der Norm. Hier hat Abschnitt 7, der sich mit den Prozessen beschäftigt, den größten und differenziertesten Umfang.

---

14 S. dazu z. B. Nelles, Alexandra: Total-quality-Management in wissenschaftlichen Bibliotheken: eine Einführung in das Qualitätsmanagement. Frankfurt am Main [u. a.]: Lang 2000 (Europäische Hochschulschriften : Reihe 40, Kommunikationswissenschaft und Publizistik 73).
15 Eine umfassende Darstellung der Geschichte des Qualitätsmanagements, der verschiedenen Ansätze und Verfahren findet sich bei Zollondz, Hans-Dieter: Grundlagen Qualitätsmanagement: Einführung in Geschichte, Begriffe, Systeme und Konzepte. 3., überarb., aktualisierte und erw. Aufl. München: Oldenbourg 2011.
16 Auf Bibliotheken bezogen s. beispielsweise Inden, Entwicklung (wie Anm. 12).
17 Einen sehr guten Einblick in die Schritte, die in einem universitären Bibliothekssystem erfolgen müssen, um nach ISO 9001 zertifiziert zu werden, gibt der Bericht von Carolin Becker. Hier scheint es, dass eine Zertifizierung nach ISO 9001 nicht das ursprüngliche Ziel war, sondern ein zusätzliches Ergebnis, da die Arbeiten an der umfangreichen Restrukturierung des Bibliothekssystems der TU München weitgehend bereits die notwendigen Voraussetzungen für einen Zertifizierungsantrag geschaffen hatten. S. Becker, Carolin: Qualitätsmanagement in Bibliotheken am Beispiel der Universitätsbibliothek der Technischen Universität. Berlin: Institut für Bibliotheks- und Informationswissenschaft der Humboldt-Universität zu Berlin 2011 (Berliner Handreichungen zur Bibliotheks- und Informationswissenschaft 295). http://edoc.hu-berlin.de/series/berliner-handreichungen/2011-295/PDF/295.pdf (12.9.2013). Einen allgemeinen detailliert beschriebenen 10-Schritte-Plan findet man bei Bruhn, Qualitätsmanagement (wie Anm. 7).

> DIN EN ISO 9001:2008-12 (85 Seiten)
>
> **Qualitätsmanagementsysteme – Anforderungen**
>   Vorwort (S. 2-4)
>   Einleitung (S. 5-11)
>   1 Anwendungsbereich
>   2 Normative Verweisungen
>   3 Begriffe
>   4 Qualitätsmanagementsystem (S.14-19)
>   5 Verantwortung der Leitung (S. 19-23)
>   6 Management von Ressourcen (S. 23-25)
>   7 Produktrealisierung (S. 25-39)
>   8 Messung, Analyse und Verbesserung (S. 39-45)
>   Anhang A (informativ)
>   Entsprechungen zwischen ISO 9001:2000 und
>   ISO 9001:2008 (S. 46-61)
>   Anhang B (informativ)
>   Änderungen zwischen ISO 9001:2000 und
>   ISO 9001:2008 (S. 61-84)
>   Literaturhinweise (S. 85)

Abbildung 1: Gliederung der ISO EN 9001:2008-12.

Bei EFQM[18] wird der gesamte Betrieb nach verschiedenen Kriterien betrachtet. Hierzu gibt es neun Kriterien, die einerseits das „Was" und „Wie" der betrieblichen Organisation analysieren, zum anderen die vom Betrieb erzielten Ergebnisse. Im Modell gibt es fünf Kriterien für „Voraussetzungen" oder „Befähiger" bzw. vier Kriterien für „Ergebnisse".

Die Gewichtung der einzelnen Kriterienblöcke und der dazu gebildeten Unterkriterien erfolgt jeweils hälftig nach einem europaweit einheitlichen Verfahren, so dass im Rahmen einer nachprüfbaren Selbstbewertung durch die Organisation eine Bewertung durch Externe nach in Europa einheitlichen Standards erfolgen kann. Dabei liegt das Schwergewicht bei den Befähigern mit 14 % zwar auch bei den Prozessen, aber die „Leitung" hat gegenüber den anderen Befähigern einen höheren Wert. Bei den Ergebnissen wird deutlich, dass besonderes Gewicht auf die kundenbezogenen Ergebnisse gelegt wird, was genau dem Ansatz des Qualitätsmanagements entspricht. Somit wird eine Basis für eine Vergabe von Qualitätspreisen geschaffen (national beispielsweise der Ludwig-Ehrhard-Preis, der Deming-Preis in Japan oder der Baldrige-Preis in den USA, international der Europäische Qualitätspreis). Das EFQM-Modell mit seinem expliziten Selbstbewertungsschema stellt hohe Anforde-

---

[18] Für eine aktuelle Version des Modells s. The EFQM Excellence Model. http://www.efqm.org/en/Home/aboutEFQM/TheEFQMExcellenceModel/tabid/132/Default.aspx (15.9.2013).

rungen an die „Reife" des Betriebs und geht damit weit über das übliche an Prozessen orientierte Qualitätsmanagement hinaus.

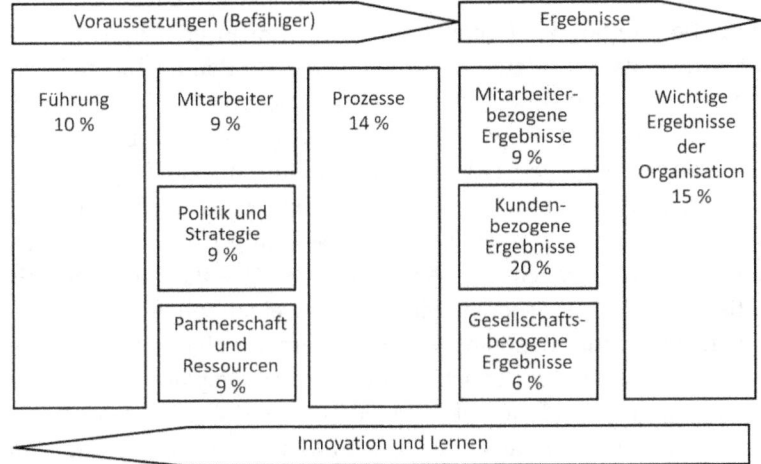

Abbildung 2: Kriterienschema des EFQM-Modells.

Eine durchgehende Forderung beider Ansätze ist die ständige Beteiligung aller Mitarbeitenden an der Formulierung der Qualitätsziele, damit diese durchgängig im betrieblichen Geschehen bewusst sind und aktiv gelebt werden.[19] Hierüber könnte man diskutieren, aber sicher ist, dass vom Top-Management bis auf die Ebene der Prozessmanager (immerhin etwa 30 % des Bibliothekspersonals in größeren Bibliotheken), wo die Umsetzung der Regelungen gesteuert wird, das Qualitätsbewusstsein vorhanden sein muss, um die gesetzten Qualitätsziele zu erreichen.

Betriebs- und nutzerorientiertes Qualitätsmanagement

Wir können beim (systematischen) Qualitätsmanagement in Bibliotheken zwei Bereiche unterscheiden: die Optimierung der Prozessqualität und die Optimierung der Produktqualität. Die Optimierung der Prozessqualität ist dem Bereich des betriebsorientierten Qualitätsmanagements zuzuordnen. Entscheidend dabei ist, dass hier die Bibliothek die Handlungsautonomie behält, selbst wenn sie dabei überordneten

---

[19] Ob das wie in Sachsen-Anhalt so weit gehen muss, dass alle Mitarbeitenden schriftlich ein persönliches Versprechen abgeben müssen, zukünftig aktiv das Qualitätsmanagement-Verfahren zu unterstützen, mag bezweifelt werden.

Vorgaben, etwa bei einer Verbundkatalogteilnahme, folgen muss. Sie strukturiert die notwendigen Prozesse der Herstellung der Dienstleistungsbereitschaft (dazu gehören die Zugangsbearbeitung mit Erwerbung und Erschließung und die Lagerung der physikalischen Medien und das Verfügbarmachen der digitalen Medien) mit dem Ziel der Prozessoptimierung. Der Kontakt zum Benutzer ist hierbei nicht erforderlich, auch wenn bestimmte Prozesse darauf orientiert werden, erwartete Benutzerbedürfnisse optimal zu befriedigen. Die Analyse der betriebsinternen Prozesse hinsichtlich ihres Rationalisierungs- und Verbesserungspotentials dient dazu, Ressourcen vor allem an Geld und Personal einzusparen, die zukünftig wegen Haushaltskürzungen fehlen werden oder in anderen Betriebsfunktionen sinnvoller eingesetzt werden können. Neben den Prozessen selbst können die lokalen Voraussetzungen für eine Nutzung der Bibliotheksangebote zum Bereich des betriebsinternen Qualitätsmanagements gezählt werden. Hierzu gehört insbesondere die Schaffung einer hohen Aufenthaltsqualität durch ein ansprechendes Raumangebot (neben komfortablen Einzelplätzen z. B. Gruppenarbeitsbereiche) und technisch hochwertige Arbeitsplätze (Strom und Datenanschlüsse sollten neben bibliothekseigenem Equipment ein „must-have" sein). Solche nutzerorientiert geschaffenen Raum- und Technikangebote gehören zu den positiv wahrgenommenen Merkmalen einer hohen Dienstleistungsqualität.[20]

Die Optimierung der Produktqualität ist dem Bereich des nutzerorientierten Qualitätsmanagements zuzuordnen und vollzieht sich an den Schnittstellen zwischen Bibliothek und Benutzer. „Produkt" wird hier im betriebswirtschaftlichen Sinn als Abgabe einer Leistung an Dritte außerhalb des Betriebs verstanden. Die Produktqualität des Produkttyps „Dienstleistung" wird vom Produktcharakter beeinflusst. Im Gegensatz zu materiellen Produkten, wo durch eine umfassende Qualitätssicherung (dem Ursprung des Qualitätsdenkens) das an den Markt ausgelieferte Produkt mängel- und fehlerfrei sein soll, um die Kosten der Rückgabe des Produkts oder einer Mängelbeseitigung zu vermeiden, ist die Dienstleistung durch mehrere Merkmale gekennzeichnet, die sie als jeweils einzigartig und nicht-wiederholbar ausweisen: Sie ist intangibel, nicht speicherfähig, von der Beziehung zu einem externen Faktor (dem Nutzer) abhängig, und aufgrund ihrer Immaterialität besteht kein Rückgaberecht bei Mängeln oder Fehlern. Diese Dienstleistung wird *uno acto* (Produktion und Verzehr fallen zeitlich zusammen) erbracht, auch wenn dabei materielle Güter wie ein Buch bei der Ausleihe sekundär die Dienstleistung begleiten. Mängel oder Fehler in dieser Dienstleistung können nur durch eine weitere Dienstleistung behoben werden.

Es wird leicht erkennbar, dass eine Optimierung der nutzerbezogenen Produktqualität ungleich schwerer als die Optimierung einer betriebsinternen Prozess-

---

[20] Das zeigt sich z. B. in der Inanspruchnahme von Bibliotheken als Lernorte, unabhängig vom angebotenen Medienbestand. So werden in Berlin die Staatsbibliothek und das Brüder-Grimm-Zentrum der Humboldt-Universität sehr stark als Lernorte wahrgenommen (und sind entsprechend überlaufen). In der Freien Universität Berlin gibt es eine „Lernortkonkurrenz" zwischen neu errichteten Bibliotheken und älteren Einrichtungen, völlig unabhängig vom jeweiligen Bestand.

qualität zu realisieren ist, weil es hier im Wesentlichen auf die Betriebsangehörigen ankommt, die die Dienstleistungen bei aller persönlichen Individualität in einer für alle gewünschten gleichmäßig hohen Qualität vermitteln müssen. Deshalb kommt hier der Personalressourcengestaltung eine entscheidende Bedeutung zu.

Es darf aber nicht außer Acht gelassen werden, dass neben den „tradierten" Produkten die Qualität der Dienstleistungen einer Bibliothek aus Nutzersicht auch dadurch beurteilt wird, ob sie neue Produkte in ihr Portfolio aufnimmt und der Nutzung zur Verfügung stellt.[21] Das Wahrnehmen solcher Angebote muss nicht unbedingt bedeuten, dass der Nutzer sie in Anspruch nimmt. Diese Beziehung des Qualitätsmanagements zum Innovationsmanagement einer Bibliothek wird von Ursula Georgy betont.[22] Ob es sich dabei um grundlegend neue Angebote[23] oder nur die inkrementelle Erweiterung vorhandener Angebote (etwa eine Verlängerung der Öffnungszeiten) handelt, ist dabei zweitrangig, sofern der Nutzer es als Qualitätssteigerung der Bibliothek interpretieren kann.

Ressourcenplanung

Im Zielsystem eines Qualitätsmanagements sind sicherlich die räumlichen und technischen Bedingungen für ein Nutzungsangebot und die dem Nutzungsangebot zugeordneten materiellen Ressourcen, mit denen physische und digitale Quellen erworben werden können, wichtige Bausteine. Ihre Berücksichtigung gehört damit zur Ressourcenplanung, d. h. der Verwendung der zur Verfügung stehenden Sach- und Investitionsmittel.

Die Ressourcenplanung muss aber vor allem die Personen einbeziehen, mit denen in der Bibliothek das betriebs- und nutzerorientierte Qualitätsmanagement durchgeführt werden soll. Die Beschäftigungsdauer in Bibliotheken dauert in der Regel mehrere Jahrzehnte und kann aus betrieblichen Gründen nicht so leicht beendet werden. Daher gilt es, sich einen guten Überblick über die vorhandenen Res-

---

21 Sowohl in der ISO-Norm wie auch im EFQM-Modell werden die Qualitätsziele mit Blick auf Kundenzufriedenheit betont. Nicht nur die gegenwärtigen, sondern auch künftige mögliche Kundenanforderungen sollen ermittelt und in Produkten oder Dienstleistungen umgesetzt werden.
22 S. Georgy, Ursula: Qualität im Service- und Dienstleistungsmanagement von Bibliotheken durch erfolgreiches Innovationsmanagement. In: „Gut ist uns nie gut genug!": Instrumente zur Qualitätsentwicklung und Qualitätssicherung für eine ausgezeichnete Bibliothek. Hrsg. von Tom Becker [u. a.]. Wiesbaden: Dinges & Frick 2010. S. 33–55.
23 So haben inzwischen zahlreiche Untersuchungen gezeigt, dass ein Facebook-Auftritt einer wissenschaftlichen Bibliothek nur von etwa 5 % der Nutzer wahrgenommen wird (bei einer wesentlich höheren Marktdurchdringung bei der Nutzergruppe zwischen 18 und 29 Jahren (über 12 Millionen), der Primärgruppe der wissenschaftlichen Bibliotheken), weil Facebook eher zum privaten, die Bibliothek eher zum beruflichen Bereich gezählt wird. Zu den Zahlen s. bibcharts: Bibliotheken und Informationszentren im Social Web. http://bibcharts.eu/ (12.9.2013).

sourcen zu verschaffen, das Potenzial einzelner Mitarbeitenden richtig einzuschätzen und darauf hinzuwirken, dass dieses Potenzial für die betrieblichen Belange zweckgerichtet eingesetzt wird.[24] Aus- und Weiterbildung sollten in einem großzügigen Maß gewährt werden, weil damit für die Mitarbeitenden ein Signal gesetzt wird, dass die Bibliothek bereit ist, die Mitarbeitenden für neue zukünftige Aufgaben fit zu machen. Man denke nur an die Veränderungen in der Medienbeschaffung durch den lizenzierten Erwerb digitaler Medien oder die Umstellung der Katalogisierung von der Zettelwirtschaft auf verbundbasierte Verfahren, die weitgehend innerhalb von etwa 15 Jahren mit den vorhandenen Mitarbeitenden bewältigt werden mussten und konnten.

Deshalb kommt dem Personalmanagement mit seinen Facetten der Personalplanung, Personalbedarfsdeckung, Personalführung, Personalentwicklung, Entgeltgestaltung und Personalverwaltung eine große Bedeutung zu.

Qualitätsmanagement in universitären Bibliothekssystemen

Bei der Frage, ob sich das Qualitätsmanagement in universitären Bibliothekssystemen (worunter hier verstanden wird, dass für die Institution Universität mehrere Standorte mit Medien- und Nutzungsangeboten existieren) vom Qualitätsmanagement einer einschichtigen Hochschulbibliothek mit nur einem Standort unterscheidet, wird man bei diesen Systemen in funktional einschichtige und zweischichtige Systeme trennen müssen. In funktional einschichtigen Systemen stehen die Zweigbibliotheken unter der einheitlichen Leitung der Bibliothekszentrale. Betriebsorganisatorische Regelungen, die etwa für das Prozessmanagement der Zentrale geschaffen worden sind, können ohne Probleme auf die Zweigbibliotheken übertragen und dort als verbindlich anzuwenden erklärt werden. Öfters übernimmt die Zentrale auch zur Qualitätssicherung der Prozesse die gesamte Arbeit und betreibt insbesondere bei räumlicher Nähe ohne aufwendige Transportkosten die Zweigstellen nur als vermittelnde Standorte.

In zweischichtigen Systemen wird in der Regel eine relative Autonomie der Fachbibliotheken mit der Bibliotheksordnung konstituiert sein. Für das Qualitätsmanagement in solchen Systemen kommt zum Tragen, was oben über das betriebsinterne und nutzerorientierte Qualitätsmanagement ausgeführt wurde. Durch die weitgehend einheitliche Automatisierung der internen Betriebsabläufe bei der Zugangsbearbeitung auf der Grundlage eines integrierten Bibliotheksinformationssystems ist die interne Prozessqualität relativ leicht herzustellen und durch Schulungen und

---

24 S. auch Holzer, Maria: Möglichkeiten und Grenzen von Personalentwicklungskonzepten im Bereich der Bibliothek. In: Perspektive Bibliothek (2013) H. 2. http://archiv.ub.uni-heidelberg.de/ojs/index.php/bibliothek/article/view/10347/4204 (12.9.2013).

schriftliche Anweisungen zu vermitteln und zu sichern. Hierbei wird ein Rollenmanagement installiert sein, das der Zentrale die umfassenden Korrekturrechte einräumt. Entsprechendes gilt für das Angebot an digitalen Medien, das in der Regel nur von der Zentrale unter Mitfinanzierung durch die Fachbibliotheken bereitgestellt wird.

In beiden Strukturen ist die Qualitätssicherung im nutzerorientierten Qualitätsmanagement problematischer. Obwohl es zum Vorteil gereicht, dass etwa das Auskunftsgeschehen sich fachlich auf einen kleineren Wissenschaftsbereich fokussiert, so sind Standards für die Auskunftserteilung schwerer an den zahlreichen Stellen zu realisieren. Auch das digitale Angebot lässt sich schwerer vermitteln. Zudem können sich die Konditionen für die Medienbenutzung innerhalb und außerhalb der bibliothekarischen Standorte ändern (Handapparate für die Wissenschaftler, manchmal mit unkontrolliertem Zugang mit eigenen Schlüsseln), die zu einer Differenzierung der Nutzer nach ihrem Status führen, die in der Zentrale so nicht gegeben ist. Abhilfe können hier Qualitätszirkel auf den verschiedenen Managementebenen des Bibliothekssystems (Leitung, Zugang, Benutzung) schaffen, in denen man sich auf ein einheitliches qualitätsorientiertes Handeln einigt. Auch der Aufbau eines Intranets oder Wiki als Informationsangebot für die Mitarbeitenden kann für ein einheitliches Wissen sorgen. Die Kontrolle, ob dieses Wissen dann zieladäquat umgesetzt wird, liegt beim örtlichen Prozessmanagement. Beobachtbar ist jedoch, dass besser qualifizierte Mitarbeitende oftmals in der Zentrale beschäftigt sind, weil die dortigen Aufgabengebiete insgesamt vielfältiger ausgestaltet werden können. Das verbleibende weniger qualifizierte Personal kann dann mit einer nutzerorientierten Qualitätssicherung überfordert sein. Deshalb kann es als eine Chance für ein bewusstes Qualitätsmanagement gesehen werden, wenn kleinere Fachbibliotheken unter Verlust ihrer fachlichen Besonderheiten zu größeren Einheiten zusammengeschlossen werden, in denen ein qualitätsorientiertes Handeln leichter zu verwirklichen ist.

Schluss

In diesem Beitrag konnte einerseits konstatiert werden, dass die universitären Bibliothekssysteme[25] aus vielerlei Gründen kein formalisiertes Qualitätsmanagement

---

25 In Bayern wurde zwischen dem Bayerischen Staatsministerium für Wissenschaft, Forschung und Kunst und den bayerischen (Fach)Hochschulen in einer Zielvereinbarung u. a. ein Projekt „Kooperative Qualitätsentwicklung in einem Konsortium bayerischer Fachhochschulen" festgelegt. Ansatzpunkte sind die Geschäftsprozesse, die modelliert, analysiert und optimiert werden. Ziel dieser Qualitätsentwicklung ist die „Sicherung und Steigerung der Leistungsfähigkeit der bayerischen Hochschulen", das Staatsministerium erhofft sich dadurch eine nachhaltige Kosteneinsparung. Stellvertretend für alle Fachhochschulbibliotheken werden in einer Arbeitsgruppe Qualitätsmanagement Kernprozesse ermittelt, beschrieben und mit einer Geschäftsprozesssoftware modelliert. Diese beispielhaften Prozessbeschreibungen sollen den 17 staatlichen (Fach)Hochschulbibliotheken als Grundlage für das eigene Qualitätsmanagement dienen und damit die Basis für ein kooperatives Benchmarking bilden,

im Sinne der ISO 9001 oder des EFQM-Standards betreiben, dass aber gerade in den von den Bibliotheken direkt zu steuernden betrieblichen Prozessen mit Methoden gearbeitet wird, die denen des instrumentalisierten Qualitätsmanagements entsprechen. Schwieriger erweist sich das Qualitätsmanagement bei den von den Benutzern induzierten Dienstleistungen, weil hier letztlich nur eine von der Bibliothek angenommene „erwünschte" Qualität standardisiert werden kann, ohne die Gewissheit zu haben, hier immer für den einzelnen Benutzer das Richtige und Erwartete zu tun. Mit diesem Dilemma leben aber alle Qualitätsansätze, die auf einen unbekannten Markt gerichtet sind. Eine der großen Herausforderungen für ein „Totales Qualitätsmanagement", das den Nutzer in den Mittelpunkt aller Bemühungen stellt, wird es daher sein, hier mit den verschiedensten methodischen Ansätzen mehr Klarheit darüber zu gewinnen, was welche Benutzer von einer qualitativ hochwertigen Literatur- und Informationsversorgung erwarten.

---

das diese Einrichtungen untereinander vergleicht. Zu den Verfahren in Öffentlichen Bibliotheken s. auch Vonhof, Bibliothek als Betrieb (wie Anm. 4), S. 282–285.

Bernd Vogel
Flächenplanung für Hochschulbibliotheken

Abstract: Die Hochschulbibliotheken unterliegen in erheblichem Maße einem technikgetriebenen Wandel sowohl bei den Informationsangeboten als auch bei der hieraus resultierenden geänderten Nachfragesituation durch Wissenschaftler und Studierende. Beides wirkt sich auf die Flächenplanung aus.

Die Literatur- und Informationsversorgung wird auch zukünftig eine wesentliche Grundlage wissenschaftlichen Arbeitens in Forschung und Lehre an den Hochschulen bilden. Dies gilt sowohl für digitale Medien als auch für Printmedien. Bibliothekarische Dienstleistungen werden daher sowohl für Forschung als auch für Lehre weiterhin an Hochschulen benötigt – unabhängig davon, in welcher Form die Versorgung mit Informationen erfolgt. Das Aufgabenspektrum der Bibliotheken erweitert sich allerdings erheblich, eine moderne wissenschaftliche Hochschulbibliothek ist weit mehr als ein bloßer Ort der Bücherverwahrung. Hinzu kommt, dass Hochschulbibliotheken für viele Studierende ein wichtiger Ort des Lernens und des Selbststudiums sind.

Flächenplanung für Hochschulbibliotheken (und andere wissenschaftliche Bibliotheken) wird daher auf absehbare Zeit eine wichtige Planungsaufgabe darstellen. Trotz organisatorischer, inhaltlicher, räumlicher oder baulich-technischer Innovationen und Veränderungen sind für die Informationsversorgung auch zukünftig Flächen bereitzustellen.

Der Aufsatz bündelt den aktuellen Planungsstand für die Flächenplanung von Hochschulbibliotheken. Es werden die wesentlichen Parameter beleuchtet und Empfehlungen für deren Flächenbedarf zusammengefasst: Medienbestände, Personal und Nutzerarbeitsplätze. Dabei werden aktuelle Entwicklungstendenzen, Erfahrungen aus der Bibliotheksplanung des Autors sowie neueste empirische Untersuchungsergebnisse berücksichtigt.

Keywords: Flächenplanung, Bedarfsplanung, Flächenfaktoren, Personalausstattung, Studienplätze, Nutzerarbeitsplätze, Regalaufstellung, Kompaktmagazine, Zeitbudgets der Studierenden, Platzfaktoren für Nutzerarbeitsplätze

Bedarfsparameter für die Flächenplanung

Flächenbedarf stellt letztlich eine sekundäre, abgeleitete Größe dar, die von einer Reihe von Eingangsgrößen abhängt. Der Flächenbedarf einer Hochschulbibliothek leitet sich im Kern von drei Bedarfsparametern ab, die die Dimensionierung einer Bibliothek beeinflussen: Personal, Medien und Nutzerarbeitsplätze. Die quantitative und qualitative Festlegung dieser drei Parameter bildet die entscheidende Voraussetzung für die Ableitung der benötigten Flächen.

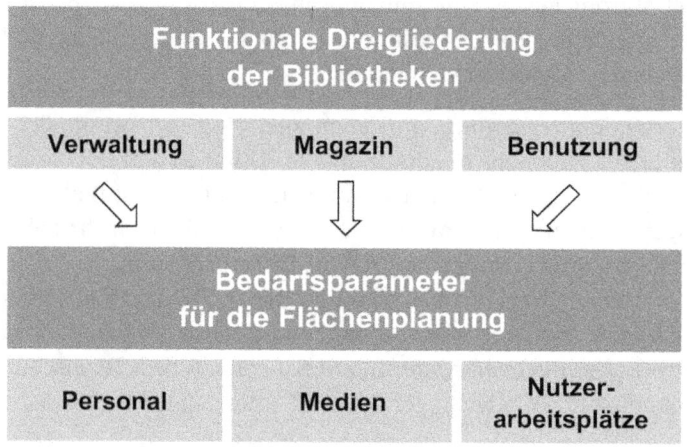

Abbildung 1: Bedarfsparameter Flächenplanung.

Die drei Bedarfsparameter leiten sich unmittelbar aus der klassischen funktionalen Dreigliederung der Bibliotheken ab: dem Verwaltungsbereich, der überwiegend dem Personal zuzuordnen ist, dem Magazinbereich im weiteren Sinne, der die Aufstellung aller Medien betrifft, und dem Benutzungsbereich, der den Nutzern in jedem Fall zugänglich ist und vor allem die Nutzerarbeitsplätze umfasst.

Für die Flächenplanung ist es von entscheidender Bedeutung, für die genannten drei Bedarfsparameter im Vorfeld einer Bibliotheksplanung quantitative und qualitative Festlegungen zu treffen, die in engem Zusammenhang mit dem zukünftigen Aufgabenprofil einer Hochschulbibliothek stehen. Dieses „Mengengerüst" bildet die Voraussetzungen für die Flächenplanung und umfasst im Einzelnen vor allem die folgenden Planungsaspekte:

Tabelle 1: Übersicht Planungsaspekte.

Bedarfsparameter	Planungsaspekte
Personal	Personalausstattung absolut
	Tätigkeitsbereiche, Aufgabenprofile
	Verhältnis Stellen (VZÄ) – Beschäftigte
	Schichtdienste
	Studentische Hilfskräfte
	Benötigte Zahl und Art der Arbeitsplätze
Medien	Zahl und Art der Medien
	Wachstum und Aussonderungen, Dubletten
	Regaltyp: Achsabstand, Zahl der Regalböden
	Anteil Kompaktmagazine
	Freihandnutzung der Kompaktmagazine
	Aufstellungsart: Systematisch oder numerus currens
Nutzerarbeitsplätze	Anforderungen der Fächer
	Fachkulturen
	Zahl der Studierenden / Studienplätze pro Fachgebiet
	Zahl und Art der benötigten Arbeitsplätze

Personal

Für die Unterbringung des Personals ist zunächst die Zahl der tatsächlich Beschäftigten ausschlaggebend. Stellenpläne oder ähnliches führen in der Regel nicht weiter, da in Bibliotheken üblicherweise der Anteil der Teilzeitkräfte relativ hoch sein kann. Die Zahl der Personen liegt daher häufig erheblich über der Zahl der Stellen (Vollzeitäquivalente VZÄ). Erfahrungsgemäß arbeiten Teilzeitkräfte vor allem vormittags, so dass „Desk-Sharing-Modelle" kaum greifen können.

Im ersten Schritt ist die Gesamtzahl der Beschäftigten festzulegen und anschließend nach den wichtigsten Tätigkeitsbereichen zu gliedern. Dabei lassen sich unter dem Gesichtspunkt der Flächenplanung folgende fünf Tätigkeitsbereiche unterscheiden:

- Mediendienste: Unter den Mediendiensten werden diejenigen Tätigkeiten zusammengefasst, dass sich vor allem mit der Bearbeitung der Medien befassen: Zugang, Katalogisierung, Ausleihe und Rücknahme sowie Aussonderungen. Die Ausleih- und Rücknahmetätigkeit findet in der Regel in Form von Thekendiensten statt, während für die übrigen Aufgaben Büroarbeitsplätze bzw. Rechnerarbeitsplätze benötigt werden.
- Informationsdienste: Hierzu gehören vor allem Auskunftsdienste und Aufsicht, die in der Regel ebenfalls mit Hilfe von Arbeitsplätzen an Theken erbracht

werden. Die Fachreferenten dagegen verfügen über eigene Büros, die geeignet sind für Publikumsverkehr.
- Technische Dienste: Hierzu zählen vor allem die EDV-Tätigkeiten sowie Beschäftigte in Werkstätten für die technische Buchbearbeitung. Ob spezielle Werkstatt- und Rechnerflächen benötigt werden, ist im Einzelfall zu klären.
- Sonderdienste: Die Sonderdienste umfassen vor allem die Unterstützung von Auszubildenden sowie die Betreuung von Sondersammlungen. Flächenbedarf für Sonderdienste entsteht vor allem bei bibliotheksspezifischen Spezialaufgaben, die je nach Bibliothek unterschiedliche ausfallen können.
- Verwaltung: Hierzu zählt der gesamte Leitungs- und Verwaltungsbereich einer Bibliothek, der üblicherweise vor allem auf separaten Büroflächen in Einzel- und Doppelbüros untergebracht ist.

Je länger die Öffnungszeiten einer Bibliothek, desto mehr ist damit zu rechnen, dass ein Teil des Personals im Schichtdienst tätig ist. In der Praxis heißt dies, dass sich bei bestimmten Beschäftigtengruppen mehrere Personen zeitversetzt einen Arbeitsplatz teilen können. Dies gilt vor allem bei den Thekendiensten für Information sowie für Ausleihe und Rückgabe. In der Regel liegt bei größeren Bibliotheken mit langen Öffnungszeiten der Anteil des Personals, dass im Schichtdienst tätig ist, bei 10 % bis 20 %. Dies reduziert in der Regel den Bedarf an Arbeitsplätzen.

Zum Personal im engeren Sinne kommen studentische Hilfskräfte hinzu. Auch für studentische Hilfskräfte sind daher je nach Umfang und Einsatzbereich Arbeitsplätze einzuplanen.

Mit Hilfe der genannten quantitativen und qualitativen Angaben lassen sich die Zahl und die Art der benötigten Arbeitsplätze festlegen. Hieraus wiederum lässt sich unter Anwendung entsprechender Flächenfaktoren (vgl. Abschnitt „Empfehlungen zum Flächenbedarf") der Flächenbedarf für den Personalbereich ableiten.

Medien

Der Flächenbedarf für die Aufstellung der verschiedenen Medien nimmt in der Regel mit 70 % bis 80 % den größten Anteil am gesamten Flächenbedarf einer Bibliothek ein. Den Ausgangspunkt für die Flächenplanung bilden daher die Zahl und die Art der zukünftig vorgehaltenen Medien.

Wichtigste Grundlage für eine Flächenplanung ist die Zahl der insgesamt unterzubringenden Bände. Diese Zahl sollte möglichst als Zielzahl für die kommenden Jahre formuliert sein und nicht den aktuellen Bestand widerspiegeln, um zukünftige Entwicklungen abbilden zu können. Die Planungsperspektive sollte in der Regel 20 Jahre betragen. Bei der Erarbeitung einer Zielzahl spielen insbesondere das jährlich zu erwartende Wachstum der Printmedien unter Berücksichtigung des zur Verfügung stehenden Medienetats sowie die Zahl der voraussichtlichen Aussonderungen eine wichtige Rolle. Insbesondere bei der geplanten Zusammenlegung fachnaher Bibliotheken kann der Bestand an Dubletten, wie die Erfahrungen bei entsprechenden Projekten zeigen, bei über 50 % liegen. Ob zukünftig auf ein weiteres Wachstum der Buchbestände gesetzt wird oder ob stärker ausgesondert wird, bleibt letztlich eine strategische Frage der jeweiligen Hochschulbibliothek.

Darüber hinaus sind in puncto Medien weitere Festlegungen als Voraussetzung für die Flächenplanung zu treffen. Hierzu gehören vor allem die verschiedenen Möglichkeiten der Aufstellung: die baulich-technischen Aufstellungsarten, die Art der Aufstellung und die beabsichtigte Zugänglichkeit der Medien.

Zu den baulich-technischen Aufstellungsarten zählen vor allem der eingesetzte Regaltyp, also der Achsabstand sowie die Zahl der möglichen Regalböden. Hinzu kommt die Frage des Einsatzes von Kompaktmagazinen. Insbesondere der Anteil der Kompaktmagazinierung beeinflusst in erheblichem Umfang den Flächenbedarf, da kompaktmagazinierte Bücher nur halb so viel Fläche benötigen wie Bücher in konventionellen Regalen. Wenn Kompaktmagazine durch die Nutzer zugänglich sein sollen („Freihand-Kompaktmagazine"), sind in der Regel entsprechende baulich-technische Vorkehrungen zu treffen (Zugänglichkeit, Beschilderung, Beleuchtung, Arbeitsplätze etc.), die im Flächenbedarf eines entsprechenden Raumprogramms zu berücksichtigen sind.

Der Bedarf an Regalen für die Unterbringung von (Print-)Medien wird gerne auch in laufenden Metern angegeben. Für eine Flächenplanung empfiehlt es sich jedoch, sich auf Zahl der Bände pro Quadratmeter zu beziehen.

Letztlich hat auch die Art der Aufstellung Auswirkungen auf den Flächenbedarf: Bei einer systematischen Aufstellung nach Sachgebieten können die Regale in der Regel nicht vollständig gefüllt werden, um Spielräume für die Aufstellung neu hinzukommender Bücher zu haben. In diesem Fall können als Faustregel rund 35 Bände / lfd. Meter aufgestellt werden. Bei einer Aufstellung nach dem Eingang der Bücher (numerus currens / Laufende Nummer) dagegen können die Regale im Durchschnitt mit 42 Büchern gefüllt werden. Dadurch reduziert sich der Flächenbedarf um bis zu 20 %.

Nutzerarbeitsplätze

In jeder Hochschulbibliothek besteht ein Bedarf an Arbeitsplätzen für Bibliotheksnutzer, vor allem für Studierende. Wissenschaftler sowie externe Nutzer dagegen spielen als Arbeitsplatznutzer in der Regel nur eine untergeordnete Rolle.

Der Bedarf an Arbeitsplätzen für Studierende in Hochschulbibliotheken stellt sich in den verschiedenen Fachbereichen und Studiengängen recht unterschiedlich dar: Je nach Fachkultur spielt das Lernen und Arbeiten mit Büchern eine mehr oder weniger große Rolle (vgl. auch Abschnitt „Strukturelle Veränderungen und ihre Auswirkungen auf die Flächenplanung: Nutzerarbeitsplätze"). Während in den verschiedenen Studiengängen der „Buchwissenschaften" die Studierenden bei der Vor- und Nachbereitung von Lehrveranstaltungen sowie beim Erstellen von Studien- und Abschlussarbeiten auf Bücher und entsprechende Medienangebote angewiesen sind, arbeiten Studierende der Natur-und Ingenieurwissenschaften häufiger in Labornähe und nutzen vor allem Lehrbücher. Diese Studierenden kommen daher mit den Hochschulbibliotheken in der Regel seltener in Berührung. Das Profil einer Hochschule mit ihren Studiengängen hat daher insgesamt erhebliche Auswirkungen auf den Bedarf an Arbeitsplätzen für Studierende in einer Hochschulbibliothek.

Für eine Flächenplanung ist zunächst eine Festlegung auf die zu versorgende Gesamtzahl der Studierenden erforderlich. Idealerweise sollte hierbei auf die Zahl der Studienplätze einer Hochschule gemäß Kapazitätsverordnung zurückgegriffen werden. Alternativ ist es auch möglich, die Zahl der Studierenden in der Regelstudienzeit anzusetzen, um eventuelle Über- oder Unterauslastungen einzelner Fachgebiete oder Studiengänge zu berücksichtigen.

Im nächsten Schritt ist diese Gesamtzahl an Studierenden auf die einzelnen Fächergruppen aufzuteilen. Mit Hilfe von Platzfaktoren kann hierauf aufbauend die Zahl der benötigten Arbeitsplätze insgesamt ermittelt werden (vgl. Abschnitt „Strukturelle Veränderungen und ihre Auswirkungen auf die Flächenplanung: Nutzerarbeitsplätze").

Abschließend ist die ermittelte Gesamtzahl an Arbeitsplätzen auf die jeweils benötigten Arten von Arbeitsplätzen (Lesesaal-Plätze, Notebook-Plätze, Gruppenarbeitsplätze etc.) aufzuteilen. Abschließend kommen noch einige Spezial-Arbeitsplätze hinzu: wie Info-Terminals, Mikrofiche-Leseplätze, Selbstverbuchungsplätze, OPAC-Recherche, Behindertenplätze etc.

Mit Hilfe der entsprechenden Flächenfaktoren (vgl. Abschnitt „Empfehlungen zum Flächenbedarf") lässt sich auf der Grundlage eines solchen Mengengerüsts für die Zahl der benötigten Arbeitsplätze der Flächenbedarf ableiten.

Strukturelle Veränderungen und ihre Auswirkungen auf die Flächenplanung

„Die Hochschulbibliotheken arbeiten systematisch daran, den Besuch ihrer Gebäude überflüssig zu machen". Diese Annahme formulierte schon vor einigen Jahren der Direktor einer großen deutschen Hochschulbibliothek. Musste man noch vor 20 Jahren den Katalog einer Bibliothek vor Ort für Literaturrecherchen konsultieren, gelingt dies heutzutage effizienter und effektiver via Internet und OPAC vom Schreibtisch aus.

Die Leistungsfähigkeit einer Hochschulbibliothek hängt schon heutzutage weder von ihrem Katalog noch von ihrem Bücherbestand ab. Stattdessen ist den Wissenschaftlern und Studierenden der schnelle Zugang zu weltweit verteilten Informationsangeboten zu ermöglichen. Diese Informationsangebote können zunehmend ohne das Medium Papier auf elektronischem Wege zum Kunden gelangen. Wird der Besuch einer Hochschulbibliothek also in Zukunft tatsächlich überflüssig? Rückt die "virtuelle Weltbibliothek" in greifbare Nähe – zumindest für die wissenschaftliche Literatur?

Klar ist: Die Hochschulbibliothek der Zukunft wird mehr sein als eine „Bücherverwahranstalt"[1]. Sie wird vielmehr eine „Schnittstelle zwischen den verschiedenen Aggregatzuständen der Information"[2] sein müssen. Sie stellt einen Zugang zu den weltweit verteilten Informationsangeboten sicher. Dieses Navigieren zwischen den sehr unterschiedlichen Informationsportalen erfordert bibliothekarisches Expertenwissen in neuer Qualität. Und auch die Nutzer, die Wissenschaftler und Studierenden, werden sich ändern und anpassen müssen – es sei denn, sie wollten sich selbst aus dem Prozess der Wissenschaft ausschließen.[3]

Der Ressourcenbedarf von Hochschulbibliotheken allgemein und der daraus resultierende Flächenbedarf im speziellen werden von einer Vielzahl von Faktoren beeinflusst. Der durch die „digitale Revolution" getriebene Veränderungsdruck erhöht die Komplexität der Situation zusätzlich. Stellt man jedoch das extreme Leitbild einer „papierlosen Bibliothek" den bisherigen Realitäten gegenüber, dann zeigt sich in der Praxis, dass die Bücher und deren Nutzung und Unterbringung nach wie vor eindeutig im Mittelpunkt stehen, aber zunehmend durch elektronische Angebote flankiert werden. Dieses Modell der „hybriden Bibliothek" prägt derzeit in Alltag in den Hochschulbibliotheken und wird voraussichtlich auch auf Jahre hinaus noch Bestand haben.

In den folgenden Abschnitten sind – unter einem subjektiven Blickwinkel, gespeist durch mehrjährige Erfahrungen in der Flächenplanung von Bibliotheken – die wichtigsten Entwicklungstendenzen unter der Perspektive der Flächenplanung zusammengestellt und bewertet. Die folgende Übersicht gibt zunächst einen stichwortartigen Überblick über die wichtigsten strukturellen Entwicklungstendenzen mit Bezug auf den Flächenbedarf, die anschließend kurz beleuchtet werden.

---

1 Zimmer, Dieter E.: Die Bibliothek der Zukunft. München 2001. S. 10.
2 Zimmer, Bibliothek (wie Anm. 1), S. 14.
3 Vgl. Zimmer, Bibliothek (wie Anm. 1), S. 16.

Tabelle 2: Übersicht Entwicklungstendenzen.

Bedarfsparameter	Entwicklungstendenzen
Personal	Veränderungen der Beschäftigtenstruktur
	Veränderungen bibliothekarischer Aufgaben
Medien	Weiterhin steigende Zahl der Printpublikationen
	Steigende Bedeutung wiss. elektronischer Zeitschriften
	Steigende Bedeutung der elektronische (Volltext)Recherche
	Rückgang der Bedeutung systematischer Aufstellung
	Steigender Anteil der digitalen Medien am Erwerbungsetat
	Erhöhung des Anteils der Kompaktmagazine
Nutzerarbeitsplätze	Veränderte Nachfrage
	Veränderte qualitative Anforderungen

Personal

Bei der Personalausstattung der Hochschulbibliotheken sind schon seit Jahren deutliche Veränderungen sowohl bei der Beschäftigtenstruktur als auch bei den Qualifikationsanforderungen zu beobachten. Grundsätzlich lässt sich festhalten, dass die klassischen Aufgabenfelder der Mediendienste und der Informationsdienste am stärksten von der Digitalisierung der Bibliotheken betroffen sind. Die inhaltliche und technische Medienbearbeitung und die Informationsvermittlung verlieren in ihrem klassischen Aufgabenprofil (Erfassung von Neuzugängen, Katalogisierung, Literaturberatung der Nutzer) quantitativ an Bedeutung, werden aber gleichzeitig qualitativ durch neue, digital geprägte Aufgaben in immer stärkerem Umfang ergänzt.

Die klassische Medienbearbeitung konnte bereits in den vergangenen Jahren durch digital zur Verfügung stehende Katalogisate erheblich beschleunigt werden, so dass für das „Massengeschäft" der Aufnahme neuer Buchbestände heutzutage deutlich weniger Personalkapazität benötigt wird als noch vor einigen Jahren. Bei der technischen Medienbearbeitung verlieren Buchwerkstätten in den Hochschulbibliotheken schon seit Jahren an Bedeutung, vor allem weil in der Zwischenzeit die Standardaufgaben (Buchbindearbeiten) an private Buchbindereien vergeben werden, die durch eine bessere Auslastung attraktive Preise anbieten können.

Die Informationsvermittlung ist aktuell dadurch geprägt, den Nutzern den Zugang zu weltweit verteilten Informationen und entsprechenden Informationsportalen zu eröffnen. Hier wird ein hochspezialisiertes neues Expertenwissen benötigt, dass vom traditionellen Berufsprofil des Bibliothekars erheblich abweicht. Der Schulungs- und Beratungsbedarf bei der Vermittlung und Nutzung dieser Angebote nimmt zu. Keine größere Hochschulbibliothek kommt deshalb ohne einen Schulungsraum aus.

Medien

Bislang setzt keine Hochschulbibliothek in Deutschland überwiegend oder gar ausschließlich auf die Versorgung mit digitalen Informationen, auch wenn deren Anteil am jeweiligen Erwerbungsetat stetig zunimmt.

Zur reinen Literaturrecherche muss man im 21. Jahrhundert kein Bibliotheksgebäude mehr betreten. Deshalb ist davon auszugehen, dass die vor Ort noch vorgehaltenen gedruckten Kataloge, Bibliographien etc. sowie spezielle OPAC-Arbeitsplätze zunehmend verschwinden werden. Auch Lexika und sonstige Nachschlagewerke, die in früheren Zeiten vor allem die Lesesäle prägten und zum Teil immer noch schmücken, werden mehr und mehr abgebaut. Auch die klassische Aufstellung gedruckter wissenschaftlicher Zeitschriften, seien es die aktuellen ausgelegten Exemplare, seien es die gebundenen Jahrgänge, verliert an Bedeutung.

Bei der Flächenplanung wird aber noch auf Jahre hinaus die Aufstellung der Printmedien im Zentrum der Aufmerksamkeit stehen, vor allem die der wissenschaftlichen Monographien, da die Zahl der gedruckten Bücher auch im Wissenschaftsbereich weiter steigt. Strittig sind bei Flächenplanungen immer wieder die verschiedenen möglichen Arten der Aufstellung sowie die Zugänglichkeit der Bücher für die Nutzer.

Die Diskussion darüber, ob Bücher nach einer Systematik oder nach dem Eingang der Bücher (numerus currens) aufgestellt werden sollen, ist so alt wie die Bibliotheken selbst.[4] Im Laufe der Entwicklung hat sich immer wieder gezeigt, dass eine Systematik einem schnellen Alterungsprozess unterliegt, sodass von vielen Bibliothekaren die Forderung aufgestellt wurde, die Bücher auf der Ebene der Kataloge und nicht auf der Ebene der Bücherregale zu systematisieren. Dem steht das Nutzerverhalten entgegen, gerne direkt am Regal zu einem bestimmten Thema Literatur zu recherchieren („Browsing"). Die Bedeutung der Systematisierung auf der Ebene der elektronischen Kataloge wird – durch die technische Entwicklung getrieben – sicherlich weiter zunehmen, ebenso die Möglichkeit einer Volltext-Recherche.

Gleichwertig neben der Frage, ob Bücher nach Eingang oder nach Systematik aufgestellt werden sollen, steht die Diskussion darüber, wie Bücher baulich-technisch am sinnvollsten aufzustellen sind: „Freihand" oder „Kompaktmagazin" lauten die heiß umkämpften Alternativen. Zunächst: Die gängige Terminologie der Unterscheidung zwischen „Freihand" und „Kompaktmagazin" bzw. Magazin allgemein ist unglücklich gewählt, da es sich bei „Freihand" um eine Nutzungsart und bei „Kompaktmagazin" um eine Aufstellungsart handelt.

Je größer der Medienbestand einer Hochschulbibliothek, desto mehr rückt die Notwendigkeit einer Kompaktmagazinierung in den Focus der Aufmerksamkeit. Erfahrungsgemäß sind die kleinsten Kompaktmagazin-Anlagen in der Regel für mind. 20.000 bis 40.000 Bände ausgelegt. Nach meiner Einschätzung benötigt jede zentrale Hochschulbibliothek Kompaktmagazine, um ein gewisses Maß an Wirtschaftlichkeit

---

4 Vgl. Jochum, Uwe: Kleine Bibliotheksgeschichte. Stuttgart 2007.

bei der Aufstellung wachsender Bücherkapazitäten zu gewährleisten, deren Nutzungshäufigkeit proportional mehr und mehr zurückgeht. Über den Anteil der Kompaktmagazinierung und die magazinierbaren Bestände lässt sich diskutieren. Derzeit stehen vor allem ältere gebundene Zeitschriftenbände zur Magazinierung an, da deren Nutzungsfrequenz tendenziell immer geringer wird. Der Anteil der Kompaktmagazinierung insgesamt wird sicherlich zukünftig steigen. Bei Neuplanungen großer Zentralbibliotheken und bei der Reorganisation von Bibliothekssystemen ganzer Hochschulen, bei denen die Unterbringung mehrerer Millionen Bände zu planen ist, sind derzeit Kompaktmagazin-Anteile von 50 % bis 70 % in der Diskussion.

Unter Flächengesichtspunkten sind Kompaktmagazine deutlich wirtschaftlicher als die klassische Freihandaufstellung, da Bücher in einem Kompaktmagazin nur die Hälfte der Fläche benötigten, die bei einer Freihandaufstellung mit einem Achsmaß von 1,50 m benötigt wird. Am flächenintensivsten ist die systematische Freihandaufstellung, am ökonomischsten ist die numerus currens-Aufstellung im Kompaktmagazin.

Eine intensive Diskussion entzündet sich immer wieder an der Frage, ob Bücher, die in einem derzeit geschlossenen Magazin oder gar in einer Kompaktmagazinanlage untergebracht sind, den Nutzern frei zugänglich gemacht werden können. Grundsätzlich spricht nichts dagegen, die Nutzer eine Kompaktanlage selbst bedienen zu lassen, wie mittlerweile viele Praxisbeispiele zeigen.

Bei einem gleichbleibenden oder nur leicht steigenden Erwerbungsetat wird eine weitere Verschiebung weg von den Printmedien und hin zu digitalen Angeboten erfolgen müssen. Dies führt – nach dem Bild kommunizierender Röhren – dazu, dass die Zahl gekaufter Bücher tendenziell rückläufig sein wird. Es ist also weiterhin mit einem Wachstum der Buchbestände zu rechnen, wenn auch in abgeschwächter Form. Bei konkreten Planungen werden zurzeit in der Regel 1 % bis 1,5 % pro Jahr für die nächsten 20 Jahre angesetzt.

Die sonstigen an Hochschulbibliotheken vorgehaltenen physischen Medienträger wie CD, Audio, Video etc. spielen in aller Regel eine eher untergeordnete Rolle. Beim Flächenbedarf sind hier je nach Bestand kleine Anteile für deren Unterbringung vorzusehen (vgl. Abschnitt „Empfehlungen zum Flächenbedarf"). Bei Audio- und Video-Angeboten ist zudem damit zu rechnen, dass sich ein Unterbringung einzelner Medieneinheiten in CD-Schränken oder ähnlichem in absehbarer Zeit erledigt haben wird, da die entsprechenden Angebote zukünftig vermehrt von den Nutzern über einen Streaming-Dienst direkt von Servern abgerufen werden können.

Mikroformen wie vor allem Mikrofiche und Mikrofilm spielen bei der Archivierung nach wie vor an vielen größeren Hochschulbibliotheken eine Rolle. Hierfür sind bei der Flächenplanung nach wie vor Flächen für die Unterbringung der Mikroformen vorzusehen, da eine Ablösung dieser Archivierungsart (wenn vorhanden) nicht absehbar ist.

E-Books haben an den Hochschulen bei weitem noch nicht zu den revolutionären Umwälzungen geführt, die ihnen noch immer prognostiziert werden. Angebot und

Nachfrage nach E-Books halten sich bislang in engen Grenzen, Auswirkungen auf den Flächenbedarf sind bislang nicht feststellbar.

Nutzerarbeitsplätze

Nutzerarbeitsplätze prägen neben den Buchbeständen das Erscheinungsbild der Hochschulbibliotheken, da diese sich auch als Ort des Lernens verstehen. Der Bedarf an Arbeitsplätzen für Studierende in den Hochschulbibliotheken ist abhängig vom Zeitaufwand, den die Studierenden für das Selbststudium in den Bibliotheken verbringen. Empirische Hinweise hierauf lassen sich vor allem aus zwei Studien ablesen: Middendorf [u. a.][5] sowie Vogel u. Woisch[6].

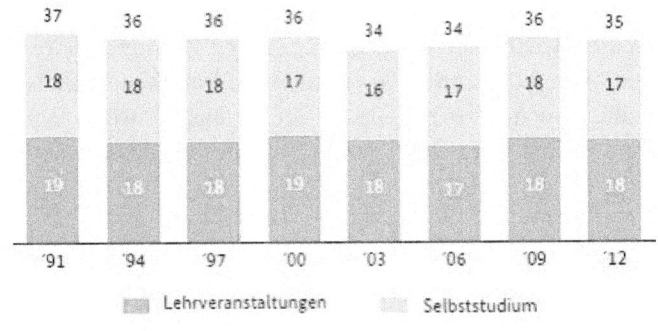

Abbildung 2: Zeitbudgets von Studierenden für das Studium (in Stunden/Woche) (Quelle: Middendorf [u. a.] 2013).

In der 20. Sozialerhebung des Deutschen Studentenwerks[7] wird das gesamte Zeitbudget, das die Studierenden für ihr Studium aufbringen, anhand von Befragungen bei Studierenden erhoben. Diese Befragung findet systematisch seit 1991 statt und erlaubt dementsprechend zusätzlich einen Einblick in die Entwicklung der Zeitbudgets der Studierenden in den vergangenen 20 Jahren. Der zeitliche Aufwand, den die Studierenden für ihr Studium aufbringen, erweist sich insgesamt als relativ konstant: seit 1991 wird ein Aufwand von 34 bis 37 Stunden/Woche für das Studium ermittelt,

---

[5] Middendorf, Elke [u. a.]: Die wirtschaftliche und soziale Lage der Studierenden in Deutschland 2012. Bonn [u. a.] 2013.
[6] Vogel, Bernd u. Andreas Woisch: Orte des Selbststudiums. Eine empirische Studie zur zeitlichen und räumlichen Organisation des Lernens von Studierenden. Hannover: 2013.
[7] Middendorf [u. a.], Wirtschaftliche und soziale Lage (wie Anm. 5).

davon 17 bis 19 Stunden für Lehrveranstaltung und 16 bis 18 Stunden für das Selbststudium. Eine strukturelle Veränderung der Nachfragesituation durch die Einführung von Bachelor- und Masterstudiengängen ist in den vorliegenden empirischen Angaben zum Zeitbudget von Studierenden nicht ablesbar.

Diese Zahlen werden in der empirischen Studie zu den Orten den Selbststudiums von Vogel u. Woisch im Wesentlichen bestätigt: Dieser Befragung zufolge wendeten die Studierenden im Wintersemester 2011/2012 im Mittel 34,5 Stunden/Woche für ihr Studium auf, davon 16,5 Stunden für Lehrveranstaltungen und 18,0 Stunden für das Selbststudium.

Im vorliegenden Zusammenhang ist nun speziell die Frage von Interesse, wie hoch der Anteil des Zeitaufwandes ist, den die Studierenden in den Hochschulbibliotheken verbringen. Während die Studie von Middendorf [u. a.] hierüber keine Aufschlüsse gibt, wurde dieser Aspekt in der Studie von Vogel u. Woisch ausdrücklich abgefragt. Das Ergebnis stellt sich wie folgt dar:

Der zeitliche Aufwand für das Selbststudium in der Hochschule beträgt an Universitäten im Mittel 7,9 Stunden/Woche und an Fachhochschulen 5,9 Stunden/Woche. Davon entfallen an Universitäten 4,0 Stunden/Woche auf die Bibliotheken, an Fachhochschulen nur 1,7 Stunden/Woche. Der beliebteste Ort für das Selbststudium ist das home office, wo rund zwei Drittel des zeitlichen Aufwandes für das Lernen verbracht werden.[8]

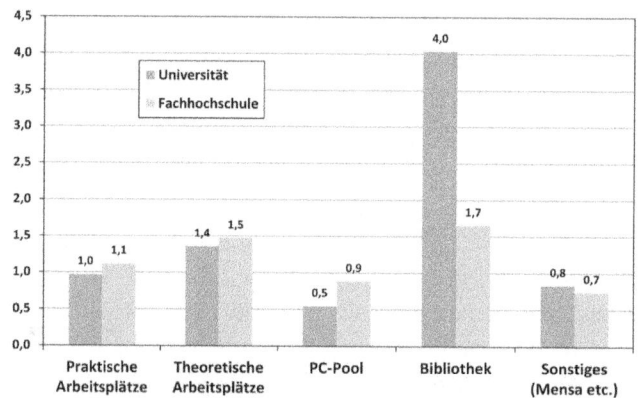

Abbildung 3: Zeitbudget Selbststudium in der Hochschule (Quelle: Vogel u. Woisch 2013).

---

[8] Vogel u. Woisch, Orte (wie Anm. 6), S. 13.

Das Zeitbudget der Studierenden für die Nutzung der Hochschulbibliotheken unterscheidet sich zwischen den einzelnen Fächergruppen erheblich. Die größte Nachfrage produzieren die Studierenden der Rechtswissenschaften an Universitäten (8,4 Stunden/Woche), die geringste Nachfrage besteht bei den Studierenden der Naturwissenschaften an Fachhochschulen (0,7 Stunden/Woche).

Universität		Fachhochschule	
Kulturwissenschaften	4,3		
Recht	8,4		
Sozialwissenschaften	4,2	Kulturwissenschaften	1,7
Wirtschaftswissenschaften	5,1	Sozialwissenschaften	1,9
Naturwissenschaften	2,0	Wirtschaftswissenschaften	2,2
Medizin	3,5	Naturwissenschaften	0,7
Agrarwissenschaften	2,1	Gesundheitswissenschaften	2,2
Ingenieurwissenschaften	2,8	Agrarwissenschaften	1,5
Lehramt	3,9	Ingenieurwissenschaften	1,4
Mittelwert	4,0	Mittelwert	1,7

Abbildung 4a/b: Zeitbudgets der Studierenden in Hochschulbibliotheken (Stunden/Woche)[9].

Der DIN-Fachbericht 13[10] zur Bau und Nutzungsplanung von Bibliotheken und Archiven verweist darauf, dass sich die Nutzer von öffentlichen Bibliotheken allgemein im Mittel eine Stunde in der Bibliothek aufhalten,[11] ohne allerdings hierfür eine empirische Quelle zu nennen. Diesen Wert erreicht bzw. übersteigt an Hochschulen nur die Fächergruppe Recht.

Aus den genannten Zeitbudgets der Studierenden für das Selbststudium in Hochschulbibliotheken lassen sich unter Annahmen für die zeitliche und platzmäßige Auslastung sog. Platzfaktoren ableiten, die den Anteil der benötigten Arbeitsplätze, bezogen auf die Gesamtzahl der Studienplätze, ausweisen:

Der mittlere Platzfaktor an Universitäten liegt bei 8 %, wobei die Studierenden der Rechtswissenschaften mit 17 % den höchsten Platzfaktor aufweisen. An den Fachhochschulen ist der Bedarf deutlich geringer, der mittlere Platzfaktor liegt bei 3 % und schwankt je nach Fächergruppe zwischen 1 % und 4 %.

Darüber hinaus sei an dieser Stelle noch darauf hingewiesen, dass sich die Studierenden in puncto Nutzung der Hochschulbibliotheken sehr ausgeprägt in zwei Nutzergruppen polarisieren: Auf der einen Seite nutzen 60 % an Universitäten und sogar 74 % an Fachhochschulen die Bibliotheken nur max. 1 Stunden/Woche; auf der anderen Seite nutzen 14 % der Studierenden an Universitäten die Hochschulbi-

---
9 Vogel u. Woisch, Orte (wie Anm. 6), S. 56.
10 DIN-Fachbericht 13: Bau- und Nutzungsplanung von Bibliotheken und Archiven. Berlin: November 2009.
11 DIN-Fachbericht 13 (wie Anm. 10), S. 43.

bliotheken mehr als 8 Stunden/Woche, an Fachhochschulen beträgt dieser Anteil 5 %[12]. Lediglich 29 % der Studierenden an Universitäten und 16 % der Studierenden an Fachhochschulen geben an, regelmäßig in der Bibliothek an den dortigen Arbeitsplätzen zu lernen. Die übrigen Studierenden nutzen die Bibliotheken vor allem für die Ausleihe von Büchern oder für das Anfertigen von Kopien. Rund 10 % geben an, die Bibliotheken nie zu nutzen.

Universität	
Kulturwissenschaften	0,09
Recht	0,17
Sozialwissenschaften	0,09
Wirtschaftswissenschaften	0,10
Naturwissenschaften	0,04
Medizin	0,07
Agrarwissenschaften	0,04
Ingenieurwissenschaften	0,06
Lehramt	0,08
Mittelwert Universität	0,08

Fachhochschule	
Kulturwissenschaften	0,03
Sozialwissenschaften	0,04
Wirtschaftswissenschaften	0,04
Naturwissenschaften	0,01
Gesundheitswissenschaften	0,04
Agrarwissenschaften	0,03
Ingenieurwissenschaften	0,03
Mittelwert FH	0,03

Abbildung 5a/b: Platzfaktoren für Nutzerarbeitsplätze an Hochschulbibliotheken (Anteil Studienplätze) (Quelle: Vogel u. Woisch 2013, S. 56).

Insgesamt lässt sich festhalten, dass mit den oben genannten Platzfaktoren eine bedarfsgerechte Gesamtausstattung an Bibliotheksarbeitsplätzen für Studierende ermittelt werden kann. Über diese quantitative Frage hinaus stellt sich bei einer konkreten Planung aber auch das Problem, auf welche Qualitäten von verschiedenen Arbeitsplatztypen sich diese Gesamtzahl sinnvollerweise verteilt.

Von Seiten der Studierenden ist die Nachfrage nach Gruppenarbeitsplätzen hoch, zumeist höher als das derzeitige Angebot. In der empirischen Studie zu den Orten des Selbststudiums wurde von den befragten Studierenden vor allem der Mangel an Gruppenräumen kritisiert. Dies ist bei aktuellen Flächenplanungen entsprechend zu berücksichtigen, in dem ein entsprechender Anteil der Nutzerarbeitsplätze in Gruppenräumen vorgesehen wird, vor allem für Gruppengrößen von vier bis sechs Studierenden. Wie hoch dieser Anteil sein sollte, lässt sich pauschal nicht festlegen und sollte ortsspezifisch angesetzt werden.

Bei der Katalogrecherche kann prinzipiell davon ausgegangen werden, dass diese von den Studierenden am eigenen Rechner über das OPAC-Angebot stattfindet. Spezielle OPAC-Arbeitsplätze können daher weiter zurückgefahren werden. Dies gilt generell für Arbeitsplätze mit Rechnerausstattung.

---

12 Vogel u. Woisch, Orte (wie Anm. 6), S. 23.

Bei den Nutzerarbeitsplätzen selbst ist weiterhin die eindeutige Tendenz hin zum Notebook-Arbeitsplatz feststellbar Ob der oder die Studierende dabei konkret ein Notebook, einen Tablet-PC oder zukünftig noch zu erwartende neue mobile Geräte nutzt, ist dabei sekundär. Das in der Praxis derzeit noch zu beobachtende Phänomen, in wissenschaftlichen (!) Bibliotheken, Notebook-freie Zonen einzurichten, halte ich vor dem Hintergrund der zu erwartenden weiteren Ausweitung internet-gestützter Informationsquellen, bibliothekarischer Portale und Anwendungen sowie mobiler Endgeräte für ein vorübergehendes Phänomen.

Bei Neubauplanungen sowie bei Sanierungen und Umbauten vorhandener Bibliotheksgebäude treten zunehmend Flächen für weitere Infrastrukturangebote in den Vordergrund. Hierzu zählen bislang in wissenschaftlichen Bibliotheken eher selten anzutreffende Angebote von Arbeits- und Aufenthaltsflächen wie etwa Lernlandschaften, Internetlounges und Internetcafés oder die Angliederung von Espressobars und Cafeterien, um die Attraktivität eines Bibliotheksgebäudes bei den Studierenden als Lernort weiter zu erhöhen.

Empfehlungen zum Flächenbedarf

Für die Ableitung des Flächenbedarfs zur Unterbringung der Bibliotheksressourcen existieren eine Reihe von sog. Flächenfaktoren, mit deren Hilfe sich der Flächenbedarf bei festgesetzten Eingangsgrößen komfortabel ableiten lässt[13]. Vor allem der DIN-Fachbericht enthält eine Fülle von Tabellen für unterschiedlichste Medienanforderungen und Aufstellungsarten.

Im Folgenden sind die wichtigsten Empfehlungen der HIS-Hochschulentwicklung für den Flächenbedarf von Hochschulbibliotheken zusammengestellt. Alle Angaben zu den Flächenfaktoren beziehen sich auf die Nutzfläche 1–6 gem. DIN 277[14].

Für eine erste überschlägige Flächenermittlung kann mit folgenden Flächenfaktoren gearbeitet werden:

Tabelle 3: Flächenfaktoren (überschlägiger Flächenbedarf ohne Sondertatbestände).

Personal	**15 m² / Person**
Buchaufstellung	5,4 m² / 1.000 Bände (Freihand)
Buchaufstellung	2,7 m² / 1.000 Bände (Kompaktmagazin)
Nutzerarbeitsplätze	3,5 m² / Arbeitsplatz

---

13 Vgl. DIN-Fachbericht 13 (wie Anm. 10); Vogel, Bernd u. Silke Cordes: Bibliotheken an Universitäten und Fachhochschulen. Hannover: 2005.
14 DIN 277. Grundflächen und Rauminhalte von Bauwerken in Hochbau. Berlin: 2005.

Für eine differenziertere Flächenplanung sind vor allem die folgenden Flächenfaktoren von Belang (weitere spezialisierte Flächenfaktoren können dem DIN-Fachbereich 13 entnommen werden):

Tabelle 4: Flächenfaktoren Personalbereich.

Flächenart	Flächenfaktor
Büro Direktion	17 m² – 24 m²
Büro Abteilungsleitung	12 m² – 18 m²
Büro Fachreferenten (Wissenschaftler)	12 m² – 18 m²
Büro Sachbearbeitung	8 m² – 12 m²
Thekendienste	8 m² – 12 m² / Theken-AP
Büroergänzungsfläche (Teeküche, Kopierer etc.)	2,5 % Zuschlag Bürofläche
Besprechungsraum	2,5 m² / Sitzplatz
Bürolager	2,5 % Zuschlag Bürofläche

Für die Flächenplanung im Personalbereich sind in erster Linie die Vorgaben der RLBau des jeweiligen Landes zur Flächenausstattung von Büros im öffentlichen Hochbau zu beachten. Dabei ist jedoch zu beachten, dass die speziellen Beschäftigtenkategorien der Bibliotheken in der Regel nicht ausdrücklich genannt werden, so dass auf vergleichbare Positionen (Professoren, wiss. Mitarbeiter, Verwaltung) zurückgegriffen werden muss.

Tabelle 5: Flächenfaktoren Medienbereich.

Flächenart	Flächenfaktor
Buchaufstellung: Achsabstand 1,50 m	5,4 m² / 1.000 Bände
Buchaufstellung: Kompaktmagazin (numerus currens)	2,3 m² / 1.000 Bände
Buchaufstellung: Kompaktmagazin (systematisch)	2,7 m² / 1.000 Bände
Medienbereitstellung (i. d. R. 2.000 bis 6.000 Bände)	6,0 m² / 1.000 Bände
Lager Medienbereitstellung	3,7 m² / 1.000 Bände

Tabelle 6: Flächenfaktoren Nutzerarbeitsplätze.

Flächenart	Flächenfaktor
Infoterminal	1,5 m² – 2,0 m²
Einfacher Leseplatz	2,5 m²
Rechnerarbeitsplatz	3,5 m² – 4,0 m²
Carrel	4,0 m²
Notebook-Arbeitsplatz	3,5 m²
Selbstverbuchungsplatz	4,0 m²
Kopierraum	15 m²
Schulungsraum	2,5 m² / Sitzplatz

Der DIN-Fachbericht 13 zur Bau- und Nutzungsplanung von Bibliotheken empfiehlt, für den Flächenbedarf der Nutzerarbeitsplätze über alle möglichen Typen von Arbeitsplätzen hinweg zunächst einen Durchschnittswert von 3,5 m² NF 1–6 / Arbeitsplatz anzusetzen. Dieser Planungsansatz hat sich in der Praxis bewährt.

Sondertatbestände sind flächenrelevante Tatbestände, die nicht in den oben angegebenen Kennwerten enthalten sind. Sondertatbestände können in allen drei oben angeführten Bereichen (Personal, Medien, Nutzerarbeitsplätze) auftreten. Zu diesen Sondertatbeständen zählen vor allem:

Tabelle 7: Flächenfaktoren Sondertatbestände (Auswahl).

Flächenart	Flächenfaktor
Materiallager	1 % Zuschlag Gesamtfläche
Buchwerkstätten	24 m² / Beschäftigter
Digitalisierung	9 m² / DIN A1-Scanner
Spezielle Bibliotheksarbeitsplätze (Mikrofiche etc.)	4,0 – 4,5 m²
Materiallager	1 % der Gesamtfläche

Der Flächenbedarf für Sondertatbestände kann in erster Näherung auch über pauschale Zuschläge auf den über die Kennwerte ermittelten Flächenbedarf abgeleitet werden.

Raumnutzungsarten

Für die Erarbeitung eines Raumprogramms auf der Grundlage einer Flächenbedarfsermittlung sind die ermittelten Flächen auf konkrete Raumarten und Raumgrößen zu verteilen. Zur Klassifizierung der benötigten Räume liegt ein vom Statistischen Bundesamt vorgelegter Katalog von Raumnutzungsarten vor, der eine Verschlüsselung der benötigten Raumarten erlaubt. Hierzu steht ein dreistelliger Schlüssel zur Verfügung, mit dem sich jeder benötigte Raumtyp genauer spezifizieren lässt.

Dieser RNA-Schlüssel bildet nach wie vor die Grundlage für die Aufstellung eines Raumprogramms im öffentlichen Hochbau. Er ermöglicht es, die benötigte Fläche auf unterschiedliche Flächen- und Raumqualitäten zu verteilen.

Leider wurde dieser Katalog seit Jahren nicht mehr überarbeitet, sodass viele aktuelle Entwicklungen nur mit Kompromissen abgebildet werden können (z. B. fehlt ein spezieller Schlüssel für Kompaktmagazine). Speziell für die Bibliotheksplanung kommen vor allem folgende RNA-Nummern in Frage:

Tabelle 8: Bibliotheksfläche (Buchstellfläche und Nutzerarbeitsplätze).

216	Bibliothekscarrel
424	Magazine
425	Magazine mit Klimakonstanz
541	Bibliotheksraum
542	Leseraum
543	Freihandbuchstellfläche
544	Katalograum
545	Mediathekraum
523	Schulungsraum
533	PC-Pool

Tabelle 9: Bürofläche, Büroergänzungsfläche.

211	Büroraum
231	Besprechungsraum
121	Aufenthaltsraum
281	Kopierraum
382	Teeküche
283	Serverraum

Tabelle 10: Sonstiges (Lager, Werkstätten etc.).

411	Lager
417	Tresorraum
327	Buchwerkstatt?
421	Archivraum

Die Unterscheidung zwischen der Buchstellfläche und der Fläche für die Nutzerarbeitsplätze ist in der Praxis häufig nicht eindeutig festlegbar, da Arbeitsplätze und Bücher häufig im gleichen Raum aufgestellt werden. In solchen Fällen empfiehlt es sich, auf die RNA-Nummer „541 Bibliotheksraum" zurückzugreifen.

Ortwin Guhling
Entwicklung von Etatbedarfsmodellen für Hochschulbibliothekssysteme

Abstract: Ausgehend von einer Bestimmung des Begriffs „Etatbedarfsmodell" werden grundsätzliche Parameter und Indikatoren von Etatbedarfsmodellen sowie das „Bayerische Etatmodell" als Beispiel eines klassischen Etatmodells in seinen Grundzügen vorgestellt. Darüber hinaus werden die Herausforderungen an die Entwicklung von Etatbedarfsmodellen im digitalen Zeitalter dargestellt und die Problemfelder umrissen, die sich beim Versuch der Einbindung des Sollbedarfs elektronischer Medien in klassische Etatbedarfsmodelle ergeben. Dabei spielen insbesondere Phänomene wie konsortiale Erwerbungsstrukturen, granulare und nutzergesteuerte Erwerbungsvorgänge sowie Open Access-Modelle eine wichtige Rolle. Die Betrachtungen münden in dem Fazit, dass die Bedarfsermittlung im Rahmen von Etatmodellen zunehmend aus lokalen Gegebenheiten und dem individuellen Nutzer- und wissenschaftlichen Publikations-Verhalten extrapoliert werden muss, um dem wachsenden Bedarf an standortspezifischer und fachspezifischer Individualisierung in Etatbedarfsmodellen gerecht zu werden.

Keywords: Bayerisches Etatmodell, Einbandkosten, Elektronische Medien, Erwerbungsetat, Etatbedarfsmodell, Mittelbedarf, Nutzergesteuerte Erwerbung, Publikationsfonds, Studentische Literaturversorgung

Etatbedarfsmodelle – eine Begriffsbestimmung[1]

Etatbedarfsmodelle haben die Aufgabe, den Mittelbedarf von Bibliotheken für wissenschaftliche Informationsressourcen zu definieren und damit den notwendigen Umfang des Erwerbungsetats gegenüber politischen Entscheidungsträgern stichhaltig und transparent zu begründen. Als wichtiges finanzpolitisches Steuerungsinstrument sind Etatbedarfsmodelle dabei von Etatverteilungsmodellen abzugrenzen, die im Gegensatz dazu die inter- und intrauniversitäre Mittelallokation verfügbarer Etatmittel zum Gegenstand haben. Im Idealfall ermitteln Etatbedarfsmodelle den Finanzbedarf auf Fächerebene für in ihrem Profil vergleichbare Bibliothekstypen wie Universitäts- oder Fachhochschulbibliotheken und beanspruchen damit archetypischen Charakter. In der Regel sind Etatbedarfsmodelle so formuliert, dass sie die laufende

---

[1] Der Autor dankt Frau Dr. Hildegard Schäffler und insbesondere Frau Dr. Monika Moravetz-Kuhlmann von der Bayerischen Staatsbibliothek für wertvolle Hinweise und wohlwollende Unterstützung.

Versorgung einer bibliothekarischen Einrichtung mit aktueller wissenschaftlicher Literatur berücksichtigen und müssen daher idealerweise einer ständigen Überarbeitung und Fortschreibung unterzogen werden.

Erste Etatbedarfsmodelle für universitäre Zentralbibliotheken wurden in Deutschland bereits gegen Ende des 19. Jahrhunderts ausgearbeitet, wobei sich diese Überlegungen zunächst auf die Bedarfsberechnung für den Monographien-Erwerb beschränkten.[2] Erst in der Folgezeit wurden die Modelle ab den 1950er Jahren zunehmend erweitert und ausdifferenziert, um beispielsweise der immer mehr an Bedeutung gewinnenden Mediengattung Zeitschrift[3], aber auch dem studentischen Lehrbuchbedarf an Hochschulen[4], den Einbandkosten oder dem Aufkommen elektronischer Publikationen[5] ausreichend Rechnung zu tragen. Spätestens seit Beginn der Zeitschriftenkrise in den 1990er Jahren sind Etatbedarfsmodelle ein wichtiges Instrument der Etatplanung geworden und dienen insbesondere dazu, die immer größer werdende Kluft zwischen steigender Literaturproduktion sowie Preissteigerungsraten vor allem auf dem Zeitschriftenmarkt einerseits und stagnierenden bzw. schrumpfenden Erwerbungsetats der Hochschulbibliotheken andererseits gegenüber dem Unterhaltsträger darzustellen und daraus eine gestiegene Bedarfsanmeldung begründet abzuleiten. Mit der zunehmenden Bedeutung und dem rasanten Aufkommen von Online-Ressourcen in der wissenschaftlichen Literaturproduktion stehen Etatbedarfsmodelle unserer Tage vor der schwierigen Aufgabe, die Auswirkungen, die mit dem Medienwandel auf die Bedarfsermittlung zur Sicherung der wissenschaftlichen Literaturversorgung an wissenschaftlichen Bibliotheken verknüpft sind, adäquat abzubilden.

---

2 Vgl. Wimmer, Heinrich: Modelle für die Berechnung des Literaturbedarfs an Universitätsbibliotheken. In: Literaturversorgung in den Geisteswissenschaften. Hrsg. von Rudolf Frankenberger u. Alexandra Habermann. Frankfurt am Main 1986. S. 31–52, hier S. 33.
3 Vgl. Wissenschaftsrat: Empfehlungen des Wissenschaftsrates zum Ausbau der wissenschaftlichen Einrichtungen. Teil II: Wissenschaftliche Bibliotheken. Bonn 1964. S. 145f.
4 Im „Bibliotheksplan 1973" wird beispielsweise der Bedarf an vielgebrauchter Studienliteratur mit 10 DM pro Student für die Lehrbuchsammlung spezifiziert. Vgl. Deutsche Bibliothekskonferenz: Bibliotheksplan 1973. Entwurf eines umfassenden Bibliotheksnetzes für die Bundesrepublik Deutschland. Berlin 1973. S. 78.
5 So wird im Strategiepapier „Bibliotheken '93" im Rahmen des dort vorgelegten Bedarfsmodells bereits auf die zunehmende Bedeutung elektronischer Medien hingewiesen, wobei sich dieser Hinweis zum damaligen Zeitpunkt v. a. auf elektronische Datenträger bezieht: „Angesichts der Bedeutung, die die elektronischen Publikationen [...] für die universitäre Literaturversorgung bereits erlangt haben, und vor dem Hintergrund, dass sich das Angebot auf dem Markt elektronischer Verlagserzeugnisse rasch ausweitet, müssen die Universitätsbibliotheken hierfür künftig in erheblichem Maße Erwerbungsmittel einsetzen". Vgl. Bundesvereinigung Deutscher Bibliotheksverbände: Bibliotheken '93. Strukturen – Aufgaben – Positionen. Göttingen 1994. S. 104f.

Parameter und Indikatoren „klassischer" Etatbedarfsmodelle

Etatbedarfsmodelle stehen unter der Prämisse, den Literaturbedarf des gesamten universitären Bibliothekssystems abzubilden, unabhängig davon, ob es sich um ein- oder mehrschichtige Bibliothekssysteme handelt. Eine zentrale Bemessungsgrundlage des Etatbedarfs stellen dabei die Breite und der Ausbaugrad des jeweils vorhandenen Fächerkanons dar. Die Bedarfsermittlung muss demnach sowohl Grund- als auch Spitzenbedarf an wissenschaftlicher Literatur situativ abbilden können. Klassische Etatbedarfsmodelle sind daher so angelegt, dass die Bedarfsermittlung differenziert nach Fächern bzw. Fachgruppen als Ausgabenformat erfolgt, wobei zur Bedarfsermittlung grundsätzlich Indikatoren des wissenschaftlichen Publikationsmarktes (oft getrennt nach Mediengattungen wie Monographien, Zeitschriften und Datenbanken) mit hochschulspezifischen Parametern (meist bezogen auf den Fächerausbaugrad, eher selten bezogen auf fachspezifische Nutzungsdaten) in Beziehung gesetzt werden. Dabei sollten die zum Einsatz kommenden Indikatoren praktischerweise so gewählt werden, dass sie sich im Idealfall ohne allzu großen Aufwand in regelmäßigen Abständen aktualisieren lassen. Im Folgenden werden die in klassischen Etatberechnungsmodellen verwendeten Parameter tabellarisch aufgeführt.

Das Prinzip der Kombination von Parametern des Literaturmarktes mit standortspezifischen Indikatoren resultiert letztendlich in einer fachlichen und gattungsbezogenen Etatplanungs-Zuordnung, ergänzt durch zusätzliche „Sondermodule" wie Einbandkosten oder Kosten für die studentische Literaturversorgung (Lehrbuchsammlung).

Tabelle 1: Literaturmarkt-Immanente und standortspezifische Parameter.

Literaturmarkt-Immanente Parameter:	Standortspezifische Parameter:
Fächer- und gattungsspezifische Literaturproduktion: Ermittlungsgrundlagen: Nationalbibliographien, Buchhandelsindizes **Fächer- und gattungsspezifische Durchschnittspreise:** Ermittlungsgrundlagen: Buchhandelsindizes (z. B. LISU-Listen[6] für Monographien, Periodical Price Survey[7] und Agenturdaten für Zeitschriften) oder Erwerbungsdaten vergleichbarer Bibliotheken (beispielsweise aus der Deutschen Bibliotheksstatistik DBS) Multiplikation der Literaturproduktion (Titel-Zahlen) als Maß des Literatur-Sollbedarfs mit Durchschnittspreis ergibt Mittelbedarf pro Fach und Mediengattung	**Fächerausbaugrad:** *Personalparameter:* Anzahl des wissenschaftlichen Personals, Anzahl der Professorenstellen, Anzahl der Studierenden, FTE[8]-Zahlen *Leistungsindikatoren:* Studienabschlüsse (z. B. Bachelor, Master, Staatsexamen, Promotion), Anzahl an Doktoranden und Habilitanden, Höhe der Drittmitteleinwerbung, Anzahl an Publikationen **Fächerspezifische Nutzungszahlen:** Ermittlungsgrundlagen: Ausleihstatistiken (Orts- und Fernleihe), Dokumentlieferungsstatistiken, COUNTER-Statistiken elektronischer Medien (inklusive sogenannter Turnaway-Statistiken)

Das Bayerische Etatmodell als Beispiel eines klassischen Etatbedarfsmodells

Im Folgenden soll das Bayerische Etatmodell, ein Konzept zur Sicherung der Literatur- und Informationsversorgung, das im Laufe seiner inzwischen über drei Jahrzehnte andauernden Entwicklungsgeschichte auch über die Grenzen Bayerns hinaus Beachtung in der Fachöffentlichkeit gefunden hat[9], als Beispiel eines klassischen

---

6 Der auf Approval Plan-Datenmaterial basierende Preisindex Average Prices of Academic Books wurde vom Library and Information Statistics Unit (LISU) bis 2009 herausgegeben. Vergleichbare Daten lassen sich dem Annual Book Price Update auf den Baker & Taylor YPB Library Services-Webseiten entnehmen. http://www.ybp.com/book_price_update.html (27.10.2013).

7 Der Periodical Price Survey wird jedes Jahr im Library Journal publiziert. Vgl. hierzu die letzte Veröffentlichung vom 25. April 2013 unter: http://lj.libraryjournal.com/2013/04/publishing/the-winds-of-change-periodicals-price-survey-2013/ (27.10.2013).

8 FTE = Full Time Equivalent; bei der Ermittlung von FTE-Zahlen werden in der Regel Vollzeitäquivalente der Studierenden und des wissenschaftlichen Personals einer Hochschule berücksichtigt.

9 Beispielsweise fand das Bayerische Etatmodell Eingang in die „Empfehlungen zur Literaturversorgung an den Hochschulbibliotheken der neuen Länder und im Ostteil von Berlin" oder in das Stra-

Etatbedarfsmodells in seinen Grundzügen skizziert werden. Ein erstes Etatmodell wurde in Bayern bereits Anfang der 1980er Jahre vom Beirat für Wissenschafts- und Hochschulfragen beim Bayerischen Staatsministerium für Unterricht und Kultus vorgelegt.[10] Aufbauend auf diesem Grundmodell wurde dann das „Bayerische Etatmodell 2001"[11] als integraler Bestandteil des in Bayern angestrebten kooperativen Leistungsverbundes im Sinne eines Konvergenzkonzepts[12] entwickelt, wobei sich dieses Etatmodell ausdrücklich sowohl als Etatbedarfsermittlungs-, aber auch als interuniversitäres Etatverteilungsmodell verstand.[13] Eine grundlegende Überarbeitung und Weiterentwicklung erfuhr das Bayerische Etatmodell schließlich in den Jahren 2008/2009 vor dem Hintergrund der dramatischen Änderungen im wissenschaftlichen Publikationsmarkt vor allem im Hinblick auf den sich abzeichnenden Medienwandel[14], das schließlich als „Bayerisches Etatmodell 2010" im Jahre 2010 von der Universität Bayern e.V., Rechtsnachfolger der Bayerischen Rektorenkonferenz, angenommen und verabschiedet wurde.

Im Zentrum des Bayerischen Etatmodells, das in seinem Kern unter dem Primat der gedruckten Publikation entwickelt wurde, steht auch in der aktuellen Fassung von 2010 die Ermittlung des fächerspezifischen Mittelbedarfs für Monographien und Zeitschriften im Print-Bereich. Dies wird durch die Multiplikation einer Kennzahl für den jeweiligen Fachausbaugrad mit dem im Modell ermittelten fächerspezifischen

---

tegiepapier „Bibliotheken '93" und diente als Grundlage für die Entwicklung eigener Etatmodelle in Sachsen und Sachsen-Anhalt.

10 Vgl. Beirat für Wissenschafts- und Hochschulfragen beim Bayerischen Staatsministerium für Unterricht und Kultus: Empfehlungen zum Erwerb des Büchergrundbestands der Universitäten Augsburg, Bamberg, Bayreuth und Passau vom 30. Juli 1982 und zur Sicherung der Literaturversorgung an den Universitäten Erlangen-Nürnberg, München, Regensburg und Würzburg sowie der Technischen Universität München vom 1. August 1983. München 1984.

11 Vgl. Griebel, Rolf: Etatbedarf universitärer Bibliothekssysteme. Ein Modell zur Sicherung der Literatur- und Informationsversorgung an den Universitäten. Zeitschrift für Bibliothekswesen und Bibliographie (ZfBB) Sonderheft 83. Frankfurt am Main 2002.

12 Zum Konvergenzkonzept vgl. die Ausführungen in Griebel, Rolf: Etatbedarf universitärer Bibliothekssysteme, S. 32: „Das Konvergenzkonzept, dessen Grundlage innovative Strukturen der Literatur- und Informationsversorgung darstellen, zielt auf einen kooperativen Leistungsverbund, in dem die einzelnen Teilnehmer – vornehmlich die Universitätsbibliotheken und die Bayerische Staatsbibliothek – die Literatur- und Informationsversorgung als Gemeinschaftsaufgabe arbeitsteilig in gesamtbayerischer Verantwortung wahrnehmen."

13 Daneben kam und kommt das Bayerische Etatmodell auch als Modell zur intrauniversitären Mittelallokation zum Einsatz.

14 Vgl. Moravetz-Kuhlmann, Monika: Das Bayerische Etatmodell 2010. In: ZfBB (2010) H. 5. S. 253–270. Für eine angemessene Berücksichtigung der elektronischen Medien wurde im Etatmodell 2010 die Koppelung des E-Medienbedarfs an den Mittelbedarf der Printmedien aufgegeben (im Etatmodell 2001 wurde noch pauschal ein Zuschlag in Höhe von 4 % bei den Geistes-, Wirtschafts- und Sozialwissenschaften bzw. von 8 % in den STM-Fächern festgesetzt) und durch eine auf Marktanalysen basierende Bedarfsermittlung ersetzt.

Mittelbedarf (=Literatur-Sollbedarf in Bänden/Titel x Durchschnittspreis) bewerkstelligt. Dabei wird bei der Festlegung der Kennzahlen folgendermaßen vorgegangen:
- Die *Festlegung des Ausbaugrads in einzelnen Fächern* erfolgt anhand der Definition eines Vollausbaus eines Faches (entspricht Ausbaugrad 1) durch die Definition einer Bandbreite, innerhalb derer sich die Zahl der Professorenstellen (Besoldungsgruppen W3/C4 und W2/C3) in einem Fach bewegt, wobei es zu Abschlägen bzw. Aufschlägen bei entsprechenden Abweichungen von dieser Zahl kommt.
- Die *Festsetzung der Soll-Erwerbung in einzelnen Fächern* erfolgt durch eine differenzierte Analyse des wissenschaftlichen Literaturmarktes anhand der von Library Suppliers oder Agenturen vorgelegten Indizes[15] und der tatsächlichen Ist-Erwerbung in verschiedenen Referenzbibliotheken sowie eines Vergleichs mit den Erwerbungsdaten von Bibliotheken des DFG-Sondersammelgebietsplans, wobei die festgelegte Soll-Erwerbung dem von der DFG angenommenen Grundbedarf (25 %) entspricht.
- Die *Festsetzung fächerspezifischer Durchschnittspreise* schließlich basiert für Monographien auf der Analyse von Original-Listenpreisen von Library-Suppliers für verschiedene Länder[16], verbunden mit einer Analyse des Literaturzugangs anhand von Lieferantenstatistiken an Referenzbibliotheken unter Berücksichtigung von Währungsschwankungen. Für Zeitschriften werden Durchschnittspreise auf der Grundlage des Portfolios der international agierenden Zeitschriftenagentur Swets ermittelt.

Darüber hinaus werden im Bayerischen Etatmodell 2010 zusätzliche Module definiert, um den Etatbedarf einer Hochschulbibliothek in Gänze zu beschreiben:
- Bei der Ermittlung des *Mittelbedarfs für den Einband* wird davon ausgegangen, dass 10 % der erworbenen Monographien sowie alle erworbenen Periodika gebunden werden. Mit Hilfe einer Bindepauschale pro Band (12 EUR pro Monographienband bzw. 20 EUR pro Zeitschriftenband[17]) kann der fächerspezifische Mittelbedarf an Bindekosten kalkuliert werden.
- Zur Ermittlung des *Mittelbedarfs für die studentische Literaturversorgung* dient die Studierendenzahl als entscheidender Parameter, wobei pro Studierenden

---

[15] Verwendung fanden hierbei LISU-Listen im Monographien-Bereich, der US Periodical Price Index und der Periodical Price Survey im Zeitschriften-Bereich sowie Preis-Indizes und Daten der Firmen Harrassowitz und Swets.

[16] Für das Etatmodell 2010 wurde Datenmaterial auf der Basis von Approval Plans folgender Library Supplier ausgewertet: Harrassowitz (deutschsprachige Monographien, Frankreich), Blackwell (USA, UK), Casalini (Italien), Coutts (Benelux, Skandinavien). Im Etatmodell 2001 wurden Durchschnittspreise noch anhand eines an der UB Regensburg geführten lokalen Preisindex ermittelt, ergänzt durch die Analyse der ingenieurwissenschaftlichen Erwerbungsdaten bayerischer Universitätsbibliotheken mit entsprechendem Fächerangebot.

[17] Bei Zeitschriften erfolgt die Ermittlung der Bandzahl durch Multiplikation der Titelzahl mit einem fächergruppenspezifischen Faktor.

innerhalb der Regelstudienzeit ein Pauschalbetrag festgesetzt wird (in den STM-Fächern 50 EUR, in den Geistes- und Sozialwissenschaften 30 EUR).
- Der *Mittelbedarf für lizenzpflichtige Datenbanken* erfolgt auf der Grundlage einer fächerspezifischen Auswertung der im Datenbank-Informationssystem (DBIS) katalogisierten Datenbanken und einer Bedarfsabfrage an bayerischen Universitätsbibliotheken einerseits sowie der Ermittlung konkreter Produktpreise für eine Hochschule mittlerer Größe (FTE ≥ 15.000) andererseits.
- Für den *Mittelbedarf lizenzpflichtiger E-Zeitschriften* werden für eine Hochschule mittlerer Größe durchschnittliche Zusatz-Kosten für den Erwerb elektronischer Zeitschriftenpakete angesetzt, wobei durch eine Fächer-Zuordnung der in den Paketen enthaltenen Titel eine prozentuale fachliche Mittelzuordnung bewerkstelligt wird. Als Produkt-Grundlage dient eine Liste bestehender Konsortial-Verträge. Dieser Methode der Zusatz-Kosten-Berechnung für E-Zeitschriften liegt die Überlegung zugrunde, dass zum Zeitpunkt der Überarbeitung des Etatmodells noch keine klare Tendenz zum Übergang auf einen e-only-Bezug im Zeitschriftensektor an Hochschulbibliotheken in Bayern absehbar war. Sie stellt deshalb nur eine Momentaufnahme dar.
- Vor dem Hintergrund der Annahme, dass Print-Monographien zum gegenwärtigen Zeitpunkt keinesfalls gänzlich durch entsprechende E-Books ersetzt werden können, es also nur sehr eingeschränkt zu Substitutionseffekten kommt – zumal der Erwerb elektronischer Bücher mit zusätzlichen Kosten beispielsweise durch den erhöhten Steuersatz verbunden ist – wird beim *Mittelbedarf für lizenzpflichtige E-Books* keine ausdifferenzierte Bedarfsermittlung vorgenommen, sondern lediglich ein pauschaler Aufschlag von 10 % auf den Monographienerwerb angesetzt.

Mit Hilfe dieses modularen Konzepts beziffert das Bayerische Etatmodell 2010 den Etatbedarf einer Referenzbibliothek mit einem Ausbaugrad 1 in allen Fächern auf insgesamt 10.321.538 EUR. Etwa 24 % des Etatbedarfs entfallen dabei auf elektronische Medien (vgl. Abbildung 1).

Modul Einband	Modul stud. Lit.-versorgung	Modul E-Books		Modul E-Zeitschriften		Modul Datenbanken		Modul Print-Zeitschriften			Modul Print-Monographien		
Mittelbedarf	Mittelbedarf	Mittelbedarf	prozentualer Anteil	Mittelbedarf	prozentualer Anteil	Mittelbedarf	prozentualer Anteil	Mittelbedarf	Bedarf in Titeln	prozentualer Anteil	Mittelbedarf	Bedarf in Bänden	prozentualer Anteil
288.210 €	348.000 €	206.126 €	2%	551.589 €	5%	1.717.500 €	17%	5.148.853 €	9.188	50%	2.061.259 €	39.192	20%
3%	3%	Etatbedarf E-Medien: 2.475.215 € 24%						Etatbedarf Print-Medien: 7.210.113 € 70%					
Mittelbedarf einer Referenzbibliothek mit Ausbaugrad 1 in allen Fächern: 10.321.538 €													

Abbildung 1: Gesamtmittelbedarf einer Referenzbibliothek mit einem Ausbaugrad 1 in sämtlichen Fächern nach dem Bayerischen Etatmodell 2010 (nach Moravetz-Kuhlmann, ZfBB (2010) H. 5).

Herausforderungen der Etatbedarfsermittlung im digitalen Zeitalter

Auch wenn das Bayerische Etatmodell 2010 den Versuch unternimmt, den Etatbedarf für elektronische Medien angemessen zu würdigen und zu quantifizieren, so wird das Modell der sich momentan stark wandelnden Erwerbungswirklichkeit an Hochschulbibliotheken in Bezug auf die neuen Medien nur bedingt gerecht. Der Medienwandel, der sich anfänglich v. a. im Zeitschriftenbereich der STM-Fächer vollzog, mittlerweile aber längst sämtliche Gattungen und Fachdisziplinen erfasst hat, resultierte in den vergangenen Jahren in dramatischen Veränderungen in den gattungsspezifischen Ausgaben innerhalb der Erwerbungsetats für den Literaturerwerb wissenschaftlicher Bibliotheken. Die zunehmende Bedeutung elektronischer Medien auf dem wissenschaftlichen Publikationsmarkt führte dazu, dass der Anteil der Ausgaben für elektronische Produkte an den Gesamtausgaben für die Literaturversorgung im Laufe der vergangenen Dekade kontinuierlich gestiegen ist – ein Prozess, der sich sicherlich auch in den nächsten Jahren noch weiter fortsetzen wird. Auch wenn die in der Deutschen Bibliotheksstatistik (DBS) erfassten Daten keine flächendeckende detaillierte Analyse der Ausgaben für einzelne Mediengattungen, schon gar nicht für einzelne

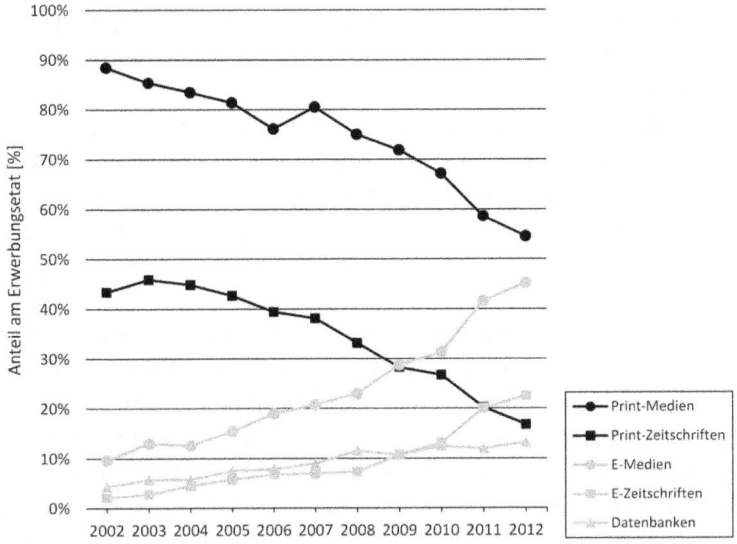

Abbildung 2: Relative Ausgaben für einzelne Mediengattungen einschichtiger Bibliothekssysteme zwischen 2002 und 2012. Quelle: DBS, variable Auswertung unter http://www.bibliotheksstatistik.de/eingabe/dynrep/index.php (27.10.2013). Dargestellt ist jeweils der Median. n=53. Für die Auswertung wurden folgende DBS-Kategorien herangezogen: 21 (Bücher (einschl. Dissertationen), Zeitschriften und Zeitungen insgesamt – Ausgaben), 121 (Digitale Bestände, darunter: Ausgaben für Datenbanken – Ausgaben), 123 (Ausgaben für laufend gehaltene nicht-elektronische Zeitschriften), 134 (Ausgaben für im Berichtsjahr laufend gehaltene elektronische Zeitschriften), 150 (Erwerbung, davon: Kauf (insgesamt)), 151 (Erwerbung, davon: Kauf, darunter: Ausgaben für digitale/elektronische Medien).

Fachbereiche zulassen,[18] so belegt die Auswertung des statistischen Materials doch einen eindeutigen Trend der Ausgaben-Verschiebung hin zu elektronischen Medien. Abbildung 2 basiert auf der Analyse der Erwerbungs- respektive der Kauf-Ausgaben einschichtiger Bibliothekssysteme in Deutschland von 2002 bis 2012. Wurden vor zehn Jahren lediglich etwa 10 % des gesamten Erwerbungsbudgets für elektronische Medien aufgewendet, haben sich die Ausgaben für Print- und E-Medien mittlerweile nahezu angeglichen. Während sich die relativen Ausgaben für Datenbanken in den letzten Jahren bei ca. 1213 % einpendelten, stiegen die anteiligen Ausgaben für E-Zeitschriften bei gleichzeitiger Abnahme der anteiligen Ausgaben für Print-Zeitschriften kontinuierlich an. Hier manifestiert sich anschaulich die Entwicklung hin zu „e-only" im Rahmen des Zeitschriften-Bestandsaufbaus bei konsortialen und bilateralen Zeitschriften-Verträgen, allen voran im kostenintensiven STM-Segment. Auch wenn die DBS für die E-Books-Erwerbung keine gesonderten Kennzahlen zur Verfügung stellt,

---

18 So werden beispielsweise die Ausgaben für E-Books in der Deutschen Bibliotheksstatistik bislang nicht separat erfasst.

so ist doch zu vermuten, dass sich in vielen Fächern ein ähnlicher Substitutionseffekt abzeichnet und dass das gedruckte Buch zumindest teilweise durch den Erwerb der elektronischen Parallelausgabe ersetzt werden wird. Für eine angemessene Berücksichtigung der E-Medien-Gattungen in existierenden Etatbedarfsmodellen erscheint es deshalb naheliegend, den Sollbedarf der Gattungsgrößen Zeitschriften und Monographien losgelöst von ihrer jeweiligen Erscheinungsform zu ermitteln und mittelfristig auf ein Nebeneinander der Bedarfsermittlung für Print- und elektronischen Medien zu verzichten.

Allerdings dürfte es zu kurz greifen, die oben beschriebene Dynamik in der Ausgabenverteilung lediglich als Folge gattungsinterner Substitutionsvorgänge in bestehenden Etatbedarfsmodellen mit dem hierfür zur Verfügung stehenden herkömmlichen Parameter-Instrumentarium abbilden zu wollen. Denn mit dem Medienwandel sowie den Änderungen in den wissenschaftlichen Publikationsprozessen sind Effekte verknüpft, die sich einer herkömmlichen „Grammatik der Etatbedarfsermittlung"[19] im klassischen Sinn entziehen. Folgende Problemfelder lassen sich beim Versuch der Einbindung des Sollbedarfs elektronischer Medien in klassische Etatbedarfsmodelle konstatieren:

a) Ermittlung von Durchschnittspreisen in konsortialen Erwerbungsstrukturen:

Während die Ermittlung von Durchschnittspreisen anhand von Preisindizes für wissenschaftliche Print-Publikationen – wenn auch mit erheblichem Aufwand und gewissen Unschärfen – grundsätzlich möglich war, entziehen sich elektronische Medien einer belastbaren Ermittlung von Durchschnittspreisen nahezu gänzlich, so dass die Ermittlung des Sollbedarfs mit Hilfe dieses Parameters praktisch unmöglich ist. Dies liegt nicht zuletzt an Bündelungseffekten bei Lizenzierungen hochpreisiger elektronischer Produkte im Rahmen von Paketabschlüssen, häufig in Form von Konsortialverträgen, also dem gemeinschaftlichen Erwerb bzw. der gemeinschaftlichen Lizenzierung auf regionaler und überregionaler Ebene. Im Kontext solcher meist regional verhandelter Konsortialverträge wird oftmals die Lizenzierung ganzer Medienpakete, teilweise über mehrere Jahre hinweg, vereinbart. Für die vertragliche Fixierung vereinbarter Umsatzvolumina kommen gerade im Zeitschriftenbereich komplexe Geschäftsmodelle zum Einsatz, bei denen Parameter wie beispielsweise das historisch gewachsene lokale Umsatzvolumen oder der individuelle Anteil des „subscribed content" bzw. des „unsubscribed content" mit einfließen. Zusätzlich anfallende Kosten bei elektronischen Medien wie z. B. Hosting-Gebühren ("access fee") oder Update-Gebühren bei dynamischen elektronischen Ressourcen erschweren darüber hinaus die Ermittlung von Durchschnittspreisen. Hinzu kommt, dass bei elektronischen Medien vielfach kein einheitlicher Standard-Listenpreis existiert, sondern ein Preisstaffelungssytem („tier pricing") Anwendung findet, durch das der Preis für eine

---

[19] Wein, Franziska: Workshop „Etatmodelle für das digitale Zeitalter" – ausgerichtet von der DBV-Kommission Erwerbung und Bestandsentwicklung am 15. und 16. März 2012 an der Staatsbibliothek zu Berlin. Ein Kurzbericht. In: ZfBB (2012) H. 3–4. S. 205–206, hier S. 205.

Einrichtung in Abhängigkeit unterschiedlicher Faktoren (z. B. Art und Größe der Einrichtung, FTE-Zahlen) spezifiziert wird. Auch zeichnen sich konsortiale Abschlüsse in der Regel durch spezifisch zu verhandelnde Rabattstrukturen aus.

b) Zuordnung elektronischer Medien zu Gattungs- und Fach-Strukturen:

Im digitalen Zeitalter verliert die Einteilung wissenschaftlicher Literatur in die traditionellen Literaturgattungen zunehmend an Bedeutung. Wissenschaftsverlage vermarkten ihr Produkt-Portfolio in der Regel in Form gattungsübergreifender Verlagsportale, bei denen in verschiedenen Publikationen unabhängig von der jeweiligen Erscheinungsform als Zeitschrift, Monographie oder Datenbank parallel recherchiert werden kann und in denen Datenbank-Inhalte, Zeitschriften-Aufsätze und Monographien-Kapitel in einem großen Datenpool gemeinsam präsentiert werden.[20] Eine Einteilung in Gattungs-Module, wie sie in den traditionellen Etatbedarfsmodellen vorgesehen ist, trifft die Erwerbungs- und Nutzungs-Wirklichkeit im E-Medien-Zeitalter dementsprechend nur noch unzureichend. Auch ein weiteres Ausgabenformat der Bedarfsmodelle, nämlich das Wissenschaftsfach, wird mit dem Angebot großer Content-Datenpools der Verlage in Frage gestellt, da eine Zuordnung großer Content-Angebote zu einzelnen Fachdisziplinen nur schwer möglich ist. Dies gilt beispielsweise bei interdisziplinären Volltext-Datenbanken großer Aggregator-Anbieter wie den Zeitschriften-Archive von *JSTOR* oder der *Academic Source*-Datenbank von *EBSCO*, bei fachübergreifenden bibliographischen Datenbanken wie dem *Web of Science* von Thomson Reuters oder *Scopus* von Elsevier oder bei Paketangeboten von elektronischen Zeitschriften oder E-Books. Das Vorgehen in bestehenden Etatberechnungsmodellen, entsprechende Produkte aus der Fachzuordnung herauszulösen und einem fiktiven Sammelfach zuzuordnen, wird diesem Problem nur sehr begrenzt gerecht, da auf diese Weise das Ausgabeformat Wissenschaftsfach in der Modellberechnung konterkariert und schließlich ad absurdum geführt wird.

c) Granulare und nutzergesteuerte Erwerbungsvorgänge:

In der jüngeren Vergangenheit hat sich – nicht zuletzt vor dem Hintergrund bestehender Etatzwänge – an Hochschulbibliotheken zunehmend ein Paradigmenwechsel von einem bestands- hin zu einem nachfrageorientierten Erwerbungskonzept vollzogen. Mit Geschäftsmodellen wie Pay-per-View-, Pay-per-Use- oder Dokumentlieferungsangeboten zum Erwerb einzelner Volltext-Einheiten, die komplementär zur Lizenzierung ganzer Content-Pakete eingesetzt werden können, bieten gerade elektronische Medien die Möglichkeit einer feingliedrigen, gattungsunabhängigen Literaturerwerbung, die den aktuellen Bedarf der Nutzerschaft punktuell und unmittelbar

---

[20] Beispiele solcher gattungsübergreifenden Content-Plattformen finden sich mittlerweile bei den meisten Wissenschaftsverlagen, unter anderem bei Elsevier mit SciVerse ScienceDirect (http://www.sciencedirect.com/), bei Springer mit SpringerLink (http://link.springer.com/), bei Wiley-Blackwell mit der Wiley Online Library (http://onlinelibrary.wiley.com/), bei De Gruyter mit De Gruyter Online (http://www.degruyter.com/) oder bei Oxford University Press mit Oxford Index (http://oxfordindex.oup.com/) (27.10.2013).

bedient. Im Bereich der E-Books-Erwerbung setzen sich zudem zunehmend nutzergesteuerte Erwerbungsmodelle in Form der Patron Driven Acquisition (PDA) durch. Dabei können dem nutzergesteuerten Erwerb einer Monographie in der Regel eine oder mehrere temporäre Kurzausleihen („short term loan") vorgeschaltet werden, bevor das Werk dauerhaft erworben wird. Die Umsetzung entsprechender Geschäftsmodelle erfolgt in der Regel über den Erwerb von gegebenenfalls fachbezogenen Nutzungs-Kontingenten in Form eines gedeckelten Budget-Rahmens. Eine detaillierte Bedarfsquantifizierung und damit die Einbindung in die Etatbedarfsplanung kann für derartige Geschäftsmodelle demzufolge nur rückwirkend mit Hilfe einer genauen Dokumentation und Analyse des tatsächlichen Nutzerverhaltens vorgenommen werden.

d) Open Access:

Seit dem Aufkommen der Open Access-Bewegung hat die Bedeutung des wissenschaftlichen Publizierens im Open Access seit der Jahrtausendwende kontinuierlich zugenommen[21], wobei vor allem der „Goldene Weg" des genuinen Open Access-Publizierens den wissenschaftlichen Publikationsmarkt nachhaltig beeinflusst hat. Dabei beschränkt sich das Phänomen des Open Access-Publizierens längst nicht mehr ausschließlich auf den STM-Zeitschriftenmarkt, vielmehr lassen sich entsprechende Ansätze mittlerweile auch auf dem monographischen Publikationsmarkt in den Geisteswissenschaften beobachten.[22] Letztendlich zielt der „Goldene Weg" der Open Access-Bewegung, also die primäre Veröffentlichung in einem Open-Access-Medium, darauf ab, traditionelle subskriptionsbasierte Geschäftsmodelle durch Bezahlmodelle zu ersetzen, bei denen die Kosten durch die Finanzierung der einzelnen Publikation im Rahmen sogenannter „Author-Pays-Modelle" getragen werden. Nicht mehr der Erwerb der Publikation, sondern vielmehr das Publizieren an sich muss also finanziert werden, wofür wiederum entsprechende Publikationsfonds in die Etats der Hochschulen eingestellt werden müssen. Zwar dürfte es möglich sein, die durchschnittliche Höhe sog. Article Processing Charges (APCs) für unterschiedliche Wissenschaftsfächer als Kosten-Parameter zu ermitteln, dennoch stehen Pub-

---

21 Aktuelle Untersuchungen zeigen, dass etwa 50 % der 2011 veröffentlichten wissenschaftlichen Publikationen im August 2013 frei im Internet zugänglich waren (vgl. van Noorden, Richard: Half of 2011 papers now free to read. Boost for advocates of open-access research articles. In: Nature 500 (2013). S. 386–387). Die Anzahl der im Goldenen Weg veröffentlichten Open Access-Publikationen ist in den vergangenen Jahren kontinuierlich gestiegen. Etwa 17 % der insgesamt 1,66 Mio. 2011 veröffentlichten wissenschaftlichen Verlags-Artikel, die in der bibliographischen Datenbank Scopus indexiert sind, sind frei im Open Access verfügbar (vgl. Laakso, Mikael u. Bo-Christer Björk: Anatomy of open-access publishing: a study of longitudinal development and internal structure. In: BMC Medicine (2012) H. 124).

22 Vgl. beispielsweise Schäffler, Hildegard: Open Access. Ansätze und Perspektiven in den Geistes- und Kulturwissenschaften. In: Bibliothek. Forschung und Praxis (BFP) (2012) H. 3. S. 305–311. Aktuell kann das Projekt Knowledge Unlatched, das sich die Umsetzung eines Geschäftsmodells zur Veröffentlichung geisteswissenschaftlicher Monographien zum Ziel gesetzt hat, als Beispiel für diesen Trend herangezogen werden; s. http://www.knowledgeunlatched.org/ (27.10.2013).

likationsfonds im unmittelbaren Kontext der jeweiligen ganz individuellen hochschulspezifischen Forschungs- und Publikationstätigkeit und „entziehen sich damit weitgehend einer archetypischen Modellbildung"[23]. Die Ermittlung entsprechender Bedarfszahlen muss also anhand von Erhebungen standortspezifischer Publikationszahlen erfolgen.

Fest steht zweifellos, dass die zunehmende Übernahme von Publikationskosten in einer gleichzeitigen Reduktion der Subskriptionsaufwände resultieren muss. Ralf Schimmer stellt in diesem Zusammenhang fest:

> Der bisherige Erwerbungsetat der Bibliotheken wird also das entscheidende fiskalische Transformationsreservoir sein. [...] Die Bibliotheken werden die Bestimmung ihres Erwerbungsetats erweitern müssen, um ihn auch in Zukunft in der gewohnten Dimension behalten zu können. Die zunehmende Transformation zu Open Access zwingt die Bibliotheken also zu einer Re-Kontextualisierung ihres Erwerbungsetats.[24]

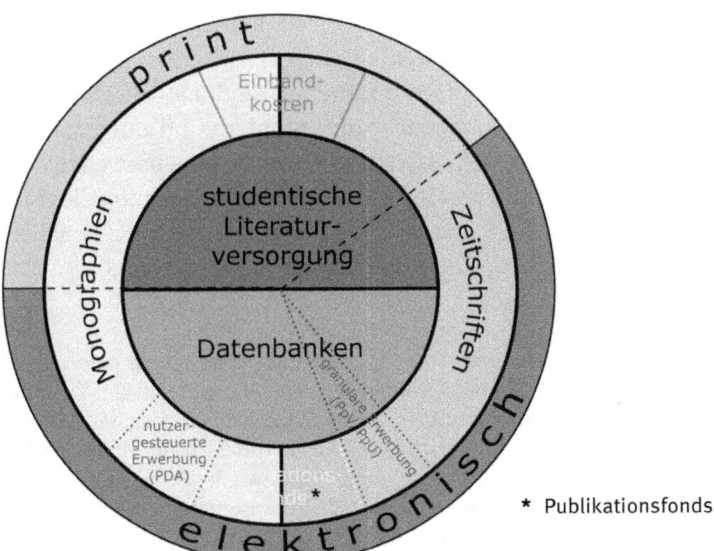

Abbildung 3: Schematische Darstellung möglicher Bestandteile von Etatbedarfsmodellen für Hochschulbibliotheken inklusive neuer Module für die Integration E-Medien-spezifischer Erwerbungsmodelle.

---

23 Moravetz-Kuhlmann, Monika: Erwerbungspolitik, Etatplanung und Mittelallokation in wissenschaftlichen Bibliotheken. In: Praxishandbuch Bibliotheksmanagement. Hrsg. von Rolf Griebel [u. a.]. Im Druck.
24 Schimmer, Ralf: Open Access und die Re-Kontextualisierung des Bibliothekserwerbungsetats. In: Bibliothek. Forschung und Praxis (2012) H. 3. S. 293–299, hier S. 299.

In der Fachwelt wird die Frage, ob Open Access-Publikationskosten tatsächlich Eingang in die Erwerbungsetats der Hochschulbibliotheken finden sollten, allerdings durchaus kontrovers diskutiert. So gibt Klaus-Rainer Brintzinger zu bedenken:

> In einer OA-Welt müssten Bibliotheken, wenn sie für die Finanzierung verantwortlich wären, auch darüber entscheiden, welche wissenschaftliche Publikation erscheinen kann und welche nicht. [...] Werden Wissenschaftler akzeptieren, dass die Ergebnisse ihrer Forschung nicht publiziert werden können, weil die Bibliothek andere Prioritäten setzt?[25]

Die oben skizzierten Problemfelder machen deutlich, dass Soll-Zahlen für die Erwerbung des wissenschaftlichen Literaturbedarfs zukünftig nicht mehr alleine aus der Analyse der fachspezifischen Literaturproduktion und entsprechender gattungsabhängiger Durchschnittspreise ableitbar und ermittelbar sind, zumal sich strikte Gattungsgrenzen im digitalen Zeitalter mehr und mehr aufzulösen beginnen. Die Bedarfsermittlung wird vielmehr zunehmend aus lokalen Gegebenheiten, dem individuellen Nutzer- und dem wissenschaftlichen Publikations-Verhalten extrapoliert werden müssen, um so dem wachsenden Bedarf an standortspezifischer und fachspezifischer Individualisierung gerecht zu werden. Hierbei wird es darauf ankommen, Bestandteile der konventionellen Bedarfsermittlung mit Modulen wie Open-Access-Publikationsfonds oder Nutzungskontingenten für granulare und nutzergesteuerte Erwerbungsvorgänge anzureichern (vgl. Abbildung 3), um so eine notwendige Flexibilisierung und damit Neujustierung und Individualisierung konventioneller Etatbedarfsmodelle zu erreichen, ganz im Sinne des Fazits eines von der DBV-Kommission Erwerbung und Bestandsentwicklung 2012 durchgeführten Workshops zum Thema „Etatmodelle für das digitale Zeitalter":

> Zusammenfassend kann festgehalten werden, dass eine Individualisierung der Etatbedarfsermittlung – gekennzeichnet durch eine abnehmende Bedeutung der Faktoren Literaturproduktion und Durchschnittspreis gegenüber den Faktoren Zusammensetzung der lokalen Nutzerschaft und Verhalten derselben – wahrscheinlich ist, und dass damit einhergehend die Hochschule als Auftraggeber und Kunde zugleich zum Adressaten der Bedarfsermittlung wird. Für eine längere Übergangszeit werden die konventionelle Bedarfsermittlung „1.0" und die neue Bedarfsermittlung „2.0" parallel oder integriert eingesetzt werden.[26]

---

25 Sühl-Strohmenger, Wilfried [u. a.]: Open Access Publikationskosten aus dem Erwerbungsetat? In: B.I.T. Online (2013) H. 4. S. 307–309, hier S. 309.
26 Wein, Etatmodelle (wie Anm. 19), S. 205f.

Monika Zarnitz
Integration der Bibliothek des HWWA in die ZBW 2007 und Reorganisation der ZBW 2011/2012

Ein Praxisbericht

Abstract: Die Deutsche Zentralbibliothek für Wirtschaftswissenschaften – Leibniz-Informationszentrum Wirtschaft – (ZBW) in Kiel hat Anfang 2007 die Bibliothek des Hamburgischen Welt-Wirtschafts-Archivs (HWWA) integriert[1] und damit einen zweiten Standort in Hamburg erhalten. Ziel dieser Integration war eine Verbesserung der überregionalen Informations- und Volltextversorgung für die Wirtschaftswissenschaften. Im Herbst 2010 wurde die „neue" ZBW Kiel/Hamburg evaluiert und erhielt einen positiven Bewertungsbericht. 2010 wechselte auch die Leitung der ZBW, und daraus entstand der Impuls für die 2011/2012 durchgeführte Reorganisation.

Die Reorganisation hatte das Ziel, die Organisationsstruktur der ZBW noch besser auf die Bedürfnisse der Kundschaft auszurichten. Mit der Einrichtung des Bereichs „Medieninformatik" und mit der Umstrukturierung der traditionellen Bibliotheksbereiche wurden die Voraussetzungen dafür geschaffen, über eine anwendungsorientierte Forschung Dienstleistungen der ZBW für die Wirtschaftswissenschaften kundenorientiert zu verbessern und neu zu schaffen.

Diese gute Entwicklung war möglich, weil bereits rechtzeitig und systematisch Konzepte erarbeitet und alle wichtigen Schritte für die Umsetzung in die Wege geleitet wurden. Wie diese Konzepte entstanden, welche aufbau- und ablauforganisatorischen Maßnahmen ergriffen und wie die Kolleginnen und Kollegen einbezogen wurden, sind Erfolgsfaktoren sowohl für die Integration als auch für die zügig abgeschlossene Reorganisation.

Keywords: Deutsche Zentralbibliothek für Wirtschaftswissenschaften – Leibniz-Informationszentrum (ZBW, Kiel/Hamburg), Integration, Hamburgisches Welt-Wirtschafts-Archiv (HWWA, Hamburg), Reorganisation

---

[1] Ich danke herzlich unserer Direktionsassistentin Frau Ines Wanke, die damals Benutzungsleiterin in Hamburg war, mit der ich viel zusammengearbeitet habe und die mit vielen Anregungen zu diesem Aufsatz beigetragen hat.

Die Integration der Bibliothek des HWWA in die ZBW

Die ZBW ist aus der Bibliothek des Instituts für Weltwirtschaft (IfW) in Kiel hervorgegangen und sammelt und erschließt seit 1919 umfassend Literatur zur Volkswirtschaft und Weltwirtschaft. 1966 wurde die ZBW Zentrale Fachbibliothek für die Wirtschaftswissenschaften und ist für die überregionale Literatur- und Informationsversorgung für ihr Fachgebiet zuständig.

Das HWWA wurde 1908 als zentrale Forschungsstelle des Kolonialinstituts in Hamburg gegründet. Es stellte Informationen über die wirtschaftliche und soziale Entwicklung insbesondere der überseeischen Staaten aus aller Welt zur Verfügung. Im HWWA hatte die Pressedokumentation eine große Bedeutung, aber auch die Bibliothek wuchs im Laufe der Zeit. Sie hatte einen betriebswirtschaftlichen Sammelschwerpunkt.

Die routinemäßige Evaluierung der ZBW im Jahr 2003 ergab ein gutes Ergebnis. Der 2004 vorgelegte Bewertungsbericht des HWWA erlegte auf, dass die Bibliothek des HWWA nur weitergefördert werden konnte, wenn sie unter deren Leitung in die ZBW integriert würde. Ziel dieser Maßnahme war die Verbesserung der überregionalen Informations- und Literaturversorgung für die gesamte Wirtschaftswissenschaft.

Diese Integration der Bibliothek des HWWA ist Anfang 2007 vollzogen worden und war mit einer Änderung der Rechtsform der ZBW verbunden: Bis Ende 2006 war das IfW, zu dem die ZBW damals noch gehörte, eine Landesbehörde. 2007 wurde die ZBW eine eigenständige Einrichtung und eine Stiftung des öffentlichen Rechts. Das HWWA war bereits eine Stiftung des öffentlichen Rechts und wurde in die Stiftung ZBW überführt. Bei der Integration hatten beide Bibliotheken ungefähr je 120 Mitarbeiterinnen und Mitarbeiter.

Zur Vorbereitung der Integration der Bibliothek des HWWA in die ZBW und der Überführung der ZBW in die Eigenständigkeit wurde auf politischer Ebene eine Lenkungsgruppe eingesetzt. Die Lenkungsgruppe hatte den Auftrag, sicherzustellen, dass zeitgerecht ein kompetenter Vorschlag für die Umsetzung der Ziele der Integration der Bibliothek des HWWA in die ZBW und für die Stiftungsgründung erarbeitet wurde. Hier wird die Vorbereitung dieser Integration auf politischer Ebene ausgeklammert. Der Schwerpunkt dieses Aufsatzes wird auf die Darstellung der Vorbereitungen auf operativer Ebene gelegt.

Vorbereitungen der Integration auf operativer Ebene

Das interne Steuerungsgremium

Im Sommer 2005 begann die ZBW damit, auf operativer Ebene die Integration der Einrichtungen vorzubereiten. Auf der Leitungsebene wurde ein Steuerungsgremium eingerichtet, dem neben dem Direktor und Vertreterinnen und Vertreter der Arbeitsbereiche der beiden Standorte die Personalratsvorsitzenden sowie die Gleichstellungsbeauftragten und die Schwerbehindertenvertretungen angehörten. Durch die direkte Einbindung dieser Vertretungen und Gremien wurden effiziente Kommunikationsstrukturen geschaffen, die eine Umsetzung der notwendigen Maßnahmen sehr erleichtern. Das Steuerungsgremium hatte die Aufgabe, die bei der Integration nötigen Maßnahmen zu initiieren und zu koordinieren und, wo dies erforderlich war, zur Mitbestimmung vorzubereiten. Ziel war es, die Kundschaft der Bibliothek zügig in den Genuss der Vorteile der Integration kommen zu lassen.

Eine der ersten Maßnahmen war es, die zukünftige interne Struktur der ZBW festzulegen. Die ZBW wurde in vier Programmbereiche gegliedert. Es gab Stabstellen (z. B. Marketing und Öffentlichkeitsarbeit) sowie zentrale Bereiche (z. B. Projekte und Redaktion), die bei der Direktion verankert wurden.

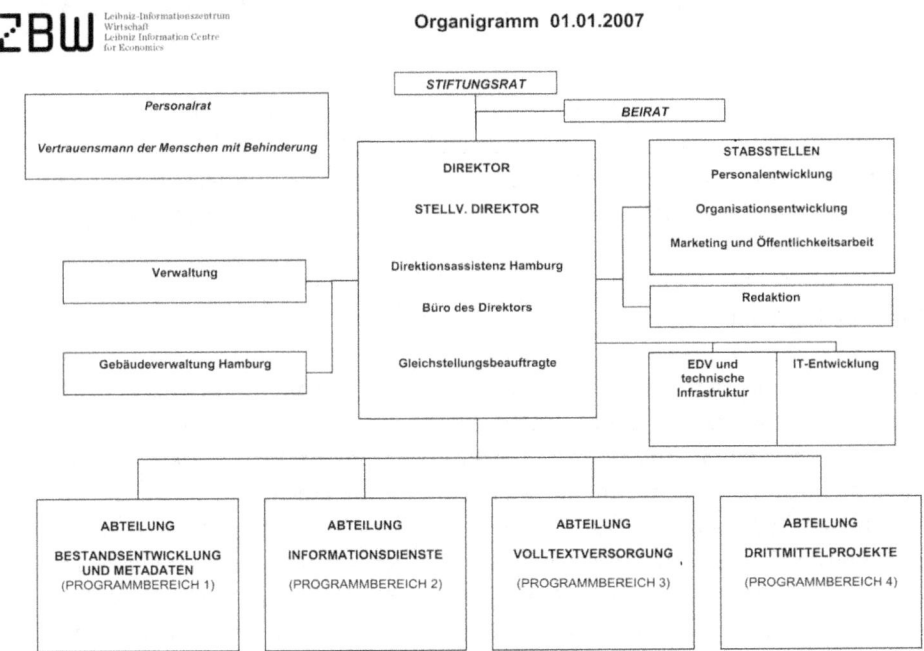

Abbildung 1: Organigramm der ZBW mit Stand 01.01.2007.

Von den zuständigen Leitungen wurden Vorschläge für die interne Organisation der neuen Programmbereiche gemacht. Die Teams, die dabei entstanden, sollten schnell arbeitsfähig werden, und die formellen Informations- und Abstimmungswege sollten zeitig feststehen. Das Steuergremium richtete Arbeitsgruppen ein, die sich auf operativer Ebene mit unterschiedlichen Themen und Bereichen der neuen ZBW befassten.

Rahmenbedingungen und Vorgaben für die Arbeitsgruppen

Folgende Rahmenbedingungen für die Arbeitsgruppen waren gesetzt:
- Die ZBW hat Standorte in Kiel und Hamburg.
- Es soll standortübergreifende Organisationseinheiten geben, um die standortübergreifende Zusammenarbeit zu stärken.
- An beiden Standorten soll ein gleiches Dienstleistungsniveau erreicht werden, aber trotzdem wird entsprechend den unterschiedlichen Bedingungen an den Standorten nicht zwingend alles angeglichen.
- In Kiel wird die volkswirtschaftliche Literatur bearbeitet und gelagert und in Hamburg die Literatur zur Betriebswirtschaftslehre.
- Alle Katalogdaten sind in einem gemeinsamen Online-Katalog zusammenzuführen.
- Für beide Einrichtungen soll ein gemeinsames lokales Bibliothekssystem genutzt werden.

Die Pressedokumentation in Hamburg und das Wirtschaftsarchiv in Kiel wurden geschlossen, weil sie nicht mehr zukunftsfähig waren. Damit war es erforderlich, einer nicht unerheblichen Zahl von Kolleginnen und Kollegen neue Aufgaben zu übertragen und sie mit Schulungsmaßnahmen auf diese neuen Tätigkeiten vorzubereiten.

Die Arbeitsgruppen

Die Arbeitsgruppen umfassten neben der Leitung der entsprechenden Arbeitsbereiche auch engagierte Kolleginnen und Kollegen aus diesen Bereichen, die mit der Alltagsarbeit vertraut waren, und aus der EDV-Gruppe. Sie bestanden aus nicht mehr als fünf bis sechs Personen, damit sie effektiv genug arbeiten konnten. Die Themen waren zum Teil spezifisch für einen Bereich (z. B. Einführung der automatisierten Ausleihe am Standort Hamburg) oder behandelten abteilungsübergreifende Themen (z. B. Integration der Katalogdaten). Die Arbeitsgruppen machten Vorschläge für die ersten Maßnahmen zur Integration und erarbeiteten strukturierte Konzepte. Sie wurden dem internen Steuerungsgremium zur Entscheidung vorgelegt und anschließend von den Arbeitsgruppen umgesetzt. Die Priorisierung der Maßnahmen in den einzelnen Bereichen erfolgte kundenorientiert. Zunächst sollten vor allem die Dienstleistungsqualität an beiden Standorten angeglichen und in Bezug auf die Standorte ein vernünftiges Verhältnis von Standardisierung und Flexibilität erreicht werden. Die Form der Berichte der Arbeitsgruppen an das Steuerungsgremium war standardisiert und enthielt:
- die Namen der Mitglieder der Arbeitsgruppe,
- den Auftrag,
- die Kriterien für die Auswahl und die Priorisierung der einzelnen Maßnahmen.

Für jede vorgeschlagene Maßnahme waren das Ziel der einzelnen Maßnahme und die Priorität, Vorschläge zur Entscheidung, z. B. die im Anhang enthaltenen konkreten Konzepte für einzelne Maßnahmen, Angaben, mit wem Abstimmungsbedarf bestand, Angaben zum zeitlichen Ablauf, die zur Maßnahme gehörenden Anlagen anzugeben. Damit war sichergestellt, dass systematisch gearbeitet werden konnte und die Vorschläge und ihre Priorisierung sehr transparent waren. Das Steuerungsgremium konnte sich schnell Überblick über die Sinnhaftigkeit von Vorschlägen verschaffen und auf dieser Basis Entscheidungen fällen.

Vorbereitungen auf Mitarbeiterebene

Zum Zeitpunkt der Vorbereitung der Integration hatte die ZBW bereits ein lebendiges Leitbild, das einige Jahre davor in einem Bottom-Up-Prozess erarbeitet worden war. Nun stellte sich die Frage, wie die künftigen Kolleginnen und Kollegen in Hamburg das Leitbild kennenlernen konnten und wie erreicht werden konnte, dass dieses Leitbild auch dort gelebt wurde. Dazu begann im Frühjahr 2006 ein Vorbereitungsprozess unter dem Motto „Unter vollen Segeln in die Zukunft" in Hamburg, in dessen Rahmen das Leitbild der ZBW erläutert – und in dem auch Leitsätze für die künftige Zusammenarbeit erarbeitet wurden.

In einem 2007 folgenden gemeinsamen Prozess wandte man sich dem Thema „Zwei Standorte – ein Haus" näher zu. Die Tatsache, dass die Standorte der neuen ZBW über 100 km weit auseinander liegen, bedeutet in der täglichen Praxis eine große Herausforderung. In einer Arbeitsgruppe stellte man Überlegungen zu den künftigen Kommunikationskanälen und zur Frage, wie sich die Kolleginnen und Kollegen gegenseitig kennenlernen können, an und erarbeitete dabei viele noch heute tragfähige Ideen. Es ging dabei neben den formalen Kommunikationsstrukturen, die von den Leitungen geschaffen werden sollten, auch darum, Plattformen für die informelle Kommunikation zu schaffen, die es möglich machen, sich persönlich besser kennen zu lernen. So werden heute in der ZBW Kiel/Hamburg beispielsweise immer gemeinsame Betriebsausflüge und Weihnachtsfeiern (abwechselnd in Kiel oder Hamburg) veranstaltet, um dieses Kennenlernen zu fördern.

Information und Kommunikation

Eine wichtige Voraussetzung für eine organisatorische Änderung ist es, zeitig eine gute formale Informations- und Kommunikationsstruktur zu erarbeiten, um der informellen Kommunikation nicht zu viel Raum zu lassen. Den von den entsprechenden Maßnahmen betroffenen Kolleginnen und Kollegen wurde die Gelegenheit geboten, sich mit ihren Anliegen in die Diskussion um ihre Aufgaben und ihre Arbeit einzubringen. Weiterhin ist bei solchen Prozessen auch daran zu denken, wie man beteiligte Externe, vor allem die Kundschaft, zeitnah und effizient über relevante Änderungen auf dem Laufenden hält.[2]

Die interne Informations- und Kommunikationsstruktur in den Abteilungen sahen ursprünglich regelmäßige Gruppenbesprechungen und Abteilungsbesprechungen vor. Inzwischen werden viele Besprechungen als gemeinsame Telefon- oder Video-Konferenz durchgeführt. Eine für die Information über Programmbereiche und über das ganze Haus hinweg eingerichtete Bibliotheksmanagement-Besprechung diente dazu, grundsätzliche Entscheidungen für die ZBW vorzubereiten, zu fällen und zu kommunizieren. Weiterhin erfolgt die Kommunikation über Newsletter für die Kolleginnen und Kollegen bestimmter Arbeitsbereiche, um neue Arbeitsabläufe und Dienstleistungen bekannt zu machen. Die Bereiche verfügen über Ordner in einem zentralen Laufwerk der Bibliothek, auf denen Arbeitsmittel, Handbücher, Dienstpläne und alles andere, was gemeinsam genutzt wird, übersichtlich präsentiert werden. Inzwischen sind auch Wikis und Blogs im Intranet der Bibliothek für die allgemeine Kommunikation im Haus und als Arbeitsinstrument für Projekte in Gebrauch.

Das Wichtigste sind jedoch die persönlichen Gespräche der Kieler und der Hamburger Kolleginnen und Kollegen sowie die Gespräche der Leitung mit den Kolleginnen und Kollegen aus ihren Arbeitsbereichen. Die Leitungen der Programmbereiche haben zu Beginn des Jahres 2007 Einzelgespräche mit allen zugehörigen Kolleginnen und Kollegen aus Hamburg geführt, um sie kennenzulernen. Diese Gespräche waren für die Zeit danach und die vielen Veränderungen, die vor allem auf die Hamburger Kolleginnen und Kollegen zukamen, sehr wichtig. Heute sind die Bereichs- und die Abteilungsleitungen regelmäßig mindestens einmal wöchentlich an dem jeweils anderen Standort, um den direkten Kontakt mit ihren Mitarbeiterinnen und Mitarbeitern zu pflegen.

Ergebnisse der Integration

Festzuhalten ist, dass die größten Projekte, die mit der Integration einhergingen, Ende 2008 abgeschlossen werden konnten. Es gab eine neue Organisationsstruktur, die Datenintegration war abgeschlossen, die Dokumentlieferung und die lokalen Dienste waren qualitativ auf gleichem Niveau, die Zeitschriftenbestände waren abgeglichen und konsolidiert worden, die Arbeitsteilung bei Erwerbung und Katalogisierung begann sich einzuspielen, das Marketing wurde stark ausgebaut, um nur die wichtigsten Ergebnisse zu nennen.

Im Folgenden soll der einige Jahre später eingeleitete Reorganisationsprozess der nunmehr fusionierten ZBW Kiel und Hamburg mit den verschiedenen Maßnahmen und Schritten skizziert werden.

---

2 Dieser Aspekt wird hier ausgeklammert.

Die Reorganisation der ZBW Kiel/Hamburg

Im Sommer 2010 übernahm Prof. Dr. Klaus Tochtermann die Leitung der ZBW. Die erste gemeinsame Evaluierung im Herbst 2010 hat der neuen ZBW Kiel/Hamburg sehr gute Ergebnisse bescheinigt, und sie sieht sich daher auf ihrem Weg in die Zukunft bestärkt. Inzwischen hat sich die Deutsche Forschungsgemeinschaft entschieden, das Sondersammelgebiet Betriebswirtschaft an der USB Köln nicht mehr zu fördern. Damit ist die Verantwortung für die Informations- und Literaturversorgung der gesamten Wirtschaftswissenschaften auf die ZBW übergegangen. Diese erarbeitete sich neue Betätigungsfelder, deren Ressourcen aus den Synergieeffekten durch die Integration stammen. Arbeitsweisen und Arbeitsschwerpunkte von Bibliotheken haben sich gewandelt, denn das Nutzungsverhalten und die Ansprüche an die Verfügbarkeit von Informationen haben sich durch das Internet stark verändert. Die ZBW Kiel/Hamburg hat diese Entwicklungen mit ihrer Strategie aufgegriffen. Die Anpassung der Organisationsstruktur ist eine logische Folge daraus.

Ziele und Nicht-Ziele der Reorganisation

Erster Schritt war es, sich zu überlegen, welche Ziele dieser Reorganisationsprozess haben sollte. Es war aber auch wichtig festzulegen, welche potentiellen Ziele nicht verfolgt werden sollten, um das Vorhaben nicht zu überlasten.[3] Ziele der Reorganisation waren:
- strategische Ziele besser zu erreichen (Forschung & Entwicklung, Beratung, Dienstleistungen),
- sich in Kundengruppen gut zu positionieren,
- die Vernetzung und die Sichtbarkeit nach außen zu erhöhen,
- sich intern transparenter zu vernetzen,
- klare Entscheidungsstrukturen festzulegen,
- das Personal gemäß der Strategie weiterzuentwickeln,
- die Umsetzung der Empfehlungen aus der Evaluierung 2010 zu ermöglichen.

Zu den „Nicht"-Zielen der Reorganisation gehörte z. B., dass es dabei keine Standortdiskussion geben sollte; wie bisher sollten die Organisationseinheiten übergreifend organisiert sein. Weiterhin wurde die Ablauforganisation ausgeklammert. Auch das

---

3 Meine Kollegin Frau Liebetruth und mein Kollege Thorsten Meyer haben den theoretischen Hintergrund der Vorgehensweise bei der Reorganisation in folgenden Aufsätzen beschrieben: Meyer,Thorsten: Das Theorie-Praxis-Problem – Erfahrungen eines Ökonomen im Reorganisationsmanagement. In: Neue Führungskräfte in Bibliotheken, Erfahrungsberichte aus der Praxis. Hrsg. von Kristin Futterlieb und Ivo Vogel. Wiesbaden: Harrassowitz 2013. S. 117–128; Meyer, Thorsten u. Claudia Liebetruth: Change Management in Business Libraries. In: Business School Libraries in the 21st Century. Hrsg.von Tim Wales. Farnham: Ashgate Publ. (angekündigt).

Beziehungsmanagement nach außen wurde nicht betrachtet, denn die Eigeninitiative der Kolleginnen und Kollegen sollte erhalten bleiben.

Vorbereitung des Reorganisationsprozesses

Der Prozess wurde von der Direktion angestoßen und von der damaligen Bibliotheksmanagement-Runde vorbereitet. Der Rahmen des Prozesses wurde diskutiert und die oben beschriebene Aufstellung der Ziele und „Nicht"-Ziele erstellt. Der Reorganisationsprozess sollte auf die Ebene der bisherigen Abteilungen und der Organisationseinheiten (z. B. integrierte Beschaffung und Katalogisierung oder EDV) beschränkt bleiben. Die Ebene „Gruppe" darunter wurde im Verlauf der Reorganisation von den Führungskräften der neuen Abteilungen gebildet.[4] Mit den Leitungen aller damaligen Stabstellen (z. B. Direktionsassistenz, EDV, Redaktion) und den damaligen Programmbereichsleitungen wurden dann die Schnittstellen zwischen den alten Organisationseinheiten untersucht, um festzustellen, wo Optimierungsbedarf vorlag. Anschließend wurde ein Vorschlag der Abteilungsleitungen für die Organisationsstruktur mit allen Führungskräften diskutiert. Dabei ging es zunächst um die inhaltliche Zuordnung und erst später um die Benennung der künftigen Einheiten.

Die bisherigen Bereiche der ZBW ließen sich anhand ihrer Alleinstellungsmerkmale inhaltlich den neuen Bereichen zuordnen. Eine Trennung nach Produkten (Spartenorganisation) war auszuschließen, weil viele Produkte der ZBW Kuppelprodukte und damit zu stark miteinander vernetzt sind. Auf eine Matrixorganisation wurde verzichtet, weil diese zu viel Abstimmungsbedarf zwischen den Teilen der Matrix nach sich gezogen hätte.[5]

Nach Festlegung der neuen Bereiche und Abteilungen wurden die darunter liegenden Organisationseinheiten (Gruppen) bestimmt. Diese Ausarbeitung erfolgte mit den Führungskräften, die es in der ZBW schon gab, oder später mit den Personen, die neue Führungskräfte wurden. Sie unterbreiteten Vorschläge, die mit der Bibliotheksleitung abgesprochen wurden. Die Struktur sah schließlich zwölf Abteilungen, verteilt auf vier Bereiche, vor:

---

[4] Zur Frage der Mitarbeiterbeteiligung am Reorganisationsprozesse siehe Meyer, Theorie-Praxis-Problem (wie Anm. 3), S. 123f.
[5] Die Vor- und Nachteile der verschiedenen Organisationsformen sind z. B. beschrieben bei: Bea, Franz Xaver u. Elisabeth Göbel: Organisation: Theorie und Gestaltung. 4. Aufl. Stuttgart: Lucius & Lucius 2010. S. 299ff. u. S. 359ff. sowie bei Nicolai, Christiana: Betriebliche Organisation. Stuttgart: Lucius & Lucius 2009. S. 111ff.

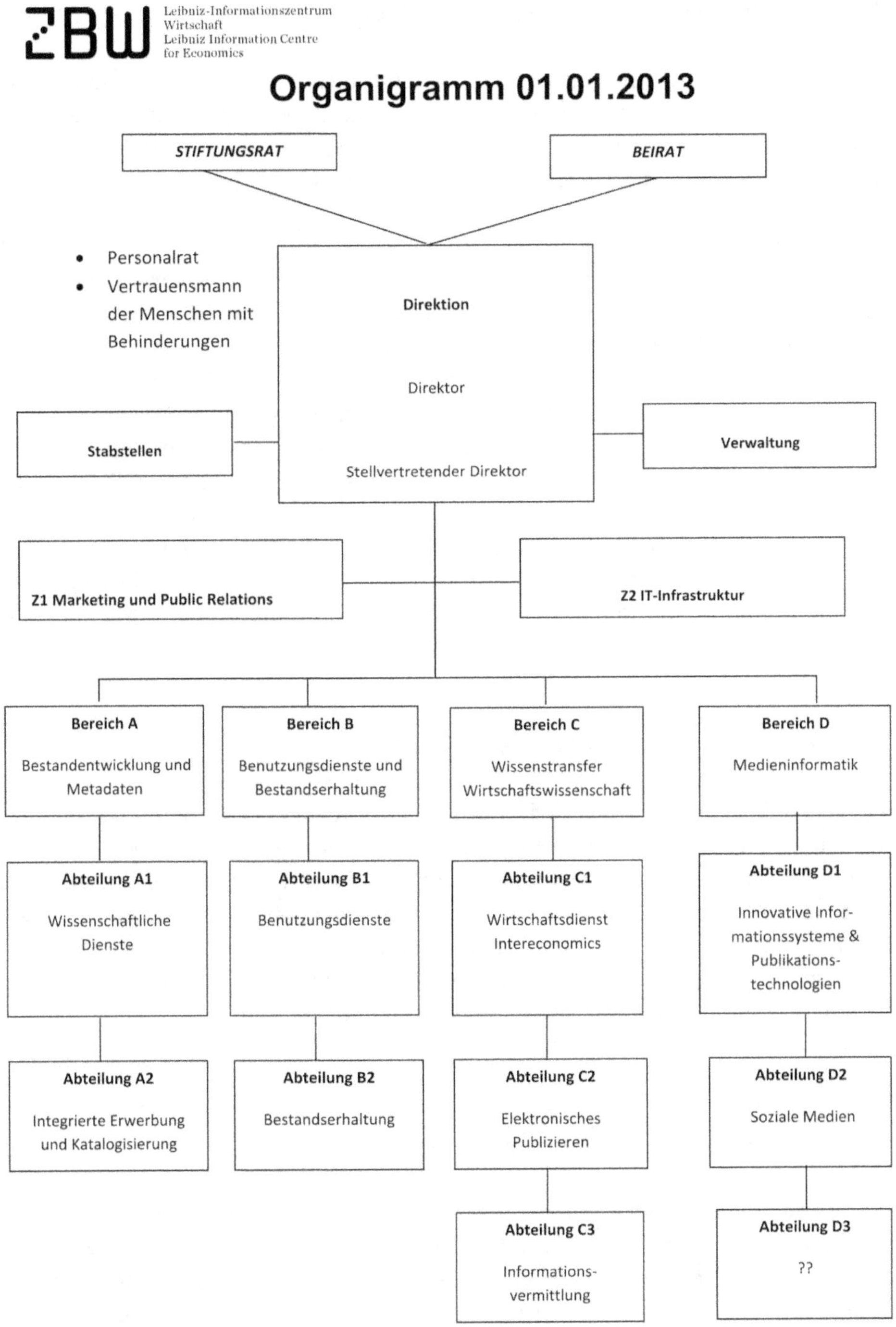

Abbildung 2: Organigramm der ZBW mit Stand 01.01.2013.

Führungskräfte und neue Entscheidungsstrukturen

Durch die Reorganisation entstanden neue Führungspositionen vor allem auf der Ebene der Abteilungs- und Gruppenleitungen. Die Besetzungsverfahren für diese Stellen wurden weitgehend vor dem Umstieg auf die neue Organisationsstruktur abgeschlossen. Vor dem Umstieg in diese neue Situation bestimmten alle Führungskräfte ihre jeweiligen Stellvertretungen.

Als Entscheidungsgremium für die strategischen Entscheidungen wurde das Management Board etabliert, welches aus dem Direktor, den Bereichsleitungen, der Kollegin, die die administrative Koordination wahrnimmt, und der Gleichstellungsbeauftragen besteht. Hier werden die strategischen Entscheidungen der ZBW getroffen. Weiterhin wurde eine Abteilungsleiterrunde eingerichtet, der im Wesentlichen alle Führungskräfte auf Bereichs- und Abteilungsebene angehören. Dieses Gremium dient der gegenseitigen Information und Koordination sowie der Beratung bei Entscheidungen, die das Management Board trifft. In allen Organisationseinheiten gibt es weitere Besprechungsrunden, die an deren Bedürfnissen ausgerichtet sind. Weiterhin wurde eine klare Festlegung für den Umfang der Kompetenzen der Bereichs-, Abteilungs- und Gruppenleitungen getroffen. Sie sollten zum einen mehr Freiheit in ihrer täglichen Arbeit erhalten, zum anderen konnte damit die Leitung der Bibliothek von einem großen Teil der Alltagsarbeit entlastet werden.

Implementierung der neuen Organisationsstruktur

Nächster Schritt auf dem Weg in die neue Organisationstruktur war die Umsetzung. Geplant war, dass sich an einem Tag X alle Mitarbeiterinnen und Mitarbeiter in ihrer neuen Organisationseinheit wiederfanden und in dieser neuen Struktur gut arbeiten konnten. Die einbezogene externe Beratungsfirma sollte die ZBW zum einen beraten und zum anderen Workshops moderieren, die die Führungskräfte bei der Überführung der betroffenen Kolleginnen und Kollegen in die neue Struktur unterstützen sollten. Für den gesamten Prozess waren folgende Punkte wichtig:
- Welche Mitarbeitergruppen wird es geben?
- Wie sind sie betroffen?
- Wann sollen sie eingebunden werden?
- Wie wird die Reorganisation kommuniziert?

Die externe Beratung begleitete die Diagnose bzw. Vorplanung des Umsetzungsprozesses, sie half bei der Kommunikation und der Klärung dafür relevanter Sachverhalte, sie gab Anregungen zur Förderung der Motivation bei den Kolleginnen und Kollegen, sie unterstützte bei der Bearbeitung des Veränderungsprozesses, und sie half bei der Organisation bzw. bei der Entwicklung der dafür erforderlichen Kompetenzen. Die Beratung moderierte Workshops mit den Mitarbeiterinnen und Mitarbeitern zur Vorbereitung nur dann, wenn Bedarf dafür bestand. In den Fällen, in denen eine Moderation nicht nötig war, führten die Führungskräfte den Workshop allein durch, denn es sollten alle Beschäftigen erreicht werden.

Themen der Workshops waren:
- Was ändert sich (Organigramm, Tätigkeiten, Schnittstellen)?
- Welche Rückmeldungen gibt es zu dieser neuen Struktur?
- Welche Punkte sind noch zu klären?

Die Workshops in der Phase vor der Umsetzung dienten der Vorbereitung bis zum Tag des Starts der Umsetzung. Sie konzentrierten sich auf die Regelung der Abläufe innerhalb der Struktur, vor allem auf die Schnittstellen zwischen den unterschiedlichen Organisationseinheiten. Unmittelbar nach der Umsetzung ging es in weiteren Workshops um die Ermittlung noch offener Fragen und um Aufgaben zum optimalen Arbeiten in der neuen Struktur. Schließlich wurden die Anforderungen und Rollen für die neuen Führungskräfte und deren Mitarbeiterinnen und Mitarbeiter geklärt und im Einzelnen erarbeitet.

Kommunikation der Maßnahmen im Haus

Im Haus musste zunächst die Entwicklung der Änderungsbotschaft (z. B. Gründe für Veränderungen, Ziele des Vorhabens, Chancen für Betroffene usw.) kommuniziert werden. Weiterhin kam es auf eine gute zielgruppengerechte Aufbereitung der Informationen über dieses Projekt an. Während der Vorbereitung der Reorganisation wurde die „alte" Bibliotheksmanagement-Runde regelmäßig über Fortschritte informiert oder war direkt in die Entscheidungsprozesse einbezogen. Die Protokolle dieser Runde waren im zentralen Laufwerk der ZBW allen zugänglich. Auf einer Vollversammlung der ZBW Ende 2011 wurden der gesamten Belegschaft die neue Organisationstruktur, die neue Rolle der Führungskräfte und deren Verantwortungsprofile und der Zeitplan für die Umsetzung vorgestellt. Am 24.01.2012 gab es eine Informationsveranstaltung für alle Mitarbeiterinnen und Mitarbeiter, in der über die nächsten Schritte berichtet wurde und in der die neuen (bzw. zum Teil alten) Führungskräfte auf Bereichs- und Abteilungsebenen vorgestellt wurden, wenn sie zu diesem Zeitpunkt schon feststanden. Kurz vor dem Umstieg auf die neue Organisationsstruktur am 15.03.2012 informierte ein Newsletter die Belegschaft und gab im Intranet der ZBW den „Startschuss". Unmittelbar nach dem Umstieg wurde die Umsetzung evaluiert, d. h. es wurde dort nachjustiert, wo dies erforderlich war und überprüft, ob alle geplanten Maßnahmen wirklich umgesetzt wurden. Im Herbst 2012 fanden, sofern erforderlich, weitere Workshops mit den betroffenen Organisationseinheiten statt, um weitere noch offene Sachverhalte zu identifizieren und zu klären, und um den Reorganisationsprozess zum April 2013 zu einem formellen Ende zu bringen.

Ergebnisse der Reorganisation und Fazit

Die Reorganisation konnte zügig vorbereitet und umgesetzt werden, zumal wenn man bedenkt, wie viele Mitarbeiterinnen und Mitarbeiter die ZBW hat, die alle, wenn auch in unterschiedlichem Umfang, davon betroffen waren. Soweit erkennbar ist, haben sich alle in die neue Struktur eingefügt, und derzeit ist kein weiterer Bedarf für neue organisatorische Maßnahmen erkennbar. Nun muss die ZBW lernen, in der neuen Struktur ihre Stärken auszubauen. Festzustellen war bereits nach kurzer Zeit, dass Entscheidungs- und Kommunikationswege deutlich verbessert worden sind und die Qualifikationen vieler Mitarbeiterinnen und Mitarbeiter nun besser zur Geltung kommen.

Durch die schnelle Veränderung der Rahmenbedingungen für die Arbeit der Bibliotheken und auch durch sich verändernde bibliothekspolitische Prioritäten und das Kundenverhalten, sind Bibliotheken zunehmend gefordert, sich schnell zu wandeln. Die beiden hier beschriebenen Vorgänge in der ZBW zeigen, dass der Erfolg einer Einrichtung zunehmend mehr davon abhängt, wie diese Veränderungen aufgegriffen und in der Einrichtung umgesetzt werden. Im Grunde ist der organisatorische Wandel eine Daueraufgabe, deren Erfolg sehr stark vom „Know-How des sich Wandelns" abhängt. Dieses Know-How kann zwar zum Teil von Dienstleistern eingekauft werden, aber auch in der Bibliothek ist dafür ein großer Wissensschatz erforderlich, denn inhaltliche Entscheidungen muss sie weiterhin selbst vorbereiten und fällen. Dienstleister können nur beraten und moderieren.

Beide Prozesse der ZBW enthalten im Kern den Erfolgsfaktor „strukturiertes Vorgehen" und waren im Prinzip „Top-Down-Prozesse bei intensiver Mitarbeiterinformation, -kommunikation und -beteiligung". Ein reiner „Bottom-up"-Prozess wäre bei der großen Zahl der Mitarbeiterinnen und Mitarbeiter gar nicht möglich gewesen und auch deshalb nicht sinnvoll, weil es sich bei solchen grundlegenden Entscheidungen immer auch um Managementaufgaben handelt. Vielleicht kann dieser Aufsatz Anregungen zum Vorgehen bei ähnlichen Vorhaben in anderen Bibliotheken geben.

Anke Berghaus-Sprengel
Standortkonzentration und Modernisierung – der Zusammenhang von Dienstleistungen und Infrastruktur

Am Beispiel des Bibliothekssystems der Humboldt-Universität zu Berlin

Abstract: Die Umsetzung funktionaler Einschichtigkeit in universitären Bibliothekssystemen hat zum Ziel gehabt, größere Einheiten zu schaffen, die in der Lage sind, ein gutes Serviceangebot effizient anbieten zu können.[1] Die Optimierung des Personaleinsatzes und der Geschäftsgänge, die klaren Entscheidungsstrukturen und der optimale Einsatz moderner Informationstechnologien sind die Vorteile einschichtiger Bibliothekssysteme. Nur in einschichtig organisierten Bibliothekssystemen ist es möglich, flächendeckend technisch zu modernisieren und dabei den Arbeits-, Kosten- und Zeitaufwand überschaubar zu halten. Aber selbst unter diesen Bedingungen können Infrastrukturmaßnahmen angewendet auf Bibliotheken unterschiedlicher Größe so komplex sein, dass in der Gesamtabwägung keine eindeutige Kosten- und Nutzenrelation ermittelbar ist. Notwendig ist in solchen Fällen immer eine Berücksichtigung aller Kosten und Folgekosten, aller Workflows und Zuständigkeiten und die gesicherte Finanzierung für Unterhaltung, Modernisierung und Erneuerung.

Keywords: Berlin, Humboldt Universität, Standortkonzentration, Automatisierung, Bibliotheksinfrastruktur, Kosten-Nutzen Betrachtung, Nutzererwartungen

Die Bibliotheksstandorte der Humboldt Universität

Das Bibliothekssystem der Humboldt Universität (HU) verfolgt seit Jahren konsequent die Strategie der Konzentration von Bibliotheksstandorten zugunsten großer leis-

---

[1] Als Einstieg und Zusammenstellung der Basistexte der 1970er Jahre: Bauer, Delia: Vom zweischichtigen Bibliothekssystem zur funktionalen Einschichtigkeit: Problematik eines Strukturkonzepts am Beispiel der Universitäts- und Stadtbibliothek Köln. Köln 2004 (Kölner Arbeitspapiere zur Bibliotheks- und Informationswissenschaft 43); Doeckel, Berndt: Zentralisierung in zweischichten Bibliothekssystem der Universität Hamburg. Berlin: Institut für Bibliothekswissenschaft der Humboldt-Universität zu Berlin 2004 (Berliner Handreichungen zur Bibliothekswissenschaft 155); Halle, Axel: Strukturwandel der Universiätsbibliotheken: von der Zweischichtigkeit zur funktionalen Einschichtigkeit. In: Zeitschrift für Bibliothekswesen und Bibliographie (2002) H. 5/6. S. 268–270.

tungsfähiger Bereichsbibliotheken.[2] Gab es in den 1970er Jahren 171 Bibliotheken, so waren es 2006 immerhin noch 47 Zweig- und Teilbibliotheken. Mit Bezug der beiden großen Bereichsbibliotheken Jacob-und-Wilhelm-Grimm-Zentrum (GZ) und Campus Nord im Jahre 2009 wurde fortgesetzt, was 2003 mit der Zusammenlegung von sechs naturwissenschaftlichen Bibliotheken im Erwin-Schrödinger-Zentrum (ESZ) begonnen wurde. Im Endergebnis sollte 2013 die Bibliothek an acht Standorten in Adlershof und Mitte vertreten sein.[3] Leider musste aus Kostengründen der Umbau der Zweigbibliothek Campus Nord verschoben werden, so dass nicht wie geplant die Zweigbibliotheken Fremdsprachliche Philologien und die Zweigbibliothek Asien- und Afrikawissenschaften einziehen konnten. Da aktuell eine Fakultätsreform in Planung ist, bleibt abzuwarten, ob die Standortkonzentration vorzeitig beendet ist oder wie vorgesehen abgeschlossen werden kann. Die Größe der Bibliotheksstandorte ist sehr unterschiedlich, deshalb folgt hier eine kurze Übersicht mit Stand 2013:

Tabelle 1: Die Bibliotheken der Humboldt Universität in Zahlen.

	Medieneinheiten	Arbeitsplätze	Öffnungsstunden	Medienzugang
Jacob-und-Wilhelm-Grimm-Zentrum (GZ)	3.921.000	1.363	96	28.371
Zweigbibliothek Naturwissenschaften (ESZ)	483.000	358	63	7.209
Zweigbibliothek Campus Nord (CN)	446.000	366	63	7.740
Zweigbibliothek Fremdsprachliche Philologien mit Großbritannienzentrum	256.000	200	52,5	6.110
Zweigbibliothek Rechtswissenschaften	165.000	570	77	4.896

---

2 Vgl. Berghaus-Sprengel, Anke: Standortplanung an der Universitätsbibliothek. In: Inspiration durch Raum – Servicevielfalt im Jacob-und-Wilhelm-Grimm-Zentrum. Hrsg. von Milan Bulaty. Berlin: Univ. Bibliothek der Humboldt-Universität zu Berlin 2010 (Schriftenreihe der Universitätsbibliothek der Humboldt-Universität zu Berlin 64). S. 6–12.
3 Zur Geschichte der Universitätsbibliothek der Humboldt Universität vgl. u. a.: Die rechtlichen Regelungen für das Bibliotheksnetz der Humboldt Universität zu Berlin. Berlin 1967 (Schriftenreihe der Universitätsbibliothek zu Berlin 2); Führer durch die Bibliotheken der Humboldt Universität zu Berlin. Bearbeitet von Ursula Gräfe und Peter Paul. Berlin 1967 (Schriftenreihe der Universitätsbibliothek zu Berlin 4); Krüger, Joachim u. Antje Sellin: Benutzungsführer der Universitätsbibliothek der Humboldt-Universität zu Berlin (Zentrale Bibliothek und Zweigstellen). Berlin 1974 (Schriftenreihe der Universitätsbibliothek zu Berlin 17).

	Medieneinheiten	Arbeitsplätze	Öffnungs-stunden	Medienzugang
Zweigbibliothek Germanistik/Skandinavistik mit TB Historisch-vergleichende Sprachwissenschaft	156.000	124	47	3.466
Zweigbibliothek Theologie	332.000	124	59	2.288
Zweigbibliothek Asien- und Afrikawissenschaften mit TB Japanwissenschaften	191.000	86	45	6.368
Zweigbibliothek Musikwissenschaften	37.000	26	38	999
Zweigbibliothek Klassische Archäologie	28.000	33	38	663

Das Personal aller Bibliotheken ist der Universitätsbibliothek zugeordnet und dem Direktor der UB unterstellt. Der Etat wird von der UB verwaltet und mittels eines langjährig erprobten und permanent weiter entwickelten Etatverteilungsmodells auf die Fächer aufgeteilt. Die Etatverteilung wird jährlich der Medienkommission des Akademischen Senats zur Zustimmung vorgelegt. Elektronische Ressourcen werden zentral eingearbeitet, EDV und Verwaltung betreuen alle Mitarbeiter und Standorte. Mit dem Bezug der Zweigbibliothek Naturwissenschaften wurde auch die enge Kooperation mit dem Computer- und Medienservice (CMS) der HU in den Alltagsbetrieb übernommen. Der CMS betreut die öffentlichen PC-Arbeitsplätze und -pools, berät die Nutzer in Account- und anderen DV-Fragen und unterhält die DV-Infrastruktur der Humboldt Universität. Die EDV der Bibliothek betreut das integrierte Bibliothekssystem Aleph 500 und das Discovery-System Primo sowie die Mitarbeiterarbeitsplätze. Die Beratung der Nutzer erfolgt durch die Bibliothek, sobald bibliothekarische Fragen gestellt werden, und durch den CMS bei Fragen zum Account oder der Einrichtung und Nutzung von IT-Angeboten in der Bibliothek oder remote. Auskunftstheken mit CMS- und Bibliothekspersonal gibt es an den beiden Standorten GZ und ESZ.

Vorteile des integrierten Bibliothekssystems

Die Vorteile, die man sich in den 1970–1990er Jahren von der Organisationsform der funktionalen Einschichtigkeit erhofft hatte, erfüllten sich: Die Mitarbeiter und Mitarbeiterinnen sind fachlich qualifiziert, es existiert ein integriertes Bibliothekssystem und damit ein einheitlicher Katalog, in dem fast alle Medien der Bibliothek erfasst sind. In Primo kann über alle Standorte und über die Bibliothek hinaus recherchiert werden, die bibliothekarischen Fachteams arbeiten sachorientiert Bestellungen, Rechnungen und Medienlieferungen zügig ein, es gibt keinen Streit über die Zuweisung des Erwerbungsetats, und es bestehen standortübergreifende Arbeitsgruppen im mittleren, gehobenen und höheren Dienst. Schulungen und Informationsveranstaltungen finden regelmäßig statt und die Personalentwicklung hat einen hohen Stellenwert. Selbst die Trennung in Präsenz- und Ausleihbibliotheken wurde abgeschafft. Alle Standorte (die eine Ausnahme Klassische Archäologie bestätigt die Regel) inklusive der Zweigbibliothek Rechtswissenschaft und der Zweigbibliothek Theologie leihen Medien aus und haben ihre Benutzungs- und Ausleihkonditionen weitgehend vereinheitlicht. Mehr oder weniger alle stellen ihre Medien nach einer einheitlichen Systematik, der Regensburger Verbundklassifikation (RVK), auf, und sind bedarfsgerecht mit Arbeitsplätzen ausgestattet. Es gibt keine Zentralbibliothek, sondern nur eine Bibliothek, die sich größenmäßig unterscheidet, jedoch nicht Archiv- und Leitbibliothek ist und die keine historischen Bestände der Zweigbibliotheken aufnimmt, in der jedoch Direktion, Verwaltung und EDV sitzen. Die Benutzungsabteilung, die Abteilung für Medienerwerbung und die Abteilung Historische Sammlungen haben über ihre unmittelbar auf den Standort Grimm-Zentrum abzielenden Aktivitäten hinaus in Abstimmung mit Abteilung Zweigbibliotheken eine Art „Richtlinienkompetenz" für das gesamte Bibliothekssystem, sei es bezogen auf Benutzungsangelegenheiten, auf Richtlinien zur Erwerbung und Erschließung oder bezogen auf Fragen des Bestandsschutzes. Ein großes zentrales Magazin befindet sich im Bau und der Schönheitsfehler des fehlenden Ergänzungsbaus im Campus Nord wird hoffentlich irgendwann behoben.

Aber ist wirklich der Anspruch eingelöst, dass die Zusammenlegung von Bibliotheken einen höheren Servicelevel garantiert? Setzt die Zusammenlegung von Bibliotheken genügend Personal frei um bessere Dienstleistungen und bessere Öffnungszeiten anbieten zu können? Ist die Infrastruktur überall so ausgebaut, das alle Standorte von den Nutzern gerne genutzt werden?

Anhand von zwei Beispielen soll erläutert werden, dass hier noch Aufgaben liegen, die auf den ersten Blick trivial sind, die aber nichtsdestotrotz im Alltag Kraft und Geld kosten und die es im System der UB der HU zu lösen gilt:
- Die Automatisierung von Benutzungsvorgängen
- Outsourcing von Dienstleistungen

Die Automatisierung von Benutzungsvorgängen

Von 2009 bis 2013 hat die UB der HU mit Unterstützung des Europäischen Fonds für regionale Entwicklung (EFRE) an allen Standorten Benutzungsvorgänge auf Selbstbedienung umgestellt.⁴ Dazu sind fünf Millionen Medien mit RFID-Transpondern ausgestattet worden. Alle Mitarbeiterplätze wurden mit RFID- Readern ausgestattet, so dass die Medien ein- und ausgelesen und Tags beschrieben werden können. Jeder Standort bekam Selbstverbuchungsautomaten, an denen mit Mifare-Karte auch Gebühren bezahlt werden können.⁵ Die Automatisierung der Medienrückgabe, der Mediensortierung, Medientransport und Mediensicherung sowie Bereitstellung von Vormerkungen und Diebstahlsicherung sind weitere Bestandteile der Automatisierung, die je nach Größe des Standortes bedarfsgerecht eingesetzt werden.

Die Verlagerung von Routinearbeitsgängen auf die Nutzer und das Angebots an Selbstbedienungsmöglichkeiten macht es möglich, dass an Sonn- und Feiertagen sowie in den späten Abendstunden die Bibliothek mit Wachschutzpersonal geöffnet werden kann und dass die Nutzer trotzdem Medien ausleihen oder zurückgeben können. Sie können sich am Automaten Vormerkungen und theoretisch auch Fernleihbestellungen abholen, können Gebühren zahlen oder ohne RFID einfach nur Arbeitsplätze nutzen, Medien recherchieren oder scannen und kopieren.

Mit der Einführung dieser Automatisierungslösungen geht jedoch einher, dass der Anspruch an die Verfügbarkeit der Geräte gegen 100 % geht. Konnte früher im direkten Beratungsgespräch durch Mitarbeiter deutlich gemacht werden, dass es aktuell nicht aufzuklären ist, warum ein bereitgestelltes Medium sich nicht finden lässt, so ist heute schwer zu vermitteln, warum ein Automat ein Buch nicht bereit stellt und auch ein Mitarbeiter die automatisierten Abläufe nicht ohne Weiteres beeinflussen kann. Eine Verlustquote von 20 % von bereit gestellten Medien in Freihandregalen ist durch die Nutzer und durch die Mitarbeiter deutlich leichter zu ertragen als eine längere Ausfallzeit der Automaten – obwohl natürlich der Vergleichsmaßstab schwer zu errechnen ist, da statistisch nicht erhoben wird, wie viele Leser während einer Automatenzeit letztlich mehrfach versucht haben, an ihr Medium zu kommen.

Gerade in nicht mit Personal besetzten Abend-, Nacht- oder Sonntagsstunden ist ein Ausfall der technischen Lösungen schwer zu handhaben und wird von den Nutzern außerordentlich negativ aufgenommen.

Die durch die Zusammenlegung von Bibliotheken und die Automatisierung erhoffte Nutzung von personellen Synergieeffekten wird restlos aufgebraucht durch die massive Steigerung der Nutzung des attraktiven Neubaus, durch das Angebot längerer Öffnungszeiten, durch die Betreuung und Instandhaltung der diversen Selbstbedienungs- und Automatisierungslösungen und durch das Handling der in diesem Zusammenhang deutlich gestiegenen Serviceerwartungen der Nutzer.

---

4 Vgl. zu RFID in Bibliotheken u. a.: RFID für Bibliothekare: ein Vademecum. Hrsg. von Frank Seeliger [u. a.]. Berlin 2013.
5 Zum RFID -Projekt der UB der HU vgl.: Digitale Technik in realer Umgebung. In: Auf dem Weg zur digitalen Bibliothek. Hrsg. von Andreas Degkwitz. Berlin: Univ.-Bibliothek der Humboldt-Universität zu Berlin 2013 (Schriftenreihe der Universitätsbibliothek der Humboldt-Universität zu Berlin 66). S. 6–13; Berghaus-Sprengel, Anke u. Tobias Kühne: Das RFID-Projekt an der Bibliothek der Humboldt-Universität zu Berlin – Stand und Perspektiven. In: Bibliotheksdienst (2009) H. 6. S. 588–598.

Hinzu kommt die Problematik, dass diese Dienstleistungen an vielen Standorten auf gleichem Niveau zu erbringen sind. Wenn Bibliotheken unterschiedlicher Größe auf einem vergleichbaren Niveau automatisiert werden sollen, dann ist es immer möglich, z. B. Sortierlösungen nur für bestimmte Standorte vorzusehen. Eine Medienausleihe und Medienrückgabe, eine Gebührenzahlung und die Nutzung von Kopierdienstleistungen oder von Garderobenschränken sollte aber an jedem Standort möglich sein. Die mögliche Einsparung personeller Ressourcen beeinträchtigt dies jedoch, da im Zweifelsfall die entsprechenden Standorte in Randstunden gänzlich personalfreibetrieben würden. Dann aber müssten im Gegenzug Wachschutzrundgänge, Reinigungsdienstleistungen, kartengestützte Zutrittssysteme in Institutsgebäuden etc. miteinkalkuliert werden. Je nach zu erwartender Nutzerzahl ist dies selbst mit einer Querschnittsberechnung über alle Standorte haushaltstechnisch nicht mehr aufzufangen. Dies gilt ebenso für die Herausforderung des Outsourcings von Teilleistungen solcher automatisierten Angebote, wie im folgenden Abschnitt ausgeführt werden soll.

Outsourcing von Dienstleistungen

Mit Eröffnung des Jacob-und-Wilhelm-Grimm-Zentrum und der Zweigbibliothek Campus Nord wurden die Kopier- und Scandienstleistungen UB-weit neu ausgeschrieben. Seit Jahren war eine steigende Anzahl von Aufbrüchen der Münzfächer der Kopierer v.a. an schwer einsehbaren Gerätestandorten zum Problem geworden. Natürlich bestand die Möglichkeit, vom Kopierdienstleister ausgegebene Guthabenkarten einzusetzen. Sinnvoller erschien jedoch die Nutzung von Mifare-Karten, über die die Studierenden sowieso bereits verfügten. Daran, so die Überlegung, könnten dann weitere Services angedockt werden. Um eine datenschutzrechtlich unproblematische Lösung einzusetzen und dem aktuell anlaufenden Projekt einer HU-weiten Multifunktionskarte nicht im Weg zu stehen, wurde vorerst die Nutzung der bereits an der Universität im Einsatz befindlichen Mensakarte des Studentenwerks beschlossen.

Der Kopierdienstleister installierte die entsprechenden Kartenleser und ein Abrechnungssystem. Dieses System beinhaltet ebenfalls die Möglichkeit, Karten an Institute oder Mitarbeiter auszugeben, bei denen die Kopierkosten dezentral abgerechnet werden können. Um Synergien zu schaffen, sollte die Karte des Weiteren an den Selbstverbuchungsgeräten, zur Bezahlung von Verzugs- oder anderen Gebühren ebenso genutzt werden, wie zum Abschließen von RFID Garderobenfächern. Der Vorteil liegt in der Möglichkeit, sämtliche Geldannahmestellen in den Bibliotheken abzuschaffen. Damit entfällt die Bewirtschaftung vieler Kassen, sodass Verwaltung und Mitarbeiter enorm entlastet sind. Bei der Bewirtschaftung der Garderobenschränke entfällt der Aus- und Einbau von Schlössern nach Schlüsselverlust. Die Schränke werden nachts unproblematisch mit einer Mastercard geöffnet, die Inhalte als Fundsachen verwaltet. Es ist somit gewährleistet, dass alle Schränke morgens wieder frei sind und zur Nutzung zur Verfügung stehen, ohne dass Schlösser getauscht oder aufgebrochen werden müssen. Hinfällig ist auch die Ausgabe von Münzchips bei Pfandschlössern, die Versteigerung von Schlüsseln über e-bay durch Nutzer oder der Verkauf von Vorhängeschlössern für Drehriegellösungen.

Vorausgesetzt ist bei einer solchen Lösung, dass alle Nutzer an möglichst allen Standorten die Möglichkeit haben, die Karten zu erhalten, aufzuwerten und auch wieder gegen Erstattung der Schutzgebühr zurückzugeben. Dies flächendeckend durch die Bibliothek zu gewährleisten hat durchaus seine Tücken. Die Bibliothek kooperiert nämlich nicht allein mit dem Kopierdienstleister, sondern ebenfalls mit dem Studentenwerk, dem Schrankhersteller, dem Anbieter der RFID-Selbstbedienungsgeräte und dem Hersteller der einzubauenden Reader. In solch einer Mehrfachkonstellation sollte im Vorfeld sehr genau geklärt werden, wer welchen Teilschritt verantwortet, wer ihn finanziert und wer im Fehlerfall agiert. Die Anteile, die seitens des Studentenwerks erbracht werden mussten oder müssen, sind nicht allein der Part der Verrechnung der mit den Karten bezahlten Summen, sondern auch die Ausgabe und Rücknahme der entsprechenden Karten, die Reaktion auf Kartenfehler und Kartenmissbräuche und – nicht zu unterschätzen – das Angebot an die Kunden, die Karten jederzeit und ortsnah mit Guthaben aufwerten zu können. Da bisher die Karten von den Studierenden vor allem zum Essen in der Mensa genutzt worden sind, finden sich an allen Mensastandorten Kartenaufwertgeräte und/oder die deutlich teureren Kartenausgabe- und Kartenrückgabegeräte. Leider haben die Mensen aber abends, nachts oder an den Wochenenden nicht geöffnet. Auch die Öffnung an Feiertagen ist zu klären und ist bisher nicht im Serviceangebot. Die Nutzer der Bibliothek wollen natürlich auch am Wochenende oder abends kopieren, Schränke schließen oder Gebühren bezahlen.

Insofern müssen bei flächendeckender Einführung dieser Lösung an allen Bibliotheksstandorten Kartenaufwerter installiert werden. Damit ist das Problem nicht gelöst, dass es auch Bibliotheksnutzer gibt, die nicht über diese Karte verfügen, weil sie nicht an der HU studieren, und gerne am Wochenende eine Karte erwerben möchten. Wenn die Bibliothek nicht mit personalgestützter Kartenausgabe die Automatisierung ad absurdum führen möchte, sind deshalb möglichst auch Ausgabegeräte zu installieren. Diese Geräte müssen Geld annehmen, d.h.: Sie sollten regelmäßig geleert werden, um nicht das Ausgangsproblem der aufgebrochenen Kopierkassen von neuem aufzuwerfen.

Aufstellung und Leerung dieser Geräte sind unproblematisch, sofern die Standorte über Gastronomieangebote des Studentenwerks verfügen. Andernfalls muss die Bibliothek diese Verträge schließen und etatisieren. Dazu gehört auch die Einigung über den Wartungsmodus an Wochenenden und Feiertagen.

In bestimmten Abständen werden neue Kartengenerationen eingeführt. So hatte die UB z. B. im letzten Jahr die Umstellung der Karten von Mifare Classic auf Mifare Desfire zu machen. Das bedeutet in der geschilderten Konstellation mindestens ein

Update der Schnittstellen der Selbstverbuchungsgeräte, ein Update der Garderobenschlosssoftware, den Austausch der Reader an den Geräten und ein Update der Abrechnungssoftware beim Kopierdienstleister.

Zusammenfassend sprechen die zu regelnden Probleme nicht gegen diese Lösungen, es ist aber zwingend, gerade die Ausstattung vieler Standorte in der Wirtschaftlichkeitsrechnung zu berücksichtigen. Es ist in der Regel weniger problematisch, an viel besuchten Standorten die komplette Infrastruktur vor und intakt zu halten als an kleinen, weniger besuchten Standorten. In Ausschreibungen kann auch immer vorgegeben werden, dass auch an kleinen Standorten derselbe Ausstattungsstandard bereitgehalten werden soll. In dem Moment, wo auf Dauer die Geräte nicht rentabel arbeiten, wo Geräte aufgebrochen werden und damit neuen Investitionsbedarf aufwerfen, ist es keine einfache Aufgabe, an allen Standorten denselben Servicelevel zu halten. Die Firmen werden nicht auf Dauer weitere Investitionen vornehmen können, ohne im Gegenzug ihre Preise zu erhöhen. Eine Automatisierung, die nicht flächendeckend durchgehalten werden kann, sondern wieder beginnt, für jeden Standort individuelle Lösungen umzusetzen, muss jedoch als gescheitert angesehen werden. Sie ist noch personalintensiver, wenig effizient, für die Nutzer vollständig intransparent und serviceunfreundlich.

Der Zusammenhang von Dienstleistung und Infrastruktur

Der von der UB eingeschlagene Weg der Zusammenlegung von Standorten, um den ständig wachsenden Nutzungsanforderungen ohne zusätzlichen Personaleinsatz Genüge tun zu können, ist alternativlos. Zweifellos gibt es Gegenargumente. Gute Argumente sprechen dafür, die Bibliotheken in räumlicher Nähe des Lehrbetriebes zu betreiben, gute Argumente sprechen auch dafür, die Kosten für Um- und Neubauten gering zu halten. Je kleiner die verbleibenden Standorte jedoch sind, desto weniger ist es möglich, hier denselben Modernisierungsstandard umzusetzen, wie an großen Bibliotheksstandorten. Diese Einsicht ist bezüglich der Realisierung von Öffnungszeiten und Beratungsdienstleistungen seit langem bekannt. Gleichwohl bleibt aber immer zu kalkulieren, was es bedeutet, eine größere Anzahl von Bibliotheken mit divergierenden Standards und Systemen auszustatten. Bezogen auf die RFID-Verbuchung würde es zum Beispiel heißen, dass bestimmte Medienbestände nicht mit Transpondern ausgestattet würden. Damit müssten im System weiter Barcodes beschafft, verwaltet, geklebt und mit anderen Readern gelesen werden können. Im Bibliothekssystem müssten alle Mediennummern unterschiedslos verarbeitet werden. In dem einen System lassen sich Medienpakete mit Beilagen bilden, in dem anderen nicht. Die Lieferung zwischen den Standorten ist schwierig, sobald an einem Standort die Bücher mit ankommenden Transpondern nicht eingelesen werden können.

Wenn an einem Standort mit Karte kopiert werden kann, am anderen Standort aber nicht, dann gibt es dort wieder andere Gerätemodelle und andere Abrechnungsmodalitäten. Eine Lösung wäre nicht die Separierung und Abhängung kleinerer Standorte. Wenn die Infrastruktur jedoch nicht zu finanzieren und zu unterhalten ist, dann sollte versucht werden, die Universitätsleitungen von einem vernünftig zu Ende geführten Konzentrationsprozess zu überzeugen.

Diese teilweise detaillierte Darstellung von Alltagsproblemen im Gefolge von technischer Modernisierung soll unter anderem dafür sensibilisieren, auch bei systemübergreifenden scheinbar ortsunabhängigen Lösungen die lokal und räumlich gegebenen Ausstattungsanforderungen im Blick zu behalten. Auch technische Modernisierungen wie zum Beispiel das Outsourcing des Bibliothekssystems in die Cloud oder die zentrale Verwaltung elektronischer Ressourcen mit dezentraler Zugriffsmöglichkeit, die Möglichkeit des Zugriffes auf Inhalte ohne die Notwendigkeit der Bearbeitung vor Ort beinhalten nicht, dass der Betrieb der verbleibenden Servicestandorte kostenfrei ohne Aufwand mitläuft. Solange eine Nutzung – auch elektronischer Inhalte – von Arbeitsplätzen in einer Bibliothek erfolgt, solange muss das gesamte Spektrum an Infrastruktur in allen Gebäuden der Bibliotheksstandorte zur Verfügung gestellt und damit unterhalten und modernisiert werden.

Marion Krüger
Die Campus-Bibliothek Bergheim an der Universität Heidelberg

Das Herz der Fakultät schlägt in der ehemaligen Kardiologie

Abstract: Um der drangvollen Enge der geisteswissenschaftlichen Institute in der Heidelberger Altstadt zu begegnen, beschloss die Universität Heidelberg, die Fakultät für Wirtschafts- und Sozialwissenschaften auf den Campus Bergheim zu verlegen.

Gelegenheit bot sich durch das Freiwerden der Ludolf-Krehl-Klinik, die andernorts einen Neubau bezogen hatte.

Entscheidend für das Projekt war die Gründung einer gemeinsamen Bereichsbibliothek aus den drei bisherigen Institutsbibliotheken. Ziel war es, im Sinne eines wirtschaftlichen Betriebs die Bibliotheksbestände zusammenzufassen und ein modernes Informations- und Kommunikationszentrum zu schaffen, das Wirtschaftlichkeit und optimalen Benutzerservice verbindet.

Zu den intensiven organisatorischen Vorbereitungen gehörte neben der reinen Bauplanung unter anderem die Entscheidung für eine neue Aufstellungssystematik, die Retrokonversion der Bestände und das Aussondern von Beständen. Wichtige Voraussetzung für das Projekt war die Stärkung der Universitätsbibliothek in ihrer Funktion als Kompetenz- und Steuerungszentrum für das Bibliothekssystem.

Nach langjährigen Planungen und rund zweijähriger Bauzeit konnte 2009 die Bibliothek eröffnet werden. Das Bibliothekskonzept erweist sich sowohl in der Funktionalität der Ausstattung, die verschiedenen Benutzerbedürfnissen gerecht wird, als auch in der architektonischen Ausgestaltung als gelungen. Die Attraktivität für die Studierenden zeigt sich durch steigende Nutzerzahlen, die architektonische Neugestaltung wurde 2011 prämiert.

Keywords: Fakultätsbibliothek, Bereichsbibliothek, RVK, Aussonderung, Bibliotheksbau, Umzug, Synergieeffekte, Wirtschaftlichkeit, Umnutzung, Sanierung, Bibliothekssystem

Die Campus-Bibliothek Bergheim – Ein Projekt mit langer Vorgeschichte

Zu Beginn des Sommersemesters 2009 öffnete die Campus-Bibliothek Bergheim zum ersten Mal ihre Türen. Mit der Eröffnung der neuen Bereichsbibliothek für Wirtschafts- und Sozialwissenschaften fand ein ganz besonderes Integrationsprojekt des Heidelberger Bibliothekssystems seinen Abschluss.

Für die stetig anwachsende Universität Heidelberg reichte der Platz in der historischen Altstadt schon zu Beginn des 20. Jahrhunderts nicht mehr aus, selbst nach der Erweiterung um einen Campus für die naturwissenschaftlichen Fächer im Stadtteil Neuenheim blieb es für die geisteswissenschaftlichen Fächer räumlich beengt. Auch das in der historischen Altstadt gelegene Gebäude der Universitätsbibliothek stieß hinsichtlich der Unterbringung des Bestandes und der steigenden Benutzerzahlen langsam an seine Kapazitätsgrenzen und bedurfte dringend einer Erweiterung. Deshalb richtete sich das Augenmerk der Universitätsleitung seit Ende der achtziger Jahre auf den Stadtteil Bergheim.

Einige der dort befindlichen Kliniken wurden aus dem so genannten Altklinikum in Neubauten im „Neuenheimer Feld" verlagert, so auch die Innere Medizin, die sich im Gebäude der ehemaligen Ludolf-Krehl-Klinik befand.

Zur Entlastung der angespannten Raumsituation strebte die Universität seit 1989 die Nachnutzung der vom Klinikum aufgegebenen Ludolf-Krehl-Klinik für die Universität an; planerisch war dies zugleich die Entscheidung für einen dritten Heidelberger Campus, den Campus Bergheim. Umziehen sollte zunächst vor allem die Fakultät für Wirtschafts- und Sozialwissenschaften mit 3.000 Studierenden sowie 280 Wissenschaftlern und Angestellten.[1] Durch den Auszug der Fakultät aus der Altstadt sollten die frei gewordenen Gebäude zur Nachfolgebelegung für Exzellenzeinrichtungen und für die Erweiterung der Universitätsbibliothek dienen.

Es dauerte allerdings lange, bis die Zustimmung der Landesregierung für diese Pläne vorlag. Im 32. Rahmenplan für den Hochschulbau konnten im Jahr 2002 Planungskosten für das Projekt beantragt werden.[2]

Ein Grund für die Bewilligung der Kosten war sicherlich, dass im Jahr zuvor eine Neugliederung der Fakultäten der Universität Heidelberg beschlossen und 2002 umgesetzt worden war. Der wirtschaftswissenschaftlichen Fakultät wurden die Institute für Politische Wissenschaft und Soziologie zugeordnet. Die neue Fakultätsstruktur sollte die bereits bestehenden Kooperationen zwischen den fachverwandten Instituten fördern und die Interdisziplinarität stärken.

---

[1] Universität Heidelberg: Rechenschaftsbericht des Rektors 2001/2002. Heidelberg 2002, S. 84.
[2] Bewilligt wurden zunächst die Mittel für einen ersten Bauabschnitt, der den Westflügel und Zentralbau des Klinikgebäudes umfasste.

Ein gemeinsames Gebäude für die neue Fakultät sollte die notwendigen Rahmenbedingungen schaffen, um Synergieeffekte in Forschung und Lehre, ebenso wie in den zugeordneten Dienstleistungseinrichtungen zu erreichen. Der größte Gewinn für die neue Fakultät sollte durch die Schaffung einer gemeinsamen Bibliothek, zusammengeführt aus den drei bisher bestehenden Institutsbibliotheken, erzielt werden.

Die Universitätsbibliothek als Managementzentrale für das Bibliothekssystem der Universität entwickelte ein Konzept für die neue Fakultätsbibliothek. Im Jahr 2004 nahm das Projekt Fahrt auf, die ersten Vorarbeiten in den Institutsbibliotheken begannen.

Durch die völlig unerwartete Entscheidung des Rektorats im Mai 2005, das Fach Volkswirtschaftslehre künftig nicht mehr eigenständig an der Universität Heidelberg zu betreiben und nach Mannheim zu verlagern, kamen die Vorbereitungen zunächst zum Erliegen, es wurde über Alternativbelegungen für das ehemalige Klinik-Gebäude nachgedacht. Nach heftigen Protesten von Studierenden und Lehrenden revidierte das Rektorat im Herbst 2005 seinen Entschluss, das Projekt lief langsam wieder an.[3]

Die Unsicherheit über die Zukunft der Wirtschaftswissenschaften führte allerdings dazu, dass die endgültige Baufreigabe erst im Februar 2006 erteilt wurde, der Baubeginn erfolgte 2007. Im Frühjahr 2009 war die Sanierung abgeschlossen.

Ausgangslage – Bibliotheken

Die drei zusammenzufassenden Bibliotheken unterhielten einen Gesamtbestand von circa 380.000 Bänden. Davon entfielen auf die Bibliothek des Alfred-Weber-Institutes für Wirtschaftswissenschaften 220.000 Bände und auf die Bibliotheken des Instituts für Politische Wissenschaft und des Instituts für Soziologie (heute: Max-Weber-Institut für Soziologie) jeweils 80.000 Bände. Der Bestandszuwachs betrug jährlich 3.500 Bände, es wurden 650 Print-Zeitschriftenabonnements gehalten. Bei circa 30.000 Bänden handelte es sich um Dubletten innerhalb der Fakultät.

Insgesamt umfasste die Hauptnutzfläche der drei Bibliotheken 2.929 m² (Wirtschaft 1.890 m², Soziologie 607 m², Politik 432 m²).

Die Ausstattung der Institutsbibliotheken war in die Jahre gekommen und entsprach nicht mehr aktuellen Nutzungsanforderungen. Moderne Technik – Drucker, Scanner, Rechner auf neuem Stand – war nur teilweise vorhanden. Spezielle Arbeitsmöglichkeiten wie Gruppenarbeitsräume oder Einzelarbeitskabinen gab es nicht.

---

[3] Universität Heidelberg: Jahresbericht 2005. Heidelberg 2005, S. 17–19.

Ausgangslage – Klinikgebäude

Das Gebäude besteht aus einem alten historischen Teil, erbaut 1919–1922 von dem Heidelberger Architekten Ludwig Schmieder. Prägnant ist der H-förmige Grundriss, durch den das Gebäude in einen Mittelbau und zwei große Seitenflügel gegliedert wird. Sie umfassen einen repräsentativen parkartigen Vorbereich mit einer umlaufenden Vorfahrt und einem symmetrisch auf den Mittelrisaliten ausgerichteten Brunnen. An der Rückseite des Gebäudes wurde auf Höhe des Risaliten in zwei Abschnitten ein Kardiologietrakt an den historischen Altbau angebaut. In den 1950er Jahren entstand im Unter- bzw. Erdgeschoss ein kubischer Anbau aus Stahlbeton, der in den 1970er Jahren noch einmal durch eine frei darüber gestellte, zweigeschossige Stahl- bzw. Stahlbetonteilkonstruktion ergänzt wurde.

Geschuldet der Gebäudestruktur und der Tatsache, dass die komplette Fakultät mit Ihren Büro- und Funktionsbereichen die Flächen der ehemaligen Klinik unterzubringen war, wurde für die neue Bereichsbibliothek eine neue Hauptnutzfläche von 2604 m² vorgesehen. Im Vergleich zu den Ausgangsflächen der drei Institutsbibliotheken von insgesamt 2.929 m² standen also 325 m² weniger Fläche zur Verfügung.

Abbildung 1: Die ehemalige Ludolf-Krehl-Klinik, heute Campus Bergheim (Mittelrisalit und Westflügel). Bild: Thomas Ott.

Bibliothekskonzept

Die Entwicklung des Konzeptes für die neu zu schaffende Bibliothek lag in den Händen der Universitätsbibliothek in ihrer Funktion als Kompetenz- und Steuerungszentrum für das Heidelberger Bibliothekssystem. Die neue Bereichsbibliothek bot die

Möglichkeit, drei Bibliotheksstandorte zusammenzulegen und einem weniger zersplitterten Bibliothekssystem mit effizienteren Einheiten näher zu kommen.

Ziel war es, ein modernes Informations- und Kommunikationszentrum zu schaffen, das einerseits optimalen Benutzerservice bieten und dabei andererseits nach einheitlichen wirtschaftlichen Grundsätzen arbeiten sollte.

Gleichzeitig musste ein Flächenverlust von 325 m² gegenüber den alten Bibliotheksflächen ausgeglichen werden.

Im Einzelnen bedeutete dies:
- die Verbesserung des Medienangebotes für die Nutzer, denn durch die Reduktion von Dubletten innerhalb der Fakultät konnten bisher für Dublettenkäufe eingesetzte Mittel für die Ausweitung des Titelangebotes eingesetzt werden,
- die Konzentration der wichtigsten Bestände für die Fakultät an einem Standort durch Einbeziehung des sozial-und wirtschaftswissenschaftlichen Fachausschnittes der Lehrbuchsammlung der Universitätsbibliothek als Kompensation für den weniger zentralen Standort,
- die Aufstellung und Erschließung der Bestände nach einer einheitlichen und zeitgemäßen Systematik,
- die Schaffung einer technischen Ausstattung, die aktuellen Bedürfnissen gerecht wird,
- spezielle Arbeitsmöglichkeiten (Gruppenarbeitsräume, Einzelarbeitskabinen), die veränderten Nutzergewohnheiten Rechnung tragen,
- den Einsatz eines elektronischen Ausleihsystems,
- einen flexibleren Personaleinsatz und effizientere Medienbearbeitung durch die Schaffung einer größeren Organisationseinheit bzw. eines größeren Bibliotheksteams,
- die benutzergerechte Erweiterung der Öffnungszeiten, wenn – bei einem zentralen Zugang – die bisher an drei Standorten eingesetzten Mittel für Aufsichtspersonal nur an einer Stelle eingesetzt werden,
- Kompaktierung von Beständen, um Flächenfehlbedarf auszugleichen und großzügige Lese-und Arbeitsbereiche für Nutzer anbieten zu können.

Konzeptionell betrachtet kann man die Bereichsbibliothek Wirtschafts-und Sozialwissenschaften eine *hybride Bibliothek* nennen. Mehrere Faktoren unterscheiden sie von einer klassischen Bereichsbibliothek:

Die Bestände sind zum großen Teil ausleihbar, auch in die Universitätsbibliothek bestellbar. Für die Ausleihverbuchung wird das Ausleihsystem der Universitätsbibliothek mitgenutzt, die Campus-Bibliothek wird so aus technischer Sicht zur Leihstelle der Universitätsbibliothek. Einerseits steht den Nutzern auf dem Campus durch die Integration der Lehrbuchsammlung in die Räume der Campus-Bibliothek mehr Literatur vor Ort zur Verfügung, andererseits wird die Literatur aber aufgrund der Bestellbarkeit auch von Lesern genutzt, die nicht der Fakultät angehören.

Die Etatverantwortung für die Bestände der Bereichsbibliothek ist verteilt: Die Lehrbuchsammlung wird durch die Universitätsbibliothek finanziert, die Zeitschriften und Spezialmonographien durch die Institute der Fakultät.

Bibliothekarische Vorarbeiten

Neben vielen Planungs- und Vorbereitungsarbeiten im baulichen Bereich waren es drei Schwerpunkte, auf die sich die Arbeiten im Vorfeld konzentrierten.

Zu dem Zeitpunkt, als der Startschuss für das Projekt fiel, waren noch längst nicht alle Bestände der drei Institutsbibliotheken retrokatalogisiert. Die digitale Erfassung bildete aber die Voraussetzung für einen elektronischen Abgleich der Bestände, dieser wiederum die Grundlage für die unbedingt notwendige Aussonderung von Dubletten.

Eine der ersten Maßnahmen war es deshalb, die Katalogkonversion durch den Einsatz von zusätzlichem Personal zu beschleunigen.

Eine wichtige Vorarbeit für die Zusammenlegung der Bestände war die Aussonderung von Beständen. Die Aussonderung erfolgte vor allem unter formalen Aspekten (Dubletten innerhalb der künftigen Bereichsbibliothek oder die Aussonderung von Papierausgaben, die auch elektronisch vorlagen). Aussonderungen aus inhaltlichen Gründen fanden wegen des höheren Aufwandes durch intellektuelle Auswahl nicht in größerem Umfang statt. Die Aussonderungsarbeiten konnten bis zum Umzugszeitpunkt zu einem großen Teil abgeschlossen werden.

Bisher hatten die drei zusammenzulegenden Bibliotheken jeweils eigene, im Haus entwickelte Aufstellungssystematiken verwendet. Für eine einheitliche und zeitgemäße Bestandspräsentation entschied man sich nun, die Bestände der neuen Bereichsbibliothek nach der inzwischen weit verbreiteten Regensburger Verbundklassifikation (RVK) aufzustellen.[4] Vorbilder für die Umstellung neuer Bereichsbibliotheken auf RVK waren hier z. B. die räumlichen nahe gelegene Universitätsbibliothek Mannheim oder das Bibliothekszentrum Geisteswissenschaften in Frankfurt/Main.

Zu den wichtigsten Schritten auf dem Weg zur neuen Bereichsbibliothek gehörte es deshalb, die kompletten Bibliotheksbestände auf die neue Systematik umzustellen. Um zu gewährleisten, dass die wichtigsten Systemstellen bis zum Umzugszeitpunkt auf jeden Fall bearbeitet sind, wurde ein Ranking der RVK-Gruppen nach Ihrer Bedeutung für die Fächer der Fakultät erstellt und so Prioritäten für die Bearbeitung gesetzt.

Die Entscheidung für eine elektronische Ausleihverbuchung brachte es mit sich, dass für das Ausleihsystem im Vorfeld umfangreiche Parameter bezüglich Ausleihbarkeit, Bestellbarkeit, Standorten u. ä. durchdacht und festgelegt werden mussten.

---

4 Zur Verbreitung der RVK s. Handbuch zur Regensburger Verbundklassifikation. 2. Aufl. Hrsg. von Bernd Lorenz. Wiesbaden: Harrasowitz 2008. S. 23.

Aufgrund der Auslagerung des wirtschafts- und sozialwissenschaftlichen Fachausschnittes der Lehrbuchsammlung in die Campus-Bibliothek musste zumindest diese Literatur in die Universitätsbibliothek bestellbar sein, um den Verlust des Medienangebotes für die Benutzer im Hause der Universitätsbibliothek auszugleichen.

Damit die Bestände, die unter einzelnen Sigeln im Südwestdeutschen Bibliotheksverbund und im Lokalsystem Heidi nachgewiesen wurden, zum Stichtag unter einem Sigel vereinigt werden konnten, waren umfangreiche Vorbereitungen im Lokalsystem, im Südwestdeutschen Bibliotheksverbund und in der Zeitschriftendatenbank notwendig.

Universitätsbibliothek als Steuerungszentrale

Aus den vorhergehenden Ausführungen wird deutlich, dass ein Projekt in einem derartigen Ausmaß nicht alleine von den betroffenen Institutsbibliothekaren umgesetzt werden kann.

Für das Gelingen war es deshalb von entscheidender Bedeutung, dass die Rolle der Universitätsbibliothek als Steuerungszentrale für das Bibliothekssystem gestärkt wurde. Dies geschah durch die Novellierung des Baden-Württembergischen Universitätsgesetzes vom Mai 2000, in dem die Rolle der Universitätsbibliothek als zentrale Betriebseinheit mit Servicefunktion für die Hochschule festgeschrieben wird.[5] In die konkrete Planungsphase für das Projekt fiel dann noch die Struktur-Entscheidung des Rektorats, zum 1. April 2003 alle Stellen in den Institutsbibliotheken unter der Leitung des UB-Direktors in einem Stellenplan zusammenzufassen.

So konnten einerseits Experten aus der Universitätsbibliothek Unterstützung in vielen Bereichen leisten, exemplarisch sei die Koordination der Umsetzungsarbeiten in Lokal- und Verbundsystem genannt. Andererseits konnte der Personaleinsatz vor Ort zeitweise verstärkt werden, um beispielsweise die Retrokatalogisierung zu beschleunigen.

Das architektonische Konzept

Die Gliederung des Klinikgebäudes in Altbau und Erweiterungsbau spiegelt sich auch in der neuen Nutzung wieder. Während im historischen Altbau überwiegend die Institute mit Seminarräumen und Büros untergebracht werden, wird der ehemalige Kardiologieanbau zusammen mit dem Untergeschoss des Altbaus für die Bibliothek genutzt.

---

5 Gesetz über die Universitäten im Lande Baden-Württemberg (Universitätsgesetz – UG) in der Fassung vom 1. Februar 2000.

Im Anschluss an den Ausleihbereich betritt man die Bibliothek über ein neu geschaffenes glasüberdecktes Atrium. Der offene Luftraum stellt die historische Fassade im Innenraum frei und inszeniert so spannungsreich das Thema Alt und Neu. Das Atrium bietet Einblicke in alle Etagen und erschließt die Ebene mit den durchscheinenden Treppen aus Stahl und Glas vertikal. Die Arbeitsräume im Untergeschoss werden durch das Atrium natürlich belichtet und erfahren so eine Aufwertung, ebenso durch die breite Freitreppe, die die Bibliothek nach unten öffnet. Im Erdgeschoss schafft eine Ganzglasfassade einen großzügigen und offenen Raumeindruck und erweitert den Innenraum nach außen.

Den unterschiedlichen Lese-und Arbeitsgewohnheiten der Nutzer wird auf unterschiedliche Weise Rechnung getragen. Im Erdgeschoss befinden sich große Lesetische für bis zu 12 Personen, ebenso wie kleine Einzelarbeitstische entlang der Fassade und eine „Leseinsel" für das entspannte Schmökern in Tageszeitungen oder Büchern.

In den beiden Obergeschossen befinden sich die Arbeitsplatzzonen an den Fenstern innerhalb eines breiten Streifens, der auch auf dem Boden durch einen Belagswechsel von Teppich zu Holz aus wiedergespiegelt ist. Im Wechsel mit Regalen entstehen Arbeitsinseln, die von den Durchgangsbereichen durch große Paravents aus Plexiglas abgeschirmt sind.

Abbildung 2: Das Atrium mit freigelegter Innenfassade. Bild: Thomas Ott.

Im Untergeschoss musste aus statischen Gründen die alte Raumstruktur weitgehend erhalten bleiben. Diese Struktur konnte für die Schaffung von Gruppenarbeitsräumen, Einzelarbeitskabinen und einem Schulungsraum genutzt werden. Die kleinteiligeren Räume bieten den Nutzern ruhige Arbeitsplätze, die von den Durchgangswegen abgeschirmt sind und dank Lichtgräben und Fensterbändern trotz der Souterrain-Lage über Tageslicht verfügen.

Die verwendeten Materialien Schiefer, Holz und Glas werden ergänzt durch farbige Plexiglaselemente (Paravents, Regalverkleidungen), im Untergeschoss durch eine ebenso farbige Boden- und Wandgestaltung. Dadurch entsteht eine lebendige und angenehme Atmosphäre und Arbeitsumgebung.

Das Bauen im Bestand

Die Entscheidung, ein bestehendes Klinikgebäude für den universitären Betrieb und insbesondere für eine Bibliothek zu nutzen, bot für die Planungs-und Bauphase einige Herausforderungen.

Abbildung 3: Paravents zur Abschirmung der Arbeitsplätze. Bild: Thomas Ott.

Weniger unter den Studierenden als unter den Mitarbeitern der Fakultät waren die Vorbehalte für das Projekt sehr groß. Mit dem Klinikgebäude verbunden war die

Vorstellung von Krankheit und Tod, die Angst, sich mit Erregern zu infizieren, die eventuell noch im alten Gemäuer haften könnten. Die Information der Betroffenen über das Projekt und seinen jeweiligen Stand war deshalb eine wichtige Aufgabe für das Planungsteam. Letztendlich konnten die Bedenken jedoch nur durch die fertig gestellten Räumlichkeiten gänzlich aus dem Weg geräumt werden.

Nicht gänzlich unerwartet, doch dennoch entscheidend für manch unerwartete Entwicklung im Baugeschehen war die vorgefundene Gebäudestruktur.

Beispielsweise fand sich an manchen Stellen des Altbaus statt einer Bodenplatte unter den Fliesen der Klinikräume nur festgestampfter Boden, im ehemaligen Kardiologie-Trakt fanden sich Schadstoffe, die aufwändig entsorgt werden mussten.

Die Tatsache, dass die Raumstruktur nicht überall verändert werden konnte, erforderte Kreativität für die neue Nutzung der Räume. Zum Beispiel wurde die ehemalige Bettenwaschanlage des Krankenhauses, gelegen in einem unterirdisch verbundenen Nebengebäude, zum Kompaktmagazin umgewandelt. Ehemalige Röntgenräume, eher klein mit massiven Wänden, wurden zu sogenannten Bibliothekszimmern umgewandelt, mit deckenhohen Regalen, guter Abschirmung zu den Gängen und anheimelnder Atmosphäre.

Die Gestaltung der Bibliothek als Lernraum

Die Lerngewohnheiten der Studieren und somit ihre Anforderungen an Gestaltung der Arbeitsplätze in Bibliotheken sind äußerst heterogen. Der gleiche Student möchte heute ruhig und abgeschirmt an einem Einzelarbeitsplatz arbeiten, sich morgen aber ungestört in der Gruppe besprechen können. Der eine braucht eine völlig ruhige Atmosphäre, der andere präferiert einen gewissen Geräuschpegel statt völliger Stille.[6]

Bei der Gestaltung der Bibliothek wird auf diese durchmischten Bedürfnisse Rücksicht genommen: zur Verfügung stehen Einzelarbeitsplätze, Arbeitsplätze für mehrere Nutzer für das ruhige Lernen mit sozialer Komponente, Gruppenarbeitsräume und Einzelarbeitskabinen. Die unterschiedlichen Ebenen der Bibliothek bieten ruhige Zonen und Zonen mit einem gewissen Geräuschlevel im Hintergrund.

---

[6] Bestätigt wird dies durch einige recht aktuelle Nutzerumfragen in deutschen Bibliotheken, beispielsweise: Breul, Jana u. Jessika Rücknagel: Jacob, Wilhelm und Du. Bericht zur Benutzerbefragung im Grimm-Zentrum vom 29. Mai bis zum 10. Juni 2012. Institut für Bibliotheks- und Informationswissenschaft. Berlin 2012. http://www.ub.hu-berlin.de/ueber-uns/projekte/jacob-wilhelm-und-du/jacob-wilhelm-und-du/view (28.10.2013); Fühles-Umbach, Simone: Online-Kundenbefragung Universitätsbibliothek Bochum. http://www.ub.rub.de/imperia/md/content/projects/benutzerumfrage2011.pdf (28.10.2013); Linsler, Ann u. Michael Mönnich: Lernraumkonzept für das Karlsruher Institut für Technologie (KIT), Vortrag auf dem Bibliothekartag 2013. http://www.opus-bayern.de/bib-info/volltexte//2013/1409 (28.10.2013).

Abbildung 4: Blick auf die „Leseinsel". Bild: Thomas Ott.

Mobile Ledersessel und eine sofaartige „Leseinsel" ermöglichen einerseits Entspannung und tragen andererseits neuen Arbeitsgewohnheiten der Studierenden Rechnung – für die Arbeit mit Tablet und Laptop ist nicht unbedingt ein Schreibtisch vonnöten.[7]

Die Gruppenarbeitsräume sind bewusst konzentriert in bestimmten Bereichen des Untergeschosses angelegt, um die alleine durch die Bewegung von Gruppen in der Bibliothek entstehende Unruhe räumlich zu bündeln.

Resümee

Getroffen wurde die Entscheidung, die Fakultät für Wirtschafts-und Sozialwissenschaften komplett aus der Heidelberger Altstadt in ein frei gewordenes Klinikgebäude zu verlagern, primär aus Raumnot.

---

[7] Studentische Vorstellungen zu Lernorten finden sich beispielhaft in: Studentischer Ideenwettbewerb „Lebendige Lernorte" 2009. Hrsg. von der Deutschen Initiative für Netzwerkinformation. Göttingen: DINI 2010.

Gleichzeitig jedoch bot der neue Ort die Gelegenheit, einen wichtigen Schritt zur Verdichtung der zersplitterten Heidelberger Bibliothekslandschaft voranzukommen. Durch die Zusammenfassung von drei Institutsbibliotheken zu einer Bereichsbibliothek wurde ein modernes Informations-und Kommunikationszentrum geschaffen, das den vielfältigen Bedürfnissen der studentischen und wissenschaftlichen Nutzer entgegenkommt, gleichzeitig aber wirtschaftlich arbeitet.

Die neuen Räumlichkeiten bieten eine zeitgemäße Ausstattung, die Öffnungszeiten konnten erheblich erweitert[8], der Personaleinsatz effizienter gestaltet werden[9].

Die Umgestaltung einer ehemaligen Klinik zu einer modernen Bibliothek stellte einige besonderen Herausforderungen, bot aber auch die Möglichkeit, Räume mit einem ganz besonderen Charme zu schaffen. Die Prämierung mit der Auszeichnung „beispielhaftes Bauen" der Architektenkammer Baden-Württemberg zeigt, dass dies gelungen ist.[10]

Zwar bedurfte es eines langen Atems, bis das Ziel erreicht war, bedenkt man die Zeitspanne von den ersten Überlegungen in den achtziger Jahren bis zur Eröffnung der Bereichsbibliothek zum Sommersemester 2009. Das Beispiel zeigt, dass sich derartige Projekte oft erst nach entsprechenden Veränderungen in den Verwaltungsstrukturen der Hochschule umsetzen lassen.

Dass sich das Beharren gelohnt hat und die Bibliothek von Nutzern sehr gut angenommen wird, zeigt sich an stetig steigenden Benutzerzahlen.[11] Die Institute der Fakultät nutzen Räumlichkeiten der Bibliothek für Veranstaltungen jeglicher Art, vom Seminar bis zur Ausstellung. Die Bereichsbibliothek für Wirtschafts- und Sozialwissenschaften bildet das Herzstück des neuen „Campus Bergheim" der Universität Heidelberg.

---

8 Die Zahl der Öffnungstage im Vergleich: 2008 waren es in der Bibliothek des Alfred-Weber-Institutes mit den im Vergleich längsten Öffnungszeiten 293 Tage; 2012 war die Campusbibliothek an 344 Tagen geöffnet.
9 Besonders deutlich zeigt sich dies bei der Zahl der Hilfskräfte, die trotz verlängerter Öffnungszeiten um 25 % reduziert werden konnte.
10 http://www.akbw.de/architektur/beispielhaftes-bauen/praemierte-objekte/detail/objekt/campus-bergheimbrnachfolgebelegung-der-ludolf-krehl-klinik.html (28.10.2013)
11 2012: täglich 1155 Benutzer; im Vergleich 2008 die drei Institutsbibliotheken zusammen: täglich 790 Besucher.

Christian Winterhalter
Service im Wandel, Service für den Wandel
Das Erwin-Schrödinger-Zentrum der Humboldt-Universität zu Berlin

Abstract: Nach mehrjährigen Planungen wurden 2003 auf dem neuen Campus Adlershof in einem neu errichteten Informations- und Kommunikationszentrum die Fachbestände der Chemie, Physik, Geographie, Mathematik, Informatik und Psychologie der Universitätsbibliothek der Humboldt-Universität zu Berlin zusammengefasst. Verbunden war der Bezug des Erwin-Schrödinger-Zentrums mit der Entwicklung einer neuen Dienstleistungskonzeption, die auf der engen Kooperation zwischen Universitätsbibliothek und Computer- und Medienservice fußt und sich in den vergangenen zehn Jahren bewährt hat. Vor dem Hintergrund der Dynamik des Standorts Adlershof und der Entwicklungen im Bereich der Informationstechnologien, des wissenschaftlichen Arbeitens in den Naturwissenschaften und neuen Wettbewerbssituationen muss jedoch zugleich fortwährend die Frage nach der Anpassung der Strukturen und Prozesse in den Zeiten des Wandels gestellt werden.

Keywords: Berlin, Humboldt-Universität zu Berlin, Serviceintegration, Informationsinfrastruktur, Standortkonzentration, Dienstleistungskonzeption, Naturwissenschaften, elektronische Medien

Adlershof – ein besonderer Standort

Im März 1991 fasste der Berliner Senat den Beschluss, ein mehrere Hundert Hektar großes Gelände in Johannisthal/Adlershof im Südosten Berlins zum städtebaulichen Entwicklungsbereich zu erklären und an diesem Ort eine Stadt für Wissenschaft, Wirtschaft und Medien aufzubauen. In diesem Kontext ist die zum gleichen Zeitpunkt getroffene Entscheidung der Humboldt-Universität zu sehen, ihre mathematisch-naturwissenschaftlichen Institute von den bisherigen Standorten in Berlin-Mitte nach Adlershof zu verlagern und auf einem Campus zusammenzufassen. Dadurch sollten nicht allein Infrastrukturprobleme (räumliche Enge und fehlende bauliche Erweiterungsmöglichkeiten, verstreute Lage der Einrichtungen etc.) gelöst werden, sondern zugleich die Chance genutzt werden, die universitären Einrichtungen an einem Standort zu positionieren, an dem sich ein intensives Zusammenspiel insbesondere mit außeruniversitären Forschungseinrichtungen und der Wirtschaft ergeben könnte.

Etwas mehr als 20 Jahre später sind im engeren Bereich des Wissenschaft- und Technologieparks fast 500 Unternehmen und elf außeruniversitäre Forschungseinrichtungen angesiedelt; die Humboldt-Universität ist mit sechs Instituten und insgesamt mehr als 1.000 Beschäftigten und 6.000 Studierenden auf dem Campus präsent.[1] Mit den außeruniversitären Instituten, die in der Initiativgemeinschaft der Außeruniversitären Forschungseinrichtungen in Adlershof (IGAFA e.V.) zusammengeschlossen sind, bestehen vielfältige Forschungskooperationen und auch teils personelle Verzahnungen durch gemeinsame Berufungen auf Professuren oder Strukturen der Doktorandenbetreuung. Einen weiteren Impuls erhält die bestehende Vernetzung nicht zuletzt durch interdisziplinär und institutionsübergreifend ausgerichtete Graduiertenschulen wie SALSA im Bereich der Analytischen Chemie oder Integrated Research Institutes wie IRIS Adlershof, die im Zuge der Exzellenzinitiative entstanden sind oder in diesem Rahmen gefördert werden. Wie bereits die knappe Charakterisierung verdeutlicht, ist Adlershof zweifellos ein besonderer Standort, und die Spezifik des Umfelds und dessen Dynamik kann nicht ohne Auswirkung auf die in dieser Umgebung angesiedelten Infrastruktur- und Serviceeinrichtungen bleiben. Als solche betreiben die Zweigbibliothek Naturwissenschaften der Universitätsbibliothek und der Computer- und Medienservice (CMS) gemeinsam das im Mai 2003 eröffnete Erwin-Schrödinger-Zentrum, das nicht selten als Herz- und Kernstück des mathematisch-naturwissenschaftlichen Campus bezeichnet wird, und verstehen sich somit als Teil und Akteure in dem beschriebenen dynamischen Umfeld. Die Zusammenarbeit mit den außeruniversitären Forschungsinstituten am Standort und den hier angesiedelten Unternehmen hinsichtlich der Nutzung von Räumen und Dienstleistungen im Erwin-Schrödinger-Zentrum fußt dabei auf einem gemeinsamen Kooperationsvertrag.[2] Zum vollen Verständnis der heutigen Dienstleistungskonzeption und des Erwin-Schrödinger-Zentrums bedarf es eines Rückblicks auf den damit verbundenen Strukturwandel.

„Eingeschichtlichkeiten"

Als Anfang der 1990er Jahre die Entscheidung zugunsten des Umzugs der mathematisch-naturwissenschaftlichen Institute nach Adlershof gefallen war, wurden

---

[1] Humboldt-Universität zu Berlin: Campus Adlershof, Zahlen zum Campus: http://www.adlershof.hu-berlin.de/ueberblick/zahlen (31.11.2013). Einen allgemeinen Überblick bieten das Informationsportal zu Adlershof: WISTA-Management GmbH: http://www.adlershof.de (31.11.2013) wie auch: Berlin Adlershof. Stadt für Wissenschaft, Wirtschaft und Medien. Hrgs. von der Senatsverwaltung für Stadtentwicklung und Umwelt. Berlin 2013. http://opus.kobv.de/zlb/volltexte/2013/20517/ (31.11.2013).
[2] Darin sind zum Beispiel Aspekte geregelt, in denen Angehörige von Unternehmen am Standort oder Angehörige von außeruniversitären Einrichtungen, die der Initiativgemeinschaft Außeruniversitärer Forschungseinrichtungen Adlershof (IGAFA e. V.) angehören, Angehörigen der Humboldt-Universität gleichgestellt sind. Zudem ist die IGAFA e. V. mit ihrem Bibliotheks-Service im Erwin-Schrödinger-Zentrum vertreten und beteiligt sich in Form von Zeitschriftenabonnements und Schulungsveranstaltungen am Angebot des Hauses. http://www.igafa.de/bibliotheks-service/ (31.11.2013).

kurz darauf an der Universitätsbibliothek im Rahmen der Standortplanung Überlegungen angestellt, auch die jeweiligen Fachbibliotheken an diesen Ort zu verlagern und in einer gemeinsamen Zentralbibliothek Naturwissenschaften zusammenzufassen. Zwar waren die einzelnen „Einrichtungen des Bibliothekswesens" schon seit den 1960er Jahren im Zuge der Direktive 22/69 des Ministeriums für Hoch- und Fachhochschulwesen in einer durch den Direktor geleiteten Hochschulbibliothek zusammengefasst (§1, Abs. 2: „Das Bibliothekswesen der Hochschule ist eine einheitliche Institution"[3]), doch waren gleichwohl zum Zeitpunkt der Wende die organisatorischen wie räumlichen Bedingungen dergestalt, dass die Möglichkeiten einer im engeren Sinne einschichtigen Organisation nur unzureichend umgesetzt werden konnten. So verhinderten allein die räumliche Zersplitterung der Zweigbibliotheken und ihrer Bestände sowie die nach wie vor dezentrale Personalverantwortung einen effizienten Ressourcen- und Personaleinsatz. Wurde die einschichtige Organisationsform nach der Wende formal beschlossen und im Rahmen allgemeiner Reorganisationsmaßnahmen an der Universitätsbibliothek und der damit einhergehenden Einführung der Regensburger Verbundklassifikation, eines Integrierten Bibliothekssystems und eines Etatverteilungsmodells wesentlich befördert, so folgten mit der sukzessiv auch räumlich erfolgenden Zusammenfassung der Zweigbibliotheken weitere wichtige Schritte. Einzelne der mathematisch-naturwissenschaftlichen Fachbibliotheken waren bereits seit Ende der 1990er Jahre mit den ersten Instituten noch als Einzelbibliotheken vor Ort in Adlershof. Mit der baulichen Fertigstellung des Erwin-Schrödinger-Zentrums 2002 wurden letztlich die Voraussetzungen geschaffen, auch die räumliche und organisatorische Konzentration der Bibliotheken im Frühjahr 2003 umzusetzen. In die damals noch die Bezeichnung „Zentralbibliothek" tragende und heute als Zweigbibliothek Naturwissenschaften firmierende Struktur gingen die Bestände der fünf ehemaligen Zweigbibliotheken Chemie, Geographie, Mathematik/Informatik, Physik und Psychologie ein. Hinzu kamen die Bestände der ehemaligen Zentralen Fachbibliothek für Umwelt der IGAFA, die ihrerseits Nachfolgeeinrichtung zahlreicher aufgelöster Bibliotheken der auf dem Gelände angesiedelten Institute der Akademie der Wissenschaften der DDR war.[4]

---

3 Anweisung Nr. 22/1969 des Ministeriums für Hoch- und Fachschulwesens über die Stellung, Aufgaben und Arbeitsweise des Bibliothekswesens und der wissenschaftlichen Information. In: Geschäftsstelle des Bibliotheksverbandes der Deutschen Demokratischen Republik: Die Bibliotheksverordnung der Deutschen Demokratischen Republik und mit ihr in engem Zusammenhang stehende rechtliche Regelungen und Vereinbarungen. 3. Aufl. Berlin: Bibl.-Verband der DDR 1980. S. 72–76. Ausführlicher zu diesem Thema: Berghaus-Sprengel, Anke: Standortplanung an der Universitätsbibliothek. In: Inspiration durch Raum – Servicevielfalt im Jacob-und Wilhelm-Grimm-Zentrum. Hrsg. von Milan Bulaty. Berlin: Universitätsbibliothek der Humboldt-Universität 2010. S. 6–12. http://nbn-resolving.de/urn:nbn:de:kobv:11-100174542 (31.11.2013).
4 Vgl. Seifert, E.: Verbleib und Benutzung der Bibliotheksbestände der Institute und Einrichtungen der ehemaligen Akademie der Wissenschaften (AdW) der DDR. In: Bibliotheksdienst (1992) H. 5. S. 702–703; Schoppnies, Erhard: Erste Schritte beim Aufbau einer naturwissenschaftlichen Zentralbi-

Die Zusammenfassung der Bestände im Erwin-Schrödinger-Zentrum war zugleich Auftakt und „Präzedenzfall" für die später noch erfolgenden Zusammenlegungen von Zweig- und Teilbibliotheken zu größeren leistungsfähigen Einheiten im Zuge der allgemeinen Standortkonzentration an der Humboldt-Universität und damit einhergehenden Neu- oder Umbauprojekten (Standorte Jacob-und-Wilhelm-Grimm-Zentrum sowie Campus Nord).

Die Bibliothek der Zukunft in der Rückschau

Das Erwin-Schrödinger-Zentrum wäre jedoch nur unzureichend erfasst, wenn es als schlichtes Produkt eines Umzugs und der Zusammenlegung von mehreren vormals getrennten Bibliotheken beschrieben würde. Begleitet wurden die beschriebenen Überlegungen von der Einschätzung, dass eine auf die Anforderungen der Zukunft ausgerichtete Bibliothek nur würde bestehen können, wenn sie mit den Entwicklungen der Informationstechnologie mithalten und ihre Arbeitsprozesse und Dienstleistungen entsprechend darauf ausrichten könnte. Kurz gefasst: „Eine moderne Bibliothek wird ohne enge Kooperation mit Rechenzentrums- und Medieneinrichtungen nicht lebensfähig sein."[5] Aus dieser Prognose und dem Beschluss, auch das Rechenzentrum der Universität nach Adlershof zu verlagern, entstanden intensive Überlegungen und Planungen, wie ein zum damaligen Zeitpunkt noch als IKA (Informations- und Kommunikationszentrum Adlershof) bezeichnetes Servicezentrum auf dem Campus gemeinsam betrieben werden könnte und welche Anforderungen an ein derartiges Zentrum in der Zukunft gestellt werden könnten.

Die bibliothekarische Rede über Zukunft hat Tradition und ist inzwischen so sehr als fester Diskurs etabliert, dass Jens Ilg im Versuch einer Bestimmung des Genres als Untertypen die Bibliotheksutopien, Bibliotheksideale, Bibliotheksprognosen und Bibliotheksszenarien mit jeweils spezifischen Argumentationsmustern ausmachen konnte.[6] Auch die erwähnten Vorüberlegungen für das Erwin-Schrödinger-Zentrum sind nicht von diesem Zukunftsdiskurs zu trennen, insofern im Vorfeld unter anderem im Rahmen eines Workshops mit dem Titel „Die Bibliothek der Zukunft" am 11. Oktober 1995 mit ca. 150 Teilnehmern und auch nachfolgend Thesen und Stellungnahmen verfasst und veröffentlicht wurden, die – wenn auch mit der Besonderheit, diese Überlegungen auf die konkrete Planung eines Informations- und Kommunika-

---

bliothek für Naturwissenschaft, Mathematik, Informatik, Technik und Wirtschaft in Berlin-Adlershof. In: Bibliotheksdienst (1992) H. 5. S. 708–712.
5 Bulaty, Milan [u. a.]: Informations- und Kommunikationszentrum in Adlershof. In: Bibliothek. Forschung und Praxis (1996) H. 2. S. 257–258, hier S. 257.
6 Vgl. Ilg, Jens: Bibliothekarische Redeweisen über Zukunft. In: Handbuch Bibliothek. Geschichte, Aufgaben, Perspektiven. Hrsg. von Konrad Umlauf u. Stefan Gradmann. Stuttgart, Weimar: Metzler 2012. S. 387–390.

tionszentrum am Standort Adlershof beziehen zu können (dessen weitere Gesamtentwicklung zu diesem Zeitpunkt jedoch noch in einer Frühphase war) – allgemeine Prognosen zur Zukunft wissenschaftlicher Bibliotheken formulierten.[7] Somit besteht nunmehr gleichsam die Möglichkeit, sich rückblickend zu vergegenwärtigen, wie die Bibliothek der Zukunft „damals" aussah.

Aus der erwähnten Grundidee der engen Kooperation von Bibliothek und damaligem Rechenzentrum in einem gemeinsamen Gebäude wurden insgesamt 13 Thesen entwickelt, die einer der Autoren, der ehemalige Direktor der Universitätsbibliothek Milan Bulaty, später selbst prägnant referierte:

> Im Mittelpunkt der Arbeit müsse das Anbieten zeitgemäßer Dienstleistungen stehen. Bibliothek und Rechenzentrum müssten den Umgang mit neuen Medien schulen und dadurch fördern. Die Bibliothek solle nicht allein der Informationsversorgung dienen, sondern auch Ort der Begegnung und Kommunikation sein. Die Aufgaben der Bibliothek seien das Betreiben von File- und Archivdiensten, die Vermittlung von Kenntnissen mit elektronischen Medien und das Anbieten von Informationen. Die Aufgaben des Rechenzentrums seien das Betreiben der Kommunikationsinfrastruktur, die Organisation und Koordination des Zugangs zu elektronischen Medien sowie das Anbieten von elektronischen Informationssystemen[8].

Die hier formulierten Aspekte mögen in der Rückschau teilweise als selbstverständlich erscheinen, müssen jedoch im Kontext einer Diskussion gesehen werden, in deren Rahmen die Frage aufgeworfen wurde, ob ein Informations- und Kommunikationszentrum und ein Neubau mit Lesesaalplätzen angesichts der aufkommenden elektronischen Verfügbarkeit wissenschaftlicher Inhalte überhaupt noch zeitgemäß sei. Mit den Thesen und späteren Planungen positionierten sich Bibliothek und Rechenzentrum in dieser Debatte als Infrastrukturanbieter und Dienstleister, wobei betont wurde, dass letztlich die „traditionellen bibliothekarischen Leistungen (Informationen auswählen, zur Verfügung stellen, erschließen, archivieren, Auskünfte erteilen und beraten) [...] sich grundsätzlich nicht verändern" würden, jedoch vorrangig auf elektronischen Medien basierten. Ergänzt wurde diese Aufgabenbestimmung um die Komponente des Informations- und Kommunikationszentrums als gesellschaftlichem Raum als Entgegnung auf die Apologie einer bevorstehenden vollständigen Virtualisierung des wissenschaftlichen Austauschs und Arbeitens.

---

[7] Bulaty [u. a.], Informations- und Kommunikationszentrum (wie Anm. 5), S. 257–258. Die Thesen zum Workshop wurden später erneut in einem eigenen Themenheft zum Erwin-Schrödinger-Zentrum veröffentlicht: cms-journal (2003) Nr. 24. S. 9. http://nbn-resolving.de/urn:nbn:de:kobv:11-10025115 (31.11.2013).

[8] Bulaty, Milan: Konzentration und Kooperation – Das Erwin Schrödinger-Zentrum der Humboldt-Universität zu Berlin. In: ABI-Technik (2003) H. 4. S. 315–322. Andere in den Thesen formulierten Aspekte wie etwa die Bibliothek als Akteur im Bereich der Informationswirtschaft (Informationsveredelung, Zusammenarbeit mit der Wirtschaft etc.) mussten aufgrund veränderter Rahmenbedingungen noch im Verlaufe der Planung aufgegeben werden.

In seinem Diskussionsbeitrag zum Workshop stimmte Elmar Mittler den formulierten Thesen weitgehend zu und formulierte daran anknüpfend für die Bibliothek an der Schwelle zum dritten Jahrtausend prägnant „sechs Ziele, die als utopische Idealvorstellungen wirken müssen, aber mit modernen Mitteln in erreichbare Nähe gerückt sind. In der Bibliothek der Zukunft bekommt man als Benutzer 1. alles, was man braucht, 2. alles, wie man es braucht, 3. alles, wann man es braucht, 4. alles, wohin man es braucht, 5. mehr, als man weiß, 6. alle veröffentlichten Informationen im freien Zugriff."[9] Mittler verbindet seine als Idealvorstellungen formulierten Punkte mit Ausführungen, wie deren Realisierung in der Praxis aussehen könnte und welche baulichen und infrastrukturellen Maßnahmen seitens der Bibliotheken dazu nötig seien. Am Ende steht sein Fazit:

> Die Bibliothek der Zukunft ist die nutzerorientierte Bibliothek. Faßt man das bisher Gesagte zusammen, so wird deutlich, daß die Bedürfnisse der Nutzenden in der Bibliothek der Zukunft besser realisiert werden können als bisher. Dabei sollte nicht unerwähnt bleiben, daß diese sich wandeln und weiter differenzieren werden. Hier ist letztlich immer noch vom konventionellen Text ausgegangen worden. Die Medienkombinationen, Hyperstrukturen, die Zusammenführung von Sach- und Literaturinformationen, aber auch das Kombinieren von Dienstleistungs-, Kommunikations- und Publikationsmöglichkeiten werden veränderte Anforderungen stellen. Sie werden von Fach zu Fach, aber auch für Forschung, Lehre und Studium differenziert sein.[10]

Das Erwin-Schrödinger-Zentrum zwischen Utopie und Standard

Die aus den Vorüberlegungen und vielfältigen und hier nur skizzierten Diskussionen hervorgegangene Konzeption konnte zu großen Teilen im Erwin-Schrödinger-Zentrum baulich und funktional umgesetzt werden. Erwähnt seien an dieser Stelle lediglich die differenzierten Arbeitsplatzmöglichkeiten in Hinblick auf Arbeitsszenarien und hochwertige technische Ausstattung, die auf der gemeinsamen Servicekonzeption basierende enge Verzahnung der öffentlichen Bereiche von Bibliothek und Computer- und Medienservice (Eingangsbereich, nahtloser Übergang von Lesesaal und PC-Saal etc.) oder die auf das Gesamtgebäude bezogene Kombination von Serviceeinrichtungen mit Hörsälen der Fakultät, Konferenzräumen, einer Cafeteria und einer

---

9 Mittler, Elmar: Die Bibliothek der Zukunft. Überlegungen aus Anlaß der Planungen zu einem Informations- und Kommunikationszentrum in Adlershof (Berlin). In: Bibliothek. Forschung und Praxis (1996) H. 2. S. 259–261. In einem späteren Beitrag zur Zukunft der Bibliotheken kommt Mittler teilweise auf seine Überlegungen zurück: Vgl. Mittler, Elmar: Zukunft der Bibliotheken. In: Handbuch Bibliothek. Geschichte, Aufgaben, Perspektiven. Hrsg. von Konrad Umlauf u. Stefan Gradmann. Stuttgart, Weimar: Metzler 2012. S. 391–394.
10 Mittler, Bibliothek der Zukunft (wie Anm. 9), S. 261.

Buchhandlung.[11] Damit wurden bereits frühzeitig eine Vielzahl jener Anforderungen umgesetzt, die in den letzten Jahren im Zuge der intensiv geführten Diskussion über die Bibliothek als Raum (sozialer Raum, Lernort etc.) thematisiert wurden. Diese können mittlerweile vielfach als Standards bei der Gestaltung des physischen Raums gelten, welche die Voraussetzungen für die Funktion der Bibliothek als Raum für die Entfaltung von Wissens- und Kommunikationsprozessen darstellen.

Diese geplante Funktion des Erwin-Schrödinger-Zentrums auch als Ort der Kommunikation hat sich nicht zuletzt bezogen auf die Studierenden bewährt, der zahlenmäßig größten potenziellen Nutzergruppe am Standort. Neben den nach wie vor im Vergleich zu anderen stärker auf den physischen Bibliotheksraum und -bestände bezogenen Arbeitsgewohnheiten der studentischen Nutzergruppe dürfte die im Umfeld teils verzögerte Entwicklung von Infrastruktur- und Erlebnisangeboten ebenfalls dazu beigetragen haben, dass das als solches konzipierte und geographisch auf dem Campus situierte „Zentrum" schnell auch in dieser Funktion wahrgenommen und mehrheitlich sehr positiv bewertet wurde.[12]

Konzentration und Kooperation. Konvergenz?

Die Konzentration zweier universitärer Infrastruktur- und Serviceeinrichtungen im gemeinsam betriebenen Erwin-Schrödinger-Zentrum war begleitet von den skizzierten gemeinsamen Vorüberlegungen und führte in der Folge zu einem Kooperationsmodell, in dessen Rahmen vor dem Hintergrund der spezifischen Kompetenzen und zukünftigen Anforderungen die jeweiligen Aufgaben der beiden Zentraleinrichtungen bestimmt wurden. Schwerpunkte liegen auf Seiten des Computer- und Medienservice stärker im Betrieb der IuK-Infrastruktur, auf Seiten der Universitätsbibliothek in der Bereitstellung des Zugangs zu wissenschaftlicher Fachinformation und deren Vermittlung. So lassen sich beispielsweise Nutzerfragen hinsichtlich Zugangs zu wissenschaftlicher Information, die technische und lizenzrechtliche Fragestellungen umfassen, durch die gemeinsame Nutzerberatung teils an einer einzigen Servicetheke, teils an verschiedenen Servicetheken in den jedoch gemeinsam betriebenen Häusern (Erwin-Schrödinger-Zentrum und Jacob-und-Wilhelm-Grimm-Zentrum)

---

11 Ausführliche Darstellungen zu Dienstleistungen, Gebäude und Kerndaten finden sich im anlässlich der Eröffnung publizierten Themenheft: Erwin Schrödinger-Zentrum. In: cms-journal (2003) Nr. 24. http://edoc.hu-berlin.de/browsing/cms-journal/ (31.11.2013). Daneben in knapper Zusammenfassung auch in: Bulaty, Milan: Universitätsbibliothek der Humboldt-Universität zu Berlin – Zentralbibliothek Naturwissenschaften. In: Bibliothek. Forschung und Praxis (2003) Nr. 1/2. S. 59–61. Bilder des Gebäudes sind u. a. zu finden unter: http://www.ub.hu-berlin.de/ueber-uns/oeffentlichkeitsarbeit (31.10.2013).
12 Hilbert, Tina: Unsichtbares Adlershof. Magisterarbeit. Berlin 2005. S. 71–72. http://nbn-resolving.de/urn/resolver.pl?urn=urn:nbn:de:kobv:109-opus-170916 (31.11.2013).

schnell in allen Belangen beantworten. Neben der räumlichen Integration auf der Ebene der Benutzerberatung hat die Kooperation auch administrativ in einer gemeinsamen Benutzungs- und Gebührenordnung ihren Ausdruck gefunden.

Gleichwohl erschöpft sich die Kooperation nicht in den skizzierten Punkten, sondern besteht auch auf der Ebene der seit mehr als zehn Jahren gemeinsam von Universitätsbibliothek und Computer- und Medienservice betriebenen Arbeitsgruppe „Elektronisches Publizieren", deren Ziel der Ausbau des Serviceangebots an elektronischen Dienstleistungen an der Humboldt-Universität ist. Schwerpunkte dieser Arbeitsgruppe bestehen u. a im Betrieb des institutionellen Repositoriums, Fragen des Publizierens in Open-Access-Modellen oder Fragen des Umgangs mit digitalen Forschungsdaten an der Humboldt-Universität.[13]

Die übergreifende Steuerung der zahlreichen Kooperationsebenen zwischen Universitätsbibliothek und Computer- und Medienservice erfolgt über einen regelmäßig tagenden Strategiekreis. In den im Zuge der Planungen des Erwin-Schrödinger-Zentrums geführten Diskussionen über die Serviceintegration wurde auch die Frage nach der Konvergenz der beiden Einrichtungen in einer einzigen Struktur und der Einsetzung eines Chief Information Officer thematisiert. Beide Einrichtungen haben sich letztlich für die weiterhin bestehende Eigenständigkeit als Zentraleinrichtung und ein intensives Kooperationsmodell ausgesprochen, allerdings unter der organisatorischen Klammer der Zuordnung zu einem gemeinsamen Vorgesetzten.[14] Diese Funktion wird seitens des Vizepräsidenten für Forschung ausgefüllt, der neben den beiden Zentraleinrichtungen auch für das Servicezentrum Forschung, die Humboldt Graduate School und den mathematisch-naturwissenschaftlichen Campus Adlershof verantwortlich zeichnet.

Herausforderungen der Zukunft

Welcher Integrationsgrad die besten Möglichkeiten bietet, um effiziente Strukturen des Informationsmanagements in der Zukunft aufzubauen, kann an dieser Stelle

---

13 Simukovic, Elena [u. a.]: Forschungsdaten an der Humboldt-Universität zu Berlin. Bericht über die Ergebnisse der Umfrage zum Umgang mit digitalen Forschungsdaten an der Humboldt-Universität zu Berlin. Berlin 2013. http://nbn-resolving.de/urn:nbn:de:kobv:11-100213001 (31.11.2013).
14 Vgl. Bulaty, Konzentration und Kooperation (wie Anm. 6), S. 320; Schirmbacher, Peter: Integriertes Informationsmanagement an der Humboldt-Universität zu Berlin. Aufbau eines Informations- und Kommunikationszentrums in Berlin-Adlershof. In: Informationsinfrastrukturen im Wandel. Informationsmanagement an deutschen Hochschulen. Hrsg. von Andreas Degkwitz u. Peter Schirmbacher. Bad Honnef: Bock + Herchen 2007. S. 40–52, bes. 48f. Allgemein zu Fragen der Serviceintegration und konvergenz: Informationsinfrastrukturen im Wandel. Einführung und Überblick zur aktuellen Entwicklung. In: Informationsinfrastrukturen im Wandel. Informationsmanagement an deutschen Hochschulen. Hrsg. von Andreas Degkwitz u. Peter Schirmbacher. Bad Honnef: Bock + Herchen 2007. S. 10–25.

nicht diskutiert oder abschließend beantwortet werden. Unstrittig ist jedoch – und dies war auch bei der Planung des Erwin-Schrödinger-Zentrums maßgeblich –, dass die Strukturen auf Innovation und Wandel hin angelegt sein müssen: „Das Erwin Schrödinger-Zentrum ist in erster Linie als eine dienstleistende Institution für Informations-, Dokumentations- und Kommunikationsdienste zu verstehen, die der rasanten Entwicklung der Wissenschaft geschuldet mit einem sich ständig ebenso entwickelnden Leistungsspektrum aufwarten muss."[15] Grundlegend für die Entwicklung des Leistungsportfolios muss demnach die Analyse der Arbeitsprozesse in Forschung, Lehre und Studium sein.

Auch wenn es dem Gedanken der Kooperation teilweise widerspricht, so gilt es abschließend, diesen Ansatz knapp auf allgemeine wie im mathematisch-naturwissenschaftlichen Bereich wirkende Tendenzen und dessen Auswirkungen auf den im engeren Sinne bibliothekarischen Bereich zu beziehen. Geht man mit Berndt Dugall davon aus, dass Hochschulbibliotheken in Zeiten der Hochschulautonomie und Exzellenzinitiative zunehmend im Spannungsfeld des Verlusts der Stellung als quasimonopolistischer Informationsanbieter, des hochschulinternen Wettbewerbs und zugleich der komplexen Gemengelage einer Konkurrenz wie Kooperation der Hochschulen und Forschungseinrichtungen untereinander stehen[16], so muss dies auch Auswirkungen auf die Positionierung der Bibliotheken und ihrer Dienstleistungen in diesem Gefüge haben. Eine hochschulinterne Profilierung kann etwa in der stärkeren Fokussierung auf die Bedarfe und Prozesse der eigenen Hochschule bestehen und muss – neben den dazu notwendigen Kompetenzen – nicht zuletzt auch intensive Kontaktpflege und Marketing beinhalten, um die Bibliothek als Partner zu positionieren.

Dies gilt in besonderem Maße für den naturwissenschaftlichen Bereich, in dem ortsgebundene Dienstleistungen zugunsten einer fast ausschließlich elektronischen Nutzung von Bibliotheksangeboten, zuvorderst elektronischen Zeitschriften und Fachdatenbanken, in den Hintergrund getreten sind. Zumindest auf die Gruppe der Forscher und Lehrenden trifft dies in dieser Form zu. Für die Gruppe der Studierenden ist hingegen – wie erwähnt – die Bibliothek als Ort noch und vielleicht zunehmend interessant, und es lassen sich häufig eher hybride Formen der Mediennutzung

---

15 Schirmbacher, Peter: Das Erwin Schrödinger-Zentrum. Konzentriertes Serviceangebot für Forschung, Lehre und Studium. In: cms-journal (2003) Nr. 24. S. 7. http://nbn-resolving.de/urn:nbn:de:kobv:11-10025098 (31.11.2013).
16 Dugall, Berndt: Bibliotheken zwischen strukturellen Veränderungen, Kosten, Benchmarking und Wettbewerb. In: ABI-Technik (2013) H. 2. S. 86–95. Vgl. dazu auch den Bericht zur Tagung der gemeinsamen Managementkommission von dbv und vdb im Juni 2013: Berghaus-Sprengel, Anke: „Die Situation erfordert radikal neue Kooperationsformen unter den Bibliotheken in Deutschland." Bibliotheken zwischen Kooperation und Konkurrenz in Zeiten der Hochschulautonomie. In: b.i.t. online (2003) Nr. 4. S. 336–339. Die Folien zur Tagung sind zu finden unter: http://www.bibliotheksverband.de/fachgruppen/kommissionen/management/fortbildung/bibliotheken-zwischen-kooperation-und-konkurrenz-in-zeiten-der-hochschulautonomie.html (31.11.2013).

beobachten, etwa im Bereich elektronischer und gedruckter Versionen von Lehrbüchern. Die Prognose Mittlers hinsichtlich einer zunehmenden Differenzierung der Arbeitsweisen und Anforderungen ist somit nunmehr stark ausgeprägt.[17] Eine derartige Separierung von Nutzergruppen hinsichtlich der Arbeitsweisen insbesondere im Bereich der Naturwissenschaften muss sich auch in einer Differenzierung der bibliothekarischen Dienstleistungen widerspiegeln.[18]

Ulrike Eich hat in ihrem Beitrag zu diesem Band – ausgehend von Medienbedarf und -nutzung sowie dem Rechercheverhalten von Naturwissenschaftlern – in Hinblick auf das Leistungsportfolio einer naturwissenschaftlichen Fachbibliothek vielfältige Aspekte in den Feldern „Schneller Zugriff", „Studierende unterstützen", „Wissenschaftliches Publizieren" und „Forschungsumgebungen" identifiziert und in Hinblick auf die jeweilige Zielgruppe beschrieben.[19] Im Anschluss daran seien lediglich die Integration von Mehrwertdiensten in die Nachweissysteme oder Lehr- und Lernplattformen wie Moodle oder Nutzung von Apps genannt, die einen schnellen, bruchlosen Zugriff auf Informationen oder effiziente Ressourcenverwaltung und -verarbeitung ermöglichen. Trotz der unbestreitbaren Medienkompetenz heutiger Studierender und zunehmend intuitiv gestalteten Rechercheoberflächen ist das Feld Informationskompetenz keine Selbstbeschäftigungsmaßnahme von Bibliothekaren. Erforderlich ist dabei jedoch seitens der Bibliothek eine hohe Flexibilität in den Veranstaltungsformaten und Inhalten sowie eine noch stärker fach- und zielgruppenspezifische Gestaltung, wie die nunmehr umfangreichen Erfahrungen an der Zweigbibliothek Naturwissenschaften zeigen. Oder Dienstleistungen im Zusammenhang mit dem wissenschaftlichen Publizieren, die jedoch nur bei einer Minimierung des Arbeitsaufwands für die Wissenschaftler oder Personalisierung wie bei bibliometrischen Analysen auf Akzeptanz stoßen können.

Die Analyse der Arbeitsprozesse in Forschung, Lehre und Studium und konsequente Ausrichtung der Dienstleistungen darauf auf der einen Seite geht einher mit adäquat angepassten internen Prozessen und dem Bedarf an vielfältigen und auch neuen Kompetenzen der Mitarbeiter auf der anderen Seite. Hier ist durchaus die Frage zu stellen, inwiefern perspektivisch Konvergenzmodelle für Infrastruktureinrichtungen möglicherweise besser geeignet sein könnten, den beidseitigen Kompetenzaufbau nicht zuletzt durch ein gemeinsames internes Wissensmanagement zu stärken, den Ressourceneinsatz besser zu steuern und von einer nach wie vor präsenten Aufgabenorientierung hin zu auf das wissenschaftliche Arbeiten bezogenen Prozessen zu kommen.[20]

---

17 Mittler, Bibliothek der Zukunft (wie Anm. 9).
18 Siehe dazu: Auf dem Weg zur Digitalen Bibliothek. Hrsg. von Andreas Degkwitz. Berlin: Universitätsbibliothek der Humboldt-Universität 2013. http://nbn-resolving.de/urn:nbn:de:kobv:11-100174542 (31.11.2013).
19 Vgl. Eich, Ulrike: Leistungsportfolio naturwissenschaftlicher Bibliotheken (in diesem Band).
20 Vgl. beispielhaft das Prozessmanagement an der ETH-Bibliothek: Littau, Lisa u. Andreas Kirstein: Einführung eines Prozessmanagements an der ETH Zürich. In: Prozessorientierte Hochschule. All-

Beziehungen schaffen

Neben dem Erwerb von Kompetenzen bedarf es jedoch auch und nicht zuletzt der intensiven Vernetzung innerhalb der Einrichtungen bzw. innerhalb der damit verbundenen Kooperationsstrukturen. Dies mag trivial klingen, ist jedoch eine notwendige Bedingung, die zugleich ein erhebliches Maß an Zeit erfordert, wenn aus eher zufälligen Vernetzungen gleichsam ein systematisches Customer Relationship Management werden soll.[21] Diese „Beziehungsarbeit" schließt neben den Funktionen *place* und *space* an die dritte der von Hobohm ausgeführten Bibliotheksfunktionen an, die darin bestehe „Beziehungen zu schaffen (relation). [...] Die eigentliche Bestandsarbeit als Gestaltung des Ortes, des Kristallisationspunktes von Wissensmedien, bleibt zwar erhalten, tritt aber aufgrund vielfältiger Automatisierungsmöglichkeiten in den Hintergrund."[22]

Automatisierungen[23] sind nicht immer in unmittelbarer Folge mit dem Effekt der Zeitersparnis verbunden, wie zum Beispiel beim Einsatz neuer Erwerbungsformen, wenn es etwa um einen Wechsel von der Vorsorgeorientierung hin zu stärker nachfrageorientierten Modellen geht. Wenn jedoch beispielsweise PDA-Modelle auf allen Ebenen als Routineprozesse etabliert sind und Aufbau und Erschließung des „Bestands" eher von Monitoringprozessen auf vielerlei Ebenen geprägt sind, ergeben sich Veränderungsbedarfe, aber auch -möglichkeiten etwa für die Fachreferatsarbeit, die aufgrund der neuen Ressourcen gleichsam zur „Fachrelationsarbeit" wird.

Bezieht man dies abschließend auf die spezifische Situation in Adlershof, so stellen sich hier auch zukünftig Chancen, Herausforderungen wie auch Risiken dar. Geht man davon aus, dass Bibliotheken und Bibliothekare aktiv die Rolle als Partner für Lehre und Forschung annehmen sollen, so bedarf es hier weiterhin enger und zugleich flexibler Strukturen, die sich an den Arbeits- und Kooperationsstrukturen ausrichtet. Wenn man die eingangs erwähnten Beispiele betrachtet, so sind diese geprägt von Internationalität, Interdisziplinarität und institutionsübergreifenden

---

gemeine Aspekte und Praxisbeispiele. Hrsg. von Andreas Degkwitz u. Frank Klapper. Bad Honnef: Bock+Herchen 2011. S. 155–166; Mumenthaler, Rudolph: Produkt- und Innovationsmanagement. In: Prozessorientierte Hochschule. Allgemeine Aspekte und Praxisbeispiele. Hrsg. von Andreas Degkwitz u. Frank Klapper. Bad Honnef: Bock+Herchen 2011. S. 167–180.
21 Dass Modelle aus dem Wirtschaftsbereich allein wegen der Datenschutzbestimmungen hier nicht oder nur schwerlich übertragbar sind, sollte nicht ausschließen, im Rahmen der Möglichkeiten auf der Ebene von Zielgruppen Bedarfe genauer zu analysieren und die Dienstleistungen daraufhin auszurichten.
22 Hobohm, Hans-Christoph: Bibliothek im Wandel. In: *Grundlagen der praktischen Information und Dokumentation*. Bd. 1: Handbuch zur Einführung in die Informationswissenschaft und -praxis. Hrsg. v. Rainer Kuhlen [u. a.]. 6. Aufl. München: Saur 2013. S. 623–633, hier S. 630.
23 Zum Aspekt der Automatisierung von Benutzungsvorgängen und dem Outsourcing von Dienstleistungen, vgl. in diesem Handbuch: Berghaus-Sprengel, Anke: Standortkonzentration und Modernisierung – der Zusammenhang von Dienstleistungen und Infrastruktur. Am Beispiel des Bibliothekssystems der Humboldt-Universität zu Berlin.

Strukturen wie auch in Zusammenarbeit mit der Wirtschaft angelegte Anwendungsszenarien. Trotz aller weiterhin gegebenen fachspezifischen Analysebedarfe,[24] löst sich damit möglicher- und notwendigerweise auch der fachorientierte Zuschnitt des Fachreferats auf hin zu Modellen von Teams, die als Teil der Kooperationsstrukturen zugeschnittene Lösungen der Informationsversorgung und -verwaltung entwickeln.[25] Diese lassen sich als IT-basierte Lösungen nur im engen Verbund mit dem Computer- und Medienservice entwickeln oder erfordern gar die Kooperation entlang der Kooperationsstrukturen der Wissenschaftler, d. h. Verbundlösungen mit den Bibliotheken und Infrastruktureinrichtungen der universitären wie außeruniversitären Projektpartner.

Fazit

Der Standort Adlershof mit seinen Kooperationsstrukturen zwischen universitärer und außeruniversitärer Forschung und Wirtschaft bietet für die skizzierten Szenarien prinzipiell ideale Bedingungen. Mit der Entscheidung für das Erwin-Schrödinger-Zentrum und der damit verbundenen Konzeption wurden – im Rückblick gesehen – die richtigen Weichen auf diesem Weg gestellt. Um den deutlich gestiegenen und differenzierter geworden Anforderungen auch aktiv begegnen und die Möglichkeiten in Zeiten des radikalen Wandels nutzen zu können, bedarf es jedoch noch mehr als bisher des Kompetenzaufbaus insbesondere im Bereich der Informationstechnologie oder der aktiven Mehrsprachigkeit, der weiteren Professionalisierung bei der Gestaltung von Planungs-, Service- und Marketingprozessen und einer gelebten Kultur der Innovation und Kooperation.

---

24 Genannt seien hier nur die nach wie vor auch im Bereich der Naturwissenschaften nach Disziplinen und Subdisziplinen differierenden Strukturen im Publikationsverhalten, z. B. hinsichtlich der Frage von open Access. Vgl. auch Alexander von Humboldt Stiftung: Publikationsverhalten in unterschiedlichen wissenschaftlichen Disziplinen. Beiträge zur Beurteilung von Forschungsleistungen. 2., erw. Aufl. Bonn: Alexander von Humboldt Stiftung 2009. http://www.humboldt-foundation.de/pls/web/docs/F13905/12_disk_papier_publikationsverhalten2_kompr.pdf (31.11.2013).
25 Vgl. dazu auch Knapp, Jeffrey A.: Plugging the "whole". Librarians as interdisciplinary facilitators. In: Library Review (2012) H. 3. S. 199–214.

Bruno Bauer, Robert Schiller
Exzellenz und Mittelmaß

Hochschulbibliotheken im Spannungsfeld von Leistungsmessung, Zertifizierung, Rankings, Ratings und Benchmarking

Abstract: Wurden über Jahre die Leistungen von Bibliotheken überwiegend an bibliotheksstatistischen Daten gemessen, die um die Ergebnisse von gelegentlich durchgeführten Benutzerbefragungen ergänzt wurden, so hat sich in den letzten Jahren der Fokus auf laufend eingesetzte qualitative Instrumente verlagert. Als zentrale Methoden haben sich mittlerweile Leistungsmessung, Qualitätsmanagement und Zertifizierung etabliert, wobei Auswahl bzw. Verbindlichkeit konkreter Instrumente von regionalen oder fachlichen Rahmenbedingungen abhängig sind. Generell ist ein Trend von der Leistungs- zur Wirkungsmessung feststellbar.

Exzellenz, goldene Sterne, Hauben und andere Zertifikate – wie sie uns aus der Gastronomie vertraut sind – werden immer häufiger auch als Qualitätskennzeichnungen und Qualitätssiegel für Hochschulbibliotheken verwendet. Dass hinter diesen qualitätsbezogenen Auszeichnungen Prozessdokumentationen, Leistungsmessungen, Zahlenreihen und Benutzerbefragungen als Instrumente des Qualitätsmanagements stehen, versucht der folgende Beitrag darzustellen.

Keywords: Hochschulbibliotheken, Bibliotheksstatistik, Benutzerbefragung, Leistungsmessung, Qualitätsmanagement, AKMB-Zertifizierung, TQM, EFQM, CAF, Balanced Scorecard, Bibliotheksindex, Wissensbilanz, CHE-Hochschulranking

Bibliotheksstatistik in Deutschland und Österreich

Voraussetzung für die Leistungsmessung ist die Verfügbarkeit relevanter statistischer Daten in den Leistungsbereichen der Bibliotheken. Die für das Berichtsjahr 1974 erstmals erstellte Deutsche Bibliotheksstatistik (DBS) basiert auf der DIN EN ISO 2789 („Internationale Bibliotheksstatistik"). Seit 1999 erfolgen Erfassung, Auswertung und Präsentation der Ergebnisse ausschließlich online. Somit stellt die DBS einen nationalen Datenpool für statistische Informationen zu allen Bibliothekssparten dar, für den ca. 8.500 Bibliotheken jährlich ihre Werte in den Bereichen Ausstattung, Bestand, Nutzung, Finanzen und Personal melden. Auch 249 wissenschaftliche Universal- und Hochschulbibliotheken sowie 200 wissenschaftliche Spezialbibliotheken beteiligen sich an der DBS und erheben jährlich jeweils bis zu 400 Kennzahlen. Die DBS fällt in den Aufgabenbereich des Kompetenznetzwerks für Bibliotheken (KNB) und wird über die Ständige Konferenz der Kultusminister der Länder in der Bundesrepublik

Deutschland (KMK) durch die deutschen Bundesländer finanziert. Mit der Pflege und Weiterentwicklung der IT-Infrastruktur, der redaktionellen Betreuung und der Erstellung der jährlichen Gesamtauswertungen wurde das Hochschulbibliothekszentrum des Landes Nordrhein-Westfalen (hbz) beauftragt.[1] Seit dem Berichtsjahr 2008 nutzen auch österreichische Hochschulbibliotheken die Infrastruktur der Deutschen Bibliotheksstatistik, die dank einer Kooperation der Österreichischen Bibliothekenverbund und Service GmbH mit dem hbz als Österreichische Bibliotheksstatistik (ÖBS) allen österreichischen Verbundbibliotheken zur Verfügung steht.[2] Die jeweils aktuellen Ergebnisse der Bibliotheksstatistik wie auch jene der zurückliegenden Jahre können über die Website des hbz sowohl für Deutschland als auch für Österreich aufgerufen und variabel ausgewertet werden.

Benutzerbefragungen an Bibliotheken

Universitätsbibliotheken haben bereits in der zweiten Hälfte des 20. Jahrhunderts gelegentlich und punktuell Benutzerbefragungen durchgeführt, um neben den quantitativen Aussagen über die Entwicklung der jeweiligen Bibliothek auch fundierte Aussagen über die Benutzerzufriedenheit mit dem Bibliotheksangebot machen zu können. Derartige Befragungsergebnisse wurden etwa an der Universitätsbibliothek der Universität Wien (1986)[3], der Universitätsbibliothek der Technischen Universität Wien (1989)[4] oder der Niedersächsischen Staats- und Universitätsbibliothek (1997)[5]

---

1 Vgl. Schmidt, Ronald M. u. Bruno Bauer: Deutsche Bibliotheksstatistik (DBS): Konzept, Umsetzung und Perspektiven für eine umfassende Datenbasis zum Bibliothekswesen in Deutschland. 10 Fragen von Bruno Bauer an Ronald M. Schmidt, Leiter der DBS. In: GMS Medizin – Bibliothek – Information (2008) H. 1. Doc05.
2 Vgl. Bauer, Bruno: Nationale und internationale Kooperationen der österreichischen Universitätsbibliotheken 2009. In: Mitteilungen der Vereinigung Österreichischer Bibliothekarinnen & Bibliothekare (2010) H. 3/4. S. 71–84, insbes. S. 80f.
3 Vgl. Bergmann, Helmut: Die Bibliothek und ihre Benützer – dargestellt am Beispiel der Universitätsbibliothek Wien. Wien: Österreichisches Institut für Bibliotheksforschung, Dokumentations- und Informationswesen 1986.
4 Vgl. Oberhauser, Otto: Die Universitätsbibliothek der Technischen Universität Wien aus der Sicht ihrer Benutzer – Ergebnisse einer empirischen Untersuchung. Wien: Österreichisches Institut für Bibliotheksforschung, Dokumentations- und Informationswesen 1989.
5 Vgl. Schmidt-Vogt, Katharina: Benutzerbefragung als Instrument der Qualitätskontrolle für wissenschaftliche Bibliotheken. Eine empirische Erhebung der Benutzungssituation in der Niedersächsischen Staats- und Universitätsbibliothek Göttingen. Hannover: Diplomarbeit, 1997; Friedrichsmeier, Andrea u. Jörn Sauer: Benutzerbefragung als Instrument der Qualitätskontrolle für wissenschaftliche Bibliotheken. Eine empirische Erhebung der Benutzungssituation in der Niedersächsischen Staats- und Universitätsbibliothek Göttingen. Hannover: Diplomarbeit, 1997; Grossenbacher, Nina M. u. Hans Zurlinden: Zufrieden mit der Stadt- und Universitätsbibliothek Bern und ihren Dienstleistungen? Gezielte Benutzerbefragung anhand von Interviews. Bern: Diplomarbeit, 1999.

veröffentlicht. Neue Schubkraft erhielten Benutzerbefragungen durch den Einsatz von Online-Fragebögen, die eine deutliche Vereinfachung für die Durchführung und Auswertung der Erhebungen mit sich brachten. Exemplarisch zu nennen sind Benutzerbefragungen an der Universitätsbibliothek der Universität Augsburg (2003)[6] oder der Universitätsbibliothek der Technischen Universität München (2008/09)[7].

Um für die Hochschulbibliotheken einer Region vergleichbare Ergebnisse zu erhalten, wurden auch gemeinsame Benutzerbefragungen mehrerer Bibliotheken durchgeführt, wie etwa 2001 an nordrhein-westfälischen Universitätsbibliotheken[8] oder 2001 und 2003 an österreichischen Universitätsbibliotheken[9].

Die Benutzerbefragung bildet auch weiterhin ein zentrales Instrument für Nutzerforschung, Qualitätsmanagement und Leistungsmessung.

Leistungsmessung an Bibliotheken

Leistungsmessung ist als wesentlicher Bestandteil des operativen Controllings in Bibliotheken in den Fokus des Bibliotheksmanagements gerückt[10], weil Bibliotheken in Zeiten knapper werdender Budgets gezwungen sind, die ihnen zur Verfügung stehenden Ressourcen auf optimale Art einzusetzen und ausgezeichnete Dienstleistungen zu erbringen.[11]

Seit den 1990er Jahren wurden zahlreiche Leistungsindikatoren für Bibliotheken entwickelt, so dass 2003 eine Untersuchung von neun ausgewählten Projekten und Handbüchern veröffentlicht werden konnte, in der mehr als 200 verschiedene Leistungsindikatoren angeführt wurden.[12] Wesentliche Informationen zu Leistungsindi-

---

6 Vgl. Dollinger, Bernd: Computergestützte Benutzerbefragung der UB Augsburg. Methodische Anmerkungen und Perspektiven für Online-Erhebungen. In: Bibliotheksdienst (2003) H. 7. S. 876–885.
7 Vgl. Geißelmann, Agnes: Zufriedenheit mit Bibliotheksdienstleistungen. Ergebnisse einer Umfrage der Universitätsbibliothek unter Wissenschaftlern der TU München. In: Bibliotheksdienst (2012) H. 3/4. S. 194–206.
8 Vgl. Guschker, Stefan [u. a.]: Gemeinsame Benutzerbefragung der nordrhein-westfälischen Universitätsbibliotheken – methodisches Vorgehen und Erfahrungen. In: Bibliotheksdienst (2002) H. 1. S. 20–33.
9 Vgl. Bauer, Bruno: Die elektronische Bibliothek auf dem Prüfstand ihrer Kunden: Konzeption und Methodik der gemeinsamen Online-Benutzerbefragung 2003 an zehn österreichischen Universitäts- und Zentralbibliotheken. In: Bibliotheksdienst (2004) H. 5. S. 595–610.
10 Vgl. Te Boeckhorst, Peter: Leistungsmessung. In: Erfolgreiches Management von Bibliotheken und Informationseinrichtungen. Hrsg. von Hans-Christoph Hobohm u. Konrad Umlauf. Loseblatt-Ausg. Ergänzungslieferung. Hamburg: Dashöfer. Abschnitt 5/4.3.
11 Vgl. Dugall, Berndt: Bibliotheken zwischen strukturellen Veränderungen, Kosten, Benchmarking und Wettbewerb. In: ABI-Technik (2013) H. 2. S. 86–95.
12 Vgl. Umlauf, Konrad: Leistungsmessung und Leistungsindikatoren für Bibliotheken im Kontext der Ziele von Nonprofit-Organisationen. Berlin: Institut für Bibliotheks- und Informationswissenschaft

katoren für Bibliotheken beinhalten die entsprechenden internationalen Normen[13] sowie ein von der IFLA herausgegebenes Handbuch[14]. Leistungsindikatoren für konventionelle Bibliotheksdienstleistungen betreffen etwa den Arbeitsort Bibliothek, die Prozessqualität, die Bestandsqualität, die Katalogqualität und die Nutzerzufriedenheit.[15]

Ausgehend von den USA müssen auch in Deutschland und Österreich Hochschulen im Rahmen ihrer Rechenschaftspflicht gegenüber staatlichen und privaten Trägern sowie Akkreditierungskommissionen nachweisen, wie sie den steigenden qualitativen Anforderungen gerecht werden. Dieser Trend bringt auch die Hochschulbibliotheken zunehmend unter Legitimationsdruck, und anstelle der Leistung rückt die Wirkung der Bibliothek in den Mittelpunkt des Interesses; die Leistungsdaten der Bibliothek sind um qualitative und wirkungsorientierte Aussagen zu erweitern, wobei die Aktivitäten der Bibliothek mit den Zielen der Hochschule in Übereinstimmung zu bringen sind.[16] Vorherrschende Methode der Wirkungsmessung ist die Benutzerbefragung.

Zur Messung der Dienstleistungsqualität von Bibliotheken wurde etwa mit LibQual+ von der Association of Research Libraries ein passendes Instrument entwickelt, um die Bibliotheksangebote entsprechend den Nutzerwünschen zu verbessern, wobei als Maßstab für die Services die Kundenzufriedenheit herangezogen wird.[17]

---

der Humboldt-Universität zu Berlin 2003 (Berliner Handreichungen zu Bibliotheks- und Informationswissenschaft 116).
13 Vgl. DIN Deutsches Institut für Normung (Hrsg.): ISO 11620:1998. Information und Dokumentation – Leistungsindikatoren für Bibliotheken, Berlin: Beuth, 2000; DIN Deutsches Institut für Normung (Hrsg.): ISO/TR 20983:2003. Information und Dokumentation – Leistungsindikatoren für elektronische Bibliotheksdienstleistungen, Berlin: Beuth, 2004; International Organization for Standardization (Hrsg.): ISO 11620:2008(E). Information and documentation – library performance indicators. 2. Aufl. Geneva: ISO , 2008.
14 Vgl. Poll, Roswitha u. Peter te Boeckhorst: Measuring Quality: International Guidelines for Performance Measurement in Academic Libraries. 2. Aufl. München: Saur 2007 (IFLA Publications 127).
15 Inden, Yvonne: Die Entwicklung von Qualitätsstandards in Bibliotheken und ihr Einsatz im Benchmarking. Berlin: Institut für Bibliotheks- und Informationswissenschaft der Humboldt-Universität zu Berlin 2008 (Berliner Handreichungen zu Bibliotheks- und Informationswissenschaft 229).
16 Fett, Othmar F.: Impact – Outcome – Benefit. Ein Literaturbericht zur Wirkungsmessung an Hochschulbibliotheken. Berlin: Institut für Bibliotheks- und Informationswissenschaft der Humboldt-Universität zu Berlin 2004 (Berliner Handreichungen zu Bibliotheks- und Informationswissenschaft 142).
17 Pehlke, Rainer: LibQUAL+TM. Ein Instrument zur Messung der Servicequalität in Bibliotheken. In: BuB (2002) H. 10/11. S. 654–657; Hobohm, Hans-Christoph: Was ist Dienstleistungsqualität? Erkenntnisse aus der Anwendung von SERVQUAL / LIBQUAL+TM. In: Erfolgreiches Management von Bibliotheken und Informationseinrichtungen. Hrsg. von Hans-Christoph Hobohm u. Konrad Umlauf. Loseblatt-Ausg. Ergänzungslieferung. Hamburg: Dashöfer. Abschnitt 3/5.8.

Qualitätsmanagement an Bibliotheken

Qualitätsmanagement als Instrument zur Erreichung von Qualitätszielen und als Maßnahme zur Qualitätssicherung gewinnt an Hochschulbibliotheken zunehmend an Bedeutung. Im Rahmen von Qualitätsmanagement werden Kundenzufriedenheit (Qualität) und Führung des „Unternehmens" Bibliothek auf Basis von Prozessen (Management) mit dem Ziel der ständigen und zyklischen Verbesserung sowie der Rückkoppelung dieser Ergebnisse in die strategischen Maßnahmen überwacht.

Anders als im Bereich der Bibliotheksstatistik gibt es kein Instrument des Qualitätsmanagements, das für alle Hochschulbibliotheken einen verbindlichen Charakter hätte. Vielmehr kommen unterschiedliche Verfahren zur Anwendung, wobei die Palette der eingesetzten Qualitätsmanagementverfahren von TQM, EFQM, CAF und Balanced Scorecard über die internationale Norm DIN EN ISO 9001:2008 bis zu den Standards der Arbeitsgemeinschaft der Kunst- und Museumsbibliotheken (AKMB) reicht.

Qualitätsmanagement gemäß ISO 9001:2008

Qualitätsmanagementsysteme, die den Anforderungen der ISO 9001:2008[18] entsprechen, müssen Mindeststandards für die Gestaltung der Abläufe im Unternehmen erfüllen. Dies dient der Sicherstellung der vom Kunden erwarteten Qualität, wobei sich die Norm nur auf die Qualität und Zuverlässigkeit der Leistungen bezieht, aber keine Produktzertifizierung bietet. Die ISO 9001:2008 gibt keine Vorgaben, wie das Qualitätsmanagementsystem ausgestaltet sein soll. Sie ist universell anwendbar, unabhängig von Größe und Branchenzugehörigkeit der Organisation; charakteristisch ist die Verpflichtung der Organisation zur ständigen Verbesserung.[19]

Wichtige Vorbereitungsmaßnahmen für die Zertifizierung sind die Erstellung eines Qualitätsmanagementhandbuchs für die jeweilige Organisation, die Modellierung bzw. Aktualisierung aller kundenorientierten Prozesse und aller relevanten Management-, Kern- und Supportprozesse. Weitere Mindestanforderungen für einen erfolgreichen Aufbau eines Qualitätsmanagementsystems gemäß ISO 9001:2008 sind die Etablierung einer Dokumentenlenkung, eines Fehler- und Verbesserungsmanagements, einer Lieferantenbewertung, einer Ausbildungsmatrix für Mitarbeiterinnen und Mitarbeiter sowie von geeigneten Verfahren für die Messung der Mitarbeiter- bzw.

---

18 Vgl.: ISO 9001:2008. Qualitätsmanagementsysteme – Anforderungen. Hrsg. vom DIN Deutsches Institut für Normung. Berlin: Beuth 2008.
19 Vgl. Becker, Carolin: Ausgewählte Qualitätsmanagement-Modelle. In: Erfolgreiches Management von Bibliotheken und Informationseinrichtungen. Hrsg. von Hans-Christoph Hobohm u. Konrad Umlauf. Loseblatt-Ausg. Ergänzungslieferung. Hamburg: Dashöfer. Abschnitt 3/5.6. Darin bes. Abschnitt 3/5.6.1 DIN EN ISO 9000ff.

Kundenzufriedenheit. Die Leistungsfähigkeit des Qualitätsmanagementsystems wird einem internen und einem externen Audit unterzogen, nach dessen erfolgreicher Absolvierung das Zertifikat gemäß ISO 9001:2008 für drei Jahre verliehen wird. In den beiden der Auditierung folgenden Jahren finden jeweils stichprobenartige Überwachungsaudits statt, denen im dritten Jahr ein umfassendes Wiederholungsaudit des gesamten Qualitätsmanagementsystems mit der Zielsetzung folgt, eine erneute Zertifizierung zu erreichen.

Beispiele für die erfolgreiche Implementierung eines Qualitätsmanagementsystems gemäß ISO 9001 an Hochschulbibliotheken sind in Deutschland die Universitätsbibliothek der Technischen Universität München (2007)[20] und die Bibliothek der Pädagogischen Hochschule Freiburg (2013)[21], in Österreich die Universitätsbibliothek der Medizinischen Universität Wien (2012)[22].

AKMB-Zertifizierung

Angelehnt an maßgebliche internationale Normen (insbesondere DIN ISO 9001) wurden von der Arbeitsgemeinschaft der Kunst- und Museumsbibliotheken mit Unterstützung des Instituts für Bibliotheks- und Informationsmanagement der Humboldt-Universität Berlin rund 85 Standards in neun Themenbereichen (Ziele und Zielgruppen, Organisation; Finanzen; Bestand; Dienstleistung; Kommunikation und Marketing; Kooperation und Netzwerke; personelle und räumliche Rahmenbedingungen; technische Ausstattung) formuliert. Bei Erfüllung der Standards sowie dem Bestehen eines externen Audits wird ein für drei Jahre gültiges Zertifikat vergeben; nach Ablauf dieser Frist ist eine Rezertifizierung im Rahmen eines Folgeaudits möglich.[23]

---

20 Vgl. Becker, Carolin: Qualitätsmanagement in Bibliotheken am Beispiel der Universitätsbibliothek der Technischen Universität München. Berlin: Institut für Bibliotheks- und Informationswissenschaft der Humboldt-Universität zu Berlin 2011 (Berliner Handreichungen zu Bibliotheks- und Informationswissenschaft 295); Becker, Carolin u. Caroline Leiß: Qualitätsmanagement in Universitätsbibliotheken. In: Bibliotheksforum Bayern (2009) H. 3. S. 172–177.
21 Vgl. Scheuble, Robert: Gut ist nicht gut genug. Über die Einführung eines QM-Systems nach DIN EN ISO 9001:2008 an der Bibliothek der Pädagogischen Hochschule Freiburg. In: ABI-Technik (2013) H. 4. S. 196–207.
22 Vgl. Bauer, Bruno [u. a.]: Qualitätsmanagement und Zertifizierung der Universitätsbibliothek der Medizinischen Universität Wien gemäß ISO 9001:2008. In: Mitteilungen der Vereinigung Österreichischer Bibliothekarinnen und Bibliothekare (2013) H. 1. S. 118–131.
23 Vgl. Appel, Nikola: Standards für Kunst- und Museumsbibliotheken: Das Qualitätsmanagementverfahren der Arbeitsgemeinschaft der Kunst- und Museumsbibliotheken (AKMB). In: Bibliotheksdienst (2009) H. 4. S. 257–265; Zangl, Martin: Standards und Qualitätsmanagementverfahren der Arbeitsgemeinschaft der Kunst- und Museumsbibliotheken. In: Erfolgreiches Management von Bibliotheken und Informationseinrichtungen. Hrsg. von Hans-Christoph Hobohm u. Konrad Umlauf. Loseblatt-Ausg. Ergänzungslieferung. Hamburg: Dashöfer. Abschnitt 3/5.11.

Entsprechend den AKMB-Standards zertifiziert wurden neben einer Reihe kleinerer Kunst- und Museumsbibliotheken auch die Universitätsbibliotheken der Kunstuniversitäten Linz (2010), Graz (2011)[24] und Salzburg (2012).

TQM, EFQM, CAF

Die Umsetzung der Norm EN ISO 9001:2008 wird vielfach als erster Schritt für die Einführung von Total Quality Management (TQM) in einer Organisation gesehen, weil die ISO-Zertifizierung den Aufbau eines Instrumentariums für das Qualitätsmanagement unterstützt, das später in ein Modell des TQM miteinbezogen werden kann.

TQM bietet den umfassendsten Ansatz zur Umsetzung von Qualitätsmanagement, für das die Fokussierung auf die Kundenorientierung charakteristisch ist[25], und ist Ausgangspunkt einer Reihe weiterer davon abgeleiteter Qualitätsinstrumente.

Das EFQM-Qualitätsmanagementsystem (European Foundation for Quality Management), aus dem TQM-Ansatz hervorgegangen, entwickelte sich in den 1990er Jahren zu einem eigenständigen Unternehmensmodell, das eine ganzheitliche Sicht auf Organisationen ermöglicht und den Rahmen für eine ganzheitliche Bewertung bietet. Alle Elemente, die das exzellente Funktionieren einer Organisation ausmachen, werden zueinander in Beziehung gesetzt und auf ihr Zusammenspiel überprüft.

Das EFQM-Modell unterstützt Organisationen dabei, umfassende Managementsysteme aufzubauen und kontinuierlich weiterzuentwickeln. Das EFQM-Kriterienmodell unterscheidet fünf Befähiger-Kriterien (Führung, Strategie, Mitarbeiter, Partnerschaften und Ressourcen, Prozesse, Produkte und Dienstleistungen) und vier Ergebniskriterien (kundenbezogene, mitarbeiterbezogene, gesellschaftsbezogene Ergebnisse und Schlüsselergebnisse). Wesentliche Schritte des EFQM-Qualitätsmanagementsystems sind der interne Selbstbewertungsprozess, die Planung und systematische Umsetzung von Verbesserungsmaßnahmen sowie die Messung und Überprüfung der Fortschritte nach der RADAR-Logik (Results – Approaches – Deploy – Assesses – Refine).[26] Exzellente Qualität ist das Ziel, das durch die bestmögliche Erfüllung der Forderungen aller Interessenspartner im Umfeld der Organisation erreicht werden soll. Seit 2001 besteht mit den *Levels of Excellence* europaweit

---

24 Vgl. Schiller, Robert: Universitätsbibliothek der Universität für Musik und darstellende Kunst Graz (UBKUG). In: AKMB-news (2011) H. 2. S. 31-34.
25 Vgl. Hobohm, Hans-Christoph u. Helmut Müller: „Totale" Ausrichtung auf den Kunden – TQM. In: Erfolgreiches Management von Bibliotheken und Informationseinrichtungen. Hrsg. von Hans-Christoph Hobohm u. Konrad Umlauf. Loseblatt-Ausg. Ergänzungslieferung. Hamburg: Dashöfer. Abschnitt 3/5.5.
26 Vgl. Becker, Carolin: Ausgewählte Qualitätsmanagement-Modelle. In: Erfolgreiches Management von Bibliotheken und Informationseinrichtungen. Hrsg. von Hans-Christoph Hobohm u. Konrad Umlauf. Loseblatt-Ausg. Ergänzungslieferung. Hamburg: Dashöfer. Abschnitt 3/5.6. Darin bes. Abschnitt 3/5.6.2 EFQM.

ein abgestimmtes Anerkennungsprogramm der EFQM. Es setzt sich aus den beiden Stufen *Committed to Excellence* und *Recognised for Excellence* zusammen. Für den Bereich der Hochschulbibliotheken kann die Universitätsbibliothek der Kunstuniversität Graz beispielhaft als Anwenderin des EFQM-Modells genannt werden, die nach externem Audit 2013 gemeinsam mit den beiden anderen Dienstleistungseinrichtungen der Kunstuniversität Graz mit dem Zertifikat *Committed to Excellence* ausgezeichnet wurde. Die Verpflichtung zum internen Qualitätsmanagement und dessen externer Überprüfung durch ein Quality Audit ist indes für die bundesstaatlichen Universitäten Österreichs durch das Universitätsgesetz 2002 und ab 2011 durch ein Gesetz zur externen Qualitätssicherung (Qualitätssicherungsrahmengesetz 2011) geregelt. Dieses Gesetz sieht vor, dass das Qualitätsmanagementsystem der österreichischen Universitäten periodisch einem externen Audit zu unterziehen ist.

Das Common Assessment Framework (CAF) wurde direkt aus dem EFQM-Modell abgeleitet. CAF ist ein Qualitätsbewertungssystem, das speziell für öffentliche Verwaltungen entwickelt wurde und für diese Bewertung auf den Fachkenntnissen der eigenen Mitarbeiter/innen und Führungskräfte ihrer Organisation aufbaut. Der Kern des CAF ist die eigene Selbstbewertung, die Feststellung von Stärken und Verbesserungspotenzialen und schließlich die Planung und Durchführung von Verbesserungen nach dem PDCA-Zyklus (Plan – Do – Check – Act). Auf Basis dieser beiden Konzepte wird seit 2007 von der Hochschule für Medien in Stuttgart mit dem Qualitätsmanagementmodell *Ausgezeichnete Bibliothek* ein Verfahren zur Zertifizierung von Bibliotheken entwickelt, das auf einem umfassenden und ganzheitlichen Leitkonzept für das Management von Bibliotheken basiert.[27] Die teilnehmenden Bibliotheken erhalten im Rahmen von Schulungen und Workshops Unterstützung bei der Selbstbewertung, der Identifikation von Verbesserungsbedarf sowie bei der Erarbeitung und Umsetzung von Verbesserungsmöglichkeiten.

Balanced Scorecard

Das Mitte der 1990er Jahre publizierte Konzept der Balanced Scorecard („ausgewogene Kennzahlentafel")[28] kam in der Wirtschaft sehr bald als Instrument der Leistungsmes-

---

[27] Vgl. Vonhof, Cornelia: Qualitätsmanagement in Bibliotheken: Zukunftsorientiertes Handeln im Spannungsfeld von Kundenorientierung, Mitarbeiterorientierung und Finanzkrise. In: „Geld ist rund und rollt weg, aber Bildung bleibt". Hrsg. von Georg Ruppelt. 94. Deutscher Bibliothekartag in Düsseldorf 2005. 2006 Zeitschrift für Bibliothekswesen und Bibliographie: Sonderheft 89). S.48–50; Vonhof, Cornelia: Gut ist uns nicht gut genug! Die ausgezeichnete Bibliothek. In: Gut ist uns nie gut genug! Instrumente zur Qualitätsentwicklung und Qualitätssicherung für eine ausgezeichnete Bibliothek. Hrsg. von Tom Becker u. Cornelia Vonhof. Wiesbaden: Dinges & Frick, 2010 (B.I.T. online Innovativ 30). S. 11–32, 321–340.
[28] Vgl. Kaplan, Robert S. u. David P. Norton: Balanced Scorcard: Strategien erfolgreich umsetzen. Stuttgart: Schäffer-Poeschel 1997 (Handelsblatt-Reihe).

sung und -bewertung zum Einsatz. Die Besonderheit der Balanced Scorecard (BSC) als Managementinstrument liegt in der Chance zu Reduktion und Komplexität sowie in der Verknüpfung von Strategie und Controlling. Während andere Managementinstrumente nur einzelne Bestandteile berücksichtigen, ermöglicht die BSC eine integrierte und ausgewogene Darstellung im Spannungsfeld quantitativer und qualitativer sowie strategischer und operativer Kennzahlen, aus denen das Zukunftspotenzial eines Unternehmens abgelesen werden kann. Ausgehend von Vision und Strategie des jeweiligen Unternehmens wird die BSC, in der Regel aus vier Blickwinkeln, konzipiert: Finanzperspektive, Kundenperspektive, Prozessperspektive und Potenzialperspektive.

In einem DFG-Projekt, an dem drei große Bibliotheken unterschiedlichen Typs beteiligt waren, wurde die Anwendbarkeit der BSC für Universitäts- und Fachhochschulbibliotheken erprobt. Ziel war die Ermittlung von 20 grundlegenden und einrichtungsübergreifenden Messgrößen, die den Leistungserfolg wissenschaftlicher Bibliotheken abbilden.[29] Die BSC konnte sich bisher allerdings nicht als übergreifendes und komplexes Steuerungsinstrument im Umfeld der Hochschulbibliotheken etablieren.[30]

Die Ergebnisse des DFG-Projekts zur BSC flossen in die Weiterentwicklung des Bibliotheksindex für öffentliche (später auch für wissenschaftliche) Bibliotheken zu einem Instrument der Leistungsmessung ein.

Als Beispiele für Bibliotheken außerhalb des Hochschulbereichs, die sich in jüngerer Zeit für die Implementierung der Balanced Scorecard als betriebliches Steuerungsinstrument entschieden haben, sind die Bücherhallen Hamburg[31] und die Vorarlberger Landesbibliothek[32] zu nennen.

Bibliotheksindex

An vielen deutschen und österreichischen Bibliotheken hat sich als Instrument der Leistungsmessung der Bibliotheksindex (BIX) etabliert. Der 1999 für öffentliche Bibliotheken gestartete und 2002 auch für wissenschaftliche Bibliotheken erweiterte

---

[29] Vgl. Ceynowa, Klaus u. Andre Coners: Balanced Scorecard für wissenschaftliche Bibliotheken. Frankfurt am Main: Klostermann 2002 (Zeitschrift für Bibliothekswesen und Bibliographie: Sonderheft 82).
[30] Vgl. Mundt, Sebastian u. Cornelia Vonhof: Managementinstrumente in deutschen Bibliotheken – Eine bundesweite Untersuchung zu Einsatz und Verbreitung. In: Bibliothek (2007) H. 3. S. 318–325.
[31] Vgl. Neumann, Britta: Entwicklung von Qualitätsstandards für die Nachbarschaftsbibliotheken der Bücherhallen Hamburg. Hausarbeit. Hamburg: Hochschule für Angewandte Wissenschaften 2007.
[32] Vgl. Weigel, Harald: Die Balanced Scorecard der Vorarlberger Landesbibliothek. In: The ne(x)t Generation. Das Angebot der Bibliotheken. Hrsg. von Ute Bergner u. Erhard Göbel. 30. Österreichischer Bibliothekartag. Graz, 15.–18.9.2009 (Schriften der Vereinigung Österreichischer Bibliothekarinnen und Bibliothekare 7). S. 45–72.

Bibliotheksindex ermöglicht als Instrument des Benchmarkings die vergleichende Analyse von Ergebnissen und Prozessen von Bibliotheken. Ziel ist die Beschreibung der Leistungsfähigkeit von Bibliotheken in knapper und dennoch aussagekräftiger Form. Der BIX orientiert sich als Benchmarkinginstrument naturgemäß an Kennzahlen; diese sollen die drei Qualitätskriterien Objektivität, Validität und Reliabilität erfüllen. Wesentliche Kennzahlen für den BIX, an dem sich ca. 280 Bibliotheken aus Deutschland, Österreich, Schweiz und weiteren vier europäischen Ländern beteiligen, werden aus Daten der Bibliotheksstatistik gewonnen; die Daten aller an der DBS teilnehmenden Bibliotheken dienen seit 2012 als Referenzrahmen des Berechnung.

In den Ergebnissen des BIX-WB spiegeln sich die Leistungen der wissenschaftlichen Bibliotheken in den vier Zieldimensionen Ressourcen, Nutzung, Effizienz und Entwicklung, die mittels Kennzahlen für 17 bzw. 18 Indikatoren ermittelt werden. Für ein- bzw. zweischichtige Universitätsbibliotheken sowie Hochschulbibliotheken erfolgt eine getrennte Auswertung. Aufbauend auf diesen Indikatoren werden Aussagen über Infrastruktur, Dienstleistung, Kosteneffizienz und zukunftsgerichtete Entwicklungen getroffen, die einen Leistungsvergleich im jeweils regionalen bzw. nationalen, aber auch im internationalen Kontext ermöglichen.[33] Um eine den aktuellen Anforderungen entsprechende Weiterentwicklung des BIX zu sichern, wurde eine Steuerungsgruppe als Beratungs- und Entwicklungsgremium eingesetzt. Die Hochschule der Medien in Stuttgart hat eine internetbasierte und in den BIX zu integrierende Benutzerbefragung entwickelt, die neben der Zufriedenheit der Bibliotheksbenutzerinnen und Benutzer auch Aspekte der Wirkungsmessung berücksichtigt.

2012 wurde die Darstellung der Ergebnisse vom Ranking auf ein Rating-System umgestellt. Die am BIX teilnehmenden Bibliotheken werden für jede der vier Zieldimensionen in verschiedenfarbig dargestellte Leistungsgruppen gegliedert und mit Stern-Symbolen gekennzeichnet; für eine Platzierung in der Topgruppe wird ein Stern vergeben, für eine Platzierung in der Mittelgruppe ein halber Stern, so dass maximal vier BIX-Tops bzw. Sterne erreicht werden können.[34]

Der BIX kann von den teilnehmenden Bibliotheken sowohl als Instrument zur internen Steuerung als auch als Instrument zur Außendarstellung genutzt werden.[35]

Die Öffnung des BIX auch für Bibliotheken außerhalb Deutschlands ermöglicht es mittlerweile, auch länderübergreifende Vergleiche durchzuführen. 2009 wurden

---

33 Vgl. Klug, Petra u. Bruno Bauer: BIX – Der Bibliotheksindex. 10 Fragen von Bruno Bauer an Petra Klug, Projektverantwortliche für den BIX in der Bertelsmann-Stiftung. In: Medizin – Bibliothek – Information (2004) H. 3. S. 32–35.
34 Vgl. Wimmer, Ulla: Neue Basis für den BIX. In: BIX – Der Bibliotheksindex 2012, ein Sonderheft von B.I.T. online, Ausgabe 2012. S. 9–13; Geyer, Anastasia: Der Bibliotheksindex BIX – Entwicklung, Anwendung und Probleme. Berlin: Humboldt-Universität zu Berlin 2013. Darin bes. S. 23f.; Mc Leod, Shirley u. Robert Schiller: Leistungsmessung mit dem Bibliotheksindex BIX. In: Bibliothek Forschung und Praxis. In: Bibliotheksdienst (2014) (im Druck).
35 Vgl. Xalter, Simon: Der „Bibliotheksindex" (BIX) für wissenschaftliche Bibliotheken – eine kritische Auseinandersetzung. Hausarbeit. München: Bayerische Bibliotheksschule 2006. Darin bes. S. 14–17.

in einer Studie den 33 einschichtigen Universitätsbibliotheken in Deutschland zehn österreichische Universitätsbibliotheken bei den Indikatoren Anteil der Bibliotheksmittel an den Mitteln der Hochschule, Ausgaben für Literatur/Information pro 1000 primäre Nutzer sowie Öffnungsstunden pro Woche (Zentralbibliothek) gegenübergestellt.[36]

Wissensbilanz und Leistungsbericht an den österreichischen Universitäten

Mit dem in Österreich seit 2004 vollwirksamen Universitätsgesetz (UG 2002) und der daraus resultierenden Neuorganisation der nunmehr vollrechtsfähigen Universitäten tritt der Staat zwar weiterhin als wichtigster Geldgeber für die Universitäten auf, ihm kommt aber seither keine gestaltende, sondern nur mehr eine kontrollierende Rolle zu. Von den Universitäten sind seither jährlich Wissensbilanzen und Leistungsberichte an das zuständige Ministerium zu übermitteln.

Gemäß Wissensbilanzverordnung sind von den Universitäten standardisierte Kennzahlen zu ermitteln, differenziert nach Zielen und Strategien, Humankapital, Strukturkapital, Beziehungskapital, Kernprozesse Lehre und Weiterbildung, Kernprozesse Forschung und Entwicklung sowie Output und Wirkungen der Kernprozesse.[37]

Zwischen 2007 und 2009 waren auch von den Universitätsbibliotheken vier Kennzahlen für die Wissensbilanz zu erheben (Kosten für angebotene Forschungsdatenbanken, Kosten für angebotene Fachzeitschriften, Anzahl der Entlehnungen, Anzahl der Aktivitäten der Universitätsbibliotheken); seit 2010 sind die Entwicklungen an den Universitätsbibliotheken in einem separaten, narrativen Teil des Leistungsberichtes der betreffenden Universitäten zu dokumentieren, wobei jeweils folgende vier Bereiche zu behandeln sind: Einbindung der Universitätsbibliothek in den Universitätsbetrieb; Benutzerzufriedenheit; Teilnahme am Österreichischen Bibliothekenverbund sowie Bibliothekarsausbildung.

---

36 Vgl. Bauer, Bruno: Bibliotheksindex – BIX an österreichischen Universitätsbibliotheken 2009. In: The ne(x)t Generation. Das Angebot der Bibliotheken. Hrsg. von Ute Bergner und Erhard Göbel. 30. Österreichischer Bibliothekartag. Graz, 15.18.9.2009 (Schriften der Vereinigung Österreichischer Bibliothekarinnen und Bibliothekare 7). S. 63–72, insbes. 68–70.
37 Vgl. Österreichische Rektorenkonferenz (Hrsg.): Wissensbilanz – Bilanz des Wissens? Die Wissensbilanz für Universitäten im UG 2002. Wien: Österr. Rektorenkonferenz 2003.

CHE Hochschulranking

Das CHE-Hochschulranking ist das umfassendste und detaillierteste Ranking deutscher Universitäten und Fachhochschulen, wobei auch einzelne Universitäten anderer Länder, die deutschsprachige Studiengänge anbieten, miteinbezogen werden. Das CHE-Hochschulranking wird seit 1998 vom Centrum für Hochschulentwicklung erstellt und seit 2005 bei der Wochenzeitschrift „Die Zeit" publiziert, wobei die vollständigen Ergebnisse auch im Internet nach Registrierung kostenfrei zur Verfügung gestellt werden.

Das Ranking wird für 37 Studienfächer auf Basis von bis zu 34 Vergleichsindikatoren in einem dreijährigen Turnus erstellt, wobei Fakten zu Studium, Lehre, Ausstattung und Forschung berücksichtigt werden. Einbezogen in das Ranking werden auch die Bewertungen von mehr als 250.000 Studierenden über die Studienbedingungen an ihren Hochschulen sowie die Reputation der Fachbereiche unter den jeweiligen Professoren.[38] Ungeachtet der regelmäßigen wiederkehrenden Kritik am CHE-Ranking hat es sich als wichtiges Benchmark-Tool für Hochschulen etabliert.[39] Die Besonderheit des CHE-Ranking gegenüber anderen Rankings ist die Differenzierung nach einzelnen Fächern sowie der Verzicht auf die Zuordnung zu exakten Rangplätzen. Es erfolgt jeweils eine Zuordnung der Hochschulen zur Spitzen- (grün), Mittel- (gelb) oder Schlussgruppe (blau).

Das CHE-Hochschulranking berücksichtigt auch die Bewertung der Bibliotheksausstattung durch die Studierenden, wobei sich dieser Indikator aus vielen Einzelaspekten zusammensetzt (Bestand, Aktualität und Verfügbarkeit von Büchern und Zeitschriften, Benutzerberatung, Öffnungs- und Ausleihzeiten, elektronische Services); die Bewertungsskala reicht von 1 (sehr gut) bis 6 (sehr schlecht).

Neben dem CHE-Hochschulranking gibt es eine Reihe weiterer nationaler und internationaler Rankings für den Hochschulsektor (z. B. Shanghai Ranking, Times Higher Education World), wobei laufend neue Rankings entstehen (z. B. U-Multirank, ein von der EU gefördertes neues Hochschulranking mit Erstveröffentlichung 2014).[40]

---

[38] Vgl. CHE Centrum für Hochschulentwicklung: CHE Ranking. http://www.che-ranking.de/ (06.01.2014).
[39] Vgl. exemplarisch die separat publizierte Studie über die geisteswissenschaftlich ausgerichteten Universitätsbibliotheken, in der die Rückmeldungen von 21.000 Studierenden der Germanistik, Anglistik/Amerikanistik, Romanistik, Geschichte, Erziehungswissenschaften und Psychologie berücksichtigt wurden: Federkeil, Gero: Indikator im Blickpunkt. Die Universitätsbibliotheken für Geisteswissenschaften aus Sicht der Studierenden. Gütersloh: CHE Centrum für Hochschulentwicklung 2007 (Auswertung aus dem CHE-Ranking).
[40] Vgl. Roessler, Isabel: Was war? Was bleibt? Was kommt? 15 Jahre Erfahrungen mit Rankings und Indikatoren im Hochschulbereich. Gütersloh: CHE gemeinnütziges Centrum für Hochschulentwicklung 2013 (Arbeitspapier 167). Bes. S. 7–9.

Ausblick

Es ist wohl grundlegenden sozioökonomischen Veränderungen zuzuschreiben, dass Hochschulen und ihre Dienstleistungseinrichtungen, zu denen die Bibliotheken zählen (wofür schon der Begriff *Dienstleistungseinrichtung* als schlagendes Beispiel gelten kann – wer hätte früher eine Bibliothek als eine Dienstleistungseinrichtung bezeichnet?), heute eher als Unternehmen betrachtet werden, und dass in die Stellen der Führungsebenen Manager eintreten. Betriebswirtschaftlich orientiertes Management ist jedenfalls aus der zeitgenössischen Hochschulwelt nicht mehr wegzudenken. Als Hauptgründe müssen dafür knapper werdende Ressourcen und die daraus notwendig werdenden Optimierungen des Mitteleinsatzes genannt werden. Optimierung des Mitteleinsatzes ist aber bereits eine typische Verbesserungsmaßnahme, die sich nur aus der Durchleuchtung von Kernprozessen eines Unternehmens entwickeln kann, um sich in steuerungsrelevanten Kennzahlen darzustellen – und damit bereits unmittelbar auch eine Maßnahme des Qualitätsmanagements.

Durch das in Österreich geltende Universitätsgesetz, das die Universitäten zum Zwecke der Qualitäts- und Leistungssicherung zum Aufbau eigener Qualitätsmanagementsysteme und durch das Qualitätssicherungsrahmengesetz zu externer Überprüfung dieser Qualitätsmanagementsysteme verpflichtet, ist der Weg klar vorgegeben. Die jeweilige Ausgestaltung der Qualitätsmanagementsysteme ist den Universitäten und ihren Bibliotheken freigestellt – Benutzerbefragungen, die Bibliotheksstatistik, der BIX oder ähnliches Kennzahlensysteme werden jedenfalls eine wichtige Rolle darin spielen.

Schluss

Konstanze Söllner, Wilfried Sühl-Strohmenger
Hochschulbibliothekssysteme 2020 – Thesen und Perspektiven

Dieses Handbuch war ein Wagnis, weil das Thema Hochschulbibliothekssysteme in den vergangenen zwei Jahrzehnten nicht auffällig stark im Fokus stand. Schien doch die digitale Wende viele der ehemals hart ausgefochtenen Kämpfe um einschichtige oder zweischichtige Systeme obsolet gemacht zu haben: Wenn die Literatur- und Informationsversorgung in einer Hochschule weitgehend digital geprägt sein, also der Stellenwert konventioneller Bibliotheksbestände immer mehr abnehmen würde, konnte es nur noch eine Frage der Zeit sein, wann das Ende der Instituts- und Seminarbibliotheken gekommen sein würde, jedenfalls in ihrer Funktion als Büchersammlungen. Dies zumindest von einem – wie in der Printwelt üblich – zentralen Archivstandort aus gedacht, der alle verbliebenen gedruckten Werke aufnehmen sollte.

Aber unversehens gewann die Reform vieler Hochschulbibliothekssysteme in den vergangenen Jahren doch wieder deutlich an Fahrt, zum einen im Hinblick auf die Wirtschaftlichkeit des Mittel-, Flächen- und Personaleinsatzes, zum anderen durch neue Herausforderungen an universitäre Informationsinfrastrukturen, die den sich wandelnden Formen des Lernens und des Forschens in den unterschiedlichen Fächern angepasst werden müssen. Ein weiterer beschleunigender Faktor dürfte das rasche Altern vieler Universitätsgebäude der letzten Jahrzehnte gewesen sein, die entweder aufgrund einfacher Bauweise oder wegen ungenügenden Wärmeschutzes oder überalterter Haustechnik nicht mehr funktional waren. So wurden immer wieder Entkernungen und Sanierungen vorgenommen oder Ersatzbauten errichtet, und werden es noch, was häufig zu umfangreichen Organisationsanpassungen in den Bibliotheken führt. In diesem Zusammenhang kommt der Finanzierung und der Organisation, dem Innovationsmanagement und der Steuerung des Reformprozesses zentrale Bedeutung zu, aber auch der Neudefinition des Leistungsspektrums und der Flächennutzung in dezentral angelegten Hochschulbibliothekssystemen.

Die Reformprozesse sind noch immer von einer Methodik geleitet, die auf umfangreichen Printbeständen aufsetzt. So entstehen im Rahmen von Zentralisierungsprozessen regelmäßig große Freihandbibliotheken, deren Bestände komplett oder weitgehend komplett in eine einheitliche Aufstellungssystematik eingearbeitet werden, um den Komfort einer unmittelbaren Orientierung am Regal – ohne weitere technische Hilfsmittel – bieten zu können. Diese Prozesse binden Personal über viele Jahre, erhöhen aber auch die Identifikation der Nutzer, weil sie sich auch in sehr großen, frei zugänglich aufgestellten Buchmengen gut orientieren können, wenn diese im Sinne der Fachkulturen angeordnet und zoniert werden.

Eine vergleichbare Präsentationsqualität ist im Bereich der elektronischen Medien häufig noch nicht gegeben, weil diese oft unvollständig oder völlig uneinheitlich erschlossen sind. Discovery Systeme und Suchmaschinen unterstützen vor allem den zielgerichteten, punktuellen Zugriff, bieten aber nicht die Orientierungs- oder Interaktionsmöglichkeiten des dreidimensionalen Raums, um den Fachhabitus einer bestimmten Disziplin zu erlernen. Dies betrifft vor allem die buchintensiven Fächer, die mit umfangreichen Texten umgehen, bei denen Durchsuchbarkeit oder automatisierte Analysemöglichkeiten häufig noch immer nicht gegeben sind, so dass die Arbeitsweisen des Faches nach wie vor an Printmedien erlernt werden.

Der Bibliotheksraum kann Nachteile der digitalen Welt aufheben, nämlich zunächst deren noch fortbestehende Unvollständigkeit, indem er Platz für die geordnete Unterbringung von Printmedien bereithält. Er tut dies aber auch, indem er die digitalen Medien für die Zugangsberechtigten kostenfrei bereithält, selbst dann, wenn geltende Lizenzen deren Nutzung außerhalb des Campus verbieten – eine wichtige Funktion für Studierende und junge Wissenschaftler, die sich die Zugriffsmöglichkeiten nicht auf anderem Weg beschaffen können. Eine zentrale Aufgabe haben Bibliotheken auch dahingehend zu erfüllen, dass sie für die Nutzbarkeit mit verschiedenen Lesegeräten und an unterschiedlichen Arbeitsplätzen sorgen müssen, um je fach- und aufgabenspezifisch unterschiedliche Nutzungsszenarien zu ermöglichen.

Diese Aufgaben sind in dezentralen Bibliothekssystemen sogar zweckmäßiger und einfacher zu erfüllen, weil die Nähe und räumliche Verschränkung zum Fach von vornherein gegeben ist. Die Dienstleistungen können so spezifisch auf die jeweilige Community zugeschnitten werden, weil die Angehörigen einer Community eine bestimmte, begrenzte Zahl von Räumen frequentieren, und nicht potentiell das gesamte System. Das Aufsuchen einer bestimmten Fachbibliothek könnte also bedeuten, dass man sich in einen Raum begibt, in dem wohldefinierte und auf die zugehörige Community zugeschnittene Endnutzerdienste von Fachteams präsentiert werden, wie beispielsweise fachspezifisch ausgestattete Lern- und Arbeitsräume, Support beim Auffinden und Weiterverarbeiten der Informationen und beim Erlernen der Grundlagen und Methoden wissenschaftlichen Arbeitens, sowie eine zeitliche Verfügbarkeit, die den Arbeitsweisen des Faches entspricht.

Wenn auch der an vielen Hochschulen herrschende Sparzwang, intensives Raumcontrolling und die im elektronischen Bereich notwendige Zentralisierung der Medienetats dazu führen könnten, dass Lehrstuhl- oder Institutsbibliotheken verschwinden, so bleibt es doch Aufgabe der Hochschulbibliothekssysteme, fachnahe Services für Forschende, Lehrende und Studierende anzubieten. Ob ein ein- oder zweischichtiges Bibliothekssystem dabei die zeitgemäßere Organisationsform darstellt, ist in vielen Kontexten obsolet. Wo sich Institutsbibliotheken durch konsequente Zusammenlegung zu Fachbibliotheken entwickeln konnten, besteht kein grundsätzlicher Qualitätsunterschied mehr zu den Zweigbibliotheken einschichtiger Systeme. Zusätzlich können Bibliotheken großer leistungsfähiger Fachbereiche Wettbewerbsvorteile haben, weil sie an der dezentralen Mittelausstattung der Fächer partizipieren können – im Unterschied zu zentralen Einrichtungen, deren Etats meist langfristig festgeschrieben sind. Die Ursachen der Entstehung extrem dezentraler Bibliothekssysteme gelten aber fort: eine Unterfinanzierung der zentralen Einheit kombiniert mit einer ausgeprägten Spezialisierung in Wissenschaft und Forschung. Die Gefahr einer stark dezentralisierten und unkoordinierten Literaturversorgung mit ihren enormen Nachteilen für die interdisziplinäre Forschung, die ausreichende Versorgung des wissenschaftlichen Nachwuchses und die Internationalisierung der Wissenschaft ist auch in der digitalen Welt gegeben, indem etwa nur bestimmte Gruppen Zugang zu ausgewählten elektronischen Angeboten haben, andere aber davon ausgeschlossen werden. Digitalisierung der Wissenschaft bedeutet nicht zwangsläufig, dass auch für jedes Informationsbedürfnis eine Campuslizenz finanzierbar ist, oder dass Hochschulen in der Lage wären, allen Forschenden ihre Publikationen im Open Access zu ermöglichen. Wie Bibliothekssysteme dieses Spannungsfeld in den nächsten Jahren gestalten werden, welche Partner sie an ihrer Seite haben werden, und wie gut oder schlecht dies in den unterschiedlichen Fächern gelingt, ist eine offene Frage, die sich jeder Hochschulbibliothek und jeder Hochschule anders stellt.

Die wesentlichen aktuellen Trends und Entwicklungslinien bei der Gestaltung von Hochschulbibliothekssystemen, die von unseren Autorinnen und Autoren identifiziert wurden, sollen zum Abschluss noch einmal komprimiert zusammengestellt werden:

- Die ausgeprägte Spezialisierung in Wissenschaft und Forschung erfordert fachnahe Bibliothekssysteme. Eine Differenzierung der Arbeitsweisen erfordert differenzierte Bibliotheksdienstleistungen.
- Ein unterfinanziertes zentrales Bibliothekssystem führt zur unkoordinierten Entstehung dezentraler Strukturen. Fehlende Koordination ist besonders nachteilig für interdisziplinäres Arbeiten, die Versorgung des wissenschaftlichen Nachwuchses sowie die Internationalisierung der Wissenschaft.
- Institutsbibliotheken können innerhalb der Universitäten bestimmte Aufgaben nicht mehr allein sicherstellen. Diese dualen Strukturen können vielerorts zugunsten dezentraler Lern- und Kommunikationsräume aufgegeben werden.
- Die Beseitigung der Folgekosten der Zweischichtigkeit im Printbereich (unzureichende Katalogsysteme, große Dublettenbestände, unprofessionelle Signatursysteme) erfordert noch immer hohe Investitionen, deren Finanzierung an vielen Hochschulen nicht gesichert ist.
- Aufgaben und Angebote von Hochschulbibliothekssystemen sind in sich rasch entwickelnden Fachkulturen häufig nur noch kurzfristig definierbar.
- Lizenzverträge orientieren sich immer stärker am aktuellen Bedarf und an der tatsächlichen Nutzung, prospektive Erwerbung verliert an Gewicht, punktuelle Zugriffssteuerung wie Pay-per-View oder Pay-per-Use und kundengesteuerte Erwerbung setzen sich durch.
- Bedarfsermittlung orientiert sich zunehmend an lokalen Gegebenheiten und dem individuellen Nutzer- und wissenschaftlichen Publikations-Verhalten, um dem wachsenden Bedarf an standortspezifischer und fachspezifischer Individualisierung gerecht zu werden.

- Der Trend zu kleinteiligen, modularen und webbasierten Lernformaten nimmt zu, Studierende verstehen sich zunehmend als Gestalter („maker culture").
- Sowohl in einer Printumgebung als auch in der digitalen Welt ist die Unterstützung von Studierenden beim Erlernen des Fachhabitus eine wesentliche Aufgabe von Informationsinfrastrukturen.
- Klientenzentrierte und personalisierte Informationsvermittlung ist in fachnahen Strukturen einfacher möglich, als in einer zentralen Einheit mit standardisierten Versorgungswegen.
- Fachlich ausgerichtete Strukturen sind häufig innovationsbereiter als zentrale Bibliotheksstrukturen, radikale Innovationen sind aber nur in großen Institutionen möglich, die über die notwendigen Ressourcen zu deren Entwicklung verfügen. In großen Bibliothekssystemen können Optimierungsprozesse wegen der damit verbundenen Grundsatzentscheidungen oft nur als Top-Down-Prozesse stattfinden.
- Zunehmend werden Aufgaben durch externe bibliothekarische Servicestellen erbracht. Bibliotheksverbünde können beim Angebot neuer, zusätzlicher Dienstleistungen für Hochschulbibliotheken in der Breite eine wichtige Rolle spielen. Kooperationen zwischen Infrastruktureinrichtungen nehmen zu, spezialisierte Leistungen werden gezielt eingekauft.
- Bibliothekarische Serviceangebote sind immer stärker gekennzeichnet durch neue Formen von universitärer Interaktion und Kooperation. Neben Informationsdienste treten vermehrt weitere Dienste für Forschung (eScience) und Lehre (eLearning). Die Zahl der Aufgaben für Hochschulbibliotheken nimmt mit voranschreitender Digitalisierung nicht ab, sondern zu.
- Rankings, Leistungs-/Wirkungsmessung und der Einsatz von Qualitätsmanagementsystemen werden Standardvorgaben. Flexible Strukturen, Veränderungsbereitschaft und eine konsequente Innovationskultur werden immer wichtiger für fachnahe Bibliothekssysteme.

Literaturverzeichnis

24 Stunden sind eine Bibliothek. Lernen. Forschen. Kooperieren. Die innovative Bibliothek. Hrsg. von Frank Scholze u. Regine Tobias. 2. Aufl. Karlsruhe: KIT Scientific Publ. 2013. http://dx.doi.org/10.5445/KSP/1000026825 (26.10.2013).

Aldinger, Lothar u. Rainer Kämpf: Führung in dynamischem Umfeld: Ansätze für ein robustes Management. Stuttgart: Kohlhammer 2011.

Alexander von Humboldt Stiftung: Publikationsverhalten in unterschiedlichen wissenschaftlichen Disziplinen. Beiträge zur Beurteilung von Forschungsleistungen. 2., erw. Auflage. Bonn: Alexander von Humboldt Stiftung 2009. http://www.humboldt-foundation.de/pls/web/docs/F13905/12_disk_papier_publikationsverhalten2_kompr.pdf (31.11.2013).

Altenhöner, Reinhard: Auf dem Weg zu einer homogenen Informations- und Arbeitsinfrastruktur für Bibliotheken: Gemeinsame Aktivitäten der Verbundsysteme. 95. Deutscher Bibliothekartag, Dresden. Vortrag gehalten am 22.3.2006. http://www.opus-bayern.de/bib-info/volltexte/2007/229/pdf/altenhoener_verbundsysteme.pdf (17.11.2013).

Apel, Jochen: Change Management an Bibliotheken. In: Perspektive Bibliothek (2012) H. 1. S. 169–195.

Appel, Nikola: Standards für Kunst- und Museumsbibliotheken: Das Qualitätsmanagementverfahren der Arbeitsgemeinschaft der Kunst- und Museumsbibliotheken (AKMB). In: Bibliotheksdienst (2009) H. 4. S. 257–265.

Association of College & Research Libraries (ACRL): Research Planning and Review Committee: 2012 top trends in academic libraries. A review of the trends and issues affecting academic libraries in higher education. In: College and research libraries (2012) H. 6. S. 311–320.

Auf dem Weg zur Digitalen Bibliothek. Hrsg. von Andreas Degkwitz. Berlin: Universitätsbibliothek der Humboldt-Universität 2013. http://nbn-resolving.de/urn:nbn:de:kobv:11-100174542 (31.11.2013).

Babendreier, Jürgen: Gründerjahre – Das Herz der Universität Bremen und ihr Bibliothekar. In: Vom Katharinen-Kloster zum Hochschulcampus: Bremens wissenschaftliche Literaturversorgung seit 1660. Hrsg. von Thomas Elsmann [u. a.]. Bremen 2010. (Schriften der Staats- und Universitätsbibliothek Bremen 7). S. 95–122.

Bailey, Judith u. Rafael Ball: Die Einbindung von Bibliotheken in das integrative Wissenschaftskonzept: E-Science und Bibliotheken. In: B.I.T. online (2008) H.1. S. 14–24.

Balagué, Núria u. Jarmo Saarti: Managing your library and its quality: The ISO 9001 way. Oxford: Chandos Publ. 2011. (Chandos information professional series).

Barth, Dirk: Vom zweischichtigen Bibliothekssystem zur kooperativen Einschichtigkeit. In: Zeitschrift für Bibliothekswesen und Bibliographie (1997) H. 5. S. 495–522.

Barth, Robert: Primaballerina oder corps de ballet? Die ETH-Bibliothek im Kontext der Schweizer Bibliotheksentwicklung 1980–2005. In: Blättern & Browsen. 150 Jahre ETH-Bibliothek. Hrsg. von der ETH-Bibliothek. Zürich 2005. S. 95–106.

Bastian, Stefan: Vorfahrt für die elektronischen Medien. in: B.I.T. online (2013) Sonderheft BIX. S. 37–40.

Bauer, Bruno: Bibliotheksindex – BIX an österreichischen Universitätsbibliotheken 2009. In: The ne(x)t Generation. Das Angebot der Bibliotheken. 30. Österreichischer Bibliothekartag. Hrsg. von Ute Bergner u. Erhard Göbel. Graz, 15.18.9.2009 (Schriften der Vereinigung Österreichischer Bibliothekarinnen und Bibliothekare 7). S. 63–72.

Bauer, Bruno: Die elektronische Bibliothek auf dem Prüfstand ihrer Kunden: Konzeption und Methodik der gemeinsamen Online-Benutzerbefragung 2003 an zehn österreichischen Universitäts- und Zentralbibliotheken. In: Bibliotheksdienst (2004) H. 5. S. 595–610.

Bauer, Bruno: Nationale und internationale Kooperationen der österreichischen Universitätsbibliotheken 2009. In: Mitteilungen der Vereinigung Österreichischer Bibliothekarinnen & Bibliothekare (2010) H. 3/4. S. 71–84.

Bauer, Bruno: Universitätsbibliotheken in Österreich 2004–2006. In: Bibliotheksdienst (2007) H. 5. S. 269–286.

Bauer, Bruno [u. a.]: Qualitätsmanagement und Zertifizierung der Universitätsbibliothek der Medizinischen Universität Wien gemäß ISO 9001:2008. In: Mitteilungen der Vereinigung Österreichischer Bibliothekarinnen und Bibliothekare (2013) H. 1. S. 118–131.

Bauer, Delia: Vom zweischichtigen Bibliothekssystem zur funktionalen Einschichtigkeit: Problematik eines Strukturkonzepts am Beispiel der Universitäts- und Stadtbibliothek Köln. Köln 2004 (Kölner Arbeitspapiere zur Bibliotheks- und Informationswissenschaft 43).

Bea, Franz Xaver u. Elisabeth Göbel: Organisation: Theorie u. Gestaltung. 4. Aufl. Stuttgart: Lucius & Lucius 2010.

Becker, Carolin: Ausgewählte Qualitätsmanagement-Modelle. In: Erfolgreiches Management von Bibliotheken und Informationseinrichtungen. Hrsg. von Hans-Christoph Hobohm u. Konrad Umlauf. Loseblatt-Ausg. Ergänzungslieferung. Hamburg: Dashöfer. Abschnitt 3/5.6.

Becker, Carolin: Qualitätsmanagement in Bibliotheken am Beispiel der Universitätsbibliothek der Technischen Universität München. Berlin: Institut für Bibliotheks- und Informationswissenschaft der Humboldt-Universität zu Berlin 2011 (Berliner Handreichungen zu Bibliotheks- und Informationswissenschaft 295).

Becker, Carolin u. Caroline Leiß: Qualitätsmanagement in Universitätsbibliotheken. In: Bibliotheksforum Bayern (2009) H. 3. S. 172–177.

Bektas, Ayten: Qualitätsmanagement auf dem Prüfstand – Empirische Erhebung verschiedener Modelle und Projekte zertifizierter Bibliotheken. Hamburg: HAW 2011. http://opus.haw-hamburg.de/volltexte/2012/1546/pdf/Bektas_Ayten_110228.pdf (12.9.2013).

Benz, Christian: Von der formalen zur realen Einschichtigkeit – die Reorganisation der Universitätsbibliothek Mannheim. In: ABI-Technik (2005) H.4. S. 246–253.

Benutzungsordnung des Bibliothekssystems der Universität Heidelberg. (15. 12 2009). http://www.ub.uni-heidelberg.de/allg/profil/jurbasics/ordnung.html (22. 10 2013).

Berghaus-Sprengel, Anke: „Die Situation erfordert radikal neue Kooperationsformen unter den Bibliotheken in Deutschland." Bibliotheken zwischen Kooperation und Konkurrenz in Zeiten der Hochschulautonomie. Veranstaltung der Gemeinsamen Managementkommission von dbv und VDB, 5. und 6. Juni/Dortmund. In: B.I.T. online (2013) H. 4. S. 336–339.

Berghaus-Sprengel, Anke: Digitale Technik in realer Umgebung – RFID-Projekt. In: Auf dem Weg zur digitalen Bibliothek. Hrsg. von Andreas Degkwitz. Berlin: Univ.-Bibliothek der Humboldt-Universität zu Berlin 2013 (Schriftenreihe der Universitätsbibliothek der Humboldt-Universität zu Berlin 66). S. 6–13.

Berghaus-Sprengel, Anke: Standortplanung an der Universitätsbibliothek. In: Inspiration durch Raum – Servicevielfalt im Jacob-und-Wilhelm-Grimm-Zentrum. Hrsg. von Milan Bulaty. Berlin: Universitätsbibliothek der Humboldt-Universität zu Berlin 2010 (Schriftenreihe der Universitätsbibliothek der Humboldt-Universität zu Berlin 64). S. 6–12.

Berghaus-Sprengel, Anke u. Tobias Kühne: Das RFID-Projekt an der Bibliothek der Humboldt-Universität zu Berlin – Stand und Perspektiven. In: Bibliotheksdienst (2009) H. 6. S. 588–598.

Bergmann, Helmut: Die Bibliothek und ihre Benützer – dargestellt am Beispiel der Universitätsbibliothek Wien. Wien: Österreichisches Institut für Bibliotheksforschung, Dokumentations- und Informationswesen 1986.

Bergmans, Bernhard: Überblick über die derzeitigen Ausbildungsmodelle zum Bachelor- und Master-Juristen. In: Berufs- und Arbeitsmarktperspektiven von Bachelor- und Master-Juristen 2013. Hrsg. von Bernhard Bergmans. Stuttgart: Boorberg 2013. S. 14–19.

Bibliotheca Publica Francofurtensis. Fünfhundert Jahre Stadt- und Universitätsbibliothek Frankfurt am Main. Hrsg. von Klaus Dieter Lehmann. Textband. Frankfurt a. M. 1984.

Bissegger, Judith: Bibliothekszusammenlegungen – eine vielschichtige Herausforderung: dargestellt am Beispiel der Grünen Bibliothek der ETH Zürich. Berlin 2006 (Berliner Handreichungen zur Bibliotheks- und Informationswissenschaft 180).

Blättern und Browsen. 150 Jahre ETH-Bibliothek. Hrsg. von der ETH-Bibliothek. Zürich 2005.

Bodmer, Jean-Pierre: Theodor Vetter und Ferdinand Rudio – Professoren als Mitbegründer der Zentralbibliothek Zürich. In: Bodmer, Jean-Pierre: Aus Zürichs Bibliotheksgeschichte. Beiträge von 1964 bis 2007. Zürich 2007. S. 232–281.

Bodmer, Jean-Pierre: Aus Zürichs Bibliotheksgeschichte. Beiträge von 1964 bis 2007. Zürich 2007.

Boeckh, Dorothee: Change Management: Die Novellierung des baden-württembergischen Universitätsgesetzes verändert die Bibliothekssysteme: Strukturwandel im Bibliothekssystem der Universität Heidelberg. Masterarbeit. Heidelberg 2003. http://opus.bsz-bw.de/hdms/volltexte/2004/351/ (22. 10 2013).

Boeckhorst, Peter te: Leistungsmessung. In: Erfolgreiches Management von Bibliotheken und Informationseinrichtungen. Hrsg. von Hans-Christoph Hobohm u. Konrad Umlauf. Loseblatt-Ausg. Ergänzungslieferung. Hamburg: Dashöfer. Abschnitt 5/4.3.

Böhm, Peter P. u. Günter F. Paschek: Die Bibliothek in der Hochschulgesetzgebung des Bundes und der Länder. Ein Rechtsvergleich. In: Zeitschrift für Bibliothekswesen und Bibliographie (ZfBB) (1982) H. 3. S. 171–183; H. 4. S. 273–288.

Bonte, Achim: Gemeinschaft macht stark. Kooperation und Vernetzung der wissenschaftlichen Bibliotheken im Freistaat Sachsen. In: BIS. Das Magazin der Bibliotheken in Sachsen (2008) H. 1. S. 8–11.

Bonte, Achim: Tradition ist kein Argument. Das Bibliothekssystem der Universität Heidelberg auf dem Weg zur funktionalen Einschichtigkeit. Zeitschrift für Bibliothekswesen und Bibliographie (2002) H. 5/6. S. 299–305.

Bonte, Achim: Zweischichtige Hochschulbibliothekssysteme am Scheideweg: Das Beispiel Heidelberg. Zeitschrift für Bibliothekswesen und Bibliographie (2001) H. 5. S. S. 256–263.

Bonte, Achim u. Klaus Ceynowa: Bibliothek und Internet. Die Identitätskrise einer Institution im digitalen Informationszeitalter. In: Lettre international (2013) S. 115–117.

Bracht, Gerd: Medizinische Abteilung der Universitäts- und Landesbibliothek. In: 100 Jahre Hochschulmedizin in Düsseldorf 1907–2007. Hrsg. von Thorsten Halling u. Jörg Vögele. Düsseldorf: düsseldorf university press 2007. S. 503–505.

Brändli, Sebastian: Universität Zürich. In: Historisches Lexikon der Schweiz. Hrsg. von der Stiftung Historisches Lexikon der Schweiz (HLS). 12 Bde. Basel 2002ff. Bd.12. S. 626–627.

Braun, Johann: Nicht für das Leben, für die Prüfung paukt der Rep. In: Zeitschrift für Rechtspolitik (2000) H. 6. S. 241–243.

Breul, Jana u. Jessika Rücknagel: Jacob, Wilhelm und Du. Bericht zur Benutzerbefragung im Grimm-Zentrum vom 29. Mai bis zum 10. Juni 2012. Institut für Bibliotheks- und Informationswissenschaft. Berlin 2012. http://www.ub.hu-berlin.de/ueber-uns/projekte/jacob-wilhelm-und-du/jacob-wilhelm-und-du/view (28.10.2013).

Brodbeck, Harald u. Beat Birkenmeier: Wunderwaffe Innovation. Zürich: Orell Fuessli 2010.

Brown, Cecilia u. June M. Abbas: Institutional digital repositories for science and technology: a view from the laboratory. In: Emerging practices in science and technology librarianship. Hrsg. von Amy L. Besnoy. New York: Chapman & Hall 2011. S. 3–37.

Brugbauer, Ralf u. Dirk Barth: Abgrenzung oder Partnerschaft? Anmerkungen aus der Praxis zur Erwerbungskooperation in universitären Bibliothekssystemen. In: Bibliotheksdienst (1998) H. 8. S. 1348–1352.

Brunenberg, Ulrike u. Gabriele Dreis: Kühle Funktionalität von System und Bau. Die neue Fachbibliothek Rechtswissenschaft der Universitäts- und Landesbibliothek Düsseldorf. In: ABI-Technik (2011) H. 3. S. 190–203.

Brunenberg-Piel, Ulrike u. Klaus Ulrich Werner: Die neue Fachbibliothek Medizin der Universitäts- und Landesbibliothek Düsseldorf in der O.A.S.E. In: ABI-Technik (2012) H. 1. S. 2–13.

Bulaty, Milan: Konzentration und Kooperation – Das Erwin Schrödinger-Zentrum der Humboldt-Universität zu Berlin. In: ABI-Technik (2003) H. 4. S. 315–322.

Bulaty, Milan: Universitätsbibliothek der Humboldt-Universität zu Berlin – Zentralbibliothek Naturwissenschaften. In: Bibliothek. Forschung und Praxis (2003) H. 1/2 S. 59–60.

Bulaty, Milan [u. a.]: Informations- und Kommunikationszentrum in Adlershof. In: Bibliothek. Forschung und Praxis (1996) H. 2. S. 257–258.

Bundesvereinigung Deutscher Bibliotheksverbände: Bibliotheken ,93. Strukturen – Aufgaben – Positionen. Göttingen 1994.

Burkhardt, Helmut: Die Senckenbergische Bibliothek. In: 225 Jahre Dr. Senckenbergische Stiftung 1763 – 1988. Hrsg. von Horst Naujoks u. Gert Preiser. Hildesheim: Olms 1991. S. 50–57.

Busse, Gisela von: Struktur und Organisation des wissenschaftlichen Bibliothekswesens in der Bundesrepublik Deutschland. Entwicklungen 1945 bis 1975. Wiesbaden: Harrassowitz 1977.

Campusbibliotheken in der Freien Universität Berlin? Kostensenkung durch Reorganisation – aber wie? Hrsg. von Rolf Busch. Berlin: Freie Universität 1996 (Beiträge zur bibliothekarischen Weiterbildung 9).

Carusi, Annamaria u. Torsten Reimer: Virtual research environment. Collaborative landscape study. A JISC funded project. 2010. http://www.jisc.ac.uk/media/documents/publications/vrelandscapereport.pdf (13.08.2013).

Ceynowa, Klaus u. Andre Coners: Balanced Scorecard für wissenschaftliche Bibliotheken. Frankfurt am Main: Klostermann 2002 (Zeitschrift für Bibliothekswesen und Bibliographie: Sonderheft 82).

Charrington, Sam: The Cloud „Pyramid". Application, Platform, Infrastructur. http://de.slideshare.net/sam_at_appistry/cloud-taxonomy-platform-vs-infrastructure-presentation (23.11.2013).

Cooper, Robert G.: Top oder Flop in der Produktentwicklung: Erfolgsstrategien: Von der Idee zum Launch. Weinheim: Wiley-VCH 2002.

Cremer, Monika: Konsortien in Deutschland – ein Überblick. http://www.gbv.de/cls-download/fag-erschliessung-und-informationsvermittlung/uag-zss/vortraege/konsortien.pdf (19.11.2013).

Cremers, Hartwig: Zum Recht der Hochschulbibliotheken nach nordrhein-westfälischem Recht. In: Wissenschaftsrecht (WissR) (1982) H. 1. S. 49–58.

Cremers, Hartwig: Rechtliche Grundlagen des Bibliothekswesens der wissenschaftlichen Hochschulen. In: Das Bibliothekswesen der wissenschaftlichen Hochschulen – rechtliche, organisatorische und ökonomische Aspekte. Essen: Arbeitsgruppe Fortbildung im Sprecherkreis der Hochschulkanzler 1984. S. 5–36.

Crump, Michele J. u. LeiLani S. Freund: Meeting the needs of student users in academic libraries. Reaching across the great divide. Oxford: Chandos 2012.

Debes, Dietmar: Bibliotheken in Sachsen. In: Handbuch der Historischen Buchbestände in Deutschland. Bd. 17: Sachsen A-K. Hrsg. von Friedhilde Krause. Hildesheim [u. a.]: Olms-Weidmann 1997.

Della Santa, Leopoldo: Della costruzione e del regolamente di una pubblicca universale biblioteca. Firenze: Ricci da S. Trinita 1816.

Den Wandel gestalten – Informations-Infrastrukturen im digitalen Zeitalter. Hrsg. von Rolf Griebel [u. a.]. In: Zeitschrift für Bibliothekswesen und Bibliographie (2011) H. 3–4. S. 116–199.

Depping, Ralf: „Zukunft und (Neu) Definition der Virtuellen Fachbibliotheken: Fachspezifischer One-Stop-Shop oder ... ?" – DFG-Workshop am 26 . und 27. November 2012 in der TIB Hannover. In: Zeitschrift für Bibliothekswesen und Bibliographie (2013) H. 2. S. 82–85.

Deutsche Bibliothekskonferenz: Bibliotheksplan 1973. Entwurf eines umfassenden Bibliotheksnetzes für die Bundesrepublik Deutschland. Berlin 1973.

Deutsche Forschungsgemeinschaft: Förderprogramm „Elektronische Publikationen". http://www.dfg.de/download/pdf/foerderung/programme/lis/ausschreibung_elektronische_publikationen_120430.pdf (09.01.2014).

Deutsche Forschungsgemeinschaft: Informationsmanagement. Ausschreibung „Neuausrichtung überregionaler Informationsservices" (15.10.2012). http://www.dfg.de/download/pdf/foerderung/programme/lis/ausschreibung_ueberregionale_informationsservices_121015.pdf (23.11.2013).

Deutsche Forschungsgemeinschaft/Wissenschaftliche Literaturversorgungs- und Informationssysteme (LIS): Förderprogramm „Informationsinfrastrukturen für Forschungsdaten". http://www.dfg.de/foerderung/programme/infrastruktur/lis/lis_foerderangebote/forschungsdaten/index.html (09.01.2014).

Deutsche Initiative für Netzwerkinformation (DINI): DINI-Zertifikat 2010 für Dokumenten- und Publikationsservices. http://www.dini.de/dini-zertifikat/ (16.8.2013).

Deutsche Initiative für Netzwerkinformation (Hrsg.): Studentischer Ideenwettbewerb „Lebendige Lernorte" 2009. Göttingen: DINI 2010.

Dewey, Barbara I.: In Transition: The Special Nature of Leadership Change. In: Journal of Library Administration (2012) H. 1. S. 133–144.

Dickenmann, Heinz: 10 Jahre HBI. In: Informationsblatt der Universität Zürich (1990) H. 5. S. 27–29.

Die Neugründung wissenschaftlicher Bibliotheken in der Bundesrepublik Deutschland. Symposium [...]. Hrsg. von Hans-Joachim Koppitz. München [u. a.]: Saur 1990.

Die Rothschild'sche Bibliothek in Frankfurt am Main. Hrsg. von der Gesellschaft der Freunde der Stadt- und Universitätsbibliothek Frankfurt am Main e.V. Frankfurt: Klostermann 1988 (Frankfurter Bibliotheksschriften 2).

Die Zentralbibliothek baut. Texte und Bilder. Hrsg. von der Zentralbibliothek Zürich. Schriftleitung Roland Mathys. Zürich 1996.

Diedrichs, Reiner u. Ute Sandholzer: Der Gemeinsame Bibliotheksverbund GBV. In: Bibliothek. Forschung und Praxis (2001) H. 1. S. 39–48.

Diedrichs, Reiner u. Kirstin Kemner-Heek: Lokalsysteme in der Cloud. Architektur der nächsten Generation auf dem Prüfstand. In: BuB – Forum Bibliothek und Information (2013) H. 1. S. 54–58.

Dietze, Joachim: Das Bibliotheksnetz der Martin-Luther-Universität Halle-Wittenberg in der 3. Hochschulreform: ein Erfahrungsbericht. In: Zentralblatt für Bibliothekswesen (1971) H. 12. S. 705–717.

DIN Deutsches Institut für Normung e.V. (Hrsg.): Fachbericht 13: Bau- und Nutzungsplanung von Bibliotheken und Archiven. Berlin [u. a.]: Beuth November 2009.

DIN Deutsches Institut für Normung e. V. (Hrsg.): DIN 277: Grundflächen und Rauminhalte von Bauwerken in Hochbau. Berlin [u. a.]: Beuth 2005.

DIN Deutsches Institut für Normung e. V. (Hrsg.): ISO 11620:1998. Information und Dokumentation – Leistungsindikatoren für Bibliotheken, Berlin [u. a.]: Beuth 2000.

DIN Deutsches Institut für Normung e.V. (Hrsg.): ISO/TR 20983:2003. Information und Dokumentation – Leistungsindikatoren für elektronische Bibliotheksdienstleistungen. Berlin [u. a.]: Beuth 2004.

DIN Deutsches Institut für Normung e.V. (Hrsg.): ISO 9001:2008. Qualitätsmanagementsysteme – Anforderungen. Berlin [u. a.]: Beuth 2008.

Doeckel:, Berndt: Zentralisierung in zweischichtigen Bibliothekssystem der Universität Hamburg. Berlin: Institut für Bibliothekswissenschaft der Humboldt-Universität zu Berlin 2004 (Berliner Handreichungen zur Bibliothekswissenschaft 155).

Dollinger, Bernd: Computergestützte Benutzerbefragung der UB Augsburg. Methodische Anmerkungen und Perspektiven für Online-Erhebungen. In: Bibliotheksdienst (2003) H. 7. S. 876–885.

Duda-Witzeck, Brigitte: Die Teilbibliothek Recht der Universitätsbibliothek Regensburg: Juristische Bibliothek in einem „integrierten System". In: Mitteilungen der Arbeitsgemeinschaft für Juristisches Bibliotheks- und Dokumentationswesen 8 (1978). S. 59–64.

Dugall, Berndt: Bibliotheken zwischen strukturellen Veränderungen, Kosten, Benchmarking und Wettbewerb. In: ABI Technik (2013) H. 2. S. 86–95.

Dugall, Berndt: Die Restrukturierung der Goethe-Universität und ihre Auswirkungen auf die Informationsversorgung. Teil 1. In: ABI Technik (2008) H. 2. S. 84–96.

Dugall, Berndt: Die Restrukturierung der Goethe-Universität und ihre Auswirkung auf die Informationsversorgung. Teil 2. In: ABI Technik (2008) H. 3. S. 168–178.

Dugall, Berndt: Organisatorische und finanzielle Aspekte der Informationsversorgung zweischichtiger universitärer Bibliothekssysteme. In: Ordnung und System: Festschrift zum 60. Geburtstag von H. J. Dörpinghaus. Hrsg. von Gisela Weber. Weinheim: Wiley VCH 1997. S. 204–217.

Eckl, Liselotte u. Michael Mönnich: Das Bibliothekssystem der Universität Karlsruhe. In: EUCOR-Bibliotheksinformationen (1993) Nr. 3. S. 44–50. http://www.ub.uni-freiburg.de/fileadmin/ub/eucor_infos/3-1993/09.html (31.11.2013).

Education Advisory Board: Redefining the Academic Library: Managing the Migration to Digital Information Services. Report to University Provosts. 2011. http://www.eab.com/Research-and-Insights/Academic-Affairs-Forum/Studies/2011/Redefining-the-Academic-Library (31.11.2013).

Engineering Libraries: Building Collections and Delivering Services. Ed. by Thomas W. Conkling and Linda R. Musser. Binghamton, NY: Haworth Information Press. Gleichzeitig erschienen in: Science & Technology Libraries (2001) H. 3/4.

Erwin Schrödinger-Zentrum (Themenheft). In: cms-journal (2003) H. 24. http://edoc.hu-berlin.de/browsing/cms-journal/ (31.11.2013).

Evaluierung des DFG-geförderten Systems der Sondersammelgebiete. Bonn: DFG, Abt. Informationsmanagement 2011. Prognos-AG (Michael Astor [u. a.]). Bonn: DFG, Abt. Informationsmanagement 2011. http://www.dfg.de/download/pdf/dfg_im_profil/geschaeftsstelle/publikationen/evaluierung_ssg.pdf (4.10.2013).

Evolution der Informationsinfrastruktur. Kooperation zwischen Bibliothek und Wissenschaft. Hrsg. von Heike Neuroth [u. a.]. Hülsbusch Verlag 2013.

Federkeil, Gero: Indikator im Blickpunkt. Die Universitätsbibliotheken für Geisteswissenschaften aus Sicht der Studierenden. Gütersloh: CHE Centrum für Hochschulentwicklung 2007.

Feldsien-Sudhaus, Inken: Transforming the Library: Bibliotheksbau für die Zukunft. In: Zeitschrift für Bibliothekswesen und Bibliographie (2013) H. 3/4. S. 112–122.

Felscher, Reinhold: Naturwissenschaften, Technik und Datenverarbeitung. Das Südgebäude der Universität Erlangen-Nürnberg aus bibliothekarischer Sicht. In: Bibliotheksforum Bayern (1996) H. 1. S. 62–76.

Fett, Othmar F.: Impact – Outcome – Benefit. Ein Literaturbericht zur Wirkungsmessung an Hochschulbibliotheken. Berlin: Institut für Bibliotheks- und Informationswissenschaft der Humboldt-Universität zu Berlin 2004 (Berliner Handreichungen zu Bibliotheks- und Informationswissenschaft 142).

Fosmire, Michael: Information Literacy and Engineering Design: Developing an Integrated Conceptual Model. In: IFLA Journal (2012) H. 1. S. 47–52.

Foster, Nancy Fried u. Susan Gibbons: Understanding faculty to improve content recruitment for institutional repositories. In: D-Lib Magazine (2005) H. 1. http://www.dlib.org/january05/foster/01/foster.html (16.08.2013).

Franke, Fabian: Mit Informationskompetenz zum (Studien-)Erfolg. Die bayerischen Universitäts- und Hochschulbibliotheken beschließen Standards für die Durchführung von Informationskompetenz-Veranstaltungen. In: Bibliotheksdienst (2009) H. 7. S. 758–763. Siehe auch: http://www.informationskompetenz.de/fileadmin/user_upload/Leitlinien_f%C3%BCr_die__2799.pdf (05.02.2014).

Franke, Fabian: Didaktische und organisatorische Standards. Vermittlung von Informationskompetenz für Schülerinnen und Schüler in wissenschaftlichen Bibliotheken. In: Bibliotheksforum Bayern (2012) H. 4. S. 261–263.

Franken, Rolf u. Swetlana Franken. Integriertes Wissens- und Innovationsmanagement. Wiesbaden: Gabler 2011.

Friedrichsmeier, Andrea u. Jörn Sauer: Benutzerbefragung als Instrument der Qualitätskontrolle für wissenschaftliche Bibliotheken. Eine empirische Erhebung der Benutzungssituation in der Niedersächsischen Staats- und Universitätsbibliothek Göttingen. Hannover: Diplomarbeit 1997.

Frodl, Christine (Red.): Hochschulbibliothekssysteme im Wandel: Zweischichtigkeit und funktionale Einschichtigkeit. In: Zeitschrift für Bibliothekswesen und Bibliographie (2002) H. 5/6. S. 265–350.

Fuhlrott, Rolf: Bau- und Nutzungsplanung von wissenschaftlichen Bibliotheken. Berlin 1988. (DIN-Fachbericht 13).

Gabel, Gernot U.: Vom „Service Commun de la Documentation" zur „Bibliothèque". Die neue Verordnung über die universitären Bibliotheken Frankreichs. In: Bibliotheksdienst (2011) H. 12. S. 1059–1061.

Gärtner, Dagmar u. Angela Hausinger: Zwei neue Bereichsbibliotheken in Frankfurt am Main. In: ABI Technik (2012) H. 1. S. 31–45.

Gattermann, Günter: Die Anfänge der Integration zur Sächsischen Landesbibliothek – Staats- und Universitätsbibliothek Dresden. Erinnerungen an die Tätigkeit der Integrationskommission. In: Bibliotheken führen und entwickeln. Festschrift für Jürgen Hering zum 65. Geburtstag. Hrsg. von Thomas Bürger u. Ekkehard Henschke. München: Saur 2002. S. 49–65.

Gattermann, Günter: Katalogisierungsverbund regional oder national? Zu dem Beitrag von K. W. Neubauer und V. Tölle. In: Verband der Bibliotheken des Landes Nordrhein-Westfalen. Mitteilungsblatt (1981). S. 141–147.

Gattermann, Günter: Wissenschaftliche Bibliotheken. In: Handbuch des Wissenschaftsrechts. Hrsg. von Christian Flämig [u. a.]. 2. Aufl. Berlin: Springer 1996. Bd. 1. S. 897–928.

Gattermann, Günter: Paul Mikat, Gründervater der Universität Düsseldorf. In: Der Gründervater. Prof. Dr. Dr. h.c. mult. Paul Mikat zum 75. Geburtstag. Düsseldorfer Uni-Mosaik 2000 (Schriftenreihe der Heinrich-Heine-Universität 10). S. 15–24.

Gattermann, Günter: Die Universitätsbibliothek. Rückschau und Ausblick. In: Universitätsbibliothek. Beiträge zur feierlichen Übergabe des Neubaus am 26. November 1979. Düsseldorfer Uni-Mosaik 1980 (Schriftenreihe der Universität Düsseldorf 2). S. 35–60.

Geh, Hans-Peter: Die Württembergische Landesbibliothek in Kooperation mit der Universitätsbibliothek Stuttgart. Das Stuttgarter Modell. In: Die Landesbibliotheken an der Schwelle zum nächsten Jahrtausend. Symposium am 9. u. 10. Sept. 1993 in der Sächsischen Landesbibliothek zu Dresden. Dresden: Ges. d. Freunde u. Förderer d. Sächsischen Landesbibl. 1993. S. 57–64.

Geißelmann, Agnes: Zufriedenheit mit Bibliotheksdienstleistungen. Ergebnisse einer Umfrage der Universitätsbibliothek unter Wissenschaftlern der TU München. In: Bibliotheksdienst (2012) H. 3/4. S. 194–206.

Gemeinsame Kommission Informationskompetenz von VDB und dbv: Protokoll der 5. Sitzung am 2./3. Dezember 2013 in der Hochschule für Musik Detmold. http://www.bibliotheksverband.de/fileadmin/user_upload/Kommissionen/2014-01-15_IK-Kommission-Protokoll_20131202_final.pdf (05.02.2014).

Gemeinsamer Europäischer Referenzrahmen für Sprachen (GER). http://www.europaeischer-referenzrahmen.de/ (05.02.2014).

Georgy, Ursula: Erfolg durch Innovation: Strategisches Innovationsmanagement in Bibliotheken und Öffentlichen Informationseinrichtungen. Wiesbaden: Dinges & Frick 2010.

Georgy, Ursula u. Rudolf Mumenthaler: Praxis Innovationsmanagement. In: Praxishandbuch Bibliotheks- und Informationsmarketing. Hrsg. von Ursula Georgy u. Frauke Schade. München: De Gruyter 2012. S. 319–340.

German, Martin: Escher, Hermann (vom Glas). In: Historisches Lexikon der Schweiz. Hrsg. von der Stiftung Historisches Lexikon der Schweiz (HLS). 12 Bde. Basel 2002ff. Bd. 4. S. 301–302.

Gesetz über die Errichtung der Fachhochschulen Amberg-Weiden, Deggendorf, Hof und Ingolstadt sowie der Abteilungen Aschaffenburg der Fachhochschule Würzburg-Schweinfurt und Neu-Ulm der Fachhochschule Kempten vom 28.04.1994, BayGVBl. 1994. S. 292-293.

Geyer, Anastasia: Der Bibliotheksindex BIX – Entwicklung, Anwendung und Probleme. Berlin: Humboldt-Universität zu Berlin 2013.

Glaus, Beat: Die ersten Jahrzehnte der ETH-Bibliothek. Zürich 1994.

Gödan, Jürgen Christoph: Bibliotheksordnungen deutscher Hochschulen. Hamburg: Arbeitsgemeinschaft für juristisches Bibliotheks- und Dokumentationswesen 1993 (Arbeitshefte der Arbeitsgemeinschaft für juristisches Bibliotheks- und Dokumentationswesen 16).

Gould, John D. u. Clayton Lewis.: Designing for usability: Key principles and what designers think. In: Communications of the ACM (1985) H. 3. S. 300–311.

Grassauer, Ferdinand: Handbuch für Universitäts- und Studien-Bibliotheken sowie für Volks-, Mittelschul- und Bezirks-Lehrerbibliotheken Österreichs. Wien: Graser 1899.

Greubel, Roland: Die Fachhochschulbibliothek Würzburg-Schweinfurt. In: Bibliotheksforum Bayern 19 (1991) H. 2. S. 187–201.

Griebel, Rolf: Etatbedarf universitärer Bibliothekssysteme. Ein Modell zur Sicherung der Literatur- und Informationsversorgung an den Universitäten. Zeitschrift für Bibliothekswesen und Bibliographie(ZfBB) Sonderheft 83. Frankfurt am Main 2002.

Griebel, Rolf u. Werner Reinhardt: Gründung der Arbeitsgemeinschaft Konsortien. In: Bibliotheksdienst (2000) H. 5. S. 799–803. http://deposit.ddb.de/ep/netpub/89/96/96/967969689/_data_stat/www.dbi-berlin.de/dbi_pub/bd_art/bd_2000/00_05_08.htm (19.11.2013).

Griebel, Rolf u. Ulrike Tscharntke: Etatsituation der wissenschaftlichen Bibliotheken in den alten und neuen Bundesländern 1996. In: Zeitschrift für Bibliothekswesen und Bibliographie (ZfBB) (1996) H. 6. S. 524–577.

Grötschel, Martin [u. a.]: Kooperativer Bibliotheksverbund Berlin-Brandenburg (KOBV). In: BFP (2001) H. 1. S. 55–65.

Grossenbacher, Nina M. u. Hans Zurlinden: Zufrieden mit der Stadt- und Universitätsbibliothek Bern und ihren Dienstleistungen? Gezielte Benutzerbefragung anhand von Interviews. Bern: Diplomarbeit 1999.

Guschker, Stefan [u. a.]: Gemeinsame Benutzerbefragung der nordrhein-westfälischen Universitätsbibliotheken – methodisches Vorgehen und Erfahrungen. In: Bibliotheksdienst (2002) H. 1. S. 20–33.

Halle, Axel: Strukturwandel der Universitätsbibliotheken: von der Zweischichtigkeit zur funktionalen Einschichtigkeit. In: Zeitschrift für Bibliothekswesen und Bibliographie (2002) H. 5/6. S. 268–270.

Halle, Axel u. Christoph Penshorn: Die Universitätsbibliothek Kassel – Reorganisation in einem einschichtigen Bibliothekssystem. In: Zeitschrift für Bibliothekswesen und Bibliographie (2002) H. 5–6. S. 278–282.

Handbuch Informationskompetenz. Hrsg. von Wilfried Sühl-Strohmenger. Boston, Berlin: De Gruyter Saur 2012.

Hansen, Michael u. André Schüller-Zwierlein: „Bildung von Teilbibliotheken als praktische Managementaufgabe – der lange Weg zur Einschichtigkeit". Zusammenfassung des Workshops am 16. Juni 2005 in Mannheim. In: Bibliotheksdienst (2005) H. 8/9. S. 1045–1054.

Hartung, Jenny: Bibliothekskonsortien. Mitglieder, Organisation, Schwerpunkte. Arbeitspapier für das Sachsenkonsortium. Dresden: SLUB 2013. http://www.bibag-sachsen.de/ag-erwerbungskoordinierung-konsortialvertraege/links/ (19.11.2013).

Haubfleisch, Dietmar: Die aktuellen Empfehlungen der Deutschen Forschungsgemeinschaft und des Wissenschaftsrates zur Zukunft der Bibliotheksverbünde aus Sicht einer Universitätsbibliothek. In: Bibliotheksdienst (2011) H.10. S. 843–867.

Haubfleisch, Dietmar: Universitätsbibliothek Paderborn: 40 Jahre – Von der Planung der Gesamthochschulbibliotheken zur Universitätsbibliothek Paderborn 2012. In: 40 Jahre Universität Paderborn. Hrsg. von Peter Freese. Paderborn: Universität Paderborn 2012. S. 324–340.

Heim, Harro: Die Gründung der Universität Bielefeld und die Konsolidierung eines neuen Bibliothekstyps. In: Die Neugründung wissenschaftlicher Bibliotheken in der Bundesrepublik Deutschland. Symposion, veranstaltet vom Institut für Buchwesen der Johannes Gutenberg-Universität Mainz vom 23. bis 25. Februar 1988 mit Unterstützung der Fritz Thyssen Stiftung. Hrsg. von Hans-Joachim Koppitz. München: Saur 1990 (Beiträge zur Bibliothekstheorie und Bibliotheksgeschichte 5). S. 229–256.

Hennecke, Joachim: Innovationsmanagement in Bibliotheken. Bericht über eine Fortbildungsveranstaltung. In: Bibliothekforum Bayern (2011) H. 5. S. 82–86.

Hilbert, Tina: Unsichtbares Adlershof. Magisterarbeit. Berlin 2005. S. 71–72. http://nbn-resolving.de/urn/resolver.pl?urn=urn:nbn:de:kobv:109-opus-170916 (31.11.2013).

Hiller von Gaertringen, Julia: Stadt und Bibliothek. Die Landes- und Stadtbibliothek Düsseldorf in den Jahren 1904 bis 1970. Düsseldorf: Grupello-Verlag 1997.

Hobohm, Hans-Christoph: Bibliothek im Wandel. In: Grundlagen der praktischen Information und Dokumentation. Bd. 1: Handbuch zur Einführung in die Informationswissenschaft und -praxis. Hrsg. von Rainer Kuhlen [u. a.]. 6. Aufl. München: Saur 2013. S. 623–633.

Hobohm, Hans-Christoph: Was ist Dienstleistungsqualität? Erkenntnisse aus der Anwendung von SERVQUAL / LIBQUAL+TM. In: Erfolgreiches Management von Bibliotheken und Informationseinrichtungen. Hrsg. von Hans-Christoph Hobohm u. Konrad Umlauf. Loseblatt-Ausg. Ergänzungslieferung. Hamburg: Dashöfer. Abschnitt 3/5.8.

Hobohm, Hans-Christoph u. Helmut Müller: „Totale" Ausrichtung auf den Kunden – TQM. In: Erfolgreiches Management von Bibliotheken und Informationseinrichtungen. Hrsg. von Hans-Christoph Hobohm u. Konrad Umlauf. Loseblatt-Ausg. Ergänzungslieferung. Hamburg: Dashöfer. Abschnitt 3/5.5.

Höchsmann, Dieter: Die Entwicklung des Bibliothekswesens im zentralistischen Staat: Verordnete Strukturen und ihre Wirklichkeit. In: Geschichte des Bibliothekswesens der DDR. Hrsg. von Peter Vodek u. Konrad Marwinski. Wiesbaden: Harrassowitz 1999 (Wolfenbütteler Schriften zur Geschichte des Buchwesens 31). S. 37–64.

Hoffmann, Iris: Rechtsfragen des kulturellen Gedächtnisses. In: Bibliotheksgesetzgebung. Ein Handbuch für die Praxis, insbesondere im Land Baden-Württemberg. Hrsg. von Eric W. Steinhauer u. Cornelia Vonhof. Bad Honnef: Bock + Herchen 2011. S. 248–276.

Hohlfeld, Michael [u. a.]: Bibliotheksverbünde, Virtuelle Fachbibliotheken. In: Handbuch Bibliothek. Geschichte, Aufgaben, Perspektiven. Hrsg. von Konrad Umlauf u. Stefan Gradmann. Stuttgart [u. a.]: Verlag J. B. Metzler 2012. S. 133–136.

Hohoff, Ulrich: Bessere Infrastrukturen für die geistes- und sozialwissenschaftliche Forschung. Der Wissenschaftsrat zieht Bilanz und fordert mehr Aufbauarbeit. In: ABI Technik (2011) H.1. S. 2–10.

Hohoff, Ulrich: Weniger Bibliotheksverbünde, mehr neue Dienste! Der Wissenschaftsrat empfiehlt radikale Reformen. In: Verein Deutscher Bibliothekare: VDB-Mitteilungen (2011) H. 1. S. 8–12.

Humboldt-Universität zu Berlin: Die rechtlichen Regelungen für das Bibliotheksnetz der Humboldt Universität zu Berlin. Berlin 1967 (Schriftenreihe der Universitätsbibliothek zu Berlin 2).

Humboldt-Universität zu Berlin: Führer durch die Bibliotheken der Humboldt Universität zu Berlin. Bearbeitet von Ursula Gräfe u. Peter Paul. Berlin 1967 (Schriftenreihe der Universitätsbibliothek zu Berlin 4).

Humboldt-Universität zu Berlin: Benutzungsführer der Universitätsbibliothek der Humboldt-Universität zu Berlin. Bearb.von Joachim Krüger u. Antje Sellin (Zentrale Bibliothek und Zweigstellen). Berlin 1974 (Schriftenreihe der Universitätsbibliothek zu Berlin 17).

Hutzler, Evelinde u. Berthold Gillitzer: Überall verfügbar und dann doch nicht zu haben? Oder warum Bits und Bytes so schwer zu verleihen sind: Elektronische Medien im Leihverkehr, 2012. http://www.bib-bvb.de/web/online-fernleihe/vortraege-und-protokolle (08.10.2013).

Ilg, Jens: Bibliothekarische Redeweisen über Zukunft. In: Handbuch Bibliothek. Geschichte, Aufgaben, Perspektiven. Hrsg. von Konrad Umlauf u. Stefan Gradmann. Stuttgart, Weimar: Metzler 2012. S. 387–390.

Inden, Yvonne: Die Entwicklung von Qualitätsstandards in Bibliotheken und ihr Einsatz im Benchmarking. Berlin: Institut für Bibliotheks- und Informationswissenschaft der Humboldt-Universität zu Berlin 2008 (Berliner Handreichungen zu Bibliotheks- und Informationswissenschaft 229).

Informationsinfrastrukturen im Wandel. Informationsmanagement an deutschen Hochschulen. Hrsg. von Andreas Degkwitz u. Peter Schirmbacher. Bad Honnef: Bock + Herchen 2007. S. 10–25.

International Organization for Standardization (Hrsg.): ISO 11620:2008(E). Information and documentation – library performance indicators. 2. Aufl. Geneva: ISO 2008.

Ipri, Tom: Introducing transliteracy. In: College & Research Libraries News (2010) Nr. 10. S. 532–567.

Irmer, Andreas T.: Kontraktmanagement als staatswirtschaftliches Steuerungsinstrument. http://elib.tu-darmstadt.de/diss/000181 (14.5. 2013).

Jacubs, Deborah: Out of the gray times. Leading libraries in the digital futures. In: The emerging research library. Ed. Sul H. Lee. London: Routledge 2010 (pb. 2013) S. 105–118.

Jantz, Martina: Projektmanagement als strategisches Instrument im Gründungsprozess einer Bereichsbibliothek. Das Retrokonversionsprojekt Philosophicum der UB Mainz. In: ABI-Technik (2005) H. 3. S. 2004–2012.

Jantz, Martina: Strukturproblem Zweischichtigkeit: ein Werkstattbericht aus der Universitätsbibliothek Mainz. In: Zeitschrift für Bibliothekswesen und Bibliographie (2002) H. 5–6. S. 306–311.

Jantz, Ronald C.: Innovation in Academic Libraries: An Analysis of University Librarians' Perspectives. In: Library & Information Science Research 34 (2012). S. 3–12.

JISC: Libraries of the future. 2009. http://www.jisc.ac.uk/media/documents/publications/lotbrochure.pdf (19.03.2013).

JISC: Researchers of tomorrow: the research behaviour of generation Y doctoral students. 2012. http://www.jisc.ac.uk/publications/reports/2012/researchers-of-tomorrow.aspx (26.07.2013).

JISC & SCONUL: Library Management Study. An Evaluation and horizon scan of the current library management systems and related systems landscape for UK higher education. March 2008.

http://www.jisc.ac.uk/media/documents/programmes/resourcediscovery/lmsstudy.pdf (23.11.2013).

Jochum, Uwe: Kleine Bibliotheksgeschichte. 3. Aufl. Stuttgart: Reclam 2007 (Reclams Universal-Bibliothek 17667).

Junkes-Kirchen, Klaus: Bibliothekskonsortien, Nationallizenzen, Allianzlizenzen, Pay-per-use / view. Weitere „Geschäftsmodelle" für das Angebot von E-Medien. Vortrag im Rahmen einer Fortbildungsveranstaltung in der UB Bonn, 13. September 2013. http://www.initiativefortbildung.de/pdf/schlaglichter_wandel_4_2_2013/Junkes_Kirchen_Geschaeftsmodelle_2013.pdf (19.11.2013).

Kaltwasser, Franz Georg: Bayerische Staatsbibliothek. Wechselndes Rollenverständnis im Lauf der Jahrhunderte. Wiesbaden: Harrassowitz Verlag 2006 (Beiträge zum Buch- und Bibliothekswesen 49).

Kaplan, Robert S. u. David P. Norton: Balanced Scorcard: Strategien erfolgreich umsetzen. Stuttgart: Schäffer-Poeschel 1997 (Handelsblatt-Reihe).

Kehr, Wolfgang: Einheitliche Verwaltung und Benutzung in Bibliothekssystemen der „alten" Universität. In: Die Hochschulbibliothek. Beiträge und Berichte, dem Direktor der Stadt- und Universitätsbibliothek Frankfurt am Main Clemens Köttelwesch aus Anl. seines 40-jährigen Dienstjubiläums gewidmet. Hrsg. von Klaus-Dieter Lehmann. Frankfurt a. M.: Klostermann 1978 (Zeitschrift für Bibliothekswesen und Bibliographie: Sonderheft 27). S. 95–118.

Keim, Christian: Intranet und Lernen im Prozess der bibliothekarischen Arbeit. Eine empirische Analyse des Intranetsystems sowibis. Master-Arbeit, Innsbruck 2009.

Keller, Alice: Elektronische Zeitschriften. Grundlagen und Perspektiven. Wiesbaden: Harrassowitz 2005 (Bibliotheksarbeit 12).

Keller, Alice: Zeitschriftenkonsortien: Sinn oder Unsinn? In: Wissenschaftliche Zeitschrift und Digitale Bibliothek. Hrsg. von Heinrich Parthey u. Walther Umstätter. Berlin: Gesellschaft für Wissenschaftsforschung 2003. S. 121–134.

Kirchgäßner, Adalbert: Datenbankkonsortium für ReDI. In: Bibliothek Forschung und Praxis (1999) H. 2. S. 153–156.

Kirchner, Hildebert: Grundriß des Bibliotheks- und Dokumentationsrechts. 2. Aufl. Klostermann: Frankfurt am Main 1993 (Das Bibliothekswesen in Einzeldarstellungen).

Kirstein, Andreas u. Lisa Littau: Einführung eines Prozessmanagements an der ETH-Bibliothek Zürich. In: Prozessorientierte Hochschule. Hrsg. von Andreas Degkwitz u. Frank Klapper. Bad Honnef: Bock + Herchen 2011. S. 155–166.

Kliebisch, René: Die Haftungsverfassung der Gesellschaft bürgerlichen Rechts. Eine Fallstudie. In: Zeitschrift für das Juristische Studium (2011) H. 6. S. 445–455.

Klingenberg, Andreas: Der Referenzrahmen Informationskompetenz für die Praxis: Starthilfe für die gemeinsame Vermittlung dieser Schlüsselqualifikation. Vortrag auf dem 101. Deutschen Bibliothekartag Hamburg 2012. urn:nbn:de:0290-opus-12251 (05.02.2014).

Klug, Petra u. Bruno Bauer: BIX – Der Bibliotheksindex. 10 Fragen von Bruno Bauer an Petra Klug, Projektverantwortliche für den BIX in der Bertelsmann-Stiftung. In: Medizin – Bibliothek – Information (2004) H. 3. S. 32–35.

Kluth, Rolf: Die Freihandbibliothek. In: Zeitschrift für Bibliothekswesen und Bibliographie (1960) H. 2. S. 97–110.

Knapp, Jeffrey A.: Plugging the "whole". Librarians as interdisciplinary facilitators. In: Library Review (2012) H. 3. S. 199–214.

Knowledge Exchange: The value of research data. Metrics for datasets from a cultural and technical point of view. 2013.

Köck, Anna Maria [u. a.]: Open Innovation in Bibliotheken. In: Wissenschaftsmanagement (2011) H. 6. S. 20–26.

Köttelwesch, Clemens: Das wissenschaftliche Bibliothekswesen in der Bundesrepublik Deutschland. Teil I: Die Bibliotheken. Aufgaben und Strukturen. 2., überarb. Aufl. Frankfurt a. M.: Klostermann 1980 (Das Bibliothekswesen in Einzeldarstellungen).

Kommunale Gemeinschaftsstelle für Verwaltungsvereinfachung, Bericht 5/1993: Das Neue Steuerungsmodell. http://www.tvoed.info/kgst_nsm_1993.pdf (14.5.20013).

Kooperativer Bibliotheksverbund Berlin-Brandenburg: Cloudbasierte Infrastruktur für Bibliotheksdaten (CIB). http://www.kobv.de/aktuelles/information/datum/2013/04/10/dfg-projekt-cloudbasierte-infrastruktur-fuer-bibliotheksdaten-cib (23.11.2013).

Kristen, Herbert [u. a.]: Offen ohne Ende: Die neue 24-Stunden-Bibliothek der Universität Karlsruhe. In: BIT online (2006) Nr. 4. S. 313–320. http://www.b-i-t-online.de/archiv/2006-04/nach1.htm (25.09.2013).

Kronenberg, Hermann u. Karl Wilhelm Neubauer: Informationsinfrastruktur für Deutschland. Eine notwendige Neupositionierung der Verbundsysteme? In: B.I.T. online (2012) H. 2. S. 101–114.

Kümmel, Christoph: Nach den Sondersammelgebieten. Fachinformationen als forschungsnaher Service. In: Zeitschrift für Bibliothekswesen und Bibliographie (2013) H. 1. S. 5–15.

Kulkarni, Abhaya V. [u. a.]: Comparisons of Citations in Web of Science, Scopus and Google Scholar for Articles Published in General Medical Journals. http://jama.jamanetwork.com/article.aspx?articleid=184519#CONCLUSIONS (25.11.2013).

Kunst in der Bibliothek. Hrsg. von Andrea Zeyns u. Wolfgang Zick. Berlin: Univ. der Künste Berlin 2010.

Kunz, Jürgen u. Matthias Groß: Kooperativer Dienstleistungsverbund – Strategien im bayerischen Verbund zum Aufbau digitaler Bibliotheken. In: Bibliotheken gestalten Zukunft. Kooperative Wege zur digitalen Bibliothek. Hrsg. von Evelinde Hutzler [u. a.]. Dr. Friedrich Geißelmann zum 65. Geburtstag. Göttingen: Universitätsverlag Göttingen 2008. S. 67–80.

Kuth, Martina: In dubio pro Print! Aspekte des Bestandsaufbaus von Sekundärliteratur in einer juristischen Firmenbibliothek im Spannungsfeld von lokaler und virtueller Bibliothek. In: ABI Technik (2013) H. 1. S. 7–18.

Kuttner, Sven u. Günter Heischmann: „'Kaltwasserdusche': Kritische Anmerkungen zu einer bibliothekshistorischen Streitschrift". In: Bibliotheksdienst (2006) H. 11. S. 1251–1258.

Kuttner, Sven: „'Die größte Sorge der Bibliothek aber ist die furchtbare Raumnot ...': Die Gebäudeentwicklung der Universitätsbibliothek München im 19. und 20. Jahrhundert". In: Bibliotheksdienst (2011) H. 5. S. 442–452.

Kuttner, Sven [u. a.]: Neue Wege in der studentischen Literatur- und Informationsversorgung: Die Studentenbibliothek wird eine Teilbibliothek der Universitätsbibliothek München. In: Bibliotheksdienst (2008) H. 5. S. 542–549.

Laakso, Micael u. Bo-Christer Björk: Anatomy of open-access publishing: a study of longitudinal development and internal structure. In: BMC Medicine (2012) H. 124. http://www.biomedcentral.com/1741-7015/10/124 (06.04.2014).

Landesrechnungshof Sachsen-Anhalt, Prüfung der Organisation und Wirtschaftlichkeit der Universitäts- und Landesbibliothek Sachsen-Anhalt in Halle. Dessau 1998.

Lange, Barbara: Jurastudium erfolgreich: Planung, Lernstrategie, Zeitmanagement. 7. Aufl. München: Vahlen 2012.

Langzeitarchivierung von Forschungsdaten – Eine Bestandsaufnahme. http://nestor.sub.uni-goettingen.de/bestandsaufnahme/ (09.01.2014).

Lankes, R. David: The atlas of new librarianship. Cambridge, Mass.: MIT Pr. 2011.

Lazarus, Jens: E-only. Elektronische Zeitschriften in der Universitätsbibliothek Leipzig. In: BIS. Das Magazin der Bibliotheken in Sachsen (2010) H. 1. S. 20–24.

Leiß, Caroline: Videotelefonieren Sie mit uns! Virtuelle Auskunftsdienste an der Universitätsbibliothek der Technischen Universität München. In: Bibliotheksforum Bayern (2013) H. 7. S. 103–107.

Leskien, Hermann: Der lange Weg des Bibliotheksverbunds Bayern zu einem Ablösesystem für BVB-KAT. In: Bibliothek: Forschung und Praxis (BFP) (2001) H. 1. S. 35–38.

Lewis, David. W.: From stacks to the web. The transformation of academic library collecting. In: College and research libraries (2013) H. 3. S. 159–176.

Lichtner, Werner: Von der Zentralbibliothek der Medizinischen Akademie zur Universitätsbibliothek Düsseldorf (Düsseldorfer Arbeiten zur Geschichte der Medizin 25). Düsseldorf: Michael Triltsch Verlag 1967.

Linsler, Ann u. Michael Mönnich: Lernraumkonzept für das Karlsruher Institut für Technologie (KIT), Vortrag auf dem Bibliothekartag 2013. http://www.opus-bayern.de/bib-info/volltexte//2013/1409 (28.10.2013).

Lipp, Anne: Auf dem Prüfstand. Das DFG-geförderte System der Sondersammelgebiete wird evaluiert. In: Zeitschrift für Bibliothekswesen und Bibliografie (2010) H. 5. S. 235–244.

Littau, Lisa u. Andreas Kirstein: Einführung eines Prozessmanagements an der ETH Zürich. In: Prozessorientierte Hochschule. Allgemeine Aspekte und Praxisbeispiele. Hrsg. von Andreas Degkwitz u. Frank Klapper. Bad Honnef: Bock + Herchen 2011. S. 155–166.

Littau, Lisa u. Rudolf Mumenthaler: Reorganisation der ETH-Bibliothek 2010 : Abschlussbericht. Zürich: Eidgenössische Technische Hochschule Zürich 2011.

Löffler, Karl: Geschichte der Württembergischen Landesbibliothek. Leipzig 1923. (Beiheft zum Zentralblatt für Bibliothekswesen 50).

Lohse, Gerhart: Bibliothekswesen. In: Handbuch des Wissenschaftsrechts. Hrsg. von Christian Flämig [u. a.]. Berlin: Springer 1982. Bd. 2. S. 1069–1097.

Lohse, Gerhart: Bielefeld und die Folgen. In: Bibliotheksarbeit heute. Beiträge zur Theorie und Praxis. Festschrift für Werner Krieg zum 65. Geburtstag am 13. Juni 1973. Hrsg. von Gerhart Lohse u. Günter Pflug. Frankfurt: Klostermann 1973 (Zeitschrift für Bibliothekswesen und Bibliographie: Sonderheft 16). S. 199–208.

Lohse, Gerhart: Die Universitätsbibliotheken und das Problem der akademischen Freiheit. In: Zeitschrift für Bibliothekswesen und Bibliographie (1973). S. 1–13.

Long, Matthew P. u. Roger C. Schonfeld: Supporting the changing research practices of chemists. Research support project: Chemistry project. Ithaka: S + R 2013. http://www.sr.ithaka.org/research-publications/supporting-changing-research-practices-chemists (16.06.2013).

Lux, Claudia u. Wilfried Sühl-Strohmenger: Teaching Library in Deutschland. Vermittlung von Informations- und Medienkompetenz als Kernaufgabe für Öffentliche und Wissenschaftliche Bibliotheken. Wiesbaden: Dinges & Frick 2004 (B.I.T.online Innovativ 9).

Marks, Erwin: Die Entwicklung des Bibliothekswesens der DDR. Leipzig: VEB Bibliographisches Institut 1985.

Mathys, Roland: 1629 Stadtbibliothek – Zentralbibliothek 1979. Zürich 1979.

Matschkal, Leo: E-Books – Elektronische Bücher: Nutzung und Akzeptanz Umfrage an bayerischen wissenschaftlichen Bibliotheken. http://www.b-i-t-online.de/archiv/2009-04/fach3.htm#8 (08.10.2013).

Maurer, Hartmut: Allgemeines Verwaltungsrecht. 18. Aufl. München: Beck 2011 (Grundrisse des Rechts).

Mauthe, Sybille: Filiale im Feld – Die Zweigstelle für Medizin und Naturwissenschaften der Universitätsbibliothek Heidelberg. In: GMS Medizin Bibliothek Information (2009) H. 2/3. DOI: 10.3205/mbi000162.

Melzer, Ingo [u. a.]: Service-orientierte Architekturen mit Web Services. Konzepte – Standards – Praxis. 4. Aufl. Heidelberg: Spektrum 2010.

Mentzel, Wolfgang u. Matthias Nöllke: Managementwissen. Freiburg: Haufe-Lexware 2012. S. 6077. http://www.wiso-net.de/webcgi?START=A60&DOKV_DB=HAUF&DOKV_NO=9783648028865251&DOKV_HS=0&PP=1 (14.5.2013).

Meyer, Thorsten: Das Theorie-Praxis-Problem – Erfahrungen eines Ökonomen im Reorganisationsmanagement. In: Neue Führungskräfte in Bibliotheken, Erfahrungsberichte aus der Praxis. Hrsg. von Kristin Futterlieb u. Ivo Vogel. Wiesbaden: Harrassowitz 2013. S. 117–128.

Meyer, Thorsten u. Claudia Liebetruth: Change Management in Business Libraries. In: Business School Libraries in the 21st Century. Ed. by Tim Wales. Farnham: Ashgate Publ. 2014.

Middendorf, Elke [u. a.]: Die wirtschaftliche und soziale Lage der Studierenden in Deutschland 2012. 20. Sozialerhebung des Deutschen Studentenwerks (...) Bonn [u. a.]: Bundesministerium für Bildung und Forschung 2013. http://www.sozialerhebung.de/download/20/soz20_hauptbericht_gesamt.pdf (31.02.2014).

Mikat, Paul u. Helmut Schelsky: Gründzüge einer neuen Universität. Zur Planung einer Hochschulgründung in Ostwestfalen. Gütersloh: Bertelsmann 1966.

Mittelbach, Jens: Zur Zukunft von Bibliothekssoftware. Workshop mit Marshall Breeding an der UB Leipzig. In: BIS – Das Magazin der Bibliotheken in Sachsen (2011) H. 1. S. 26f.

Mittler, Elmar: Der Aufbau von Bibliothekssystemen an den Universitäten des Landes Baden-Württemberg. In: Vom Strukturwandel deutscher Hochschulbibliotheken. Hrsg. von Wolf Haenisch u. Clemens Köttelwesch. Frankfurt a. M.: Klostermann 1973 (Zeitschrift für Bibliothekswesen und Bibliographie: Sonderheft 14). S. 44–85.

Mittler, Elmar: Die Bibliothek der Zukunft. Überlegungen aus Anlaß der Planungen zu einem Informations- und Kommunikationszentrum in Adlershof (Berlin). In: Bibliothek. Forschung und Praxis (1996) H. 2. S. 259–261.

Mittler, Elmar: Editorial. Bibliothekarische Verbundsysteme – eine Zwischenbilanz. In: Bibliothek. Forschung und Praxis (2001) H.1. S. 11f.

Mittler, Elmar: Zukunft der Bibliotheken. In: Handbuch Bibliothek. Geschichte, Aufgaben, Perspektiven. Hrsg. von Konrad Umlauf u. Stefan Gradmann. Stuttgart, Weimar: Metzler 2012. S. 391–394.

Möllers, Thomas M. J.: Juristische Arbeitstechnik und wissenschaftliches Arbeiten. 6., neubearb. Aufl. München: Vahlen 2012.

Moravetz-Kuhlmann, Monika: Das Bayerische Etatmodell 2010. In: Zeitschrift für Bibliothekswesen und Bibliographie (2010) H. 5. S. 253–270.

Moravetz-Kuhlmann, Monika: Erwerbungspolitik, Etatplanung und Mittelallokation in wissenschaftlichen Bibliotheken. In: Praxishandbuch Bibliotheksmanagement. Hsrg. von Griebel, Rolf [u. a.]. Im Druck.

Müller, Harald: Was erwarten juristische Bibliotheken von einer Bibliothekswissenschaft? In: Bibliothekswissenschaft - quo vadis? Hrsg. von Petra Hauke. München: Saur 2005. S. 255–264.

Müller, Wilfried: Staats- und Universitätsbibliothek Bremen: Interne und externe Kooperation als Voraussetzung einer erfolgreichen Entwicklung. In: Vom Katharinen-Kloster zum Hochschulcampus: Bremens wissenschaftliche Literaturversorgung seit 1660. Hrsg. von Thomas Elsmann [u. a.]. Bremen 2010 (Schriften der Staats- und Universitätsbibliothek Bremen 7). S. 15–29.

Müller-Heidelberg, Anna: Bücher-Entführer an der Uni: Kleptomanische Juristen, eifersüchtige Theologen. http://www.spiegel.de/unispiegel/studium/buecher-entfuehrer-an-der-uni-kleptomanische-juristen-eifersuechtige-theologen-a-792521.html (08.10.2013).

Mumenthaler, Rudolf: Innovationsmanagement an Hochschulbibliotheken am Beispiel der ETH-Bibliothek Zürich. In: Ein neuer Blick auf Bibliotheken. 98. Deutscher Bibliothekartag in Erfurt 2009. Hrsg. von Ulrich Hohoff u. Christiane Schmiedeknecht. Hildesheim: Olms 2010. S. 134–148.

Mumenthaler, Rudolf: Produkt- und Innovationsmanagement. Praxisbeispiel aus der ETH-Bibliothek Zürich. In: Prozessorientierte Hochschule. Allgemeine Aspekte und Praxisbeispiele. Hrsg. von Andreas Degkwitz u. Franz Klapper. Bad Honnef: Bock + Herchen 2011. S. 167–180.

Mumenthaler, Rudolf u. Yvonne Voegeli: Ohne Bibliothek keine Wissenschaft. Zur Geschichte der ETH-Bibliothek. In: Blättern und Browsen. 150 Jahre ETH-Bibliothek. Hrsg. von der ETH-Bibliothek. Zürich 2005. S. 11–68.

Mundt, Sebastian u. Cornelia Vonhof: Managementinstrumente in deutschen Bibliotheken – Eine bundesweite Untersuchung zu Einsatz und Verbreitung. In: Bibliothek (2007) H. 3. S. 318–325.

Nestor: Langzeitarchivierung von Forschungsdaten. Eine Bestandsaufnahme. http://nestor.sub.uni-goettingen.de/bestandsaufnahme/ (09.01.2014).

Netzwerk Informationskompetenz Baden-Württemberg: Förderung von Informationskompetenz in Baden-Württemberg – Potenziale der Wissenschaftlichen Bibliotheken des Landes. Stellungnahme [...]. http://www.informationskompetenz.de/fileadmin/DAM/documents/NIK-BW_Stellungnahme_Foerderung_IK.pdf (05.02.2014).

Netzwerk Informationskompetenz Baden-Württemberg: Konzept zur Vermittlung von Informationskompetenz an Schüler der gymnasialen Oberstufe. Empfehlung der baden-württembergischen Landes- und Hochschulbibliotheken. http://www.informationskompetenz.de/fileadmin/user_upload/Konzept_zur_Vermittl_1555.pdf (05.02.2014).

Neubauer, Karl Wilhelm: Integrated Library Systems (ILS) und Unified Ressource Management (URM). Die Zukunft der lokalen Bibliothekssysteme. In: B.I.T. online (2010) H. 2. S. 119–128.

Neubauer, Karl Wilhelm u. Volker Tölle: Katalogisierungsverbund regional oder national? Zu den Empfehlungen für den Aufbau regionaler Verbundsysteme. In: Verband der Bibliotheken des Landes Nordrhein-Westfalen. Mitteilungsblatt (1980). S. 165–197.

Neumann, Britta: Entwicklung von Qualitätsstandards für die Nachbarschaftsbibliotheken der Bücherhallen Hamburg. Hausarbeit. Hamburg: Hochschule für Angewandte Wissenschaften 2007.

Nicolai, Christiana: Betriebliche Organisation. Stuttgart: Lucius & Lucius 2009.

Niedermair, Klaus: Die neue Fakultätsbibliothek für Sozial- und Wirtschaftswissenschaften an der Universität Innsbruck. In: Mitteilungen der Vereinigung Österreichischer Bibliothekarinnen & Bibliothekare (1999) H. 2. S. 64–73.

Niedermair, Klaus: Recherchieren und Dokumentieren. Der richtige Umgang mit Literatur im Studium. Konstanz: UVK 2010.

Niedermair, Klaus u. Johannes Humer: Publikationen an den SoWi-Fakultäten der Universität Innsbruck 1999–2008: Fakultät für Betriebswirtschaft, Fakultät für Politikwissenschaft und Soziologie, Fakultät für Volkswirtschaft und Statistik. Innsbruck: Studia-Univ.-Verl. 2009.

Niggemann, Elisabeth u. Werner Reinhardt: 1000 Zeitschriften im Volltext elektronisch verfügbar. In: Bibliotheksdienst (1997) H. 11. S. 2147–2150.

Nilges, Annemarie: Nomen est omen. Oder: kleine Anmerkungen zum Begriff Fachbibliotheken im System der Universitäts- und Landesbibliothek Düsseldorf. In: Bücher für die Wissenschaft. Bibliotheken zwischen Tradition und Fortschritt. Festschrift für Günter Gattermann zum 65. Geburtstag. Hrsg. von Gert Kaiser. München [u. a.]: K. G. Saur 1994. S. 431–441.

Nilges, Annemarie [u. a.]: Standards für die Vermittlung von Informationskompetenz an der Hochschule. In: Bibliotheksdienst (2003) H. 4. S. 463–465.

Nitze, Andreas: Die Rechtsstellung der wissenschaftlichen Bibliotheken. Zugleich ein Beitrag zum Anstaltsrecht. Berlin: Duncker & Humblot 1967 (Schriften zum Öffentlichen Recht 67).

Niu, Xi u. Bradley Hemminger: A study of factors that affect the information seeking behaviour of academic scientists. In: Journal of the American Society for Information Science and Technology (2012) H. 2. S. 336–353.

Norek, Sabine: Die elektronische wissenschaftliche Fachzeitschrift. In: Nachrichten für den Dokumentar. (1997) H. 3. S. 137–149.

Oberhauser, Otto: Die Universitätsbibliothek der Technischen Universität Wien aus der Sicht ihrer Benutzer – Ergebnisse einer empirischen Untersuchung. Wien: Österreichisches Institut für Bibliotheksforschung, Dokumentations- und Informationswesen 1989.

Obert, Marcus: Medienentwicklung und Verantwortung der Bibliotheken der Höchstgerichtsbarkeit. In: Festschrift für Dietrich Pannier zum 65. Geburtstag am 24. Juni 2010. Hrsg. von Detlev Fischer u. Marcus Obert. Köln: Heymann 2010. S. 323.

O'Clair, Katherine: The busy librarian's guide to information literacy in science and engineering. Chicago, Ill.: Association of College and Research Libraries 2012.

Österreichische Rektorenkonferenz (Hrsg.): Wissensbilanz – Bilanz des Wissens? Die Wissensbilanz für Universitäten im UG 2002. Wien: Österr. Rektorenkonferenz 2003.

Oxnam, Maliaca: The Informed Engineer: 33rd. ASEE/IEEE Frontiers in Education Conference FIE 5-8. Boulder, CO 2003.

Pädagogische Hochschule Freiburg: TÜV-Süd-Zertifikat für die Bibliothek der Pädagogischen Hochschule Freiburg. Pressemitteilung 10. September 2013. https://www.ph-freiburg.de/fileadmin/dateien/zentral/presse/pressemitteilungen/pm_tuev_zertifikat.pdf (08.12.2013).

Papenfuß, Matthias: Die personellen Grenzen der Autonomie öffentlich-rechtlicher Körperschaften. Berlin: Duncker & Humblot 1991 (Schriften zum öffentlichen Recht 596).

Paschek, Günter Franz: Die Bibliothek für Rechtswissenschaft. In: Tradition – Organisation – Innovation. Bd. 2. Hrsg. von Albert Raffelt. Freiburg i. Br.: Univ.-Bibliothek 1991. S. 87–95.

Passig, Kathrin: Die Zukunft des Papierverleihs. http://www.zeit.de/digital/internet/2013-11/passig-bibliotheken-internet (06.11.2013).

Pehlke, Rainer: LibQUAL+TM. Ein Instrument zur Messung der Servicequalität in Bibliotheken. In: BuB (2002) H. 10/11. S. 654–657.

Petersen, Niels: Das Satzungsrecht von Körperschaften gegenüber Externen. In: Neue Zeitschrift für Verwaltungsrecht (2013) H. 13. S. 841–846.

Piguet, Arlette: Das Wissensportal der ETH-Bibliothek, ein Fallbeispiel für User-Centered Design. In: Benutzerorientierte Bibliotheken im Web. Usability-Methoden, Umsetzung und Trends. Hrsg. von Bernard Bekavac [u. a.]. Berlin: De Gruyter Saur 2011. S. 119–138.

Pohl, Angela: Der Aufbau eines fachlichen Repositoriums für die Rechtswissenschaft im Rahmen der Virtuellen Fachbibliothek Recht unter besonderer Berücksichtigung des Publikationsverhaltens der Rechtswissenschaftler. 2010. http://edoc.hu-berlin.de/series/berliner-handreichungen/2010-281/PDF/281.pdf (08.10.2013).

Poll, Roswitha u. Peter te Boeckhorst: Measuring Quality: International Guidelines for Performance Measurement in Academic Libraries. 2. Aufl. München: Saur 2007 (IFLA Publications 127).

Pongratz, Walter: Geschichte der Universitätsbibliothek Wien. Wien: Böhlau 1977.

Praxishandbuch Bibliothekmanagement. Hrsg. von Rolf Griebel [u. a.]. Boston [u. a.]: De Gruyter Saur 2014.

Putzke, Holm: Juristische Arbeiten erfolgreich schreiben. 4. Aufl. München: C. H. Beck 2012.

Ramminger, Eva u. Nicole Graf: Informationsmanagement an der ETH Zürich. Ergebnisse einer qualitativen Expertenbefragung der ETH-Bibliothek zum Umgang mit Literatur und Informationsressourcen in Forschung und Lehre. Zürich: ETH-Bibliothek 2007. http://dx.doi.org/10.3929/ethz-a-005472952 (14.01.2014).

Reinhardt, Werner [u. a.]: 5 Jahre GASCO. Konsortien in Deutschland, Österreich und der Schweiz. In: Zeitschrift für Bibliothekswesen und Bibliographie (2005) H. 5. S. 245–266.

Reuter, Peter: Ein Bibliothekssystem im Umbruch: Die Einführung der funktionalen Einschichtigkeit an der Justus-Liebig-Universität in Gießen. In: ABI-Technik (2003) H. 1. S. 37–46.

Reymer, Martin: Einführung eines RFID basierten Selbstabholbereichs für Fernleihbestände an der ULB Düsseldorf. In: MALIS-Praxisprojekte 2013. Projektberichte aus dem berufsbegleitenden Masterstudiengang Bibliotheks- und Informationswissenschaft der Fachhochschule Köln. Hrsg. von Achim Oßwald [u. a.]. Wiesbaden: Dinges & Frick 2013 (B.I.T. online – Innovativ 44). S. 121–136.

RFID für Bibliothekare: ein Vademecum. Hrsg.von Frank Seeliger [u. a.]. Berlin 2013.

Roberts, Sue u.Jennifer E. Rowley: Leadership: The Challenge for the Information Profession. London: Facet Publishing 2008.

Rodrigues, Ronald: Industry expectations for the New Engineer. In: Science & Technology Libraries (2001) H. 3/4. S. 179–188.

Rösch, Hermann: Die Bibliothek und ihre Dienstleistungen. In: Handbuch Bibliothek. Geschichte, Aufgaben, Perspektiven. Hrsg. von Konrad Umlauf u. Stefan Gradmann. Stuttgart/Weimar: Verlag J. B. Metzler 2012. S. 93–107.

Roessler, Isabel: Was war? Was bleibt? Was kommt? 15 Jahre Erfahrungen mit Rankings und Indikatoren im Hochschulbereich. Gütersloh: CHE gemeinnütziges Centrum für Hochschulentwicklung, 2013 (Arbeitspapier 167).

Rolfs, Christian u. Sara Rossi-Wilberg: Die Ausbildung im Schwerpunktbereich und die erste Prüfung an den juristischen Fakultäten in Deutschland. In: Juristische Schulung (2007) H. 4. S. 300–307.

Ross Housewright, Roger C. u. Kate Wulfson Schonfeld: UK survey of academics 2012. Ithaka S + R, JISC, RLUK 2013. http://www.sr.ithaka.org/research-publications/us-faculty-survey-2012 (16.06.2013).

Ross Housewright, Roger C. u. Kate Wulfson Schonfeld: US faculty survey 2012. Ithaka S + R 2013. http://www.sr.ithaka.org/research-publications/us-faculty-survey-2012 (16.06.2013).

Rothe, Hans Werner: Über die Gründung einer Universität zu Bremen. Denkschrift, vorgelegt der Universitätskommission des Senats der Freien Hansestadt Bremen. Bremen: Schünemann 1961.

Rückblenden, Einsichten, Ausblicke. Wissen teilen. 175 Jahre Universität Zürich. Hrsg. von der Universitätsleitung der Universität Zürich. Zürich 2008.

Sadeh, Tamar u. Jenny Walker: Library portals. Toward the semantic Web. In: New Library World (2003) H. 1/2. S. 11–19.

Sartori, Nicolas: Forschungsergebnisse der Universität Basel – für alle offen. In: Momentaufnahmen 2013/14. Basel: Universitätsbibliothek 2013. S. 30–33.

Schäffler, Hildegard: Open Access. Ansätze und Perspektiven in den Geistes- und Kulturwissenschaften. In: Bibliothek. Forschung und Praxis (2012) H. 3. S. 305–311.

Schiller, Robert: Das Universitätsgesetz 2002 und seine organisationsrechtlichen Auswirkungen auf die Universitätsbibliotheken Österreichs. In: Universitätsbibliotheken im Fokus. Aufgaben und Perspektiven der Universitätsbibliotheken an öffentlichen Universitäten in Österreich. Hrsg. von Bruno Bauer. Graz: Neugebauer 2013 (Schriften der Vereinigung Österreichischer Bibliothekarinnen und Bibliothekare (VÖB) 13). S. 23–32.

Schiller, Robert: Universitätsbibliothek der Universität für Musik und darstellende Kunst Graz (UBKUG). In: AKMB-news (2011) H. 2. S. 31–34.

Schimmel, Roland: Juristische Klausuren und Hausarbeiten richtig formulieren. 10. Aufl. München: Vahlen 2012.

Schimmer, Ralf: Open Access und die Re-Kontextualisierung des Bibliothekserwerbungsetats. In: Bibliothek. Forschung und Praxis (2012) H. 3. S. 293–299.

Schirmbacher, Peter: Das Erwin Schrödinger-Zentrum. Konzentriertes Serviceangebot für Forschung, Lehre und Studium. In: cms-journal (2003) Nr. 24. S. 5–8. http://nbn-resolving.de/urn:nbn:de:kobv:11-10025098 (31.11.2013).

Schirmbacher, Peter: Integriertes Informationsmanagement an der Humboldt-Universität zu Berlin. Aufbau eines Informations- und Kommunikationszentrums in Berlin-Adlershof. In: Informationsinfrastrukturen im Wandel. Informationsmanagement an deutschen Hochschulen. Hrsg. von Andreas Degkwitz u. Peter Schirmbacher. Bad Honnef: Bock + Herchen 2007. S. 40–52.

Schlosser, Anna: Universitätsspital-Bibliothek Zürich (USZB). Kostenanalyse der dezentralen Klinikbibliotheken. Projektarbeit: Zürich 1999.

Schmidt, Ronald M. u. Bruno Bauer: Deutsche Bibliotheksstatistik (DBS): Konzept, Umsetzung und Perspektiven für eine umfassende Datenbasis zum Bibliothekswesen in Deutschland.
10 Fragen von Bruno Bauer an Ronald M. Schmidt, Leiter der DBS. In: GMS Medizin – Bibliothek- Information (2008) H. 1. Doc05.

Schmidt-Vogt, Katharina: Benutzerbefragung als Instrument der Qualitätskontrolle für wissenschaftliche Bibliotheken. Eine empirische Erhebung der Benutzungssituation in der Niedersächsischen Staats- und Universitätsbibliothek Göttingen. Hannover: Diplomarbeit, 1997.

Schnelling, Heiner: Historische Bausubstanz, Provisorium, Rekonstruktion, Neubau – Aspekte der baulichen Entwicklung der Universitäts- und Landesbibliothek Sachsen-Anhalt in Halle nach der Wende. In: ABI-Technik (2001) H. 1. S. 12–25.

Schnelling, Heiner: Strukturfragen einschichtiger Bibliothekssysteme: das Beispiel der Universitäts- und Landesbibliothek Sachsen-Anhalt in Halle (Saale). In: Geschichte, Gegenwart und Zukunft der Bibliothek. Festschrift für Konrad Marwinski zum 65. Geburtstag. Hrsg. von Dorothee Reißmann. München: Saur 2000. S. 167–178.

Schnelling, Heiner: Neues Landeshochschulgesetz Sachsen-Anhalt: zur Rolle der wissenschaftlichen Bibliotheken. In: Mitteilungsblatt der Bibliotheken in Niedersachsen und Sachsen-Anhalt (2004) Nr. 129. S. 17–19.

Schnelling, Heiner: Die Ordnung der Universitäts- und Landesbibliothek Sachsen-Anhalt in Halle (Saale). In: Mitteilungsblatt der Bibliotheken in Niedersachsen und Sachsen-Anhalt (2000) Nr. 115/116. S. 23–29.

Schnelling, Heiner u. Dorothea Sommer: Innovation und Kooperation: Digitalisierung in der Universitäts- und Landesbibliothek Sachsen-Anhalt, Halle (Saale). In: Digitalisierung in Regionalbibliotheken. Hrsg. von Irmgard Siebert. Frankfurt: Klostermann 2011. S. 117–134.

Schnelling, Heiner u. Dorothea Sommer: Die Universitäts- und Landesbibliothek Sachsen-Anhalt in Halle: ein einschichtig organisiertes dezentrales Bibliothekssystem. In: Zeitschrift für Bibliothekswesen und Bibliographie (2002) H.5/6, S. 271–277.

Scholze, Frank: Die Open Access-Strategie des KIT. In: B.I.T. online (2010) H. 4 S. 379–383.

Scholze, Frank u. Maja Bailer: Aus dem Schützengraben nach Schätzen graben und nach den Sternen greifen – Der Fusions- und Entwicklungsprozess der KIT-Bibliothek. In: Like It Lead It Change It: Führung im Veränderungsprozess. Hrsg. von Daniela Eberhardt. Heidelberg: Springer 2012. S. 75–84. http://dx.doi.org/10.1007/978-3-642-25623-3_2 (24.09.2013).

Schomerus, Thomas u. Yvonne Hobro: Verwaltungsrecht. 2. Aufl. Planegg: Haufe 2007.

Schoppnies, Erhard: Erste Schritte beim Aufbau einer naturwissenschaftlichen Zentralbibliothek für Naturwissenschaft, Mathematik, Informatik, Technik und Wirtschaft in Berlin-Adlershof. In: Bibliotheksdienst (1992) H. 5. S. 708–712.

Schrape, Jan-Felix: Der Wandel des Buchhandels durch Digitalisierung und Internet. Stuttgart: Institut für Sozialwissenschaften, Organisations- und Innovationssoziologie 2011. S. 31. http://www.uni-stuttgart.de/soz/oi/publikationen/ SCHRAPE2011_Wandel_des_Buchhandels.pdf (110.11.2013).

Schubel, Bärbel: Das Bibliothekssystem der Universität Freiburg. In: Campusbibliotheken in der Freien Universität Berlin? Kostensenkung durch Reorganisation – aber wie? Hrsg. von Rolf Busch. Berlin: Freie Universität 1996 (Beiträge zur bibliothekarischen Weiterbildung 9). S. 105–115.

Schubel, Bärbel u. Wilfried Sühl-Strohmenger: Literatur- und Informationsversorgung im Freiburger Bibliothekssystem – 35 Jahre Bibliotheksreform an der Albert-Ludwigs-Universität. In: Die innovative Bibliothek. Elmar Mittler zum 65. Geburtstag. Hrsg. von Erland Kolding Nielsen [u. a.]. München: Saur 2005. S. 51–66.

Schüller-Zwierlein, André: Ins Cockpit des Nutzers: Bausteine der digitalen Bibliothek an der Universitätsbibliothek München. In: Bibliotheken für die Zukunft – Zukunft für die Bibliotheken. 100. Deutscher Bibliothekartag in Berlin 2011. Hrsg. von Ulrich Hohoff u. Daniela Lülfing. Hildesheim [u. a.]: Olms 2012. S. 379–384.

Schüller-Zwierlein, André: Organisations- und Personalentwicklung in der Praxis: Der Bologna-Prozess an Deutschlands größter Universität als strategische und logistische Herausforderung. In: Information und Ethik. Dritter Leipziger Kongress für Information und Bibliothek. Leipzig, 19. bis 22. März 2007. Tagungsband. Hrsg. von Barbara Lison. Wiesbaden: Dinges & Frick 2008. S. 509–517.

Schwalbe, Ingeborg: Die Fachbibliotheken der Universitätsbibliothek. In: Universitätsbibliothek. Beiträge zur feierlichen Übergabe des Neubaus am 26. November 1979. Düsseldorfer Uni-Mosaik (Schriftenreihe der Universität Düsseldorf 2). S. 63–68.

Schwerpunktinitiative „Digitale Information" und Allianz der deutschen Wissenschaftsorganisationen: Fortsetzung der Zusammenarbeit in den Jahren 2013 bis 2017 (München, 26. Juni 2012). http://www.allianzinitiative.de/fileadmin/user_upload/ Schwerpunktinitiative_2013-2017.pdf (23.10.2013).

Schwerpunktinitiative „Digitale Information" der Allianz der deutschen Wissenschaftsorganisationen: Nationale Lizensierung. http://www.allianzinitiative.de/de/start/ handlungsfelder/nationale_lizenzierung/ (09.01.2014).

Seifert, E.: Verbleib und Benutzung der Bibliotheksbestände der Institute und Einrichtungen der ehemaligen Akademie der Wissenschaften (AdW) der DDR. In: Bibliotheksdienst (1992) H. 5. S. 702–703.

Seissl, Maria, u. Wolfgang Nikolaus Rappert: Universität Wien, Dienstleistungseinrichtung Bibliotheks-und Archivwesen. In: Universitätsbibliotheken im Fokus. Aufgaben und Perspektiven der Universitätsbibliotheken an öffentlichen Universitäten in Österreich. Hrsg. von Bruno Bauer [u. a.]: Graz-Feldkirch: Neugebauer 2013. S. 352–357.

Senders, John: The Scientific Journal of the Future. In: The American Sociologist (1976) H. 11. S. 160–164. http://www.utsc.utoronto.ca/~elpub2008/Senders,%20Scientific%20Journals.pdf (05.11.2013).

Sens, Irina: [GetInfo] Relaunch und Perspektiven. In: Password (2009) S. 14. http://www.wiso-net.de/webcgi?START=A60&DOKV_DB=ZECO&DOKV_NO=PASS090910019&DOKV_HS=0&PP=1(16.08.2013).

Sieben, Friedhelm: Bauliche Gesamtplanung der Bibliothekseinrichtungen der Universität. In: Universitätsbibliothek. Beiträge zur feierlichen Übergabe des Neubaus am 26. November 1979. Düsseldorfer Uni-Mosaik 1980 (Schriftenreihe der Universität Düsseldorf 2). S. 97–104.

Sieber, Ulrich: Verknappung, Verlagerung, Vernichtung. Die Württembergische Landesbibliothek in schwerer Zeit zwischen 1933 und 1945. In: Bücher, Menschen und Kulturen. Festschrift für Hans-Peter Geh zum 65. Geburtstag. Hrsg. von Birgit Schneider [u. a.]. München 1999. S. 14–28.

Siebert, Irmgard: Die Universitäts- und Landesbibliothek – Aufgaben, Leistungen, Struktur und Ziele. In: Jahrbuch der Heinrich-Heine-Universität 2001. Düsseldorf 2001. S. 361–372.

Siebert, Irmgard: Elektronische Medien in der Informationsversorgung der Universitäts- und Landesbibliothek Düsseldorf. In: Jahrbuch der Heinrich-Heine-Universität 2007/2008. Düsseldorf: düsseldorf university press 2008. S. 639–649.

Siebert, Irmgard: Die Entwicklung der Universitäts- und Landesbibliothek 2011–2015. http://docserv.uni-duesseldorf.de/servlets/DerivateServlet/Derivate-20008/Entwicklung_ULB_201103.pdf (12.09.2013).

Siebert, Irmgard: Zur Geschichte der Arbeitsgemeinschaft der Universitätsbibliotheken (AGUB) in Nordrhein-Westfalen. In: Der Bibliothekar im 21. Jahrhundert – ein traditionsbewusster Manager. Festschrift für Wolfgang Schmitz zum 60. Geburtstag. Hrsg. von Rolf Thiele. Köln: Universitäts- und Stadtbibliothek 2009. S. 255–278.

Siebert, Irmgard u. Klaus Peerenboom: Prozessoptimierung am Beispiel der Nutzung der Selbstausleihe. Ein Projekt der Universitäts- und Landesbibliothek Düsseldorf in Zusammenarbeit mit der 3M Deutschland GmbH. In: Bibliotheksdienst (2005) H. 4. S. 487–495.

Siebert, Irmgard u. Dietmar Haubfleisch: Catalogue Enrichment in Nordrhein-Westfalen. Geschichte, Ergebnisse, Perspektiven. In: Bibliotheksdienst (2008) H. 4. S. 384–391.

Simukovic, Elena [u. a.]: Forschungsdaten an der Humboldt-Universität zu Berlin. Bericht über die Ergebnisse der Umfrage zum Umgang mit digitalen Forschungsdaten an der Humboldt-Universität zu Berlin. Berlin 2013. http://nbn-resolving.de/urn:nbn:de:kobv:11-100213001 (31.11.2013).

Söllner, Konstanze: Bauliche Rahmenbedingungen bei der Zusammenlegung von Institutsbibliotheken. In: ABI-Technik (2005) H. 4. S. 260–265.

Söllner, Konstanze: Die neue Teilbibliothek Theologie – Philosophie an der Universitätsbibliothek München. In: Bibliotheksforum Bayern (2004) H. 3. S. 207–219. Online 2006: http://fiz1.fh-potsdam.de/volltext/bfb/06086.pdf (27.11.2013).

Sommer, Dorothea: Change processes at the State and University Library Saxony-Anhalt since 1990. In: Organisational change – challenge or headache for managers? A case study of a former East-German university library from a senior management perspective. In: Management of library and information services at the University and State Library Saxony-Anhalt. Halle (Saale): Universitäts- und Landesbibliothek 2000 (Schriften zum Bibliotheks- und Büchereiwesen in Sachsen-Anhalt 80). S. 192–204.

Staehle, Wolfgang H. [u. a.]: Management. Eine verhaltenswissenschaftliche Perspektive. 8., überarbeitete Auflage. München: Vahlen 1999.

Standards der Informationskompetenz für Studierende. Hrsg. vom Netzwerk Informationskompetenz Baden-Württemberg (NIK-BW). http://www.informationskompetenz.de/fileadmin/user_upload/Standards_der_Inform_88.pdf (0502.2014).

Steinhauer, Eric W.: Aktuelle Entwicklungen im Thüringer Bibliotheksrecht. Anmerkungen zur geplanten Novelle des Thüringer Hochschulgesetzes und zum Stand der Initiative für ein Thüringer Bibliotheksgesetz. In: Bibliotheksdienst (2006) H. 7. S. 880–897.

Steinhauer, Eric W.: Bibliotheksgesetzgebung. Eine kurze Einführung. In: Bibliotheksgesetzgebung. Ein Handbuch für die Praxis, insbesondere im Land Baden-Württemberg. Hrsg. von Eric W. Steinhauer u. Cornelia Vonhof. Bad Honnef: Bock + Herchen 2011.

Steinhauer, Eric W.: Die Aufgaben der Hochschulbibliotheken im Land Sachsen-Anhalt. Anmerkungen zur Neufassung des Hochschulgesetzes. In: Bibliotheksdienst (2005) H. 7. S. 953–963.

Steinhauer, Eric W.: Das Urheberrecht als Benutzungsrecht der digitalisierten Bibliothek. In: Kodex – Jahrbuch der Internationalen Buchwissenschaftlichen Gesellschaft (2011). S. 103–113.

Steinhauer, Eric W.: Die Bibliothek und ihre Träger. In: Handbuch Bibliothek. Geschichte, Aufgaben, Perspektiven. Hrsg. von Konrad Umlauf u. Stefan Gradmann. Stuttgart: Metzler 2012. S. 246–265.

Steinhauer, Eric W.: Juristische Informationskompetenz. In: Handbuch Informationskompetenz. Hrsg. von Wilfried Sühl-Strohmenger. Boston [u. a.]: de Gruyter Saur 2012. S. 362–372.

Stern, Klaus: Das Staatsrecht der Bundesrepublik Deutschland. Bd. 4/2. München: Beck 2011.

Stitz, Tammy: Learning from Personal Experience. What's needed in Information Literacy Outreach: An Engineering Student returns to her Alma Mater as an Engineering Librarian. In: Science & Technology Libraries (2010) H. 3. S. 189–199.

Stoltzenburg, Joachim: Bibliothek zwischen Tradition und Fortschritt. In: Verband der Bibliotheken des Landes Nordrhein-Westfalen. Mitteilungsblatt N.F. (1984). S. 433–456.

Strauch, Hans-Joachim: Wandel des Rechts durch juristische Datenbanken? In: Deutsches Verwaltungsblatt (2007) S. 1000–1007.

Stucki, Hans Peter u. Michael Ganz: Meilensteine der Universitätsgeschichte. In: Rückblenden, Einsichten, Ausblicke. Wissen teilen. 175 Jahre Universität Zürich. Hrsg. von der Universitätsleitung der Universität Zürich. Zürich 2008. S. 127–134.

Sühl-Strohmenger, Wilfried: Das Bibliothekssystem der Albert-Ludwigs-Universität Freiburg im Breisgau. Bestandsaufnahme und Ausblick. Freiburg i. Br.: Universitätsbibliothek 1989 (Schriften der Universitätsbibliothek Freiburg im Breisgau 14).

Sühl-Strohmenger, Wilfried: Digitale Welt und Wissenschaftliche Bibliothek – Informationspraxis im Wandel. Wiesbaden: Harrassowitz Verlag 2008 (Bibliotheksarbeit 11).

Sühl-Strohmenger, Wilfried: Teaching Library. Förderung von Informationskompetenz durch Hochschulbibliotheken. Berlin [u. a.]: de Gruyter 2012 (Bibliothek: Monographien zu Forschung und Praxis 1).

Sühl-Strohmenger, Wilfried: Vermittlung der Schlüsselqualifikationen Informations- und Medienkompetenz in den neuen Studiengängen. Ziele, Anforderungen, Konzepte, Strategien – am Beispiel ausgewählter Hochschulbibliotheken. In: B.I.T.online (2007) H. 3. S. 197–208. http://www.b-i-t-online.de/heft /2007-03/fach1.htm (08.10.2013).

Sühl-Strohmenger, Wilfried [u. a.]: Open Access Publikationskosten aus dem Erwerbungsetat? In: B.I.T. Online (2013) H. 4. S. 307–309.

Teaching Library – eine Kernaufgabe für Bibliotheken. Hrsg. von Ute Krauß-Leichert. Frankfurt a. M.: Lang 2007.

Tenopier, Carol: Online Databases: Searching Full-Text Databases. In: Library Journal (1988) H. 8. S. 60–61.

The student experience and the future of libraries. In: JISC Inform (2013). http://www.jisc.ac.uk/inform/inform36/Libraries OfTheFuture.html (08.04.2013).

Tettinger, Peter J.: Zum Verhältnis von Hochschulbibliothek und Institutsbibliotheken nach nordrhein-westfälischem Recht. In: WissR (1981) H. 1. S. 59–66.

Thieme, Werner: Deutsches Hochschulrecht. 3. Aufl. Köln: Heymann 2004.

Thiessen, Peter: Die Empfehlungen des Wissenschaftsrates „zur Weiterentwicklung der wissenschaftlichen Informationsstrukturen in Deutschland bis 2020". Inhalt und kritische Bewertung im Hinblick auf das wissenschaftliche Bibliothekswesen. In: Perspektive Bibliothek (2013) H. 1. S. 59–92. http://archiv.ub.uni-heidelberg.de/ojs/index.php/bibliothek/article/view/10346 (17.11.2013).

Trapp, Nikola: Die Universitätsbibliothek München fusioniert ihre biowissenschaftlichen Institutsbibliotheken: Zur Neueröffnung der Bibliothek des Biozentrums. In: Bibliotheksdienst (2008) H. 11. S. 1172–1178.

Tschumi, Christoph: Bauen am Erfolg der Universität. In: Uniintern, Magazin für die Mitarbeitenden der Universität Basel (2011) H. 4. S. 11–12.

Umlauf, Konrad: Leistungsmessung und Leistungsindikatoren für Bibliotheken im Kontext der Ziele von Nonprofit-Organisationen. Berlin: Institut für Bibliotheks- und Informationswissenschaft der Humboldt-Universität zu Berlin 2003 (Berliner Handreichungen zu Bibliotheks- und Informationswissenschaft 116).

Umlauf, Konrad: Medien in Bibliotheken. In: Handbuch Bibliothek. Geschichte, Aufgaben, Perspektiven. Hrsg. von Konrad Umlauf u. Stefan Gradmann. Stuttgart/Weimar: Verlag J. B. Metzler 2012. S. 110–121.

Universität Basel: Kompetenz- und Koordinationsregelung zum Bibliothekswesen der Universität Basel vom 10. April 2000. http://www.ub.unibas.ch/bibliotheksnetz/verbund-basel/verbundkoordination/rechtliche-grundlagen/ (30.10.2013).

Universität Basel: Strategie 2007. Zur Entwicklung der Universität Basel 2007–2013. Basel: Universität Basel 2007. http://www.unibas.ch/doc/doc_download.cfm?uuid=3F26A5493005C8DEA370F832BA853B42&&IRACER_AUTOLINK&& oder: http://tinyurl.com/qhlesbv (16.12.2013).

Universität Basel: Strategie 2014. Basel: Universität Basel 2012. http://www.unibas.ch/doc/doc_download.cfm?uuid=2CE06714A35C311AFBDD83874C52530C&&IRACER_AUTOLINK&& oder: http://tinyurl.com/ndm9ruo (16.12.2013).

Universität Bielefeld: Bauplanung der Universität Bielefeld. Bielefeld: Universität Bielefeld 1974 (Schriften zum Aufbau einer Universitätsbibliothek / Universität Bielefeld 7).

Universität Bielefeld: Forschungsdatenmanagement an der Universität Bielefeld: Resolution zu Forschungsdatenmanagement. http://data.uni-bielefeld.de/de/resolution (09.01.2014).

Universität Bielefeld: Lehre, Studium, Strukturmerkmale. Bielefeld 1969 (Schriften zum Aufbau einer Universität / Universität Bielefeld 1).

Universität Heidelberg: Heidelberger Universitätsbibliographie. (kein Datum). http://www.ub.uni-heidelberg.de/helios/kataloge/heibib/ (23.10.2013).

Universitätsarchiv Bielefeld: „Wie gründet man Universitäten?" Helmut Schelskys Konzept und der gelungene Start der Universität Bielefeld. http://www.uni-bielefeld.de/Universitaet/Einrichtungen/Weitere%20Einrichtungen/ Universitaetsarchiv/ausstellungen.html (02.12.2013).

Universitätsbibliothek Wien (Hrsg.): Die Universitätsbibliothek Wien. Aufgaben, Organisation, Benützung. Wien 1995.

Unteregger, Peter: 25 Jahre Baufakultätsbibliothek. Rückblick, Bestandsaufnahme, Ausblick. In: Die wissenschaftliche Bibliothek. Traditionen, Realitäten, Perspektiven. Festschrift für Oswald Stranzinger zum 65. Geburtstag. Hrsg. von Heinz Hauffe [u. a.]. Innsbruck [u. a.]: Tyrolia 1990. S. 203–226.

Unternehmensführung: State of the art und Entwicklungsperspektiven. Hrsg. von Katharina Anna Kaltenbrunner u. Sabine Umik. München: Oldenbourg 2012.

Vahs, Dietmar u. Achim Weiand: Workbook Change Management: Methoden und Techniken. Stuttgart: Schäffer-Poeschel Verlag 2010.

Vakkari, Perti: Perceived influence of the use of electronic information resources on scholarly work and publication productivity. In: Journal of the American Society for Information Science and Technology (2006) H. 4. S. 602–612.

Van Noorden, Richard: Half of 2011 papers now free to read. Boost for advocates of open-access research articles. In: Nature 500 (2013) S. 386–387.

Vogel, Bernd u. Silke Cordes: Bibliotheken an Universitäten und Fachhochschulen: Organisation und Ressourcenplanung. Hannover: HIS Hochschul-Informations-System 2005 (Hochschulplanung 179). http://www.his.de/pdf/pub_hp/hp179.pdf (28. 10 2013).

Vogel, Bernd u. Andreas Woisch: Orte des Selbststudiums. Eine empirische Studie zur zeitlichen und räumlichen Organisation des Lernens von Studierenden. Hannover: HIS 2013. http://www.his.de/pdf/pub_fh/fh-201307.pdf (31.03.2014).

Vogel, Ivo: Erfolgreich recherchieren – Jura. Berlin, Boston: de Gruyter Saur 2012.

Voigt, Rolf: Die neue Bibliothek Sozialwissenschaften und Psychologie auf dem Campus Westend der Goethe-Universität. In: ABI Technik (2013) H. 3. S. 133–138.

Volkswagen Universitätsbibliothek, Technische Universität und Universität der Künste Berlin. Berlin: Stadtwandel-Verl. 2013 (Die Neuen Architekturführer 183).

Vonhof, Cornelia: Qualitätsmanagement in Bibliotheken: Zukunftsorientiertes Handeln im Spannungsfeld von Kundenorientierung, Mitarbeiterorientierung und Finanzkrise. In: „Geld ist rund und rollt weg, aber Bildung bleibt". 94. Deutscher Bibliothekartag in Düsseldorf 2005. Hrsg. von Georg Ruppelt. Frankfurt a. M.: Klostermann 2006 (Zeitschrift für Bibliothekswesen und Bibliographie: Sonderheft 89). S. 48–50.

Vonhof, Cornelia: Gut ist uns nicht gut genug! Die ausgezeichnete Bibliothek. In: Gut ist uns nie gut genug! Instrumente zur Qualitätsentwicklung und Qualitätssicherung für eine ausgezeichnete Bibliothek. Hrsg. von Tom Becker u. Cornelia Vonhof. Wiesbaden: Dinges & Frick 2010 (B.I.T. online Innovativ 30). S. 11–32, 321–340.

Vorberg, Martin: Arbeitsplätze für Juristen. Die Hengeler Mueller-Bibliothek der Bucerius Law School. Reprint aus Petra Hauke u. Klaus Ulrich (Hrsg.): Bibliotheken heute! Best Practice in Planung, Bau und Ausstattung. Bad Honnef: Bock + Herchen 2011. http://edoc.hu-berlin.de/miscellanies/bibliothekenheute-37588/228/PDF/228.pdf (08.10.2013).

Walker, Reinhard: Veränderungen der juristischen Kommunikation durch die elektronischen Medien. In: Festschrift für Gerhard Käfer. Hrsg. von Helmut Rüßmann. Saarbrücken: Juris GmbH 2009. S. 435–455.

Wang, Jingjing: Das Strukturkonzept einschichtiger Bibliothekssysteme. Idee und Entwicklung neuerer wissenschaftlicher Hochschulbibliotheken in der Bundesrepublik Deutschland. München [u. a.]: Saur 1990 (Beiträge zur Bibliothekstheorie und Bibliotheksgeschichte 4).

Waters, Natalie [u. a.]: Partnership between Engineering Libraries: Identifying Information Literacy Skills for a successful transition from student to professional. In: Science & Technology Libraries (2012) H. 1. S. 124–132.

Watzka, Klaus: Zielvereinbarungen in Unternehmen. Grundlagen, Umsetzung, Rechtsfragen. Wiesbaden: Gabler 2011.

Weigel, Harald: Die Balanced Scorecard der Vorarlberger Landesbibliothek. In: The ne(x)t Generation. Das Angebot der Bibliotheken. 30. Österreichischer Bibliothekartag. Hrsg. von Ute Bergner u. Erhard Göbel. Graz, 15.-18.9.2009 (Schriften der Vereinigung Österreichischer Bibliothekarinnen und Bibliothekare 7). S. 45–72.

Wein, Franziska: Workshop „Etatmodelle für das digitale Zeitalter" – ausgerichtet von der DBV-Kommission Erwerbung und Bestandsentwicklung am 15. und 16. März 2012 an der Staatsbibliothek zu Berlin. Ein Kurzbericht. In: ZfBB (2012) H. 3/4. S. 205–206.

Wessendorf, Bert: 7564: ein guter Ratschlag. In: Für alle(s) offen: Bibliotheken auf neuen Wegen. Festschrift für Dr. Fredy Gröbli, Direktor der Öffentlichen Bibliothek der Universität Basel. Basel: Öffentliche Bibliothek der Universität Basel 1995. S. 317–325.

Wiesenmüller, Heidrun: Die Zukunft der Bibliotheksverbünde. Ein kritischer Blick auf die Empfehlungen des Wissenschaftsrates und der Deutschen Forschungsgemeinschaft. In: BuB – Forum Bibliothek und Information (2011) H. 11/12. S. 790–796.

Wiesner, Margot: Fachdatenbanken im deutschlandweiten Zugriff. Die Umsetzung eines Nationallizenzmodells. http://www.opus-bayern.de/bib-info/volltexte//2006/237/pdf/Netzwerk_Wiesner_NL.pdf (25.11.2013).

Wilson, Lizabeth: Local to global. The emerging research library. In: The emerging research library. Our role in the digital future. Ed. Sul H. Lee. London: Routledge 2010 (pb. 2013). S. 1–13.

Wimmer, Heinrich: Modelle für die Berechnung des Literaturbedarfs an Universitätsbibliotheken. In: Literaturversorgung in den Geisteswissenschaften. Hrsg. von Rudolf Frankenberger u. Alexandra Habermann. Frankfurt a. M.: Klostermann 1986. S. 31–52.

Wimmer, Ulla: Neue Basis für den BIX. In: BIX – Der Bibliotheksindex 2012, ein Sonderheft von B.I.T. online, Ausgabe 2012. S. 9–13.

Winter, Felix: Vom Hochschulbibliothekskonzept zum Informationsverbund: die Verbundkoordination auf der UB Basel. In: Für alle(s) offen: Bibliotheken auf neuen Wegen. Festschrift für Dr. Fredy Gröbli, Direktor der Öffentlichen Bibliothek der Universität Basel. Basel: Öffentliche Bibliothek der Universität Basel 1995. S. 327–340.

Xalter, Simon: Der „Bibliotheksindex" (BIX) für wissenschaftliche Bibliotheken – eine kritische Auseinandersetzung. Hausarbeit. München: Bayerische Bibliotheksschule 2006.

Yang, Sharon Q. u. Melissa A. Hofmann: Next generation or current generation? A study of the OPACs of 260 academic libraries in the USA and Canada. In: Library High Tech (2011) H. 2. S. 266–300.

Yang, Sharon Y. u. Kurt Wagner: Evaluating and comparing discovery tools. How close are we towards next generation catalog? In: Library High Tech (2010) H. 4. S. 690–709.

Zangl, Martin: Standards und Qualitätsmanagementverfahren der Arbeitsgemeinschaft der Kunst- und Museumsbibliotheken. In: Erfolgreiches Management von Bibliotheken und Informationseinrichtungen. Hrsg. von Hans-Christian Hobohm u. Konrad Umlauf. Loseblatt-Ausg. Ergänzungslieferung. Hamburg: Dashöfer. Abschnitt 3/5.11.

Zentrale und kooperative Dienstleistungen im Bibliothekswesen. Vorträge, gehalten auf dem 65. Deutschen Bibliothekartag vom 20. bis 24. Mai 1975 in Konstanz. Hrsg. von Fritz Junginger u. Wilhelm Totok. Frankfurt a. M.: Klostermann 1976 (Zeitschrift für Bibliothekswesen und Bibliographie: Sonderheft 22).

Zimmer, Dieter E.: Die Bibliothek der Zukunft. Text und Schrift in den Zeiten des Internet. München: Hoffmann & Campe 2001.

Empfehlungen und Strategiepapiere in Auswahl

2013

Alexander von Humboldt-Stiftung / Deutsche Forschungsgemeinschaft / Fraunhofer-Gesellschaft / Hochschulrektorenkonferenz / Max-Planck-Gesellschaft / Deutsche Akademie der Naturforscher Leopoldina / Deutscher Akademischer Austauschdienst / Helmholtz-Gemeinschaft Deutscher Forschungszentren / Leibniz-Gemeinschaft / Wissenschaftsrat (2013): *Paket der Pakte – Weiterentwicklung des deutschen Wissenschaftssystems. Eckpunktepapier der Allianz der Wissenschaftsorganisationen.* http://www.mpg.de/7331297/Eckpunktepapier_Allianz-der-Wissenschaftsorganisationen_12062013.pdf (Stand: 26.06.2013).

Bundesministerium für Bildung und Forschung (2013): *Forschungsinfrastrukturen für die Geistes- und Sozialwissenschaften.* http://www.bmbf.de/pub/forschungsinfrastrukturen_geistes_und_sozialwissenschaften.pdf (Stand: 06.04.2014).

Bundesministerium für Bildung und Forschung (2013): *Roadmap für Forschungsinfrastrukturen. Pilotprojekt des BMBF.* http://www.bmbf.de/pub/roadmap_forschungsinfrastrukturen.pdf (Stand: 06.04.2014).

Deutsche Forschungsgemeinschaft (2013-2015): *Überführung der Sondersammelgebiete in das Förderprogramm „Fachinformationsdienste für die Wissenschaft".* http://www.dfg.de/foerderung/programme/infrastruktur/lis/lis_foerderangebote/fachinformationsdienste_wissenschaft/ueberfuehrung_sondersammelgebiete/index.html (Stand: 03.04.2014).

Deutsche Forschungsgemeinschaft (2013): *Sicherung guter wissenschaftlicher Praxis. Denkschrift.* http://www.dfg.de/sites/flipbook/gwp/#/1/ (Stand: 03.04.2014).

Deutscher Bibliotheksverband (dbv) (2013): *Stellungnahme des Deutschen Bibliotheksverbandes (dbv) zur Entschließung der 13. Mitgliederversammlung der Hochschulrektorenkonferenz "Hochschule im digitalen Zeitalter: Informationskompetenz neu begreifen – Prozesse anders steuern",* 14.10.2013. http://www.bibliotheksverband.de/fileadmin/user_upload/DBV/positionen/2013_10_14_Stellungnahme_Informationskompetenz_endg.pdf (Stand: 03.04.2014).

Deutscher Bundestag. Enquete-Kommission „Internet und digitale Gesellschaft" (2013): *Sechster Zwischenbericht der Enquete-Kommission „Internet und digitale Gesellschaft". Bildung und Forschung.* http://dipbt.bundestag.de/dip21/btd/17/120/1712029.pdf (Stand: 06.04.2014).

Deutscher Bundestag. Enquete-Kommission „Internet und digitale Gesellschaft". Projektgruppe Bildung und Forschung (2013): *Handlungsempfehlungen.* http://webarchiv.bundestag.de/cgi/show.php?fileToLoad=2944&id=1223 (Stand: 03.04.2014).

Verband der Bibliotheken des Landes Nordrhein-Westfalen. Arbeitsgemeinschaft der Universitätsbibliotheken (AGUB) (2013): *Stellungnahme der AGUB zur Entschließung der 13. Mitgliederversammlung der Hochschulrektorenkonferenz „Hochschule im digitalen Zeitalter: Informationskompetenz neu begreifen – Prozesse anders steuern".* 16.07.2013. http://www.informationskompetenz.de/fileadmin/DAM/documents/Stellungnahme%20der%20no_3506.pdf (Stand: 06.04.2014).

Wissenschaftsrat (2013): *Empfehlungen zur Weiterentwicklung des Hochschulsystems des Landes Sachsen-Anhalt.* http://www.wissenschaftsrat.de/download/archiv/3231-13.pdf (Stand: 06.04.2014).

Wissenschaftsrat (2013): *Perspektiven des deutschen Wissenschaftssystems,* Drs. 3228-13. http://www.wissenschaftsrat.de/download/archiv/3228-13.pdf (Stand: 06.01.2014).

Wissenschaftsrat (2013): *Empfehlungen zur Weiterentwicklung des Hochschulsystems des Landes Bremen,* Drs. 3456-13. http://www.wissenschaftsrat.de/download/archiv/3456-13.pdf (Stand: 06.04.2014).

2012

Bundesministerium für Bildung und Forschung (2012): *Rahmenprogramm Geistes-, Kultur- und Sozialwissenschaften.* http://www.bmbf.de/pubRD/Rahmenprogramm-Text_Dezember-final_(3).pdf (Stand: 20.09.2013).

Deutsche Forschungsgemeinschaft (2012): *Die digitale Transformation weiter gestalten. Der Beitrag der Deutschen Forschungsgemeinschaft zu einer innovativen Informationsinfrastruktur für die Forschung.* http://www.dfg.de/download/pdf/foerderung/programme/lis/positionspapier_digitale_transformation.pdf (Stand: 03.05.2013).

Deutsche Forschungsgemeinschaft (2012): *Stellungnahme zu den Empfehlungen des Wissenschaftsrates zur „Weiterentwicklung der Informationsinfrastrukturen in Deutschland bis 2020".* http://www.dfg.de/download/pdf/foerderung/programme/lis/stellungnahme_dfg_informationsinfrastrukturen.pdf (Stand: 03.05.2013).

Deutscher Bibliotheksverband (dbv). Sektion 4 (2012): *Die Hochschulbibliotheken und die Entwicklung der Informationsinfrastrukturen in Deutschland. Stellungnahme [...] zu den Empfehlungen der Kommission ‚Zukunft der Informationsinfrastruktur' (Gesamtkonzept der KII).* http://www.bibliotheksverband.de/fileadmin/user_upload/Sektionen/sektion4/Publikationen/2012_05_30_Stellungnahme_HSB_zuKII_finale_Version.pdf (Stand: 06.04.2014).

Galassi, Silviana (2012): *Weiterentwicklung der wissenschaftlichen Informationsinfrastrukturen.* http://www.wzw-lsa.de/fileadmin/wzw-homepage/content/dokumente/Veranstaltungen_12/121213/121213_Vortrag_Galassi.pdf (Stand: 18.06.2013).

Hochschulrektorenkonferenz (2012): *Hochschule im digitalen Zeitalter. Informationskompetenz neu begreifen – Prozesse anders steuern*, Entschließung der 13. Mitgliederversammlung der HRK. http://www.hrk.de/uploads/tx_szconvention/Entschliessung_Informationskompetenz_20112012_01.pdf (Stand: 18.06.2013).

Wissenschaftsrat (2012): *Empfehlungen zur Weiterentwicklung der wissenschaftlichen Informationsinfrastrukturen in Deutschland bis 2020*, Drs. 2359-12. http://www.wissenschaftsrat.de/download/archiv/2359-12.pdf (Stand: 28.07.2013).

Wissenschaftsrat (2012): *Perspektiven der Rechtswissenschaft in Deutschland. Situation, Analysen, Empfehlungen.* http://www.wissenschaftsrat.de/download/archiv/2558-12.pdf (Stand: 06.04.2014).

2011

Astor, Michael / Klose, Georg / Heinzelmann, Susanne / Riesenberg, Daniel (2011): *Evaluierung des DFG-geförderten Systems der Sondersammelgebiete.* http://www.dfg.de/download/pdf/dfg_im_profil/evaluation_statistik/programm_evaluation/studie_evaluation_sondersammelgebiete.pdf (Stand: 31.03.2014).

Bibliotheksverbund Bayern. AG Informationskompetenz (2011): *Standards der Informationskompetenz für Schülerinnen und Schüler. Das Angebot der Wissenschaftlichen Bibliotheken.* http://www.informationskompetenz.de/fileadmin/user_upload/Standards_IK_Schulen_2.pdf (Stand: 03.04.2014).

Deutsche Forschungsgemeinschaft (2011): *Evaluierung des von der Deutschen Forschungsgemeinschaft geförderten Systems der Sondersammelgebiete. Empfehlungen der Expertenkommission SSG-Evaluation auf Grundlage der Ergebnisse der Evaluierungsuntersuchung der Prognos AG.* http://www.dfg.de/download/pdf/dfg_im_profil/evaluation_statistik/programm_evaluation/studie_evaluierung_sondersammelgebiete_empfehlungen.pdf (Stand: 31.03.2014).

Deutsche Forschungsgemeinschaft. Ausschuss für wissenschaftliche Bibliotheken und Informationssysteme (2011): *Positionspapier zur Weiterentwicklung der Bibliotheksverbünde als Teil einer überregionalen Informationsinfrastruktur.* http://www.dfg.de/download/pdf/foerderung/programme/lis/positionspapier_bibliotheksverbuende.pdf (Stand: 06.04.2014).

Deutscher Bibliotheksverband (dbv). Kommission Bibliothek und Schule (2011): *Referenzrahmen Informationskompetenz.* http://www.schulmediothek.de/index.php?id=1077 (Stand: 06.04.2014).

Deutscher Bibliotheksverband (dbv). Sektion 4 (2011): *Zukunft der Verbundsysteme – Stellungnahme zu den Empfehlungen der Deutschen Forschungsgemeinschaft und des Wissenschaftsrates.* http://www.bibliotheksverband.de/fileadmin/user_upload/Sektionen/sektion4/Publikationen/2011_Sekt_4_DBV_Stellungnahme_Verbundsystem.pdf (Stand: 03.04.2014).

Kommission Zukunft der Informationsinfrastruktur (KII) (2011): *Gesamtkonzept für die Informationsinfrastruktur in Deutschland*, Empfehlungen der Kommission [...] im Auftrag der Gemeinsamen Wissenschaftskonferenz des Bundes und der Länder. http://www.leibniz-gemeinschaft.de/infrastrukturen/kii/ (Stand: 28.07.2013).

Verein Deutscher Ingenieure (VDI) (2011): *Chancen für Bologna nutzen. Ingenieurinnen und Ingenieure für die Zukunft ausbilden*, Stellungnahme. http://www.vdi.de/46839.0.html (Stand: 06.04.2014).

Wissenschaftsrat (2011): *Empfehlungen zu wissenschaftlichen Sammlungen als Forschungsinfrastrukturen.* http://www.wissenschaftsrat.de/download/archiv/10464-11.pdf (Stand: 06.04.2014).

Wissenschaftsrat (2011): *Empfehlungen zur Zukunft des bibliothekarischen Verbundsystems in Deutschland.* http://www.wissenschaftsrat.de/download/archiv/10463-11.pdf (Stand: 06.04.2014).

Wissenschaftsrat (2011): *Übergreifende Stellungnahme zu Informationsinfrastrukturen.* http://www.wissenschaftsrat.de/download/archiv/10466-11.pdf (Stand: 06.04.2014).

Wissenschaftsrat / Deutsche Forschungsgemeinschaft (2011): *Zur Zukunft der Bibliotheksverbünde als Teil einer überregionalen Informationsinfrastruktur in Deutschland*, Gemeinsame Erklärung. http://www.wissenschaftsrat.de/download/archiv/1003-11.pdf (Stand: 06.04.2014).

2010

Deutsche Forschungsgemeinschaft (2010): *Informationsverarbeitung an Hochschulen. Organisation, Dienste und Systeme*, Empfehlungen der Kommission für IT-Infrastruktur für 2011–2015. http://www.dfg.de/download/pdf/foerderung/programme/wgi/empfehlungen_kfr_2011_2015.pdf (Stand: 06.04.2014).

2009

Arbeitsgruppe Fachinformationsinfrastruktur (2009): *Rahmenkonzept für die Fachinformationsinfrastruktur in Deutschland*, Vorlage zur Sitzung des Ausschusses der Gemeinsamen Wissenschaftskonferenz des Bundes und der Länder (GWK) am 29.09.2009. http://www.gwk-bonn.de/fileadmin/Papers/Rahmenkonzept-WGL.pdf (Stand: 23.10.2013).

Deutsche Forschungsgemeinschaft. Ausschuss für wissenschaftliche Bibliotheken und Informationssysteme. Unterausschuss für Informationsmanagement (2009): *Empfehlungen zur gesicherten Aufbewahrung und Bereitstellung digitaler Forschungsprimärdaten.* http://www.dfg.de/download/pdf/foerderung/programme/lis/ua_inf_empfehlungen_200901.pdf (Stand: 06.04.2014).

Deutscher Bibliotheksverband (dbv). Dienstleistungskommission (2009): *Standards der Informationskompetenz für Studierende.* http://www.bibliotheksverband.de/fileadmin/user_upload/Kommissionen/Kom_Dienstleistung/Publikationen/Standards_Infokompetenz_03.07.2009_endg.pdf (Stand: 03.04.2014).

2008
Bibliothek & Information Deutschland (BID) (2008): *Grundlagen für gute Bibliotheken. Leitlinien für Entscheider.* http://www.bideutschland.de/download/file/21%20GUTE%20GRUENDE-Anlagen_endg_16-1-09.pdf (Stand: 27.04.2013).

2001
Wissenschaftsrat (2001): *Empfehlungen zur digitalen Informationsversorgung durch Hochschulbibliotheken*, Greifswald. http://www.wissenschaftsrat.de/download/archiv/4935-01.pdf (Stand: 08.09.2013)

2000
Association of College & Research Libraries (ACRL) (2000): *Information Literacy Competency Standards for Higher Education.* http://www.ala.org/acrl/standards/informationliteracycompetency (Stand: 03.04.2014).

1994
Bundesvereinigung Deutscher Bibliotheksverbände (BDB) (1994): *Bibliotheken '93. Strukturen, Aufgaben, Positionen*, Berlin, Göttingen.

1986
Wissenschaftsrat (1986): *Empfehlungen zum Magazinbedarf wissenschaftlicher Bibliotheken*, Köln.

1984
Beirat für Wissenschafts- und Hochschulfragen beim Bayerischen Staatsministerium für Unterricht und Kultus (1984): *Empfehlungen zum Erwerb des Büchergrundbestands der Universitäten Augsburg, Bamberg, Bayreuth und Passau vom 30. Juli 1982 und zur Sicherung der Literaturversorgung an den Universitäten Erlangen-Nürnberg, München, Regensburg und Würzburg sowie der Technischen Universität München vom 1. August 1983*, München.

1980
Deutsche Forschungsgemeinschaft. Bibliotheksausschuß. Unterausschuß für Datenverarbeitung (1980): „*Empfehlungen zum Aufbau regionaler Verbundsysteme und zur Einrichtung regionaler Bibliothekszentren*", in: Zeitschrift für Bibliothekswesen und Bibliographie (ZfBB) H. 27. S. 189–204.

1975
Deutsche Forschungsgemeinschaft. Bibliotheksausschuss (1975): Überregionale Literaturversorgung von Wissenschaft und Forschung in der Bundesrepublik Deutschland. Denkschrift, Boppard: Boldt.

1973
Arbeitsgruppe Bibliotheksplan Baden-Württemberg (1973): *Gesamtplan für das wissenschaftliche Bibliothekswesen. Empfehlungen*, I. Universitäten, Pullach: Verl. Dokumentation.

1970
Deutsche Forschungsgemeinschaft (1970): *Empfehlungen für die Zusammenarbeit zwischen Hochschulbibliothek und Institutsbibliotheken*, Bonn-Bad Godesberg.

1964
Wissenschaftsrat (1964): *Empfehlungen des Wissenschaftsrates zum Ausbau der wissenschaftlichen Einrichtungen*, Teil II: Wissenschaftliche Bibliotheken, Tübingen: Mohr.

1955
Deutsche Forschungsgemeinschaft (1955): *Instituts- und Hochschulbibliotheken*. Denkschrift.

1953
Reincke, Gerhard (1953): *Gutachten über die Lage der Institutsbibliotheken und ihr Verhältnis zu den Universitäts- und Hochschulbibliotheken*, Im Auftrage der Deutschen Forschungsgemeinschaft […]., Bad Godesberg.

Autorinnen und Autoren

Mag. phil. **Bruno Bauer**, geb. 1963 in Neunkirchen, ist Historiker und seit 2005 Leiter der Universitätsbibliothek der Medizinischen Universität Wien. Seit 2009 ist er Vorsitzender des Forums Universitätsbibliotheken Österreichs (ubifo) und Mitglied der AG Strategische Planung im Österreichischen Bibliothekenverbund, im Präsidium der Vereinigung Österreichischer Bibliothekarinnen und Bibliothekare (VÖB) sowie im Open Access Network Austria (OANA). bruno.bauer@meduniwien.ac.at.

Anke Berghaus-Sprengel leitet seit 2006 die Abteilung Zweigbibliotheken der Universitätsbibliothek der Humboldt Universität und ist für das Controlling im Bibliothekssystem zuständig. Sie leitete von 2008–2012 das RFID-Projekt in der Bibliothek.

Ralf Brugbauer, Direktor der Universitätsbibliothek Bayreuth, ist seit mehr als 20 Jahren im Bibliothekswesen tätig. Zu seinen beruflichen Stationen zählen neben Bayreuth die Universitätsbibliotheken Osnabrück, Gießen und Marburg sowie die Bibliotheksschule in Frankfurt und – im Rahmen einer Abordnung – das Hessische Ministerium für Wissenschaft und Kunst (HMWK) in Wiesbaden. 2009 wurde er zum Ehrensenator der Lucian-Blaga-Universität in Hermannstadt (Sibiu) ernannt, wo er an der Planung und Fertigstellung der neuen Universitätsbibliothek mitwirkte. Seit 2010 ist er Mitglied im Unterausschuss für Informationsmanagement der Deutschen Forschungsgemeinschaft (DFG).

Generalkonservator **Christophe Didier** ist Privatdozent für Klassische Philologie und war zunächst als Fachreferent an der *BNUS* tätig (Kunstgeschichte, Literaturwissenschaft), bevor er 2007 verantwortlicher Leiter der Bestandsentwicklung wurde und 2012 dann stellvertretender Leiter. Als solcher ist er insbesondere zuständig für die Wissenschafts- und Kulturpolitik, internationale Beziehungen, Vertragspolitik und Standortpolitik. Er war Kurator zahlreicher Ausstellungen und rief 2010 die *Revue de la BNU* ins Leben, deren Chefredakteur er ist. Er interessiert sich vornehmlich für die Aufwertung des Kulturerbes, den europäischen Kulturdialog und ganz besonders für die französisch-deutschen Beziehungen.

Berndt Dugall arbeite nach Abschluss des Studiums der Chemie und Physik und anschließend der Bibliotheksausbildung (1976) zunächst als Fachreferent in der UB Gießen und der Senckenbergischen Bibliothek in Frankfurt. 1983 wurde er Stellvertreter des Direktors an der UB Marburg und 1986 übernahm er die Leitung der UB Gießen. Von 1988 bis 2013 war er Direktor zunächst der Stadt- und Universitätsbibliothek und dann auch des Bibliothekssystems der Goethe-Universität in Frankfurt am Main. Während seiner Tätigkeit gehörte er sechs Jahre dem Bibliotheksausschuss der DFG an und war 14 Jahre Mitglied der Arbeitsgruppe Bibliotheken des Wissenschaftsrates. Er war zudem drei Jahre Vorsitzender des Vereins Digizeitschriften e.V., acht Jahre Vorsitzender des subito e. V. und 12 Jahre Vorsitzender des bei der DNB angesiedelten „Standardisierungsausschusses".

Dr. **Ulrike Eich** leitet die Hochschulbibliothek der RWTH Aachen.

Dr. **Fabian Franke** hat nach dem Studium der Physik die Ausbildung für den höheren Bibliotheksdienst an der Bayerischen Bibliotheksschule absolviert und ist seit 2006 Direktor der Universitätsbibliothek Bamberg. Er ist Vorsitzender der Kommission Informationskompetenz des Deutschen Bibliotheksverbands und des Vereins Deutscher Bibliothekare sowie der Arbeitsgruppe Informationskompetenz im Bibliotheksverbund Bayern.

Dagmar Gärtner arbeitete nach Abschluss des Studiums der Volkswirtschaftslehre an der Rheinischen Friedrich-Wilhelms-Universität Bonn zunächst als wissenschaftliche Mitarbeiterin im Institut für Mittelstandsforschung, anschließend im Staatswissenschaftlichen Seminar der Universität Bonn. Parallel erwarb sie 2002 an der Humboldt Universität Berlin den Master of Arts (Library and Information

Science) (M.A. [L.I.S.]). Im gleichen Jahr wechselte sie an die Goethe-Universität und übernahm dort die Leitung der Fachbibliothek Wirtschaftswissenschaften, ab 2008 die der Bereichsbibliothek Recht und Wirtschaft.

Michael Golsch ist Stellvertreter des Generaldirektors der Sächsischen Landesbibliothek – Staats- und Universitätsbibliothek Dresden (SLUB) mit den Arbeitsschwerpunkten Personal, Finanzen und Bestandsentwicklung. Seit 2009 leitet er die Arbeitsgemeinschaft Erwerbungskoordinierung/Konsortialverträge (Sachsenkonsortium) der sächsischen Hochschulbibliotheken.

Roland Greubel ist seit 1977 Leiter der Hochschulbibliothek Würzburg-Schweinfurt. Er war von 2000 bis 2008 Mitglied des Sprecher-Teams der bayerischen (Fach-)Hochschulbibliotheken und ist u. a. seit 1993 Mitglied im IT-Beirat für das Bibliothekswesen Bayerns (vormals Kommission für EDV-Planung). Neben überregionalen Aktivitäten befasste er sich mit dem Auf- und Ausbau der Hochschulbibliothek Würzburg-Schweinfurt, mit den Baumaßnahmen der Hochschulbibliotheken in Würzburg, Schweinfurt und Aschaffenburg, sowie dem Aufbau des lokalen Bibliothekssystems Würzburg-Schweinfurt-Aschaffenburg-Coburg.

Dr. **Ortwin Guhling** studierte in Freiburg und Würzburg Biologie und promovierte zu einem molekulargenetischen Thema aus dem Bereich der chemischen Pflanzenökologie. Nach Abschluss des Bibliotheksreferendariats an der Universitätsbibliothek Stuttgart und der Bayerischen Bibliotheksschule in München ist er seit 2007 an der Bayerischen Staatsbibliothek als Erwerbungsreferent für elektronische Medien tätig und mit der Lizenzierung von E-Medien im Rahmen regionaler Konsortiallizenzen des Bayern-Konsortiums und überregionaler Allianz-Lizenzen befasst.

Tina Hohmann ist stellvertretende Leiterin der Abteilung Informationsdienste an der Universitätsbibliothek der Technischen Universität München (TUM) und Fachreferentin für Architektur, Bau- Geo- und Umweltingenieurwesen. Sie hat ein Architekturstudium an der TU Darmstadt abgeschlossen.

Dr. **Ulrich Hohoff**, geb. 1956, ist Germanist. Er leitet seit 1999 die Universitätsbibliothek Augsburg und hatte vorher u. a. an den Universitätsbibliotheken in Gießen und Leipzig gearbeitet. Er ist Sprecher der Universitätsbibliotheken in Bayern.

Dr. **Martina Jantz** studierte Alte Geschichte, Mittlere und Neuere Geschichte, Politikwissenschaft, Soziologie und Anglistik und promovierte in Alter Geschichte. Seit 1998 ist sie Fachreferentin in der Zentralbibliothek der Johannes Gutenberg-Universität Mainz für die Fächer Geschichte, Klassische Archäologie, Kulturanthropologie/Volkskunde und Politikwissenschaft und seit 2008 Geschäftsführerin der Bereichsbibliothek Philosophicum.

Dr. **Jana Kieselstein** ist als Fachreferentin Recht an der Universitätsbibliothek Augsburg tätig. Sie unterrichtet im Rahmen der bibliothekarischen Ausbildung an der Bibliotheksakademie Bayern sowie an der Fachhochschule für öffentliche Verwaltung und Rechtspflege in Bayern. An der juristischen Fakultät der Universität Augsburg lehrt sie das Fach „Bibliotheksrecherche" im Rahmen der „Integrierten Praktika" Seit 2012 ist sie Mitglied der dbv Kommission Recht.

Bettina Koeper arbeitet seit 1996 an der Universitätsbibliothek Bielefeld und ist dort als Dezernentin für Bibliotheksverwaltung sowie als Fachreferentin für Anglistik tätig.

Dr. **Hannsjörg Kowark** ist Direktor der Württembergischen Landesbibliothek.

Marion Krüger ist Leiterin der Campus-Bibliothek Bergheim an der Universität Heidelberg und verfügt über langjährige Berufserfahrung in zentralen und dezentralen Bereichen von Hochschulbibliotheken.

Dr. **Christoph Kümmel** ist in der Geschäftsstelle der Deutschen Forschungsgemeinschaft e. V. zuständig für den Förderbereich „Überregionale Literaturversorgung", zu dem das 2012 eingerichtete Förderprogramm „Fachinformationsdienste für die Wissenschaft" gehört. In den Jahren 2010 bis 2011 war er für die Durchführung der Programmevaluierung der Sondersammelgebiete verantwortlich. Vor seiner Tätigkeit bei der Deutschen Forschungsgemeinschaft war er als ur- und frühgeschichtlicher Archäologe an der Eberhard-Karls-Universität Tübingen in der Forschung und Lehre beschäftigt.

Dr. **Caroline Leiß** leitet die Abteilung für Informationsdienste an der Universitätsbibliothek der Technischen Universität München (TUM) und ist verantwortlich für das Schulungsprogramm sowie den Auskunftsdienst der Universitätsbibliothek. Zuvor hat sie einige Jahre das Fachreferat Architektur und Bauingenieurwesen betreut.

Dr. **Wilfried Lochbühler** (geb. 1960), ab 1995 Fachreferent und seit 2000 stellvertretender Direktor an der Zentral- und Hochschulbibliothek Luzern, seit Dezember 2012 Direktor der Hauptbibliothek der Universität Zürich.

Maria Elisabeth Müller ist seit 2006 Direktorin der Staats- und Universitätsbibliothek Bremen und befasst sich mit strategischen Fragen der Bibliotheksentwicklung. Seit 2007 ist sie im Ausschuss für Wissenschaftliche Bibliotheken und Informationssysteme der DFG engagiert.

Prof. Dr. **Rudolf Mumenthaler** leitete nach seiner Promotion als Dr. phil. an der Universität Zürich von 1997–2009 die Spezialsammlungen der ETH-Bibliothek in Zürich. 2009 bis 2012 war er als Leiter des Bereichs Innovation und Marketing unter anderem für die Einführung eines Innovations- und Produktmanagements sowie als Co-Leiter für das Projekt Reorganisation 2010 der ETH-Bibliothek zuständig. Seit Mai 2012 ist er als Professor für Bibliothekswissenschaft am Schweizerischen Institut für Informationswissenschaft an der Fachhochschule HTW Chur tätig.

Prof. Dr. **Ulrich Naumann** arbeitete von 1982 bis 2013 im zweischichtigen Bibliothekssystem der Freien Universität Berlin, davon seit 1991 als Leiter der Universitätsbibliothek und des Bibliothekssystems. Seit 1996 ist er Honorarprofessor an der Humboldt-Universität zu Berlin mit den Schwerpunkten Bibliotheksbau und Bibliotheksmanagement.

Dr. **Wolfram Neubauer** ist Direktor der ETH-Bibliothek und Sammlungen; neubauer@library.ethz.ch.

Dr. **Heike Neuroth** studierte Geologie und Paläontologie und ist seit ihrer Promotion 1997 an der Niedersächsischen Staats- und Universitätsbibliothek Göttingen als Leiterin der Abteilung Forschung und Entwicklung tätig. Von 2008 bis 2012 war sie eHumanities Referentin an der Max Planck Digital Library (MPDL, MPG). Ihre Tätigkeitsschwerpunkte umfassen Forschungsinfrastrukturen, Virtuelle Forschungsbibliotheken, Digitale Bibliothek, Langzeitarchivierung, Forschungsdatenmanagement, eHumanities und eResearch.

Hofrat Dr. **Klaus Niedermair**, Jg. 1957, Studium der Philosophie, Germanistik und Pädagogik, Ausbildung für den Bibliotheks-, Dokumentations- und Informationsdienst, seit 1998 Leiter der Bibliothek für Sozial- und Wirtschaftswissenschaften.

Dr. **Arlette Piguet** ist Leiterin des Bereichs Kundenservices innerhalb der ETH-Bibliothek und Sammlungen.

Astrid Piscazzi ist Leiterin der Verbundkoordination der UB Basel und seit 25 Jahren im Bibliotheksbereich tätig, zu Beginn vorwiegend im katalografischen Bereich. In den letzten Jahren beschäftigte sie sich u. a. mit der Reorganisation der universitären Verbundbibliotheken.

Generalkonservator **Albert Poirot**, von Haus aus Archivar und Paläograph, ist seit 1.7.2006 Administrateur der *Bibliothèque nationale et universitaire de Strasbourg (BNUS)*, gleichzeitig Baubeauftragter der „Neuen BNU": Angestrebt wird eine komplette Neustrukturierung des historischen Gebäudes; voraussichtliche Fertigstellung im Herbst 2014. A. Poirot war zuvor in der *Bibliothèque centrale* *de prêt* Seine-et-Marne, in der *Bibliothèque centrale de prêt* Haute-Saône, in der Stadtbibliothek Dijon und bei der Aufsichtsbehörde für Bibliotheken (Inspection générale des bibliothèques) tätig. Seine Interessen gelten u. a. der öffentlichen Politik, Standortverträgen, Fragen des Kulturerbes, der Architektur und dem Bibliotheksbau, der Personalpolitik sowie den Beziehungen zwischen Forschung und Bibliotheken.

Dr. **Veit Probst** ist seit 2002 Direktor der Universitätsbibliothek Heidelberg, seit 2006 ist *Rike Balzuweit* seine Stellvertreterin und Leiterin der Abteilung Dezentrale Bibliotheken. Gemeinsam treiben Sie die funktionale Einschichtigkeit des traditionsreichen Heidelberger Bibliothekssystems voran.

Dr. **Wolfgang Nikolaus Rappert** studierte in Wien und Thessaloniki Theologie und Kulturmanagement. Nach einer Tätigkeit als wissenschaftlicher Mitarbeiter an der Katholisch-Theologischen Fakultät der Universität Wien übernahm er 2005 die Leitung der Fachbereichsbibliothek Katholische Theologie der UB Wien, wechselte 2008 an die Hauptbibliothek und ist seit 2010 stellvertretender Leiter der Dienstleistungseinrichtung Bibliotheks- und Archivwesen der Universität Wien.

Dr. **Peter Reuter** leitet seit 1999 die Universitätsbibliothek Gießen und ist seit 2002 auch Leiter des Bibliothekssystems.

Susanne Röckel ist langjährige Leiterin der Abteilung Bibliothekssystem an der Universitätsbibliothek der Albert-Ludwigs-Universität Freiburg, mit Schwerpunkt auf der naturwissenschaftlichen und der medizinischen Informationsversorgung.

Mag. phil. **Robert Schiller** studierte Biologie, Musikwissenschaft und Philosophie und besuchte das Landeskonservatorium Steiermark in den Fächern Gitarre und Barocklaute. 2002 wurde er Direktor der Universitätsbibliothek der Universität für Musik und darstellende Kunst Graz, seit 2010 ist er Direktor der Organisationseinheit Universitätsbibliothek, -archiv und Musikinstrumentensammlung (UBam) ebendort. Seit 2013 ist er Vorstandsmitglied der „Gesellschaft zur Erhaltung der musikalischen Kostbarkeiten der Steiermark". robert.schiller@kug.ac.at .

Dr. **Heiner Schnelling**, studierte Anglistik und Germanistik. Von 1996 bis Mitte 2013 war er Direktor der Universitäts- und Landesbibliothek Sachsen-Anhalt in Halle (Saale). Seither leitet er die Universitätsbibliothek J. C. Senckenberg der Goethe-Universität in Frankfurt (Main).

Frank Scholze ist seit Januar 2010 Direktor der Bibliothek des Karlsruher Instituts für Technologie (KIT). Bevor er die Leitung der KIT-Bibliothek übernahm, war er als Referent im Ministerium für Wissenschaft, Forschung und Kunst Baden-Württemberg mit dem Aufbau elektronischer Informationsinfrastrukturen für Forschung und Lehre betraut und mehrere Jahre Leiter der Benutzungsabteilung der Universitätsbibliothek Stuttgart. Frank Scholze studierte Bibliothekswesen an der Hochschule der Medien Stuttgart, sowie Kunstgeschichte und Anglistik an der Universität Stuttgart. Er ist Mitglied einer Reihe von wissenschaftlichen Ausschüssen und Beiräten; unter anderem der Deutschen Forschungsgemeinschaft (DFG), des Fachinformationszentrums Karlsruhe, von DARIAH-DE (Digital Research Infrastructures for the Arts and Humanities) und der Deutschen Gesellschaft für Klassifikation (GfKl).

Dr. **André Schüller-Zwierlein** ist als Leiter der Abteilung Dezentrale Bibliotheken an der Universitätsbibliothek der Ludwig-Maximilians-Universität München tätig und gestaltet seit über zehn Jahren das Bibliothekssystem der LMU mit, u. a. bei Neubauprojekten und bei Bibliotheksintegrationen.

Hofrätin Mag. **Maria Seissl** studierte an der Universität Innsbruck Anglistik und Amerikanistik und war von 1991 bis 1999 an der Universitätsbibliothek Innsbruck als Fachreferentin und später als Leiterin der Fachbibliothek Germanistik tätig. Im Jahr 2000 übernahm sie die Funktion der Vizedirektorin an der

Universitätsbibliothek Wien und ist seit 2004 Leiterin der Dienstleistungseinrichtung Bibliotheks- und Archivwesen der Universität Wien.

Dr. **Irmgard Siebert**. Direktorin der Universitäts- und Landesbibliothek Düsseldorf seit 2000. Studium der Germanistik und Geschichte an der Philipps-Universität Marburg. Promotion 1988.

Konstanze Söllner war zunächst als Fachreferentin, Abteilungsleiterin und stellvertretende Direktorin an der Universitätsbibliothek der LMU München tätig, bis sie 2010 die Leitung der Universitätsbibliothek der FAU Erlangen – Nürnberg übernahm. Ihr Interesse gilt der Organisation und dem Betrieb von komplexen universitären Bibliothekssystemen unter den Bedingungen der digitalen Transformation, aber auch Entwicklungen in Ausbildung und Beruf.

Dr. **Dorothea Sommer**, studierte Anglistik, Slawistik und Pädagogik. Seit 1997 ist sie stellvertretende Direktorin der Universitäts- und Landesbibliothek Sachsen-Anhalt in Halle (Saale). Seit 2011 ist sie Vorsitzende des *IFLA-Standing Committee Library Buildings and Equipment*.

Uwe Stadler ist seit 2006 Leiter der Universitätsbibliothek Wuppertal. In dieser Funktion und als Vorsitzender der Arbeitsgemeinschaft der Universitätsbibliotheken (AGUB) im Verband der Bibliotheken des Landes Nordrhein-Westfalen beschäftigt er sich mit aktuellen Fragen und Entwicklungen der Organisation und Finanzierung von Hochschulbibliothekssystemen.

Prof. Dr. jur. **Eric W. Steinhauer** ist Bibliotheksdirektor an der FernUniversität in Hagen und leitet dort das Dezernat Medienbearbeitung. Er ist Honorarprofessor an der Humboldt-Universität zu Berlin.

Dr. **Wilfried Sühl-Strohmenger** ist als Leiter des Dezernats Bibliothekssystem an der Universitätsbibliothek der Albert-Ludwigs-Universität Freiburg tätig und befasst sich seit mehr als 20 Jahren auf der Basis der Freiburger Erfahrungen mit der Organisation und der Struktur von Hochschulbibliothekssystemen.

Isolde Teufel ist Fachreferentin für Romanistik an der Universitätsbibliothek der Albert-Ludwigs-Universität Freiburg im Breisgau.

Dr. **Beate Tröger**, Studium der Philosophie, Erziehungswissenschaften, Germanistik, Kunstgeschichte, Promotion zum Dr. Phil., Referendariat Wissenschaftliches Bibliothekswesen. Universitätsbibliotheken Dortmund und Essen – jeweils u. a. Arbeitsschwerpunkt „Digitale Bibliothek" und Vertretungsprofessur Fachhochschule Köln, Berufungsgebiet „Organisation von Informationseinrichtungen". Stellvertretende Direktorin des Deutschen Instituts für Internationale Pädagogische Forschung (DIPF), Frankfurt a. M. Seit 2004 Direktorin der Universitäts- und Landesbibliothek Münster.

Dr. **Bernd Vogel** (geb. 1959) ist Soziologe und seit 1993 als wissenschaftlicher Mitarbeiter bei der HIS-Hochschulentwicklung im Deutschen Zentrum für Hochschul- und Wissenschaftsforschung DZHW GmbH tätig. Er ist Leiter des Arbeitsbereichs Bauliche Hochschulentwicklung.

Martin Vorberg wurde 1957 geboren und studierte nach achtjähriger Militärzeit Anglistik und Bibliotheksmanagement in Hamburg. Sechs Jahre arbeitete er im Antiquariat, Buchhandel und beim Verlag „DIE ZEIT", es folgten zwölf Jahre als Bibliothekar in der Technischen Universitätsbibliothek Hamburg-Harburg. 2002 erfolgte der Wechsel an die Bucerius Law School.

Felix Winter ist Stellvertretender Direktor der UB Basel und verantwortlich für Betriebsführung, Finanzen und Personal. Er befasst sich seit über 20 Jahren in unterschiedlichen Funktionen mit der Kooperation zwischen den Verbundbibliotheken Basel wie auch den Betrieben der UB-Standorte.

Christian Winterhalter ist Leiter der Zweigbibliothek Naturwissenschaften im Erwin-Schrödinger-Zentrum und im Referat Erwerbung der Universitätsbibliothek der Humboldt-Universität zu Berlin tätig.

Dr. **Monika Zarnitz** war zur Zeit der Integration des HWWA in die ZBW Benutzungsleiterin in der ZBW Kiel. Inzwischen ist sie Programmbereichsleiterin für die Benutzungsdienste und die Bestandserhaltung.

Andrea Zeyns hat Mathematik, Kunst und Erziehungs- und Gesellschaftswissenschaften studiert. 1990 begann sie als Fachreferentin an der Bibliothek der Hochschule der Künste und ist seit 2003 Leiterin der Universitätsbibliothek der Universität der Künste Berlin.

Wolfgang Zick hat Mathematik, Physik und Philosophie studiert, war seit 1984 zunächst Fachreferent, dann stellvertretender Direktor an der UB/TIB Hannover und ist seit 1999 Leiter der Universitätsbibliothek der Technischen Universität Berlin.

Index

AKMB-Zertifizierung 548, 553
Allianz der deutschen Wissenschaftsorganisationen 72, 76, 85, 403, 407, 585
Altertumswissenschaft 111, 208, 223, 228, 267, 305, 306
Aufstellungssystematik 209, 253, 457, 524, 563
Aussonderung 36, 202, 246, 254, 293, 524, 529
Ausstattung 3, 28, 30, 31, 35, 45, 51, 52, 57, 161, 162, 167, 195, 203, 260, 264, 267, 282, 283, 297, 336, 344, 393, 430, 431, 522, 524, 526, 528, 535, 541, 548, 553, 559, 589
Automatisierung 251, 343, 344, 468, 515, 518, 519, 521, 522, 546

Bedarfsplanung 471
Benutzungsordnung 34, 40, 41, 42, 109, 241, 244, 247, 269, 292, 313, 568
Bereichsbibliothek 6, 18, 19, 20, 23, 155, 157, 159, 163, 219, 220, 221, 224, 225, 226, 227, 236, 239, 249, 253, 254, 257, 258, 259, 260, 261, 263, 267, 270, 327, 331, 338, 516, 524, 525, 527, 528, 529, 535, 573, 576, 597
Berufungsverhandlungen 198
Bestandsaufbau 57, 133, 137, 157, 162, 187, 212, 217, 219, 222, 282, 290, 307, 315, 319, 320, 323, 373, 412, 413, 415, 418, 419
Bestandspflege 163, 204, 298
Bibliotheksbau 134, 338, 524, 572, 598, 599
Bibliotheksbeauftragte 198, 209, 212
Bibliotheksentwicklungsplan 159
Bibliotheksgebühren 34, 37
Bibliotheksgesetz 34, 38, 39, 43, 586
Bibliothekskommission 39, 43, 56, 107, 108, 117, 144, 155, 159, 198, 209, 303, 306
Bibliotheksleitung 41, 58, 62, 66, 133, 142, 215, 227, 249, 278, 294, 295, 299, 323, 510
Bibliotheksmanagement 26, 120, 213, 214, 218, 501, 508, 510, 513, 580, 598
Bibliotheksordnung XIII, 31, 34, 41, 209, 292, 294, 297, 468
Bibliothekspersonal 16, 18, 22, 91, 103, 109, 122, 140, 262, 272, 336, 431, 517
Bibliotheksreform 134, 207, 292, 293, 294, 296, 297, 585
Bibliotheksverbund XIII, XIV, 6, 36, 74, 75, 84, 107, 114, 160, 274, 301, 306, 313, 339, 341, 342, 343, 346, 347, 348, 350, 351, 413, 431, 432, 433, 434, 448, 530, 566, 571, 574, 575, 576, 578, 589, 596
Bibliotheksverwaltung 11, 18, 292, 597
BIX Bibliotheksindex XIII, 21, 154, 160, 176, 334, 548, 556, 557, 558, 560, 567, 574, 577, 589, 590
BMBF Bundesministerium für Bildung und Forschung 72
Bologna-Reform 25, 26, 27, 183, 184, 193, 204, 247, 248, 585

CAF Common Assessment Framework XIII, 459, 463, 548, 552, 554, 555
Change-Management 11, 59, 60, 61, 62, 63, 64, 66, 71, 124, 265, 509, 567, 569, 580, 588
CHE-Hochschulranking 548, 559
Cloud 128, 176, 248, 278, 339, 344, 345, 346, 348, 523, 570, 571
Coaching 121, 129, 443

Datenbanken 74, 111, 119, 161, 162, 176, 178, 188, 189, 200, 202, 203, 211, 216, 217, 221, 223, 230, 234, 257, 259, 275, 279, 282, 283, 284, 285, 286, 307, 317, 327, 334, 337, 383, 385, 386, 396, 397, 398, 403, 416, 427, 449, 491, 495, 497, 499, 587
Deutsche Forschungsgemeinschaft XIII, 4, 6, 11, 13, 14, 15, 16, 17, 18, 27, 28, 37, 40, 47, 49, 73, 74, 75, 79, 81, 82, 83, 84, 85, 100, 110, 128, 144, 175, 176, 179, 235, 263, 264, 268, 269, 291, 333, 339, 341, 346, 347, 348, 350, 381, 392, 397, 403, 405, 407, 408, 410, 411, 412, 413, 414, 415, 416, 417, 418, 419, 494, 556, 571, 572, 575, 579, 589, 596, 597, 598, 599
Dienstaufsicht 22, 43, 213, 262, 329
Dienstleistungsentwicklung 93
Digitale Daten 399, 400, 401
Digitale Objekte 138, 399, 401
Digitalisierung 47, 76, 81, 84, 87, 110, 118, 167, 309, 334, 337, 373, 381, 385, 400, 404, 424, 457, 478, 487, 565, 566, 584
Discovery-System 174, 176, 213, 215, 345, 439, 440, 563
Dreischichtigkeit 91, 112
Drittmittel 40, 56, 110, 198, 295, 301, 435

Dubletten 123, 268, 283, 288, 293, 298, 305, 473, 475, 526, 528, 529, 565

E-Books 55, 119, 158, 161, 162, 174, 191, 202, 204, 211, 213, 214, 221, 274, 275, 282, 286, 288, 303, 307, 317, 383, 385, 397, 398, 399, 402, 480, 495, 497, 499, 500, 579
E-Content 383
EFQM European Foundation for Quality Management XIII, 459, 461, 463, 464, 465, 467, 470, 548, 552, 554, 555
Einbandkosten 489, 490, 491
Einschichtiges Bibliothekssystem 19, 20, 93, 106, 108, 109, 131, 135, 160, 207, 228, 332
Einschichtigkeit 13, 21, 22, 91, 93, 101, 103, 106, 121, 131, 139, 140, 155, 156, 158, 162, 163, 219, 239, 241, 243, 249, 251, 252, 253, 255, 259, 290, 291, 292, 297, 299, 302, 332, 334, 335, 338, 339, 340, 515, 567, 568, 573, 575, 599
E-Journals 91, 161, 162, 191, 211, 213, 221, 223, 230, 233, 261, 263, 274, 275, 276, 282, 302, 317, 385, 399, 400, 402, 403, 499, 544
E-Learning 93, 99, 181, 190, 193, 275, 276
Elektronische Medien 54, 61, 111, 115, 116, 117, 119, 137, 161, 162, 169, 173, 174, 176, 189, 199, 200, 201, 216, 217, 222, 234, 239, 242, 244, 247, 259, 275, 279, 280, 283, 286, 288, 299, 302, 303, 304, 307, 308, 309, 324, 331, 334, 337, 373, 376, 385, 395, 403, 404, 405, 471, 489, 490, 492, 493, 495, 496, 497, 498, 499, 501, 536, 540, 563, 567, 577, 589, 597
E-only 150, 151, 152, 153, 169, 170, 201, 202, 245, 246, 385, 388, 389, 394, 417, 495, 497, 578
Erwerbung 16, 137, 286, 291, 318, 320, 339, 373
Erwerbungsetat 52, 54, 85, 108, 111, 162, 321, 322, 388, 389, 398, 478, 479, 480, 489, 490, 496, 501, 502, 518, 587
Erwerbungskoordination 11, 17, 40, 198, 229, 300, 302, 315, 383, 391, 396, 597
Erwerbungspolitik 13, 14, 213, 377, 396, 501, 580
Erwerbungssystem 122, 123, 266, 410
Erziehungswissenschaft 110, 111, 250, 330, 559, 600
E-Science 48, 93, 99, 567

Etat 6, 22, 45, 53, 55, 257, 275, 284, 295, 317, 321, 457, 489, 492, 493, 494, 495, 496, 498, 499, 501, 517, 574, 580
Etatbedarfsmodell 489
Etatverteilungsmodell 159, 160, 162, 203, 493
Europäische Union 24, 26

Fachaufsicht 39, 41, 42, 262, 291, 293, 294
Fachbereichsbibliothek 16, 117, 136, 137, 140, 194, 228, 250, 258, 267, 299, 304, 305, 309
Fachbibliothek 14, 21, 23, 87, 91, 95, 96, 97, 98, 102, 118, 135, 140, 142, 145, 146, 147, 148, 149, 150, 151, 152, 153, 157, 172, 175, 196, 203, 207, 209, 221, 227, 235, 242, 243, 246, 262, 267, 292, 293, 305, 327, 335, 336, 338, 397, 412, 413, 414, 468, 469, 504, 538, 545, 564, 570, 571, 576, 581, 582, 585, 597, 599
Fachcommunity 77, 167, 178, 415, 416, 419
Fachhochschule 6, 22, 30, 50, 91, 117, 148, 155, 156, 157, 161, 162, 210, 268, 271, 272, 274, 275, 276, 277, 278, 279, 280, 301, 396, 448, 469, 482, 483, 484, 485, 559, 574, 583, 588, 597, 598, 600
Fachinformationsdienst XIV, 6, 37, 87, 175, 397, 410, 411, 415, 416, 417, 418, 419, 420, 598
Fachkultur 1, 165, 167, 177, 227, 235, 236, 418, 473, 475, 563, 565
Fachreferent 109, 157, 198, 222, 224, 229, 230, 234, 303, 306, 307, 309, 436, 437, 474, 486, 547, 597, 598, 599, 600, 601
Fakultätsbibliothek 15, 71, 106, 116, 117, 118, 132, 134, 135, 146, 207, 208, 209, 227, 228, 231, 300, 325, 334, 524, 526, 581
Fernleihe 37, 170, 175, 189, 202, 204, 216, 273, 275, 321, 328, 343, 418, 427, 492
Finanzierung 11, 22, 32, 45, 48, 51, 57, 58, 60, 80, 85, 86, 87, 117, 153, 162, 172, 179, 194, 202, 203, 204, 230, 231, 244, 247, 266, 297, 326, 334, 337, 342, 377, 390, 395, 396, 408, 500, 502, 515, 563, 565, 600
Flächenfaktoren 268, 471, 474, 476, 485, 486, 487
Flächenplanung 6, 471, 472, 473, 474, 475, 476, 477, 479, 480, 486
Flexible Arbeitszeit 121, 128
Forschung 1, 3, 4, 5, 11, 13, 18, 25, 29, 34, 42, 46, 49, 50, 53, 55, 56, 57, 72, 73, 74, 77, 80, 83, 85, 86, 87, 93, 94, 96, 99, 101, 106,

121, 133, 134, 137, 149, 153, 161, 167, 173, 176, 179, 181, 186, 198, 203, 206, 209, 220, 227, 230, 235, 250, 262, 281, 283, 285, 291, 321, 328, 333, 334, 336, 342, 348, 366, 370, 376, 377, 378, 383, 384, 392, 395, 399, 404, 408, 409, 410, 413, 415, 419, 421, 424, 439, 440, 469, 471, 500, 502, 503, 509, 526, 539, 541, 542, 543, 544, 545, 546, 547, 557, 558, 559, 565, 566, 570, 571, 576, 577, 579, 580, 582, 583, 587, 598, 599, 600
Forschungsbibliothek 115, 235, 263, 268, 317, 404, 419, 598
Forschungsdaten 2, 3, 74, 76, 78, 79, 81, 82, 84, 85, 100, 118, 119, 122, 141, 175, 179, 309, 399, 400, 401, 402, 405, 406, 407, 408, 424, 543, 571, 578, 581, 586
Forschungsdatenmanagement 98, 230, 350, 406, 588, 598
Forschungsumgebung 76, 79, 84, 85, 100, 170, 179, 230, 400, 403, 545
Fortbildung 43, 79, 121, 128, 129, 137, 431, 570
Führungskräfte 121, 127, 509, 510, 512, 513, 555, 580
Funktionale Einschichtigkeit 6, 11, 21, 22, 58, 134, 140, 219, 224, 229, 235, 253, 258, 267, 290, 291, 292, 296, 332, 515, 517, 568, 569, 574, 582
Fusion 4, 6, 49, 113, 115, 156, 173, 174, 217, 313, 315, 322, 332, 334, 335, 355, 357, 361, 365, 369, 371, 372, 375, 384, 508, 587

Geisteswissenschaft 19, 37, 77, 79, 80, 86, 103, 110, 111, 113, 116, 117, 118, 149, 151, 219, 220, 228, 229, 230, 235, 236, 252, 253, 270, 304, 315, 320, 321, 322, 323, 334, 372, 389, 400, 490, 493, 495, 500, 529, 559, 572, 583, 589
Gemeinsame Wissenschaftskonferenz (GWK) XIV, 3, 11, 72, 76, 86, 381, 423, 424
Geschäftsgang 152, 239, 241, 244, 247, 266, 278, 515
Geschichtswissenschaft 5, 101, 219, 220, 222, 223, 225
Gesundheitsmanagement 121, 129
Globalhaushalt 56, 257
Grundordnung 39, 43, 49
Gruppenarbeitsplätze 195, 210, 526, 528, 533, 534

Handapparat 18, 98, 110, 161, 259, 282, 283
Handbibliothek 18, 198, 337
Haushaltsplan 18, 56
Hochschulbibliotheksrecht 38
Hochschulgesetz XIV, 21, 28, 30, 34, 37, 39, 41, 43, 49, 103, 106, 144, 145, 155, 158, 251, 256, 291, 292, 296, 297, 586
Hochschulmanager 32
Hochschulneugründung 2, 13, 19, 22, 23
Hochschulorganisation 73, 299
Hochschulpolitik 9, 11, 24, 25, 26, 27, 28, 29, 30, 31, 32, 33, 72, 339, 370, 374, 396
Hochschulrecht 9, 37, 39, 42, 339, 587
Hochschulverwaltung 32, 42, 72, 432
Hospitation 121, 129

Informationskompetenz 49, 50, 76, 79, 80, 87, 117, 118, 141, 163, 172, 177, 181, 182, 183, 184, 185, 187, 188, 189, 190, 191, 192, 193, 194, 204, 205, 215, 229, 239, 244, 259, 267, 269, 279, 299, 309, 377, 409, 421, 422, 423, 424, 425, 426, 427, 428, 429, 430, 431, 432, 433, 434, 435, 436, 437, 438, 545, 573, 574, 575, 577, 581, 586, 587, 596
Informationslogistik 239, 281
Informationstechnik 55, 275
Informationsvermittlung 11, 59, 206, 214, 215, 218, 219, 223, 224, 234, 309, 394, 478, 566
Ingenieurwissenschaft 172, 175, 181, 182, 183, 184, 185, 186, 187, 188, 190, 191, 192, 193, 383, 385, 413, 446, 476, 494
Innovation 50, 57, 59, 60, 61, 62, 67, 68, 69, 70, 71, 110, 196, 228, 544, 547, 569, 574, 576, 577, 582, 584, 598
Innovationsmanagement 59, 60, 66, 67, 68, 69, 70, 71, 138, 467, 546, 563, 573, 574, 575, 580, 581
Institutsbibliothek 13, 14, 15, 16, 17, 20, 23, 41, 43, 47, 71, 94, 98, 107, 112, 114, 115, 116, 117, 118, 119, 120, 121, 122, 123, 124, 125, 126, 127, 128, 129, 135, 136, 143, 156, 161, 173, 198, 207, 208, 209, 221, 224, 227, 228, 229, 231, 232, 241, 242, 243, 246, 250, 253, 254, 258, 265, 266, 267, 284, 290, 291, 299, 327, 333, 334, 337, 338, 339, 340, 524, 526, 527, 529, 530, 535, 564, 565, 586, 587

Integration 19, 23, 36, 82, 91, 99, 116, 118, 119, 121, 125, 126, 127, 129, 130, 153, 197, 209, 235, 250, 251, 252, 261, 267, 268, 294, 302, 322, 325, 334, 340, 348, 374, 413, 414, 415, 434, 439, 444, 446, 447, 450, 451, 452, 453, 457, 501, 503, 504, 506, 507, 508, 509, 528, 543, 545, 573, 601
Integrierte Buchbearbeitung 110
Integriertes Bibliothekssystem 142, 517
ISO 9000-Normen 459

Klinikbibliothek 117, 118, 231, 264, 584
Klinikum 16, 111, 227, 228, 229, 232, 233, 525
Kommission „Zukunft der Informationsinfrastruktur" 11, 72, 73, 76
Kompaktmagazin 471, 473, 475, 478, 479, 480, 487
Konsortium 6, 111, 137, 174, 233, 297, 383, 388, 391, 392, 393, 394, 395, 396, 397, 403, 460, 498, 570, 574, 575, 577, 582, 597
Kooperation 6, 15, 18, 20, 21, 23, 34, 45, 47, 62, 78, 84, 87, 91, 93, 110, 112, 115, 116, 117, 118, 137, 153, 172, 178, 209, 210, 211, 273, 278, 308, 309, 311, 313, 315, 316, 317, 318, 319, 320, 321, 322, 323, 324, 331, 344, 350, 351, 381, 402, 406, 409, 420, 423, 427, 432, 433, 436, 452, 517, 536, 539, 540, 542, 543, 544, 547, 549, 553, 566, 568, 569, 570, 572, 573, 580, 584, 600
Koordiniertes Bibliothekssystem 281
Kosten-Nutzen-Betrachtung 515
Kulturhoheit 24, 27, 28, 33

Landesbibliothek XV, 6, 36, 103, 104, 105, 106, 107, 108, 110, 111, 114, 121, 143, 147, 148, 149, 150, 151, 153, 207, 313, 315, 316, 317, 318, 319, 320, 321, 322, 323, 356, 370, 389, 433, 434, 556, 569, 570, 573, 578, 579, 581, 584, 585, 586, 589, 597, 599, 600
Landeshochschulgesetz 11, 22
Landesrechnungshof 47, 105, 296, 322, 578
Langzeitarchivierung 6, 26, 76, 79, 82, 84, 85, 87, 119, 141, 202, 309, 399, 401, 402, 403, 404, 405, 406, 407, 408, 420, 578, 581, 598
Lehrbuchsammlung 16, 135, 136, 153, 173, 199, 222, 223, 242, 243, 246, 254, 260, 275, 286, 460, 490, 491, 528, 529, 530

Lehre 1, 2, 5, 18, 34, 42, 55, 73, 74, 93, 94, 95, 96, 99, 101, 106, 121, 134, 137, 153, 161, 167, 176, 192, 206, 209, 227, 281, 283, 285, 291, 376, 377, 383, 395, 399, 404, 424, 427, 439, 440, 471, 526, 541, 544, 545, 546, 558, 559, 566, 582, 583, 588, 598, 599
Leihverkehr 15, 36, 72, 204, 288, 293, 412, 576
Leihverkehrsordnung 34, 41
Leistungsmessung 7, 457, 462, 548, 550, 556, 557, 569, 587
Lernort 1, 99, 153, 194, 248, 260, 289, 485, 542
Lesesaal 136, 196, 198, 199, 222, 476, 541
Literaturerwerbung 18, 27, 40, 103, 108, 197, 292, 340, 496, 499
Lizenz 6, 44, 83, 85, 161, 211, 230, 274, 296, 297, 347, 388, 397, 398, 403, 417, 564, 597
Lizenzierung 76, 79, 85, 91, 157, 161, 162, 172, 176, 201, 230, 233, 242, 244, 282, 284, 286, 386, 391, 397, 398, 400, 403, 407, 410, 417, 420, 498, 499, 565, 585, 597
Lokalsystem 160, 247, 261, 264, 348, 530

Magazin 16, 18, 109, 153, 156, 178, 209, 305, 308, 480, 488, 573
Medienbearbeitung 96, 123, 137, 159, 210, 247, 257, 262, 293, 294, 335, 336, 474, 478, 528, 600
Medienwandel 195, 261, 263, 281, 289, 296, 383, 397, 490, 493, 496, 498
Medizin XV, 1, 5, 16, 20, 103, 115, 117, 142, 143, 144, 145, 146, 149, 152, 153, 173, 227, 229, 231, 232, 233, 234, 235, 236, 253, 254, 263, 264, 270, 302, 303, 306, 322, 323, 383, 385, 389, 397, 525, 549, 557, 570, 577, 579, 584
Mehrfachexemplare 198, 275
Mehrschichtigkeit 120, 148, 249, 252, 258
Mentoring 121, 127
Mitarbeiter-Partizipation 121
Mittelbewirtschaftung 91, 159
Mobile Web-App 439, 451

Nationales Hosting 6, 76, 79, 85, 403, 407
Nationallizenz 28, 233, 269, 282, 395, 397, 403, 411, 577
Naturwissenschaft 1, 5, 16, 19, 86, 91, 103, 110, 112, 114, 115, 116, 118, 142, 143, 145, 146, 149, 150, 169, 170, 171, 172, 173, 174, 175, 176, 177, 179, 180, 207, 228, 229, 231, 236,

247, 253, 254, 263, 264, 270, 297, 304,
315, 320, 321, 322, 323, 332, 333, 340, 371,
413, 446, 483, 516, 517, 525, 536, 537, 538,
542, 543, 544, 545, 547, 570, 572, 579, 584,
599, 600
Netzwerk XIV, 82, 116, 178, 345, 397, 421, 425,
427, 433, 434, 448, 581, 586, 589
Neue Medien 194, 199, 496, 540
Nutzerarbeitsplätze 471, 472, 473, 475, 476,
478, 481, 484, 485, 486, 487, 488
Nutzerbefragung 231, 533, 548, 549, 550, 551,
557, 560, 567, 569, 572, 573, 574, 584
Nutzererwartungen 515
Nutzergesteuerte Erwerbung 489
Nutzerorientierung 439

Öffnungszeiten 57, 97, 109, 122, 123, 136, 140,
148, 149, 150, 173, 195, 209, 210, 225, 241,
243, 244, 245, 247, 254, 257, 259, 294,
296, 306, 309, 328, 460, 467, 474, 518,
519, 522, 528, 535
Ökonomisierung 24, 32, 52
Open Access XIV, 4, 76, 79, 82, 85, 87, 100, 101,
115, 116, 118, 138, 141, 158, 178, 179, 189,
203, 230, 235, 239, 298, 299, 308, 376,
389, 390, 398, 401, 444, 489, 500, 501,
502, 565, 578, 583, 584, 587, 588, 596
OPL One-Person-Library XV, 127, 128
Organisation XIV, 3, 4, 11, 17, 22, 28, 32, 34, 35,
36, 37, 45, 46, 48, 50, 58, 59, 60, 62, 63,
67, 69, 71, 73, 81, 91, 94, 97, 105, 115, 120,
123, 134, 135, 146, 149, 162, 196, 208, 212,
228, 268, 334, 335, 349, 366, 373, 388,
392, 393, 409, 432, 433, 436, 460, 464,
481, 505, 510, 512, 538, 540, 552, 553, 554,
555, 563, 568, 570, 575, 578, 581, 582, 588,
600

Personalausstattung 259, 471, 473, 478
Personalaustausch 261
Personaleinsatz 98, 129, 150, 153, 230, 261,
262, 263, 329, 515, 522, 528, 530, 535, 538,
563
Personalentwicklung 91, 121, 122, 125, 126, 127,
128, 129, 130, 226, 248, 294, 468, 518, 585
Personalführung 5, 91, 121, 125, 259, 261, 263,
265, 270, 468
Personalmanagement 32, 121, 123, 124, 125,
255, 468

Philosophie 23, 101, 111, 151, 221, 228, 242,
586, 598, 599, 600
Platzfaktoren 471, 476, 483, 484
Poolbildung 122, 123
Präsident 31, 32, 256, 325
Private Hochschule 281
Publikationsfonds 84, 98, 100, 230, 489, 500,
502

Qualifizierung 128, 261, 264
Qualitätsmanagement 32, 66, 457, 459, 460,
461, 462, 463, 464, 465, 466, 467, 468,
469, 470, 548, 550, 552, 553, 554, 555, 560,
568, 589
Qualitätssicherung 6, 25, 26, 421, 432, 463,
466, 467, 468, 469, 552, 555, 589

Ranking 7, 548, 559, 566, 583
Rationalisierung 45, 153, 295, 368
Rechenzentrum 47, 49, 55, 146, 161, 330, 399,
406, 408, 424, 539, 540
Rechtswissenschaft 16, 117, 136, 149, 153, 157,
194, 195, 196, 197, 199, 200, 202, 203, 204,
205, 228, 235, 239, 253, 258, 259, 281,
286, 287, 288, 371, 483, 516, 518, 570, 582,
589, 600
Regalaufstellung 471
Rektor 32, 131, 132, 155, 160, 318
Reorganisation 20, 21, 22, 46, 61, 62, 64, 65,
66, 115, 131, 140, 151, 235, 239, 261, 263,
264, 267, 290, 292, 299, 309, 480, 503,
509, 510, 512, 513, 514, 538, 568, 570, 575,
579, 584, 598
Repositorium 2, 76, 85, 100, 178, 196, 350, 374,
404, 543, 582
Ressourcenplanung 6, 22, 50, 268, 457, 459,
467, 588
Ressourcenverteilung 281
RFID Radio Frequency Identification XV, 98, 141,
148, 246, 519, 520, 522, 568, 583, 596
Rotation 121, 129
RVK Regensburger Verbundklassifikation XV,
261, 265, 268, 269, 331, 518, 524, 529

Sanierung 485, 524, 526, 563
Satzung 37, 38, 39, 41, 42, 47, 49, 51, 158, 159,
217, 337, 410
Schulung 138, 162, 163, 177, 181, 190, 206, 211,
216, 217, 223, 224, 233, 234, 269, 279,

283, 288, 289, 309, 331, 431, 437, 468, 518, 555
Schulungsprogramm 181, 189, 598
Semesterapparat 163, 276
Seminarbibliothek 227
Senat 31, 39, 47, 107, 109, 135, 144, 159, 262, 269, 297, 318, 319, 325, 337, 536
Single-Point-of-Access 439
SOA Serviceorientierte Architektur XV, 339, 345
Sozialwissenschaft 6, 19, 77, 80, 86, 100, 101, 102, 110, 111, 116, 118, 151, 194, 195, 207, 208, 209, 210, 211, 212, 213, 214, 215, 216, 221, 228, 229, 230, 236, 253, 254, 267, 277, 287, 304, 315, 319, 320, 321, 323, 334, 372, 385, 389, 400, 493, 495, 524, 525, 526, 528, 534, 535, 581, 584, 588, 597
Speicherbibliothek 119
Spezialbibliothek 324, 336
Sponsoring 209, 324, 326, 390
Staatsbibliothek 36, 70, 155, 156, 244, 273, 320, 342, 349, 392, 393, 397, 434, 466, 489, 493, 498, 577, 589, 597
Standard 170, 188, 190, 195, 199, 207, 210, 211, 421, 427, 428, 429, 450, 498, 541
Standortkonzentration 7, 457, 515, 516, 536, 539, 546
Standortpolitik 6, 313, 365, 369, 372, 373, 374, 376, 378, 596
Stellenplan 13, 16, 22, 109, 146, 228, 233, 262, 530
Streulage 5, 20, 91, 103, 229, 231, 298
Strukturmerkmale 93, 95, 588
Studienbeiträge 56, 57, 203, 275
Studiengebühren 281, 282, 285
Studienplätze 471, 473, 476, 483, 484
Synergieeffekte 524, 526

Technik 1, 5, 22, 23, 28, 50, 77, 79, 84, 105, 111, 113, 120, 149, 153, 156, 172, 173, 176, 182, 183, 184, 186, 193, 201, 221, 236, 252, 253, 254, 275, 292, 315, 320, 321, 323, 324, 332, 335, 394, 446, 519, 539, 540, 544, 550, 572, 584
Teilbibliothek 7, 19, 22, 114, 115, 146, 155, 157, 159, 162, 163, 194, 195, 199, 203, 208, 211, 217, 242, 271, 274, 281, 331, 516, 539, 572, 575, 578, 586
Telearbeit 121, 125, 128

Theologie 14, 20, 23, 101, 110, 111, 207, 228, 242, 517, 518, 586, 599
TQM Total Quality Management XV, 462, 463, 548, 552, 554, 575

Überregionale Literaturversorgung 410
Umnutzung 7, 524
Umweltwissenschaft 62, 304, 405
Umzug 20, 145, 327, 524
Unified Resource Management 339
Universitätsverwaltung 137, 227, 269, 367
Urheberrecht 34, 44, 81, 276, 586

Verbundbibliothek 150, 152, 228
Verbundkoordination 299, 301, 302, 303, 305, 306, 307, 308, 590, 598
Verbundsystem 72, 74, 75, 341, 342, 343, 344, 346, 347, 349, 409, 567, 578, 580, 581
Vereinheitlichung 218, 241, 244, 246, 247, 248, 254, 261, 341
Verwaltungsordnung XV, 6, 49, 228, 261, 262, 266

Wirtschaftlichkeit 105, 201, 246, 479, 524, 563, 578
Wirtschaftswissenschaft XV, 7, 111, 117, 136, 139, 141, 149, 194, 207, 208, 209, 216, 242, 253, 258, 259, 334, 397, 503, 504, 509, 526, 581, 597, 598
Wissensbilanz 212, 548, 558, 582
Wissenschaftsfreiheit 32, 34, 35, 36, 38
Wissenschaftspolitik 29, 72, 73, 79, 375, 398
Wissenschaftsrat XV, 3, 4, 11, 13, 17, 18, 23, 27, 28, 48, 72, 73, 74, 75, 76, 77, 78, 79, 80, 81, 82, 103, 128, 144, 157, 161, 163, 197, 200, 202, 203, 252, 281, 289, 325, 333, 339, 346, 347, 403, 409, 423, 437, 490, 576
Wissensdienste 93, 99
Wissensportal 439, 443, 444, 445, 446, 447, 448, 449, 450, 451, 452, 453, 582

Zeitschriftenerwerbung 227, 335
Zentralbibliothek XV, 1, 7, 11, 14, 15, 16, 18, 19, 20, 21, 23, 43, 47, 70, 91, 93, 107, 112, 117, 119, 121, 124, 125, 128, 129, 136, 139, 140, 142, 143, 144, 145, 147, 148, 149, 150, 152, 153, 154, 155, 156, 157, 162, 173, 195, 199, 220, 221, 222, 223, 224, 225, 228, 229, 230, 232, 235, 236, 241, 243, 245, 246,

247, 250, 251, 253, 254, 258, 260, 282, 287, 293, 327, 335, 337, 340, 397, 448, 450, 503, 518, 538, 539, 542, 558, 569, 570, 571, 579, 584, 597
Zentrale Zeitschriftenverwaltung 116
Zielvereinbarung 30, 48, 49, 66, 70, 239, 249, 255, 256, 257, 258, 259, 469, 589
Zusammenlegung 6, 15, 23, 28, 62, 123, 139, 140, 236, 243, 251, 261, 318, 319, 321, 322, 323, 475, 516, 518, 519, 522, 529, 539, 564, 586
Zweigbibliothek 91, 103, 104, 105, 106, 108, 109, 110, 111, 194, 239, 293, 468, 516, 517, 518, 520, 537, 538, 545, 564, 596, 600
Zweigstelle 5, 245, 271, 273, 274, 468, 516, 576
Zweischichtiges Bibliothekssystem 5, 11, 13, 23, 31, 71, 107, 109, 121, 457
Zweischichtigkeit 13, 23, 43, 58, 140, 143, 161, 219, 221, 241, 290, 298, 299, 302, 515, 565, 573, 574, 576

www.ingramcontent.com/pod-product-compliance
Lightning Source LLC
Chambersburg PA
CBHW081025240426
43661CB00074B/2805